重庆三峡后续工作考古报告集
（第一辑）

重 庆 市 文 物 局
重庆市文化遗产研究院 编著

科 学 出 版 社
北 京

内 容 简 介

本书共收录了重庆三峡后续工作2008～2013年田野考古发掘报告35篇，内容包括新石器、商周、秦汉至六朝、宋、明、清各时代的考古遗存，是研究三峡地区古代物质文化的重要材料。本书作为重庆三峡后续工作首部科学发掘的正式报告集，相信对于三峡地区古代历史文化的研究会起到积极的推动作用。

本书可供历史、文物考古工作者以及历史文物爱好者阅读。

图书在版编目（CIP）数据

重庆三峡后续工作考古报告集. 第一辑 / 重庆市文物局，重庆市文化遗产研究院编著. —北京：科学出版社，2019. 4

ISBN 978-7-03-061090-4

Ⅰ. ①重…　Ⅱ. ①重… ②重…　Ⅲ. ①三峡水利工程-考古发掘-发掘报告-重庆　Ⅳ. ①K872.719.5

中国版本图书馆CIP数据核字（2019）第075520号

责任编辑：王光明　蔡鸿博 / 责任校对：邹慧卿

责任印制：肖　兴 / 封面设计：张　放

科 学 出 版 社 出版

北京东黄城根北街16号

邮政编码：100717

http：//www.sciencep.com

中国科学院印刷厂 印刷

科学出版社发行　各地新华书店经销

*

2019年4月第　一　版　　开本：A4（880×1230）

2019年4月第一次印刷　　印张：45　插页：27

字数：1 393 000

定价：568.00元

（如有印装质量问题，我社负责调换）

重庆三峡后续工作考古报告集（第一辑）
编委会

三峡后续考古工作与阶段性收获综述

邹后曦　范　鹏

长江是中华文明的发祥地，是人类文明的摇篮。通过近百年数代考古人的不懈努力，尤其是上个世纪末以来连续20多年盛况空前的三峡考古，三峡地区古代文明的神秘面纱逐渐被揭开，成为我们解读古代长江文明不可或缺的钥匙。三峡地区文物保护的主要工作，始终围绕三峡工程而开展，在抢救文物的同时成功树立了三峡工程的文明形象，是文物保护与国家大型基本建设相互支持、有机结合的典范。

一、从“前三峡”到“后三峡”

围绕三峡工程建设，三峡文物保护总体上可划分为论证规划（1949～1996年）、计划实施（1997～2008年）、后续完善（2008年至今）等三大阶段。其中，计划实施阶段一般概称为“前三峡”，与之对应的后续完善阶段则称为“后三峡”。

（一）论证规划阶段（1949～1996年）

新中国成立后，为配合三峡工程的前期论证工作，中国科学院考古研究所，湖北、四川两省的文物考古机构和长江流域规划办公室（长江水利委员会的前身）考古队等，先后进行了多次调查和发掘，使考古界对峡江地区的古代面貌有了基本的认识。1993年11月～1994年10月，国家文物局组织湖北、四川两省文化厅，长江水利委员会，24个研究所、博物馆和高等院校，对三峡库区的地面、地下文物进行了全面调查、勘探（钻探、物探和遥感），还进行了小规模试掘，最终形成了湖北省、四川省（现为重庆市）的三峡库区文物保护规划，搭建了三峡工程文物保护的总体框架。

（二）计划实施阶段（1997~2008年）

这一时期是三峡工程文物保护的主要实施阶段。期间，国务院三峡建委移民开发局按年度计划拨付文物保护资金，保证了抢救性保护和发掘工作的顺利进行。根据三峡工程文物保护终验的数据，地下文物保护共完成考古项目541项，实施勘探面积1083.94万平方米，发掘面积131.3万平方米，出土各类文物标本约14万件。三峡文物保护作为中华人民共和国成立以来最大规模的文物保护工程，如期完成了规划任务，确保了三峡工程按时蓄水；成功探索了大型基本建设中文物保护的新体制新机制，提升了文物保护理念和工作水平；有效地抢救保护了三峡库区珍贵的历史文化遗产，建立了三峡人文历史的新坐标，揭示了久远厚重的巴渝历史文化；推动了三峡库区文物事业建设，促进了三峡库区经济社会和谐发展，取得了良好的社会效益。

（三）后续完善阶段（2008年至今）

在三峡工程四期蓄水完成后，三峡工程文物保护告一段落，但也随之面临着消落区文物保护这一现实问题。消落区是指因水库库区季节性水位涨落而使周边被淹没土地周期性出露于水面的一段特殊区域，具体到三峡水库而言，是指正常蓄水坝前175米到库区土地征用线以下至防洪限制水位145米以上的区域，总面积348.93平方千米，其中，重庆消落区的面积为306.28平方千米。消落区之所以存留有大量文物有待保护，主要有以下几个方面的原因：一是核定的《长江三峡工程淹没及迁建区文物古迹保护规划报告》并没有将消落区文物全部纳入发掘范畴，而是将部分文物通过资料建档等方式进行保护；二是纳入发掘保护的项目主要是按一定比例开展发掘，据统计，“前三峡”时期在消落区内开展的考古发掘面积约99.58万平方米，仅占文物总埋藏面积的6.38%；三是因工厂、学校、道路等现代建筑占压的而无法开展文物保护的区域，随着三峡工程清库后埋藏环境和调查条件的改变，新出露了大量文物。

在地质灾害、水流冲刷、船只航行、风浪侵蚀、生产活动等自然因素和人为因素的影响下，原本深埋于地下的文物逐渐出露于地表，文物安全隐患较大、险情频出。为摸清家底，重庆市文物局委托重庆市文化遗产研究院（原重庆市文物考古所）于2008年5月~2009年9月开展了消落区地下文物调查，并对面临损毁的文物实施了小规模的抢救性发掘，共发现和复核消落区文物点246处，地下文物埋藏总面积980余万平方米。

消落区的文物保护得到了国家文物局的高度重视。2010年，时任国家文物局局长的单霁翔同志实地调研消落区文物暴露情况，童明康副局长专题听取了关于消落区考古工作情况的汇报。在国家、重庆市、区县等多级文物部门的协调、争取和努力下，消落区地下文物保护作为专项纳入到三峡后续工作序列，为文物抢救工作提供了有力的政策支持。2012年，三峡后续项目进入分项规划阶段，重庆市文物局委托南京大学文化与自然遗产研究所，根据库区区县上报和复核的数据，编制了《三峡库区自然与历史文化遗产保护和完善实施规划》，规划了消落区考古发掘的任务总量和总体工作计划，为下一步的落地实施奠定了基础。

二、三峡后续考古项目管理与实施概况

在汲取前三峡文物保护有益经验的基础上，重庆市于2012年成立三峡后续文物保护工作领导小组，办公室设立于市文物局，具体负责全市三峡后续文物保护工作，总体明确了“统一领导、分级负责、反应及时、措施果断、加强合作”的工作原则。在重庆市文物局的统筹领导下，重庆市文化遗产研究院一方面持续开展“前三峡”资料整理和三峡库区考古报告的编写工作，另一方面作为项目管理和实施单位全力推动“后三峡”考古发掘，主持实施完成了全部考古发掘工作。截止到2018年12月，先后立项2011～2017资金年度5个批次共56个项目，累计抢救发掘141处文物，完成发掘面积10万余平方米，出土各类文物标本约2.4万件（套），有效实现了对消落区文物的及时抢救保护。

（1）出台规章制度。在三峡后续工作进入正式实施阶段后，重庆市文化遗产研究院开展了重庆市三峡水库消落区地下文物保护管理专题研究，先后出台了《消落区地下文物保护工作手册》《重庆市文化遗产研究院三峡后续消落区地下文物保护项目实施细则》等一批规章守则，进一步明确了项目、经费、出土品、档案等管理工作模式。在“前三峡”考古工作标准的基础之上，高标准、严要求，有效确保了消落区考古工作质量。

（2）健全工作机制。重庆市文化遗产研究院成立了三峡后续消落区地下文物保护工作小组，针对消落区文物保护的特殊性，全面推行计划申报制、资质准入制、项目制、验收制等，建立健全涵盖发掘申报、项目评审、组织实施、结项验收等诸多环节的工作机制，保障了消落区文物保护各年度工作的有序开展。

（3）推动项目工作。按照“抢救第一，保护为主，合理利用，加强管理”的方针，做到及时发现、及时抢救，确保发掘工作连续不间断开展。协同开展资料整理，抽调多批次的专业技术人员专职开展消落区考古项目整理，已完成发掘的141处文物中，已完成整理87处，完成率约65.9%；累计修复文物4700余件（套），绘图1.6万幅，建立消落区考古资料档案675册。制订消落区考古工作统一技术标准，实行单项验收与年度验收的“双验收”机制，验收通过率100%。积极确保成果转化，消落区首部考古报告集即将出版，第二、三部的组稿已基本完成，合计已有79处文物点的发掘报告完成了报告出版或出版的前期组织工作，占比近60%。

（4）建立巡查体系。消落区文物地处野外，文物出露具有突发性和难以预见性，对其的管理与监测十分困难。为此，重庆市文化遗产研究院按照市文物局的统一部署，初步建立了消落区文物的定期巡查制度。每年库区水位下降期间，由各区县文管所与我院联合开展消落区巡查，定期向市文物局书面汇报巡查结果，及时制止和打击破坏文物的不法行为，针对文物出露险情采取先抢救、后申报原则，力求将地下文物的损失降低到最小。

三、主要考古收获

从总体来看，消落区各时段的考古收获极不均衡，尤其是汉至六朝时期的墓葬占比非常高。其原因在客观上，是相对于其他时段三峡库区汉至六朝时期的墓葬遗存更加丰富；在主观上，消落区考古以“发现一处、抢救一处”为基本原则，工作重点围绕已暴露的墓葬遗存，对结构稳定的遗址类遗存主要采取原址保护、加强巡查的保护措施。

以下主要根据本书收录的35篇发掘简报介绍考古收获，对未刊布的一些重要发现暂不涉及。

（一）先秦时期考古收获

大溪文化的中心分布区在江汉平原，在重庆库区主要见于瞿塘峡以东，以巫山及其邻近地区最为集中，典型遗址有大溪遗址、人民医院遗址、欧家老屋遗址、培石遗址等。进入到后续三峡时期，大溪文化遗存又有了新的发现。巫山县柏树梁子墓群位于大溪遗址下游约20千米，2013年的发掘中共发现大溪文化灰坑、墓葬各10座。从现场情况来看，发掘区内的大溪文化遗存堆积薄、遗迹稀疏，与既往发现的大溪文化遗址有明显的差异，我们判断本次发现的遗存应处于整个遗址的边缘地带，尚存在开展进一步工作的空间。多数灰坑中发现有丰富的鱼类骨骼遗存，是研究大溪先民的生业经济的重要实物标本。墓葬均为小型单人葬，葬式基本为屈肢葬。从出土陶器来看，碗、豆、盘等圈足器以及拱嘴形支座等均是典型的大溪文化陶器，与巫山境内的大溪文化在面貌上基本一致，时代应在大溪文化的早中期。柏树梁子墓群发现的大溪文化遗存，填补了三峡后续考古工作中大溪文化发现的空白，其地处大溪遗址和人民医院遗址之间，是大溪文化沿长江干流传播的一个重要节点，有助于进一步加深对库区大溪文化谱系的认识。

重庆本土新石器文化遗存也有一定的发现。涪陵区渠溪口墓群地处珍溪与长江的交汇处，该遗址新石器遗存的分布十分集中，陶器制作较精细，基本器物组合为高领壶、折沿深腹罐、敛口钵、器盖等，口沿形状以卷沿、折沿为主，口沿有纹饰者较为常见，器底多为平底，为玉溪坪文化的典型遗存。

重庆库区的夏商周时期遗存有着自身的特色。通过多年的工作，新识别和确立了一批夏商周时期的考古学文化，大致建立了三星堆文化→石地坝文化→瓦渣地文化、双堰塘遗存的夏代末期至春秋时期的文化发展基本脉络。这一时期的遗存发现总体数量不多，在消落区考古中更是零星。其中，2013年在涪陵区香炉滩遗址中发现了一批石地坝文化遗存，陶器以泥质褐陶和夹砂褐陶为主，器表多素面，纹饰均为绳纹，可辨器型有罐、豆等。

（二）战国秦汉时期考古收获

进入到战国时期，重庆库区是巴、楚、秦，尤其是巴、楚竞相争夺的重要区域，在文化面貌上表现出以一种文化为主体，多种文化因素相互交融的文化现象。在消落区考古工作中，抢救出大批这一时期的墓葬遗存，比较代表性的有巫山县柏树梁子墓群、云阳县营盘包墓群、万州区黄金塝墓地、万州区大丘坪墓群等。

柏树梁子墓群共包含战国时期土坑墓8座，墓葬规模较小且未见二层台和棺椁痕迹。从随葬品来看，这批墓葬以巴文化因素为主，又有少量的楚文化因素。值得一提的是，M23出土了巴式柳叶剑和楚式矛的兵器组合，是巴、楚文化交汇融合的实物体现。云阳县营盘包墓群地处巴阳溪与长江的交汇处，在2002年由福建省博物馆（现福建博物院）清理楚文化墓葬9座。2012年，在原发掘区所在山包的顶部，再次发现战国时期墓葬8座。这批墓葬排列有序、朝向基本一致，特别是M13、M14、M15同处一列，随葬品置于墓室一侧，鼎、敦、壶、豆组合完整，具有典型的峡江地区楚文化墓葬特征。与之相类似的情况亦见于万州区黄金塝墓地，包含的9座战国时期岩坑墓之间不见打破关系，多数墓葬埋藏较深，形制结构相似，打破生土及基岩，墓壁修葺平整，口大底小，略呈斗形，葬具为一椁一棺或单棺，为典型的战国中晚期楚文化墓葬。该墓地与前文提及的营盘包墓群，墓地总体规模不大、墓葬密集、时代相近，有学者认为这批遗存与约在秦灭巴、蜀或及其后不久，楚文化的第三次大规模西进有关。从位置来看，瞿塘峡以西地区已发现的楚文化墓地基本沿长江干流点状分布，上溯最远可至忠县，体现了楚国在该区域“连点成线”的总体布局，以控制水路交通为主要方式实现对库区的长期占领。

秦汉时期是三峡库区融入中原文化系统的进程。秦灭巴后“以巴氏为蛮夷君长”，并未彻底破坏巴国的社会政治体制。体现在考古遗存上，峡江地区墓葬中的秦文化因素非常稀少，基本仍保留着原有的土著文化风格。这一情况总体可持续到西汉中期，随着武帝对西南夷的开发，峡江地区本土文化特色逐渐减弱，中原汉文化面貌基本得以确立。

在消落区考古工作中发现的西汉墓葬总体数量不多，且一般与东汉至六朝墓葬共处一座墓地，体现出较长的文化延续性。涪陵区转转堡墓群清理西汉土坑墓3座，M2墓室与墓道间有一道用大小一致的卵石与泥土混杂成的立墙，这一葬俗在峡江地区十分罕见；M4出土了一组钫、灯、壶等铜器，进一步充实了西汉青铜器的考古发现。江北墓群位于涪陵城区的长江北岸，与白鹤梁题刻隔江相望。该墓群的考古收获颇丰：如发现5座土坑墓时代从西汉中晚期延续至东汉早期，尤其是转转堡墓地M1和M2未被盗掘，器物组合完整；通过对这批土坑墓中人类牙齿样本的体质人类学鉴定，确定墓主随葬年龄普遍在20～30周岁；转转堡墓地M3西箱室中随葬了整只动物，经鉴定为未成年猞猁等。这些成果为峡江地区西汉墓葬研究提供了十分珍贵的资料。

三峡地区的东汉至六朝墓葬数量非常丰富，尤其是砖、石室墓在消落区考古中最为常见，几乎在库区的每个区县都有发现，且在文化面貌上具有高度的一致性。本文仅列举一些既往工作中较为少见或具有区域特色的相关发现。忠县瓦窑六队墓群清理了1座东汉中晚期的石室墓，虽经盗扰，但墓室内随葬品基本未受影响，仍清晰地展现出入葬时的位置布局。此外，墓室内仍清晰可见横列的三处棺痕，是研究这一时期家族（家庭）合葬的典型实例。丰都县卡子堡、林口两处墓地均地处赤溪河与长江交汇形成的一处半岛型山包上，两处墓地在位置上应同属赤溪墓群的分布范围，该墓群是库区规模最大的东汉至六朝墓群之一，墓葬数量多且保存较好。卡子堡M2是一座带封土双墓道的双室砖室墓，两条墓道之间有一道生土墙相隔，自甬道起整个墓圹为一个整体，左右二室在中部相连通，是峡江地区十分罕见的墓葬形制；林口M2的出土品十分丰富，特别是陶辟邪钱树座、俑、戏楼等造型精美、内容丰富，对于研究这一时期的社会面貌与丧葬习俗具有重要的价值。六朝时期的墓葬往往不易从东汉晚、末期的墓葬中区分出来，目前普遍将青瓷器如盘口壶、鸡首壶、四系及多系罐、饼足碗、斜弧腹钵等作为判断库区六朝墓葬的标准器物，在这一标准下，巫山县大昌东坝M14、拖肚子M1，云阳县平扎营M3，万州区黄金塝M1、五丈溪M1，丰都县槽房沟M1等均应在两晋南朝时期。

（三）唐宋及以后时期考古收获

唐宋时期的遗存较为零星。2008年在渝北区茅草坪遗址群发现了5座唐墓，均为竖穴小土坑墓且随葬品稀少，应为平民墓葬。该遗址的宋代遗存相对丰富，有房址、瓦当等建筑类遗存和大量的生活遗物，说明该区域在宋代已成为一定规模的生活区。涪陵区太平村遗址清理发现了一组结构清晰的宋代石质建筑遗存，构筑于土质紧密厚实的黄土上，在朝向上坐南朝北、背山面水，普遍由地基、挡土墙、护坡、柱洞、铺地石板、排水沟等组成，并发现有天井等遗迹。这批建筑所用条石规格统一、加工规整，排水设施完善，基址规模较大，体现出较高的社会等级，对峡江地区宋代建筑选址与布局研究具有重要的参考价值。宋代墓葬的发现极少，万州区瓦屋墓群发现同冢异穴的宋代墓葬2座（发掘者将其视为同一座墓，M2），总体形制与渝西地区的宋代墓葬相近。值得一提的是，石柱县陶家坝墓群M2共出南朝与南宋两个时期的遗物，可能是南宋时期借葬早期墓葬的行为。

三峡地区的明代墓葬主要有石室、砖室、竖穴土坑等三大类，在消落区考古工作中均有发现。涪陵区下湾墓地清理了2座规模较大的明代石室墓，以大型石板构筑，相邻墓室共用墓壁，是这一时期家族多人合葬的实物体现，其丧葬习俗更接近于渝西地区。渝北区老锅厂文家湾所见的2座明代墓葬以青灰砖错缝平砌，均为并列双室，在丧葬习俗上更可能是夫妻合葬。值得注意的是，M3出土墓券位于左室后壁处，上刻道教“后天八卦”，反映了企盼墓主安息、安乐富贵的祈愿。云阳营盘包墓群的2座明代墓葬规模明显偏小，M19为小土坑墓，M20为石板拼合，与三峡库区巫山、奉节等地的相关发现更为接近。

三峡地区的炼锌遗址主要分布在丰都县镇江镇至忠县洋渡镇沿长江两岸台地，绵延20余公里，数量共计21处，在我国古代手工业考古中具有举足轻重的地位。2013年，在消落区考古工作中新发现的忠县临江二队遗址是三峡地区乃至全国目前发现并进行考古发掘的时代最早、面积最大的炼锌遗址。该遗址的冶炼工作区域以马槽形的冶炼炉为中心，炼炉两侧有柱洞，可供搭建工棚之用，其周围分布有堆煤坑、炼煤坑、拌泥坑、蓄水坑等一系列冶炼工作配套遗迹。遗址的经测年推断始炼年代为明代中期，为探讨我国古代“下火上凝”式炼锌工艺流程的产生、发展以及三峡地区古代政治、经济和社会发展水平具有重要意义。

四、总结与展望

历经多年来不间断地工作，目前已基本按计划完成了各年度的发掘任务，有效实现了对出露文物的及时保护，避免了因国有文物流失带来的不良影响。在实现这一基本目标的同时，消落区考古工作还取得了以下四个方面的成效：

一是通过科学的工作，获取了一批重要的考古成果，大大充实了库区的古代文化内涵。数年来取得的重要学术收获证明，消落区内的文物遗存具有极高的历史、科学与艺术价值，消落区文物保护工作不仅十分必须，而且具有十分重要的意义。

二是在项目管理上积极创新，坚持合同管理制、项目协议制、检查验收制等，在保护实施上尝试建立文物巡查监测与发掘保护相结合的综合实施方案，不仅有力推进了消落区地下文物保护各项工作的实施，而且在有效保证了质量与科学性。

三是新发现了一大批遗址、墓葬等古代遗存，其中重要者已列入国家级、市级文物保护单位，库区不可移动文物的保护等级有效提升，库区的文物资源实现了质量双升。依托考古发掘先后切割搬迁重要遗迹20余个，与其他出土文物共同成为区县博物馆的重要展品，满足了库区文物展示利用的现实需求，考古成果的社会效益得到有效发挥。依托重要消落区考古项目，先后开展了多次走进考古现场、文化遗产月等公众考古活动，进一步增强了库区的文化软实力与影响力，带动了文物、文化、教育、旅游等事业的协调与均衡发展。

四是消落区地下文物项目整体规模大、覆盖范围广、扶持力度强，围绕消落区地下文物保护项目，先后开展了各类考古发掘、文物保护、科技考古等专题研究20余项，形成、发表各类发掘报告、研究论文73篇，消落区地下文物保护项目已成为了推动我市考古与文化遗产保护发展进步的重要平台。

目前，消落区野外阶段抢救工作虽已基本告一段落，但消落区乃至三峡地区的文物保护应当继续向纵深推进。在下一步的工作中，我们将重点围绕以下三个方面：一是将持续推动消落区考古的资料整理，提高考古成果转化的速率，加快出版消落区系列考古报告；二是加强对出土文物的再修复再保护，重视对考古资料的统一建档、保管及数据化；三是在保护的前提下推动文物利用，通过多种途径、多重手段，积极展示消落区考古成果，充分发挥文物的社会效益。

目　　录

巫山柏树梁子墓群2013年考古发掘简报

重庆市文化遗产研究院　巫山县文物管理所

一、遗址概况及相关工作

柏树梁子墓群位于巫山县曲尺乡伍柏村3社，中心地理坐标为东经109°45′14.7″，北纬31°02′21.6″，海拔160～169米。墓群北距林家湾遗址约1000米，东、南邻长江，西距冬瓜包遗址约200米（图一；图版一，1）。

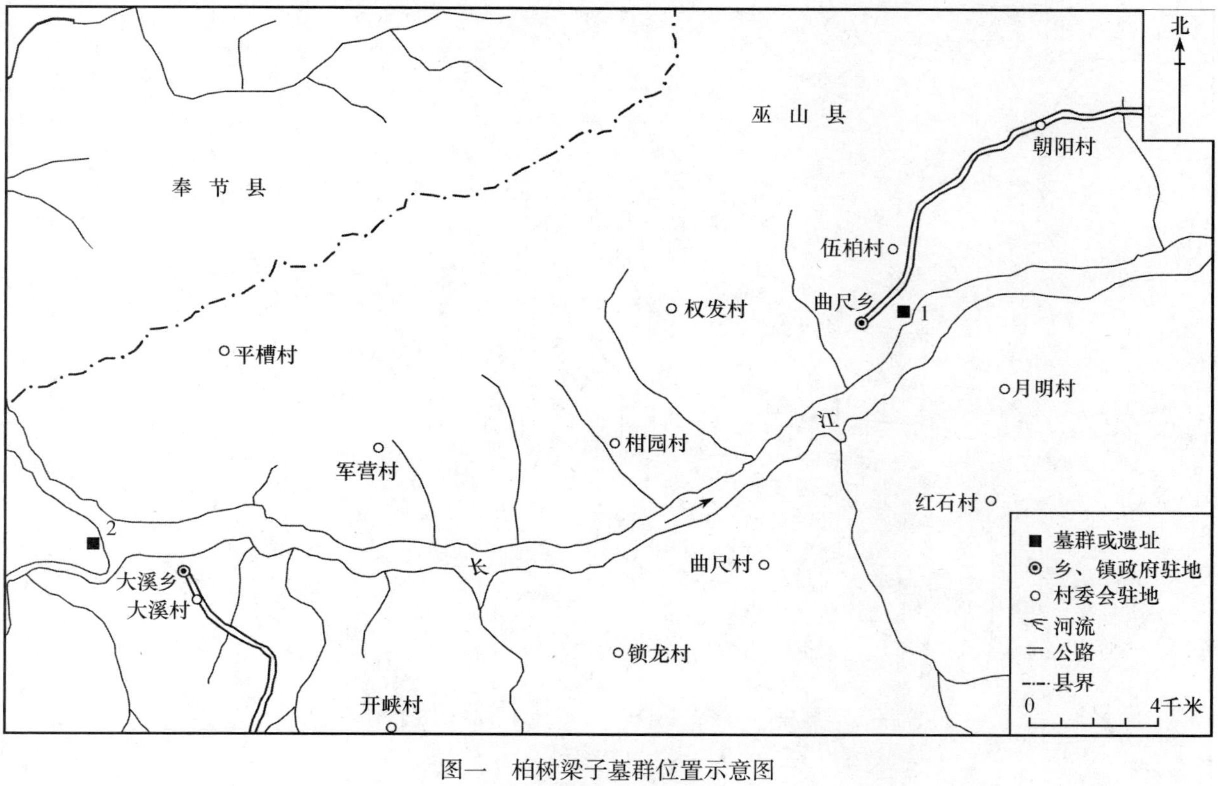

图一　柏树梁子墓群位置示意图
1. 柏树梁子墓群　2. 大溪遗址

该墓群系2013年三峡消落区文物巡查时发现。由于受长江水定期涨落的冲刷，墓群破坏严重，暴露出15座墓葬，均受不同程度的人为破坏，部分墓葬有明显的盗洞。巡查还发现墓群所在地的地表有丰富的文化遗物，可见一定数量的陶片、石器、兽骨等。2013年3月下旬，重庆市文化遗产研究院、巫山县文物管理所进行了实地勘察，确认了该处墓葬的价值，报经国家文物局审批考古发掘执照，由重庆市文物局纳入巫山县三峡后续消落带文物保护计划。

二、发掘工作概况

由于墓群紧邻长江，受江水侵蚀而导致垮塌崩岸，破坏较严重。尤其是三峡工程蓄水至175米后，江岸后退处于加速态势，部分遗存随江岸垮塌而出露，开展抢救性考古发掘迫在眉睫。受重庆市文物局委托，2013年4月下旬，重庆市文化遗产研究院、巫山县文物管理所对该处墓葬进行了抢救性考古发掘。田野工作于4月25日开始，至7月12日结束，历时79天。共布设10米×10米探方9个，5米×5米探方3个，编号为2013WQBT1～2013WQBT12（“2013”代表年度，“W”代表巫山县，“Q”代表曲尺乡，“B”代表柏树梁子墓群）（以下简称T1～T12），实际发掘面积共计1005平方米（图二）。此次发掘清理新石器时代灰坑10座，新石器时代墓葬10座，战国至汉代墓葬30座（图三）。田野发掘工作结束后，发掘人员随即转入室内资料整理工作。至2014年3月底，整理工作初步完成。

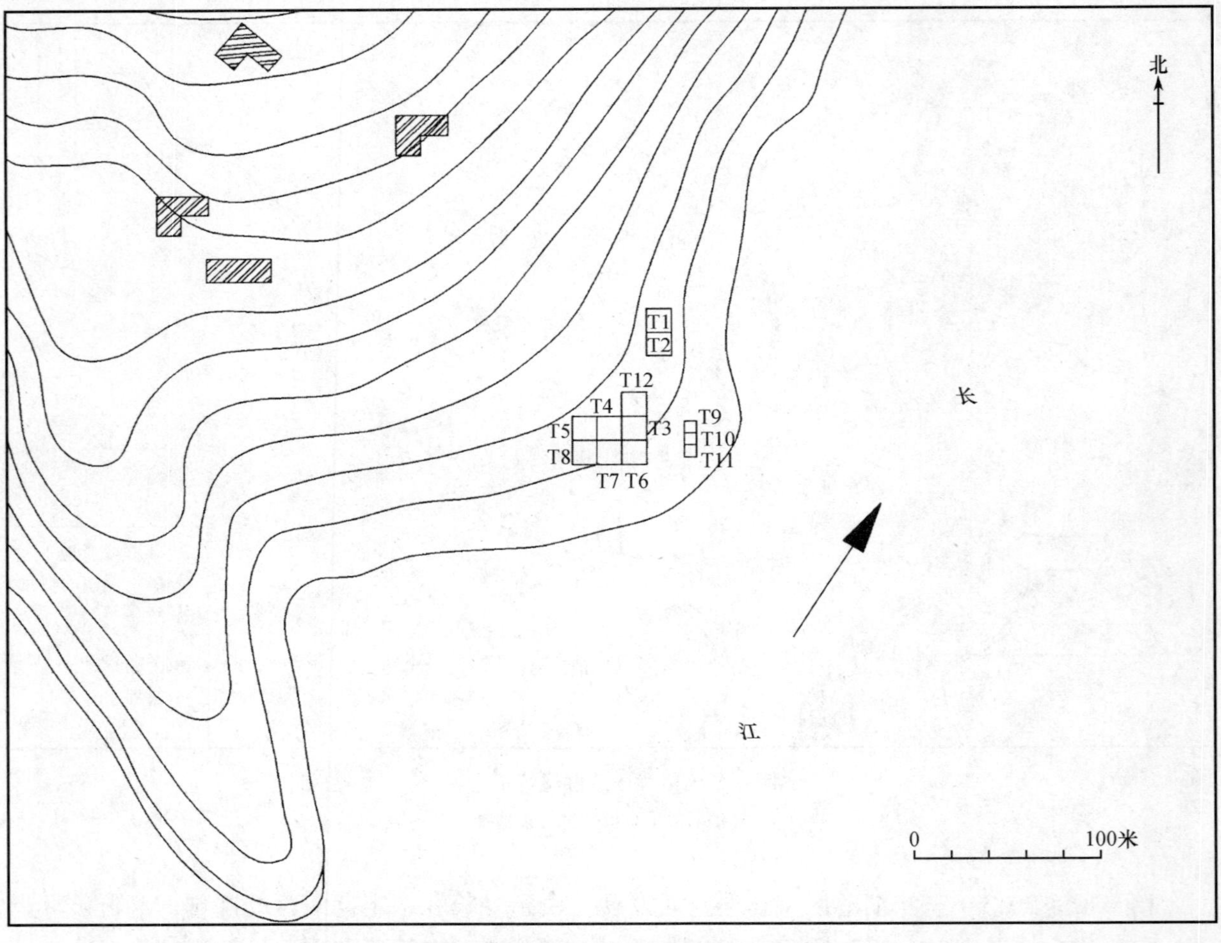

图二　柏树梁子墓群地形及2013年发掘探方分布示意图

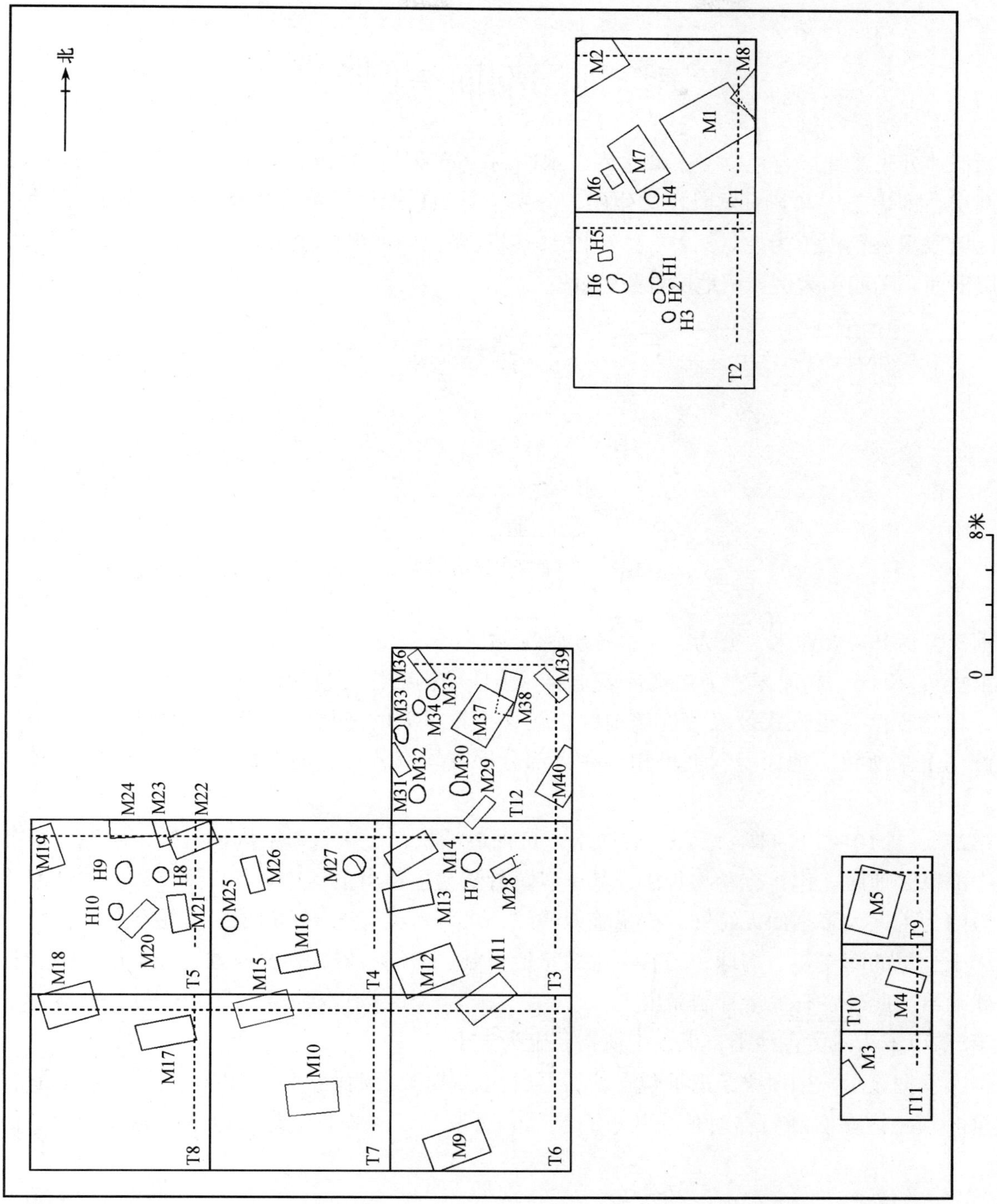

图三 柏树梁子墓群2013年发掘总平面图

三、地层剖面举例

墓群地处长江北岸台地，受三峡水库江水冲刷，局部地区直接裸露出生土。发掘区地层可分为两层，即表土层和新石器时代文化层，分别编号为1、2层。第1层为耕土及冲刷次生层，多数区域以黑褐色沙土为主。第2层为文化层，以灰褐色、黄褐色沙土为主。下面以T4、T5北壁地层剖面（图四）为例介绍地层堆积情况。

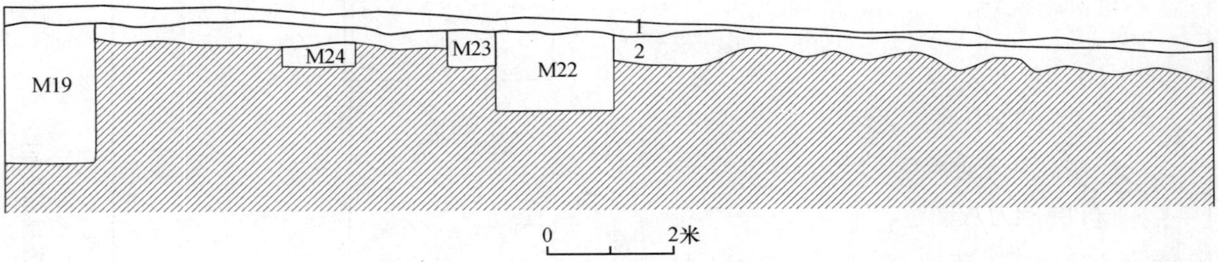

图四　T4、T5北壁剖面图

本探方深35～70厘米，分为二层，各层情况如下：

第1层：厚10～30厘米。为黑褐色表土层，土质结构疏松。包含少量的陶片、石器、动物骨骼、植物根茎及近现代垃圾等。该地层中包含少量早期的遗物应为晚期人类耕种等活动从下层翻动上来所致。地层呈斜坡堆积，在大部分探方均有分布，南部探方受江水冲刷裸露出生土。

第2层：深10～30厘米，厚10～45厘米。黄褐色沙土，土质软，结构较疏松，倾斜分布于探方中部以北地区。包含有动物骨渣，其中以鱼骨渣为主；出土陶片丰富，主要以夹砂红陶及夹砂黑陶为主，大多素面无纹饰，少量施以绳纹，可辨器类有釜、罐口沿、圈足碗等。在地层中还出土少量的陶支座、陶球，另有一定数量的打制、磨制石器，器类有球、斧、锛、锄、石片、砍砸器。此外，有少量骨制品出土。

第2层以下为浅黄色沙土，无人工遗物，定为生土。

本次发掘显示，柏树梁子遗址包含新石器时代、战国、汉代三个时期的遗存。其中战国、汉代墓葬填土内多有新石器时代陶片、石制品、骨制品及动物骨骼等，以下按时代分别进行介绍。

四、新石器时代遗存

新石器时代遗迹有灰坑、墓葬两类。

（一）灰坑

此次共发掘清理新石器时代灰坑10座，编号为H1～H10，主要集中分布在T2、T5内。新石器时代灰坑均叠压于1层下，打破生土，深度在5～45厘米间。其形状有近圆形、近椭圆形、不规则形状等，坑口均大于坑底，弧壁或斜壁，多为圜底，少部分为平底。灰坑内除炭屑等包含物外，多出土陶器残片、石器、动物骨骼等遗物。

1. 近圆形灰坑

共4座。

H1　位于T2中部偏北区域，叠压于第2层下，打破生土。平面近圆形，坑壁较缓，坑底不平，中部略高，东西两侧凹陷。坑口长径60厘米，距地表深40厘米，坑深12厘米（图五）。坑内堆积仅1层，为灰黑色沙土，土质较松软。坑内堆积大量散乱动物骨渣，鱼骨遍布全坑，中心偏西区域较多，主要有鱼鳃骨、鱼牙齿、鱼脊椎骨和鱼鳍骨等；另有少量动物肢骨，保存状况较差。坑内出土有夹砂红陶片和少量陶器底。

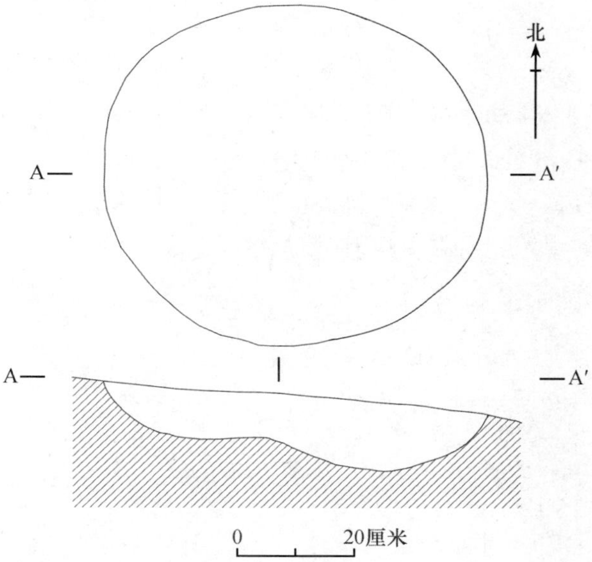

图五　H1平、剖面图

2. 近椭圆形灰坑

共4座。

H9　位于T5北部，叠压于第2层之下，打破生土。平面呈椭圆形，口大底小，斜壁，坑壁上部较直，周壁坑底平整。坑口长径110、短径85、坑深45厘米（图六）。坑内堆积可分2层，第1层为黑褐色沙土，厚10～40厘米，土质较硬，结构较紧密，包含大量的陶片、动物骨渣。陶片可辨器物有罐。第2层为黄褐色沙土，厚3～30厘米，土质较软，结构较疏松，夹杂少量的碎陶片、动物骨渣及少量石制品，出土磨制石斧1件、玉石指环1件。

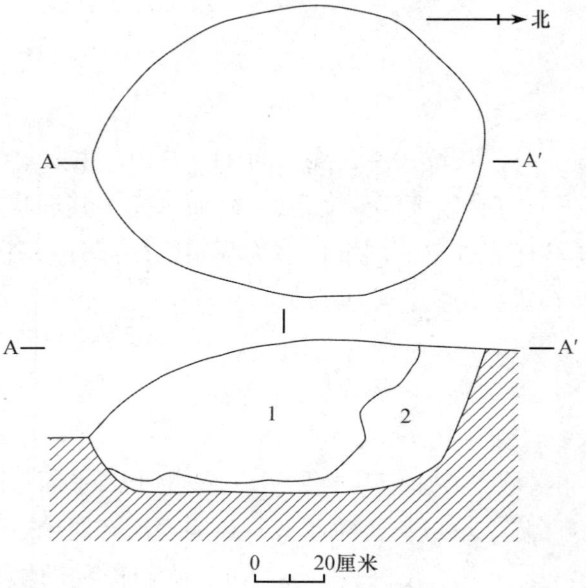

图六　H9平、剖面图

3. 不规则形状灰坑

共2座。

H5　位于T2西北部，叠压于第2层之下，打破生土。平面呈不规则长方形，剖面呈锅底状，口大底小，坑壁较缓，坑底平整。坑口长径73、短径56、坑深35厘米（图七）。坑内堆积仅1层，为灰黄色砂土，土质较硬。内夹杂大量鱼骨渣，鱼骨有鱼鳃骨、鱼牙齿、鱼脊椎骨、鱼尾鳍骨，另有少量其他动物的残骨。

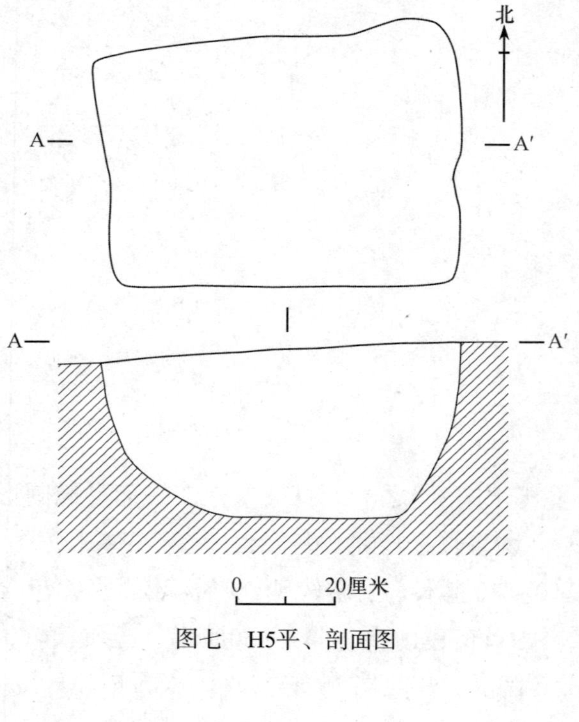

图七　H5平、剖面图

（二）墓葬

新石器时代墓葬10座。根据墓葬葬式的差异，可分为屈肢葬、直肢葬两类。屈肢葬的墓坑呈不规则圆形或近椭圆形，墓坑较小，仅能容身，多数无随葬品，仅一座墓随葬有磨制石制品和牙饰品，同时有随葬鱼的现象。直肢葬墓为长方形竖穴土坑墓，发现1座多人合葬墓，墓坑较浅，随葬器物丰富，以石制品为主。此外有少量的陶器、骨器及装饰品。不明葬式墓葬的墓坑为不规则圆形，墓坑小，肢骨杂乱且严重残缺。

1. 屈肢葬

共7座。

M27　位于T4东北角，叠压于2层下，打破生土。墓圹近圆形，方向3°。平底。墓口长径1.14、短径1.07、深0.14～0.2米（图八）。

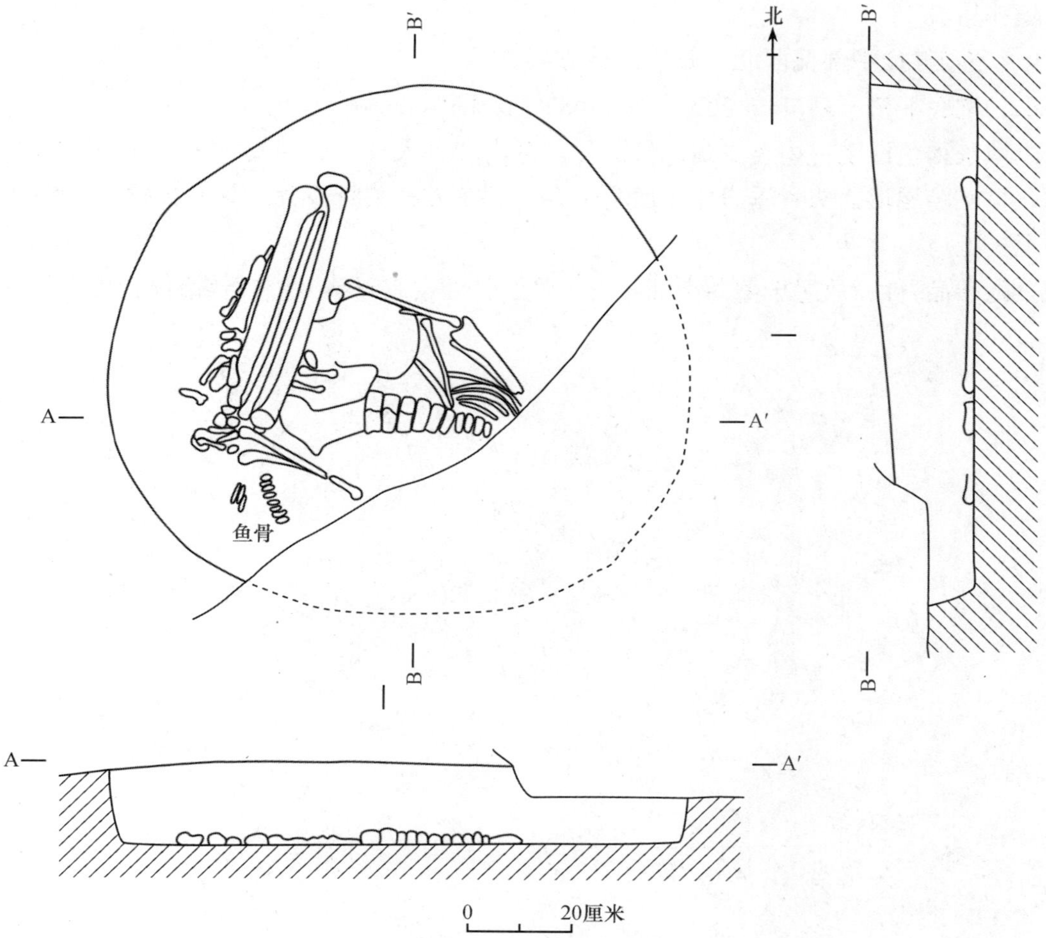

图八　M27平、剖面图

墓内填土为灰褐色沙土，包含少量的碎陶片、动物骨渣。墓内埋葬残缺人骨架1具，为仰身屈肢葬，上肢残缺严重，头部及左侧上身已不存。双手屈放于盆骨两侧，下肢向右侧屈，足部置于臀下。

墓坑西南左手肢骨处随葬鱼骨，残留鱼脊椎骨及骨刺。

M30　位于T12南部，叠压于第2层下，打破生土。墓圹近椭圆形，方向87°。平底，墓坑较小，墓口长径100、短径75、深20厘米（图九；图版一，3）。

墓内填土为灰褐色沙土，较疏松，夹杂少量的动物骨渣。墓内埋葬人骨1具，为侧身屈肢葬，头向西，面部朝下。上肢双手放在腹腿之间，背部略弧，下肢右侧屈于胸前，部分肢骨残缺。

无随葬品。

M34　位于T12西北角，叠压于第2层下，打破生土。墓圹近圆形，方向150°。墓壁较直，圜底，墓坑较小。墓口长径0.9、短径0.83、深0.3米（图一〇）。

墓内填土为灰褐色沙土，较疏松，包含少量的碎陶片。墓内埋葬人骨1具，为侧身屈肢葬，头向西南，面部朝下。上身弯曲，身体略向前倾，上肢屈曲，双手上举，置于颌下，两下肢骨屈于胸前，呈弯曲状。

无随葬品。

M35　位于T12中部偏西北，叠压于该方第2层下，打破生土。墓圹为近圆形，方向153°。墓坑较小，坑底平整。墓口长径0.9、短径0.83、深0.3米（图一一）。

墓内填灰褐色沙土，内含少量的碎陶片。墓内埋葬人骨一具，较散乱，肢骨残缺严重，屈肢葬式，呈侧蹲屈形。头骨垂直立于股骨上，面朝东方；侧身弧背，双上肢屈于腹股间，双下肢屈曲上折近肩。

该墓随葬品7件，放置于墓葬南部靠近人骨股骨处，有石锛5件、石镞1件，牙饰品1件。

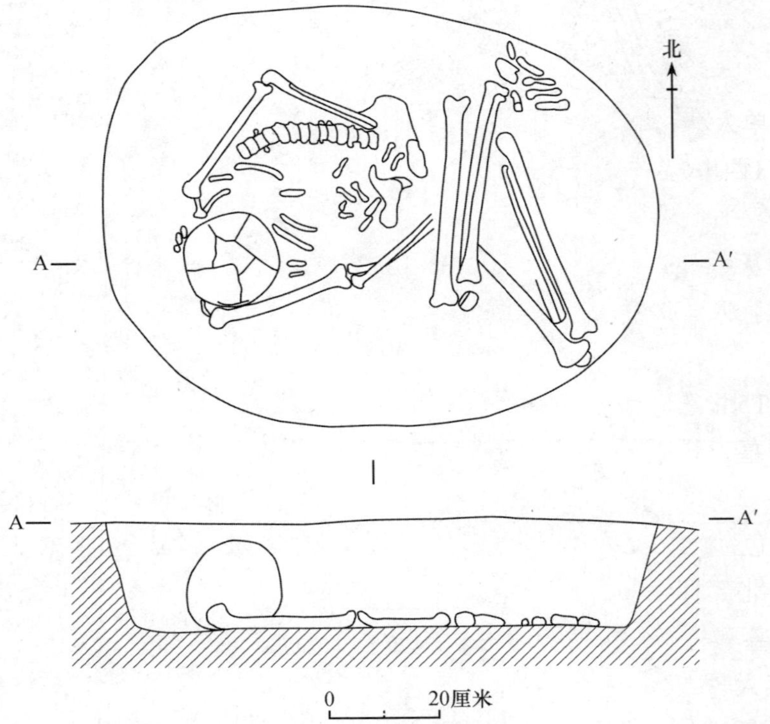

图九　M30平、剖面图

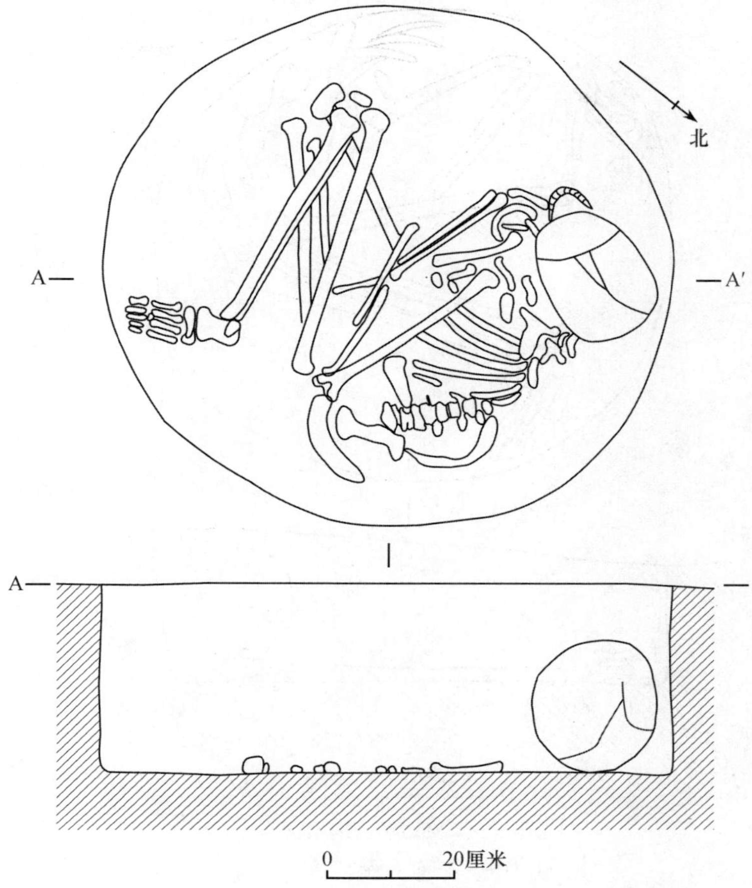

图一〇　M34平、剖面图

2. 直肢葬

共3座，2座单人葬，1座合葬。

M6　位于T1西南角，叠压于第2层下，打破生土。M6为长方形竖穴土坑墓，方向331°。墓坑较浅，墓底较平。墓口长1.4、宽0.7、深0.12～0.25米（图一二；图版一，2）。

墓内填土为灰色沙土，较为疏松，无包含物。墓内埋葬人骨一具，为仰身直肢葬，面向西南，头向西北。人骨保存较好，两手下垂置于盆骨处，双足下伸。肢骨较粗。骨架长117厘米，较为矮小。

M24　位于T5北部，紧贴北壁，叠压于该方第2层下，打破生土。该墓东部被M23打破。M24为多人合葬墓，长方形竖穴土坑，方向258°。墓坑较浅，墓底不平整，由北至南倾斜约2°。墓口长2.28～2.48、宽1.64、深0.50米（图一三）。

墓内填灰褐色沙土，结构疏松，包含少量的碎陶片。该墓内人骨大致可以分为南、北两组人骨。由于南、北部骨架摆放方向不一致，该墓并受晚期墓葬打破、扰动，很可能是2座不同墓葬，存在北部墓葬打破南部墓葬的关系。

北部组：存人骨2具，保存较好，较为完整。其中靠近墓北面的为仰身直肢葬，面部朝上，左上肢已不存，右手下垂放于盆骨处，双足下伸，骨架残长114厘米。北部另一具人骨架

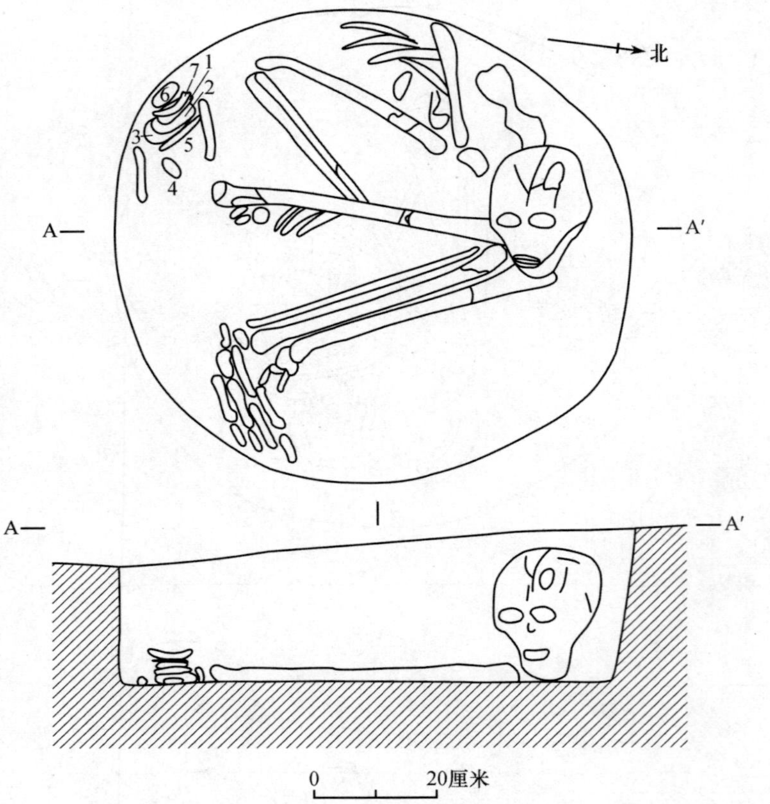

图一一　M35平、剖面图

1. 石镞　2～6. 石锛　7. 兽牙

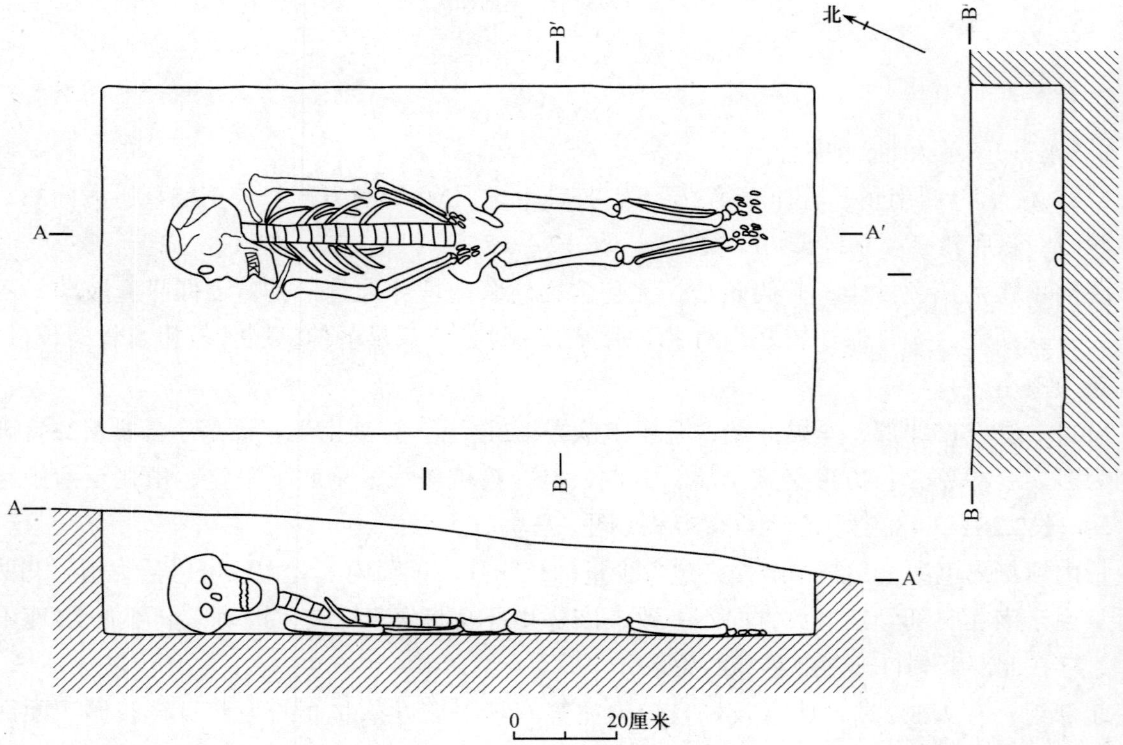

图一二　M6平、剖面图

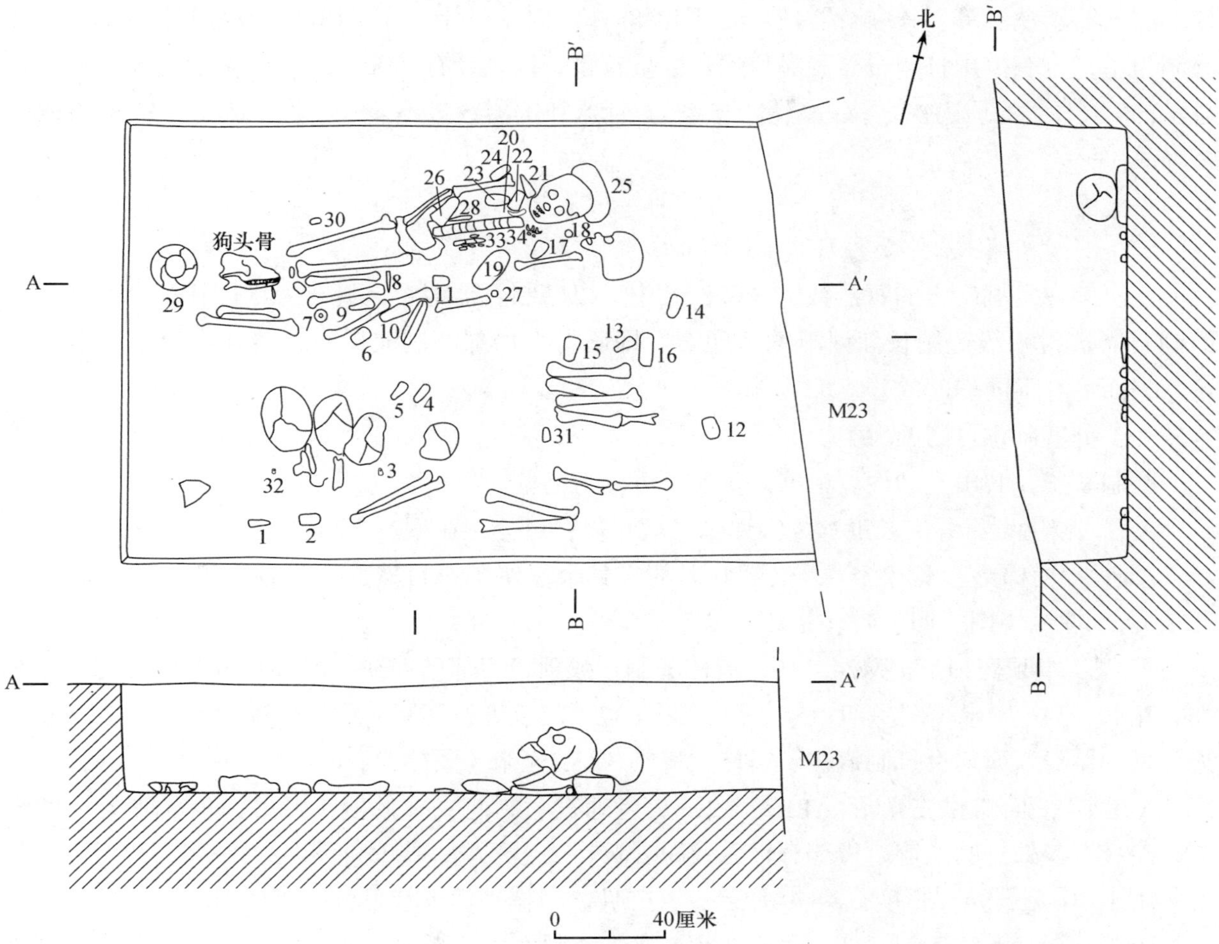

图一三 M24平、剖面图

1. 石凿 2、4～6、9、11～14、21～24、26、31. 石锛 3、32. 绿松石坠 7. 细石器 8、28. 骨锥 10、15～17、19、30. 石斧 18. 陶球 20. 犬齿 25. 石枕 27. 石球 29. 陶钵 33. 骨匕 34. 牙饰品（1～5、12～16、31、32为南部组，余为北部组）

保存状况一般，仅剩头骨和部分肢骨，面部朝西北，侧身紧贴北部人骨，骨架残长126厘米。北部组骨架足部有随葬狗的现象，仅残存狗头骨。另周围随葬22件器物，其中石锛8件、石斧4件、小石器1件、石枕1件、石球1件、陶球1件、陶钵1件、骨锥2件、骨匕1件、骨饰品1件、犬齿1件。石枕置于在北部人骨架头部顶侧放，故初步推断为石枕。

南部组：散乱分布有头骨、肢骨，其中靠西发现4片头骨残块，并排分布，东部有大量的肢骨。南部人骨可能为二次葬，也可能由于距地表较浅，受上部M23扰动，致骨架不全，位置有所变动。南部组随葬器物12件，其中石锛7件、石斧2件、石凿1件、绿松石坠2件。

（三）新石器遗迹出土遗物

新石器时代遗存出土遗物丰富，共计290件，从材质上可分为石器、陶器、铜器、骨器、牙器、玉器、铁器等。其中石器171件，陶器84件，铜器16件，骨器18件，铁器1件。石器多以磨制为主，也有少量打制石器。陶片残片数量较多，据统计有2000余块，以夹砂红陶为主，占总量的94.6%，泥质陶次之，占总量的5.4%。骨器和玉器数量不多，器形主要为一些小工具和装饰品。

1. 石器

此次考古发掘出土的石器数量较多，其中又以磨制石器为主，另有少量打制石器和石片，磨制石器选材一般选用长江河滩的鹅卵石，即砾石，局部磨制成器，石器普遍存在使用的痕迹，表面均有不同程度的残痕。

斧　分磨制、打制两大类。

磨制石斧　共出土89件。根据体量大小可分为三型。

A型　较大型石斧。长度14～22厘米，共14件，可分三亚型。

Aa型　近梯形。T4②：9，仅磨制刃部，其余保留砾石自然面。弧顶，弧刃。长17、宽7.2、厚2.4厘米（图一四，4；图版四，2）。

Ab型　窄顶宽刃形。M24：19，通体磨制。弧顶，刃部已残缺，器身有多处打制痕迹。长18、宽8、厚1.9厘米（图一四，5）。T12②：37，灰色砾石磨制而成。弧顶，弧刃，顶部窄，刃部宽，器身双面均有打制痕迹。长15、宽7、厚3.2厘米（图一四，6）。

Ac型　平面略呈三角形。T1②：2，灰色砾石磨制而成。弧顶，弧刃，顶部较尖，刃部宽，器身有多处打制痕迹，刃部有轻微残缺。长15.2、宽7.8、厚2.6厘米（图一四，7）。

B型　中型石斧。长度在8～14厘米，共65件。根据平面形状可分四亚型。

Ba型　长条形。T1①：1，灰色砾石，通体磨制而成。弧刃，顶部已残，器身中部略向外鼓，器身双面有多处打制痕迹。残长11.2、宽3.6、厚1.6厘米（图一五，1）。T5②：17，灰色砾石，通体磨制而成。顶和刃部略弧，刃部略宽于顶部，器身有多处使用残痕。长12.6、宽6.8、厚2.8厘米（图一五，2）。

Bb型　近梯形。T1②：8，灰色砾石，通体磨制而成。顶和刃部略弧，顶部残损，器身有多处打制痕迹。长13.9、宽9.6、厚3.4厘米（图一五，3）。T12②：23，青灰色砾石，通体磨制而成。顶和刃部略弧，器身双面有打制痕迹，靠近顶部有大块石片脱落。长12、宽7、厚2.7厘米（图一五，4）。T12②：21，灰色砾石，通体磨制而成。弧顶，弧刃，刃部较偏，顶部及刃部有残痕。长9.8、宽6.4、厚1.5厘米（图一五，5）。

Bc型　窄顶宽刃形。T7①：2，青色砾石，通体磨制而成。弧顶，弧刃，顶部及刃部残损，器身有多处打制痕迹。长14.3、宽8.2、厚3.4厘米（图一五，6）。T8①：4，灰色砾石，通体磨制而成，弧顶，弧刃略斜，刃部较钝，整器有多处打制痕迹，长14、宽7.6、厚2.7厘米（图一四，1）。T12②：32，灰褐色砾石，通体磨制而成，弧顶，弧刃，刃部有使用痕迹，器身有打制痕迹。长13.2、宽6.4、厚2.6厘米（图一四，2；图版四，3）。

Bd型　舌形。T1②：9，青灰色条纹砾石，通体磨制而成。弧刃，顶部已残，器身两侧有打制痕迹。残长13、宽7、厚3.2厘米（图一四，3）。

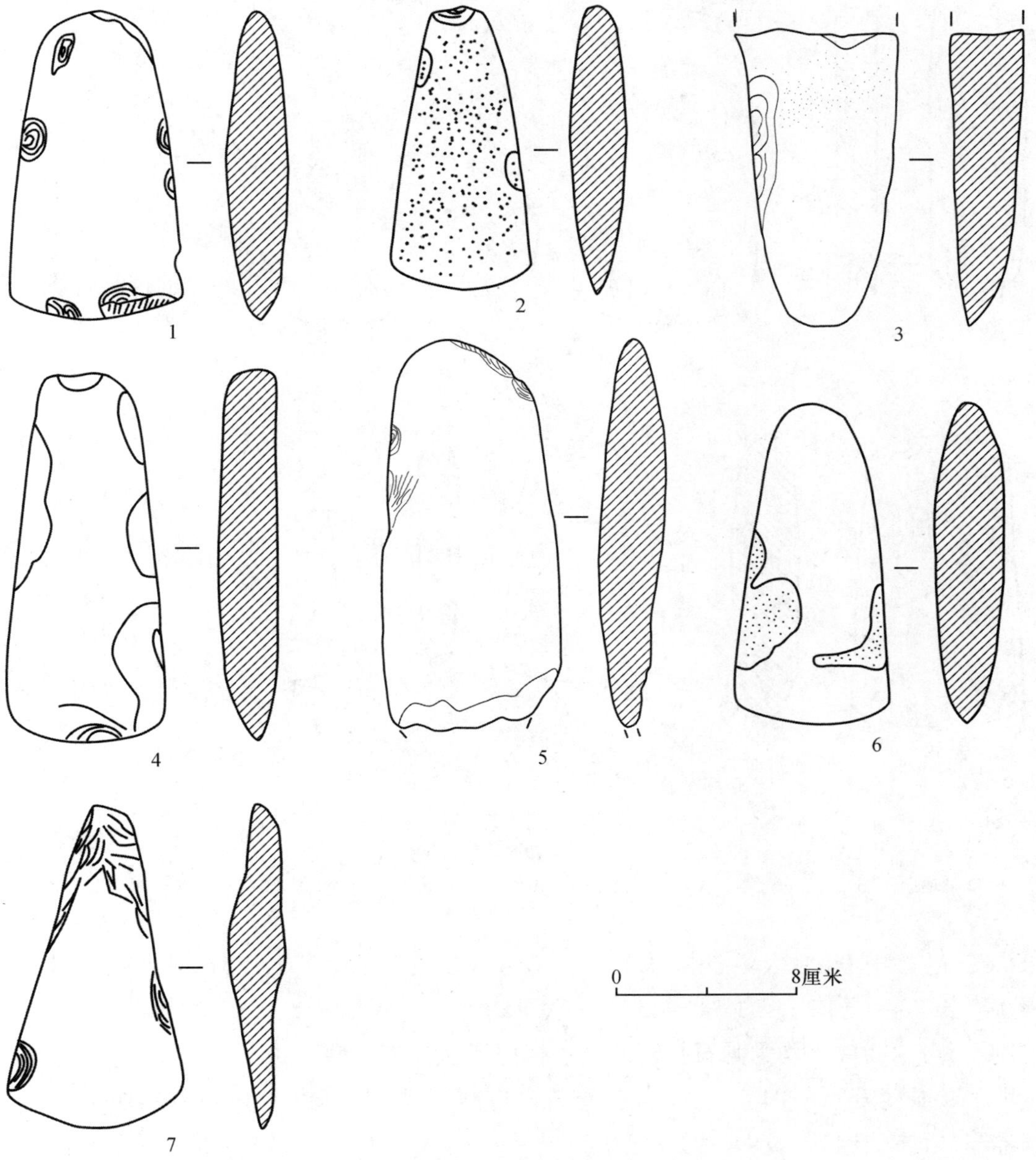

图一四　出土磨制石斧（一）

1、2. Bc型（T8①：4、T12②：32）　3. Bd型（T1②：9）　4. Aa型（T4②：9）　5、6. Ab型（M24：19、T12②：37）　7. Ac型（T1②：2）

C型　小型石斧。长度为8厘米以下，10件。根据平面形状可分三亚型。

Ca型　近梯形。T12②：2，通体磨制。弧顶，弧刃，顶部及刃部略有残缺，双面均有打制痕迹。长6.2、宽4.3、厚1.1厘米（图一六，1）。T3②：7，弧顶，弧刃，顶部及刃部略有残缺，器身有打制痕迹。长5.3、宽4.4、厚0.7厘米（图一六，2）。

Cb型　窄顶宽刃形。T12②：35，弧顶，弧刃，背面仅磨制刃部，保留大部分自然面。长8.1、宽4.2、厚0.9厘米（图一六，4）。

Cc型　长条形。T12②：9，弧顶，弧刃，顶部及刃部略有残缺，器身双面均有打制痕

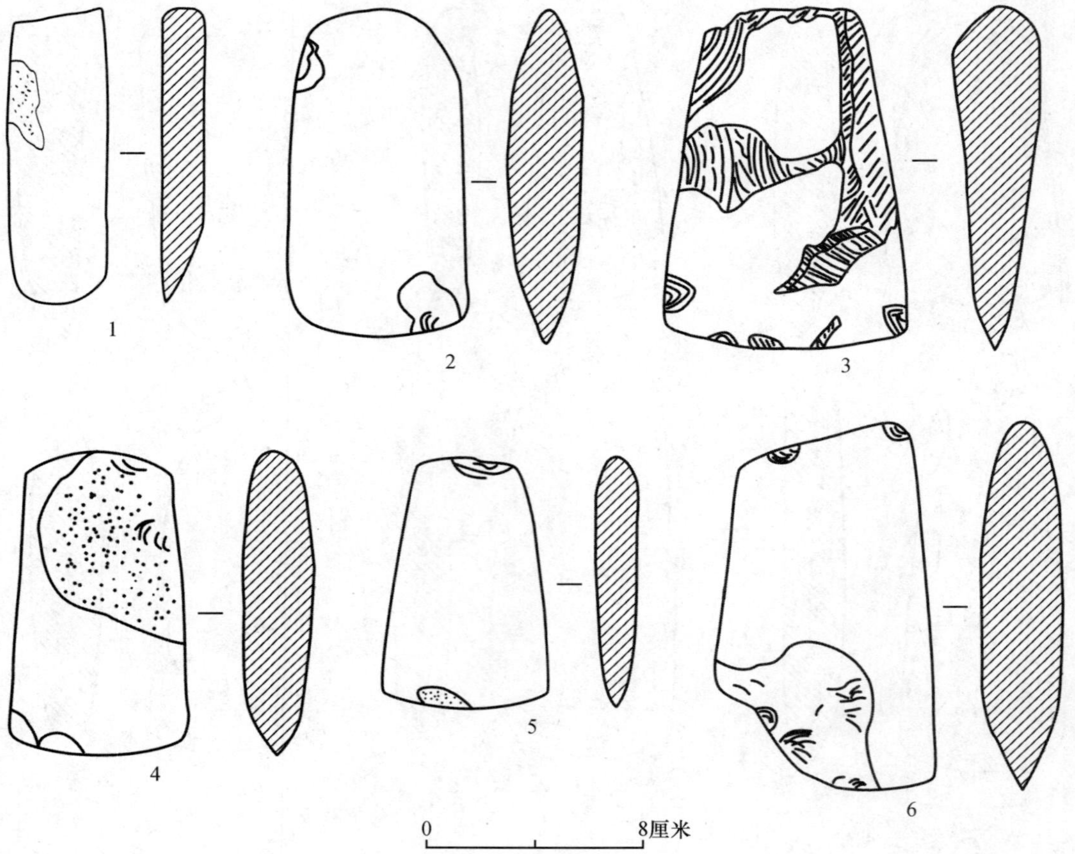

图一五　出土磨制石斧（二）
1、2. Ba型（T1①：1、T5②：17）　3～5. Bb型（T1②：8、T12②：23、T12②：21）　6. Bc型（T7①：2）

迹，长6.6、宽3、厚0.8厘米（图一六，3）。T8①：2，弧顶，弧刃，刃部有残缺，器身有多处打制痕迹。长7.3、宽4.2、厚1.5厘米（图一六，5）。

打制石斧　共9件，均为砾石打制而成。根据形状分为二型。

A型　窄顶宽刃形。T4②：7，灰色砾石，打制而成，一面保留砾石自然面。顶部较平，弧刃，器身较薄。长17、宽9、厚2.8厘米（图一七，1）。T12②：25，褐色砾石，打制而成，一面保留砾石自然面，另一面为打制面。弧顶，弧刃，刃部有打制残痕。长13.5、宽8、厚3厘米（图一七，2）。

B型　尖顶宽刃形。T5②：11，灰褐色砾石，打制而成，一面保留砾石自然面。顶部较尖，弧刃，器身有多处打制痕迹。长14.2、宽9、厚2厘米（图一七，3）。T6①：2，红褐色砾石，打制而成，一面保留砾石自然面，另一面打制较平整。顶较尖，弧刃，器身有打制痕迹。长12.4、宽8.8、厚2.7厘米（图一七，4）。

锛　共出土35件。其中33件可分型，根据大小分二型。

A型　中型石锛。12件。根据形状分四亚型。

Aa型　长条形。M24：11，灰青砾石，通体磨制而成。平顶，刃部略弧，器身有多处打制痕迹，顶部和刃部有残缺。长8.9、宽5.8、厚1.7厘米（图一八，1）。M24：12，灰青砾石，通

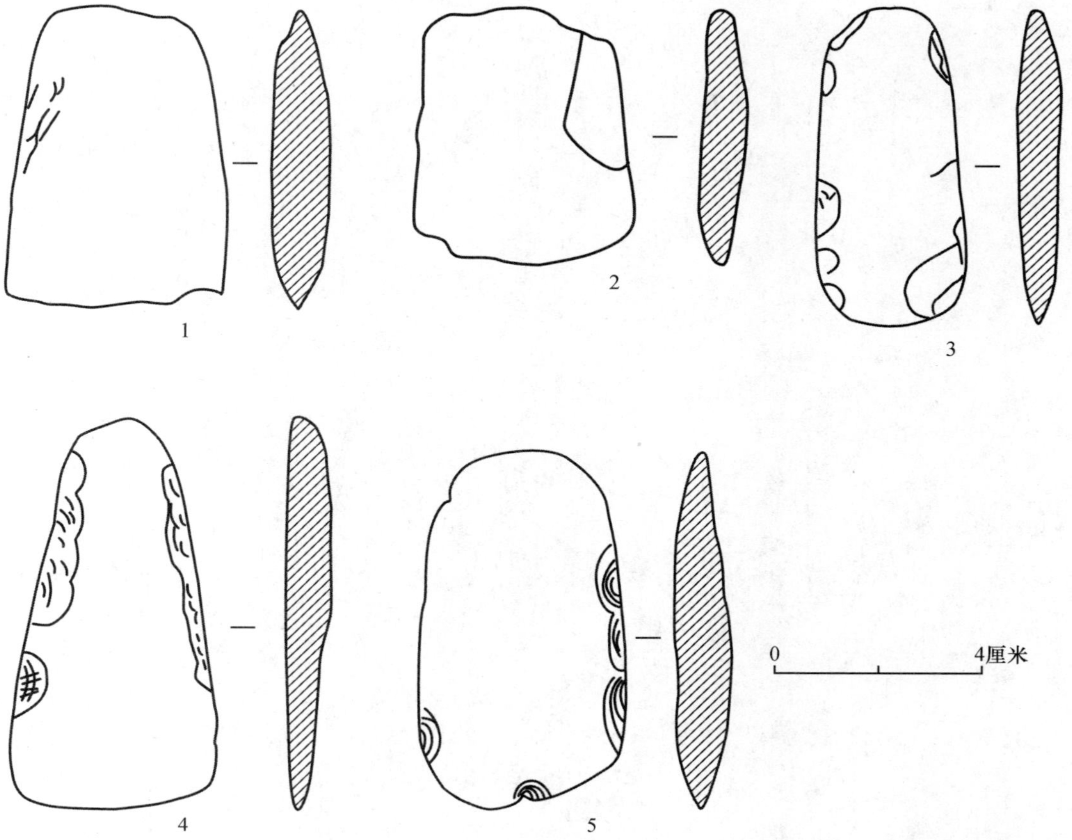

图一六　出土磨制石斧（三）

1、2. Ca型（T12②：2、T3②：7）　3、5. Cc 型（T12②：9、T8①：2）　4. Cb型（T12②：35）

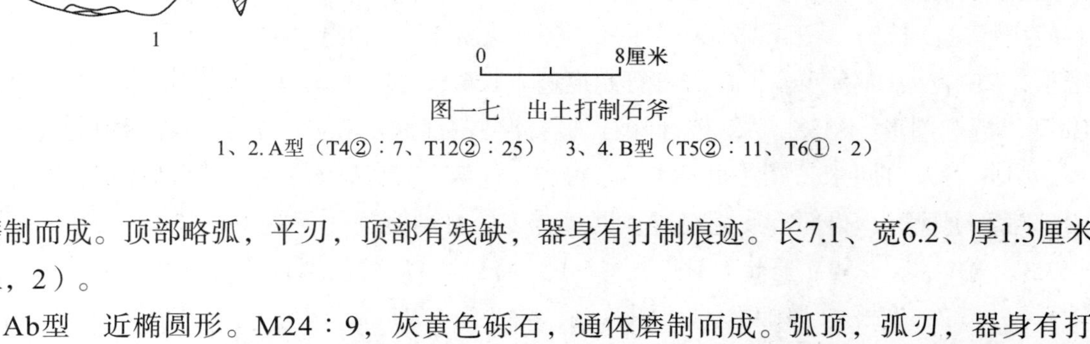

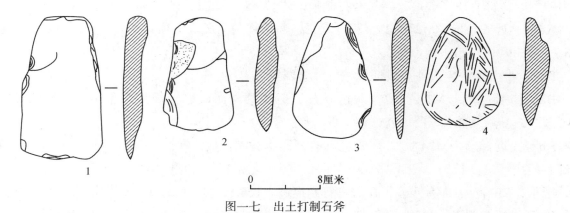

图一七　出土打制石斧

1、2. A型（T4②：7、T12②：25）　3、4. B型（T5②：11、T6①：2）

体磨制而成。顶部略弧，平刃，顶部有残缺，器身有打制痕迹。长7.1、宽6.2、厚1.3厘米（图一八，2）。

Ab型　近椭圆形。M24：9，灰黄色砾石，通体磨制而成。弧顶，弧刃，器身有打制痕迹。长8.4、宽4.5、厚1.6厘米（图一八，3）。M35：5，黄褐色砾石，仅磨制刃部。弧顶弧刃，较细长，器身有刻划痕迹。长10.9、宽4.7、厚1.4厘米（图一八，4）。

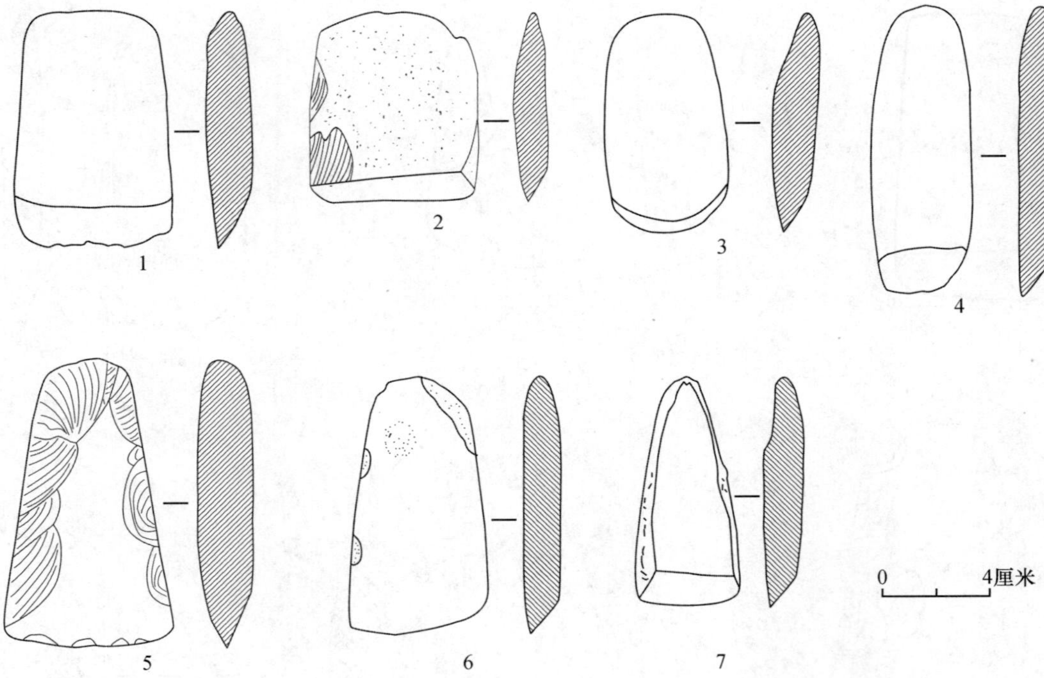

图一八　出土石锛（一）

1、2. Aa型（M24：11、M24：12）　3、4. Ab型（M24：9、M35：5）　5、6. Ac型（T5②：8、M35：3）　7. Ad型（M24：21）

Ac型　窄顶宽刃形。T5②：8，灰色砾石，通体磨制而成。弧顶，弧刃，较细长，器身光滑。长10.3、宽3.9、厚1.3厘米（图一八，5）。M35：3，灰青色砾石，通体磨制而成。弧顶，弧刃略斜，刃部有使用残痕，器身有打制痕迹。长9.8、宽5.2、厚1.5厘米（图一八，6）。

Ad型　近三角形。M24：21，灰青砾石，通体磨制而成。尖顶，平刃略弧，器身有残痕。长8.7、宽3.9、厚1.5厘米（图一八，7）。

B型　小型石锛。21件。根据形状可分为四亚型。

Ba型　长条形。M24：22，灰色砾石，通体磨制而成。较规整，平顶，刃部略弧。长6.4、宽3.5、厚1.4厘米（图一九，1）。

Bb型　近梯形。M24：2，灰青色砾石，通体磨制而成。平顶略弧，弧刃，器身有残痕，刃部有使用痕迹。长5.6、宽4.2、厚0.8厘米（图一九，2）。T8①：1，青色砾石，通体磨制而成。平顶，斜弧，刃部有残痕，器身有打制痕迹。长6.1、宽4.1、厚0.9厘米（图一九，3）。

Bc型　近椭圆形。M35：6，灰青砾石，通体磨制而成。弧顶，弧刃，器身有打制残痕。长7.6、宽4.6、厚1.1厘米（图一九，4）。T12②：18，灰青砾石，通体磨制而成。弧顶，弧刃，刃部略宽于顶部，刃部有使用痕迹，器身有多处打制痕迹，背部残损严重，已无砾石自然面。长7.3、宽4，3、厚0.7厘米（图一九，5）。M35：4，黄色砾石，通体磨制而成。弧顶，弧刃较平。长5.2、宽2.9、厚0.9厘米（图一九，6）。

Bd型　窄顶宽刃形。M35：2，灰青砾石，通体磨制而成。弧顶，弧刃，刃部有使用痕迹，顶部和器身有打制痕迹。长8、宽4.8、厚1.5厘米（图一九，8）。T4②：8，灰色砾石，通体磨制而成。弧顶，刃部略弧，器身双面有打制痕迹。长6.2、宽5.1、厚1.5厘米（图一九，

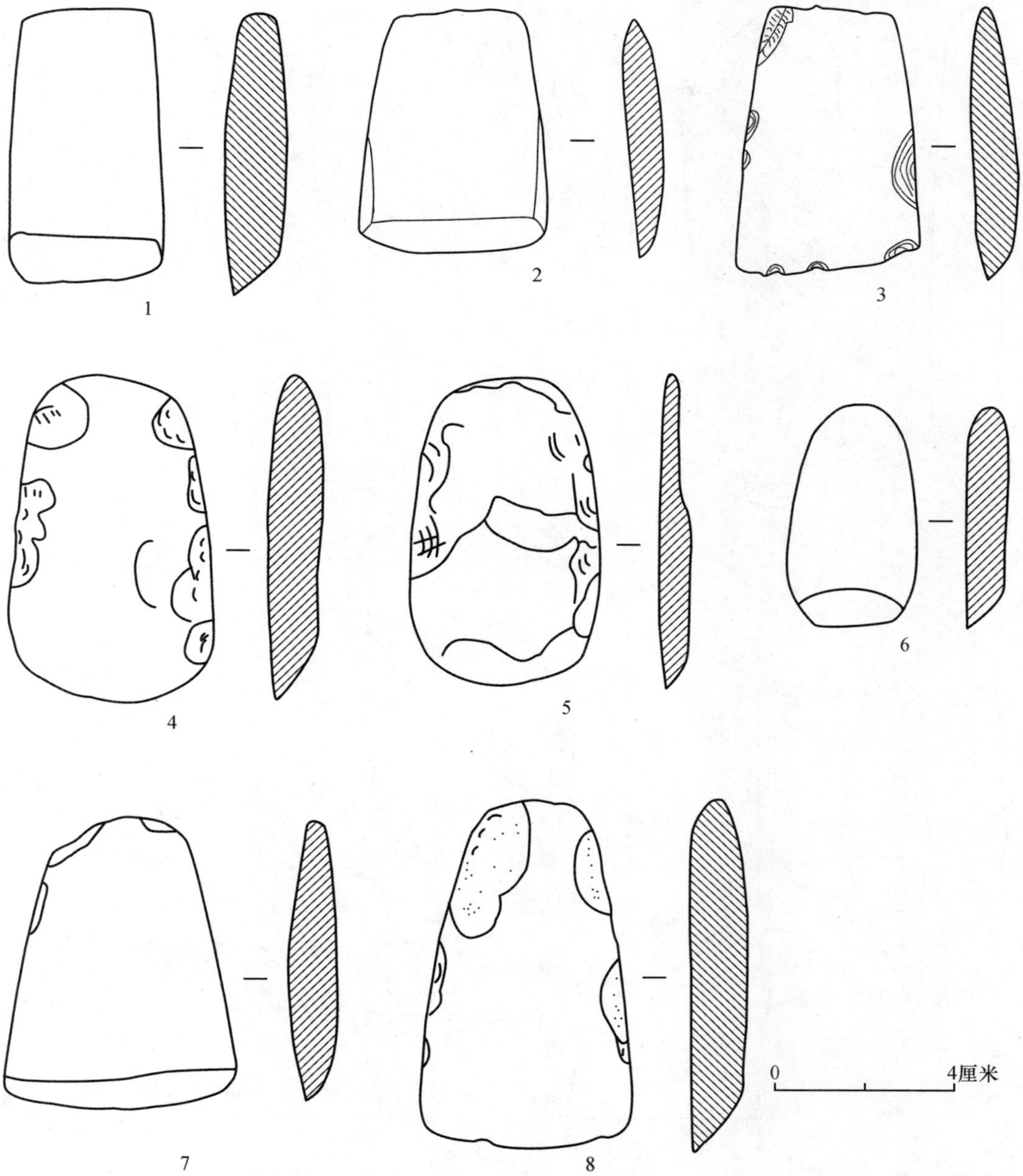

图一九　出土石锛（二）

1. Ba型（M24：22）　2、3. Bb型（M24：2、T8①：1）　4～6. Bc型（M35：6、T12②：18、M35：4）
7、8. Bd型（T4②：8、M35：2）

7；图版四，1）。

凿　器形较小，均为磨制，共3件。分三型。

A型　平面呈锥形。T6①：1，弧顶，平刃。长10.9、宽3.3厘米（图二〇，1；图版四，4）。

B型　平面呈树叶型。H7：1，上部为自然砾石面，下部磨光。弧顶平刃，刃锋利，凿被斜切割成两部分。长10.8、宽3.7厘米（图二〇，2）。

C型　圭形。M24：1，通体磨光，断面呈长方形。平刃，刃锋利，顶部残缺。残长6.3、

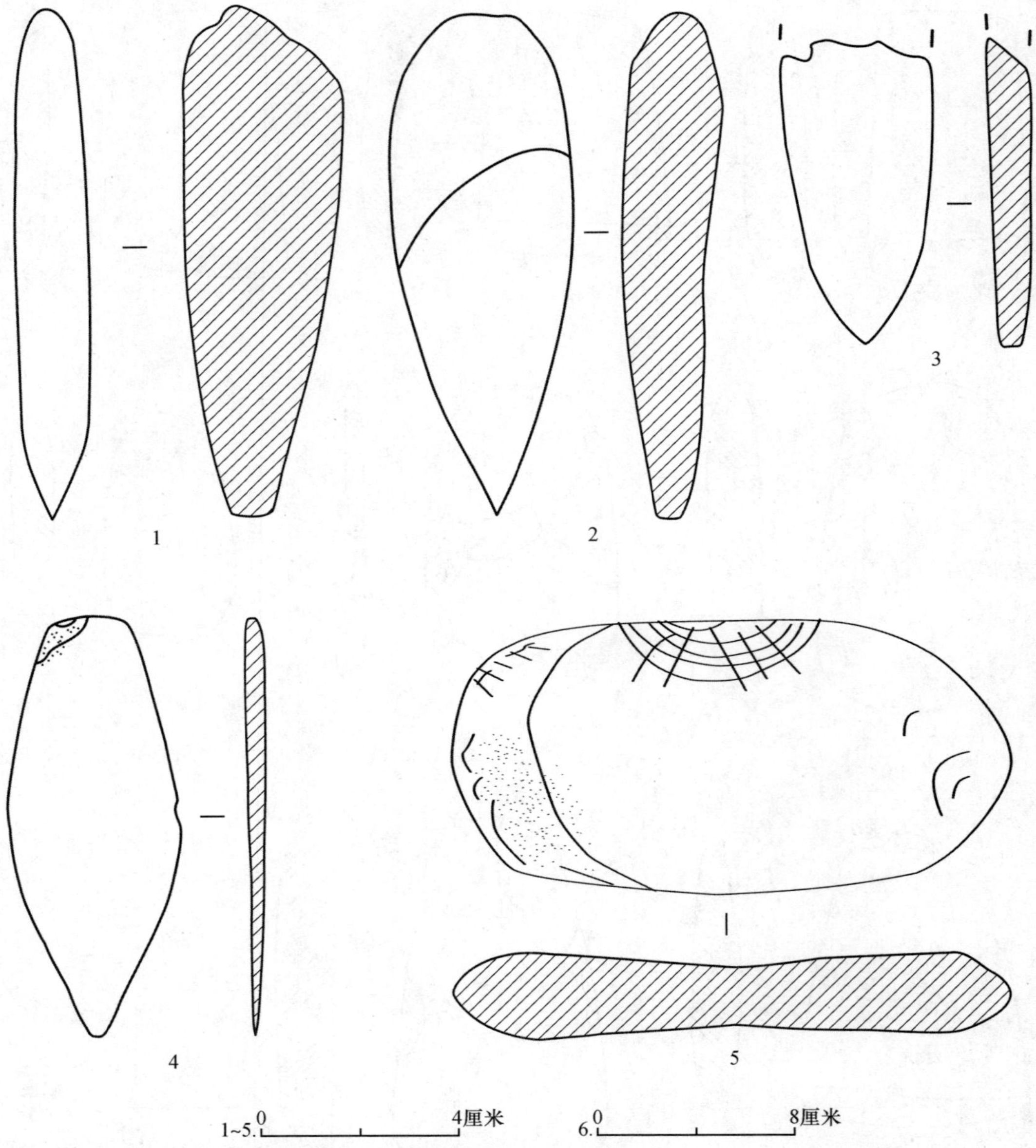

图二〇　出土石制品（一）

1. A型凿（T6①：1）　2. B型凿（H7：1）　3. C型凿（M24：1）　4. 镞（M35：1）　5. 枕（M24：25）

宽3.1厘米（图二〇，3）。

镞　1件。平面呈树叶形。M35：1，通体磨光。平顶，尖刃。中部最宽，长9、宽3.6、厚0.5厘米（图二〇，4）。

枕　1件。平面呈椭圆形。M24：25，为一较大砾石双面打制而成，打击点位于枕面中部，有放射线，周环面保留砾石自然面，双面略向内凹。长23.6、宽9.8、厚3.6厘米（图二〇，5）。

锄　共8件，均采用砾石打制而成。根据肩部情况可分二型。

A型　双肩明显。T1②：10，石片打制而成。一面为自然石面，另一面打制较平整，肩部

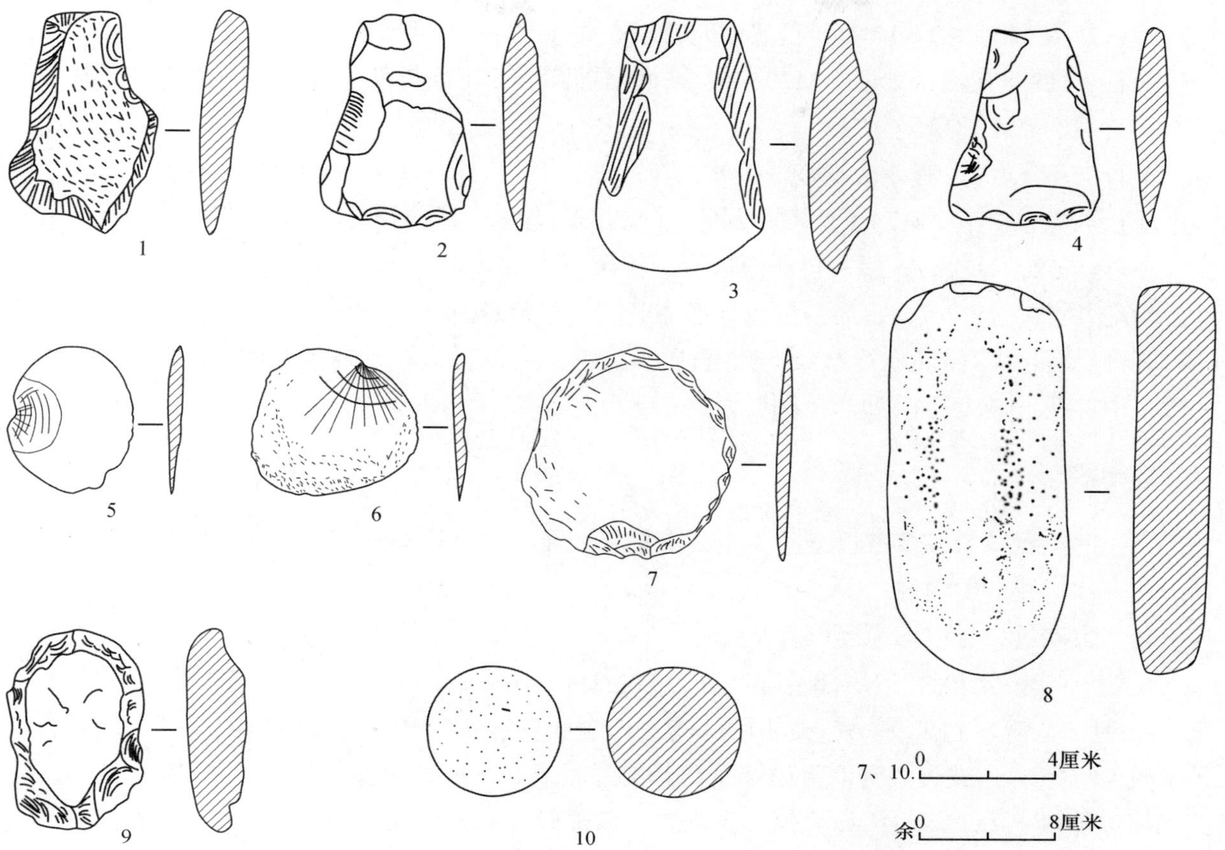

图二一　出土石制品（二）

1、2. A型锄（T1②：10、T12②：26）　3、4. B型锄（T7①：8、T4①：1）　5、6. A型石片（T5②：9、T6①：3）　7. B型石片（T1②：22）　8. 砺石（M20：1）　9. 砍砸器（T5②：7）　10. 石球（T6①：4）

双向加工，顶部及刃部有打制痕迹。平顶，弧刃，长13.9、宽8.8、厚1.2厘米（图二一，1）。T12②：26，灰褐色砾石，打制而成。一面为自然石面，另一面打制较平整，肩部及刃部双向加工。弧顶，弧刃。长13、宽9.2、厚2.2厘米（图二一，2）。

B型　肩部不明显或无肩。T7①：8，由石片打制而成。左肩明显，右肩不显，背面保留砾石自然面。平顶略凹，刃部有残痕。长12、宽9、厚2.3厘米（图二一，3）。T4①：1，由砾石打制而成。双肩不明显，背面保留砾石自然面，正面打制不平，顶部及器身两侧有打制痕迹。平顶，弧刃。长15.6、宽11、厚3.6厘米（图二一，4）。

打制石片　共7件，均由石片砾石打击剥制而成。根据形制可分二型。

A型　形如扇贝。T5②：9，由石片打制而成，打击点明显。刃部弧形，长9.4、宽7.1、厚1厘米（图二一，5）。T6①：3，较圆，由石片打制而成，打击特征较明显。刃部弧形。长9.1、宽10、厚1.7厘米（图二一，6）。

B型　近圆形。T1②：22，石片打制而成，石片四周有打制痕迹，背部保留砾石自然面。长径6.7、短径6.3厘米（图二一，7）。

砍砸器　1件。平面近椭圆形。T5②：7，由砾石打制而成，背面保留砾石自然面，正面打制不平，器身有多处打制痕迹。长12、宽8、厚4.7厘米（图二一，9）。

球　5件。圆球。T6①：4，自然鹅卵石，表面光滑。直径4厘米（图二一，10）。

砺石　1件。灰褐色砂岩。M20：1，平面呈椭圆形，正面中部有磨砺的凹槽，凹槽较浅。长24、宽15、厚4.5厘米（图二一，8）。

玉石饰品　6件。有绿松石坠、指环、耳饰等。

绿松石坠　2件。M24：3，绿松石。椭圆形，较长，顶端穿孔。长3.3厘米（图二九，2）。M24：32，绿松石，浅灰色。短梯形，较长，顶端穿孔。长2厘米（图二九，7）。

指环　1件。H9：2，石质。黑色，通体磨制。直径2.4厘米（图二九，3）。

耳饰　1件。呈滑轮状。M24：7，石质。黑色，通体磨制。圆形，两面有宽面，大小基本一致，中穿孔。最大径1.8厘米（图二九，1）。

2. 陶器

出土的陶器数量较多，以素面为主，少量施细绳纹。可辨器形有罐、碗、豆、球、支座、盘、釜、钵、簋、纺轮等。

罐　完整器未见，均为罐口沿及残片，共27件。根据口沿可分为三型。

A型　凹沿。17件。按肩部情况可分为二亚型。

Aa型　宽肩。T12②：5，夹粗砂红陶，内含少量蚌粒。侈口，沿面略凹呈弧形，圆唇，颈部较厚，宽肩，鼓腹。素面无纹饰。口径16、残高11.2厘米（图二二，1）。T12②：6，夹砂红陶。敞口，沿较浅，沿面呈弧形，圆唇，肩部较宽。素面无纹饰。口径10、残高10.2厘米（图二二，2）。H6：1，夹粗砂红陶，内含少量的蚌粒，侈口，口沿部分呈黑色，沿面略凹呈弧形，圆唇。在颈部及肩部施有绳纹。口径32、残高7.6厘米（图二二，3）。

Ab型　窄肩。T2②：1，夹细砂红陶。沿部斜立内凹，尖唇，鼓腹。素面无纹饰。口径12.4、残高7.6厘米（图二二，5）。T4②：4，夹砂红陶。口沿略向内凹，圆唇，鼓腹，器表有气孔。口径19.2、残高12厘米（图二二，6）。T2②：17，夹砂红陶，外施红陶衣，内含少量蚌粒。圆唇，口沿斜立内凹，腹较鼓。素面无纹饰。口径24、残高13.2厘米（图二二，7）。

B型　直口微侈。8件。T12②：13，夹砂红陶，肩部部分呈黑色。口略侈，沿面直，圆唇。口径30、残高11厘米（图二二，9）。T12②：40，夹细砂红陶，外施红陶衣。侈口，沿面直，圆唇。口径10.5、残高6厘米（图二二，10）。T12②：42，夹细砂红陶，内含少量蚌粒，肩部部分呈黑色。侈口，沿面直，圆唇。口径20、残高8.8厘米（图二二，11）。

C型　直领。2件。根据领高低分为两亚型。

Ca型　领较高。T1②：6，夹砂红陶。圆唇，领部较高，领部与肩基本垂直。口径20、残高5厘米（图二二，4）。

Cb型　矮领。T3②：3，夹砂红陶。直口，圆唇，低领，领部与肩部基本成直角。口径33、残高4厘米（图二二，8）。

碗　9件，修复8件。根据圈足高矮可分二型。

A型　3件。高圈足。根据胎厚薄分二亚型。

Aa型　薄胎。T12②：33，夹细砂红陶。轮制。磨光，内壁下部呈黑色。敞口，弧腹，圈

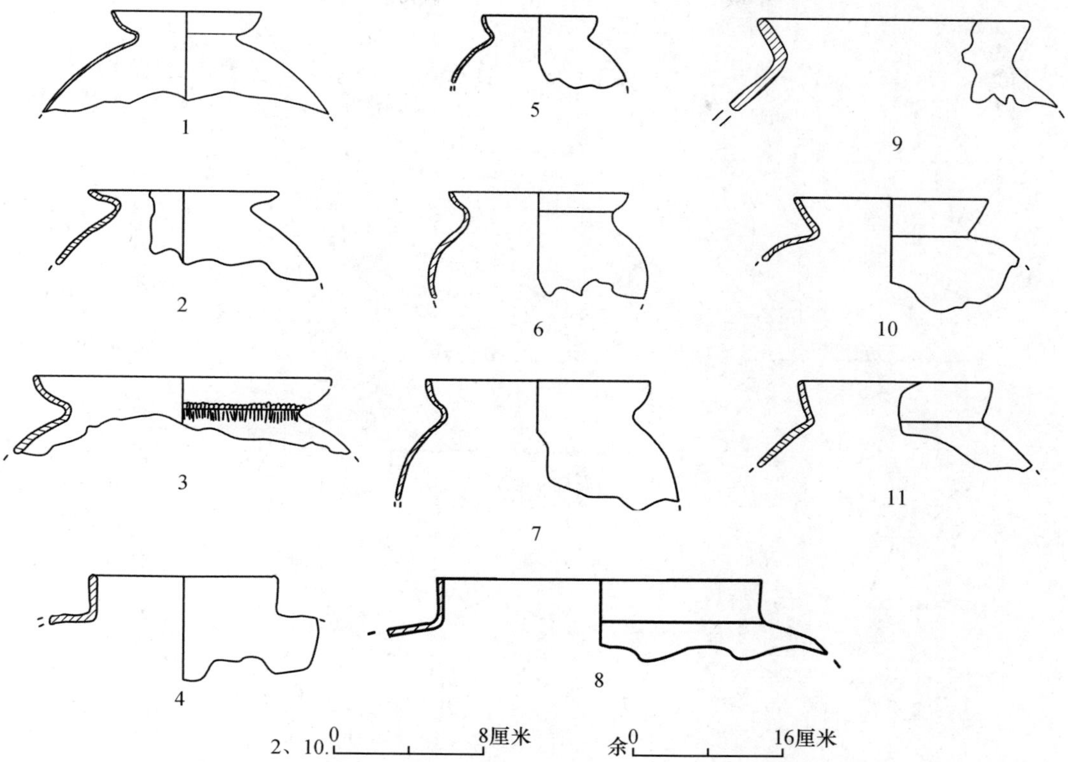

图二二　出土陶罐

1～3. Aa型（T12②：5、T12②：6、H6：1）　4. Ca型（T1②：6）　5～7. Ab型（T2②：1、T4②：4、T2②：17）　8. Cb型（T3②：3）　9～11. B型（T12②：13、T12②：40、T12②：42）

足外撇。口径15.8、底径9.2、高7.4厘米（图二三，1；图版三，4）。

Ab型　厚胎。T12②：1，夹细砂灰陶。轮制。部分磨光，器身部分呈黑色。敞口，折腹，圈足略向外撇。圈足上部施弦纹。口径14.4、底径9.2、高7厘米（图二三，2）。H7：4，夹砂黑陶。捏制。敞口，弧腹且较深。口径12.8、底径7.8、高7.4厘米（图二三，3）。

B型　6件。矮圈足。根据陶胎厚薄分二亚型。

Ba型　薄胎。T2②：12，泥质灰陶。轮制。磨光，外壁部分呈黑色。敞口，圆唇，折腹，圈足上施两道弦纹。口径17.6、底径11、高6.4厘米（图二三，4）。T2②：10，泥质红陶。轮制。磨光，内壁部分呈黑色。敞口略向内收，圆唇，弧腹。口径16.2、底径8.4、高6.8厘米（图二三，5）。T12②：17，夹砂红陶。轮制。圆唇，敞口，弧腹。口径14、底径8、高5.2厘米（图二三，6；图版三，3）。H1：1，夹砂红陶，轮制。内壁呈黑色。弧腹。底径4.4、残高3.9（图二三，7）。

Bb型　厚胎。T12②：46，夹砂红陶。捏制。敞口，弧腹，腹较浅。口径11.6、底径8.6、高4.4厘米（图二三，8）。H7：5，夹砂红陶。轮制。敞口，弧腹，腹较深。口径11.6、底径8.6、高4.4厘米（图二三，9）。

豆柄　均为豆盘底和柄，8件。根据腹部形制可分为二型。

A型　折腹。T7①：3，圈足豆。夹细砂红陶，内壁呈黑色。轮制。折腹，圈足向外撇。

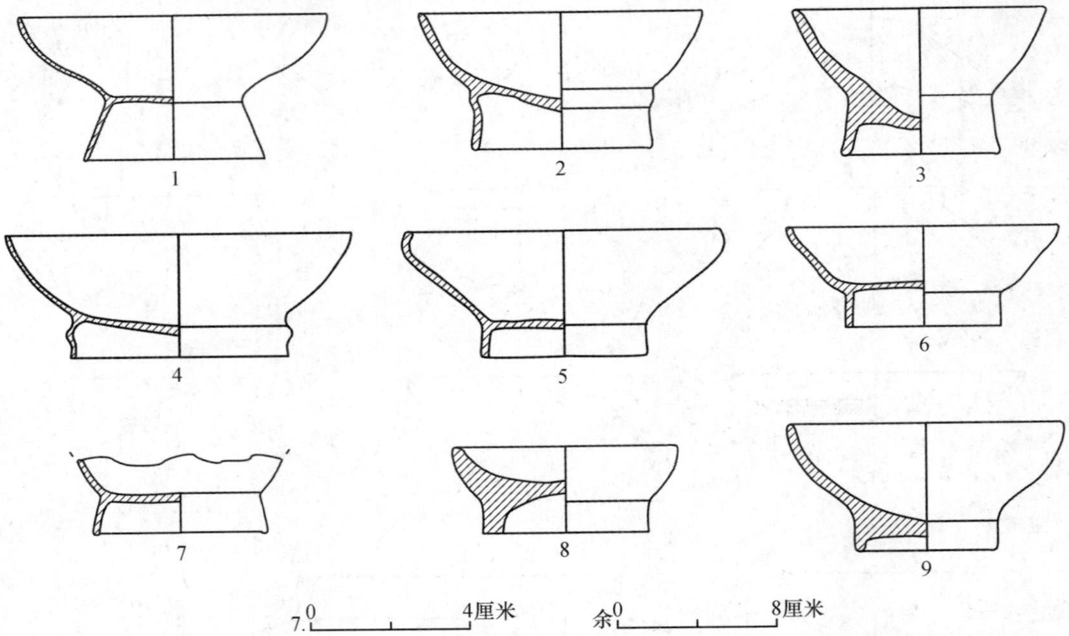

图二三　出土陶碗

1. Aa型（T12②：33）　2、3. Ab型（T12②：1、H7：4）　4～7. Ba型（T2②：12、T2②：10、T12②：17、H1：1）　8、9. Bb型（T12②：46、H7：5）

底径5.8、残高3厘米（图二四，1）。T4②：2，圈足豆。夹细砂红褐陶。轮制。折腹。底径7、残高2.2厘米（图二四，2）。H7：2，圈足豆。夹砂红陶。轮制。折腹，圈足略向外撇。底径6.4、残高3.6厘米（图二四，3）。

B型　弧腹。T12②：47，泥质红陶。轮制。柄较高，器底中部高于边缘，上部残。底径6、残高4.6厘米（图二四，4）。T5①：5，夹砂红陶。轮制。豆底内壁较坦，高柄。残高2.2厘米（图二四，5）。T3②：2，泥质灰陶。轮制。弧壁底，高柄，柄下部饰弦纹。残高4厘米（图二四，6）。

球　11件。根据内部结构可分为二型。

A型　实心。T3②：4，残，泥质红陶。直径2.7厘米（图二五，1）。T12②：19，泥质红陶。球面部分呈黑色，素面无纹饰。直径3.2厘米（图二五，2）。T4②：14，残，泥质红陶。表面部分有黑块，球面部分饰戳印小方块纹。直径2.2厘米（图二五，3）。T5②：15，泥质红陶。球面通体饰戳印小方块纹。直径2.6厘米（图二五，4）。M24：18，泥质黑陶。实心，球面通体饰戳印小圆圈和指甲印纹。直径3厘米（图二五，5）。T12②：10，残，泥质红陶。实心，球面饰十字交叉戳印小方块纹。直径3厘米（图二五，6）。T6①：1，残，泥质红陶。通体表面饰细短绳纹。直径2.4厘米（图二五，7）。T12②：22，残，泥质红陶。通体表面饰短细绳纹。直径3厘米（图二五，8）。

B型　空心。T4②：3，修复，泥质红陶。上饰戳印小圆圈纹。直径4.1厘米（图二五，9）。

支座　共出土16件，均为夹砂红陶。多数为圆顶面，顶面部分为素面，部分饰以戳印纹、

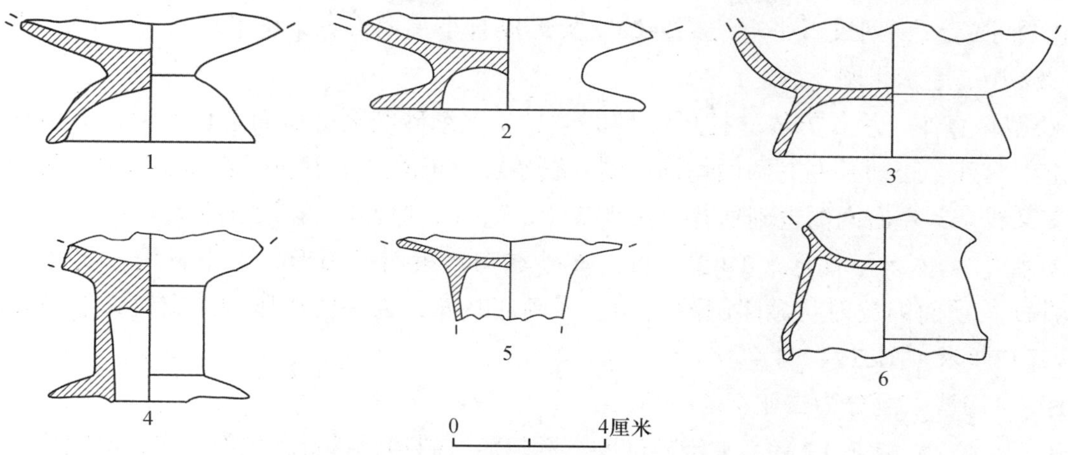

图二四　出土陶豆柄

1～3. A型（T7①：3、T4②：2、H7：2）　4～6. B型（T12②：47、T5①：5、T3②：2）

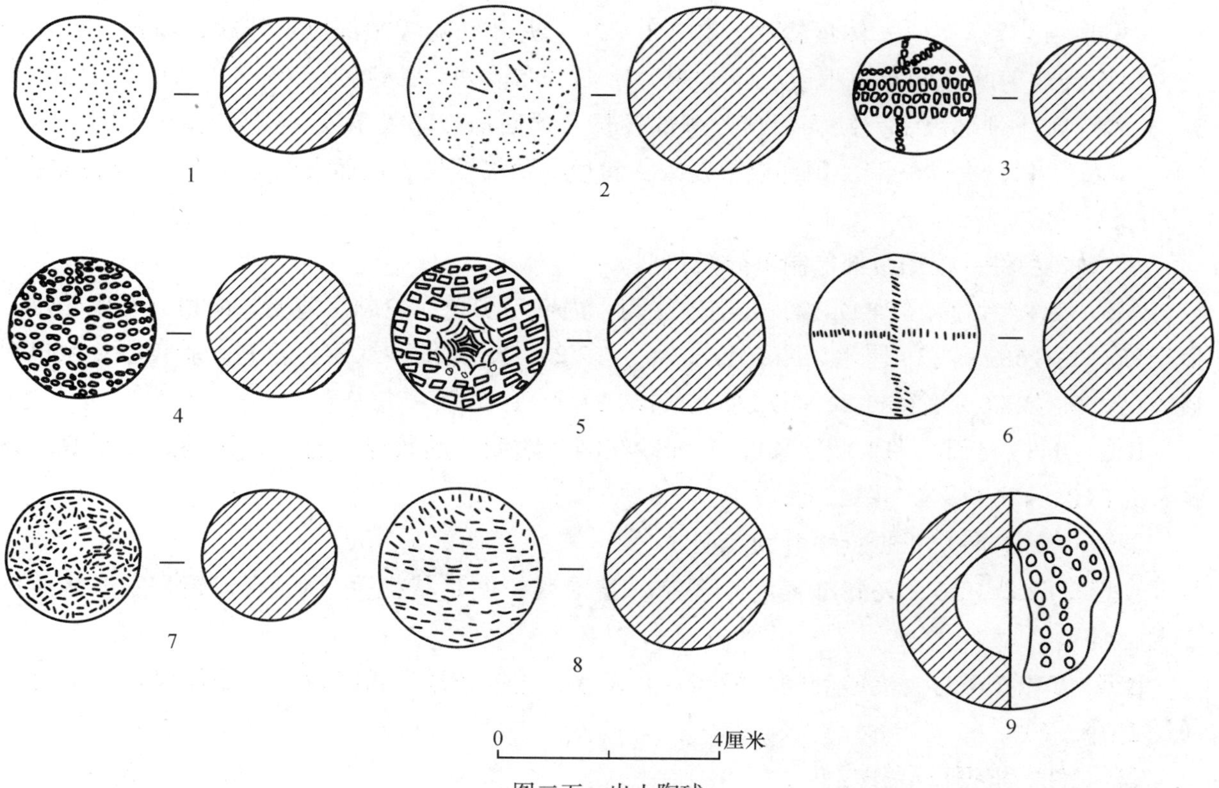

图二五　出土陶球

1～8. A型（T3②：4、T12②：19、T4②：14、T5②：15、M24：18、T12②：10、T6①：1、T12②：22）　9. B型（T4②：3）

刻画线条纹、圆圈纹等。肩部及颈部仅少数装饰有凸棱纹和按压的指窝纹，多数器身残缺，无纹饰。可初步分为二型。

A型　直体，可分三亚型。

Aa型　直体，呈柱形。T2②：9，夹细砂红陶。截面呈圆形，上小下大，实心，大部分已残。上饰平行线刻划纹，平行线刻划纹交叉形成有小三角形，下部戳印有三个坑点纹。底径15.6、残高6.5厘米（图二六，1）。

Ab型　直体，呈长方体立柱形。T4②：12，夹细砂红陶。截面呈长方形，上小下大，实心，上部已残。正面及左右两面均饰有刻划线条纹，正面三个不规则菱形纹居中，两侧及下部刻划交叉线条，左右两侧也刻划有交叉线条纹。宽3.6、厚2.6、残高5.1厘米（图二六，2）。

Ac型　直体，呈柱形。T4②：11，夹砂红陶。截面呈圆形，上小下大，实心，下部已残。直顶，顶面饰放射状戳印圆圈纹20个，颈部略鼓，饰一周按压的指窝纹，器身素面无纹饰。残高7厘米（图二六，4）。

B型　弓背。可分为二亚型。

Ba型　空心。T4②：19，夹细砂红陶。胎较薄，斜顶，弧背，颈部较长，喇叭形器身，顶面仅中心饰有一戳印圆圈纹，背部开有一拱形大孔。残高15厘米（图二六，5；图版三，5）。T4②：15，夹砂红陶。颈以下残缺，仅剩支座顶部，空心，斜顶，长颈，顶面素面无纹饰。残高6.4厘米（图二六，3）。

Bb型　弓背，实心，体量较小。T12②：24，夹砂红陶。颈部以下残缺，斜顶，颈部较长，顶面饰放射状戳印小方框纹，呈“米”字形分布。残高2.8厘米（图二六，6）。T2②：5，夹砂红陶。颈部以下残缺，斜顶，颈部较长，顶面饰戳印线条纹。残高7厘米（图二六，7）。T5②：13，夹砂红陶。颈部以下残缺，斜顶，颈部较长，顶面素面无纹饰。残高8.4厘米（图二六，8）。

盘　修复3件。根据腹部形制可分为二型。

A型　2件。弧腹。T4①：7，夹细砂红陶，内壁呈黑色。轮制。薄胎，敞口，平底较矮。口径15、底径5.6、高3.4厘米（图二七，3）。T2②：2，夹细砂红陶。轮制。胎较厚，敞口，矮圈足。口径27.6、底径11.2、高7.2厘米（图二七，1；图版三，2）。

B型　1件。折腹，T12②：44，夹细砂红陶。轮制。胎较厚，直口，圆唇，小平底。口径、高18.8、高6.6厘米（图二七，2）。

器盖　修复1件。根据捉手分为二型。

A型　T2②：13，夹砂红褐陶。捏制。盖沿残，圈足状捉手，弧腹。残高3.4厘米（图二七，4）。

B型　T12②：11，夹砂红陶。捏制。斜弧壁，盖壁较浅，盖径较大。盖径14.4、高7厘米（图二七，7）。

釜　2件。根据口沿分二型。

A型　折沿。T12②：43，夹砂红陶。口沿部分呈灰青色，圆唇，斜折沿，沿面平直，腹部略鼓。口径22、残高8.5厘米（图二七，8）。

B型　直沿。T2②：3，夹砂红陶。直沿略外撇，圆唇，鼓腹。口径18、残高8厘米（图二七，9）。

钵　修复1件。M24：29，泥质红陶。胎较厚，饰红衣。口内折，尖唇，折腹略向内凹，平底，圈足残。口径13.2、腹径18.8、残高4.8厘米（图二七，5）。

图二六　出土陶支座

1. Aa型（T2②：9）　2. Ab型（T4②：12）　3、5. Ba型（T4②：15、T4②：19）　4. Ac型（T4②：11）

6～8. Bb型（T12②：24、T2②：5、T5②：13）

篮　修复1件。T12②：12，泥质红陶，饰红衣，口沿部分呈黑色，内壁黑。胎较厚，敞口略向外撇，方唇，折肩，鼓腹，腹较深，最大腹径在下部，矮圈足。口径13.6、腹径18.6、高14.4厘米（图二七，6；图版三，1）。

3. 骨牙器

骨锥　9件。T1②：16，较短，通体磨制，中间有一道竖向骨凹面，锥尖残。残长7厘米

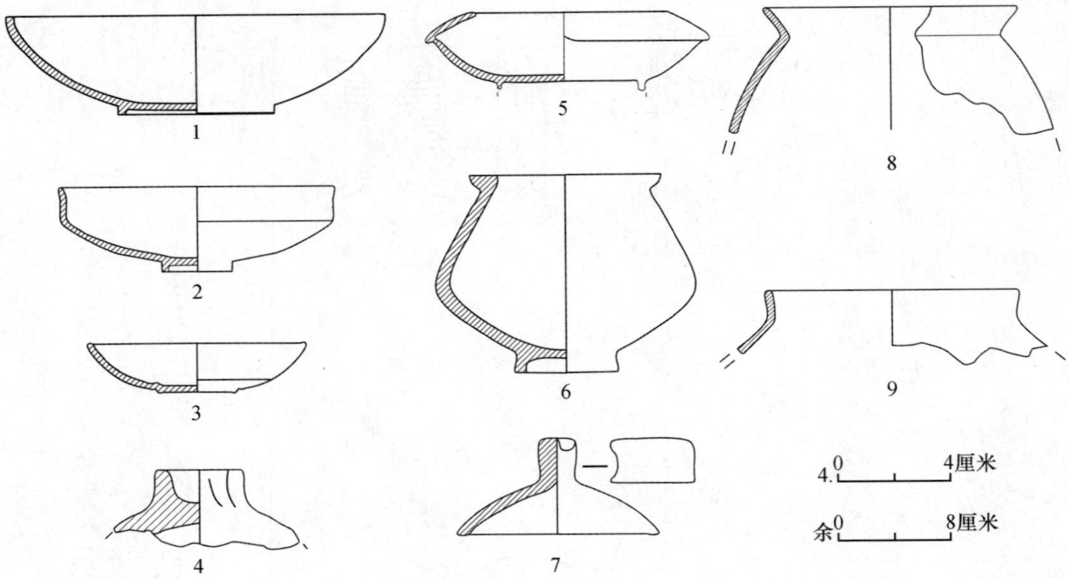

图二七　出土陶器

1、3. A型盘（T2②：2、T4①：7）　2. B型盘（T12②：44）　4. A型器盖（T2②：13）　5. 钵（M24：29）　6. 簋（T12②：12）　7. B型器盖（T12②：11）　8. A型釜（T12②：43）　9. B型釜（T2②：3）

（图二八，1）。M24：8，较短，通体磨制。中间有一竖向骨凹面，锥尾部残。残长8.4厘米（图二八，2）。T7①：5，较短，通体磨制，锥身无骨凹面，锥身横截面为椭圆形，锥尾及锥尖均已残。残长6.8厘米（图二八，3）。T5②：4，较短，仅锥尖磨制，锥身横截面为椭圆形，锥尾已残。残长6.9厘米（图二八，4；图版四，6）。

骨匕　3件。T12②：38，较长，尾部以下磨制，骨匕尾部横截面为椭圆形，中间有一道竖向骨凹面，匕身较薄，有残缺，素面无纹饰。长22、宽4厘米（图二八，5）。T12②：39，较长，尾部磨制，骨匕尾部横截面为椭圆形，中间有一道竖向骨凹面，匕身较薄，断裂，匕身背面中部饰六组刻划短线条纹，分两列位于匕身边缘两侧，左右各有三组。长27.8、宽3.7厘米（图二八，8）。M24：33，较长，断裂严重，中部至匕尖已残，骨匕中间有一道竖向骨凹面，匕身较薄，素面无纹饰。残长17.3、宽3.5厘米（图二八，6）。

骨笄　1件。T2②：7，器身较细长弯曲，横截面为圆形，一端已残。残长7.6厘米（图二八，7；图版四，5）。

骨饰品　1件。T8①：5，残，呈环状。器身表面饰戳印5个圆圈纹。长3.9厘米（图二九，6）。

牙饰品　8件，分三型。

A型　1件。M24：34，兽牙磨制。蟹夹状，一端残。正面饰刻划线条形成众多小方块纹。长1.7厘米（图二九，5）。

B型　3件。T2②：21，呈弓形，齿端为斜向咬合面，实心，根端中空，已剖开，呈三角形。残长9.8厘米（图二九，9；图版四，7）。M35：7，呈弓形，齿端有切痕，已残，实心，根端较粗，已剖开，呈三角形。残长10.5厘米（图二九，10）。

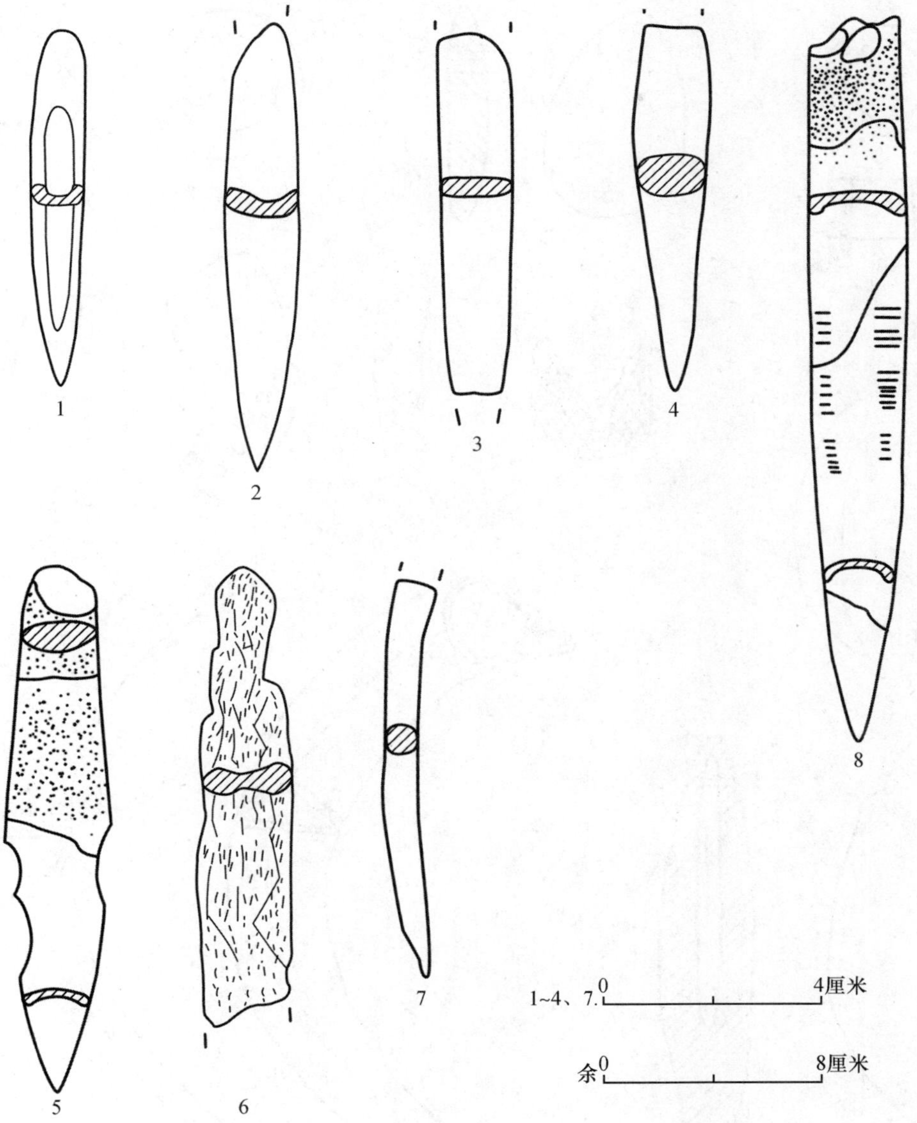

图二八　出土骨器

1～4. 骨锥（T1②：16、M24：8、T7①：5、T5②：4）　5、6、8. 骨匕（T12②：38、M24：33、T12②：39）　7. 骨笄（T2②：7）

C型　4件。T1②：13，器身较粗，弧形，牙根部中空，黄色，齿部实心，齿尖残。长6.9厘米（图二九，8）。T1①：3，器身细长，弧形，为黄色，牙根部较粗，中空，齿部较尖，实心，为白色。长3.9厘米（图二九，4）。

（四）晚期遗迹出土的早期遗物

发掘者从发掘的情况来看，后期的战国、汉代墓葬填土基本是就近取自周边新石器时代文化层，墓葬填土内包含物具有明显的新石器时代文化特征，故将墓葬填土出土遗物一并纳入到新石器时代遗物作统一介绍。

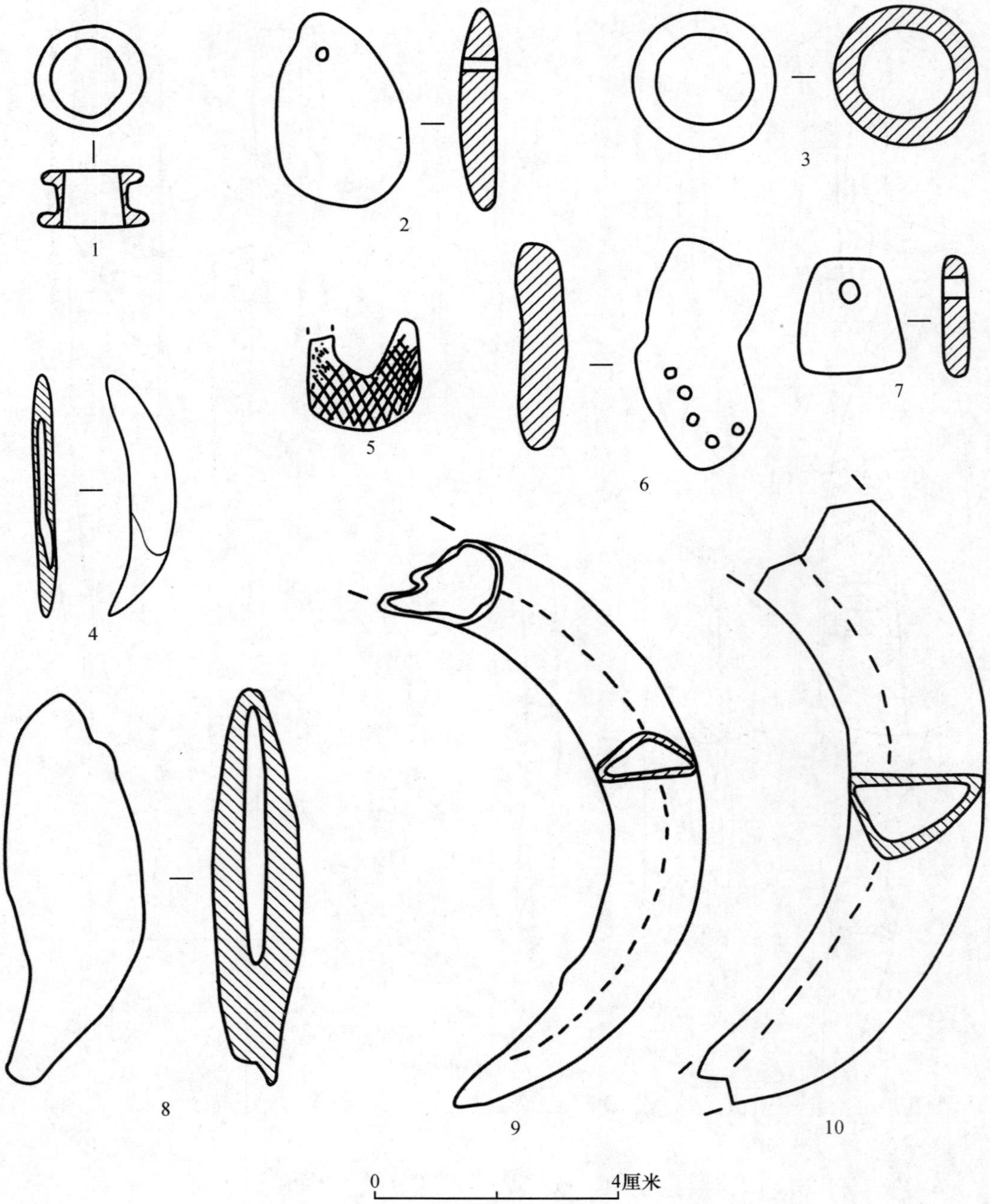

图二九　装饰品

1. 石耳饰（M24：7）　2、7. 绿松石坠（M24：3、M24：32）　3. 石指环（H9：2）　4、8. C型牙饰品（T1①：3、T1②：13）　5. A型牙饰品（M24：34）　6. 骨饰品（T8①：5）　9、10. B型牙饰品（T2②：21、M35：7）

1. 石器

斧　共5件。M37①：2，通体磨制，长条形。弧顶，弧刃，器身两面有几处小块打制痕迹。长22、宽9.9、厚2厘米（图三〇，8）。M18①：2，灰色砾石，通体磨制而成，顶较平，弧刃，器身有少量打制痕迹，刃部残损。长17.2、宽6.6、厚3.8厘米（图三〇，6）。M13①：1，顶

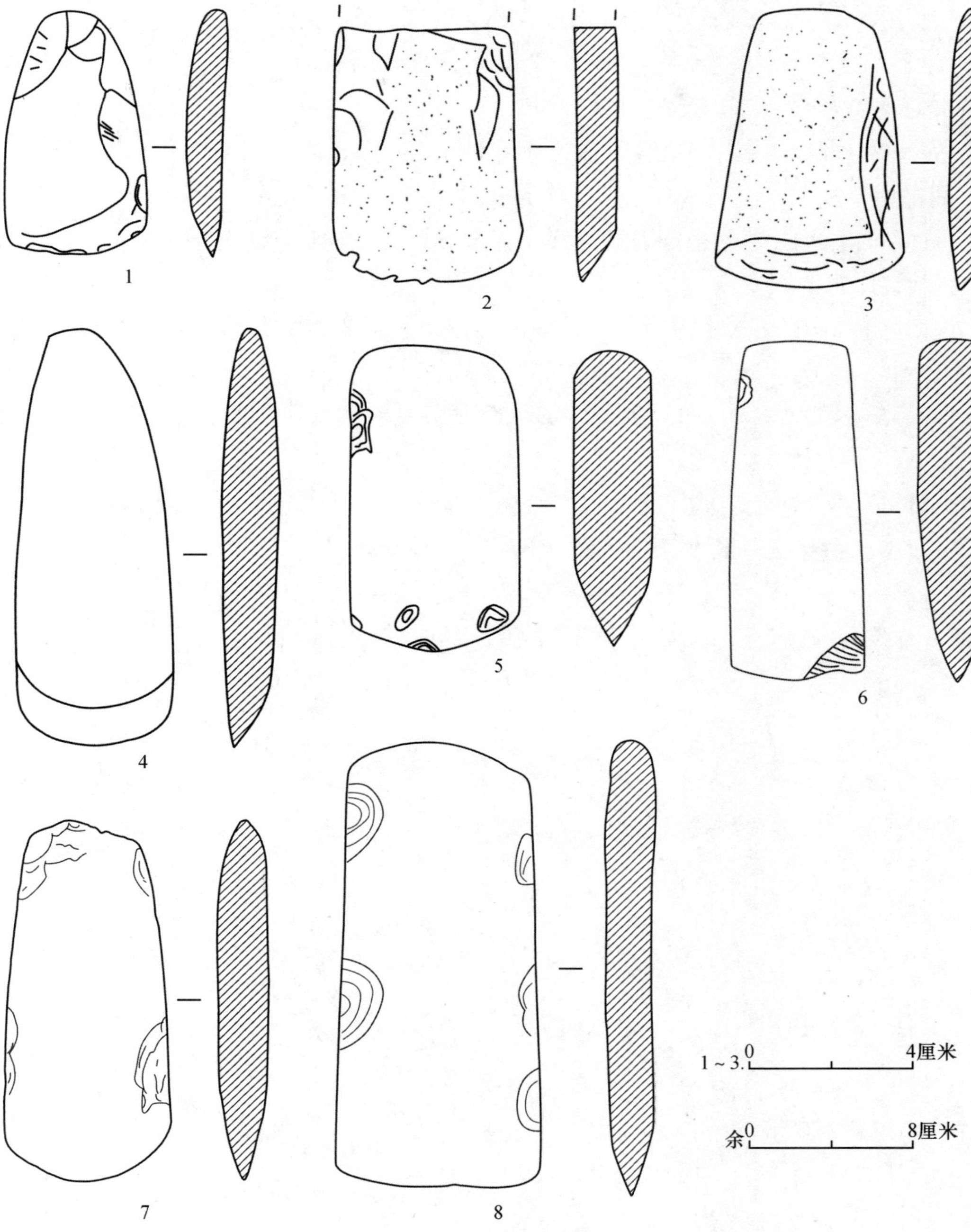

图三〇 晚期遗存中的早期遗物（一）
1、5～8. 石斧（M3①：1、M13①：1、M18①：2、M22①：1、M37①：2） 2～4. 石锛（M19①：3、M19①：5、M19①：6）

部、刃部及两侧磨制。弧顶，弧刃，器身有打制痕迹，刃部残损。长14.4、宽8.2、厚3.9厘米（图三〇，5）。M22①：1，通体磨制，窄顶宽刃形。弧顶，弧刃，顶部及刃部有残痕，器身有多处打制痕迹。长17.4、宽7.7、厚2.4厘米（图三〇，7）。M3①：1，通体磨制。弧顶，弧刃，刃部略有残缺，器身双面均有打制痕迹。长6.2、宽3.5、厚0.8厘米（图三〇，1）。

锛 共3件。M19①：6，灰色砾石，磨制而成。弧顶，弧刃，顶部残，器身有多处打制痕迹。长10.9、宽4.7、厚2厘米（图三〇，4）。M19①：3，灰色砾石，通体磨制而成。长条形，顶部残，刃部略弧，器身有多处打制痕迹，刃部有使用残痕。残长6.6、宽4.7、厚1.1厘米（图三〇，2）。M19①：5，青灰色砾石。近梯形，通体磨制而成，弧顶，弧刃，刃部略斜。长6.4、宽3.5、厚1.4厘米（图三〇，3）。

凿　1件。M19①：4，断面呈长方形，通体磨光。平刃，刃锋利，顶部残缺。残长8.4、宽2.4厘米（图三一，2）。

网坠　1件。M14①：2，由卵石稍经加工而成，中部略向内凹，呈肾状，用以系网绳。长6.4、宽6.4、厚2厘米（图三一，7）。

球　1件。近椭圆球。M13①：2，略呈椭圆形，表面光滑。最大径6、最小径5厘米（图三一，5）。

璜　1件。M19①：5，石质，黑色，通体磨制。其左侧有一圆形穿孔。直径5.8厘米（图三一，6）。

耳饰　1件。呈滑轮状。M19①：11，石质，黑色，通体磨制。扁平圆形，两面有宽边，一面大，一面小，中穿孔。最大径3.9厘米（图三一，4）。

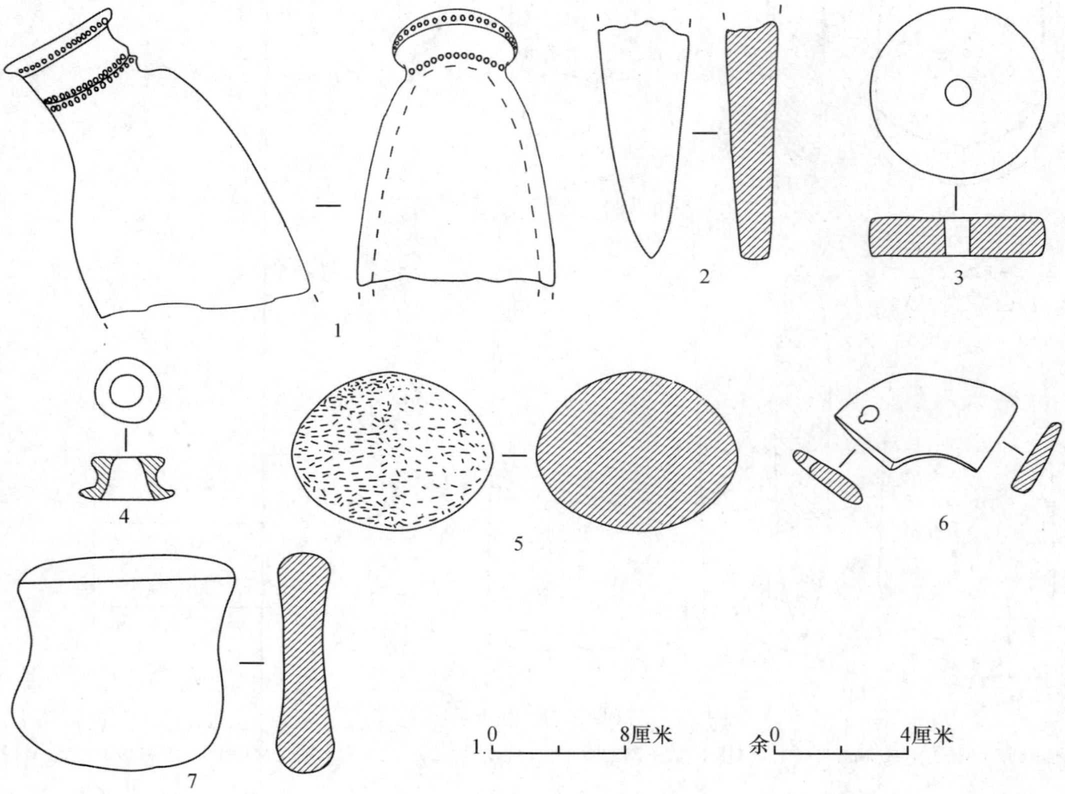

图三一　晚期遗存中的早期遗物（二）

1. 陶支座（M15①：1）　2. 石凿（M19①：4）　3. 陶纺轮（M3①：2）　4. 石耳饰（M19①：11）　5. 石球（M13①：2）　6. 石璜（M19①：5）　7. 石网坠（M14①：2）

2. 陶器

支座　M15①：1，夹细砂红陶，胎较厚。斜顶，弧背，颈部较长，喇叭形器身。顶面素面无纹饰，顶周缘按压有小坑，颈上饰两周横向附加堆纹，其上戳印有坑点纹。残高17.2厘米（图三一，1）。

纺轮　修复1件。M3①：2，夹细砂灰陶。平边，圆饼形，素面。直径5.3、厚1.2厘米（图三一，3）。

五、战国文化遗存

此次发掘共发现战国时期墓葬8座，均为长方形竖穴土坑墓，墓口叠压于表土层即第1层之下。墓内随葬品主要为青铜器、陶器及石器等。

（一）墓葬形制

M16　位于T4中部偏南区域，叠压于第1层下，打破第2层及生土。该墓为长方形竖穴土坑墓，较狭长，方向78°。墓底部由北至南倾斜约4°。墓口长2.2、宽0.9、深0.75～0.9米，墓底长1.9、宽0.6米（图三二；图版二，2）。

墓内填土为灰褐色沙土，包含少量的碎陶片、动物骨骼及石制品。墓底埋葬人骨架一具，保存状况较好，为仰身直肢葬，面部向西北，上肢下垂交汇于盆骨处，两足下伸，骨架长1.56米。

在人骨左侧腰部随葬铜带钩1件。

M17　位于T8东北区域，叠压于第1层下，打破生土。该墓为长方形竖穴土坑墓，方向67°。墓口长3.1、宽1.56、深0.7～0.98米，墓底长2.9、宽1.36米（图三三）。

墓内填土为黑褐色沙土，结构较紧密，填土内含少量的碎陶片、动物骨渣。墓底东侧有少量人骨残痕，未见完整肢骨。

墓内出土随葬品3件，在靠近墓尾处随葬有铜矛和铜戈，在墓底西侧随葬有陶器，其中北部的仅剩器物残痕和少量碎陶。

M21　位于T5中部偏东区域，叠压于第1层下，打破生土。该墓为长方形竖穴土坑墓，较浅，方向3°。墓口长2.08、宽1.16、深0.15～0.3米，墓底长2.02、宽1.08米（图三四）。

墓内填土为灰褐色沙土，基本无包含物。墓内埋葬人骨架1具，仅剩少量肢骨，根据残留的人骨判断应为仰身直肢葬，上肢已无存，下肢直伸。

墓内出土随葬品5件，其中在人骨架腰部出土铜带钩1件，在上肢附近出土石玦3件，出土陶器足残件1件，此外，在墓葬北部发现有陶器残痕。

M32　位于T12南部，部分延伸至该方西壁之外，叠压于第1层下，该墓为长方形竖穴土坑墓，方向157°。墓口长2.5、宽0.7、深0.55～0.6米，墓底长2.4、宽0.6米（图三五；图版二，1）。

墓内填土为灰褐色沙土，包含少量的碎陶片。

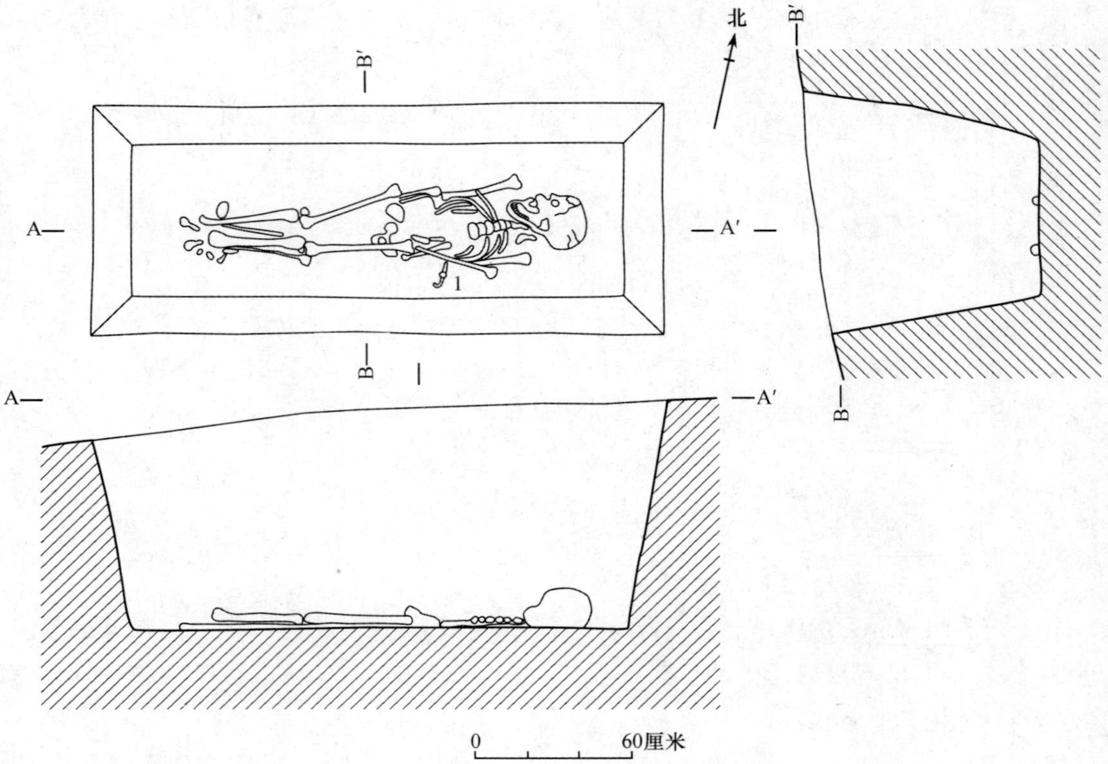

图三二　M16平、剖面图

1. 铜带钩

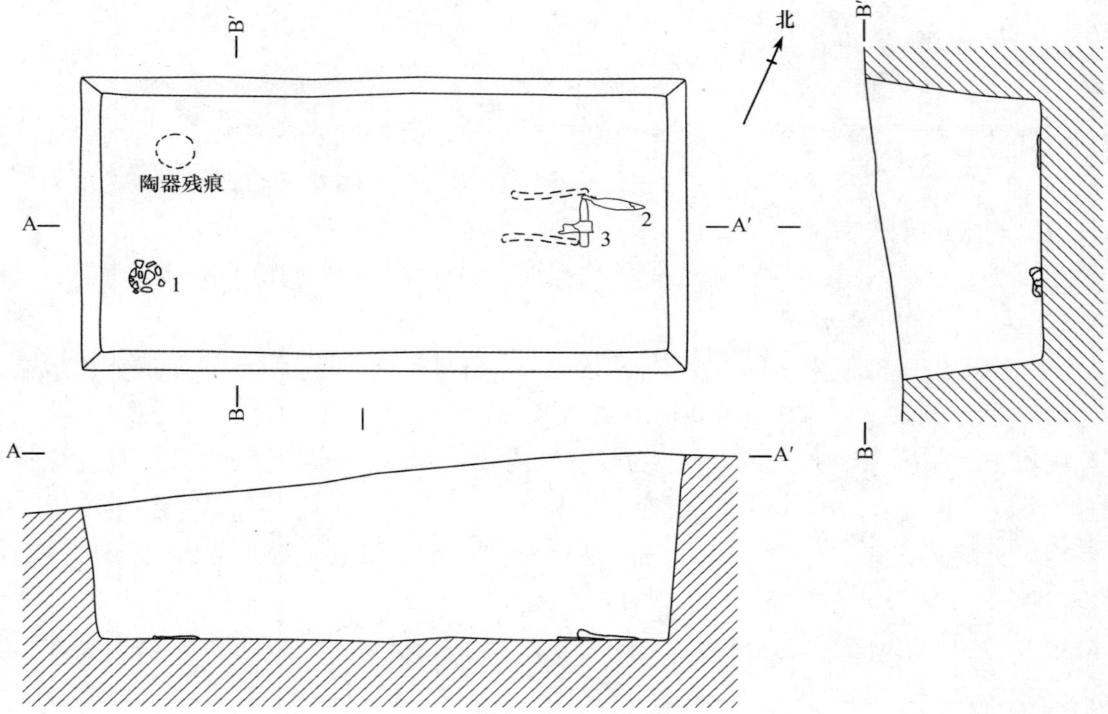

图三三　M17平、剖面图

1. 陶罐　2. 铜矛　3. 铜戈

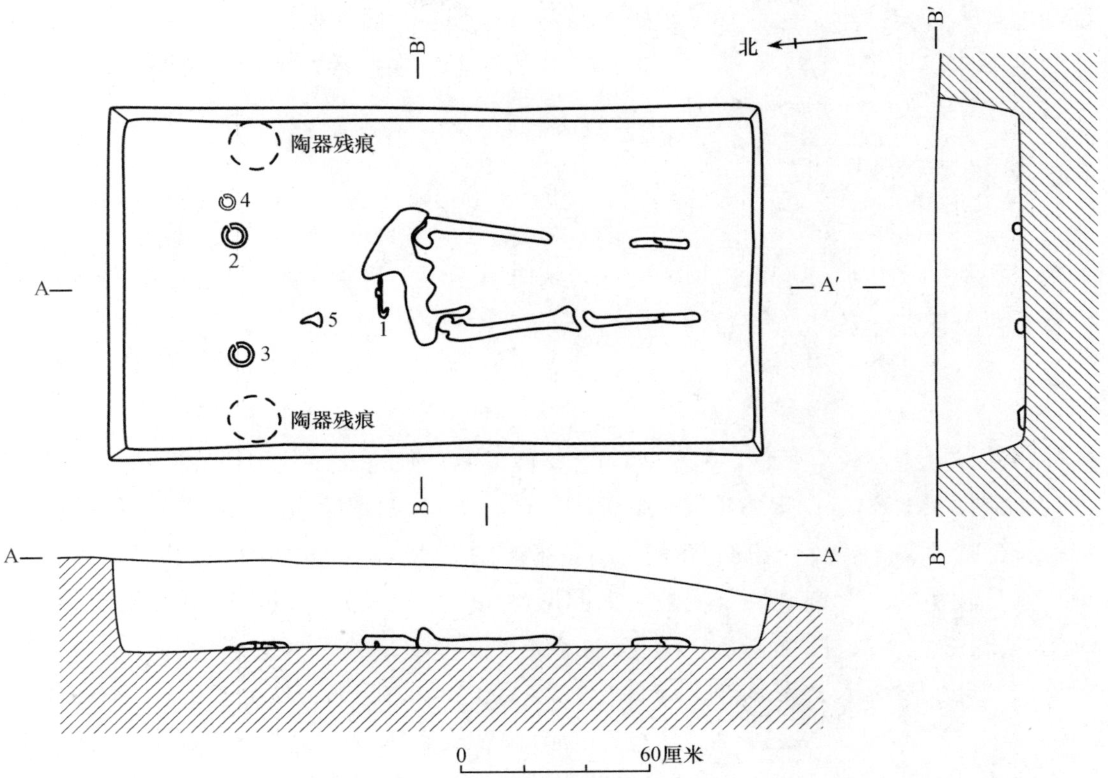

图三四　M21平、剖面图

1. 铜带钩　2～4. 石玦　5. 陶器足

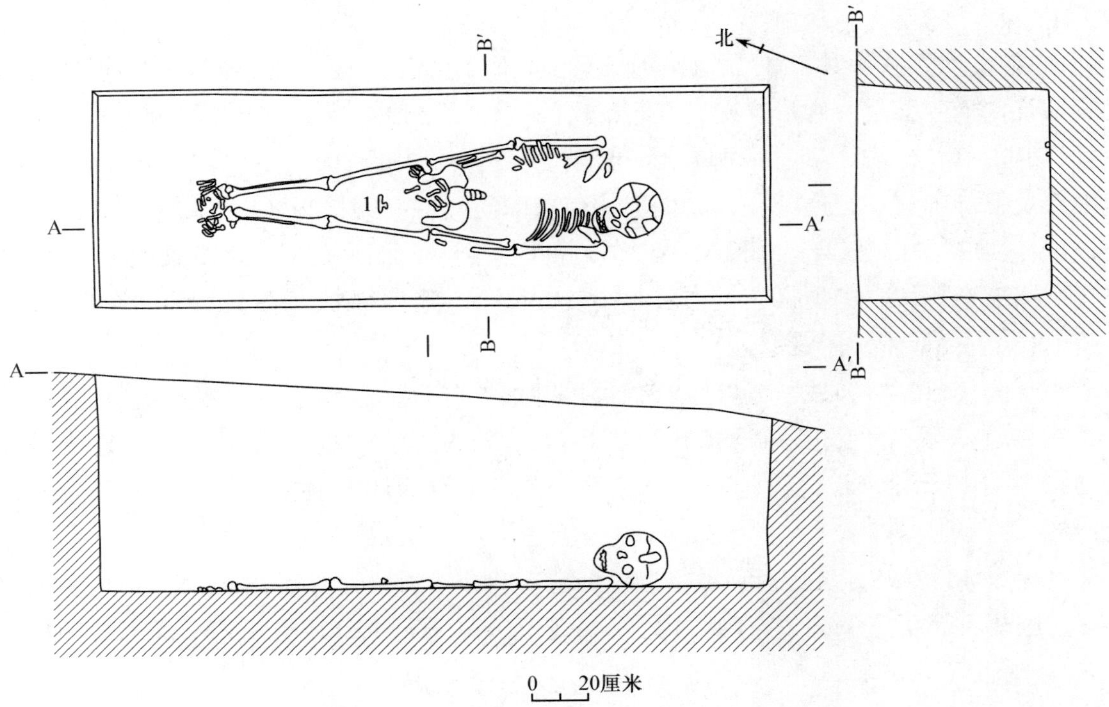

图三五　M32平、剖面图

1. 铁带钩

墓内埋葬人骨架一具，保存状况较好，为仰身直肢葬，面部朝东北，上肢屈曲，双手汇于腹部，两足下伸，骨架长1.77米。墓内随葬有3件青铜器，在盆骨处出土铁带钩1件。

（二）随葬遗物

本次发掘战国文化遗迹出土遗物（不包含墓内填土出土物）主要以铜器、陶器为主，此外有极少量石器及铁器，共计24件。

1. 铜器

共计14件，可辨器类有带钩、剑、矛、戈、铃、镈、镞。

带钩　5件。M16：1，水禽形带钩，鸟头形钩首，钩身素面无纹饰，钩体似鸭腹，圆形纽。带钩长6.1、宽0.4～1.3，钮面直径为1.3厘米（图三六，1）。M5：1，琵琶形带钩，鸟头形钩首，钩身较粗短，上饰旋纹及线条纹，圆形钩纽。带钩长7.3、宽0.8～1.5厘米，钮面直径为1.4厘米（图三六，2；图版五，1）。M21：1，琵琶形带钩，鸟头形钩首，钩身细长，下部饰卷草纹及几何纹，长方形钩纽。带钩长9.2、宽0.3～0.9厘米，钮面长0.9、宽0.8厘米（图三六，3；图版五，2）。M23：2，琵琶形带钩，鸟头形钩首，琵琶形钩身，上饰镂雕卷草纹，纹饰精美，钩背凹陷呈匙状，圆形钩纽。带钩长10、宽0.6～2.8厘米，钮面直径为1.3厘米（图三六，4）。M26：2，曲棒形带钩，鸭嘴形钩首，钩体为较均匀棒形，呈弓形弯曲，钩身浮雕卷草纹、三角纹，纹饰精美，圆形钩纽。带钩残长12.8、宽0.7～1.1厘米，钮面直径为1.5厘米（图三六，5）。

剑　3件，均为柳叶形。M23：1，剑身呈柳叶形，隆脊，扁茎，剑身断面为菱形，剑身素面无纹饰。剑柄中部有一圆形穿孔，孔径0.5厘米。剑长35.1、宽4、厚0.8厘米（图三七，2；图版五，3）。M26：3，剑身呈柳叶形，隆脊，扁茎，剑身断面为菱形，剑身素面无纹饰，剑柄中部及下部各有一圆形穿孔，剑柄上残留有木质剑格。剑长29.8、宽3.3、厚0.8厘米（图三七，1）。M38：1，剑身呈柳叶形，隆脊，扁茎，剑身断面为菱形，剑身素面无纹饰，剑柄尾部有一圆形穿孔，有铜剑格，上饰云雷纹及方格纹。剑长37.2、宽3.9、厚0.9厘米，剑格长3.9、宽1.8、厚2.8厘米（图三七，3）。

矛　2件。M26：1，残。矛叶窄长，呈柳叶形，隆脊，有双系，左侧系残缺，器身下部残缺，在靠近双系有手蛇巴蜀符号，銎状骹。矛长25、宽3.6厘米（图三七，4；图版五，4）。M23：2，矛叶窄长，棱角明显，隆脊，矛身中脊两侧有血槽。长23.6、宽4厘米（图三七，5）。

戈　1件。M17：3，援较短而宽，近援处有一圆穿，圆穿旁饰有手蛇巴蜀符号，援上有两长方穿，圆胡，胡下有下阑，直内，内上有一长方穿。援长12.1、胡长4.6、内长5.7厘米（图三七，6；图版五，5）。

铃　1件。M5：2，圆形，中空。直径0.7厘米（图三七，7）。

镈　1件。M19①：2，中段凸起，横截面为八棱形，素面无纹饰，上段残。残长8.2，径

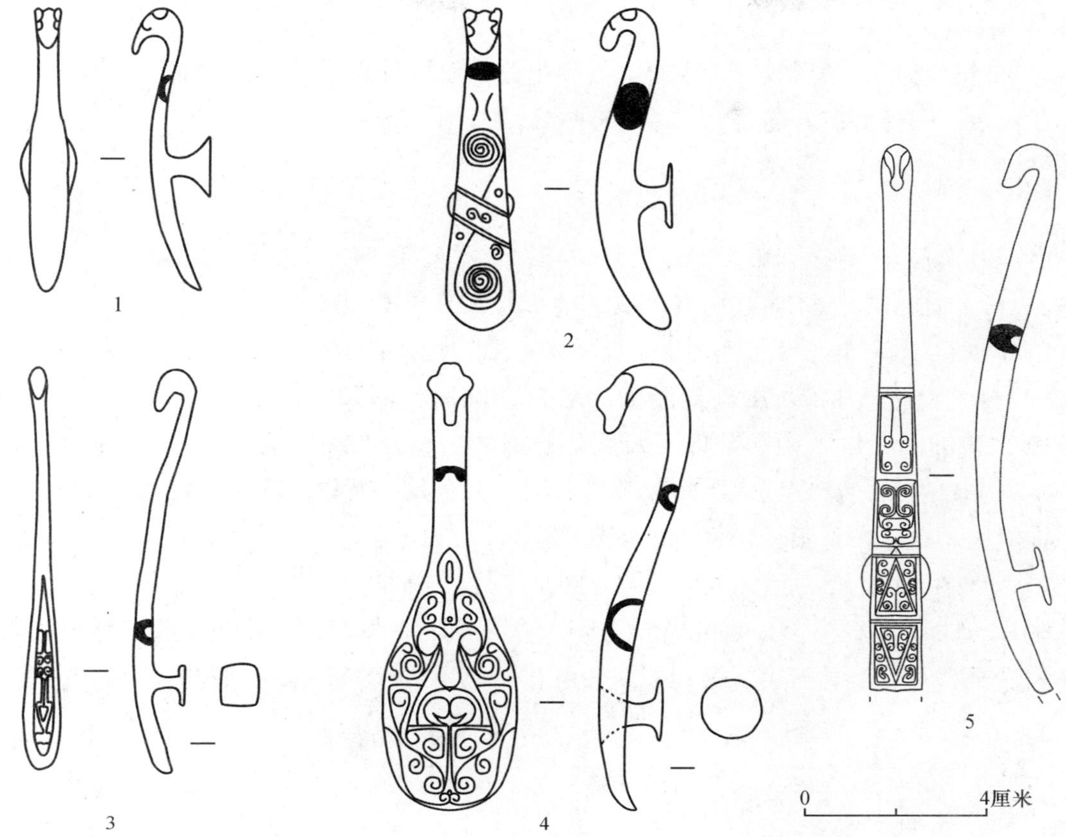

图三六　出土铜带钩

1. M16：1　2. M5：1　3. M21：1　4. M23：2　5. M26：2

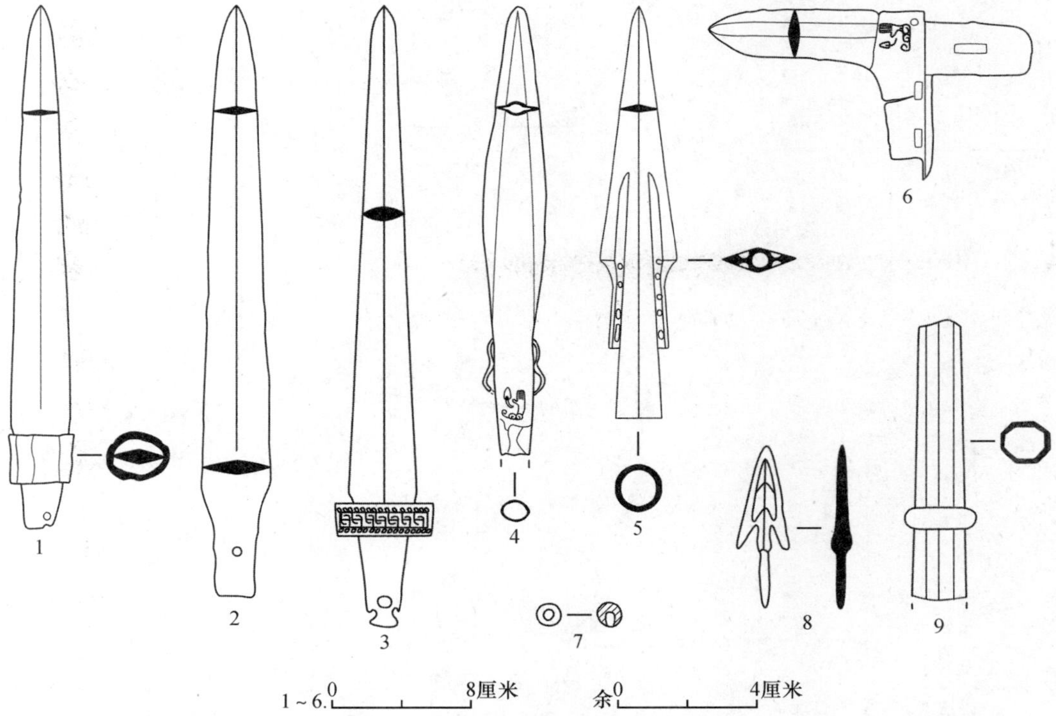

图三七　出土铜器

1～3. 剑（M26：3、M23：1、M38：1）　4、5. 矛（M26：1、M23：2）　6. 戈（M17：3）　7. 铃（M5：2）　8. 镞（M19①：2）　9. 镦（M19①：2）

1.6厘米（图三七，9）。

镞　1件。M19①：2。双翼，中脊圆鼓突出，与双翼分界明显，镞身呈三角形，后锋斜收与脊形成锐角，圆柱形铤。通长5.8、宽1.5厘米（图三七，8）。

2. 陶器

共6件。可辨器形有壶、罐、器足、鼎附耳、陶器腹部残片等。

壶　1件。M26：4，泥质红褐陶。口略敞，圆唇，高颈，鼓腹向下收，平底。颈、肩饰凹弦纹。口径10.6、腹径16.8、底径10、高16厘米（图三八，4）。

罐　2件。M17：1，灰皮红褐胎陶。敞口，圆唇，短颈，鼓腹向下收，圜底，底略向内凹。颈、肩饰凹弦纹，中腹部以下及底部饰绳纹。口径12.6、腹径15.6、高10.8厘米（图三八，1）。M23：3，灰皮红褐胎陶。敞口，圆唇，短颈，鼓腹，圜底，底略向内凹。中腹以下及底饰绳纹。口径15、腹径16、高10厘米（图三八，2）。

器足　1件。M21：5，细砂泥质红陶。圆足。残长3.6厘米（图三八，6）。

鼎附耳　1件。M12①：2，细砂泥质灰陶。方形环耳。残高6.5、宽3.6厘米（图三八，3）。

陶器腹部残片　1件。M12①：4，灰皮红褐胎陶，鼓腹，腹部中间有环耳。残高12.2（图三八，5）。

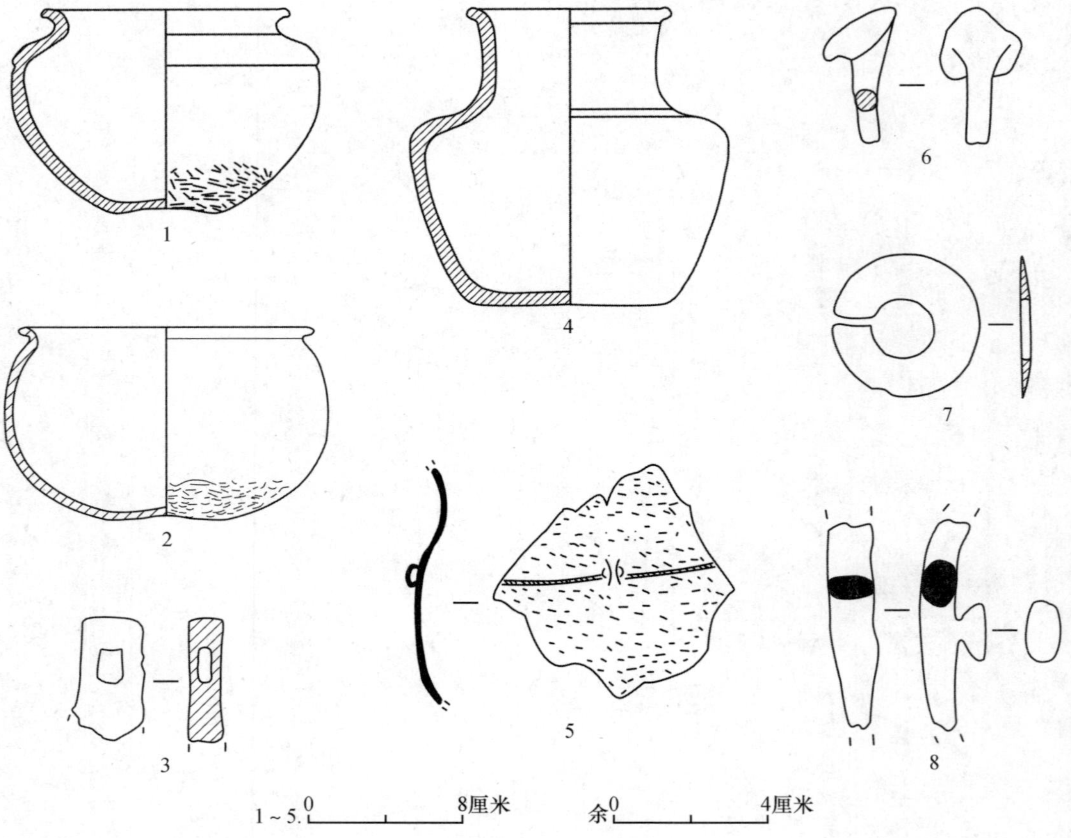

图三八　出土遗物

1、2. 陶罐（M17：1、M23：3）　3. 陶鼎附耳（M12①：2）　4. 陶壶（M26：4）　5. 陶器腹部残片（M12①：4）　6. 陶器足（M21：5）　7. 石玦（M21：4）　8. 铁带钩（M32：1）

3. 石器

玦　3件，形制一致。M21：4，青色，圆形，上有一缺口，中有孔。外直径3.9、内径1.7、厚0.2厘米（图三八，7）。

4. 铁器

带钩　1件。M32：1，仅剩钩身中部，残存钩钮，带钩锈蚀残缺严重。残长5.3、宽1.2厘米（图三八，8）。

六、汉代文化遗存

此次发掘共发现汉代时期墓葬5座，均为长方形竖穴土坑墓，均叠压于表土层即第1层之下。

（一）墓葬形制

M8　位于T1东北区域，大部分延伸至该方北部、东部隔梁外，叠压于该方第1层下，打破M1及生土。该墓为长方形竖穴土坑墓，方向220°。墓口长3.86、宽3、深2.04～2.74米，墓底长3.7、宽2.8米（图三九）。

墓内填土为红褐色黏土夹杂少量灰褐色沙土，质地较硬，结构较为紧密，含少量的碎陶片、动物骨骼、石制品、木炭颗粒等。墓内埋葬人骨架一具，保存状况差，大部分骨骼已粉化，仅剩少量肢骨，为仰身直肢葬，未见葬具。

墓内出土随葬品2件，为大小形状相同的泥质灰陶鼎。

M15　位于T7西北区域，叠压于该方第1层下，打破生土。墓葬为长方形竖穴土坑墓，方向79°。墓口长3、宽1.45、深0.5～0.85米，墓底长2.85、宽1.35米（图四〇）。

墓内填土为黑褐色沙土，结构紧密，含少量的碎陶片。墓内未见棺椁及人骨，葬式、葬具不详。

墓内出土随葬品2件，均出土于墓葬西部，为陶壶和铜环，在铜圈出土附近发现有陶器残痕。

（二）出土随葬品

本次发掘出土的汉代遗物较少，为陶器和铜器，共5件。

1. 陶器

4件。器形有陶鼎和陶壶。

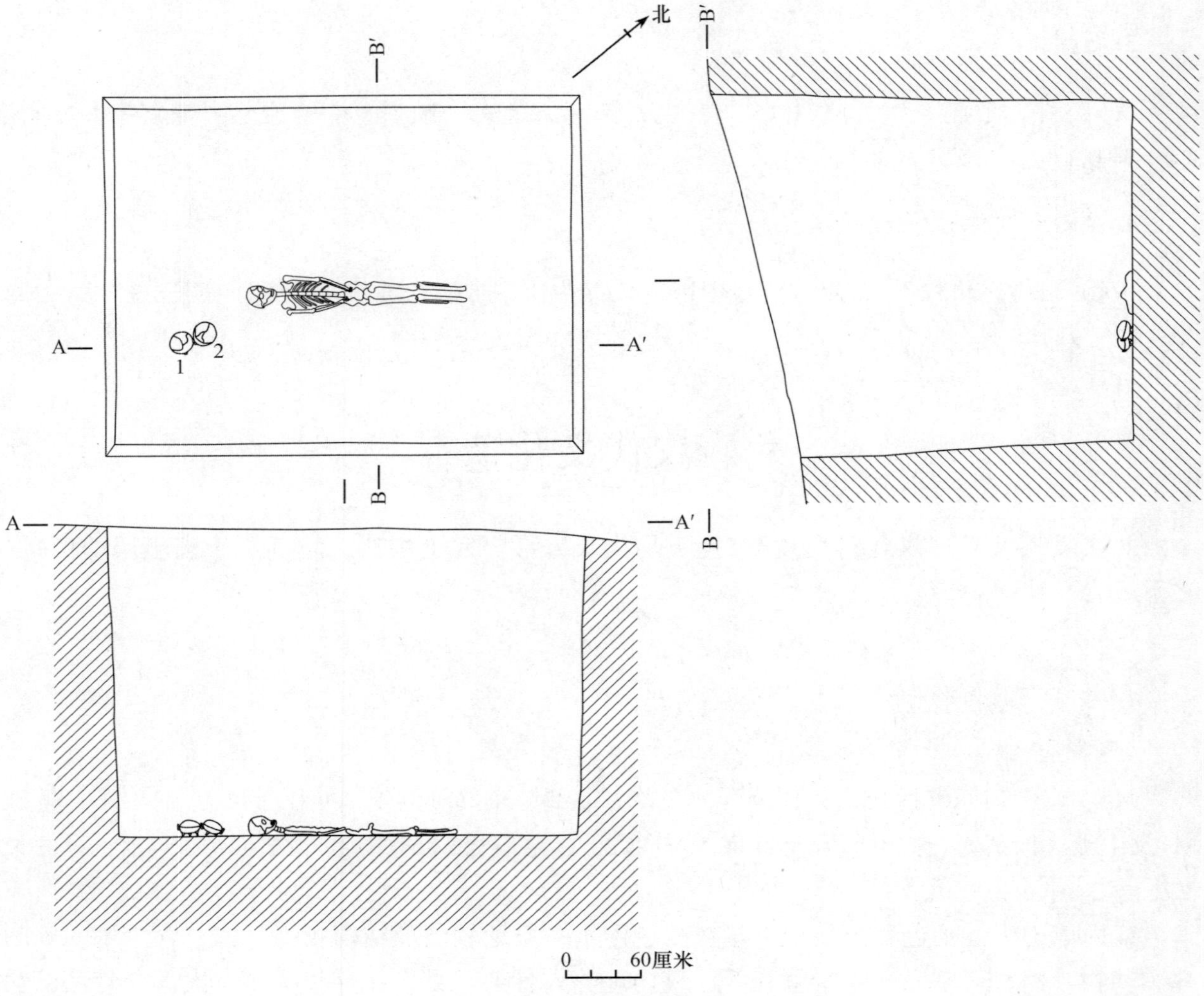

图三九　M8平、剖面图

1、2. 陶鼎

鼎　2件，大小、形制一致。M8：1，泥质灰陶。弧面盖，上置3个“S”形纽均匀分布于盖面，鼎身子母口，方唇，附方形贯耳，鼓腹圆滑，圜底，马蹄形足。口径18.8、通高15.8厘米（图四一，1）。

壶　2件。M9：1，泥质灰陶。敞口，方唇，高颈，鼓腹向下收，平底。颈、肩饰凹弦纹。口径12、腹径16.2、底径10、高18厘米（图四一，2）。M15：1，泥质灰陶。敞口，沿略卷，圆唇，高颈，鼓腹向下收，圜底，底略向内凹。颈、肩饰凹弦纹，腹部及以下饰绳纹。口径12、腹径16.2、底径10、高18厘米（图四一，3）。

2. 铜器

环　1件。M15：2，圆形环，断面呈圆形。外径3.3厘米（图四一，4）。

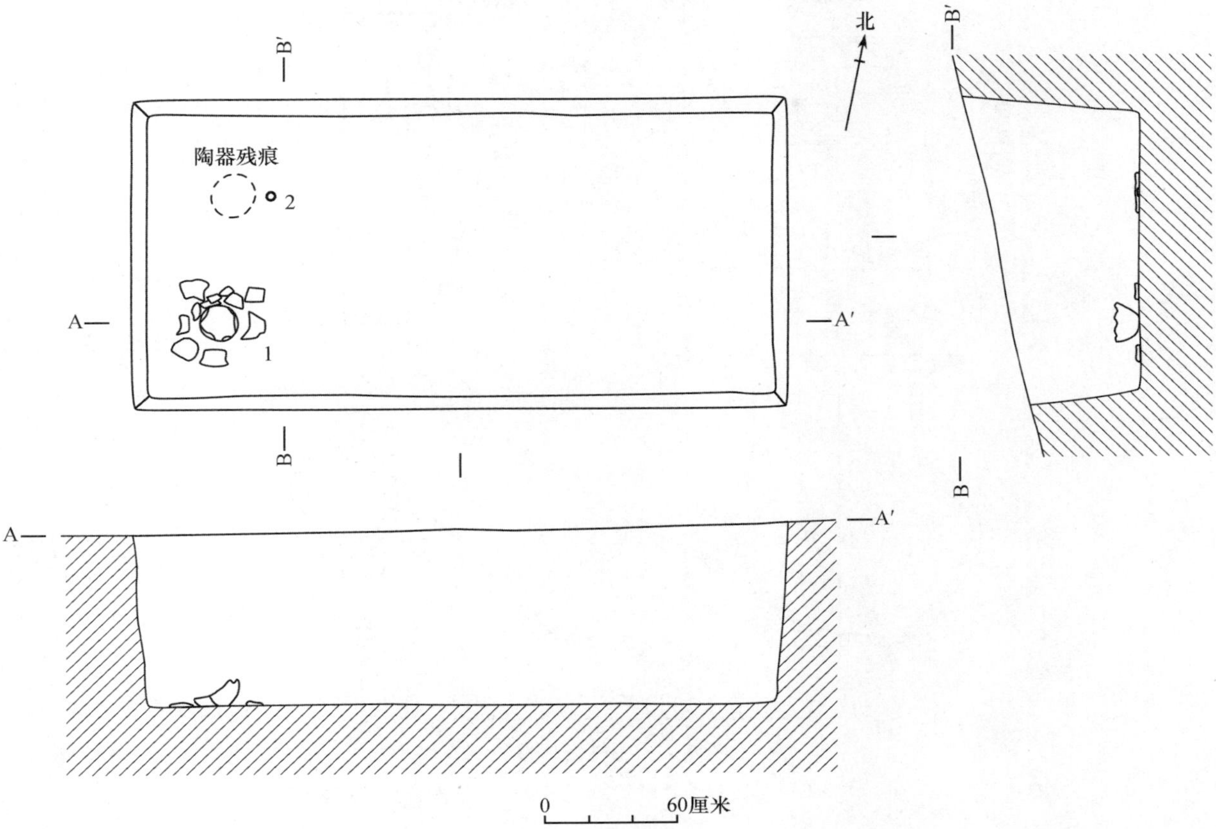

图四〇 M15平、剖面图

1. 陶壶 2. 铜环

七、其他墓葬

此外，本次发掘出17座未见随葬品出土的长方形竖穴土坑墓，墓葬由于被人为破坏及部分墓葬未随葬器物，但根据其形制大致判断为战国至汉代墓葬，不能具体明确。下面作简单举例介绍。

M3 位于T11西部区域，叠压于该方第1层下，打破生土。该墓为长方形竖穴土坑墓，方向50°。墓口长2.68、宽1.78、深1.64～2米，墓底长2.12、宽0.7米。墓底四壁有生土二层台，其中东西方向二层台宽0.25、南北方向二层台宽0.2米，二层台高0.25米（图四二）。

墓内填土为黄褐色和黑褐色黏土（扰土）相间，较杂乱。含少量的碎陶片、动物骨骼及石制品。

墓内未见棺椁及人骨，也未见随葬品。

M7 位于T1西部偏南区域，叠压于该方第1层下，打破生土。该墓为长方形竖穴土坑墓，方向335°。墓口长3.14、宽2.1、深2.04～2.74米，墓底长3、宽1.3米，墓底北部人骨头部下有枕木沟1道，沟宽0.2、深0.1米（图四三）。

墓内填土为红褐色黏土和黑褐色黏土，结构较紧密，含少量的碎陶片、动物骨骼、木炭灰等。

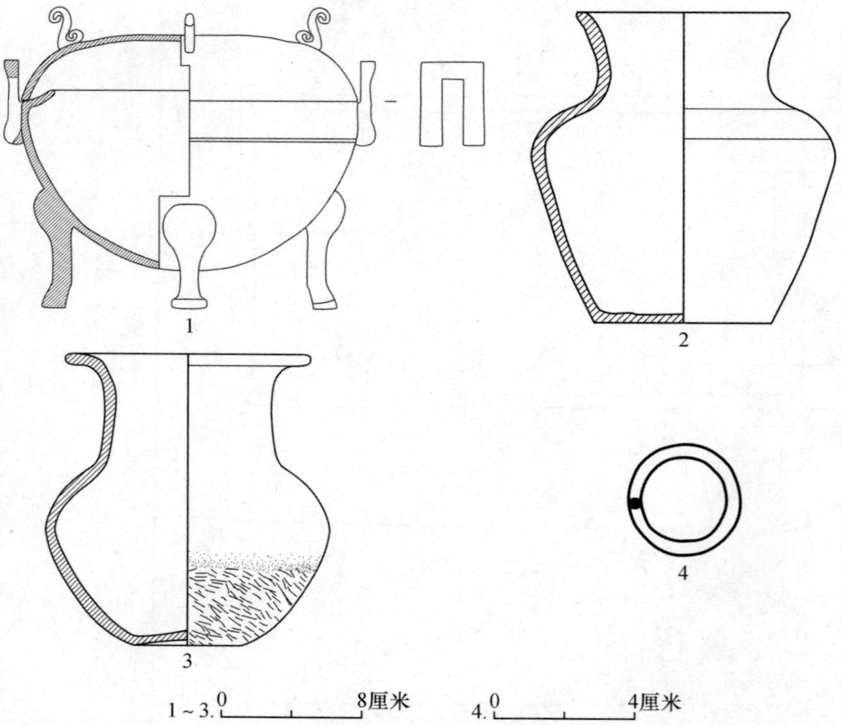

图四一　出土汉代遗物

1. 陶鼎（M8：1）　2、3. 陶壶（M9：1、M15：1）　4. 铜环（M15：2）

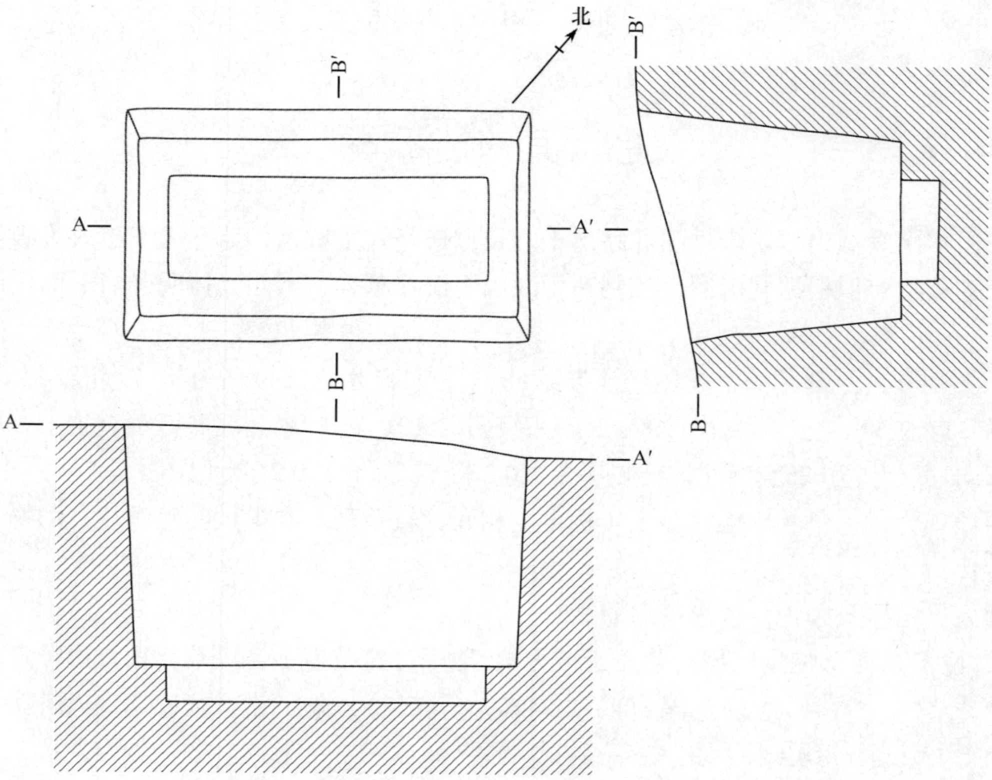

图四二　M3平、剖面图

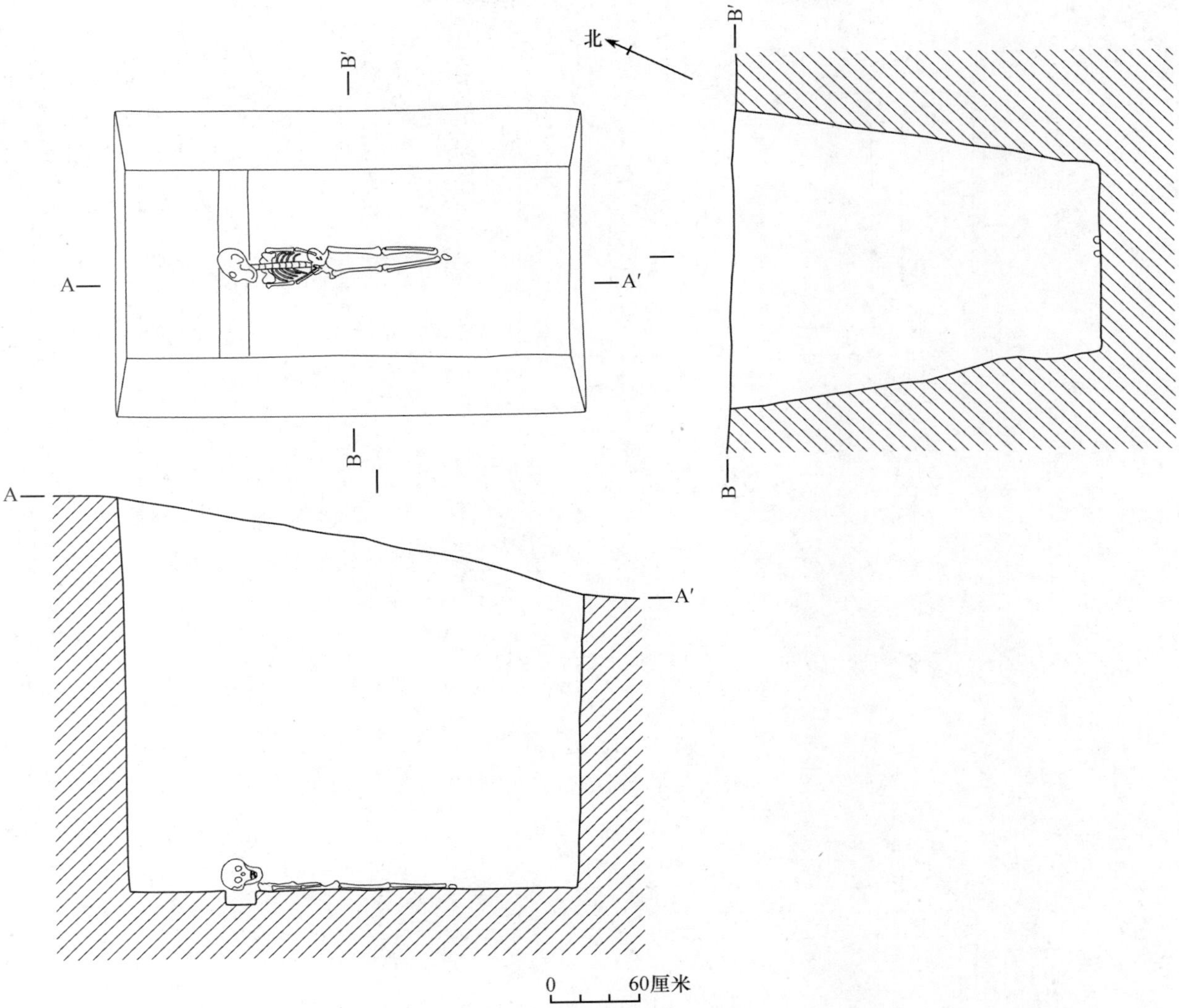

图四三　M7平、剖面图

墓内埋葬人骨架1具，保存状况较好，为仰身直肢葬，面朝西。墓内未见随葬品。

M18　位于T8西北区域，叠压于该方第1层下，打破生土。M18为长方形竖穴土坑墓，方向80°。墓口长3、宽2.96、深1.14～1.44米，墓底长2、宽1.56米，墓底东西两侧各有枕木沟2道，沟宽0.14～0.2、深0.05米（图四四）。

墓内填土为黑褐色沙土，含少量的碎陶片、动物骨骼及石制品。

墓内未见棺椁及人骨，也未见随葬品。

M37　位于T12北部偏东区域，叠压于该方第1层下，打破第2层、M38及生土。M37为长方形竖穴土坑墓，方向30°。墓口长3、宽2、深2.45～3.2米，墓底长2.7、宽1.5米（图四五）。

墓内填土为黄褐色沙土，含少量的碎陶片、石制品、动物骨骼等。

墓内未见棺椁及人骨，也未见随葬品。

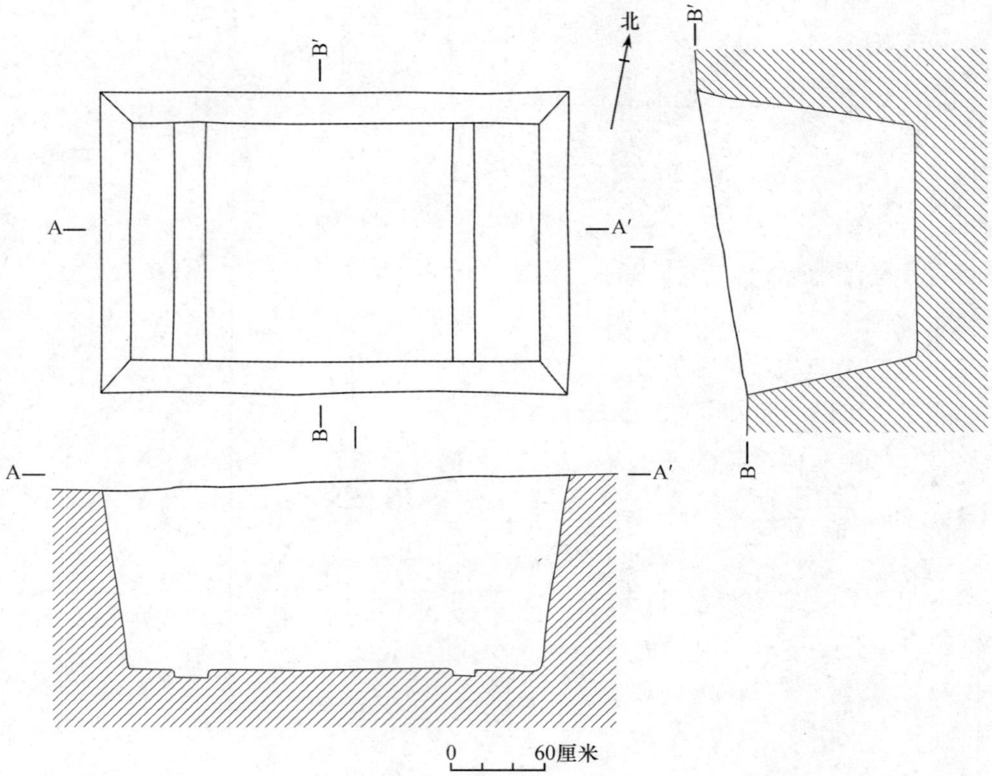

图四四　M18平、剖面图

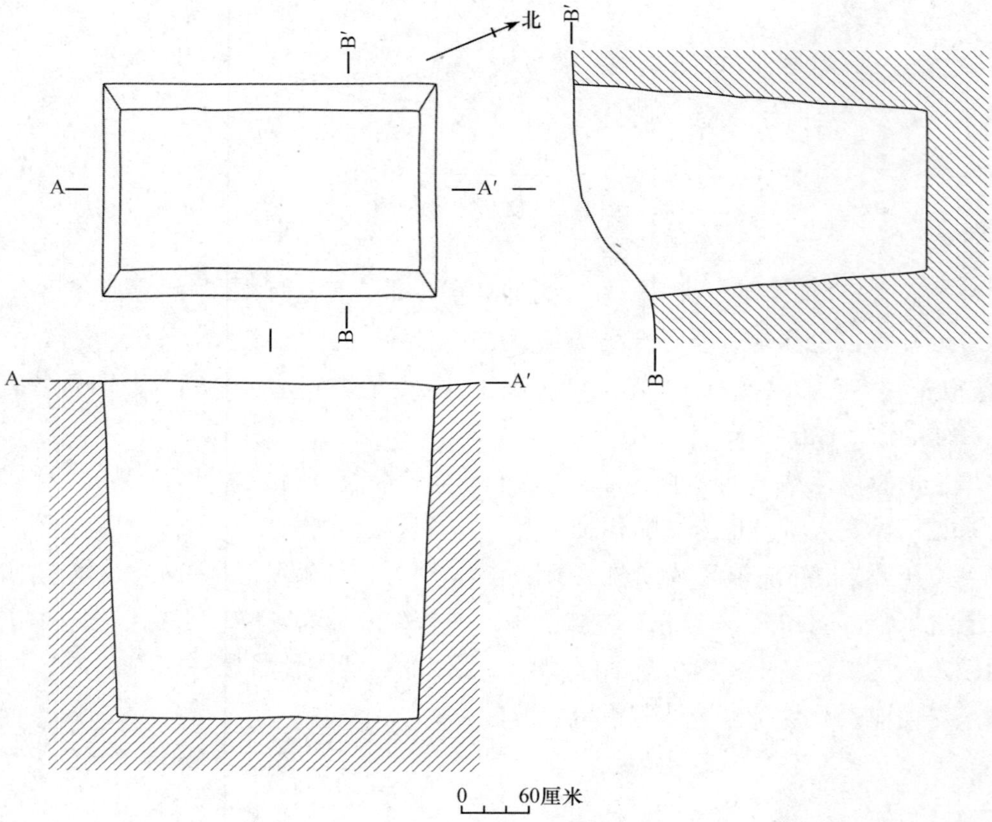

图四五　M37平、剖面图

八、结　　语

柏树梁子墓群新石器时代墓葬与巫山大溪遗址所发现的类型相同。本次发掘最为重要的收获是新石器时代大溪文化遗存的发现，这丰富了大溪文化分布的遗存点，为大溪文化的分布区域、传播路径等提供了重要材料。

柏树梁子墓群新石器时代墓葬有直肢葬、屈肢葬和多人合葬，此外M33墓内部分肢骨杂乱无序，可能存在二次葬。对比邹后曦、白九江先生的《巫山大溪遗址历次发掘与分期》后，我们发现，柏树梁子墓群发掘出土的大溪文化类型遗迹及遗物，与2000年大溪遗址一、二、三期的文化类型一致。柏树梁子墓群出土陶器中如罐、支座、器盖、碗等与大溪遗址的一期遗物器形基本一致，簋、釜与大溪遗址的二期、三期器形基本一致，大溪遗址四期遗物在柏树梁子墓群中未见。据此我们初步推定，柏树梁子墓群新石器时代遗存属于大溪文化早中期。

战国墓葬形制均为长方形竖穴土坑墓，规模较小，部分墓坑较深。墓葬出土遗物相对较丰富，器物组合为铜兵器和日用器物，组合方式主要有铜剑、铜矛、铜带钩和陶罐；铜矛、铜戈、铜带钩和陶罐；铜剑、铜带钩和陶罐这三类。文化性质以本地巴文化为主，有部分楚文化的因素，反映了巴文化和楚文化的交汇融合，具有鲜明的地域文化特征。

汉代墓葬均为长方形竖穴土坑墓，墓内出土物极少，器物组合单一，仅出土有少量陶鼎、陶壶等器物。

此外，还有部分长方形竖穴土坑墓，墓内无棺椁、随葬品，少数只残存人骨，仅根据其形制不能断定准确时代，根据地层关系及周边文化性质，其时代初步定为战国至汉代。

附记：本次考古发掘的领队邹后曦，执行领队裴健，参与本次发掘的人员：裴健、孙祺、韩鹏、明建、薛家友、田盼，绘图：孙祺、龚晓红、姚勇、李丽娟，照相：裴健、孙祺，资料整理：孙祺、张辉、龚晓红、李丽娟、姚勇。简报得到重庆市文化遗产研究院白九江研究员指导并修改。本次发掘得到了曲尺乡人民政府、文化站、伍柏村委会及当地村民的大力支持，在此一并致谢！

执　笔：孙　祺　裴　健

附表　巫山柏树梁子墓群2013年度墓葬登记表

分期	年代	墓号	墓向	墓葬形制（米）				葬式	葬具	随葬品	备注
				平面	墓道	甬道	墓室				
一期	新石器时代	M27	3°	圆形锅坑底	无	无	墓口长径1.14、短径1.07	仰身屈肢葬	无	无	
		M30	87°	椭圆形锅坑底	无	无	墓口长径1.0、短径0.75	侧身屈肢葬	不清	无	
		M34	150°	圆形竖穴土坑	无	无	墓口长径0.9、短径0.83	侧身屈肢葬	不清	无	
		M6	331°	长方形竖穴土坑	无	无	墓口长1.4、宽0.7	仰身直肢葬	不清	无	
		M24	258°	长方形竖穴土坑	无	无	墓口长2.28～2.48、宽1.64	多人合葬墓	不清	出土遗物34件，以石制品为主，此外有少量的陶器、骨器，器形有石斧、石锛、石凿、骨锥、骨匕、绿松石坠等	
		M35	153°	圆形	无	无	墓口长径0.9、短径0.83	不清	不清	出土遗物7件，为石制品、牙饰品	
		M20	42°	长方形竖穴土坑墓	无	无	墓口长2.26、宽0.86、深0.1～0.3，墓底长2.18、宽0.78	仰身直肢葬	不清	出土遗物1件，砺石1件	
		M25	5°	圆形竖穴土坑墓	无	无	墓口长1.32、宽0.8、深0.4～0.5，墓底长1.05、宽0.7	不清	不清	无	
		M31		椭圆形竖穴土坑墓	无	无	墓口南北长1.03、东西宽0.8、深0.23～0.26，墓底南北长1、东西宽0.78	不清	不清	无	
		M33		椭圆形竖穴土坑墓	无	无	墓口南北长0.94、东西宽0.84、深0.15	不清	不清	无	

续表

分期	年代	墓号	墓向	墓葬形制（米）				葬式	葬具	随葬品	备注
				平面	墓道	甬道	墓室				
二期	战国	M16	78°	长方形竖穴土坑墓	无	无	墓口长2.2、宽0.9、深0.75～0.9，墓底长1.9、宽0.6	仰身直肢葬	不清	铜带钩1枚	
二期	战国	M17	67°	长方形竖穴土坑墓	无	无	墓口长3.1、宽1.56、深0.7～0.98，墓底长2.9、宽1.36	侧身屈肢葬	不清	出土遗物3件，铜矛1件、铜戈1件、陶器1件	
二期	战国	M21	3°	长方形竖穴土坑墓	无	无	墓口长2.08、宽1.16、深0.15～0.3，墓底长2.02、宽1.08	仰身直肢葬	不清	出土遗物5件，铜带钩1件、石玦3件、陶器足1件	
二期	战国	M32	157°	长方形竖穴土坑墓	无	无	墓口长2.5、宽0.7、深0.55～0.6，墓底长2.4、宽0.6	仰身直肢葬	不清	出土铁带钩1件	
二期	战国	M5	18°	长方形竖穴土坑墓	无	无	墓口长3.9、宽2.4、深1.44～2.2，墓底长3.6、宽2.2	不清	不清	出土遗物3件，铜带钩1件、小铜珠1件、铜铃1件	
二期	战国	M23	167°	长方形竖穴土坑墓	无	无	墓口长2.5、宽0.7、深0.55～0.6，墓底长2.4、宽0.6	仰身直肢葬	不清	出土遗物4件，铜矛1件，铜剑1件、铜带钩1枚、陶罐1件	
二期	战国	M26	344°	长方形竖穴土坑墓	无	无	墓口长2.44、宽0.9、深0.4，墓底长2.32、宽0.8	不清	不清	出土遗物4件，铜矛1把、铜剑1件、铜带钩1件、陶罐1件	
二期	战国	M38	191°	长方形竖穴土坑墓	无	无	墓口长2.5、宽0.9、深0.7，墓底长2.4、宽0.8	仰身直肢葬	不清	出土青铜剑1把	
三期	西汉	M8	220°	长方形竖穴土坑墓	无	无	墓口长3.86、宽3、深2.04～2.74，墓底长3.7、宽2.8	仰身直肢葬	不清	出土遗物2件，陶鼎2件	
三期	西汉	M15	79°	长方形竖穴土坑	无	无	墓口长3、宽1.45、深0.5～0.85，墓底长2.85、宽1.35	不清	不清	出土遗物2件，陶壶1件、铜环1件	
三期	西汉	M9	73°	长方形竖穴土坑墓	无	无	墓口长3.15、宽2.4、深1.12～1.44，墓底长2.73、宽1.8	不清	不清	出土遗物1件，陶壶1件	

续表

分期	年代	墓号	墓向	墓葬形制（米）				葬式	葬具	随葬品	备注
				平面	墓道	甬道	墓室				
三期	西汉	M14	57°	长方形竖穴土坑墓	无	无	墓口长2.66、宽1.35、深0.78～0.98，墓底长2.44、宽1.16	仰身直肢葬	不清	出土遗物1件，骨制品1件	
		M19	72°	长方形竖穴土坑墓	无	无	墓口长3.3、宽2.44、深2.24～2.79，墓底长2.8、宽1.8	不清	不清	出土遗物11件，石制品8件、铜箭镞1件、铜饰件1件、玉石器1件	
	战国至汉代	M3	50°	长方形竖穴土坑墓	无	无	墓口长2.68、宽1.78、深1.64～2，墓底长2.12、宽0.7	不清	不清	无	有二层台
		M7	335°	长方形竖穴土坑墓	无	无	墓口长3.14、宽2.1、深2.04～2.74，墓底长3、宽1.3	仰身直肢葬	不清	无	有枕木沟1道
		M18	80°	长方形竖穴土坑墓	无	无	墓口长3、宽2.96、深1.14～1.44，墓底长2、宽1.56	不清	不清	无	有枕木沟2道
		M37	30°	长方形竖穴土坑墓	无	无	墓口长3、宽2、深2.45～3.2，墓底长2.7、宽1.5	不清	不清	无	
		M10	85°	长方形竖穴土坑墓	无	无	墓口长2.9、宽1.6、深1.9～2.2，墓底长2.75、宽1.5	不清	不清	无	
		M12	66°	长方形竖穴土坑墓	无	无	墓口长3.40、宽2.12、深0.65～0.94，墓底长3.3、宽1.92	不清	不清	无	
		M28	66°	长方形竖穴土坑墓	无	无	开口残长1.06～1.2、宽0.64、深0.5～0.1，墓底残长1.02～1.16、宽0.6	仰身直肢葬	不清	无	
		M29	40°	长方形竖穴土坑墓	无	无	墓口长2.3、宽0.85、深0.44～0.64，墓底长2.1、宽0.75	仰身直肢葬	不清	无	
		M36	154°	长方形竖穴土坑墓	无	无	墓口长1.85、宽0.75、深0.3～0.4，墓底长1.76、宽0.66	仰身直肢葬	不清	无	

续表

分期	年代	墓号	墓向	墓葬形制（米）				葬式	葬具	随葬品	备注
				平面	墓道	甬道	墓室				
	战国至汉代	M39	317°	长方形竖穴土坑墓	无	无	墓口长2.06、宽0.7、深0.2，墓底长1.98、宽0.62	仰身直肢葬	不清	无	
		M1	58°	长方形竖穴土坑墓	无	无	墓口长4.32、宽3.14、深2.44～3.04，墓底长3.30、宽2.15	不清	不清	无	
		M2	59°	长方形竖穴土坑墓	无	无	墓口长3.85～4.05、宽2.3～2.5、深1.5～1.7，墓底长3.24、宽1.84	不清	不清	无	
		M4	110°	长方形竖穴土坑墓	无	无	墓口长2.04、宽1.04、深0.24～0.35，墓底长1.77、宽0.9	不清	不清	无	
		M11	56°	长方形竖穴土坑墓	无	无	墓口长2.96、宽1.57、深0.52～0.73，墓底长2.76、宽1.36	不清	不清	无	
		M13	74°	长方形竖穴土坑墓	无	无	墓口长2.68、宽1.34、深0.45，墓底长2.62、宽1.24	仰身直肢葬	不清	无	
		M22	69°	长方形竖穴土坑墓	无	无	墓口长2.9、宽1.5、深0.9～1.3，墓底长2.6、宽1.3	仰身直肢葬	不清	无	
		M40	30°	长方形竖穴土坑墓	无	无	墓口长3.1、宽2.1、深1.25～1.35，墓底长2.66、宽1.3	不清	不清	无	

巫山大昌东坝遗址2012年考古发掘简报

重庆市文化遗产研究院　巫山县文物管理所

一、引　　言

巫山大昌东坝遗址位于巫山县大昌镇兴隆村4组东坝（小地名），大昌盆地东缘，因地处大昌镇以东而得名。遗址地处大宁河左岸一级阶地上，呈东西走向，平面大致呈长方形，东西长约1000米，南北宽约100米，总分布面积约10万平方米。遗址东面及南面为大宁河，北面为江边坡地，北面距公路约200米，西面为冲刷滩及农田。遗址所在地中心地理坐标为东经109°42′54″，北纬31°38′54″，海拔为150～175米（图一）。

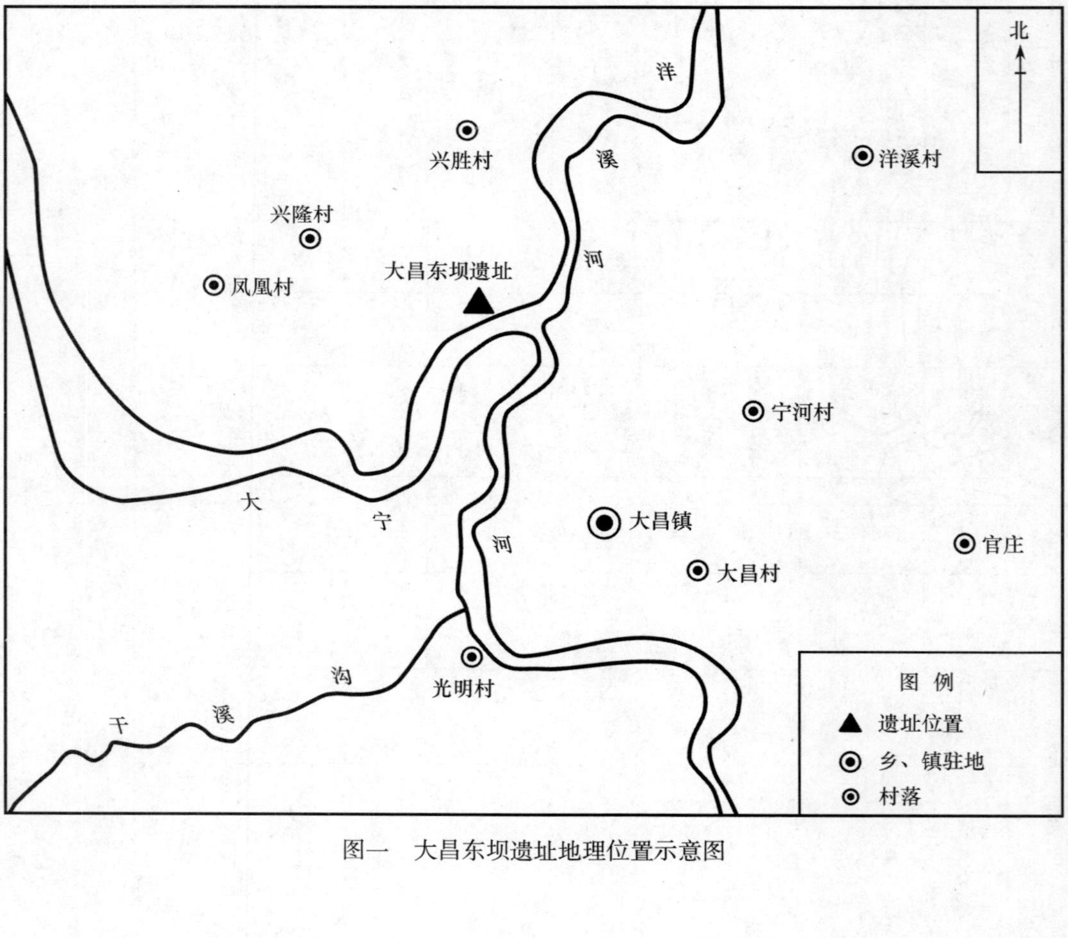

图一　大昌东坝遗址地理位置示意图

2003年、2004年中山大学考古队对大昌东坝遗址进行了全面发掘，勘探面积30000平方米，发掘面积3000平方米。文化遗存含东周、汉、明清时期，以东周为主，包含灰坑、墓葬、窑址等文化遗物，出土器物104件。

为配合三峡水库重庆库区消落区文物保护工作，2012年8月中旬至2012年9月上旬，重庆文化遗产研究院成立了专业发掘队伍，对巫山大昌东坝遗址进行了抢救性发掘清理。工作人员根据地势分三个部分按正南北向布设5米×5米探方28个，其中南部有7个探方连为一片，中部有17个探方连成一片，北部有4个探方，较为集中，布方面积700平方米，扩方面积60平方米，实际发掘面积共计760平方米。共清理墓葬7座，其中砖室墓6座，土坑墓1座，分别编号为2012WDDM8～2012WDDM14（W代表巫山县，第一个D代表大昌镇，第二个D代表东坝遗址）（以下简称M8～M14）（图二、图三）。

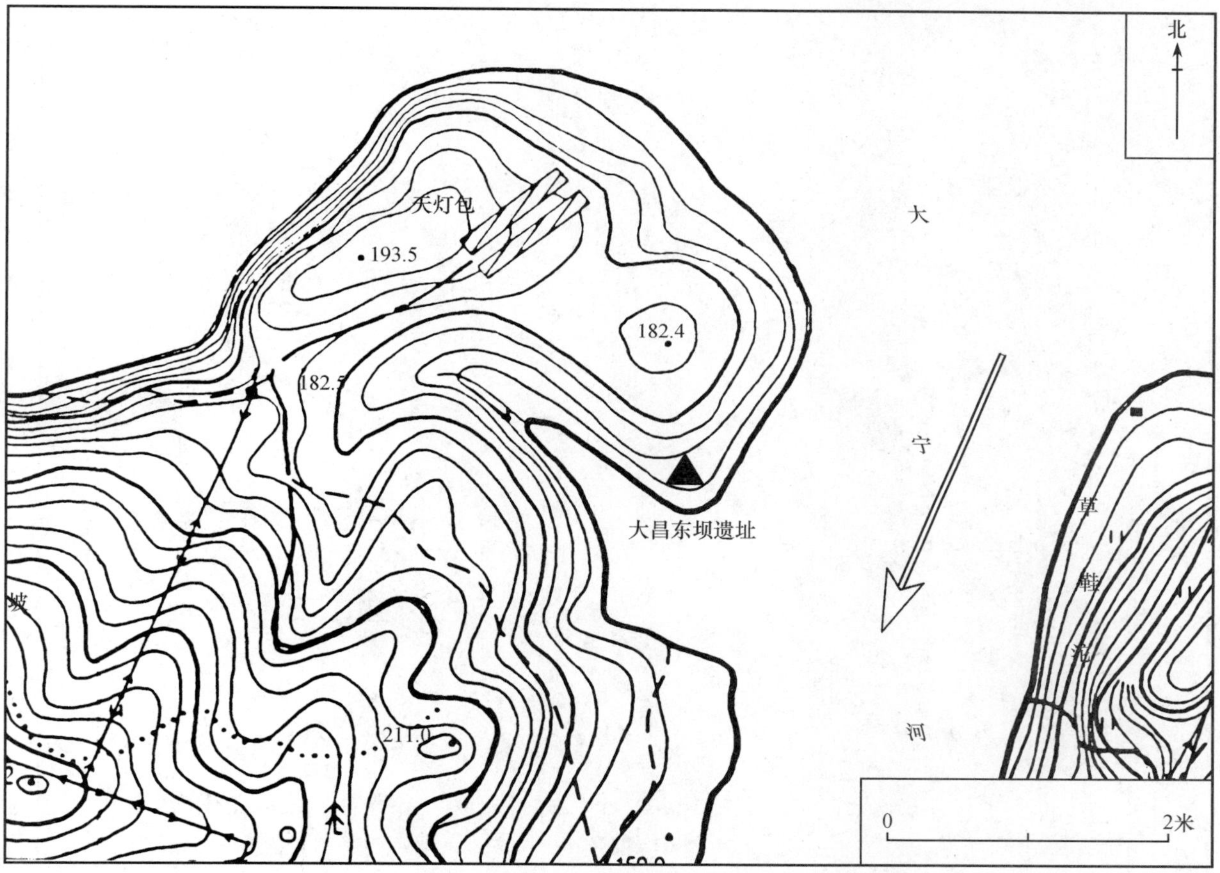

图二　大昌东坝遗址地形图

二、地层堆积和墓葬概况

大昌东坝遗址发掘区地层堆积较为简单，仅为二层（图四）。

第1层：厚0～45厘米，近现代耕土及冲刷层。由于江水定期涨落冲刷，第1层局部地区有所流失，但基本上分布整个发掘区，为疏松灰色黏土，包含大量的植物根茎、石子和少量的因

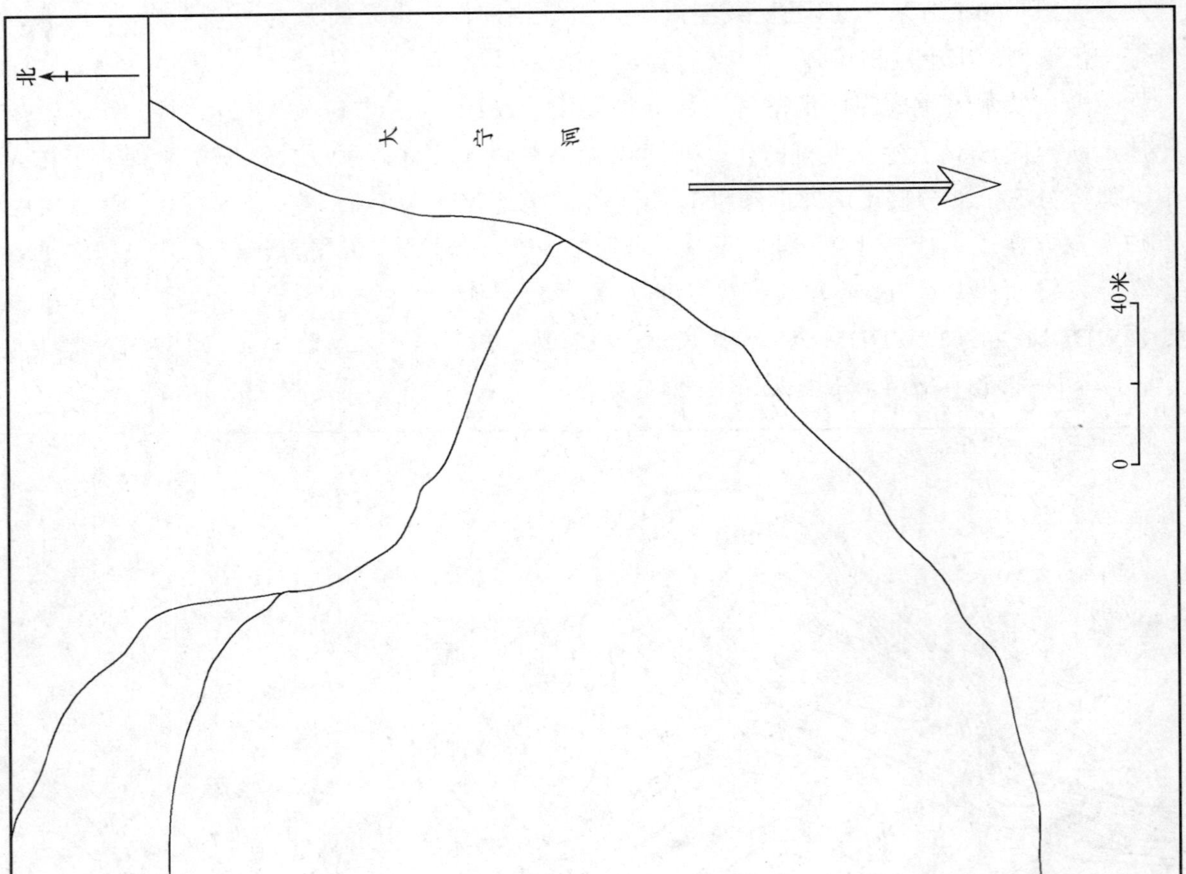

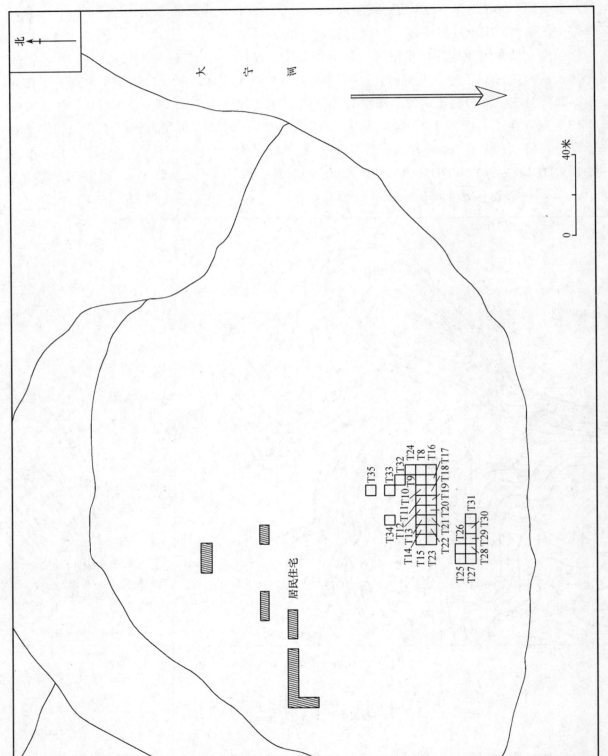

图三 巫山大昌东坝遗址2012年发掘布方图

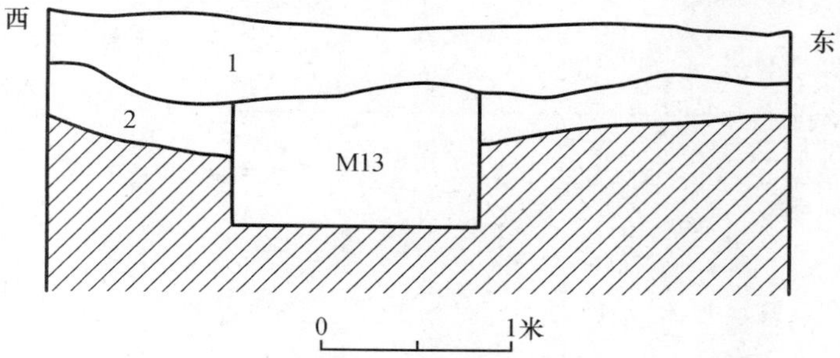

图四 T34北壁剖面图

江水冲刷而来的墓砖。开口于1层下的遗迹有M14。

第2层：距地表15～140厘米，厚0～95厘米。灰黄色黏土，较1层致密，包含少量石子，分布于发掘区的全部探方。

第2层以下为致密的灰白色包含料姜石的生土层。

发现遗迹主要是墓葬，墓葬中共出土随葬品28件（含填土中出土3件）。器类有陶、瓷、铜、铁等，器形主要有青釉瓷四系盘口壶、瓷盏、青釉瓷博山炉（残）、瓷陶罐、铜圈、铜环、铜泡钉、铁棺钉、铜“货泉”钱、铜“五铢”钱等。以下根据墓葬时代分别介绍。

三、新莽时期墓葬

仅发现墓葬1座，土坑竖穴墓。

M9

1. 墓葬形制

长方形土坑竖穴墓，方向190°。墓长2.95、宽1.7、深0.82～1.5米。平面呈长方形，墓壁竖直向内略倾斜，墓底铺有一层大小不一的石板，表面光滑、经人为加工，类似砖室墓的墓底铺地砖。未见葬具及人骨（图五）。

2. 出土遗物

墓葬被严重盗扰，在墓底仅出土少量陶片，无复原器。陶质皆为泥质灰陶，以素面居多，少量施有粗绳纹，可辨器形皆为罐。

陶罐 3件。M9：1，侈口、圆唇、卷沿。残长13.6、宽4.1厘米（图六，1）。M9：2，侈口、圆唇、卷沿。残长13.2、宽5厘米（图六，2）。

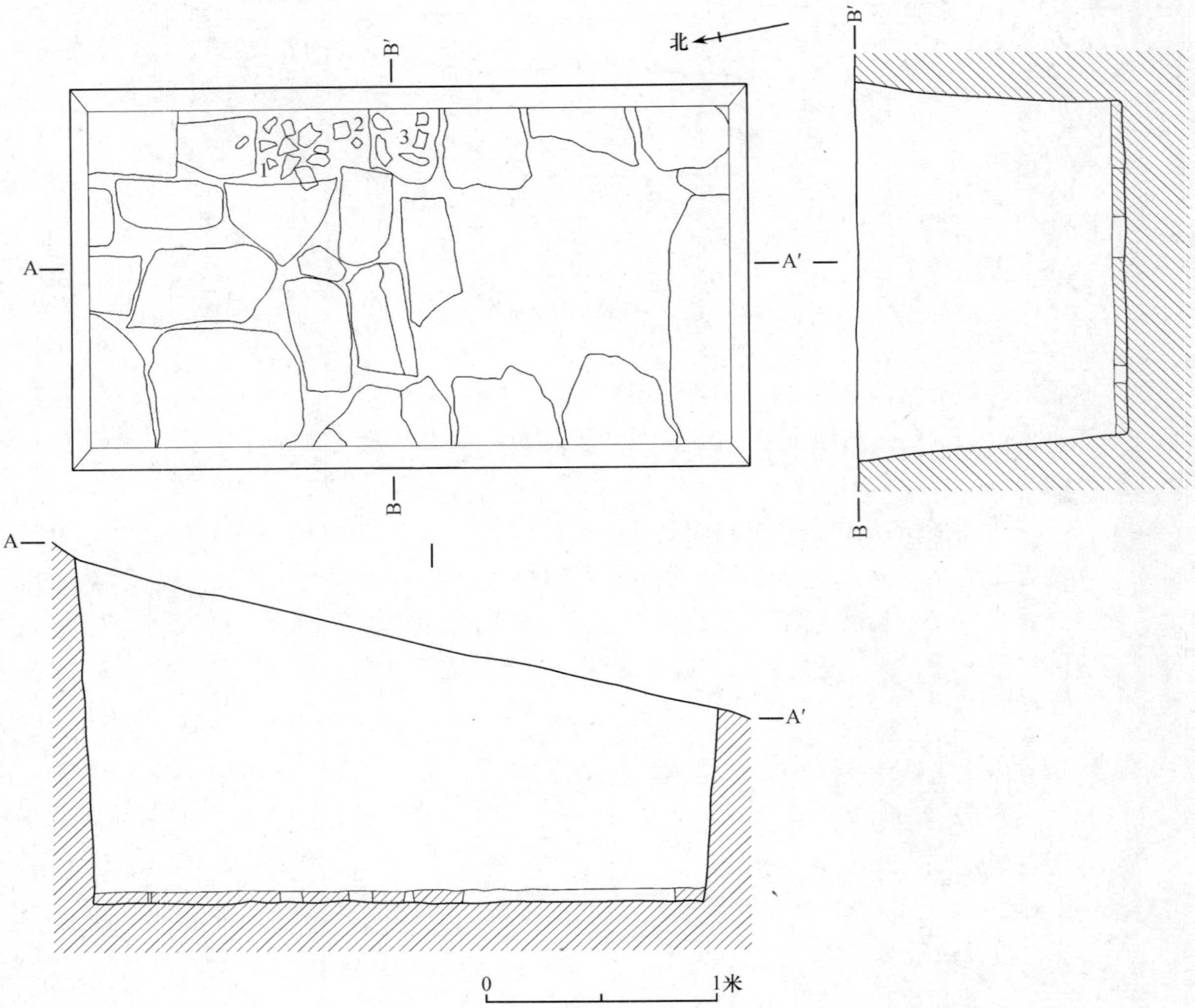

图五　M9平、剖面图

1～3. 陶罐

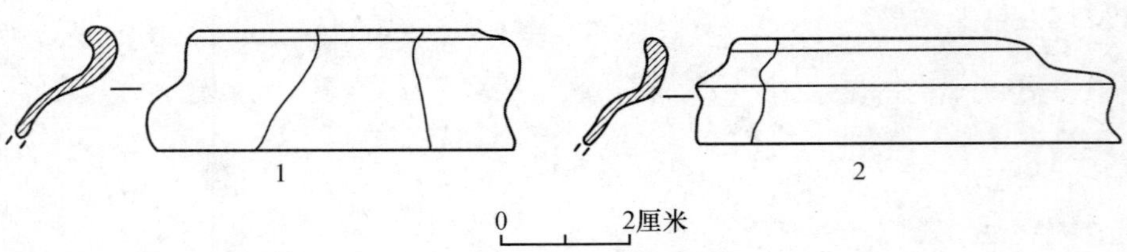

图六　M9出土陶罐

1、2. 陶罐（M9∶1、M9∶2）

四、东汉时期遗存

共发现东汉时期的砖室墓5座，其中土坑砖室墓4座，土洞砖室墓1座。

（一）M8

1. 墓葬形制

竖穴土坑砖室墓，平面呈“刀把”形，方向5°。长7.2、宽1.9、高0.8～2米。由墓道、甬道、墓室三部分组成（图七）。

墓道位于甬道前端，呈缓坡状。长1、宽0.8、现存高度0.4米。甬道位于墓室前端左侧，用菱形花纹砖错缝垒砌，花纹面向内，底部与墓室处于同一平面，亦用砖纵向错缝平铺。甬道长1.6、宽1.12、现存高度0.8～0.97米。甬道应有券顶，但因自然及人为破坏，已坍塌，仅剩部分起券砖。甬道前端应有封门，因破坏严重，现已不存。

墓室平面呈长方形，墓室长4.6、宽1.92、现存高度1～2米。墓壁用菱形几何花纹砖错缝平铺垒砌，花纹面向内，底部亦用同型砖错缝平铺。券顶大部分已坍塌，券顶砖为几何纹砖。墓内填土为灰褐色淤土，土质细腻、杂乱。未见葬具、墓主人骨架。墓砖长30、宽16、厚6厘米。

2. 出土遗物

墓内填土中出土钱币10余枚，棺钉9枚，陶片数枚。

货泉　3枚。小篆书阳文“货泉”较为规整，方穿，正反面均有内郭和外郭。M8：1，直径2.2、穿径0.7厘米（图八，1）。M8：4，直径2.2、穿径0.8厘米（图八，3）。M8：8，直径2.2、穿径0.7厘米（图八，4）。

五铢　12枚，大部分锈蚀粘连在一起，保存完整者较少。M8：7，小篆阳文书“五铢”较为规整，方穿，正反面均有内轮和外郭。“五”字交笔呈弯曲，上下横较长紧挨外郭，“朱”头呈圆折型，“金”字头较小，如一枚箭镞。直径2.6、穿径1厘米（图八，2）。

铁棺钉　9枚。器形相同，均呈锥状，横截面呈正方形，钉帽仍保留，锈蚀较严重。M8：5，通长15.8厘米（图八，5）。

陶片　数枚。较细碎，不可复原（图八，6、7）。

（二）M10

1. 墓葬形制

竖穴土坑砖室墓，平面为“刀把”形，方向352°。通长6.3、宽1.92、高0.2～2.15米。由墓道、甬道、长方形墓室三部分组成（图九）。

墓道位于甬道前端，呈缓坡状。长0.8、宽1.14、现存高度0～0.3米。甬道位于墓室前端右侧，用菱形花纹砖错缝垒砌，花纹面向内，底部与墓室处于同一平面，亦用砖纵向错缝平铺，局部被破坏不存。长0.96、宽1.12、现存高度0.42～1米。甬道券顶因自然及人为破坏，已坍

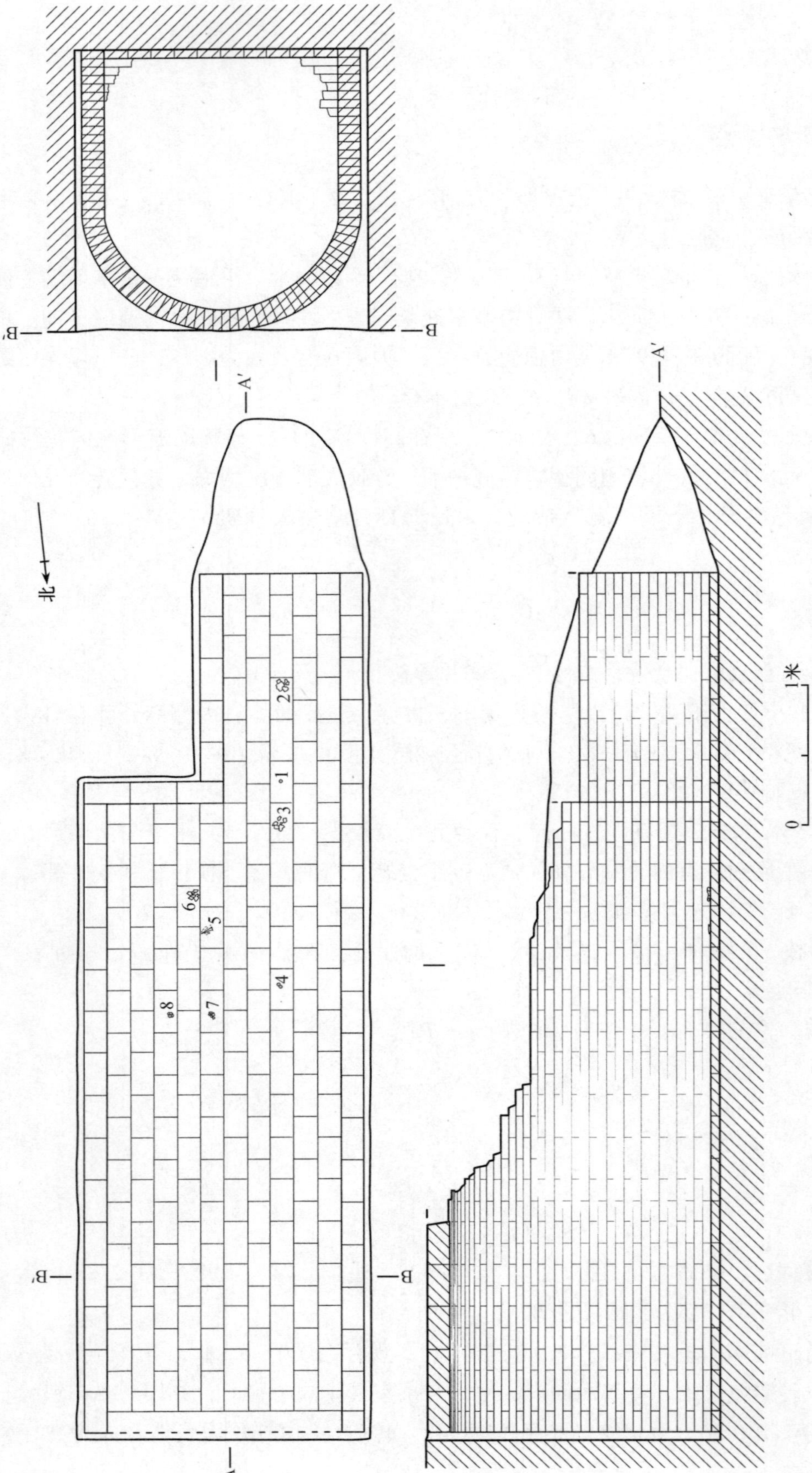

图七　M8平、剖面图

1、4、8.铜"货泉"钱　2、3、6.陶片　5.铁棺钉　7.铜"五铢"钱

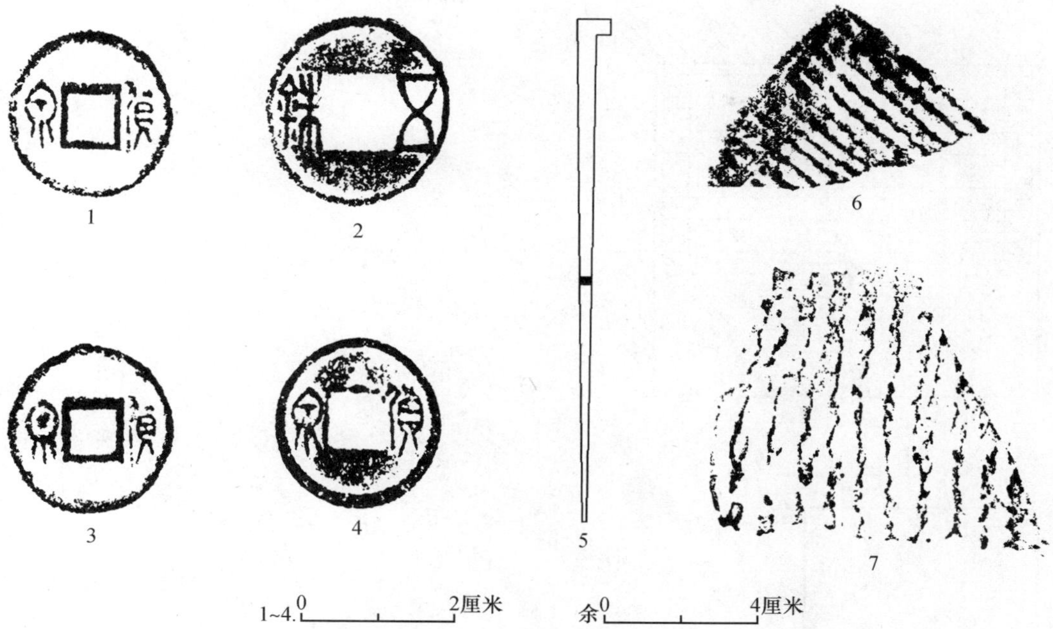

图八 M8出土遗物

1、3、4. 铜“货泉”钱（M8∶1、M8∶4、M8∶8） 2. 铜“五铢”钱（M8∶7） 5. 铁棺钉（M8∶5） 6、7. 陶片拓片（M8∶3、M8∶6）

塌，仅剩部分起券砖。甬道前端封门现已不存。

墓室平面呈长方形，长4.6、宽1.92、现存高度1～1.8米。四周墓壁距土圹0.05米，亦用菱形花纹砖错缝平铺垒砌，花纹面向内，底部亦用同型砖错缝平铺。券顶大部分已坍塌。

墓砖均为长方形墙砖，泥质灰陶。砖上纹饰分为三种，一种为空心菱形纹，另一种为方格纹，还有几何花边形条纹砖。纹饰都位于砖的一侧面，采用模印的方式烧造而成，墓砖长32、宽16、厚6厘米（图一八，1）。

2. 出土遗物

墓内填土为灰褐色淤土，土质细腻。未见葬具、墓主人骨架。墓内填土中出土铜钱币1枚，铜圈1个，陶片1块（疑似器物口沿）。

铜圈　1个。M10∶1，青铜铸造，呈圆环形，实心，在圈杆下端有一个三角形的类似铃铛的饰件，内部为实心。铜圈直径为6.8、圈杆直径为0.4厘米（图一〇，1）。

铜“五铢”钱　1枚。M10∶2，小篆阳文书“五铢”较为规整，方穿，正反面均有内轮和外郭。“五”字交笔呈弯曲，上下横较长靠近外郭，“铢”字的“朱”头呈圆折型，“金”字头较小，如一枚箭镞。直径2.6、穿径1厘米（图一〇，3）。

陶器口沿　1件。M10∶3，泥质灰陶。方唇。肩部饰弦纹一圈（图一〇，2）。

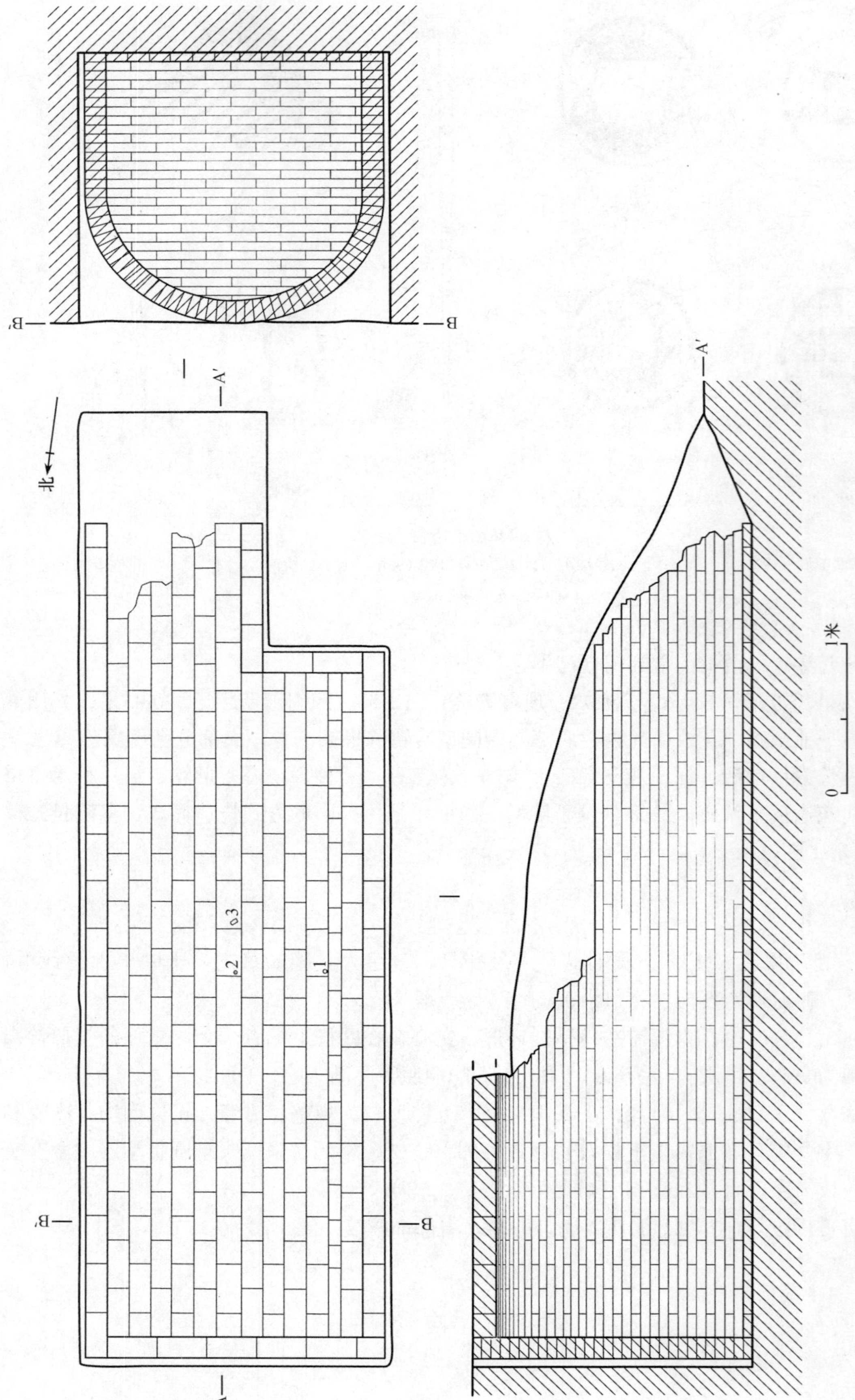

图九　M10平、剖面图

1. 铜圈　2. 铜“五铢”钱　3. 陶片

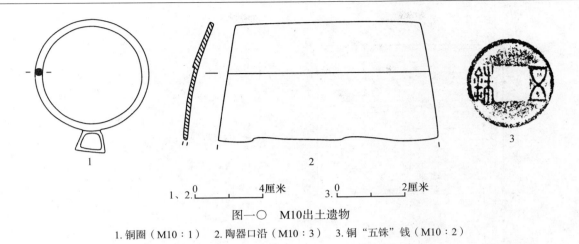

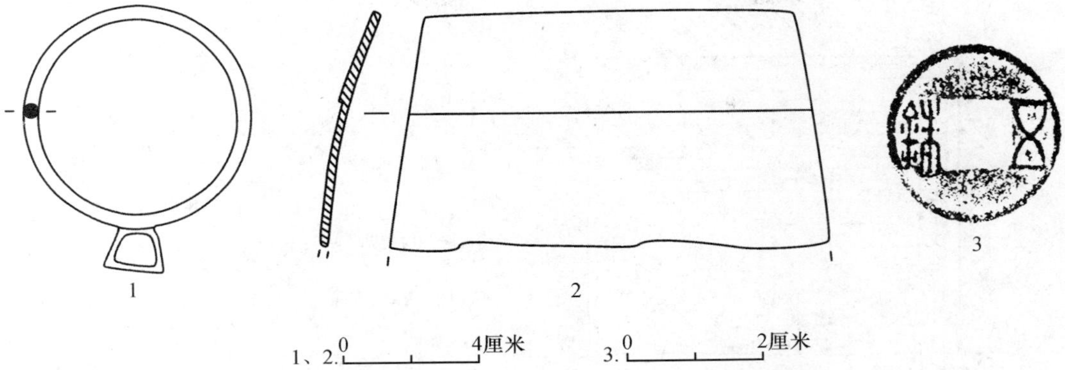

图一○ M10出土遗物

1. 铜圈（M10：1） 2. 陶器口沿（M10：3） 3. 铜“五铢”钱（M10：2）

（三）M11

1. 墓葬形制

竖穴土坑砖室墓，平面呈“刀把”形，方向19°。全长7.7、宽2.1、高0.2～2.15米。由墓道、甬道、长方形墓室三部分组成（图一一）。

墓道位于甬道前端，长1.2、宽1、现存高度0～0.8米。甬道位于墓室前端左侧，用菱形花纹砖错缝垒砌，花纹面向内，底部与墓室处于同一平面，亦用砖纵向错缝平铺。甬道长2.26、宽1、残高1.14米。甬道券顶已坍塌，仅剩部分起券砖。甬道前端封门现已不存。

墓室平面呈长方形，长4.6、宽1.76、现存高度1.2～1.8米。四周墓壁距土圹0.1米，用菱形花纹砖错缝平铺垒砌，花纹面向内，底部亦用同型砖错缝平铺，券顶大部分已坍塌。墓室采集的墓砖均为长方形墙砖，泥质灰陶。砖上纹饰分为两种，一种为方格纹砖，在方格的一侧还饰有三角和“回”字纹饰，回字内有线条；另一种为几何花边形条纹砖。墓砖长32、宽16、厚7厘米（图一八，2）。

2. 出土遗物

墓葬因历年江水涨退冲刷，又经数次盗扰，致使墓内淤满灰褐色淤土，质地细腻、杂乱，墓内填土里包含大量坍塌的碎墓砖。墓中未见墓主人骨架，葬式不详，也未见随葬品。

（四）M12

1. 墓葬形制

竖穴土坑砖室墓，平面呈“刀把”形，方向11°。墓葬全长8.4、宽2.1、高0.5～2.08米。由墓道、甬道、墓室三部分组成（图一二）。

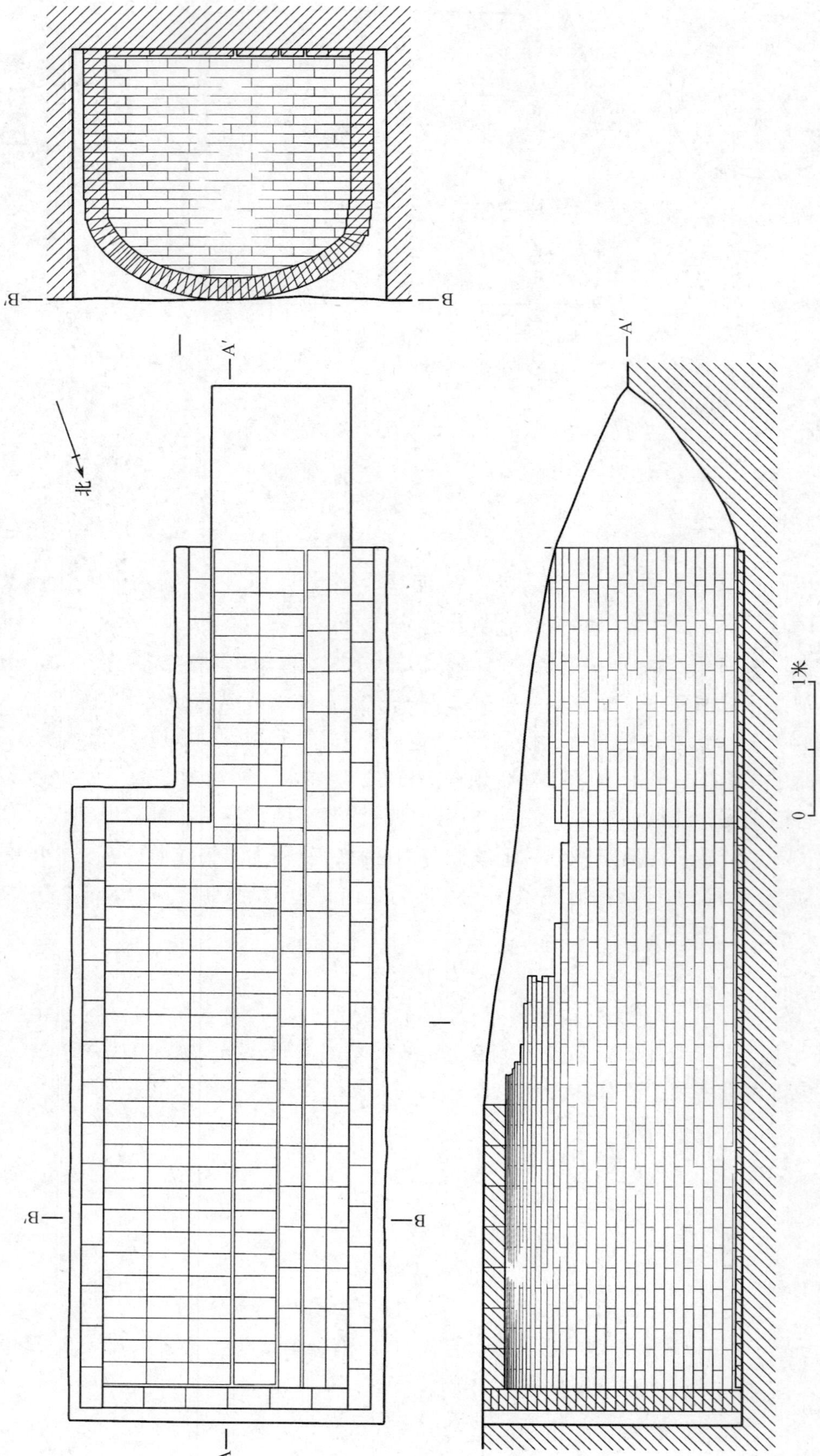

图一一　M11平、剖面图

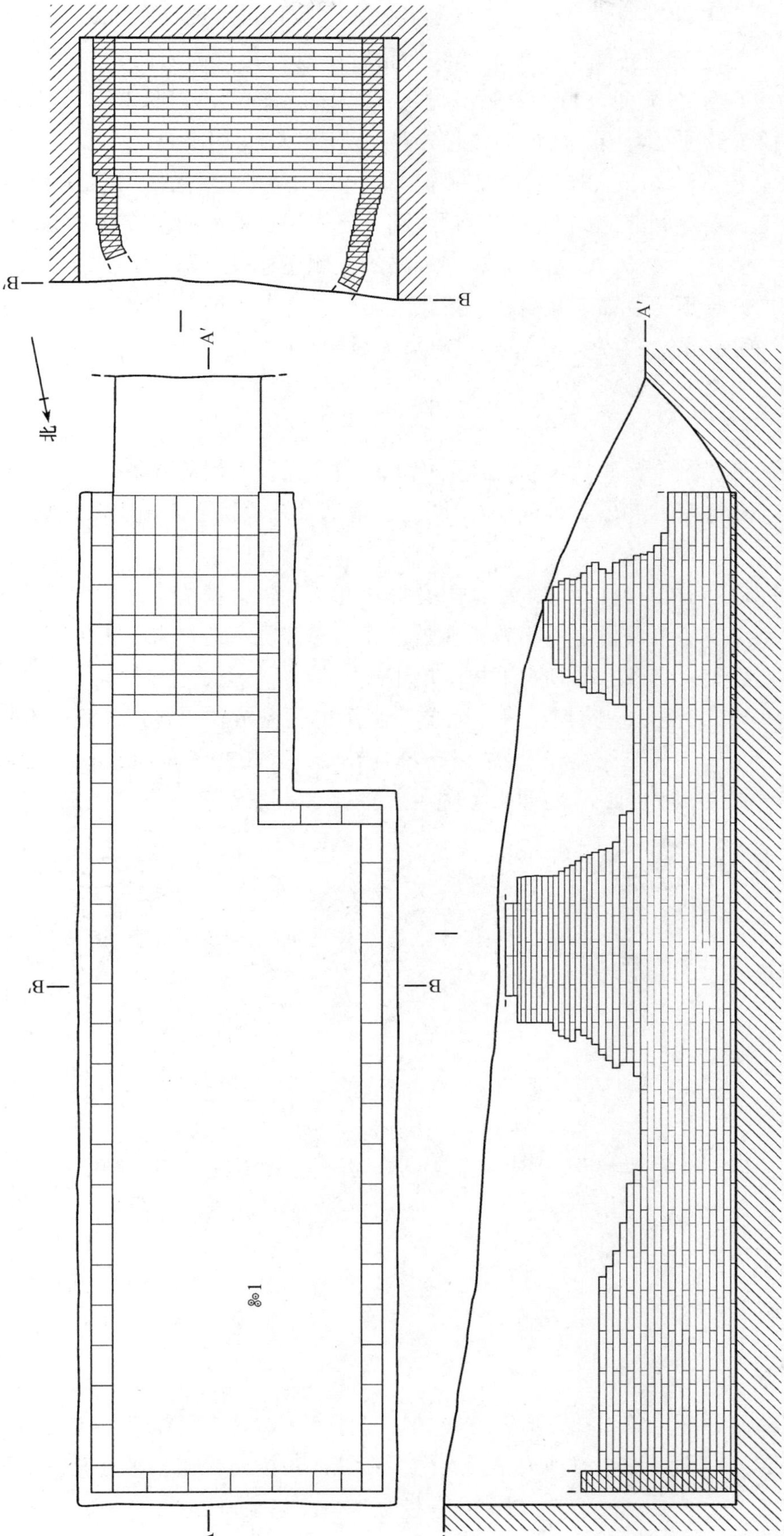

0 1米

图一二 M12平、剖面图
1. 铜“五铢”钱

墓道位于甬道前端，直壁，呈缓坡状。长0.88、宽1.04、现存高度0～0.6米。甬道平面呈长方形，位于墓室前端右侧，用菱形花纹砖错缝垒砌，花纹面向内，底部与墓室处于同一平面，亦用砖纵向错缝平铺，甬道靠近墓室0.8米无铺地砖。甬道长2.5、宽1.35、现存深度0.46～1.3米。甬道券顶已坍塌，仅剩部分起券砖。甬道前端封门不存。

墓室平面呈长方形，长4.85、宽1.79、残高0.65～1.6米。墓壁用菱形花纹砖错缝平铺垒砌，花纹面向内，墓室底部无铺地砖，券顶大部分已坍塌。采集的墓砖分为长方形墙砖和券顶砖，泥质灰陶。墙砖上纹饰为方格纹砖，在方格的一侧还饰有“回”字纹饰，回字内的“口”内有“×”纹饰；券顶砖纹饰为几何花边形条纹砖，在砖上也饰有“×”纹饰。墙砖长32、宽16、厚7厘米，券顶砖长30、宽16、厚5～6厘米（图一八，3）。

2. 出土遗物

墓内淤满灰褐色淤土，质地细腻，墓内填土里包含大量坍塌的碎墓砖。墓中未见墓主人骨架，葬式不详。在墓室后部出土铜钱5枚，同时在甬道及墓道扰土内出土汉代板瓦片7块，铜钱币1枚。

铜“五铢”钱　5枚。M12：1，小篆阳文书“五铢”较为规整，方穿，正反面均有内轮和外郭。“五”字交笔呈弯曲，上下横较长靠近外郭，“铢”字的“朱”头呈圆折型，“金”字头较小，如一枚箭镞。直径2.6、穿径1厘米（图一三，1）。

板瓦残片　7块。泥质灰陶板瓦，呈弧形，制作工艺较粗犷，残片表面施有较粗的绳纹，部分残片上的纹饰较为规整，线条基本平行。M12：2，残长30、宽14、厚2.5厘米（图一三，2）。M12：3，长27、宽17.6、厚2厘米（图一三，3）。

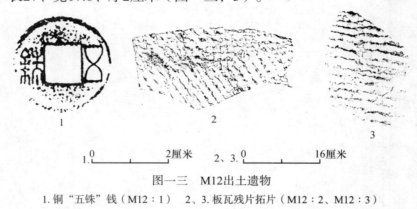

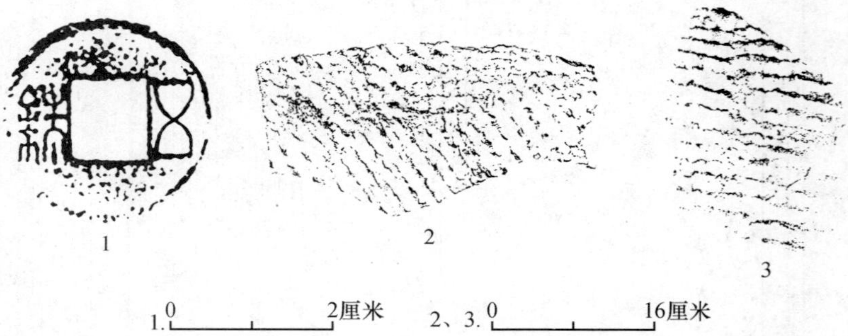

图一三　M12出土遗物

1. 铜“五铢”钱（M12：1）　2、3. 板瓦残片拓片（M12：2、M12：3）

（五）M13

1. 墓葬形制

土洞砖室墓，平面呈“刀把”形，方向10°。全长6.94、宽2、深0.42～1.68米。墓葬在缓坡地带直接向下挖一竖穴缓坡土坑成为墓道，然后在从墓道横向挖出甬道和墓室，形成土洞墓。

该墓由墓道、甬道、长方形墓室三部分组成（图一四）。

墓道呈缓坡状，长0.8、宽0.93、现存高度0～0.6米。甬道平面呈长方形，位于墓室前端右侧，用菱形花纹砖错缝垒砌，花纹面向内，底部与墓室处于同一平面，亦用砖纵向错缝平铺，甬道靠近墓室0.8米，无铺地砖。甬道长1.6、宽0.93、残高1.20～1.44米。甬道应有券顶，但因自然及人为破坏，已坍塌，仅剩部分起券砖。甬道前端应有封门，因破坏严重，现已不存。

墓室平面呈长方形，长4.55、宽1.7米、现存高度0.42～1.68米。四周墓壁距土圹0.05米，用菱形花纹砖错缝平铺垒砌，花纹面向内，墓室仅靠近后墙有部分铺地砖，墓室中部无铺地砖，应为人为破坏。墓室券顶大部分已坍塌。

采集的墓砖为长方形墙砖，泥质灰陶。纹饰为几何线条纹，同时饰有一“○”纹，墓砖长30、宽16、厚6厘米（图一八，4）。

2. 出土遗物

墓内淤满灰褐色淤土，质地细腻、较杂乱，墓内填土里包含大量坍塌的碎墓砖。墓中未见墓主人骨架，葬式不详。在墓室中部出土铜钱数十枚、小铜环4枚。

铜“五铢”钱　5枚。小篆阳文书“五铢”较为规整，方穿，正反面均有内轮和外郭。“五”字交笔呈弯曲，上下横较长，靠近外郭，部分接近外郭。M13：1，“铢”字的“朱”头呈圆折型，“金”字头较小，似箭头。直径2.6、穿径1厘米（图一五，1）。M13：2，直径2.6、穿径1厘米（图一五，2）。M13：4，直径2.6、穿径1厘米（图一五，3）。M13：5，直径2.6、穿径1厘米（图一五，4）。

铜“货泉”钱　1枚。M13：6，小篆书阳文“货泉”，较为规整，方穿，正反面均有内郭和外郭。直径2.2、穿径0.7厘米（图一五，5）。

铜环　M13：7，4枚，其中1枚残。4枚铜环，尺寸相同，直径2，厚0.2厘米（图一五，6～8）。

五、六朝时期墓葬

六朝时期墓葬仅发现1座，为竖穴土坑砖室墓。

M14

1. 墓葬形制

竖穴土坑砖室券顶墓，平面呈“凸”字型，方向6°。墓葬全长6.9、宽1.9、深0.2～2.1米。由墓道、墓门、甬道、长方形墓室四部分组成（图一六）。

墓道位于甬道前端，呈缓坡状。长0.76、宽0.82、现存深度0～0.4米。墓道与甬道之间，由墓砖砌筑而成，由于墓门早期被破坏，现仅残存墓门砖几块，甬道前两侧平铺双层砖形成抱

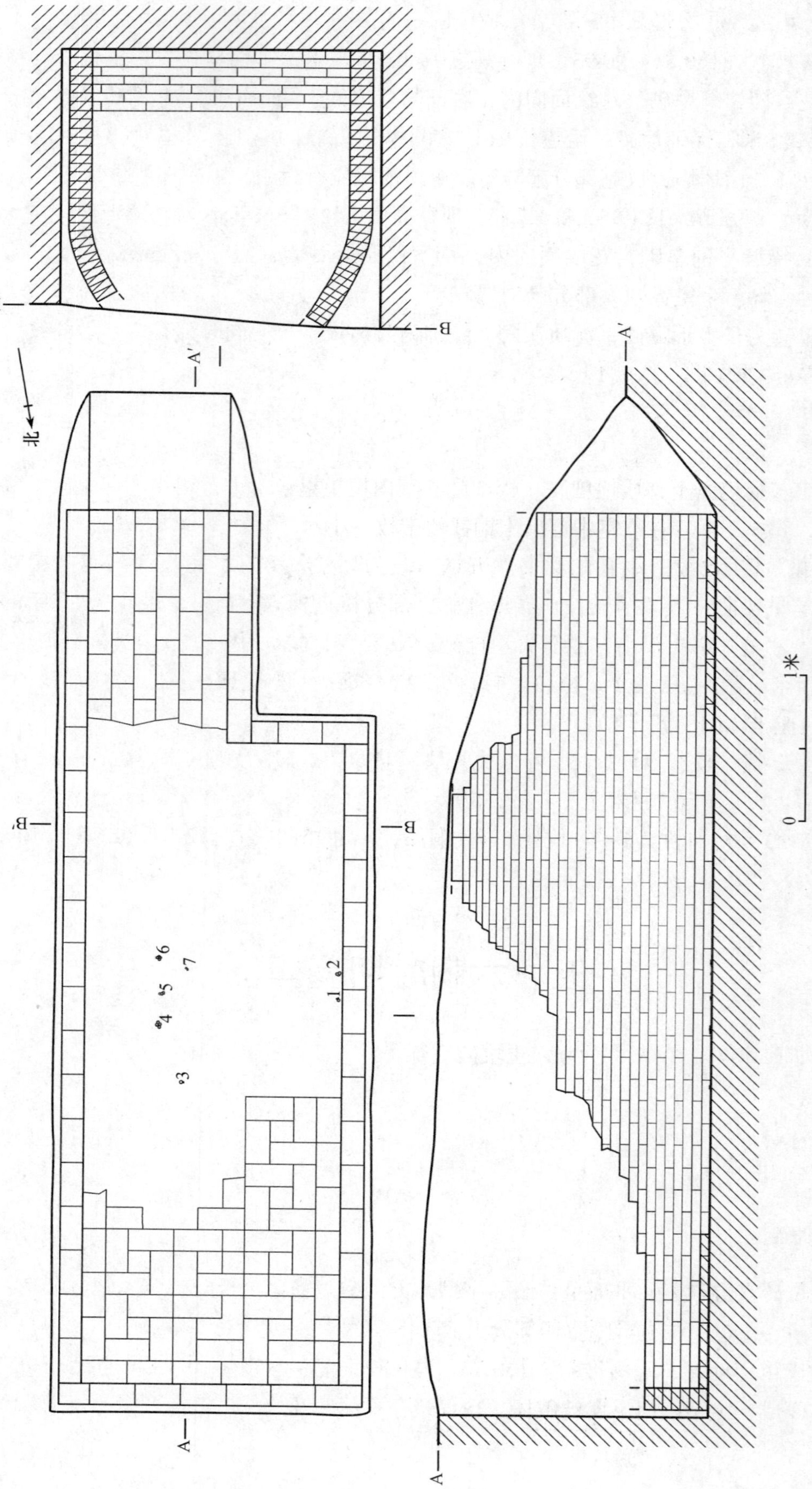

图一四 M13平、剖面图

1～5.铜“五铢”钱 6.铜“货泉”钱 7.铜环

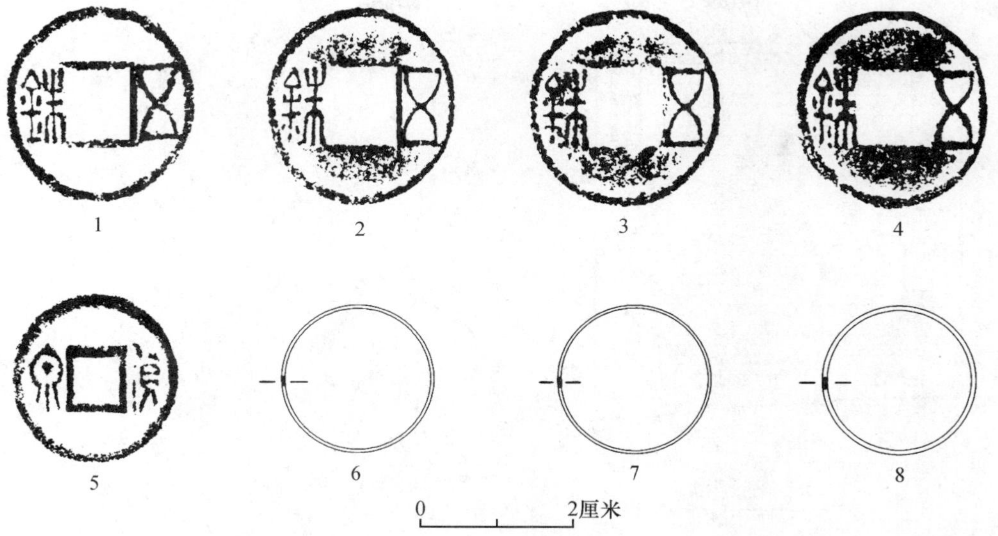

图一五　M13出土遗物

1～4. 铜“五铢”钱（M13：1、M13：2、M13：4、M13：5）　5. 铜“货泉”钱（M13：6）　6～8. 铜环（M13：7）

柱，起加固墓门的作用。

甬道位于墓室前端中部，用菱形花纹砖错缝垒砌，花纹面向内，底部与墓室处于同一平面，亦用砖横、纵向错缝平铺。甬道长1.77、宽0.82、现存高度0.06～0.9米。甬道券顶已坍塌。甬道封门底部仅存两块墓门砖。

墓室平面呈长方形，长4.37、宽1.58米、现存高度0.9～2.1米。四周墓壁距土圹0.1米，用菱形花纹砖错缝平铺垒砌，花纹面向内，墓室左侧和后部局部墙砖有人为破坏现象。墓室中部有铺地砖，靠近后墙0.62米无铺地砖，应属人为破坏，墓室券顶大部分已坍塌。采集的墓砖为长方形墙砖，饰空心菱形纹，砖长35、宽16、厚6厘米（图一八，5）。

2. 出土遗物

墓葬受历年江水涨退冲刷，又经数次盗扰，致使墓内淤满灰褐色淤土，质地细腻、杂乱。墓中填土内未见完整骨架，因扰动破坏严重，仅见大量散乱肢骨，散乱分布于填土中，葬式不详。在墓室后部偏西出土少量瓷器碎片，可辨器物有盘口壶、博山炉等，均为青釉瓷，同时还出土铁制棺钉2枚。此外在墓内扰土中出土青瓷盏1件。

青瓷博山炉残片　1件。M14：2。灰白胎，残片上施满青釉，上饰四圈弦纹和两个三角形镂空纹。残长10.4、宽6.8、厚0.4厘米（图一七，2）。

青瓷四系盘口壶　1件。M14：1，灰白胎，青釉，盘口及颈部施釉，施釉不及底。盘口，尖圆唇，细长颈，阔肩，斜直腹，平底微凹，肩部有四系，桥形，两两对称。口径12.6、底径11.5厘米（图一七，3）。

铁棺钉　2枚。器型相同均呈锥状，横截面呈正方形，锈蚀较严重。M14：3，通长11厘米（图一七，4）。

青瓷盏　1件。M14：采1，灰白胎，青釉，内部仅上部施釉，外施釉不及底。圆唇，斜腹，饼足。在器物内底残留有支钉痕迹（图一七，1）。

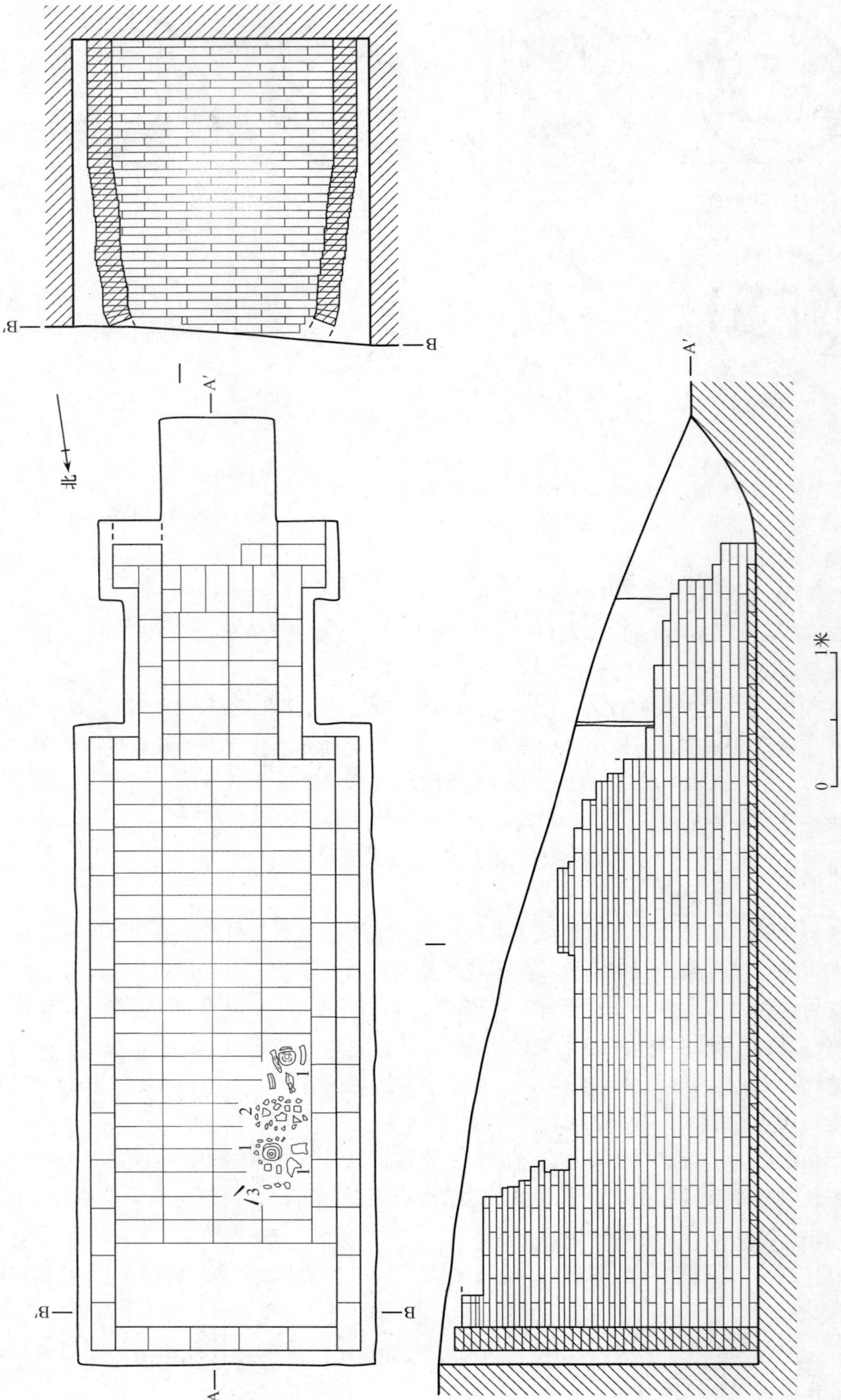

图一六　M14平、剖面图

1. 青瓷四系盘口壶　2. 青瓷博山炉残片　3. 铁棺钉

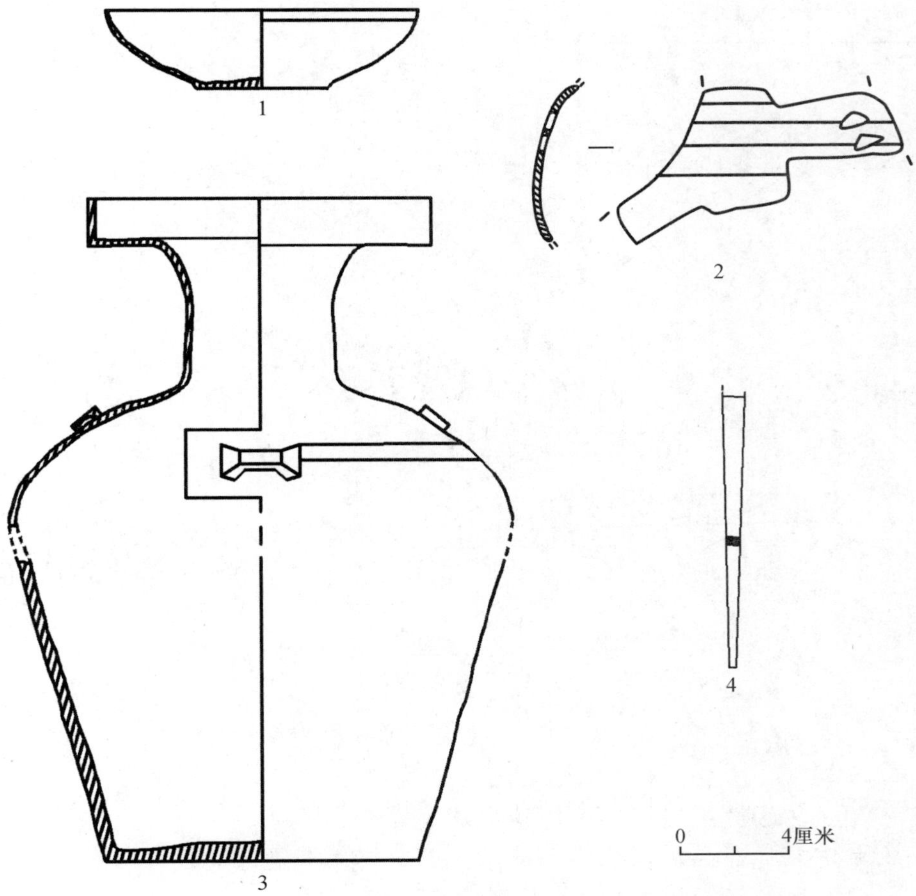

图一七 M14出土遗物

1. 青瓷盏（M14：采1） 2. 青瓷博山炉残片（M14：2） 3. 青瓷四系盘口壶（M14：1） 4. 铁棺钉（M14：3）

六、结 语

本次通过共对巫山大昌东坝遗址的发掘，共清理墓葬7座，其中砖室墓6座，土坑墓1座，大部分出土于同一层位下。由于墓葬地处库区消落带，长期江水冲刷、江岸坍塌，墓内随葬器物较少，这给墓葬的断代带来了不少困难。

本次发掘墓葬主要为长方形竖穴砖室墓和土洞砖室墓，其在峡江地区的流行时代大致为两汉之际。其中M9与高唐观墓群M10形制相同，反映出西汉土坑墓向东汉砖室（石室）墓的变化过程[1]。M8、M10、M11、M12、M13出土东汉“五铢”和“货泉”，形制与巫山麦沱古墓群M63、M64、M67相似[2]。其时代约为东汉时期。M14出土的青瓷盘口壶与巫山江东嘴墓群M36同类器相当或接近[3]，其年代也为两晋时期。

虽然巫山大昌东坝遗址遭自然环境破坏和盗扰严重，但还是出土了一些极具时代特征的遗物。对我们认识汉至六朝时期地域性丧葬文化提供了较多实物资料。尤其值得一提的是新莽时期的M9，墓底铺有一层石板，这是巫山地区新莽时期墓葬的典型特点。两晋时期的M14，砖室墓甬道前采用双层封门形成类似抱柱的形制在巫山地方较为少见，颇具地方特点。

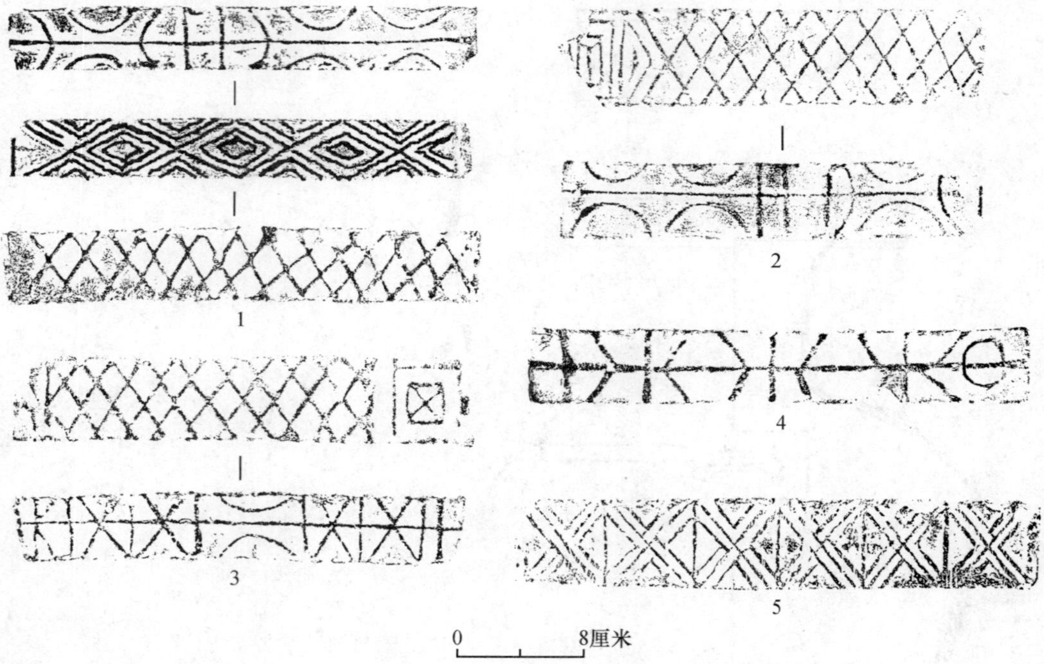

图一八　墓砖拓片

1. M10　2. M11　3. M12　4. M13　5. M14

此次发掘丰富了巫山区墓葬形制结构，弥补了该地区汉至六朝时期墓葬单一的平砌结构种类，对建立渝东北地区墓葬形制结构的演变序列及探究地域性丧葬习俗等方面有着一定的意义。

附记：本次考古发掘领队邹后曦，发掘人员：裴健、孙祺、龚小红、郑福来等，绘图：孙祺、龚小红，照相：裴健、孙祺。本次发掘工作得到巫山县博物馆、大昌镇人民政府的大力支持，在此谨表谢忱。

执　笔：孙　祺　裴　健　龚小红

注　释

［1］　湖南省文物考古研究所、重庆市文物局、巫山县文物管理所：《巫山高唐观墓群发掘简报》，《重庆库区考古报告集 · 2000卷》，科学出版社，2007年。

［2］　湖南省文物考古研究所、重庆市文物局、重庆市文物考古所、巫山县文物管理所：《巫山麦沱古墓群第三次发掘简报》，《重庆库区考古报告集 · 2001卷》，科学出版社，2007年。

［3］　中国文物研究所、重庆市文物考过所、宜昌博物馆、巫山县文物管理所：《巫山江东嘴墓群发掘报告》，《重庆库区考古报告集 · 2000卷》，科学出版社，2007年。

巫山拖肚子、土城坡墓群2011年考古发掘简报

重庆市文化遗产研究院　巫山县文物管理所

2011年7月下旬至2011年8月上旬，重庆市文物考古所（现重庆市文化遗产研究院）会同巫山县文物管理所成立了专业发掘队伍，对处于三峡水库重庆消落区的拖肚子、土城坡墓群进行了抢救性发掘清理。现将发掘情况简报如下。

一、概　　况

拖肚子墓群位于巫山县曲尺乡伍柏村1社，因其地处临江拖肚子而得名。墓群坐落在长江三峡瞿塘峡与巫峡之间的宽谷地带。在长江北岸由高山向长江过渡的缓坡台地上，墓群分布范围较广，地形以缓坡状小平台为主，其北为缓坡，东邻蒋家沟，南邻长江。墓群中心地理坐标为东经109°46′29.7″，北纬31°02′53.5″，海拔171米（图一）。

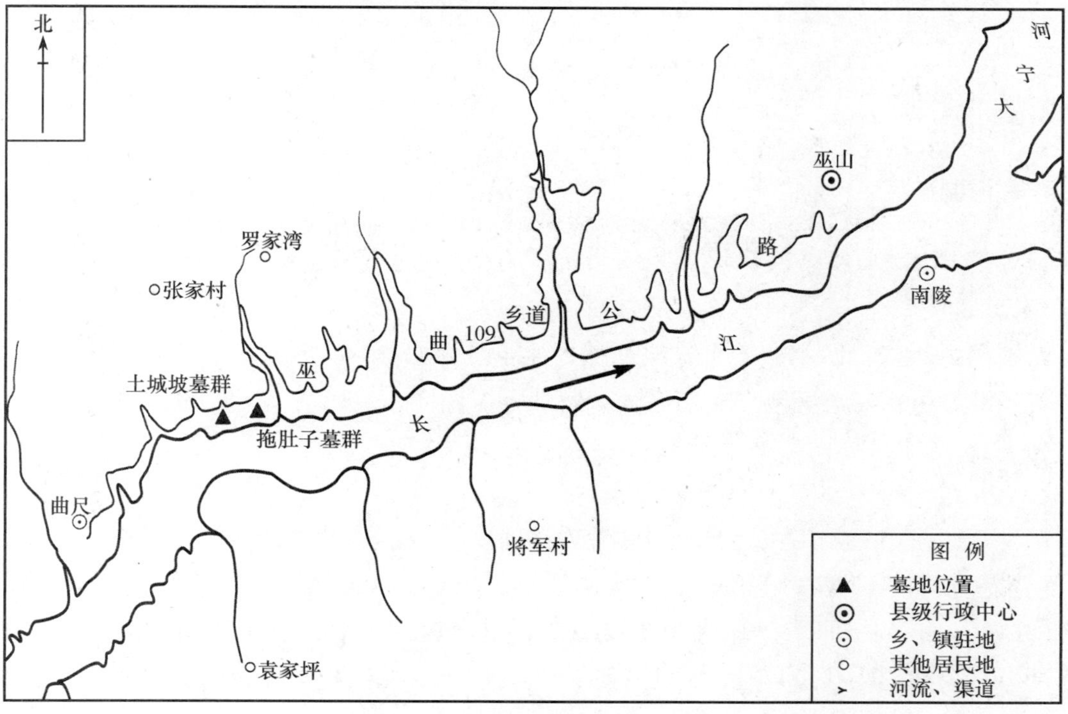

图一　拖肚子墓群位置示意图

发掘工作始于2011年7月下旬，至2011年8月中旬结束，历时31天。本次发掘按正南北向布设10米×10米探方7个，加上扩方，发掘面积共750平方米（图二）。

受江水消落冲洗，探方地层堆积简单，表土层下即见墓葬遗迹。表土层厚10～40厘米不等，为灰褐色淤土，土质细腻纯净，无包含物。表土层下为黄褐色夹大量料礓石黄褐色生土。

本次发掘共清理墓葬7座，其中砖室墓4座，岩坑墓3座，编号分别为2011WTM1、2011WTM2、2011WTTM1～2011WTTM5（WT为拖肚子墓群发掘任务代号，WTT为土城坡墓群发掘任务代号）。这批墓葬受江水冲刷及人为盗掘的影响，损毁较严重，部分可见盗洞及散布于地表的墓砖，所出遗物大多残缺不全。经过整理修复，共计出土随葬品9件（含填土中出土8件）。器类有瓷器、陶器、铁器、铜器，器型主要有青瓷鸡首壶、青瓷四系罐、铜“半两”钱、铜泡钉、铁棺钉、陶盒、陶灶、陶壶盖等。以下根据墓葬类型逐一介绍。

二、岩 坑 墓

共3座。其中长方形、正方形、梯形各1座。

（一）2011WTTM1

2011WTTM1　平面呈长方形，竖穴岩坑，方向50°。墓壁平直，底较平。长3.06、宽1.68、深0.88～1.5米。

墓内填土为灰褐色淤土，土质细腻、纯净。未见葬具、人骨和随葬品（图三）。

（二）2011WTTM2

1. 墓葬形制

2011WTTM2　平面略呈梯形，竖穴岩坑，方向67°。直壁、平底。长3、宽1.6～1.9、深0.9～1.3米。

墓内填土为灰褐色淤土，淤土质地细腻、纯净。未见葬具、人骨痕。填土中出土少量灰陶片，拼对修复后可辨器类有陶盒、陶壶盖、陶灶等（图四）。

2. 随葬器物

陶灶　1套。2011WTTM2：01，由灶和甑组成。灶为泥质灰陶，灶台面平整，开2个圆形灶眼，前端壁较直，下有一小孔，后端为圆弧形，里空。灶台通长24、宽17、高5.6厘米，灶眼直径8、小孔直径1.5厘米。甑为泥质灰陶，直口微敛，折沿，沿面微凹，尖唇，弧腹，平底，底部有11个圆形小孔。口径8.2、底径3、高4.1厘米。此甑应与灶台配套使用，两者之间应

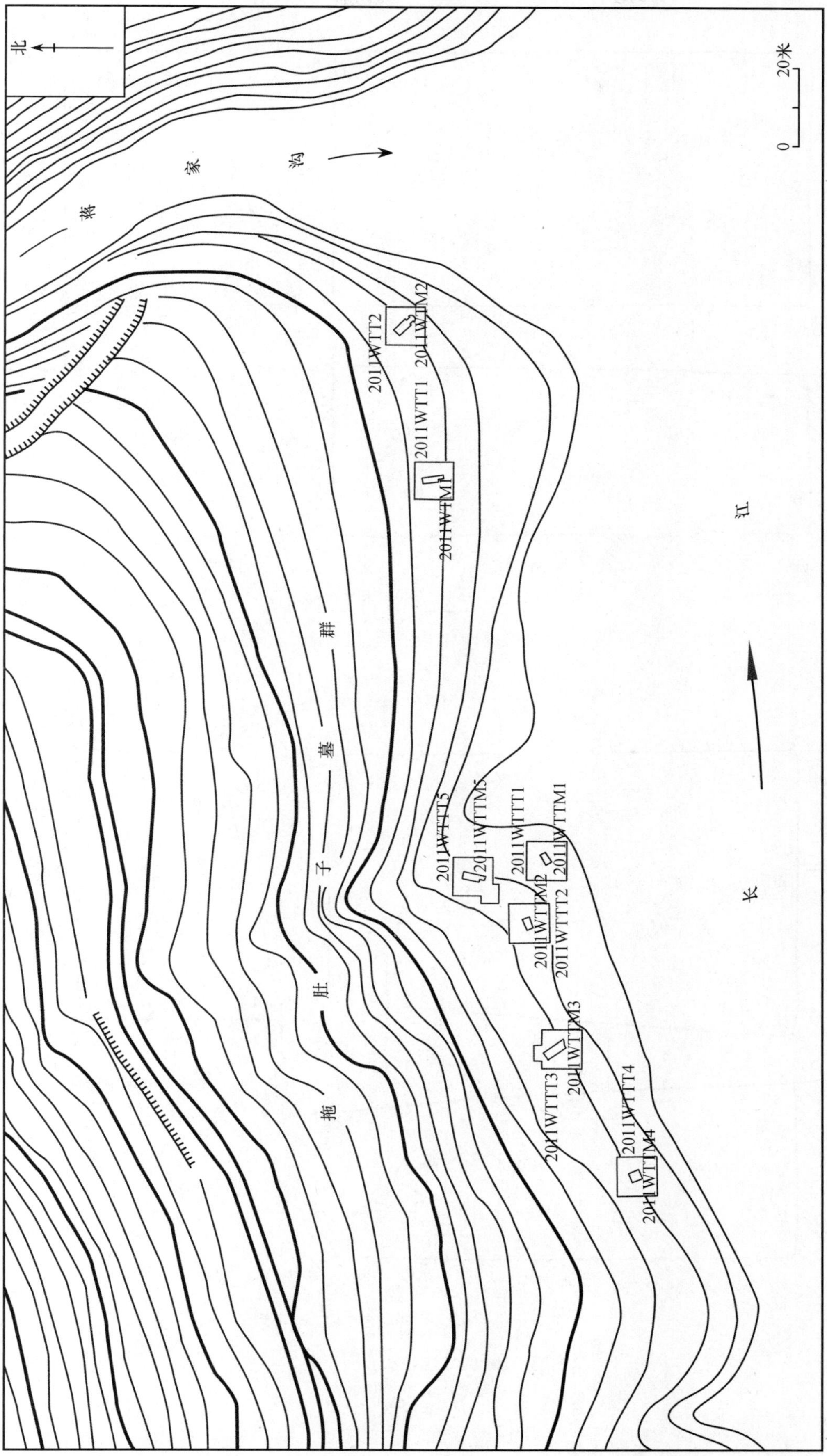

图二　拖肚子墓群地形及2011年发掘探方、墓葬分布图

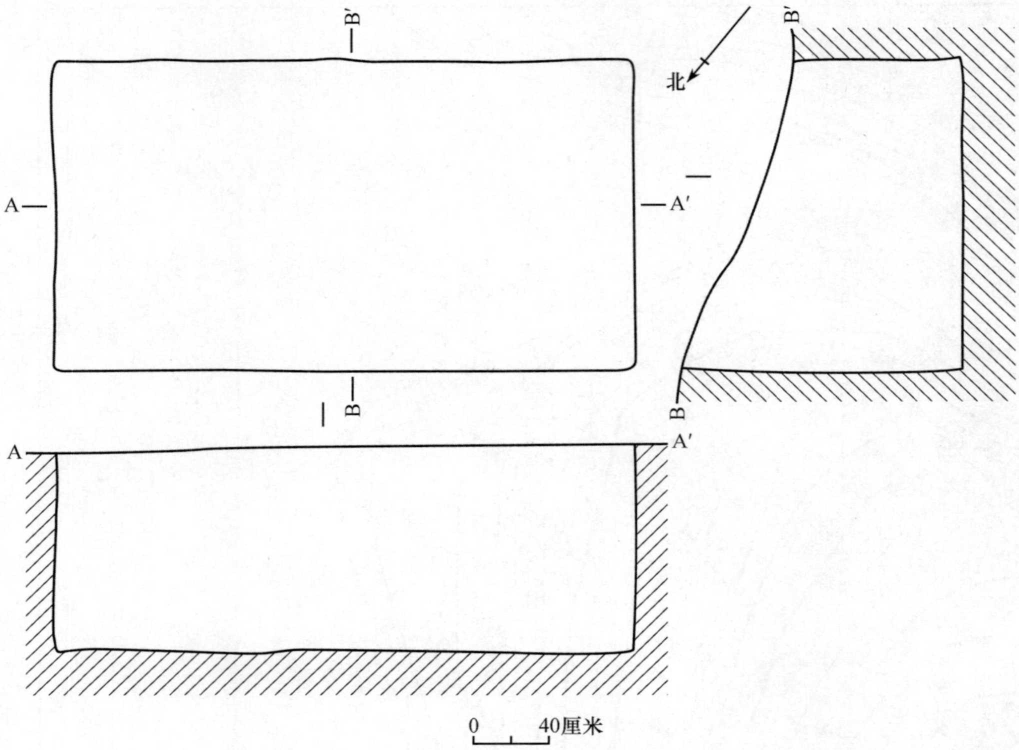

图三　2011WTTM1平、剖面图

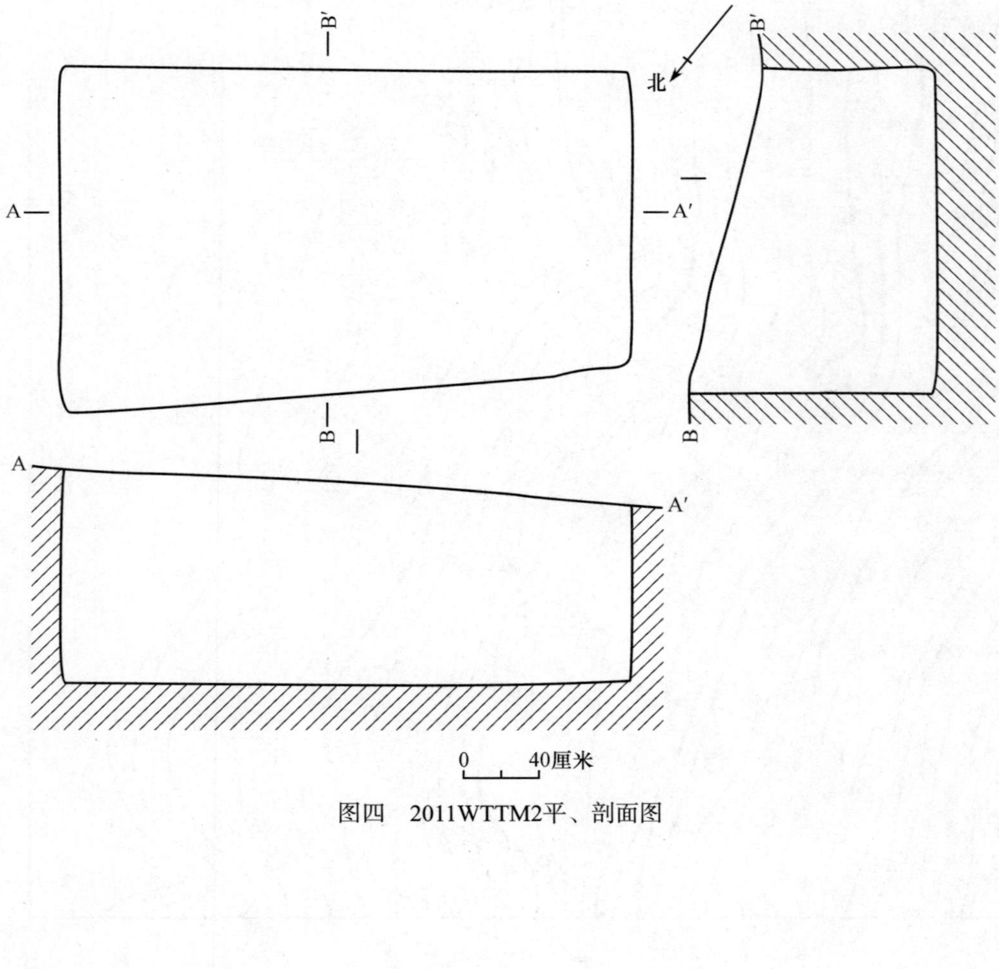

图四　2011WTTM2平、剖面图

还有一陶釜（图五，1）。

陶盒 1件。2011WTTM2：02，仅存上半部盒盖。泥质灰陶，口微敛，弧壁，弧顶近平，矮圈足钮略外撇。腹壁饰凹弦纹两周。口径15.7、纽径9.6、高7厘米（图五，2）。

陶壶盖 1件。2011WTT M2：03，泥质灰陶。盖下沿内折为子口，圆弧顶。盖面饰两周凹弦纹。口径6.4、高3.2厘米（图五，3）。

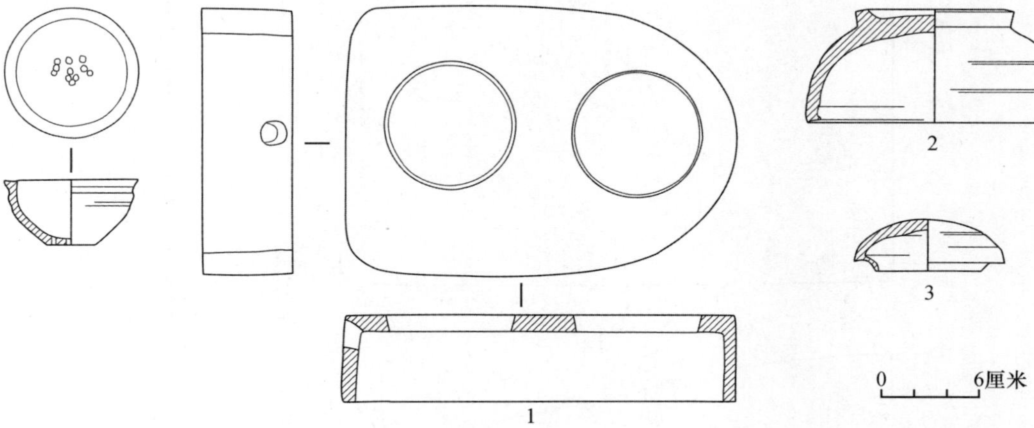

图五 2011WTTM2出土陶器

1. 灶（2011WTTM2：01） 2. 盒（2011WTTM2：02） 3. 壶盖（2011WTTM2：03）

（三）2011WTTM4

2011WTTM4 平面为近正长方形，竖穴岩坑，方向28°。墓壁平直，转角方正，底平。长2.9、宽2.52、深0.3～0.8米。

墓内堆积灰褐色淤土，质地细腻、纯净。未见葬具、人骨。近墓底处出土“半两”铜钱2枚（图六）。

三、砖 室 墓

共4座。其中刀形3座，“凸”字形1座。

（一）2011WTM1

1. 墓葬形制

刀形砖室墓，方向165°。由土圹、甬道、墓道、墓室四部分组成。

土圹系在缓坡地上下挖竖穴，平面呈刀形。通长5.52、宽1.16～1.66、深0.26～1.76米。

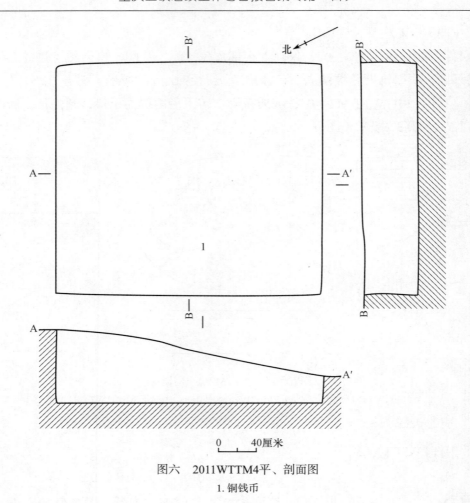

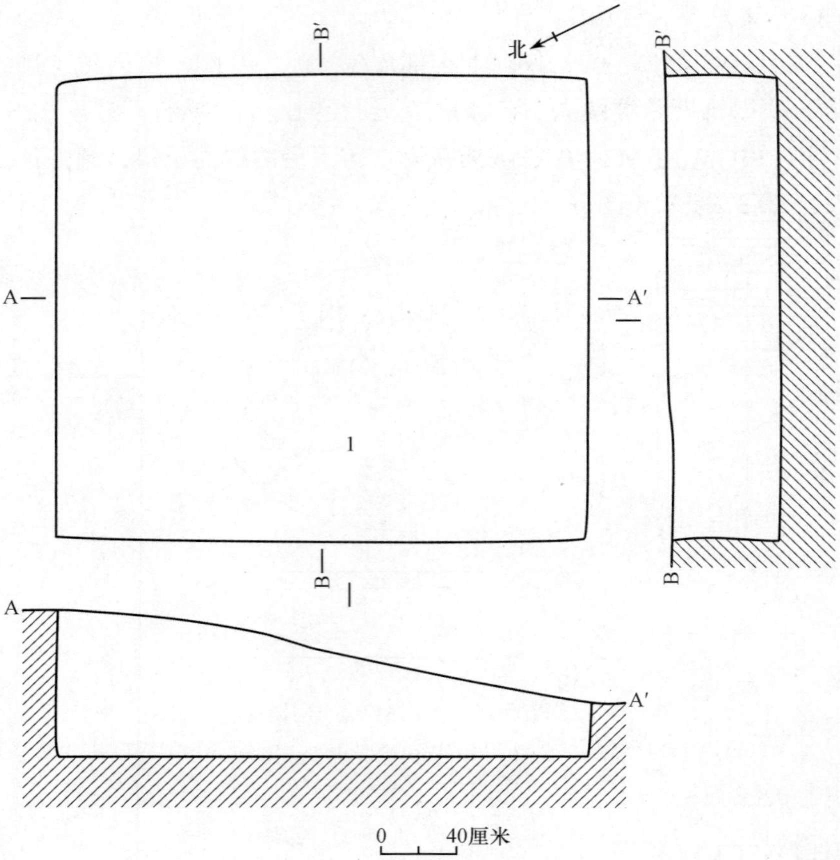

图六　2011WTTM4平、剖面图

1. 铜钱币

墓道平面呈窄长方形，位于甬道前面，直壁，底部前端略高于后端，可能属于斜坡墓道的一部分。长0.54、宽1.16、深0.26～0.46米。

甬道平面呈长方形，位于墓室前端左侧，用规格为32厘米×16厘米×4厘米的花纹砖错缝平砌，花纹面向内，底部与墓室底处于同一平面，亦用砖纵向对缝平铺。甬道长96、宽112、残高28～32厘米。

墓室平面呈长条形，四周墓壁距土圹2厘米，用规格为32厘米×16厘米×4厘米的菱形花纹砖错缝平铺垒砌，花纹面向内，东壁因挤压向内倾斜。底部用同一形制的砖对缝平铺和错缝纵向平铺两种方式铺地。券顶大部分已坍塌。墓室长3.84、宽1.6、残高5.6～1.72米。

墓内淤满灰褐色土，未见人骨。淤土内出土数枚铁棺钉。甬道左侧出土青瓷鸡首壶1件，淤土内出土残青瓷罐1件、青瓷四系罐1件、铜泡钉1枚（图七）。

2. 出土器物

青瓷鸡首壶　1件。2011WTM1：1，灰白胎。盘口，尖圆唇，细长颈，阔肩，斜直腹，平底微凹。短直流，鸡首，略残。高曲柄，残，对称桥形双系。青釉，外釉不及底。口径10.2、腹径21、底径13、通高24.4厘米（图八，1）。

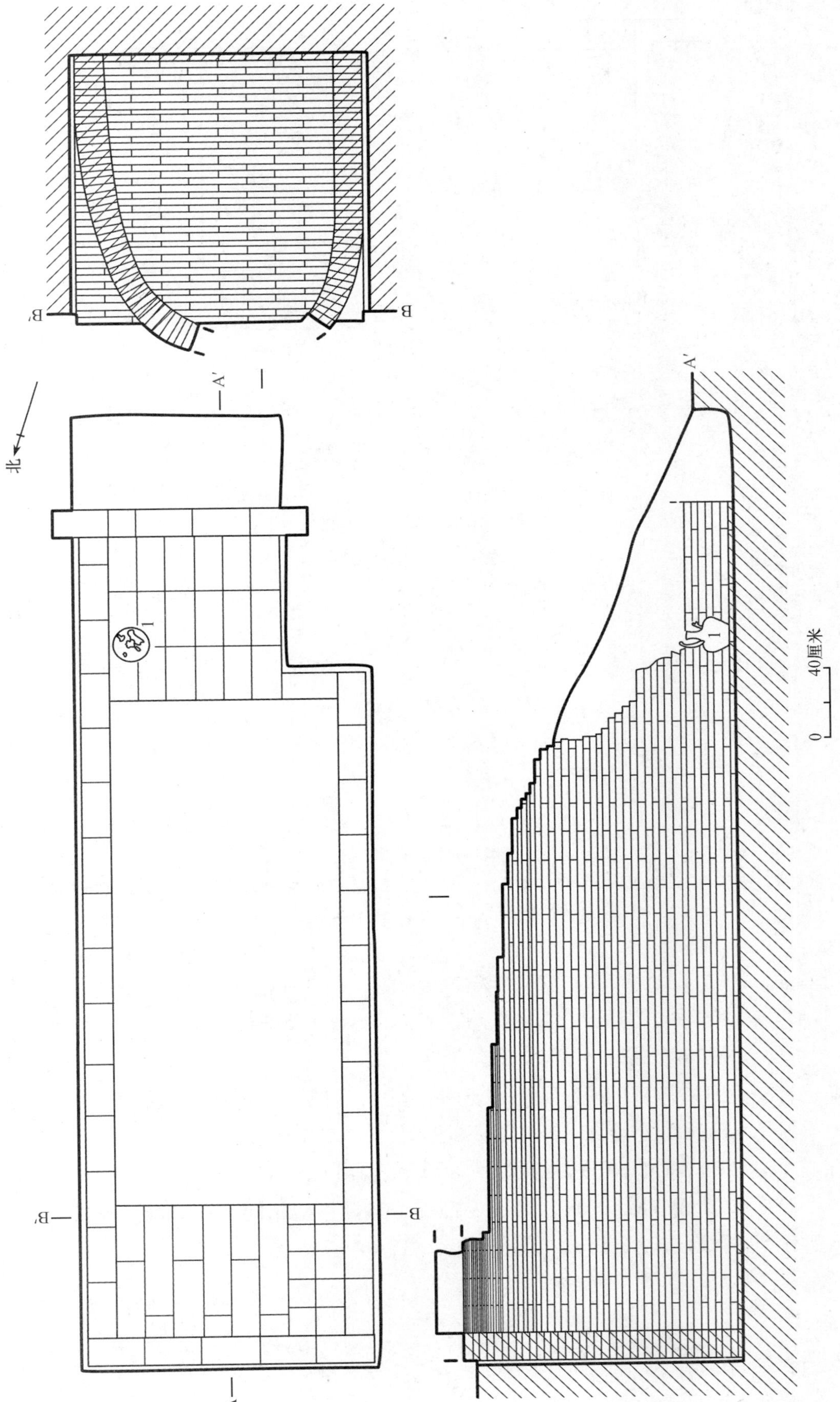

图七 2011WTM1平、剖面图

1. 青瓷鸡首壶

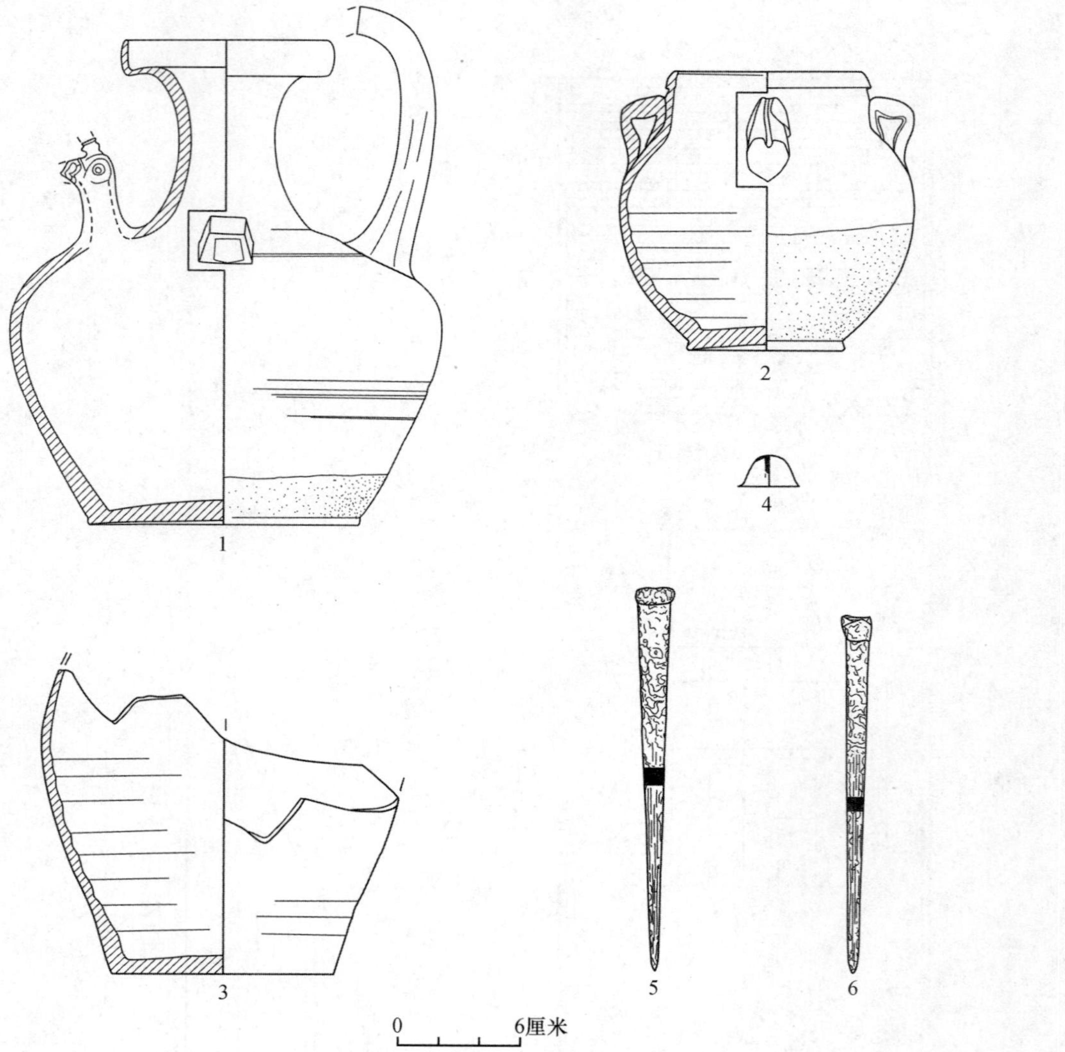

图八　2011WTM1出土器物

1. 青瓷鸡首壶（2011WTM1：1）　2. 青瓷四系罐（2011WTM1：01）　3. 青瓷罐（2011WTM1：02）　4. 铜泡钉（2011WTM1：03）　5、6. 铁棺钉（2011WTM1：04、2011WTM1：05）

青瓷四系罐　1件。2011WTM1：01，灰褐胎。直口，尖圆唇，中领，鼓腹，饼足微凹。肩部附4个桥形耳。酱黄釉，剥釉严重，内壁仅口沿部施釉，外施釉不及底且有流釉现象。口径9.2、腹径14.5、底径7.6、通高14厘米（图八，2）。

青瓷罐　1件。2011WTM1：02，胎土近缸胎。上部残缺。下腹斜直，平底。青釉泛黄，内外皆施半釉，有流釉现象。底径11、残高15.6厘米（图八，3）。

铜泡钉　1件。2011WTM1：03，盔形，钉部残。直径1.5、高0.8厘米（图八，4）。

铁棺钉　2件。2011WTM1：04、2011WTM1：05。器型相同，均呈锥状，横截面呈梯形，局部粘连有木屑。通长19.6、18.2厘米（图八，5、6）。

（二）2011WTM2

平面为“凸”字形，方向140°。由墓道、甬道、墓室3部分组成。土圹系在缓坡下挖“凸”字形竖穴而成。通长6.18、宽1.45～2.2、深0.26～1.5米。

墓道位于甬道前端，呈斜坡，坡度30°。残存平面为半圆形，可能与墓道底部转角较圆有关。短径0.78、长径2.06米。

甬道位于墓室前端，平面呈长方形，用花纹砖“三顺一丁”垒砌，花纹向内，底部从残存的铺地砖来看，应为错缝横置平铺，地面低于墓室0.17米。封门用规格花纹砖错缝平砌，单层墙体，残高0.3米。甬道长1.2、宽1.2米、残高0.27～0.32米。

墓室平面呈长方形。墓室长3.62、宽1.72、残高0.7～1.06米。周壁距土圹4～6厘米，用规格为34厘米×17厘米×5厘米的花纹砖垒砌，花纹有两面即长侧面为菱形纹，短侧面为莲花几何纹。墓墙采用“三顺一丁”垒砌方法，周壁因挤压略向内倾斜，券顶已坍塌。后壁中部墙体立柱加固，凸出部分长34、宽17、残高47厘米。墓底部亦用同型砖铺成，具体修筑过程为：在甬道与墓室分界处用半砖侧立砌筑一层（半砖即整砖一分为二，有意为之）挡土，然后在墓室一侧填土，整平夯实，使之成为高于甬道地面的平台，再于平台上铺设“人”字形地砖。

该墓因扰动严重，未见葬具、墓主人骨架及随葬品（图九）。

（三）2011WTTM3

刀形砖室墓，方向142°。由于甬道前端破坏，现存部分由甬道、墓室组成。

土圹系在缓坡上直接下挖，原平面应呈刀形。残长6.26、宽2.18、残深0～1.8米。

甬道位于墓室前端左侧，前端遭破坏。侧墙用同型砖错缝平铺垒砌，砖为三纹饰面夹一素面，底部为生土面。残长78、残高5～25厘米，宽度不详。

墓室平面呈长方形，墓室长5.1、宽1.65、残高0.25～1.58米。周壁距土圹4～10厘米，用规格为32厘米×16厘米×5厘米的菱形花纹砖错缝平铺垒砌，每三层花纹面向内夹一层素面砖，后壁破坏不存，券顶坍塌，底部为生土面，未见用砖。

墓室内堆积以黄褐色为主的五花土，土质坚硬，结构紧密，土内夹杂大量碎砖块及少量现代生活垃圾。该墓因扰动严重，未见墓主人骨架及随葬品。根据墓室底部残留的炭化物及朱色漆皮推断葬具应为木棺（图一〇）。

（四）2011WTTM5

刀形砖室墓，方向155°。由土圹、墓道、甬道及墓室四部分组成。

土圹直接在缓坡上开挖，平面呈刀形，直壁、平底。长5.64、宽1.88、深0.26～0.9米。

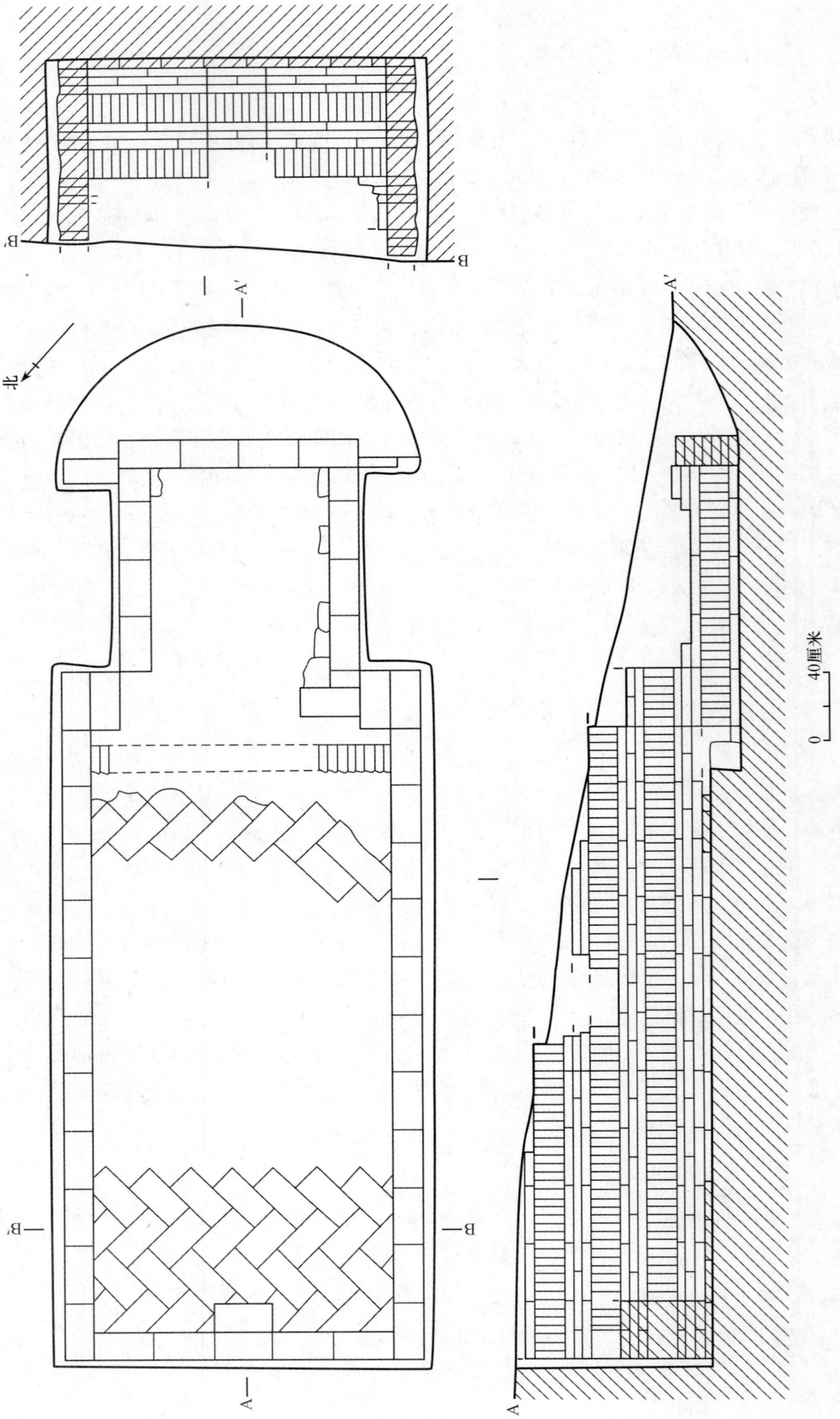

图九 2011WTM2平、剖面图

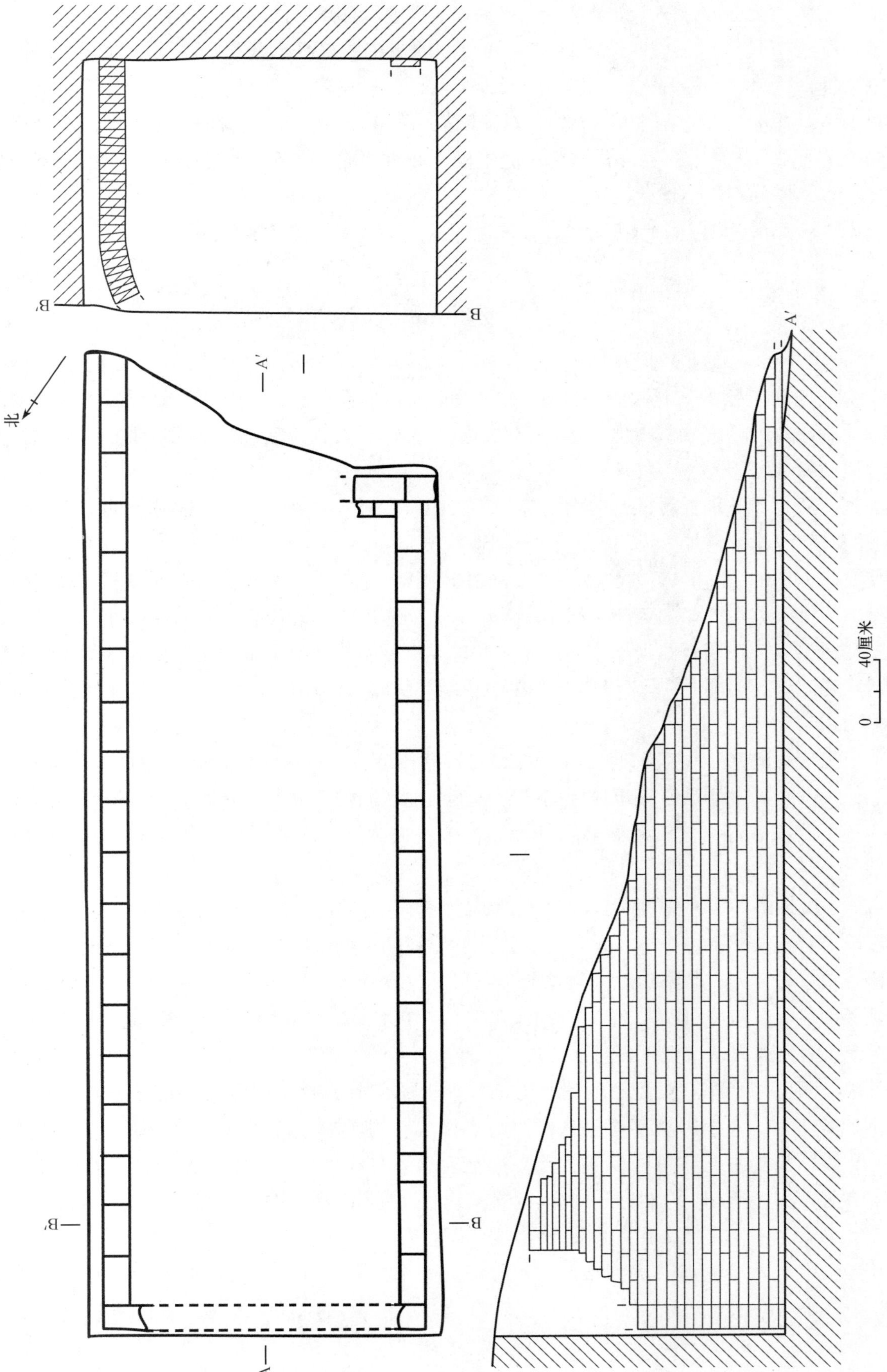

图一〇 2011WTTM3平、剖面图

墓道平面呈长方形，位于甬道前端，平底、直壁。长0.48、宽1.14、残存深0.26～0.3米。

甬道平面呈长方形，位于墓室前端左侧，侧墙用砖错缝平砌，挤压变形。前端有封门不存。未见铺地砖。长1、残高0.2～0.4米。

墓室平面呈长方形，长3.94、宽1.52、残高0.4～0.8米。四周壁距土圹6厘米，用规格为30厘米×13厘米×5厘米的菱形花纹砖错缝平砌，花纹面向内，东西两壁因挤压向内倾斜，后壁破坏不存，底部不见铺地砖。

墓内堆积灰褐色淤土，因扰动严重，未见葬具、墓主人骨架及随葬品（图一一）。

四、结　语

本次发掘的拖肚子墓群共清理墓葬7座，由于盗扰严重，加上三峡水库修成后，水位消涨对墓葬冲刷比较严重，故墓内出土文物较少，墓内棺椁、人骨等痕迹基本无法观察，对这批墓葬的时代判断难度较大。

首先，从墓葬类别上看，有两大类墓葬，其中岩坑竖穴墓3座，砖室墓4座，明显应该属于两个大的时间段，可以划分为两期。

其次，一期的岩坑竖穴墓方面，2011WTTM2出土有陶灶、陶盒、陶壶的残器。该墓中原随葬品中不排除存在陶鼎的可能，与出土的陶盒、陶壶应为一套组合，盒盖有圈纽，在巫山地区主要存在于战国晚期至西汉早中期。而陶灶这类模型明器，在巫山瓦岗槽墓地开始出现于西汉前期武帝元狩五年前[1]，大量盛行是在中后期。所以可将2011WTTM2的时代定大致确定在西汉中期。

未出土遗物的2011WTTM1与2011WTTM2形制接近，时代应大致相当。2011WTTM4为近正方形，考虑到其一侧已残破至接近底部，从巫山地区同类墓葬看，其原应为一侧带斜坡墓道的竖穴墓，这类底部又无铺地石板或铺地砖的带斜坡墓道、正方形墓室的墓葬，盛行于西汉晚期。

第三，二期的砖室墓方面，仅2011WTM1出土有几件器物。从出土的青瓷盘口鸡首壶看，颈部较长，肩部较高，饰桥形耳，具有东晋晚期至南朝早期阶段鸡首壶的特征。所出四系罐，条形耳竖立较为少见，与隋唐时同类器的竖条形耳一脉相承。总体看，可将2011WTM1的时代大致确定在东晋至南朝时期。2011WTM2、2011WTTM3、2011WTTM5未出随葬品，具体时代难以断定，但大体为东汉至六朝时期。

第四，两期墓葬除在类别、时代等方面有明显不同外，在空间分布、墓葬方向上也有明显差异。空间上，一期岩坑墓位于墓群西南部靠江一侧成排分布，而二期砖室墓位于离江稍远的、海拔略高的地区，可能反映了墓葬逐渐后靠的布局特征。从方向上看，一期岩坑墓除2011WTTM4为正方形难以判断外，其余两座墓均顺江而葬，而二期砖室墓均为垂江而葬。

附记：本次考古发掘领队白九江，执行领队陈蓁，参与发掘人员：陈蓁、赵振江、罗志宏、孙祺，绘图：陈蓁、赵振江，照相：陈蓁、赵振江，资料整理：陈蓁、赵振江。发掘工作

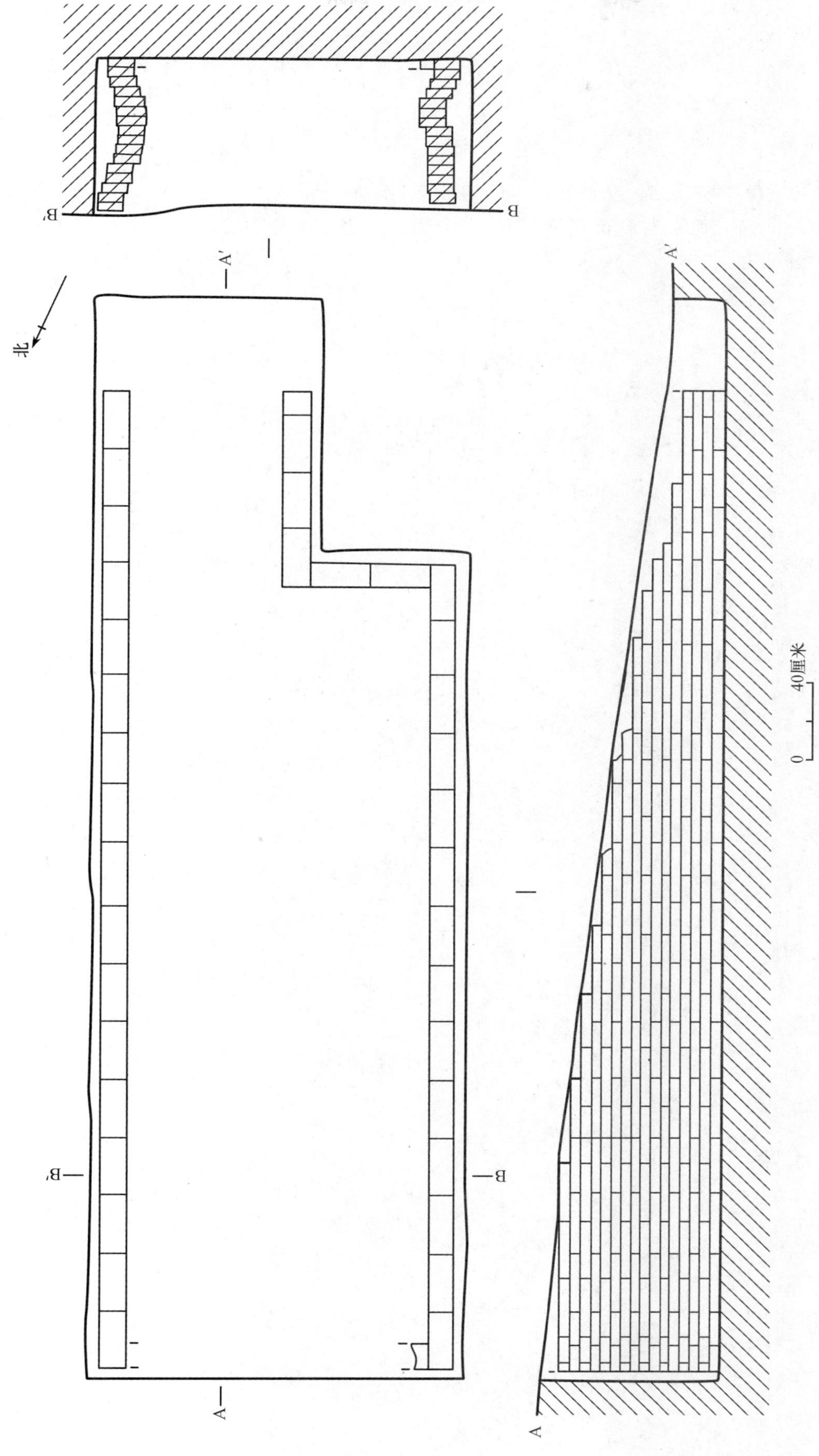

图一一 2011WTTM5平、剖面图

得到了巫山县文管所的大力支持，在此表示感谢。

执 笔：白九江 陈 蓁

注 释

[1] 武汉市文物考古研究所、重庆市文物局、巫山县文物管理所：《巫山瓦岗槽墓地2001年度考古发掘报告》，重庆市文物局、重庆市移民局编：《重庆库区考古报告集·2001卷》，科学出版社，2007年。

巫山古城遗址2010年发掘简报

重庆市文化遗产研究院　巫山县文物管理所

一、引　　言

巫山古城遗址位于巫山新县城东北部，地处长江北岸的坡地上。中心地理坐标东经109°52′41.78″、北纬31°04′32.23″，海拔246米。该遗址处于长江和大宁河交汇处，长江自西向东流去，其东侧有大宁河由北向南汇入长江。城址整体位于山的南坡上，城墙依山而建，平面略呈圆角长方形，个别地方因山势的需要而改变形状。其东侧为瓦岗槽谷，西侧为黑龙潭谷，北面为山顶，南接长江北岸的陡峭台地，东西长580、南北宽470米。该城址的城墙在巫山新县城的修建过程中已被夷为平地。

1997年12月至1998年1月，中国社会科学院考古研究所长江三峡工作队、巫山县文物管理所联合对该遗址进行了钻探和发掘[1]。2010年6月，巫山古城遗址的老年大学地点在基建过程中发现了墓葬，巫山县文管所对其进行了抢救性清理。这批墓葬被损毁严重，形制不明，除少数随葬器物仍保留在原来位置外，大多数随葬品已被抛于施工现场，无法辨识原出土单位。2010年8月至10月，重庆市文物考古所（现重庆市文化遗产研究院）联合巫山县文物管理所对巫山古城遗址的巫山师范学校地点进行考古发掘，发掘面积300平方米，共布5米×5米的探方12个，方向为正南北，编号为2010WGST0101～2010WGST0103、2010WGST0201～2010WGST0204、2010WGST0301～2010WGST0303、2010WGST0401、2010WGST0402，共发现汉至六朝时期的墓葬2座（图一）。现将巫山古城遗址的老年大学地点、巫山师范学校地点清理、发掘情况报告如下。

二、墓葬概况

老年大学地点的墓葬被严重破坏，形制不明。下面将巫山师范学校地点的2座墓葬介绍如下。

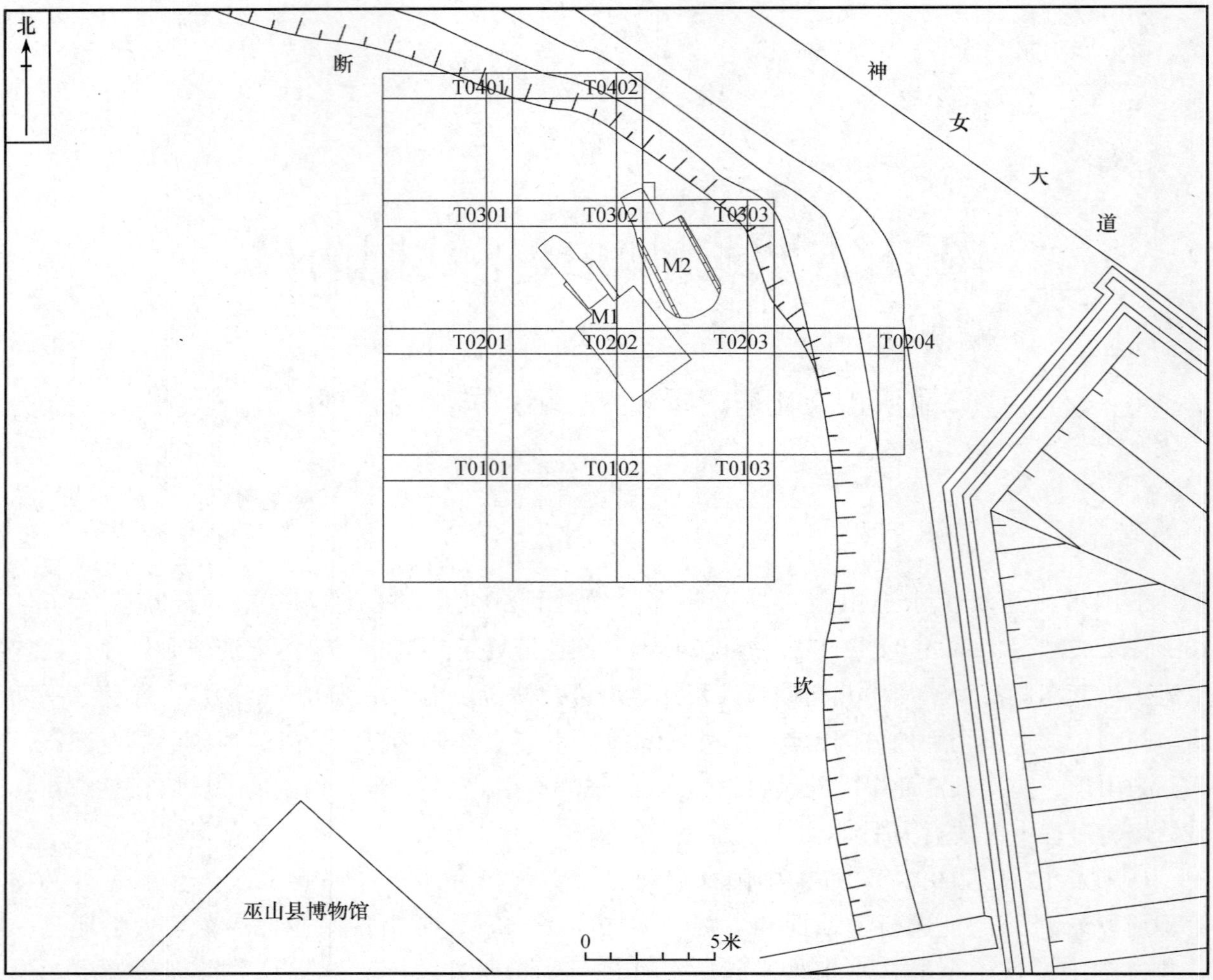

图一　古城遗址师范学校地点地形及2010年度发掘探方分布示意图

（一）2010WGSM1

为凸字形竖穴土坑墓，由墓道、甬道和墓室组成，通长7、宽0.8～2.8、深0～2.2米，墓向为325°。墓道位于甬道前方，为长条形斜坡状，长1.7、宽0.8～1、深0～0.7米。甬道呈长方形，直壁平底，其底部的东、西两侧留有生土二层台，西二层台长1.3、宽0.3、高0.2米，东二层台长1.4、宽0.04～0.2、高0.2米。甬道通长1.7、宽1.3～1.5、深0.8米。墓室呈长方形，直壁，底部以不规则的石板铺地，长3.6、宽2.7～2.8、深0.6～2.2米（图二）。

随葬品集中分布在墓室的东部和西北部，中部也有少量分布，另外甬道的二层台上也出土有少量的器物。随葬品有陶器、铜器、铁剑和银戒指等。陶器主要器类有罐、釜、钫等；铜器有釜、壶、饰件、泡钉、盖弓帽、“大泉五十”钱、“五铢”钱等。

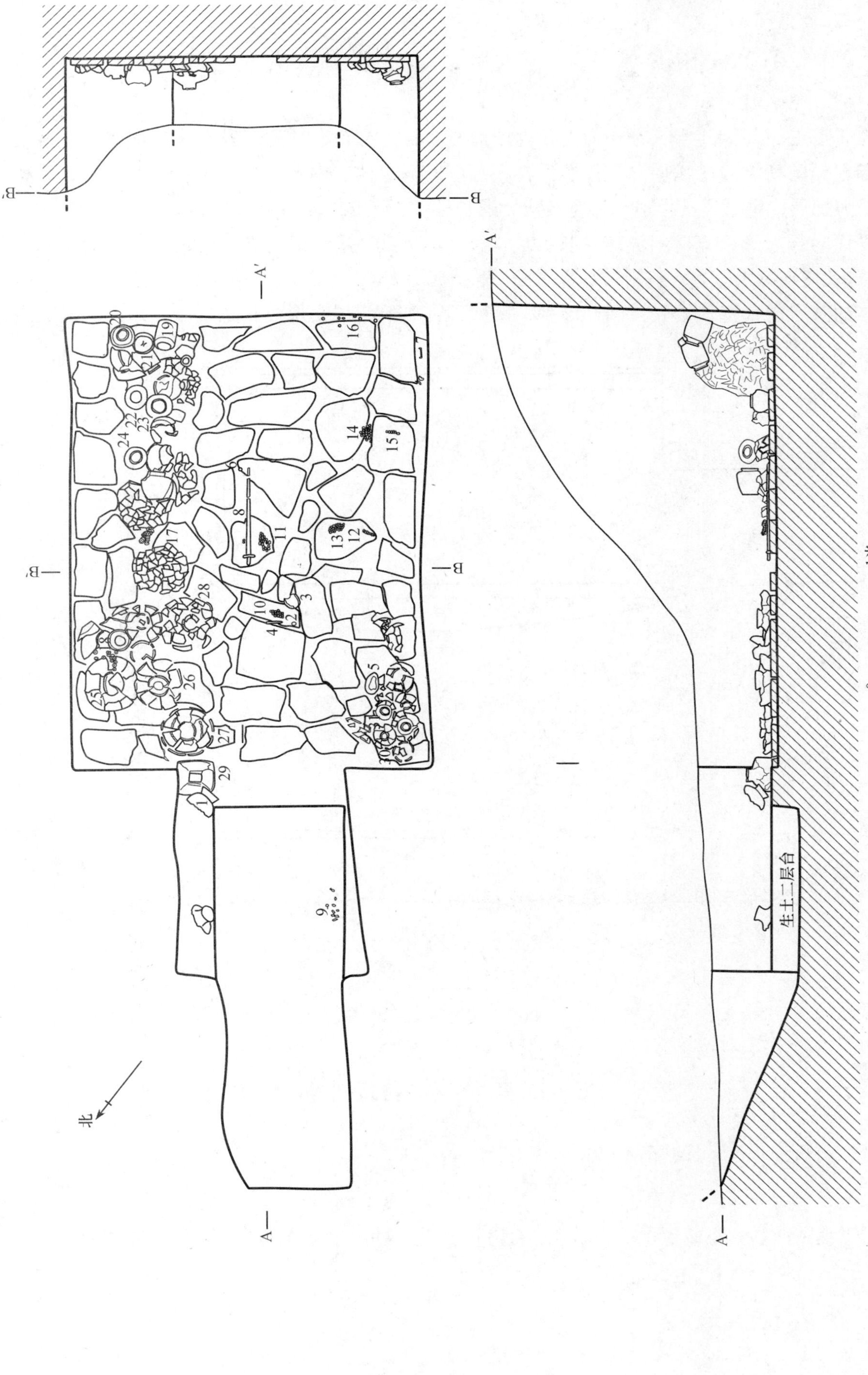

图二　2010WGSM1平、剖面图

1. 铜壶　2. 铜泡钉　3. 铜釜　4. 铜饰件　5. 铜罐　6. 银戒指　7. 铁棺钉　8. 铁剑　9. 铜车马器　10～18. 铜钱币　19～24、30、31. 陶罐　25～28. 陶釜　29. 陶钫

（二）2010WGSM2

为砖室土洞墓，其构筑方式为先在高坡前竖直挖掘墓道、甬道以及墓室的前部，至墓室的中部起便向高坡内挖弧顶洞穴，然后再在墓室的东、西、南壁顶部各铺砌一层墓砖。墓葬平面呈刀把形，由墓道、甬道和墓室组成，通长6.2、宽1～2.48、深0～2.08米，墓向为333°。墓道平面为长条形，直壁斜坡底，长0.9、宽1、深0～0.6米。甬道平面为长方形，直壁，平底，长1、宽1～1.16、深0.64米。墓室平面呈长方形，长4、宽2、深0.64～2.08米。墓室内多露出山体的基岩，墓壁及墓底皆凹凸不平，墓壁顶部砌筑一层菱形纹长条形砖。未发现随葬品（图三）。

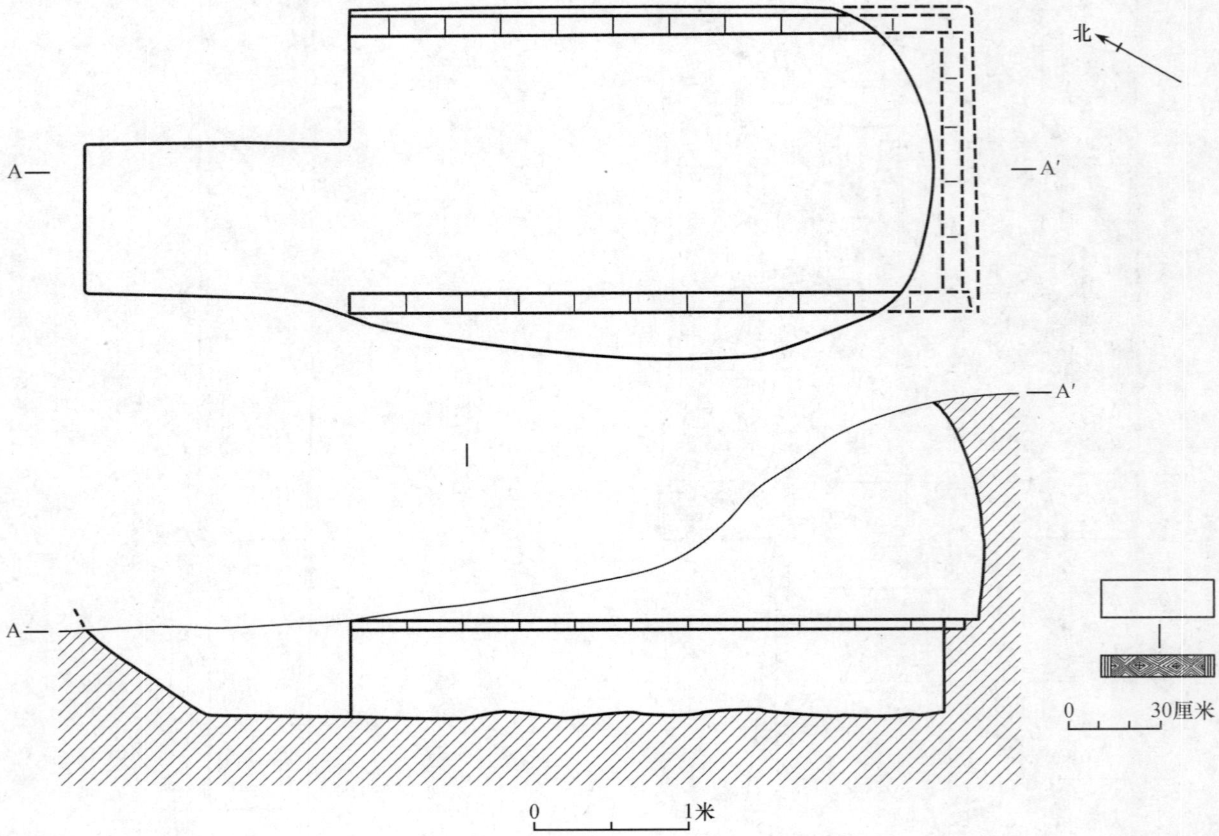

图三　2010WGSM2平、剖面图

三、出土、采集遗物

（一）巫山师范学校地点

由于巫山博物馆将该地点清理的2座墓葬进行原址保护，2010WGSM1中仅提取了金属器物以便修复，而未对陶器进行起取。下面仅对修复的铜、铁、银器进行介绍。

1. 铜器

壶　1件。2010WGSM1：1，敞口，束颈，鼓腹，圈足。肩部对称有两个兽面铺首衔环，肩部和腹部饰多道凹弦纹。口径10.8、底径11.2、最大腹径23.2、高26.2厘米（图四，1）。

盖弓帽　6件。2010WGSM1：9-1，长筒形，中空，顶端呈弧形，一侧有钩。残长2.4厘米（图四，2）。

軎　1件。2010WGSM1：9-2，筒形，下部残。上端较细而封顶，下端较粗。上部有一周凸棱。上端径0.9、下端直径1.2、残长1.5厘米（图四，3）。

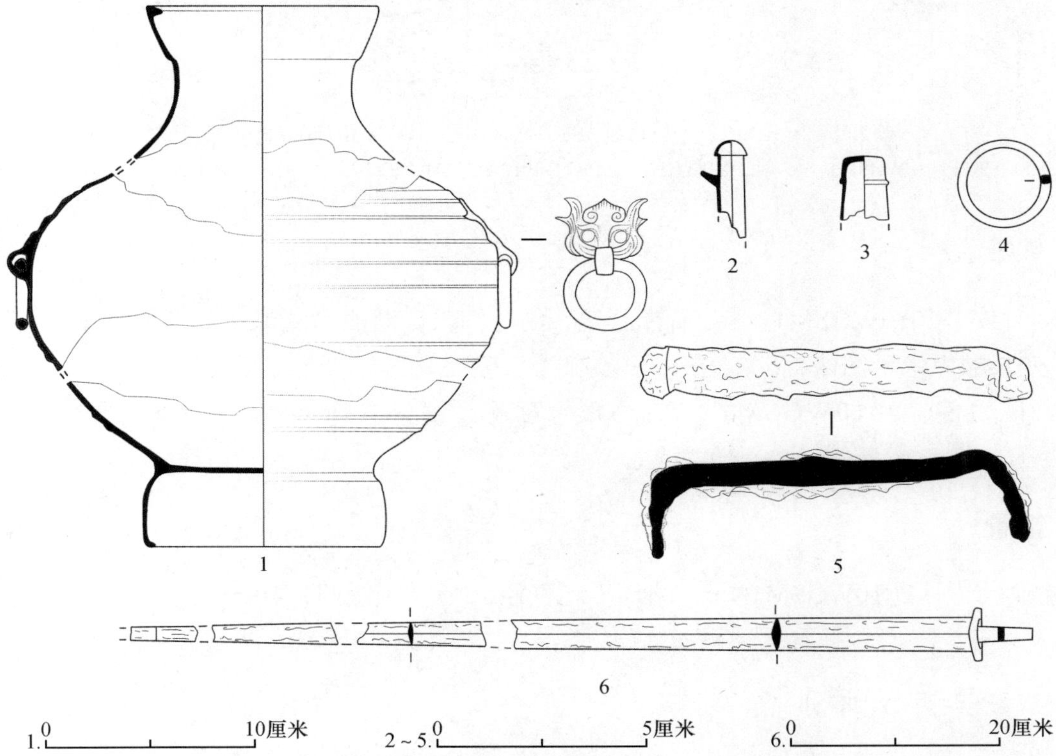

图四　巫山师范学校地点出土铜、铁、银器

1. 铜壶（2010WGSM1：1）　2. 铜盖弓帽（2010WGSM1：9-1）　3. 铜軎（2010WGSM1：9-2）　4. 银戒指（2010WGSM1：6）　5. 铁棺钉（2010WGSM1：7）　6. 铁剑（2010WGSM1：8）

五铢　76枚。圆形方穿。钱的边缘有郭，穿反面有郭，穿左右篆书“五铢”两字。2010WGSM1：15-1，“五”字中间交笔斜直，“铢”字的朱字头方折。外径2.5、穿边长1.0、厚0.1厘米（图五，1）。2010WGSM1：15-2，“五”字重笔，中间交笔斜直，“铢”字的朱字头方折。外径2.5、穿边长1.1、厚0.1厘米（图五，2）。2010WGSM1：12-1，“五”字中间交笔弯曲，“铢”字的朱字头方折。外径2.4、穿边长0.9、厚0.1厘米（图五，3）。

大泉五十　179枚。2010WGSM1：15-3，圆形方穿，钱的边缘有郭，穿正反两面均有郭，穿上下篆文“大泉”两字，左右篆文“五十”二字。“大”字横笔呈圆弧状，下部撇捺两笔竖直。外径2.5、穿边长0.8、厚0.2厘米（图五，4）。

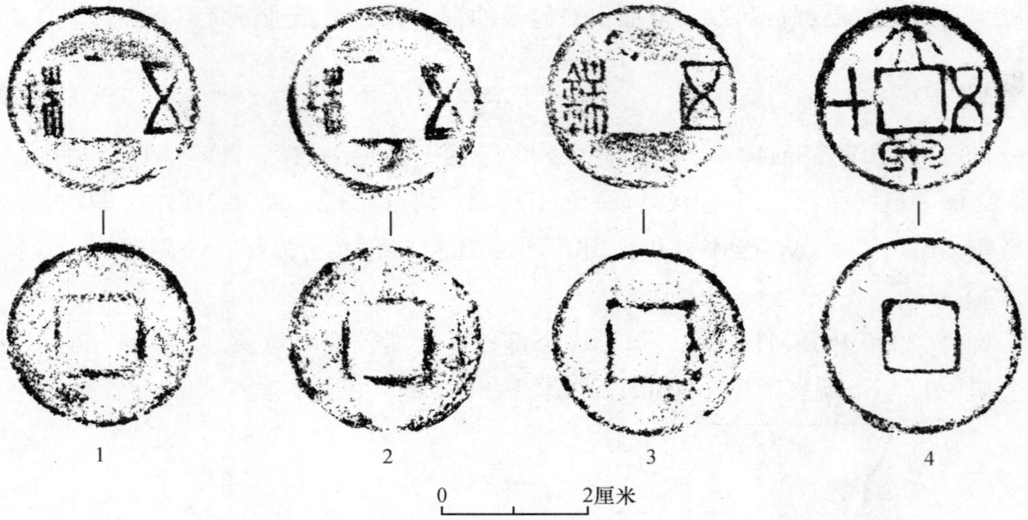

图五　巫山师范学校地点出土铜钱币拓片

1～3. 五铢（2010WGSM1：15-1、2010WGSM1：15-2、2010WGSM1：12-1）　4. 大泉五十（2010WGSM1：15-3）

2. 铁器

剑　1件。2010WGSM1：8，前锋已残，剑身细长，断面呈菱形，长条形扁茎，茎根部有窄格。残长84厘米（图四，6）。

棺钉　1件。2010WGSM1：7，弓形，顶平，两端尖峰下垂。长8.6、宽2.3厘米（图四，5）。

3. 银器

戒指　1件。2010WGSM1：6，圆环形。直径1.2厘米（图四，4）。

（二）老年大学地点

1. 陶器

鬲　1件。2010WGL采：14，夹细砂黑陶。圆唇，斜折沿，束颈，圆肩，弧腹，圆裆近平，三柱状足。器外壁饰绳纹。口径15.4、底径7.2、足高6、通高23厘米（图六，1）。

壶　1件。2010WGL采：1，夹细砂黑陶。喇叭口，长直颈，鼓腹，底内凹。器颈部饰有两圈凹弦纹；肩部饰两周凹弦纹，中间填一周斜线；器腹饰绳纹。口径16、底径8、高23厘米（图六，2）。

盆　1件。2010WGL采：9，夹细砂泥质黑陶。侈口，斜沿，束颈，溜肩，弧腹，底内凹。器腹下部饰绳纹。口径20、底径5.6、高9.4厘米（图六，3）。

罐　4件。2010WGLM1：5，泥质红陶。侈口，方唇，斜直领，束颈，圆折肩，腹壁斜直，底内凹。口径7.8、底径6、高6.4厘米（图六，4）。2010WGLM1：4，泥质红陶。敛口，圆唇，圆肩，弧腹，平底。口径6.6、底径5、高4.6厘米（图六，5）。2010WGL采：3，夹细砂泥质灰陶。敛口，方唇，圆肩，斜直腹，近底部斜收成平底。肩部饰两周压印花边纹，腹下部饰一周压印花边纹。口径9、底径10、高11.6厘米（图六，6）。2010WGL采：4，夹细砂泥质灰陶。由罐身和盖组成。罐身为敛口，圆唇，圆肩，斜弧腹，近底部斜收成平底。肩部和腹部转折处各饰一周压印花边纹。口径9.6、底径9.6、高11厘米。盖为圆唇，浅弧腹，顶近平。直径8.8厘米（图六，7）。

锺 1件。2010WGL采：7，泥质灰褐陶。由锺身和盖组成。锺身为盘口，短颈，鼓腹，矮圈足。肩部对称饰有一对卷角羊头铺首，肩部和腹部各饰两周凸弦纹。口径15.6、底径14、腹最大径31.2、高32厘米。盖为子母口，弧壁，平顶，长条形纽。口径12、高12厘米（图六，8）。

杯 2件。2010WGL采：2，夹细砂泥质灰陶。敞口，折腹，上腹斜直，下腹折收成平底。口径7.1、底径1.6、高4.8厘米（图六，9）。2010WGLM1：12，夹细砂泥质红陶，器内、外壁上部施酱釉。敞口，折腹，上腹近直，下腹斜收成平底。口径7、底径3.2、高4.8厘米（图六，10）。

钵 2件。2010WGLM1：2，泥质红陶。侈口，尖唇，斜折沿，弧壁，平底。口径12、底径7.6、高5厘米（图六，11）。2010WGLM1：9，泥质红陶，器内壁施透明釉。侈口，尖圆唇，平沿，弧腹，平底。口径12.8、底径3.4、高3.6厘米（图六，12）。

灯 2件。夹细砂泥质黄褐陶。敞口，浅弧腹，柱状柄，喇叭状圈足。2010WGL采：8，口径13、底径8、高15厘米（图六，13）。2010WGLM1：1，口径12.6、底径7.6、高15.4厘米（图六，14）。

炉 2件。2010WGLM1：8，泥质红陶，外壁施透明釉。炉盘偏于一侧。敞口，尖圆唇，弧腹，短柄，下接覆钵状圈足。口径8.2、底径9.6、高9.6厘米（图六，15）。2010WGLM1：10，泥质红陶，外壁施透明釉。由炉身和盖组成。炉身为敛口，折腹，短柄，下接覆钵状圈足。口径6、底径10.6、高9.4厘米。盖为敞口，方唇，弧壁，弧顶，圆形纽。盖身上部饰交错刻划纹和一周弦纹。口径8.4、高4.4厘米（图六，16）。

2. 铜器

鍪 2件。2010WGL采：12，敞口，束颈，斜领，折肩，扁鼓腹，圜底。器肩部对称有一对环耳，腹上部有一周凸棱。口径14、腹部最大径21.6、高15厘米（图七，1）。2010WGLM2：1，敞口，束颈，斜领，折肩，鼓腹，圜底。肩部对称饰有一大一小的两环耳，大环耳饰辫索纹。口径11、最大腹径14.2、高11.6厘米（图七，2）。

洗 1件。2010WGL采：10，敞口，斜折沿，束颈，弧腹，平底。器腹对称饰有一对兽面铺首。口径22、底径12、高12厘米（图七，3）。

盘 1件。2010WGLM1：13，斜折沿，弧腹，平底。口径13、底径5.2、高3.6厘米（图七，4）。

扣 1件。2010WGL采：6，圆环形，残。直径30厘米（图七，5）。

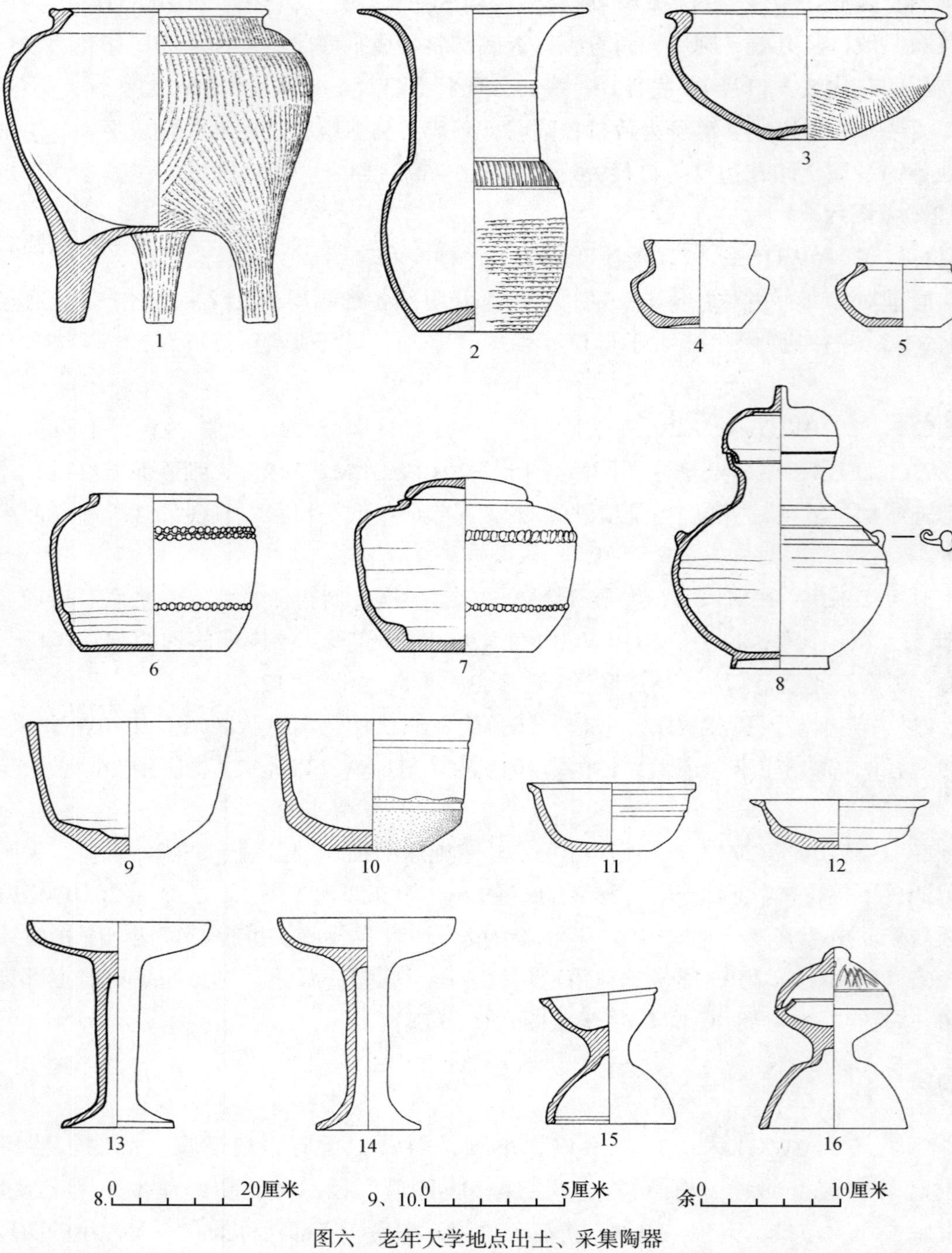

图六　老年大学地点出土、采集陶器

1. 鬲（2010WGL采：14）　2. 壶（2010WGL采：1）　3. 盆（2010WGL采：9）　4～7. 罐（2010WGLM1：5、2010WGLM1：4、2010WGL采：3、2010WGL采：4）　8. 锺（2010WGL采：7）　9、10. 杯（2010WGL采：2、2010WGLM1：12）　11、12. 钵（2010WGLM1：2、2010WGLM1：9）　13、14. 灯（2010WGL采：8、2010WGLM1：1）　15、16. 炉（2010WGLM1：8、2010WGLM1：10）

勺　1件。2010WGLM3：2，勺面呈椭圆形，勺柄部已残。残长9厘米（图七，6）。

泡钉　4件。2010WGL采：13，泡面较小，隆起较高，圆锥状钉。直径1.7、高1.7厘米（图七，7）。2010WGLM1：3，泡面宽大，表面鎏金。弧形顶，圆锥状钉。直径5.3、高1.7厘米（图七，8）。2010WGLM1：6，泡面宽大，表面鎏金。弧形顶，圆锥状钉。直径4、高1.7厘米（图七，9）。2010WGLM1：7，泡面宽大，表面鎏金。弧形顶，圆锥状钉。直径5.2、高1.8厘米（图七，10）。

剑首　1件。2010WGLM3：3，喇叭状首，上接带长条形槽的圆柱，柱下部对称饰有两个长条形孔。直径3.4、高2厘米（图七，11）。

五铢　34枚。2010WGLM1：11-1，圆形方穿。钱的边缘有郭，穿反面有郭，穿左右篆书“五铢”两字，“五”字中间交笔弯曲，“铢”字的朱字头圆折。外径2.4、穿边长1.1、厚0.1厘米（图八，1）。

大泉五十　2枚。圆形方穿，钱的边缘有郭，穿正反两面均有郭，穿上下篆文“大泉”两字，左右篆文“五十”二字。2010WGLM1：1-2，“大”字横笔呈圆弧状，下部撇捺两笔竖直。外径2.5、穿边长1、厚0.2厘米（图八，2）。2010WGLM1：11-3，“大”字横笔顶部平，两头斜下垂，下部撇捺两笔较斜直。外径2.5、穿边长0.95、厚0.2厘米（图八，3）。

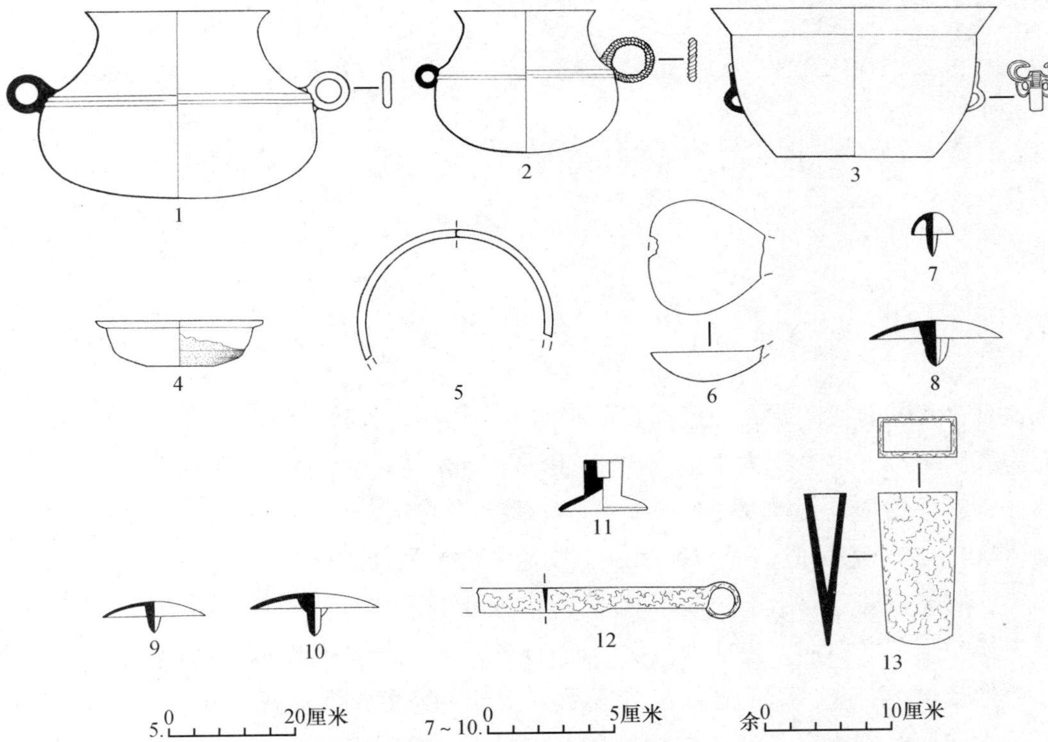

图七　老年大学地点出土、采集铜器、铁器

1、2. 铜鍪（2010WGL采：12、2010WGLM2：1）　3. 铜洗（2010WGL采：10）　4. 铜盘（2010WGLM1：13）　5. 铜扣（2010WGL采：6）　6. 铜勺（2010WGLM3：2）　7～10. 铜泡钉（2010WGL采：13、2010WGLM1：3、2010WGLM1：6、2010WGLM1：7）　11. 铜剑首（2010WGLM3：3）　12. 铁削刀（2010WGL采：11）　13. 铁斧（2010WGLM3：1）

货泉　3枚。2010WGLM1：11-4，圆形方穿。钱的边缘有郭，穿正反两面均有郭。穿左右篆书“货泉”两字。外径2.2、穿边长0.8、厚0.12厘米（图八，4）。

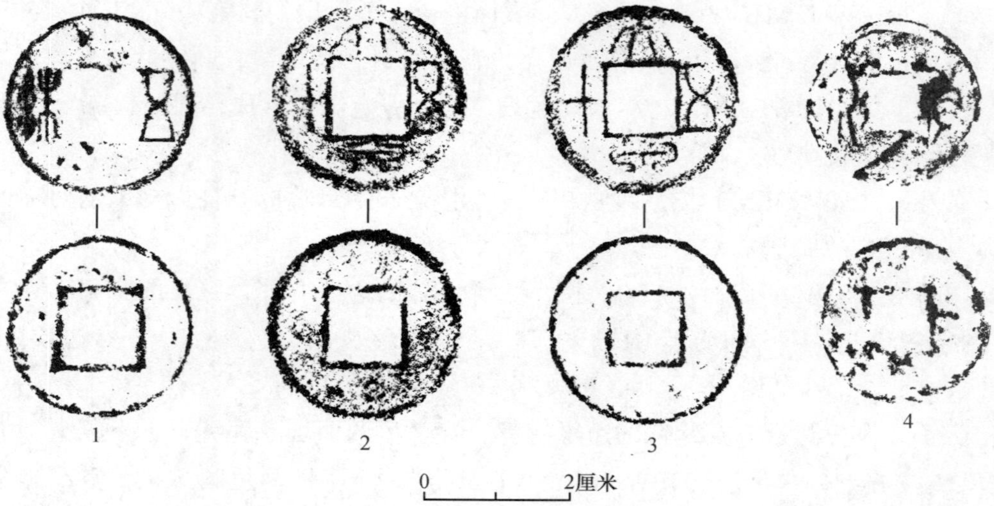

图八　老年大学地点出土铜钱币拓片

1. 五铢（2010WGLM1：11-1）　2、3. 大泉五十（2010WGLM1：11-2、2010WGLM1：11-3）　4. 货泉（2010WGLM1：11-4）

3. 铁器

削刀　1件。2010WGL采：11，前锋已残，直背，直刃，长条形柄，环首。残长20.4厘米（图七，12）。

斧　1件。2010WGLM3：1，器身呈长条形，长方形銎，弧刃。銎长9、宽3.2、通长12厘米（图七，13）。

四、结　　语

关于这批墓葬的时代问题，根据墓葬形制和出土器物，大致可将其分为两期。

一期为战国中期，以老年大学地点出土的陶鬲、壶、盆为代表。由于墓葬被严重破坏，墓葬形制不详，三件器物是否同属一座墓葬并不清楚，其中鬲与巫山秀峰一中墓地战国中期墓葬出土的鬲（M4：2）[2]相似，壶与秀峰一中墓地中出土的长颈壶（M4：3）[3]相似，盆与秭归官庄坪遗址战国中期墓葬出土的盆（M7：1）[4]相似。

二期为新莽至东汉早期，包括师范学校地点M1、老年大学地点M1。师范学校地点M1为带墓道的长方形土坑墓，墓底铺石板，这类墓葬常见于西汉晚期至东汉初年[5]，该墓出土五铢钱具有五字中间两笔斜直、朱字头方折的特点，属于西汉中晚期[6]，另外还出土了新莽时期的货币，因此该墓的年代应不早于新莽时期；老年大学地点M1中出土有大泉五十、货泉等，出土的五铢钱的五字交笔弯曲，朱字头圆折，为东汉早期五铢[7]，因此该墓的时代大致为东汉早期。

其余墓葬因墓葬形制不清楚，出土器物较少，造成断代困难。师范学校地点M2为一座土洞墓，这类墓葬于峡江地区集中出现在巫山县，如巫山麦沱墓地、瓦岗槽墓地等均有发现，应为流行于巫山地区的一种特殊墓葬形制。该墓未发现随葬品，墓室墓砖仅砌筑一层，并未修筑完工，考虑到其底部即为基岩，坡度也较大，并不适宜修建墓葬，或因地形原因放弃在此地筑墓。

本次发现的墓葬为研究巫山古城的布局、演变提供了新的资料，为研究东周、新莽至东汉早期的墓葬提供了重要的参考材料。

附记：本次考古发掘领队为白九江，发掘人员有汪伟，牛英彬，龚小红，张辉等，器物绘图：陈蓁、朱雪莲。本次发掘工作得到了巫山县博物馆、巫山县人民政府的大力支持，在此一并表示感谢！

执　笔：牛英彬　汪　伟

注　释

［1］ 中国社会科学院考古研究所长江三峡工作队、巫山县文物管理所：《巫山古城遗址的勘探与发掘》，《重庆库区考古报告集·1997卷》，科学出版社，2001年。

［2］ 河南省文物考古研究所、重庆市文物局、巫山县文物管理所：《巫山秀峰一中战国、两汉墓地发掘报告》，《重庆库区考古报告集·2000卷》，科学出版社，2007年。

［3］ 河南省文物考古研究所、重庆市文物局、巫山县文物管理所：《巫山秀峰一中战国、两汉墓地发掘报告》，《重庆库区考古报告集·2000卷》，科学出版社，2007年。

［4］ 国务院三峡工程建设委员会办公室、国家文物局编著：《秭归官庄坪》，科学出版社，2005年。

［5］ 蒋晓春：《三峡地区秦汉墓的分期》，《考古学报》，2008年第2期。

［6］ 洛阳区考古发掘队：《洛阳烧沟汉墓》，科学出版社，1959年。

［7］ 洛阳区考古发掘队：《洛阳烧沟汉墓》，科学出版社，1959年。

云阳营盘包墓群2011年、2012年发掘简报

重庆市文物考古所　云阳县文物管理所

营盘包墓群位于重庆市云阳县巴阳镇巴阳村二组，东距云阳县县城约20公里，东临巴阳码头，西临巴阳溪。中心地理坐标东经108°35′25″，北纬30°55′48″，海拔154～175米（图一）。

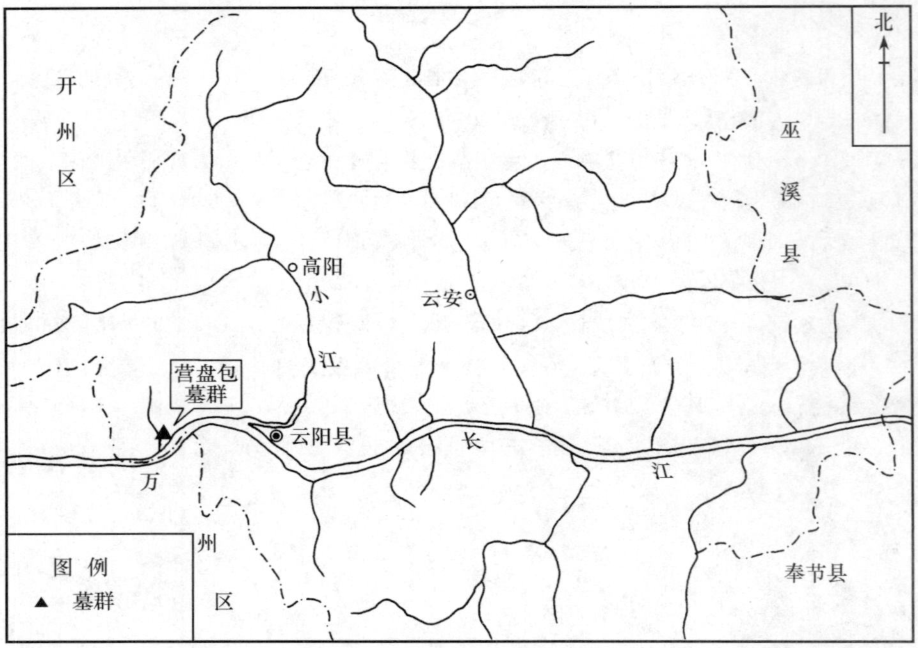

图一　营盘包墓群位置示意图

该墓群地处长江北岸小山包上，地势中间高四周低。该墓群于1987年发现，1992年曾进行复查，1993年12月由四川大学三峡考古队勘查核实。2002年，福建省博物馆（现福建博物院）对该墓群进行了大规模发掘，发掘面积3000多平方米，清理了一批战国至明清时期的墓葬。

随着三峡库区消落区文物保护工作的启动，2012年7月，重庆市文物考古所（现重庆市文化遗产研究院）组建考古队，对该墓群进行了第二次抢救性发掘，田野工作于8月25日结束，历时40天。共布10米×10米探方11个。方向均为正北，部分探方扩方，实际发掘面积1208.5平方米（图二）。清理墓葬20座，由于这次发掘是2011、2012两个年度发掘任务合并发掘，墓葬

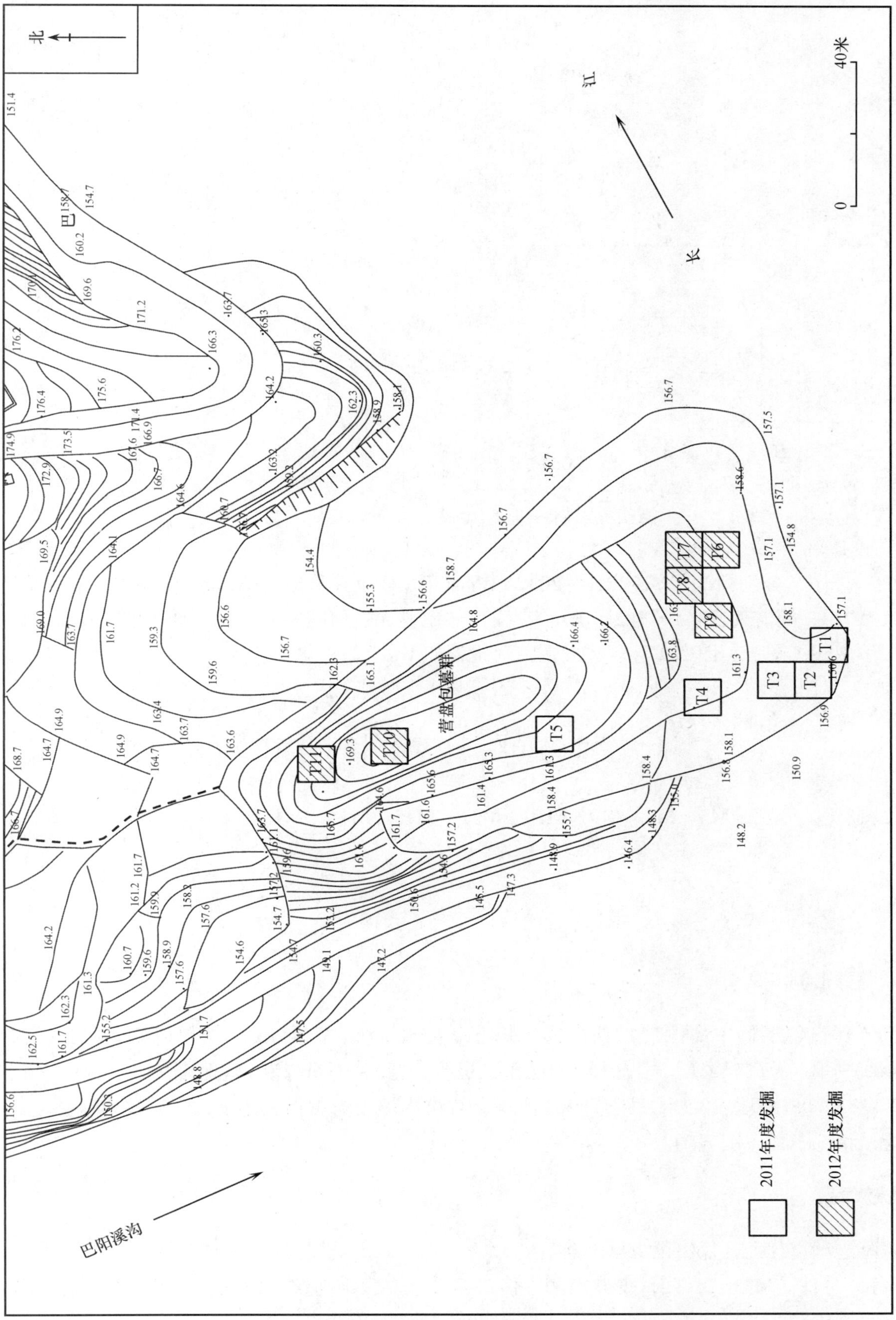

图二　营盘包墓群地形及2011、2012年发掘探方分布图

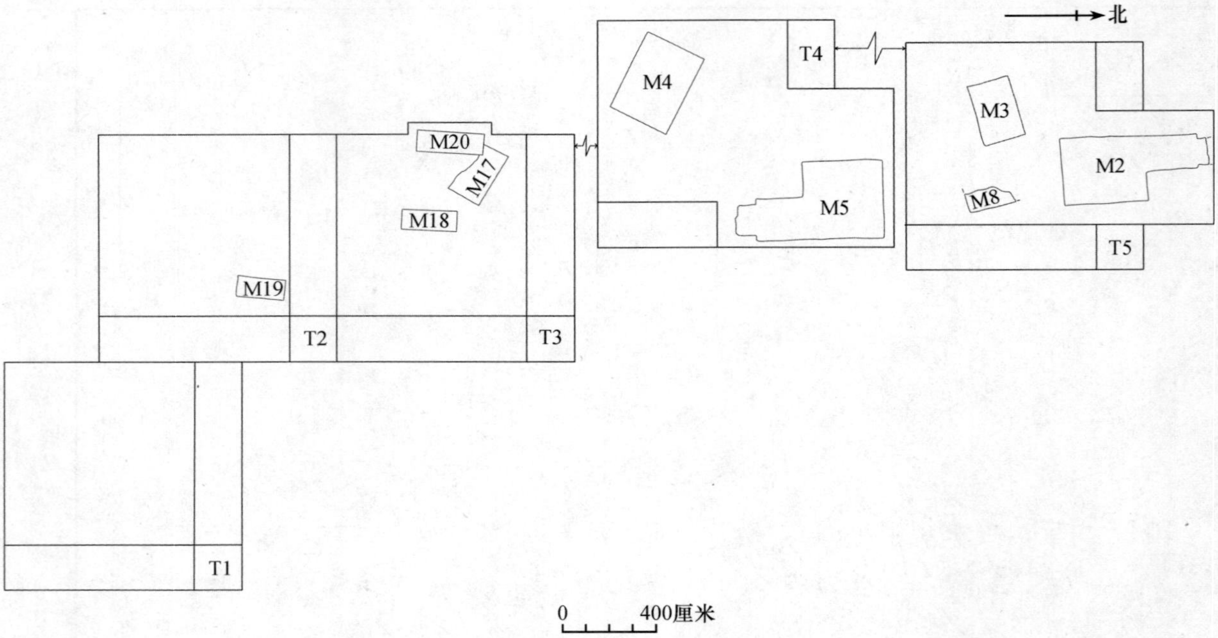

图三　营盘包墓群2011年发掘总平面图

编号统一排序，分别为2012YBYM1～2012YBYM20（以下简称M1～M20），其中，战国墓8座，汉墓7座，明清墓2座，另外2座土坑墓、1座砖室墓无任何随葬品，无法准确推断其年代，本简报不叙述（图三、图四）。现将发掘情况报告如下。

一、战国墓葬

发掘8座。分别是M3、M4、M9、M10、M11、M13、M14、M15。

（一）M3

1. 墓葬形制

位于营盘包墓群中部，T5的西南部。长方形竖穴土坑，方向75°。坑壁较直，经拍打修整，墓底平坦。墓口长2.7、宽1.8米。有熟土二层台，宽0.3、高0.2米。墓底长2.06、宽1.2米，墓深0.4米（墓口距地表0.3米，距墓底0.7米）。墓坑内填土为黄褐色花土，土质较为疏松。墓底被扰，情况不详（图五）。

2.随葬品

该墓遭严重扰乱，仅出土少量陶器。

陶罐　1件。M3：1，残，夹砂黑陶。侈口，鼓腹。腹饰绳纹。轮制。口径19.2、残高7.2

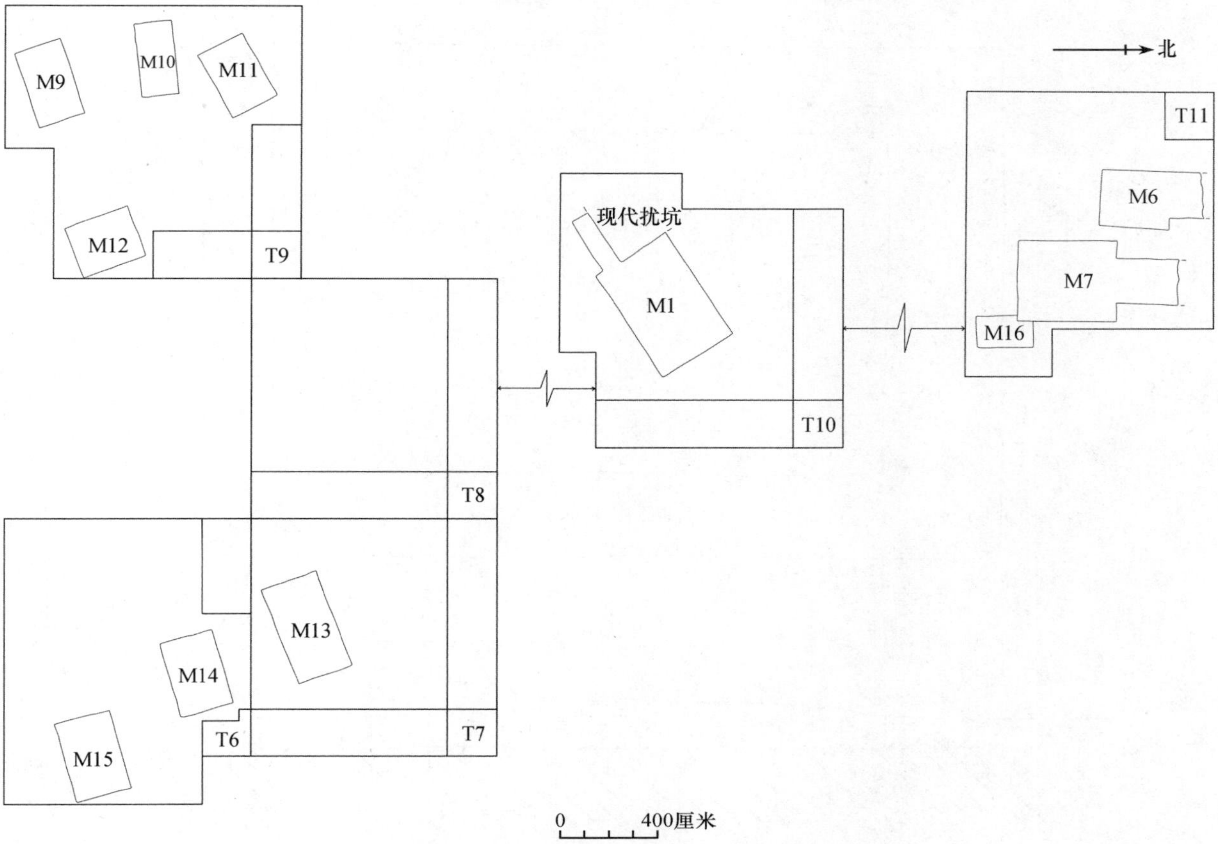

图四　营盘包墓群2012年发掘总平面图

厘米（图六，1）。

陶盂　1件。M3∶4，泥质灰陶。侈口，束颈，鼓腹，平底。轮制。口径17.2、腹径17.2、底径10.4、高9.4厘米（图六，2）。

陶豆　2件。M3∶2，泥质灰陶。敛口，圆唇，弧腹，直柄中空，柄下部及底座残。轮制。口径14.3、柄径3.2、残高10.6厘米（图六，3）。M3∶3，泥质灰陶。敛口，圆唇，弧腹，柄及底座残。口径14.4、残高4.4厘米（图六，4）。

（二）M4

1. 墓葬形制

位于营盘包墓群西南部，T4西南角。长方形竖穴土坑，方向300°。口大底小，坑壁斜直，经拍打修整，墓底平坦。墓口长3.7、宽2.7米。底有熟土二层台，宽0.36、深1米。墓底长2.46、宽1.3米，墓深1.7米，墓口距地表0.3米，距墓底2米。墓坑内填土为黄褐色花土，土质较为疏松。该墓遭盗扰，葬具、葬式不详（图七）。

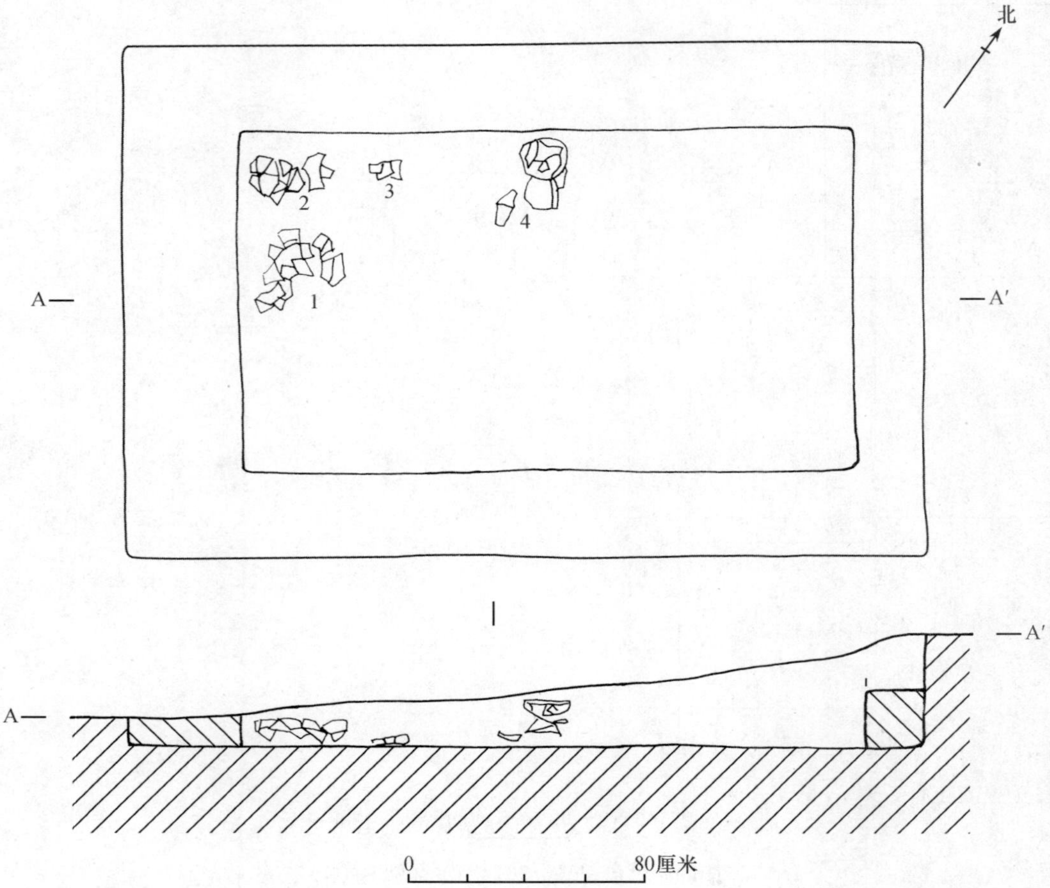

图五　M3平、剖面图

1. 陶罐　2、3. 陶豆　4. 陶盂

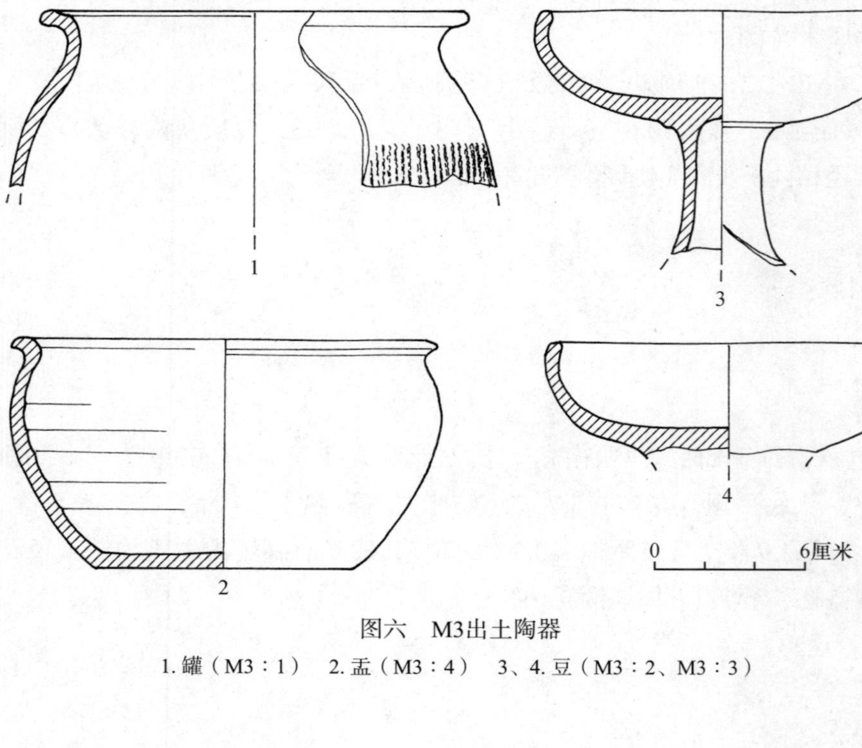

图六　M3出土陶器

1. 罐（M3：1）　2. 盂（M3：4）　3、4. 豆（M3：2、M3：3）

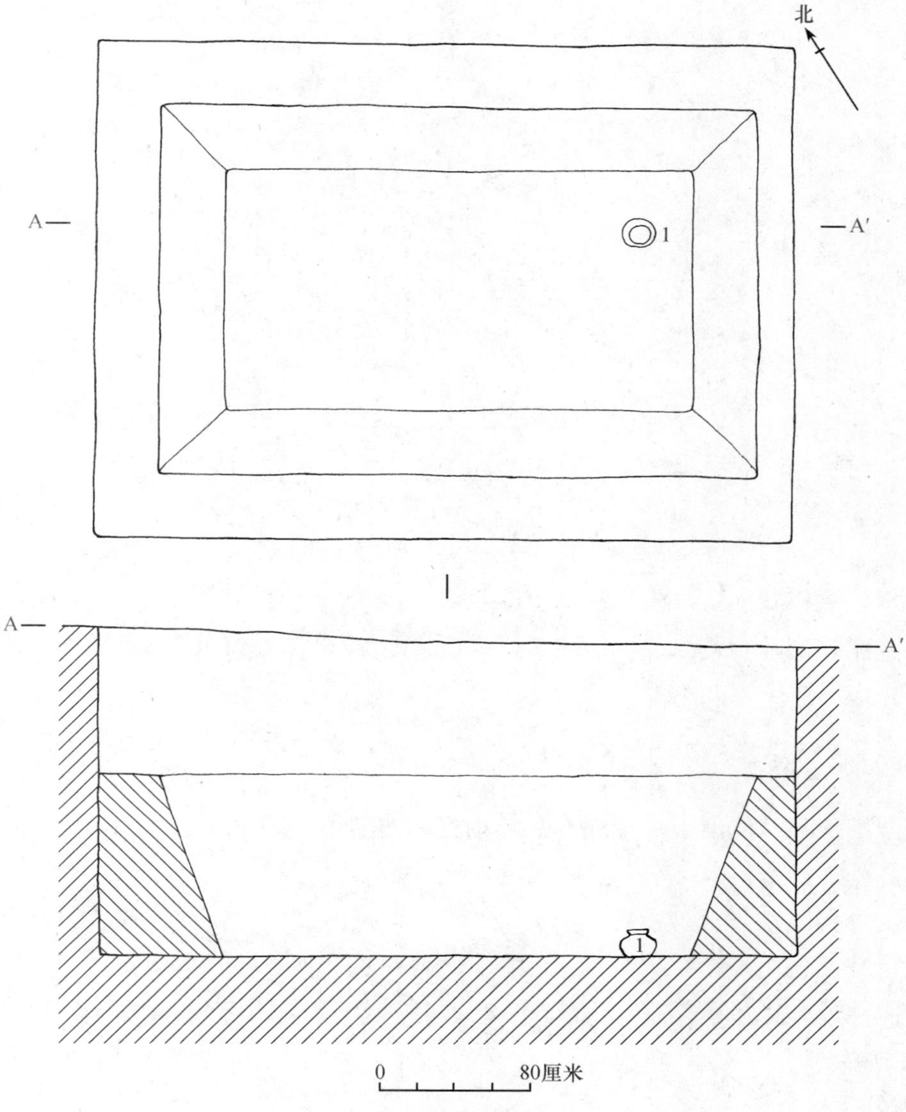

图七　M4平、剖面图
1. 陶壶

2. 随葬品

该墓遭盗扰，仅出土了一件陶器。

陶壶　1件。M4：1，泥质灰陶。敞口，圆唇，高领，鼓腹，平底。颈部饰二道凹弦纹，颈腹交接处凹陷。轮制。口径11.4、最大腹径16、底径10、高14.2厘米（图八，1）。

（三）M9

1. 墓葬形制

位于营盘包墓群南部，T9的西南部。长方形竖穴土坑，方向240°。坑壁较直，经拍打修

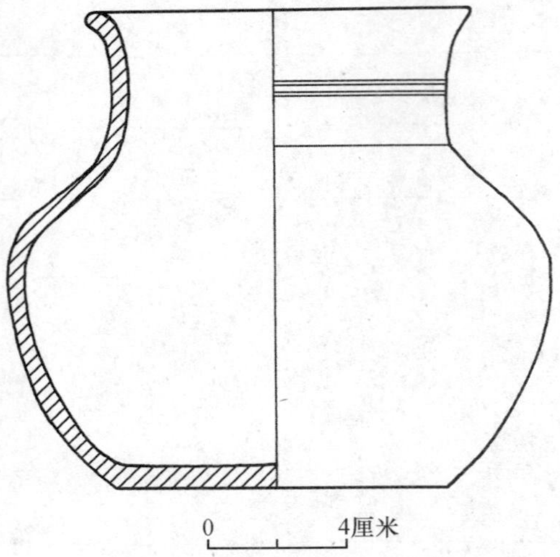

图八　M4出土陶壶（M4：1）

整，墓底平坦。墓口长3.3、宽2米，墓口距地表0.3米。有熟土二层台，宽0.15、残高0.36米。墓底长3.15、宽1.7米，墓深1.7～1.8米。墓坑内填土为黄褐色花土，土质较为疏松。墓底被扰，葬具、葬式不详（图九）。

2. 随葬品

该墓遭严重扰乱，仅出土少量随葬品，均为陶器。填土中出土一枚铜印章。

（1）陶器

釜　1件。M9：1，夹砂灰陶。侈口，圆唇，束颈，鼓腹，圜底。腹部饰交错绳纹。口径17、最大腹径21、高16.4厘米（图一○，1）。

罐　1件。M9：2，泥质灰陶。直口，尖圆唇，束颈，鼓腹，圜底内凹。口径13.6、最大腹径20.5、高15厘米（图一○，2）。

（2）铜器

印章　1件。M9：01，圆形，环纽，面阴刻虎面纹。直径3、高1.2厘米（图一○，3）。

（四）M10

1. 墓葬形制

位于营盘包墓群南部，T9的西部。长方形竖穴土坑，方向250°。坑壁较直，经拍打修整，墓底平坦。墓口长3.1、宽1.5米，距地表0.3米。有熟土二层台，宽0.3～0.4、残高0.18米。墓底长2.3、宽0.9米，墓深0.7～0.8米。墓坑内填土为黄褐色花土，土质较为疏松。清理人骨架一具，保存较好，仰身直肢（图一一）。

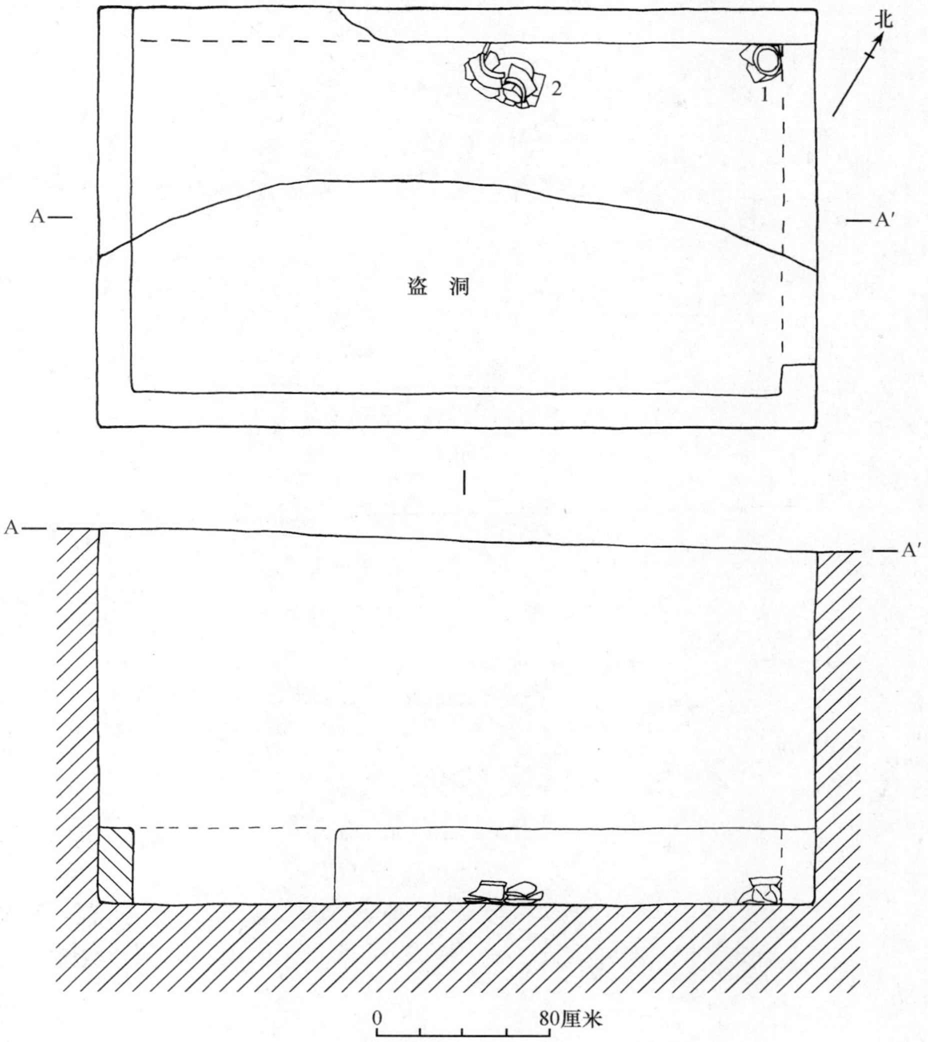

图九 M9平、剖面图

1. 陶釜 2. 陶罐

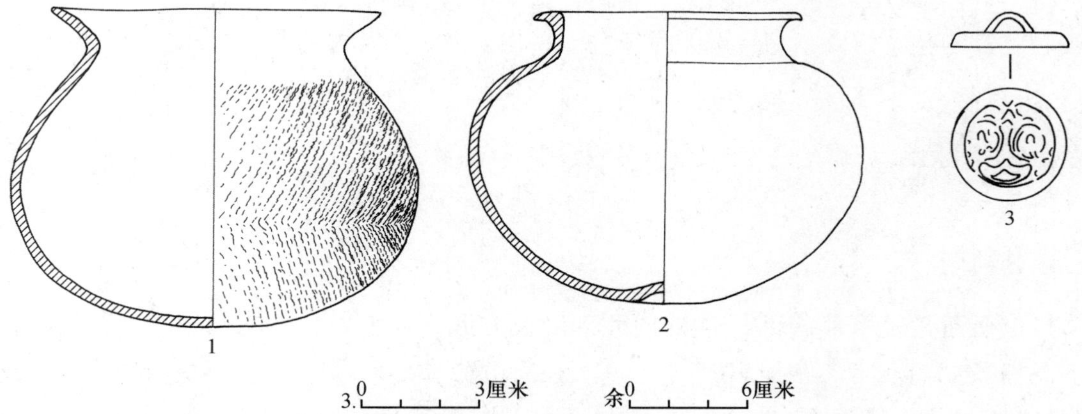

图一〇 M9出土遗物

1. 陶釜（M9：1） 2. 陶罐（M9：2） 3. 铜印（M9：01）

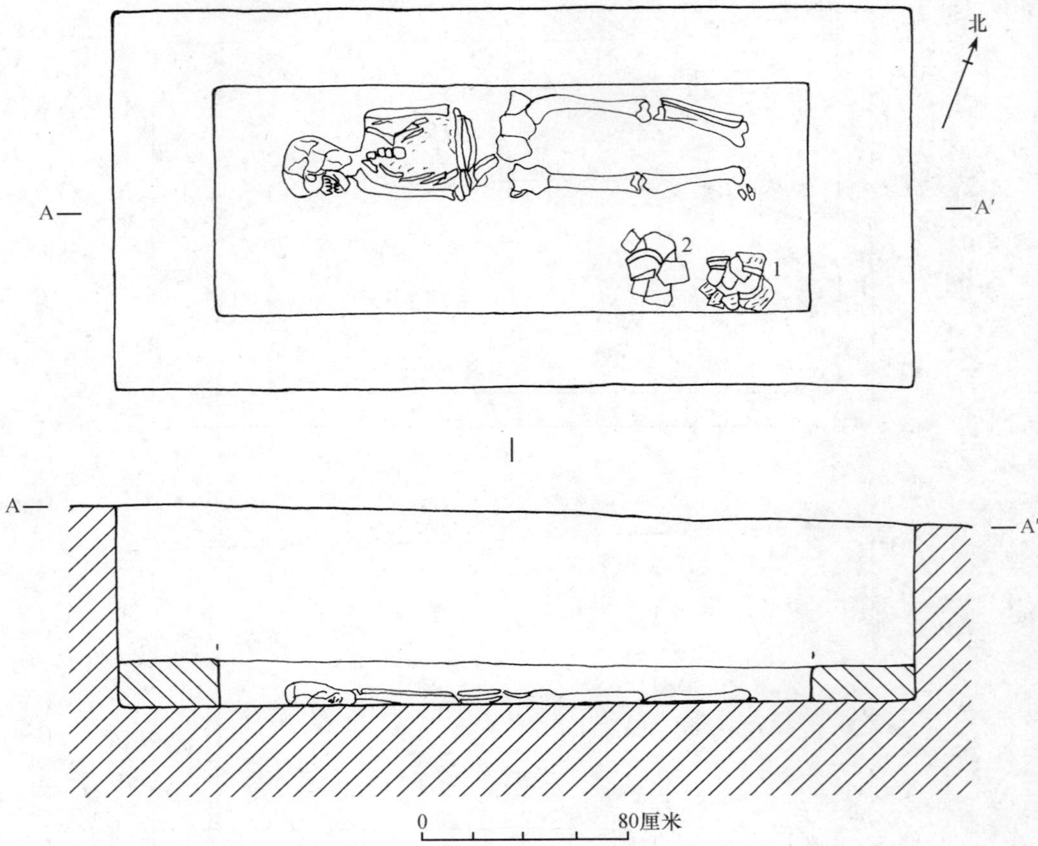

图一一　M10平、剖面图

1. 陶釜　2. 陶罐

2. 随葬品

出土陶器2件。置放在足部的东南部。

陶釜　1件。M10：1，夹砂灰陶。侈口，圆唇，束颈，鼓腹，圜底。腹部饰交错绳纹。口径14、最大腹径20、高15.6厘米（图一二，1）。

陶罐　1件。M10：2，泥质灰陶。直口，宽平沿，尖圆唇，束颈，鼓腹，圜底内凹。肩部饰绳纹和二道凹弦纹。口径15、最大腹径22、高16厘米（图一二，2）。

（五）M11

1. 墓葬形制

M11位于营盘包墓群南部，T9的西北部。长方形竖穴土坑，方向235°。坑壁较直，墓底平坦。墓口长3、宽2米，距地表0.3米。墓底长3、宽2米，墓深0.1米。墓坑内填土为黄褐色花土，土质较为疏松。墓底被扰，葬具、葬式不详（图一三）。

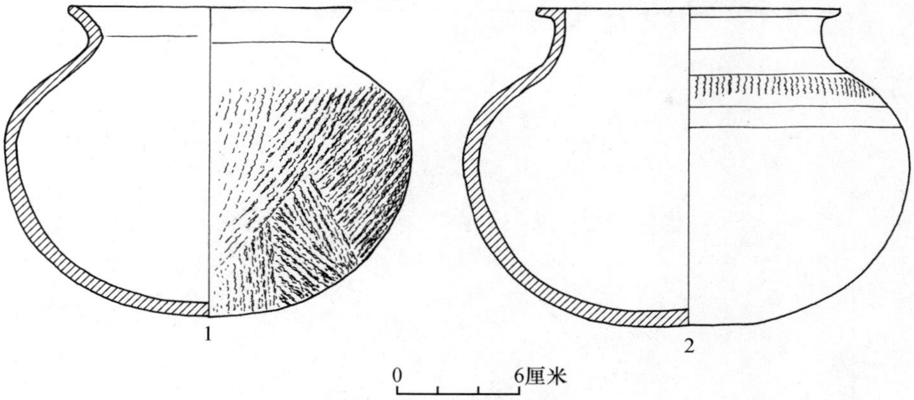

图一二　M10出土陶器
1. 釜（M10：1）　2. 罐（M10：2）

2. 随葬品

该墓遭严重扰乱，仅出土了一些陶器。

陶豆　4件。M11：1，泥质黑皮陶。敛口，圆唇，鼓腹，矮圈足。腹饰六道细弦纹。轮制。口径13、底径6、高7厘米（图一四，1）。M11：2，泥质黑皮陶。敛口，圆唇，鼓腹，矮圈足。腹饰三道细弦纹。轮制。口径11.8、底径6、高7厘米（图一四，2）。M11：3，泥质黑皮陶。敛口，圆唇，鼓腹，矮圈足。腹饰三道细弦纹。轮制。口径13、底径6.4、高7.4厘米（图一四，3）。M11：4，泥质黑皮陶。残，仅存底部。轮制。底径6、残高4.2厘米（图一四，4）。

（六）M13

1. 墓葬形制

位于营盘包墓群东南部，T7的南部。长方形竖穴土坑，方向230°。坑壁较直，经拍打修整，墓底平坦。墓口长3.66、宽1.8米，距地表0.3米。有熟土二层台，宽0.2、残高0.1米。墓底长3.2、宽1.35米，墓深1.5～2.7米。墓坑内填土为黄褐色花土，土质较为疏松。墓底被扰，残存二个人头骨和少量肢骨（图一五）。

2. 随葬品

该墓遭严重扰乱，未见随葬品。

（七）M14

1. 墓葬形制

位于营盘包墓群东南部，T6的东北部。长方形竖穴土坑，方向240°。坑壁较直，经拍打

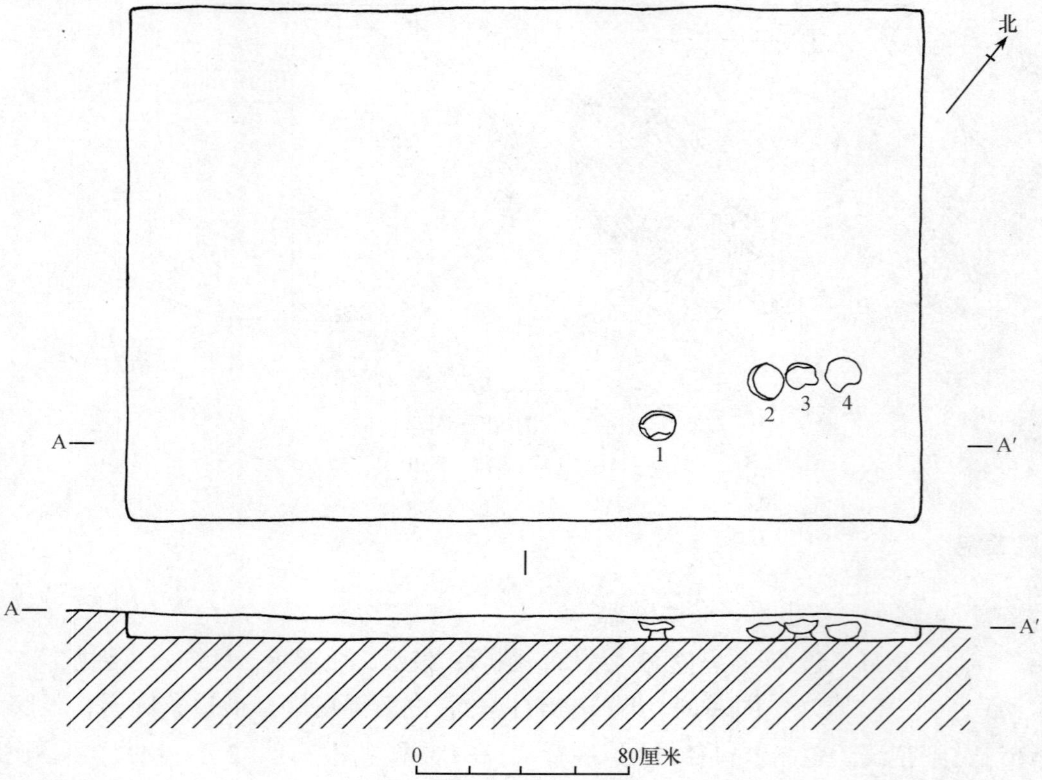

图一三　M11平、剖面图

1～4. 陶豆

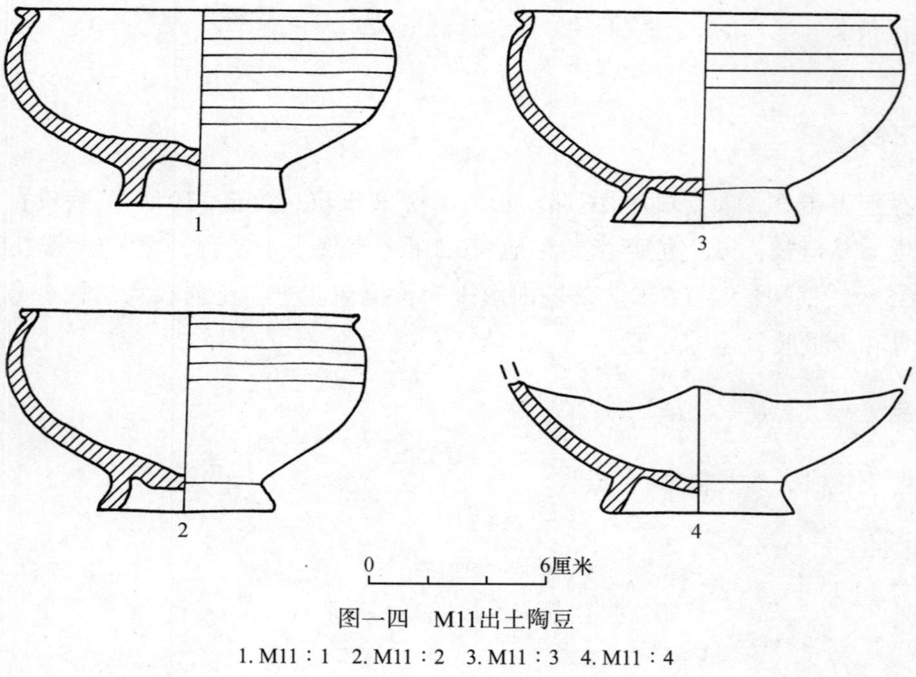

图一四　M11出土陶豆

1. M11：1　2. M11：2　3. M11：3　4. M11：4

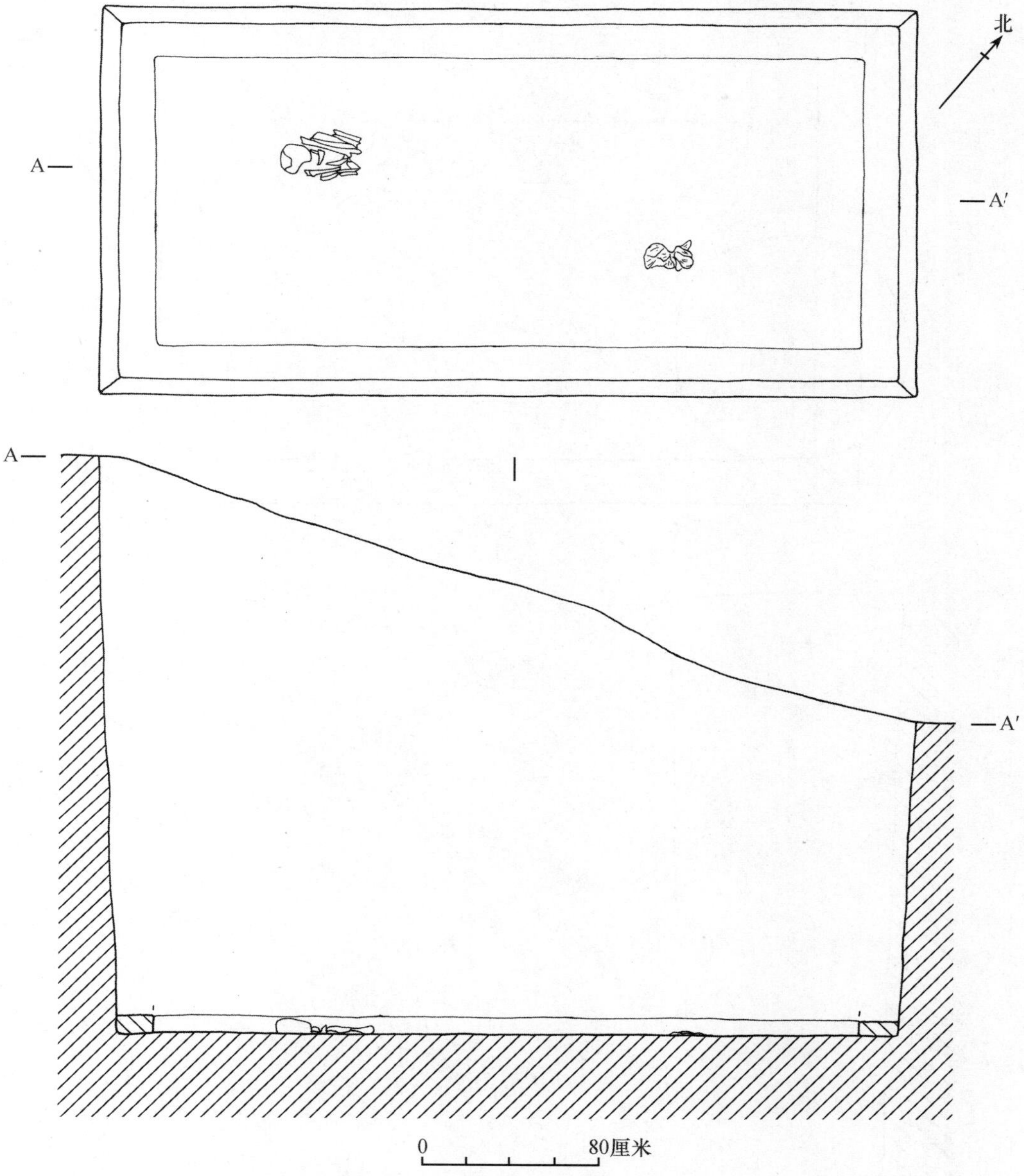

图一五　M13平、剖面图

修整，墓底平坦。墓口长3.2、宽2.2米，距地表0.3米。有熟土二层台，宽0.3、残高0.1米。墓底长2.2、宽1.2米，墓深1.5～3.2米。墓坑内填土为黄褐色花土，土质较为疏松。墓底被扰，葬具、葬式不详（图一六）。

2. 随葬品

该墓遭严重扰乱，出土少量随葬品，均为陶器。

陶壶　2件。M14：1，泥质黑皮陶。侈口，圆唇，束颈，鼓腹，平底。肩饰二实耳。弧顶盖，子母口。轮制。口径9.2、底径10、最大腹径16、通高20.2厘米（图一七，1）。M14：4，泥质黑皮陶。侈口，圆唇，束颈，鼓腹，平底。肩饰二实耳。轮制。口径9.4、底径10、最大

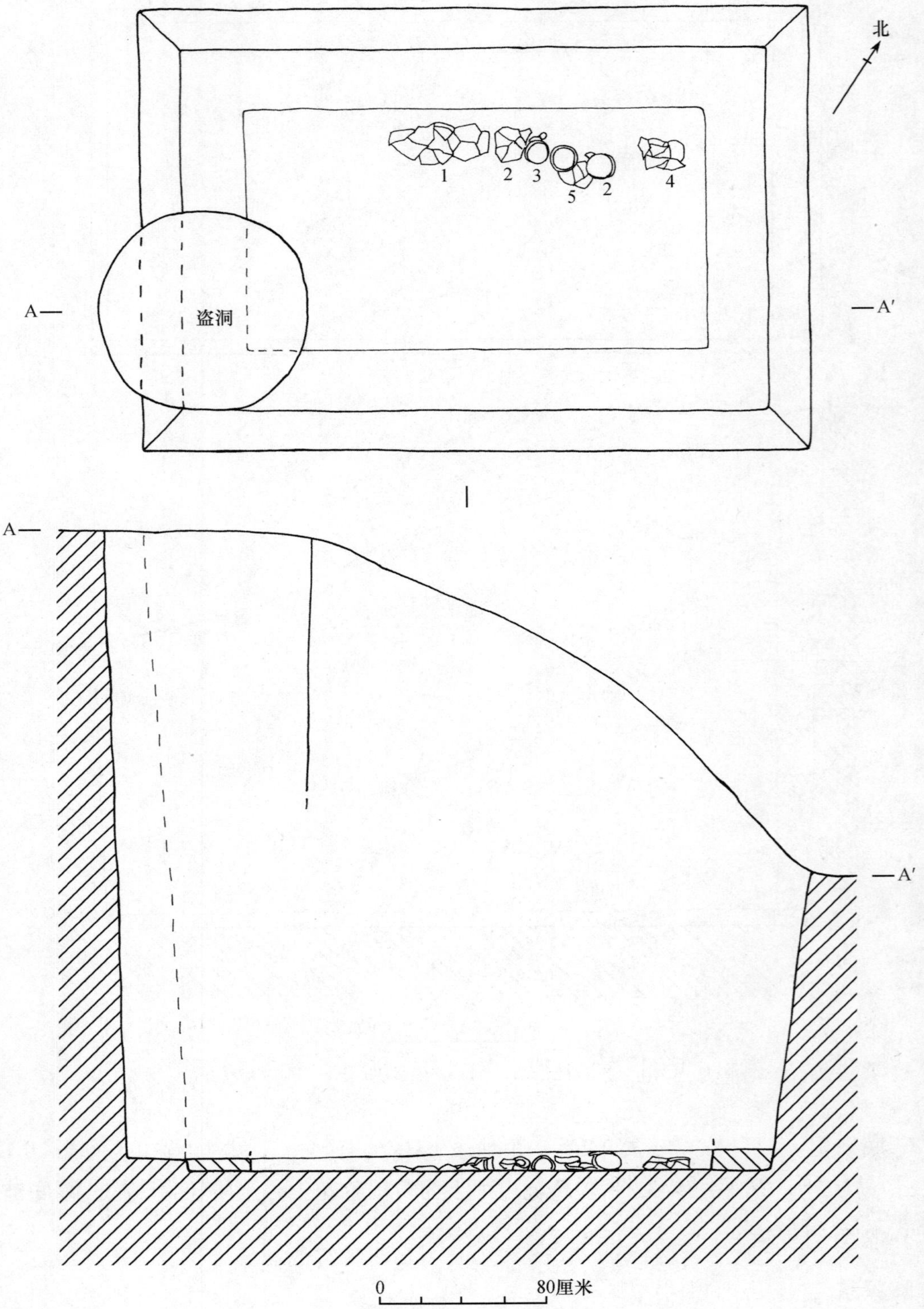

图一六　M14平、剖面图

1、4. 陶壶　2. 陶敦　3、5. 陶豆

腹径16、高18厘米（图一七，2）。

陶豆　2件。M14：3，泥质黑皮陶。敛口，尖圆唇，折腹，高柄，柄中有四道隆起，喇叭状底。轮制。口径12.4、底径8、高24厘米（图一七，4）。M14：5，泥质黑皮陶。敛口，尖圆唇，折腹，高柄，柄中有五道隆起，喇叭状底。轮制。口径13、底径8、高14厘米（图一七，5）。

陶敦　1件。M14：2，泥质黑皮陶。球形，敞口，方唇，弧腹，三条形足，盖与身相似，三条形纽。轮制。口径14、通高16.4厘米（图一七，3）。

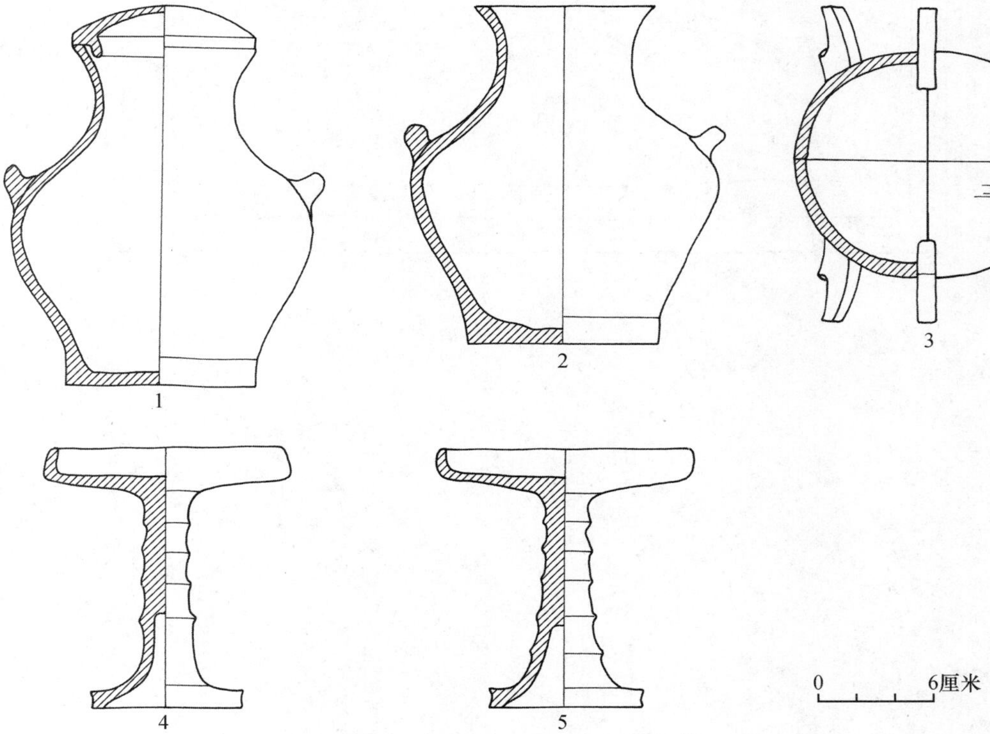

图一七　M14出土陶器

1、2. 壶（M14：1、M14：4）　3. 敦（M14：2）　4、5. 豆（M14：3、M14：5）

（八）M15

1. 墓葬形制

位于营盘包墓群东南部，T6的东南部。长方形竖穴土坑，方向232°。坑壁较直，经拍打修整，墓底平坦。墓口长3.4、宽2.3米，距地表0.3米。有熟土二层台，宽0.15、残高0.1米。墓底长3.1、宽2米，墓深1.7～3.6米。墓坑内填土为黄褐色花土，土质较为疏松。墓底被扰，葬具、葬式不详（图一八）。

2. 随葬品

该墓遭严重扰乱，出土了一些随葬品，均为陶器。

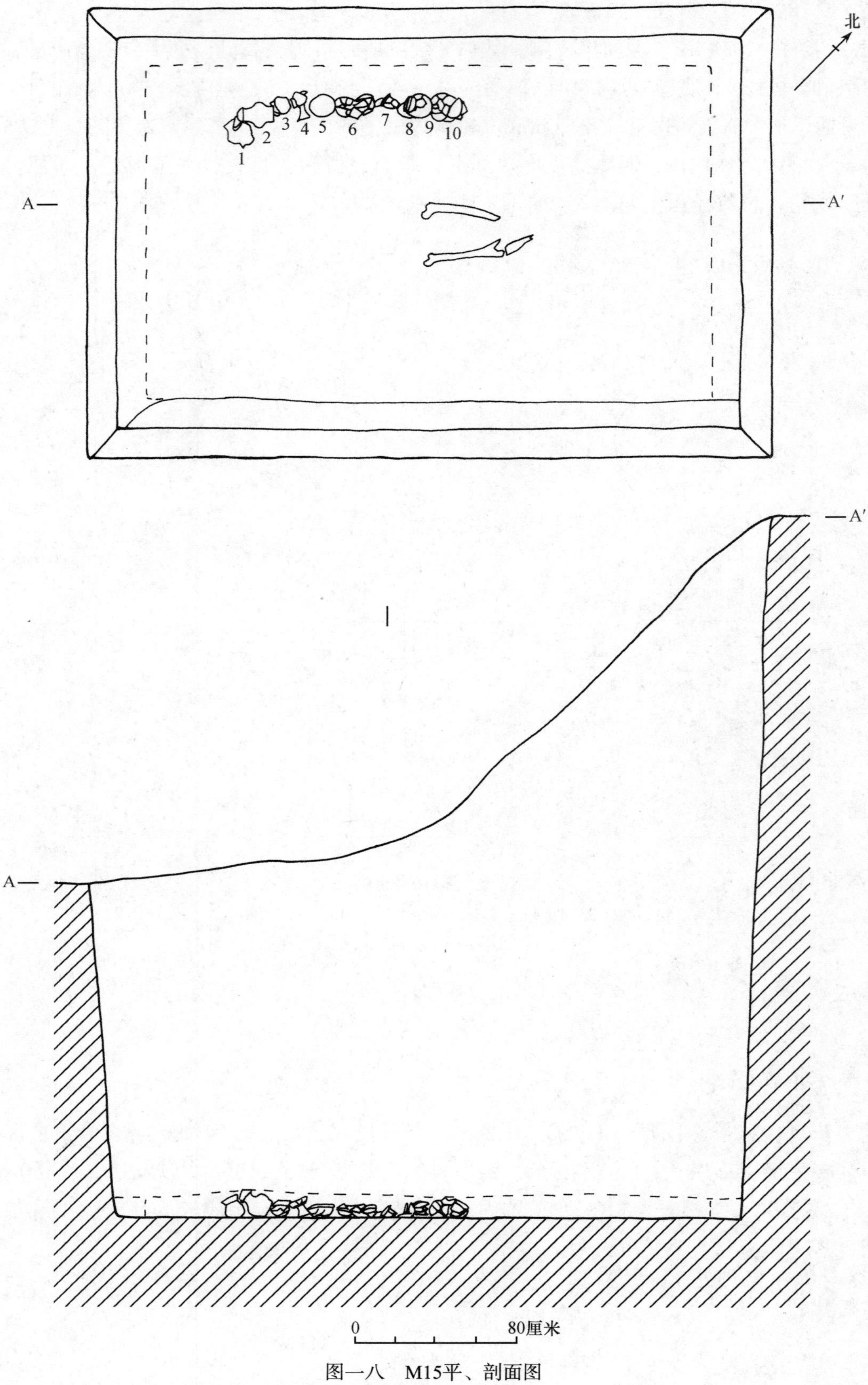

图一八　M15平、剖面图

1、2. 陶壶　3、4、7、8. 陶豆（带盖）　5、9. 陶鼎　6、10. 陶敦

陶壶　2件。M15：1，泥质灰陶。敞口，方唇，长束颈，鼓腹，矮圈足。肩饰二环耳，弧顶盖，子母口，顶饰三鸟形纽。轮制。口径7、底径8.5、最大腹径13、通高17.5厘米（图一九，1）。M15：2，泥质灰陶。敞口，方唇，长束颈，鼓腹，矮圈足。肩饰二环耳，弧顶盖，子母口，顶饰三鸟形纽。轮制。口径7、底径8.5、最大腹径13、通高19.5厘米（图一九，2）。

陶鼎　2件。M15：5，泥质灰陶。子母口，圆唇，弧腹，圜底，三兽蹄足。两附耳外撇，弧顶盖，顶饰三鸟形纽。盖纽、附耳、足分别手制后与器身拼合。器身轮制。口径13.5、通高14.4厘米（图一九，3）。M15：9，泥质灰陶。子母口，圆唇，弧腹，圜底，三兽蹄足。两附耳外撇，弧顶盖，顶饰三鸟形纽。盖纽、附耳、足分别手制后与器身拼合。器身轮制。口径13.5、通高14厘米（图一九，4）。

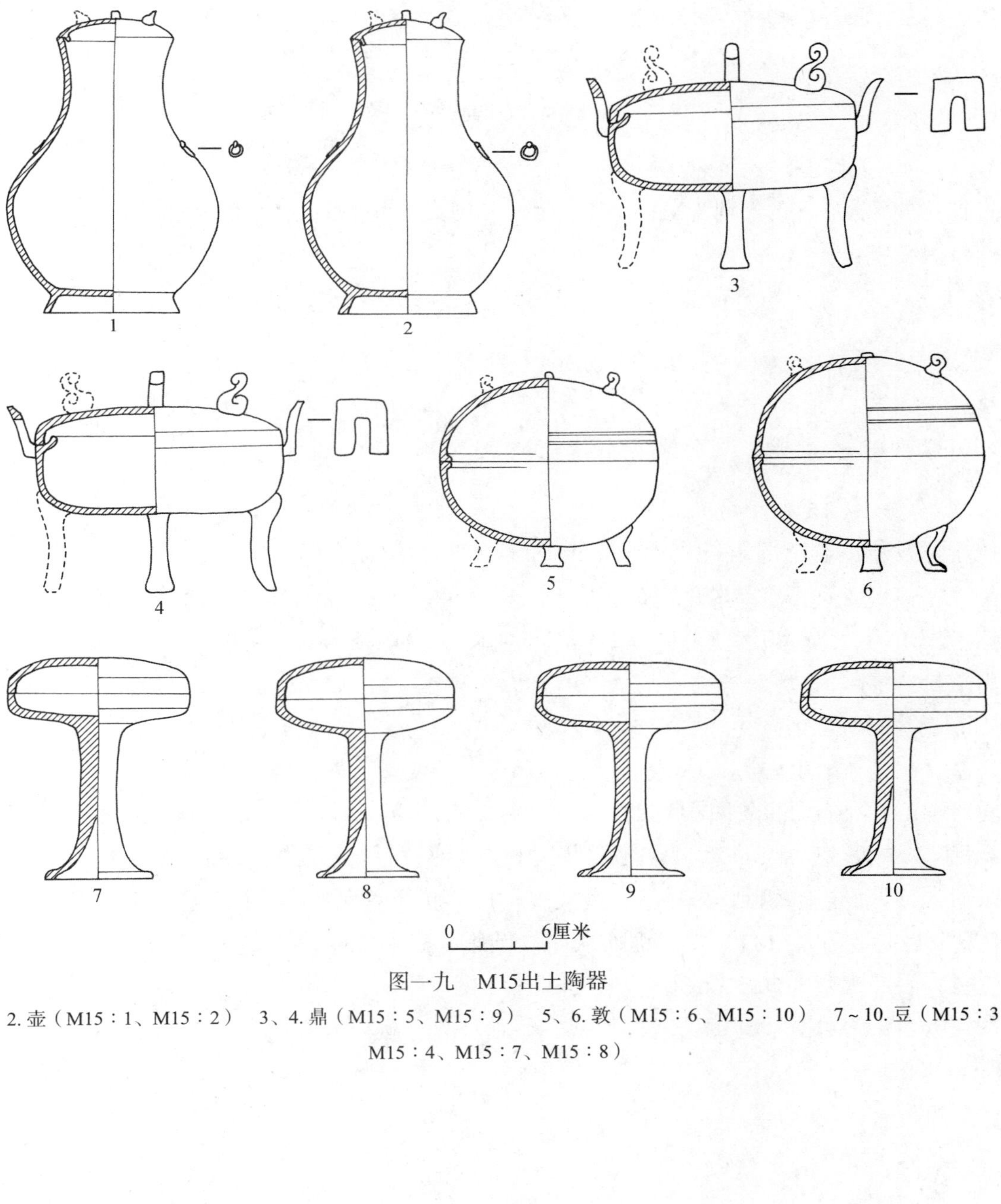

图一九　M15出土陶器

1、2.壶（M15：1、M15：2）　3、4.鼎（M15：5、M15：9）　5、6.敦（M15：6、M15：10）　7～10.豆（M15：3、M15：4、M15：7、M15：8）

陶敦　2件。M15：6，泥质灰陶。身与盖合为球形，敛口，方唇，弧腹，三兽蹄足。盖与身相似，顶饰三鸟形纽，中部饰二道凹弦纹。身轮制，纽、足手制。口径12.7、通高12.4厘米（图一九，5）。M15：10，泥质灰陶。身与盖合为球形，敛口，方唇，弧腹，三兽蹄足。盖与身相似，顶饰三鸟形纽，中部饰二道凹弦纹。身轮制，纽、足手制。口径14.2、通高14厘米（图一九，6）。

陶豆　4件。M15：3，泥质灰陶。直口，方唇，折腹，高柄，喇叭状底。弧顶盖。轮制。口径11.2、底径6.8、通高14厘米（图一九，7）。M15：4，泥质灰陶。直口，方唇，折腹，高柄，喇叭状底。弧顶盖。轮制。口径11、底径6.2、通高14厘米（图一九，8）。M15：7，泥质灰陶。直口，方唇，折腹，高柄，喇叭状底。弧顶盖。轮制。口径11.4、底径6.5、通高13.6厘米（图一九，9）。M15：8，泥质灰陶。直口，方唇，折腹，高柄，喇叭状底。弧顶盖。轮制。口径11.2、底径6.4、通高13.6厘米（图一九，10）。

二、汉代墓葬

发掘汉代墓葬7座，分别为M1、M2、M5、M6、M7、M12、M16。其中M12、M16为土坑墓，其余为砖室墓。

（一）土坑墓

1. M12

（1）墓葬形制

位于营盘包墓群南部，T9东南角。长方形竖穴土坑，方向145°。坑壁直，经拍打修整，墓底平坦。墓口长2.7、宽2.2米，距地表0.3米。底有熟土二层台，宽0.2、残深0.6米，底有二条枕木槽，宽0.16、深0.06米。墓底长2.3、宽1.4米，墓深1.5米。墓坑内填土为黄褐色花土，土质较为疏松。清理人骨架一具，保存较好，仰身直肢（图二〇）。

（2）随葬品

该墓仅出土了3件陶器。

陶罐　2件。依口部的不同分二型。

A型　1件。直口。M12：1，泥质灰陶。圆唇，直颈，鼓腹，矮圈足。腹部饰二道凹弦纹，颈肩交接处凹陷。轮制。口径8、最大腹径14、底径8、高8.4厘米（图二一，1）。

B型　1件。侈口。M12：3，泥质灰陶。圆唇，束颈，鼓腹，平底。颈肩交接处凹陷。轮制。口径14、最大腹径20.2、底径8、高14厘米（图二一，2）。

陶豆　1件。M12：2，泥质灰陶。残，仅存豆盘。敞口，方唇，折腹。轮制。口径13、残高5厘米（图二一，3）。

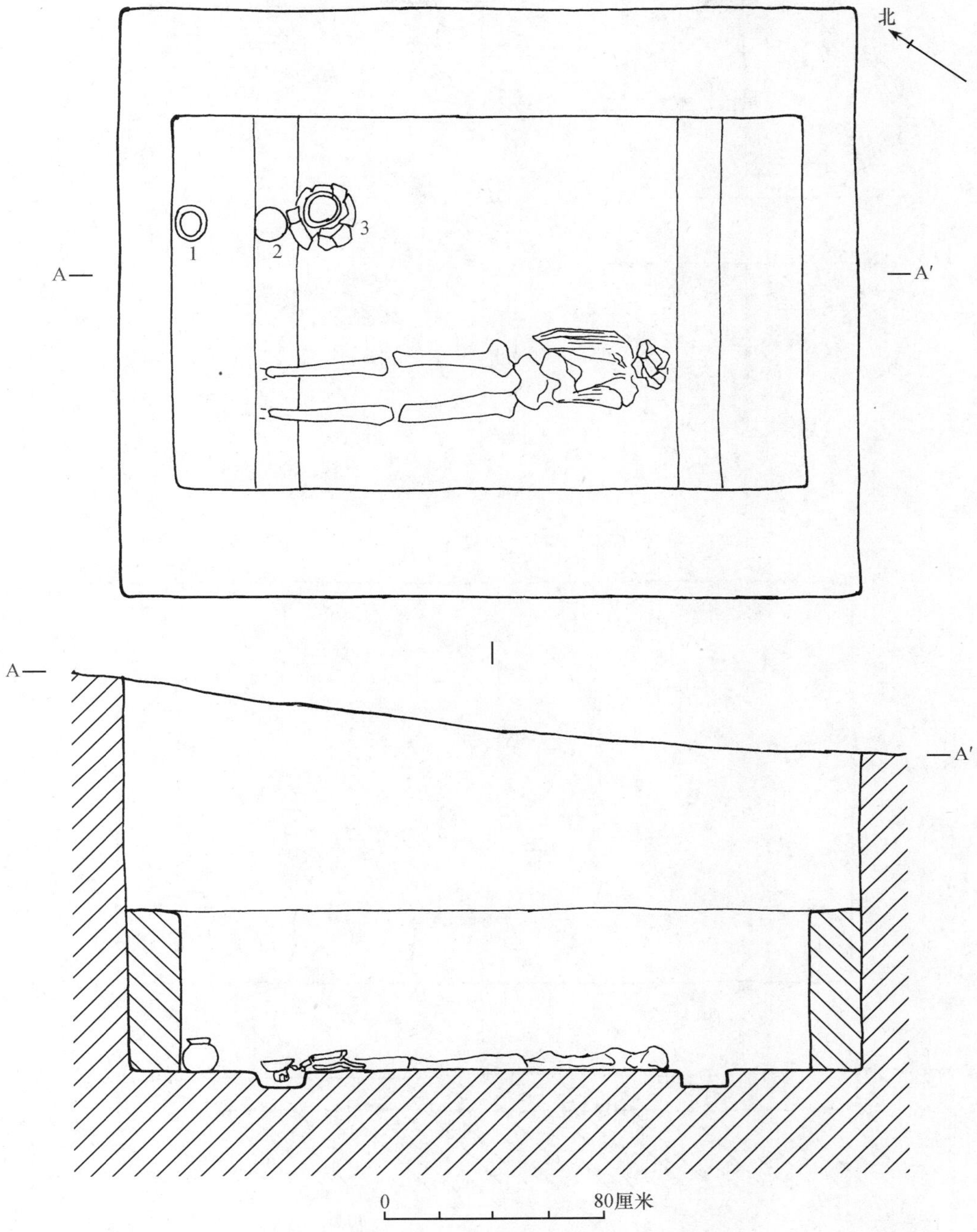

图二〇 M12平、剖面图
1、3. 陶罐 2. 陶豆

2. M16

（1）墓葬形制

位于营盘包墓群北部，T11东南部。长方形竖穴土坑，方向0°。坑壁直，墓底平坦。墓口长2.3、宽1.3米，距地表0.3米。墓底长2.7、宽2.2米，墓残深0.12米。墓坑内填土为黄褐色花土，土质较为疏松。墓底被扰，葬具、葬式不详（图二二）。

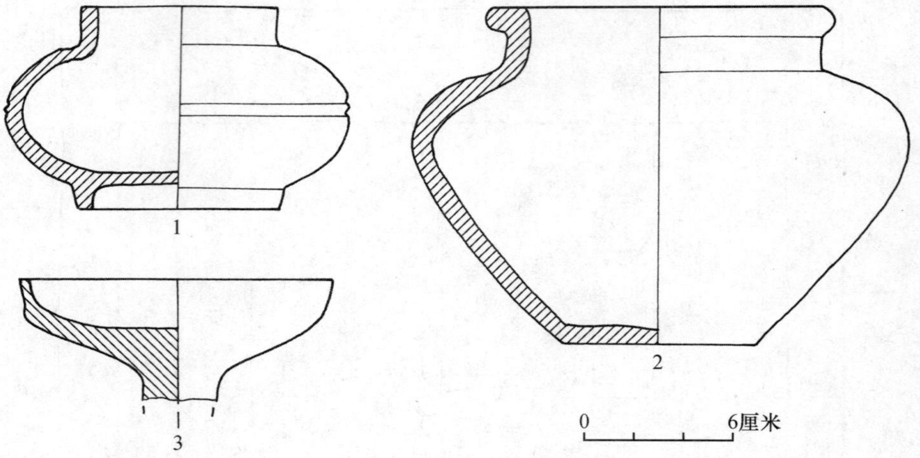

图二一　M12出土陶器

1、2. 罐（M12：1、M12：3）　3. 豆（M12：2）

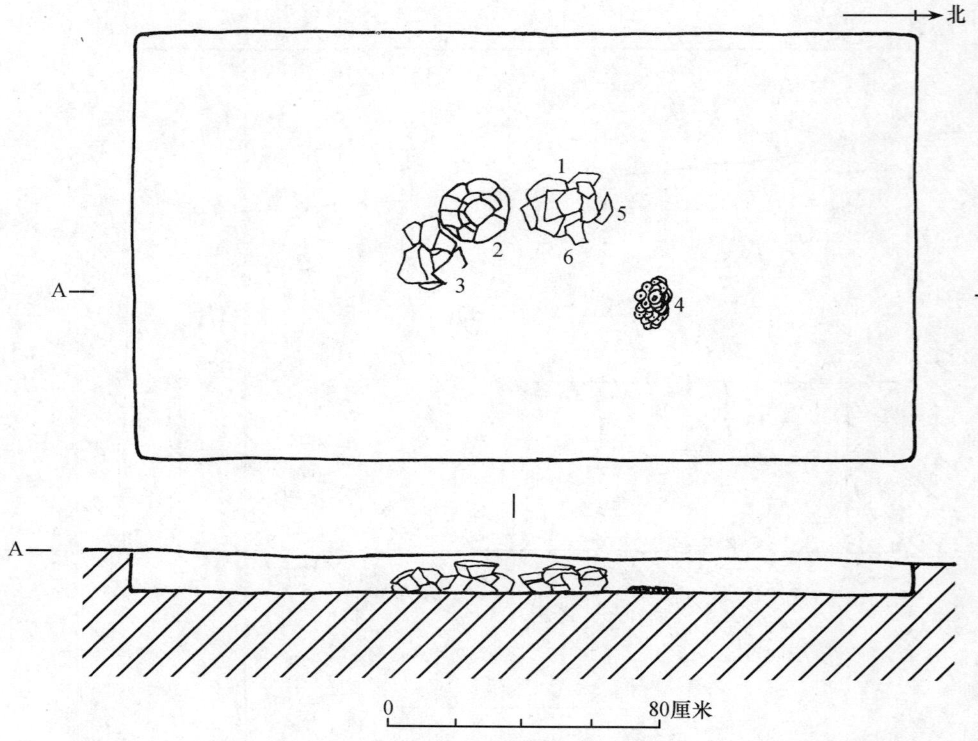

图二二　M16平、剖面图

1. 陶鼎　2、3. 陶罐　4. 铜钱币　5.铜洗　6. 陶盆

（2）随葬品

该墓仅出土了四件陶器和少量钱币，唯一一件铜器只存部分残片，无法修复。

1）陶器

罐　2件。依腹部的不同分二型。

A型　1件。曲腹。M16：2，泥质灰陶。侈口，尖唇，斜直颈，平底。下腹部饰绳纹。轮制。口径13.5、最大腹径20、底径14、高15.2厘米（图二三，1）。

B型　1件。折腹。M16：3，泥质灰陶。口部残。束颈，平底内凹。颈肩交接处凹陷。轮制。最大腹径22、底径13.2、残高14.2厘米（图二三，2）。

盆　1件。M16：6，泥质灰陶。敞口，折平沿，尖圆唇，折腹，平底。腹饰三道瓦棱纹。轮制。口径18、底径5.2、高7.4厘米（图二三，4）。

鼎　1件。M16：1，泥质灰陶。子母口，圆唇，弧腹，圜底，三兽蹄足。两附耳，弧顶盖，顶饰三实纽。盖纽，附耳，足分别手制后与器身拼合。器身轮制。口径15.8、通高19.6厘米（图二三，3）。

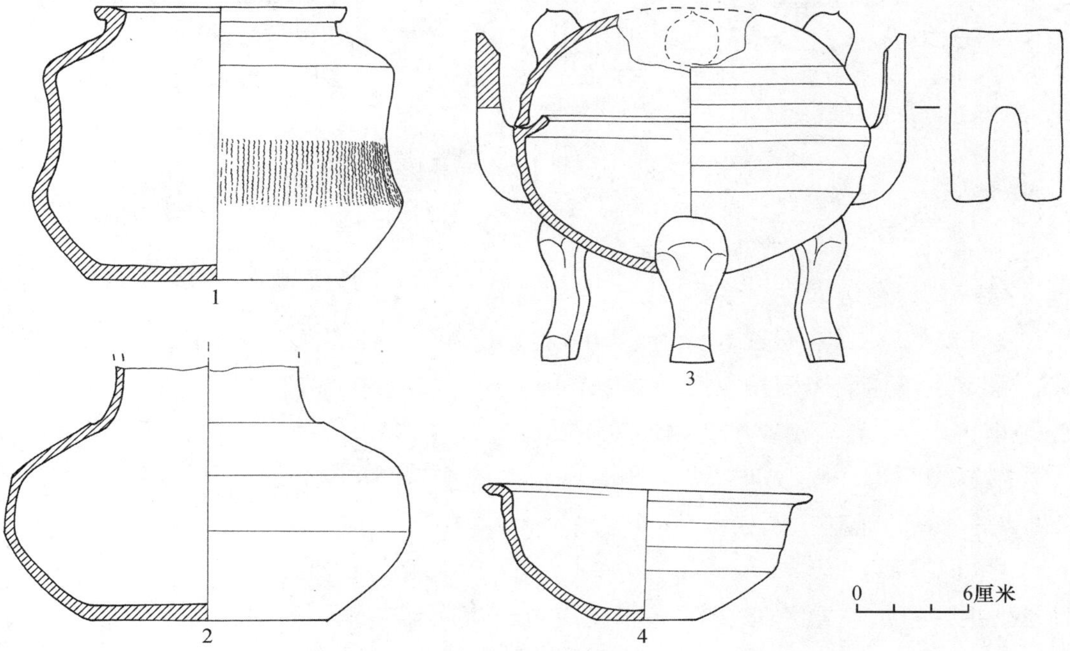

图二三　M16出土陶器

1、2. 罐（M16：2、M16：3）　3. 鼎（M16：1）　4. 盆（M16：6）

2）铜钱币

均为五铢，10枚。M16：4a，铸工较细。“五”字交股缓曲，“朱”字上方下圆，内外郭宽窄均匀，规矩整齐。钱径2.5～2.6、穿宽1.1～1.2厘米（图二四，1）。M16：4b，铸工较细。“五”字交股弯曲大，上下两横出头接于内、外郭，“朱”字上方下圆，“铢”字“金”头呈等腰三角形。钱径2.5～2.6、穿宽1.1～1.2厘米（图二四，2）。

（二）砖室墓

1. M1

（1）墓葬形制

位于营盘包墓群东北部，T10南部。平面呈“凸”字形砖室墓，方向60°。券顶已毁。墓圹

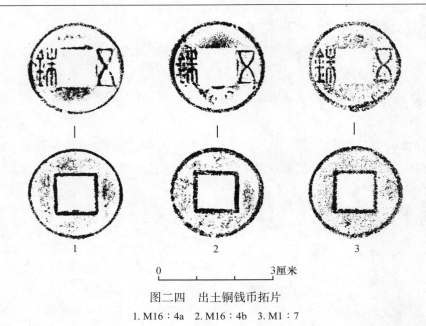

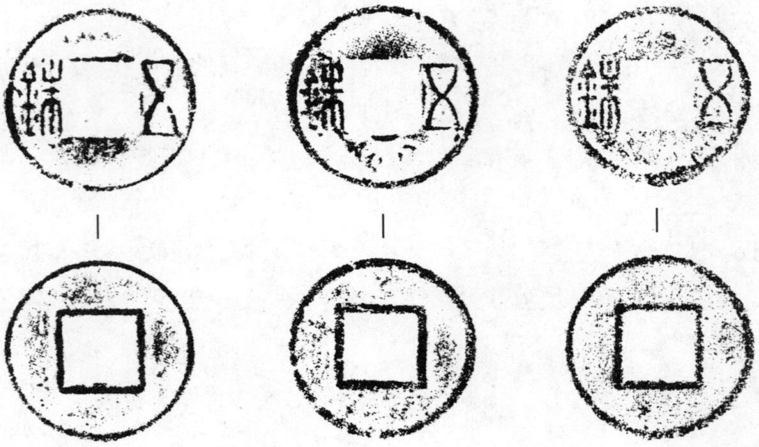

1　　2　　3

0　　3厘米

图二四　出土铜钱币拓片

1. M16：4a　2. M16：4b　3. M1：7

长7.6米，宽3.5米，墓道无存。墓葬填土为黄褐色花土。

甬道被一现代坑打破，长2.6米，残宽0.6米，残高0.15～0.7米。墓室长4.72米，宽3米，残高1.2米。墓室及甬道墙体用长方形砖错缝平砌，砖长39～40厘米，宽18～20厘米，厚7～8厘米，侧面压印菱形纹与车轮纹组合纹饰（图二五，1）。券顶砖为子母扣楔形砖，砖长36～40厘米，宽18～20厘米，厚7～9厘米，侧面压印菱形纹与“富贵”纹（图二五，2）。无铺地砖。未见人骨、棺木痕迹（图二六）。

（2）随葬品

随葬品主要置放在墓室东、西部。按质地分有陶器、铜器，以陶器为主，少量铜器和铜钱币。

1）陶器

陶器共计15件。主要有罐、钵、盘、盆、盂、仓、灯、灶等。均轮制。

陶器以泥质陶为主。陶器多红陶和灰陶，部分施酱绿釉。纹饰主要有弦纹等。

罐　4件。根据口部的不同分三型。

A型　2件。敞口。M1：1，泥质红陶。方唇，束颈，折腹，平底。口径8、最大腹径8.8、底径4.8、高5.6厘米（图二七，1）。M1：5，泥质红陶。方唇，束颈，折腹，平底。口径7.8、最大腹径10、底径4.8、高6.2厘米（图二七，2）。

B型　1件。侈口。M1：18，泥质红陶。尖圆唇，束颈，折腹，平底。口径7.2、最大腹径10.4、底径5、高5.2厘米（图二七，3）。

C型　1件。敛口。M1：3，泥质红陶。方唇，折腹，平底。口径7、最大腹径9.4、底径4.2、高5.2厘米（图二七，4）。

盂　1件。M1：19，泥质红陶。侈口，圆唇，束颈，折腹，平底。口径8.6、腹径8.6、底径5、高4.4厘米（图二七，5）。

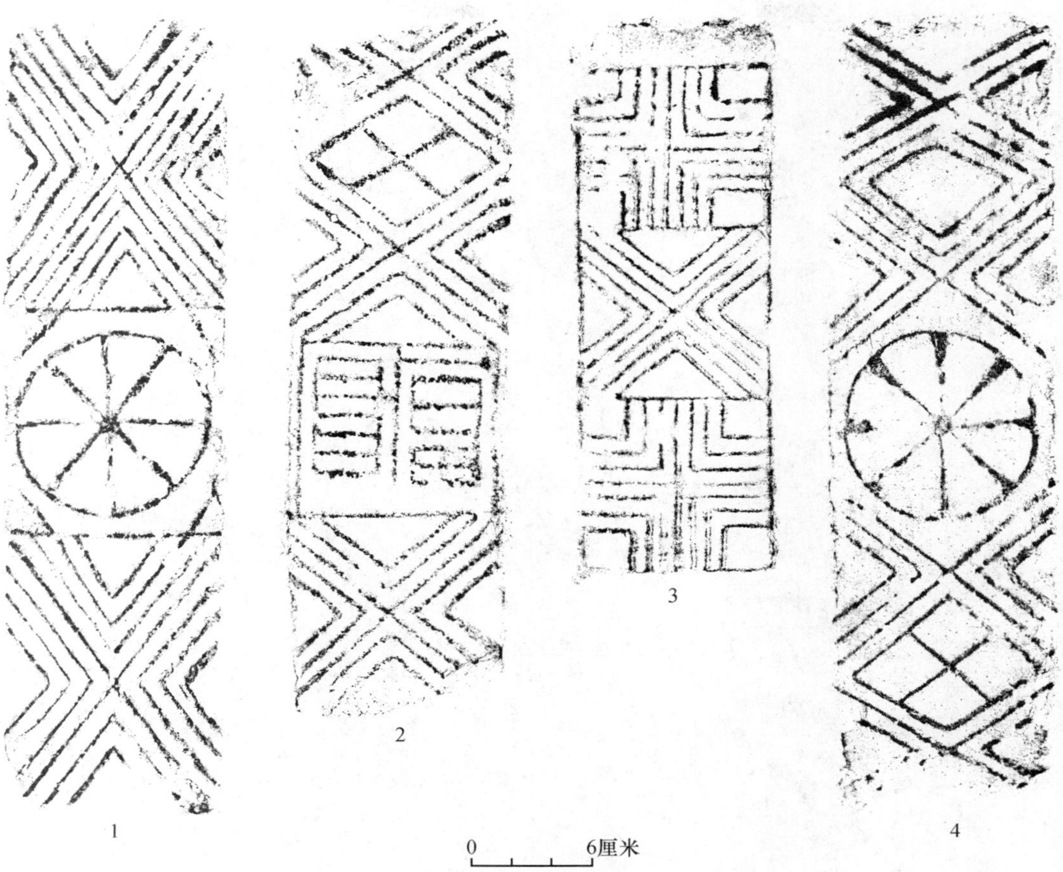

图二五 墓砖拓片
1、2. M1 3. M6 4. M7

盘 1件。M1：6，泥质红陶。敞口，平折沿，圆唇，弧腹，下腹内收，平底。口径11.2、底径4.8、高3.2厘米（图二七，6）。

钵 3件。根据口部的不同可分二型。

A型 1件。敞口。M1：8，泥质灰陶。圆唇，弧腹，平底。口径18、底径6.6、高7厘米（图二七，7）。

B型 2件。敛口。M1：4，泥质红陶。尖圆唇，弧腹，平底。腹饰一道凹弦纹。口径9、底径4.8、高4.2厘米（图二七，8）。M1：22，泥质红陶。尖圆唇，弧腹，平底。腹饰一道凹弦纹。口径8.6 、底径5、高4厘米（图二七，9）。

盆 2件。根据腹部的不同分二型。

A型 1件。弧腹。M1：16，底残，泥质灰陶。敛口，尖唇，平沿。腹饰三道凹弦纹。口径33、残高20厘米（图二八，1）。

B型 1件。斜直腹。M1：9，泥质灰陶施绿釉。敛口，尖唇，平底内凹。腹饰一道凹弦纹。口径17.6、底径12、高6.8厘米（图二八，2）。

仓 1件。M1：17，底残，泥质灰陶。敛口，圆唇，折肩，微鼓腹。腹部饰一道凹弦纹。口径8.4、残高5.8厘米（图二八，3）。

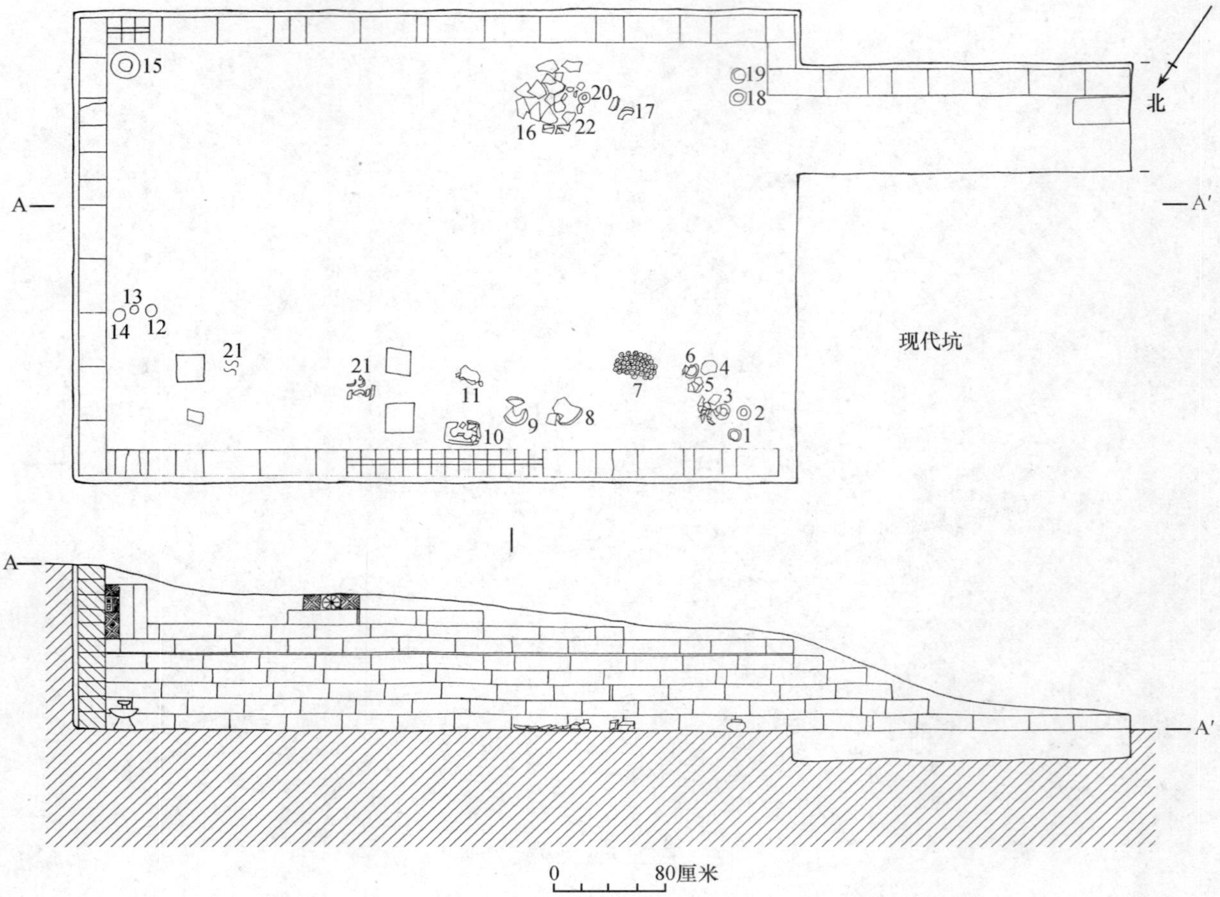

图二六　M1平、剖面图

1～3、5、18. 陶罐　4、8、22. 陶钵　6. 陶盘　7. 铜钱币　9、16. 陶盆　10. 陶灶　11. 陶狗残片　12～14. 铜泡钉　15、20. 陶灯　17. 陶仓　19. 陶盂　21. 铁棺钉

灯　2件。根据底部的不同分二型。

A型　1件。喇叭形座。M1：20，泥质红陶。折腹盘，敞口，方唇，矮柄。口径7.8、底径6、通高5厘米（图二八，5）。

B型　1件。高圈足座。M1：15，泥质黑陶。折腹盘，敞口，方唇，高柄。中部有一托盘，侈口、宽沿、弧腹。托盘外饰一道凹弦纹，圈足外饰二道凹弦纹。口径11、底径9、通高17.4厘米（图二八，6）。

灶　1件。M1：10，泥质灰陶。平面呈长方形，二个灶眼，一个灶门，二个烟道。手制。长22.4、宽10.8、高11.2厘米（图二八，4）。

2）铜器

共3件。

泡钉　3件。均为伞状，内中有一锥形钉。M1：12，直径5.8厘米（图二八，7）。M1：13，直径4.2厘米（图二八，8）。M1：14，直径6厘米（图二八，9）。

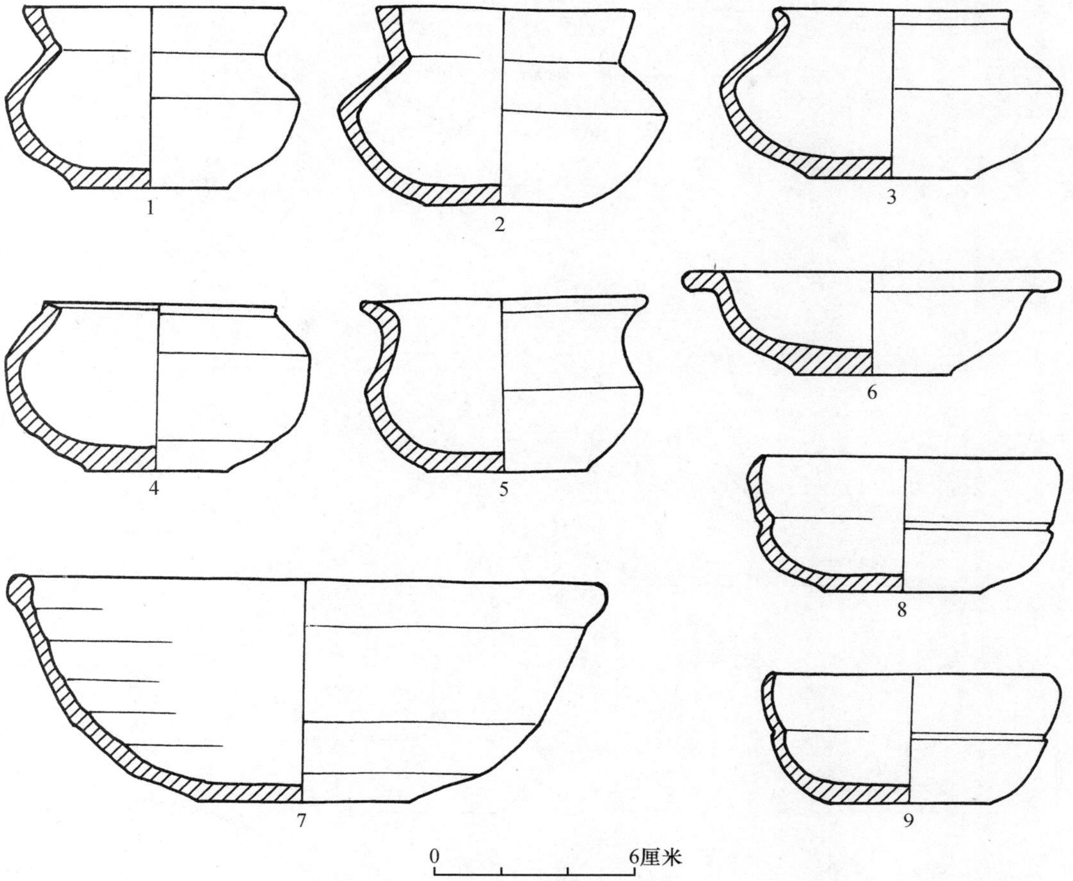

图二七　M1出土陶器

1～4. 罐（M1：1、M1：5、M1：18、M1：3）　5. 盂（M1：19）　6. 盘（M1：6）　7～9. 钵（M1：8、M1：4、M1：22）

3）铜钱币

共200枚。均为五铢。M1：7，铸工较细，“五”字交股弯曲大，上下两横出头接于内、外郭，“朱”字上方下圆，“铢”字“金”头呈等腰三角形。钱径2.5～2.6、穿宽1.1～1.2厘米（图二四，3）。

2. M2

（1）墓葬形制

位于营盘包墓群中部，T5北部。平面呈“刀”字形，方向358°。券顶已毁。墓圹长6.8米，宽3.02米。墓道残长0.78米，宽1.16米，坡度约40°，距墓底残深1.25米。墓葬填土为黄褐色花土。

甬道呈长方形，长2.4米，宽1.32米，残高0.7米。墓室长3.3米，宽2.56米，残高1米（图二九）。墓室及甬道墙体用长方形砖错缝平砌，砖长39～40厘米，宽18～20厘米，厚7～8厘米。侧面压印菱形纹与网格纹组合纹饰（图三〇，1）。无铺地砖。未见人骨、棺木痕迹。

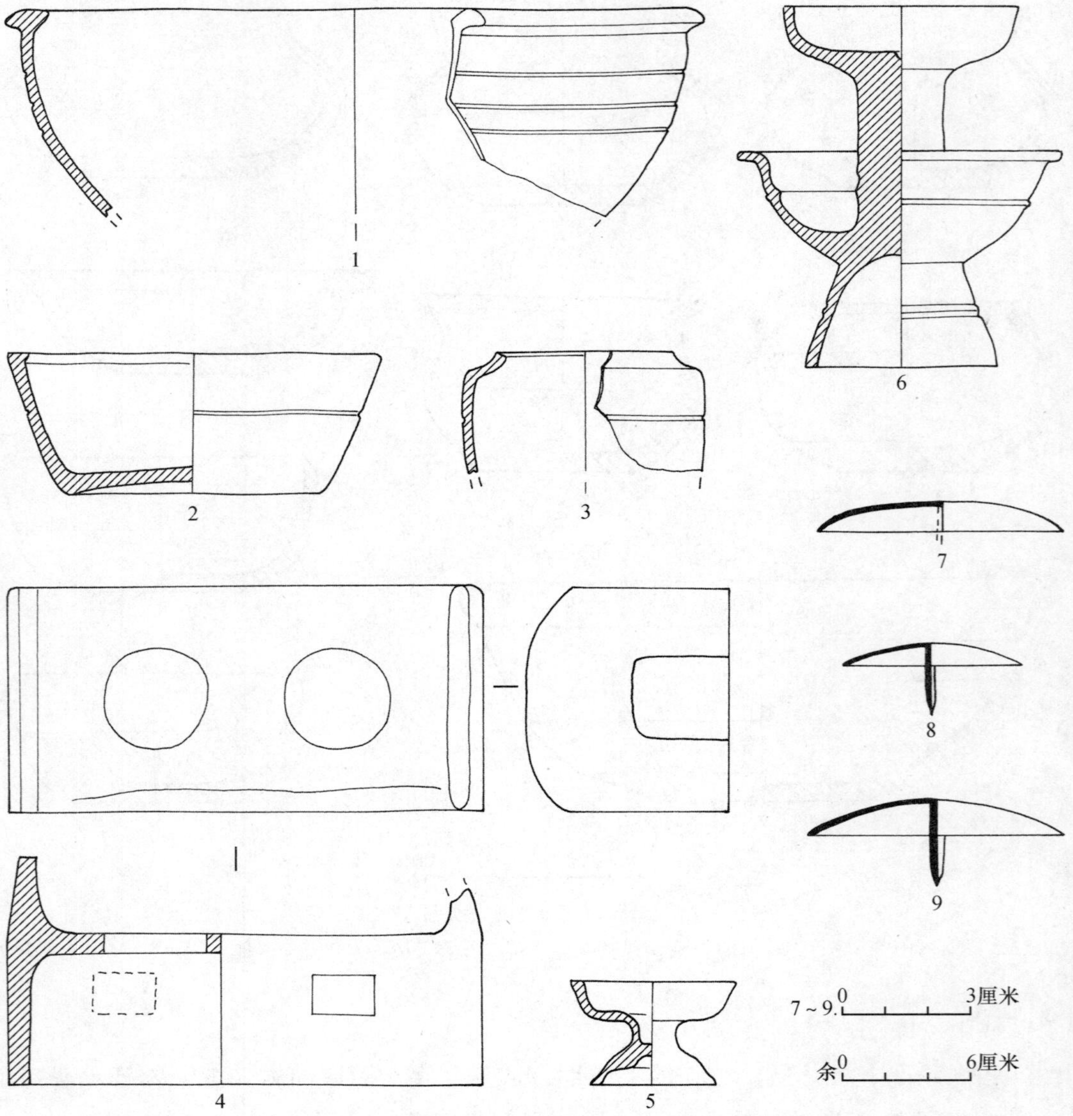

图二八　M1出土陶、铜器

1、2. 陶盆（M1：16、M1：9）　3. 陶仓（M1：17）　4. 陶灶（M1：10）　5、6. 陶灯（M1：20、M1：15）
7～9. 铜泡钉（M1：12、M1：13、M1：14）

（2）随葬品

随葬品主要置放在墓室南部和甬道内。按质地分有陶器、铜器，以陶器为主，少量铜器和铜钱币。

1）陶器

陶器共计24件。主要有罐、鼎、钵、盘、盂、魁、仓、锺、博山炉、卮、器盖等。均轮制。陶器以泥质陶为主。陶器多红陶和灰陶，部分施酱黄釉。纹饰主要有绳纹、弦纹、压印纹等。

罐　2件。M2：6，泥质灰陶。直口，平沿，圆唇，束颈，扁腹，圜底。肩上部饰一周网格纹，肩下部至底饰四道弦断绳纹。口径13.2、最大腹径32、高21厘米（图三一，1）。M2：

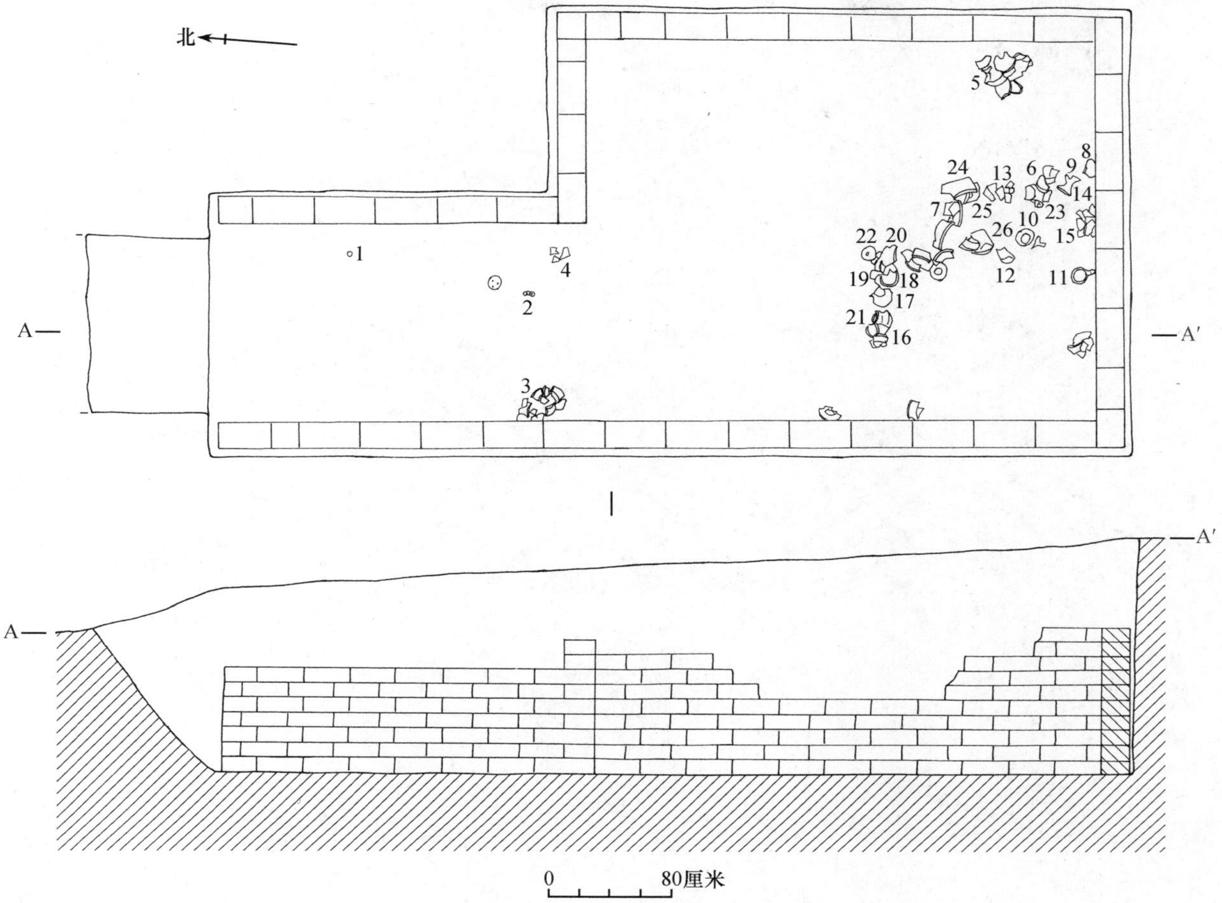

图二九　M2平、剖面图

1. 铜泡钉　2. 铜钱　3、5. 陶锺　4、20. 陶卮　6、15. 陶罐　7. 陶盆　8、17. 陶盂　9. 陶博山炉　10、11、16. 陶魁　12、13、24. 陶仓　14. 陶盘　18、19、25、26. 陶钵　21. 陶鼎　22. 陶器盖　23.陶壶

15，泥质灰陶。直口，平沿，圆唇，束颈，扁腹，圜底。肩下部至底饰四道弦断绳纹。口径13、最大腹径34、高21.4厘米（图三一，2）。

鼎　1件。M2：21，泥质红陶。盘口，方唇，束颈，鼓腹，圜底，三蹄足。沿、腹饰三道凹弦纹。口径15.8、通高13.4厘米（图三一，3）。

锺　2件。M2：5，泥质红陶，施酱黄釉。盘口，方唇，短粗颈，鼓腹，矮圈足。子母口弧顶盖。顶饰三个乳钉。肩部饰二道凹弦纹和一对铺首，沿、颈部各饰一道凹弦纹。口径17、腹径28.4、底径19.4、通高35厘米（图三一，4）。M2：3，口部残，泥质红陶，施酱黄釉。鼓腹，短粗颈，矮圈足。肩部饰二道凹弦纹和一对铺首，颈部饰一道凹弦纹。腹径28、底径19.2、残高31厘米（图三一，5）。

壶　1件。M2：23，泥质灰陶。盘口，方唇，短粗颈，扁腹，平底。肩部饰二道凹弦纹。口径12.4、腹径19.4、底径11.4、高18.2厘米（图三一，6）。

盂　2件。M2：8，泥质红陶，施酱黄釉。侈口，圆唇，束颈，扁腹，圜底。腹部饰三道凹弦纹和一个实耳。口径12.4、腹径14.2、高8.4厘米（图三一，7）。M2：17，泥质红陶，施

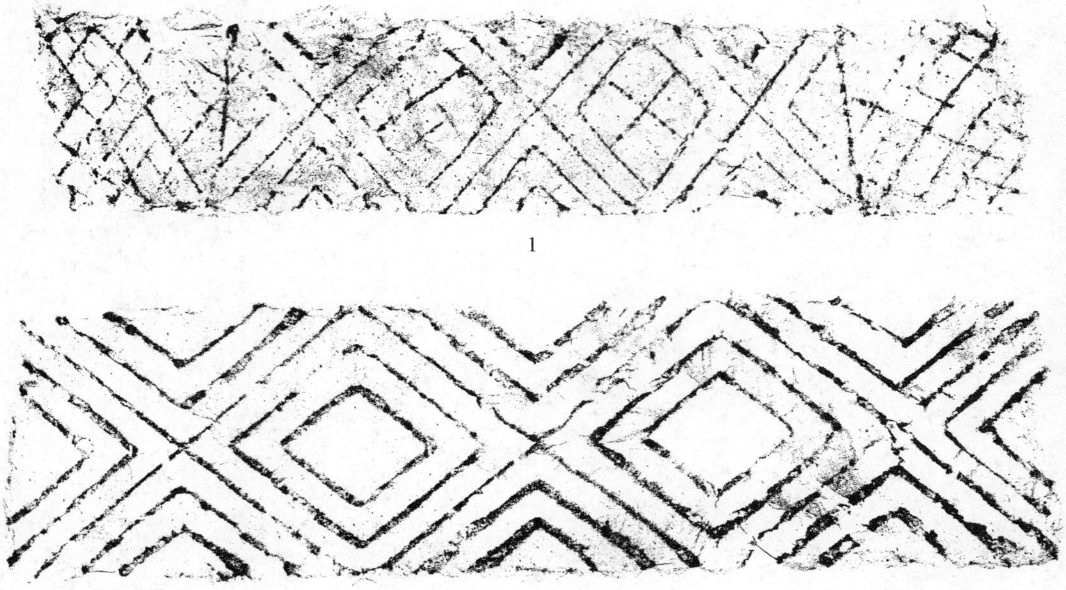

1

2

0　3厘米

图三〇　墓砖拓片

1. M2　2. M5

酱黄釉。侈口，圆唇，束颈，扁腹，圜底。腹部饰二道凹弦纹和一个实耳。口径13.6、腹径14.6、高8.6厘米（图三一，8）。

盘　1件。M2：14，泥质红陶，施酱黄釉。敞口，平折沿，圆唇，折腹，下腹斜收，平底。腹饰二道凹弦纹。口径19.6、底径7.6、高4.5厘米（图三二，7）。

钵　4件。根据腹部的不同可分二型。

A型　2件。折腹。M2：25，泥质灰陶。敞口，尖圆唇，平底。口径18、底径7、高7厘米（图三二，1）。M2：26，泥质灰陶。敞口，尖圆唇，平底。口径17、底径6、高7厘米（图三二，2）。

B型　2件。弧腹。M2：18，泥质灰陶。敞口，尖圆唇，平底。口径12.2 、底径5.4、高4.4厘米（图三二，3）。M2：19，泥质灰陶，敞口，尖圆唇，平底。口径13.4、底径5.6、高4.8厘米（图三二，4）。

魁　3件。依底部的不同分二型。

A型　2件。圈足底。M2：10，泥质红陶，施酱黄釉。直口，圆唇，弧腹。腹饰一道凹弦纹。圆柱柄，端尖曲。口径20、底径11.2、高8厘米（图三二，8）。M2：16，泥质红陶施酱黄釉。直口，方唇，弧腹。腹饰一道凹弦纹。圆柱柄，端尖曲。口径19.4、底径10.6、高8厘米（图三二，9）。

B型　1件。平底。M2：11，泥质红陶，施酱黄釉。直口，方唇，弧腹。腹饰二道凹弦纹。龙头柄。口径17、底径8、高6.2厘米（图三二，10）。

卮　2件。M2：4，泥质红陶，施酱黄釉。敛口，方唇，微鼓腹，平底。上腹部饰二道凹弦纹和一鋬耳。口径9.4、腹径10.5、底径8.4、高7.8厘米（图三二，5）。M2：20，泥质红陶

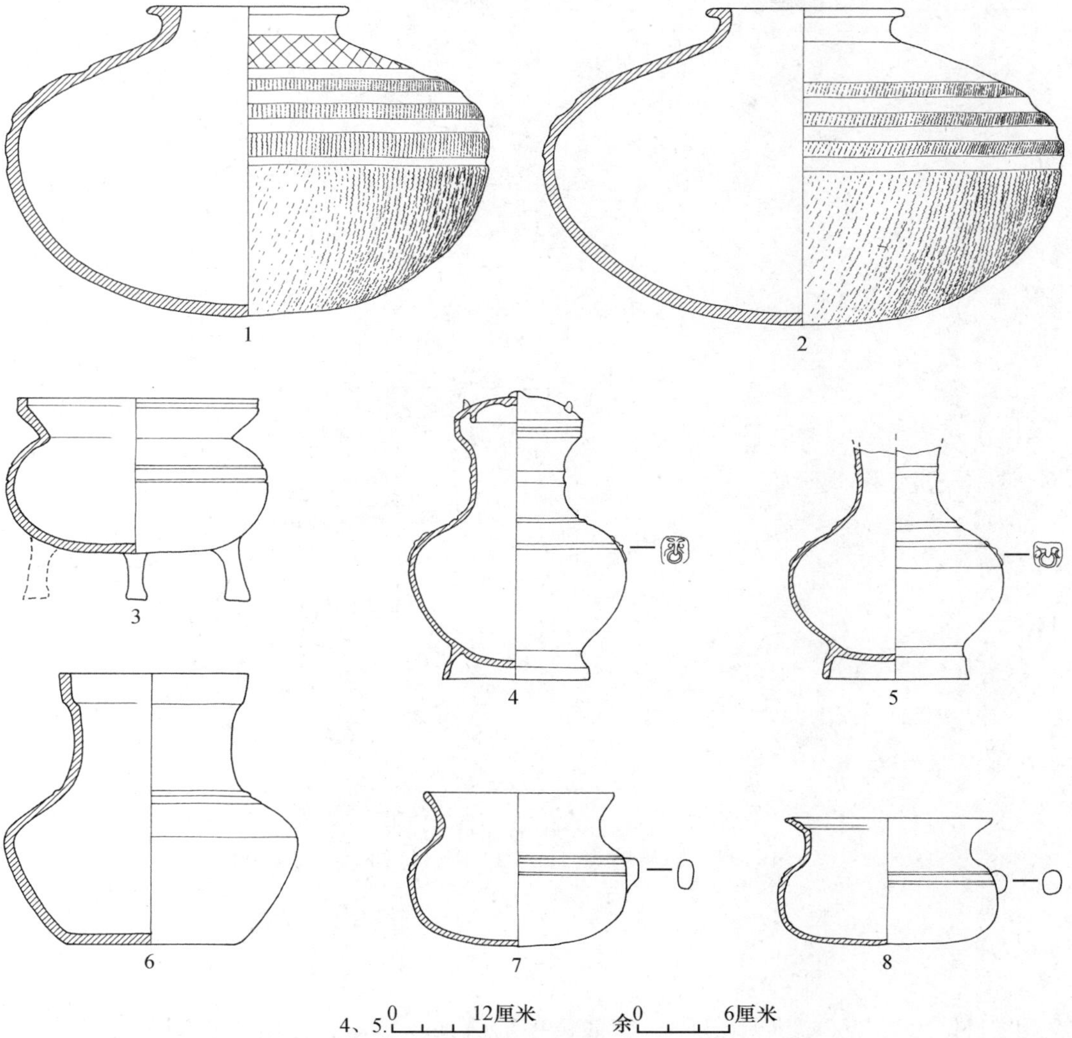

图三一　M2出土陶器（一）

1、2. 罐（M2：6、M2：15）　3. 鼎（M2：21）　4、5. 锺（M2：5、M2：3）　6. 壶（M2：23）　7、8. 盂（M2：8、M2：17）

施酱黄釉。敛口，圆唇，鼓腹，平底。腹部饰一道凹弦纹和一鋬耳。口径11.2、底径9.4、高9.6厘米（图三二，6）。

仓　3件。M2：12，泥质灰陶。敛口，圆唇，折耸肩，鼓腹，大平底。腹部饰一道凹弦纹。口径10、底径10.8、腹径14.4、高17厘米（图三三，1）。M2：13，泥质灰陶。敛口，圆唇，折耸肩，鼓腹，大平底。腹部饰一道凹弦纹。口径10、底径11、腹径14、高17厘米（图三三，2）。M2：24，泥质灰陶。敛口，圆唇，折耸肩，鼓腹，大平底。腹部饰一道凹弦纹。口径9、底径10、腹径13、高14厘米（图三三，3）。

盆　1件。M2：7，残，泥质灰陶。敛口，圆唇，平沿，束颈，鼓腹。口径46、残高16厘米（图三三，6）。

博山炉　1件。M2：9，泥质红陶，施酱黄釉。折腹盘，子母口，圆唇，喇叭形直口座，矮柄，盖呈圆锥状。上饰许多山形突起，顶有一乳纽。口径9.6、底径11.4、通高16.6厘米（图

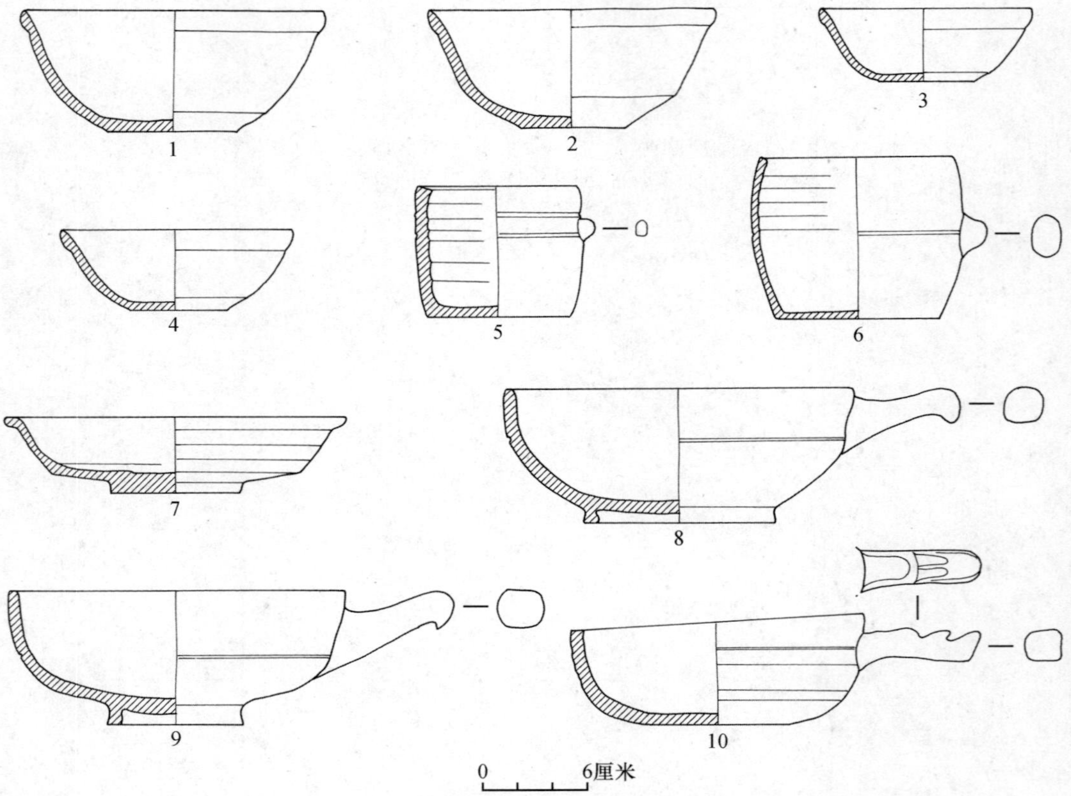

图三二　M2出土陶器（二）

1～4. 钵（M2：25、M2：26、M2：18、M2：19）　5、6. 卮（M2：4、M2：20）　7. 盘（M2：14）　8～10. 魁（M2：10、M2：16、M2：11）

三三，4）。

器盖　1件。M2：22，泥质红陶，施酱黄釉。弧顶，敞口，方唇。顶饰三乳钉，墨绘草叶纹。口径16、高4厘米（图三三，5）。

2）铜器

泡钉　1件。M2：1，为伞状，内中有一锥形钉。直径4.2厘米（图三三，7）。

3）铜钱币

共3枚。均为五铢。M2：2，铸工较细。“五”字交股弯曲大，上下两横出头接于内、外郭，“朱”字上方下圆，“铢”字“金”头呈等腰三角形。钱径2.5～2.6、穿宽1.1～1.2厘米（图三四，1）。

3. M5

（1）墓葬形制

位于营盘包墓群中部。平面呈“刀”字形，方向164°。券顶已毁，仅存部分墓墙。墓圹长6.06米，宽3.44米，墓道残长0.8米，宽1.42米，坡度约15°，距墓底残深0.26米。墓葬填土为黄褐色花土。

甬道呈长方形，长2米，宽1.42米，残高0.3米。墓室长3.02米，宽3米，残高0.66米。墓室

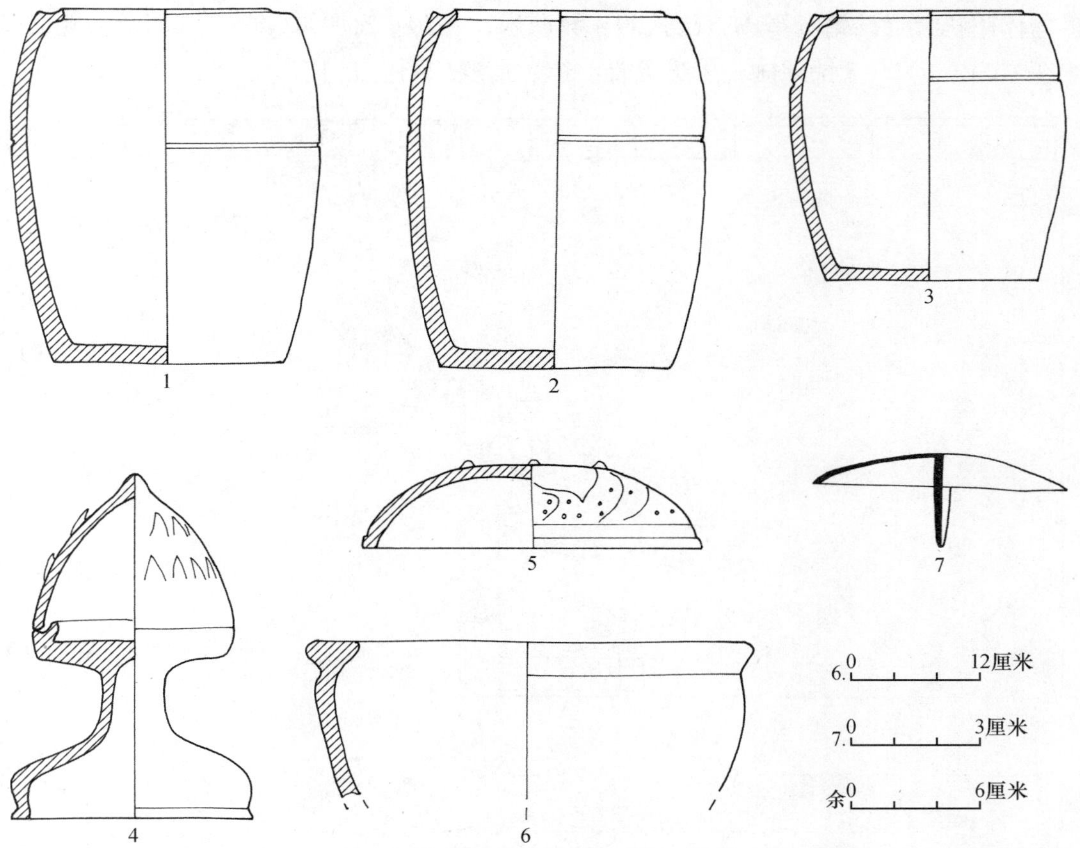

图三三　M2出土陶、铜器

1～3. 陶仓（M2：12、M2：13、M2：24）　4. 陶博山炉（M2：9）　5. 陶器盖（M2：22）　6. 陶盆（M2：7）　7. 铜泡钉（M2：1）

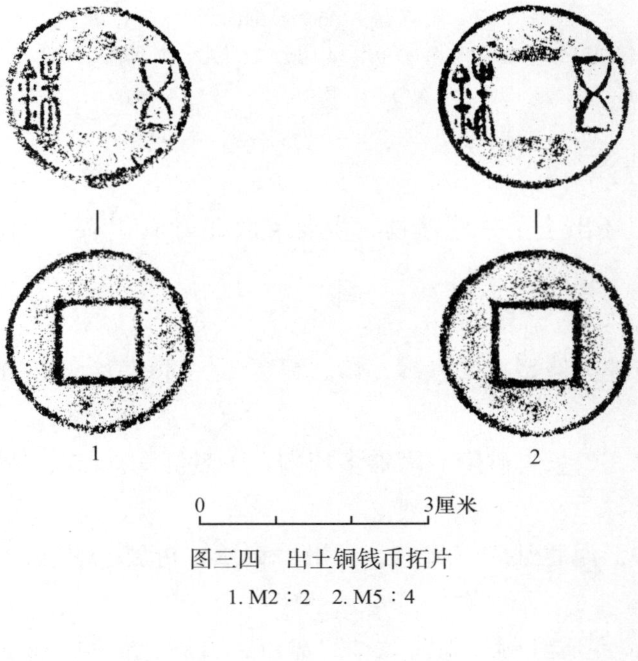

图三四　出土铜钱币拓片

1. M2：2　2. M5：4

及甬道墙体用长方形砖错缝平砌，砖长39～41厘米，宽20～21厘米，厚7～8厘米，侧面压印菱形纹（图三〇，2）。无铺地砖，未见人骨、棺木痕迹（图三五）。

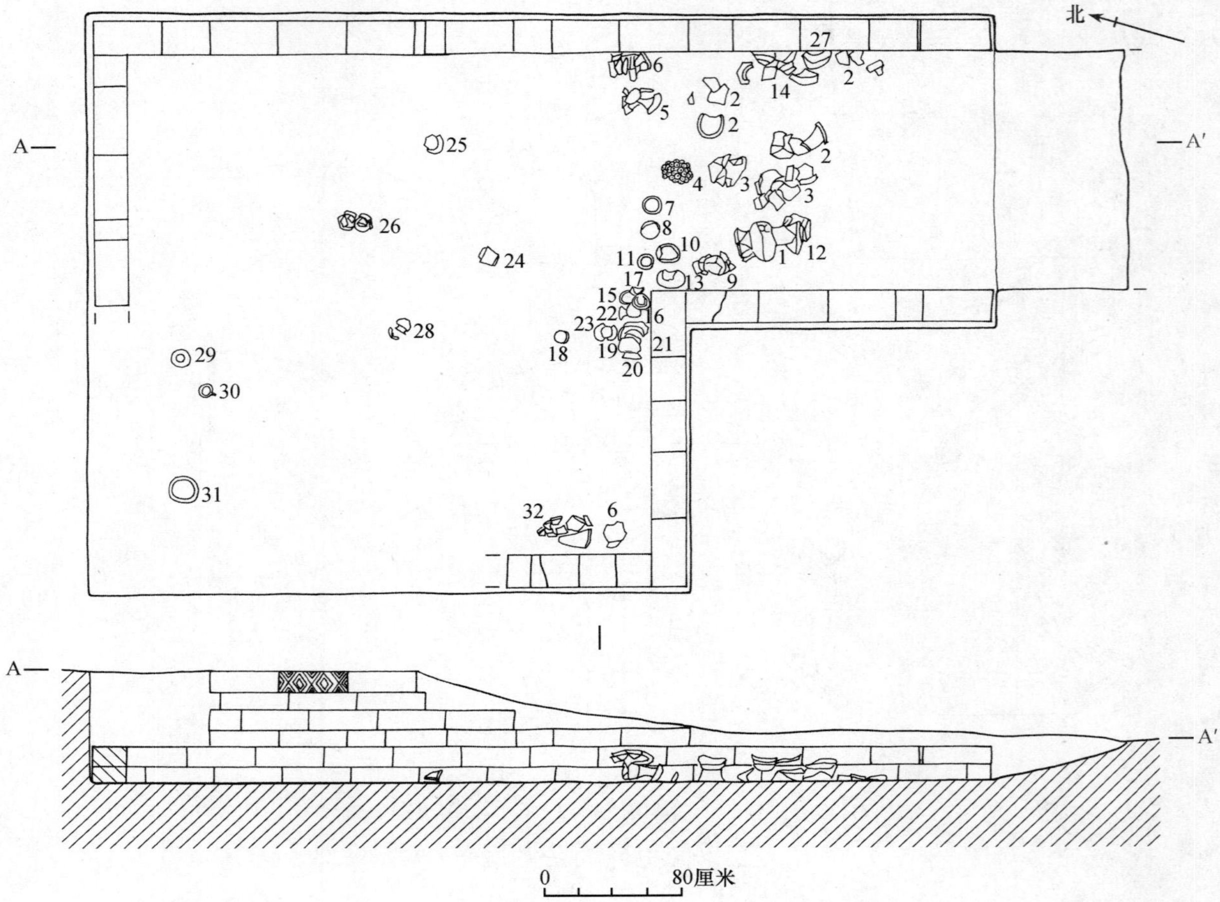

图三五　M5平、剖面图

1～3、31. 陶锺　4. 铜钱币　5、10、23. 陶灯　6、14、15、27. 陶盆　7. 陶甑　8、17、22、32. 陶博山炉盖　9、13、20、21. 陶钵　11、18. 陶卮　12、30. 陶勺　16. 陶博山炉　19、24. 陶仓　25. 陶盘　26、28. 陶盂　29. 陶罐

（2）随葬品

该墓虽遭盗扰，但还出土了一些遗物，主要置放在甬道和墓室南部。以陶器为主，少量铜钱币。

1）陶器

修复的陶器共计27件。器型主要有罐、钵、甑、盂、灯、仓、勺、盆、盘、锺等。除勺外均轮制。

陶器以泥质陶为多，少量夹砂陶。陶器多灰陶，少量红陶。纹饰主要有弦纹、刻划纹、压印纹等。

罐　1件。M5：29，泥质红陶。侈口，卷沿，束颈，折肩，平底。口径6.4、底径5.2、高5.4厘米（图三六，1）。

锺　4件。M5：1，泥质红陶，施酱黄釉。盘口，方唇，长颈，扁鼓腹，高圈足外撇。肩

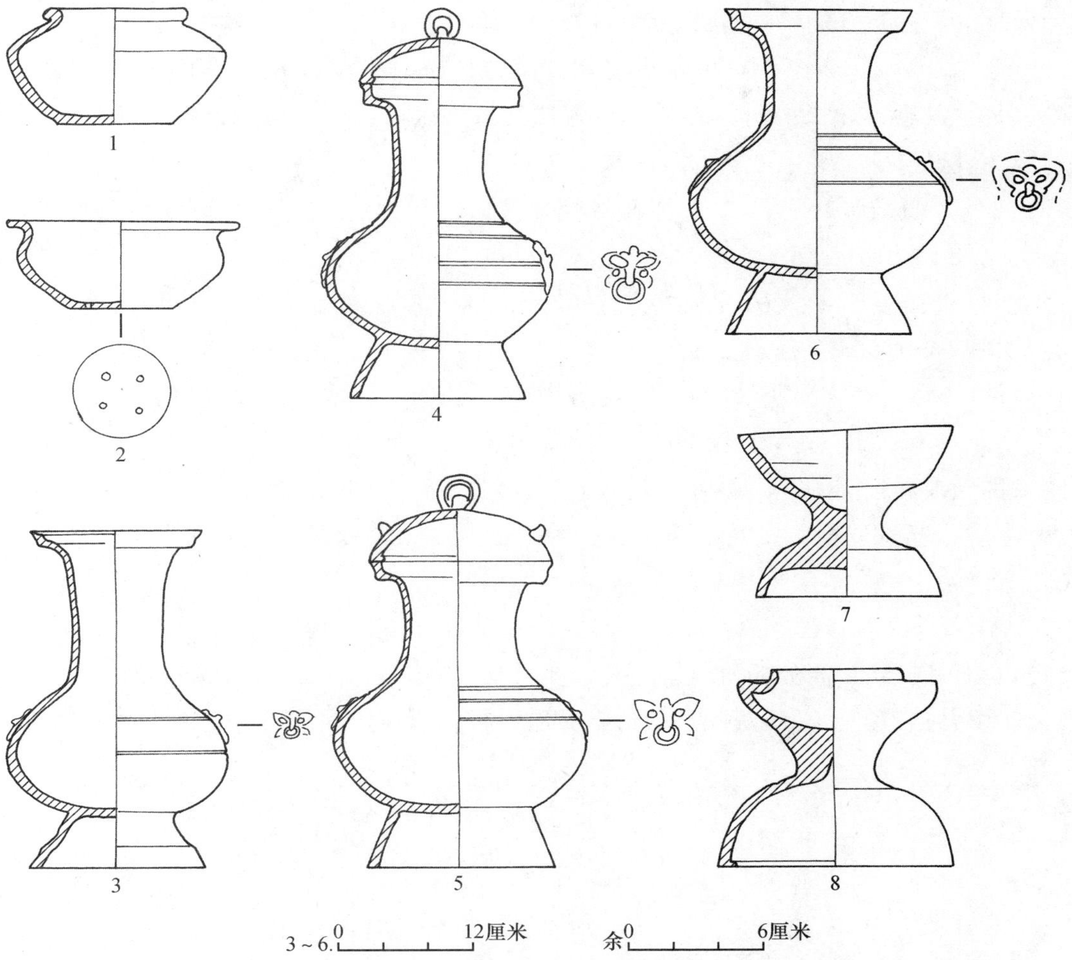

图三六　M5出土陶器（一）

1. 罐（M5：29）　2. 甑（M5：7）　3～6. 锺（M5：3、M5：1、M5：31、M5：2）　7. 灯（M5：10）　8. 博山炉（M5：16）

腹部饰四道凹弦纹和一对铺首。弧顶盖，环纽。口径14.6、腹径19.6、底径15.6、通高35.8厘米（图三六，4）。M5：2，泥质红陶，施酱黄釉。盘口，方唇，长颈，扁鼓腹，高圈足外撇。肩腹部饰三道凹弦纹和一对铺首。口径16.6、腹径22.8、底径16.6、高30厘米（图三六，6）。M5：3，泥质红陶，施绿釉。盘口，方唇，长颈，扁鼓腹，高圈足外撇。肩腹部饰二道凹弦纹和一对铺首。口径15.4、腹径21.2、底径15.6、高27厘米（图三六，3）。M5：31，泥质红陶，施酱黄釉。盘口，方唇，长颈，扁鼓腹，高圈足外撇。肩腹部饰三道凹弦纹和一对铺首。弧顶盖，面饰三个乳钉，环纽。口径16.4、底径16.6、腹径22.4、通高36.4厘米（图三六，5）。

博山炉　1件。M5：16，泥质红陶。矮柄，喇叭形座，子母口盘。盖缺。口径5.8、底径10.6、高9.2厘米（图三六，8）。

灯　1件。M5：10，泥质红陶。弧腹盘，敞口，方唇，喇叭形座，矮柄。口径15 .5、底径11、高10.4厘米（图三六，7）。

甑　1件。M5：7，泥质红陶。侈口、平折沿，方唇，鼓腹，平底，底部有4个箅孔。口径10.5 、底径4.5、高4厘米（图三六，2）。

盆　4件。根据腹部的不同可分三型。

A型　2件。折腹。M5：14，泥质红陶。敞口，平折沿，方唇，平底。口径12.6、底径5.8、高4.2厘米（图三七，7）。M5：15，泥质红陶。敞口，平折沿，方唇，平底。上腹部施一道凸弦纹。口径16.7、底径5.2、高4厘米（图三七，8）。

B型　1件。微鼓腹。M5：27，泥质灰陶。侈口，斜折沿，方唇，平底。口径10.8、底径4.8、高3.2厘米（图三七，6）。

C型　1件。弧腹。M5：6，泥质灰陶。敛口，折平沿，尖圆唇，底残。腹饰四道凹弦纹。口径38、残高14.8厘米（图三七，9）。

盘　1件。M5：25，泥质红陶。敞口，尖圆唇，折腹，平底。口径10、底径5、高1.7厘米（图三七，5）。

钵　2件。根据腹部的不同可分二型。

A型　1件。折腹。M5：20，泥质红陶。敛口，尖圆唇，平底。口径10、底径5.4、高3.8厘米（图三七，3）。

B型　1件。弧腹。M5：13，泥质红陶，施酱黄釉。敛口，圆唇，平底。上腹饰一道凹弦纹。口径12.5、底径6、高5.5厘米（图三七，4）。

仓　2件。M5：24，泥质灰陶。敛口，方唇，折弧肩，上腹较直，下腹弧收，平底。腹部

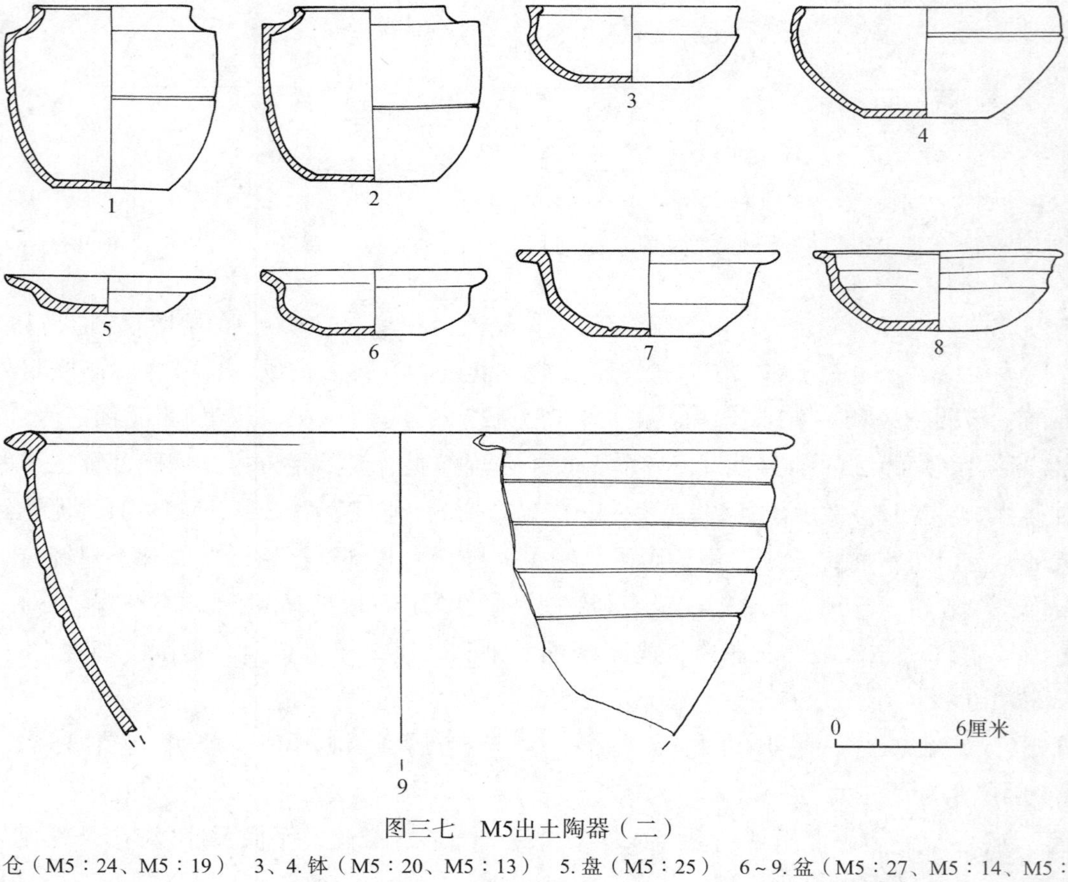

图三七　M5出土陶器（二）

1、2. 仓（M5：24、M5：19）　3、4. 钵（M5：20、M5：13）　5. 盘（M5：25）　6～9. 盆（M5：27、M5：14、M5：15、M5：6）

饰一道凹弦纹。口径7.6、底径5.6、腹径10.2、高9厘米（图三七，1）。M5：19，泥质灰陶。敛口，方唇，耸肩，上腹较直，下腹弧收，平底。腹部饰一道凹弦纹。口径7.4、底径5.8、腹径10.4、高8.6厘米（图三七，2）。

卮　2件。M5：11，泥质红陶。敛口，尖唇，弧腹，平底。腹部饰二道凹弦纹和一鋬耳。口径9.7、底径5.2、高4.95厘米（图三八，1）。M5：18，泥质红陶。敛口，尖唇，斜弧腹，平底。腹部饰一道凹弦纹。口径7.6 、底径5、高5.2厘米（图三八，2）。

盂　2件。根据腹部的不同分二型。

A型　1件。鼓腹。M5：28，泥质红陶。侈口，束颈，圆唇，平底。口径8.2、底径5、高6厘米（图三八，3）。

B型　1件。折腹。M5：26，泥质红陶。敛口，尖圆唇，束颈，平底。口径8.4、底径4.4、高4.8厘米（图三八，4）。

勺　2件。M5：12，泥质红陶。手制。勺身为椭圆形，敛口，尖圆唇，弧腹，平底，柄残。底径4.6、残高3厘米（图三八，5）。M5：30，泥质红陶。手制。勺身为椭圆形，敛口，尖圆唇，弧腹，平底，柄残。底径4.6、残高2.8厘米（图三八，6）。

器盖　4件。根据纽的不同分二型。

A型　2件（博山炉盖）。乳纽。M5：8，泥质红陶。敛口，圆唇。截面近半圆形。面饰刻划三角形网格纹。口径9.4、高5.6厘米（图三八，7）。M5：17，泥质红陶。敛口，圆唇。截面近半圆形。面饰刻划三角形网格纹。口径10.6、高5.6厘米（图三八，8）。

B型　2件（锺盖）。环纽。M5：32，泥质红陶，施绿釉。敛口，尖圆唇，弧顶。口径

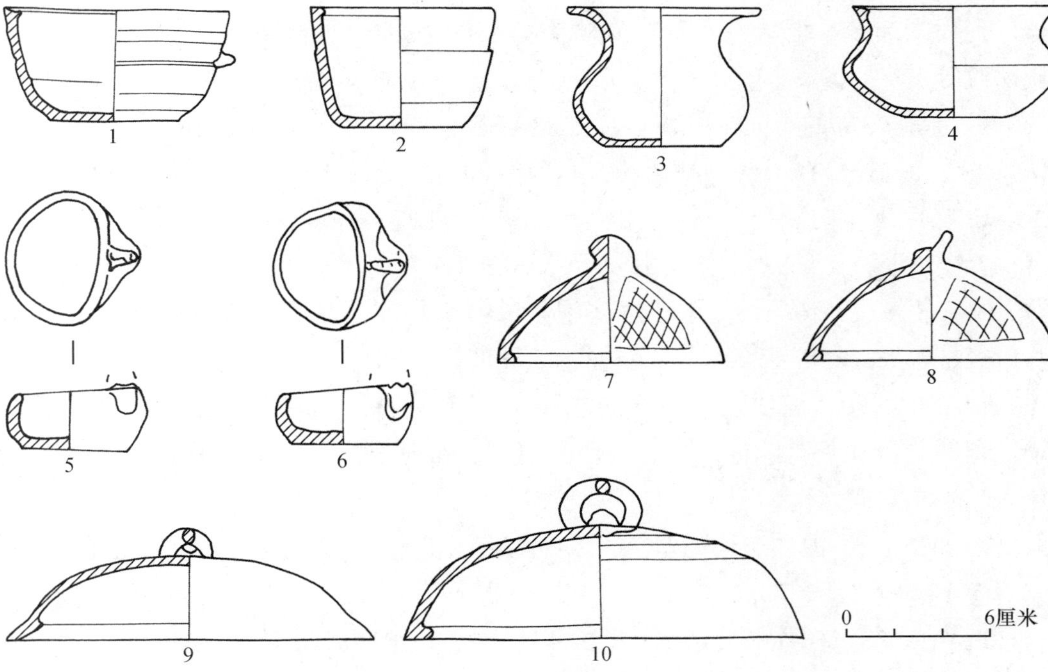

图三八　M5出土陶器（三）

1、2. 卮（M5：11、M5：18）　3、4. 盂（M5：28、M5：26）　5、6. 勺（M5：12、M5：30）　7～10. 器盖（M5：8、M5：17、M5：32、M5：22）

15.4、高4.8厘米（图三八，9）。M5：22，泥质红陶。敛口，圆唇，弧顶。面饰一道瓦棱纹。口径16.8、高8厘米（图三八，10）。

2）铜钱币

共30枚。均为五铢，部分残破严重者未统计。

M5：4，铸工较细。“五”字交股弯曲大，上下两横出头接于内、外郭，“朱”字上方下圆，“铢”字“金”头呈等腰三角形。钱径2.5～2.6、穿宽1.1～1.2厘米（图三四，2）。

4. M6

（1）墓葬形制

位于营盘包墓群西北部，T11北部。平面呈“刀”字形的砖室墓，方向10°。券顶已毁，仅存部分墓墙。墓葬填土为黄褐色花土。墓圹长4.22米，宽2.46米。墓道已毁。

甬道呈长方形，残长1.5米，宽1.46米，残高0.1～0.6米。墓室长2.54米，宽2.04米，残高0.7～1米。墓室及甬道墙体用长方形砖错缝平砌，砖长38～40厘米，宽19～20厘米，厚7～8厘米，侧面压印十字纹饰（图二五，3）。无铺地砖，未见人骨、棺木痕迹（图三九）。

（2）随葬品

该墓虽遭盗扰，但还出土了一些遗物，主要置放在甬道和墓室北部。以陶器为主，并有少量铜器、铁器和铜钱币。

1）陶器

修复的陶器共计16件。器型主要有罐、锺、钵、盂、灯、仓、魁、盆、卮、盒等。均轮制。

陶器以泥质陶为多，少量夹砂陶。陶器多灰陶和红陶，部分施酱釉。纹饰主要有弦纹、刻划纹、压印纹等。

罐　3件。根据口部的不同分二型。

A型　2件。敛口。M6：1，泥质红陶。圆唇，折肩，斜弧腹，平底。口径7.5、底径5.6、腹径10.8、高5.6厘米（图四〇，1）。M6：8，泥质红陶，施酱黄釉。圆唇，折肩，斜弧腹，平底。口径7.5、底径5.6、腹径10.8、高5.6厘米（图四〇，2）。

B型　1件。侈口。M6：15，泥质红陶施酱黄釉。方唇，束颈，鼓腹，平底内凹。沿附一对环耳。口径11、底径5.4、腹径9.4、高5厘米（图四〇，3）。

锺　1件。M6：19，泥质红陶，施酱绿釉。盘口，方唇，长颈，扁鼓腹，高圈足外撇。肩腹部饰三道凹弦纹和一对铺首，颈肩结合部凹陷。弧顶盖，子母口，环纽。口径16.2、底径17.4、腹径22、通高36厘米（图四〇，8）。

灯　1件。M6：2，泥质灰陶。盘残。长柄，托盘呈侈口，方唇，弧腹，高圈足座外撇。底径7.4、残高15.6厘米（图四〇，7）。

盒　1件。M6：3，泥质灰陶。残。微敛口，平沿，弧腹，矮圈足。上腹饰一道凹弦纹。口径16.6、底径7、残高7.4厘米（图四〇，5）。

盆　1件。M6：13，泥质红陶，施酱黄釉。敞口，平折沿，尖圆唇，折腹，平底。口径

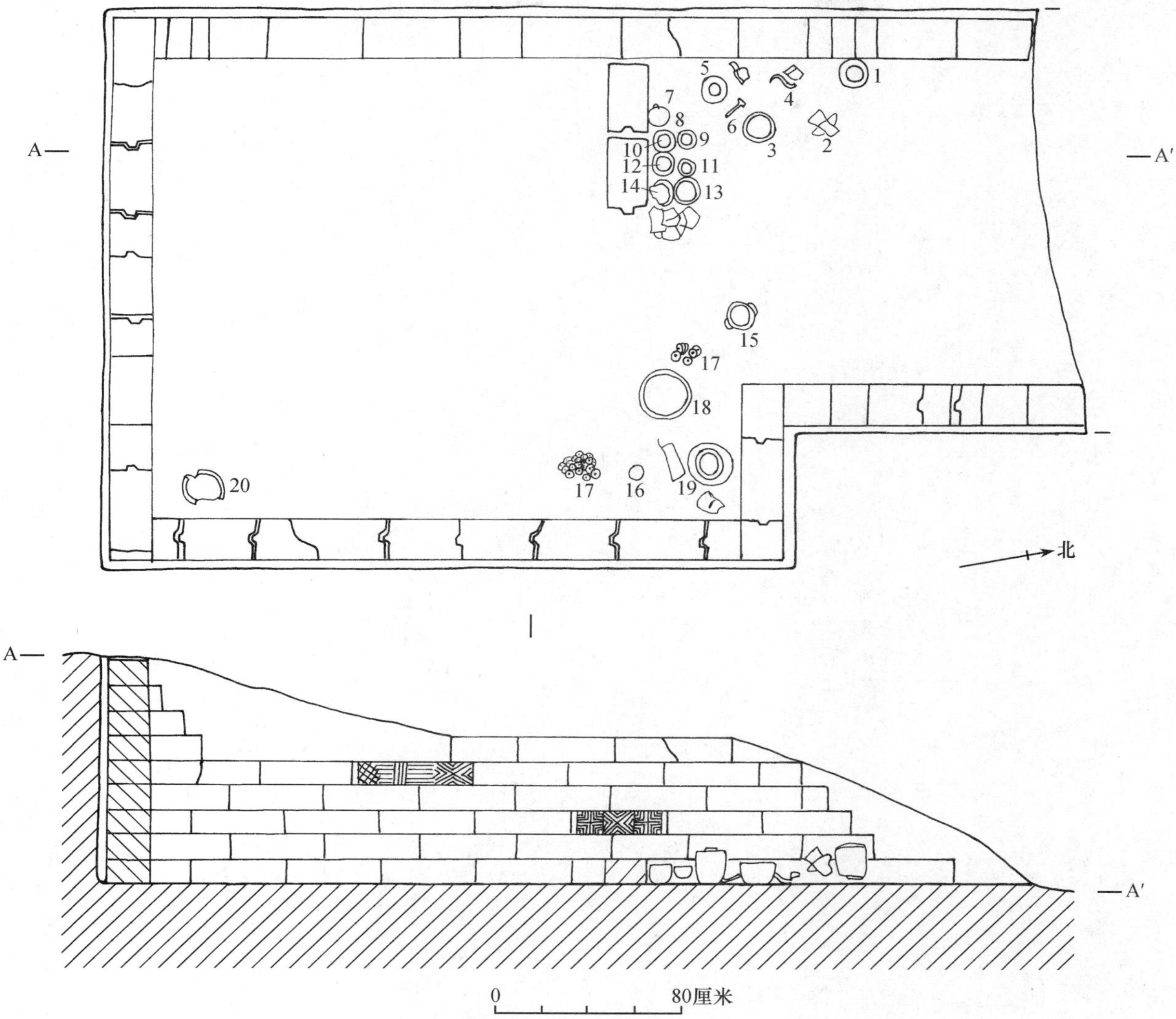

图三九　M6平、剖面图

1、8、15. 陶罐　2. 陶灯　3. 陶盒　4、6. 铁挂钩　5、10. 陶仓　7. 陶魁　9. 陶盂　11. 陶卮　12. 陶盘　13. 陶盆　14、20. 陶器盖　16. 铜泡钉　17. 铜钱币　18. 陶钵　19. 陶锺

12、底径5、高4.6厘米（图四○，6）。

盘　1件。M6：12，泥质红陶，施酱黄釉。敞口，尖圆唇，折腹，平底。口径12.2、底径5、高3.5厘米（图四○，4）。

钵　1件。M6：18，泥质灰陶。敛口，尖圆唇，弧腹，平底。腹刻“先山”二字。口径17.6、底径5、高7厘米（图四一，7）。

仓　2件。M6：5，泥质灰陶。敛口，尖唇，折弧肩，上腹较直，下腹弧收，平底。腹部饰四道瓦棱纹。口径8、底径5、腹径11.2、高9.4厘米（图四一，4）。M6：10，泥质灰陶，敛口，尖唇，折弧肩，上腹较直，下腹弧收，平底。腹部饰五道瓦棱纹。口径7.2、底径5、腹径10.4、高9.6厘米（图四一，5）。

卮　1件。M6：11，泥质红陶。敛口，方唇，直腹，平底。腹部饰二道凹弦纹和一錾耳。

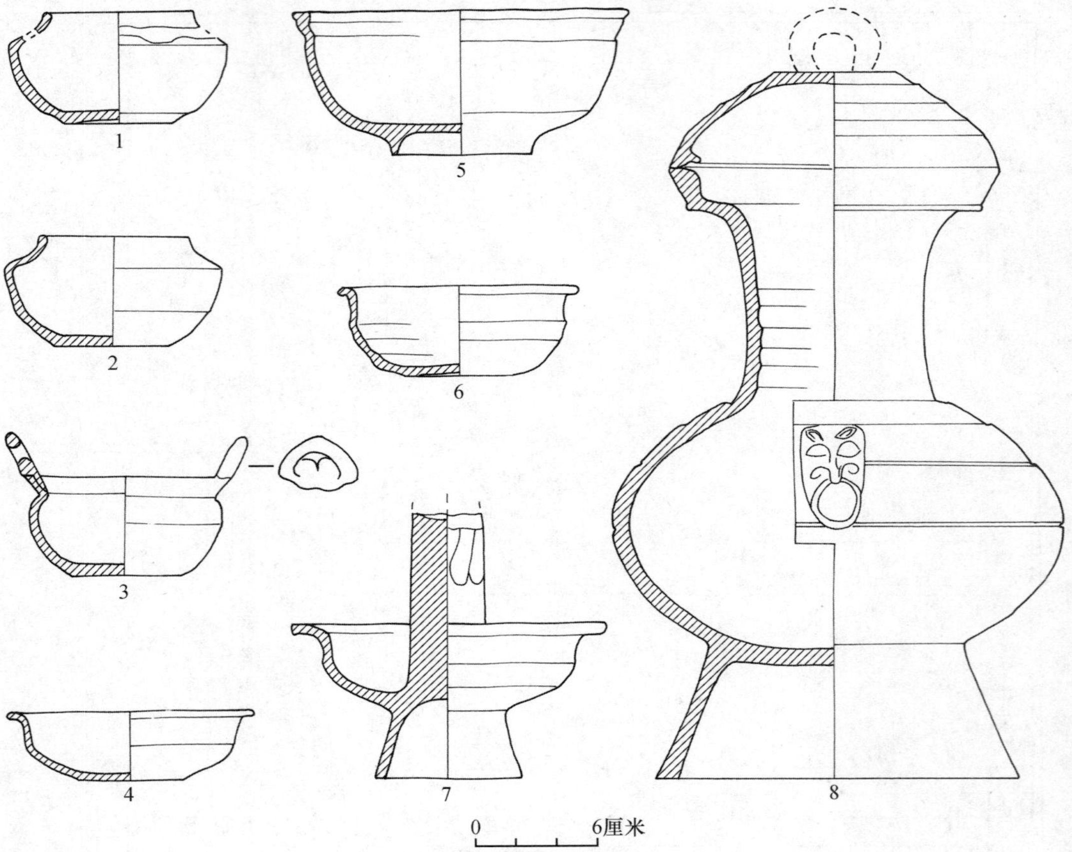

图四〇　M6出土陶器（一）

1～3. 罐（M6：1、M6：8、M6：15）　4. 盘（M6：12）　5. 盒（M6：3）　6. 盆（M6：13）　7. 灯（M6：2）　8. 锺（M6：19）

口径7.6 、底径3.8、高5.3厘米（图四一，3）。

盂　1件。M6：9，泥质红陶，施酱黄釉。侈口，束颈，圆唇，折腹，平底。口径8、底径4.5、高5.4厘米（图四一，2）。

魁　1件。M6：7，泥质红陶。敛口，尖圆唇，弧腹，平底，鸟形柄。口径10.4、底径5、高4.4厘米（图四一，1）。

器盖　2件。根据纽的不同分二型。

A型　1件（博山炉盖）。乳纽。M6：14，泥质红陶。敞口，方唇，截面近半圆形。面饰三组刻划三角形网格纹。口径4.8、高4.4厘米（图四一，6）。

B型　1件（锺盖）。环纽。M6：20，泥质红陶，施酱黄釉。敛口，尖圆唇，弧顶。顶饰一道瓦棱纹。口径17.2、高8.6厘米（图四一，8）。

2）铜器

泡钉　1件。M6：16，伞状，内中有一锥形钉。直径4厘米（图四二，2）。

3）铁器

挂钩　4件。M6：4，长条形扁铁做成“∫”形。长13、宽2、厚0.3厘米（图四二，1）。

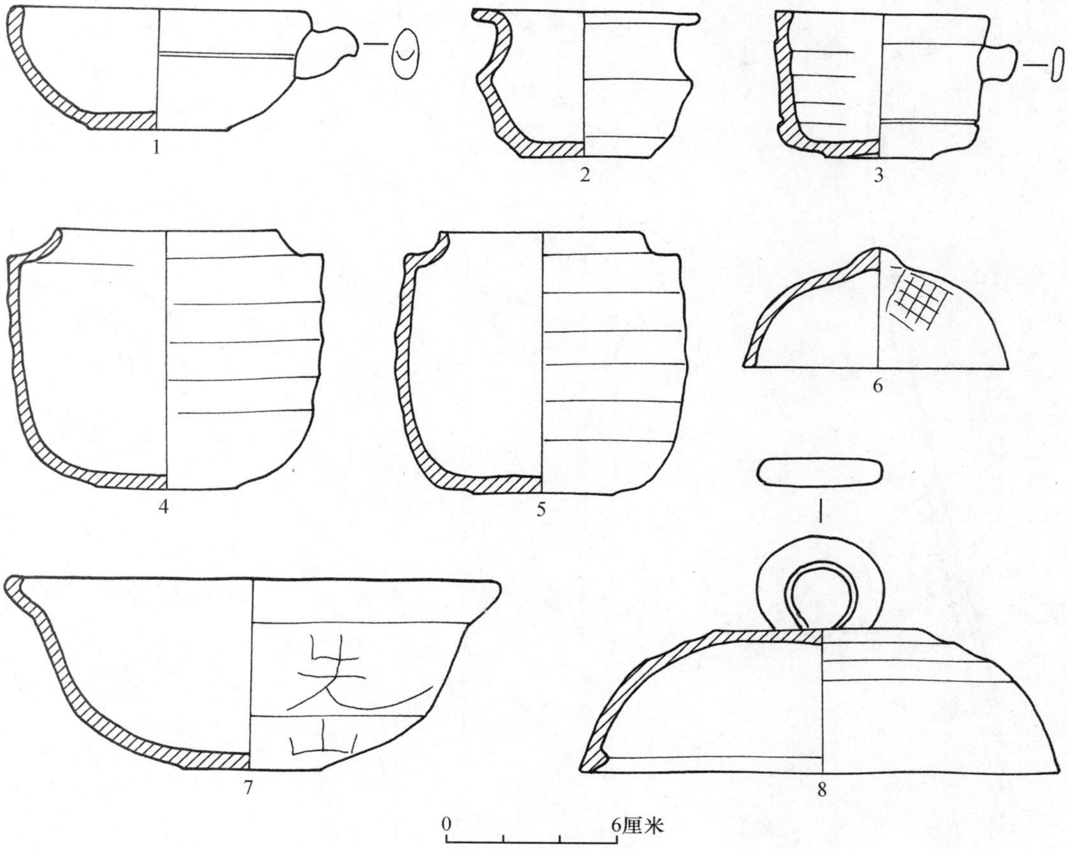

图四一　M6出土陶器（二）

1. 魁（M6：7）　2. 盂（M6：9）　3. 卮（M6：11）　4、5. 仓（M6：5、M6：10）　6、8. 器盖（M6：14、M6：20）　7. 钵（M6：18）

4）铜钱币

共10枚。均为五铢，部分残破严重者未统计。

M6：17，铸工较细。“五”字交股弯曲，上下两横不出头，“朱”字上下圆折，“铢”字“金”头呈三角形。钱径2.5～2.6、穿宽1.1～1.2厘米（图四二，3）。

5. M7

（1）墓葬形制

位于营盘包墓群西北部，T11东部。平面呈“凸”字形的砖室墓，方向10°。券顶已毁，仅存部分墓墙。墓葬填土为黄褐色花土。墓圹长6.5米，宽3.5米。墓道已毁。

甬道呈长方形，残长2.7米，宽1.5米，残高0.45～0.8米。墓室长3.6米，宽3米，残高0.8～0.9米。墓室及甬道墙体用长方形砖错缝平砌，砖长38～40厘米，宽19～20厘米，厚7～8厘米，侧面压印菱形纹与车轮纹组合纹饰（图二五，4）。无铺地砖。未见人骨、棺木痕迹（图四三）。

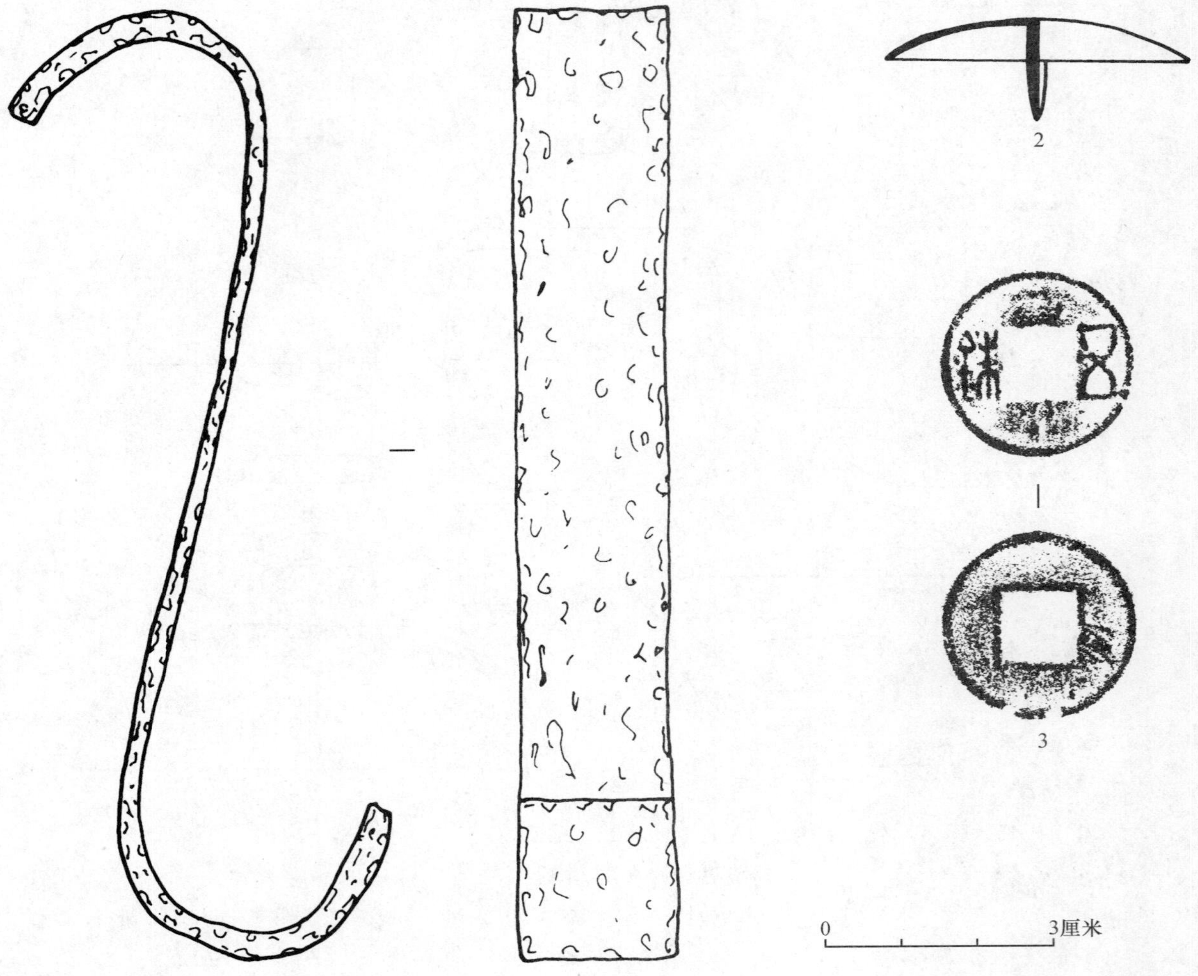

图四二　M6出土铜、铁器

1. 铁挂钩（M6：4）　2. 铜泡钉（M6：16）　3. 铜钱币（M6：17）

（2）随葬品

该墓虽遭盗扰，但还出土了一些遗物，主要置放在甬道和墓室北部。以陶器为主，并有少量铜器和钱币。

1）陶器

修复的陶器共计22件。器型主要有罐、瓮、锺、钵、甑、盂、博山炉、仓、盘等。均轮制。

陶器以泥质陶为多，少量夹砂陶。陶器多灰陶和红陶，部分施酱釉。纹饰主要有弦纹、刻划纹、绳纹等。

罐　4件。分平底罐和圜底罐两大类。

平底罐　3件。根据口部的不同分二型。

A型　2件。侈口。M7：2，泥质灰陶。圆唇，鼓腹，平底。口径10.2、底径10、腹径17.6、高11.4厘米（图四四，1）。M7：25，泥质红陶。圆唇，鼓腹，平底。口径5.8、底径

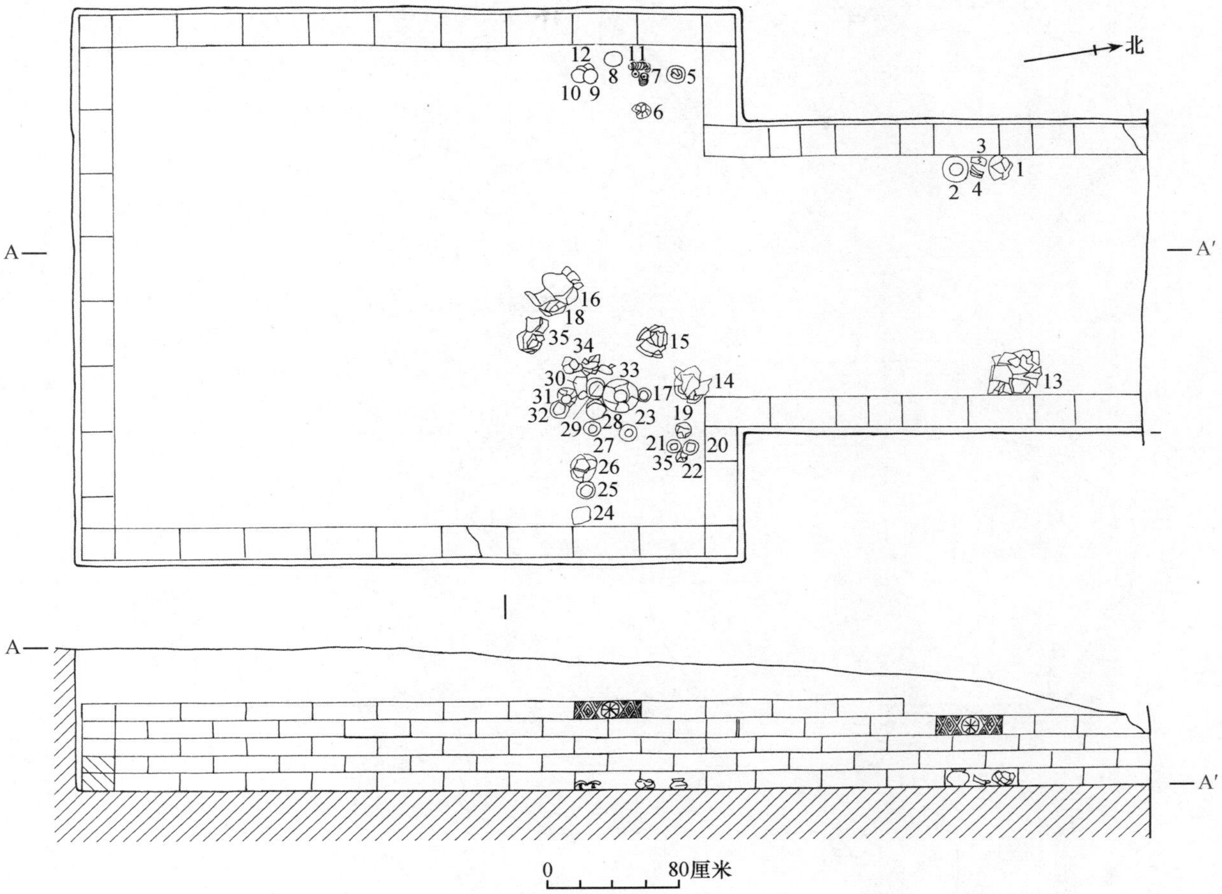

图四三 M7平、剖面图

1、2、6、22、25. 陶罐 3. 铜饰件 4. 铜耳杯扣 5、27. 陶盂 7. 铜钱币 8. 石黛板 9～12. 铜泡钉 13、21. 陶甑 14、16. 陶锺 15、19、33、35-1、35-2. 陶器盖 17. 陶博山炉 18. 陶瓮 20、24. 陶仓 23、26. 陶钵 28、32. 陶碟 29、31、35. 陶盘 30. 陶仓 34. 陶动物

4.8、腹径9.2、高5厘米（图四四，3）。

B型 1件。直口。M7∶6，泥质灰陶。方唇，矮直颈，鼓腹，平底。口径9.4、腹径17.8、底径11.2、高13.8厘米（图四四，2）。

圜底罐 1件。M7∶1，泥质灰陶。侈口，圆唇，束颈，折肩。腹饰二道凹弦纹和绳纹。口径16、腹径18.4、高3.2厘米（图四四，6）。

瓮 1件。M7∶18，泥质灰陶。直口，尖唇，束颈，鼓腹，平底。肩饰一道附加堆纹。口径10.6、腹径21.7、底径13.6、高16.5厘米（图四四，5）。

锺 2件。M7∶16，泥质红陶，施酱黄釉。盘口，方唇，长颈，扁鼓腹，高圈足外撇，肩腹部饰三道凹弦纹和一对铺首，颈肩结合部凹陷。口径15.4、腹径21、底径16.2、高29厘米（图四四，7）。M7∶14，泥质红陶，施酱黄釉。盘口，方唇，长颈，扁鼓腹，高圈足外撇。肩腹部饰五道凹弦纹和一对铺首，颈肩结合部凹陷。口径15.4、腹径20.5、底径15.6、高29厘米（图四四，8）。

博山炉 1件。M7∶17，泥质红陶。子母口，圆唇，短粗柄，喇叭状座。口径4.6、底径

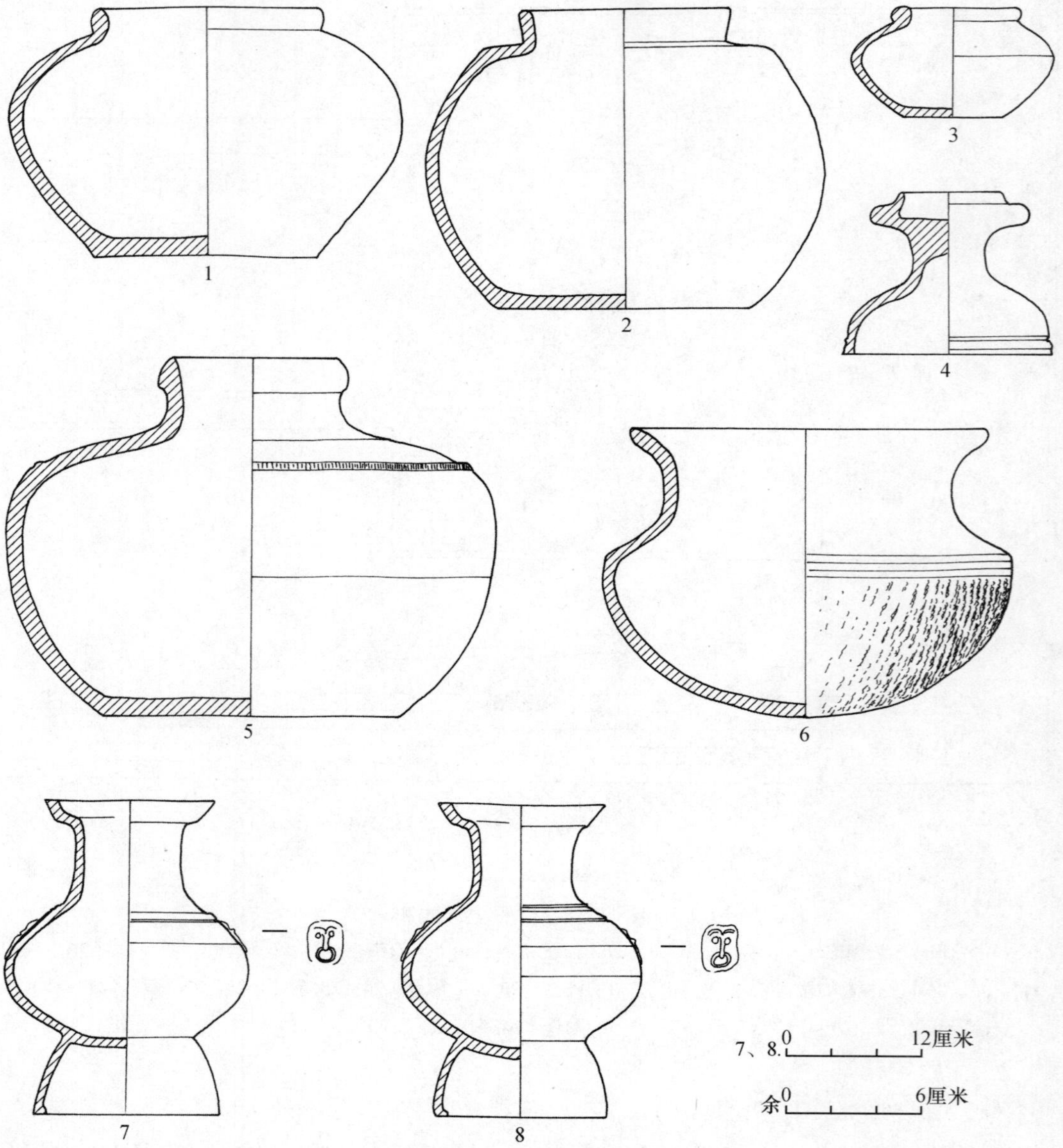

图四四　M7出土陶器（一）

1～3. 平底罐（M7：2、M7：6、M7：25）　4. 博山炉（M7：17）　5. 瓮（M7：18）　6. 圜底罐（M7：1）　7、8. 锺（M7：16、M7：14）

9.6、高7.4厘米（图四四，4）。

盘　2件。M7：29，泥质红陶。敞口，尖圆唇，折腹，平底。口径10.4、底径4.6、高2.6厘米（图四五，5）。M7：31，泥质红陶。敞口，尖圆唇，折腹，平底。口径10.4、底径4.6、高2.6厘米（图四五，6）。

钵　2件。根据口部的不同分二型。

A型　1件。敛口。M7：26，泥质灰陶。尖圆唇，弧腹，平底。口径18、底径6、高7厘米（图四五，7）。

B型　1件。敞口。M7：23，泥质红陶。尖圆唇，弧腹，平底。口径11.6、底径5、高4.4厘

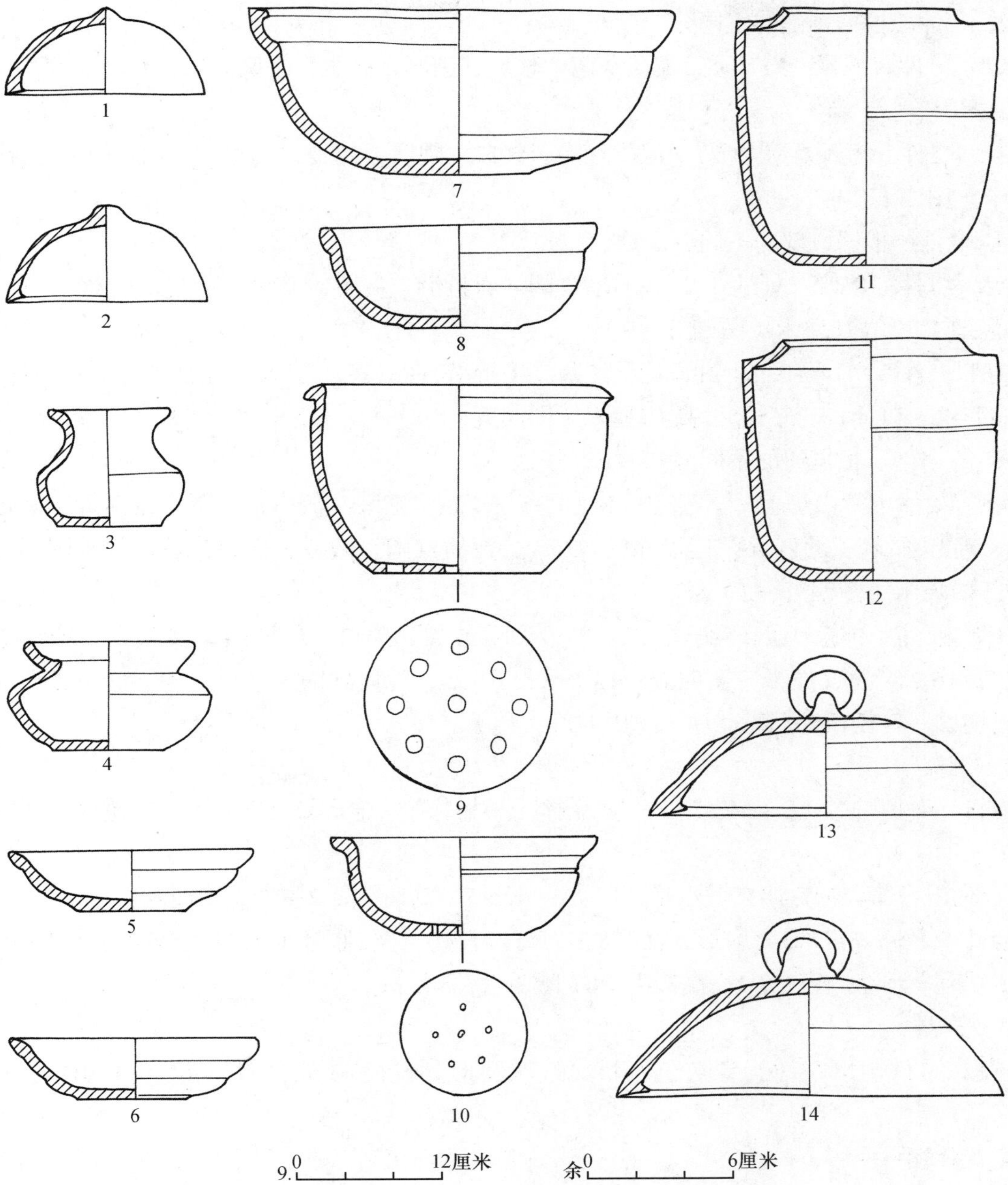

图四五　M7出土陶器（二）

1、2. 博山炉盖（M7：35-1、M7：35-2）　3、4. 盂（M7：5、M7：27）　5、6. 盘（M7：29、M7：31）　7、8. 钵（M7：26、M7：23）　9、10. 甑（M7：13、M7：21）　11、12. 仓（M7：20、M7：24）　13、14. 锺盖（M7：19、M7：15）

米（图四五，8）。

仓　2件。M7：20，泥质红陶。敛口，方唇，折平肩，上腹较直，下腹弧收，平底。腹部饰一道凹弦纹。口径7.2、腹径11、底径5.4、高11厘米（图四五，11）。M7：24，泥质红陶。敛口，方唇，折平肩，上腹较直，下腹弧收，平底。腹部饰一道凹弦纹。口径7.4、腹径10.6、底径5.4、高10.4厘米（图四五，12）。

盂　2件。根据颈部的不同分二型。

A型　1件。长颈。M7：5，泥质灰陶。侈口，圆唇，鼓腹，平底。口径7、底径4.5、高5.2厘米（图四五，3）。

B型　1件。短颈。M7：27，泥质红陶。侈口，圆唇，鼓腹，平底。口径7.4、底径4.8、高4.6厘米（图四五，4）。

甑　2件。根据口部的不同分二型。

A型　1件。敛口。M7：13，泥质黑皮陶。斜折沿，尖唇，弧腹，平底。有9个箅孔。口径29、底径14.2、高16厘米（图四五，9）。

B型　1件。敞口。M7：21，泥质红陶。平折沿，尖圆唇，弧腹，平底。有7个箅孔。腹饰一道凹弦纹。口径11、底径5、高4.2厘米（图四五，10）。

器盖　4件。根据纽的不同分二型。

A型　2件（博山炉盖）。乳纽。M7：35-1，泥质红陶。敛口，方唇，截面近半圆形。口径8.4、高3.4厘米（图四五，1）。M7：35-2，泥质红陶。敛口，方唇，截面近半圆形。口径8.4、高4.1厘米（图四五，2）。

B型　2件（锺盖）。环纽。M7：15，泥质红陶。敛口，尖圆唇，弧顶。顶饰一道瓦棱纹。口径16.2、高7.6厘米（图四五，14）。M7：19，泥质红陶。敛口，尖圆唇，弧顶。顶饰一道瓦棱纹。口径14.8、高6.8厘米（图四五，13）。

2）铜器

泡钉　4件。M7：9～M7：12，均为伞状，内中有一锥形钉。直径4～5.8厘米（图四六，6～9）。

耳杯扣　1套。M7：4，截面呈“[”状。长6.5、宽1、厚1.2厘米（图四六，1）。

饰件　2件。M7：3，扇形，面饰8排细钉。长10、宽5厘米（图四六，2）。M7：03，管状，顶端有一环纽。直径1.1、高3.5厘米（图四六，3）。

3）石器

黛板　1件。M7：8，青灰色石料，近椭圆形。长径10.5、短径9.6、厚0.9厘米（图四六，5）。

4）铜钱币

共8枚。均为五铢，部分残破严重者未统计。

M7：7，铸工较细。“五”字交股弯曲，上下两横不出头，“朱”字上下圆折，“铢”字“金”头呈三角形。钱径2.5～2.6、穿宽1.1～1 .2厘米（图四六，4）。

三、明清墓葬

发现该时期墓葬2座（M19、M20），其中M20为石室墓，M19为土坑墓。

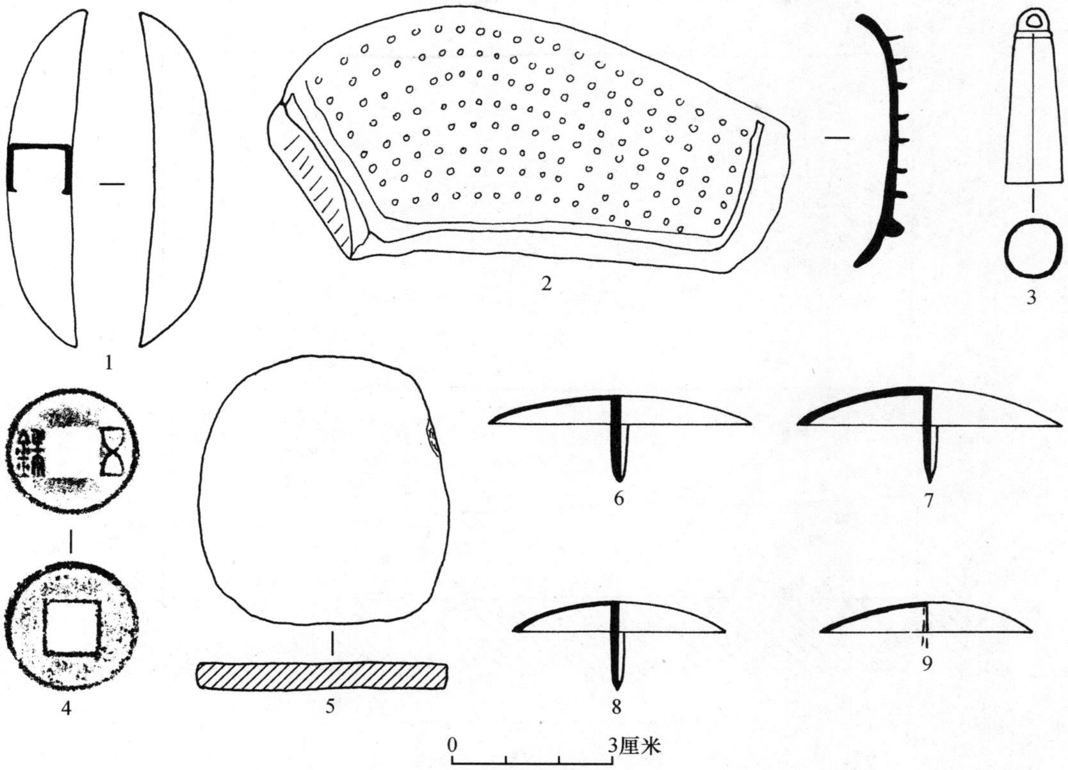

图四六　M7出土遗物

1. 铜耳杯扣（M7：4）　2、3. 铜饰件（M7：3、M7：03）　4. 铜钱币（M7：7）　5. 石黛板（M7：8）　6～9. 铜泡钉（M7：9、M7：10、M7：11、M7：12）

（一）M19

1. 墓葬形制

位于营盘包墓群西南部。长方形土坑竖穴墓，方向190°。保存较完整。墓圹长2米，宽0.9米，深0.85米。墓壁较直，平底，墓葬填土为黄褐色花土。见人骨架一具，保存较好，仰身直肢。头枕四块青瓦。墓底铺一层较薄白石灰（图四七）。

2. 随葬品

除青瓦外无其他随葬品。

瓦　4件。M19：1，泥质灰陶，平面呈长方形，截面呈璜形。素面，内有细布纹。长25.2、宽21、厚1.2厘米（图四九，4）。

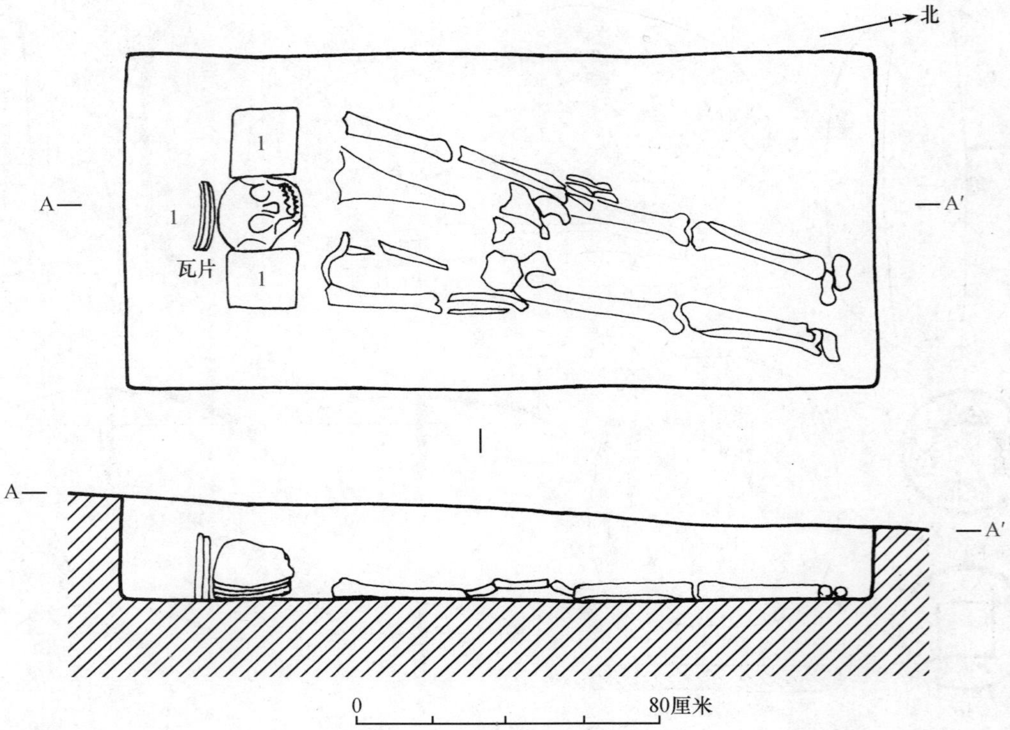

图四七　M19平、剖面图
1. 瓦

（二）M20

1. 墓葬形制

位于营盘包墓群西南部，T3西北部。为长方形石室墓，方向192°。盖板已毁，仅存部分墓墙。墓圹长2.8米，宽0.9米，深0.9米。墓葬填土为黄褐色花土。墓壁用6块石板围砌，底中部有二块石板铺底，石板长0.9～1.4米、宽0.4～0.6米、厚0.12米。见少量人肢骨、未见棺木痕迹（图四八）。

2. 随葬品

出土3件遗物，均置放在墓室北部，其中2件陶器，1件瓷器。

（1）陶器

谷仓罐　1件。M20：3，砖红色缸胎。侈口，圆唇，折肩，斜腹，厚平底。近底饰一道凸弦纹，盖肩组合二重檐，肩塑14组瓦楞。子母口盖，葫芦顶，面塑7组瓦楞。口径8.4、最大腹径16、底径9、通高27、盖高8厘米（图四九，1）。

罐　1件。M20：1，青灰色缸胎。侈口，尖圆唇，束颈，鼓腹，平底内凹。肩施红褐釉，上腹施酱黄釉，下腹有流釉。口径12.2、腹径13、底径6、高24厘米（图四九，2）。

（2）瓷器

碗　1件。M20：2，黑釉瓷。敞口，尖圆唇，弧腹，矮圈足。口径18、底径6.2、高6.8厘

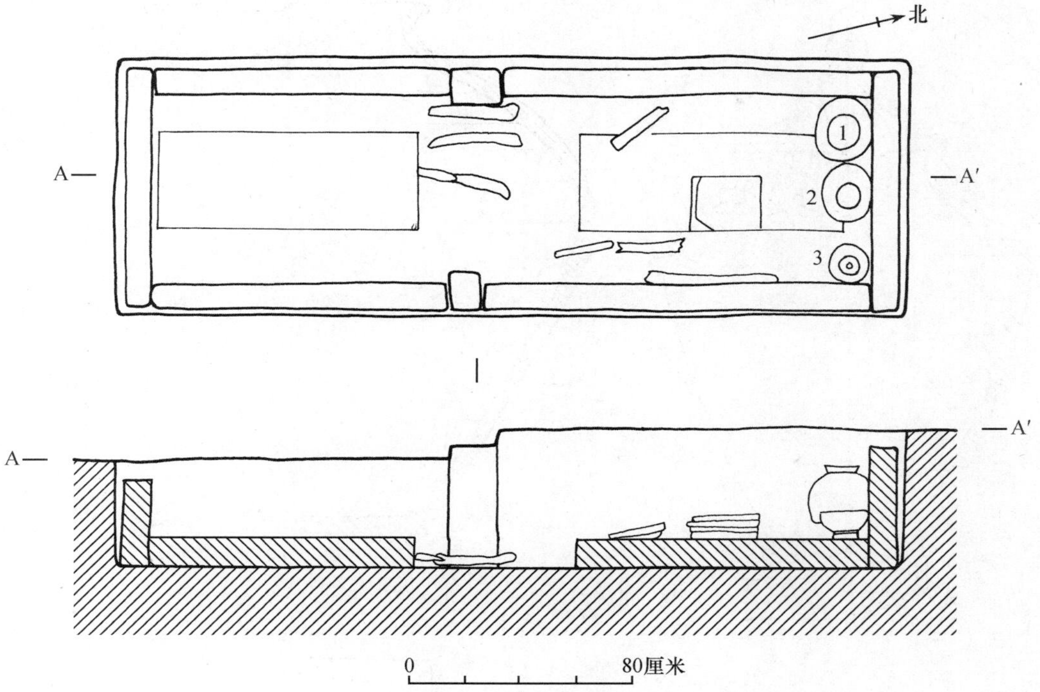

图四八　M20平、剖面图
1. 陶罐　2. 瓷碗　3. 陶谷仓罐

米（图四九，3）。

四、结　　语

这次发掘的20座墓葬，均遭不同程度的盗扰（其中3座墓随葬品无存），器物组合不全，只能根据墓葬形制、器物组合及铜钱币的共存关系，大致判断其所处的时代。

M3、M14、M15，其器物组合为鼎、敦、壶和鼎、豆、壶。为典型楚人仿铜礼器，其时代大致在战国晚期。M13虽遭严重盗掘，但其墓葬形制、墓向均相近，可以纳入这一时期的楚人墓葬。M4遭严重盗扰，仅出土1件陶壶（M4：1），该壶与忠县崖脚墓地出土的壶（DM47：2）相近，其时代大致在战国中晚期。

M9～M11，其出土的釜、矮柄豆是典型巴人的实用器。釜（M9：1、M10：1）与忠县崖脚墓地釜（DM43：1）相近，其时代大致在战国晚期至秦汉之初。

M12、M16为2座土坑墓，M16出土的五铢铸行于汉宣帝本始元年（前73年）。M16的时代大致在西汉中晚期，M12的时代相对要早，大致在西汉早期。

M1、M2、M5、M6、M7为5座砖室墓，其墓葬形制，器物组合相近，说明这5座的时代相隔不远，M2、M5器物组合与万州荷包丘墓群M4出土遗物相似，其时代大致在东汉中期。

通过本次的发掘，使我们对该墓地有了更进一步的认识，该墓地中楚人的墓葬占了一定比例，说明在战国中晚期楚国的势力范围已西移至传统巴文化占统治地位的区域。

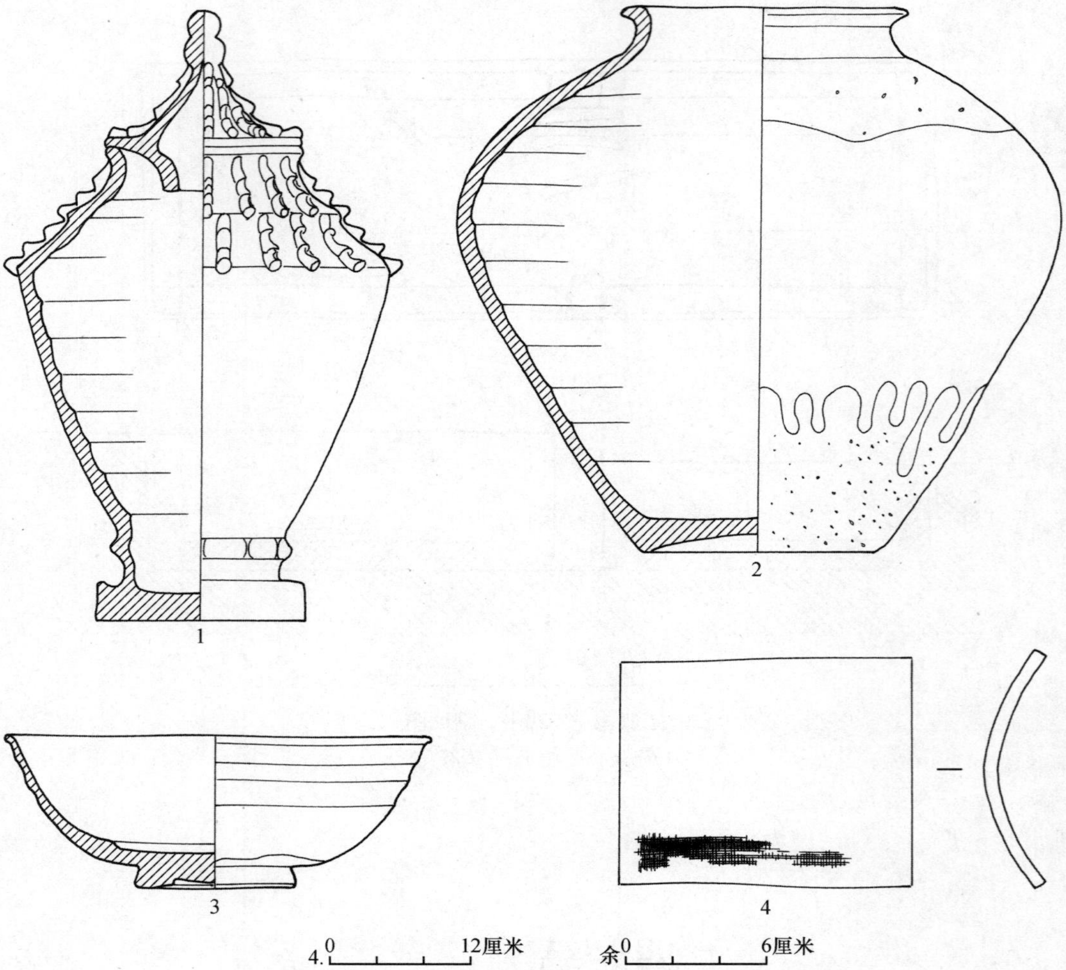

图四九　M19、M20出土遗物

1. 陶谷仓罐（M20：3）　2. 陶罐（M20：1）　3. 瓷碗（M20：2）　4. 陶瓦（M19：1）

这次发掘的墓葬虽遭不同程度的盗扰，但还是获得了大量遗物，这对我们研究当地古代人们的生活和埋葬习俗提供了重要的实物资料。

附记：本次考古发掘领队刘继东，执行领队杨爱民，参与本次发掘人员：龚玉龙、杨爱民、王新柱、彭锦绣、罗建平、张志芬、卢磊、李嵘、罗钰等，绘图：杨爱民，资料整理：杨爱民。发掘工作中得到了云阳文管所的大力支持，在此表示感谢！

执　笔：杨爱民　刘继东　张志芬

云阳平扎营墓群2011年发掘简报

重庆市文化遗产研究院　云阳县文物管理所

平扎营墓群位于重庆市云阳县故陵镇复兴社区青龙街道（原复兴村六组），西距云阳县县城约7公里，东隔黄岭溪，与邓家嘴相望。中心地理坐标东经108°41′，北纬30°56′，海拔160～180米（图一）。该墓群地势北高南低。2002年至2005年，陕西省西安半坡博物馆对该墓群进行了二次大规模发掘，发掘面积2000多平方米，清理了一批战国至东汉时期的墓葬。

2011年7月，重庆市文物考古所（现重庆市文化遗产研究院）整合湖北长阳博物馆、云阳

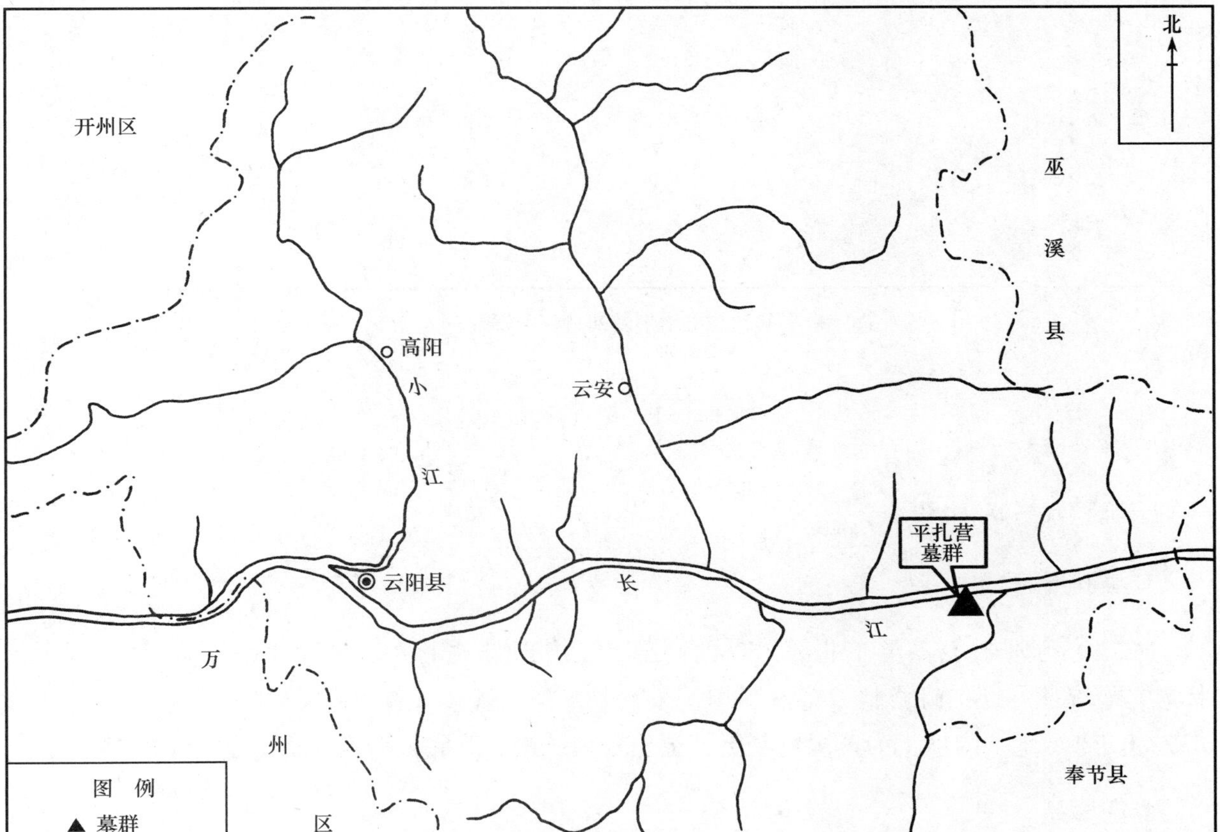

图一　平扎营墓群位置示意图

县文物管理所的业务人员组建考古工作队，对该墓群进行了第二次抢救性发掘，田野工作于8月12日结束，历时23天。共布10米×10米探方3个，7米×7米、6米×8米、10米×8米、5米×5米探方各1个。编号2011CYPT1～2011CYPT7（以下简称T1～T7）。方向均为正北，发掘面积502平方米（图二）。清理墓葬4座，编号2011CYPM1～2011CYPM4（以下简称M1～M4），其中土坑墓1座，砖室墓2座，石室墓1座（图三）。现将发掘情况报告如下：

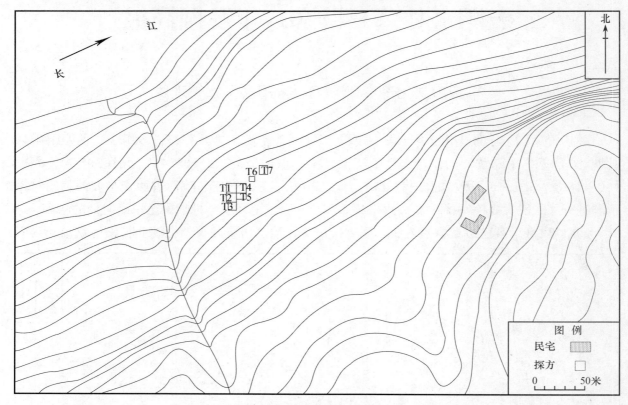

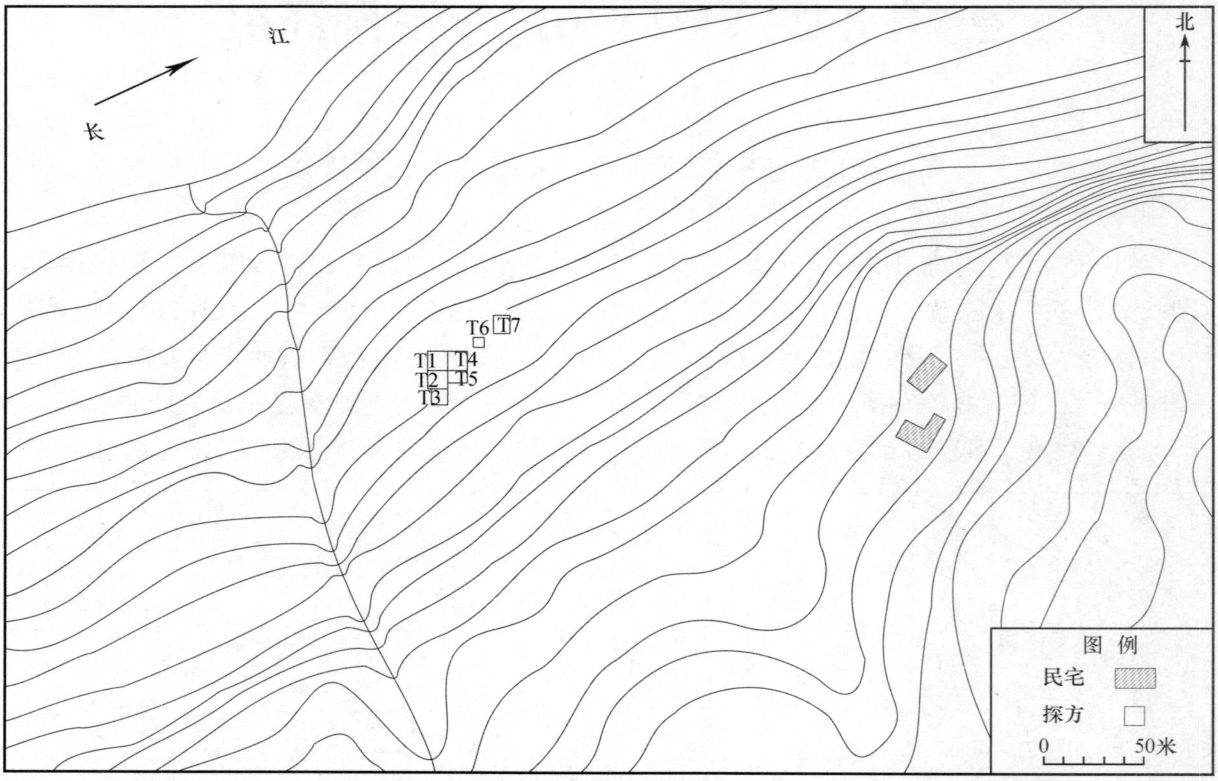

图二　平扎营墓群地形及2011年度发掘探方分布图

一、土　坑　墓

土坑墓仅一座，M2。

1. 墓葬形制

M2　位于平扎营墓群东北部，T6西南部。长方形竖穴土坑，方向275°，墓口距地表0.25米。坑壁较直，经拍打修整，墓底平坦。墓口长2.76、宽1.46米，墓底长2.7、宽1.4米，墓深0.32～0.4米。墓坑内填土为黄褐色花土，土质较为疏松。墓底被盗扰，情况不详（图四）。

2. 随葬品

该墓遭严重盗扰，仅存一件陶器残片和一件不明铁器。

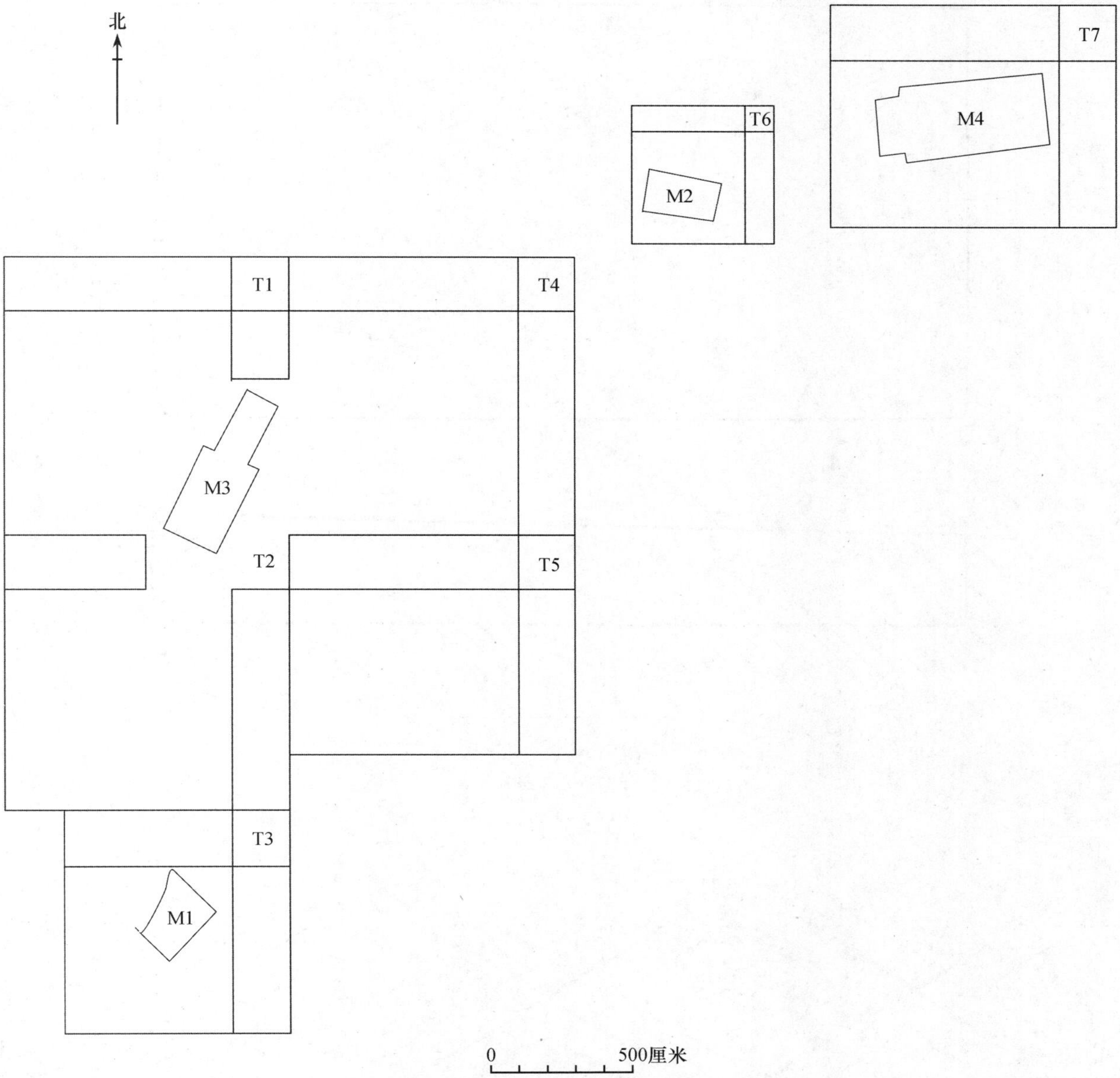

图三 平扎营墓群2011年度发掘墓葬总平面图

二、砖 室 墓

（一）M1

1. 墓葬形制

M1 位于平扎营墓群西南部，T3北部。方向312°。仅存部分墓室。墓室残长2.54、宽2.7、残高0.9米。墓室墙体用规格为36厘米×17厘米×7厘米的长方形砖错缝平砌，侧面压印菱形纹与网格纹组合纹饰（图五，1）。用长方形砖错缝铺地。未见人骨、棺木痕迹（图六）。

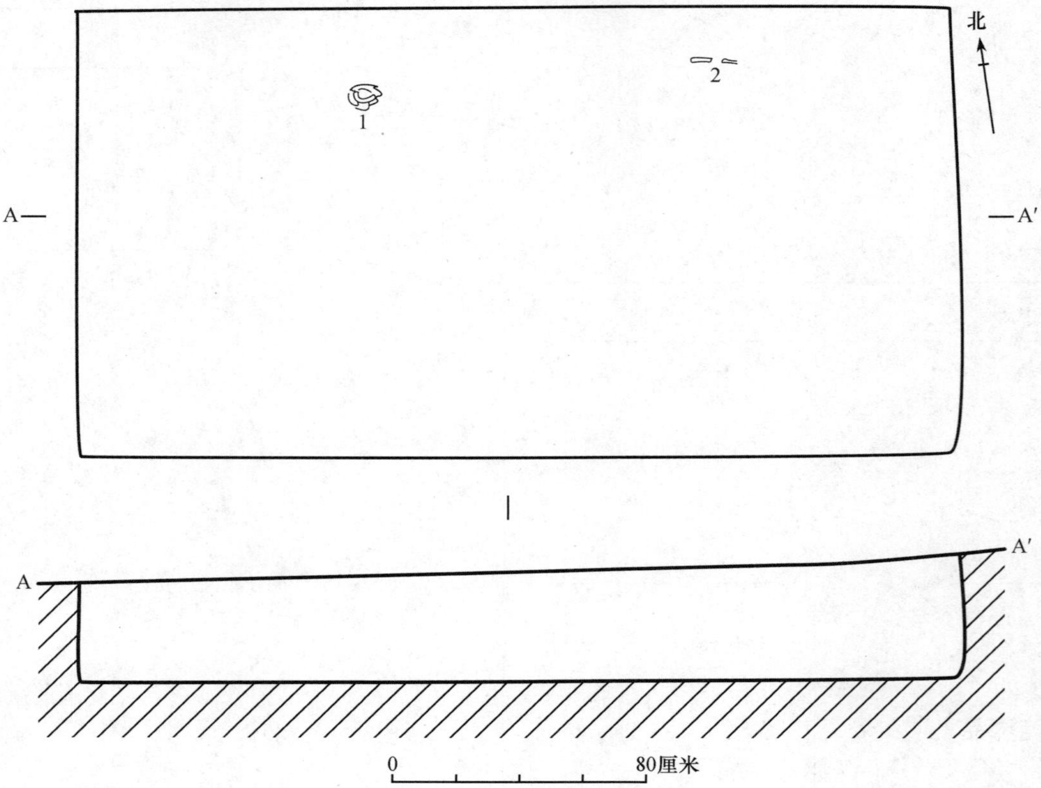

图四　M2平、剖面图

1. 陶片　2. 铁器

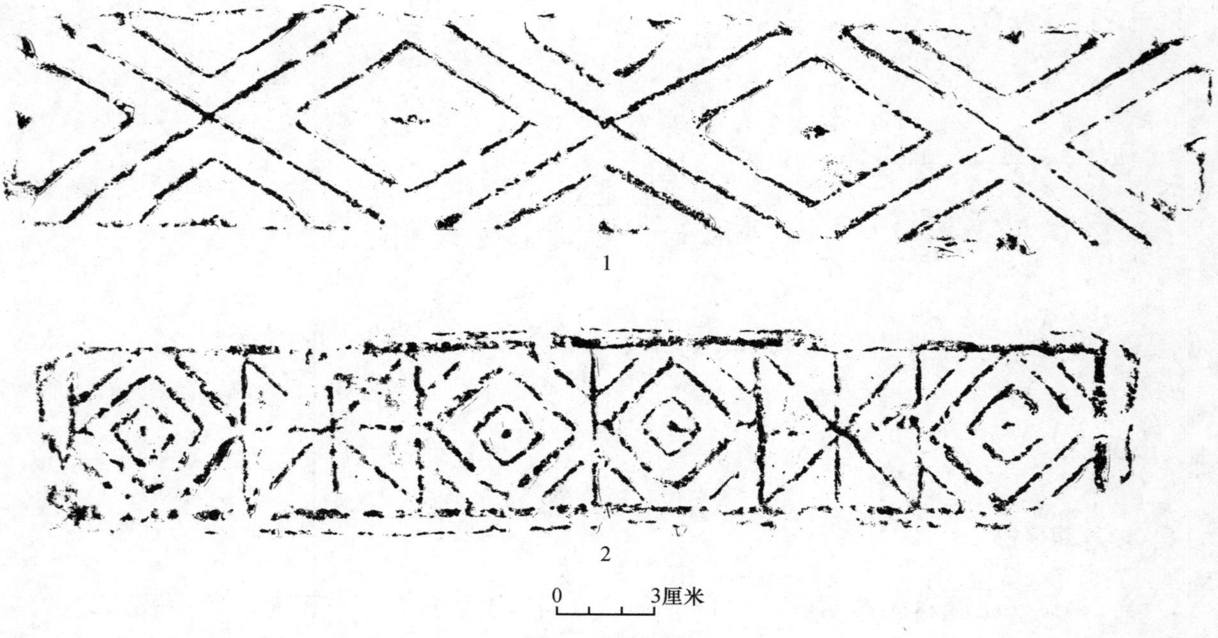

图五　墓砖拓片

1. M1　2. M3

2. 随葬品

随葬品仅为2枚钱币。直径2.4、穿径1.1厘米，正面外郭，背面内外均有郭。“五”字交股弯曲，上下两横不出头，“铢”字“金”头呈三角形，“朱”字上画方折（图一〇，1、2）。

（二）M3

1. 墓葬形制

M3位于平扎营墓群中部。平面呈“凸”字形，方向25°。券顶已毁，仅存极少部分墓墙。墓圹长5.7、宽1.14~2.6、深0~0.23米，甬道残长2.4、残宽0.4~1.06、残深0~0.24米。墓葬填土为黄褐色花土。墓室长3.3、宽2.5、残高0.2米。墓室四壁砖破坏严重，仅保留几块墓砖，推测应用长方形砖错缝平砌，砖长36~38、宽17~18、厚7厘米，侧面压印菱形纹与“米”字纹组合纹饰（图五，2）。墓室中部用长方形砖错缝铺地。未见人骨、棺木痕迹（图七）。

2. 随葬品

该墓遭严重盗扰，仅出土了一些瓷器、铁器和少量钱币。

（1）瓷器

经修复后的瓷器共计3件。器型主要有四系罐、钵等。均轮制。

青瓷四系罐　1件。M3：1，浅盘口、尖圆唇，束颈，鼓腹，平底，肩部饰对称四桥形耳及二道凹弦纹，下腹有流釉。口径16、腹径19、底径12、高12.5厘米（图八，1）。

青瓷钵　2件。M3：2，敛口、圆唇，弧腹内收，平底。沿下饰一道凹弦纹。口径17.5、底径10.2、高6.6厘米（图八，2）。M3：3，敛口、圆唇，弧腹内收，平底。口径17、底径10.6、高6.8厘米（图八，3）。

（2）铁器

共1件。

削　1件。M3：5，单直刃，圆锥柄。残长16.5厘米（图八，4）。

（3）铜钱币

共9枚。均为五铢，部分残破。

M3：4，无文。直径1.5~2.1、穿径0.9~1厘米（图一〇，3、4）。

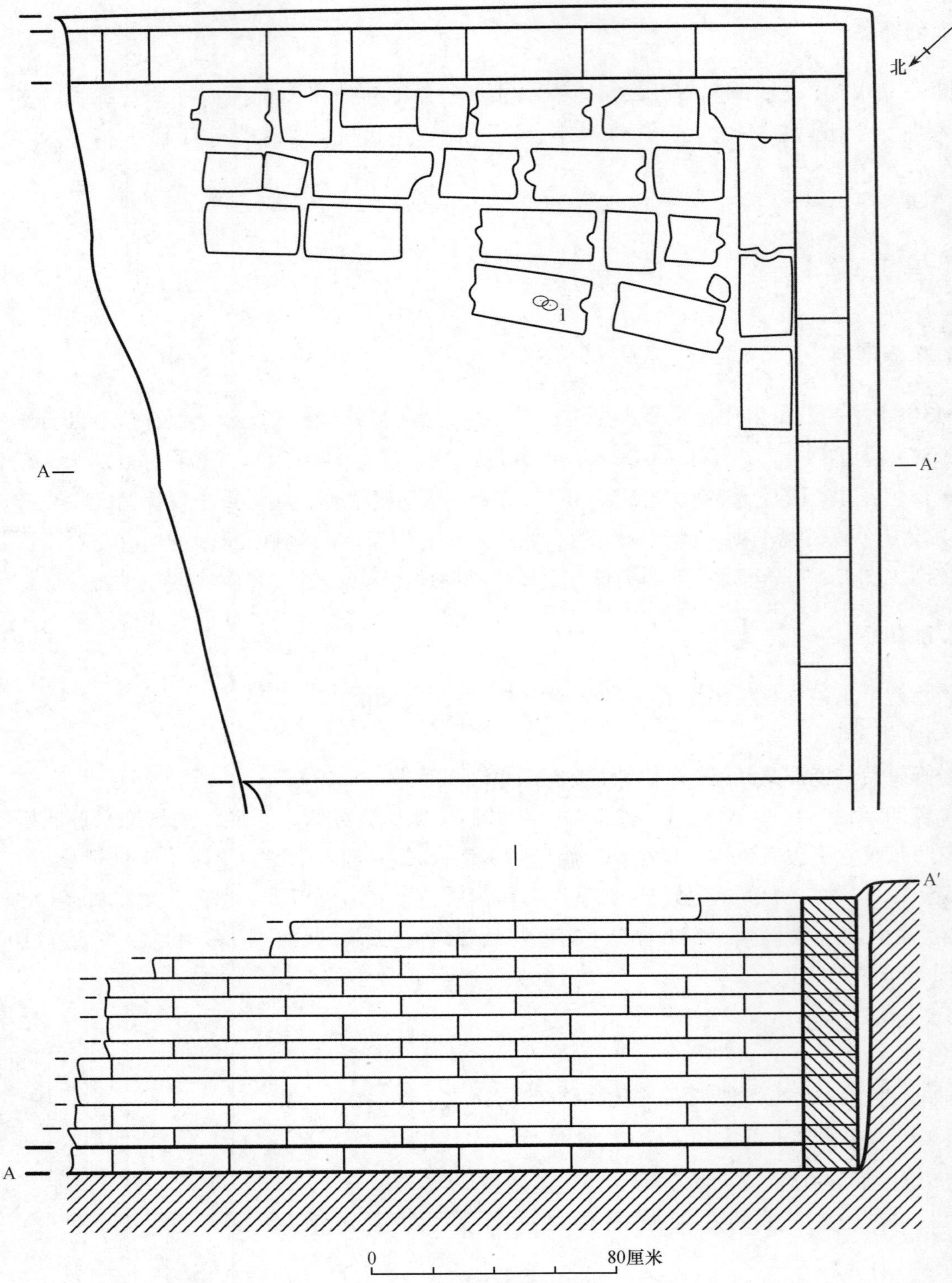

图六　M1平、剖面图
1. 铜钱币

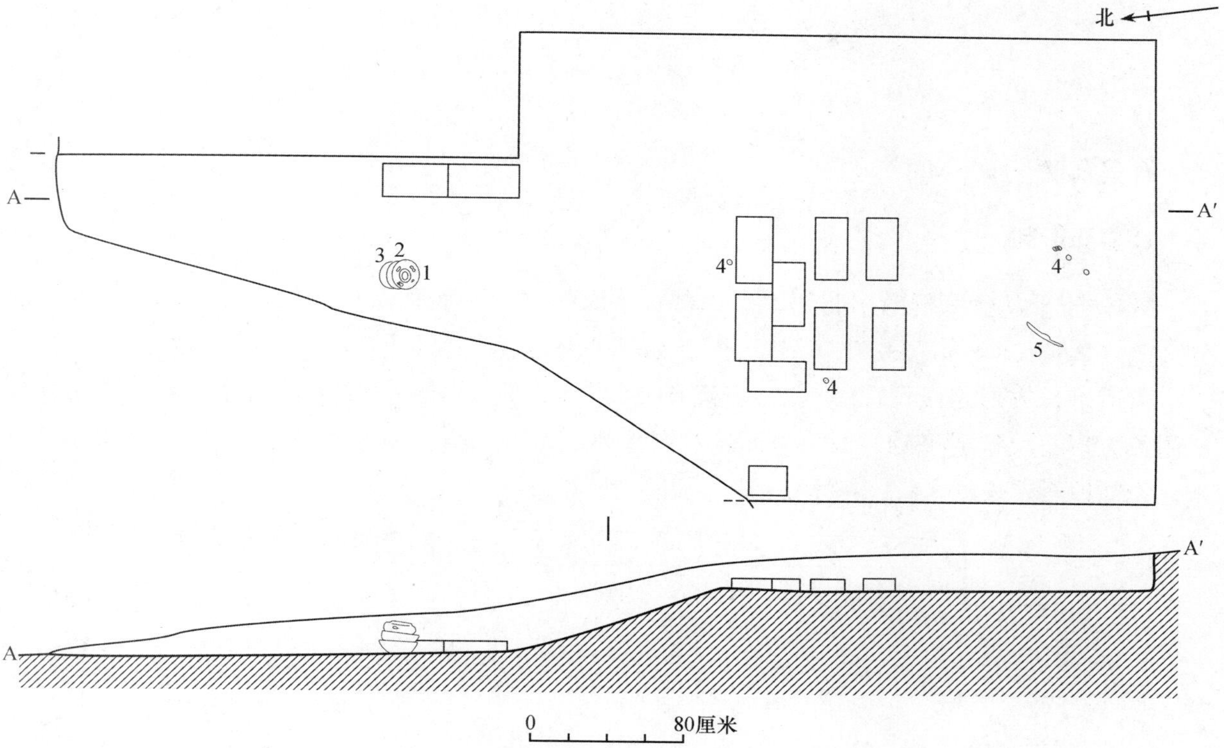

图七　M3平、剖面图

1. 青瓷四系罐　2、3. 青瓷钵　4. 铜钱币　5. 铁削

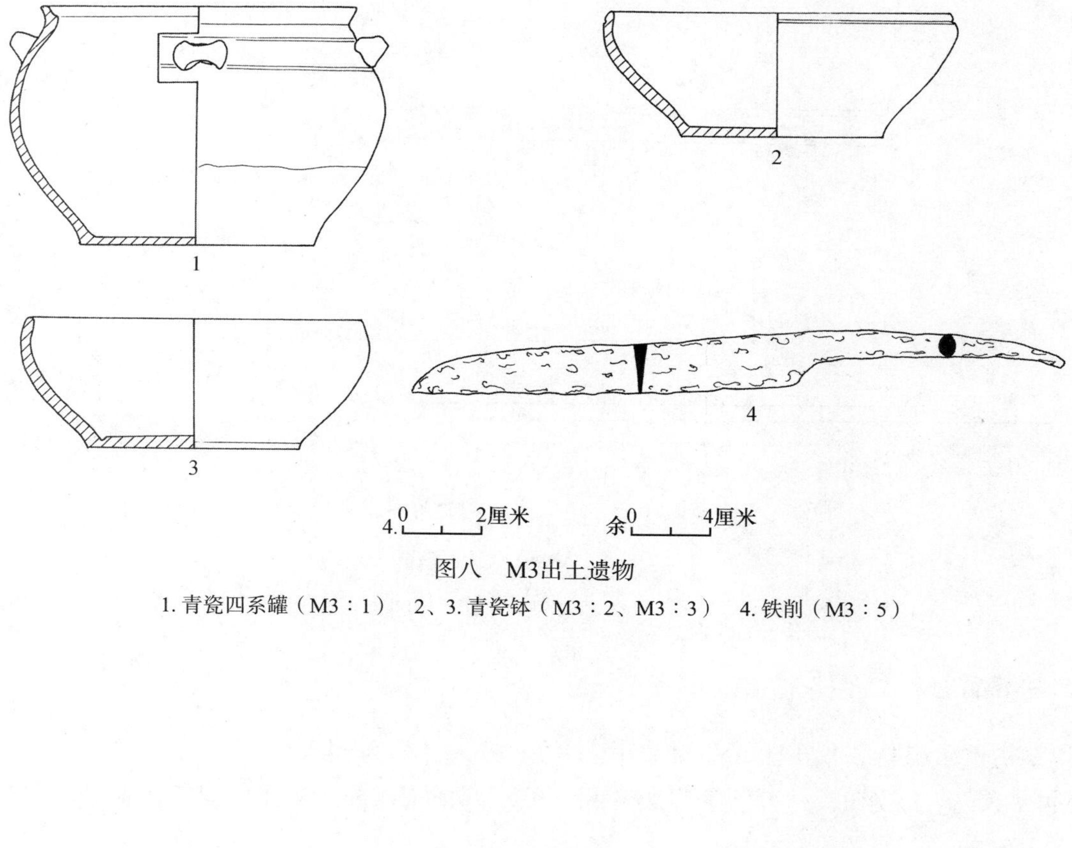

图八　M3出土遗物

1. 青瓷四系罐（M3：1）　2、3. 青瓷钵（M3：2、M3：3）　4. 铁削（M3：5）

三、石　室　墓

石室墓仅一座，M4。

1. 墓葬形制

M4位于平扎营墓群西东北部，T7中部。平面呈“凸”字形，方向85°。券顶已毁，仅存部分墓壁。墓圹长6.4、宽2.9米，墓道已毁。墓葬填土为黄褐色花土。

甬道呈长方形，残长1.2、宽2.1、残高0～0.2米。墓室长5、宽2.5、残高0.1～1.5米。墓室壁用长方形石块错缝平砌，石块内面经打制规整，石块一般长12～2、宽10～20、厚10～12厘米，无铺地石。未见人骨、棺木痕迹（图九）。

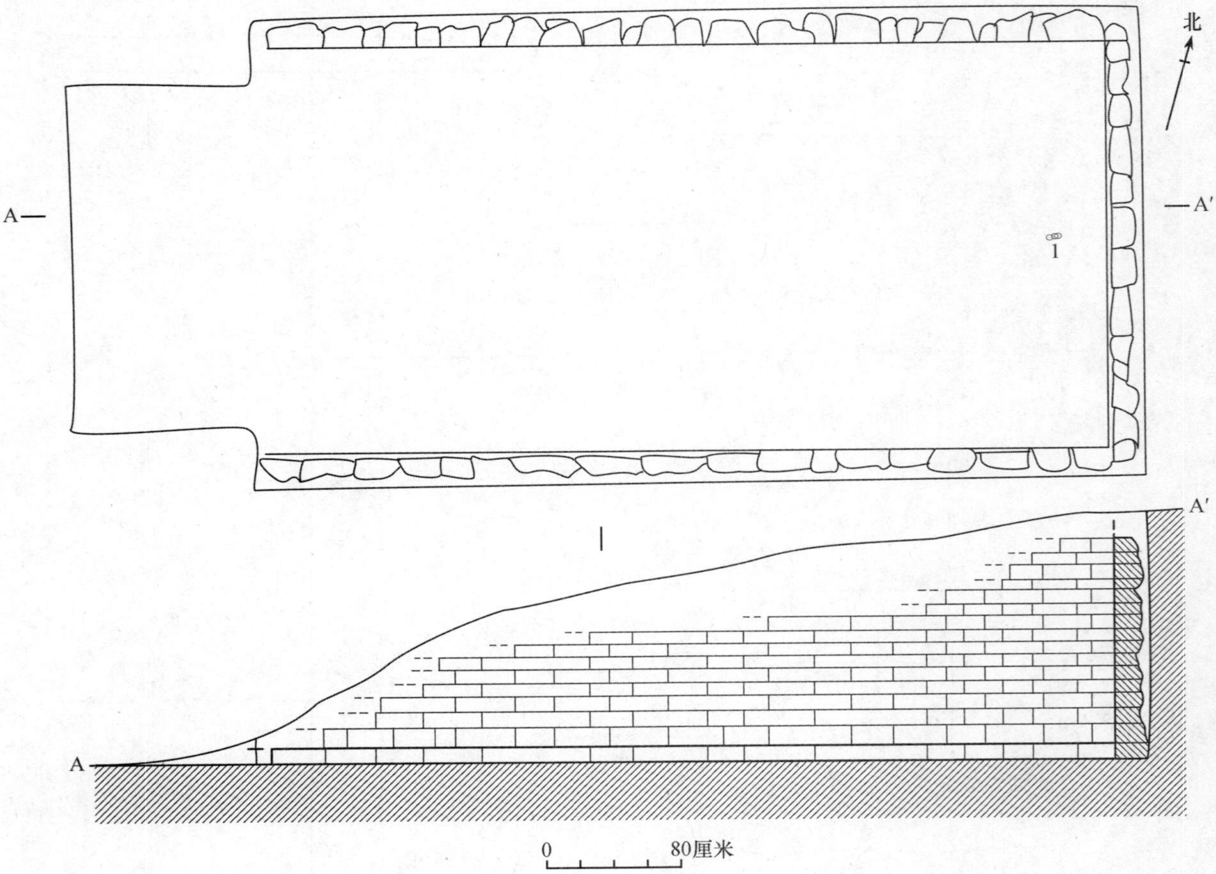

图九　M4平、剖面图
1. 铜钱币

2. 随葬品

该墓遭严重盗扰，仅出土了少量钱币。4枚。较残，均为五铢。

M4：1，铸工较细，“五”字交股弯曲，上下两横不出头，“朱”字上下圆折，“铢”字

“金”头呈三角形。钱径2.5、穿宽1.1厘米（图一〇，5）。

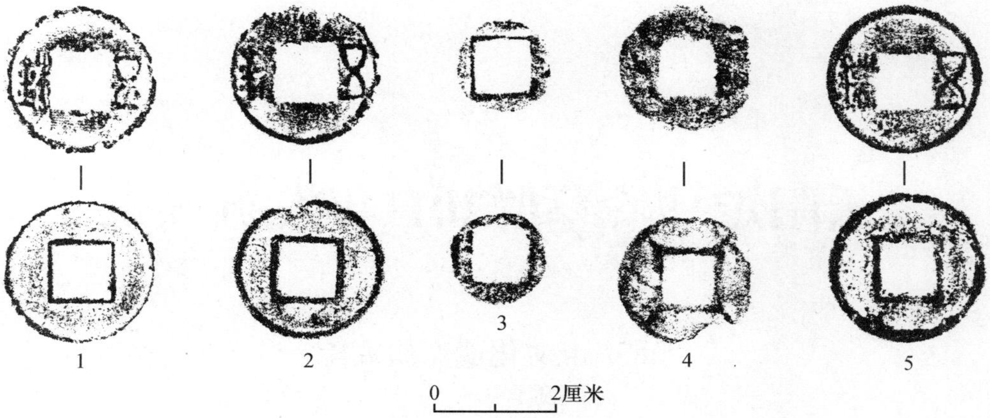

图一〇　M4出土铜钱币拓片

1、2. M1：1　3、4. M3：4　5. M4：1

四、结　　语

这次发掘的4座墓葬，均遭严重的盗扰，出土遗物不多，只能根据墓葬形制、器物组合及钱币的共存关系，大致判断其所处的时代。

M3为“凸”字形砖室墓。随葬品以瓷器为主，为罐、钵组合，所出四系罐、钵较矮胖，为两晋前期风格，故该墓为两晋时期。

M1为残砖室墓，M4为残石室墓，均只出土了几枚钱币，其时代大致在东汉晚期至六朝时期。

附记：本次考古发掘领队刘继东，执行领队杨爱民，参与发掘人员：龚玉龙、杨爱民、王新柱、彭锦秀、王雄、罗建平、张志芬、卢磊、李嵘、罗钰，绘图：杨爱民，资料整理：杨爱民。发掘工作得到了云阳文管所的大力支持，在此表示感谢！

执　笔：杨爱民　刘继东　卢　磊

云阳走马岭墓群2011年发掘简报

重庆市文化遗产研究院

为了配合三峡水利工程消落带文物保护工作，受重庆市文物局委托，重庆市文化遗产研究院组织相关业务人员，于2011年8月19日成立重庆市文化遗产研究院2011年度云阳县走马岭墓群考古队，对该墓群进行考古发掘，至9月4日田野发掘阶段结束，历时15天，计划发掘400平方米，实际发掘500平方米，勘探约5000平方米（图一）。

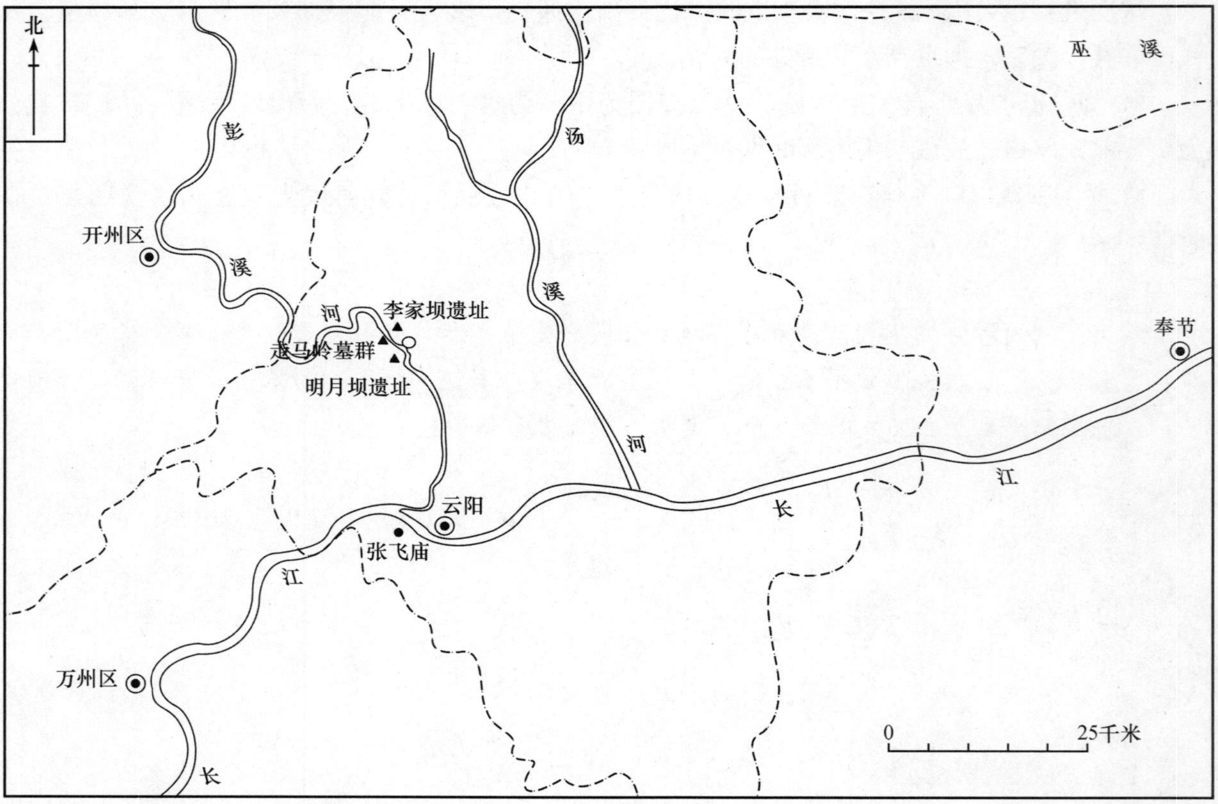

图一　走马岭墓群位置图

一、地理位置及布方情况

云阳走马岭墓群隶属重庆市云阳县高阳镇明冲村四组，位于长江北岸支流彭溪河西岩山梁处即鹅项颈人行码头西侧，东、北与现高阳镇人民政府驻地高阳镇隔库相望。现三峡库水淹没后形成了山梁加半岛的地理环境。中心地理坐标为东经 108°40′、北纬31°5′，海拔155～175米。发掘区墓群地处风化砂岩带，破坏极为严重。该墓群于20世纪60年代被发现，1994年在制定三峡库区文物抢救保护规划中由四川大学考古专业和云阳县文物管理所组成的调查队调查勘探并予以确认。并于1997、1998年由四川大学考古专业三峡考古队进行了小规模试掘，2003、2004年四川大学考古系组成考古队进行大规模的发掘，发掘面积4160平方米，清理墓葬33座。

根据地形情况，2011年8月，考古工作队在进场后先进行调查勘探工作，勘探面积约5000平方米，在此基础上进行布方。探方主要位于墓群的西北部即临江处。布10米×10米探方5个，由南至北依次编号2011YGZT1～2011YGZT5（“2011”代表年度，“Y”代表云阳县，“G”代表高阳镇，“Z”代表走马岭墓群）（以下简称T1～T5），方向正北，发掘面积共计500平方米（图二）。

二、地层堆积

该发掘墓群地层堆积仅有一层。

第1层：耕土，灰褐色，厚10～35厘米。墓葬均开口于1层下。

三、墓葬形制与规格

本次布方共发掘墓葬4座，编号为2011YGZM1～2011YGZM4（以下简称M1～M4），其中M1、M2为竖穴土坑墓，M3、M4为竖穴岩坑墓（图三）。

（一）竖穴土坑墓

1. M1

位于发掘区的东北部T4南部跨T3北隔梁，开口于第1层下，距地表深0.6～0.7米，打破生土层，墓向185°。平面呈长方形，斜直壁，底部有厚0.1厘米的白石灰。墓口长2.5、宽0.9米，墓底长2.46、宽0.86、深0.5～0.8米。墓底保存有人体肢骨，仰身直肢，未见葬具，有铁质棺钉3枚。未见其他随葬品（图四）。

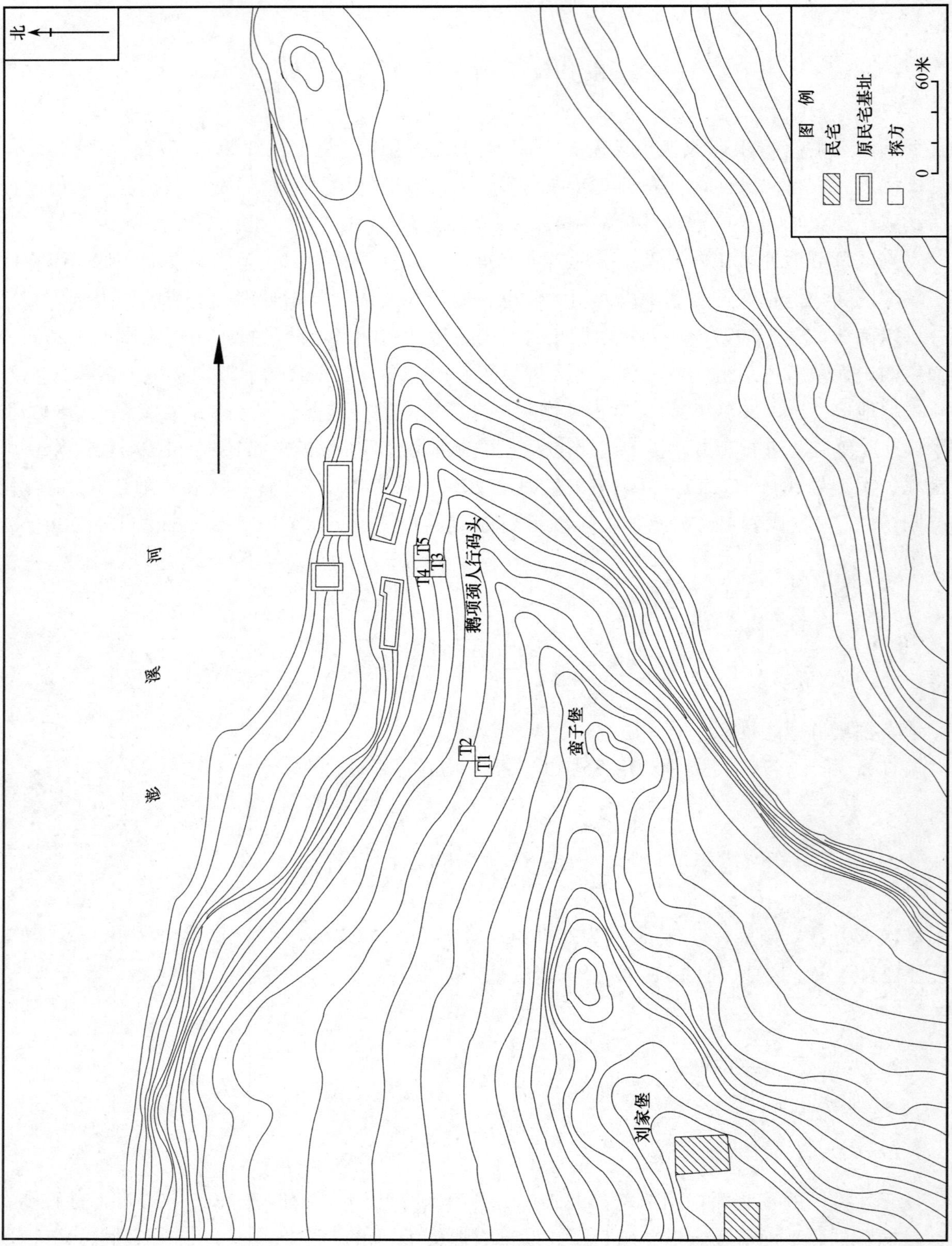

图二　走马岭墓群地形及2011年发掘探方分布图

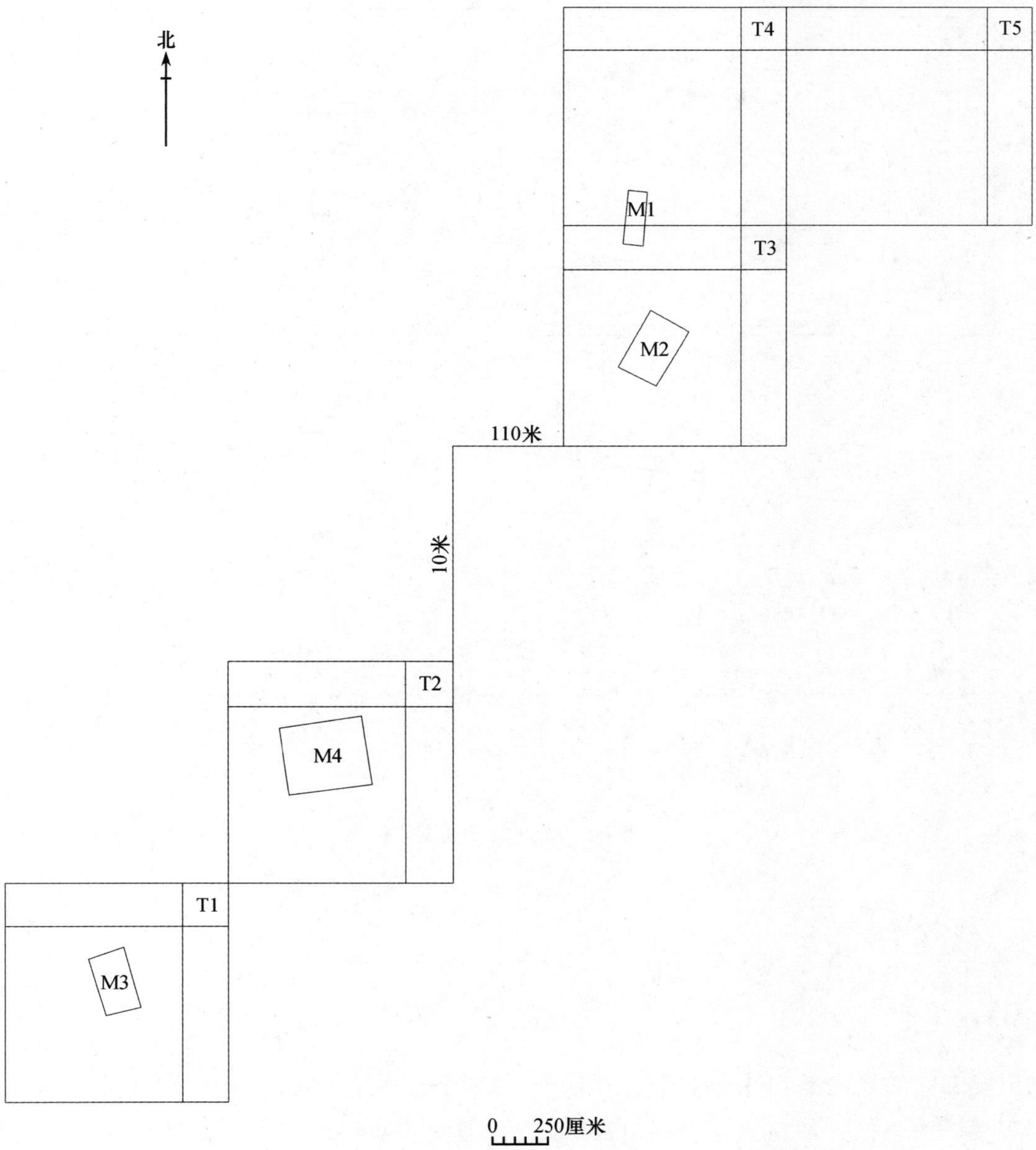

图三　走马岭墓群2011年度发掘墓葬分布图

2. M2

位于发掘区的东北部T3中部，开口于第1层下，距地表深0.6～0.7米，打破生土层，墓向210°。平面呈长方形，斜直壁。墓口长3、宽2米，墓底长2.74、宽1.8、深0.2～0.9米（图五）。

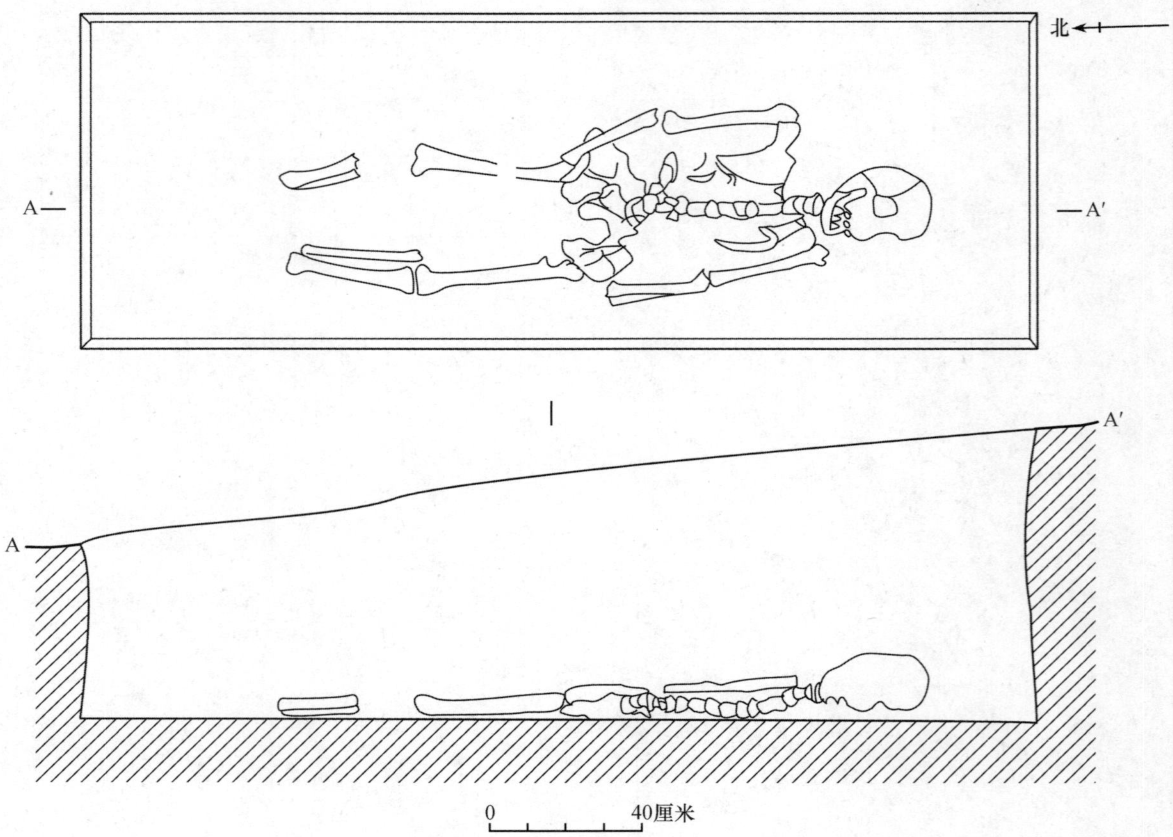

图四　M1平、剖面图

（二）岩坑墓

1. M3

位于发掘区的西南部T1中东北部，开口于第1层下，距地表深0.1～0.15米，打破基岩层，墓向347°。平面呈长方形，斜壁。墓口长2.8、宽1.7米，墓底长2.74、宽1.58、深0.14～0.7米（图六）。

2. M4

位于发掘区的西南部T2东北部，开口于第1层下，距地表深10～15厘米，打破基岩层，墓向85°。平面呈长方形，斜壁。墓口长3.8、宽3.2米，墓底长3.66、宽3.1、深0.2～0.76米（图七）。

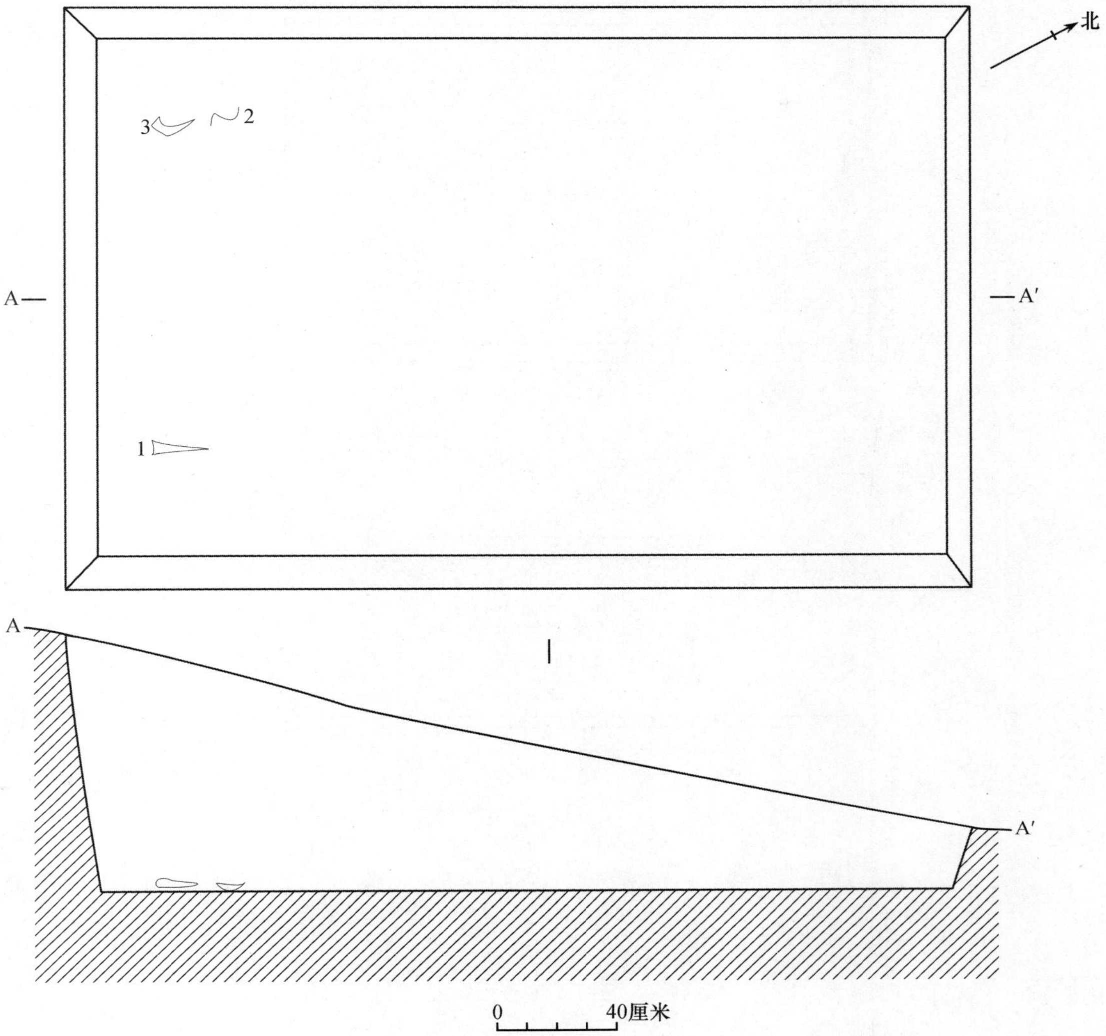

图五　M2平、剖面图
1、3. 铁棺钉　2. 铁吊钩

四、出土器物

该墓群被盗严重，随葬品甚少，仅在M1见铁棺钉1件、铁吊钩2件，T5①层出土铁镢1件。共4件。

铁镢　1件。T5①：1，铁质，通体锈蚀，保存较为完好，刃部稍有崩残。体呈长条形，断面为弧形，单刃，銎部断面为椭圆形。通长31.9、刃宽6.7厘米（图八，4）。

铁棺钉　2枚。铁质，通体锈蚀。M1：1，保存较为完好。长锥形，顶部残损。通长18.8厘米（图八，2）。M1：3，残。长锥折形，顶部残损。通长11.5、折宽5厘米（图八，1）。

铁吊钩　1件。M1：2，铁质，通体锈蚀，残。“S”形弯钩，扁条形。通长6.7、宽1厘米（图八，3）。

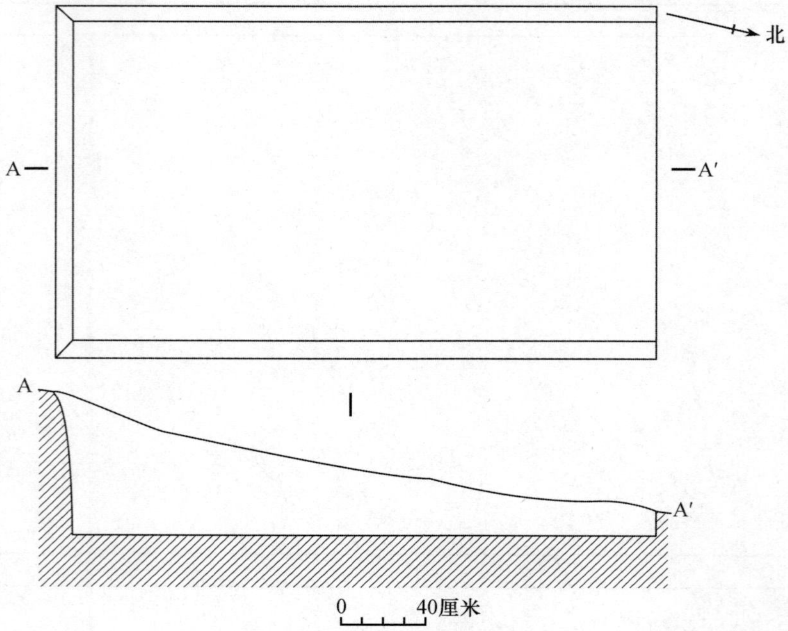

图六　M3平、剖面图

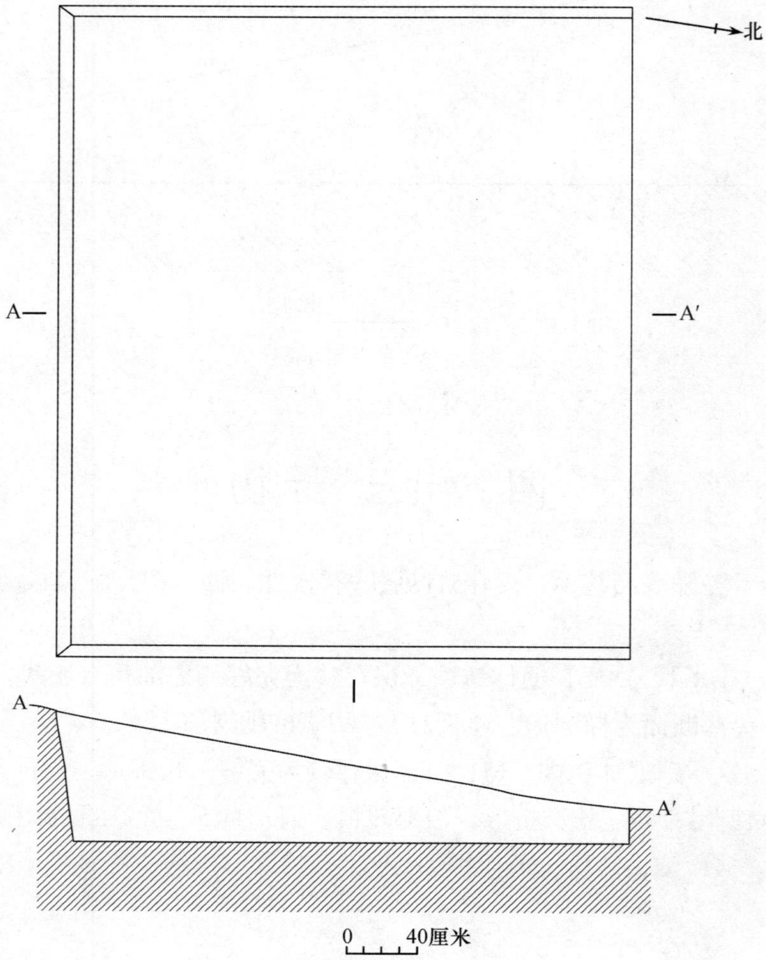

图七　M4平、剖面图

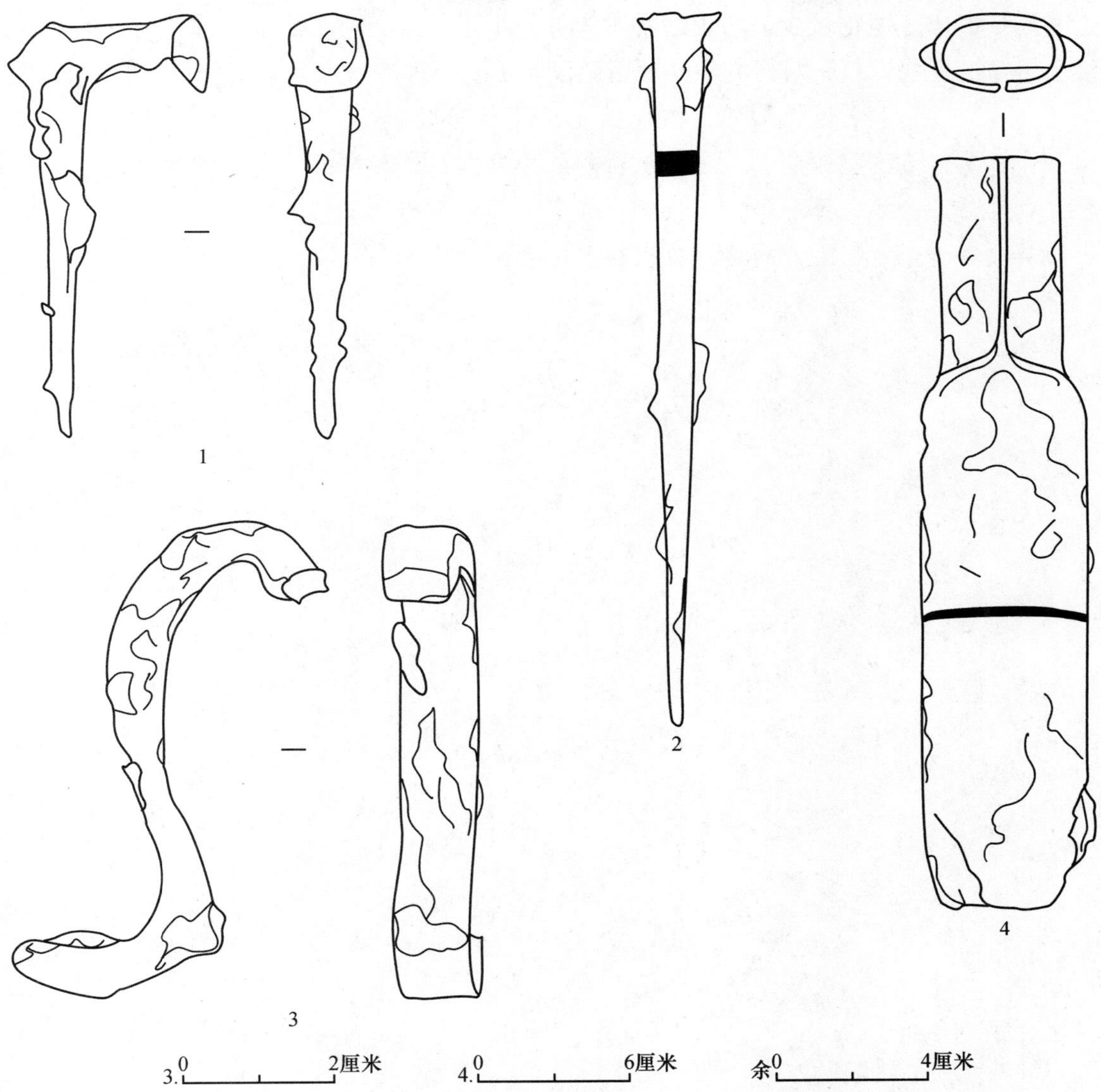

图八　出土铁器

1、2. 棺钉（M1：3、M1：1）　3. 吊钩（M1：2）　4. 镢（T5①：1）

五、结　　语

此次发掘的走马岭墓群墓葬数量不多，形制大体一致。由于被破坏严重，少见出土物。同一时代朝向大体一致且同一墓地内墓葬排列有序，墓葬时代为两汉和明清。该墓群延续时间长，并在形制上体现出了个体差异，土坑墓、岩坑墓交叉分布，应是经过统一布局的平民公共墓地。

铁镢与其形制相同的烟台市博物馆收藏有1件，出自牟平县的一处汉代冶铁遗址。根据其形制可知其为汉代遗物。据《汉书·地理志》记载，从汉武帝开始在全国设铁官40多处。这次发现的这件铁镢当是汉代的农耕工具。它的发现为研究重庆地区汉代冶铁工业提供了重要的实物资料。

走马岭墓群出土遗物较少，所出之物对为进一步建立重庆峡江地区两汉时期岩坑墓文化序列提供了丰富的实物资料，对研究峡江地区两汉明清墓葬埋葬特点具有十分重要的意义。

附注：本次考古发掘领队邹后曦，执行领队杨爱民，参与发掘的人员：杨爱民、龚玉龙、王新柱、彭锦绣、敕霖、谭静等，照摄像：龚玉龙、董小陈，资料整理：龚玉龙。本次发掘得到了云阳县文物管理所的大力支持，在此表示感谢。

执　笔：杨爱民　龚玉龙　邹后曦

云阳县麻柳林崖墓群2011年发掘简报

重庆市文化遗产研究院　云阳县文物管理所

为了配合三峡水利工程消落带文物保护工作，受重庆市文物局委托，重庆市文化遗产研究院整合湖北长阳博物馆、云阳县文物管理所的业务人员对云阳县麻柳林崖墓群考古队开展考古发掘。发掘工作从2013年7月5日起，至7月23日田野发掘阶段结束，历时18天，共完成发掘面积297平方米，现将发掘情况简报如下。

一、地理位置及布方情况

云阳县麻柳林崖墓群于1993年三峡水利工程库区文物调查时发现。墓群位于重庆市云阳县龙角镇龙堰村2组，长江支流磨刀溪东侧和泥溪河西侧山崖边，地理坐标东经108°54′32″，北纬30°46′15″，海拔145米。由于三峡水利工程库区的库水淹没，现磨刀溪和泥溪河已形成库区将现中州山环绕形成中州岛，南距龙角镇约2公里，距云阳县城区约75千米（图一）。

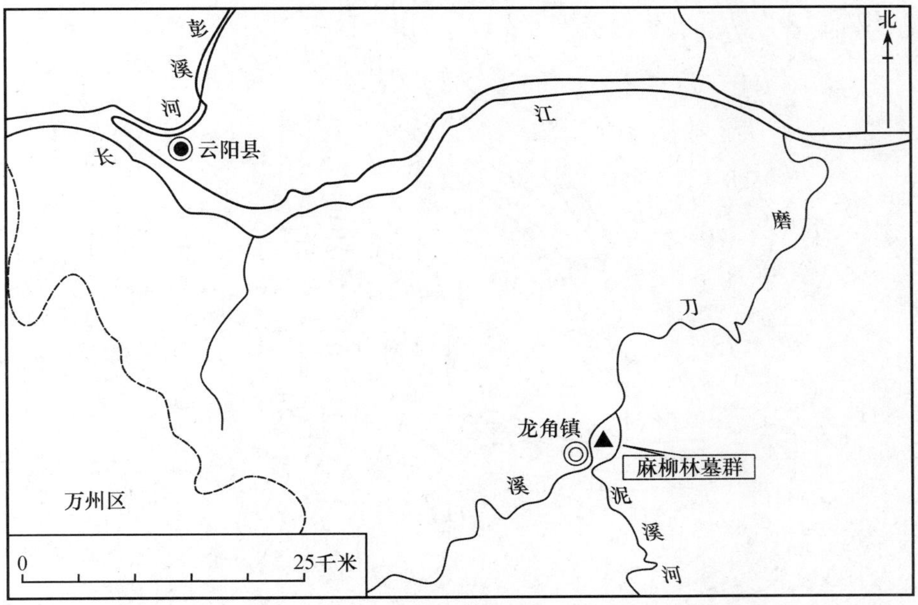

图一　麻柳林墓群位置图

陕西省考古研究所和西安半坡博物馆于2003年对该处遗址进行了发掘，发掘面积1000平方米。2011年，重庆市文物考古所联合云阳县文物管理所对该遗址进行了考古发掘，我们采用探方法进行布方发掘，依据具体的地理环境，在中州岛东西两侧布正北方向7米×7米探方3个，布正北方向15米×10米探方1个，分别编号为2011YLMT1～2011YLMT4（“2011”代表发掘年度，“Y”代表云阳县，“L”代表龙堰村，“M”代表麻柳林），共计发掘面积297平方米（图二）。其中2011YLMT1、2011YLMT2（以下简称T1、T2）位于发掘区西部（图三），2011YLMT3、2011YLMT4（以下简称T3、T4）位于发掘区东部（图四）。

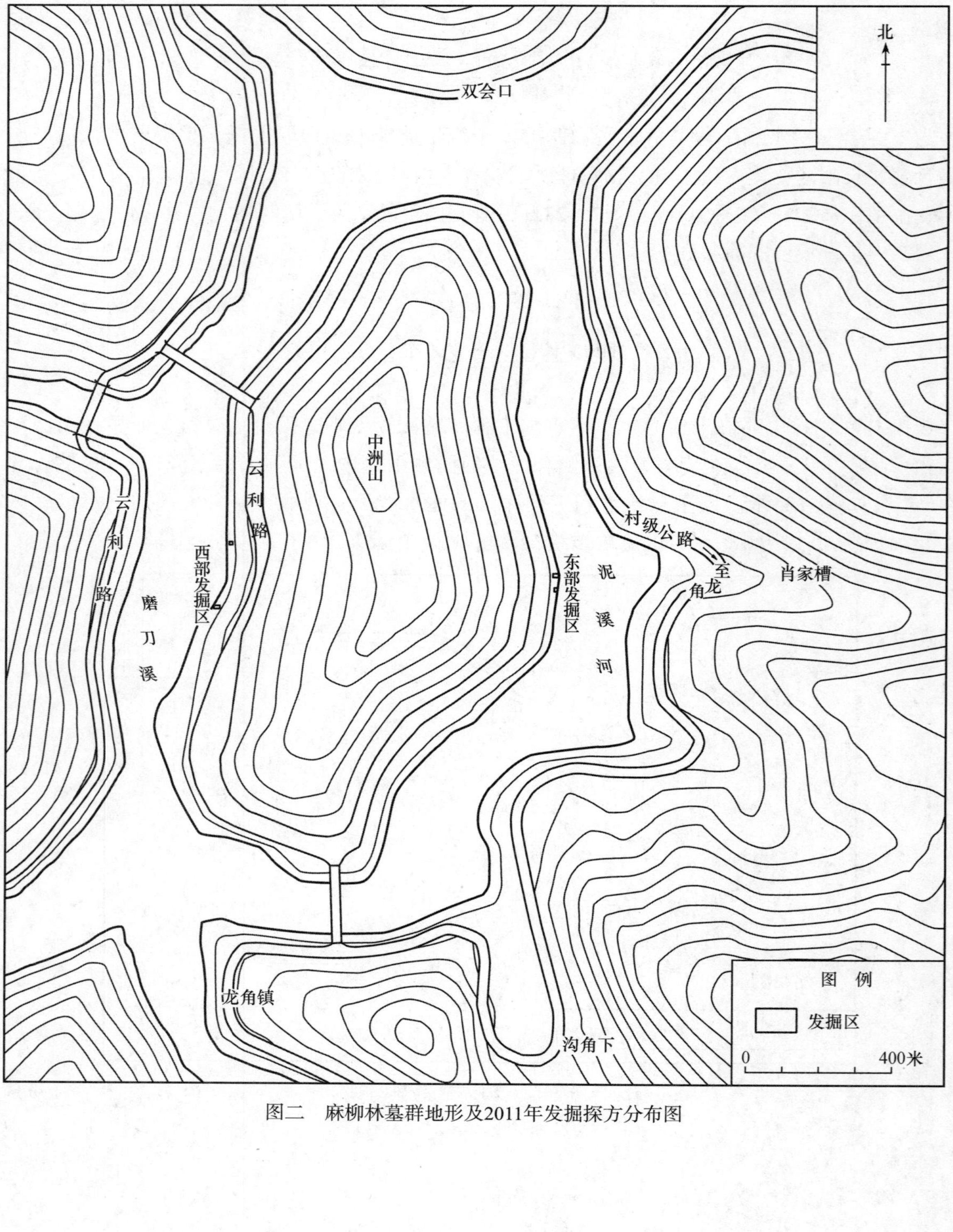

图二　麻柳林墓群地形及2011年发掘探方分布图

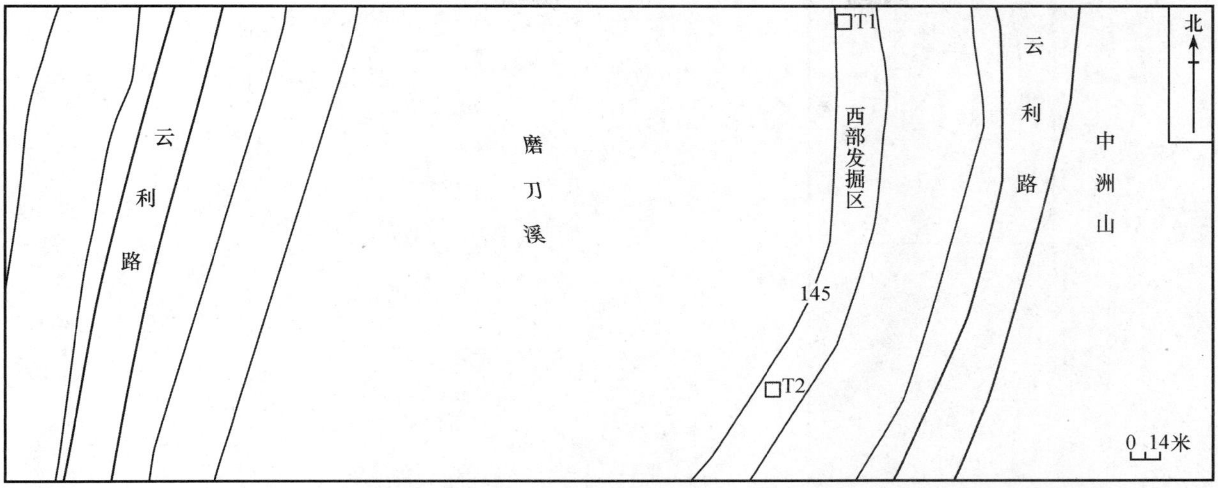

图三 麻柳林墓群2011年度西部发掘区探方分布图

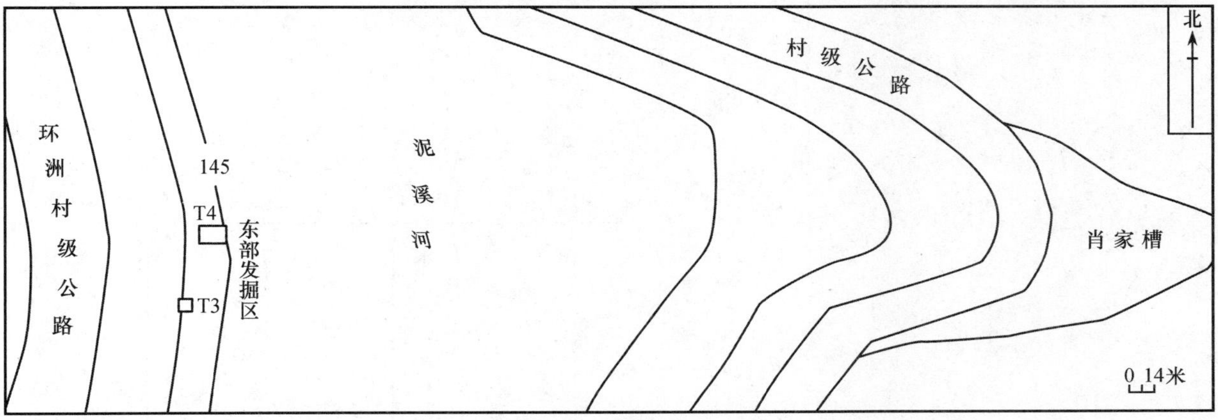

图四 麻柳林墓群2011年度东部发掘区探方分布图

二、墓葬形制与规格

本次布方发掘共发现崖墓共8座，其中2011YLMM1、2011YLMM2（以下简称M1、M2）位于西部发掘区（图五），2011YLMM3～2011YLMM8（以下简称M3～M8）位于东部发掘区（图六）。

（一）M1

崖墓，位于西部发掘区的西北部，探方T1的中部断崖崖面上。墓底呈斜坡状向外倾斜，坡度为2°。分为墓道、甬道、墓室三部分。墓葬全长5.1米，方向270°。

墓道位于墓室西部，平面呈长方形，长1.32、宽1.42、深0～1.48米。甬道平顶，长0.74、宽1.02米。墓室平面呈长方形，长2.8、宽1.44、高1.2米。顶部及底部较平，墓底有一定坡度（图七）。

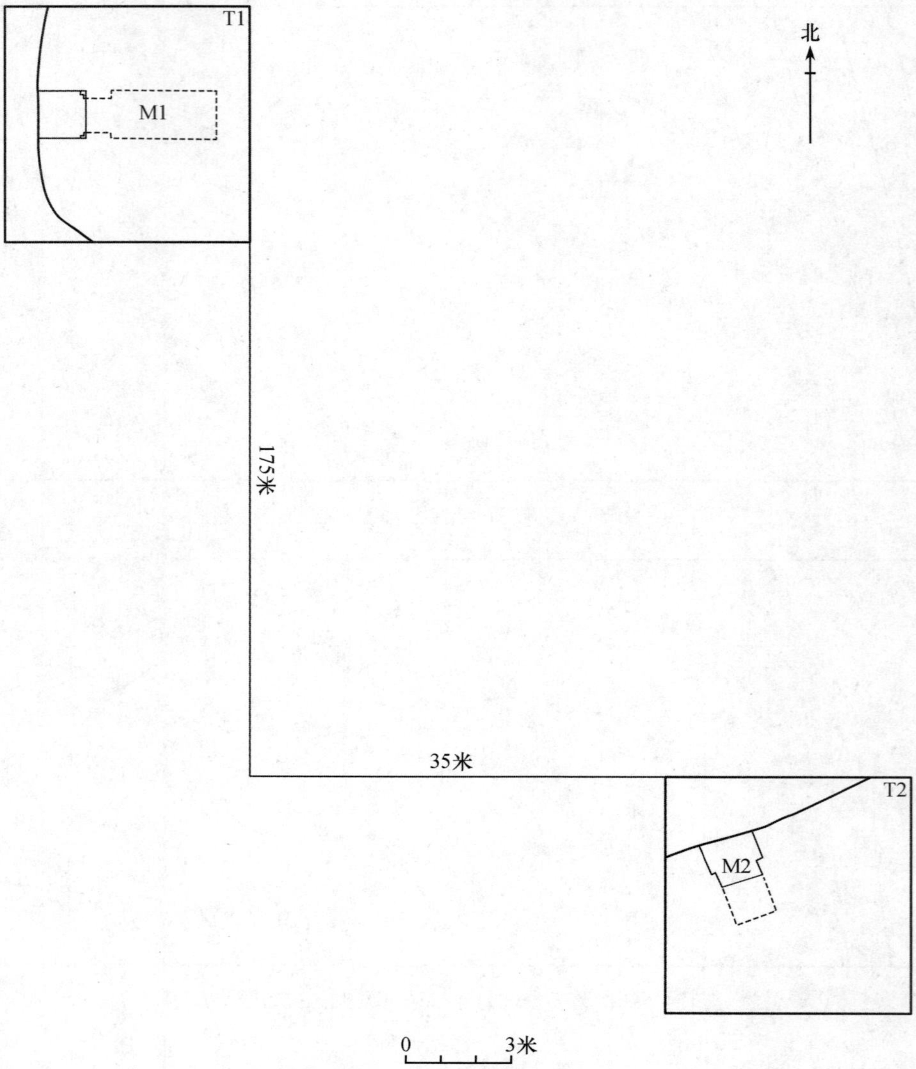

图五　麻柳林墓群2011年西部发掘区墓葬分布图

（二）M2

崖墓，位于西部发掘区的东南部，探方T2的西北部。凸字形崖墓，单层檐，风化严重。由墓道（甬道）、墓室组成，墓底略倾斜，全长3.3米，方向340°。

墓道（甬道）位于墓室西北部，平面为长方形。残长0.88、宽0.16米。墓室墓底长1.64、宽1.2、高1.38米。顶部圆弧，底部较平。

M2因其加工极为粗糙，且深于岩石内较短，山体岩石内面发现有较多断裂迹象。可能在建造后期放弃修建（图八）。

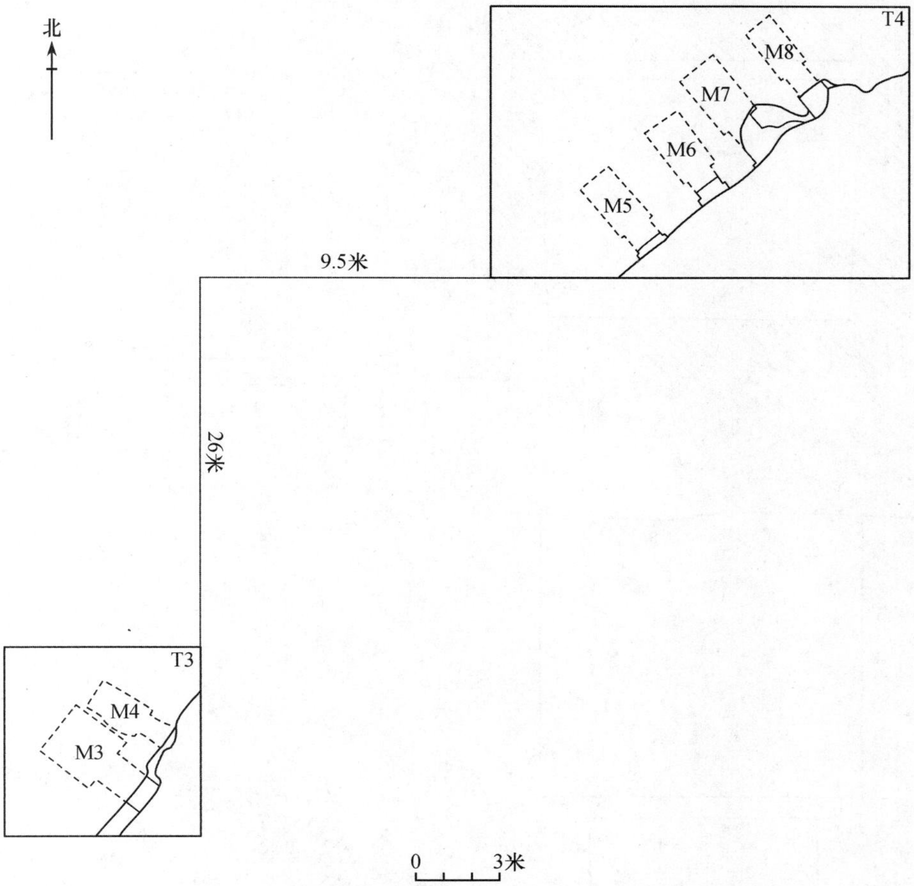

图六　麻柳林墓群2011年东部发掘区墓葬分布图

（三）M3

崖墓，位于东部发掘区的西南部，T3中部。M3 分为墓道、甬道、墓室三部分，全长4.2米，方向123°。

墓道位于墓室西北部，平面呈长方形，长0.6、宽1米。墓道底部低于甬道底部0.1米。甬道平顶，长1.36、宽1.1、高0.9米。墓室为圆弧顶，墓底较平。长2.2、宽2.1、高0.96～1.16米（图九）。

（四）M4

崖墓，位于东部发掘区的西南部，探方T3西北部。凸字形墓，单层檐。由墓道、甬道、墓室三部分组成，墓底呈斜坡状向外倾斜，全长3.1米，方向120°。

墓道位于甬道西部，长方形，长0.12、宽0.9、高0.92米。甬道在近墓室处较窄，在近甬道处较宽，平顶，长0.9、宽0.8～0.9、高0.74～0.82米。墓室顶部前端较平，墓底前端低于后端0.12米，墓壁右侧前端为圆弧形，长2.4、宽1.16～1.38、高0.7～0.82米（图一〇）。

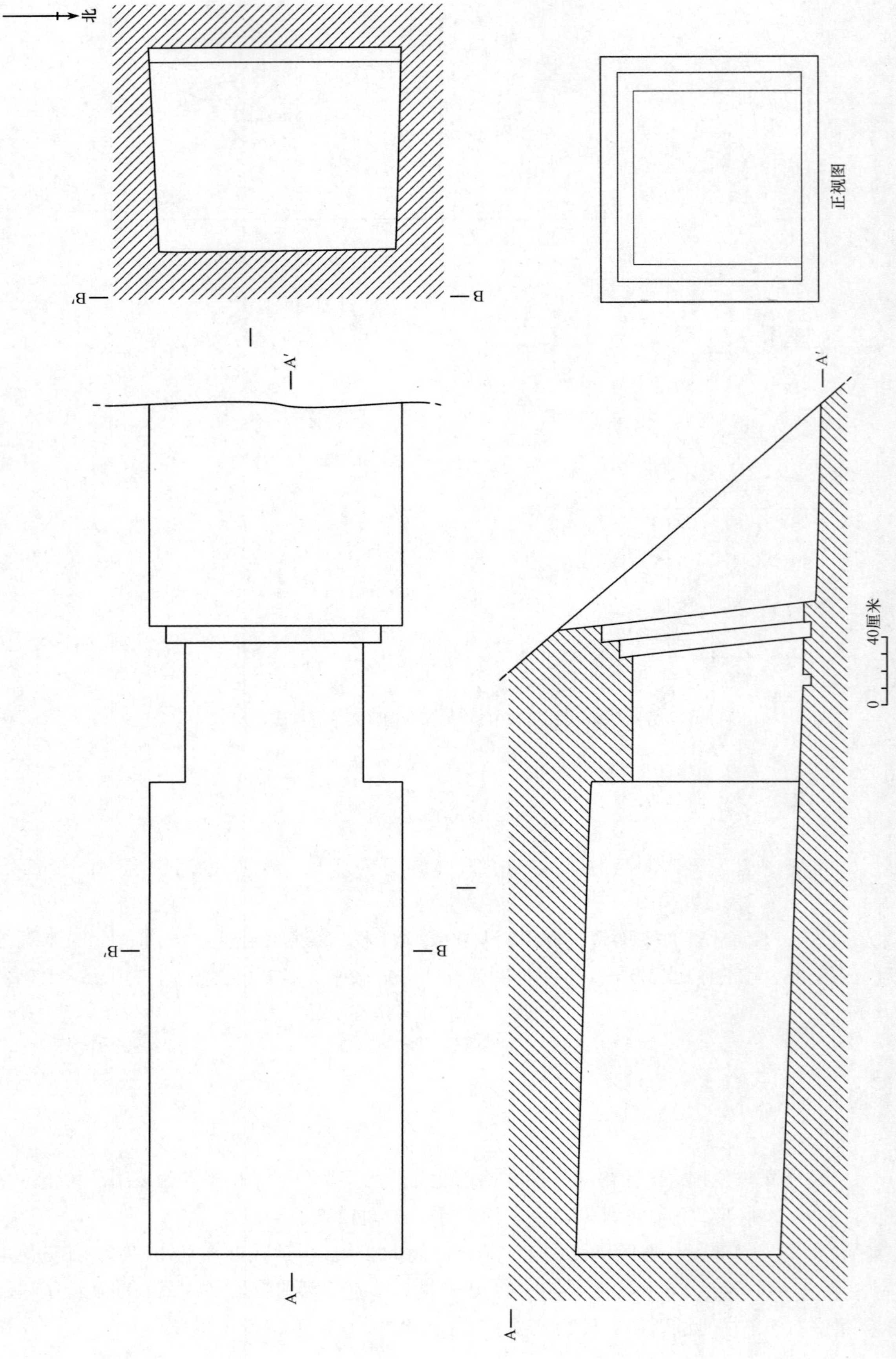

图七　M1平、剖面及墓口正视图

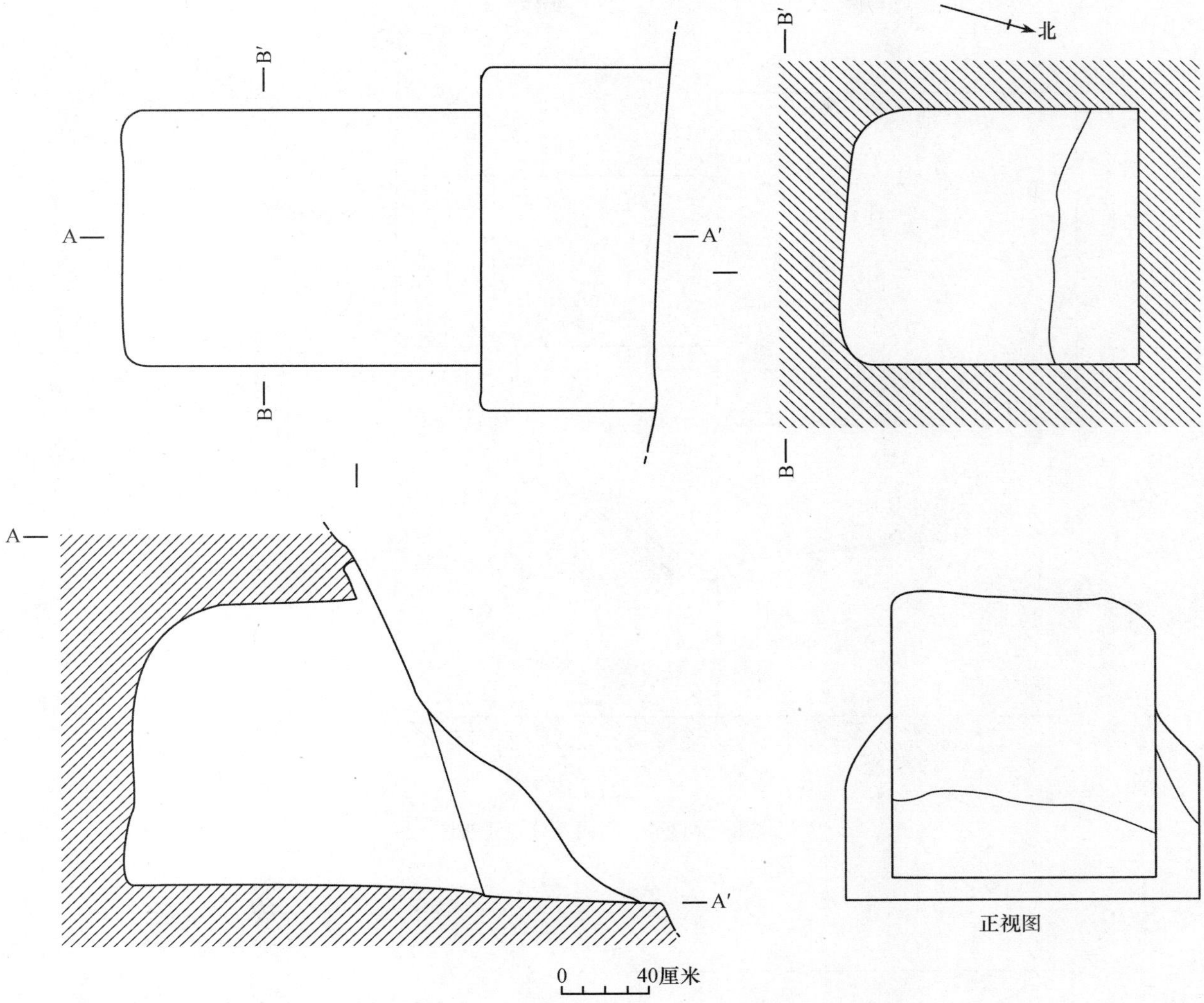

图八 M2平、剖面及墓口正视图

（五）M5

崖墓，位于东部发掘区的东北部，T4中部。凸字形，单层檐。由墓道、甬道、墓室三部分组成，墓底呈斜坡状向外倾斜，墓壁有明显凿痕，总长3.4米，方向140°。

墓道在墓室的东侧，平面呈长方形。长0.2、宽1.2、高0～0.94米。甬道平顶，平面呈长方形，剖面为梯形。墓顶长0.7、墓底长0.8、宽0.96、高0.94米。墓室平面为长方形，券顶。长2.4、宽1.38、高0.95～1.1米（图一一）。

（六）M6

崖墓，位于东部发掘区的东北部，T4中部。M6为单层檐。凸字形墓葬，由墓道、甬道、墓室三部分组成。全长3.6米，方向143°。

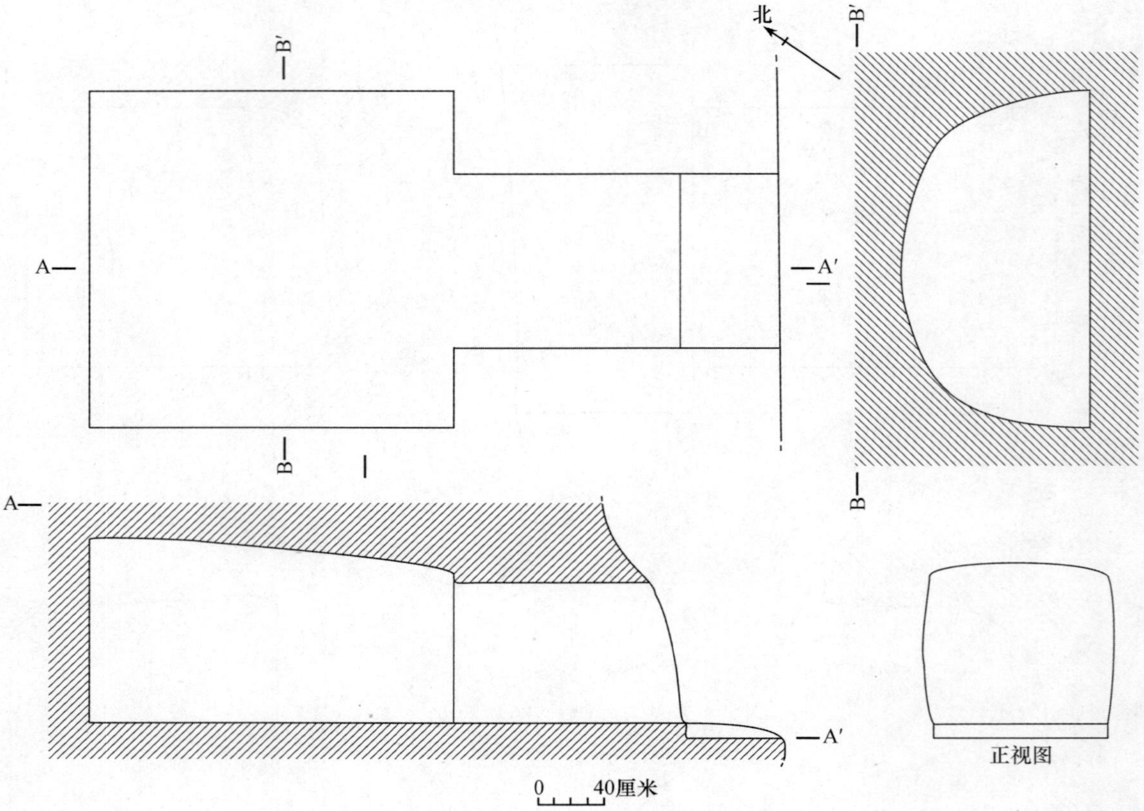

图九　M3平、剖面及墓口正视图

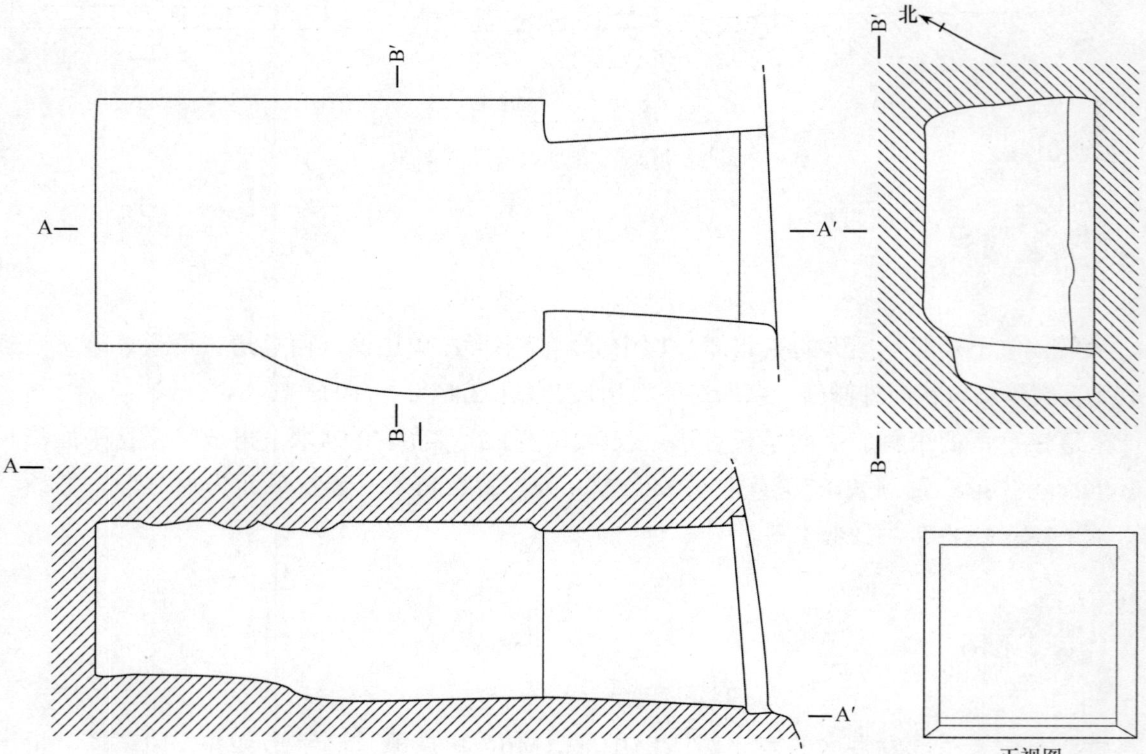

图一〇　M4平、剖面及墓口正视图

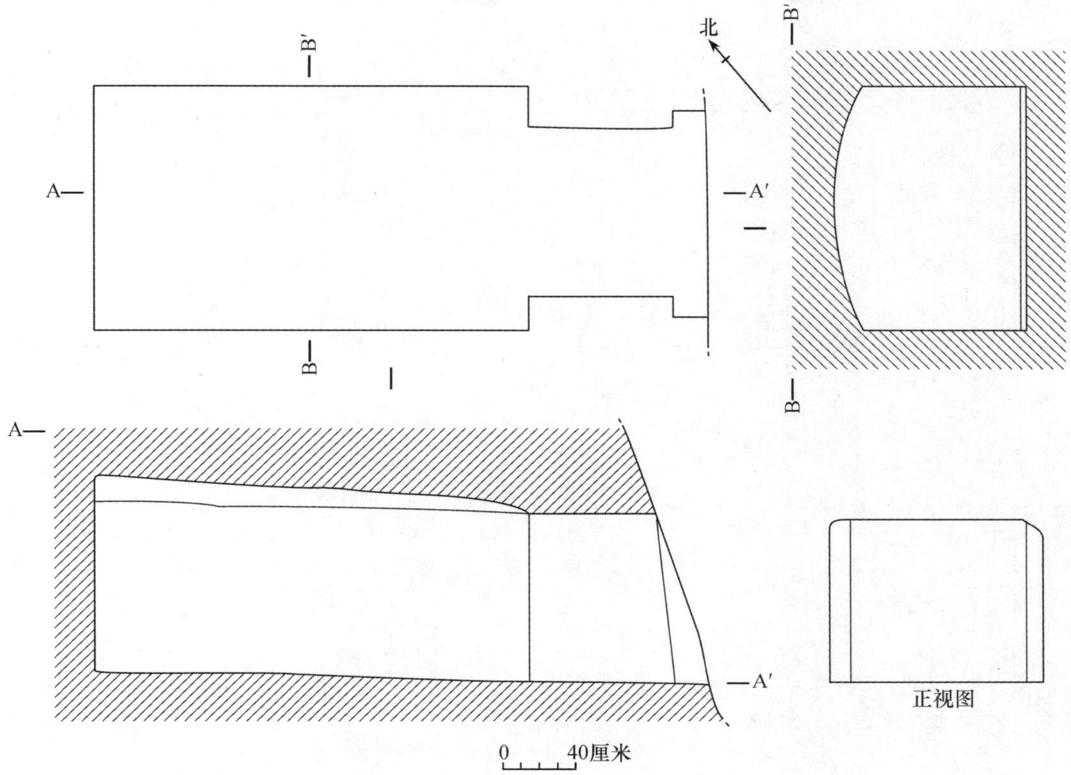

图一一　M5平、剖面及墓口正视图

墓道位于墓室东侧。长0.2～0.48、宽1.2、高0.96米。甬道平顶，平面长方形。长0.58～0.8、宽1、高0.96米。甬道上下两端有对应的宽0.12米的封门槽。晚期人们在甬道中间底部两侧凿有门臼及门栓卡槽，对其加以利用。墓室为券顶，墓壁有明显凿痕。长2.34、宽1.38、高1～1.15米（图一二）。

（七）M7

崖墓，位于东部发掘区的东北部，T4中部。方向140°。M7为单层檐，分为墓道、甬道、墓室三部分。

墓道位于墓室东南部，破坏严重，仅残留部分墓道。残长0.14、残宽0.4米。甬道东南角被破坏。长1.4、宽0.96米，甬道顶部由于被破坏，故高度不详。墓室为八字顶，墓室长2.5、宽1.5、高1.1米。墓壁有明显凿痕（图一三）。

（八）M8

崖墓，位于东部发掘区的东北部，T4北部。方向140°。M8为单层檐。分为墓道、甬道、墓室三部分。

墓道位于墓室东南部，平面呈长方形。残长1.04、残宽0.98、高1米。墓道顶部被破坏严重

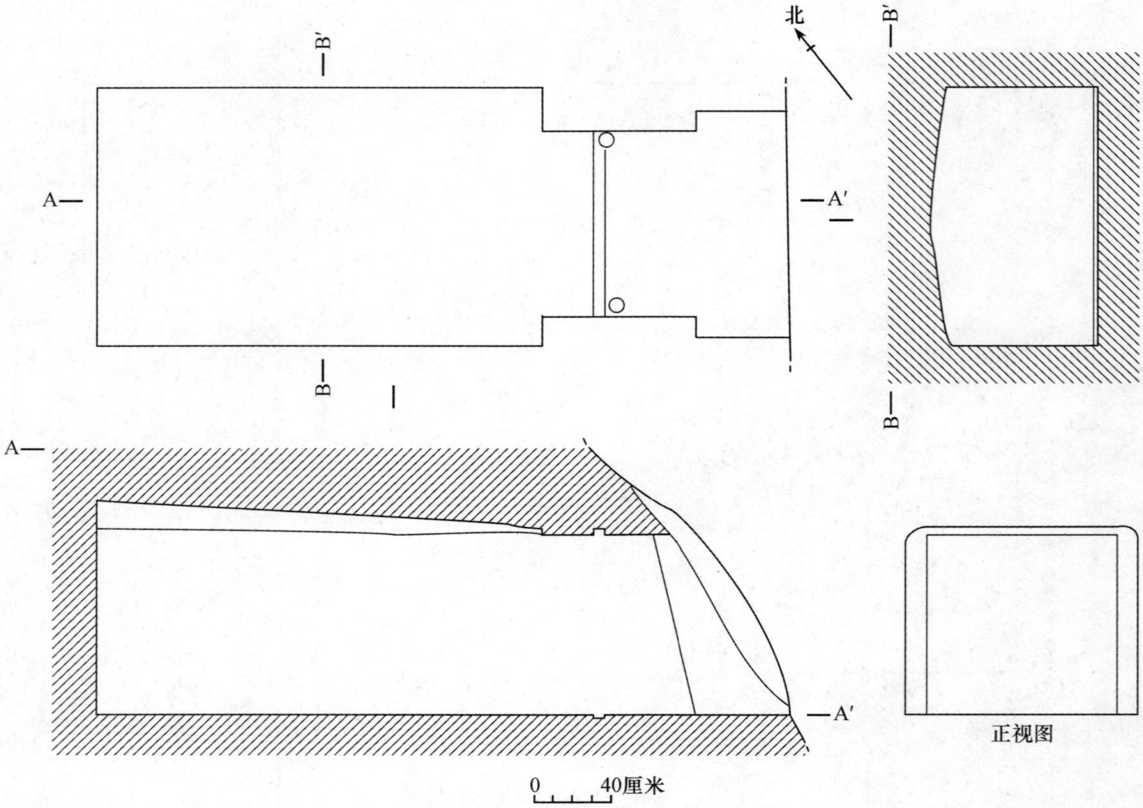

图一二　M6平、剖面及墓口正视图

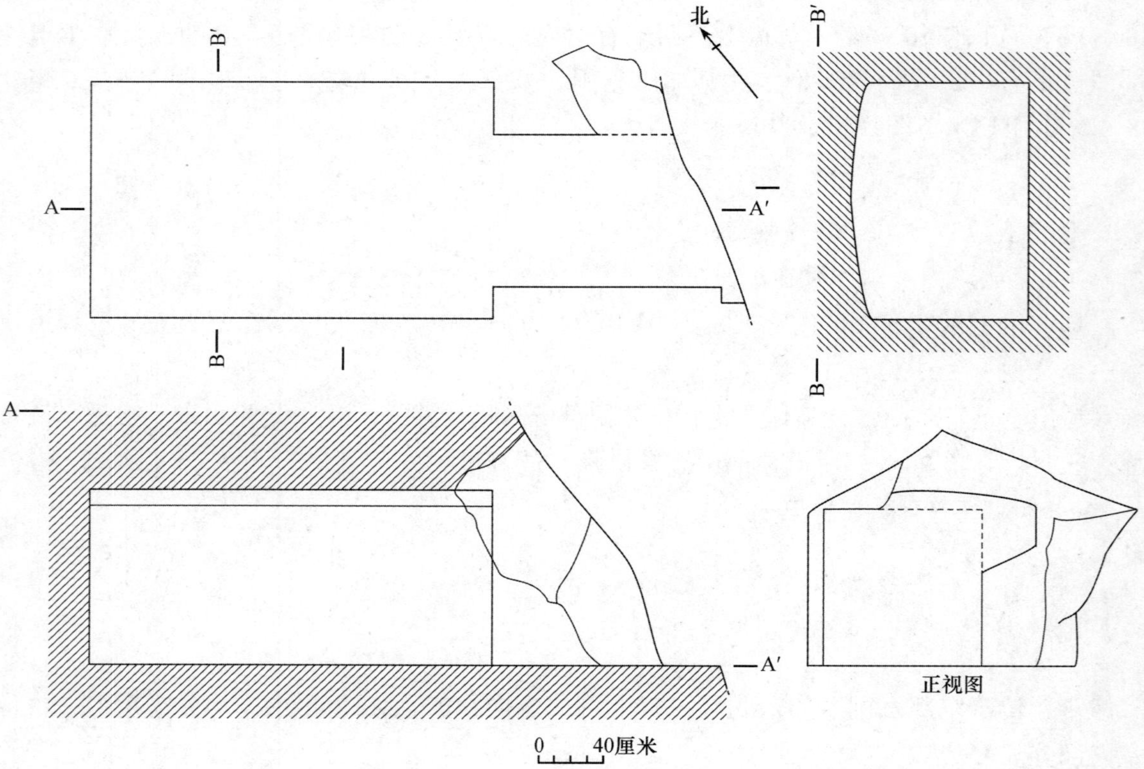

图一三　M7平、剖面及墓口正视图

而造成较大裂痕。甬道位于墓室东南部。长方形。长0.78、宽0.78、高0.86米。甬道高于墓道8厘米。墓室为平顶，墓顶长2.1、宽1.04、高1米。墓壁有明显人工凿痕（图一四）。

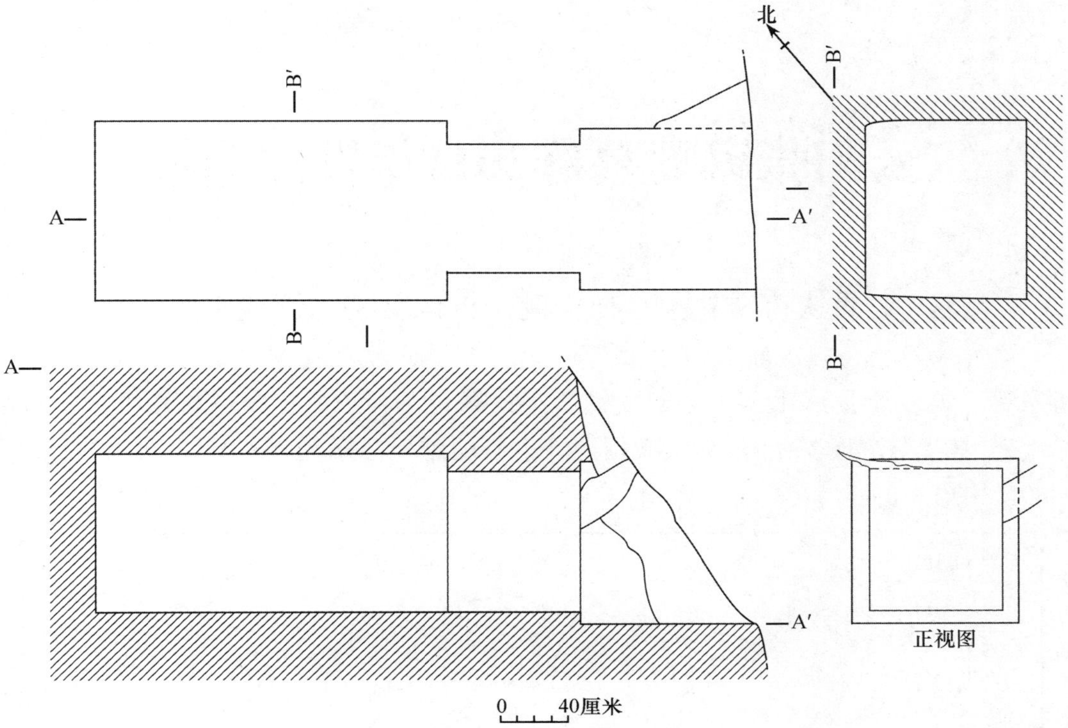

图一四　M8平、剖面及墓口正视图

三、出土器物

本次布方发掘共发现崖墓共8座，8座墓均未见随葬品出土，主要是被盗所致。

四、结　语

麻柳林崖墓群位于中州岛的临三峡库区库岸东西两侧的崖壁上。由于被盗严重，不见出土物，但是从墓葬数量多、形制大体一致的墓葬特点来看，墓葬时代应为两汉。同一墓地内墓葬排列有序，朝向大体一致，应是一处经过统一布局的家族墓群。该墓群延续时间长，并在形制上体现出了差异。这为进一步建立重庆峡江地区两汉时期崖墓文化序列提供了丰富的实物资料，对研究峡江地区两汉墓葬（尤其是崖墓）特点也具有十分重要的意义。

附记：本次考古发掘领队邹后曦，执行领队李大地，参与发掘人员：龚玉龙、张守华，绘图为张守华、张镇山，资料整理：龚玉龙、张守华。发掘工作得到了云阳县文物管理研究所的大力支持，在此表示感谢！

执　笔：龚玉龙　李大地

云阳张家嘴墓群2011年发掘简报

重庆市文化遗产研究院　云阳县文物管理所

张家嘴墓群位于重庆市云阳县双江镇复兴社区青龙街道（原复兴村六组），西距云阳县县城约7千米，东隔黄岭溪与邓家嘴相望。中心地理坐标东经108°41′，北纬30°56′，海拔160～180米（图一）。

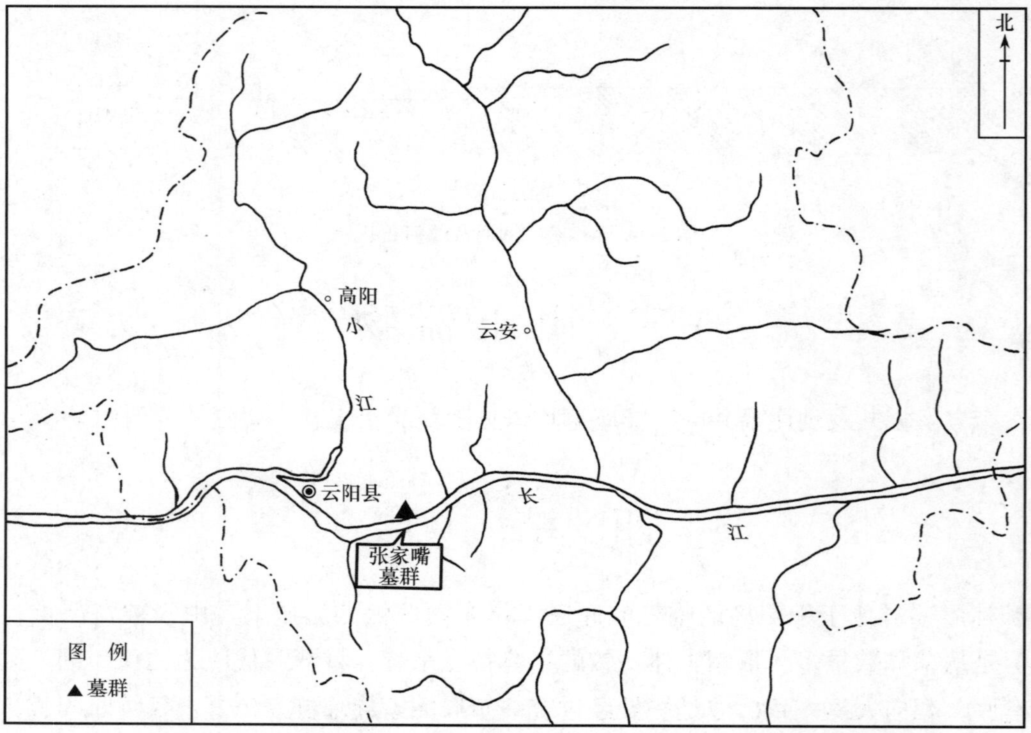

图一　张家嘴墓群位置示意图

该墓群地处长江北岸二级台地及缓坡地带，地势呈北高南低。2002年至2005年，陕西省西安半坡博物馆对该墓群进行了两次大规模发掘，发掘面积2000多平方米，清理了一批战国至东汉时期的墓葬。

2011年8月，重庆市文化遗产研究院整合湖北长阳博物馆、云阳县文物管理所的业务人员组建考古工作队，对该墓群进行了第三次抢救性发掘，田野工作于9月2日结束，历时26天。共布10米×10米探方5个，编号2011CYZT1～2011CYZT5（“2011”代表发掘年度，“C”代表重庆市，“Y”代表云阳县，“Z”代表张家嘴）（以下简称T1～T5）。方向为正南北，发掘面积500平方米（图二）。清理墓葬5座，编号2011CYZM1～2011CYZM5（以下简称M1～M5），其中土坑墓2座，砖室墓3座（图三）。现将发掘情况报告如下。

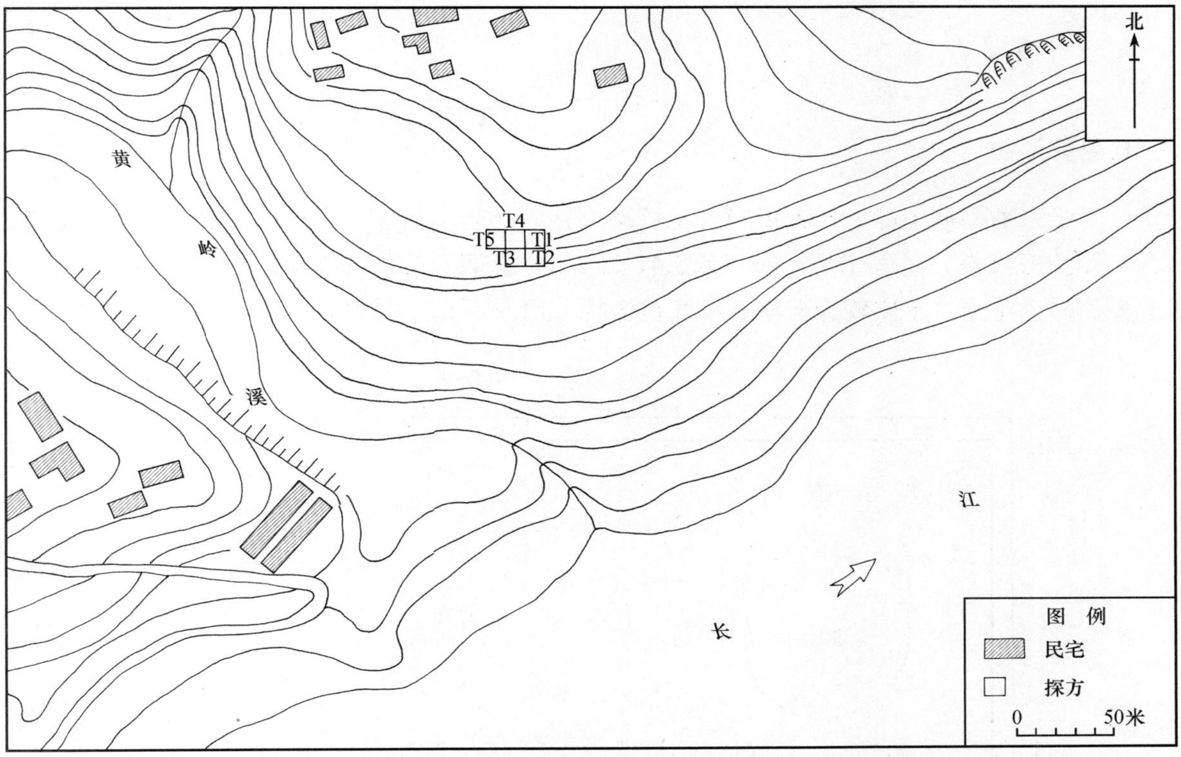

图二　张家嘴墓群地形及2011年发掘探方分布图

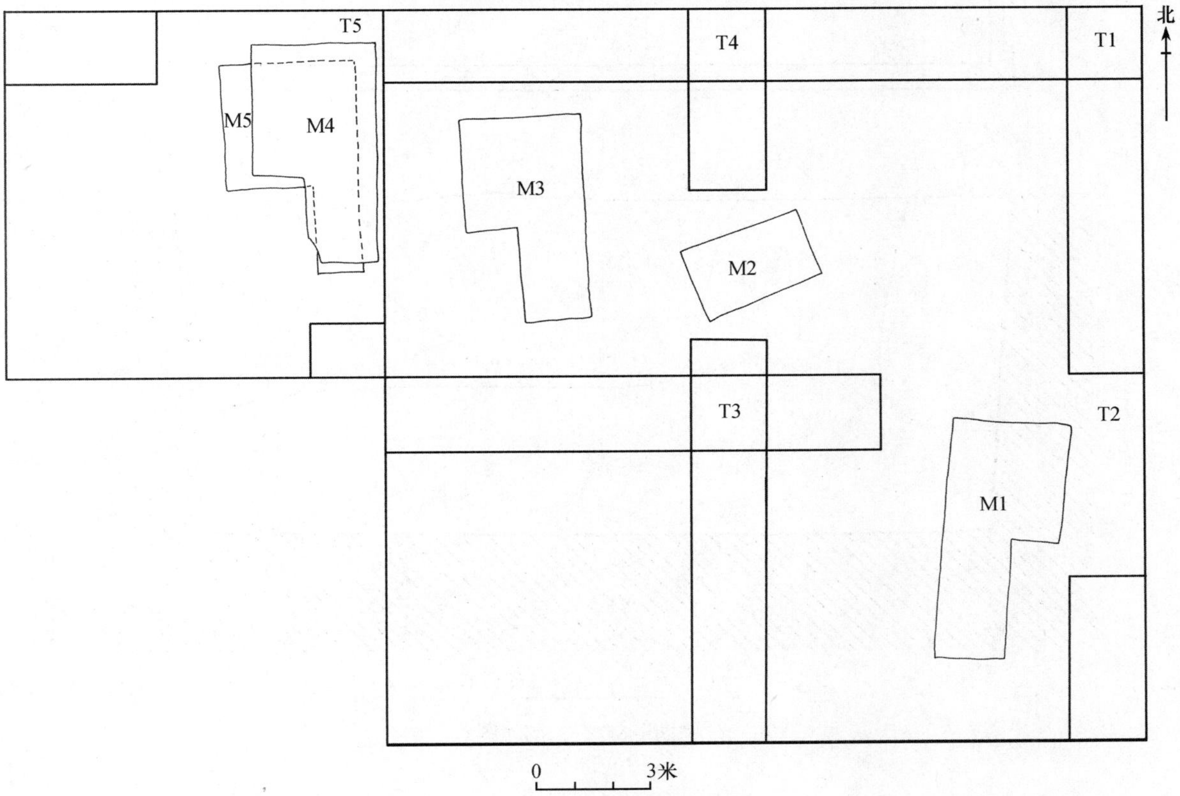

图三　张家嘴墓群2011年发掘墓葬分布图

一、土 坑 墓

（一）M2

1. 墓葬形制

位于张家嘴墓群中部，长方形竖穴土坑墓，方向263°，墓口距地表0.3米。口大底小，坑壁斜直，经拍打修整，墓底平坦。墓口长3.4、宽2米，墓底长3.2、宽1.8米，墓深1.4米。墓坑内填土为黄褐色花土，土质较为疏松。墓底被盗扰，情况不详（图四）。

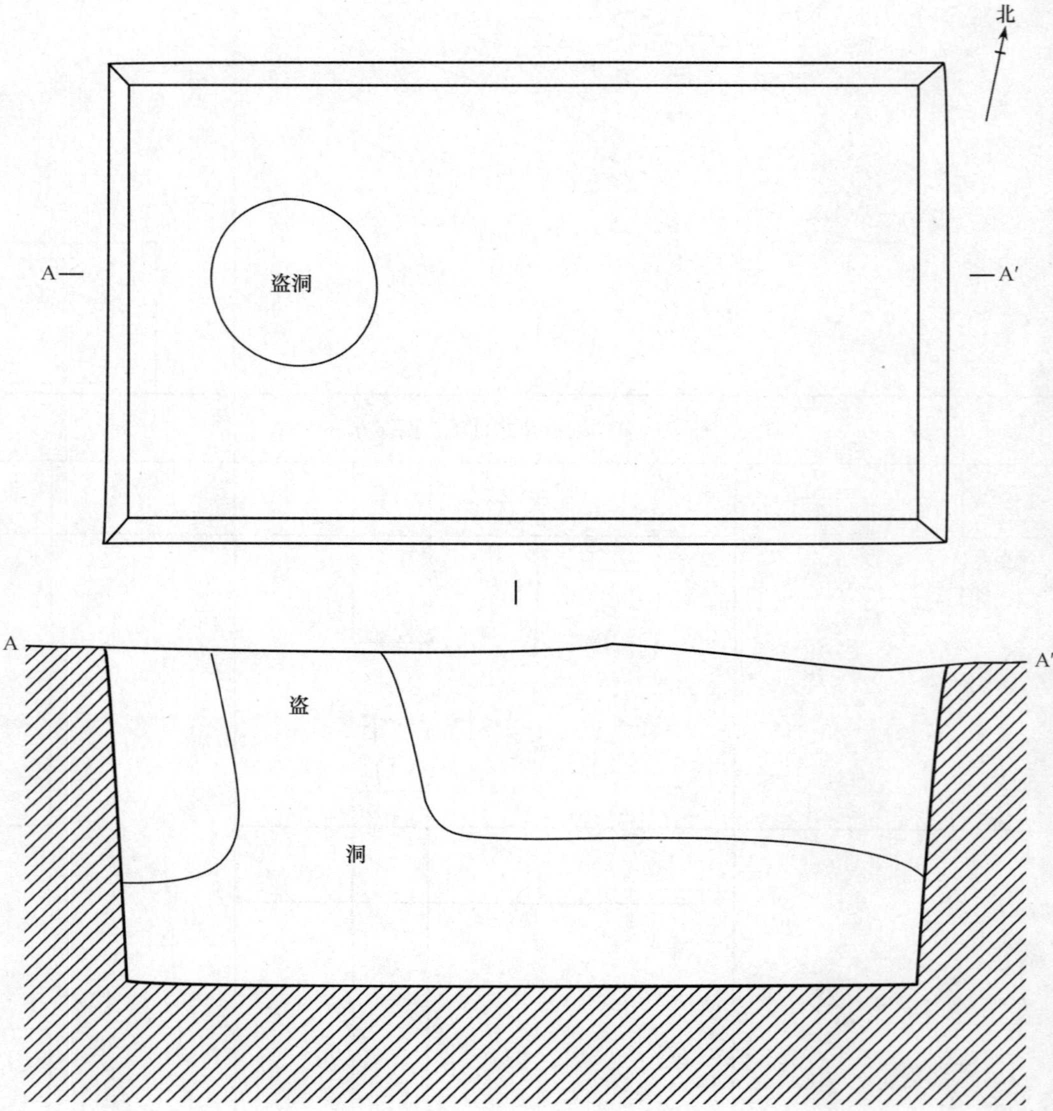

图四　M2平、剖面图

2. 随葬品

该墓遭严重盗扰，随葬品无存。

（二）M5

1. 墓葬形制

位于张家嘴墓群西北部，“刀”把形竖穴土坑墓，距地表0.3米，方向177°。口大底小，坑壁斜直，经拍打修整，墓底平坦。长方形斜坡墓道，坡度33°，墓道上端口长2.6、宽1.3米，下端口长2.6、宽1.14米，深1.96米。墓口长3.6、宽3.4米，墓底长2.6、宽2.8米，深2.9米。墓底有熟土二层台，宽0.32、深0.2米。墓坑内填土为黄褐色花土，土质较为疏松。葬具、人骨架腐朽，仅见部分腐痕。墓室东部有一盗洞。该墓被M4打破（图五）。

2. 随葬品

该墓虽遭盗扰，但还出土了大量遗物，按质地分有陶器、铜器、铁器等，以陶器为主，铜器、铁器和钱币数量不多。

（1）陶器

部分陶器火候较低，破损严重，复原困难。完整及修复的陶器共计62件。以泥质陶为多，少量夹砂陶。陶器多灰陶，少量红陶，部分器物用朱砂彩绘。纹饰主要有绳纹、弦纹、网格纹、压印纹等。可分为仿铜礼器、生活用具等。仿铜礼器有鼎、锺、盒等；生活用具以罐、釜、钵、甑、盆、瓮。均轮制。

罐　8件。分平底罐和圜底罐两大类。

平底罐　4件。依腹部不同可分三型。

A型　1件。鼓腹罐。M5：57，泥质灰陶。侈口，平沿，方唇，矮领。肩腹部施五道弦断绳纹。口径19 .2、底径20.6、最大腹径33、高24.8厘米（图六，1）。

B型　1件。折腹罐，M5：58，泥质灰陶。敛口，宽沿，尖圆唇，斜直颈，腹部饰网格纹和拍印菱格纹。口径20、底径16.5、最大腹径33.5、高21.4厘米（图六，2）。

C型　2件。弧腹罐。M5：20，泥质灰陶。微侈口，宽沿，尖唇，矮领，肩、腹部饰二道凹弦纹。口径8.2、底径12、最大腹径16.4、高17.8厘米（图六，3；图版八，7）。M5：26，泥质灰陶。微侈口，宽沿，尖唇，矮领，肩、腹部饰二道凹弦纹。口径10.2、底径12、最大腹径19.6、高16.8厘米（图六，4）。

圜底罐　4件。根据肩部的不同可分二型。

A型　3件。广肩。M5：40，泥质灰陶。直口，宽沿，尖圆唇，束颈，肩部施四道弦断竖向绳纹，腹部饰斜向绳纹。口径15、最大腹径37.4、高22.5厘米（图六，5）。M5：46，泥质灰陶。直口，宽沿，尖圆唇，束颈，肩部饰四道弦断竖向绳纹，腹部饰斜向绳纹。口径15、最

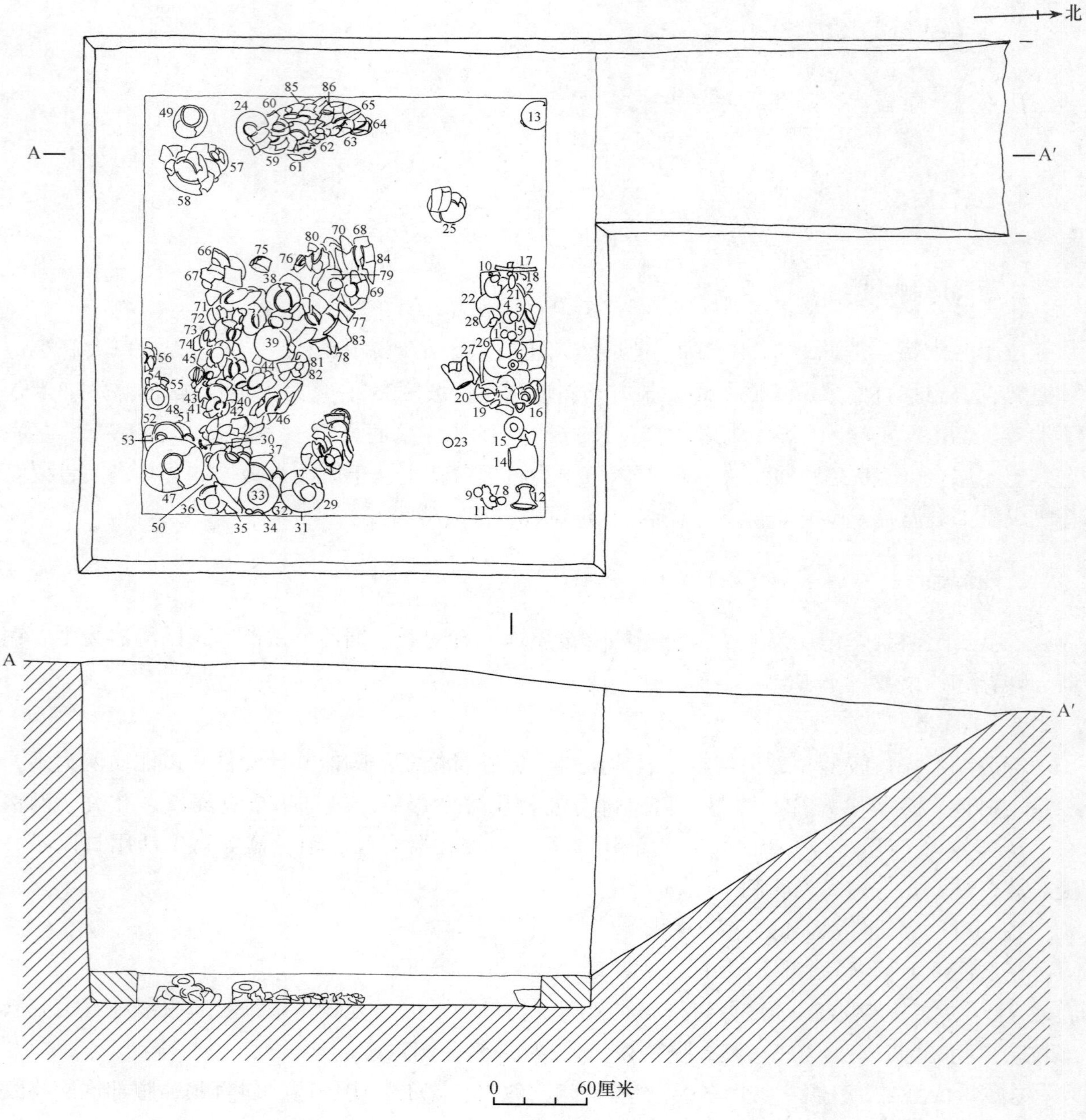

图五　M5平、剖面图

1～9、23. 铜泡钉　10、20、26、38、40、41、43、46、57～59、62. 陶罐　11、27. 铜棺饰　12、15. 陶豆　13. 铜钵　14、19、22、31～33、39、48、54～56、64、71～76、79、81、82、85. 陶钵　16、47. 陶鼎　17. 铁三脚架　18. 铁钩　21、42、53、84. 陶釜　24. 铁釜　25、34、35、52、66、67. 陶盆　28. 铜橄榄形器　29、60. 陶瓮　30. 铜钱币　36、49、61、63、65、68、69、77、78. 陶仓　37. 陶甑　44、45. 陶盒　50. 陶勺　51、70. 陶器盖　80. 陶博山炉　83. 陶锺　86. 陶灯

大腹径37.4、高22.5厘米（图六，6）。M5：62，泥质灰陶。直口，宽沿，尖圆唇，束颈，肩部施四道弦断绳纹，腹部饰交错绳纹。口径14、最大腹径36.4、高24厘米（图六，7）。

B型　1件。窄肩。M5：38，泥质灰陶。直口，宽沿，尖圆唇。腹部饰交错绳纹。口径9.5、最大腹径22、高13.2厘米（图六，8）。

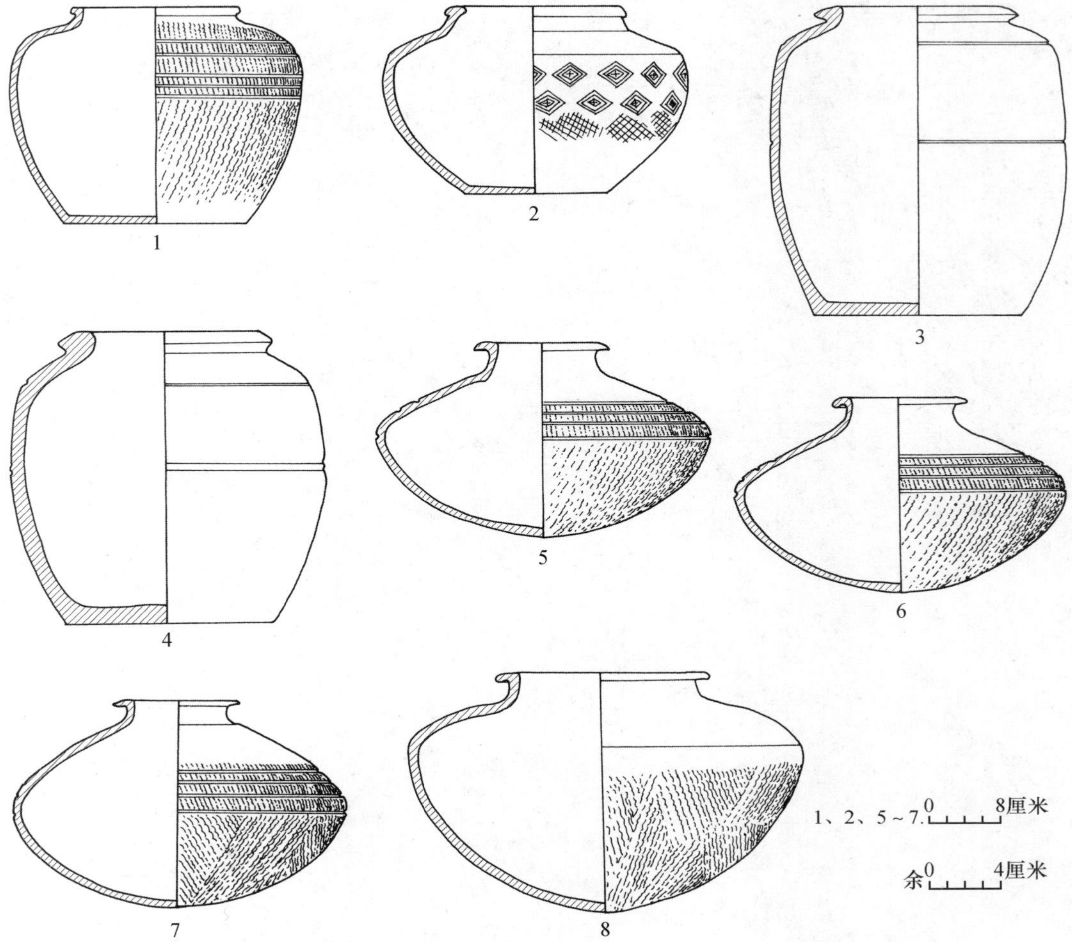

图六　M5出土陶器（一）

1. A型平底罐（M5：57）　2. B型平底罐（M5：58）　3、4. C型平底罐（M5：20、M5：26）　5～7. A型圜底罐（M5：40、M5：46、M5：62）　8. B型圜底罐（M5：38）

瓮　2件。依底部不同可分二型。

A型　1件。平底。M5：60，泥质灰陶。侈口，卷沿，双唇，折肩，斜腹内收。上腹部饰四道弦断竖向绳纹，下腹部饰交错绳纹。口径24、底径23、最大腹径51、高38厘米（图七，1）。

B型　1件。圜底。M5：29，泥质灰陶。侈口，束颈，卷沿，圆唇，鼓腹。肩部饰四道凹弦纹。口径9.2、最大腹径27.6、高21厘米（图七，2）。

鼎　2件。泥质灰陶。大小形制相似。子母口，鼓腹，圜底，环耳斜升，三蹄足，弧顶盖。顶饰三乳钉纽，下部饰二道凹弦纹。M5：16，腹饰一道凹弦纹。口径19、腹径22、通高19.2厘米（图七，3；图版八，5）。M5：47，口径19、腹径22、通高20厘米（图七，4）。

盒　2件。泥质灰陶。大小形制相似。盒身为子母口，圆唇，弧腹，圈足，盒盖为圈足纽。M5：44，腹饰一道凹弦纹，盒盖上饰二道凹弦纹。口径19、通高18.2、纽径6.3厘米（图七，5）。M5：45，盒盖上饰一道凹弦纹。口径19、通高16、纽径6.6厘米（图七，6）。

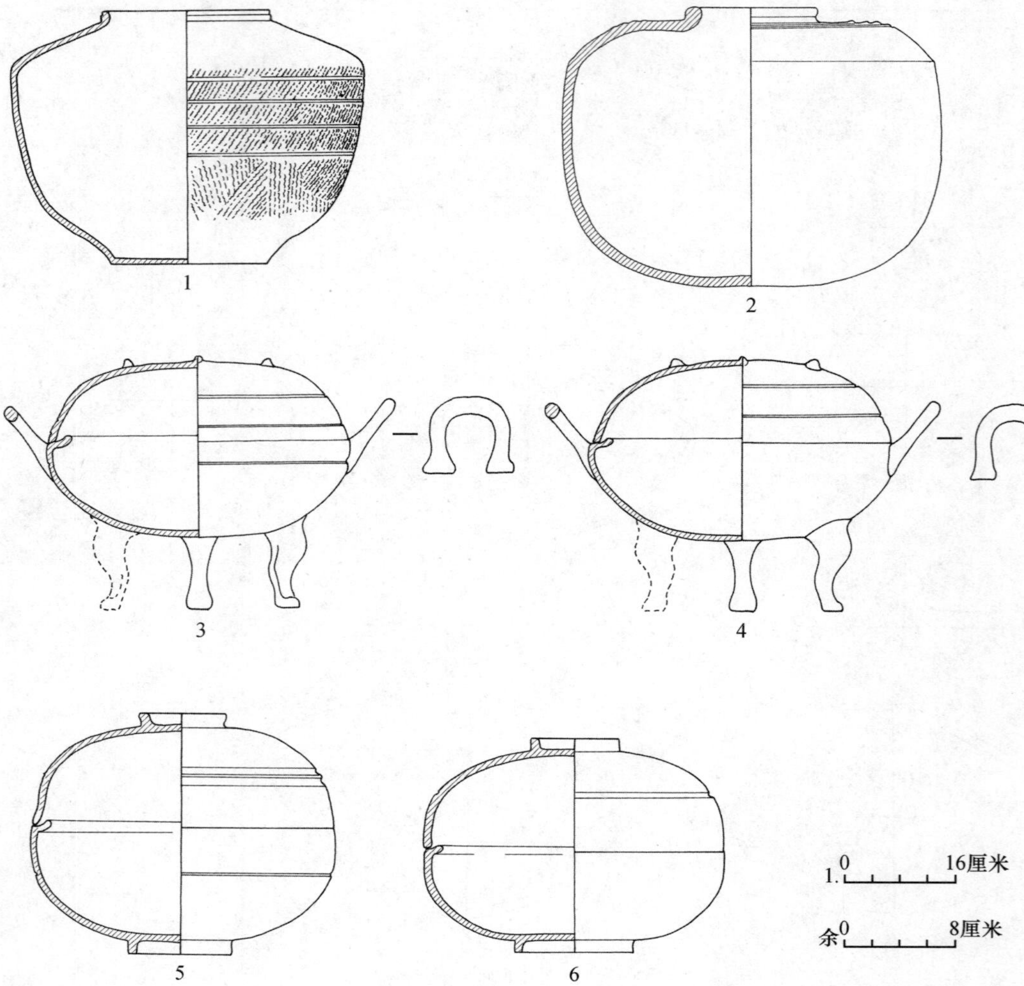

图七　M5出土陶器（二）

1. A型瓮（M5：60）　2. B型瓮（M5：29）　3、4. 鼎（M5：16、M5：47）　5、6. 盒（M5：44、M5：45）

锺　1件。M5：83，下部残，泥质灰陶。短粗颈，盘口、尖圆唇，鼓腹。肩部饰四道凹弦纹和一对铺首。口径14、腹径26.8、残高23.2厘米（图八，1）。

博山炉　1件。M5：80，泥质红陶。局部施黄釉，高柄、柄中部有一凸棱，喇叭形座，子母口盘。盖缺。口径6.8、底径8.4、高10.4厘米（图八，2）。

豆　2件。M5：12，泥质灰陶。弧腹盘，斜沿，敛口，喇叭形直口座，矮柄。口径15.5、底径11、高10.4厘米（图八，3；图版八，3）。M5：15，泥质灰陶。弧腹盘，斜沿，敛口，喇叭形直口座，矮柄。口径15、底径9.6、高8.6厘米（图八，4）。

甑　1件。M5：37，泥质灰陶。敞口，平折沿，圆唇，平底，底部有25个箅孔。口径19、底径8、高7.2厘米（图八，5）。

釜　4件。根据底部不同可分二型。

A型　2件。圜底。M5：21，夹砂灰褐陶。侈口，尖唇，扁腹。腹饰绳纹。口径14.4、最大腹径16.5、高12.6厘米（图八，6）。M5：84，夹砂灰褐陶。侈口，尖唇，扁腹。腹饰绳纹。口径14.5、最大腹径16.8、高13厘米（图八，7）。

B型　2件。平底。M5∶42，夹砂灰褐陶。敞口、尖圆唇、鼓腹、直颈。腹部饰二道凹弦纹。口径12.2、底径11.4、最大腹径18.2、高13厘米（图八，8）。M5∶53，夹砂灰褐陶。敞口、方唇、鼓腹、直颈。腹部饰一道凹弦纹和一对实心耳。口径14、底径13.6、最大腹径22.6、高16.6厘米（图八，9）。

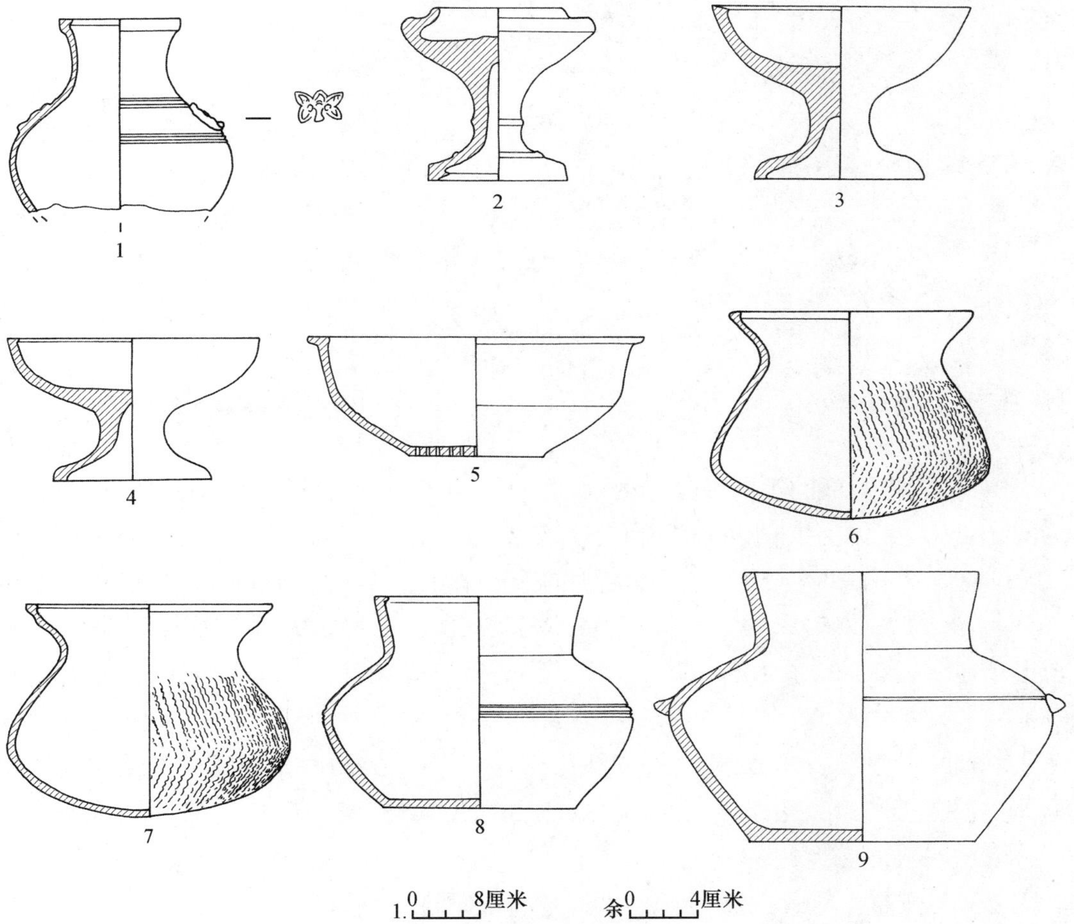

图八　M5出土陶器（三）

1. 锺（M5∶83）　2. 博山炉（M5∶80）　3、4. 豆（M5∶12、M 5∶15）　5. 甑（M5∶37）　6、7. A型釜（M5∶21、M5∶84）　8、9. B型釜（M5∶42、M5∶53）

盆　6件。根据腹部的不同可分二型。

A型　4件。折腹。M5∶34，泥质灰陶。敞口，平折沿，方唇，平底。口径27.6、底径11、高6.6厘米（图九，1）。M5∶52，泥质灰陶。敞口，平折沿，方唇，平底。口径27.4、底径10.5、高6.5厘米（图九，2）。M5∶66，泥质灰陶。敞口，平折沿，方唇，平底。口径27、底径10.5、高6.8厘米（图九，3）。M5∶67，泥质灰陶。敞口，平折沿，凹唇，平底。口径27.2、底径10.6、高6.8厘米（图九，4）。

B型　2件。微鼓腹。M5∶25，泥质灰陶。直口，平折沿，圆唇。上腹部施一道凸弦纹。口径17.4 、底径6.2、高7.2厘米（图九，5）。M5∶35，泥质灰陶。直口，平折沿，圆唇。上腹部施一道凸弦纹。口径21.4 、底径8.2、高6.6厘米（图九，6）。

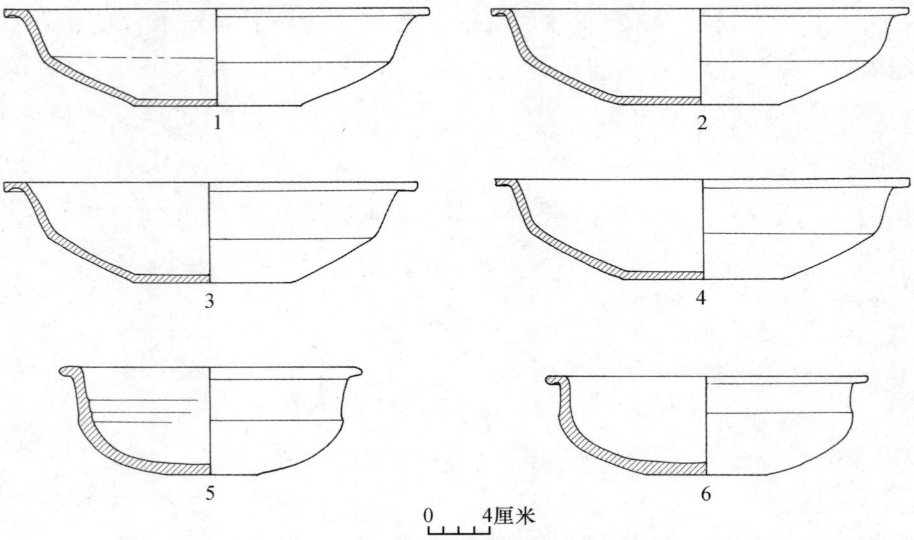

图九　M5出土陶器（四）

1~4. A型盆（M5：34、M5：52、M5：66、M5：67）　5、6. B型盆（M5：25、M5：35）

钵　20件。根据腹部的不同可分二型。

A型　18件。折腹。依下腹的不同可分二亚型。

Aa型　13件。下腹内收。M5：14，泥质灰陶。敞口，尖唇，平底。口径17.2、底径6、高6厘米（图一○，1，图版八，4）。M5：56，泥质灰陶。敞口，尖唇，平底。口径18.5、底径6、高6厘米（图一○，2）。M5：64，泥质灰陶。敞口，尖唇，平底。口径17、底径6.6、高6厘米（图一○，3）。

Ab型　5件。下腹弧收。M5：19，泥质灰陶。敞口，尖圆唇，平底。口径16、底径5.4、高6.2厘米（图一○，4，图版八，6）。M5：33，泥质灰陶。敞口，尖圆唇，平底。口径17.2、底径5.6、高6.6厘米（图一○，5）。

B型　2件。弧腹。M5：72，泥质灰陶。敛口，圆唇，平底。口径17、底径6、高6.2厘米（图一○，6）。M5：76，泥质灰陶。敛口，圆唇，平底。口径16.8、底径6.4、高6.2厘米（图一○，7）。

仓　10件。M5：63，泥质灰陶。折平肩，敛口，圆唇，大平底。腹部饰二道凹弦纹，下腹有部分线纹。口径14.5、底径15.8、高19.6厘米（图一一，1）。M5：65，泥质灰陶。折平肩，敛口，圆唇，大平底，腹部饰二道凹弦纹。口径12.8、底径14.2、腹径18.5、高20.5厘米（图一一，2）。M5：61，泥质灰陶。折平肩，敛口，圆唇，大平底。腹部饰三道凹弦纹。口径10.5、底径12.5、高15厘米（图一一，3）

勺　1件。M5：50，泥质红陶。手制，勺身为椭圆形，敞口，尖圆唇，弧腹，平底，实柱柄，顶端卷。底径5、高5.4厘米（图一一，4）。

器盖　2件。M5：51，泥质灰陶。弧顶，敛口，圆唇。顶残存部分墨绘卷云纹。口径15.2、高3.6厘米（图一一，5）。M5：70，泥质灰陶。弧顶，敛口，宽折沿，圆唇。口径14.4、高2.4厘米（图一一，6）。

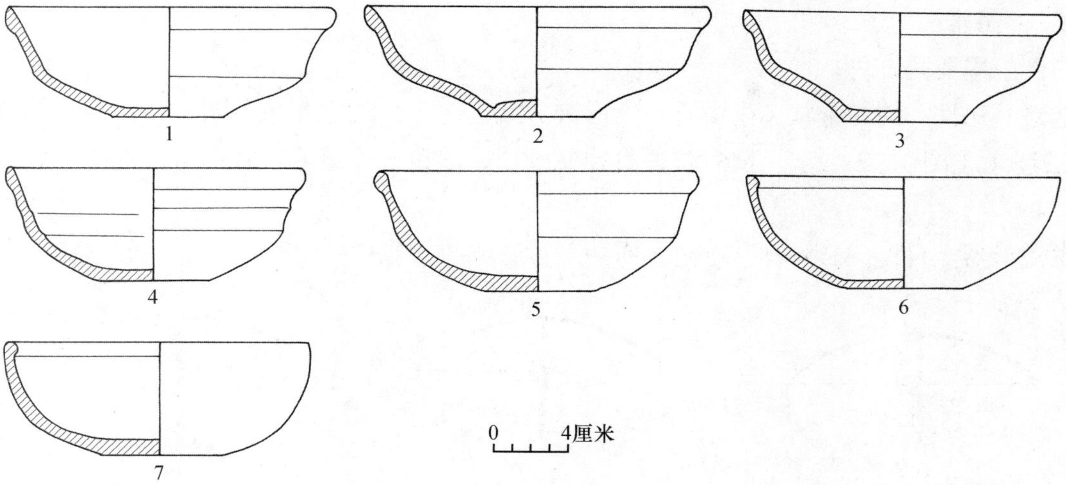

图一〇　M5出土陶器（五）

1～3. Aa型钵（M5：14、M5：56、M5：64）　4、5. Ab型钵（M5：19、M5：33）　6、7. B型钵（M5：72、M5：76）

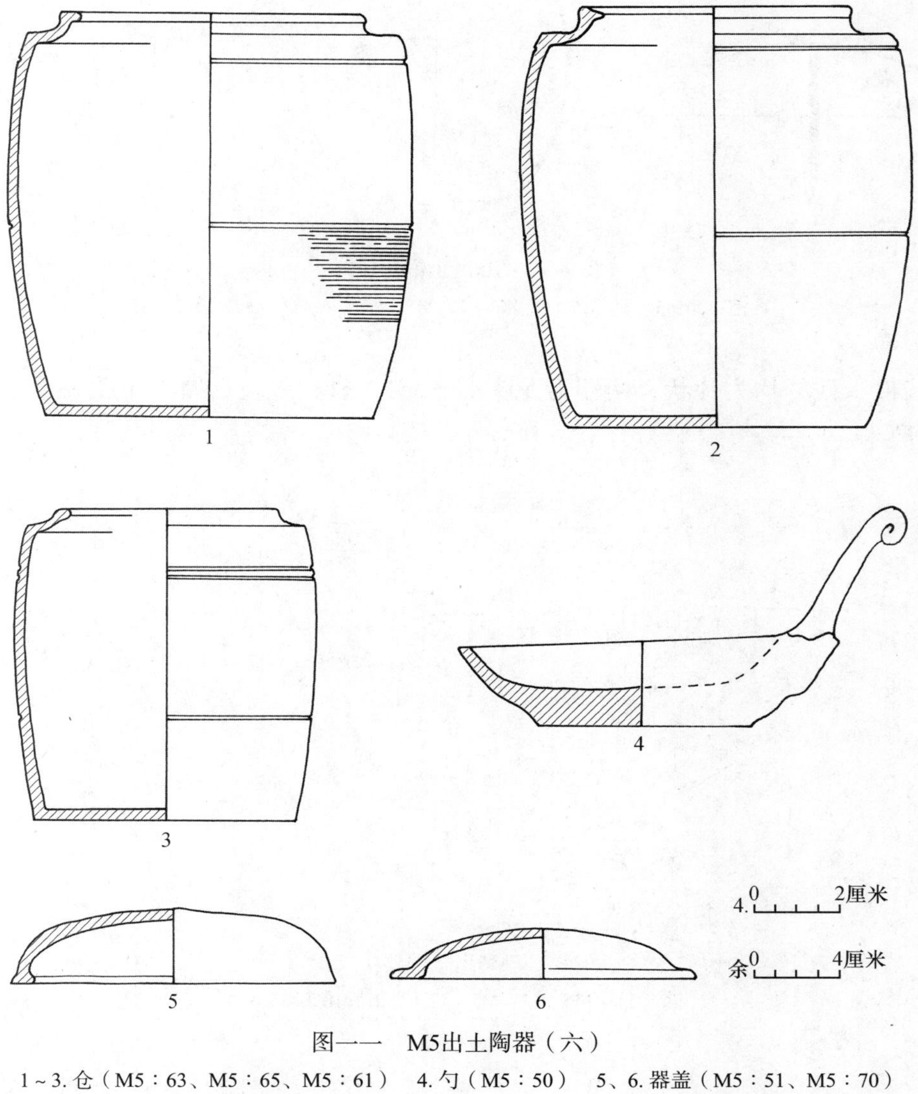

图一一　M5出土陶器（六）

1～3. 仓（M5：63、M5：65、M5：61）　4. 勺（M5：50）　5、6. 器盖（M5：51、M5：70）

（2）铜器

13件。主要是饰件。

泡钉　10件。均为伞状，内中有一锥形钉。M5：1，直径5.2厘米（图一二，1）。M5：2，直径5.2厘米（图一二，2）。M5：7，直径7.2厘米（图一二，3）。M5：8，直径7.2厘米（图一二，4）。

橄榄形器　1件。M5：28，中空，有一对称管嘴。直径6.2厘米（图一二，5）。

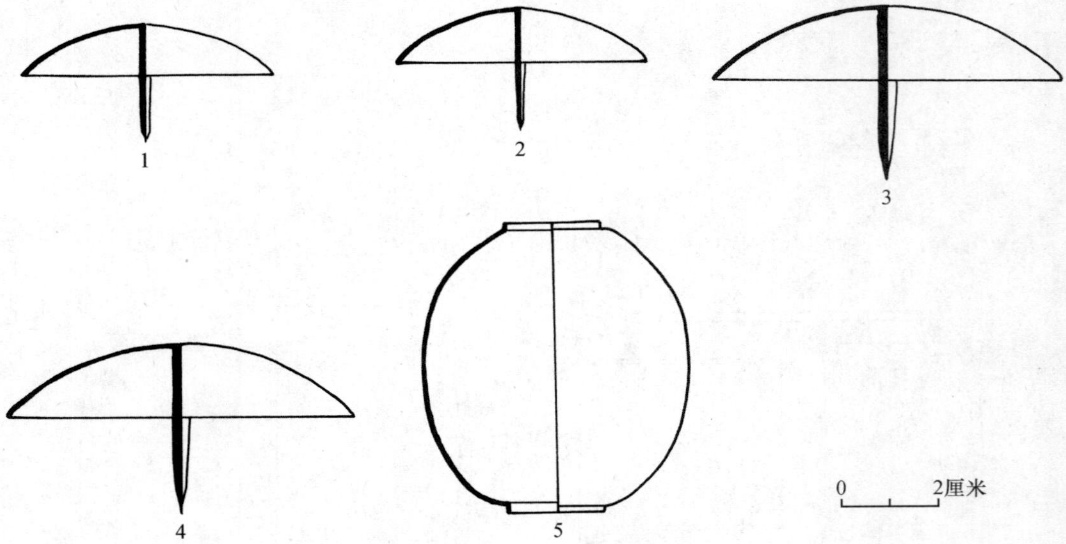

图一二　M5出土铜器（一）

1～4. 泡钉（M5：1、M5：2、M5：7、M5：8）　5. 橄榄形器（M5：28）

棺饰　2件。残，均为片状，两端为龙头形。M5：11，残长19厘米（图一三，1）。M5：27，残长15厘米（图一三，2）。

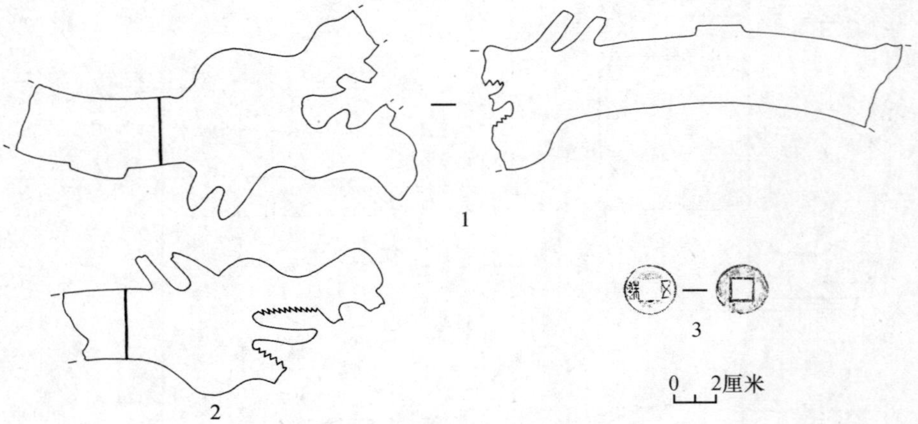

图一三　M5出土铜器（二）

1、2. 棺饰（M5：11、M5：27）　3. 钱币（M5：30）

（3）铜钱币

共11枚。均为五铢，部分残破严重者未统计。

M5∶30，铸工较细，“五”字交股弯曲大，上下两横出头接于内、外郭，“朱”字上方下圆，“铢”字“金”头呈等腰三角形。钱径2.5～2.6、穿宽1.1～1.2厘米（图一三，3；图版八，8）。

（4）铁器

三角架　1件。条形圈，三条足，上端升三支托。M5∶17，直径22、通高17厘米（图一四，1）。

挂钩　2件。M5∶18，长条形扁铁做成“∫”形。长13、宽2、厚0.3厘米（图一四，2）。

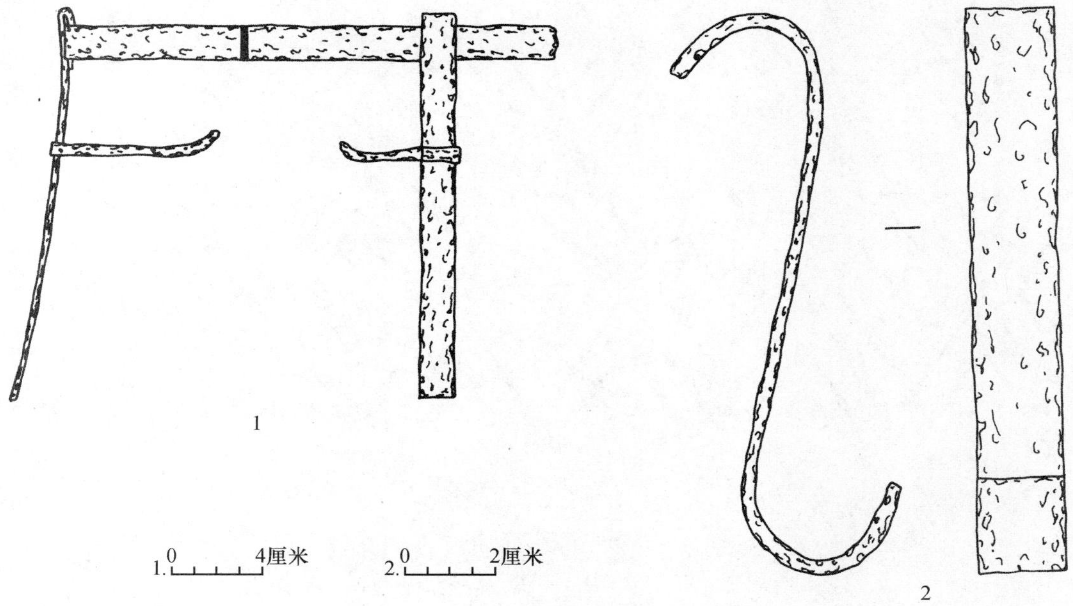

图一四　M5出土铁器

1. 三脚架（M5∶17）　2. 挂钩（M5∶18）

二、砖　室　墓

（一）M1

1. 墓葬形制

位于张家嘴墓群东南部。平面呈“刀”字形，方向187°。保存较完整，顶部有3个盗洞。墓圹长7.3、宽3.3、深0～3.3米，墓道残长2.2米、宽1.5、深0～1.95米，坡度约30°。墓葬填土为黄褐色花土。

甬道呈长方形，长1.8、宽1.4、高1.2米。墓室长2.7、宽2.7、高1.6米。墓室及甬道墙体用长方形砖错缝平砌，砖长39～41、宽20～21、厚7～8厘米，墓顶用子母扣楔形砖券顶，砖长

43、宽19～20、厚8厘米。砖侧面压印菱形纹与网格纹组合纹饰（图一五，1）。墓底用长方形砖错缝铺地。未见人骨、棺木痕迹（图一六）。

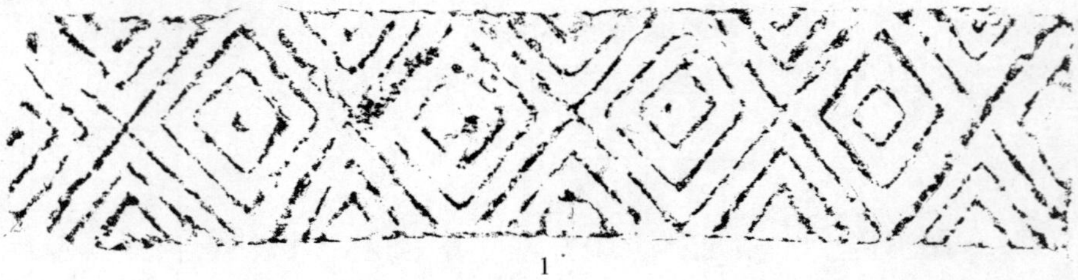

1

2

3

0　3厘米

图一五　墓砖拓片

1. M1　2. M3　3. M4

2. 随葬品

随葬品主要置放在甬道内。按质地分有陶器、铜器，以陶器为主，少量铜器。

（1）陶器

完整及修复的陶器共计30件。陶器以泥质陶为多，少量夹砂陶。陶器多灰陶，部分施酱黄釉。纹饰主要有绳纹、弦纹、网格纹、压印纹等。主要有罐、釜、钵、甑、盘、盂、魁、仓、鼎、锺、勺等。勺手制，其余均轮制。

罐　3件。依肩部不同可分二型。

A型　2件。广肩罐。M1：15，泥质红陶。直口，矮领，尖唇，折肩，下腹弧收，平底。肩部饰一道凹弦纹。口径11.2、底径11、最大腹径19.2、高10.6厘米（图一七，1；图版七，4）。

B型　1件。窄肩罐。M1：36，泥质灰陶。侈口，尖圆唇，折肩，腹微鼓，平底。下腹饰一道凹弦纹。口径7.2、底径9、最大腹径11、高8.2厘米（图一七，2）。

鼎　1件。M1：20，泥质红陶。子母口，鼓腹，圜底，环耳斜升，三蹄足。腹饰三道凹弦纹，盖缺失。口径17.6、通高13.8厘米（图一七，3；图版七，6）。

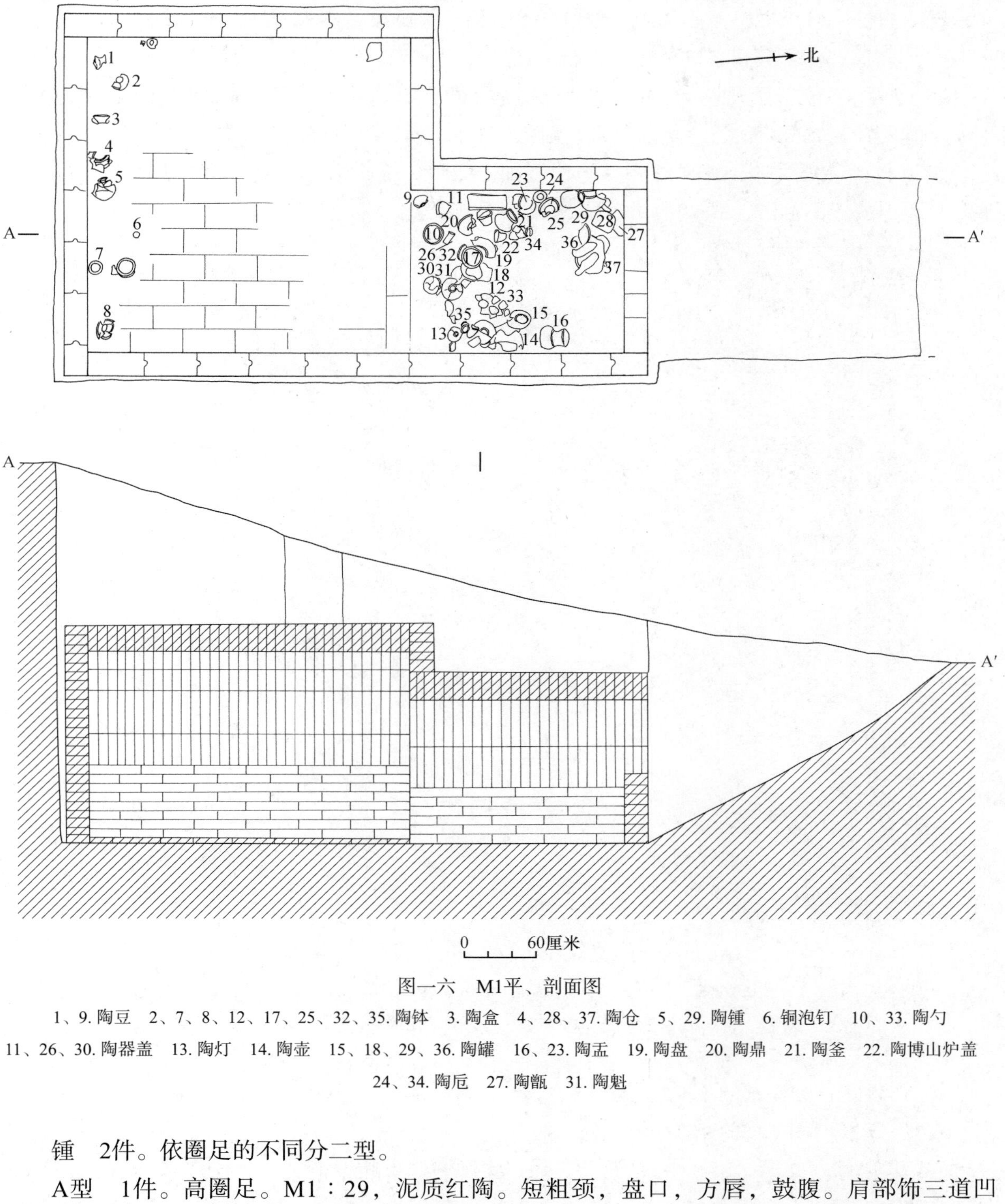

图一六　M1平、剖面图

1、9. 陶豆　2、7、8、12、17、25、32、35. 陶钵　3. 陶盒　4、28、37. 陶仓　5、29. 陶锺　6. 铜泡钉　10、33. 陶勺　11、26、30. 陶器盖　13. 陶灯　14. 陶壶　15、18、29、36. 陶罐　16、23. 陶盂　19. 陶盘　20. 陶鼎　21. 陶釜　22. 陶博山炉盖　24、34. 陶卮　27. 陶甑　31. 陶魁

锺　2件。依圈足的不同分二型。

A型　1件。高圈足。M1：29，泥质红陶。短粗颈，盘口，方唇，鼓腹。肩部饰三道凹弦纹和一对铺首，腹部及圈足饰五道凹弦纹。口径15、腹径26、底径20.5、残高35.6厘米（图一七，4）。

B型　1件。矮圈足。M1：5，泥质红陶。细长颈，盘口，方唇，鼓腹。肩部饰三道凹弦纹。子母口弧顶盖，顶饰三个乳钉。口径14.8、腹径26.4、底径18.2、通高37.8厘米（图一七，5；图版六，2）。

甑　1件。M1：27，泥质灰陶。敛口，平折沿，尖圆唇，斜弧腹，平底内凹。上腹饰一道凹弦纹。底部有65个箅孔。口径39、底径16、高21.6厘米（图一七，6）。

釜　1件。M1：21，夹砂红陶。直口，方唇，鼓腹，直颈，平底。腹部饰三道凹弦纹和一对实心耳。口径12.8、底径12.4、最大腹径19、高15厘米（图一七，7；图版七，7）。

盘　1件。M1：19，泥质红陶，施酱黄釉。敞口，平折沿，方唇，折腹，下腹内收，平底。口径21.6、底径8.2、高4.4厘米（图一七，8；图版七，5）。

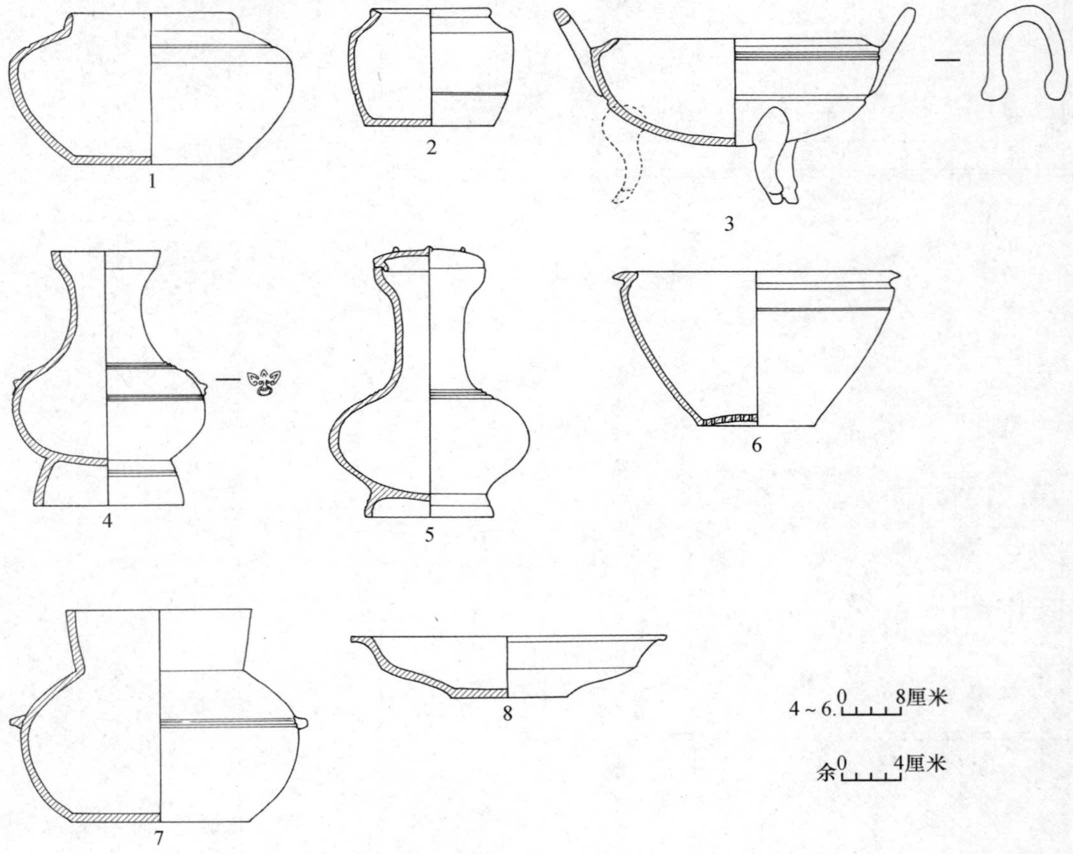

图一七　M1出土陶器（一）

1. A型罐（M1：15）　2. B型罐（M1：36）　3. 鼎（M1：20）　4、5. 锺（M1：29、M1：5）　6. 甑（M1：27）　7. 釜（M1：21）　8. 盘（M1：19）

钵　7件。根据口部的不同可分三型。

A型　5件。敞口。依沿的不同可分二亚型。

Aa型　4件。斜沿。M1：32，泥质灰陶。尖圆唇，折腹，平底。口径17.4、底径7、高6.4厘米（图一八，1；图版七，2）。M1：2，泥质灰陶。尖唇，折腹，平底。口径17.5、底径6.2、高7.2厘米（图一八，2）。

Ab型　1件。平沿。M1：17，泥质红陶。方唇，折腹，平底。口径19、底径7、高7.8厘米（图一八，3）。

B型　1件。直口。M1：35，泥质红陶，施酱黄釉。方唇，折腹，平底。上腹饰一道凹弦纹。口径19.2 、底径7.5、高5.6厘米（图一八，4）。

C型　1件。敛口。M1：25，泥质红陶。方唇、弧腹、平底，上腹饰二道凹弦纹。口径17.6、底径6.2、高8.2厘米（图一八，5）。

魁　1件。M1：31，泥质红陶，施酱黄釉。方唇、弧腹、平底，上腹饰一道凹弦纹，下腹内收，龙头柄。口径18.6 、底径7.5、高6.8厘米（图一八，6）。

盒　1件。M1：3，泥质红陶。敞口、方唇、弧腹、高圈足，上腹饰三道凹弦纹。口径19.6、底径8.2、高7.8厘米（图一八，7；图版七，1）。

卮　2件。依底部的不同分二型。

A型　1件。平底。M1：24，泥质红陶。施酱黄釉。敛口，圆唇，鼓腹，下腹内收。上腹部饰三道凹弦纹和一錾耳。口径9.5、腹径10.5、底径8、高9.2厘米（图一八，8）。

B型　1件。圜底。M1：34，泥质红陶。敛口，方唇，直腹。腹部饰五道凹弦纹。口径10.5、高10.8厘米（图一八，9）。

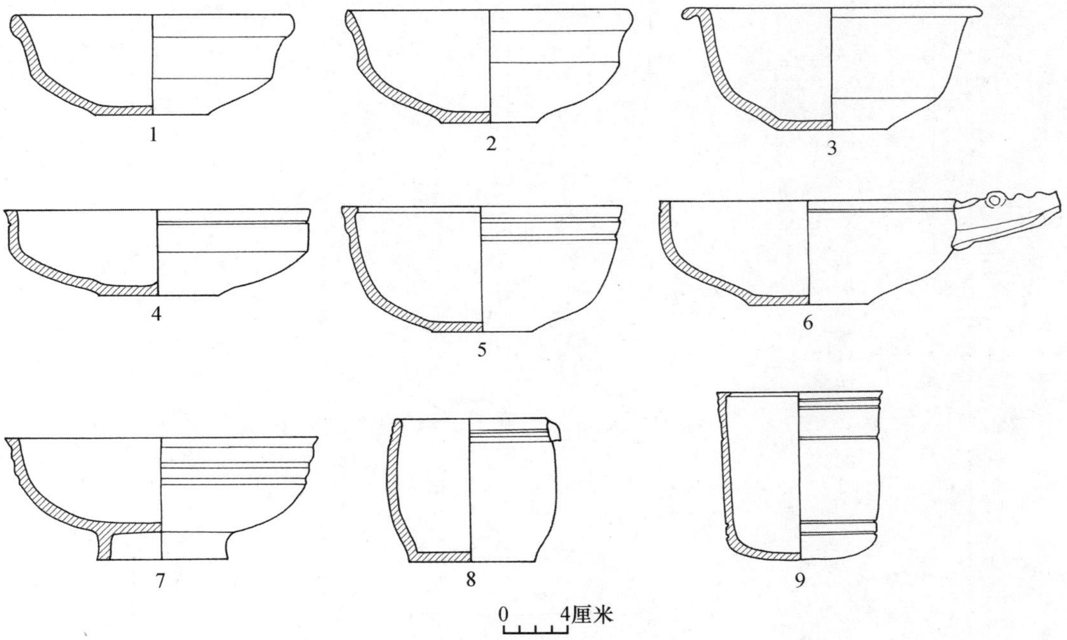

图一八　M1出土陶器（二）

1、2. Aa型钵（M1：32、M1：2）　3. Ab型钵（M1：17）　4. B型钵（M1：35）　5. C型钵（M1：25）　6. 魁（M1：31）　7. 盒（M1：3）　8. A型卮（M1：24）　9. B 型卮（M1：34）

仓　3件。M1：4，泥质灰陶。折耸肩，敛口，圆唇，大平底。腹部饰一道凹弦纹。口径9、底径11.8、腹径14、高16.2厘米（图一九，1；图版六，1）。M1：37，泥质灰陶。折平肩，敛口、圆唇，大平底，腹部饰二道凹弦纹。口径9.2、底径11.2、腹径13.2、高13厘米（图一九，2）。

盂　2件。M1：16，泥质红陶，施酱黄釉。侈口，圆唇，束颈，扁腹，圜底。腹部饰二道凹弦纹和一对实耳。口径12、腹径14.8、高11厘米（图一九，3；图版七，3）。

灯　2件。M1：13，泥质红陶，施酱黄釉。折腹盘，直口，圆唇，喇叭形直口座，高柄，柄中有一凸棱。口径11.2、底径9.2、高10.6厘米（图一九，4）。

博山炉盖　1件。M1：22，泥质红陶，施酱黄釉。圆锥状，上饰许多米粒和箭头形突起，顶有一乳纽，沿边饰一圈水波纹。口径11.4、高6.6厘米（图一九，5；图版七，8）。

器盖　1件。M1：30，泥质灰陶。弧顶，敞口，方唇。口径13.8、高2.6厘米（图一九，6）。

勺　1件。M1：10，泥质红陶。手制，勺身为椭圆形，敞口，方唇，弧腹，平底，柄残。底径4.8、残高3.2厘米（图一九，7）。

（2）铜器

泡钉　1件。M1：6，为伞状，内中有一锥形钉。直径4.2厘米（图一九，8）。

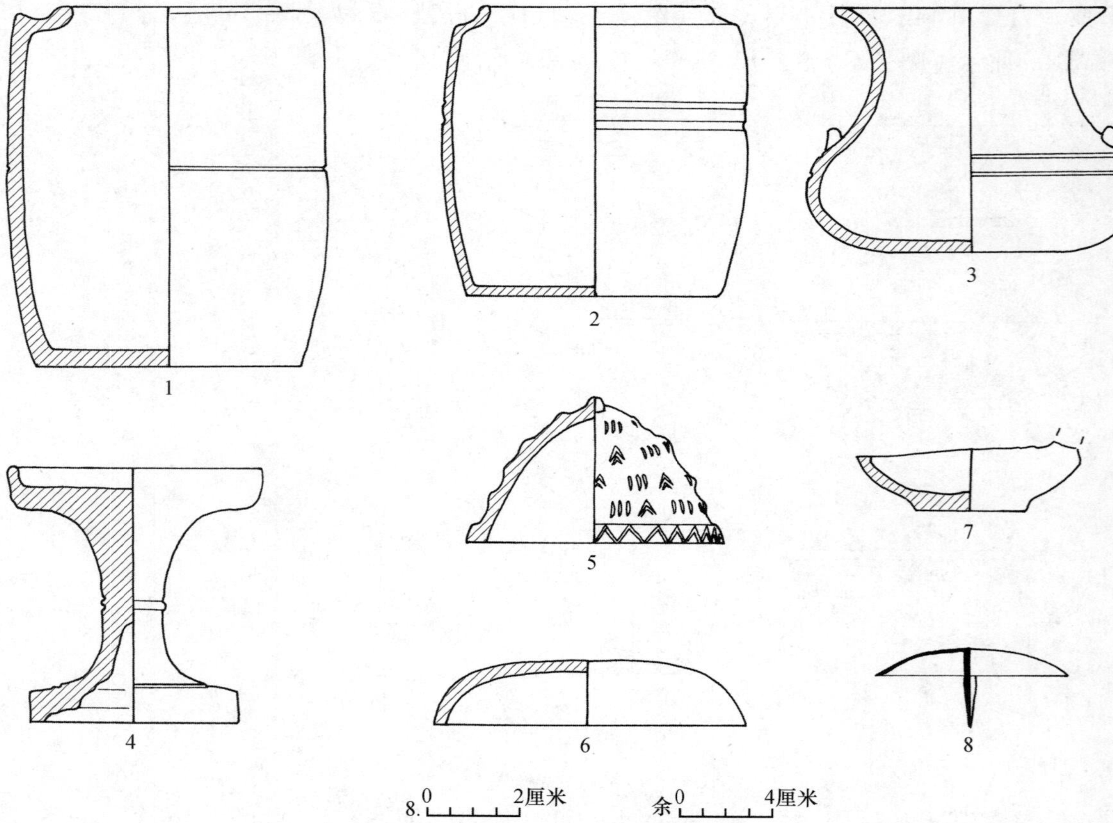

图一九　M1出土陶、铜器

1、2. 陶仓（M1：4、M1：37）　3. 陶盂（M1：16）　4. 陶灯（M1：13）　5. 陶博山炉盖（M1：22）　6. 陶器盖（M1：30）　7. 陶勺（M1：10）　8. 铜泡钉（M1：6）

（二）M3

1. 墓葬形制

位于张家嘴墓群中部。平面呈“刀”字形，方向262°。券顶已毁，仅存部分墓壁。墓圹残长6.5、宽3.3米，墓道残长0.9、宽1.1、深0～0.52米，坡度约30°。墓葬填土为黄褐色花土。

甬道呈长方形，长2.1、宽1.4、高0.2～0.8米。墓室长3、宽2.8、高1.0米。墓室及甬道墙体用长方形砖错缝平砌，砖长39～41、宽20～21、厚7～8厘米，侧面压印菱形纹饰（图一五，2）。用长方形砖错缝铺地。未见人骨、棺木痕迹（图二〇）。

2. 随葬品

该墓虽遭盗扰，但还出土了一些遗物，按质地分有陶器、铁器等，以陶器为主，少量铁器和铜钱币。

（1）陶器

完整及修复的陶器共计25件。器型主要有罐、钵、魁、盂、灯、仓、勺、鼎、锺等。除勺外均轮制。

陶器以泥质陶为多，少量夹砂陶。陶器多灰陶，少量红陶。纹饰主要有绳纹、弦纹、网格纹、压印纹等。

罐　5件。根据底部的不同分二型。

A型　2件。平底罐。依口部的不同分二亚型。

Aa型　1件。直口。M3∶1，泥质灰陶。矮领，方唇，鼓腹。腹部饰网格纹。口径10.6、底径12、最大腹径23.4、高16.4厘米（图二一，1）。

Ab型　1件。侈口。M3∶18，泥质红陶。束颈，圆唇，鼓肩。沿部饰一对半圆形实耳。口径8.1、底径5.1、通高7.8厘米（图二一，2）。

B型　3件。圜底。依肩部的不同分二亚型。

Ba型　2件。广肩。M3∶7，泥质灰陶。直口，矮领，宽斜沿，尖唇，折腹。下腹部饰绳纹。口径8、最大腹径20.4、高13.2厘米（图二一，3）。

Bb型　1件。窄肩。M3∶30，泥质灰陶。侈口，束颈，卷沿，圆唇，折肩。口径9.6、高7.8厘米（图二一，4）。

鼎　1件。M3∶25，泥质红陶，施酱黄釉。侈口，鼓腹，圜底，三条棱足。口径9.6、通高7.2厘米（图二一，5）。

锺　1件。M3∶4，泥质红陶。长直颈，盘口，方唇，鼓腹，高圈足外撇。肩腹部饰三道凹弦纹和一对铺首。口径14、腹径22、底径17.5、高34厘米（图二一，6；图版六，3）。

仓　2件。M3∶28，泥质灰陶。折肩，敛口，圆唇，大平底。腹部饰一道凹弦纹。口径9.8、底径11.4、腹径12.8、高14.6厘米（图二一，7）。

盂　1件。M3∶8，泥质红陶，施酱黄釉。侈口，圆唇，束颈，折腹，平底。口径8.9、底径4.8、高7.4厘米（图二一，8）。

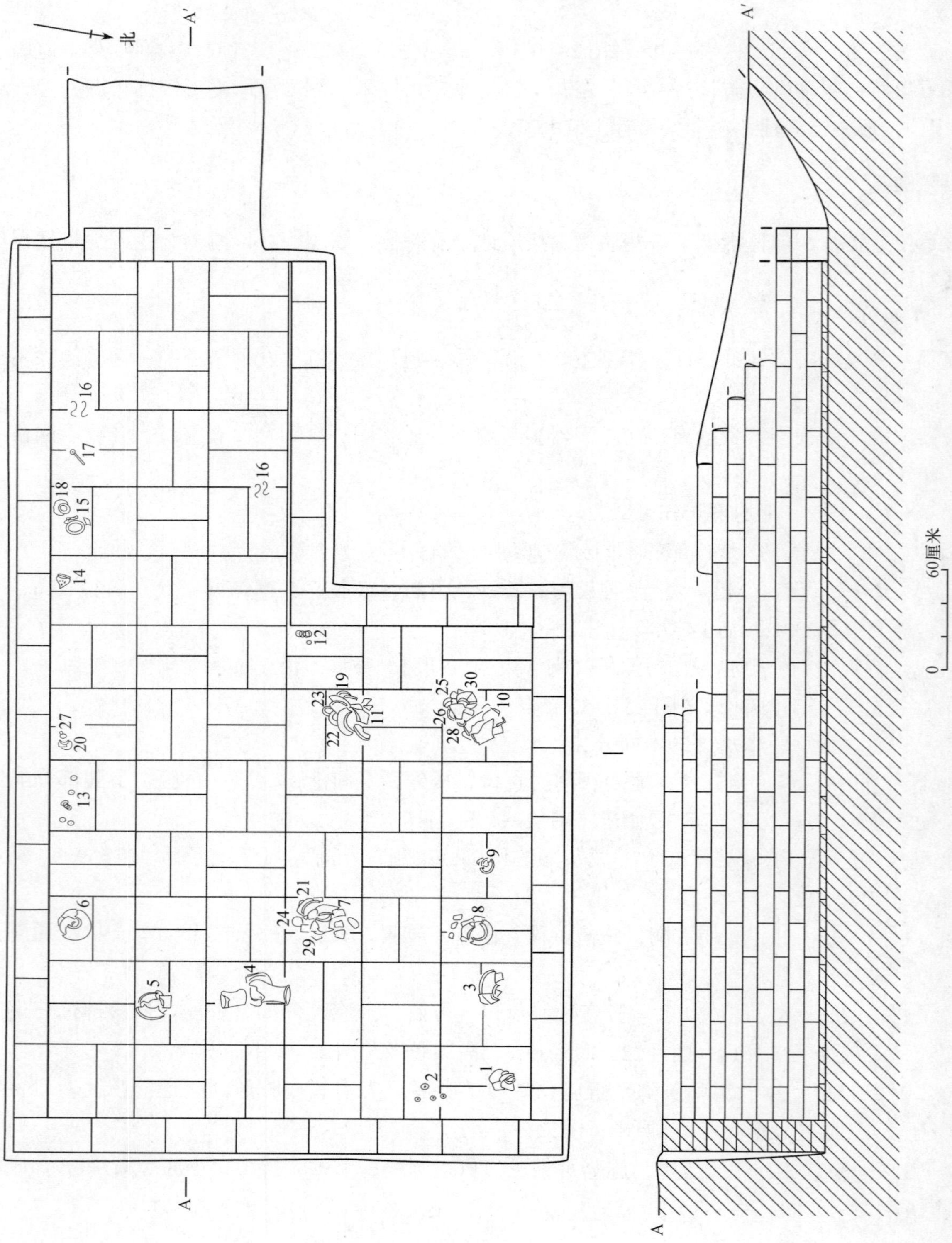

图二〇　M3平、剖面图

1、6、7、18、30. 陶罐　2、12、13. 铜钱币　3、5、9、19、21、22、29. 陶钵　4. 陶锺　8. 陶盂　10、28. 陶仓　11、23. 陶魁　14. 陶博山炉盖　15. 陶灯
16. 铁挂钩　17. 铁削　20、24、26. 陶器盖　25. 陶鼎　27. 陶勺

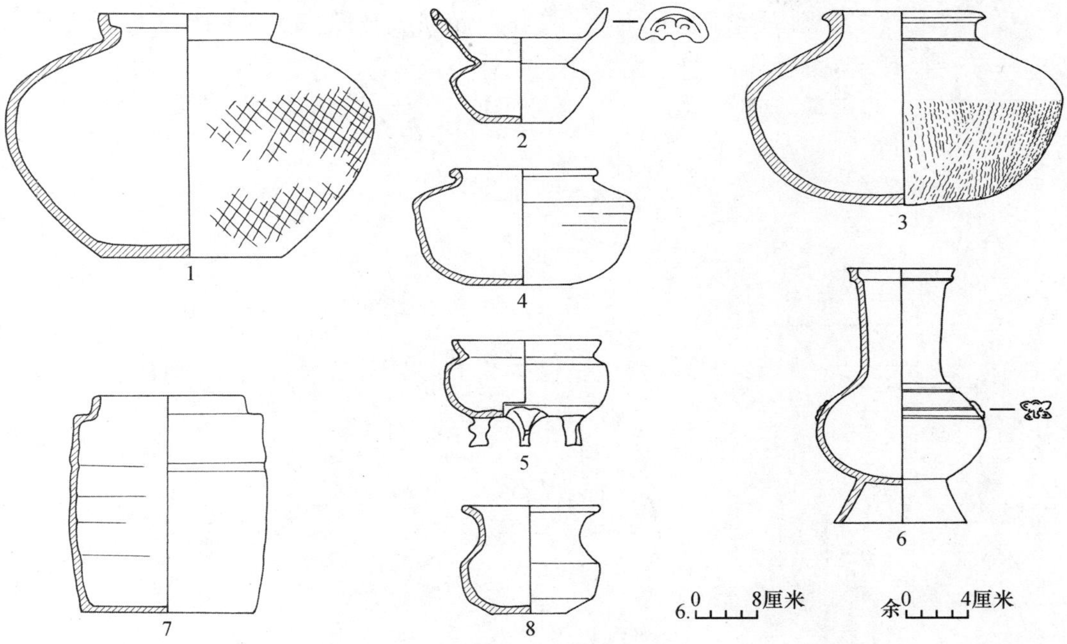

图二一 M3出土陶器（一）

1. Aa型罐（M3：1） 2. Ab型罐（M3：18） 3. Ba型罐（M3：7） 4. Bb型罐（M3：30） 5. 鼎（M3：25） 6. 锺（M3：4） 7. 仓（M3：28） 8. 盂（M3：8）

钵 7件。根据口部的不同可分三型。

A型 4件。敞口。M3：3，泥质灰陶。圆唇、折腹、平底。口径15.6、底径5.9、高5.3厘米（图二二，1）。M3：22，泥质红陶，施酱黄釉。圆唇、折腹、平底。口径14.4、底径6.2、高5.5厘米（图二二，2）。

B型 1件。直口。M3：29，泥质红陶，施酱黄釉。折斜沿、尖唇、直腹、平底，上腹饰二道凹弦纹。口径13.6 、底径6.4、高5.2厘米（图二二，3）。

C型 2件。侈口。M3：9，泥质红陶，施酱黄釉。圆唇、折腹、平底。口径15.5 、底径6、高4.7厘米（图二二，4）。

魁 2件。根据口部的不同分二型。

A型 1件，直口。M3：11，泥质红陶。方唇、折腹、平底，上腹饰一道凹弦纹，下腹斜收，鸟头柄。口径13.2 、底径4.8、高5.6厘米（图二二，5）。

B型 1件，敛口。M3：23，泥质红陶，施酱黄釉。尖圆唇、弧腹、平底，下腹内收，鸟头柄。口径13.4 、底径5、高5.2厘米（图二二，6）。

灯 1件。M3：15，泥质红陶，施酱黄釉。折腹盘、敞口、圆唇，喇叭形敞口座，矮柄。口径10.1、底径9.1、高9.6厘米（图二二，7）。

博山炉盖 1件。M3：14，泥质红陶，施酱黄釉。圆锥状，上刻划扇形纹，有几个镂孔，顶有一乳纽。口径9、高5.2厘米（图二二，8）。

器盖 3件。M3：26，泥质红陶，施酱黄釉。弧顶、子母口、尖唇，面饰三实耳，顶有一环纽。口径12、高4.8厘米（图二二，9）。

勺　1件。M3：27，泥质红陶。手制。勺身为椭圆形、敞口、圆唇、弧腹、平底，实柱柄，顶端卷。底径4、高6.6厘米（图二二，10）。

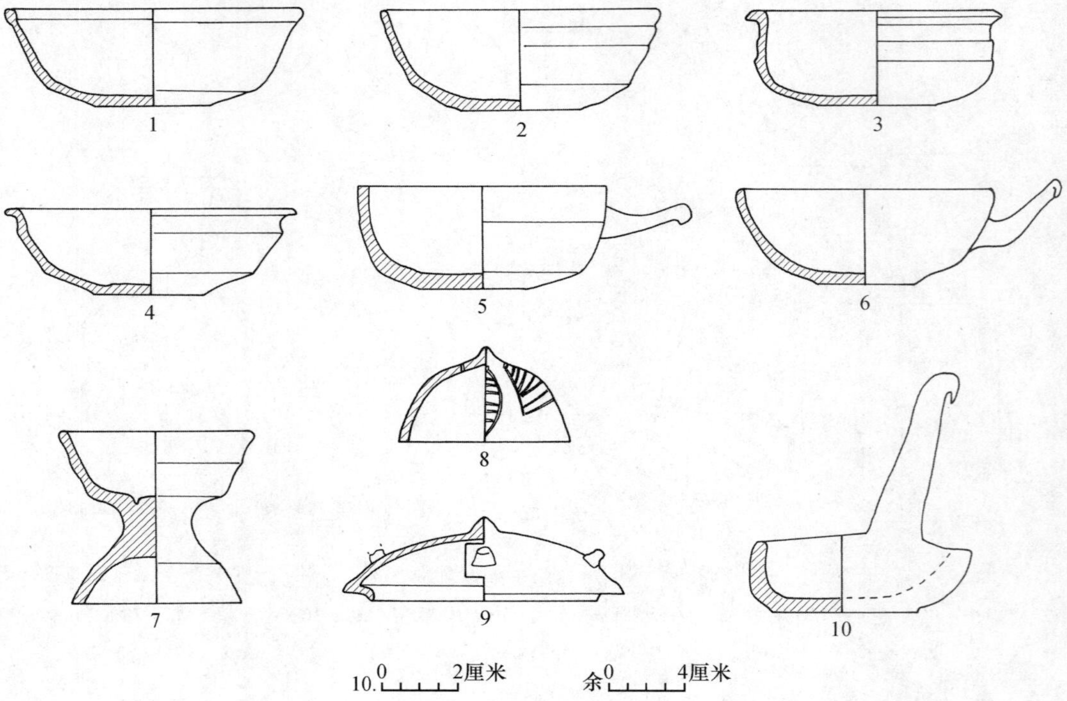

图二二　M3出土陶器（二）

1、2. A型钵（M3：3、M3：22）　3. B型钵（M3：29）　4. C型钵（M3：9）　5. A型魁（M3：11）　6. B型魁（M3：23）　7. 灯（M3：15）　8. 博山炉盖（M3：14）　9. 器盖（M3：26）　10. 勺（M3：27）

（2）铁器

共6件。

挂钩　5件。M3：16，长条形扁铁做成“∫”形。长10.5、宽2.2、厚0.3厘米（图二三，1）。

削　1件。M3：17，椭圆形环首，单刃。残长11.2厘米（图二三，2）。

（3）铜钱币

共40枚。均为五铢，部分残破严重者未统计。

M3：2，铸工较细，“五”字交股弯曲，上下两横不出头，“朱”字上下圆折，“铢”字“金”头呈三角形。钱径2.5～2.6、穿宽1.1～1.2厘米（图二四，1）。

（三）M4

1. 墓葬形制

位于张家嘴墓群西部。平面呈“刀”字形，方向182°。券顶已毁，仅存部分墓墙。由于该墓打破土坑墓M5，墓室部分下陷。墓圹长6.15、宽3.5米，墓道已毁。墓葬填土为黄褐色花土。

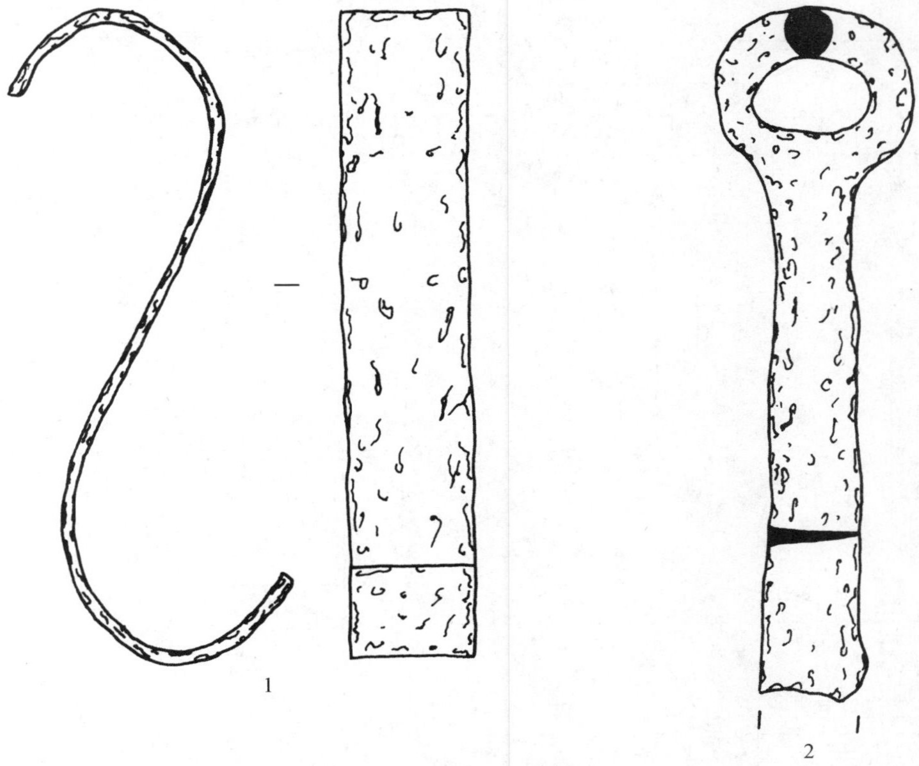

图二三　M3出土铁器

1. 挂钩（M3：16）　2. 削（M3：17）

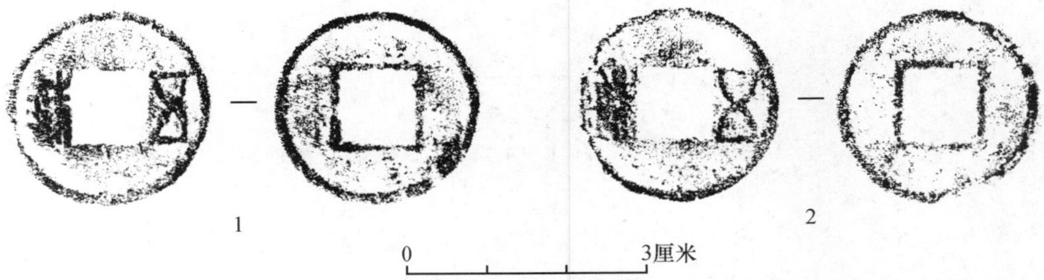

图二四　出土铜钱币拓片

1. M3：2　2. M4：3

甬道呈长方形，长2.74、宽1.95、高0.6米。墓室长3.2、宽2.9米、高0.8米。墓室及甬道墙体用长方形砖错缝平砌，砖长39～41、宽20～21、厚9～10厘米，侧面压印菱形纹与“十”字纹组合纹饰（图一五，3）。用长方形砖错缝铺地。未见人骨、棺木痕迹（图二五）。

2. 随葬品

该墓遭严重盗扰，仅出土了少量陶器和钱币。

（1）陶器

完整及修复的陶器共计2件。

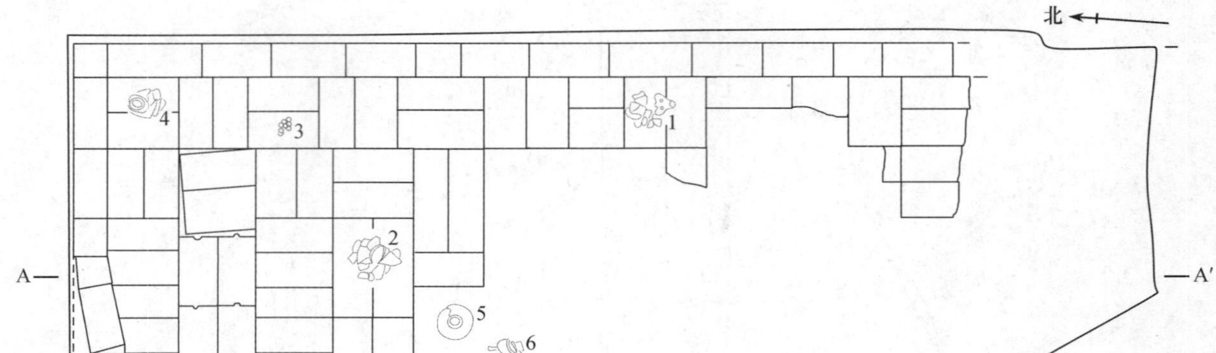

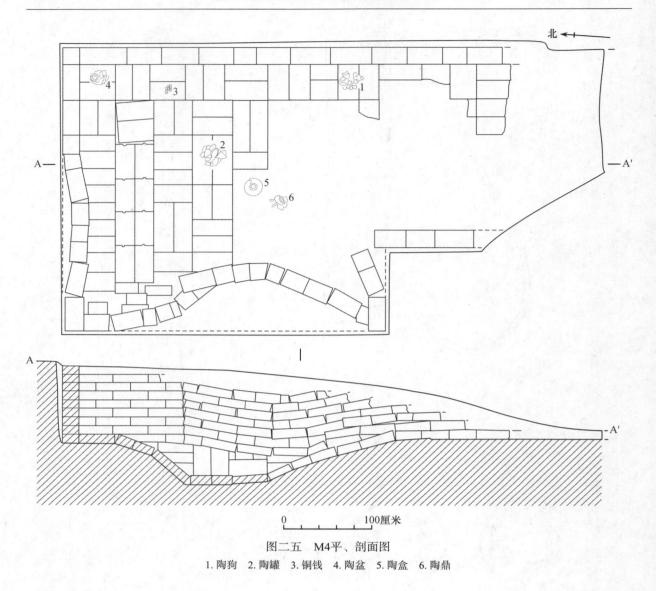

图二五　M4平、剖面图

1. 陶狗　2. 陶罐　3. 铜钱　4. 陶盆　5. 陶盒　6. 陶鼎

鼎　1件。M4：6，泥质红陶。子母口，鼓腹，圜底，环耳斜升，三蹄足，弧顶盖。顶饰三乳钉纽。口径13.2、通高13 .6厘米（图二六，1；图版八，2）。

盒　1件。M4：5，泥质红陶。盒身为子母口，圆唇，弧腹，圈足。腹饰二道凹弦纹，盒盖为圈足纽，上饰四道凹弦纹。口径13.2、通高15.8、圈足9.8、纽径6.2厘米（图二六，2；图版八，1）。

（2）铜钱币

9枚。均为五铢。

M4：3，铸工较细，“五”字交股弯曲，上下两横不出头，“朱”字上下圆折，“铢”字“金”头呈三角形。钱径2.5～2.6、穿宽1.1～1.2厘米（图二四，2）。

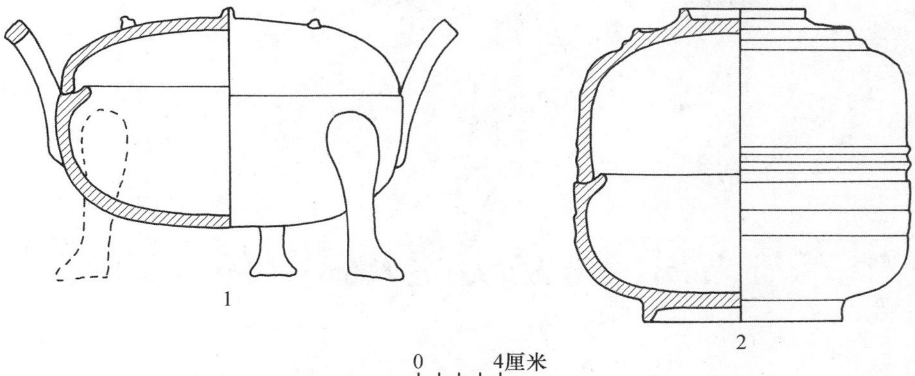

图二六　M4出土陶器
1. 鼎（M4：6）　2. 盒（M4：5）

三、结　　语

这次发掘的5座墓葬，均遭不同程度的盗扰（M2随葬品无存），器物组合不全，只能根据墓葬形制、器物组合及钱币的共存关系，大致判断其所处的时代（M2除外）。

M5是唯一有随葬品的土坑墓，而且被M4叠压，虽被盗扰，但还是出土了大量随葬品。陶器均为泥质灰陶，纹饰以网格纹、弦纹为主。器物组合陶器类：罐、瓮、鼎、锺、盒、仓、釜、钵、豆、盆等；铜器类：釜、饰件等；铁器类：支架、挂钩等。钱币为铸行于汉宣帝本始元年（前73年）的五铢。基本上可推断该墓葬属西汉晚期。

M1、M3、M4为三座砖室墓，其墓葬形制相似，M1、M3器物组合相近，M4出土的鼎和盒与M5出土的较为接近，且M4叠压M5，M4的墓室大部分塌陷在M5的墓室中，说明这两座墓建造时间相隔不远，大致可以推断该墓葬属东汉早期。M1、M3器物组合与万州沙田墓群M2相似，其时代大致在东汉中期。

附记：本次考古发掘领队刘继东，执行领队李大地，参与发掘的工作人员：龚玉龙、杨爱民、王新柱、彭锦绣、王雄、罗建平、张志芬、卢磊、李嵘、罗钰等，绘图：杨爱民，资料整理：杨爱民。发掘工作中得到云阳县文管所的大力支持，在此表示致谢！

执　笔：杨爱民　刘继东　罗　钰

万州大坪墓群黄金塝墓地2011年发掘简报

重庆市文化遗产研究院　万州区文物管理所

一、概　述

黄金塝墓地位于重庆市万州区新田镇五一社区，北距万州城区直线距离约13千米。墓地地处长江右岸一级台地，北临长江边陡崖，南倚高山坎坡，东西均为较大的冲沟，形成三面陡峭的缓坡台地地貌（图一；图版九，1）。墓地中心地理坐标为东经108°23′56.9″，北纬30°42′01.3″，海拔约173米，分布面积近2000平方米，处于三峡水库消落带内，水位消落后地表种植玉米等农作物。

2011年4月，万州区文物管理所沿长江三峡水库水位消落区文物巡查时，于该区黄金塝发现砖室墓券顶被江水冲刷暴露，重庆市文化遗产研究院接报后，联合万州区文物管理所对该墓地进行了抢救性发掘。本次发掘布设探方10个，发掘面积计1050平方米，发掘代号为2011WXH（“2011”代表发掘年度，“W”代表万州，“X”代表新田镇，“H”代表黄金塝，以下省略），共清理岩坑墓葬9座，砖室墓葬2座，窑址1座，按发现顺序依次编号2011WXHM1～2011WXHM11、2011WXHY1（以下简称M1～M11、Y1）。墓地地层堆积简单，所有遗存均叠压于耕土层下，直接打破生土及基岩，耕土层厚约20～25厘米（图版九，2）。以下按遗存类别分别介绍。

二、岩　坑　墓

共9座。墓地盗扰较严重，除被晚期墓葬打破外，岩坑墓葬间不见叠压打破关系。大部分墓葬埋藏较深，形制结构相似，均为长方形竖穴岩坑墓，打破生土及基岩，墓壁修葺平整，口大底小，略呈斗形，葬具为一椁一棺或单棺。限于篇幅，以下仅介绍有随葬品的墓葬情况（图二）。

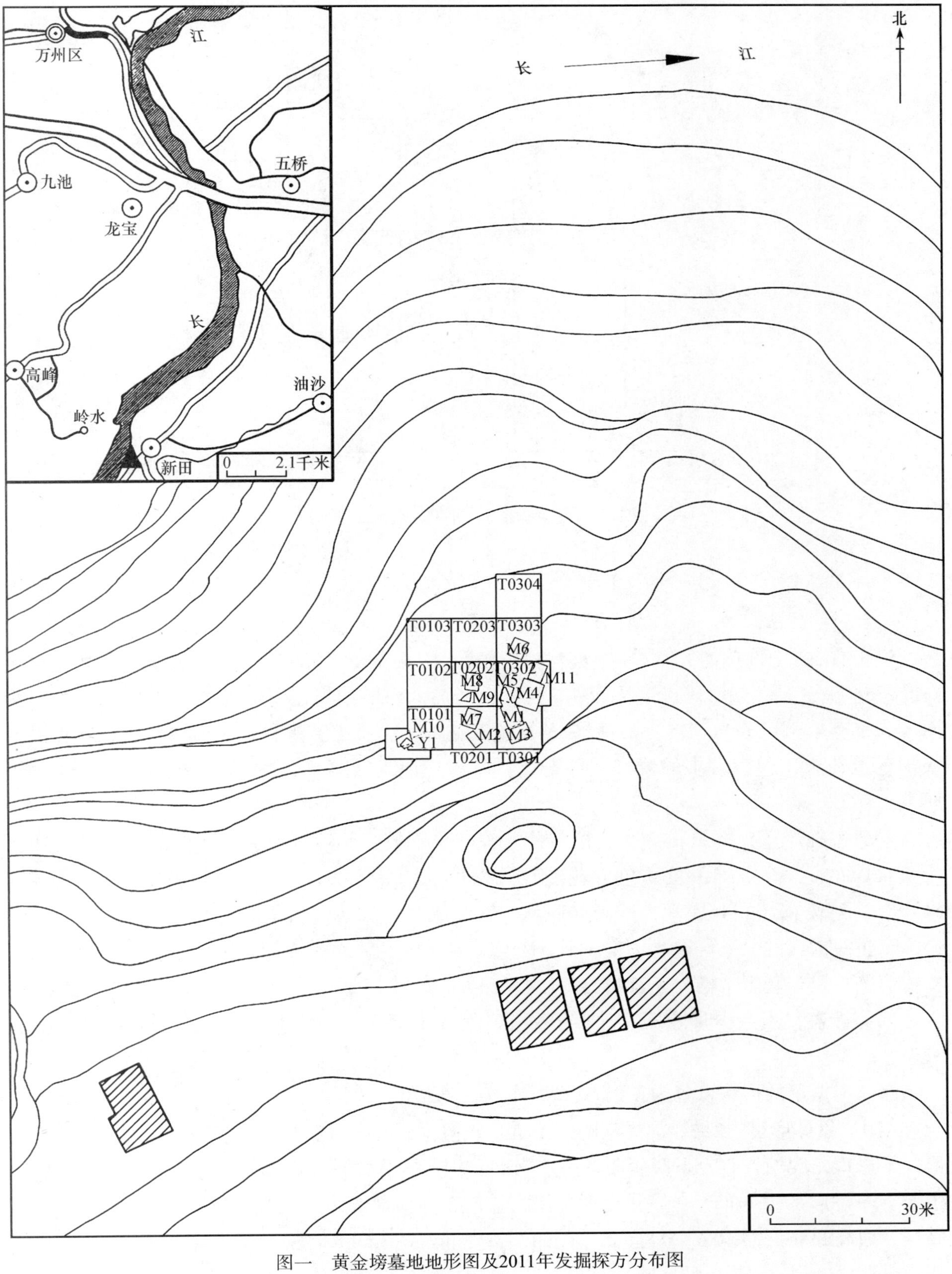

图一　黄金塝墓地地形图及2011年发掘探方分布图

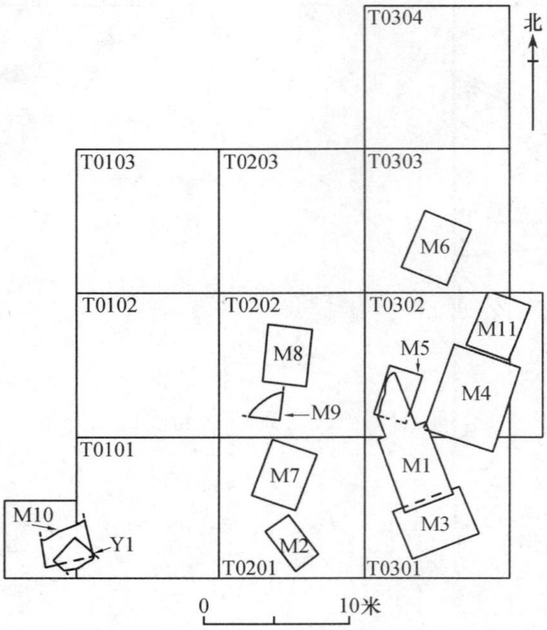

图二　黄金塝墓地2011年度发掘区总平面图

（一）M3

位于T0301中部偏南，墓口距地表约22厘米。长方形竖穴岩坑墓，墓向250°，墓葬北部被M1部分打破，墓葬四壁修葺平整。墓口长480、宽360厘米，墓底长380、宽260厘米，墓深524厘米。墓葬填土可分为三层：第1层为黄褐色五花土，土质细腻松软，厚约420厘米；第2层为灰褐色五花土，包含较多的紫红色碎石块，厚约50厘米；第3层为被扰乱的青膏泥，厚约54厘米。

墓葬盗扰严重，葬具推测为一棺一椁。椁室头侧较脚侧略宽，头侧宽128、脚侧宽120、残长160厘米。椁室外由黄褐色五花土较致密填筑为熟土二层台，南侧宽60～68、北侧宽66～86、西侧宽40～46厘米，残高80厘米。在墓底西南部残留少量棺痕及人头骨、上肢骨痕迹，墓主头向西北，不与墓葬方向一致，与墓圹呈4°夹角。墓底东西两侧底部各有一根横向的枕木痕迹，置于基岩沟槽内，长122、宽24、深6厘米（图三）。

墓葬被盗，残余少量陶器，随葬于墓主头侧棺外椁室内，器型有鼎、鼎形器、敦、壶、鐎壶。

陶鼎　据足的形状可分为A、B二型，本墓仅见A型。

A型　象鼻形足。2件。泥质灰陶，黑皮，残留少量红、黄色彩绘痕迹。器身整体略近扁球形，子母口，腹壁较直，下腹斜收，平底微凹，圆形附耳，近象鼻形三足略内收。弧形盖面，中部有一桥形系，分布三个简化变形兽纽，盖面、鼎腹部饰多道弦纹。M3∶1，口径17.8、足高14、通高23.6、壁厚0.6～0.8厘米（图四，7；图版一一，1）。M3∶6，口径14、足高14、通高23、壁厚0.6～0.8厘米（图四，6）。

陶鼎形器　1件。M3∶5，口微敛，器身呈半球形，弧腹，圜底，象鼻形足，足微外撇。

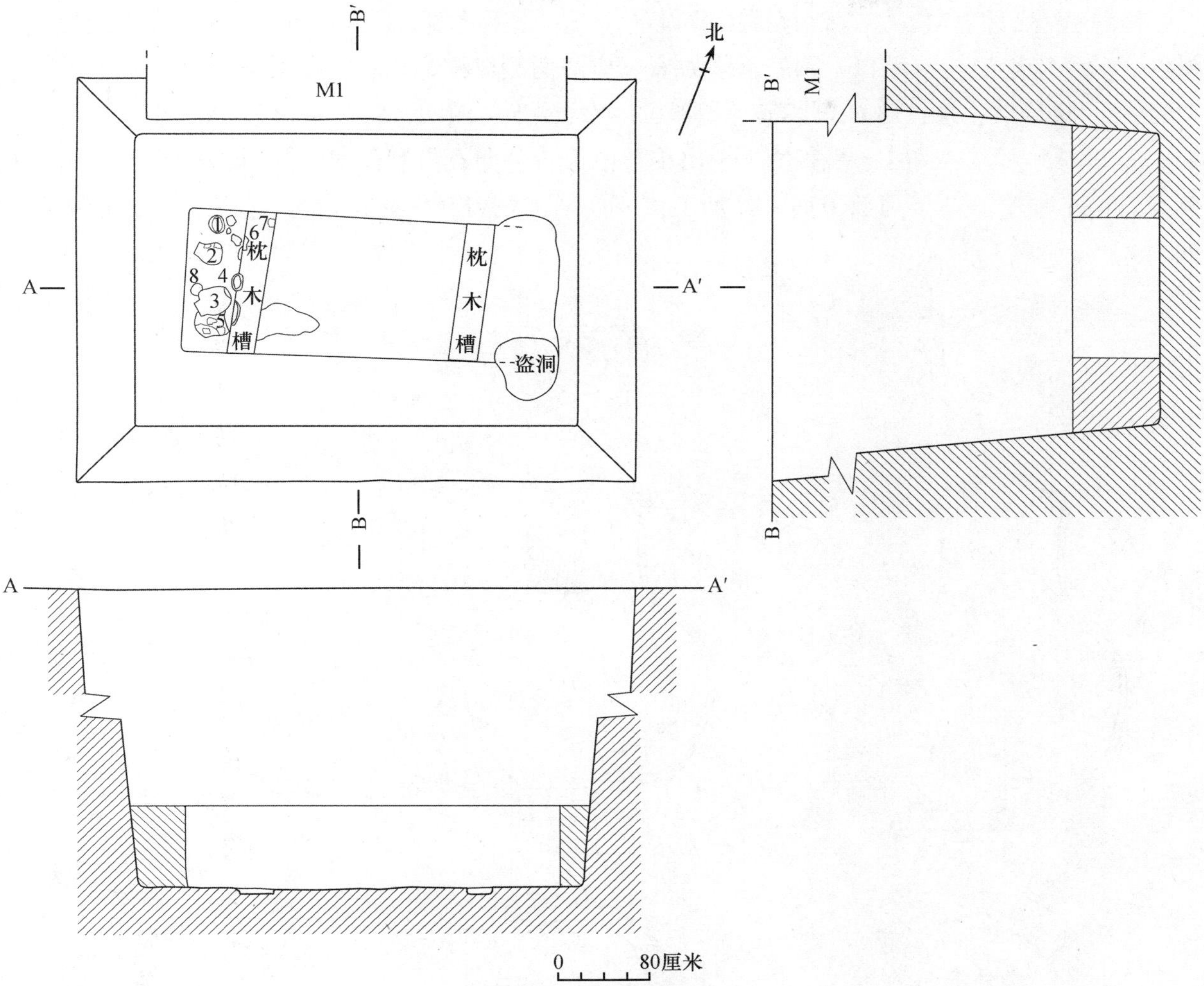

图三　M3平、剖面图

1、6. 陶鼎　2、3. 陶壶　4、7. 陶敦　5. 陶鼎形器　8. 陶鐎壶

下腹部饰二道凸弦纹。口径17.6、足高7、足宽1～2.5、通高13.6、壁厚0.6厘米（图四，4）。

陶敦　2件。泥质灰陶，黑皮，残留少量红、黄色彩绘痕迹。根据足部形状不同，可分为A、B二型，本墓仅见A型。

A型　“S”形足。2件。均轮制，器表施数道凹弦纹，形制、大小相似。盖残缺，子母口，器身呈略长的半圆球状，三足足外撇。器身饰多道凹弦纹。M3：4，口径17.6、足高7.4、通高13.4、器壁厚0.6厘米（图四，3）。M3：7，口径17.6、足高7.4、通高13.5、器壁厚0.6厘米（图四，5；图版一一，3）。

陶壶　2件。泥质灰陶，黑皮，残留少量红、黄色彩绘痕迹，形制、大小相似。弧形盖，口微敛，长颈，溜肩，鼓腹，高圈足略内收。肩部对称施辅首一对，颈部饰弦断绳纹，盖面、肩部及腹部饰多道弦纹。M3：2，盖顶贴塑三个条形小纽。通高28.8、口径9、腹径19.2、底径11.2、圈足高2.4、壁厚0.6～0.7厘米（图四，1）。M3：3，盖顶贴塑三方形小纽。通高28.5、口径10.4、腹径19.5、底径11、圈足高2.6、壁厚0.6～0.7厘米（图四，2；图版一一，2）。

陶鐎壶　1件。M3∶8，仅存提梁及口部，下腹部及底部已残。泥质灰陶，黑皮，残留少量红、黄色彩绘痕迹。敞口，圆唇，圆鼓肩。肩部两侧对称饰系耳，提梁呈弧形同系耳相连。口径9.2、腹径14、系长13.6、残高7、壁厚0.3～0.4厘米（图四，8）。

石斧　1件。M3∶01，墓葬填土中出土，由天青色卵石打制而成，圆顶，长条形，石斧两侧经过简单加工，石斧刃部一面未经加工，一面加工成刃部，通长12.5、宽7、厚2.5厘米（图四，9）。

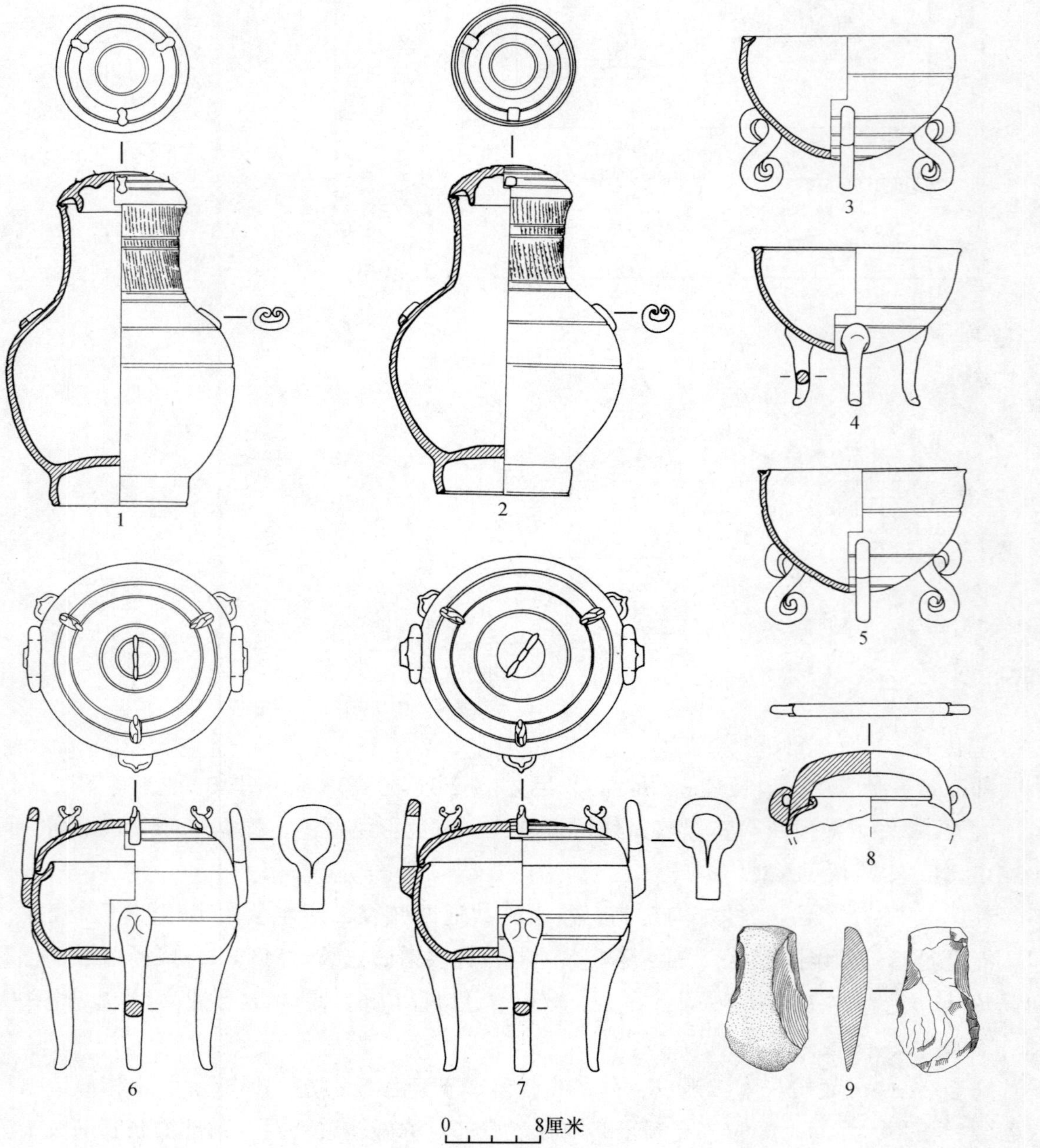

图四　M3出土遗物

1、2. 陶壶（M3∶2、M3∶3）　3、5. A型陶敦（M3∶4、M3∶7）　4. 陶鼎形器（M3∶5）　6、7. A型陶鼎（M3∶6、M3∶1）　8. 陶鐎壶（M3∶8）　9. 石斧（M3∶01）

（二）M4

位于T0302东南部，南端延伸进T0301的东北部，往东延伸出东隔梁外，墓口距地表22厘米。长方形竖穴岩坑墓，方向197°，墓葬西南角被M11打破，四壁修葺平整。墓口长630、宽490厘米，墓底长450、宽304厘米，墓深900厘米。墓葬填土为红褐色碎石夹杂大量黄褐色沙土的五花土，土质较硬。

葬具为一棺一椁，残留朽痕，棺长270、南侧宽96、北侧宽90、残高50厘米，棺板厚6～12厘米，棺内随葬一人，人骨腐朽较甚，有位移现象，应该是积水后漂浮所致。椁室略成梯形，东西长306米，南宽160、北宽150厘米，深120～130厘米。随葬品集中在墓主人头侧椁室内，棺木腐朽后部分随葬品漂浮进棺内。椁室外由红褐色五花土较致密填筑为熟土二层台，东侧长450、宽70～80厘米，南侧长304、宽60厘米，西侧长450、宽70厘米，北侧长304、宽80厘米（图五；图版一〇，1）。

墓葬随葬品分为铜器和陶器两大类，共计14件（套），其中铜器4件，陶器为鼎、敦、壶、盖豆组合，共计10件（套）。

陶鼎　2件。

B型　兽蹄足。均泥质灰陶，黑皮，鼎身残留极少量红、黄色彩绘痕迹，形制、大小相似。子母口，覆钵形盖，盖上施三方形小立纽，盖顶中心贴塑条形纽和环形捉手，鼎身腹壁斜直，圜底近平，方形附耳，三蹄足外撇。盖面饰多道弦纹，鼎腹部饰一道凸弦纹，底部饰交错粗绳纹，足顶部呈鸟首形，鼎足削成多边形，里侧内凹。M4：14，口径20、足高13、足宽2.4～4、通高26.2、壁厚0.6～0.8厘米（图六，3；图版一二，3）。M4：16，口径19、足高14.4、足宽2.4～4、通高25.6、壁厚0.6～0.8厘米（图六，4）。

陶壶　2套。泥质灰陶，黑皮，壶身残留极少量红、黄色彩绘痕迹，形制、大小相似。弧形器盖，盖面对称施4个变形鸟首立纽，口微侈，长颈，溜肩，鼓腹，矮圈足外撇。M4：1、4，颈部、肩部及腹部各饰两周凹弦纹。口径12、腹径22.8、底径12.4、通高30.6、壁厚0.7～0.8厘米（图六，2）。M4：2、5，颈部施三周凹弦纹，上腹部施两周凹弦纹。口径10.8、腹径23.2、底径13.2、通高31.2、壁厚0.7～0.8厘米（图六，1；图版一二，4）。

陶敦　2件。仅见B型。

B型　兽蹄足。泥质灰陶，黑皮，轮制，敦身残留极少量红、黄色彩绘痕迹，形制、大小相似。由上下基本对称的两部分扣合而成，整体呈上下略长的球形，子母口，器盖、器身各施大小形制相同的兽形三纽、三足，盖、身均施三周凹弦纹。M4：3、12，口径19.2、足高7.2、通高24.4、壁厚0.6～0.8厘米（图七，5）。M4：13，口径20、足高6、通高24、壁厚0.6～0.8厘米（图七，6；图版一二，2）。

陶盖豆　4件。根据豆盘形状可分为二型。

A型　盘形豆。2件。泥质灰陶，黑皮，器表残留极少量红、黄色彩绘痕迹，形制、大小相似。覆钵形盖，盖顶近平，盖面饰三个方形小纽，子母口，腹壁较直，盘底近平，节状细长

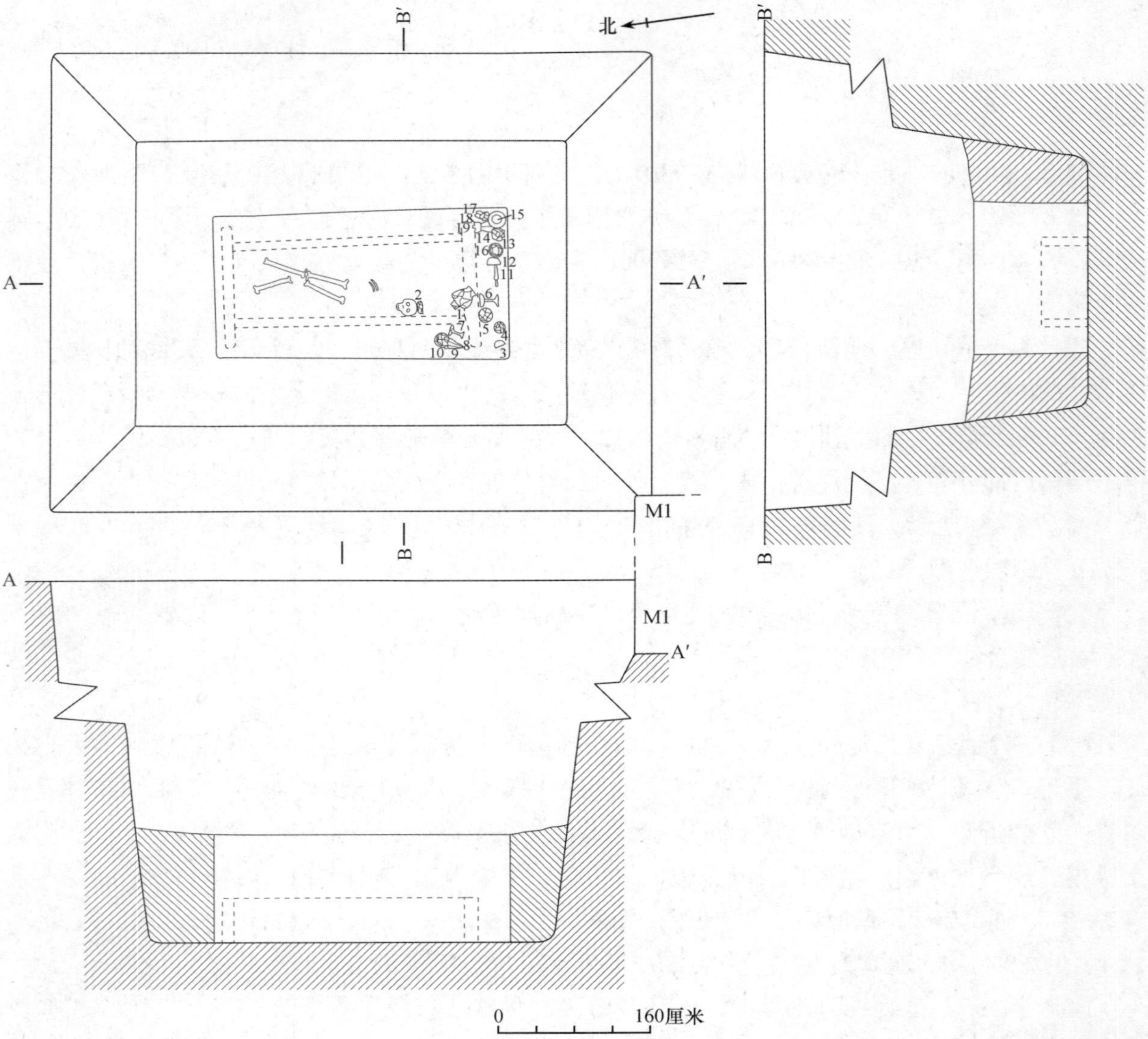

图五　M4平、剖面图

1、2. 陶壶　3、12、13. 陶敦　4、5、7、10. 陶器盖　6、17～19. 陶盖豆　8、9. 铜矛　11. 铜剑　14、16. 陶鼎　15. 铜壶

柄，喇叭形圈足座。M4：6、7，盖面饰有多道弦纹。口径15、底径9.2、柄径3～4、通高22、壁厚0.6～0.8厘米（图七，4；图版一二，1）。M4：10、17，口径13、底径9、柄径3～4、通高21.6、壁厚0.6～0.8厘米（图七，1）。

B型　壶形豆。2件。豆盘部分陶质粉化，无法修复。泥质灰陶，黑皮，器表残留极少量红、黄色彩绘痕迹，形制、大小相似。覆钵形盖，敞口，高领，盘底近平，柄较细长，中空，喇叭形圈足座。M4：18，口径7.9、腹径12.2、柄径2.8～4、底径8.4、复原通高23.2、壁厚0.6厘米（图七，3）。M4：19，口径8、腹径12、柄径2.8～3.2、底径4.6、复原通高23、壁厚0.6厘米（图七，2）。

铜壶　1件。M4：15，青铜质，表面部分锈蚀。弧形盖，盖顶对称施四个变形鸟首立纽，纽中有穿，口微侈，长颈，溜肩，鼓腹，高圈足略外撇。肩部对称施一铺首衔环，通体素面。

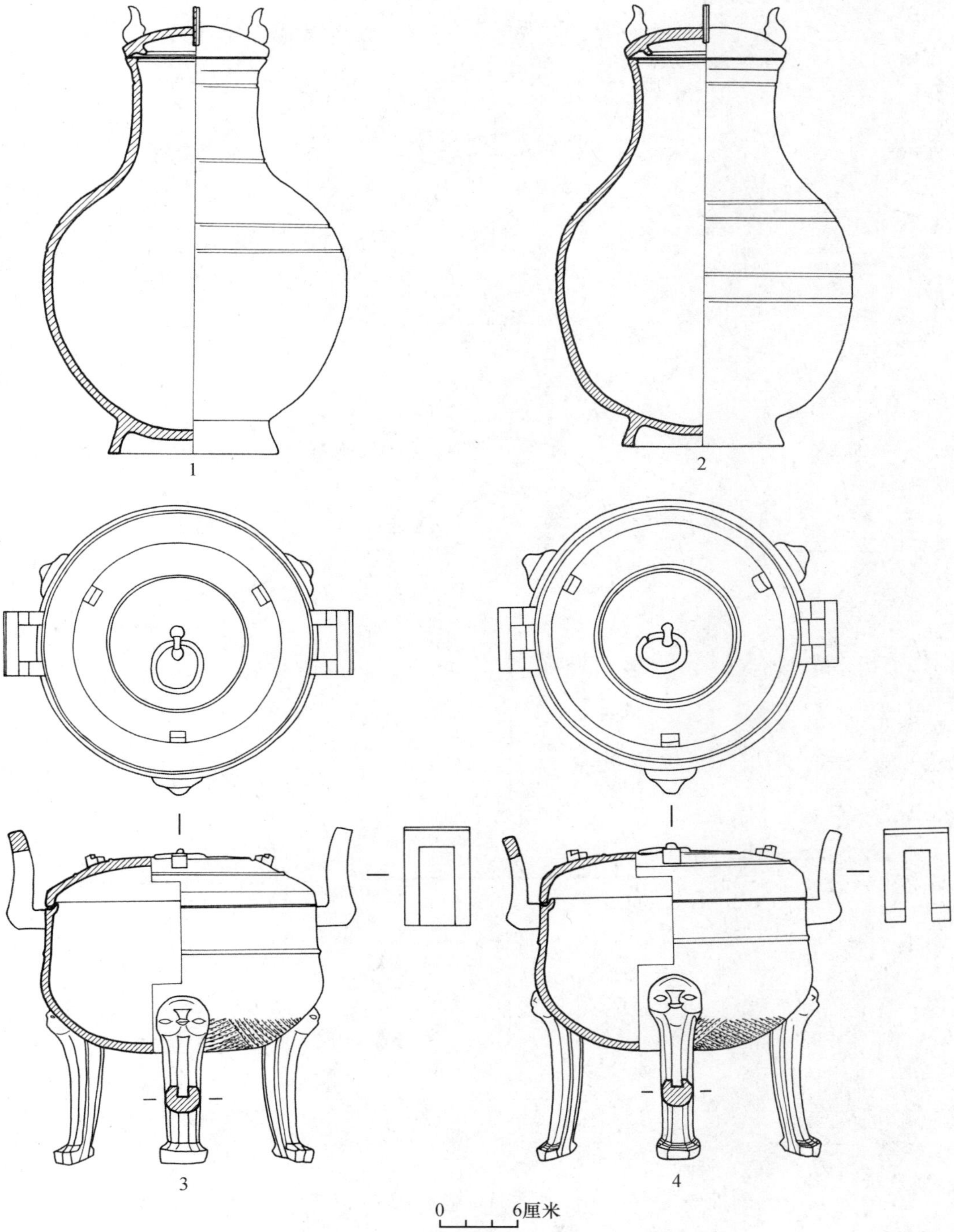

图六　M4出土陶器（一）

1、2. 壶（M4：2、5，M4：1、4）　3、4. B型鼎（M4：14、M4：16）

口径9.2、腹径20、底径12.6、通高27.2、壁厚0.2厘米（图八，4；图版一二，6）。

铜剑　1件。M4：11，青铜质，表面部分锈蚀，剑锋残断。剑身中部起脊，断面呈菱形，无格，圆茎，圆形剑首。剑身残长28.6、宽1.8～4、厚0.4～0.6厘米（图八，3；图版一二，5）。

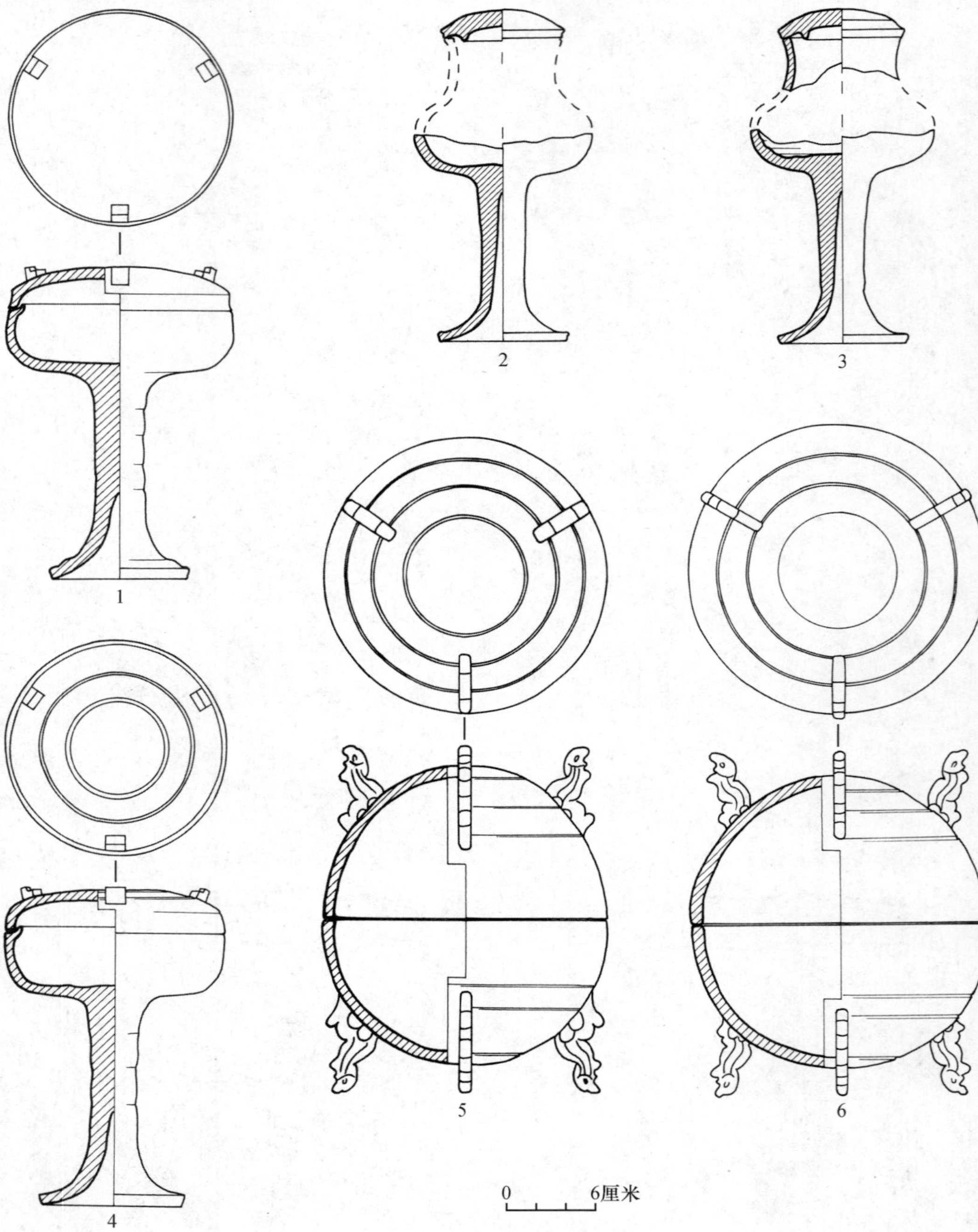

图七　M4出土陶器（二）

1、4. A型盖豆（M4：10、17，M4：6、7）　2、3. B型盖豆（M4：19、M4：18）　5、6. B型敦（M4：3、12，M4：13）

铜矛　2件。M4：8，青铜质，表面部分锈蚀。矛身中部起脊，叶面起血槽，两翼折后做弧曲下延，刃叶下穿孔为系，骹孔圆形。通长18.2厘米（图八，1；图版一二，8）。M4：9，青铜质，表面部分锈蚀。窄叶，矛身高脊凸起，长骹，骹下部两侧附弓形耳。通长18.2厘米（图八，2；图版一二，7）。

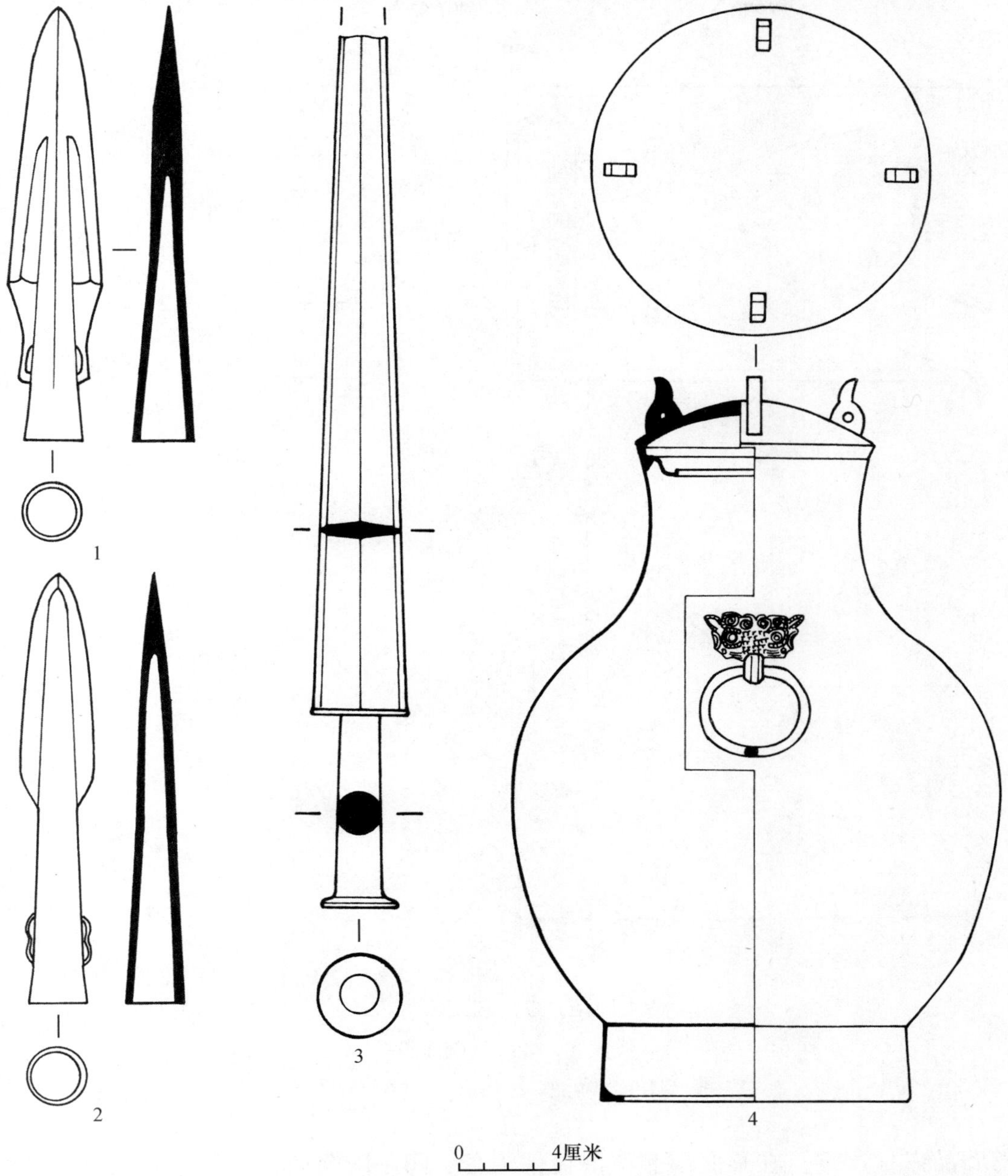

图八 M4出土铜器

1、2. 矛（M4：8、M4：9） 3. 剑（M4：11） 4. 壶（M4：15）

（三）M5

位于T0302西南部，往南延伸进入T0301北隔梁，墓口距地表25厘米，被M1打破。长方形竖穴岩坑墓，方向195°。口大底小，墓口长365、宽235厘米，墓底长350、宽220厘米，墓深420厘米。墓葬填土为灰褐色夹杂沙土及碎石的五花土，土质较硬。

墓葬盗扰严重，墓底棺椁痕迹不存，仅发现南北两侧各有1根横向的枕木基岩槽，南侧的枕木槽破坏严重，仅残留底部痕迹，北侧枕木槽长160、宽20、残深4厘米（图九）。

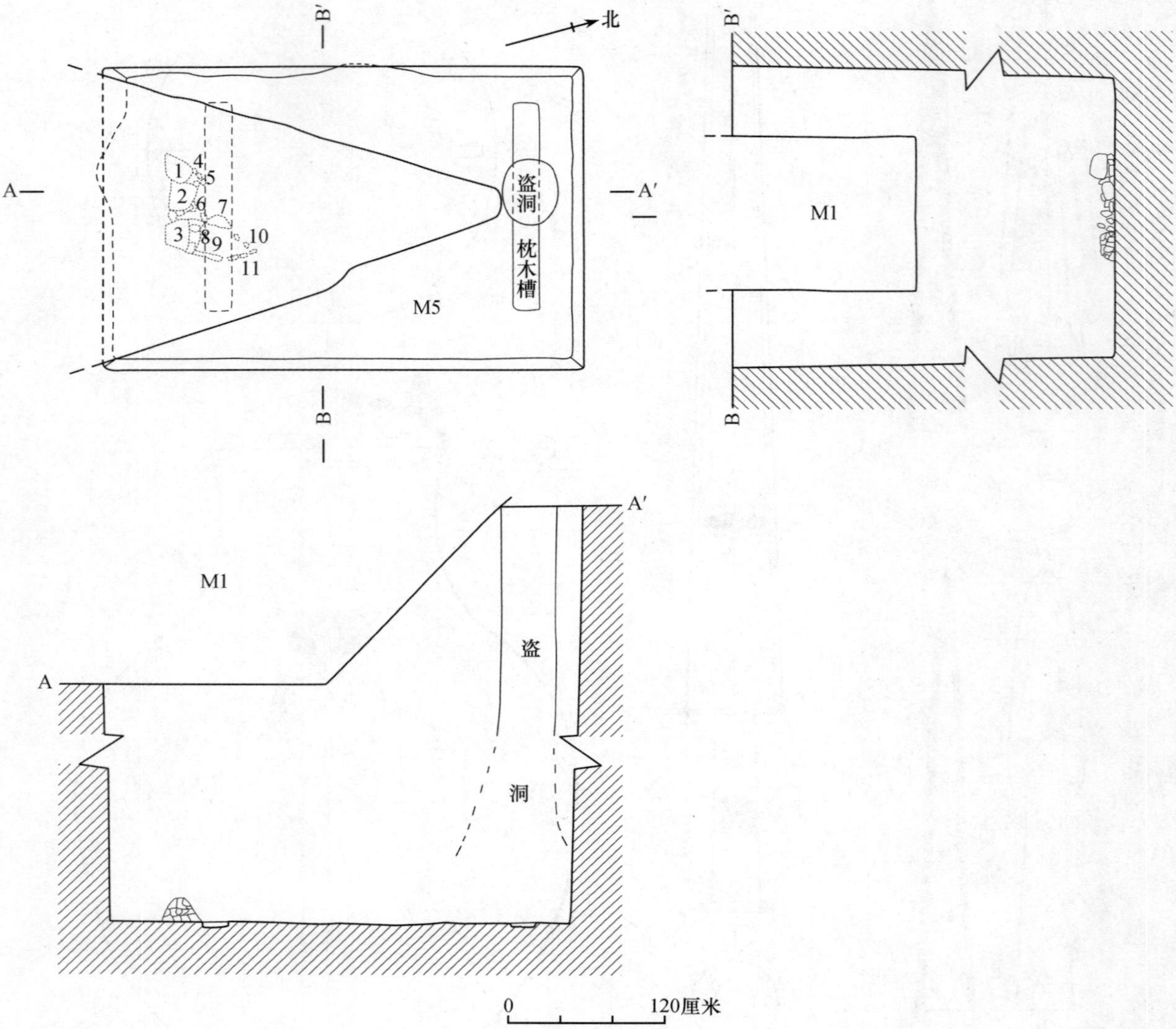

图九 M5平、剖面图

1、3. 陶壶 2、6. 陶鼎 4、5、8、9、11. 陶盖豆 7、10. 陶敦

随葬品盗扰严重，在墓底南侧残留11件（套）陶制随葬品，为鼎、敦、壶、盖豆随葬组合。

陶鼎 2件。

B型 兽蹄足。泥质灰陶，黑皮，器表有红、黄色彩绘痕迹，形制、大小相似。子母口，直腹较浅，圜底，三蹄足微外撇。鼎腹部饰一道凸弦纹，底部饰交错粗绳纹，鼎足削成多边形，里侧内凹。M5：2，口径40.4、腹径41.2、足高14.2、通高27.2、壁厚0.7厘米（图一〇，9）。M5：6，口径40、腹径40.8、足高15.6、通高27.2、壁厚0.7厘米（图一〇，10）。

陶敦 2件。

B型 兽蹄足。均泥质灰陶，黑皮，器表残留极少量红、黄色彩绘痕迹。M5：7，由上下基本对称的两部分扣合而成，整体呈上下略长的球形。盖、器身各施大小、形制相似兽形三组、三足，盖、器身各施三周凹弦纹。口径18.8、足高6、通高24、壁厚0.7～0.8厘米（图一〇，11）。M5：10，仅残存敦盖，呈半球状。盖面见三立纽残痕，施三周凹弦纹。口径18.8、通高10.2、壁厚0.6～0.7厘米（图一〇，6）。

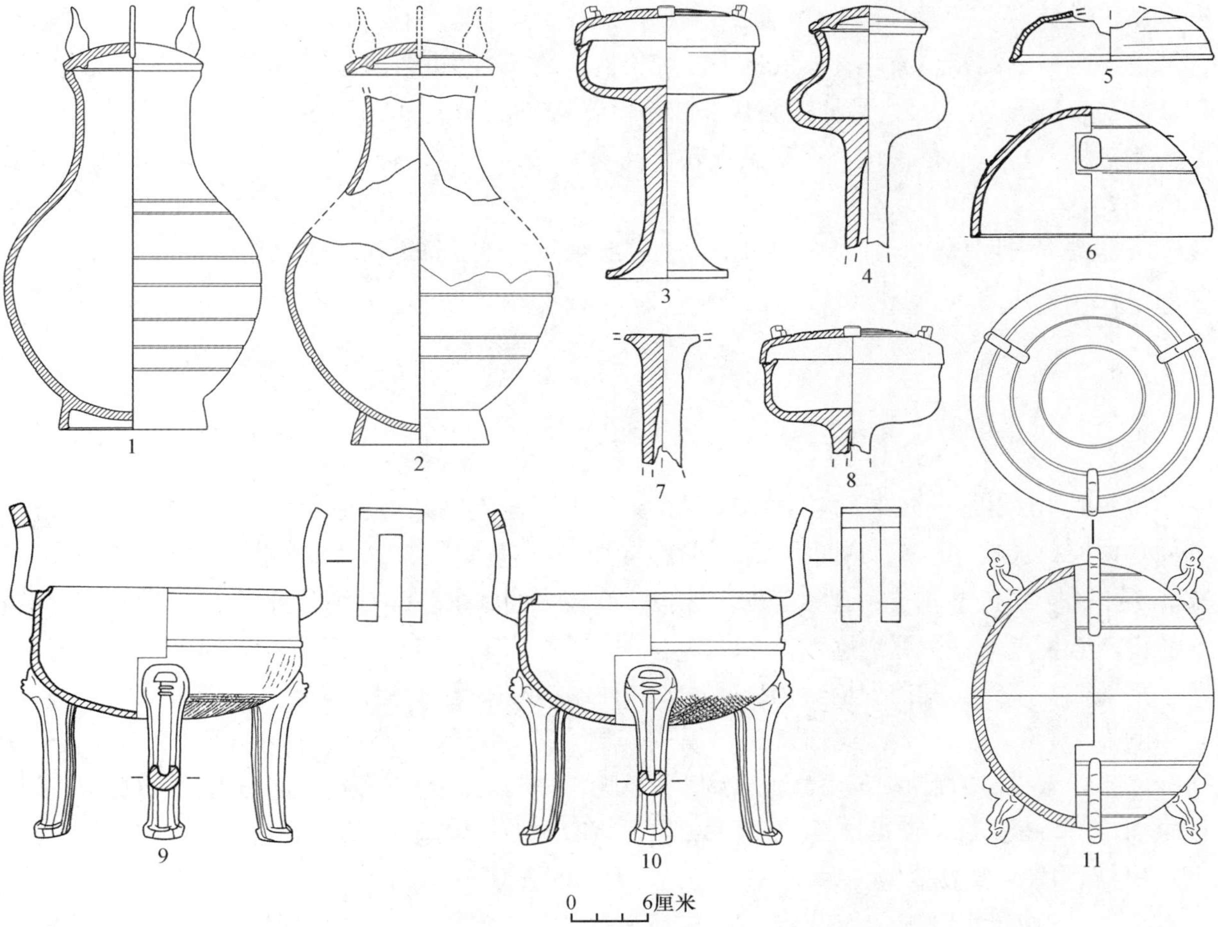

图一〇 M5出土陶器

1、2. 壶（M5：1、M5：3） 3、8. A型盖豆（M5：5，M5：8、9） 4. B型盖豆（M5：4） 5. 器盖（M5：01） 7. 豆柄（M5：11） 9、10. B型鼎（M5：2、M5：6） 6、11. B型敦（M5：10、M5：7）

陶壶 2件。泥质灰陶，黑皮，器表残留极少量红、黄色彩绘痕迹，形制、大小相似。M5：1，覆钵形盖，盖面施3个变形鸟首立纽，浅盘口，长颈较直，溜肩，鼓腹，圈足外撇。肩部及腹部饰数周凹弦纹。口径10.4、腹径20、底径7.4、通高29、壁厚0.6～0.7厘米（图一〇，1）。M5：3，覆钵形盖，盖面残留的三纽残痕，口部已残，长颈，溜肩，鼓腹，圈足外撇。盖面、腹部饰凹弦纹。腹径11.4、底径10.8、残高30.6、壁厚0.5～0.6厘米（图一〇，2）。

陶盖豆 4件。

A型 盘形豆。2件。高柄。泥质灰陶，黑皮，器表残留极少量的红、黄色彩绘痕迹。覆钵形盖，盖面施三个小立纽，子母口，腹壁较直，圜底近平。盖面饰两周凹弦纹。M5：5，细长柄，喇叭形圈足座。口径12、底径9.6、柄径3～4、通高21.8、壁厚0.6～0.7厘米（图一〇，3）。M5：8、9，豆盘以下残缺不存。口径12、柄径3、残高7.6、壁厚0.6～0.7厘米（图一〇，8）。

B型　壶形豆。1件。M5：4，泥质灰陶，黑皮，器表残留极少量的红、黄色彩绘痕迹。覆钵形盖，敞口，高领，鼓腹，圜底近平，细长柄，柄下部及足座残缺。盖面饰两周凹弦纹。口径8、腹径12.4、柄径3.2、整体残高19.8、壁厚0.6～0.8厘米（图一〇，4）。

陶豆柄　1件。M5：11，泥质黑皮陶，红褐胎，细长柄。柄径3～3.5、残高10.8厘米（图一〇，7）。

陶器盖　1件。M5：01，盗洞中出土，缸胎釉陶，盖面饰绿釉，可见刮痕，内壁未施釉。复原口径16、残高14、壁厚0.4、壁厚0.4厘米（图一〇，5）。

（四）M6

位于T0303中部偏西南，上层被破坏殆尽，墓葬下部直接暴露地表。长方形竖穴岩坑墓，方向197°，口大底小，墓口残长420、残宽340厘米，墓底长270、宽220厘米，残深400厘米。墓葬填土为黄褐色五花土，含沙量较大，包含有较多的红褐色碎石块及极少量的碳屑。墓葬底部被完全盗扰破坏，棺椁痕迹不存（图一一）。

墓葬盗扰严重，发现少量随葬品残片，共计器物6件，包括陶壶、陶豆、铁削。

陶壶　1件。M6：5，泥质灰陶，黑皮，器表残留彩绘痕迹。覆钵形盖，盖顶施有三立纽，已残。敞口，方唇，长颈微曲，溜肩，鼓腹，高圈足。颈、肩部各饰一周凹弦纹，肩部对称施铺首。口径11.4、腹径17.2、底径11.2、通高27.6、壁厚0.5～0.7厘米（图一二，2）。

陶豆　4件。据柄高矮分为A、B二型。本墓仅见A型。

A型　高柄。均泥质灰陶，黑皮。尖圆唇，弧腹，浅弧盘近平，柄较粗长，喇叭形座。M6：2，口径13.4、柄径3.6～3.8、底径9.2、通高19.2、壁厚0.8厘米（图一二，5）。M6：3，口径14.5、柄径3.3～4、底径9、通高18、壁厚0.8厘米（图一二，3）。M6：4，口径14.4、柄径3.3～4、底径8.4、通高18、壁厚0.8厘米（图一二，4）。M6：6，口径13.7、柄径3.8～4、底径9.2、通高19.4、壁厚0.8厘米（图一二，6）。

铁削　1件。M6：1，铁质，残断，锈蚀严重，椭圆形环首，直背直刃。残长7、宽4厘米（图一二，1）。

（五）M7

位于T0201中部偏北，墓口距地表20厘米。长方形竖穴岩坑墓，方向200°。口大底小，墓口长420、宽320厘米，墓深770厘米。墓葬填土可分为两层：第1层，墓葬上部填土，厚540厘米，黄褐色五花土，质地松软细腻，较纯净的沙土；第2层，墓葬下部填土，厚320厘米，灰褐

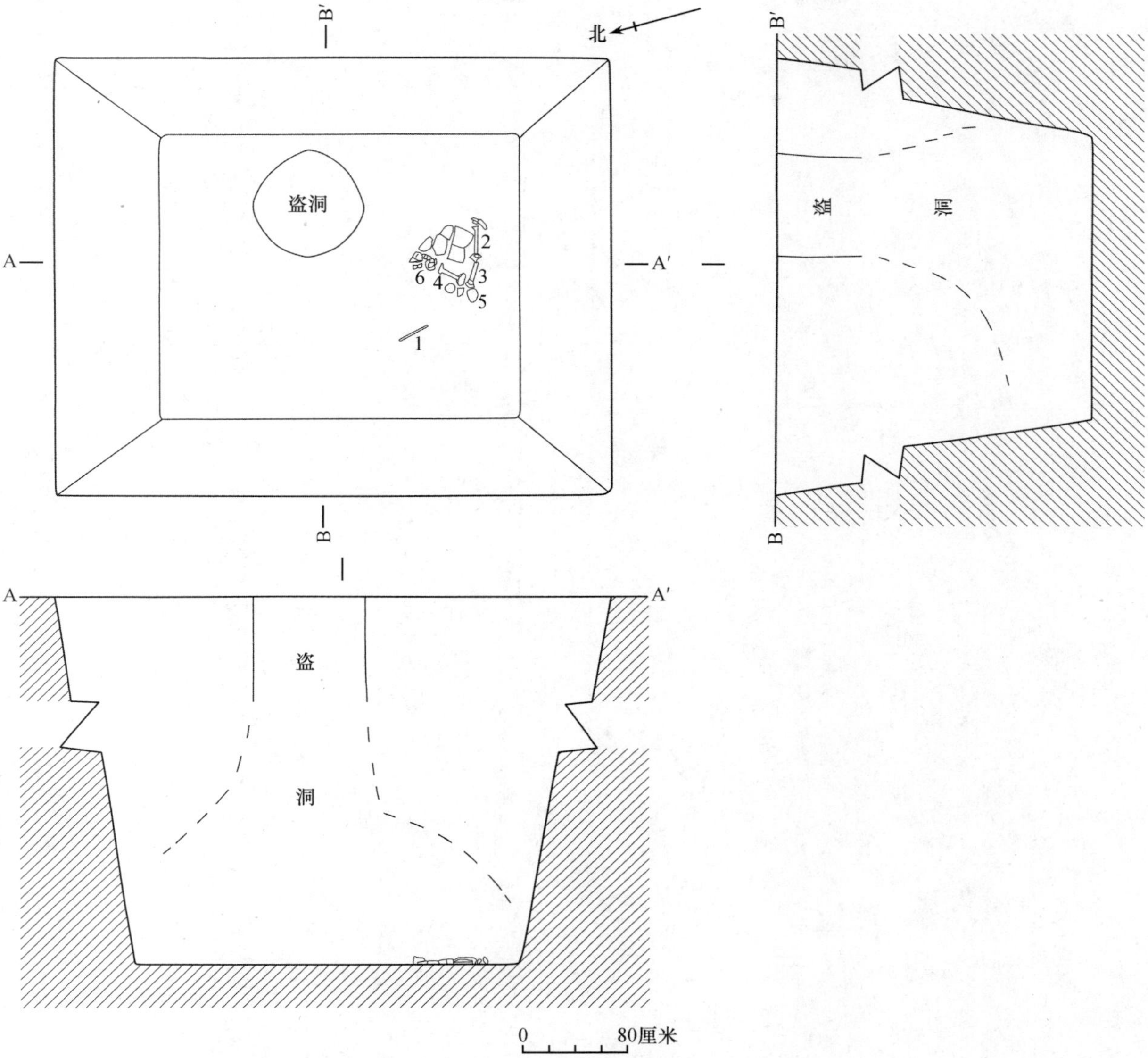

图一一　M6平、剖面图

1. 铁削　2～4、6. 陶豆　5. 陶壶

色五花土，质地松软，较粗糙。

墓葬盗扰严重，棺椁痕迹不存，推测为一棺一椁埋葬。椁室长240、宽120厘米。椁室外为熟土二层台，填土较致密，西侧二层台为较纯净的黄褐色沙土，其余三侧为红褐色碎石块、灰褐色黏土及黄褐色沙土混杂构成的五花土，西侧宽60～66厘米，北侧、东侧宽50厘米，南侧宽22～30厘米，高80厘米（图一三）。

残余随葬品2件，为陶鼎和陶盂。

陶鼎　1件。

A型　象鼻形足。M7：1，泥质灰陶，黑皮，器表残留彩绘痕迹。子母口，腹壁较直，微凹底，圆形附耳，柱状三足近直。有盖，覆钵形，顶近平，施有三纽、残损。盖面及鼎腹部

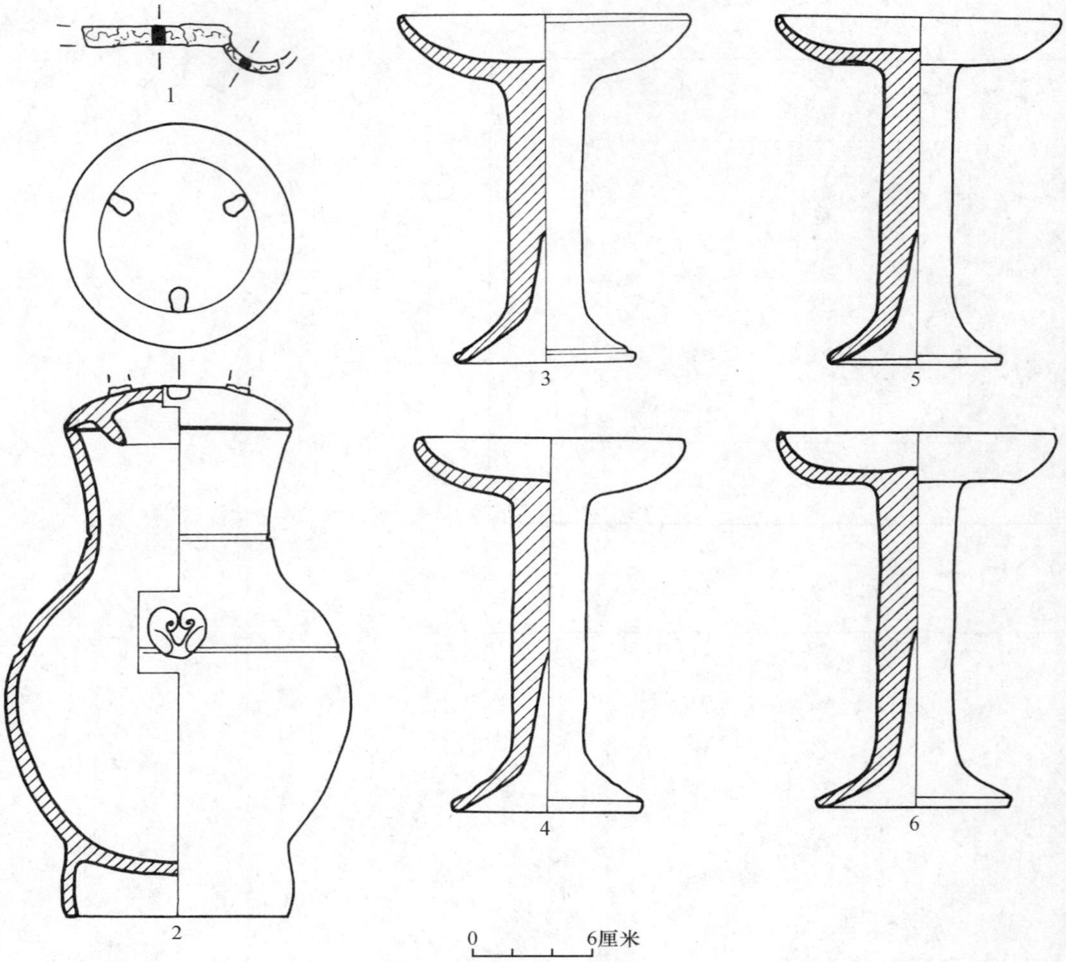

图一二　M6出土遗物

1. 铁削（M6：1）　2. 陶壶（M6：5）　3～6. A型陶豆（M6：3、M6：4、M6：2、M6：6）

各饰一周凹弦纹。口径20、腹径24、足高12、足宽1.2～3.6、残高21、壁厚0.6～0.7厘米（图一四，2）。

陶盂　1件。M7：2，泥质灰陶。侈口，方唇，束颈，斜弧腹，平底微内凹。口径19、最大腹径17.6、底径8.4、高8.4厘米（图一四，1）。

（六）M11

位于T0302东北部，长方形竖穴岩坑墓，墓向205°。墓葬口大底小，斜壁内收，壁面光滑，加工痕迹较明显。墓葬开口长404、宽314厘米，墓底长296、宽210厘米，墓深470厘米。

埋葬一棺一椁，椁室外由五花土较致密填筑成熟土二层台，东侧二层台长296、宽56～70厘米，南侧长210、宽30～34厘米，西侧长296、宽40～50厘米，北侧长210、宽40厘米，高50厘米。墓底棺椁痕迹不清晰，高度厚度均不详，椁室长224、北端宽98、南端宽102厘米，木棺

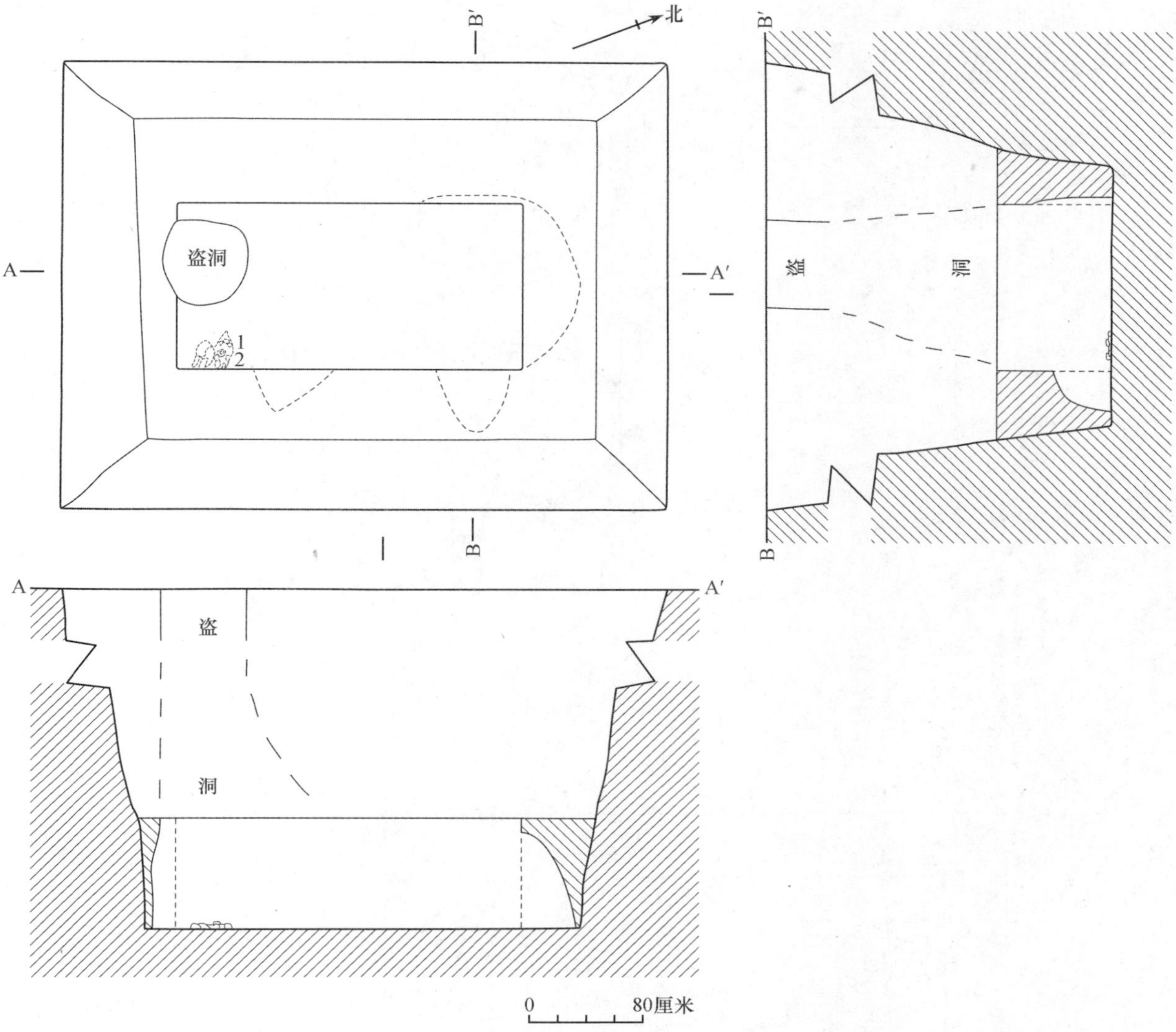

图一三　M7平、剖面图
1. 陶鼎　2. 陶盂

长约192、头端宽约64、脚端宽约58厘米。棺内随葬1人，人骨腐朽较甚，头骨位移到上肢骨左侧。棺两端底部各有1根横向的枕木基岩槽，长100、北端枕木槽宽20、南端枕木槽宽26、深8厘米（图一五；图版一〇，2）。

墓葬未被盗，随葬品较少，随葬于墓主头端椁室内，均为陶器，共6件，其中罐、盂各1件，豆4件。

陶罐　1件。M11：1，夹砂红褐陶。敞口，平折沿，尖圆唇。高领微斜收，折肩，鼓腹，凹底。最大腹径处饰纵向粗绳纹，其下饰横向粗绳纹。口径12.4、腹径18.8、底径8.2、通高20、壁厚0.5厘米（图一六，2；图版一一，5）。

陶盂　1件。M11：2，夹砂灰褐陶。口微侈，圆唇、束颈，弧腹斜收、凹底。下腹部饰交错粗绳纹。口径18.6、腹径19、底径7.6、通高13.6、壁厚0.5～0.6厘米（图一六，1；图版一一，4）。

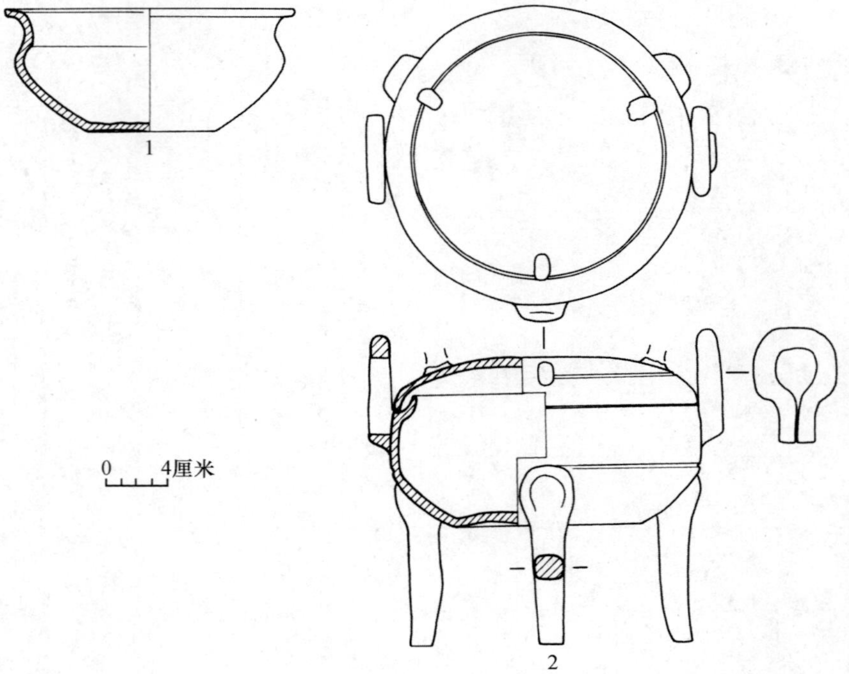

图一四　M7出土陶器

1. 盂（M7：2）　2. A型鼎（M7：1）

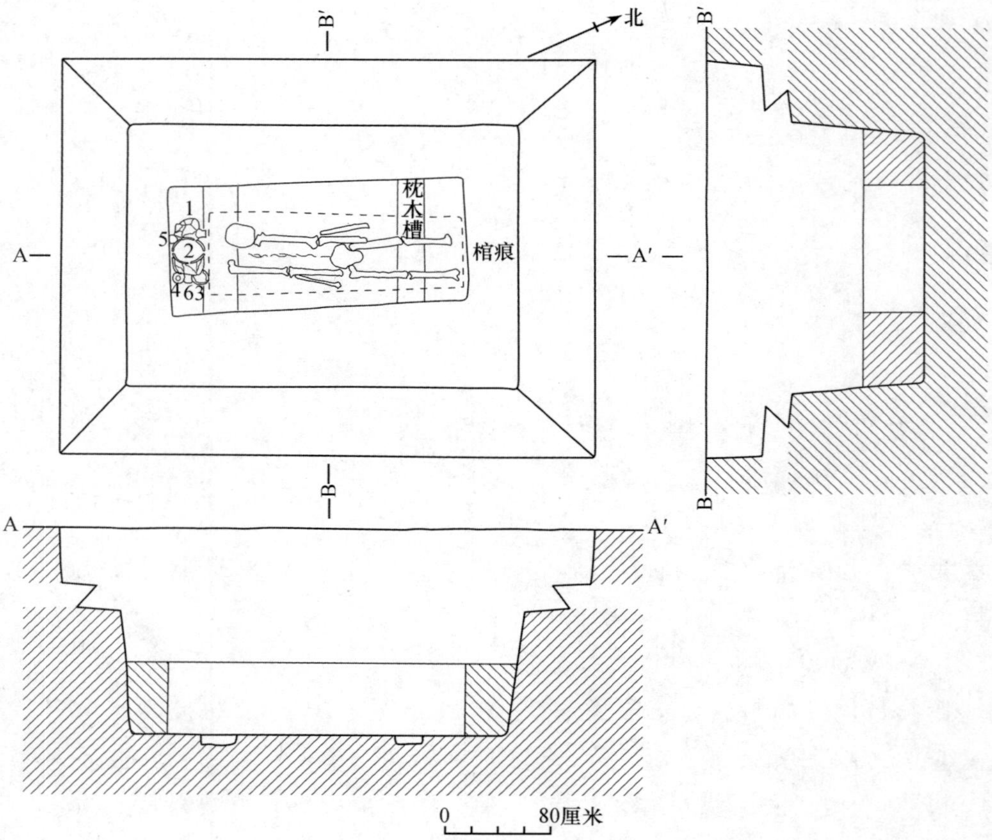

图一五　M11平、剖面图

1. 陶罐　2. 陶盂　3～6. 陶豆

陶豆　4件。均夹砂灰褐陶。浅盘，盘口弧度较大，盘底近平。

A型　高柄。2件。M11：4，口径13.2、柄径3.3、底径9.6、通高17厘米（图一六，4；图版一一，6）。M11：6，口径13.2、柄径3、底径7.8、通高13.6厘米（图一六，3）。

B型　中柄。2件。M11：3，口径13.5、柄径3、底径7.4、通高12.2厘米（图一六，6）。M11：5，口径12.5～13、柄径3.2、底径7.8、通高11.6～12厘米（图一六，5）。

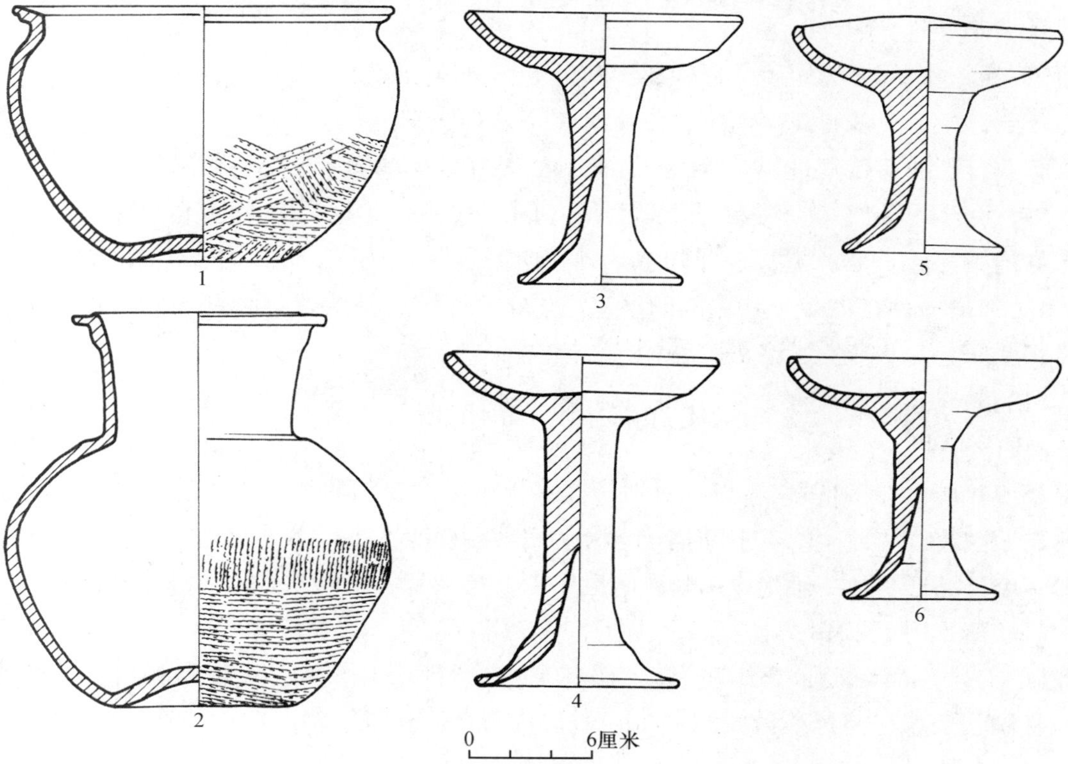

图一六　M11出土陶器

1. 盂（M11：2）　2. 罐（M11：1）　3、4. A型豆（M11：6、M11：4）　5、6. B型豆（M11：5、M11：3）

三、砖　室　墓

墓地发掘清理竖穴土圹砖室墓葬2座，编号M1、M2。两座墓葬均被盗，出土少量青瓷器及陶器。

（一）M1

位于T0301西北部，墓道延伸进入T0302。凸字形竖穴土圹砖室券顶墓，方向340°，由墓道、甬道、墓室三部分组成，墓圹长790，墓室部分宽360，甬道、墓道部分宽240，残深152厘米。墓葬打破M3、M4、M5及生土至基岩。

墓道土圹无砖，西侧被后期损毁，整体呈斜坡状，壁面清晰，坡度约为42°。长156、入口端残宽30、甬道封门处宽110、残深140厘米。填土为黄褐色五花土。

甬道位于墓室正中，墓道、甬道之间有封门封砌。封门残存东半侧部分，由条砖错缝平砌，残留14层，残高140、残宽100厘米。甬道平面呈长方形，拱顶，两侧壁用条砖错缝平砌10层，其上由榫卯砖横向起券，券顶上部破坏不存，长250、宽180、残高138厘米。

墓室平面呈长方形，墓室长470、宽286、残高150厘米。墓室墓壁用条砖错缝平砌，共计8层，其上由榫卯砖横向起券，券顶上部被毁，仅存一层券顶砖。墓室内棺椁痕迹因盗扰不存，葬式葬具不详。

甬道、墓室底部无铺地砖，直接建于基岩上。甬道、墓室内堆积为券顶塌陷后的砖块及黄褐色五花土，夹杂较多的红褐色碎石块及少量炭屑（图一七）。

墓葬共有三种墓砖砌筑。四壁统一用长44、宽20、厚10厘米的墓砖砌筑，朝向墓室一侧饰复合纹饰，为半重菱纹+车轮纹+“十”字纹（图一八，3）；券顶榫卯砖有两种，与墓壁相连开始起券的榫卯砖长48、宽20、厚10厘米，朝向墓室侧饰复合纹饰，为车轮纹+半重菱纹（图一八，1）；另一种榫卯砖只在塌陷的墓室填土中发现，推测为拱顶顶部的榫卯砖，长38、宽20、厚10厘米，为“富贵”铭文+半重菱纹（图一八，2）。

残留的随葬品较少，有瓷罐1件、瓷碗1件、瓷钵1件、铜钱币4枚，在墓室填土中还发现瓷奁残片及石斧1件。

瓷罐　1件。M1∶1，六系罐，侈口，圆唇，圆鼓肩，斜腹微弧内收，大平底。轮制。肩部饰两周凹弦纹，弦纹间饰菱形网格纹。外侧肩部贴塑六个条形系，分两组，一组为横向对称各贴塑一个牛鼻形耳，一组为纵向对称各贴塑两个条形耳。内外施青釉，外部釉不及底，有冰裂纹。口径13.5、腹径21.6、底径12.8、通高16.6、壁厚0.4～0.5厘米（图一九，1）。

瓷碗　1件。M1∶2，个体较小，青灰胎。口近直，尖圆唇，弧腹，假圈足。内外均施青釉，外釉不及底，有冰裂纹。口径8、通高3.5、底径5、足高0.3～0.4、壁厚0.4厘米（图一九，2）。

瓷钵　1件。M1∶3，个体较大，青灰胎。敞口，尖圆唇，斜弧腹，浅饼足。外壁唇下施一周凹弦纹。内外施青釉，外釉不及底，有泪滴，有冰裂纹，内底残留有支钉痕。口径17.3、底径10、通高6.4、壁厚0.3厘米（图一九，3）。

瓷奁　1件。M1∶02，红褐胎。子母口。肩下部施三周凹弦纹。外壁饰青釉。复原口径32、腹径36.8、残高12、壁厚1厘米（图一九，4）。

石斧　1件。M1∶01，天然青色卵石。尖圆顶，长条形，一面为天然卵石面，另一面下部经打击，有砍砸痕迹，单刃。长13、宽8、厚3.5厘米（图一九，5）。

铜五铢钱　4枚，其中两枚保存稍好，两枚残损。M1∶4-1，正面外郭，背面内外均有郭，“铢”字“金”头近等边三角形，“朱”上画近方折。直径2.5、穿径1厘米（图二〇，1）。M1∶4-2，正面外郭，背面内外均有郭，“五铢”字体较模糊，“铢”字“金”头近等边三角形，“朱”上画圆折。直径2.4、穿径1厘米（图二〇，2）。

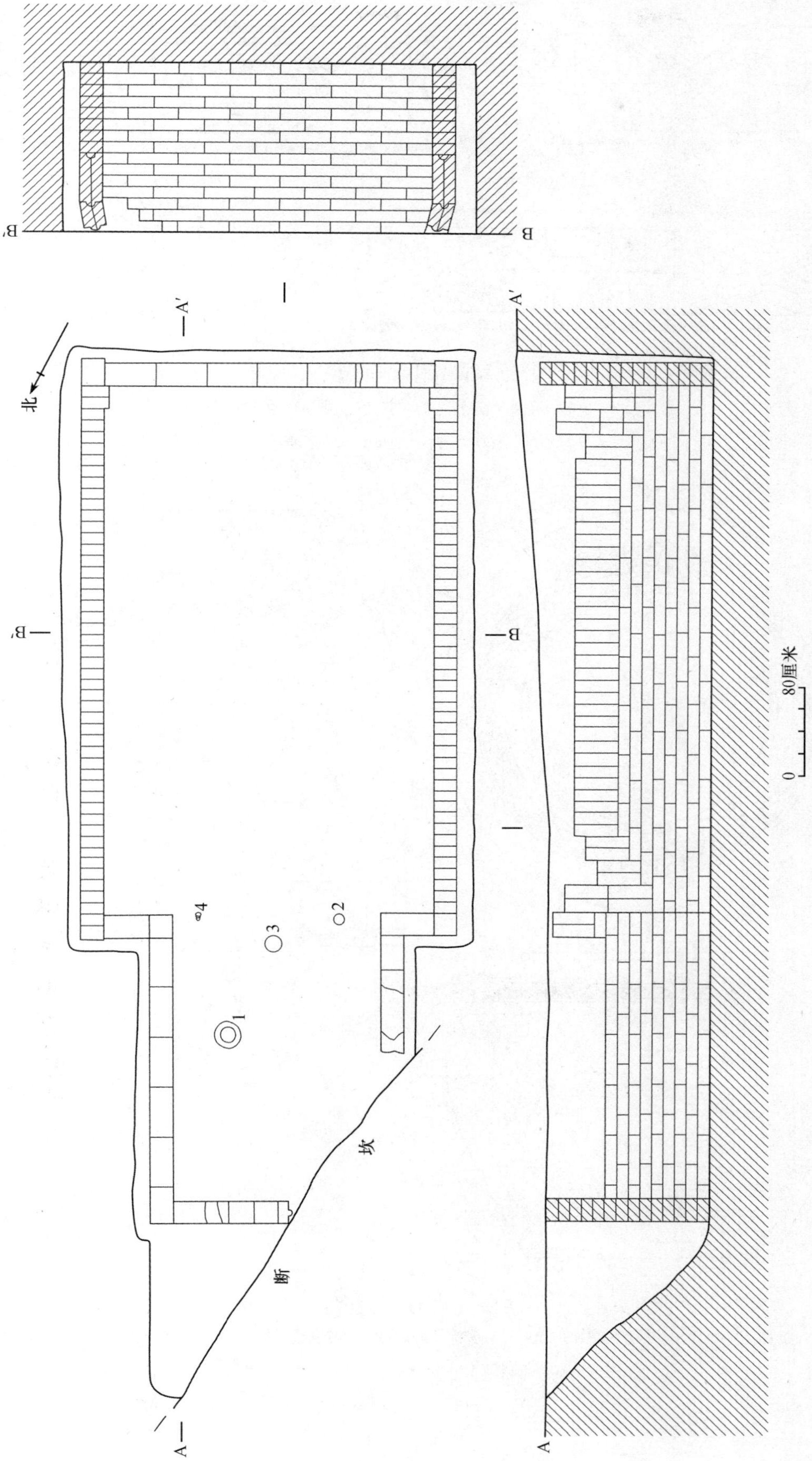

图一七 M1平、剖面图

1. 瓷罐 2. 瓷碗 3. 瓷钵 4. 铜钱币

图一八　M1墓砖拓片

1. 车轮纹+半重菱纹（榫卯砖）　2. “富贵”+半重菱纹（榫卯砖）

3. “十”字纹+车轮纹+半重菱纹（方砖）

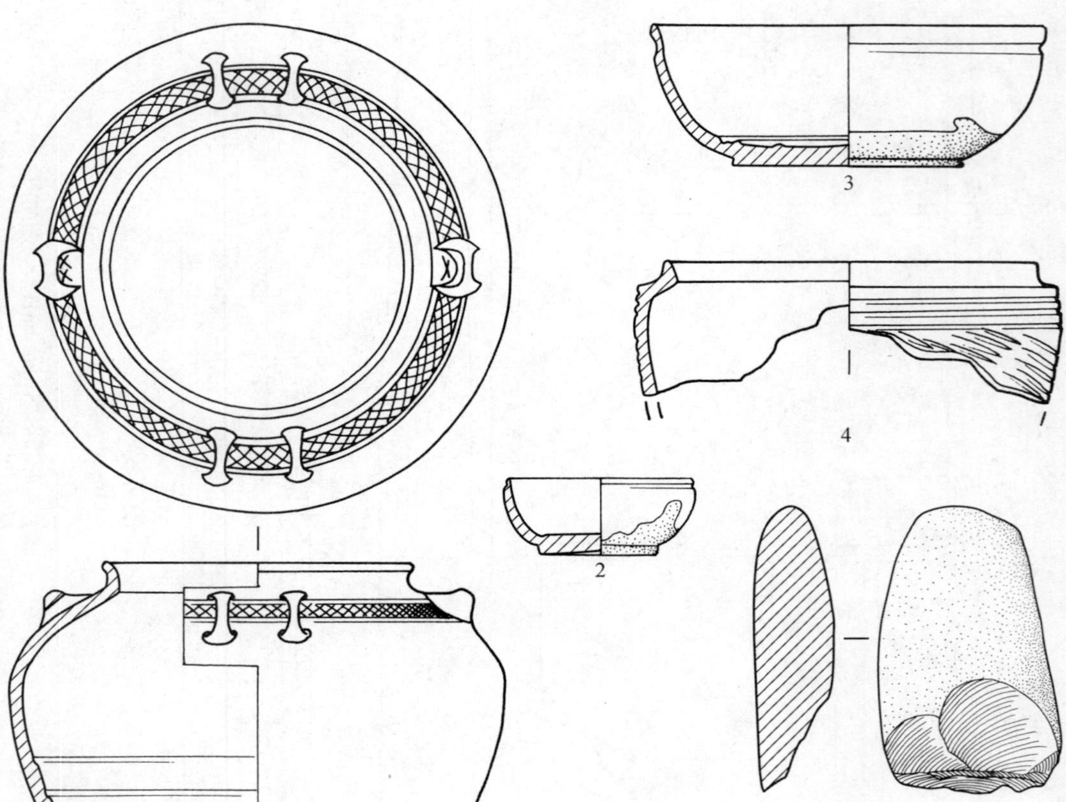

图一九　M1出土遗物

1. 瓷罐（M1：1）　2. 瓷碗（M1：2）　3. 瓷钵（M1：3）　4. 瓷奁（M1：02）　5. 石斧（M1：01）

图二〇 M1出土铜钱币拓片

1. M1：4-1 2 . M1：4-2

（二）M2

位于T0201南侧，为竖穴土圹长方形砖室券顶墓，墓向143°。墓圹长340、宽200、残高90～110厘米。墓室平面长方形，长244、宽136、残高60～110厘米。四壁用条砖错缝平砌，两侧壁各平砌8层，用榫卯砖横向起券，拱顶部分破坏不存，墓底用榫卯砖错缝平砌铺地。墓内填土为拱顶塌陷后的灰褐色五花土，夹杂较多红褐色碎石块及墓砖，土质坚硬（图二一）。

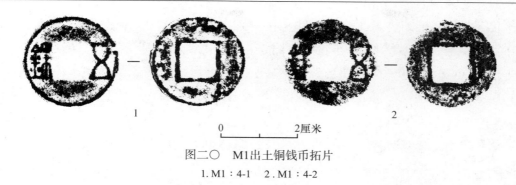

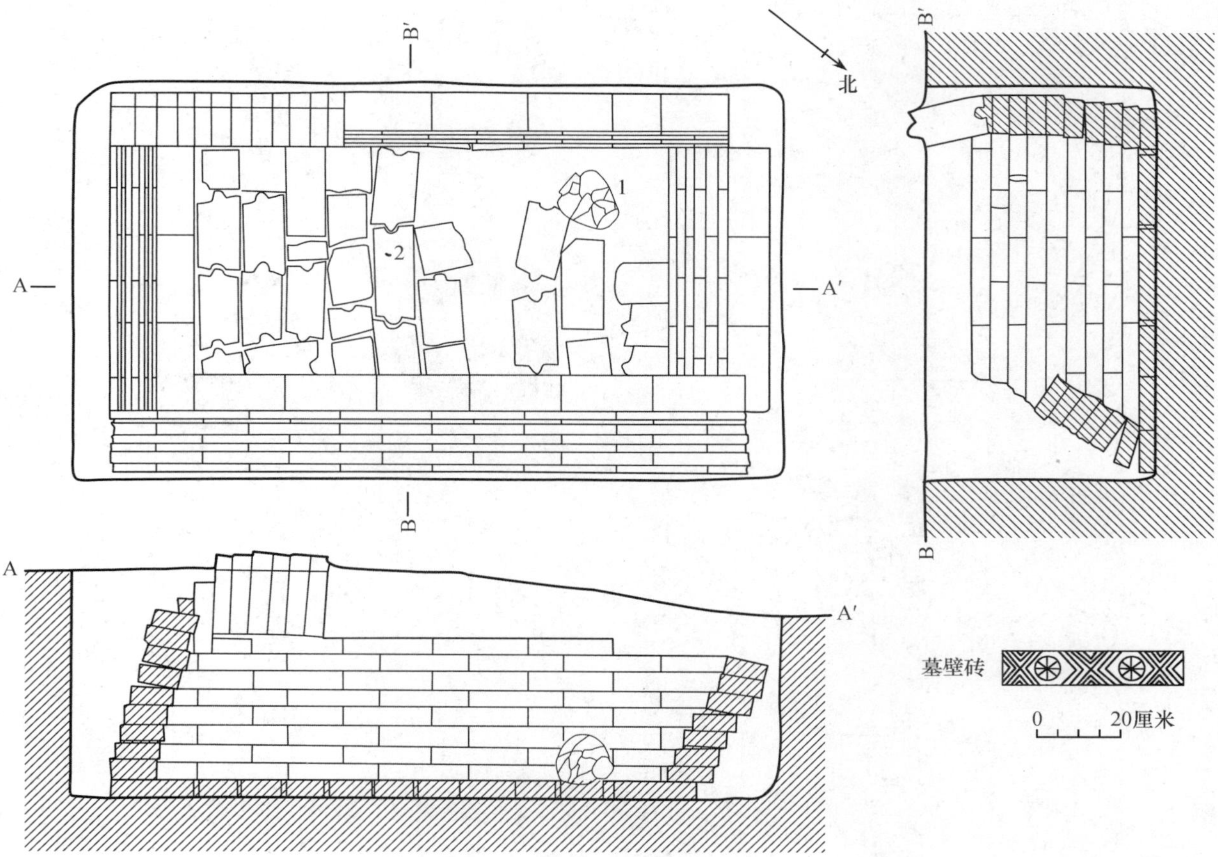

图二一 M2平、剖面图

1. 陶罐 2. 铜钱币

墓葬共有三种墓砖砌筑，其中墓葬四壁统一用长44、宽20、厚10厘米的墓砖砌筑，朝向墓室一侧饰复合纹饰，为半菱形纹+车轮纹（图二一）。券顶榫卯砖有两种，与墓壁相连开始起券的榫卯砖，长40、宽20、厚10厘米，朝向墓室侧饰菱形纹（图二二，5）；另一种榫卯砖只在塌陷的墓室填土中发现，推测为拱顶的榫卯砖，长38、宽20、厚10厘米，为“富贵”铭文+半重菱纹（图二二，4）。

墓葬盗扰严重，仅在墓室南侧发现人头骨朽痕，葬式葬具不详。出土随葬品有陶罐1件，五铢钱12枚。

陶罐　1件。M2：1，夹细沙灰陶。敞口，方唇，矮领，溜肩，鼓腹斜收，凹底。肩腹部饰压印网格纹，部分磨损。口径16.6、腹径24、底径13、通高20、壁厚0.5～0.6厘米（图二二，1）。

铜五铢钱　出土12枚，锈蚀均较严重。M2：2-1，正面外郭，背面内郭，“五铢”字迹较模糊，“铢”字“金”头近等边三角形。直径2.4、穿径0.9厘米（图二二，2）。M2：2-2，正面外郭，背面内外均有郭，“铢”字“金”头近等边三角形，“朱”上画方折。直径2.6、穿径1厘米（图二二，3）。

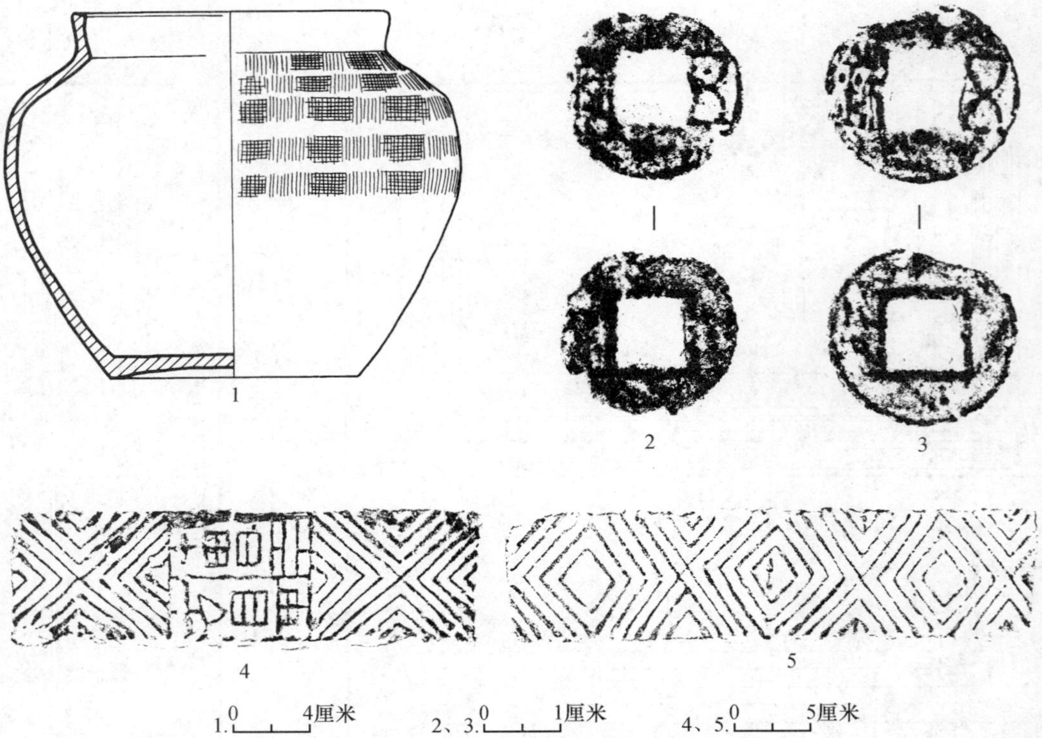

图二二　M2出土遗物、墓砖拓片

1. 陶罐（M2：1）　2、3. 铜五铢钱（M2：2-1、M2：2-2）　4. “富贵”+半重菱纹　5. 重菱纹券顶砖

四、陶　　窑

发现陶窑1座（Y1）。陶窑前半部分被破坏不存，仅存窑室后半部，残留部分窑室、窑床及烟道。

窑室残留平面呈长方形，宽226、残长110～180、残高40～100厘米。窑壁及窑床均有青灰色的烧结面，窑壁残留烧结面厚8～10厘米，烧结面外侧为厚10～15厘米的辐射土。窑床残留烧结面厚5～14厘米，烧结面下侧为厚10～12厘米的辐射土。窑床残留9道黑色的窑栅痕迹，黑色窑栅痕宽约10～15厘米，间距约20厘米。

烟道位于窑后壁，一字排列三个，宽10、深10～12、残高40～90厘米。两侧烟道距两侧壁20厘米，中间烟道距两侧烟道80厘米，烟道辐射土厚6～8厘米。

窑内堆积主要为窑顶坍塌的红褐色黏土、红烧土块及碎石块，窑底部残留较多红褐色或灰褐色砖碎块，可辨纹饰有半菱形纹、车轮纹等。

窑壁弧内收，窑室后部打破M10的填土，距M10墓口约20厘米，推测窑室可能为半倒焰式的馒头窑（图二三）。

五、主要收获

万州黄金塝墓地发掘面积共计1050平方米，由于滑坡及后期人类的生产生活活动，墓地所处地形变化较大，墓地临江部分破坏不存，后部也被民居、公路叠压，本次发掘未能揭露整个墓地的全貌。从初步资料整理情况分析，还是取得了一定的收获：

（1）本次发掘的11座墓葬，分砖室墓和岩坑墓两种，属于砖室墓的M1打破了岩坑墓M3、M4、M5，因此，可以将这11座墓葬划分为早晚2期：第一期墓葬有M3～M11，第二期墓葬为M1、M2。第一期的9座竖穴岩坑墓葬，互相之间不见有叠压打破关系，推测是一处有规划的墓地，年代跨度不大。

（2）第一期竖穴岩坑墓葬中有6座墓葬出土随葬品，随葬品以陶器为主，陶器种类有鼎、鼎形器、敦、壶、鐎壶、盖豆、豆、罐、盂等，铜器有壶、剑、矛，铁器发现铁削。墓葬形制为长方形宽坑竖穴，葬具为一椁一棺或单棺，底部多有枕木槽。无论是墓葬形制、随葬品特征、器物组合看，这批墓葬都与楚文化中心区江陵一带战国中晚期的早小型楚墓基本一致，因此可确定这批墓葬为楚文化墓葬。

（3）第一期墓葬出土随葬品组合可分为两大类：第一类以随葬礼器为主，其中铜礼器（含兵器）有壶、剑、矛组合（M4）；陶礼器有鼎、敦、壶组合（M3），鼎、敦、壶、盖豆组合（M4、M5，其中M5虽被盗，但未伤及头箱）。第二类以随葬日用陶器为主，陶器组合为罐、豆、盂（M11）。此外，M6、M7既有仿铜陶礼器，又有日用陶器，由于遭到盗掘，残剩随葬品不能反映器物组合原貌，究竟以哪类随葬品为主难以确定。

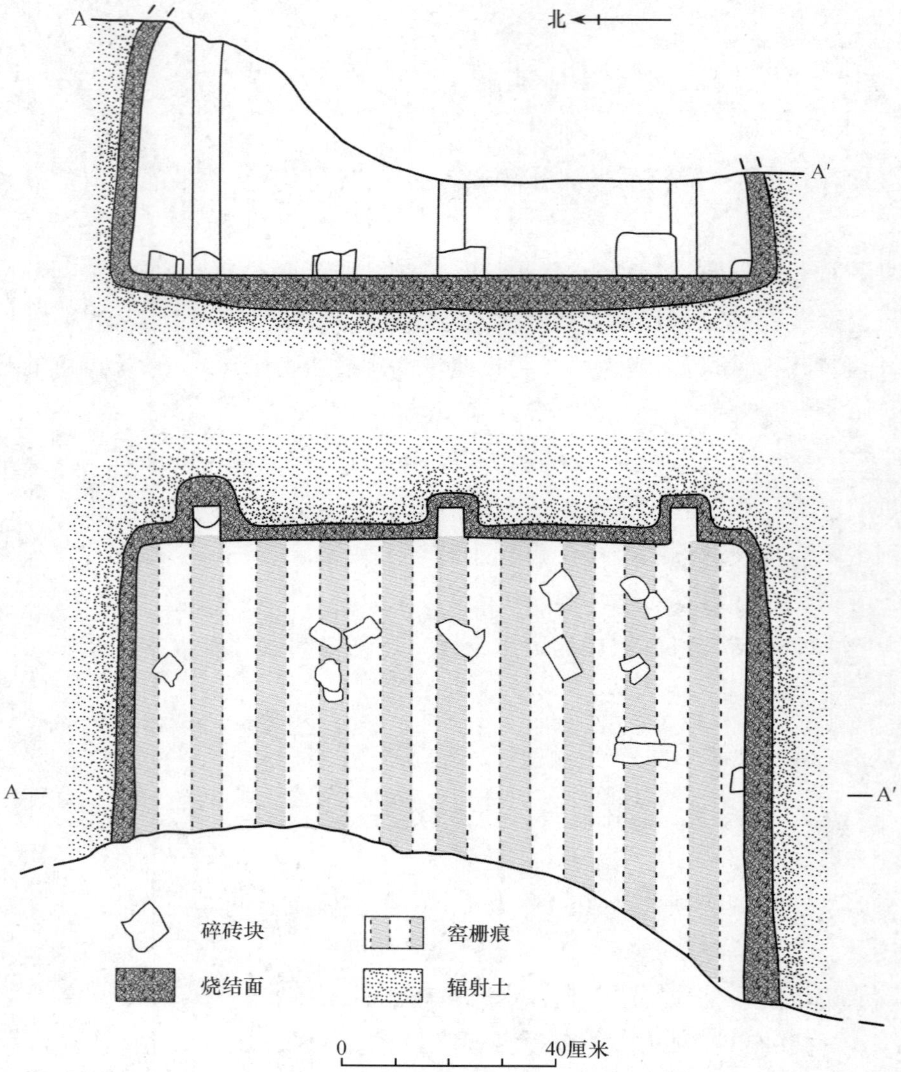

图二三　Y1平、剖面图

（4）这批墓葬中的各类型器物大致均可分两种形式：M3、M7随葬象鼻形足鼎，M4、M5随葬蹄足鼎、兽足敦、盖豆、圜底圈足壶，M6、M11均随葬高柄豆。因此，可将M3、M6、M7、M11划为一组，M4、M5划为一组，从陶盂、敦的演变情况看，第一组墓葬要早于第二组墓葬，可分别确定为第一期的第一段、第二段。

（5）第一期中M3出土A型陶敦与巫山水田湾墓地出土陶敦（ⅢM1：2）[1]相近；M4、M5出土B型陶敦、B型鼎与奉节宝塔坪的陶敦（M1024：7、8）、陶鼎（M1024：2、5）[2]较为相似；M4出土铜壶与奉节上关墓地所出战国铜壶（M32：2）[3]相近。据朱萍对峡东地区周秦墓的研究，水田湾ⅢM1应为战国中期，宝塔坪M1024、上关M32应为战国晚期早段[4]，应可作为参考。此外，我们也注意到M4、M5出土的A型盖豆、B型盖豆、B型陶敦分别与万州大坪墓群Ⅷ式陶豆（M115：4）、Ⅶ式陶豆（M115：2）、陶敦（M115：3）形制基本相同，大坪墓群M115时代属战国中期“可能在战国中晚期之际”[5]。综上所述，可以把黄金塝墓地的

9座竖穴岩坑墓时代定为战国中期至晚期早段（下限不晚于前278年秦拔郢都），其中第一段墓葬大致为战国中期，第二段墓葬大致为战国晚期早段。

（6）第一期墓葬与楚文化的第三次大规模西进有关，该次西渐时间在"战国中期晚段至晚期早段，约在秦灭巴、蜀或及其后不久。此时在巫山、奉节、云阳、万州、忠县等地的墓葬中发现了大量的随葬以鼎、敦、壶为基本组合的楚文化墓葬，这种典型的楚文化墓葬出现得比较突然，消失也比较快，其时间集中在战国中期晚段至战国晚期早段。从分布范围看，它主要集中在沿长江干流一带，显示其对重要交通干线、资源出产地和军事要塞的控制"。黄金塝墓地第一期墓葬以楚文化墓葬为主，附近的大坪墓地第一期、第二期墓葬主要是巴文化墓葬，第三期（以M115为代表）出现仿铜陶礼器鼎、敦、壶等，从一个侧面说明楚文化第三次大规模西渐替代了原有的巴文化，而黄金塝墓地是一处新出现的典型楚文化墓葬，其历史背景与"秦、楚两国进入巴地并数次发生直接冲突有关"[6]。

（7）第二期的2座砖室墓被盗严重，随葬品极少。从M1出土的六系青瓷罐、浅饼底青瓷碗、剪轮五铢判断，墓葬年代应属于两晋时期。M2的墓葬形制较简单，出土物不多，应为六朝时期墓葬，具体年代可能与M1接近。

（8）窑址从残存情况推测其可能为长方形馒头窑，从窑内坍塌堆积包含与砖室墓相似的墓砖残块，推测其应为修建砖室墓烧制墓砖而专门建造的砖窑。类似的发现在三峡地区已有多例。

附记：本次发掘领队白九江，现场工作人员：周勇、吕俊耀（前期）、徐克诚（前期）、贾晓琦（后期）、冯红锁（后期），修复：蔡远富、王新柱、彭锦秀，绘图：师孝明、文朝安，电脑制图：程涛、周勇。西南大学研究生李军、李箐叶也参加后期的发掘及部分整理实习。本次发掘还得到了万州区文物管理所及新田镇文化站的大力支持和协助，在此一并表示感谢。

执　笔：周　勇　白九江

注　释

［1］重庆市文物考古所：《巫山水田湾东周、两汉墓葬发掘简报》，《重庆库区考古报告集·2000卷》（上），科学出版社，2007年。

［2］吉林大学边疆考古研究中心、重庆市文化局、奉节县文物管理所：《奉节宝塔坪墓群战国、汉代墓葬发掘报告》，《重庆库区考古报告集·1998卷》，科学出版社，2003年。

［3］重庆市文物考古所：《奉节上关遗址发掘简报》，《重庆库区考古报告集·2000卷》（上），科学出版社，2007年。

［4］朱萍：《楚文化的西渐：楚国经营西部的考古学观察》，四川出版集团·巴蜀书社，2010年，第42～66页。

［5］重庆市文物局、重庆市移民局：《万州大坪墓地》，科学出版社，2006年。

［6］白九江：《从三峡地区的考古发现看楚文化的西进》，《江汉考古》2006年第1期。

附表一 2011年重庆市万州区黄金塝墓地墓葬登记表（岩坑墓）

墓号	方向	形制	墓葬尺寸（厘米）		葬式	葬具	随葬器物	墓葬年代	备注
			长×宽	墓深					
M3	250°	长方形竖穴岩坑墓	墓口480×360 墓底380×260	524	仰身直肢	不详	共8件，陶鼎2件，陶鼎形器1件，陶壶2件，陶敦2件，陶镳壶1件	战国	被盗
M4	197°	长方形竖穴岩坑墓	墓口630×490 墓底450×304	900	仰身，上肢交叉腹前，下肢直肢	不详	共14件，铜矛2件，铜壶1件，铜剑1件，陶盖豆4件，陶鼎2件，陶敦2件，陶壶2件	战国	
M5	195°	长方形竖穴岩坑墓	墓口365×235 墓底350×220	420	不详	不详	共11件，陶壶2件，陶鼎2件，陶盖豆4件，陶敦2件，陶豆柄1件	战国	被盗
M6	197°	长方形竖穴岩坑墓	墓口420×340 墓底270×220	残400	不详	不详	共6件，铁削1件，陶豆4件，陶壶1件	战国	被盗
M7	200°	长方形竖穴岩坑墓	墓口420×320 墓底（310～320）×230	770	不详	不详	共2件，陶鼎1件，陶盂1件	战国	被盗
M8	185°	长方形竖穴岩坑墓	墓口400×（300～310） 墓底352×（240～260）	残200	不详	不详	无	战国	被盗
M9	353°	长方形竖穴岩坑墓	残墓口160×120 残墓底220×200	残170	不详	不详	无	战国	被盗
M10	350°	长方形竖穴岩坑墓	残墓口334×190 残墓底288×160	残340	不详	不详	豆柄1件	战国	被盗
M11	205°	长方形竖穴岩坑墓	墓口404×314 墓底296×210	470	不详	不详	共6件，陶罐1件，陶盂1件，陶豆4件	战国	

附表二 2011年重庆市万州区黄金塝墓地墓葬登记表（砖室墓）

墓号	方向	形制	墓葬尺寸（厘米）		葬式	葬具	随葬器物	墓葬年代	备注
			长×宽	墓深					
M1	340°	长方形券顶砖室墓	墓道156×（30～110） 甬道250×180 墓室470×286	残152	不详	不详	共7件，瓷罐1件，瓷钵1件，瓷碗1件，五铢钱4枚	南朝	被盗
M2	143°	长方形券顶砖室墓	340×200	残110	不详	不详	共13件，陶罐1件，五铢钱12枚	南朝	被盗

万州大丘坪墓群2012年发掘简报

重庆市文化遗产研究院　万州区博物馆

一、墓群地理位置

大丘坪墓群位于重庆市万州区武陵镇东北部的下中村七组，地处长江北岸一级台地上，西距武陵镇约700米，海拔150～160.5米，中心地理坐标为北纬30°30′33″，东经108°15′33″。墓群三面环水，一面靠山，因库区蓄水后造成水位上涨，形成狭长半岛形地貌。墓群周围遗址、墓葬密集，北接柑子梁墓群，南隔小浪口河沟与罗仁发墓群（武陵墓群）、下中村遗址相望，总面积约60000平方米。大丘坪因两块相连的大田而得名，大田南部较低矮处另有一块较小平地，西部较高处有一块条形小丘陵与柑子梁墓群相接，三者共同构成大丘坪墓群主体部分。据老乡介绍大田及小块平地系20世纪五、六十年代改土造田时削峰填谷所致，其原始地貌为两处山丘，改土时最高处被削去2米以上。墓群未发掘前地表为大块水稻田和小块菜地、果园、鱼塘，数座民居分布其间，地面种植有水稻和蔬菜、柑橘等作物，并可见较多汉砖残块和汉至明清时期的陶瓷器物残片（图一）。

1986年四川省文物普查时首次发现大丘坪墓群。1994年春季，为配合三峡工程建设，厦门大学考古队对墓群进行了复查，钻探，并试掘了两座已露头的砖室墓。2002年，承担临近柑子梁墓群发掘工作的洛阳市文物工作二队经重庆市三峡办批准在大丘坪墓群清理了6座被盗掘的砖室墓。

2003年11月至2004年3月，重庆市文物考古所（现重庆市文化遗产研究院）及万州区博物馆联合组成考古队对墓群进行首次大规模正式发掘，发掘前派出专业人员对墓群所在地区进行了全面勘探，主要采用“井”字形布孔法进行普探，面积达51000余平方米，发现各类土坑墓、砖室墓共计45座。正式发掘时采取分区布方法进行发掘，共完成发掘面积3000平方米，发掘战国至东汉晚期墓葬14座，其中土坑墓9座，砖室墓5座。

2004年，联合考古队对大丘坪墓群第二次发掘，田野发掘分春季和秋季两段时间完成。春季发掘从2004年2月11日起至4月26日止，秋季发掘从2004年12月16日至2005年1月5日，完成发掘面积3000平方米，发掘战国至六朝时期墓葬11座，其中土坑墓7座，砖室墓4座。从已有的发掘资料看，大丘坪墓群墓葬时代可分为五期：战国中晚期、西汉、新莽至东汉初期、东汉中晚期、六朝时期。

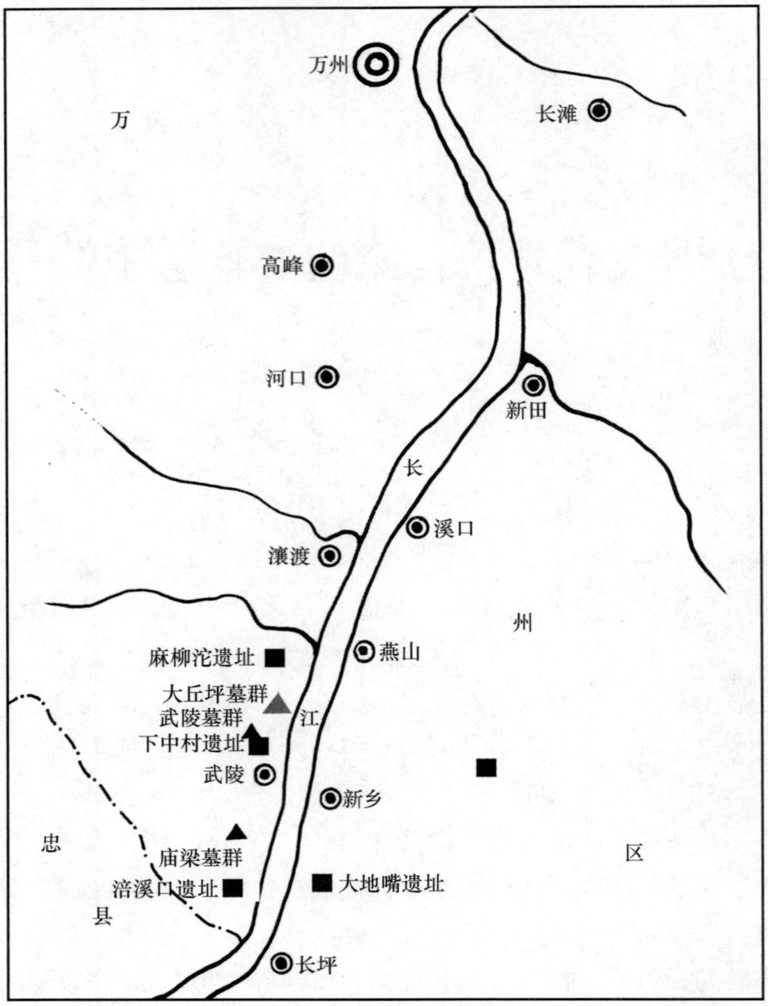

图一　大丘坪墓群位置示意图

2005年10月至2006年1月，本年度规划发掘面积6000平方米，发掘重点在墓群东北部的Ⅱ区，并对少数偏离主要发掘区的墓葬采用定穴发掘法，发掘战国至六朝时期墓葬15座，其中土坑墓10座，砖室墓5座，出土各类器物700余件、钱币1000余枚。

2007年3月7日至5月28日，按照发掘计划对墓群中部和东北部的Ⅱ区和Ⅲ区进行布方发掘，发掘过程中充分重视揭示环境与人的关系，除了发掘规划既定的探方外，还在Ⅰ区从山梁至沟谷地带布设一批解剖探方，了解地层堆积与人的活动情况。实际发掘面积8500平方米，发掘战国至六朝朝时期墓葬14座，其中土坑墓10座，砖室墓4座，出土器物1000余件。

2007年10月24日至11月21日，为了全面揭示墓群的文化内涵和墓葬的分布规律，联合考古队对墓群进行第五次大规模发掘，由于历年来大丘坪墓群中心区域已发掘完毕，本年度发掘场所只能选择在墓群的边缘地带，即海拔相对较高的梯田和断坎上。本年度共完成发掘面积2500平方米，发掘汉代砖室墓1座、六朝时期砖室墓1座，出土器物60余件。

2012年7月3日至2012年9月10日，为抢救消落区内古文化遗存，联合考古队对大丘坪墓群消落区进行第一次发掘，发掘方法为分区布方法，布方区域集中在墓群第Ⅰ区北部，总发掘面积675平方米，海拔在153～162.5米之间，探方号紧接2007年大丘坪墓群发掘单位号，遗迹号重新编排。共发掘4座长方形竖穴土坑墓，出土各类器物17件（图二）。

本年度发掘的4座墓葬属于战国晚期和西汉两个不同时期的墓葬，现分别予以介绍。

二、战国晚期墓葬

共3座，它们是M1、M3、M4。均为长方形土坑竖穴墓。

（一）墓葬形制

按照有无墓道分为二型。

A型　带斜坡墓道，共1座。

M1　位于T163南部，开口于1层下，打破生土，墓向83°，墓口距地表深0.35米。墓口略大于墓底，墓口长4.2、宽3.3米，墓底长3.4、宽2.2米，墓室深3.5米。墓道位于墓室东壁正中，平面呈长方形，剖面呈三角形，口长2、宽1.4米，坡度60°。墓内填土为灰黄色五花土，包含大量炭屑和红烧土块，土质较紧密。墓室中部有一直径约1.6米的盗洞，将M1墓室中部至北部严重扰动。墓室中部残存有长0.8、宽0.6米的木棺朽痕，未见人骨架痕迹，故葬式无法确认。随葬品集中在墓室西部，墓底部出土随葬品共9件，其中铜壶1件，陶鬲1件，铜戈1件，铜矛1件，铜箭镞3件，铜棺钉2件（图三）。

B型　无墓道，共2座。

M3　位于T166中部偏东，开口于1层下，打破生土，墓向30°。墓口距地表深0.58米，墓口大于墓底，墓口长2.88、宽1.65米，墓底长2.7、宽1.4米，墓室深2米。墓内填土为深灰色五花土，土质较紧密，包含有少量炭屑和红烧土块。墓室中部有一直径1.1～1.5米的盗洞，使M3中部被严重扰动。墓室南部有残长1、残宽0.84米的木棺朽痕，未见人骨架痕迹，故葬式无法确认。随葬品集中在墓室北侧中部，横向平行摆放，墓底部出土随葬品5件，其中陶矮柄豆4件，陶罐1件（图四）。

M4　位于T164西南部并延伸至T162的东隔梁内，开口于1层下，打破生土，墓向81°。墓口距地表深0.55米，墓口略大于墓底，墓口长4.2、宽3.2米，墓底长3.9、宽2.4米，墓室深4米。部分墓壁平整光滑，经过较仔细的加工。墓底四周有宽0.3米的熟土二层台，墓室东、西部各有一枕木槽，长2.4、宽0.5、深0.2米。墓内填土灰黄色五花土，土质较紧密，包含有少量红烧土点和炭屑。墓室中部被一现代盗洞严重扰乱，仅发现椁板灰痕迹，据此推测椁室长3.3、宽1.8、高2米，无法判断是否有木棺。未见人骨架痕迹。墓室的西南部出土2件器物，分别是带铁支架的铜釜和铜壶，均掉入西侧的枕木槽内，破碎严重（图五）。

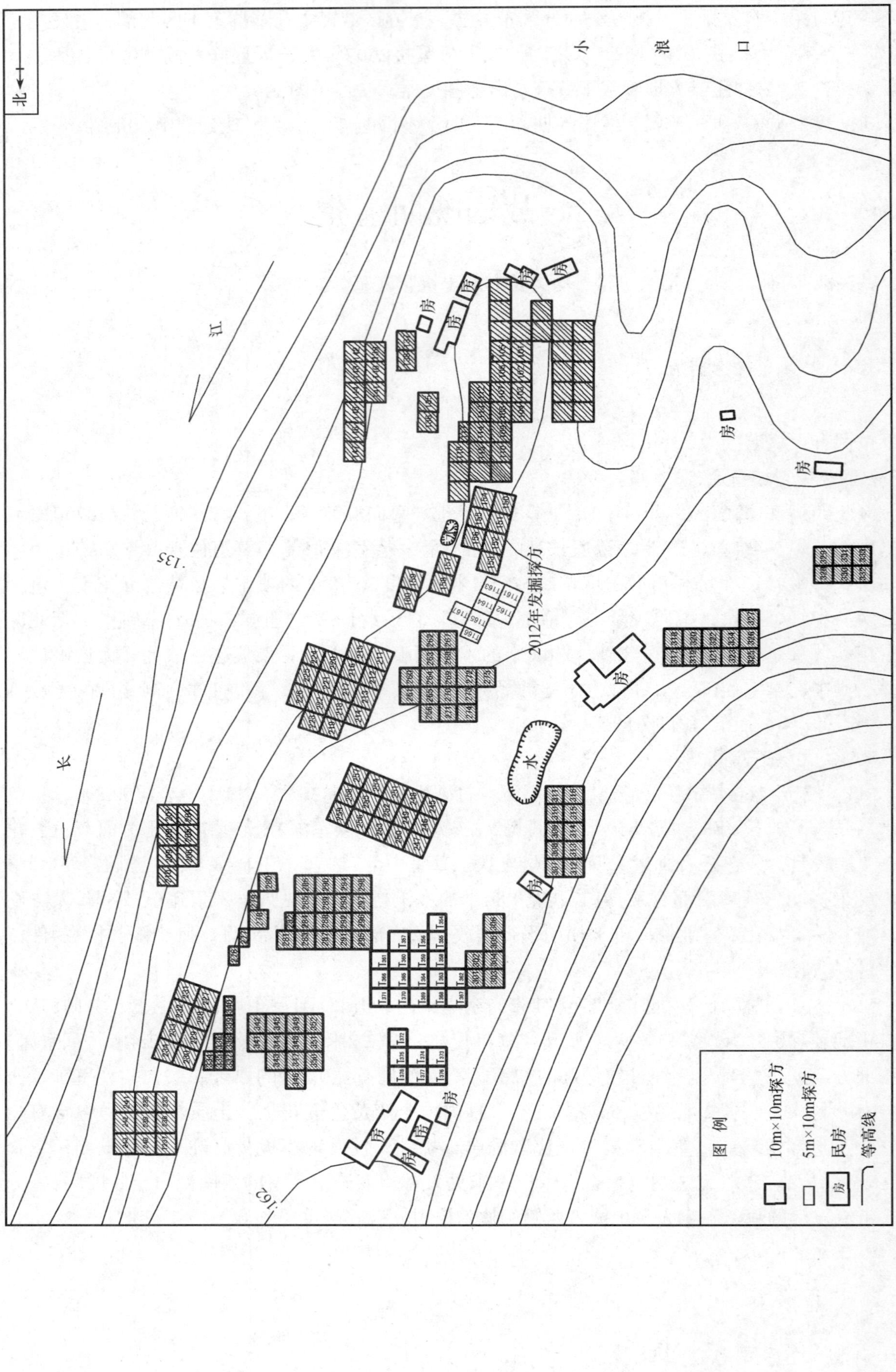

图二　大丘坪墓群2012年发掘布方示意图

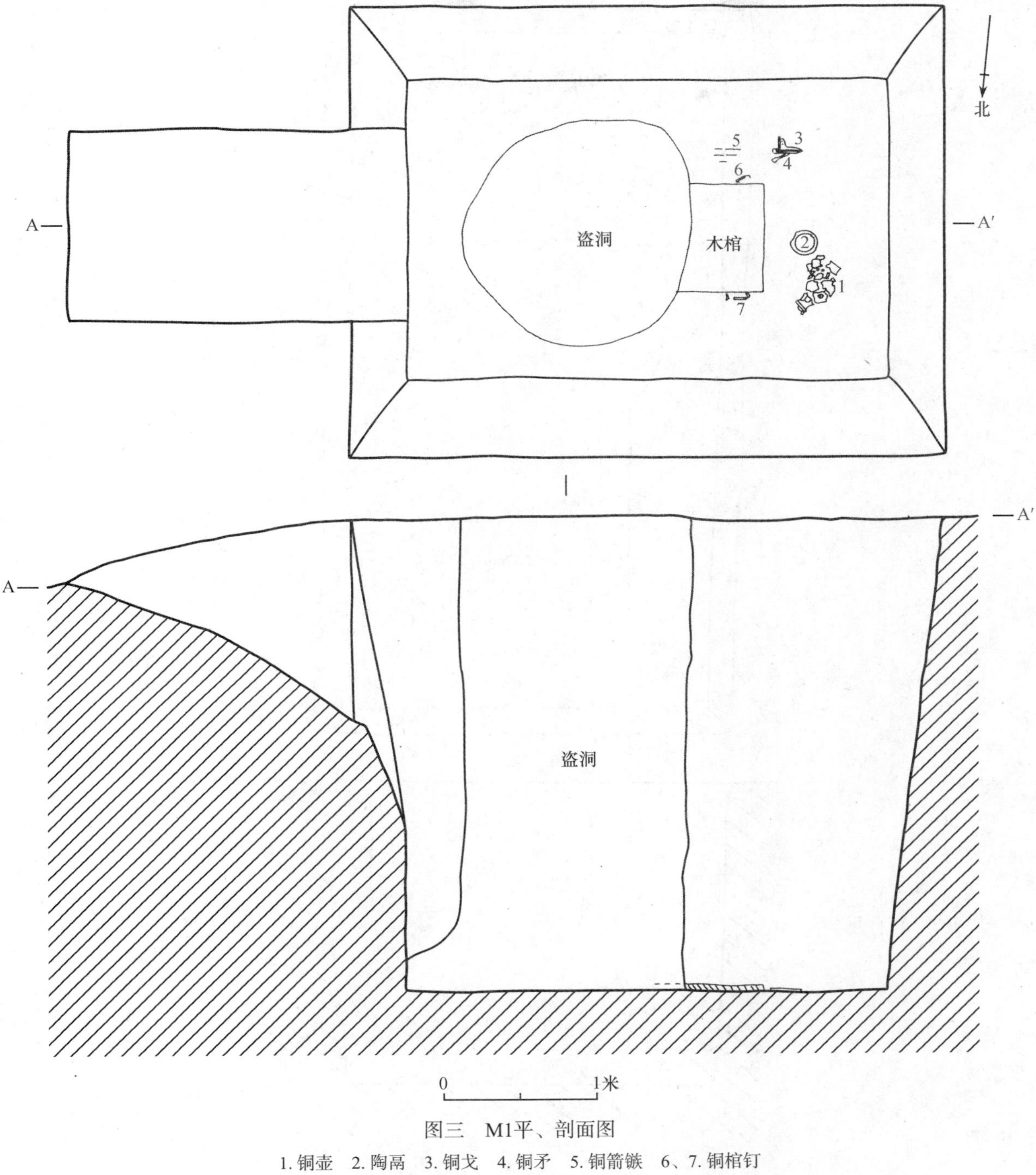

图三　M1平、剖面图
1. 铜壶　2. 陶鬲　3. 铜戈　4. 铜矛　5. 铜箭镞　6、7. 铜棺钉

（二）随葬器物

1. 陶器

共复原4件陶器。

鬲　1件。M1：2，泥质灰陶。敛口，斜折沿，方唇，短束颈，上腹略鼓，下腹较深斜收

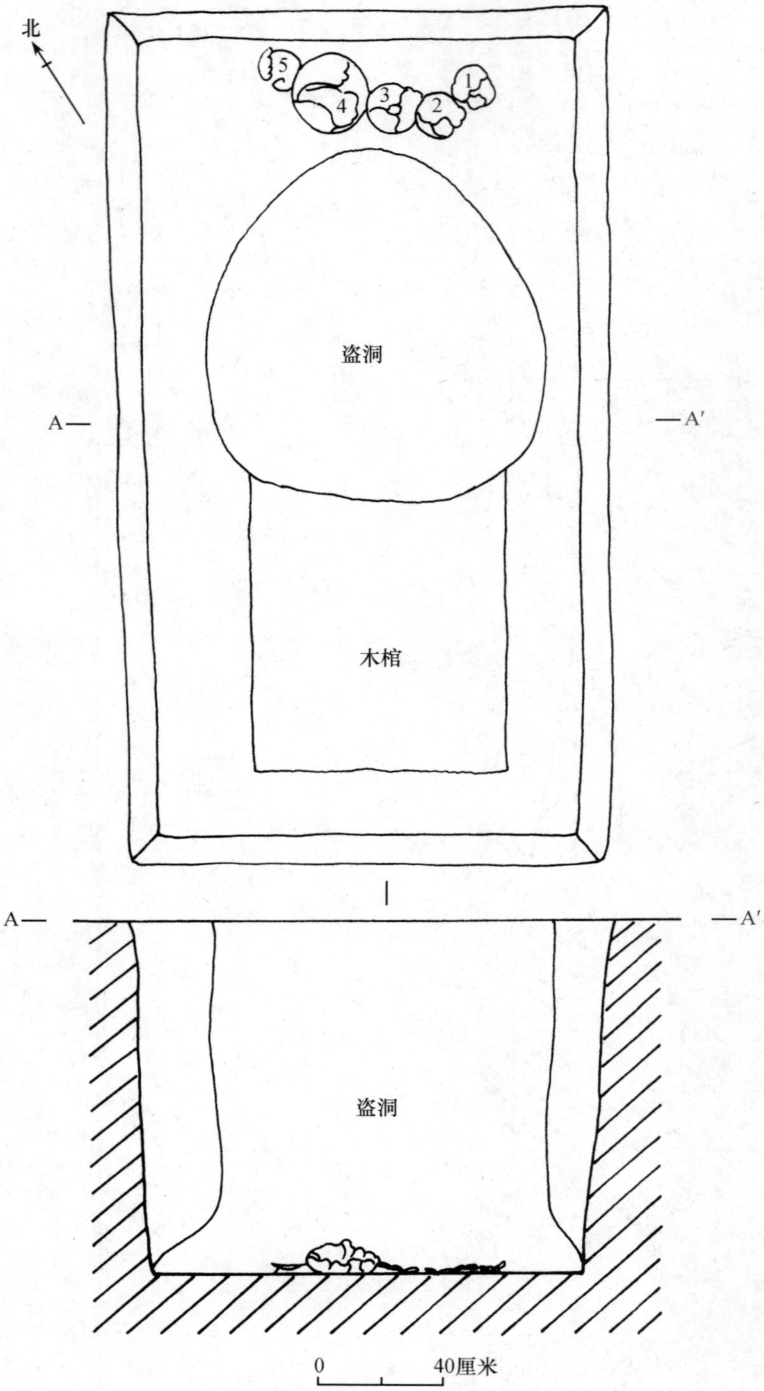

图四　M3平、剖面图
1～3、5. 陶豆　4. 陶罐

至底，底承三足，足较高。腹部、足部饰细绳纹。口径17.4、高15.8厘米（图六，1）。

矮柄豆　3件。泥质灰黑陶，皆为敛口，上腹略鼓，下腹斜收，短柄，圈足外撇，外底心外凸。口沿下饰一道凹弦纹。按照唇部特征分为二型。

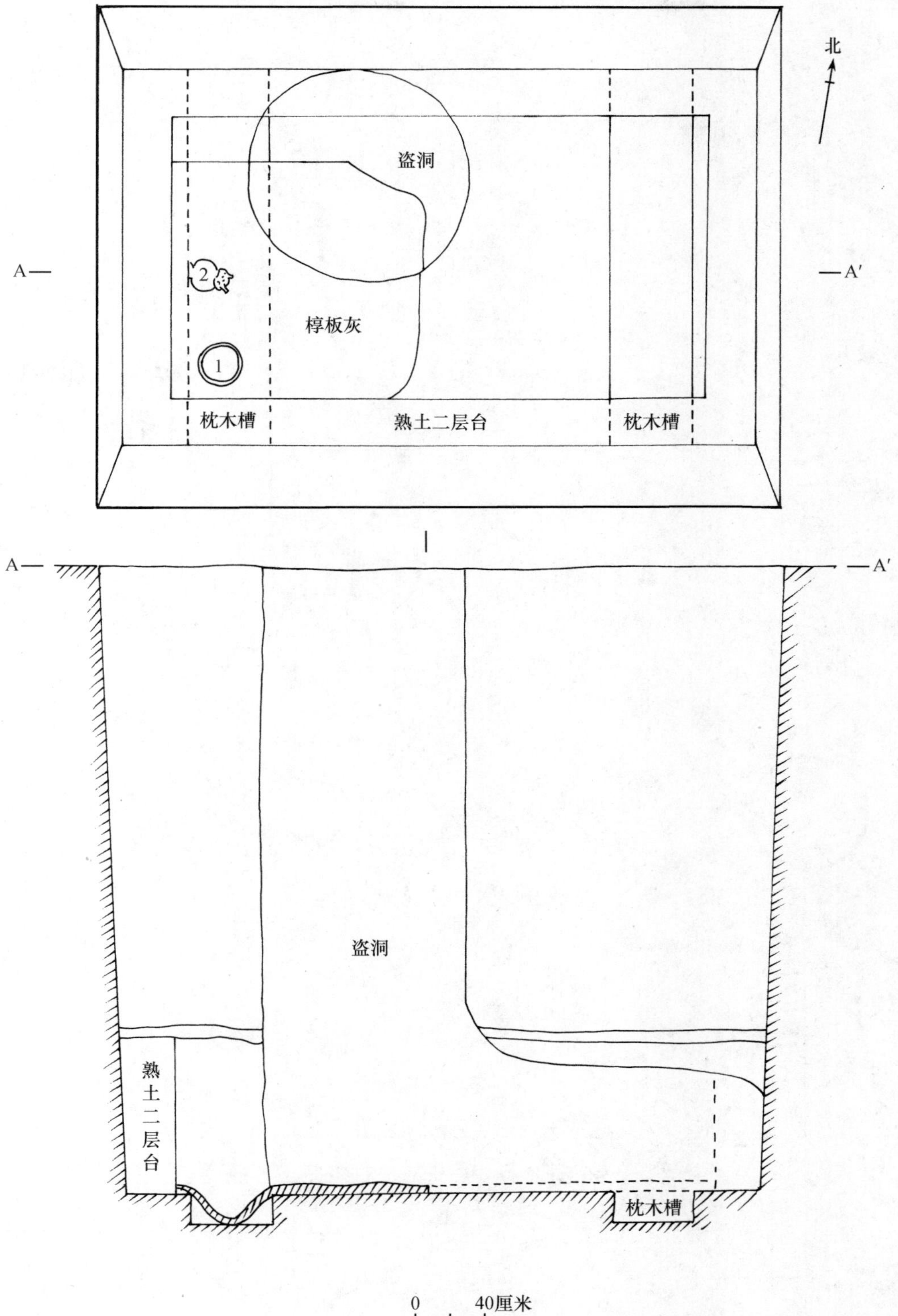

图五　M4平、剖面图

1. 铁支架、铜釜　2. 铜壶

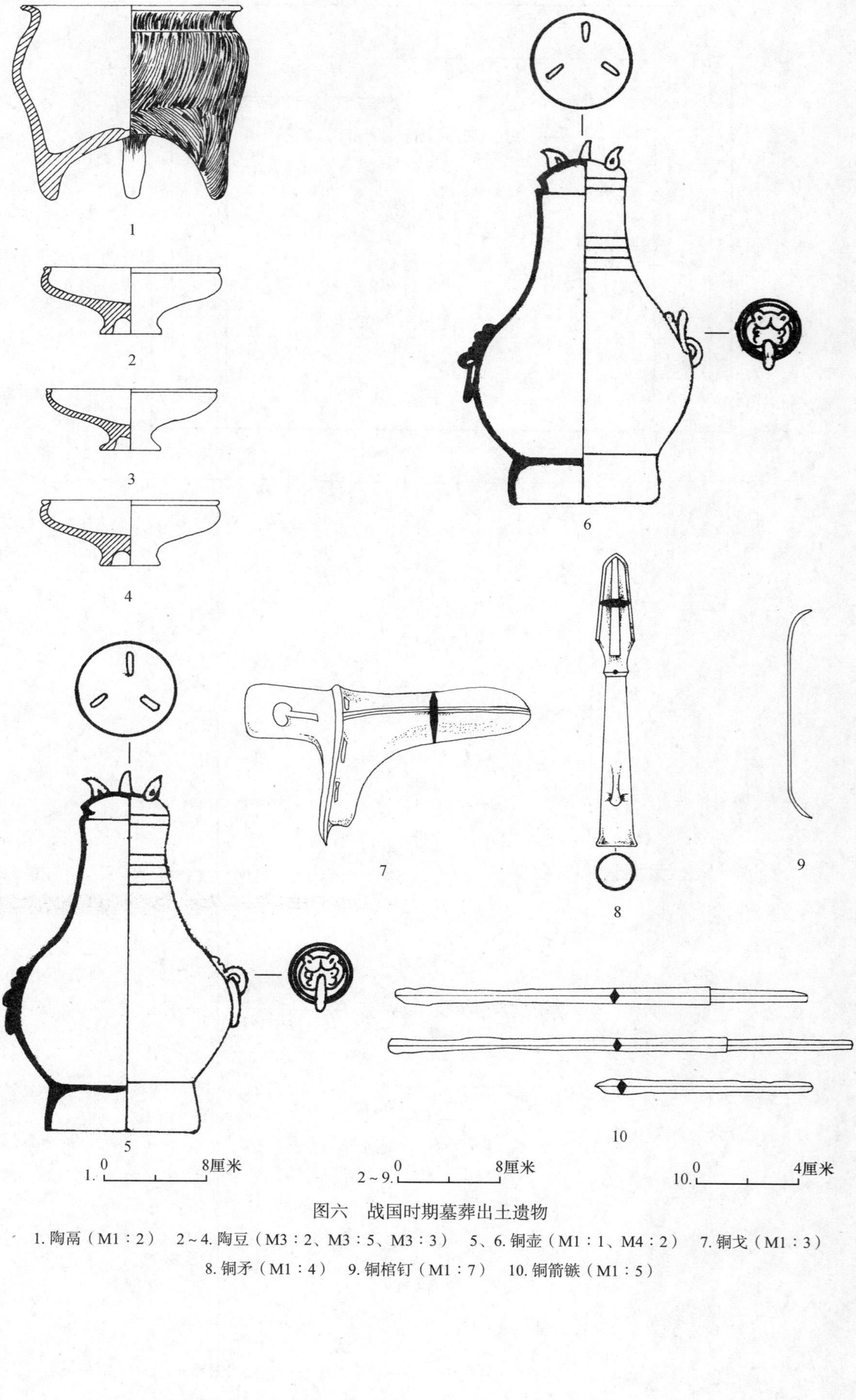

图六　战国时期墓葬出土遗物

1. 陶鬲（M1：2）　2～4. 陶豆（M3：2、M3：5、M3：3）　5、6. 铜壶（M1：1、M4：2）　7. 铜戈（M1：3）　8. 铜矛（M1：4）　9. 铜棺钉（M1：7）　10. 铜箭镞（M1：5）

A型　圆唇，1件。M3：2，口径14、底径5、高5.4厘米（图六，2）。

B型　尖圆唇，2件。M3：5，口径13、底径5、高5厘米（图六，3）。M3：3，口径13.9、底径4.8、高5.4厘米（图六，4）。

2. 铜器

共复原9件铜器。

壶　2件，皆为盖、身两部分组成。弧形盖，盖顶附三立钮，钮呈火焰状，中间穿圆孔。壶身直口，长颈，斜肩，鼓腹，高圈足。上腹附一对铺首衔环。M1：1，口径7、腹径17.3、底径11、高27.1厘米（图六，5）。M4：2，口径7.2、腹径17.6、底径11.6、高27.2厘米（图六，6）。

戈　1件。M1：3，直援，中胡三穿，无上阑，下阑尾部有突出的牙，牙上有一穿。长22.6厘米（图六，7）。

矛　1件。M1：4，叶较宽，狭刃，长骹，骹一侧附弧形单耳。长24.1厘米（图六，8）。

箭镞　3件。三棱形短刃，长铤截面为三角形，分为两部分，前段较长较粗，后段较短较细。M1：5，长19厘米（图六，10）。

棺钉　2件。呈压扁的“U”形。M1：7，长17厘米（图六，9）。

三、西汉时期墓葬

仅1座。

M2　位于T167西南部并延伸至T165的东隔梁内，开口于1层下，打破生土，墓向32°。墓口距地表深0.24米，墓口略大于墓底，墓口长2.8、宽1.7米，墓底长2.5、宽1.5米，墓室深2米。墓室内填土为深灰色五花土，土质较紧密，包含有少量炭屑和红烧土。墓室中部有一现代盗洞，将M2严重扰乱，未见木质棺椁和人骨架痕迹，葬式、葬具不详。随葬品被盗掘一空，仅在墓室南部清理出一漆器朽痕，另盗洞内清理出一些器物的残片，可辨器形有陶钵和陶罐，因残碎，无法修复（图七）。

尽管M2遭盗扰严重，随葬器物无法复原，但从器物残片的陶质、陶色和器型等综合因素看应属汉代遗物。而M2的墓穴平面长宽比为1.6：1，属于窄坑型土坑墓，明显与新莽时期流行的长宽比为1：1的宽坑型土坑墓有区别，所以我们推测M2为西汉时期的墓葬。

四、结　　语

本年度发掘是针对大丘坪墓群消落带进行的第一次发掘，发掘区位于原规划发掘区的Ⅰ区北部边缘地带，由于处在库区消落带上，发掘难度是历年来最大的一次。因为库区水位的涨

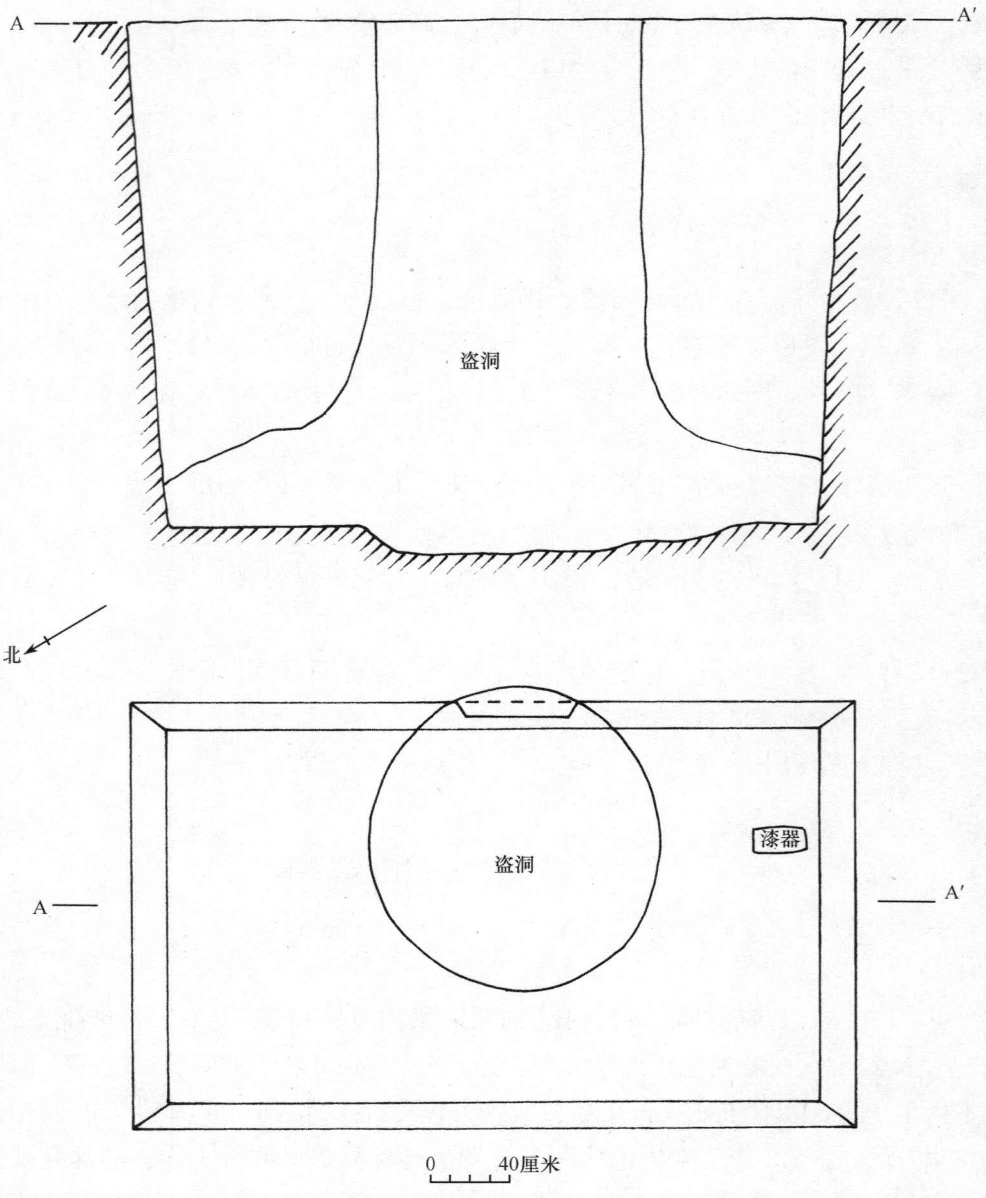

图七　M2平、剖面图

落，本次发掘的墓葬多次在清理过程中被江水淹没，在工作人员的共同努力下，克服种种困难终于圆满完成了发掘任务，在此对他们的辛勤工作一并表示感谢。

本次发掘的4座墓葬都经过不同程度的盗扰，对墓葬形制和随葬器物组合、墓葬时代分期等方面皆造成了影响。M1被盗扰的程度最轻，随葬器物保存最好。M1为带墓道的宽坑型土坑竖穴墓，出土随葬品中的陶鬲有明显的楚文化特征，与湖北江陵雨台山墓地M539出土的二型Ⅱ式陶鬲型制接近[1]，铜圆壶与万州大坪墓群M154出土的Ⅱ式铜壶形型制完全一样[2]，而铜矛与云阳李家坝巴人墓地M45出土的C型铜矛相似[3]，铜戈与万州大坪墓群M70出土的Ⅰ式戈型制相近[4]，铜戈与铜矛有典型的巴文化特征。M3出土的矮柄豆型制与什邡城关战国秦汉墓群出土的A型Ⅳ式豆形制基本相同[5]。M4出土的铜壶和M1出土的铜壶型制完全一致。综合以上墓葬形制和随葬品的情况看M1、M3、M4三座墓葬的时代应为战国中晚期。

本年度发掘的随葬品数量较少，墓葬形制较简单，但其中有几件随葬器物都是历年发掘中来首次发现，如M1出土的楚式陶鬲就是一件具有典型地域文化特色和时代特征的代表性器物。而在M1中亦同时出土具有巴、楚两种文化风格的随葬品，也从侧面反映出战国中晚期因巴、楚两国势力在本地此消彼长的争斗中两种不同文化元素逐渐融合、发展的过程。

这次大丘坪墓群消落带古墓葬的发掘是对整个大丘坪墓群考古发掘的有力补充，其发掘资料再次丰富了大丘坪墓群的考古学内涵，为墓葬的进一步分期及器物断代提供了更多可靠的实物资料。

附记：本次发掘项目领队邹后曦，执行领队岳宗英，参加发掘的人员：谭建华、李力、雷声、刘浏，资料整理：谭建华、程永宏、李力、刘浏，绘图：雷声，摄影：李力。本次发掘工作得到了万州区博物馆和武陵镇人民政府、下中村村委会的大力支持，在此一并致谢！

执　笔：郑　燮

注　释

［1］ 湖北省荆州地区博物馆：《江陵雨台山楚墓》，文物出版社，1984年。

［2］ 湖南益阳市文物管理所等：《万州大坪墓地》，科学出版社，2006年。

［3］ 四川大学历史文化学院考古系等：《云阳李家坝东周墓地发掘报告》，《重庆库区考古报告集·1997卷》，科学出版社，2001年。

［4］ 湖南益阳市文物管理所等：《万州大坪墓地》，科学出版社，2006年。

［5］ 四川省文物考古研究所等：《什邡市城关战国秦汉墓葬发掘报告》，《四川省考古报告集》，文物出版社，1998年。

万州五丈溪墓地2012年发掘简报

重庆市文化遗产研究院　万州区博物馆

五丈溪墓地位于万州区新田镇五溪村9社，地处长江边一级台地上，台地两侧各被一道回水湾所切割，形成了一伸向长江的条形台地，墓葬则分布在台地东侧。墓地南侧约300米处为气象站、东北方为长江向外拐弯处，水面较为开阔。地理坐标东经108°22′47.1″，北纬30°40′12.2″，海拔155～170米。墓地南北长250米，东西长200米，占地面积约5000平方米。

2011年，重庆市文化遗产研究院在新田镇发掘了黄金塝墓地，清理墓葬9座，窑址1座，出土文物100余件。2012年重庆市文化遗产研究院在消落区调查发现了五丈溪墓地，此次发掘工作按正南北向共布10米×10米探方6个，其中T1、T5由于地理位置原因未进行发掘，T6扩方6平方米，本次总发掘面积为406平方米，清理汉至六朝墓葬7座，编号为2012WXWM1～2012WXWM5、2012WXWM7、2012WXWM8（以下简称M1～M5、M7、M8）（图一、图二）。

一、墓葬形制及随葬品

（一）M1

1.墓葬形制

M1位于T6西南角，平面呈凸字形，墓向145°，墓室长4.8、宽2.4米。墓道位于墓室前端中部，长2.18、宽1.4、残高0.1米，墓道底高于墓底0.7米，墓道西壁及封门部分均被盗扰，仅残存东壁一层砖墙。墓室东壁仅残存前半部，以条砖错缝砌筑9层，长3.2、残高0.9～1米；墓室西壁残存前部、中部各一段，用条砖错缝砌筑3～4层，分别长1.2和0.9、残高0.3～0.4米。墓顶、墓室后壁及底部均被盗扰，在墓道口和墓室东壁各发现盗洞一处。墓砖有条形砖和榫卯砖两种，条形砖长42、宽20、厚10厘米，砖内侧模印菱形纹；榫卯砖长32～39、宽20、厚10厘米，内侧模印车轮纹（图三）。

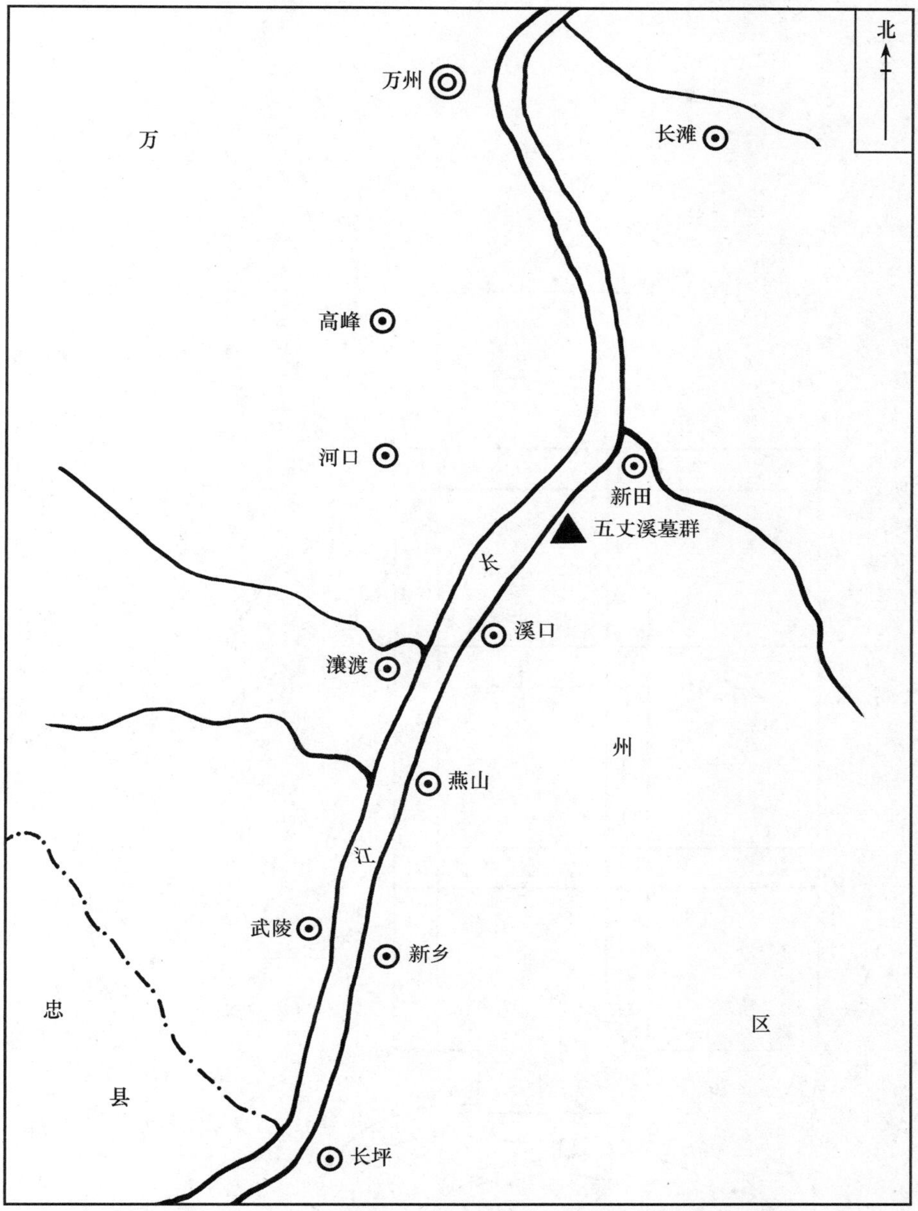

图一 五丈溪墓群位置示意图

2. 随葬器物

（1）陶器

共3件，器形有罐、盆等。

罐 2件。均泥质灰陶。M1∶3，卷沿，侈口，尖唇，鼓肩，弧腹，平底内凹。器身轮制，素面。口径17.4、通高14.1、底径12.8、壁厚0.6～0.8厘米（图五，3）。M1∶6，直口，方唇，鼓肩，弧腹，平底。器身轮制。口径13.6、通高12.2、腹部最大径22.6、底径12.8、壁厚0.6厘米（图五，2）。

盆 1件。泥质灰陶。M1∶10，直口，圆唇，唇部略向外翻，弧腹，假圈足，底内凹。器

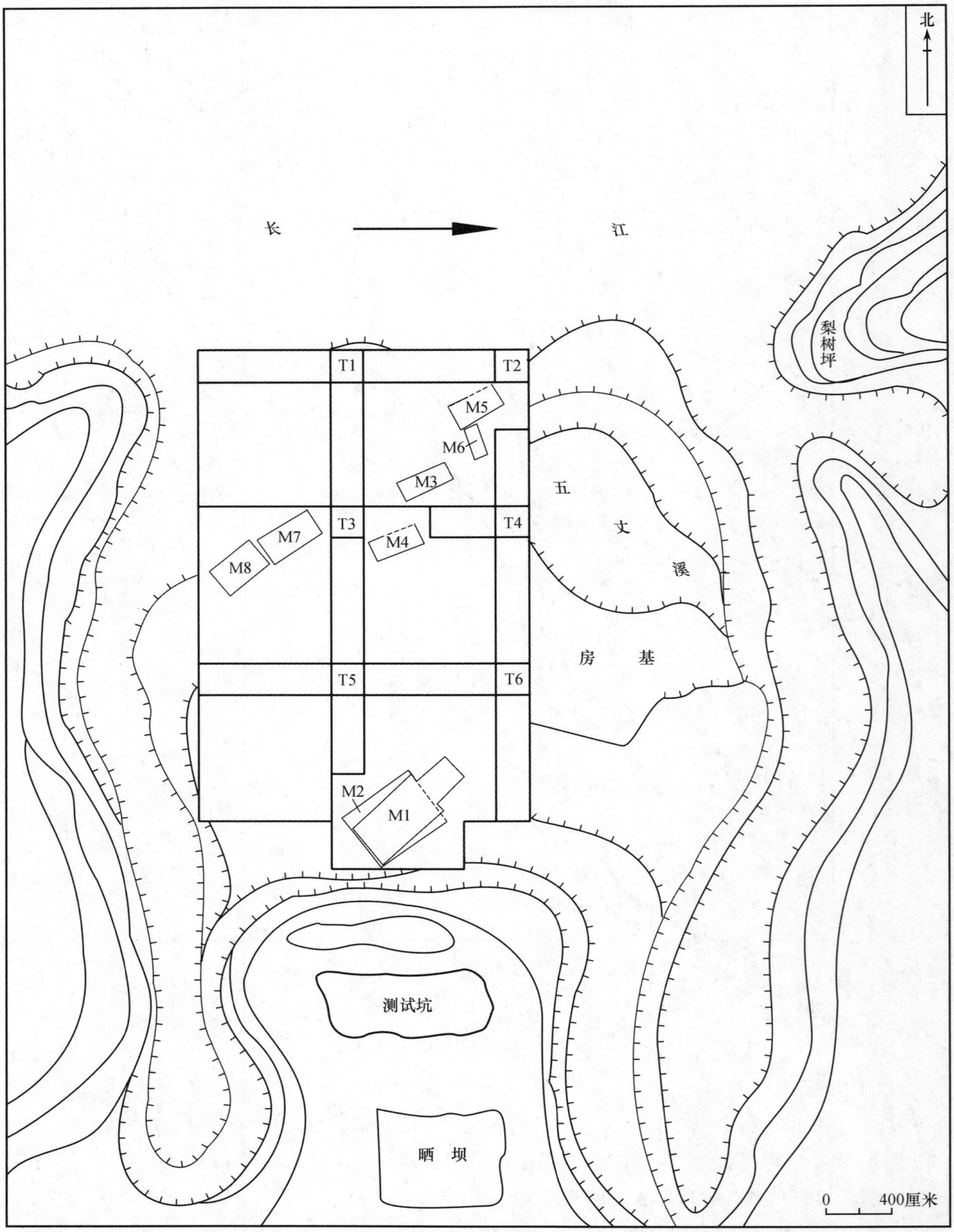

图二　五丈溪墓群2012年发掘布方示意图

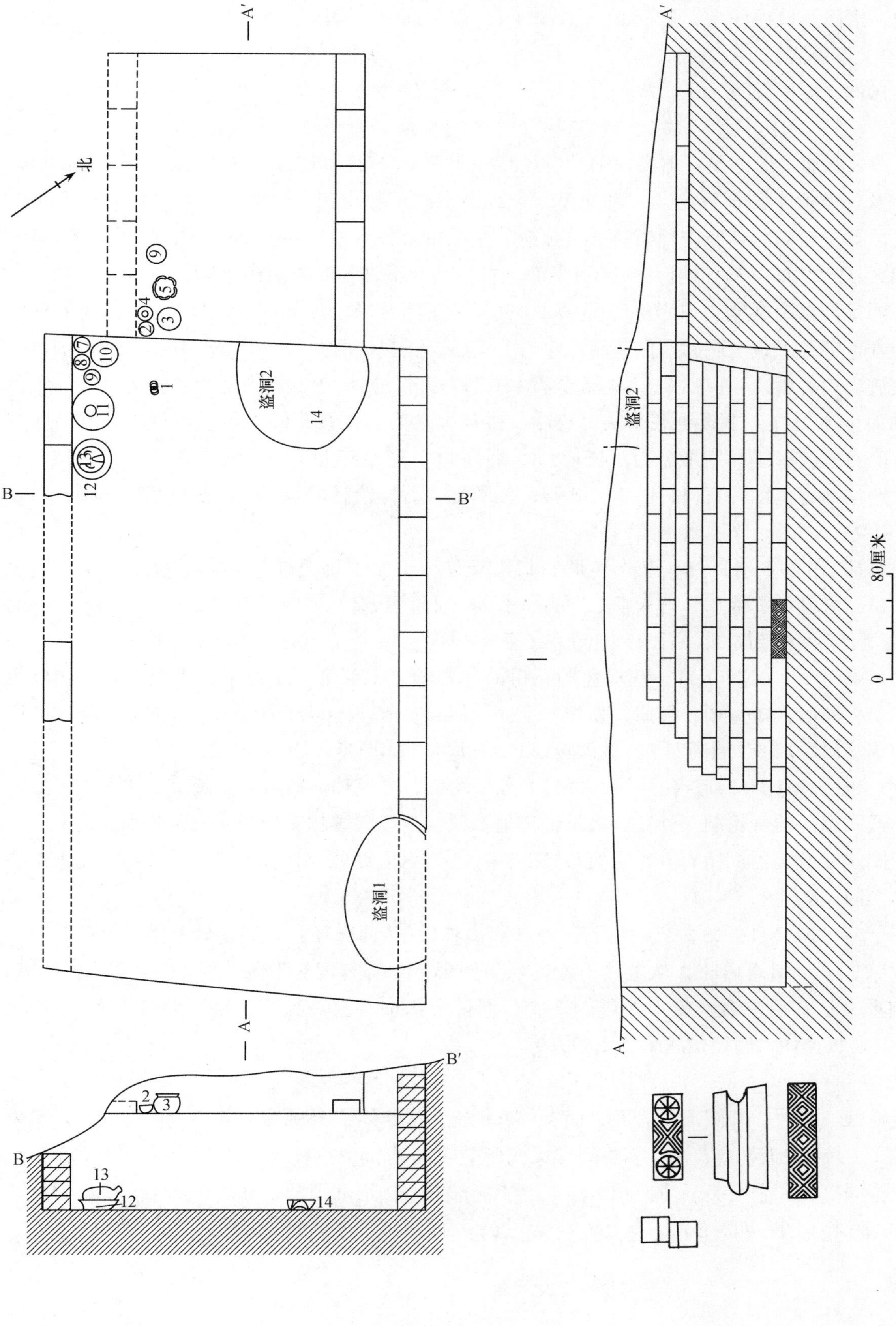

图三 M1平剖面图

1. 铜钱币 2、4、7～9、14. 青瓷碗 3、6. 陶罐 5. 青瓷双耳罐 10. 陶盆 11. 青瓷盘口壶 12. 青瓷盆 13. 青瓷虎子身轮制，素面。口径16.8、通高8.2、底径8.4、壁厚0.6厘米（图五，4）。

（2）青瓷器

共10件，器形有碗、罐、盆、壶、虎子等。

碗　6件。灰白色胎。M1：2，口沿及外壁上半部饰青色釉，下腹至底露灰白色胎。直口，尖唇，弧腹，假圈足。器身轮制。口径8.4、通高4.2、底径5.2厘米（图四，2）。M1：4，器内壁及外壁上半部饰青色釉，釉面呈冰裂纹，下腹至底露灰白色胎。敞口，尖唇，弧腹，假圈足。器身轮制。器底内部留有支钉痕迹，呈品字形分布。口径9.9、通高5.7、底径5.1厘米（图四，1）。M1：7，口沿及外壁上半部饰青色釉，下腹至底露灰白色胎。直口，尖唇，弧腹，假圈足。器身轮制。口径8.4、通高4、底径4.8厘米（图四，6）。M1：8，口沿及外壁上半部饰青色釉，下腹至底露灰白色胎。直口，尖唇，弧腹，假圈足。器身轮制。器底内部留有支钉痕迹。口径8.8、通高3.8、底径6厘米（图四，5）。M1：9，器内壁及外壁上半部饰青色釉，釉面呈冰裂纹，下腹至底露灰白色胎。敞口，尖唇，弧腹，假圈足。器身轮制。器底内部留有支钉痕迹，呈品字形分布。口径8.8、通高3.8、底径5.4厘米（图四，3）。M1：14，器身内外壁均饰青色釉。直口，尖唇，弧腹，假圈足。器身轮制。器底内部留有支钉痕迹。口径15.8、通高6、底径10.6厘米（图四，4）。

双耳罐　1件。M1：5，灰白色胎，口沿及外壁上半部饰黄绿色釉，下腹至底露灰白色胎。侈口，方圆唇，溜肩，瘦长腹，平底。器身轮制。上腹部饰桥形贯耳两只。口径13.3、通高18.6、腹部最大径16.2、底径11、壁厚0.6厘米（图五，1）。

盘口壶　1件。M1：11，灰白色胎，口沿及外壁上半部饰青灰色釉，下腹至底露灰白色胎。盘口，圆唇，短直颈，鼓肩，弧腹，平底。器身轮制。上腹部饰桥形贯耳四只，肩部饰三道凹弦纹。口径12.8、通高23.8、最大腹径25.2、底径12.4厘米（图四，7）。

盆　1件。M1：12，灰白色胎，器身内外壁均饰黄绿色釉。敞口，尖圆唇，曲腹近底处略内收，假圈足。器身轮制。外壁口沿下饰三道弦纹，内壁唇腹相交处饰有三圈弦纹，内壁沿面饰以三圈水波纹，器底留有九个支钉痕迹，底中心饰六圈弦纹。口径23.5、通高7.4、底径13.2厘米（图四，8）。

虎子　1件。M1：13，灰白色胎，外施酱褐釉近底。圆口约呈45°朝上，器体纵剖面上部呈圆弧状，下部斜直内收，从上往下看器身呈圆形，肩部有四纽形系，背部置一提梁，其剖面呈圆形，把在后端有辫索形短尾，平底。器体上部饰有数周细凹弦纹。流口直径6、通高17.8、最大腹径18、底径12厘米（图四，9）。

（3）铜钱币

五铢钱　11枚。外圆形内方孔，面有外郭而无内郭，背有外郭和内郭，面肉从右至左篆书“五铢”二字，横读，“五”字中间交叉两笔斜直略曲，整体较为瘦长，“铢”字“金”与“朱”旁同高，“金”头呈箭镞状，“朱”字上部方折，下部圆折。M1：1，直径2.5、穿孔径1、厚0.1厘米（图一四，2）。

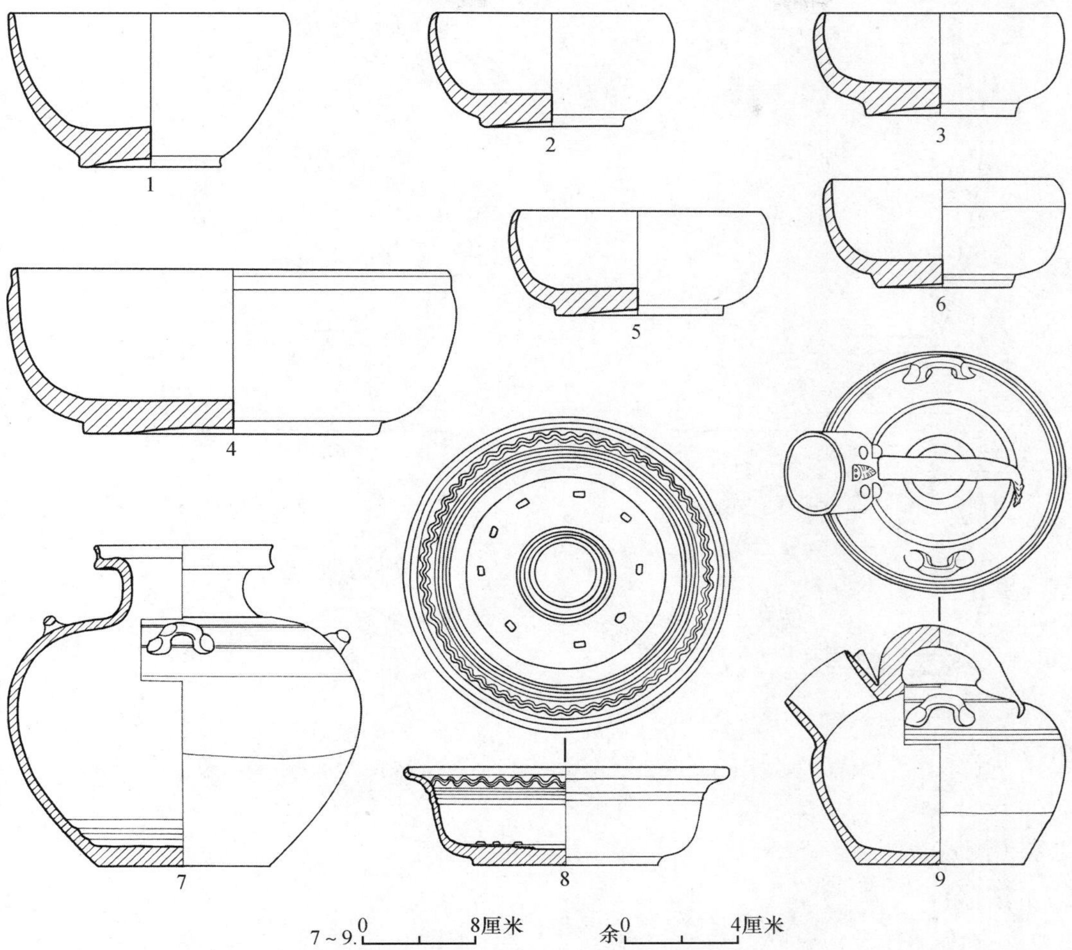

图四　M1出土青瓷器

1～6. 碗（M1：4、M1：2、M1：9、M：14、M1：8、M1：7）　7. 盘口壶（M1：11）　8. 盆（M1：12）　9. 虎子（M1：13）

（二）M2

1. 墓葬形制

M2位于T6西南角，东北部被M1打破。平面呈长方形，岩坑墓，墓向55°。剖面呈梯形，上口长5、宽3.8～4.1、残深2.4米，底长4.4、宽3.4米。墓底砌筑熟土二层台，但因盗掘和M1的破坏，仅残留部分，宽0.4～0.7、残高0.7米。墓底呈斜坡状，因盗扰凹凸不平。墓内发现盗洞2处，分别位于墓室东南角和东北角，平面均为椭圆形，打破M1墓室底部直通M2墓室底（图六）。

2. 随葬器物

（1）陶器

盆（甑）　1件。M2：2，仅存口部及腹部。泥质灰陶。卷沿、沿面内斜，侈口，尖圆唇，弧腹。器身轮制。口腹交接处有一道凹弦纹，下腹部饰细绳纹。口径42.4、残高17.2、壁

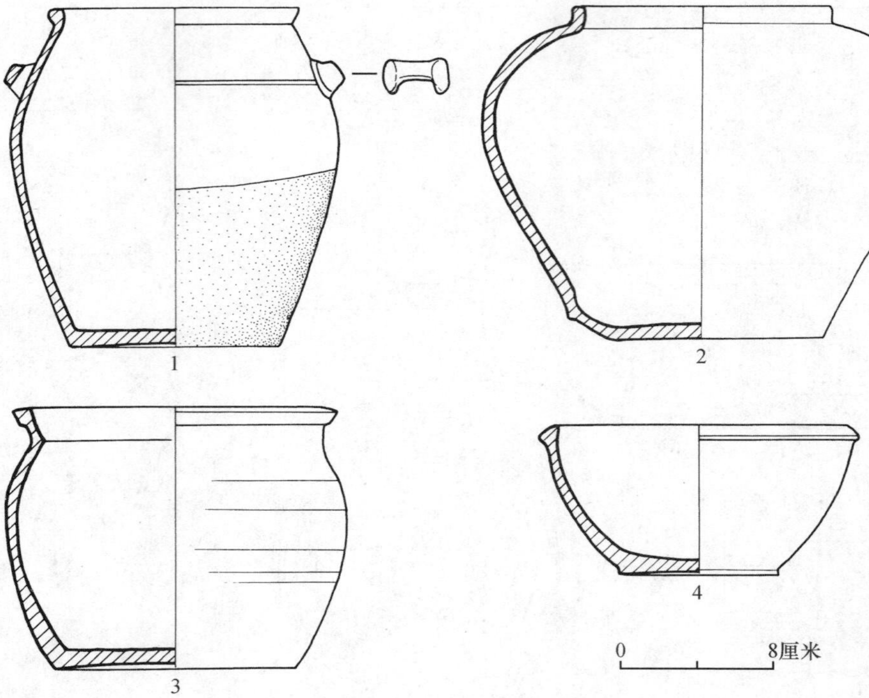

图五　M1出土青瓷、陶器

1. 青瓷双耳罐（M1∶5）　2、3. 陶罐（M1∶6、M1∶3）　4. 陶盆（M1∶10）

厚1.2厘米（图八，2）。

（2）铁器

削刀　1件。M2∶1，前部已残，锈甚。刀柄外形略呈扁圆形，横剖面为圆形，直刃，刀的横剖面近三角形。残长14、刀身宽1.1～1.5、柄宽3.8厘米（图一三，3）。

（3）铜器

环　2件。M2∶4-1，平面为圆形，横剖面为椭圆形。表面鎏金。环直径3.1、横剖面直径0.4厘米（图一三，4）。M2∶4-2，从平面上看，外圈为八角形，内圈为圆形，横剖面略呈五边形。环直径3.6、厚0.3厘米（图一三，5）。

（4）铜钱币

五铢钱　1枚。M2∶3，外圆形内方孔，面有外郭而无内郭，背有外郭和内郭，面肉从右至左篆书“五铢”二字，“五”字中间交叉两笔弯曲，整体较为瘦长，“铢”字“金”与“朱”同高，“金”头呈三角形，“朱”字上部方折，下部圆折。直径2.5、穿孔径1、厚0.1厘米（图一四，1）。

（三）M3

1. 墓葬形制

M3位于T2西南角，平面呈长方形，岩坑墓，墓向65°。墓室长2.84、宽1.3～1.5、残深

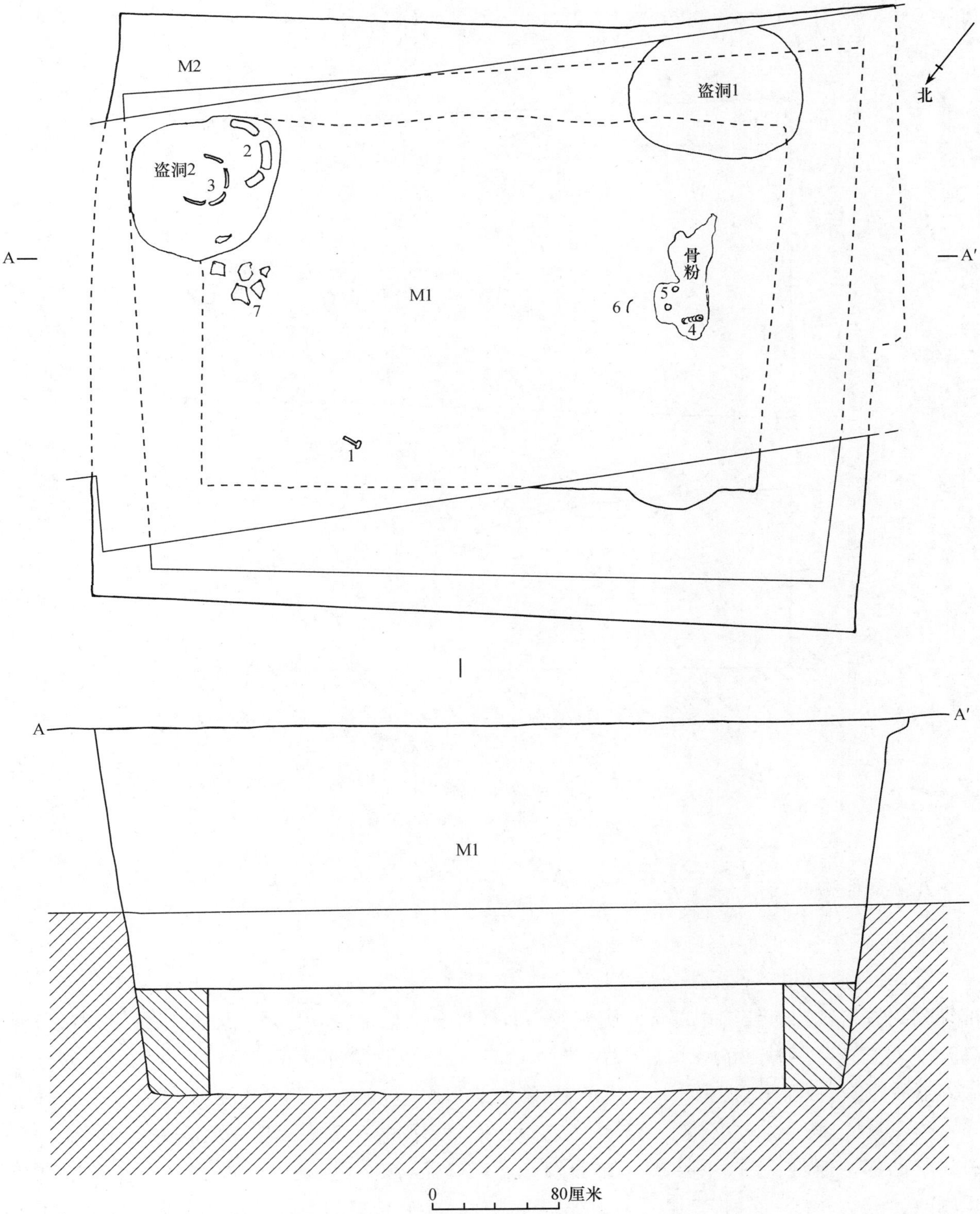

图六　M2平剖面图

1. 铁削刀　2. 陶盆（甑）　3. 铜钱币　4. 铜环　5、6. 铜饰　7. 陶片

0.5～0.9米。壁面清晰，内填土为灰褐色土，由于长期淹没于水下，受水流冲刷，未发现葬式葬具痕迹（图七）。

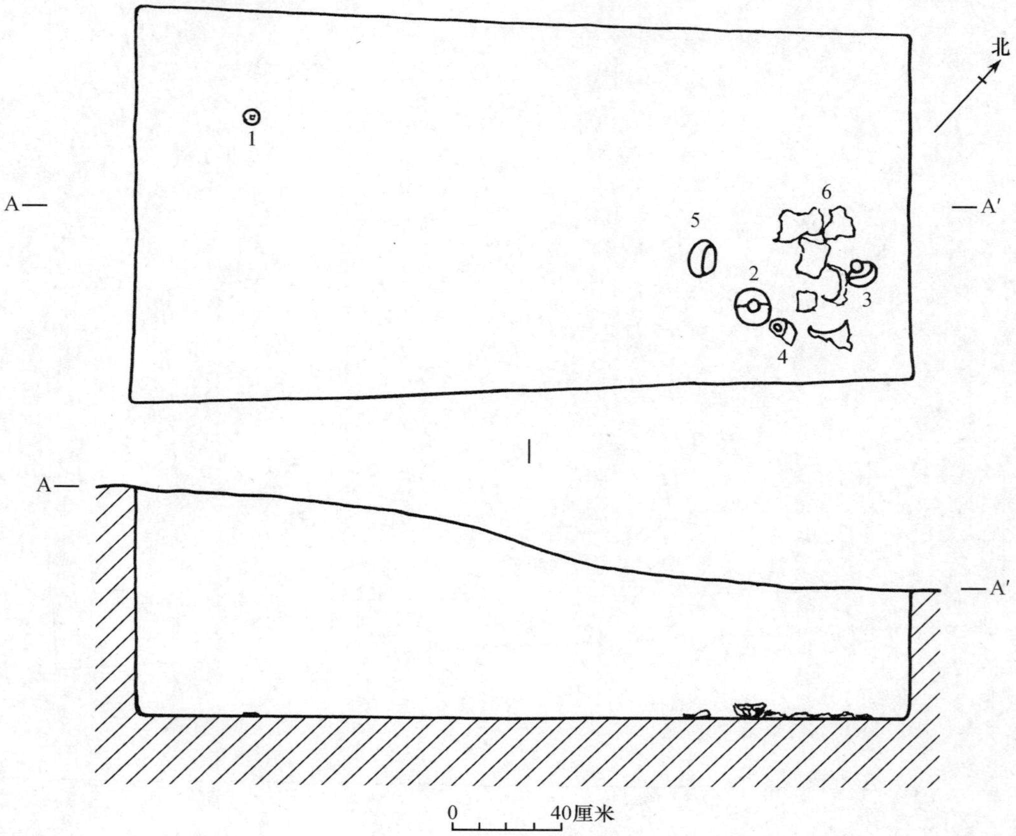

图七　M3平剖面图

1. 铜钱币　2～4. 陶钵　5、6. 陶罐

2. 随葬器物

（1）陶器

罐　2件。M3：5，泥质灰褐陶。敛口，方唇，肩微鼓，弧腹，平底内凹。器身轮制。口部饰刻划方格纹饰，纹饰中部饰一道弦纹，将纹饰分为两部分。口径5.2、腹径最宽处19、通高7.5、底径7.8、壁厚0.6厘米（图八，3）。M3：6，仅存腹部及底部。泥质灰陶。弧腹，平底。器身轮制。残高6、底径10、壁厚0.8厘米（图八，7）。

钵　3件。均为泥质灰陶。M3：2，侈口，圆唇，弧腹，平底，近底处略向内收，底内部有饼状凸起。器身轮制。唇部以下饰弦纹一道。口径10.8、通高3.2、底径5.1、壁厚0.6厘米（图八，6）。M3：3，侈口，圆唇，弧腹，平底，近底处略向内收。器身轮制。唇部以下饰弦纹一道。口径10.8、通高3、底径4.5、壁厚0.6厘米（图八，5）。M3：4，侈口，圆唇，弧腹，平底，底内部有饼状凸起。器身轮制。唇部以下饰弦纹一道。口径10.7、通高3.2、底径5.2、壁厚0.6厘米（图八，4）。

甑　1件。M3：9，泥质灰陶。三角翻沿，侈口、方唇、弧腹，底内凹。器身轮制。口腹交接处有一道凹弦纹，腹部饰细绳纹。口径37、通高21、底径13、壁厚0.4厘米（图八，1）。

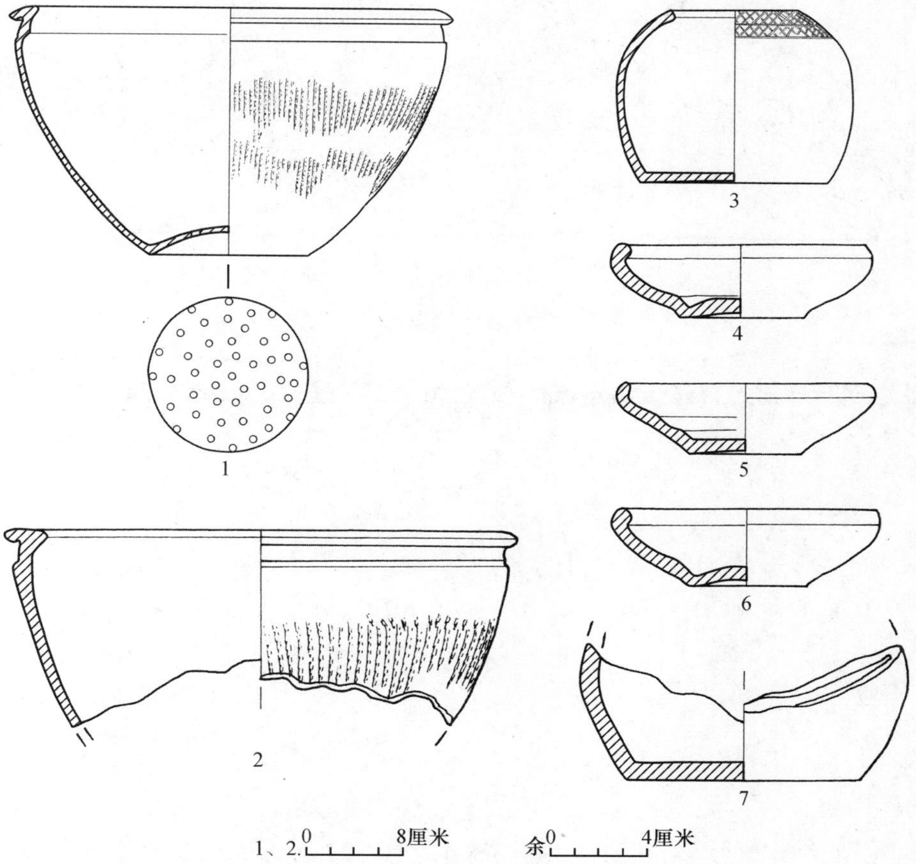

图八　M2、M3出土陶器

1、2. 甑（M3：9、M2：2）　3、7. 罐（M3：5、M3：6）　4～6. 钵（M3：4、M3：3、M3：2）

（2）铜钱币

五铢钱　10枚。外圆形内方孔，面背均有有外郭外郭和较宽的内郭，面肉从右至左篆书“五铢”二字，“五”字中间交叉弯曲，上下两横左侧超出体宽，“铢”字“金”略低于“朱”，“金”头呈等边三角形，“朱”字上下部均圆折。M3：1，直径2.5、穿孔径1、厚0.1厘米（图一四，3）。

（四）M4

1. 墓葬形制

M4位于T4北部，平面呈长方形，岩坑墓，墓向40°。墓室西部残，墓室长3.2、残宽0.6～1.1、残深0.1～0.3米。壁面清晰，内填土为灰褐色土，由于长期淹没于水下，受水流冲刷，未发现人骨、葬具痕迹（图九）。

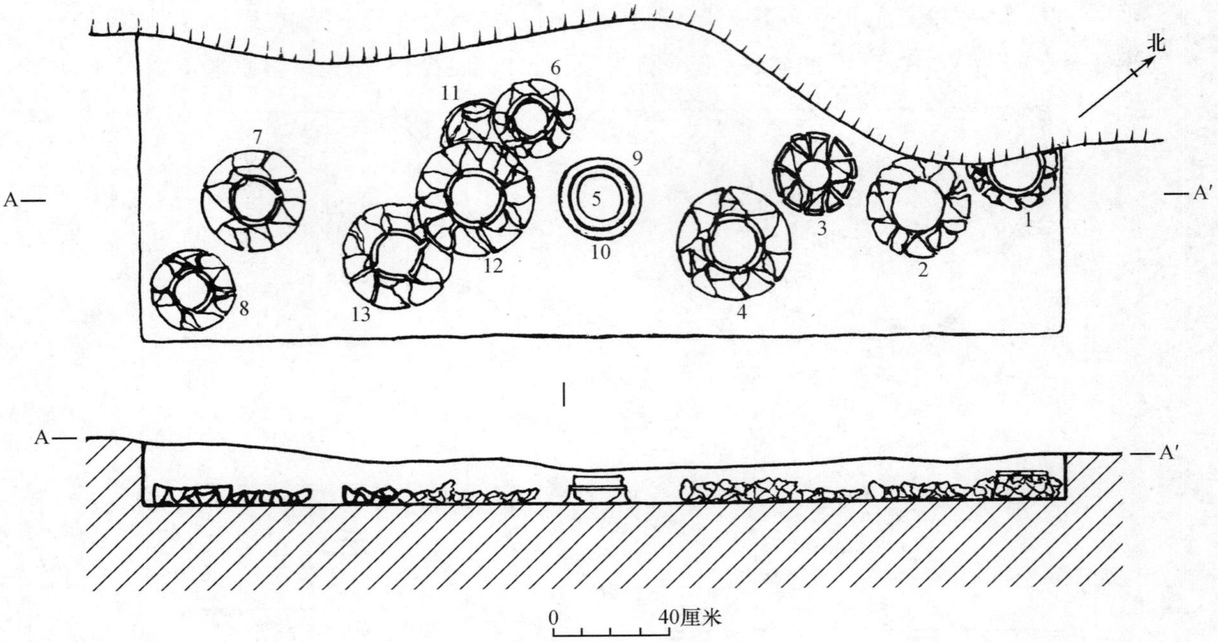

图九　M4平剖面图

1～4、6、7、12、14～16. 陶釜　5. 铜釜　8、11. 陶瓮　9. 陶甑　10. 铁三足支架　13. 陶罐

2. 随葬器物

（1）陶器

釜　10件。M4：1，泥质灰陶。三角翻沿，侈口，尖圆唇，束颈，斜肩，球腹，圜底。器身轮制。腹及底饰细绳纹。口径14、腹径28.4、通高22、壁厚0.8厘米（图一〇，3）。M4：2，泥质灰陶。三角翻沿，侈口，尖圆唇，束颈，斜肩，球腹，圜底。器身轮制。腹及底饰细绳纹，肩至腹部最宽处分布三道凹弦纹。口径16.2、腹径32、通高24.8、壁厚0.8厘米（图一〇，1）。M4：4，泥质灰陶。三角翻沿，侈口，尖唇，短直颈，斜肩，折腹且腹较浅，圜底。器身轮制。颈有一道弦纹，腹及底饰细绳纹。口径14.8、腹径20.8、通高15.2、壁厚0.4厘米（图一一，1）。M4：6，泥质灰陶。三角翻沿，侈口，尖圆唇，短颈，斜肩，折腹，圜底。器身轮制。肩部以下饰细绳纹。口径13.6、腹径20.6、残高13、壁厚0.8厘米（图一一，2）。M4：7，泥质灰陶。三角翻沿，侈口，尖唇，短直颈，斜肩，折腹且腹较浅，圜底。器身轮制。颈肩部各有一道弦纹，腹及底饰交错绳纹。口径14、腹径21.6、通高15.6、壁厚0.4厘米（图一一，3）。M4：14，泥质灰陶。卷沿，侈口，圆唇，微束颈，鼓腹，圜底。器身轮制。颈部饰四道弦纹，腹及底饰细绳纹。口径12.4、腹径16、通高14、壁厚0.4厘米（图一一，7）。M4：15，泥质灰陶。三角翻沿，侈口，尖圆唇，束颈，斜肩，折腹且腹较浅，圜底。器身轮制。下腹及底饰细绳纹。口径13.6、腹径20.6、残高13、壁厚0.8厘米（图一一，5）。M4：16，残。泥质灰陶。斜肩，折腹且腹较浅，圜底。器身轮制。下腹及底饰细绳纹。腹径20、残高11、壁厚0.8厘米（图一一，8）。M4：3，泥质褐陶。三角翻沿，侈口，尖唇，短直颈，斜肩，折腹且腹较浅，圜底。器身轮制。颈肩部各有一道弦纹，下腹及底饰细绳纹。口径

13.6、腹径20.2、通高15.8、壁厚0.6厘米（图一一，6）。M4：12，泥质红褐陶。三角翻沿，侈口，方唇，短直颈，斜肩，折腹且腹较浅，圜底。器身轮制。颈部、下腹及底饰细绳纹。口径15.2、腹径22、通高15、壁厚0.8厘米（图一一，4）。

罐 1件。泥质灰陶。M4：13，卷沿，侈口，圆唇，束颈，鼓肩，斜腹，平底。器身轮制。肩部饰两道弦纹。口径10.8、腹径25.6、底径16、通高18、壁厚0.8厘米（图一〇，5）。

瓮 2件。M4：11，泥质褐陶。三角翻沿，直口，尖圆唇，斜肩，球腹，圜底。器身轮制。肩部以下通体饰细绳纹，肩部及上腹部有四道凹弦纹。口径18.4、腹径35.2、通高30、壁厚0.8厘米（图一〇，4）。M4：8，泥质灰陶。三角翻沿，侈口，尖圆唇，折肩，球腹，圜底。器身轮制。肩部以下通体饰细绳纹。口径19.2、腹径33.6、通高31.2、壁厚0.8厘米（图一〇，2）。

（2）铜器

釜 1件。M4：5，敞口，外折沿，扁腹，圜底。腹中部饰对称双环耳，腹中部饰弦纹一周。口径21.4、腹径32.2、高15.4厘米（图一三，1）。

（3）铁器

三足支架 1件。M4：10，支架上部为一圆圈，下附三足，足外撇，三足将圆形圈架等分三部分，每部分中部有一向内呈45°的撑架。圈直径27.2、高19.4厘米（图一三，6）。

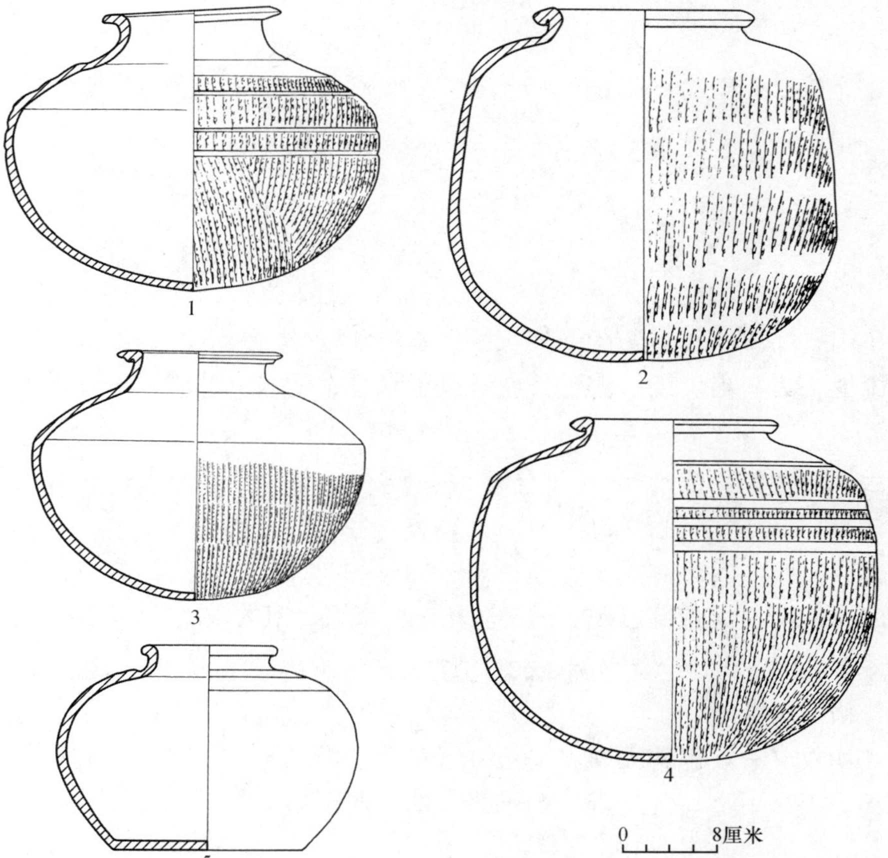

图一〇 M4出土陶器

1、3. 釜（M4：2、M4：1） 2、4. 瓮（M4：8、M4：11） 5. 罐（M4：13）

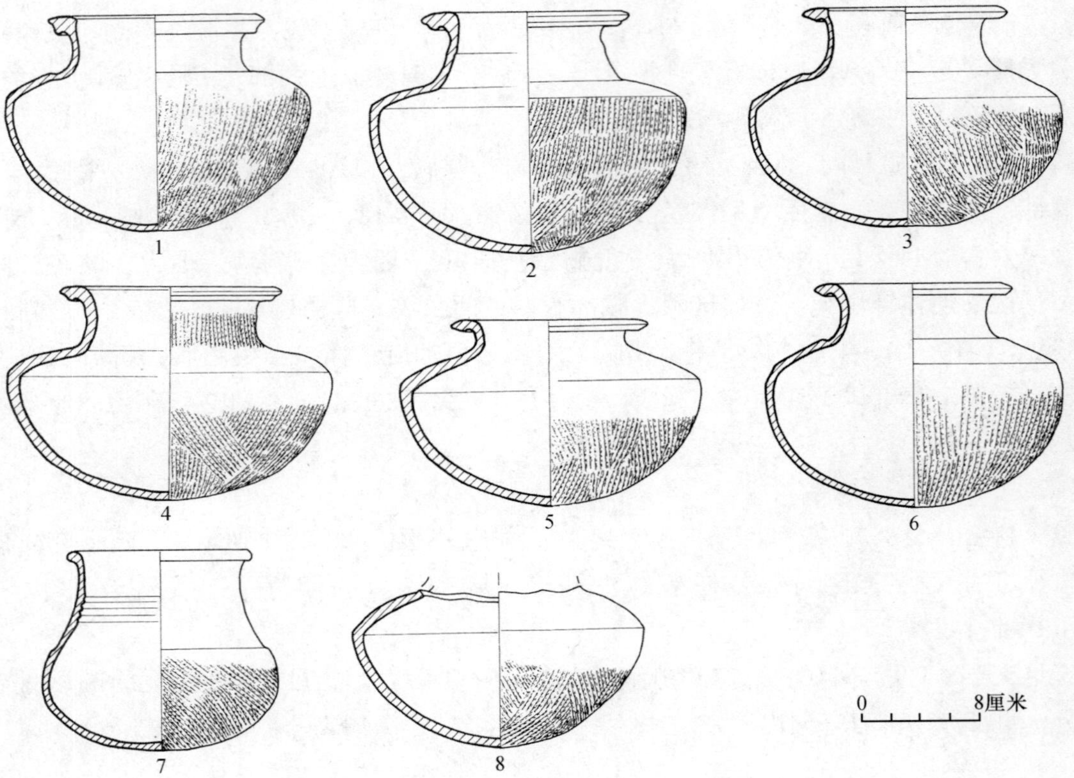

图一一　M4出土陶釜

1. M4：4　2. M4：6　3. M4：7　4. M4：12　5. M4：15　6. M4：3　7. M4：14　8. M4：16

（五）M8

1. 墓葬形制

M8位于T3中部，平面呈长方形，岩坑墓，墓向50°。墓室长3.2、宽1.8、残深0.3～0.4米。壁面清晰，内填土为灰褐色土，由于长期淹没于水下，受水流冲刷，未发现人骨、葬具痕迹（图一二）。

2. 随葬器物

（1）铁器

削刀　1件。M8：1，前部已残，锈甚。环首，直刃，刀的横剖面近三角形。残长20.6、刀身宽1.7、环径3.5厘米（图一三，2）。

（2）铜钱币

半两钱　10枚。有外郭，无内郭，正方形穿，“两”字上横较长，“半”字上下两横等齐，钱文清晰。M8：2，直径2.1、穿径1厘米（图一四，4）。

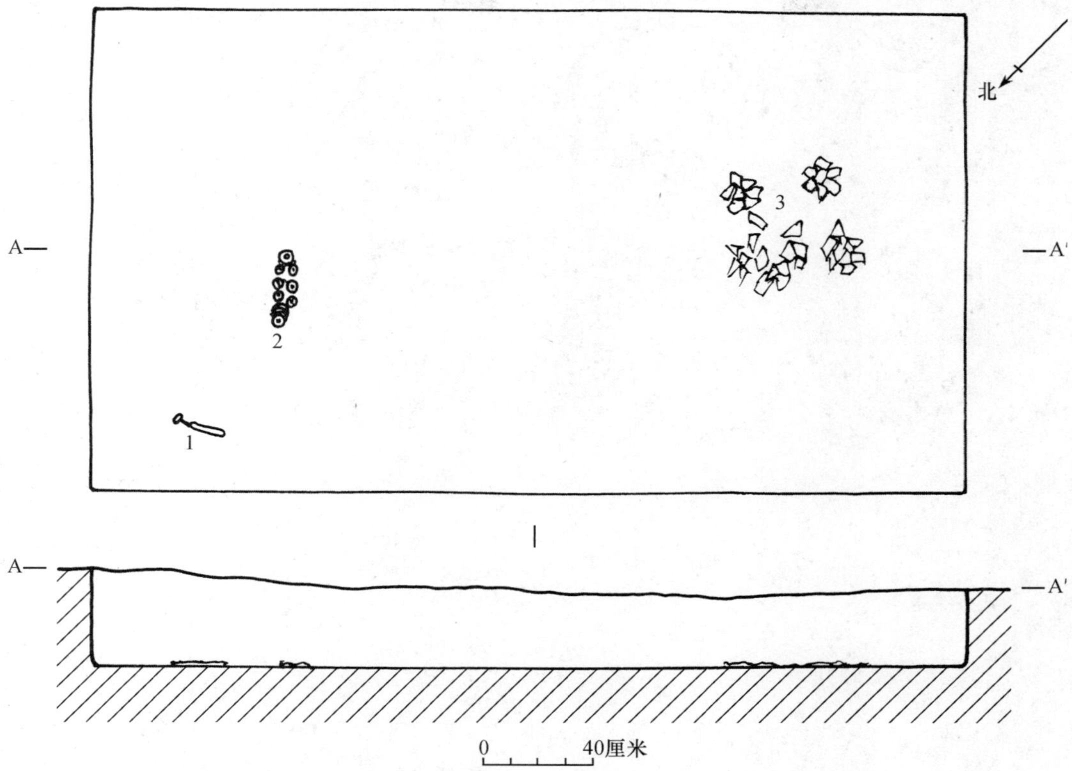

图一二　M8平剖面图

1. 铁削刀　2. 铜钱币　3. 陶片

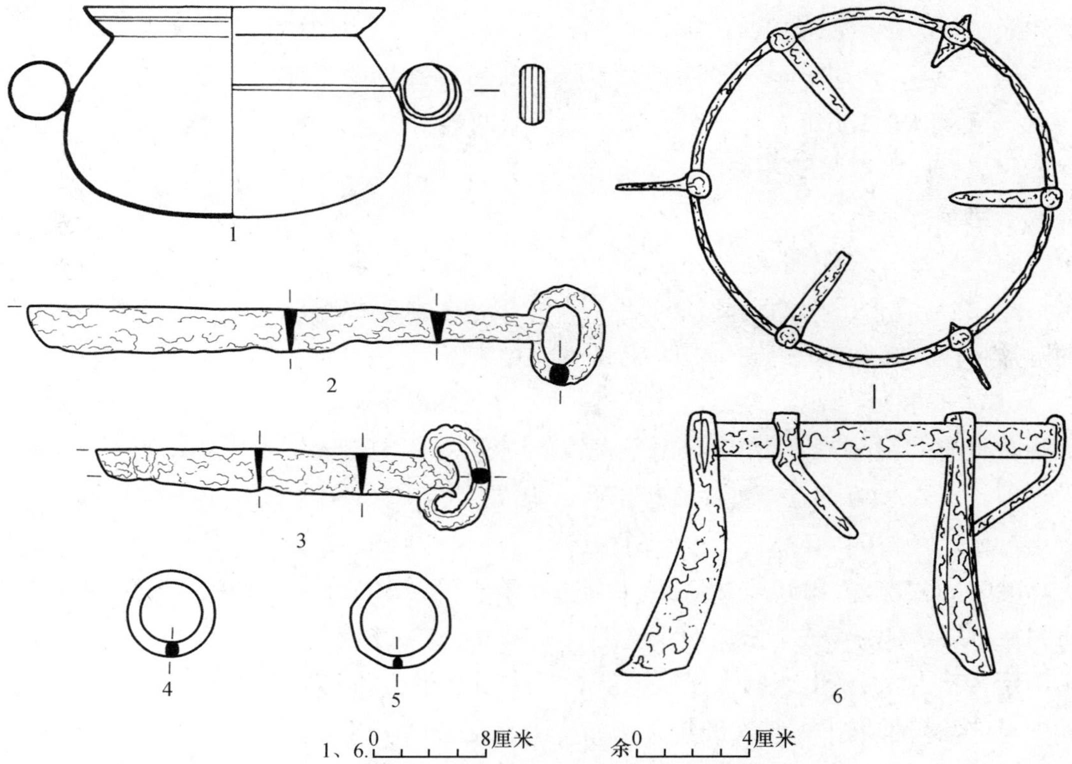

图一三　墓葬出土铁器、铜器

1. 铜釜（M4：5）　2、3. 铁削刀（M8：1、M2：1）　4、5. 铜环（M2：4-1、M2：4-2）　6. 铁三足架（M4：10）

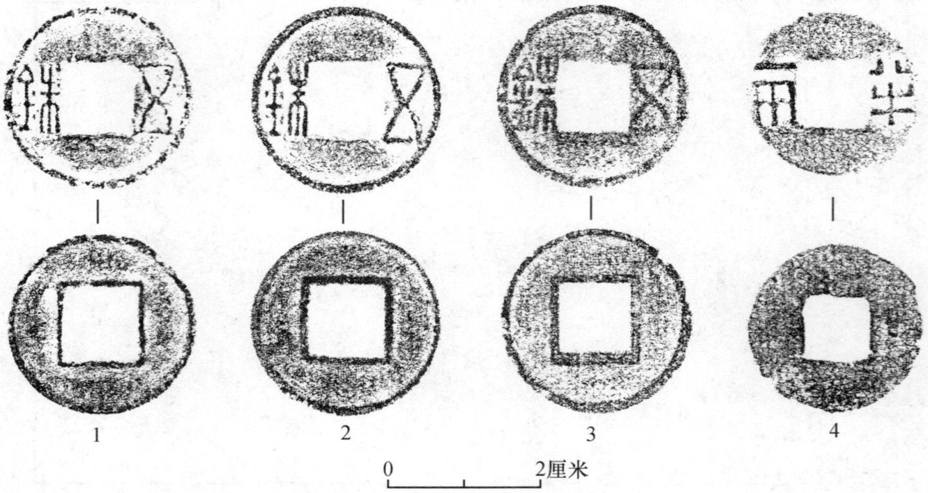

图一四　墓葬出土铜钱币拓片

1. M2：3　2. M1：1　3. M3：1　4. M8：2

二、结　　语

本次发掘的7座汉至六朝墓葬，并未出土墓志或铭文，我们仅能依据其墓葬形制和出土器物特征来推断他们的年代和墓主身份。

所发掘的7座墓葬均为岩坑墓，其中M1为砖室墓，其余墓葬均为土坑墓。根据墓葬出土随葬器物和形制，大致可将这7座分为4组。

第一组为M8，该墓出土了半两钱，且具有武帝四铢半两特征[1]。《史记·武帝纪》："（建元）五年（前136年）春，罢三铢钱，行半两钱。"因此据此可推断该墓的上限应在武帝建元五年之后，而墓内随葬钱币未见五铢，下限应在武帝行五铢钱之前，综合考虑，本组年代应为武帝初年。

第二组为M2，该墓出土五铢特征符合洛阳烧沟I型，蒋若是先生则将此类五铢归入一型II式中[2]，年代应在西汉中期，昭宣时期。同时出土的陶盆（甑），深腹，腹壁斜直，符合西汉中期陶盆特征，综合考虑推断本组年代为西汉中期。

第三组为M3和M4，这两座墓时代相近，M3出土陶甑下腹直，底内凹，箅孔较多，形制与万州大坪墓地Ⅲ式甑相近[3]，该墓出土铜钱以五铢为主，属于洛阳烧沟Ⅳ型，同时墓内还伴出了大量剪轮五铢，剪轮五铢主要流行于西汉晚期或东汉晚期[4]。M4出土陶瓮斜肩、球腹、圜底，与云阳走马岭04YGZM1：13形制相近[5]，M4：4陶釜斜肩、折腹且腹较浅、圜底，与云阳走马岭03YGZM1：105形制相近[6]，此2座墓年代在报告中定为西汉晚至东汉初年。结合上述材料，M3、M4的年代上限为西汉晚期，下限可至东汉初年。

第四组为M1，该墓出土的大量青瓷器，从胎质、釉色和器类组合来看，具有两晋时期特点，其中一件酱褐釉虎子，与2003年万州糖房出土虎子形制相近，据陈丽琼先生研究，其年代应在东晋时期[7]。另外，M1中出土的盘口壶，短颈，器身矮胖，与忠县翠屏山崖墓DM501：24

形制相近，原报告中将其定为Ⅵ式，年代为东晋时期[8]。M1中其他伴出的器物，如盆等，其沿面装饰水波纹的风格也符合东晋时期时代特点[9]，此我们可以推断M1年代应在东晋时期。

另外还有M5和M7，由于墓葬扰动严重，仅出土了少量陶片和铁器残片，仅能从其墓葬形制分析判定其年代应大致在西汉时期。

本次发掘的7座墓葬，墓葬规格较小，也缺乏成组的铜器、各类陶俑和建筑模型，随葬器物大多制作较简单、粗糙，墓室构筑也未进行修饰和装饰，推测其墓主可能是当地不具备官吏身份的平民。

附记：本次考古发掘领队白九江，参加发掘的人员：燕妮、陈蓁、冯硕、王贵平、冯宏锁等，修复：蔡远富，绘图：师孝明、朱雪莲，资料整理：燕妮、冯硕。本次发掘工作得到了万州区博物馆的大力支持，在此谨表谢忱。

执　笔：燕　妮

注　释

[1] 蒋若是：《秦汉半两钱系年举例》，《秦汉钱币研究》，中华书局，1997年，第11页。
[2] 蒋若是：《西汉五铢钱类型集证》，《秦汉钱币研究》，中华书局，1997年，第123页。
[3] 重庆市文物局、重庆市移民局：《万州大坪墓地》，科学出版社，2006年，第96页。
[4] 中国社会科学院考古研究所：《洛阳烧沟汉墓》，科学出版社，1959年。
[5] 重庆市文物局、重庆市移民局：《云阳走马岭墓地》，科学出版社，2011年，第24页、第158页。
[6] 重庆市文物局、重庆市移民局：《云阳走马岭墓地》，科学出版社，2011年，第24页、第158页。
[7] 陈丽琼、董小陈：《三峡与中国瓷器》，重庆出版社，2010年，第15页。
[8] 重庆市文物局、重庆市移民局：《忠县翠屏山崖墓》，科学出版社，2011年，第221页。
[9] 陈丽琼、董小陈：《三峡与中国瓷器》，重庆出版社，2010年，第14页。

万州瓦屋墓群2012年发掘简报

重庆市文化遗产研究院　万州区博物馆

瓦屋墓群位于重庆市万州区武陵镇禹安村（原瓦屋村），地处长江左岸二级台地上。整个台地呈山脊地形，中间高，两面为缓坡。墓群南临长江，东与吊嘴墓群相望，中心地理坐标为东经108°15′，北纬30°30′，海拔153～175米（图一）。

1997年，厦门大学对此墓群开展了试掘工作。2002年，湖南岳阳考古队在对吊嘴墓群进行发掘时，也对瓦屋墓群进行过钻探。2004、2005年南京师范大学社会发展学院文博系对该墓群进行过两次大规模发掘，共布10米×10米探方24个、5米×10米探方26个、5米×5米探方46个，总发掘面积4920平方米，共发掘墓葬50座，其中砖室墓13座、土坑墓37座，出土各类器物800余件。

三峡库区蓄水后，长江江面变宽，沿江的众多古遗址、古墓群均淹没于水下，而每年的5～9月为长江的洪水期，三峡水库加大下泄流量腾出库容接纳上游的洪水，确保下游的安全，这段期间部分原淹没在水下的台地露出水面，形成消落区。为加快三峡库区消落区文物抢救发掘工作，2012年7月，按照重庆市文物局统一规划，重庆市文化遗产研究院与万州区博物馆联合组成考古队，承担了瓦屋墓群消落区第一次考古发掘工作。本次发掘的区域位于长江水位下降后部分原淹没于水下的台地，海拔在153～175米之间。本次田野考古发掘工作从2012年7月6日至2012年9月8日，历时65个工作日，期间因下雨和长江水位上涨等因素，停工42天，实际工作23工作日，总用工240个。此次发掘共布10米×10米探方2个、5米×10米探方2个，计划发掘面积250平方米，实际发掘面积300平方米，探方编号2012WWWT1～2012WWWT4（“2012”代表年度，“W”代表万州区，“WW”代表瓦屋墓群）。探方、墓葬由工地统一给号，并重新编号。本次发掘共清理石室墓2座，编号为M1、M2，并出土了同时期的文化遗物。现将本次发掘的主要情况报告如下（图二）。

一、地层堆积

发掘区内地层堆积较为简单，而且堆积较薄，墓葬均开口于第1层下，打破生土。

现以T3西壁剖面为例：

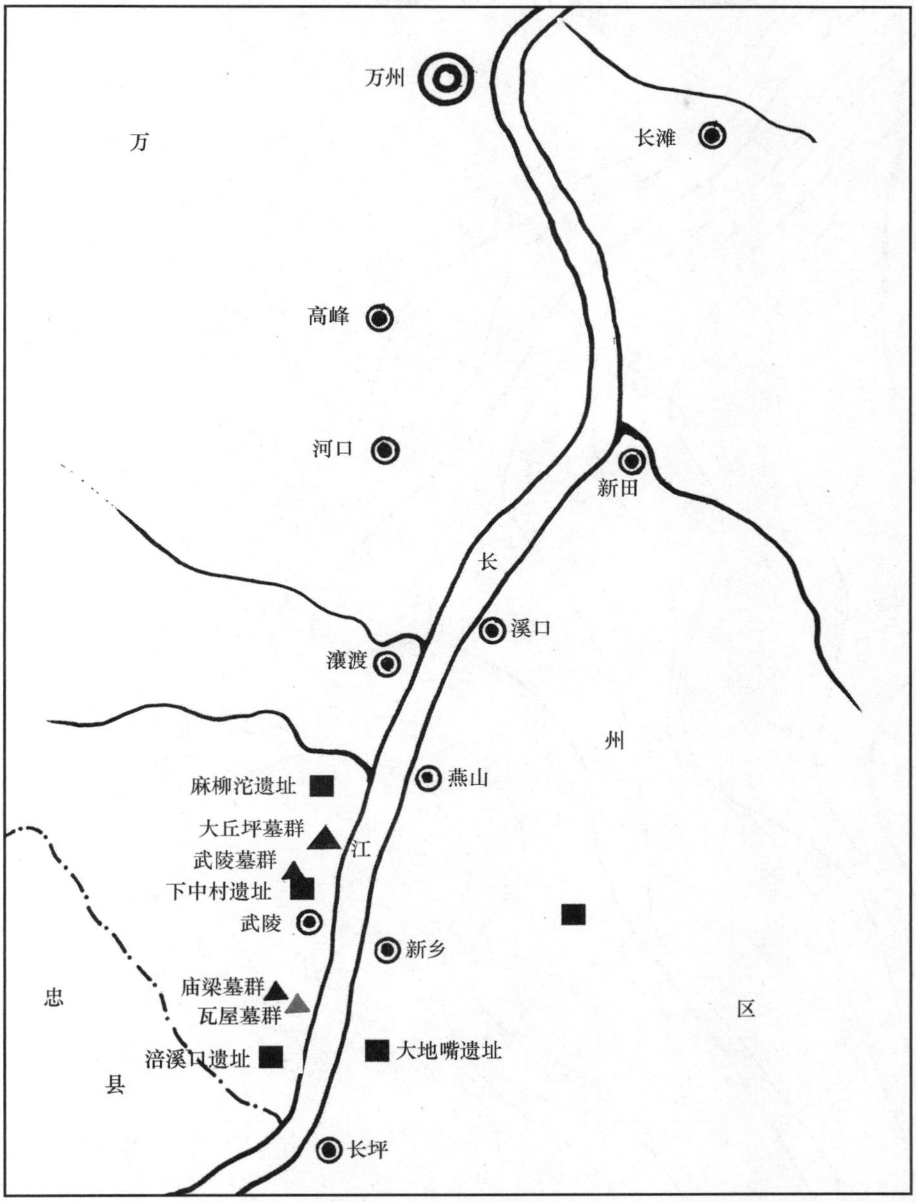

图一　瓦屋墓群位置示意图

第1层：表土层，厚30～55厘米。黑褐色黏土，土质疏松，包含大量植物根茎、碎石及近现代陶瓷残片等。M1开口于第1层下，打破生土。

第1层以下为黄色生土层，无包含物（图三）。

二、墓葬介绍

本次共清理墓葬2座，即M1、M2。现分别介绍如下：

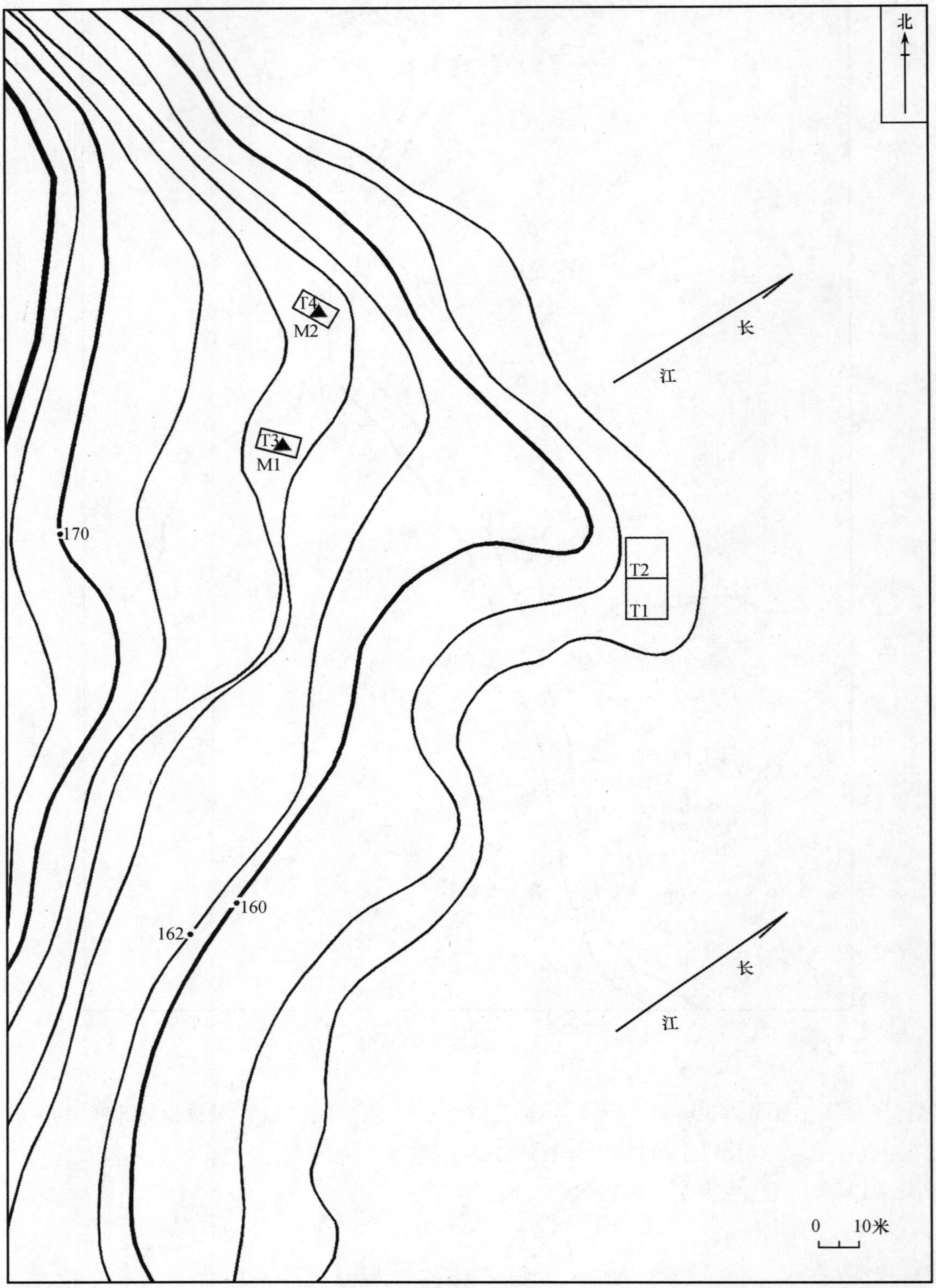

图二　瓦屋墓群地形及2012年发掘布方位置图

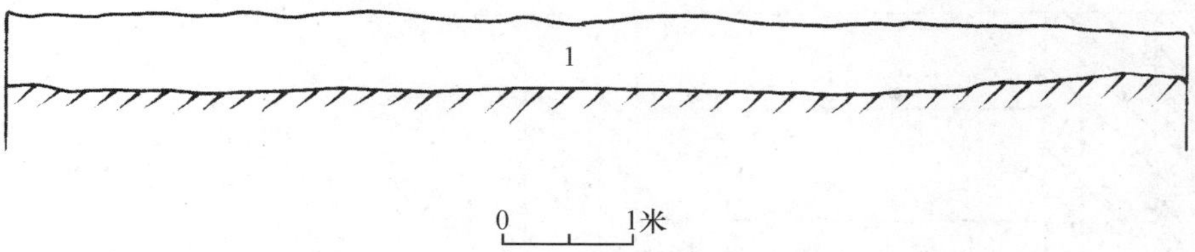

图三 T3西壁剖面图

（一）M1

石室单室墓，位于T3南部，开口于第1层下，墓向100°。墓室平面呈长方形，带券顶，墓口距地表深0.45～0.6米，墓底距地表深1.59～1.74米，墓室长2.4、宽1.08、深1.14米。券顶前部和部分封门被破坏不存，其余保存较完整。券顶、墓壁、墓底、封门皆由长方形大型条石砌成，条石外侧加工较粗糙，边缘形状不整齐，但内侧皆经精细修整，表面规则、平直，有明显凿打痕迹。条石最大的长1.3～1.54、宽0.4～0.6、厚0.24米，最小的长1、宽0.37、厚0.1米。墓壁由长方形条石纵向侧立而起，并以榫卯结构相互连接固定；墓底平面呈长方形，东西两端由一块石板横向平铺，中部由三块石板纵向平铺，正中一块石板下陷，形成凹槽，具体作用不明，凹槽长100、宽37、深6厘米；券顶剖面呈倒梯形，由长方形条石从墓室南北两壁顶部向墓室内侧纵向倾斜侧立，顶部由长方形条石纵向平铺封顶（图四，1）。

M1被严重扰乱，葬式葬具不详，出土白瓷碗1件。

白瓷碗 1件。M1：1，敞口，尖圆唇，深弧腹，圈足。灰黄胎，胎上先施米黄色化妆土，再施白釉，内壁满釉，外壁施釉不及底。口径18.4、底径6.6、高7厘米（图四，2）。

（二）M2

同穴异室双室石室墓，位于T4西部，开口于第1层下，墓向125°。墓口距地表深0.35～0.55米，墓底距地表深1.05～1.25米。墓葬被严重扰动，封顶和封门缺失，部分墓壁被严重破坏，墓底保存较完整。墓室分为南、北两室，形制大小完全一致，两墓室间隔44厘米。南北两墓室平面和剖面均呈长方形，墓室长2.24、宽0.85、残高0.2～0.72米；墓室南北两壁由长方形条石和石板纵向间隔侧立而起，以榫卯结构与横向侧立的墓壁基石相互连接固定，并在每个壁上形成两个（共8个）长方形壁龛，南北壁所用条石尺寸宽50、高48、厚16厘米，石板尺寸宽46、高54、厚8厘米，壁龛尺寸宽40、高48、进深16厘米。西壁则由三块石板横向齐缝侧立而起，所用石板尺寸宽84、高24、厚10厘米；两个墓室的墓底均用9块长方形石板纵向平铺而成，南端由1块石板横向平铺。所用石板和条石均有人工打凿修整过的痕迹（图五）。

M2已被严重扰乱，从墓底发现的棺钉朽痕推断，葬具应为木棺，葬式不详，无随葬品。

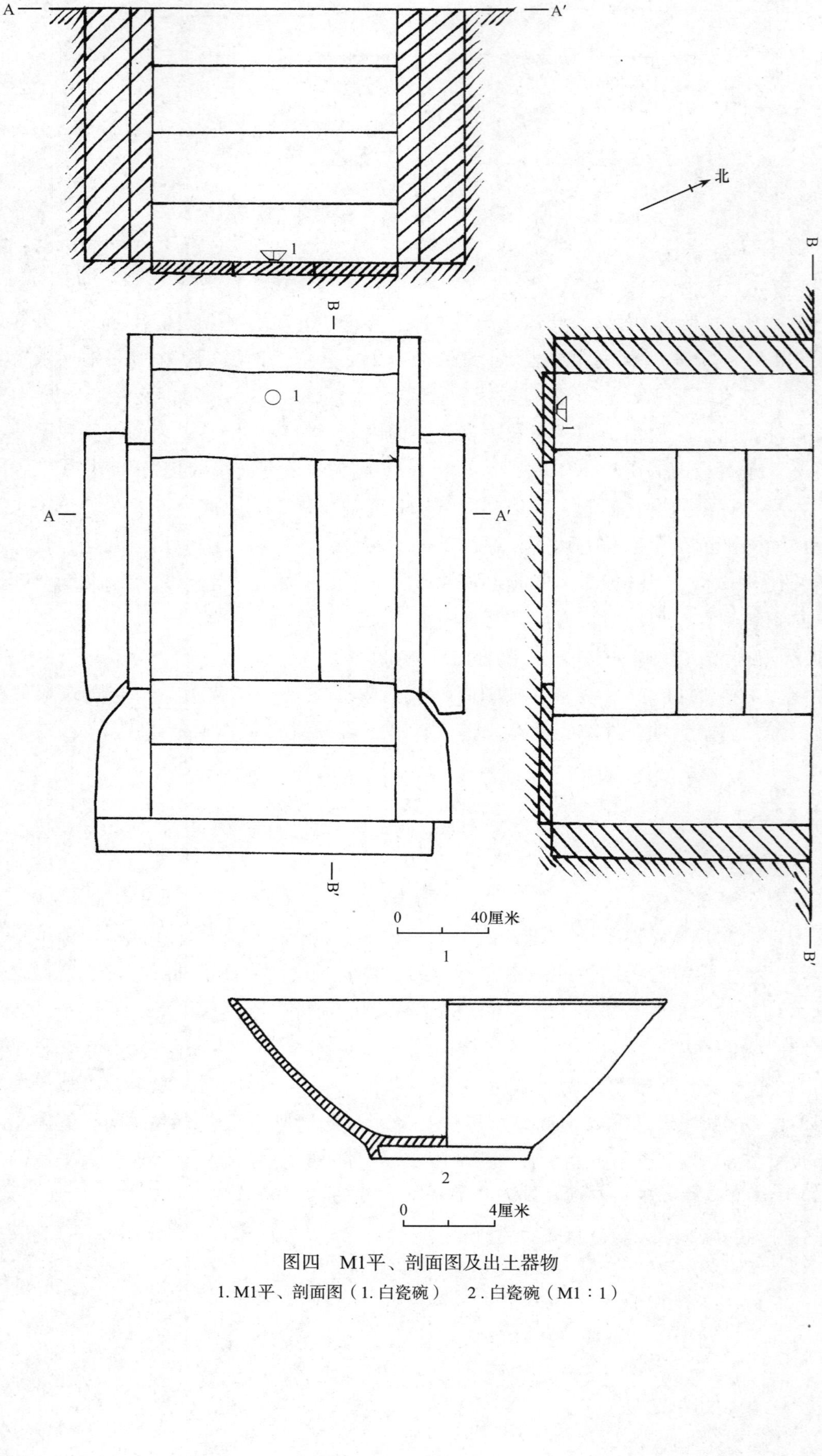

图四　M1平、剖面图及出土器物

1. M1平、剖面图（1. 白瓷碗）　2. 白瓷碗（M1：1）

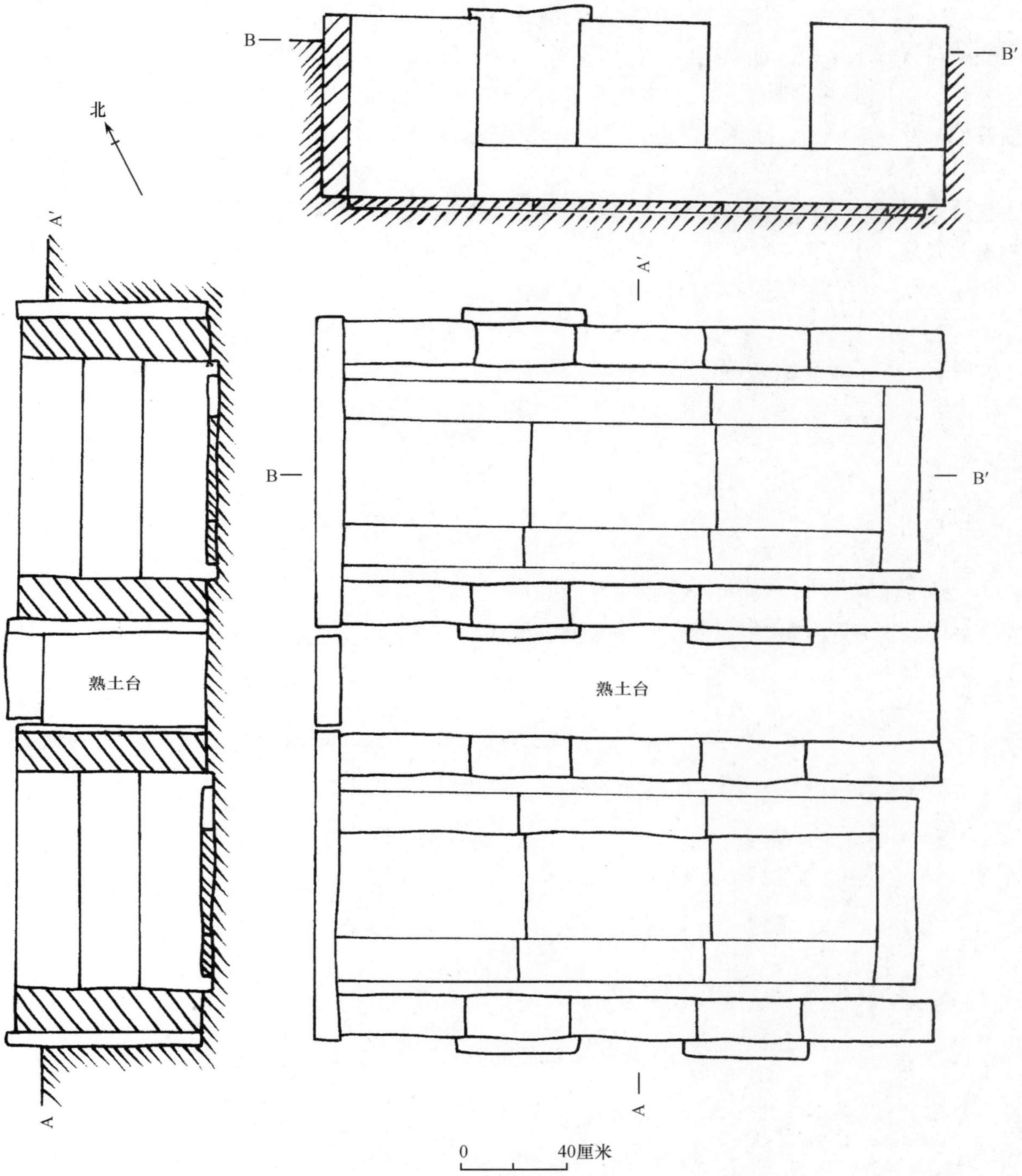

图五　M2平、剖面图

三、时代判断与初步认识

M1为单室石室墓，从现存部分看，墓葬修建方法是先在生土上挖掘墓穴，再在墓穴内用石料搭建墓室。构筑墓室所用的石材大部分为长方形条石和石板，且内侧皆经过较精细的加工。M1的修建方法、所选石料和墓葬形制与万州下中村遗址宋代石室墓M39[1]相近。出土的白瓷碗与万州下中村遗址出土的宋代白瓷碗（T797③：17）[2]形制、釉色基本一样。因此，从墓葬形制和随葬品推断，M1为宋代石室墓。M2因周边居民的工农业生产活动导致墓室严重损毁，未发现随葬品，墓葬形制也无明显的时代特征，故无法判断其时代。

虽然本次发掘墓葬数量较少，形制较简单，出土随葬品数量不多，但是本次发掘的宋代石室墓M1，墓室结构基本完整，时代特征明显，在2004、2005年两次瓦屋墓群大规模考古发掘中未曾发现，从而将墓群年代的下限由六朝时期延续到了宋代，为进一步完善整个瓦屋墓群的文化序列，为我们进一步了解峡江地区的丧葬习俗提供了新资料。

附记：本次考古发掘领队白九江，器物绘图：雷声，资料整理：刘江、欧阳林全、刘浏。本次考古发掘工作得到了当地镇、村的大力支持，在此表示感谢！

执　笔：李　力

注　释

[1]　万州区博物馆：《万州下中村遗址》，科学出版社，2017年。
[2]　万州区博物馆：《万州下中村遗址》，科学出版社，2017年。

石柱陶家坝墓群2008年发掘简报

重庆市文化遗产研究院　石柱县文物管理所

陶家坝墓群位于石柱县西沱镇沿江社区陶家坝组，地处长江右岸缓坡地带，紧挨石柱县货运码头，中心地理坐标为北纬30°25′、东经118°18′，海拔为157～160米（图一）。墓群处于三峡库区消落区，淹没前为农田，经多次取土，加之三峡水库蓄水后的反复浸泡冲刷，地貌被严重改变，墓群遭到严重破坏。受重庆市文物局委托，2008年6月，重庆市文物考古所对陶家坝墓群进行了抢救性发掘，发掘面积495平方米，发掘墓葬3座，均为竖穴土坑砖室墓，自北向南依次编号为08STM1～08STM3（以下简称M1～M3）（“08”为2008年度，“S”为石柱县，“T”为陶家坝）。现将情况简报于下。

一、M1

（一）墓葬形制

M1平面呈“凸”字形，由甬道、单墓室组成，方向266°（图二）。墓葬破坏严重，甬道、墓室仅残存近底部，甬道前端破坏无存。墓葬内填满褐色花土。

甬道残长1.8、宽1.7、残深0.2米。墓室长4、宽2.9、残深0.68米。甬道、墓室壁用长方形花纹砖错缝平砌，甬道南壁仅剩一层墓砖，墓室东、南壁保存较好，尚留数层墓砖，西、北壁只剩墓底。墓底横向错缝平铺墓砖，西北角已被破坏无存。墓砖长46、宽18、厚9厘米，砖面饰中绳纹，侧面模印重菱乳钉纹（图三，1）。由于墓葬被严重扰乱，墓室内仅发现少量人骨痕迹，葬式不明。未见葬具。

（二）出土遗物

该墓墓底出土随葬品主要为陶器，共32件，大多已修复，另有铜钱币32枚。陶器多为泥质灰陶、红陶和夹细砂红陶，有少量釉陶。以轮制为主，部分附件为手捏，俑类均为合范模制，刮削修整痕迹较明显，少量陶俑有朱砂痕迹。多素面，纹饰有弦纹、模印纹等。器形有陶罐、

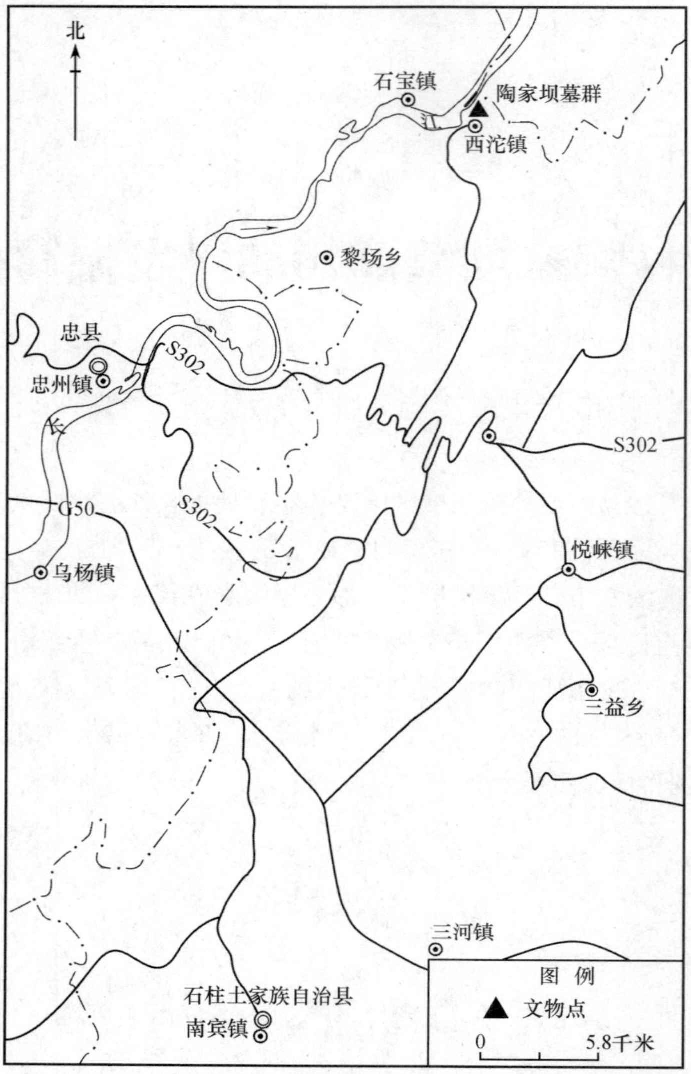

图一　陶家坝墓群位置示意图

钵、盂、灯、杯、勺、盆、魁、甑、锺、盘、熏炉盖、侍俑、抚耳俑、抚琴俑、舞蹈俑、母子俑、子母鸡等。

陶罐　5件。分三型。

A型　2件。泥质灰陶。侈口，卷沿，短束颈，溜肩，弧腹斜收，平底。M1：3，器身有凹弦纹数周。器内有明显的轮制旋痕。口径9.6、最大径15.8、底径7.2、高11厘米（图四，5）。M1：23，肩部有两周凹弦纹。器内有数周轮制旋痕。口径9.4、最大径16、底径7.4、高10.6厘米（图四，6）。

B型　2件。泥质灰陶。直口，矮束颈，折肩，鼓腹斜折。M1：4，口微敛，尖圆唇，平底略内凹。口径13.4、底径15.6、高16.4厘米（图四，1）。M1：5，圆唇，平底。器表有多道旋痕。盖覆钵形器盖。口径13.2、底径17、高18厘米（图四，2）。

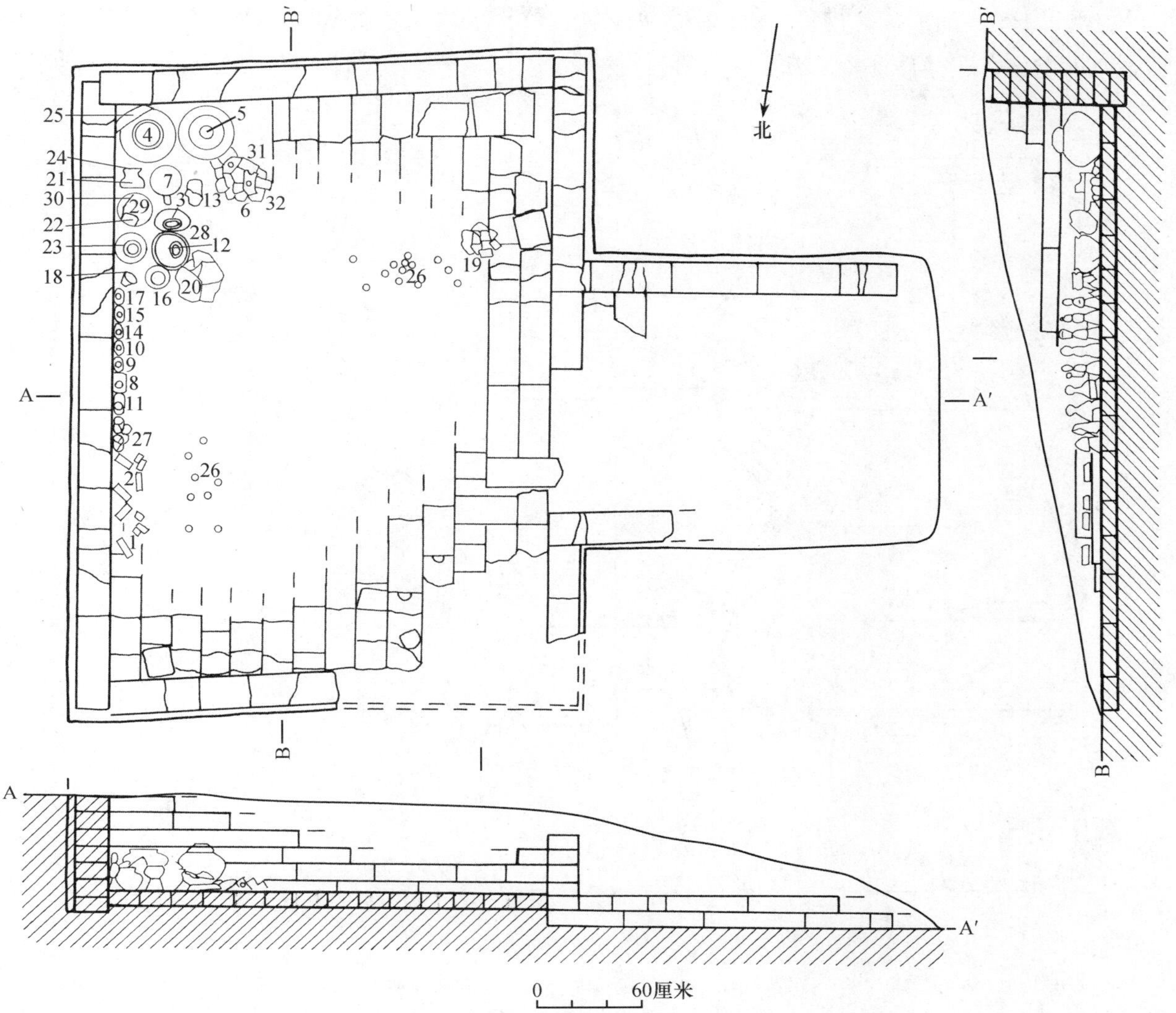

图二　M1平、剖面图

1、2. 陶房　3～5、19、23. 陶罐　6. 陶甑　7. 陶魁　8. 陶抚琴俑　9. 陶母子俑　10、13～15、17、27. 陶侍俑　11. 陶抚耳俑　12. 陶盆　16. 陶灯　18. 陶熏炉盖　20. 陶锺　21、31. 陶盂　22、30. 陶钵　24. 陶勺　25. 陶盘　26. 铜钱　28. 陶杯　29. 陶子母鸡　32. 陶舞蹈俑

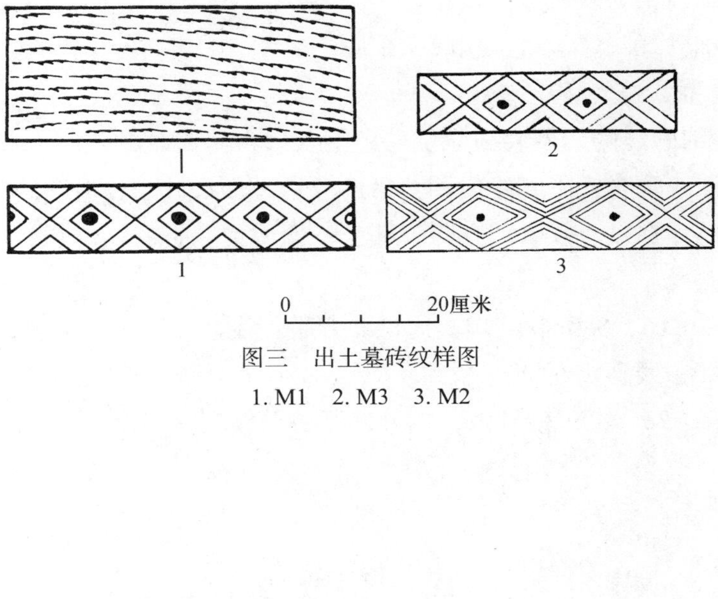

图三　出土墓砖纹样图

1. M1　2. M3　3. M2

C型　1件。桶形罐。M1：19，泥质灰陶。敛口，折肩，直腹微鼓，平底。腹部有两道弦纹。口径11.4、底径15.6、高20厘米（图四，8）。

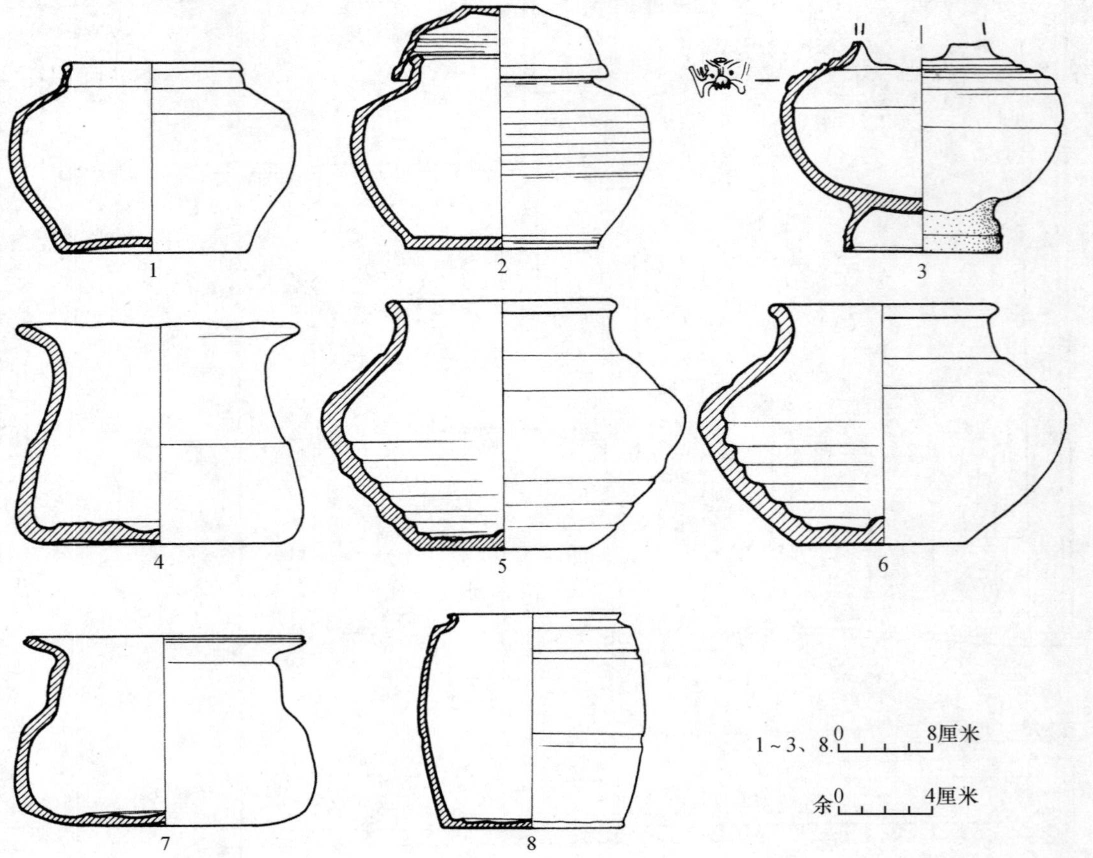

图四　M1出土陶器（一）

1、2. B型罐（M1：4、M1：5）　3. 锺（M1：20）　4、7. 盂（M1：21、M1：31）　5、6. A型罐（M1：3、M1：23）　8. C型罐（M1：19）

陶钵　2件。分二型。

A型　1件。折腹钵。泥质灰陶。敞口，厚圆唇，折腹斜内收，小平底。M1：22，口径18、底径6.4、高6.2厘米（图五，2）。

B型　1件。夹细砂红陶。敛口，弧腹，平底。M1：30，口径16.2、底径8、高5.6厘米（图五，8）。

陶盂　2件。夹细砂红陶，器表施一层白色陶衣后再施酱黄釉，陶衣和釉层极薄，脱落严重。斜折沿，长束颈，垂腹，平底略内凹。M1：21，侈口，圆唇。口径12、底径10.6、高9.6厘米（图四，4）。M1：31，敛口，方唇中部有一圈凹槽，折肩。口径12、底径8.4、高8.6厘米（图四，7）。

陶灯　1件。M1：16，夹细砂红陶。敛口，方唇，浅盘，喇叭形柄座，座残。近口沿处和柄部施弦纹。口径8.6、残高7.8厘米（图五，6）。

陶杯　1件。M1：28，夹细砂红陶，内外施酱黄釉，剥落严重。直口微敛，尖唇，直腹近底内削，平底。腹部饰两周凹弦纹。口径10、底径9、高7.8厘米（图五，3）。

陶勺　1件。M1：24，夹细砂红陶，施酱黄釉。斗形，圜底，一侧向上斜伸出一长曲柄，柄稍略下弯。长16.2厘米（图五，5）。

陶熏炉盖　1件。M1：18，夹细砂红陶，器表施酱黄釉。头盔形，器表有小突起，近顶部有4个对称的长方形镂孔。盖径9.6、高6厘米（图五，1）。

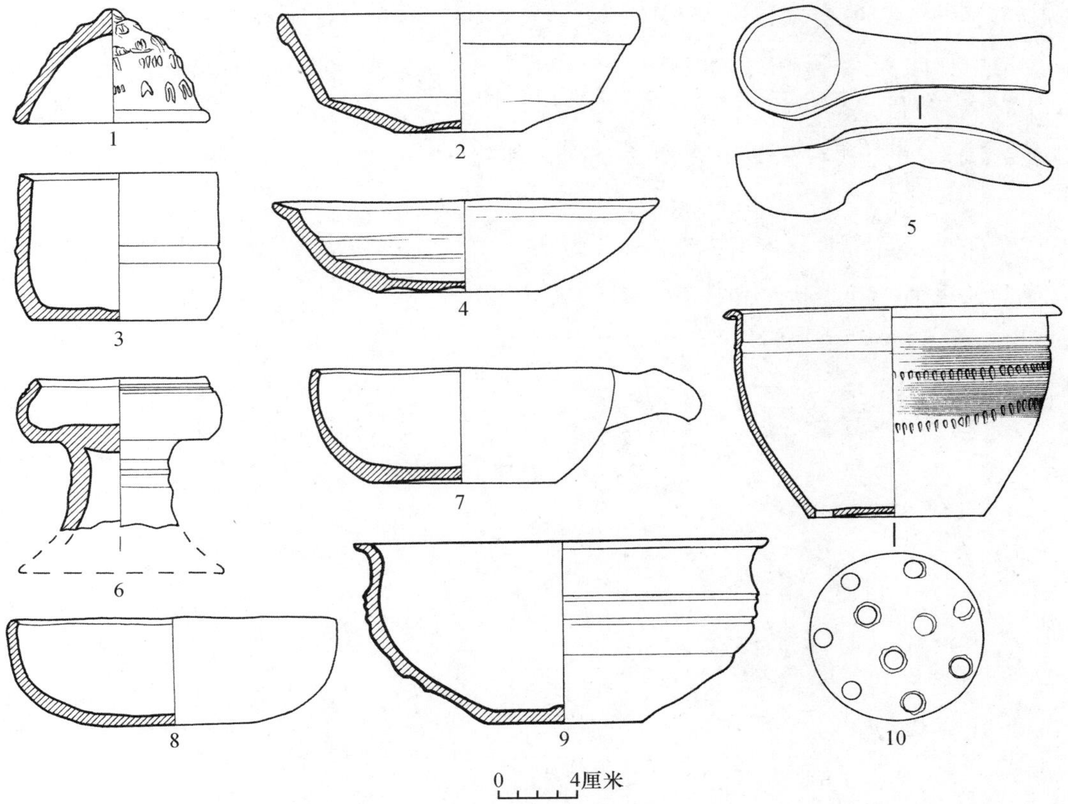

图五　M1出土陶器（二）

1. 熏炉盖（M1：18） 2. A型钵（M1：22） 3. 杯（M1：28） 4. 盘（M1：25） 5. 勺（M1：24） 6. 灯（M1：16） 7. 魁（M1：7） 8. B型钵（M1：30） 9. 盆（M1：12） 10. 甑（M1：6）

陶魁　1件。M1：7，夹细砂红陶，施酱黄釉，剥落严重。钵形，一侧有手捏短柄。口径14.2、底径9.6、高7、柄长4.4厘米（图五，7）。

陶盘　1件。M1：25，夹细砂红陶，器内施黄绿釉。敞口，尖圆唇，浅折盘，平底略内凹。口径19.6、底径8.4、高5.8厘米（图五，4）。

陶盆　1件。M1：12，夹细砂红陶，器内施酱黄釉。侈口，卷沿，圆唇，深弧腹内收，小平底。上腹饰两周凹弦纹。口径21、底径8、高9.8厘米（图五，9）。

陶甑　1件。M1：6，泥质灰褐陶。直口，卷沿外翻，尖圆唇，深腹，弧腹斜收，平底略内凹。上腹饰篮纹三周，数周细弦纹，器底由外向内戳圆形箅孔10个。口径16.4、底径8、高11厘米（图五，10）。

陶锺　1件。M1：20，釉陶，泥质红胎，器表施黄褐釉，圈足部分剥落。高束颈，鼓肩，弧腹，高圈足。肩部模印一对对称衔环铺首，肩及腹部饰多道凹弦纹。底径14、残高19厘米（图四，3）。

陶侍俑　6件。部分俑为交领长服，广袖，双手拢于胸前；部分侍俑着圆领长服，双手拢于胸前。M1：10，头戴帻巾，着圆领长服，广袖，双手拢于胸前。高21厘米（图六，9）。M1：17，泥质灰陶。高髻，着圆领长服，窄袖。高17.8厘米（图六，7）。M1：13，头残。内着圆领中衣，外着双层交领长服，右衽，束腰，广袖。残高16.8厘米（图六，4）。M1：14，女性。头裹巾，面部模糊，内着圆领中衣，外着交领长服，广袖。高18.3厘米（图六，8）。

陶抚耳俑　1件。M1：11，跪坐，左手按膝，右手置于耳边作倾听状。头戴帻巾，中衣圆领，外衣为双层交领右衽，中衣袖长至腕，外衣广袖至肘，下摆有褶边。高17.6厘米（图六，3）。

陶抚琴俑　1件。M1：8，跪坐，头戴帻巾，着三重衣，亵衣圆领，中、外衣交领右衽，琴置双膝上，双手作抚琴状。高16.6厘米（图六，2）。

图六　M1出土陶器（三）

1. 子母鸡（M1：29）　2. 抚琴俑（M1：8）　3. 抚耳俑（M1：11）　4、7～9. 侍俑（M1：13、M1：17、M1：14、M1：10）　5. 母子俑（M1：9）　6. 舞蹈俑（M1：32）

陶舞蹈俑 1件。M1：32，头残，着双层交领长服，右衽，外衣袖至肘，内衣袖至腕略作喇叭状，右手侧上举，左手提裙，身体右倾作舞蹈状。残高18.4厘米（图六，6）。

陶母子俑 1件。M1：9，头裹巾，着圆领长服，窄袖至腕，背负一小孩。高18.1厘米（图六，5）。

陶子母鸡 1件。M1：29，泥质红陶。踞伏，昂首翘尾，底座较矮，胸前、背上各伏一小鸡。长15.6、高10.9厘米（图六，1）。

陶房屋 2件。泥质红陶，严重残缺。

铜钱 32枚。M1：26，五铢钱，严重锈蚀。

二、M2

（一）墓葬形制

M2为刀把形砖室墓，由甬道、墓室组成，方向283°（图七）。墓葬破坏严重，甬道西南角被破坏，由于长期挤压，墓室南、北壁已略呈亚腰形。墓室填土为褐色花土，夹杂大量残砖。

甬道长2.1、宽1.4、残深0.82米。墓室长3.14～3.26、宽2.56、深1.1米。甬道、墓室壁均采用花纹砖错缝平砌而成，残存数层墓砖。甬道底部横向平铺墓砖，墓室底则纵向平铺。墓砖多为长方形，长43、宽20、厚9厘米，另有少量榫卯砖，墓砖侧面模印重菱几何纹，重菱纹饰较宽扁，内饰乳钉纹（图三，3）。

墓葬扰乱严重，墓室内有大量残砖和宋代及其以后的碎瓷片。

甬道东南角有一小片骨骸堆积，但已无法辨认。未发现葬具。

（二）出土遗物

该墓墓底出土随葬品6件，以瓷器为主，另有铁器。瓷器器形有罐、壶、钵、碗，铁器为铁斧。另外在填土中出土5件宋代黑釉、青白釉瓷器，推测可能系早期被盗时扰乱进去的器物，器形有斗笠碗、盏、碟，编号为08STM2：01～08STM2：05与随葬品编号相区别，文中一并介绍。

瓷罐 1件。M2：3，灰胎，器表施黄绿釉，剥落严重。直口微侈，鼓腹，平底。肩部附两两对称四个手捏桥形耳。器身有多道轮制旋痕。口径7.5、底径9、高13.6厘米（图八，10）。

瓷壶 1件。M2：1，灰胎，器表施酱黄釉，剥落严重。小口残，束颈，鼓腹，平底内凹。肩部有流，已残，一残把手与流对称，肩部饰两个对称手捏桥形耳。底径9、残高15厘米（图八，9）。

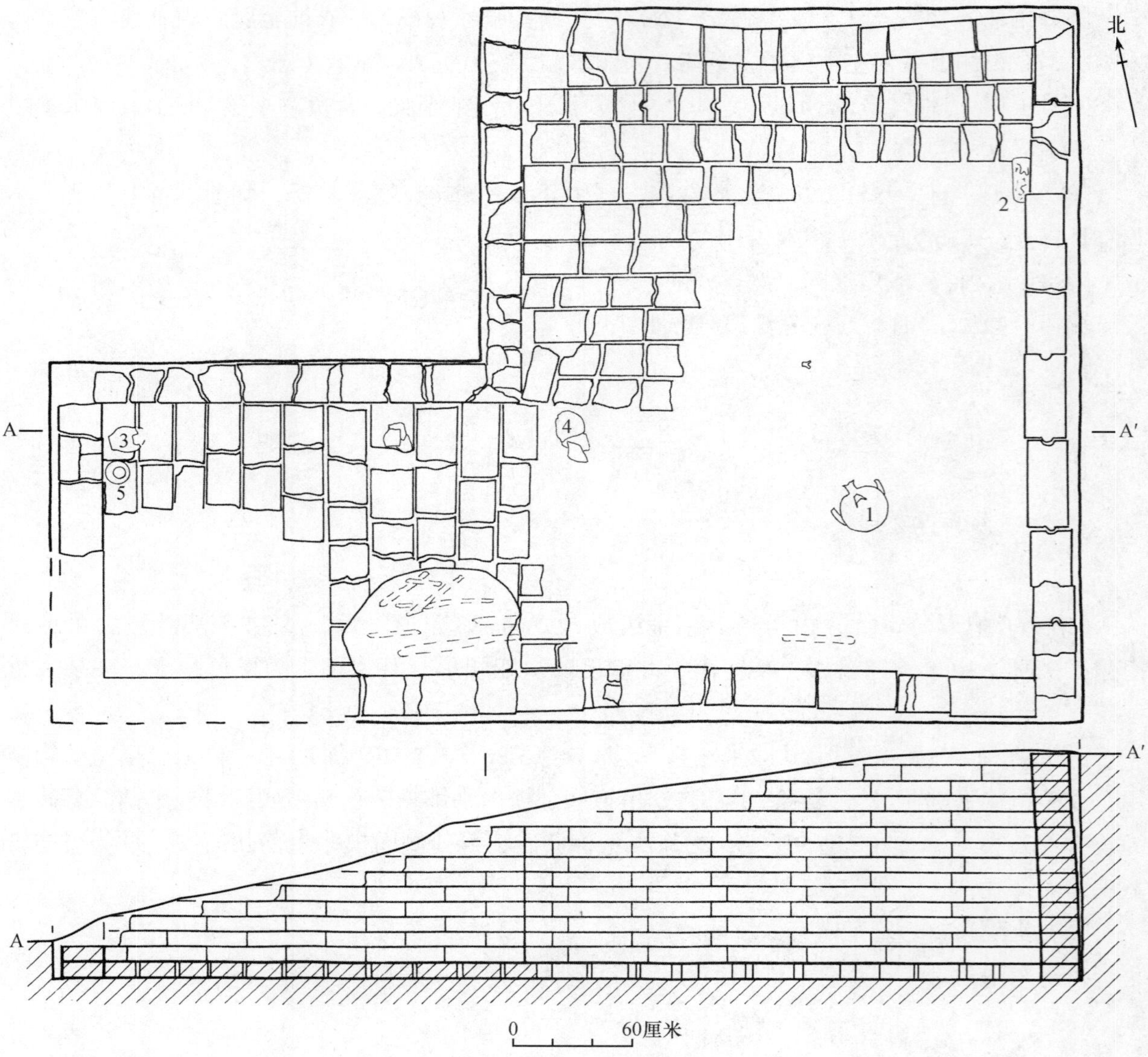

图七　M2平、剖面图

1. 瓷壶　2. 铁斧　3. 瓷罐　4. 瓷钵　5. 瓷碗

瓷钵　1件。M2：4，灰胎，器内外施青釉，外釉施及上腹部，剥落严重。敞口微敛，弧腹，平底内凹。口径17.6、底径10.5、高6厘米（图八，7）。

瓷碗　3件。M2：5，灰胎，器内外施青釉，几乎剥落殆尽。侈口，直腹微弧，饼足。口径8.5、底径5.2、高3.6厘米（图八，1）。M2：01，灰胎，内外施黑釉，均不及底。敞口，弧腹斜内收，圈足。口径16.2、底径5.6、高6厘米（图八，6）。M2：02，灰胎，器内外施黑釉，外釉不及底。敞口，弧腹内收，圈足。口径10.6、底径3.2、高4.2厘米（图八，4）。

瓷斗笠碗　1件。M2：05，灰白胎，器内外施青白釉，有冰裂纹。敞口，斜直腹，饼足略内凹。口径13.5、底径3.5、高5.6厘米（图八，5）。

瓷碟　1件。M2：03，灰白胎，器内外施白釉，外釉不及底，有流釉现象。敞口，平折沿，折腹内收，小平底。内底有支钉痕。口径8.6、底径2.3、高2.4厘米（图八，2）。

瓷盏　1件。M2：04，灰胎，器内外施酱釉，外釉不及底。侈口，唇下略束腰，斜腹内收，小平底。口径11.2、底径3.1、高4.2厘米（图八，3）。

铁斧　1件。M2：2，严重锈蚀。略呈长方形，弧刃，上端有长方形柄穿。长16.8、刃宽6.8厘米（图八，8）。

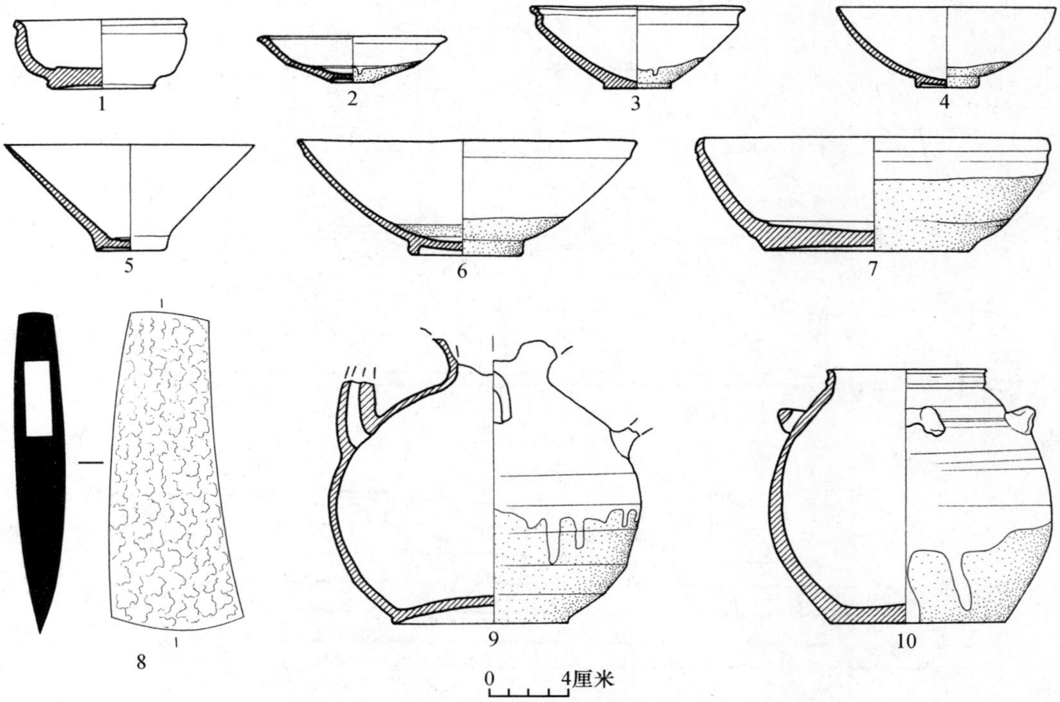

图八　M2出土遗物

1、4、6. 瓷碗（M2：5、M2：02、M2：01）　2. 瓷碟（M2：03）　3. 瓷盏（M2：04）　5. 瓷斗笠碗（M2：05）　7. 瓷钵（M2：4）　8. 铁斧（M2：2）　9. 瓷壶（M2：1）　10. 瓷罐（M2：3）

三、M3

（一）墓葬形制

M3为长方形砖室墓，单室，西端被破坏无存，方向294°（图九）。墓室内填土为褐色花土，夹杂少量残砖。

墓室残长1.86、宽1.26、残深0.4米。墓室壁由长方形墓砖错缝平砌，墓底纵向顺铺墓砖。墓砖多残断，有的饰绳纹，侧面模印重菱几何纹，内有突出乳钉（图三，2）。

墓葬破坏严重，未见人骨，葬式葬具不明。

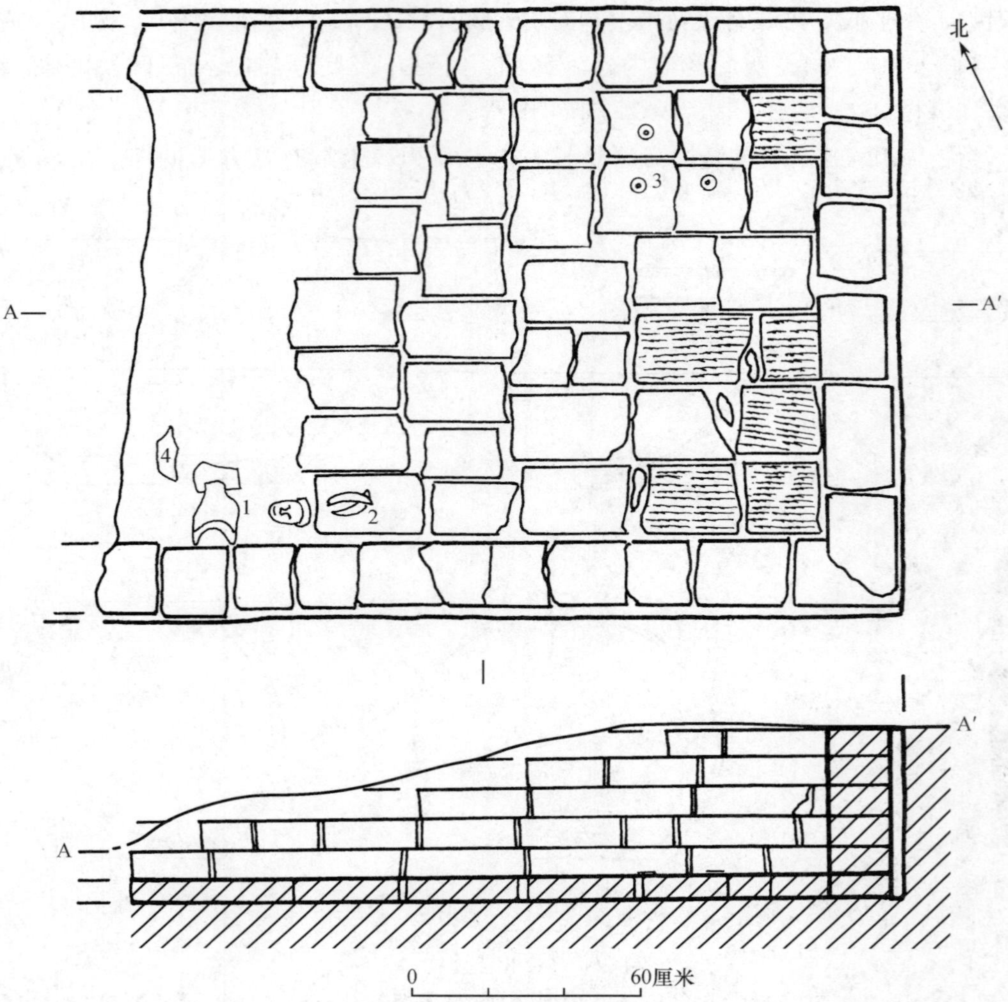

图九　M3平、剖面图

1. 陶侍俑　2. 铜耳杯扣　3. 铜钱　4. 陶罐

（二）出土遗物

该墓出土随葬品5件，有陶器、铜器。陶器器形有陶俑、罐，铜器有铜耳杯扣、铜钱等。

陶罐　1件。M3∶4，口残，小平底，底略内凹。器内壁有数道呈阶梯状轮制旋痕。底径6.8、残高8厘米（图一〇，1）。

陶侍俑　1件。M3∶1，男性。头戴帻巾，着圆领长服，广袖。高18.4厘米（图一〇，3）。

铜耳杯扣　1对。M3∶2，平面呈新月形，弧边尖角，横剖面为曲尺形。长14、高1、厚0.1厘米（图一〇，2）。

铜钱　3枚。M3∶3，五铢钱，严重残损。

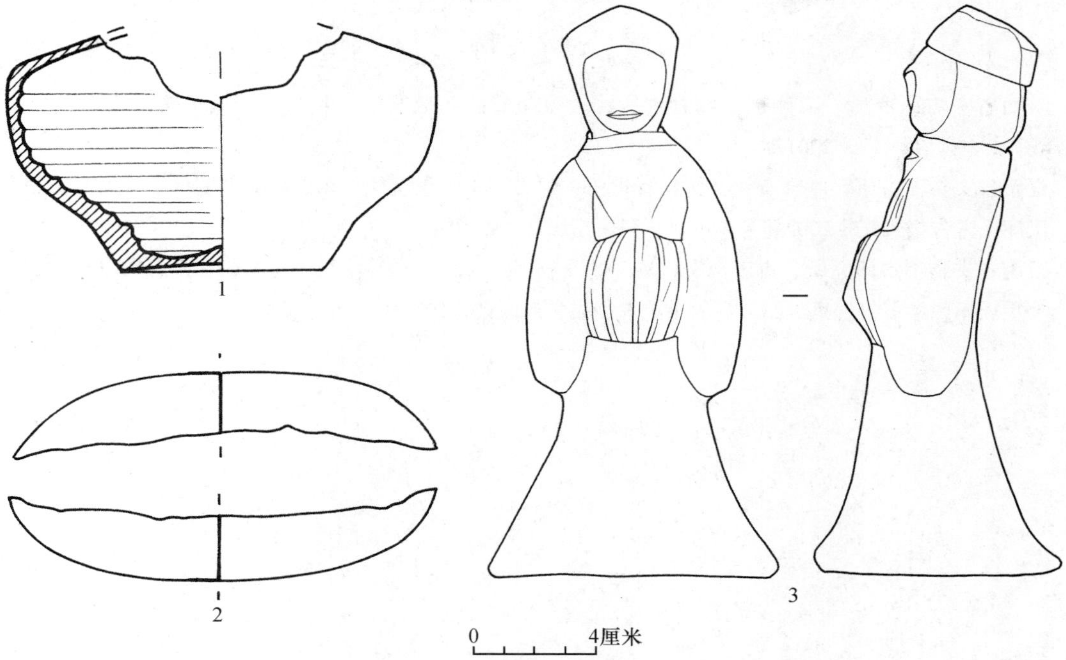

图一〇 M3出土遗物

1. 陶罐（M3∶4） 2. 铜耳杯扣（M3∶2） 3. 陶侍俑（M3∶1）

四、结 语

陶家坝墓群M1、M3均为土圹砖室墓，墓葬形制为凸字形、刀把形，墓内出土陶灯与万州安全墓地[1]M1、M4所出同类器基本相同，B型罐、A型折腹钵与石柱中间包汉代至东晋墓群[2]M5出土器型类似；两座墓葬出土器物以泥质红陶为主，有一部分泥质灰陶和釉陶，俑类以人物俑为主，另有动物俑及陶房等模型明器，具有典型的东汉中、晚期特征，因此，推测M1、M3为东汉晚期墓葬。

M2出土手捏桥形耳四系罐、瓷小碗、瓷钵等瓷器，与万州老棺丘古墓群[3]M29出土瓷器器型相类，初步推测M2应为南朝时期墓葬。但墓葬填土内出了黑釉瓷碗、青白釉斗笠碗等瓷器残件，这些器物是南宋时期的典型器物，推测该墓在南宋时被盗扰过。

附注：本次考古发掘领队方刚，发掘人员：于桂兰、艾涛、张庆久，摄影：董小陈、于桂兰，器物绘图：师孝明，资料整理：于桂兰。本次发掘工作得到了石柱县文物管理所、西沱镇人民政府以及沿江社区居委会的大力支持，在此谨表谢忱。

执 笔：于桂兰 方 刚

注　释

［1］　陕西省考古研究所、万州区文物管理所：《万州安全墓地发掘报告》，《重庆库区考古报告集 · 1997卷》，科学出版社，2001年。

［2］　辽宁省文物考古研究所、石柱县文物管理所：《石柱中间包汉代至东晋墓群与明代窑址发掘简报》，《重庆库区考古报告集 · 2002卷》（中），科学出版社，2010年。

［3］　云南省文物考古研究所、重庆市文化局三峡文物保护办公室领导小组：《万州老棺丘古墓群发掘报告》，《重庆库区考古报告集 · 2002卷》（上），科学出版社，2010年。

忠县瓦窑六队墓群2012年发掘简报

重庆市文化遗产研究院　忠县文物局

忠县瓦窑六队墓群位于重庆市忠县乌杨镇沿溪村四社。西北距忠县县城约10千米。墓群中心地理坐标东经107°59′09″、北纬30°12′04″，海拔150～180米（图一）。

瓦窑六队墓群地处长江右岸的二级阶地上，由两个临江的土包组成。该墓群于1994年4月由北京大学考古学系在进行库区文物调查时发现。2003、2004年由湖南长沙考古所对该墓群进行了考古发掘，发掘面积1900平方米。清理一批汉至六朝时期墓葬，包括砖室墓和土坑墓两类。出土器物有陶器、瓷器、铁器、铜器等几百余件（套）。

随着三峡库区消落区文物保护工作的启动，2012年8月，重庆市文化遗产研究院组建考古队，对该墓群进行了第二次抢救性发掘，田野工作于9月17日结束，历时20余天。共布10米×10米探方3个，编号2012ZWWT1～2012ZWWT3。方向均为正北，部分探方扩方，实际发掘面积352平方米（图二）。清理墓葬2座，编号分别为2012ZWWM1、2012ZWWM2（以下简称M1、M2），其中土坑墓1座，石室墓1座；窑1座，编号为2012ZWWY1（以下简称Y1）（图三）。现将发掘情况报告如下。

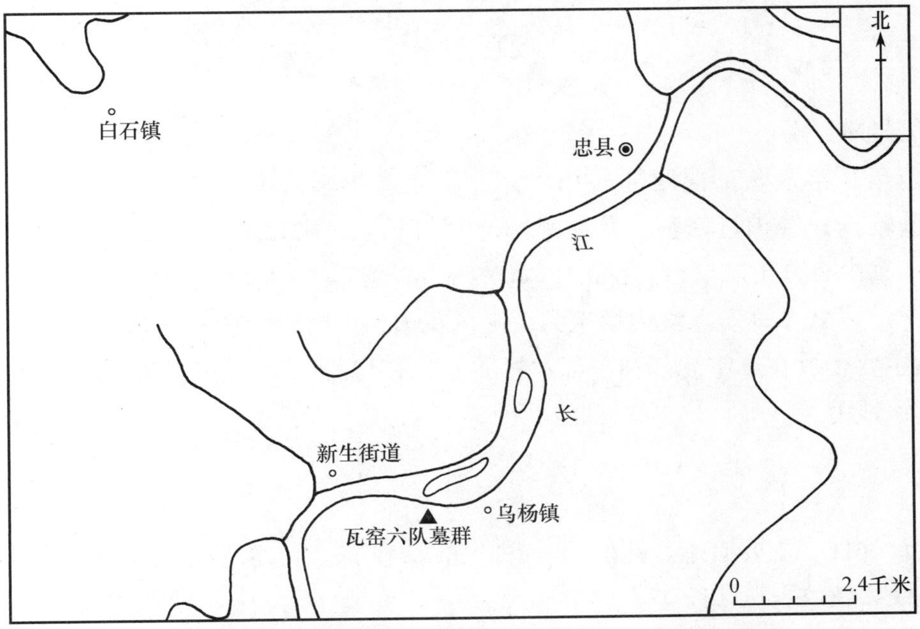

图一　瓦窑六队墓群位置图

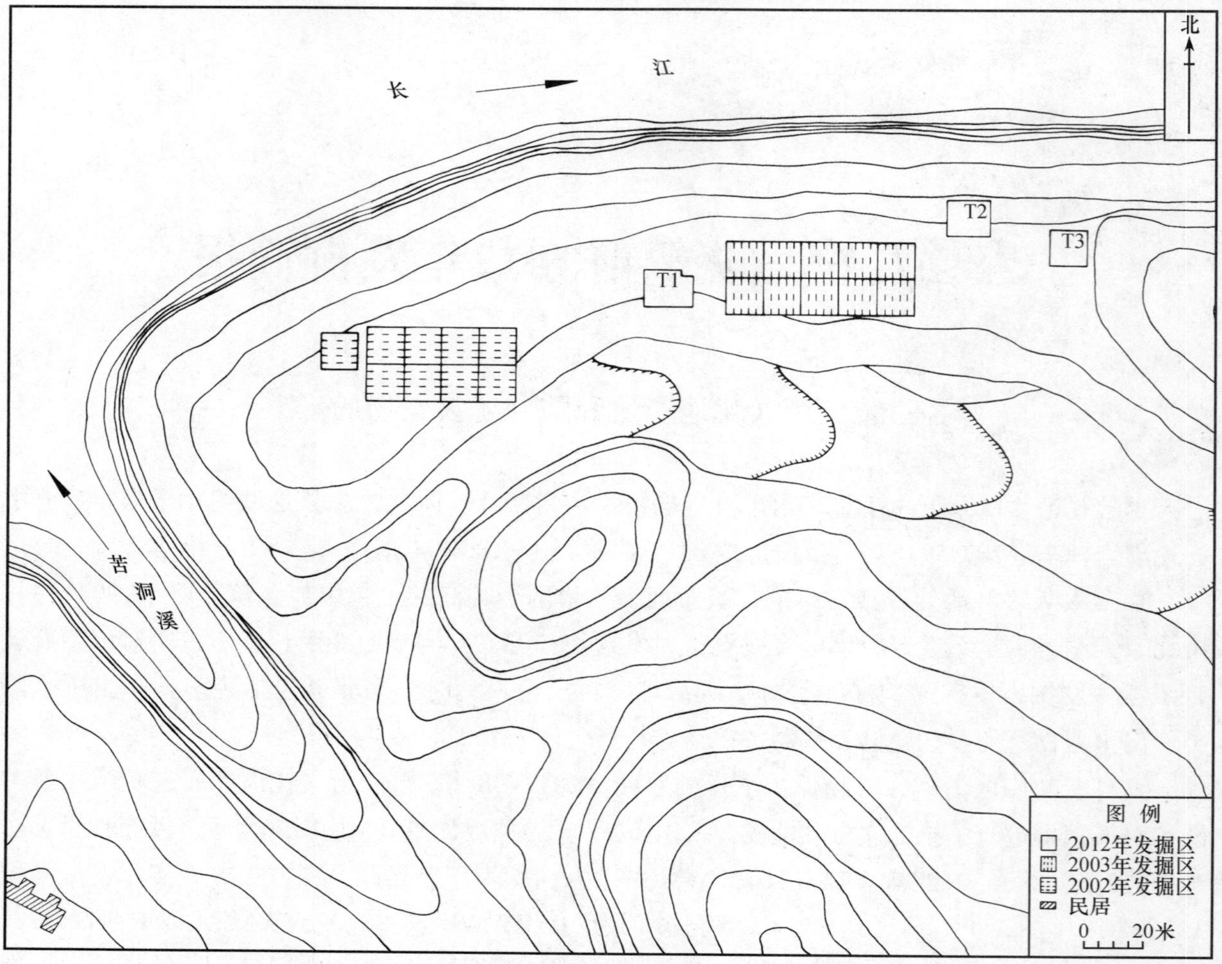

图二 瓦窑六队地形及2012年度发掘探方分布图

一、土 坑 墓

1座，编号M2。

M2 位于瓦窑六队墓群西部，T1的东部。长方形竖穴土坑墓，方向250°，墓口距地表0.3米。坑壁较直，经拍打修整，墓底平坦。墓口长4、宽3.2米，墓底长3.6、宽2.8米，墓深0.7～1.6米。墓内有熟土二层台，深0.3、宽0.2米。木质棺椁和人骨已朽，仅见灰痕、朽痕。棺长2、宽0.8米。葬式不详。墓坑内填土为黄褐色花土，土质较为紧密（图四）。

随葬品主要置放在墓室北部和东部。按质地分有陶器、铜器和铁器，以陶器为主，少量铜器、铁器和铜钱币。

1. 陶器

陶器共计26件。主要有罐、钵、仓、井、盆等，均轮制。陶器以泥质陶为主，多灰陶。纹饰主要有绳纹、弦纹、压印纹等。

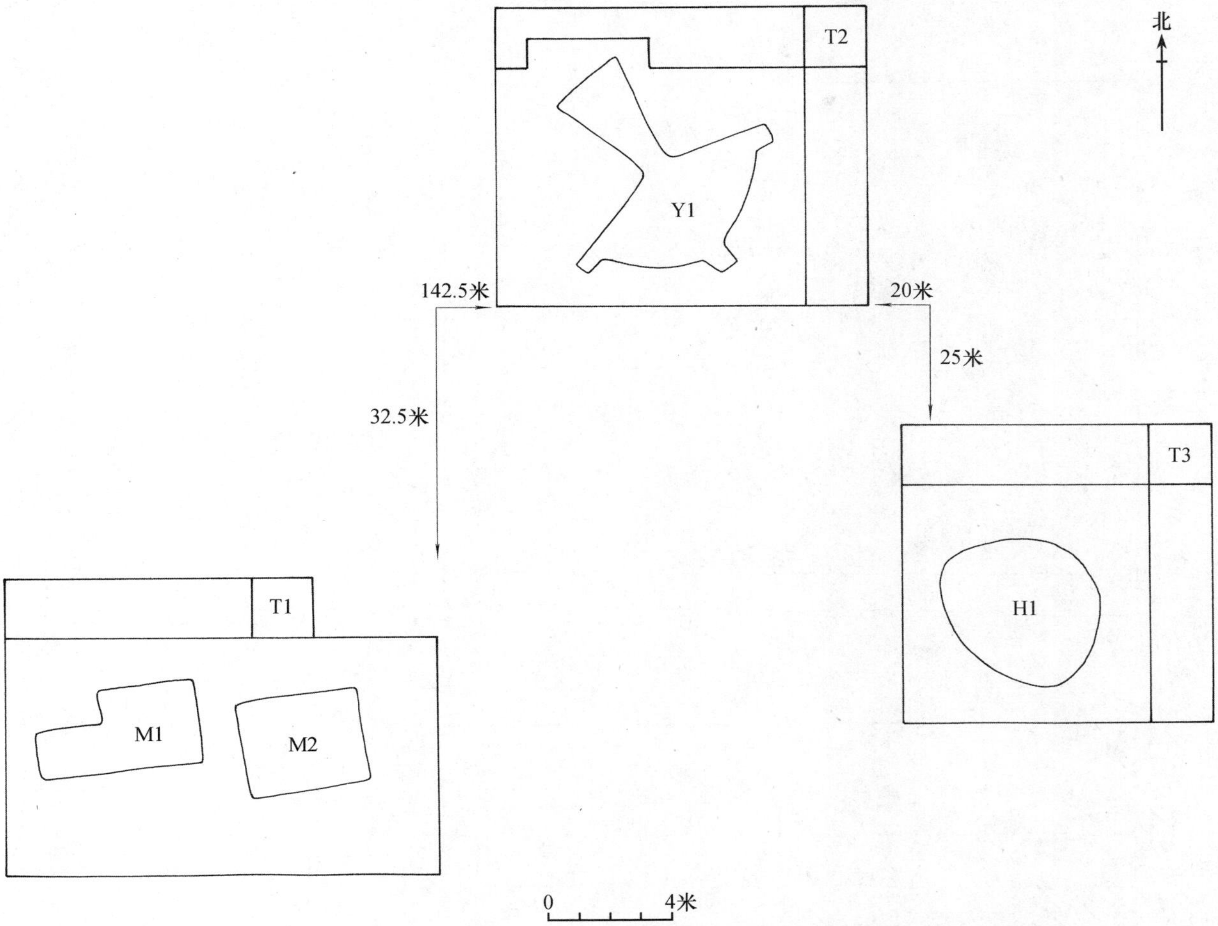

图三　忠县瓦窑六队2012年度发掘遗迹分布图

罐　7件。分平底罐和圜底罐两大类。

平底罐　6件。根据口部的不同分二型。

A型　5件。侈口。依领部的不同分二亚型。

Aa型　4件。高领。M2：9，泥质灰陶。斜沿，尖唇，束颈，鼓腹，平底。肩饰三道凹弦纹和夹一周竖线纹。钵形盖，敞口，尖唇，折腹，平底。口径12、底径16.5厘米，盖口径12.2、底径4厘米，通高26.2厘米（图五，1）。M2：10，泥质灰陶。形制、大小与M2：9相似。口径12、底径17.6厘米，盖口径12.6、底径4厘米，通高27.6厘米（图五，2）。M2：13，泥质灰陶。斜沿，尖唇，束颈，鼓腹，平底。肩饰三道凹弦纹和夹一周竖线纹。口径11、底径18.6、高25.4厘米（图五，3）。M2：14，泥质灰陶。斜沿，尖唇，束颈，鼓腹，平底。肩饰三道凹弦纹和夹一周竖线纹。钵形盖，敞口，尖唇，折腹，平底。口径12、底径18.4厘米，盖口径18.4、底径5.4厘米，通高29.4厘米（图五，4）。

Ab型　1件。矮领。M2：12，泥质灰陶。卷沿，圆唇，束颈，鼓腹，平底。腹饰部分绳纹。钵形盖，敞口，尖唇，折腹，平底。口径13.4、最大腹径25.4、底径16厘米，盖口径13.4、底径4.4厘米，通高21.4厘米（图五，5）。

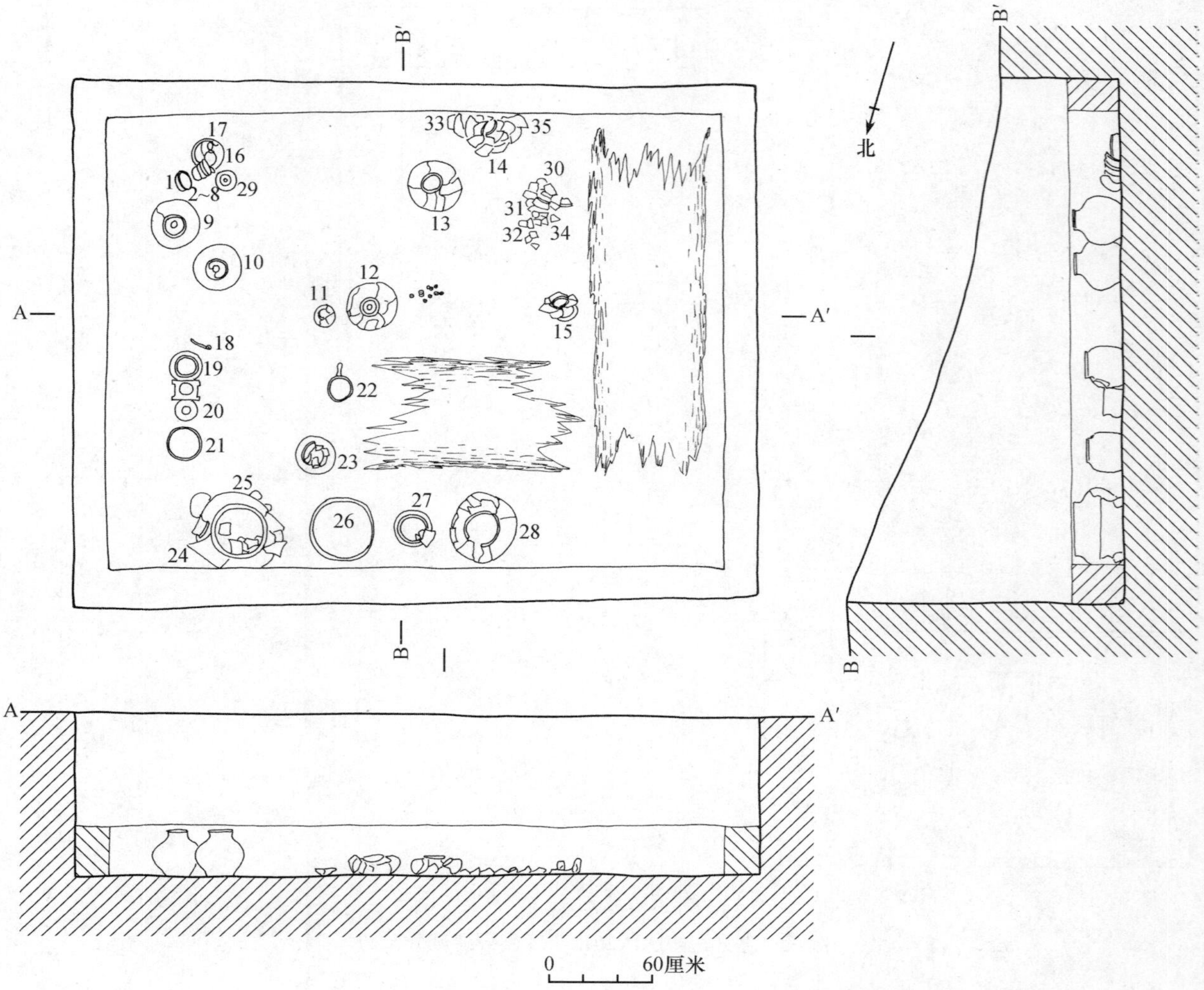

图四　M2平、剖面图

1～8、11、16、17、20、31～34. 陶钵　9、10、12～14、28、30. 陶罐　15、23. 陶仓　18. 铁削　19. 陶井　21. 铜箍　22. 铜魁　24. 陶甑　25. 铁釜　26. 铜洗　27. 铜鍪　29. 铜钱币　35. 陶盆

B型　1件。直口。M2：28，泥质灰陶。方唇，直颈，扁鼓腹，平底。肩饰一道凹弦纹。口径19、底径20、高27.2厘米（图五，6）。

圜底罐　1件。M2：30，泥质灰陶。直口，平折沿，尖唇，束颈，折腹。腹饰绳纹。口径8.8、高12.8厘米（图五，7）。

井　1件。M2：19，泥质灰陶。由井盖和井身组成。井盖为圈足，平面呈“井”字形，中部有一圆形井口，两边有一对长方形小孔，插井架用。四角饰网格纹，中间饰几何纹。边长22、厚1.6厘米。井身口微敛，方唇，斜折肩，微鼓腹，平底。腹饰四道凹弦纹，内置一小罐。口径15.4、底径15、通高20厘米（图六，1）。

仓　2件。M2：15，泥质灰陶。敛口，圆唇，折平肩，腹微鼓，大平底。腹部隐见刮擦痕。口径14、底径14、高17.6厘米（图六，2）。M2：23，泥质灰陶。敛口，尖唇，折斜肩，腹微鼓，大平底。口径15.6 、底径16、高18厘米（图六，3）。

盆　1件。M2：35，泥质灰陶。侈口，卷沿，圆唇，下腹内收，小平底。口径22.6、底径6.6、高8.8厘米（图六，4）。

钵　15件。形制相近，大小不一，均为泥质灰陶。敞口，尖圆唇，折腹，平底，下腹内收。M2：1，口径13.2、底径4.2、高5厘米（图七，1）。M2：2，口径12.6、底径4、高4.6厘米（图七，2）。M2：3，口径13.2、底径4、高4.6厘米（图七，3）。M2：4，口径13.4、底径4、高5.8厘米（图七，4）。M2：5，口径13.4、底径4.4、高5.4厘米（图七，5）。M2：6，口径13、底径4、高5厘米（图七，6）。M2：17，口径17.6、底径5.2、高6.6厘米（图七，7）。M2：8，口径13.5、底径4.6、高5厘米（图七，8）。

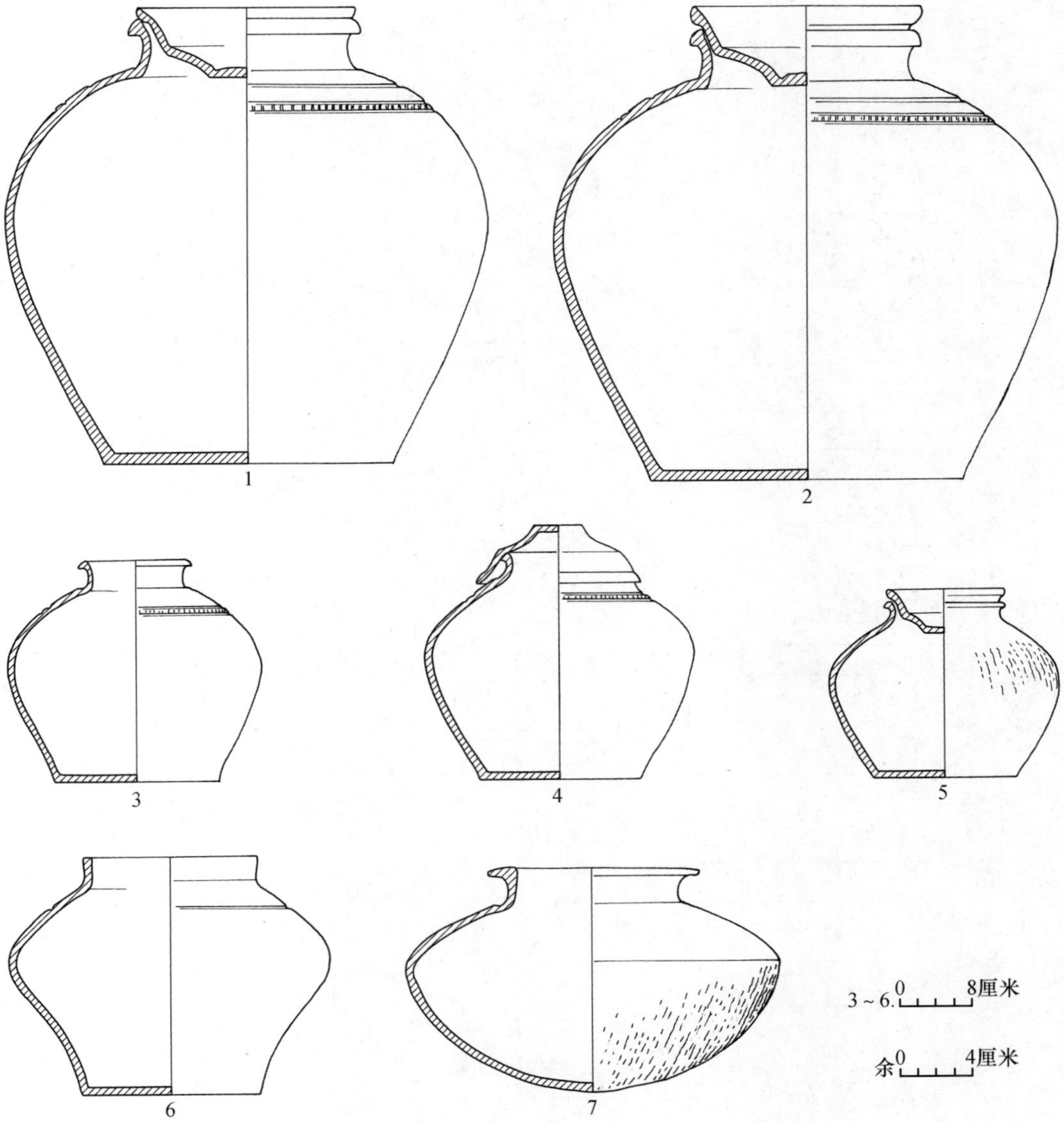

图五　M2出土陶器（一）

1～4. Aa型平底罐（M2：9、M2：10、M2：13、M2：14）　5. Ab型平底罐（M2：12）　6. B型平底罐（M2：28）　7. 圜底罐（M2：30）

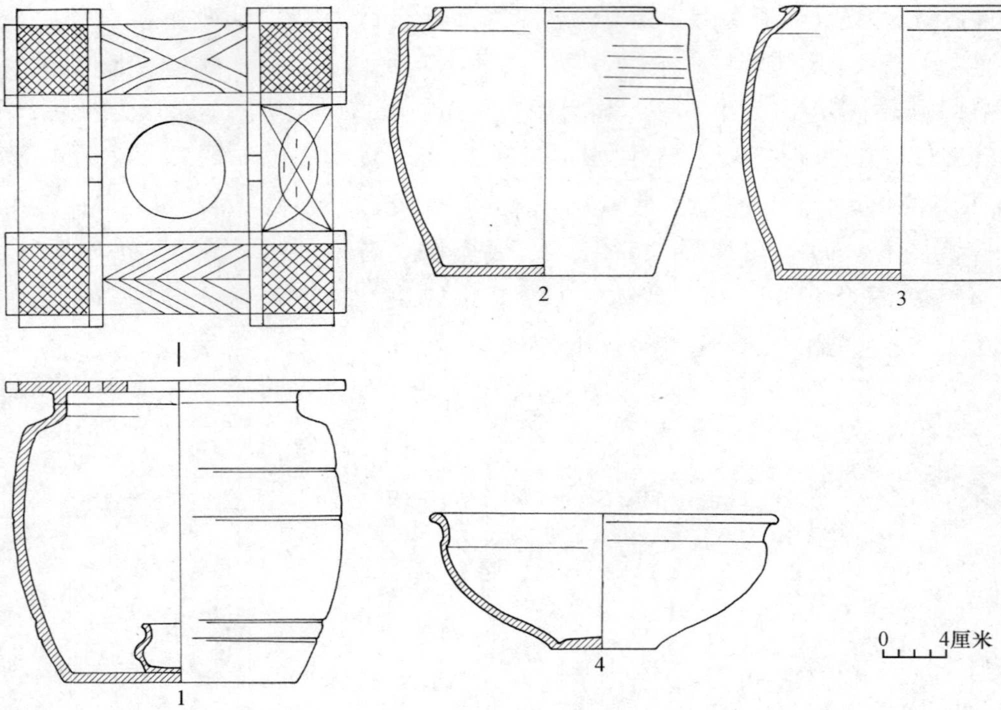

图六　M2出土陶器（二）

1. 井（M2：9）　2、3. 仓（M2：15、M2：23）　4. 盆（M2：35）

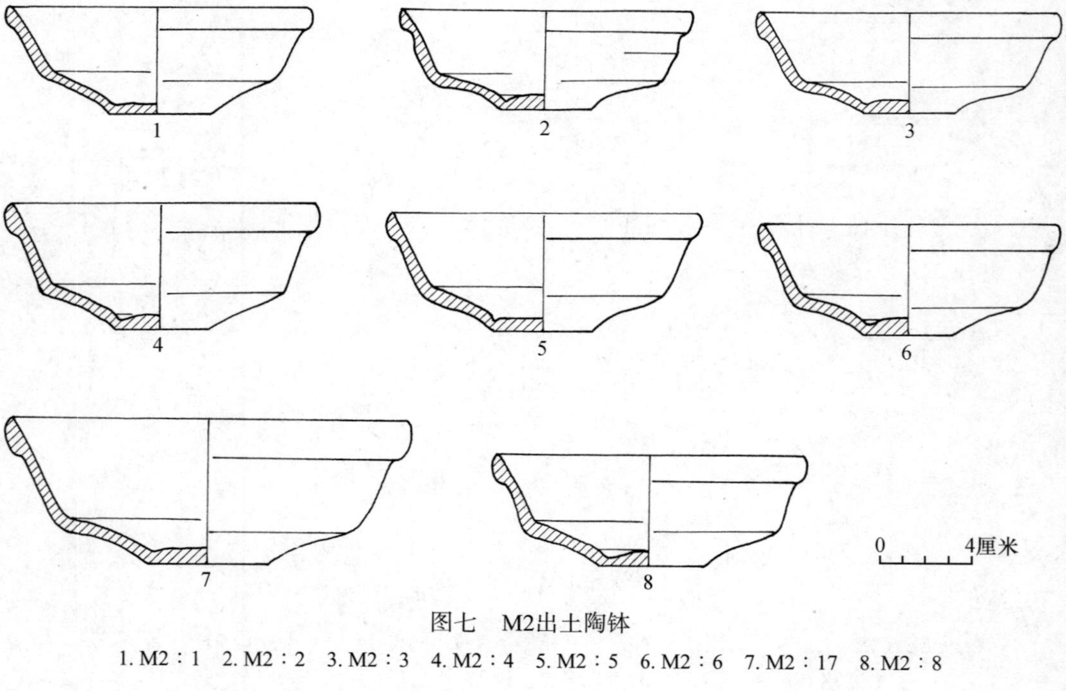

图七　M2出土陶钵

1. M2：1　2. M2：2　3. M2：3　4. M2：4　5. M2：5　6. M2：6　7. M2：17　8. M2：8

2. 铜器

鍪　1件。M2：27，侈口，圆唇，束颈，圜底。肩部施一凸棱，肩部饰两个对称环形耳。

口径20、高16厘米（图八，1）。

洗 1件。M2：26，侈口，圆唇，腹微鼓。腹饰一道瓦纹，其上施两个对称铺首衔环。口径24、底径16、高10 厘米（图八，2）。

箍 2件。M2：21，残。长方形。顶有一桥形耳。长2 .9、宽2厘米。

魁 1件。M2：22，敞口，尖圆唇，口内折明显，束颈，圆肩，鼓腹斜收为平底内凹，长斜柄，截面为半圆形。远端残。口径16、底径8、高10、残长23.6厘米（图八，3）。

3. 铁器

釜 1件。M2：25，直口，高领，方唇，鼓腹，小平底。腹饰对称衔环耳。口径18、腹径30、高20厘米（图八，4）。

削 1件。M2：18，残。椭圆形环首，单刃。残长20厘米。

4. 铜钱币

6枚，均为五铢钱。M2：29，铸工精细，“五”字交股弯曲，上下两横不出头，“朱”字上下圆折，上下对称，“铢”字“金”头呈三角形。钱径2.5~2.6、穿宽1~1.1厘米（图八，5）。

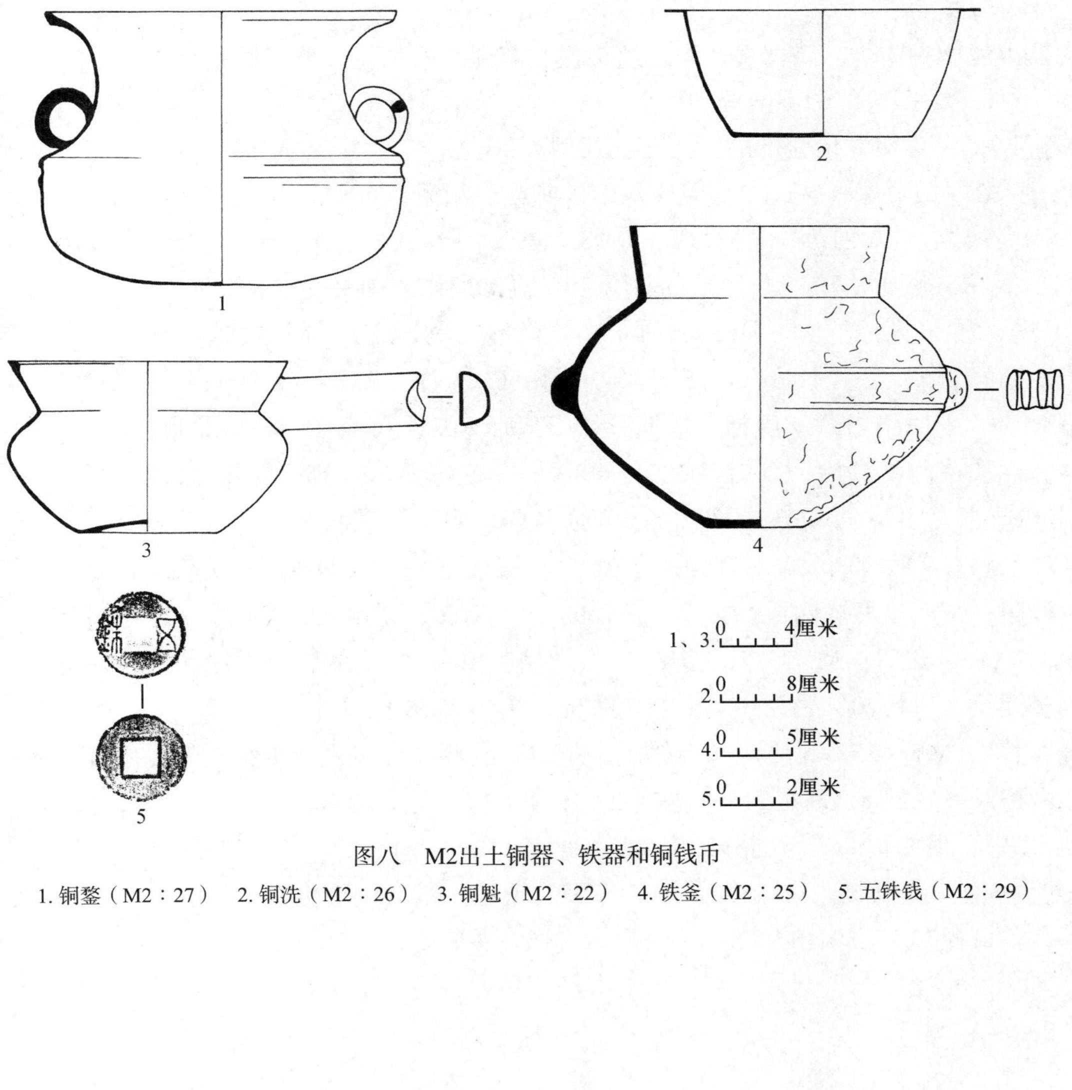

图八 M2出土铜器、铁器和铜钱币

1. 铜鍪（M2：27） 2. 铜洗（M2：26） 3. 铜魁（M2：22） 4. 铁釜（M2：25） 5. 五铢钱（M2：29）

二、石　室　墓

1座，编号M1。

M1位于瓦窑六队墓群西部，T1的西部。M1为长方形土坑墓，平面呈“刀”字形，方向252°。券顶已毁，由墓道、甬道、墓室三部分组成。墓内填土为黄褐色花土。墓圹长5.2、宽2.8米。墓道残长0.34、宽1.7米，坡度约30°。甬道长1.7、宽1.3、残高0.6米。墓室长2.8、宽2.2、残高0.8米。无铺地砖（石），土面较硬。墙体用石块错缝平砌，石块长20～30、宽20、厚10厘米。墓内壁经过细加工，较平整。木质棺和人骨已朽，可见三处灰痕、朽痕。棺长2、宽0.4米。葬式不详（图九）。

该墓随葬品主要置放在墓室西部和甬道内。以陶器为主，部分铜钱币。

1. 陶器

陶器共计44件。可分生活用具、模型明器、俑类等。生活用具有罐、钵、甑、瓮、盆、盂、盘、耳杯等，多轮制。模型明器主要有塘、房、灶、案等，均为手制。俑类为合范制作。

陶器以泥质陶为主。陶器多灰陶。纹饰主要有绳纹、弦纹、压印纹等。

罐　8件。根据口部的不同分二型。

A型　7件。侈口。依腹部的不同分二亚型。

Aa型　2件。腹深。M1∶3，泥质灰陶。圆唇，束颈，鼓腹，平底。肩、腹饰三道凹弦纹和夹三周竖线纹。口径10.6、底径12、高18.2厘米（图一〇，1）。M1∶26，形制与M1∶3相似，大小不一。泥质灰陶。口径13、底径17.6、高25厘米（图一〇，2）。

Ab型　5件。腹浅。M1∶1，泥质灰陶。卷沿，圆唇，束颈，鼓腹，平底。肩部饰一道凹弦纹。口径11.4、底径11.6、高15.4厘米（图一〇，3）。M1∶2，泥质灰陶。卷沿，圆唇，束颈，鼓腹，平底略内凹。肩饰一道凹弦纹。口径10.8、底径11、高14厘米（图一〇，4）。M1∶4，泥质灰陶。卷沿，圆唇，束颈，鼓腹，平底内凹。肩饰一道凹弦纹。口径9.6、底径9.4、高12厘米（图一〇，5）。M1∶5，泥质灰陶。卷沿，圆唇，束颈，鼓腹，平底。肩饰一道凹弦纹。口径9.8、底径8.4、高12.2厘米（图一〇，6）。M1∶6，泥质灰陶。卷沿，圆唇，束颈，鼓腹，平底。肩饰四道凹弦纹。口径9、底径10.6、高14.6厘米（图一〇，7）。

B型　1件。敛口。M1∶27，泥质灰陶。圆唇，束颈，微鼓腹，平底。肩饰四道凹弦纹和夹三周竖线纹。口径20、底径19、高27.8厘米（图一〇，8）。

瓮　1件。M1∶25，泥质灰陶。轮制。敛口，圆唇，斜直颈，折腹，下腹内收，平底。腹饰拍印网格纹。径29.8、底径21.6、高25.2厘米（图一一，1）。

甑　2件。根据腹部的不同分二型。

A型　1件。斜弧腹。M1∶56，夹砂灰陶。轮制。敞口，平折沿，尖圆唇，平底。底部有12个箅孔。口径30.2、底径15.6、高16.6厘米（图一一，2）。

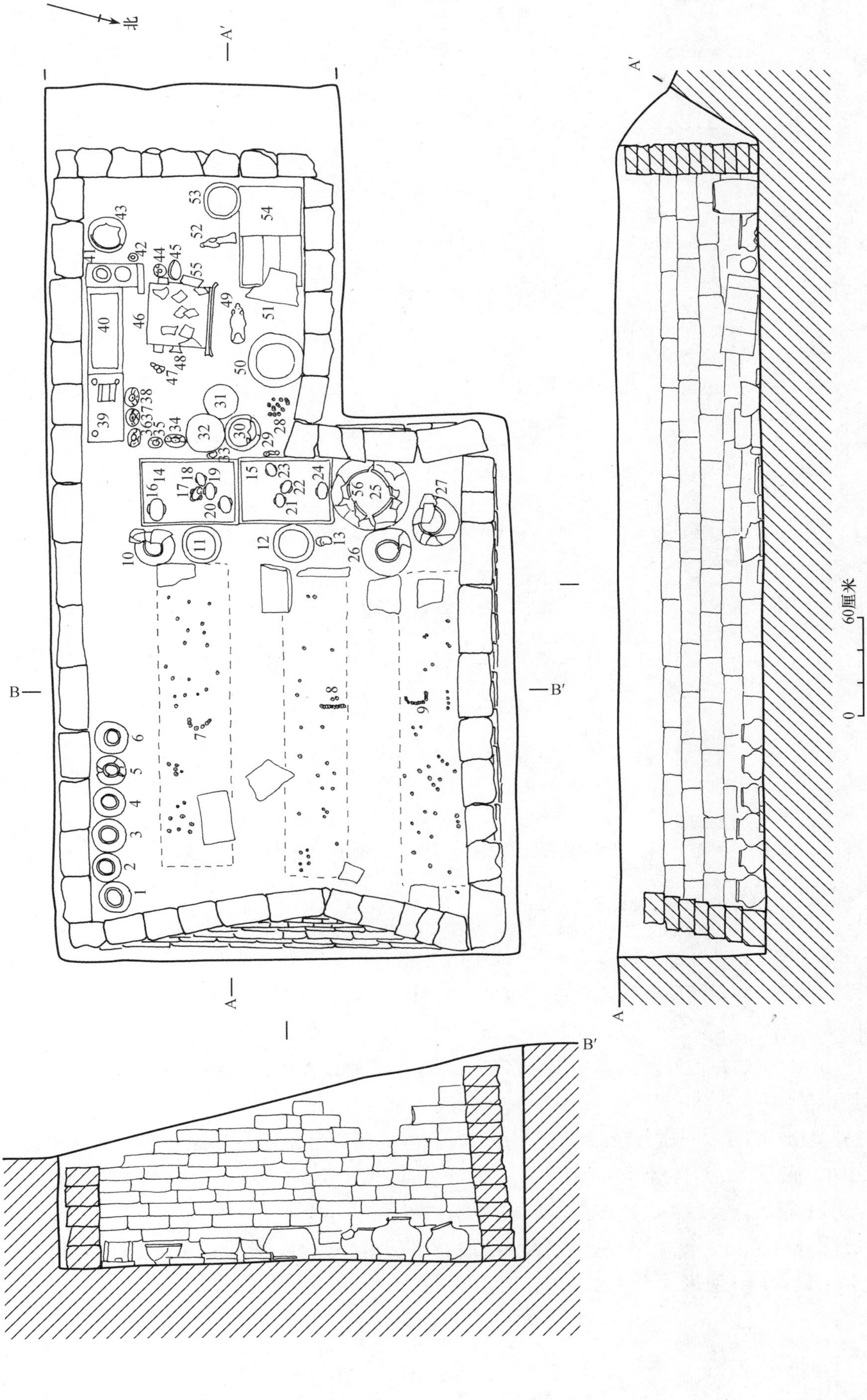

图九 M1平、剖面图

1～6、26、27、50. 陶罐 7～9、28. 铜钱币 10、30、31、55. 陶钵 11、12. 陶盘 13、33～38、42、44、47、52. 陶俑 14、15. 陶案 16～24. 陶耳杯 25. 陶瓮 29、32. 陶奁 39. 碓房 40、46. 陶房 41. 陶灶 43. 陶盂 45、56. 陶甑 48. 陶子母鸡 49. 陶猪 51. 陶盆 53. 陶仓 54. 陶塘

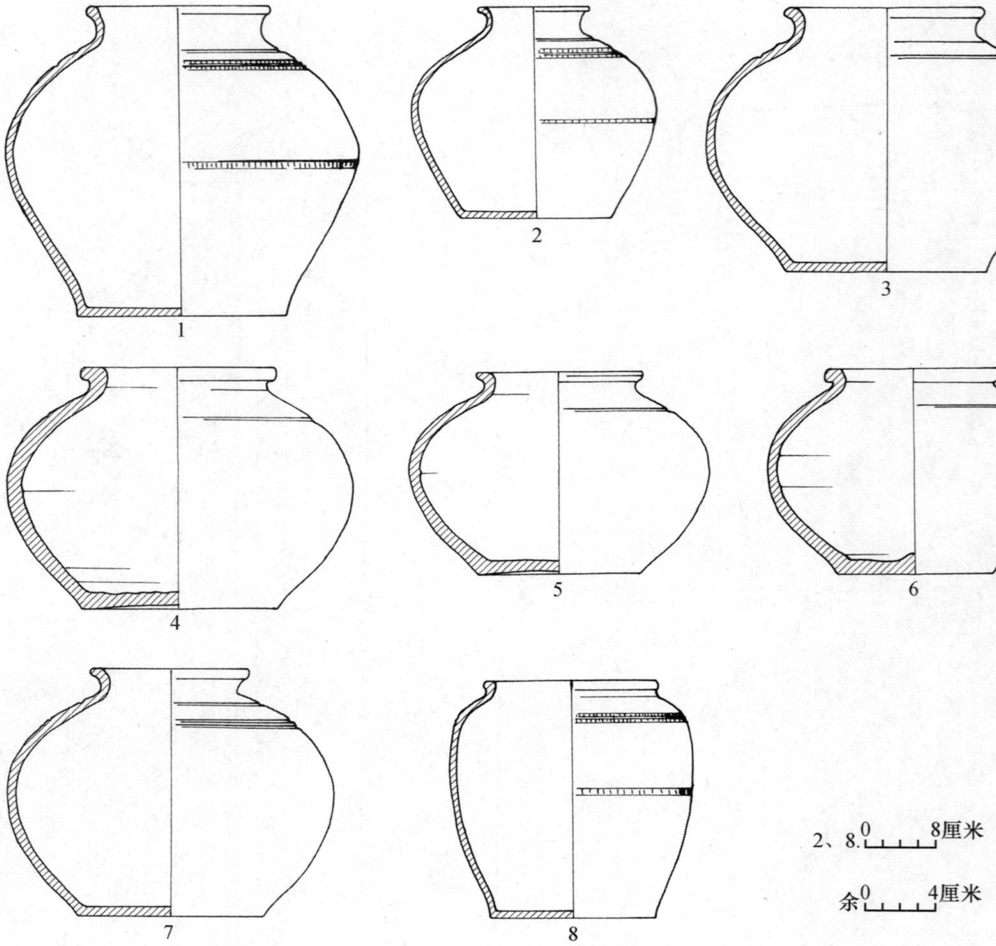

图一〇　M1出土陶器（一）

1、2. Aa型罐（M1：3、M1：26）　3～7. Ab型罐（M1：1、M1：2、M1：4、M1：5、M1：6）　8. B型罐（M1：27）

B型　1件。弧腹。M1：45，夹砂灰陶。轮制。敛口，圆唇，平底。底部有7个箅孔。口径13、底径5.4、高7.2厘米（图一一，3）。

盆　1件。M1：51，泥质灰陶。轮制。敞口，平折沿，方唇，弧腹，平底。颈部饰一道凸弦纹。口径36、底径16.8、高20厘米（图一一，4）。

仓　1件。M1：53，泥质灰陶。轮制。敛口，折沿，方唇，弧腹，平底。腹部饰五道凹弦纹。口径16.4、底径16、高25.6厘米（图一一，5）。

盂　1件。M1：43，泥质灰陶。轮制。侈口，宽沿，圆唇，鼓腹，圜底。底饰绳纹。口径16.2、高9厘米（图一一，6）。

簋　2件。M1：29，泥质灰陶。轮制。直口，圆唇，弧腹，矮圈足外撇。腹饰一道凹弦纹。口径20.8、底径16.7、高14厘米（图一一，7）。M1：32，泥质灰陶。轮制。形制与M1：29相似，大小不同。口径23、底径16.6、高16.2厘米（图一一，8）。

盘　2件。M1：11，泥质灰陶。轮制。敞口，平折沿，方唇，折腹，平底内凹。口径23.8、底径11.1、高4.4厘米（图一二，1）。M1：12，泥质灰陶。轮制。敞口，平折沿，方

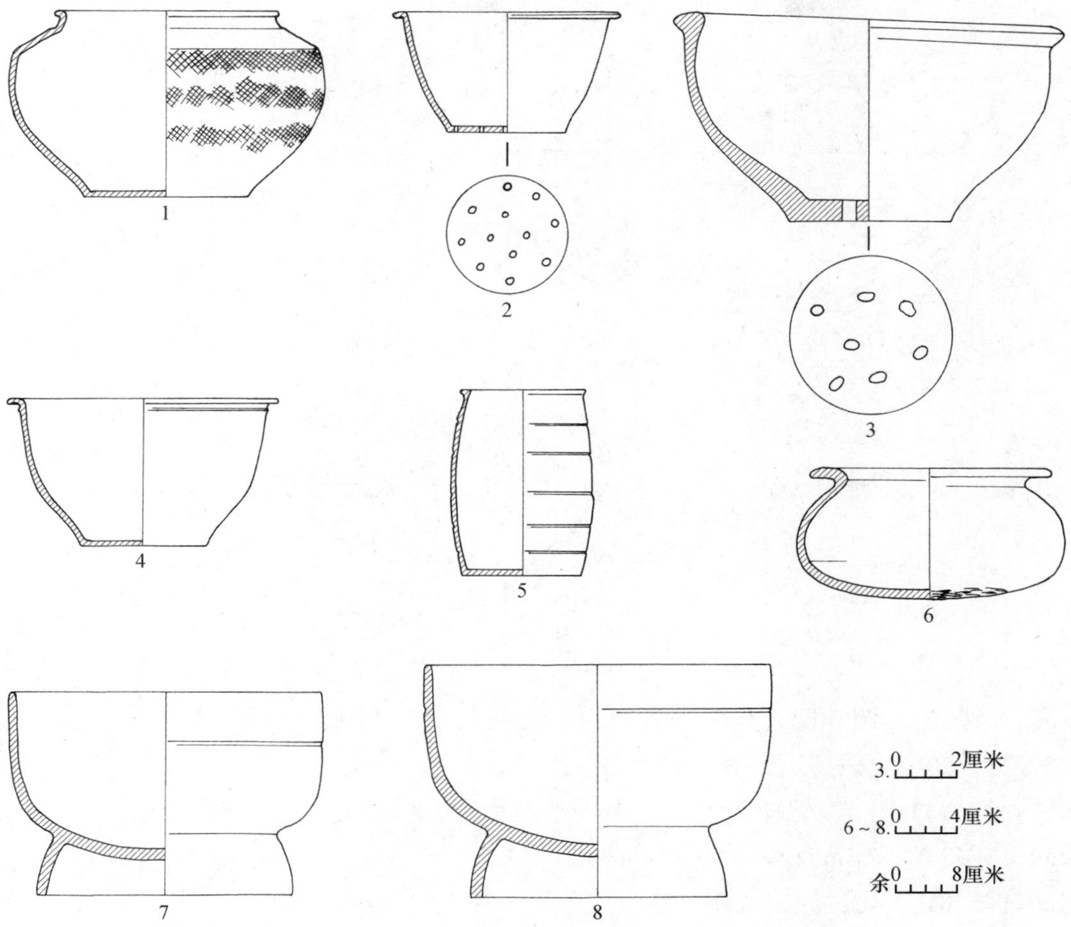

图一一 M1出土陶器（二）
1. 瓮（M1：25） 2. A型甑（M1：56） 3. B型甑（M1：45） 4. 盆（M1：51） 5. 仓（M1：53） 6. 盂（M1：43） 7、8. 簋（M1：29、M1：32）

唇，折腹，平底内凹。口径21、底径10、高5厘米（图一二，2）。

钵 4件。M1：10，泥质灰陶。轮制。敞口，尖圆唇，折腹，平底，下腹内收。口径28、底径12.8、高9.2厘米（图一二，3）。M1：30，泥质灰陶。轮制。敞口，尖圆唇，折腹，平底，下腹内收。口径20、底径6.6、高7.1厘米（图一二，4）。M1：31，泥质灰陶。轮制。口径20、底径8、高7.3厘米（图一二，5）。M1：55，泥质灰陶。轮制。敞口，尖圆唇，折腹，平底，下腹内收。口径13、底径4、高4.6厘米（图一二，6）。

耳杯 7件（图一三，1~7）。形制相似，一大六小，故取M1：16、M1：18、M1：24三件描述。M1：16，泥质灰陶。椭圆形，敞口，方唇，耳平伸，弧腹，假圈足。口长径13.8、口短径8.1厘米，底短径3.9、高3.5厘米（图一三，7）。M1：18，泥质灰陶。椭圆形，敞口，方唇，耳平伸，弧腹，假圈足。口长径10.7、口短径7厘米，底短径3.2、高3.2厘米（图一三，6）。M1：24，泥质灰陶。椭圆形，敞口，耳平伸，弧腹，假圈足。口长径10.8、口短径7.5厘米，底长径6.2、底短径3.5、高3.4厘米（图一三，4）。

案 2件。M1：15，泥质灰陶。手制。平面呈长方形。浅斜壁，四蹄足。长56.5、宽

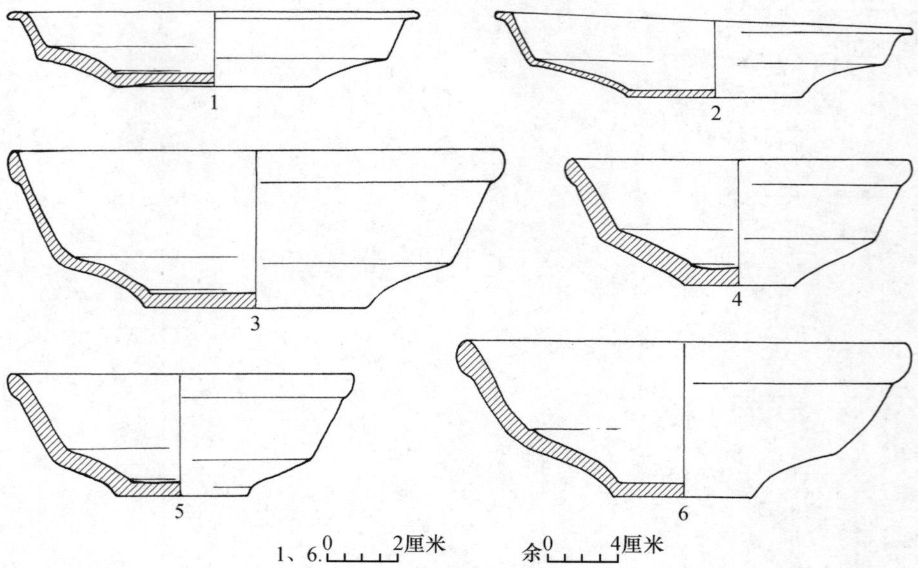

图一二　M1出土陶器（三）

1、2. 盘（M1：11、M1：12）　3～6. 钵（M1：10、M1：30、M1：31、M1：55）

40.5、高14.4厘米（图一四，1）。M1：14，泥质灰陶。手制。平面呈长方形。浅斜壁，足缺。长59.6、宽39.8、残高2.2厘米（图一四，2）。

塘　1件。M1：54，泥质灰陶。手制。平面呈长方形。方唇，直壁，平底，塘中用堤隔开。长54、宽38.2、高3.6厘米（图一四，3）。

房　1件。M1：46，泥质灰陶。悬山式屋顶，脊正面有六道瓦垄，边柱立斗拱，廊前设栏杆。面阔41、进深17、高37厘米（图一四，4）。

灶　1件。M1：41，泥质灰陶。手制。灶台呈曲尺形，台面有二个灶眼，上置二个小釜，后端有一烟孔，前端灶孔接地。长32.2、宽20、通高13厘米（图一五）。

俑　10件。可分人物俑、动物俑两大类。

人物俑　8件。

侍俑　3件。M1：34，泥质灰陶。戴圆形平顶冠，交领右衽，长袍窄袖，站立，双手拢于腹前。高15.9厘米（图一六，1）。M1：38，泥质灰陶。戴圆形尖顶冠，交领右衽，长袍窄袖，站立，双手拢于腹前。高16厘米（图一六，2）。M1：52，泥质灰陶。戴圆形尖顶冠，交领右衽，长袍窄袖，站立，双手拢于腹前。高16.1厘米（图一六，3）。

俑身　5件。残缺程度不一。M1：13，泥质灰陶。残高15.4厘米（图一六，4）。M1：36，泥质灰陶。长袍窄袖，站立，双手拢于腹前。残高12厘米（图一六，5）。

动物俑　2件。

子母鸡　1件。M1：48，泥质红陶。昂首，俯卧，翘尾，双翼、背及腹前共有四只小鸡蹲伏。高13.6厘米（图一七，1）。

猪　1件。M1：49，泥质灰陶。长头，小耳，翘嘴，双目凸出，体较肥。长24、高11.6厘米（图一七，2）。

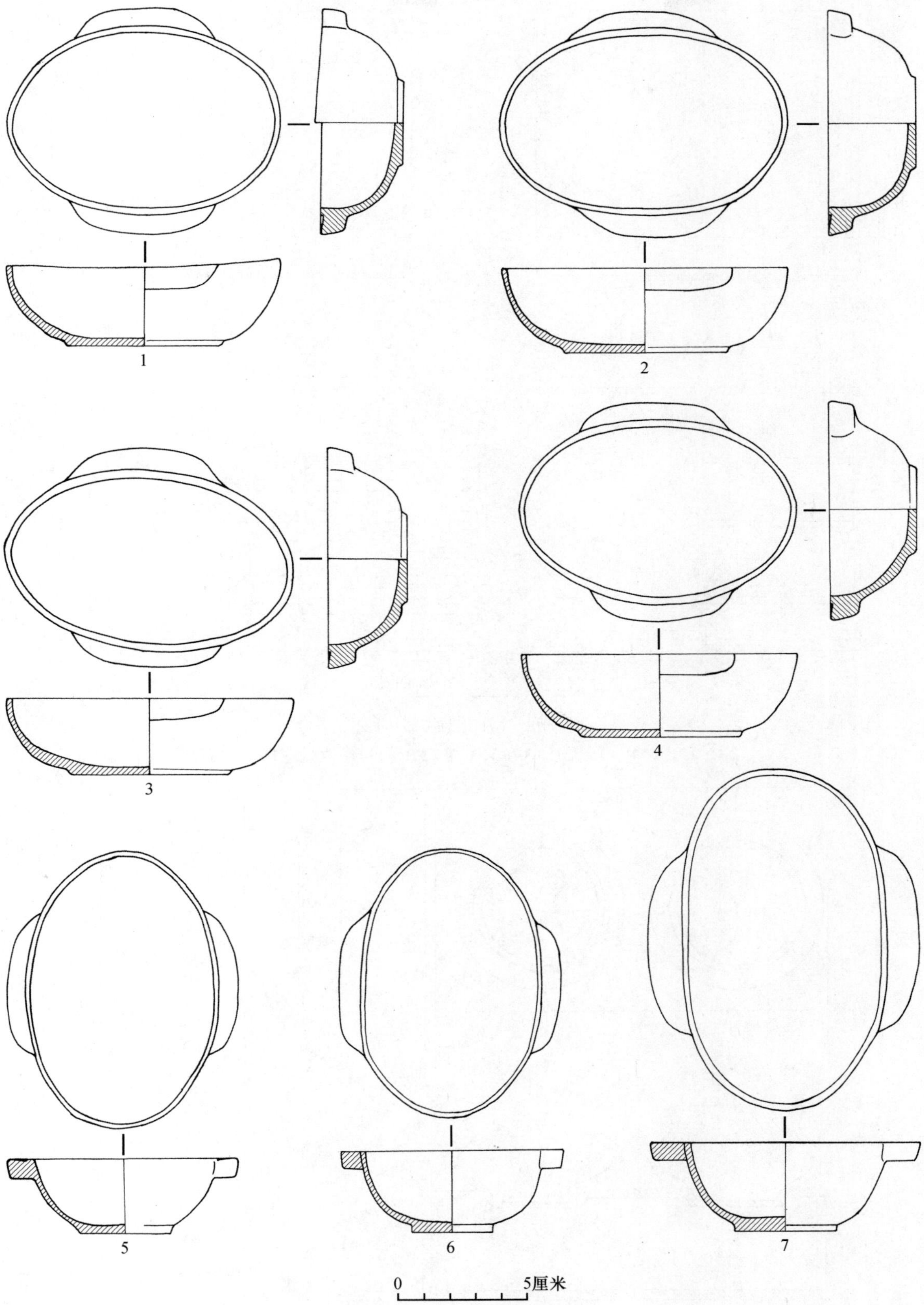

图一三　M1出土陶耳杯

1. M1：17　2. M1：19　3. M1：21　4. M1：24　5. M1：22　6. M1：18　7. M1：16

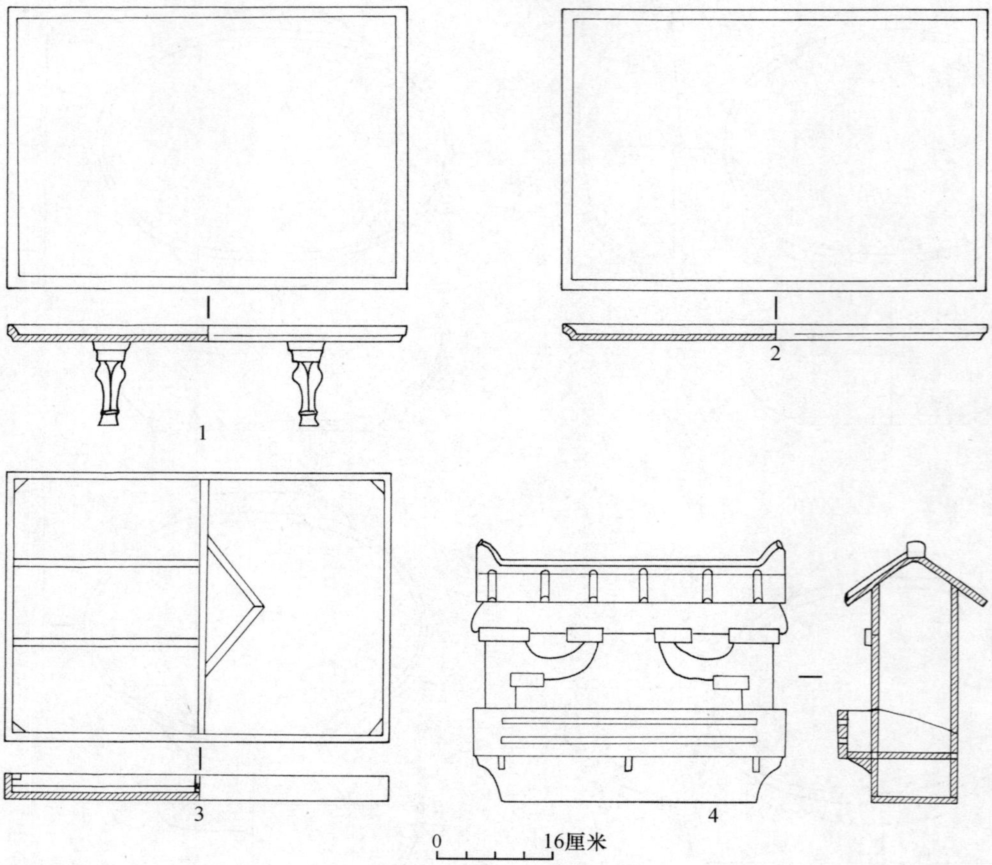

图一四　M1出土陶器（四）

1、2. 案（M1：15、M1：14）　3. 塘（M1：54）　4. 房（M1：56）

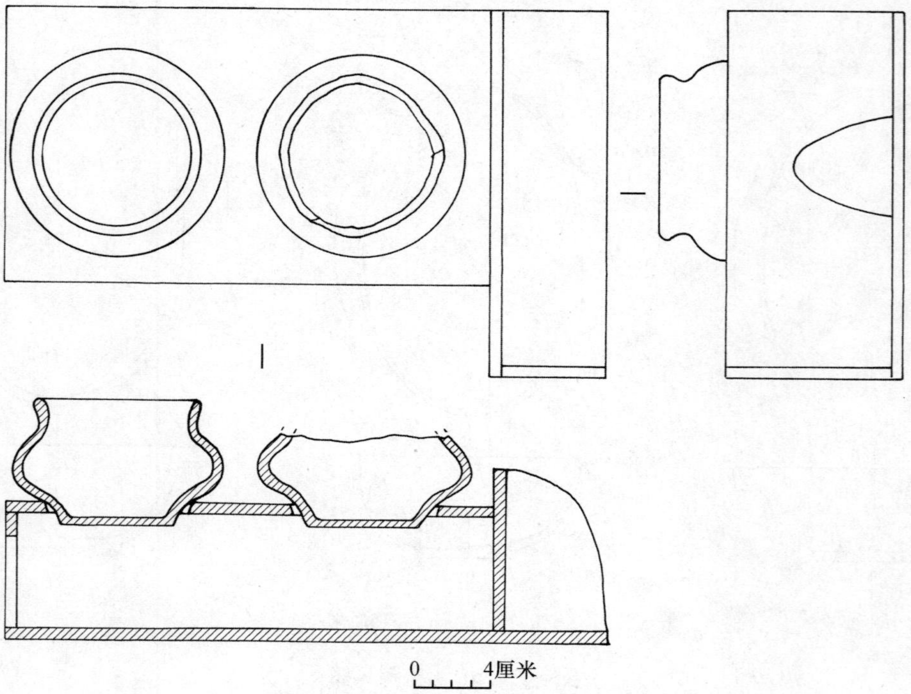

图一五　M1出土陶灶（M1：41）

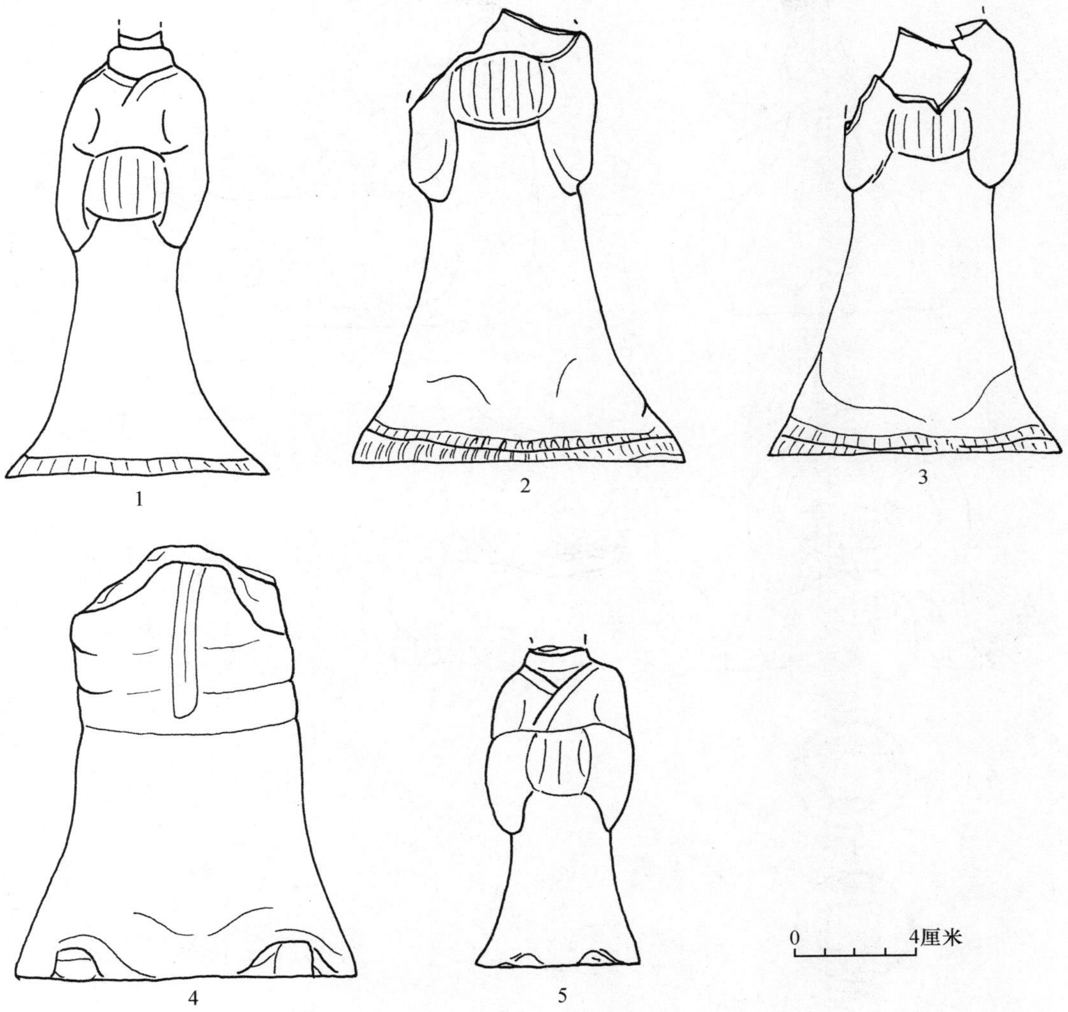

图一六　M1出土陶人物俑

1. M1：34　2. M1：38　3. M1：52　4. M1：13　5. M1：36

2. 铜钱币

共150枚。部分残破严重者未统计。

均为五铢。M1：8，铸工较细，“五”字交股弯曲大，上下两横出头接于内、外郭，“朱”字上方下圆，“铢”字“金”头呈等腰三角形。钱径2.5、穿宽1.1厘米（图一七，3）。

三、窑

发掘1座，编号Y1（图一八）。

Y1位于瓦窑六队墓群东部，T2的中部。方向340°。平面呈扇形，由操作坑、火膛、窑室、烟道等部分组成。通长6.6、宽6.7、残深0.3～2米。

操作坑位于窑门北部，平面呈梯形，长2.4、宽0.8～2.25、残深0.3米。

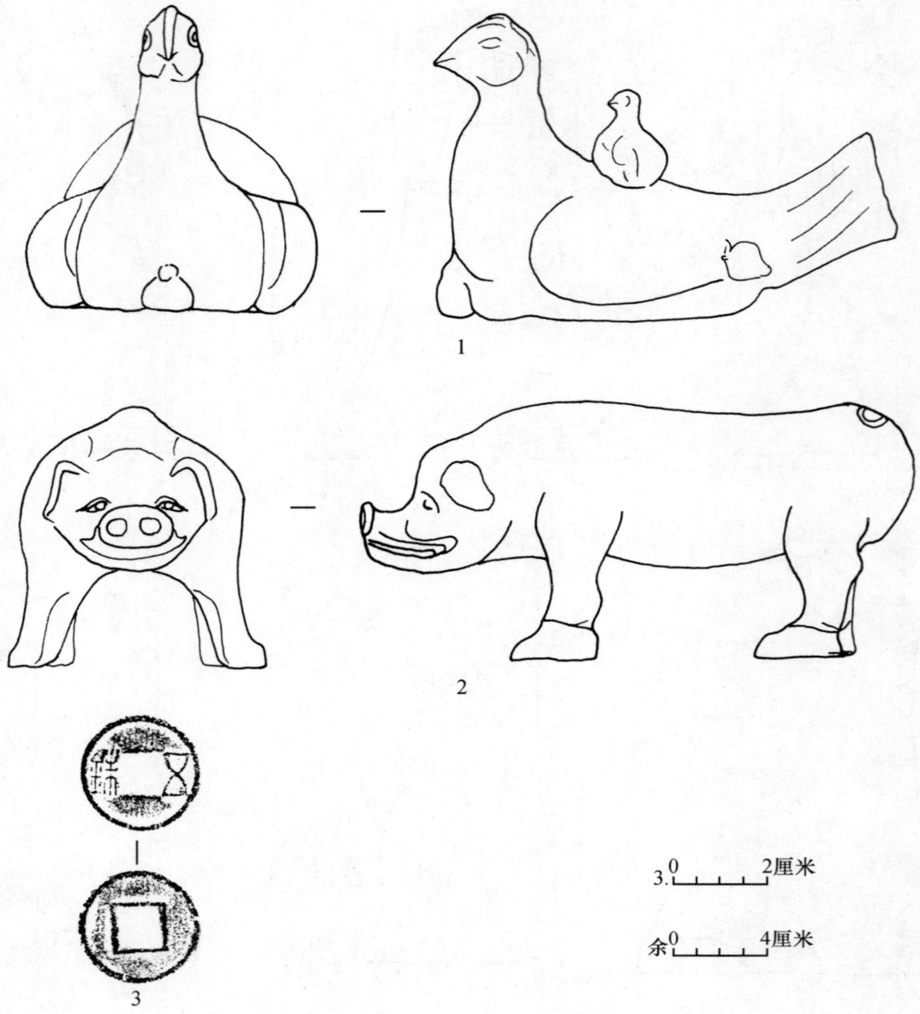

图一七　M1出土陶器和铜钱币

1. 陶子母鸡（M1：48）　2. 陶猪（M1：49）　3. 铜钱币（M1：8）

火膛位于窑床北部，平面呈三角形，长0.9、宽0.8米。

窑室平面呈扇形，长6.7、宽3.3、残高1.6～2米，窑壁厚0.1米。底部有一周火道，窑床呈坡状，北高南低。烟道共三个，位于窑室两侧及后部。均为长方形，长0.4～0.6、宽0.5米。窑室内清理出一些瓦片、瓷片等。

四、结　语

这次发掘的2座墓葬，M2为一座土坑墓，一椁二棺。器物组合为罐、仓、钵、井等，钵占了相当大的比例。出土的圜底罐（M2：30）与忠县老鸹冲墓地AⅢ式圜底罐（AM13：48）相近。出土的五铢铸行于汉宣帝本始元年（前73年），故M2的时代大致在西汉晚期。

M1为一座石室墓，出土了大量遗物，出土的钵（M1：30）与丰都汇南墓群出土的钵

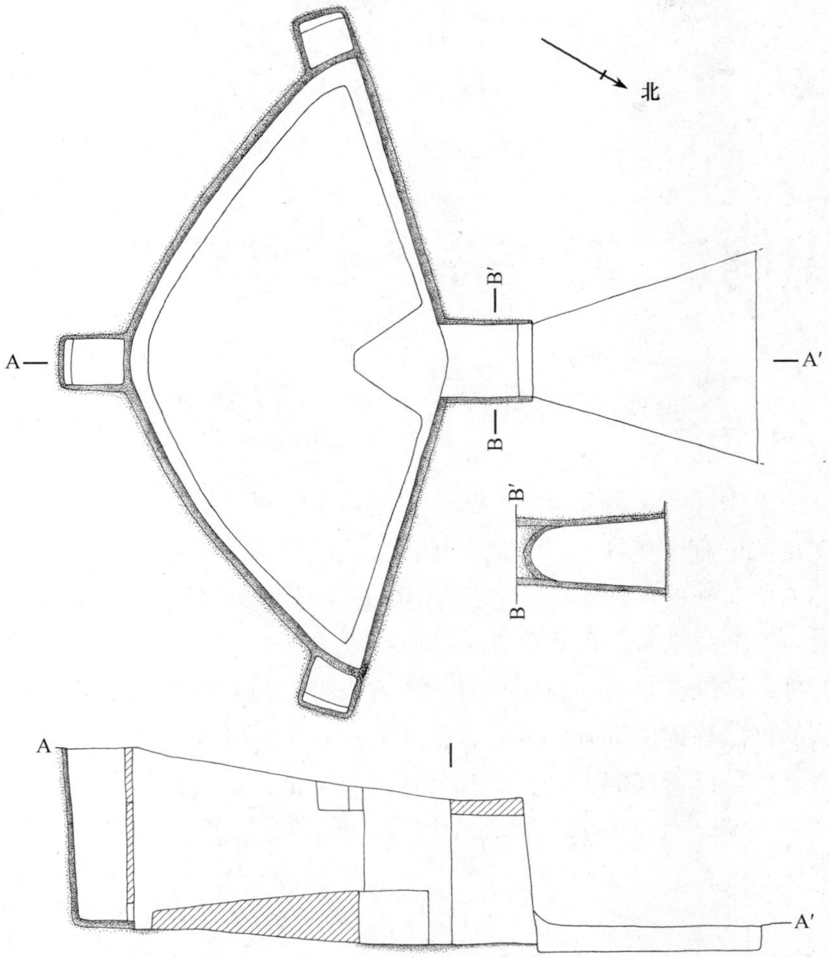

图一八　Y1平、剖面图

（M16：18）相近，故M1的时代大致在东汉中晚期。

这次发掘的Y1，从遗留在窑床上的碎瓦片看，该窑为明清时期的砖瓦窑。

这次发掘的墓葬数量少，但还是获得了大量遗物，这对我们研究当地古代人们的生活和埋葬习俗提供了重要的实物资料。

附注：本次考古发掘的领队李大地，执行领队杨爱民，参与本次发掘的工作人员：杨爱民、王贵平、王道新等，器物绘图：王贵平、王道新，拍照：杨爱民，资料整理：杨爱民。本次发掘工作得到了忠县文管所的大力支持，在此表示感谢。

执　笔：李大地　杨爱民

忠县临江二队炼锌遗址2013年发掘简报

重庆市文化遗产研究院　忠县文物局

忠县位于重庆市中部、三峡库区腹心地带。境内溪河纵横交错，长江由西南向东北横贯中部，沿江及其支流两岸有许多缓坡、台地。境内文化遗存类型丰富，延续时间自新石器时代至明清时期。炼锌遗址所在的洋渡镇位于忠县东南部，地处长江南岸的缓坡、丘陵地带，南与石柱县接壤，西南与丰都县毗邻，东北距忠县县城45公里。

重庆境内的炼锌遗址群是目前我国经科学考古发掘的时间最早、规模最大的古代炼锌遗址群，已得到确认的古代炼锌遗址有30余处，主要分布在丰都县、石柱县、酉阳县、忠县等地。重庆市文化遗产研究院已于2004、2005、2011年度对丰都县、石柱县等地境内的炼锌遗址进行了多次考古调查、发掘工作，对炼锌遗址的时代、布局、炼锌的工艺流程已具备了一定的认识[1]。

一、遗址概况及发掘经过

临江二队炼锌遗址位于重庆市忠县洋渡镇沿江四社、长江南岸的二级台地上。中心地理坐标为东经107°56′45.3″，北纬30°08′23.8″，海拔155～170米（图一）。遗址北临长江，南靠缓坡，东临水扬溪，西隔小冲沟与沿江四队墓群相望。遗址南高北低，东西长约300米，南北宽40～60米，埋藏面积约15000平方米。

该遗址于2008年第三次全国文物普查时发现，2012年初步确认为一处炼锌遗址并纳入三峡水库消落区地下文物保护规划。受长江水位反复消涨的影响，遗址临江部分已出现多处垮塌，断坎处见多处暴露在外的冶炼遗迹，部分冶炼废弃堆积已被江水冲刷殆尽。受重庆市文物局委托，重庆市文化遗产研究院于2013年6月至8月，对该遗址进行了抢救性考古发掘。

本次发掘区位于遗址东部的台地上（小地名：樵高），采用象限法正南北共布的19个10米×10米探方均位于第二象限内。按坐标系统一编号：2013ZYLT0103、T0203，T0703、T0704，T0804、T0805，T1006、T1106，2014ZYLT0303、T0404、T0504、T0603、T0604、T0905、T0906、T0907、T0908、T1007、T1008（“2013”“2014”代表发掘年度，“ZYL”代表忠县洋渡镇临江二队[2]，以下皆省略）。加之扩方，实际发掘面积共计2113平方米，勘

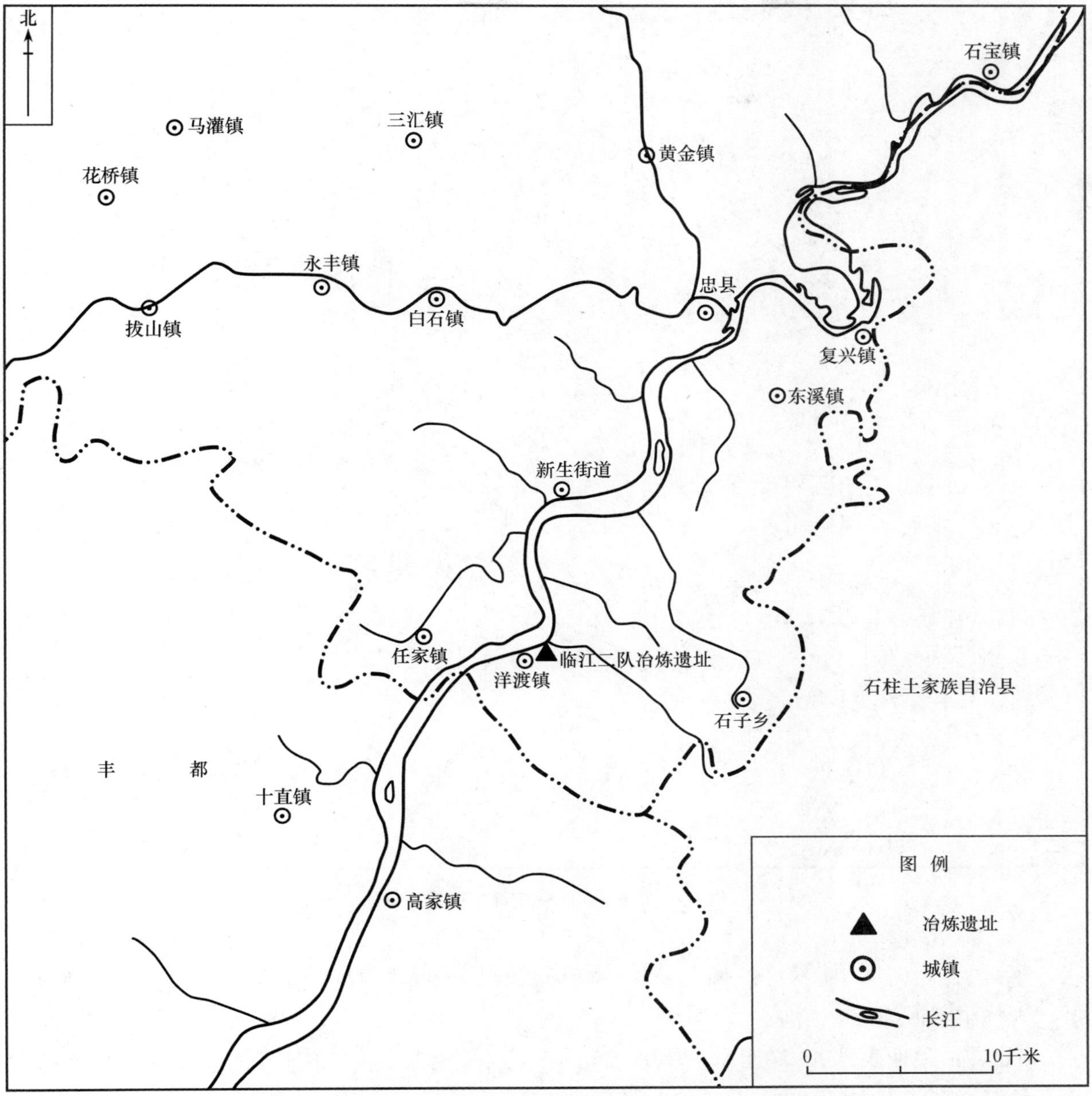

图一　临江二队炼锌遗址位置图

探面积5000平方米（图二）。清理明代冶炼场6个，包括炼锌炉10座、灰坑59个、灰沟3条、柱洞51个、灶1口、冶炼罐堆积1处（图三），出土陶、瓷、铜、铁等各类遗物700余件。

二、地层堆积

本次发掘所在区域地势南高北低，中部高，东西较低，故中部堆积较薄，东西两端堆积较厚。下面以堆积较厚T0905、T0906、T0907东壁为例进行说明（图四）。

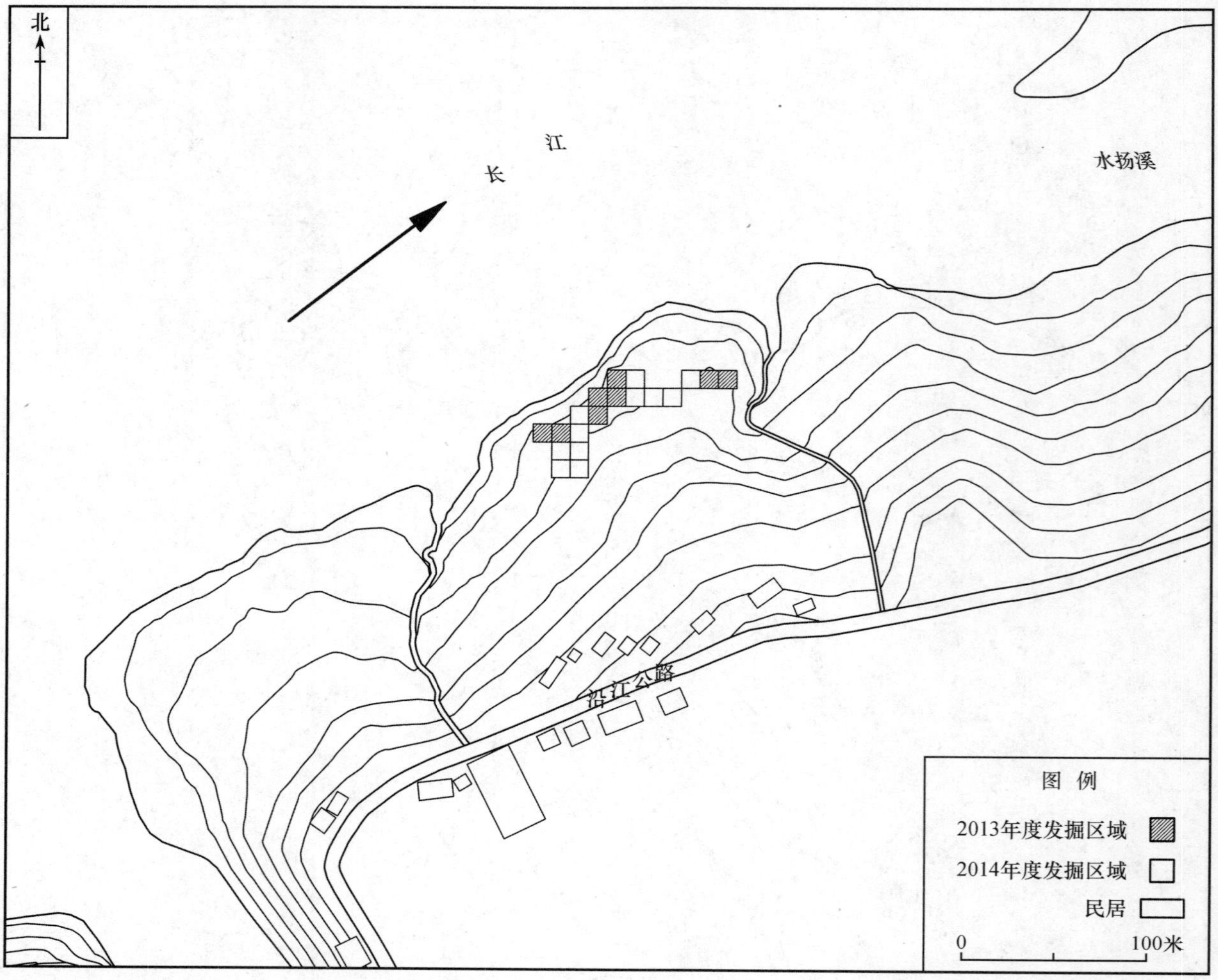

图二　临江二队炼锌遗址地形及布方图

第1层：厚0～20厘米。红褐色黏土，结构较疏松，包含有少量的植物根茎及现代生活垃圾。现代洪水淤泥层。

第2层：距地表深0～20厘米，厚0～25厘米。浅灰色黏土，结构较疏松，包含少量的现代生活垃圾。现代洪水淤泥层。

第3层：距地表深0～40厘米，厚0～20厘米。灰褐色黏土，结构较致密，包含少量的现代生活垃圾。现代洪水淤泥层。

第4层：距地表深0～60厘米，厚0～25厘米。灰黄色黏土，结构较致密，包含少量的现代生活垃圾。现代洪水淤泥层。

第5层：距地表深0～80厘米，厚0～25厘米。灰色黏土，结构较致密，包含少量的现代生活垃圾。现代洪水淤泥层。

第6层：距地表深0～90厘米，厚0～15厘米。红褐色黏土，结构较致密，包含少量的现代生活垃圾。现代洪水淤泥层。

第7层：距地表深0～50厘米，厚0～70厘米。红褐色黏土，结构较致密，包含少量植物根

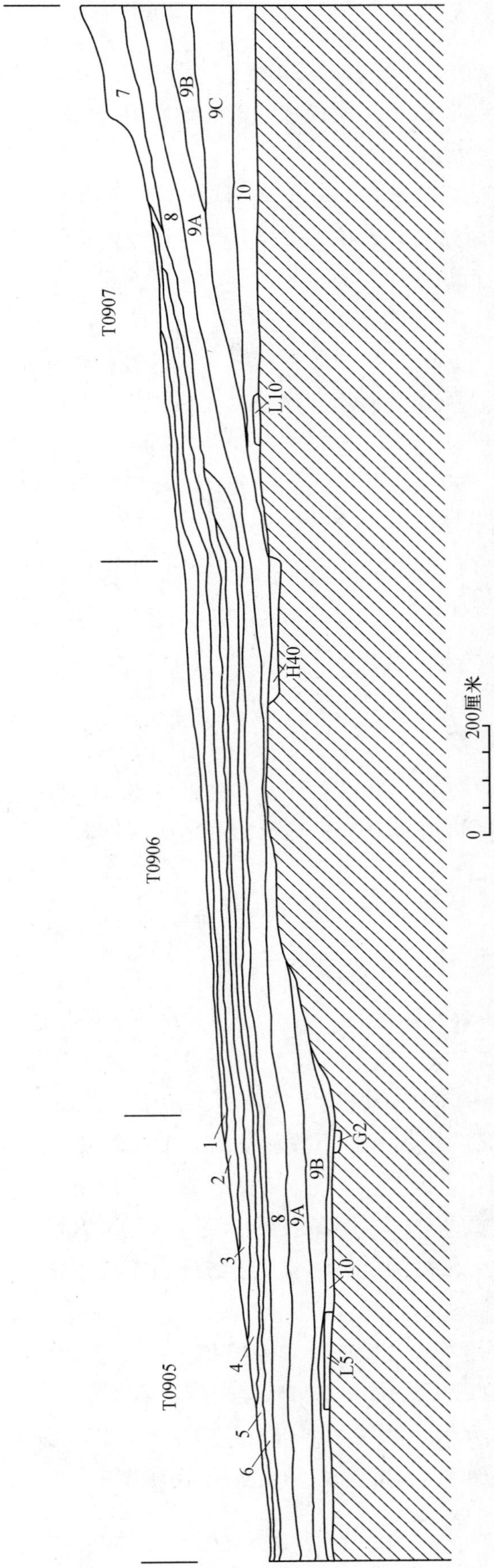

图四 临江二队炼锌遗址T0905、T0906、T0907东壁剖面图

茎及现代生活垃圾。现代耕土层。

第8层：距地表深10~105厘米，厚0~40厘米。灰色粉砂土，结构较致密，包含少量煤渣、冶炼罐残片、青花瓷片及红烧土。明代炼锌废弃物堆积。

第9层：明代炼锌废弃物堆积，分三亚层。

第9A层：距深10~125厘米，厚10~60厘米。深灰色粉砂土夹杂大量颗粒较小的煤渣、炉灰，结构较疏松，出土有冶炼罐、炉砖残片和瓷片等。H40开口于本层下。

第9B层：距地表深30~160厘米，厚0~60厘米。灰色煤渣、炉渣堆积层，煤渣颗粒较大，结构疏松，包含大量冶炼罐、炉砖残片和瓷片等。

第9C层：距地表深105~160厘米，厚0~70厘米。灰黑色煤渣堆积层，煤渣颗粒较小，结构较疏松。出土冶炼罐、冷凝窝、炉砖、瓷片等。

第10层：距深75~270厘米，厚0~35厘米。黑色粉砂土夹杂煤渣，结构较紧密，包含大量红烧土。L5、L10及G2开口于本层下。明代炼锌废弃物堆积。

临江二队炼锌遗址的堆积大致可分为三大层，即三峡成库后洪水堆积层（第1~6层）、现代耕土层（第7层）、明代炼锌废弃物堆积层（第8、9、10层）。炼锌炉等主要遗迹大都叠开口于第9、10层下（图五、图六）。

三、主要遗迹

本次发现的遗迹，主要集中在6个冶炼场内，分别以炼锌炉为中心有规律的分布，其中炼锌炉10座，灰坑59个，柱洞51个，灰沟3条，灶1口，冶炼罐堆积1处。

（一）炼锌炉

共清理炼锌炉10座，平面为长条形，由炉床、窑室两部分组成。炉床平面为长条形，多在生土上平整而成，少数砌筑在废弃的炼锌炉炉床之上，高出地面0.06~0.12米。窑室为马槽形，由炉栅、端墙、侧墙构成。炉栅置于炉床上，由上下两部分构成（下部为长40~56、宽8、高18厘米的汉砖，上部为土坯），下投放柴火，上放置反应罐和煤饼。端墙位于炉子两端，用土坯或石块直接构砌在炉床上。侧墙位于炉子两侧，用土坯构筑在下层炉栅上，断面呈上宽下窄的梯形。炉子两端或两侧大多分布有圆形柱洞（柱洞内残留少量朽木），据此推断部分炉子有顶棚。部分炼炉地势较高的一侧顺着炉子方向，有长条形小沟用于排水。根据炉床的尺寸将保存较完好的6座炼锌炉分为二型。

A型　共2座，炉床、窑室均保存较好。炉床长8.2~8.7、宽1.2~1.25、高0.1~0.12米。

L1　位于探方T0103、T0203中部，方向113°，开口第9C层下。炉床北部叠压于废弃的炼锌炉炉床上，南部叠压于废弃堆积及其活动面上。炉床残长8.2、宽1.08~1.26，高0.08~0.12米。炉床上残存间距13~15厘米不等的28列炉栅（根据端墙距离判断，原应有33列炉栅）。炉栅间堆积可分为两大层：第1层为厚7～10厘米的煤渣、炉渣堆积，包含少量冶炼罐残片；第2层为厚25厘米的炉灰堆积，可细分3小层，由上至下分别为厚5、3、17厘米厚的橙、黄、青灰色炉灰。端墙用土坯构筑而成，残长1.04～1.1、宽0.42～0.54、残高0.2～0.45米，其中，西部端墙内包裹一块青砖（砖长19、残宽7、厚4厘米）。侧墙上宽0.47、下宽0.24、高0.4米。炉子一端残留2个柱洞（D4、D5），平面均为圆形， 筒形平底，壁、底面坚硬，柱洞内残留少量朽木，直径14～16、深36～38厘米。炉子南部顺着炼锌炉方向有1条长8.5、宽0.3～0.9、深0.14～0.32米的小沟（G3），沟壁可见水痕，底部有细细的淤泥，应为L1的排水沟（图七）。

L4 位于探方T0906北部，延伸至探方T0905南部及T1006西部，方向45°。该炼锌炉开口9C层下，北部叠压于L5上。炉床长8.7、宽1.25米，高0.1～0.12米；炉床上置有间距14～18厘米不等的32列炉栅。南部端墙为土坯砌成，长1.25、宽0.6、高0.68～0.7米；北部端墙为土坯和石块砌成，长2.06、宽0.48～0.5、高0.5～0.6米。侧墙上宽0.46、下宽0.2、高0.36米。炉子两端及侧面分布有5个柱洞，平面均呈圆形，直径15～28、深14～50厘米。炉子东侧顺着炼锌炉方向有1条长12.5，宽0.3～0.4、深0.1～0.2米的小沟（G2），沟内有水痕，底部有细细的淤泥，应为L4的排水沟（图八）。

B型 共4座，保存较差，大部分炼锌炉窑室均被破坏，仅存炉床。炉床长约10～18米、宽约1.3米、高0.06～0.12米。

L3 位于探方T0804中部，延伸至T0805探方北部，方向30°。开口第10层下，东北部和中部分别被H11、H24打破。炉床构筑在生土上，长11.9、宽1.04～1.36、高0.08米，炉床下可见厚5～12厘米的红色热辐射土；炉床南部残留有间距14厘米的3列炉栅。北部端墙已毁，南部端墙由土坯砌成，长1.04、宽0.28、残高0.22米，炼锌炉东西两侧各分布有3个柱洞，平面均呈圆形，直径16～20、深12～20厘米（图九）。

L7 位于探方T0907中部，延伸至T0908、T1008探方内，方向30°。开口第9C层下。炉床西部构筑于L9、L10之上，东部建筑于生土上，长12.5、宽1.3、高0.06～0.12米。炉床上残存间距16～17厘米不等的16列炉栅。北部端墙已毁；南部端墙由土坯砌成，长1.3、宽0.5、残高0.2～0.4米。侧墙仅东南部保存一段，残长1.84、宽0.3、高0.08～0.1米。炉子东西两侧分布有9个柱洞，平面均呈圆形，直径15～25、深0.1～0.15厘米（图一〇）。

L9 位于探方T1008东南部，延伸至T0908、T0907探方内及T1008南壁下，方向44°。开口第10层下，东北部和西南部分别被L7、D37～D39及L8打破。炉床建筑于生土上，已暴露部分长18.35、宽1.24、高0.1～0.12米。炉床上残存间距12～14厘米不等的24列炉栅。炉子东西两侧分布有8个柱洞，平面均呈圆形，直径18～24、深10～30厘米（图一一）。

（二）灰坑

本次共清理灰坑59个，根据其形制、坑内堆积等将其分为堆煤坑、炼煤坑（拌煤坑）、拌泥坑、蓄水坑及其他灰坑等几类。

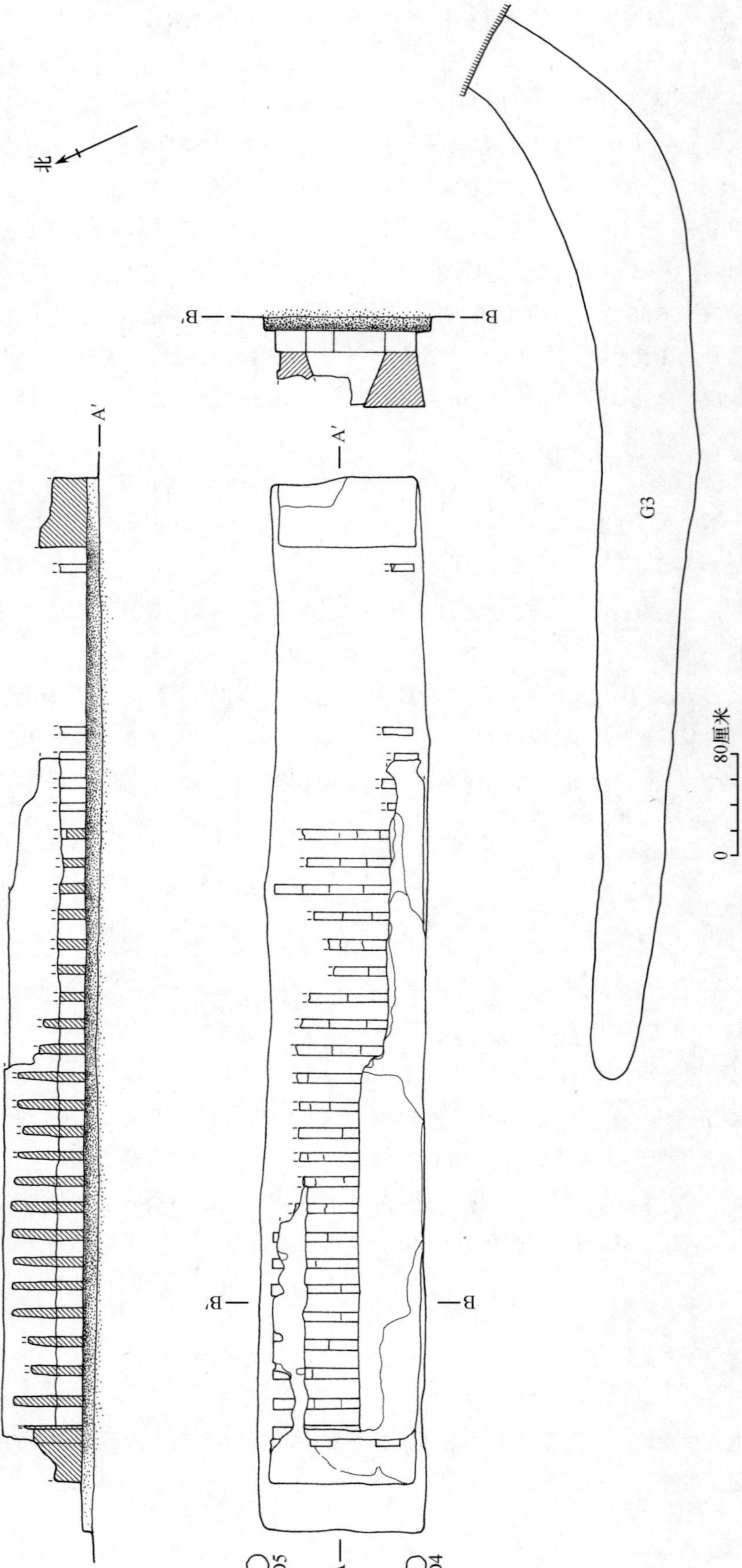

图七　L1平、剖面图

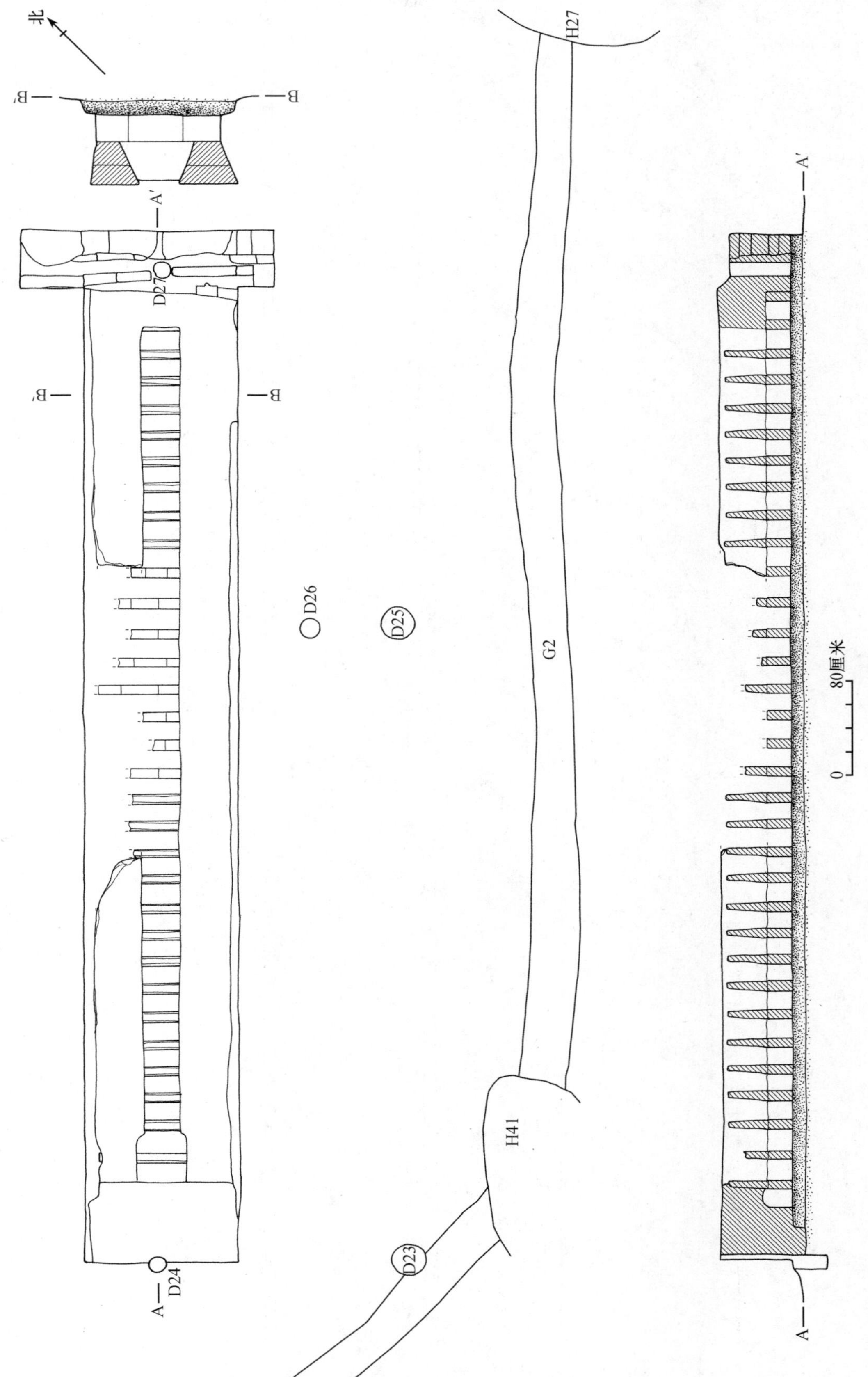

图八 L4平、剖面图

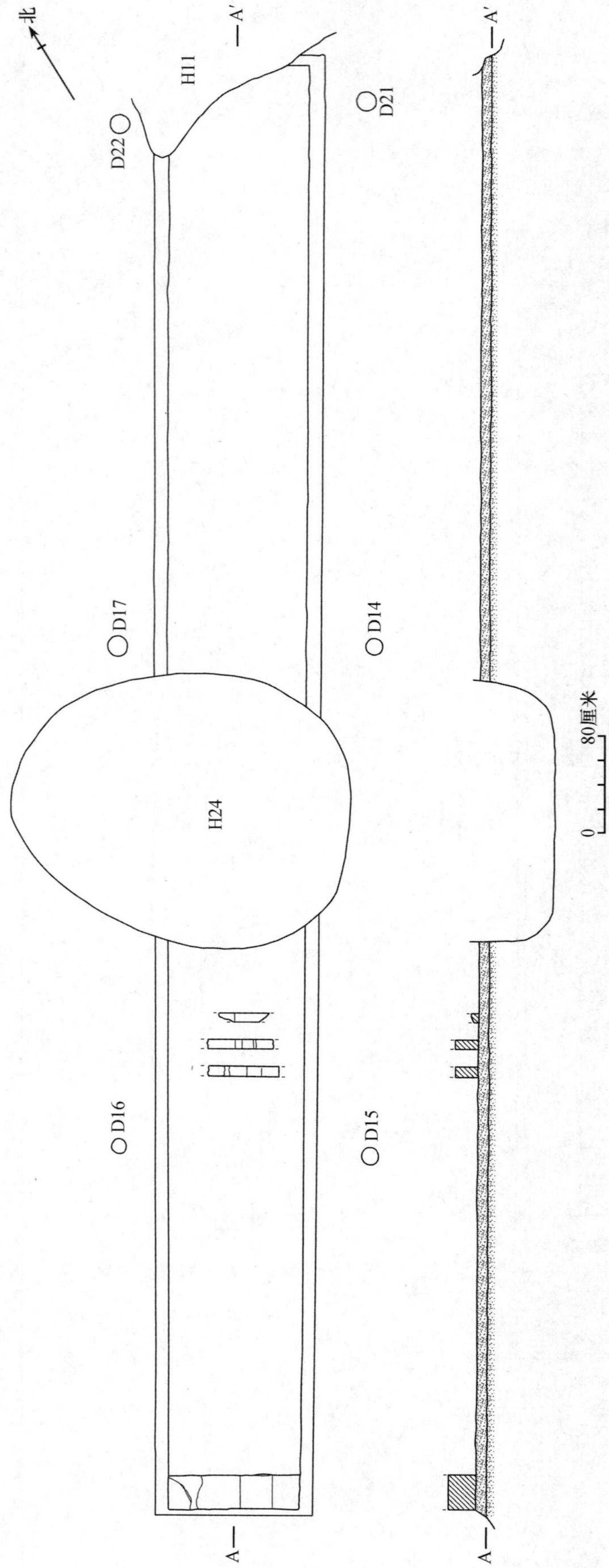

图九　L3平、剖面图

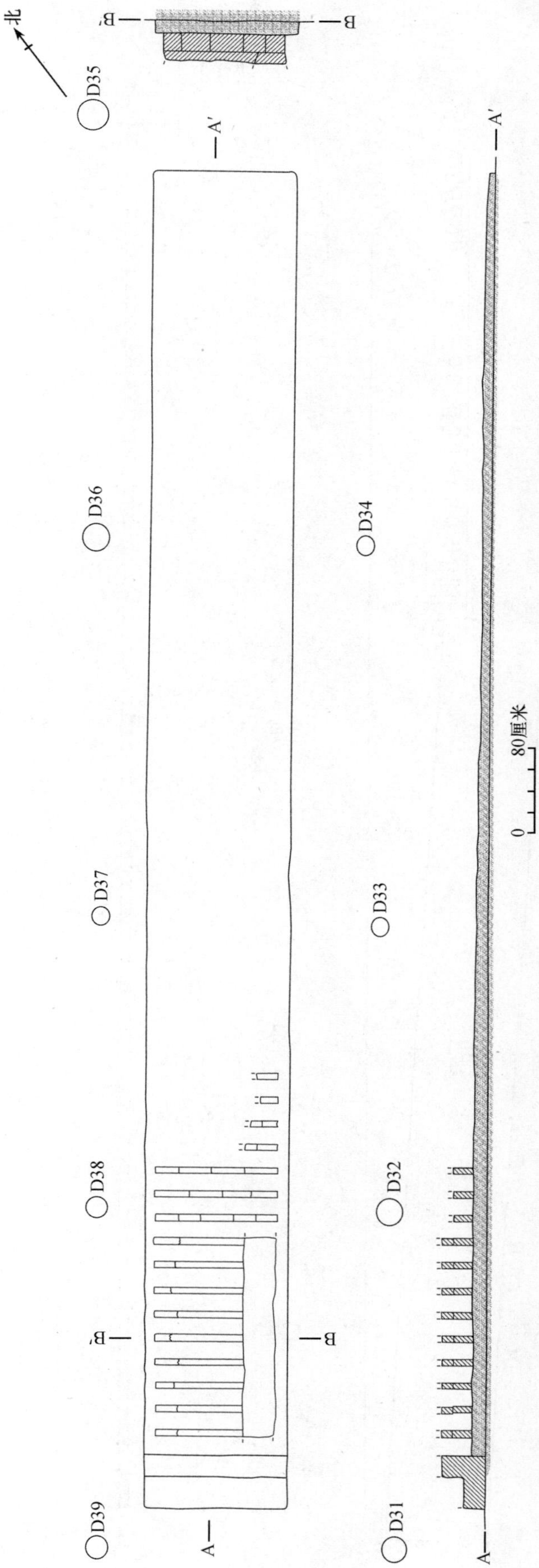

图一〇 L7平、剖面图

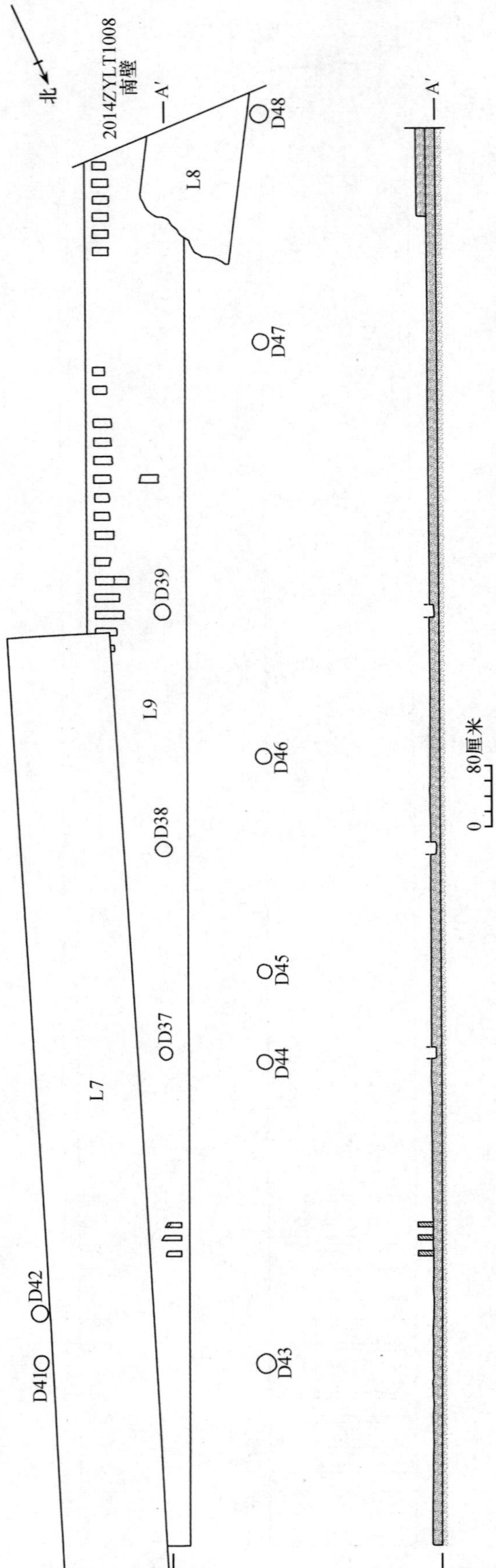
北
2014ZYLT1008
南壁
A'
L8
D48
D47
D39
L9
D46
D38
D45
D37
D44
L7
D42
D41
D43
A
0
80厘米

图一一　L9平、剖面图

1. 堆煤坑

共14个。平面近圆形或椭圆形，直弧壁，平底（少数为缓圜底），坑壁、底面经过加工较光滑。直径1.5～3.7、深0.4～0.8米。坑内堆积一般可分为两大层，第1层为坑使用废弃后的煤（炉）渣、冶炼罐残片、红烧土等废弃堆积；第2层为坑使用时残留的原煤。

H21　位于探方T1006中部，开口第9B层下，打破第9C层。坑口距地表135厘米，平面为圆形，直弧壁，平底。直径3.7、深0.7米。坑底部残留厚约3厘米的原煤（图一二）。

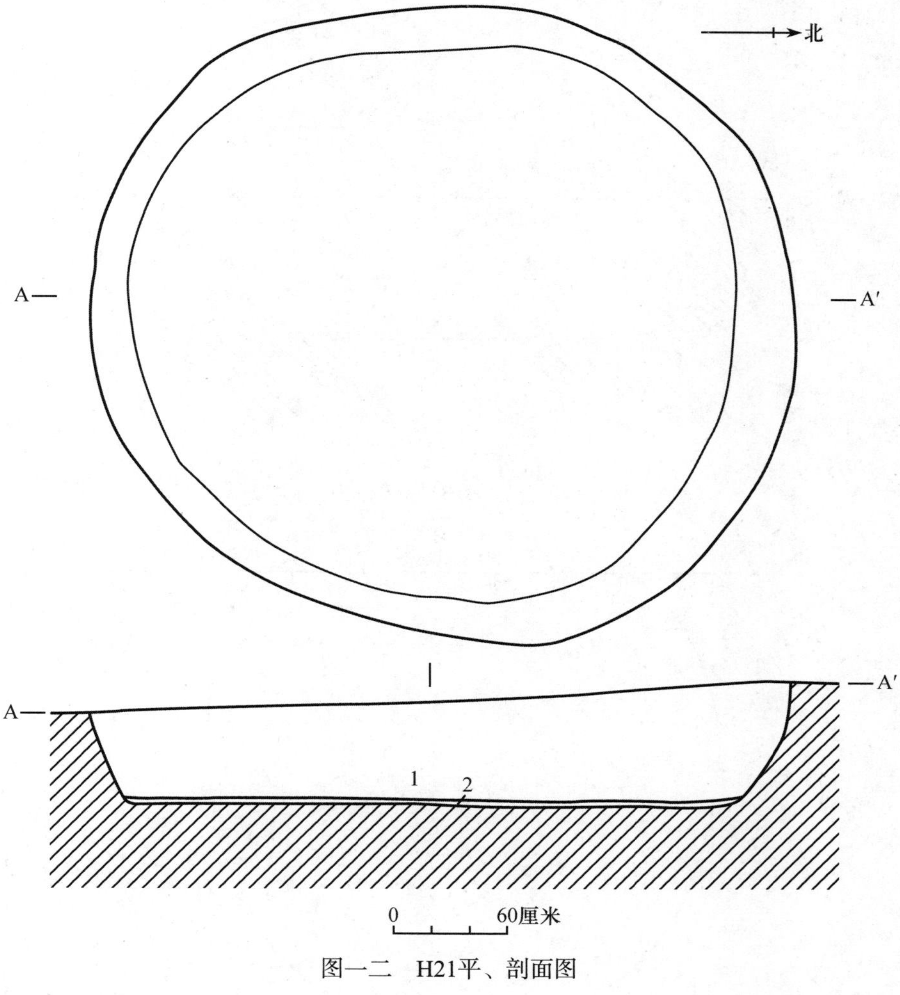

图一二　H21平、剖面图

H53　位于探方T1008北部，开口于第9B层下，打破H52及生土。坑口距地表1.3米，平面为圆形，弧壁，平底。直径2.65、深0.84米。坑内堆积夹大量炉渣的黑褐色粉砂土，包含有冶炼罐残片、红烧土块等；底部残留厚约3厘米的原煤（图一三）。

H54　位于探方T1008西部，开口于第9B层下，延伸至T1008探方西壁下，打破生土。坑口距地表1.6米，已暴露部分为不规则圆形，直弧壁，平底。直径3.3、深0.88米。坑内堆积夹大量炉渣的黑褐色粉砂土，包含有冶炼罐残片、红烧土块等；底部残留厚约4～10厘米的原煤（图一四）。

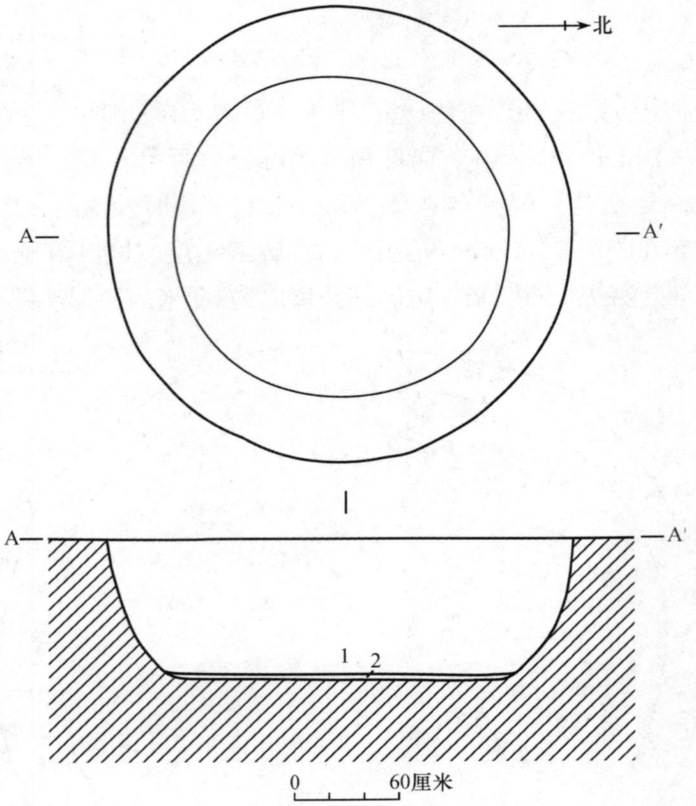

图一三　H53平、剖面图

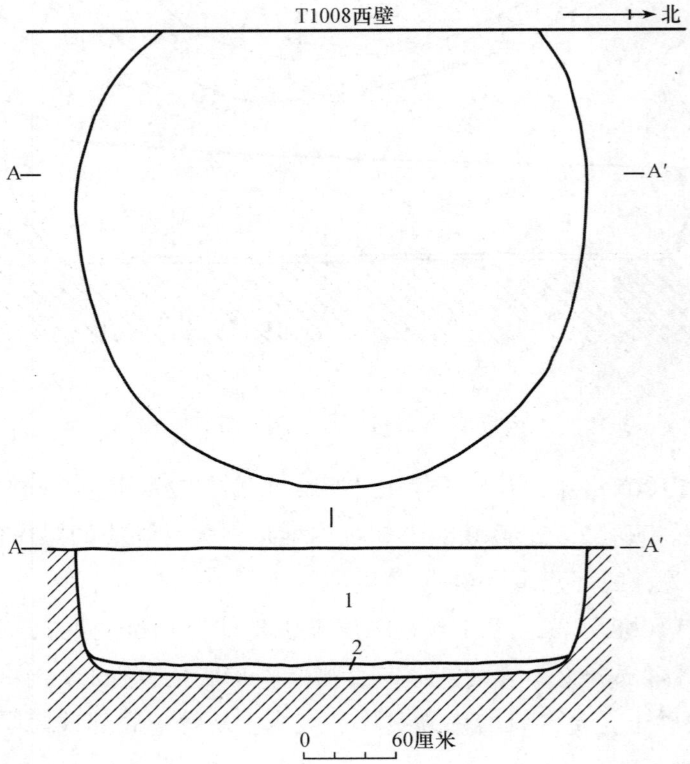

图一四　H54平、剖面图

2. 炼煤坑

共14个，平面一般为不规则椭圆形，弧壁、圜底（少数为或缓圜底、平底），壁底面光滑。长径1.3～4.5、短径1～2.4、深0.1～0.3米。坑内下部堆积有原煤和黄泥的混合物，应为加工煤球（饼）用。

H22　位于探方T1006北部，开口第9C层下，打破第10层。坑口距地表1.2米，平面为椭圆形，弧壁，平底。长径1.9、短径1.54、深0.2～0.3米。坑内堆积较疏松的灰褐色粉砂土，包含大量的煤渣及少量的红烧土、碳粒，出土有冶炼罐残片。坑底残留原煤和黄泥的混合物（图一五）。

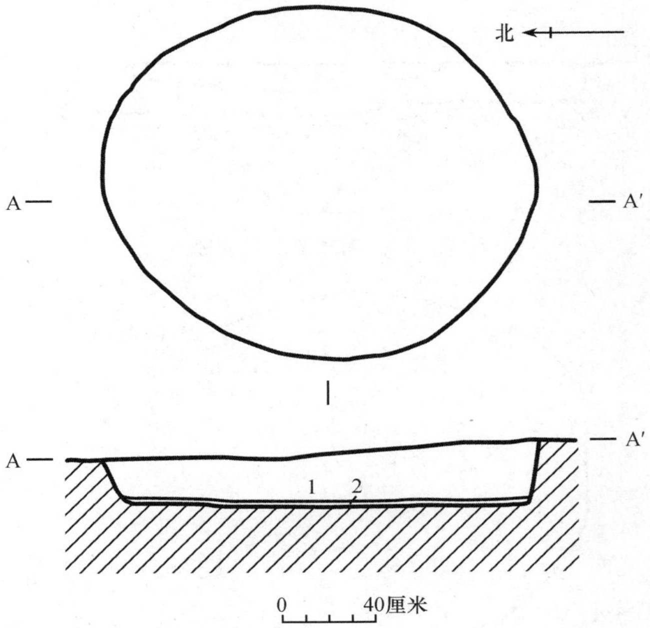

图一五　H22平、剖面图

H25　位于探方T0805中部，开口第10层下，打破生土。坑口距地表1.75米，平面为不规则椭圆形，直弧壁，平底。长径2.7、短径2.3、深0.2～0.3米。坑内堆积可分3层，第1层为原煤，厚0～0.15米；第2层为较疏松的灰褐色粉砂土，包含大量煤渣，厚0.14～0.22米；第3层为原煤和黄泥的混合物（图一六）。

H48　位于探方T0908东北部，开口第9C层下，打破第10层、H57及生土。坑口距地表3米，平面为椭圆形，弧壁、圜底。长径2.9、短径2.2、深0.32米。坑内堆积厚0～0.26米，夹杂大量炉渣的黑色粉砂土，包含有少量冶炼罐残片、红烧土块等；坑底部残留0.03～0.1米原煤炭和黄泥的混合物（图一七）。

H58　位于探方T0908南部，开口第10层下，打破生土。坑口距地表2.75米，平面为不规则椭圆形，弧壁，圜底。长径3、短径2.34、深0.1～0.3米。坑内堆积较疏松的灰褐色粉砂土，包含大量的煤渣及少量的红烧土、冶炼罐残片；坑底残留原煤和黄泥的混合物（图一八）。

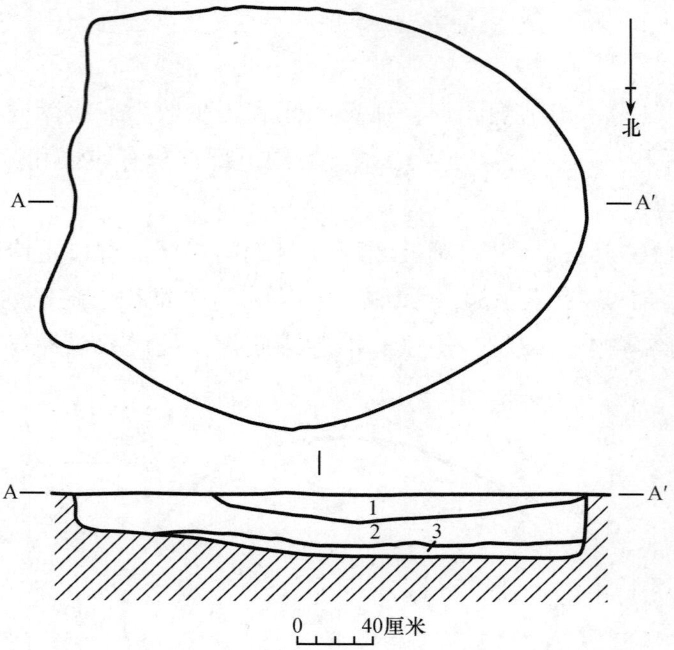

图一六　H25平、剖面图

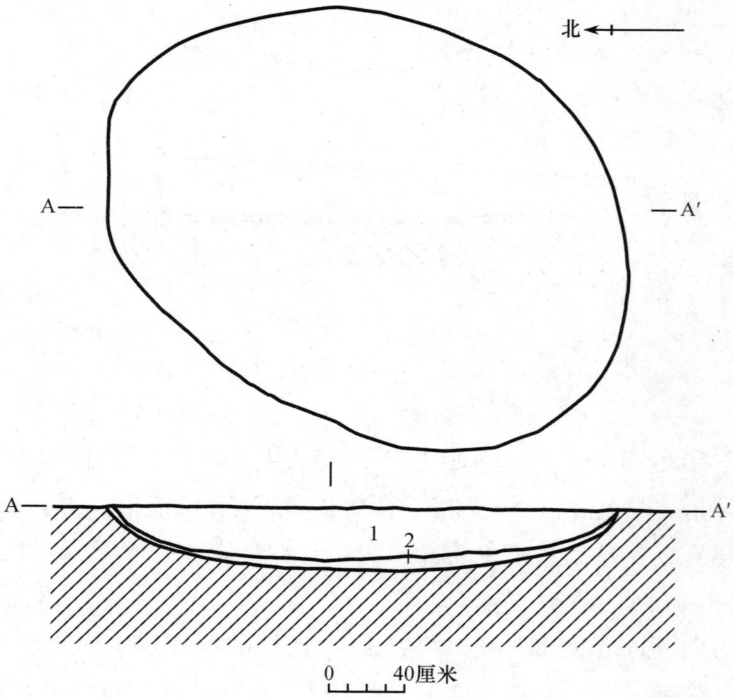

图一七　H48平、剖面图

3.拌泥坑

共8个，平面多为近圆形或椭圆形，直弧壁、平底或缓圜底。深度一般10～30厘米。坑内下部堆积较纯净、细腻的黄泥，推测为加工、修复炉壁及制作冶炼罐包裹体所用。

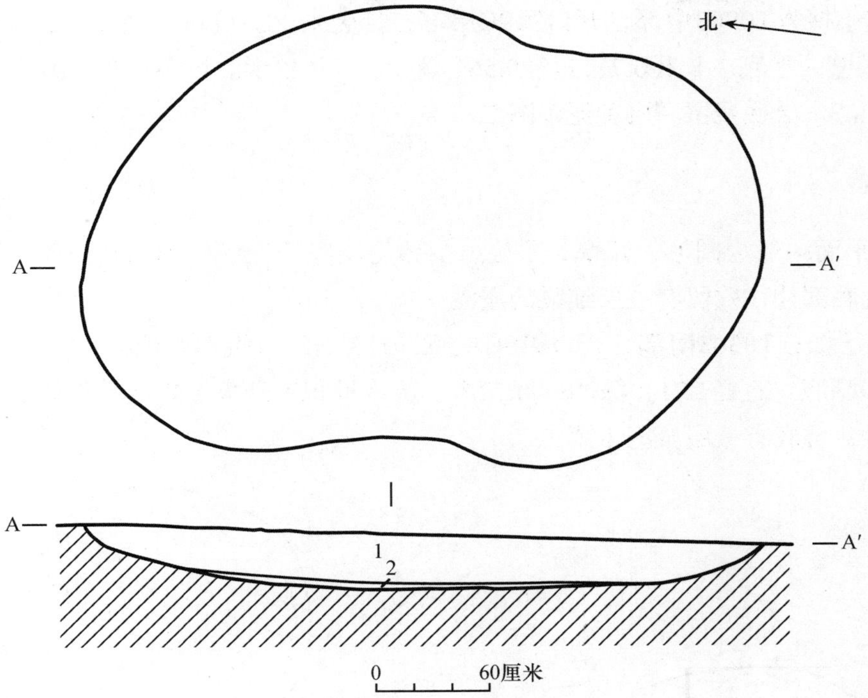

图一八　H58平、剖面图

H3　位于探方T0203西南部，开口第9C层下，打破生土。坑口距地表1.9米，平面近椭圆形，弧壁，圜底。长径1.5、短径1.2、深0.17～0.25米。坑内堆积夹杂煤渣的黑色粉砂土，出土有冶炼罐、炉砖残片及瓷片等；坑底残留一层黄泥（图一九）。

H26　位于探方T0805西南部，开口第10层下，打破生土。坑口距地表1.75米，平面为椭圆形，弧壁，平底。长径0.9、短径0.75、深0.25～0.28米。坑内堆积夹杂煤渣的黑色粉砂土，包含冶炼罐残片、红烧土块、炉渣；坑底残留一层黄泥（图二〇）。

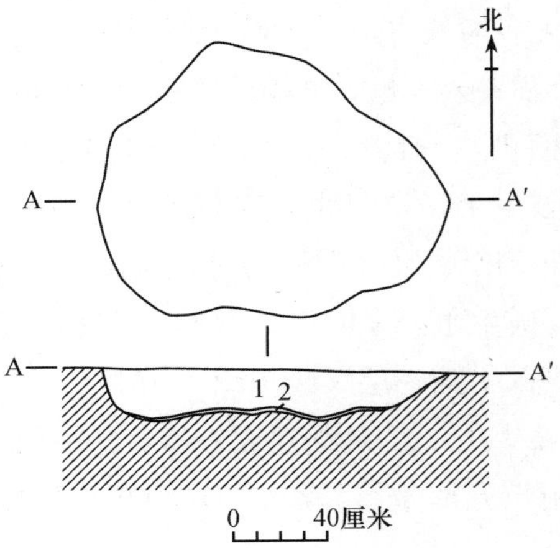

图一九　H3平、剖面图

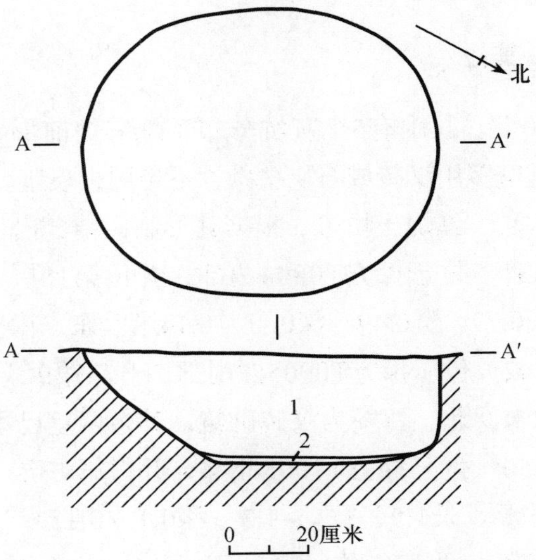

图二〇　H26平、剖面图

H49　位于探方T0908中部，开口第9C层下，打破生土。坑口距地表2.25米，平面为不规则椭圆形，弧壁，平底。长径0.7、短径0.56、深0.05～0.12米。坑内堆积夹杂煤渣的黑色粉砂土，包含有炉渣。坑底残留一层黄泥（图二一）。

4. 蓄水坑

共3个，平面一般为圆形，弧壁，平底，少数为圜底。直径1.4～2.4、深0.7～0.9米。坑壁可见水线，坑底部往往残留有一层细腻的淤泥。

H34　位于探方T0303南部，开口第9C层下，打破H35。坑口距地表1.1米，平面为不规则圆形，弧壁，圜底。直径1.71、深0.6～0.72米。坑内堆积夹杂大量煤渣、炉渣黑色粉砂土，出土有冶炼罐等，坑底有一层淤泥（图二二）。

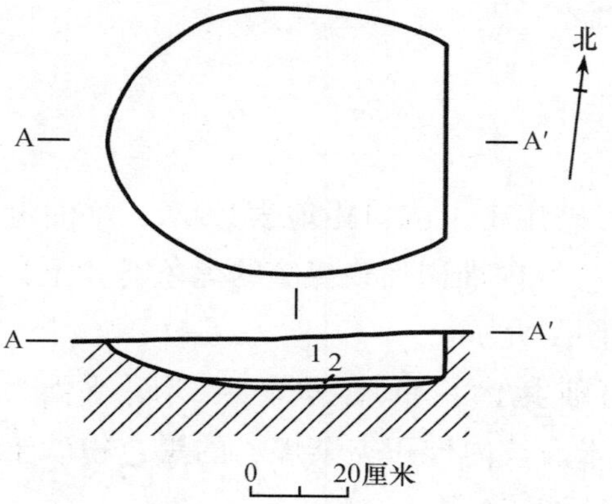

图二一　H49平、剖面图

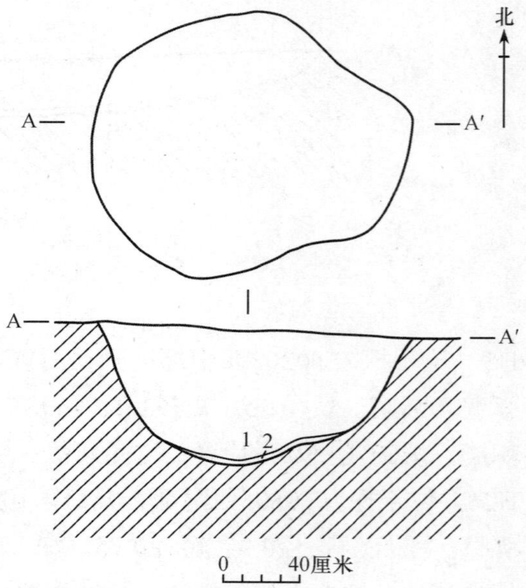

图二二　H34平、剖面图

5. 其他

20个。其中有5个灰坑分布于炼锌炉前部，平面大多为长方形（少数为圆形），直壁，平底。坑壁多用汉砖或石块垒砌，不见用火痕迹。坑内堆积夹杂大量煤渣的黑色粉砂土，包含有炉渣、木炭、红烧土块等，根据其形制，结合出土的大型陶缸，推测，其可能为放置陶缸所用。

H31　位于探方T0804西部，开口第10层下，打破生土。坑口距地表1.38米，平面为长方形。长0.79、宽0.49、深0.11～0.14米。东、南壁用汉砖砌筑，北、西壁为土坯（图二三）。

H42　位于探方T0905西南部，开口第9C层下，打破生土。平面为长方形。长0.7、宽0.6、深0.28米。北、西壁为汉砖砌筑，其余两壁已不存，底部平铺一层汉砖（图二四）。

H50　位于探方T1008北部，开口第9B层下，打破生土。坑口距地表2.95米，平面为不规则长方形。长1.5、宽1～1.3、深0.1～0.13米。东部用长方形条石和汉砖砌成，中部以汉砖分隔，南部有两排碎砖（图二五）。

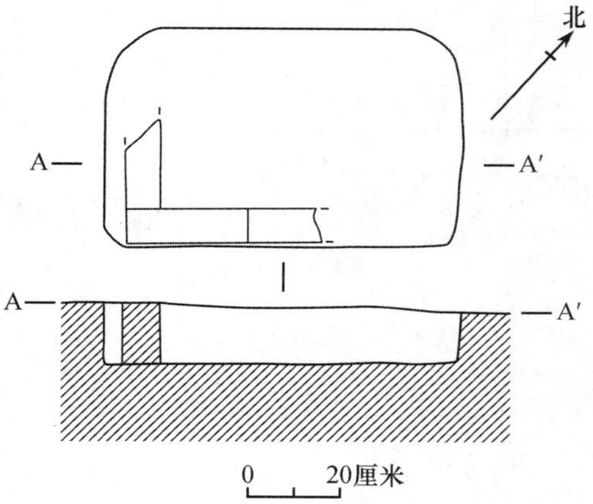

图二三　H31平、剖面图

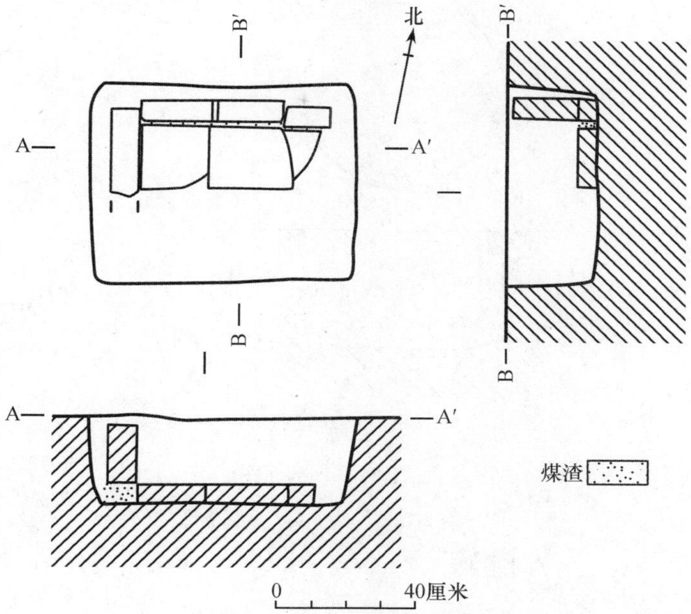

图二四　H42平、剖面图

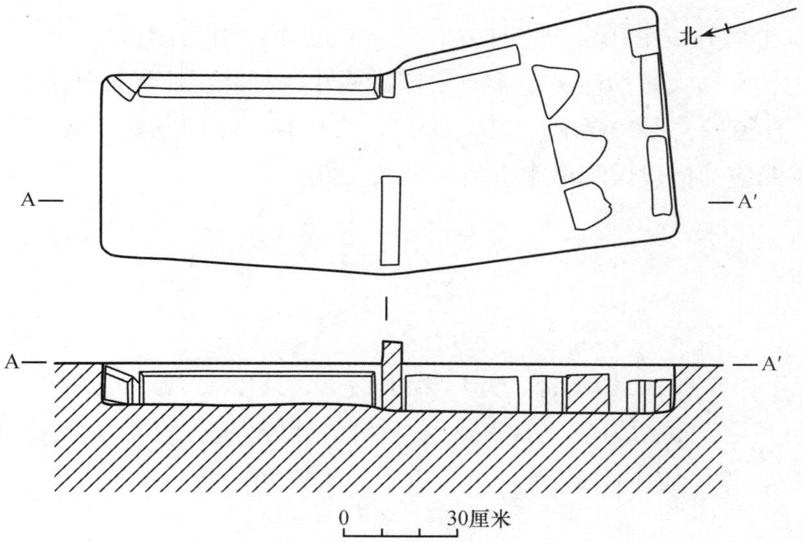

图二五　H50平、剖面图

H51　位于探方T1008北部，开口第9B层下，打破生土。坑口距地表2.95米，平面为圆形，直壁，平底。直径0.5、深0.32米（图二六）。

H56　位于探方T1008西南部，开口第9B层下，打破生土。坑口距地表2米，平面为长方形。长0.7、宽0.4、深0.1米（图二七）。

其余灰坑形制多不规整，坑内堆积夹杂大量煤（炉）渣、冶炼罐残片、红烧土块、瓷片的灰黑色粉砂土，包含物杂乱，应为倾倒冶炼废弃物的垃圾坑。

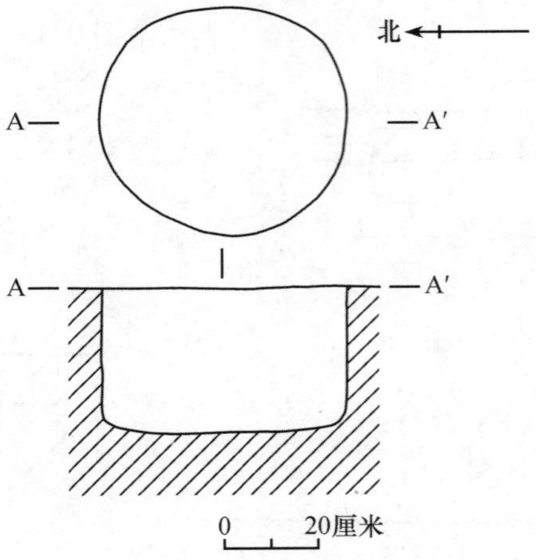

图二六　H51平、剖面图

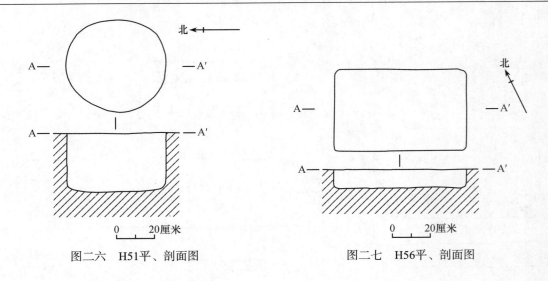

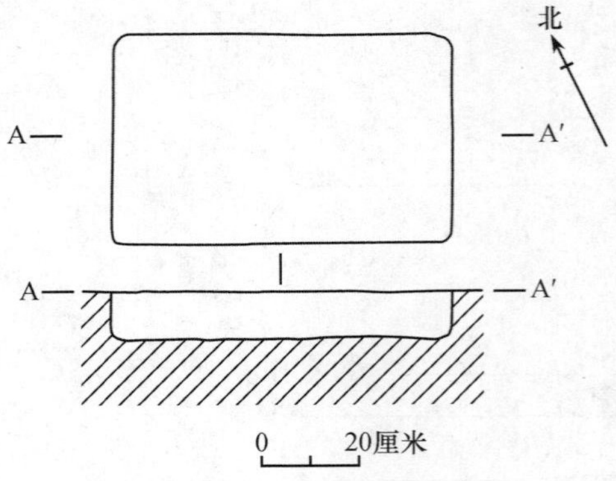

图二七　H56平、剖面图

（三）柱洞

本次共清理柱洞51个，大部分均位于炼锌炉四周，应为搭建其炉顶棚所用，少数柱洞与其他遗迹关系密切。

D30、D49～D51开口第10层下，打破生土。平面均为圆形，直壁，平底。洞内填以较疏松的黑褐色粉砂土，夹杂大量炉渣，包含有冶炼罐残片、红烧土块等。其中，D30，直径20、深24厘米；D49，直径19、深20厘米；D50、D51，直径14、深12厘米。这4个柱洞呈一直线分布在煤坑一侧，推断应为搭建煤坑顶棚所用（图二八）。

（四）灶

1口。Z1位于探方T0203西南部，开口第9C层下，打破生土。火膛平面呈圆形，直壁、平底，底部较平坦，壁、底面为坚硬的灰黑色烧结面，灶外壁有约4厘米厚的红色热辐射面。直径0.53、深0.33米。灶门由两块汉砖砌筑成（东部一块已缺失，仅存凹槽）。灶内底部残留厚约3厘米的草木灰（图二九）。

（五）冶炼罐堆积

1处。Q1位于探方T0203南部，延伸至T0103南部，方向119°。开口第9C层下，打破H4。用使用后的冶炼罐，靠1号炼锌炉南部的断坎堆码而成，一行堆码冶炼罐60～75个不等，罐间填塞石块、煤渣。平面呈长条形。长11.6、厚0.22～1.54、高0.15～1.56米（图三〇）。

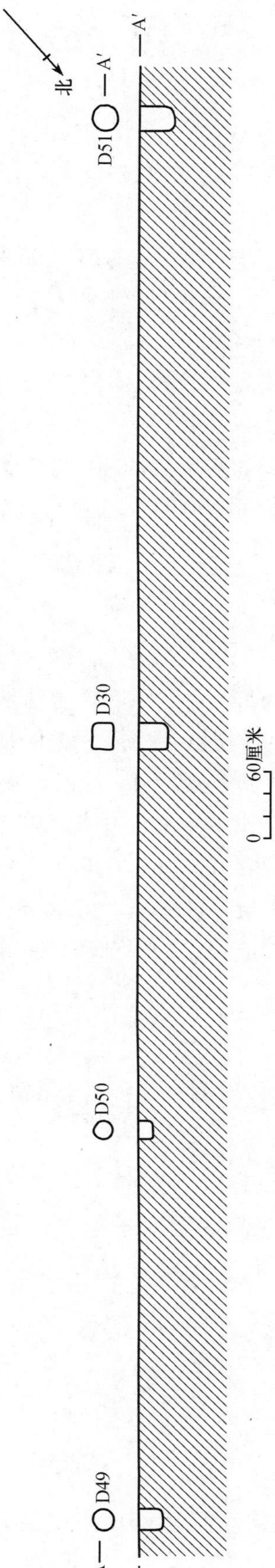

图二八 D30、D49～D51平、剖面图

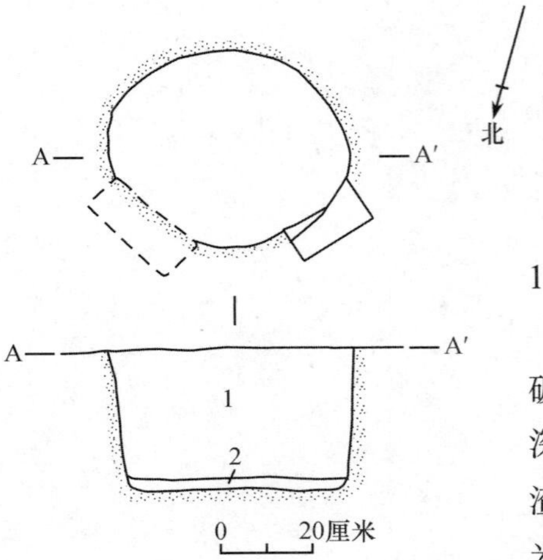

图二九　Z1平、剖面图

（六）沟

3条。除上述位于炼锌炉一侧的排水沟外，另清理灰沟1条。

G1　位于探方T1106东南部，开口第9B层下，被H29打破，打破生土。平面为不规则长条形。长8.03、宽1.8～2.4、深0.6～0.8米。沟内的堆积可分3层：第1层为厚30厘米的煤渣（颗粒较大），包含较多的红烧土颗粒；第2层为厚20厘米煤渣（颗粒较小），包含少量红烧土；第3层为厚15～25厘米的灰黑色的粉砂土，较致密，包含少量的煤炭，出土冶炼罐（图三一）。

（七）冶炼场内遗迹布局

单个冶炼场内主要分为工作区和废弃物堆积区。工作区内以炼锌炉为核心，周围分布有排水沟、堆煤坑、炼煤坑、蓄水坑、拌泥坑等冶炼相关的遗迹。废弃物堆积区主要位于临江的断坎、低地和两侧的冲沟。以四号冶炼场为例，该冶炼场位于探方T0905、T0906内，西部延伸至探方T1006东隔梁。冶炼场南、北为断坎，中部为工作区，北面断坎下及西南侧低地即为废弃物堆积区（图三二）。工作区东北部为L4，其两端和两侧共有5个柱洞，推测L4设有顶棚。L4东南部为排水沟（G2）、蓄水坑（H41），G2底部自东北向西南略倾斜。L4西南分布有堆煤坑（H18、H20、H21），炼煤坑（H22）及拌泥坑（H19）。L4西北部还分布有置缸坑（H42）。

四、出土遗物

出土遗物标本共计700余件，种类有陶、瓷、铜、铁、石器等。遗物以冶炼用的装烧器皿—陶质冶炼罐以及冷凝区构件之一的冷凝窝为主，还有一定数量的日常生活陶瓷器，包括陶缸，瓷碗、盘、碟等。另有少量铜洗、铜锁、铁钩等。此外，还出土有炼锌炉炉壁残块及燃煤等。

（一）陶器

1. 冶炼罐

出土数量大，完整及可复原的冶炼罐共计260余件。由反应室和冷凝区两部分组成。反应

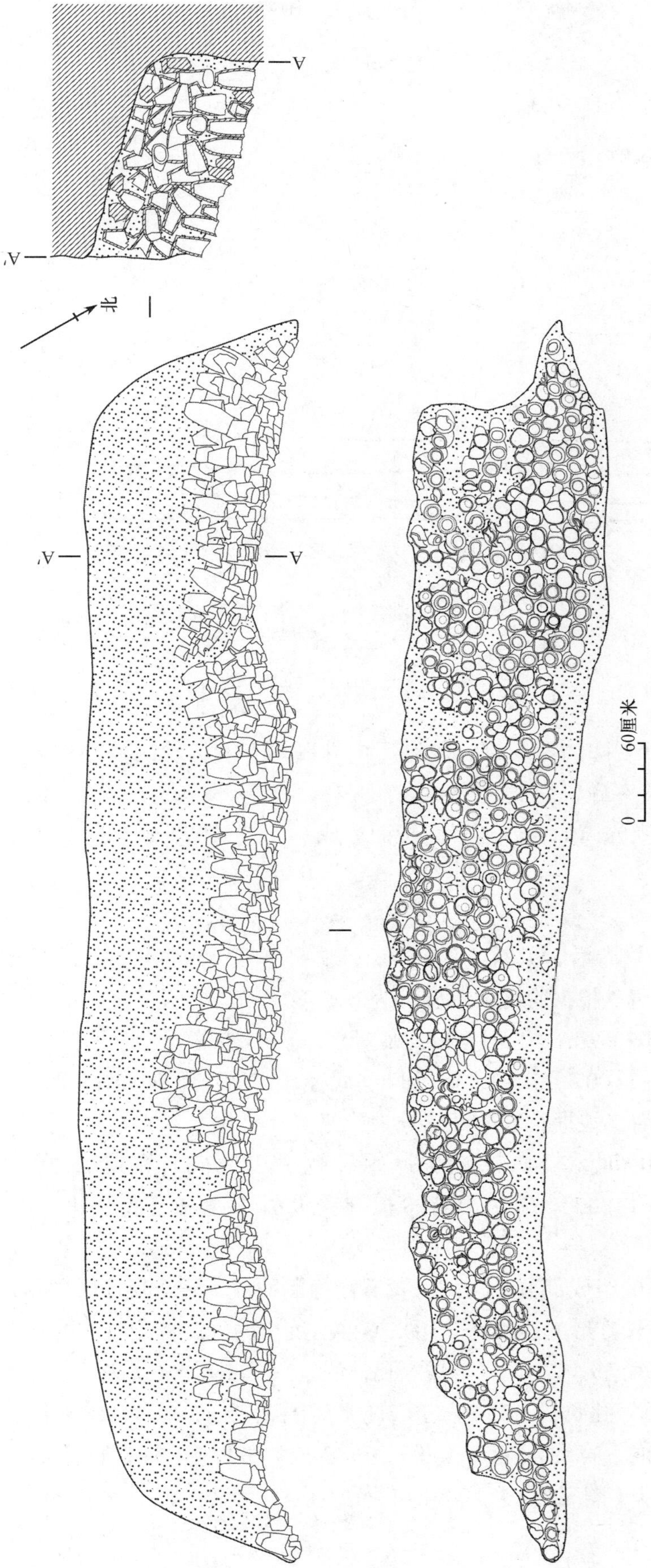

图三〇 Q1平、剖面及正视图

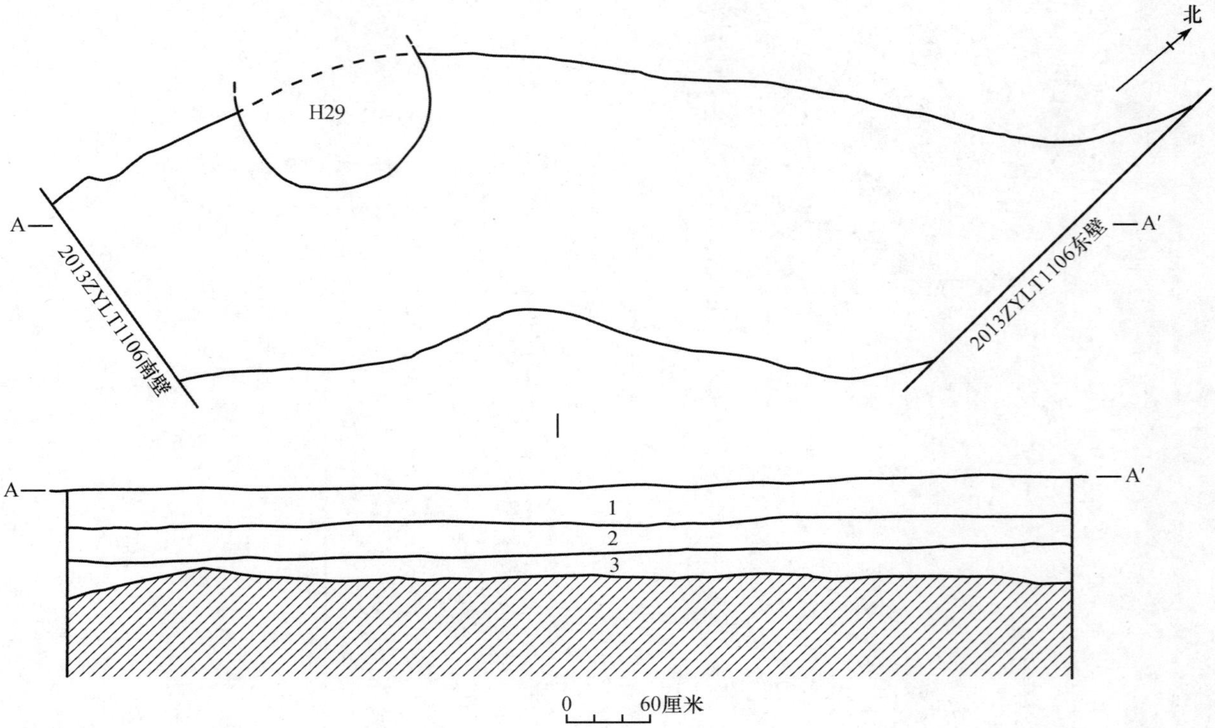

图三一　G1平、剖面图

室为一种灰色夹粗砂硬陶的深腹罐，轮制（内外壁均有明显轮制痕迹），高一般为24～30厘米。冷凝区即在反应室罐口内放置冷凝窝，并在罐体肩部用黏土（耐火泥）上接一节口径约9.5厘米、高约5.5厘米的筒形物，上置盖板而形成[3]。T1007⑨B：8，口径10.6、底径9.4、通高32厘米（图三三）。

（1）反应室

基本形态为侈口、卷沿、尖唇（圆唇），深腹，平底。根据唇部、肩部形态分为二型。

A型　尖唇，鼓肩。根据腹部的不同分为二亚型。

Aa型　弧腹。T0906⑨A：1，口径8、底径8、高24.8厘米（图三四，1）。

Ab型　直弧腹。T1007⑨B：3，口径8.8、底径10、高27厘米（图三四，2）。

B型　圆唇，弧肩。根据腹部的不同分为二亚型。

Ba型　弧腹。T0908⑨C：1，口径9.6、底径8、高27厘米（图三四，3）。

Bb型　直弧腹。T1007⑨B：7，口径8.6、底径9.6、高28.6厘米（图三四，4）。

（2）冷凝窝

冷凝窝是冷凝区的组成部分，用耐火黄砂泥捏制而成，置于反应罐的口部。平面呈圆形，内凹，边缘上戳有一长方形的透气孔。用来盛接冶炼出的气态锌冷凝成的液态金属锌。

T0804⑩：1，直径7.9、厚3厘米，透气孔长约2、宽1.3厘米（图三五，1）。T1008⑨B：8，直径8、厚4厘米，透气孔长约1.2、宽约0.7厘米（图三五，2）。T0908⑨A：9，直径9.7、厚4.2厘米，透气孔长约2、宽约1.5厘米（图三五，3）。T0804⑩：2，直径8.4、厚3.8厘米，透气孔长约1.5、宽0.9厘米（图三五，4）。

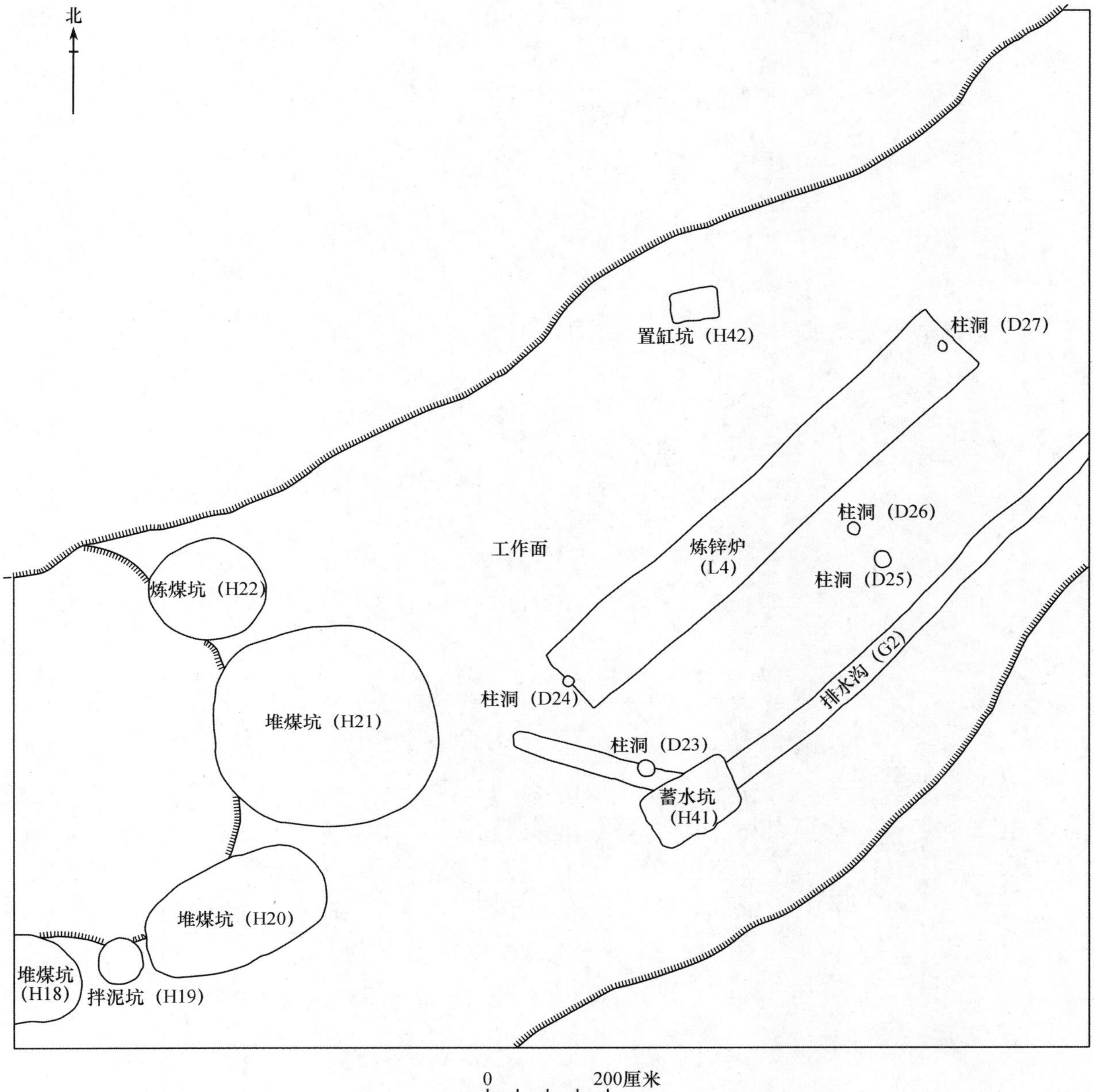

图三二　四号冶炼场遗迹分布图

2. 缸

1件。H36：10，泥质红陶。敛口，方圆唇，溜肩，鼓腹，平底。肩部有四个环耳。内外壁均有轮制痕迹。口径36、最大腹径48、底径14、高49厘米（图三六）。

（二）瓷器

多为残片，复原器仅20余件。以青花器瓷器为主，器型主要有碗、盘、碟等。

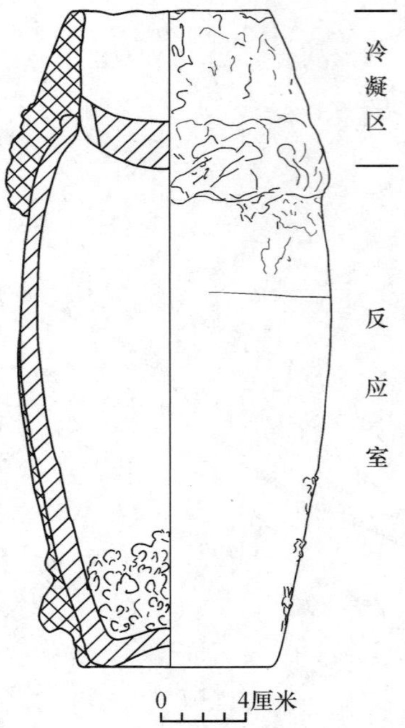

图三三　冶炼罐结构图（T1007⑨B：8）

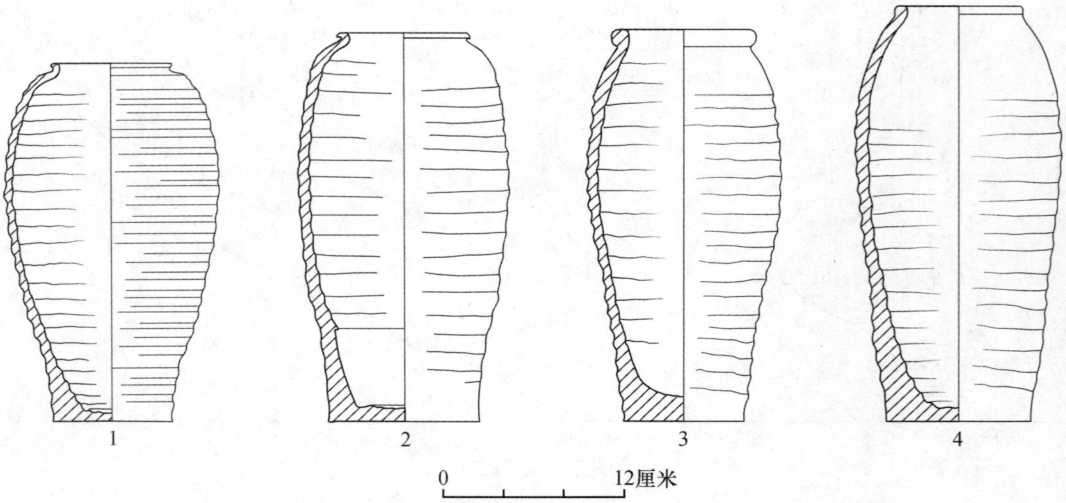

图三四　反应室

1. Aa型反应室（T0906⑨A：1）　2. Ab型反应室（T1007⑨B：3）　3. Ba型反应室（T0908⑨C：1）
4. Bb型反应室（T1007⑨B：7）

碗　13件，根据口部的不同，分为三型。

A型　敞口 8件。T1106⑨A：7，敞口，圆唇，弧腹，矮圈足。内壁饰有变形蟠螭纹、平行弦纹，外壁饰有平行弦纹等。口径12.8、底径5.5、高5.4厘米（图三七，1）。T0103⑨C：12，敞口，圆唇，弧腹，圈足。内壁饰有变形蟠螭纹、平行弦纹，外壁饰有平行弦纹等。口径12.6、底径5.4、高5厘米（图三七，2）。T0203⑥：1，敞口，圆唇，弧腹，矮圈足。内壁饰有变形蟠螭纹、平行弦纹，外壁饰有平行弦纹等。口径12.8、底径4.8、高5.2厘米（图三七，3）。

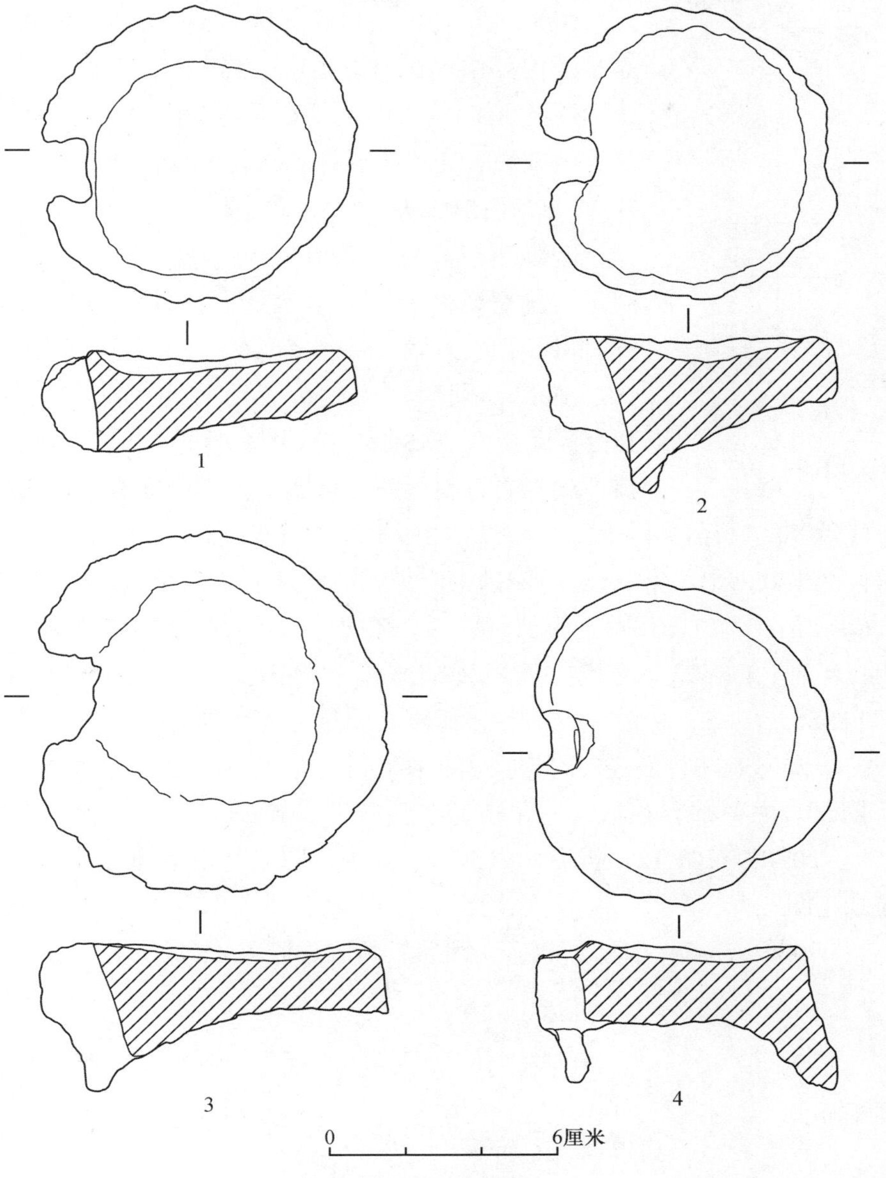

图三五　冷凝窝

1. T0804⑩：1　2. T1008⑨B：8　3. T0908⑨A：9　4. T0804⑩：2

T1007⑨B：41，敞口，圆唇，弧腹，卧足。内壁饰有变形蟠螭纹、平行弦纹，外壁饰有平行弦纹等。口径13.6、底径4.6、高5.2厘米（图三七，4）。T1006⑨C：4，敞口，圆唇，斜弧腹，矮圈足。内壁饰有花草纹、弦纹，外壁饰有花草纹。口径12.6、底径4.4、高4.6厘米（图三七，5）。H10：1，敞口，圆唇，弧腹，矮圈足。内外壁均饰有草叶纹。口径12、底径5、高5厘米（图三七，6）。T0905⑩：1，敞口，圆唇，斜直腹微弧，圈足。内壁饰有弦纹，外壁饰有花草纹。口径14.4、底径6.8、高6.4厘米（图三四，7）。H30②：1，侈口，圆唇，弧腹，圈足。内壁碗心书一“善”字，外壁饰变形缠枝纹、平行线纹。口径12.2、底径4.4、高5.3厘米（图三七，8）。

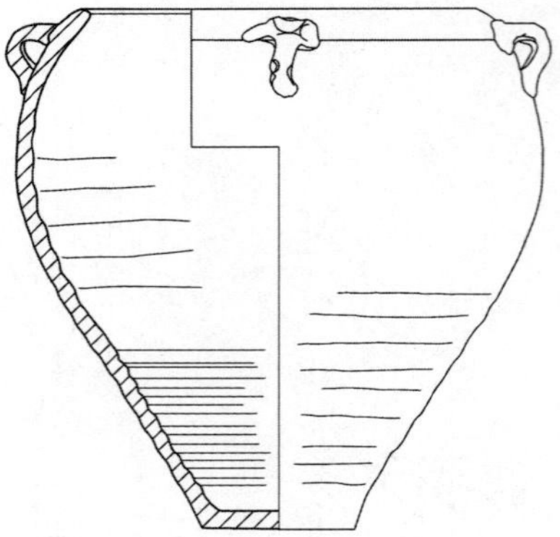

图三六　陶缸（H36：10）

B型　折沿2件。T0203⑨C：3，折沿，尖圆唇，弧腹，矮圈足。内外壁均饰有花草纹。口径19.3、底径6.6、高7.3厘米（图三八，1）。T0203⑨C：4，折沿，尖圆唇，斜直腹，圈足。内壁饰有变形蟠螭纹、平行弦纹，外壁饰有花草纹、平行弦纹。口径12.4、底径4.8、高5厘米（图三八，2）。

C型　侈口3件。T0908⑨B：11，敞口，圆唇，弧腹，矮圈足。内壁碗底簪刻一“金”字。外壁饰有草叶纹、平行线纹。口径12、底径4.8、高5厘米（图三八，3）。T0908⑨B：13，侈口，圆唇，弧腹，圈足。外壁饰有花草纹等。口径14.2、底径7、高5.6厘米（图三八，4）。T1006⑨B：40，侈口，尖圆唇，斜弧腹，矮圈足。内壁饰有平行线纹，外壁饰有圆点纹、平行线纹等。口径13.4、底径4.4、高5.2厘米（图三八，5）。

碗底　2件。T1008⑨B：7，碗底单圈内书“大明成化年制”六字款。底径4.2、残高1.4厘米（图三八，6）。H36：11，仅存下腹部、底部。弧腹，圈足。内壁饰有花草纹、蝴蝶。碗底双圈内书“成化年制”四字款。底径4.5、残高2.4厘米（图三八，7）。

盘　3件。T0805⑨：2，折沿，尖圆唇，弧腹，圈足。内壁饰有草叶文、平行线纹，外壁饰有平行线纹等。口径14.6、底径7.1、高4.3厘米（图三九，1）。T0103⑨C：13，折沿，尖圆唇。弧腹，圈足。内壁饰有花草纹，并簪刻“長三”二字。口径12.8、底径5.6、高3.6厘米（图三九，2）。T0908⑨B：12，折沿，尖圆唇，弧腹，圈足。内壁饰有草叶纹。口径12.8、底径5、高4厘米（图三九，3）。

碟　1件。T0908⑨A：2，白釉。敞口，圆唇，弧腹，卧足。口径10.4、底径4.8、高2.6厘米（图三九，4）。

（三）铜器

锁　1件。T1008⑨B：6，长8.2、宽1、高3厘米。锁身一面中部饰有一长方形纹饰，内刻“状元及第”四字，上部左右各刻有一花卉纹；另一面中部亦饰有一长方形纹饰，内刻“三”字（图四〇，1）。

洗　1件。T1007⑨B：1，侈口，尖圆唇，仰折沿，直腹微弧，平底（图四〇，2）。

钱币　1枚。T0908⑨A：1，面背均有内外郭，外郭较宽。钱文“崇祯通宝”。钱径2.45、穿径0.55厘米（图四一）。

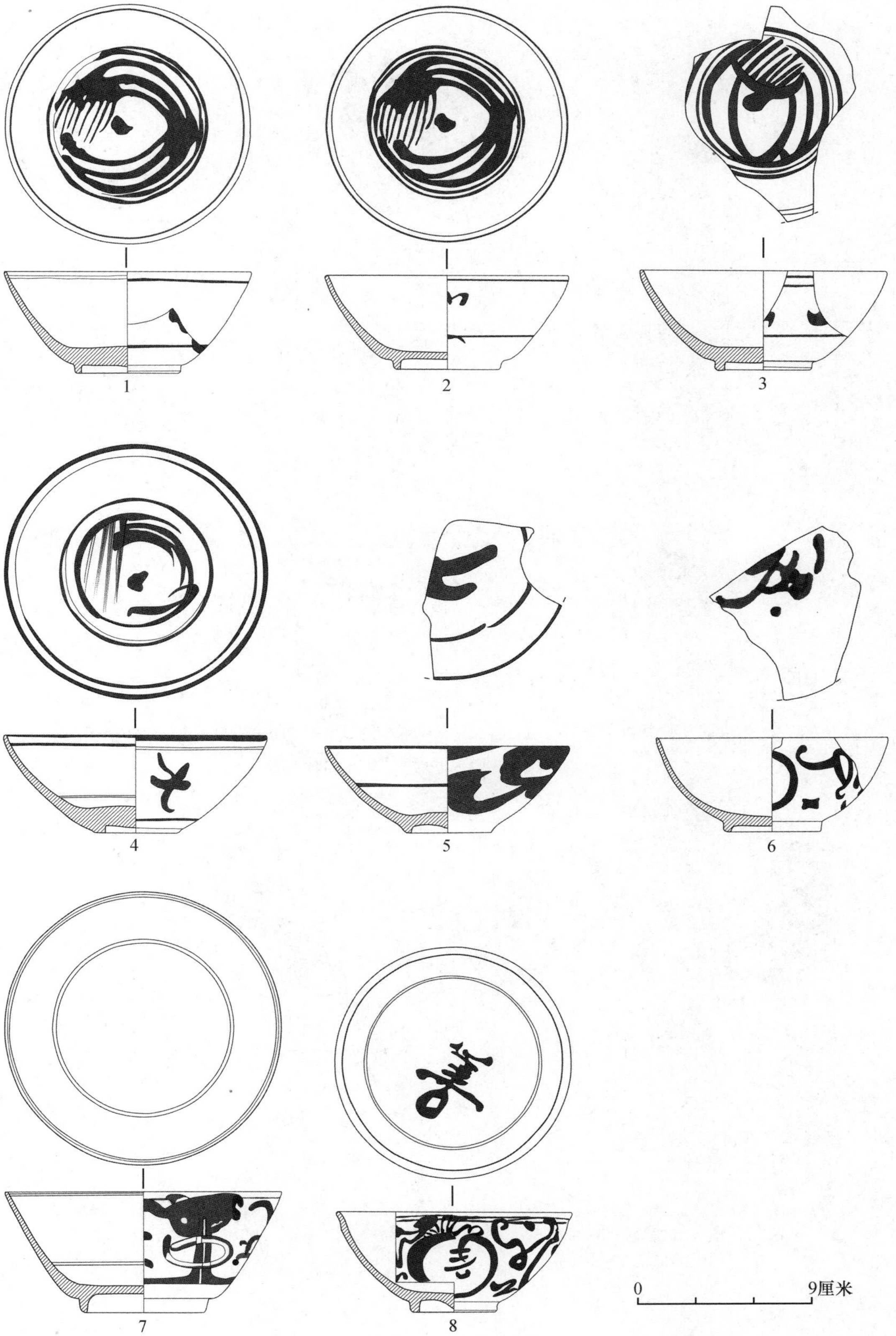

图三七　A型瓷碗

1. T1106⑨A：7　2. T0103⑨C：12　3. T0203⑥：1　4. T1007⑨B：41　5. T1006⑨C：4　6. H10：1　7. T0905⑩：1　8. H30②：1

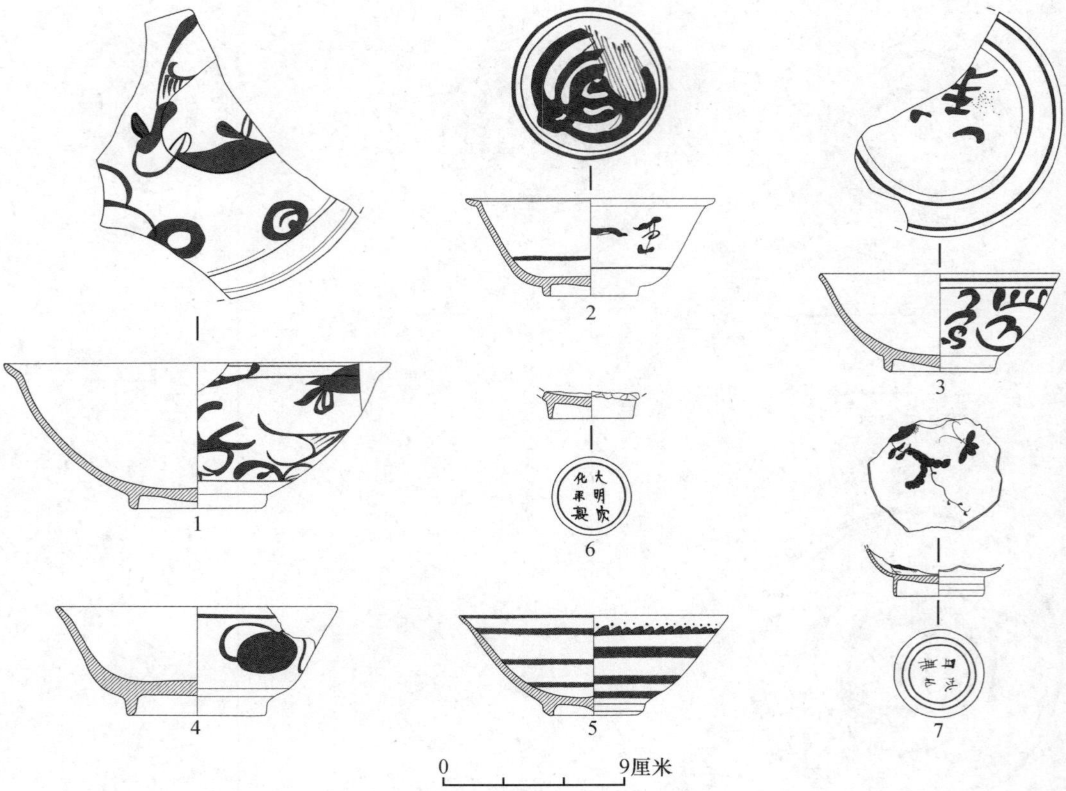

图三八　B型、C型瓷碗、碗底

1、2. B型（T0203⑨C：3、T0203⑨C：4）　3～5. C型（T0908⑨B：11、T0908⑨B：13、T1006⑨B：40）

6、7. 碗底（T1008⑨B：7、H36：11）

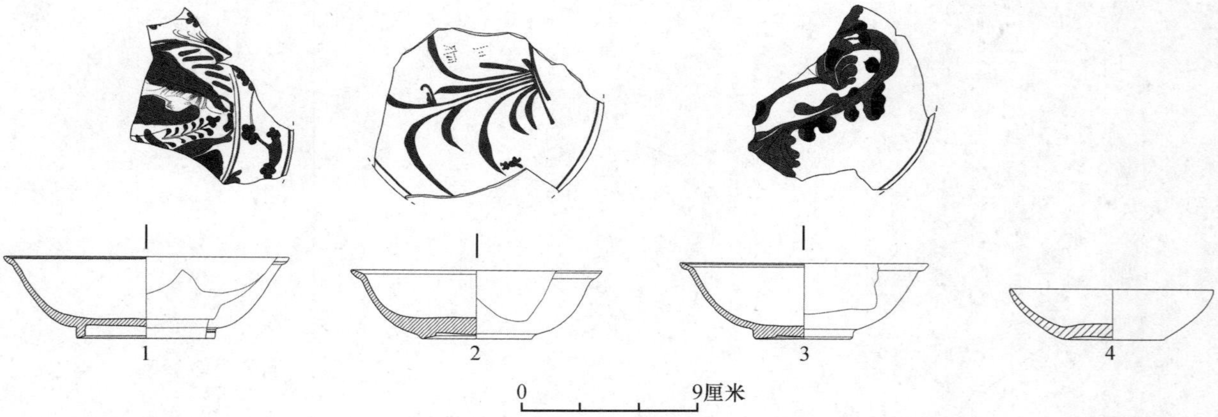

图三九　瓷盘、瓷碟

1～3. 盘（T0805⑨：2、T0103⑨C：13、T0908⑨B：12）　4. 碟（T0908⑨A：2）

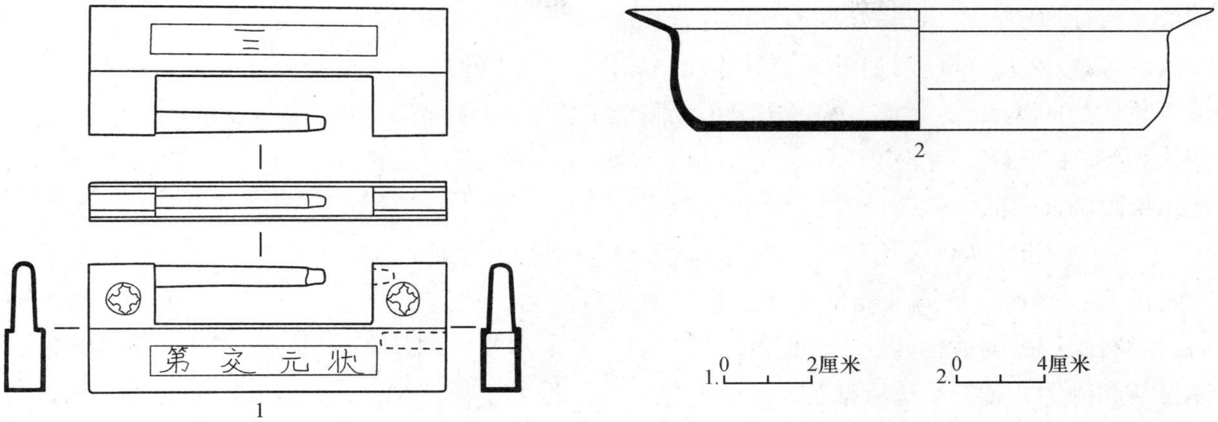

图四〇　铜器

1. 锁（T1008⑨B：6）　2. 洗（T1007⑨B：1）

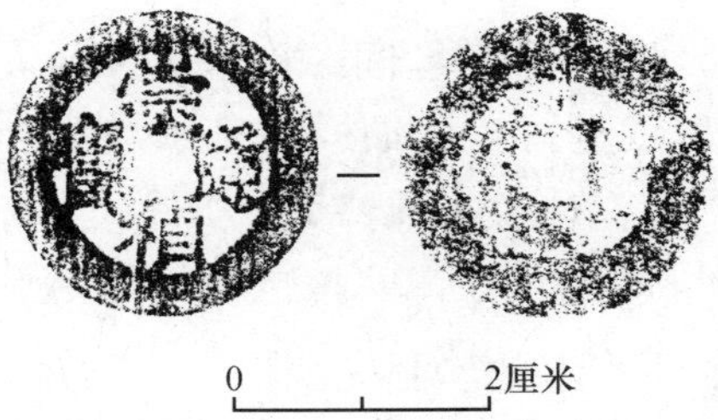

图四一　钱币拓片（T0908⑨A：1）

五、结　　语

本次发掘工作树立了明确的课题意识，将探寻明代冶炼场的选址及场内遗迹布局、功用、冶炼工艺流程等问题贯彻到发掘中。工作中注意以单个冶炼场为单位，以炼锌炉为核心，通过活动面将相关遗迹串联起来综合分析，最终力图复原冶炼场内遗存的原貌。运用全站仪测绘、航空摄影、三维扫描等现代科技手段，全面、科学记录考古信息。强化各种标本采集及多学科研究意识，对遗迹、遗物（冶炼罐）内残留矿渣、煤炭、木屑、草木灰等标本均进行了全面采集。注重对出土遗迹的保护性处理，对保存较好的两座炼锌炉进行切割搬迁保护，为今后的陈列、展示和后续研究提供珍贵的实物资料。考古工作取得重要收获。

（1）临江二队炼锌遗址是三峡地区乃至全国目前所发现面积最大、时代最早的古代炼锌遗址。根据以往的考古发现，三峡炼锌遗址群主要分布在重庆市丰都、石柱等地，该遗址的发现丰富了三峡炼锌遗址群的材料，对于研究明代炼锌遗址的分布、炼锌生产活动的管理以及与社会经济的关系等问题具有重要意义。

（2）临江二队炼锌遗址的发现对于研究我国炼锌技术的起源、传播等问题具有重要的科学、历史价值。明末宋应星所著《天工开物》（1637年）中关于用泥罐“开炼倭铅”的记载和配图，是中国有关炼锌技术的最早记载[4]。本次出土的纪年款瓷器有T1008⑨B：7等，底款为“成化年制”、“大明成化年制”，推测其应为明代中晚期仿制。此外，遗址第9层中还出土一枚“崇祯通宝”。出土的冶炼罐不见清代炼锌遗址常见的瘦长型冶炼罐，而与铺子河遗址出土的冶炼罐相似。铺子河遗址出土了明代“成化”、“宣德”款纪念瓷器，发掘者认为其炼锌遗存时代为明代[5]。北京大学第四纪年代测定实验室对D5内出土木屑进行碳-14年代测定，其年代为485±20BP，树轮校正年代为1420~1440AD（68.2%），1410~1445AD（95.4%）。因此，推断临江二队炼锌遗址时代为明代中晚期。

（3）临江二队炼锌遗址的发掘为考察我国古代炼锌遗址选址和单个冶炼场的布局提供了丰富的实物资料。该遗址北面临江，东西两侧有冲沟，从选址上充分考虑到了炼锌所需的原料、燃料及产品的运输问题，同时利于冶炼过程中的取水。此外，遗址预留了足够的空间堆放原材料和倾倒大量的冶炼废弃物。并且，遗址所在地处于长江弯道，长江流向由西南急剧转为北偏东，江面随之变窄，为遗址提供了充足的自然风。

单个冶炼场内主要分为工作区和废弃物堆积区。工作区内分布有炼锌炉、排水沟、堆煤坑、炼煤坑、蓄水坑、拌泥坑等冶炼相关的遗迹。炼锌炉是冶炼场的核心部分，分布在台地临江面。炼锌炉分布方向不一，在28°~113°之间。炼锌炉分布方向与其所在台地等高线方向相同或相近，从而便于利用地形坡度进行自然抽风。排水沟位于炼锌炉地势较高的一侧便于排水；蓄水坑、堆煤坑、炼煤坑、拌泥坑位于炼锌炉附近，以供冶炼时就近取水、用煤、拌煤和制作包裹体等。置缸坑一般位于炼锌炉靠江岸一侧。根据丰都庙背后遗址出土的锌锭判断，一号冶炼场内炼锌炉西南的灶可能用来就地炒制提纯粗锌。废弃物堆积区主要位于临江的断坎、低地和两侧的冲沟。

（4）本次清理的2座保存较完好的炼锌炉是三峡地区乃至全国目前所发现保存最完好，结构最清晰的明代炼锌炉。这一发现对于复原明代炼锌炉的形制、演变，了解其冶炼的工艺流程提供了宝贵的实物资料，对探寻三峡地区乃至我国的炼锌技术的产生、发展具有重大的学术价值。

通过这2座炼锌炉，可推断明代炼锌炉的形制和建造过程。炼锌炉由炉床、窑室两部分组成。建筑时，首先在生土或废弃的炼锌炉堆积上进行初步平整，再取土筑成高约6~12厘米的长条形炉床。窑室为马槽形，由炉栅、端墙、侧墙构成。炉栅置于炉床上，由上下两部分构成。由于遗址所在地汉墓分布密集，建炉时往往就地取材，用数块汉砖作为炉栅下部，上部再使用土坯，土坯厚度自下而上变薄。端墙位于炉子两端，用土坯或石块直接构砌在炉床上。侧墙位于炉子两侧，用土坯构筑在下层炉栅（即汉砖）上，断面呈上宽下窄的梯形。冶炼时，在炉栅下部投放柴火，上部放置煤饼、冶炼罐。通过分析侧墙顶部间距和冶炼罐直径得出，一个炉栅内可放置2个冶炼罐。根据炉栅数量不等，一炉可放置64~66个不等的冶炼罐。此外，炉子两端或两侧大多分布有圆形柱洞（柱洞内残留少量朽木），数量在2~9个不等。推测大部分炉子均有顶棚。

附注：本次考古发掘工作领队李大地，参与发掘工作人员：杨爱民、肖碧瑞、董小陈、曾先龙、王道新、冯宏锁、章小强、秦绍华、张镇山等。另外，考古工作得到忠县文物局的大力支持，在此一并表示感谢。

执　笔：李大地　肖碧瑞　杨爱民

注　释

[1] 重庆市文化遗产研究院、丰都县文物管理所：《2004～2005年丰都炼锌遗址群发掘报告》，《江汉考古》2013年第3期；李大地、白九江、袁东山：《炼锌考古探析》，《江汉考古》2013年第3期。

[2] 在发掘过程中提前完成了2014年度发掘任务。

[3] 本次发掘过程中未发现盖板，但在丰都、石柱等地的炼锌遗址中曾出土，为圆形、铁质。

[4] （明）宋应星著、潘吉星译注：《天工开物译注》，上海古籍出版社，1993年，第268页。

[5] 山西省考古研究所丰都考古队：《重庆市丰都县铺子河遗址考古发掘报告》，《重庆库区考古报告集·2001卷》（中），科学出版社，2007年，第1705～1770页。

丰都卡子堡墓群2010年考古发掘简报

重庆市文化遗产研究院　丰都县文物管理所

卡子堡墓群位于丰都县名山街道农花村一社，长江北岸二级台地上，地处赤溪河与长江交汇处（图一）。墓群所在台地发育良好，地势平坦，适合古代人类活动。墓群东南有赤溪墓群，1992年进行三峡库区文物调查时发现，暴露西汉中晚期、东汉、蜀汉时期墓葬15座，并于1993年12月进行了试掘，发掘墓葬3座，出土陶器、釉陶器、铜器等100余件。2001年，吉林省 长春市文物保护研究所在卡子堡墓群西约300米处对赤溪遗址进行了考古发掘，发现有煤渣层堆积和冶炼罐。卡子堡墓群处于三峡工程重庆库区消落区，2010年3月，因长江水位消涨，墓群中的2座墓葬暴露于外。受重庆市文物局委托，3月底4月初，重庆市文化遗产研究院对已暴露的墓葬进行了抢救性考古发掘。此次发掘共布10米×10米探方1个，根据发掘需要向东、北扩方，发掘面积182平方米，清理东汉中晚期墓葬2座，编号2010FKM1、2010FKM2（“2010”为发掘年度，“F”为丰都县，“K”为卡子堡墓群，以下简称M1、M2，图二）。

发掘探方地层堆积简单，第1层为红褐色耕土层，其下叠压M2封土和M1，墓葬打破黄褐色生土层。两座墓葬均为竖穴土坑砖室墓，M1局部叠压于M2的封土下，位于M2南面。两座墓葬均遭到不同程度盗扰，出土了一批随葬器物。现将两座墓葬的发掘收获简报如下。

一、M1

（一）墓葬形制

M1平面呈凸字形，方向80°。由墓道、甬道和墓室组成（图三）。土圹通长5.9、宽0.08～2.9、深0.5～1.3米。墓内填土为黄褐色花土，夹杂大量残砖。

长方形斜坡短墓道，长0.7、宽0.8、深0.5～0.8米，底部高出甬道底0.4米。墓道与甬道之间用榫卯砖横向错缝平砌封门，宽1.8、厚0.2、残高0.4～0.6米。甬道位于墓室东部，长1.8、宽1.4、残高0.9米。长方形墓室，长2.86、宽2.4、残高1.4米。

甬道底用长方形砖平铺，主要采用横向对缝平铺，甬道北端一排及东南角采用纵向平铺。墓室底用长方形砖错缝平铺。甬道壁及墓室壁均用长方形榫卯砖横向错缝平砌。甬道和墓室券

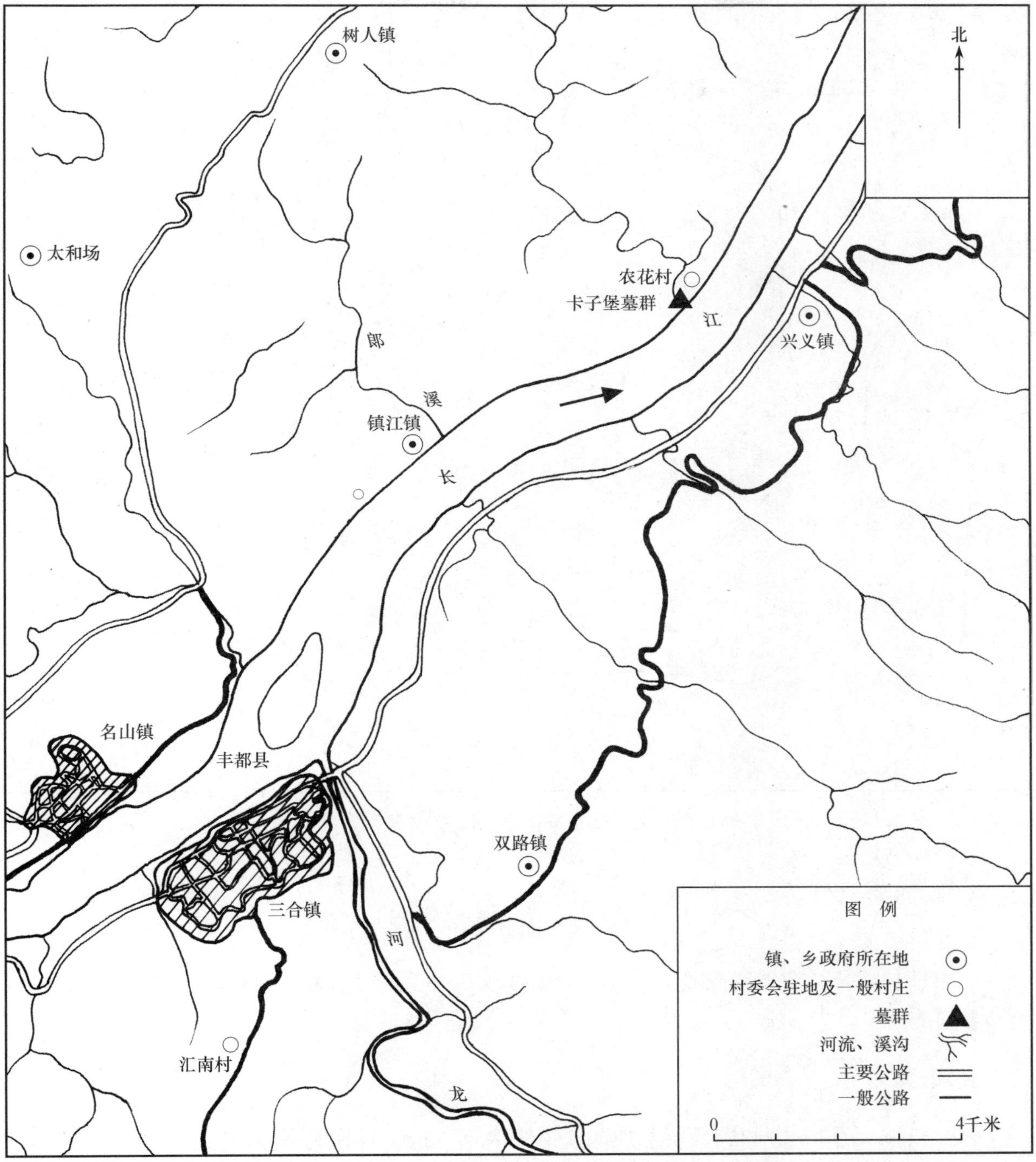

图一 卡子堡墓群位置示意图

顶均用长方形榫卯砖纵向错缝砌筑，甬道从第6层砖开始起券，单层券顶，券顶被毁；墓室从第11层砖起券，单层券顶，券顶大部分已坍塌。墓砖有长方形砖和长方形榫卯砖，长方形砖长46、宽24、厚8厘米，榫卯砖长40、宽20、厚7.5厘米。墓砖上下两面饰有绳纹，朝墓室面饰有菱格纹或菱格乳钉纹，个别墓砖朝土圹面饰有线条相对较细的菱格纹或菱格乳钉纹。

未见人骨架，葬式葬具不详。

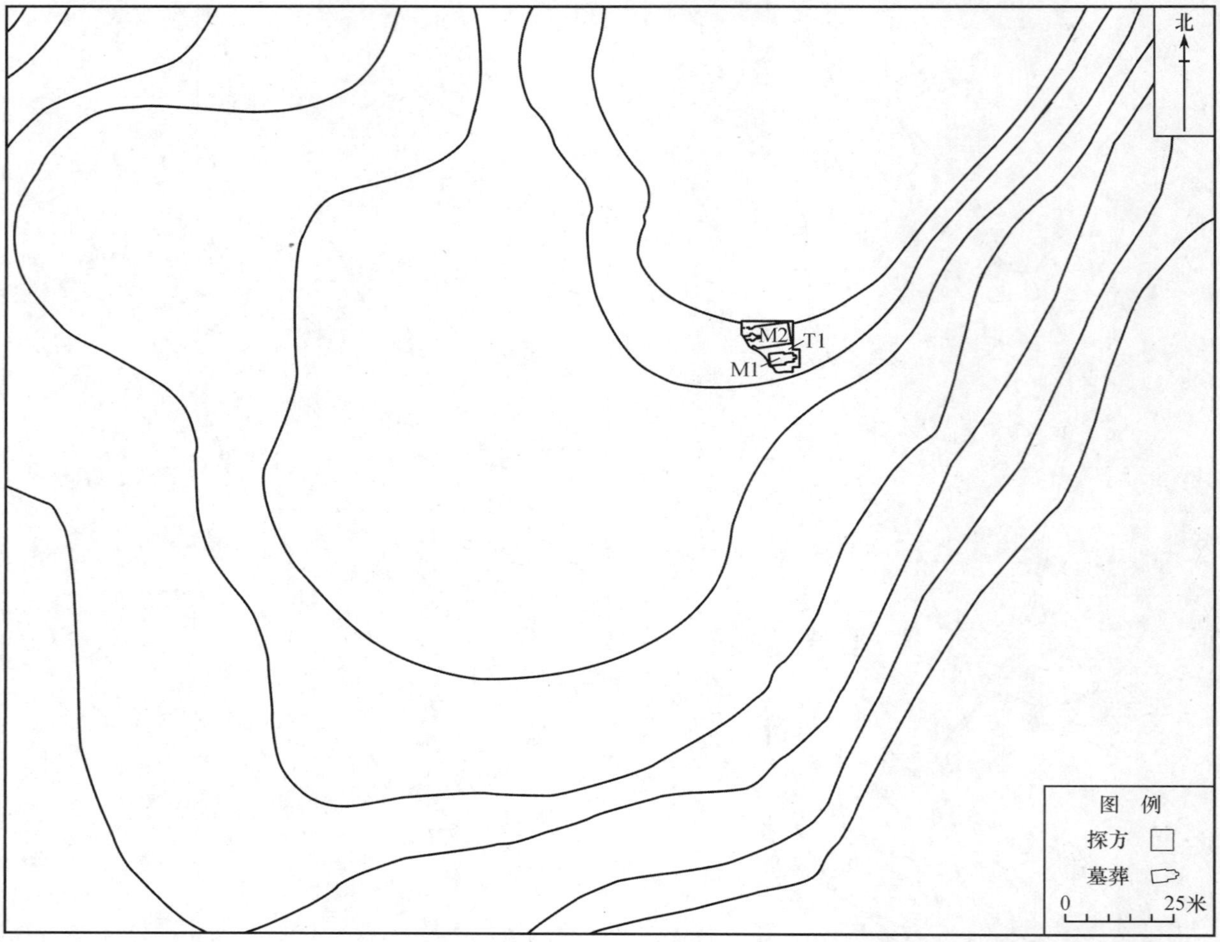

图二　丰都卡子堡墓群2010年度发掘墓葬分布图

（二）随葬器物

因墓葬被扰，随葬器物摆放较凌乱，主要摆放在甬道近封门处、墓室东北部，墓室南侧也有少量分布。

1. 陶器

钵　3件。敞口，方圆唇，唇部加厚，上腹斜直，折腹斜收成平底，内底微凸。M1：3，泥质灰黑陶。外底微凸。口径16.7、底径4.6、高4.5厘米（图四，1）。M1：12，泥质灰陶。口径18.1、底径4.8、高4.9厘米（图四，2）。M1：16，泥质灰陶。外底略凹。口径17.5、底径5.6、高4.6厘米（图四，3）。

盘　4件。敞口，圆唇。根据器形可分二型。

A型　2件。泥质红陶胎，内壁施绿釉，口沿及外壁局部施酱黄釉，剥蚀严重。窄平沿，浅弧腹，平底，内外底略凹。M1：29，口径20.4、底径8.3、高3.6厘米（图四，7）。M1：2，口径20.4、底径6.8、高3.1厘米（图四，10）。

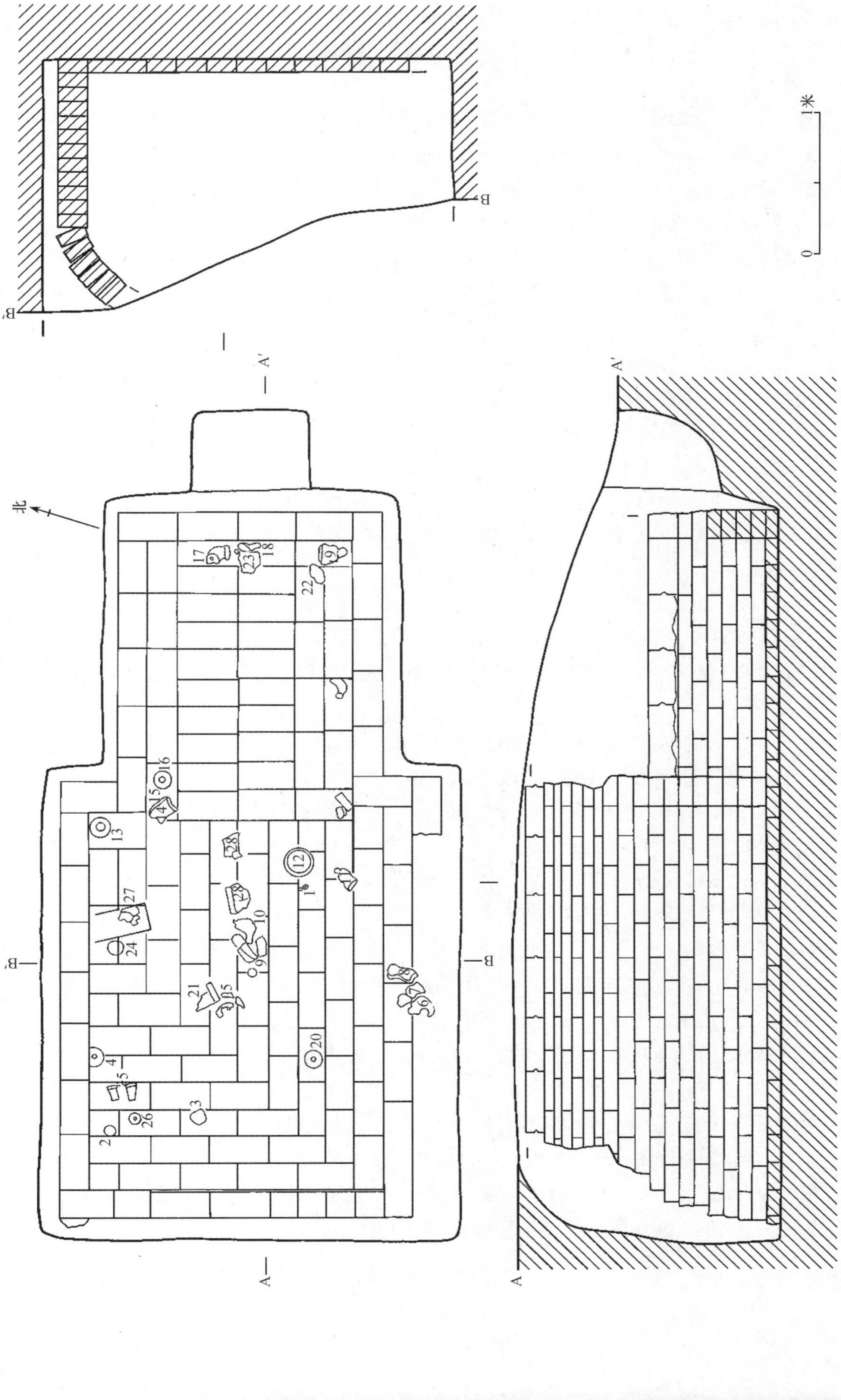

图三 卡子堡墓群M1平剖面图

1. 铜钱币 2、4. 陶盘 3、12、16. 陶钵 5. 陶子母鸡 6. 陶舞俑 7～9、11、18. 陶侍俑 10. 陶鸡 13. 陶甑 14、27. 陶抚琴俑 15. 陶抚耳俑 17. 陶镇墓兽 19. 陶庖厨俑 20、26. 陶灯 21. 陶塘 22. 陶胡人吹箫俑 23、28. 陶案 24. 陶井 25. 陶俑腿

B型　2件。平折沿，内缘凸起，折腹斜内收，饼足略内凹。M1：4，泥质红陶。口径17.4、底径7.2、高3.2厘米（图四，6）。M1：37，泥质黄褐陶。口径16.4、底径6.6、高3.5厘米（图四，9）。

灯　2件。泥质红陶胎。柱形长柄，中空，喇叭形座。M1：20，灯盘残。底径11.5、残高7.2厘米。M1：26，灯盘内壁及柄施酱釉，外壁局部施绿釉。灯盘为敞口，方圆唇，弧壁微折。盘径12.4、底径11.8、高17.2厘米（图四，8）。

耳杯　3件。泥质红陶胎。椭圆形，敞口，弧腹斜收，半月形双耳。分二型。

A型　2件。尖圆唇，双耳略低于口沿，微上翘，平底似假圈足，器形较小。M1：36，口长径10.4、短径6.2厘米，底长径6、短径3.1厘米，高3.5厘米（图四，12）。M1：34，高4.6厘米（图四，13）。

B型　1件。方唇。M1：35，器耳及内表施黄褐色釉，内底局部施绿釉。双耳与器口沿齐平，平底，器形略大。高6.4厘米（图四，14）。

甑　1件。M1：13，泥质红陶胎，施酱釉，外釉不及底。敞口，厚圆唇，弧腹斜内收，平底，中间有一圆形甑孔。口径16.3、底径7.2、孔径2.6、高9.3厘米（图四，5）。

案　2件。长方形，斜壁，浅盘。M1：23，泥质红陶胎，施酱釉，剥落严重。尖唇，平底。残长41.5、残宽18.8、高2厘米。M1：28，泥质红陶。方唇，底部两端各贴一纵向板饰，四兽面蹄足。残长27.7、宽30、高8.4厘米。

井　1件。M1：24，泥质红陶。由井桶、井架组成。井桶，侈口，斜折沿，圆唇，矮束颈，溜肩，直腹略斜收，平底内凹。肩部有两道凹弦纹。井架为圆柱状，中空，以上残缺。井桶轮制，井架为手捏成形，分别制成后粘合而成。口径13.7、底径13.2、残高19.6厘米（图四，4）。

博山炉盖　1件。M1：33，泥质红陶胎，器表施酱黄釉。敞口，方唇，弧形顶。盖顶有椭圆形乳突，盖面饰有若干近圆形乳突。口径12.3、高4.8厘米（图四，11）。

器耳　1件。M1：39，泥质红陶胎，施酱褐釉。半圆环形。中间饰一圆锥，两端饰鸟形纹。直径14.4厘米。

塘　1件。M1：21，泥质红陶。长方形，中以田埂隔开，一边塑有鱼、田螺、莲蓬，一边塑有龟、田螺、莲蓬及不明物。长38.2、宽22.7、高5.7厘米（图五，1）。

房　3件。泥质红陶。M1：31，两面坡顶，中间有脊，两端上翘，脊正面现存一组筒瓦。线刻四立柱，柱上有斗承檐，两侧壁各有一对应圆形穿孔。宽33.3、厚7.5、高25.6厘米（图五，3）。M1：32，顶残。楼檐中有立柱，柱上为一斗三升。左右有角柱。柱外有伸出的栏杆。宽32.5、厚8.5、高24.8厘米（图五，2）。M1：38，大部分残缺，可见房脊、筒瓦垄、檐板及升斗残件。

鸡　2件。昂首，长尾上翘，立姿。M1：42，泥质灰陶。双足分开站立。高29.1厘米（图五，4）。M1：10，泥质红陶。座两侧雕出站立双足。高17.5厘米（图五，5）。

子母鸡　1件。M1：5，泥质红陶。昂首，翘尾，尾部展开呈扇状，作蹲伏状。背负一小鸡，左右翅下各一小鸡。高16厘米（图五，6）。

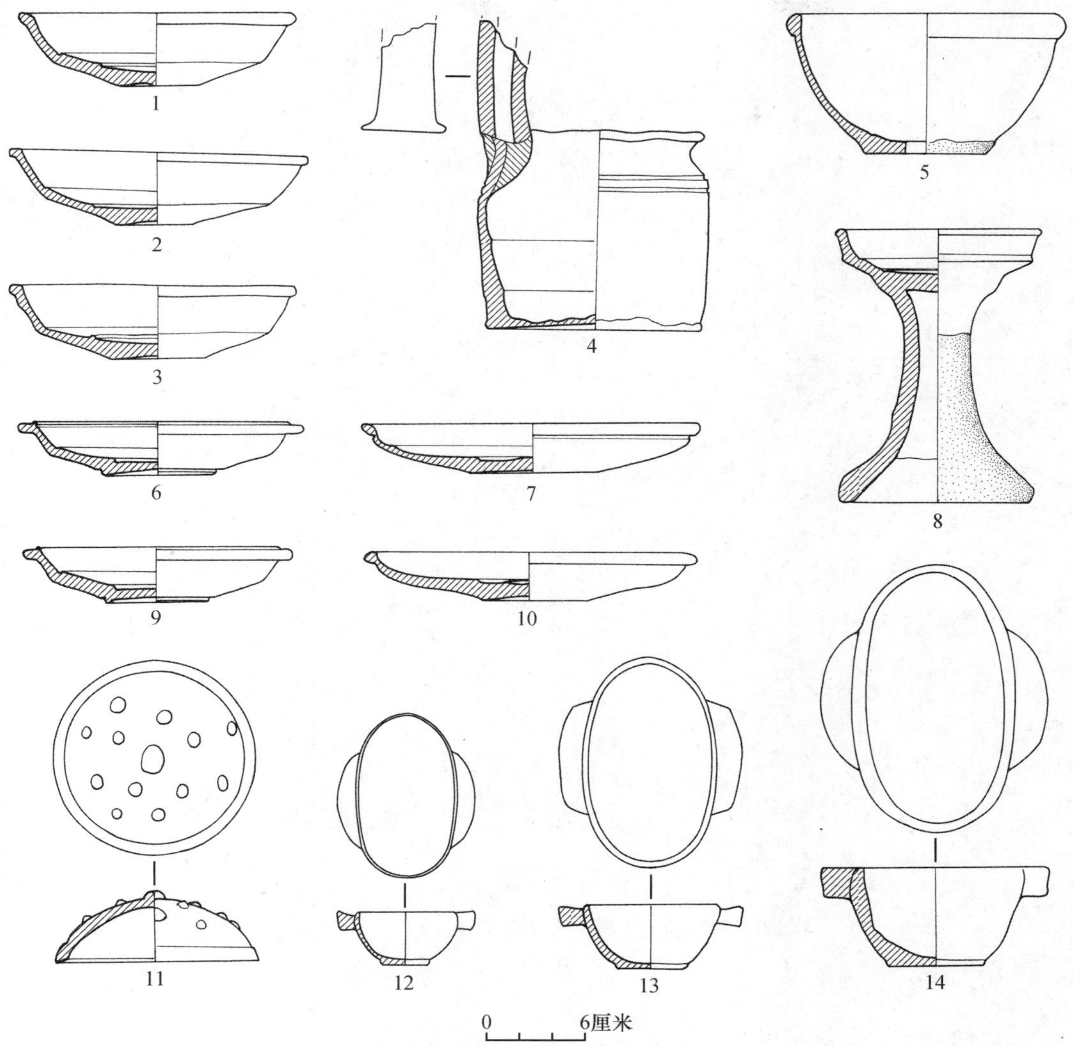

图四 M1出土陶器（一）

1～3. 钵（M1：3、M1：12、M1：16） 4. 井（M1：24） 5. 甑（M1：13） 6、9. B型盘（M1：4、M1：37） 7、10. A型盘（M1：29、M1：2） 8. 灯（M1：26） 11. 博山炉盖（M1：33） 12、13. A型耳杯（M1：36、M1：34） 14. B型耳杯（M1：35）

镇墓兽 2件。泥质红陶。鼓眼，短立耳，张嘴龇牙，长舌垂地。前腿直立，后腿及臀着地，长尾贴身向左卷曲，呈蹲伏状。M1：17，高17.6厘米（图五，7）。M1：43，高17.7 厘米（图五，8）。

侍俑 5件。宽袖，束腰，及地。双手相拥作侍立状。M1：7，泥质红陶。头戴平巾帻，面目不清。颈部及胸部残。残高17.1厘米。M1：8，泥质红陶。头戴平巾帻，高鼻，面目不清，外衣交领右衽。脚穿翘头履。高23.1厘米（图六，1）。M1：9，泥质红陶。梳高髻，束巾，面目不清，亵衣圆领，外衣交领右衽。脚穿翘头履。高19.6厘米（图六，2）。M1：18，泥质灰陶。束巾，面露微笑，中衣、深衣交领右衽。高18.2厘米（图六，3）。M1：11，泥质红陶。束巾，面目不清，外衣交领。高14.8厘米（图六，11）。

抚琴俑 2件。泥质红陶。跽坐，膝上置琴，双手作抚琴状。M1：14，梳圆髻，束巾，面

图五　M1出土陶器（二）

1. 塘（M1∶21）　2、3. 房（M1∶32、M1∶31）　4、5. 鸡（M1∶42、M1∶10）　6. 子母鸡（M1∶5）　7、8. 镇墓兽（M1∶17、M1∶43）

露微笑。袭衣圆领，外衣交领右衽，宽袖，及地。高19.3厘米（图六，5）。M1∶27，头戴平巾帻，面部残。袭衣圆领，宽袖，束腰，及地。高20厘米（图六，6）。

庖厨俑　1件。M1∶19，泥质红陶。头戴平巾帻，面露微笑，袭衣圆领，外衣交领右衽，宽袖挽起，及地。跽坐。双膝前置案，案上有鱼，左手按住鱼身，右手持刀举至胸前。高18.3厘米（图六，8）。

胡人吹箫俑　1件。M1∶22，泥质红陶，颈及头部粘有酱釉痕迹。头戴尖帽，颧骨突出，高鼻，外衣交领，窄袖，及地。脚穿履。曲膝坐于圆榻上，双手握箫作吹奏状。圆榻饰菱格锥刺纹。高20厘米（图六，4）。

抚耳俑　1件。M1∶15，泥质红陶。梳山形髻，束巾，面部模糊，袭衣圆领，外衣交领右衽，宽袖，束腰，及地。跽坐，左手按膝，右手放于耳边作倾听状。高18.1厘米（图六，9）。

舞俑　1件。M1∶6，泥质红陶。梳山形髻，束巾，面目不清，袭衣圆领，中衣、深衣交领右衽，深衣袖为荷叶形褶边宽袖，右手屈肘上举于体侧，作舞蹈状。左手及胸以下残。残高18厘米（图六，10）。

图六　M1出土陶俑

1～3、11. 侍俑（M1：8、M1：9、M1：18、M1：11）　4. 胡人吹箫俑（M1：22）　5、6. 抚琴俑（M1：14、M1：27）　7. 执物俑（M1：39）　8. 庖厨俑（M1：19）　9. 抚耳俑（M1：15）　10. 舞俑（M1：6）

执物俑　1件。M1：39，泥质红陶胎，正面施酱釉，剥落严重。中衣圆领，深衣交领，宽袖。双手置于胸前，右手执一不明物。头及胸以下残，较同出其他俑器形稍大。残高17.1厘米（图六，7）。

2. 铜器

所出铜器全部为钱币，29枚，均为五铢。

M1：1，12枚较完整，7枚钱文模糊。背有内郭，面无内郭，面、背均有外郭。钱正面、穿之左右有篆文“五铢”二字。分四式。

Ⅰ式　2枚。M1：1-1，“五”字交笔略曲。“铢”字金字头呈箭镞形，四点较长；“朱”字横笔上下圆折。钱径2.5、穿径0.95厘米（图七，1）。

Ⅱ式　5枚。M1：1-2，“五”字交笔较曲。“铢”字金字头呈等边三角形，四点较短；“朱”字横笔上下圆折。钱径2.6、穿径0.95厘米（图七，2）。

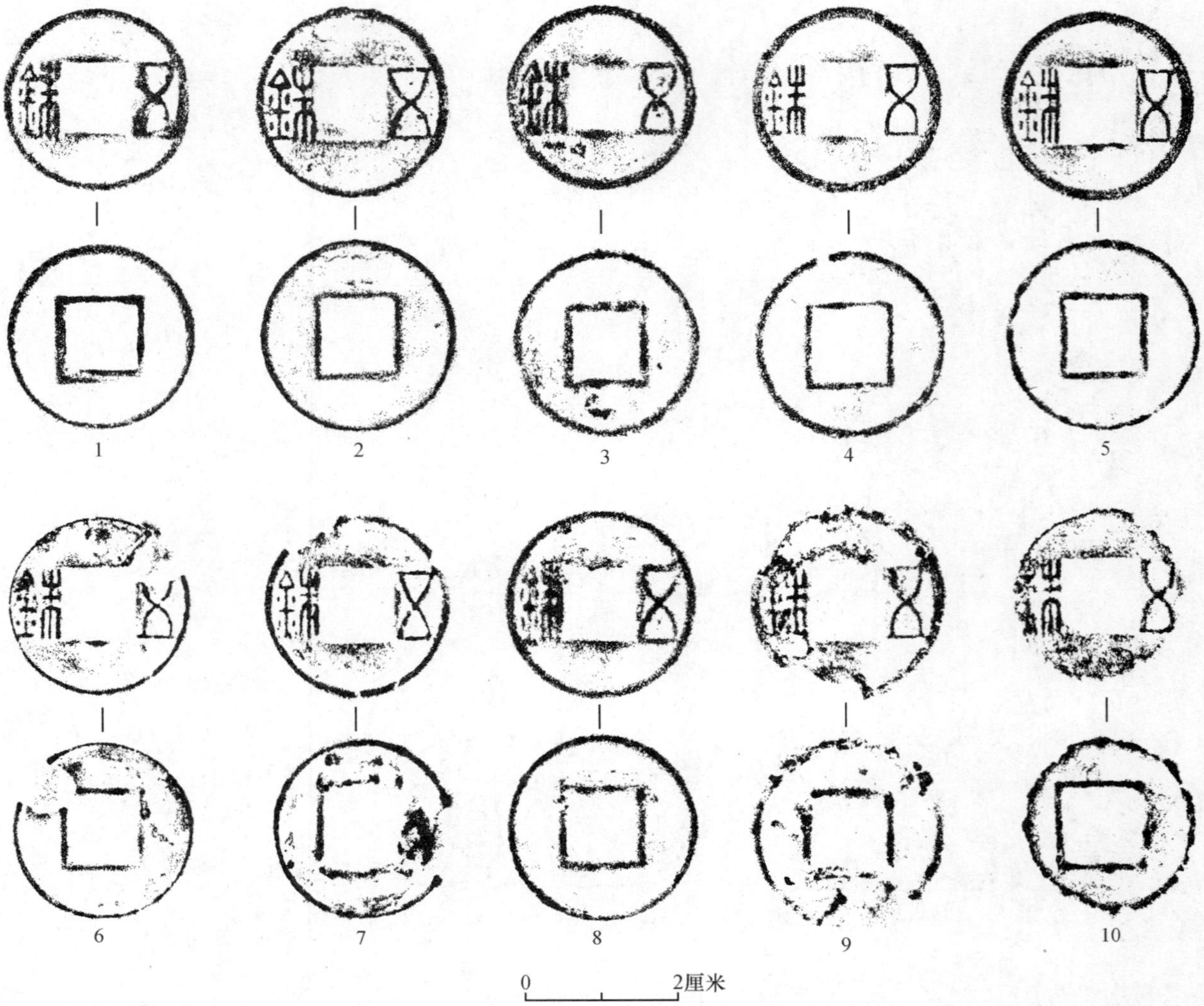

图七　M1出土铜五铢钱拓片

1. Ⅰ式（M1：1-1）　2. Ⅱ式（M1：1-2）　3. Ⅲ式（M1：1-3）　4. Ⅳ式（M1：1-4）　5. A型Ⅰ式（M1填土：1-1）　6. A型Ⅱ式（M1填土：1-2）　7. C型Ⅰ式（M1填土：1-4）　8. C型Ⅱ式（M1填土：1-5）　9. C型Ⅲ式（M1填土：1-6）　10. D型（M1填土：1-7）

Ⅲ式　4枚。M1：1-3，“五”字交笔较曲。“铢”字金字头呈箭镞形，四点较长；“朱”字横笔有上方折、下圆折，也有上下圆折。钱径2.6、钱径1厘米（图七，3）。

Ⅳ式　1枚。M1：1-4，“五”字上下笔出头，交笔略曲。“铢”字金字头呈箭镞形，四点较短；“朱”字横笔上下方折。钱径2.6、穿径1厘米（图七，4）。

M1填土：1，共8枚，较完整，2枚残碎，钱文模糊。背有内郭，面无内郭，面、背均有外郭。钱正面、穿之左右有篆文“五铢”二字。分四型。

A型　3枚。穿下有一星。可分二式。

Ⅰ式　1枚。M1填土：1-1，“五”字上下笔出头，交笔较曲。“铢”字金字头呈箭镞形，四点较短；“朱”字横笔上方折、下圆折。钱径2.6、穿径1厘米（图七，5）。

Ⅱ式　2枚。M1填土：1-2，“五”字交笔略曲。“铢”字金字旁模糊，“朱”字横笔上下方折。钱径2.6、穿径1厘米（图七，6）。

B型 1枚。正面穿上有一横。M1填土：1-3，“五”字上下笔出头，交笔略曲。“铢”字金字头呈箭镞形，四点较短；“朱”字横笔上下方折。钱径2.5、穿径1厘米。

C型 3枚。正面无内郭。可分三式。

Ⅰ式 1枚。M1填土：1-4，“五”字交笔斜直，如对顶三角形。“铢”字金子头呈等边三角形，四点较短；“朱”字横笔上方折、下圆折。钱径2.5、穿径1.1厘米（图七，7）。

Ⅱ式 2枚。M1填土：1-5，“五”字交笔斜直，字形瘦长。“铢”字金字头呈等边三角形，四点较长；“朱”字横笔上下圆折。钱径2.6、穿径1厘米（图七，8）。

Ⅲ式 1枚。M1填土：1-6，“五”上下笔出头，交笔较曲。“铢”字金字旁模糊；“朱”字横笔上下方折。钱径2.6、钱径1厘米（图七，9）。

D型 1枚。“磨郭”（剪轮）五铢。M1填土：1-7，边郭大部分被磨去，钱文模糊。钱径2.3、穿径1厘米（图七，10）。

二、M2

（一）墓葬形制

M2方向265°。竖穴土坑砖室墓，有封土，由双墓道、双甬道、前室、双后室组成。两条墓道之间有一道生土墙相隔，自甬道起整个墓圹为一个整体，土圹通长9.6、宽1.5～5.2、深1.2～5.6米。封土形状边缘不详，为五花土，夯筑，土质紧密，内含夹砂陶片，未见夯窝，夯层不平整，层厚0.1～0.35米，残高0～3.8米。墓葬填土为黄褐色花土，近底部有大量淤泥，前室中南部有一个竖井式盗洞。

墓道为长方形斜坡墓道，北墓道因故未能进行发掘，南墓道有生土二层台，上部残缺，墓道西端为断坎，残长2、宽2、深1.3～3.24米，二层台宽0.1米。甬道位于墓室西部，南北两条甬道均为长方形，南甬道长3、宽1.2、高1.32米，北甬道长2.5、宽1.8、高1.2米。前室横置，南北两端略宽出甬道和后室壁，横长方形，东西长1.8、南北宽4.3、高2.4米。前室中南部墓底有一腰坑，平面近椭圆形，坑壁较陡，圜底，内填灰褐色土，土质松软，出土有陶俑、陶罐、陶房及墓砖残件等。后室位于前室东部，后室与甬道两两对称，呈长方形，均长2.5、宽1.8、高1.2米，南后室墓底有两道横向平行凹槽，东部凹槽宽0.32、西部凹槽宽0.3、深0.1米。

墓道与甬道间用长方形墓砖横向错缝平砌成封门，南封门仅剩10层砖，残高0.5～1.0米，北封门保存完好。南甬道和后室底未见铺地砖，北甬道墓底用长方形墓砖纵向对缝平铺，前室墓底用长方形砖和榫卯砖对缝平铺，多为纵向，局部横向，中南部被毁。甬道壁及墓室壁均用长方形榫卯砖横向错缝平砌，甬道和后室南北两壁为双层壁。甬道及后室顶均为榫卯砖纵向错缝砌筑，双层券顶，南墓道从第11层砖起券，券顶被破坏，北墓道及后室均从第10层砖起券，券顶保存完好。前室用榫卯砖横向错缝砌筑，单层券顶，从第17层砖开始起券，南部被破坏，北部顶部略微塌陷。券顶外均铺有一层木炭。墓砖有长方形墓砖和榫卯砖两种，长方形砖均用于铺地，榫卯砖多用于砌筑墓室墙和券顶，少量用于铺地。长方形砖长44、宽24、厚8厘米，榫卯砖长40、宽20、厚8厘米或长44～46、宽20～24、厚8厘米。墓砖上下两面饰中绳纹，朝墓室面饰重菱纹或菱形乳钉纹，也有极个别花纹朝外。

未发现人骨架，葬式葬具不详。南后室墓底有两道凹槽，推测为搁置枕棺木用。因墓葬被盗扰，随葬器物摆放较凌乱，主要摆放前、后室，甬道也有少量分布（图八）。

（二）随葬器物

虽然M2遭到严重盗扰，但在墓底及填土内仍出土较多器物，以陶器为大宗，另有少量铜器。陶器包括有钵、罐、盆、勺、锺、灯、甑等生活用器和侍俑、抚琴俑、陶鸡、陶房等模型明器。铜器有车軎、衡末、衔镳等车马器构件，钱币为五铢钱。

1. 陶器

共出土陶器106件，以泥质灰陶为主，其次为泥质红陶，有少量泥质黄褐陶、灰黑陶等。制法与M1出土陶器相同。多素面，纹饰有绳纹、弦断绳纹、弦纹、菱格纹、戳印纹、拍印网格纹、刻划网格纹、波折纹、乳钉纹、镂空等。

钵　23件。敞口，上腹斜直，折腹斜内收成小平底，内底微凸。根据唇部不同可分二型。

A型　18件。泥质灰陶。唇部加厚，下腹微内弧。M2∶3，尖唇。口径17.2、底径5.8、高5.7厘米。M2∶16，圆唇。口径17.8、底径5.4、高6.1厘米。M2∶21，尖圆唇，外底略凸。口径17.6、底径4.5、高7厘米（图九，1）。M2∶45，圆唇。口径17.9、底径5.6、高7厘米（图九，2）。M2∶57，尖圆唇。口径17.6、底径5.5、高7厘米（图九，3）。M2∶69，圆唇。口径17.5、底径4.8、高6.5厘米（图九，4）。M2∶72，圆唇。口径18.4、底径5.1、高6.7厘米（图九，5）。M2∶73，圆唇。口径18.5、底径5.3、高6.7厘米（图九，6）。M2∶79，尖圆唇。口径17.4、底径4.4、高6.4厘米（图九，7）。M2∶82，圆唇。口径17.3、底径5、高6.8厘米（图九，8）。M2∶95，圆唇。口径17.8、底径5.3、高6.3厘米（图九，9）。M2∶97，圆唇。口径18、底径4.9、高7厘米（图九，10）。M2∶98，圆唇。口径17.3、底径5、高6.6厘米（图九，11）。M2∶99，圆唇。口径17.5、底径5.2、高6.2厘米（图九，12）。M2∶101，圆唇。口径18.3、底径5、高6.4厘米（图九，13）。M2∶104，圆唇。口径18、底径5.2、高6.7厘米（图九，14）。M2∶105，圆唇。口径17.9、底径4.7、高6.3厘米（图九，15）。M2∶110，圆唇。口径17.9、底径5.1、高6.9厘米（图九，16）。

B型　5件。薄唇。M2∶93，泥质灰黑陶。圆唇。口径18.3、底径4.5、高7厘米（图九，17）。M2∶94，泥质灰陶。圆唇。口径17.8、底径5.5、高6.2厘米（图九，18）。M2∶96，泥质灰黑陶。尖圆唇。口径17.8、底径5.5、高6.4厘米（图九，19）。M2∶100，泥质灰陶。圆唇口径18.3、底径5.1、高6.7厘米（图九，20）。M2∶106，泥质灰陶。尖唇。口径18.9、底径5.1、高6.9厘米（图九，21）。

罐　6件。泥质灰陶。分三型。

A型　3件。圜底罐。矮束颈。M2∶44，侈口，方唇，折肩，垂腹。肩部饰弦断绳纹，腹

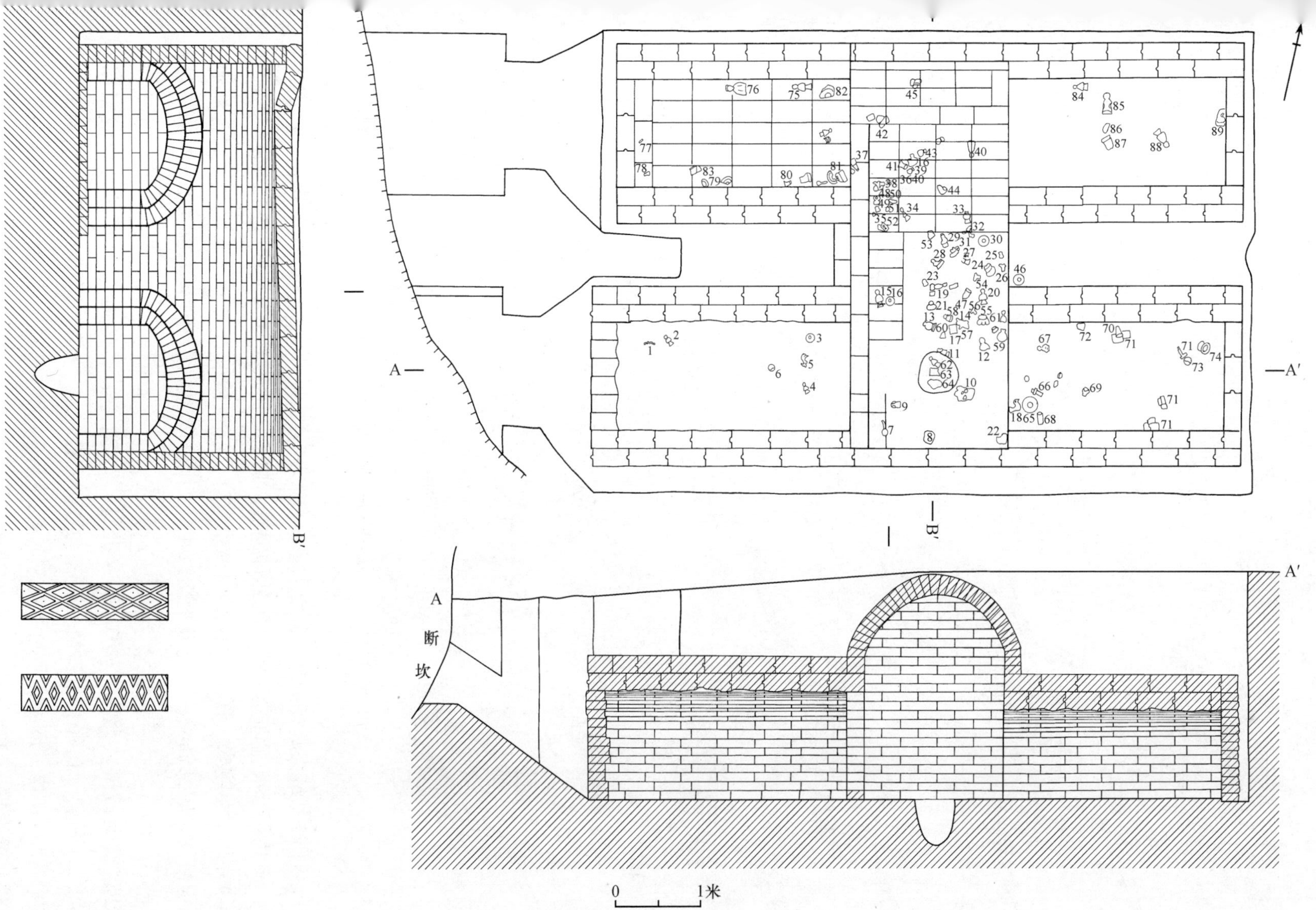

图八　M2平、剖面图

1-1. 铜衔镳　1-2、50. 铜耳杯扣　2、41、58. 陶执物俑　3、16、21、45、57、69、72、73、79、82. 陶钵　4、19、23～25、33、34、38、40、47、61、62、67、76、80、84～88. 陶侍俑　5. 陶舞俑　6. 铜片　7、51. 陶勺　8、12. 陶抚耳俑　9、42. 陶狗　10、26、31、60-1. 陶灯　11、13、14、27、43、89. 陶佩剑侍卫俑　15、37. 陶妇人背子俑　17、66. 陶房　18. 陶子母鸡　20、22. 陶马　28. 陶驾驭俑　29. 陶抚琴俑　30、65. 陶锺　32. 陶鸡　35、48. 陶抱囊俑　36、54、60-2. 陶博山炉盖　39、75. 陶击鼓俑　44、59、64、74. 陶罐　46、55. 陶盆　49、83. 陶井　52. 陶甑　53、70. 陶跪坐俑　56. 铜衡末　63. 陶猪　68. 陶耳杯　71. 陶碓房　77. 铜盖弓帽　78. 铜车軎　81. 陶器座

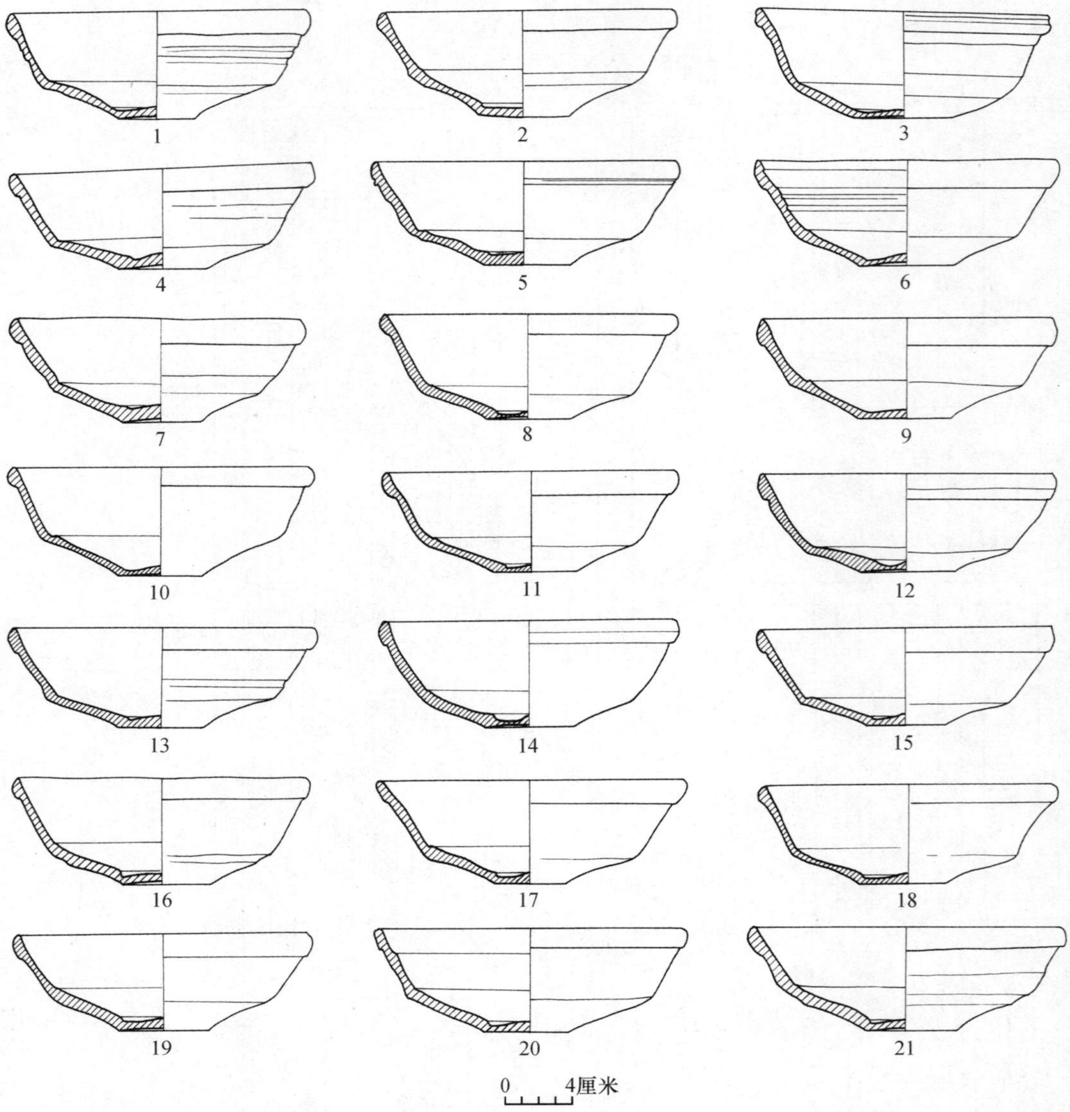

图九　M2出土陶钵

1～16. A型陶钵（M2：21、M2：45、M2：57、M2：69、M2：72、M2：73、M2：79、M2：82、M2：95、M2：97、M2：98、M2：99、M2：101、M2：104、M2：105、M2：110）　17～21. B型陶钵（M2：93、M2：94、M2：96、M2：100、M2：106）

部饰绳纹。口径13.5、最大腹径32.4、高22.2厘米（图一〇，1）。M2：59，直口微侈，卷沿，尖唇，鼓肩，斜弧腹。肩部饰菱格纹，腹部饰绳纹，肩及上腹部手抹五周凹弦纹。口径12.7、最大腹径34.9、高22.8厘米（图一〇，2）。M2：74，直口微侈，卷沿，尖唇，鼓肩，斜弧腹。肩部饰菱格纹，腹部饰绳纹，肩及上腹部手抹四周凹弦纹。口径13.9、最大腹径34.3、高20厘米（图一〇，3）。

B型　2件。大口罐。敛口，矮束颈，折肩，鼓腹，平底微内凹。肩部刻划菱格暗纹。M2：64，方圆唇。口径13.3、最大腹径22.3、底径13.2、高15.2厘米（图一〇，4）。M2：103，圆唇。口径13、最大腹径22.3、底径14.8、高16.3厘米（图一〇，5）。

C型　1件。筒形罐。M2：102，敛口，圆唇，折肩，筒腹，平底。口径13.6、底径13.6、

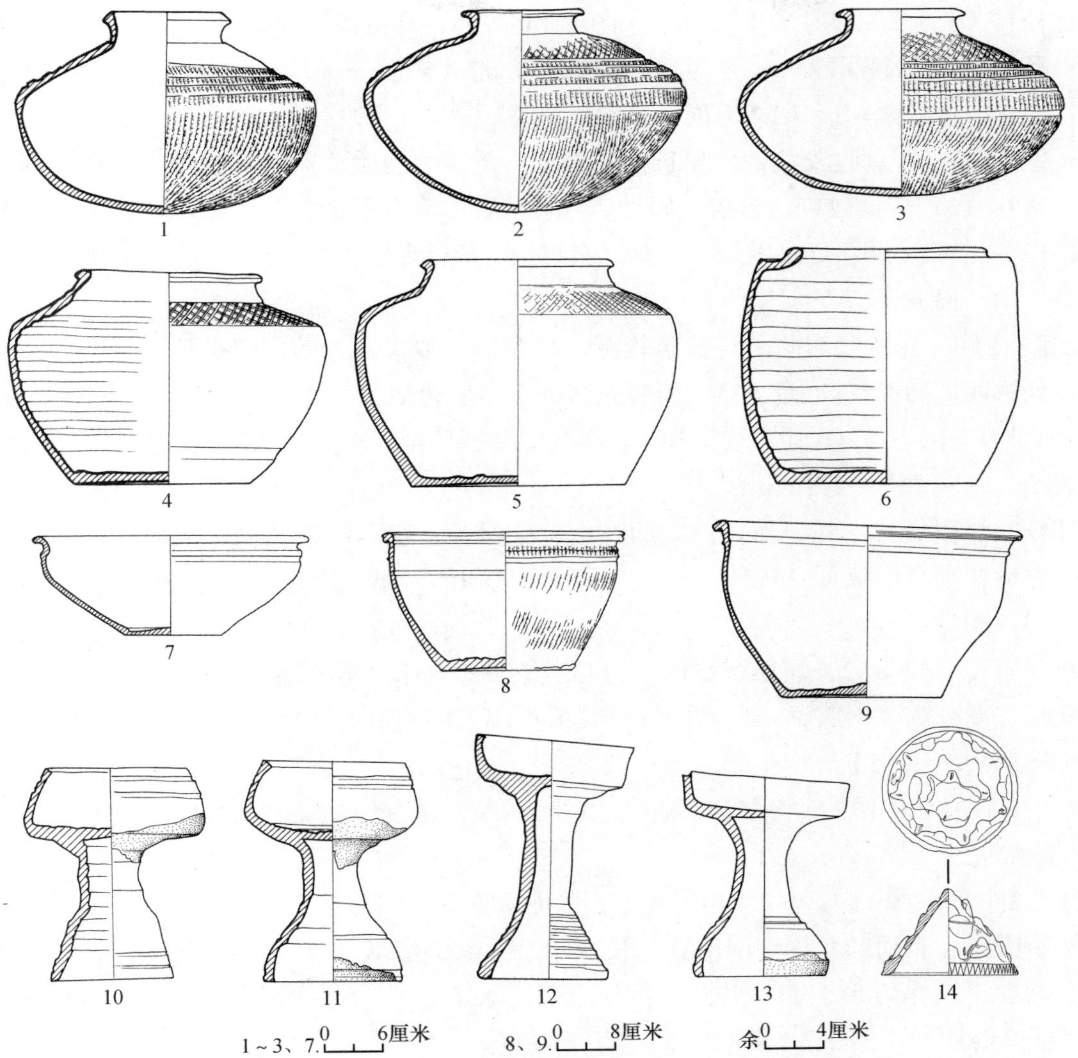

图一〇 M2出土陶器（一）

1～3. A型罐（M2：44、M2：59、M2：74） 4、5. B型罐（M2：64、M2：103） 6. C型罐（M2：102） 7～9. 盆（M2：46、M2：55、M2：91） 10、11. B型灯（M2：60-1、M2：31） 12、13. A型灯（M2：10、M2：26） 14. 博山炉盖（M2：36）

高16.5厘米（图一〇，6）。

盆 3件。泥质灰陶。M2：46，侈口，卷沿，圆唇，略束颈，弧腹斜内收，小平底，内底微凸。口径28.8、底径9.4、高11.1厘米（图一〇，7）。M2：55，直口，卷沿，方唇，弧腹，平底略内凹。口径34.1、底径18.2、高19.5厘米（图一〇，8）。M2：91，直口微侈，卷沿，方唇，弧腹，平底略内凹。口径43.4、底径22.2、高25.6厘米（图一〇，9）。

勺 2件。泥质红陶胎，器表施酱釉，剥蚀严重。深腹，曲柄。M2：7，勺身近圆形。长11.3厘米（图一一，7）。M2：51，勺身残，柄残断。残长22厘米。

锺 2件。泥质红陶胎，器表施酱釉。器身为浅盘口，方唇，溜肩。肩部饰三周凹弦纹，腹部有两个对称的衔环铺首。带盖，盖为敞口，方唇，弧顶，顶面略平。盖面中心饰柿蒂纹，周围饰草蔓纹及乳钉纹。M2：30，束颈，鼓腹，高圈足。盖口径16.8、器身口径16、最大腹径

26、足径15.3、通高39.7厘米（图一一，1）。M2：65，高束颈，圆鼓腹，圈足。盖口径15.7、器身口径15.5、最大腹径25.5、足径15.6、通高39.2厘米（图一一，2）。

灯　4件。根据灯盘、柄的不同分二型。

A型　2件。灯盘腹较浅，柱形长柄，中空。泥质红陶胎，器表施酱釉，灯盘与柄相连处无釉。M2：10，灯盘敛口，方唇，弧壁，喇叭形座。盘口径11.7、底径9.1、高17.5厘米（图一〇，12）。M2：26，灯盘敞口，方唇，斜直壁，覆钵形座。盘口径11.6、底径9.2、高14.9厘米（图一〇，13）。

B型　2件。泥质红陶胎。灯盘腹较深，短粗柄。敛口，方唇，圆折腹，柱形柄，中空。近盘口处饰两道凹弦纹。M2：31，器表施酱釉，局部无釉。覆钵形座。盘口径9.6、底径9.8、高16.1厘米（图一〇，11）。M2：60-1，施酱黄釉，局部无釉。喇叭形座。盘口径10.1、底径8.5、高15.4厘米（图一〇，10）。

耳杯　1件。M2：68，泥质红陶胎，内壁施绿釉，双耳施酱黄釉，剥蚀严重。椭圆形，敞口，方唇，半月形双耳，双耳与口沿齐平，平底似假圈足。底长径9.9、短径6.3、高6.1厘米（图一一，3）。

甑　1件。M2：52，泥质灰褐陶。直口，卷沿，圆唇，深弧腹，平底略内凹，底部有14个箅孔呈三周分布。上腹饰一周戳印纹，其下拍印三周菱形网格纹。口径42.9、底径20.3、高24.6厘米（图一一，4）。

案　1件。M2：107，泥质黄褐陶。长方形，浅腹，内底略上凸，曲尺形四足。长50.7、宽36.1、高8.3厘米（图一一，6）。

井　2件。泥质灰陶。M2：49，井盖，平面呈方形，圆形井圈，两侧有对称长方形孔，内有井架，圈足。表面四角刻划网格纹。长22.4、残高2.5厘米。M2：83，井桶为方形，直腹，平底，井盖平面呈方形，圆形井圈，两侧有对称长方形孔。井桶宽12.9、井盖宽20.1、圈径7.5、残高24.5厘米（图一一，8）。

博山炉盖　4件。泥质红陶胎。敞口。M2：36，器表施酱黄釉。尖唇，横截面呈三角形，内顶略弧。盖顶一乳突，盖面饰山形纹、镂孔及一周波折纹。口径9.3、高6.3厘米（图一〇，14）。M2：54，2件。器表施酱釉。方圆唇，唇部加厚，弧形顶。盖顶一乳突，盖面饰若干圆形乳突。口径12.9、高4.9厘米。M2：60-2，器表施酱黄釉。尖唇，横截面呈三角形。盖顶一乳突，盖面饰山形纹，镂孔。口径9、高6.2厘米。M2：113，器表施酱黄釉。尖唇，横截面呈三角形，内顶略弧。盖顶一乳突，盖面饰山形纹、镂孔及一周波折纹。口径9.3、高6.4厘米。

碓房　1件。M2：71，泥质灰陶。长方形，四角圆形立柱，碓房内有碓、碓窝。长33.3、宽12.8、高20厘米（图一一，5）。

房　3件。泥质灰陶。M2：112，平顶，顶中有脊，脊两面各有七组筒瓦，楼檐左右立柱，柱上为一斗三升，柱外有栏杆，房内线刻有门。檐板及升上有朱砂残痕。宽36.2、厚15、高26.7厘米（图一一，9）。M2：17，仅存下层，平顶，顶中有脊，脊正面有九组筒瓦，正面残，仅剩左侧一扇门，门上有钮。宽39.4、厚18.2、高29.4厘米（图一一，10）。M2：66，两面坡顶，顶中有脊，脊两端翘起鸱吻，脊两面各有7组筒瓦，房屋正面残。长38、厚13、高30.2厘米。

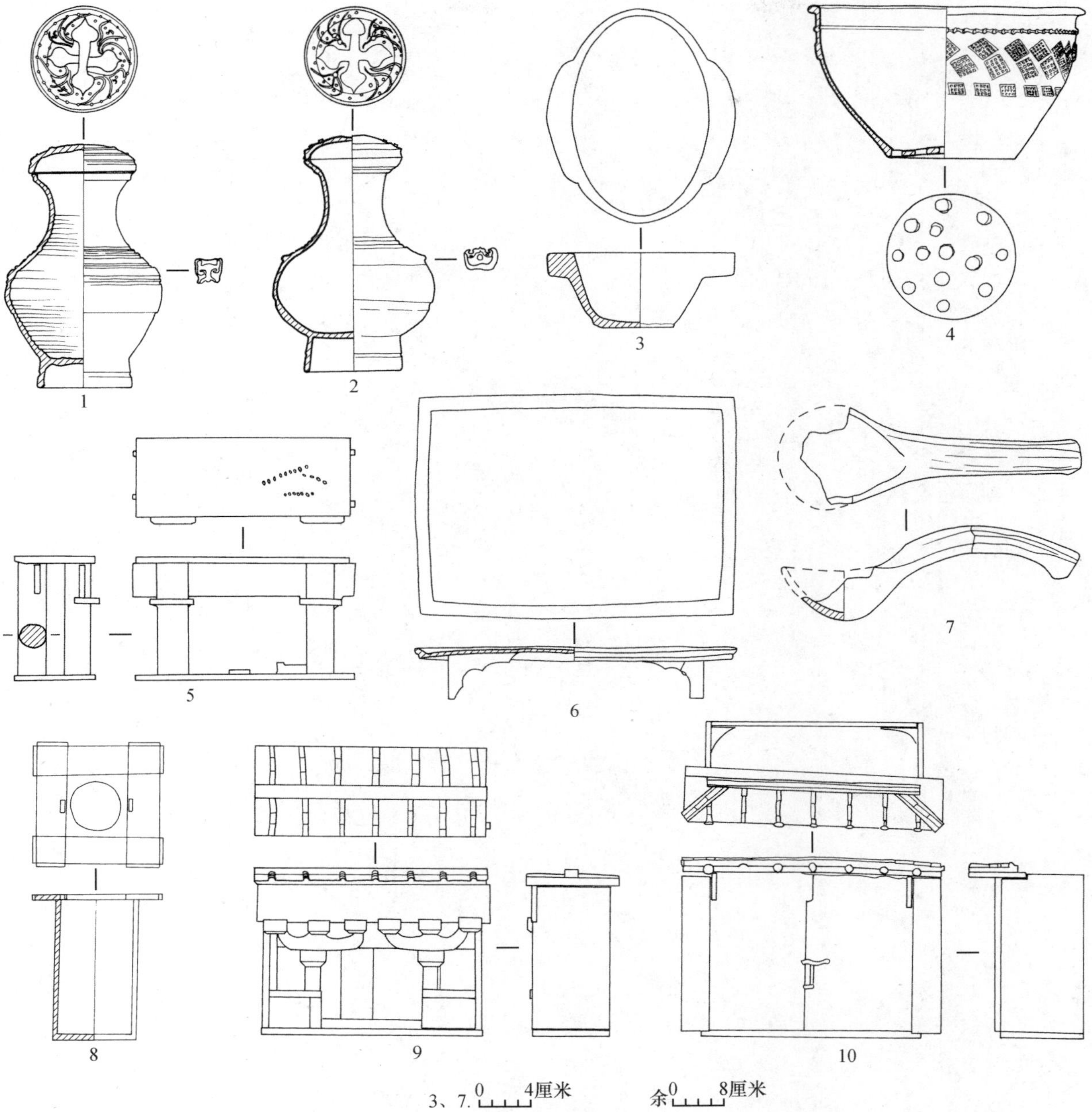

图一一　M2出土陶器（二）

1、2. 锺（M2：30、M2：65）　3. 耳杯（M2：68）　4. 甑（M2：52）　5. 碓房（M2：71）　6. 案（M2：107）　7. 勺（M2：7）　8. 井（M2：83）　9、10. 房（M2：112、M2：17）

器座　1件。M2：81，泥质灰陶。四方体盝顶式，有一圆形穿孔。残。顶面宽8、底面宽16、高14、孔径2.5厘米。

侍俑　21件。亵衣圆领，外衣或深衣宽袖，束腰，及地。双手相拥作侍立状。M2：4，泥质灰陶。头束巾，面目不清，深衣交领右衽。高20.7厘米。M2：19，泥质灰陶。梳高髻，束巾，面目不清，中衣、深衣交领右衽，后摆局部有褶边。脚穿翘头履。高20.5厘米（图一二，9）。M2：23，泥质灰陶。梳高髻，束巾，面露微笑，中衣、深衣交领右衽。高19.4厘米（图

图一二　M2出土陶侍俑

1. M2：85　2. M2：76　3. M2：86　4. M2：24　5. M2：80　6. M2：84　7. M2：67　8. M2：34　9. M2：19　10. M2：25　11. M2：62　12. M2：40　13. M2：33　14. M2：47　15. M2：88　16. M2：90　17. M2：23

一二，17）。M2：24，泥质红陶。梳高髻，束巾，面露微笑，脚穿翘头履。高22.4厘米（图一二，4）。M2：25，泥质灰陶。梳高髻，束巾，面目不清，中衣、深衣交领右衽，下摆有褶边。脚穿翘头履。高20.3厘米（图一二，10）。M2：33，泥质灰陶。头残，中衣、深衣交领右衽。脚穿翘头履。残高14.8厘米（图一二，13）。M2：34，泥质红陶。头带平巾帻，面目不清，中衣、深衣交领右衽，下摆有褶边。脚穿翘头履。高21.4厘米（图一二，8）。M2：38，泥质灰陶。梳髻，头戴平巾帻，面露微笑，深衣交领右衽。高21厘米。M2：40，泥质红陶。梳高髻，束巾，高鼻，面露微笑。脚穿翘头履。高22.7厘米（图一二，12）。M2：47，泥质灰陶。梳高髻，束巾，面目不清，中衣、深衣交领右衽。脚穿翘头履。高17.7厘米（图一二，14）。M2：61，泥质灰陶。束巾，面目不清，下半身残。残高12.9厘米。M2：62，泥质红陶。梳高髻，束巾，面目不清。脚穿翘头履。高21.2厘米（图一二，11）。M2：67，泥质红陶。头戴平巾帻，面目不清，深衣交领右衽。脚穿翘头履。高21.8厘米（图一二，7）。M2：76，泥质红陶。头束巾，面目不清。高22厘米（图一二，2）。M2：80，泥质红陶。梳高髻，束巾，面目不清。高21.1厘米（图一二，5）。M2：84，泥质灰陶。头戴平巾帻，面露微笑，中衣、深衣交领右衽。脚穿翘头履。高21.5厘米（图一二，6）。M2：85，泥质红陶。束巾，面目不清。高21.5厘米（图一二，1）。M2：86，泥质红陶。头戴平巾帻，面目不清。脚穿翘头履。高23.3厘米（图一二，3）。M2：87，泥质灰黑陶。梳山形髻，束巾，面露微笑，深衣交领右衽。脚穿翘头履。高20.4厘米。M2：88，泥质红陶。束巾，面目不清。脚穿翘头履。高17.9厘米（图一二，15）。M2：90，泥质灰陶。梳高髻，束巾，面目不清，深衣交领右衽。脚穿翘头履。高18.4厘米（图一二，16）。

跪坐俑　2件。头戴平巾帻，面目不清，亵衣圆领，中衣、深衣交领右衽，宽袖，后摆较长，有褶边，及地。跽坐，双手相拥于胸前。M2：53，泥质红陶。高16厘米（图一三，10）。M2：70，泥质灰陶。高15.6厘米（图一三，9）。

抚琴俑　1件。M2：29，泥质灰陶。头束巾，面露微笑，亵衣圆领，中衣、深衣交领右衽，宽袖，束腰，及地。跽坐，膝上置琴，双手作抚琴状。高17.5厘米（图一三，11）。

抚耳俑　2件。M2：8，泥质红陶。梳髻，束巾，面目不清，亵衣圆领，外衣交领右衽，宽袖，束腰，及地。跽坐，右手按膝，左手放于耳边作倾听状。高18.1厘米。M2：12，泥质灰陶。梳山形髻，束巾，面露微笑，亵衣圆领，中衣、深衣交领右衽，宽袖，中衣、深衣下摆为百褶花边，束腰，及地。跽坐，上身略右倾，左手按膝，右手放于耳边作倾听状。头部右侧局部有红色彩绘。高18.3厘米（图一三，15）。

舞俑　1件。M2：5，泥质灰陶。梳山形髻，束巾，亵衣圆领，中衣、深衣交领右衽，深衣袖为荷叶形褶边宽袖，至肘，束腰，裙摆呈百褶花边，及地，右手屈肘上举于体侧，左手提起裙角，作舞蹈状。高22.7厘米（图一三，17）。

佩剑侍卫俑　6件。头戴进贤冠，亵衣圆领，中衣、深衣交领右衽，宽袖，束腰，及地。披胸甲。双手相拥于胸前，左臂挟剑。脚穿翘头履。M2：11，泥质灰陶。面部残。高24.7厘米。M2：13，泥质灰褐陶。面目不清。胸甲下摆呈圆舌状。高25.4厘米（图一三，7）。M2：14，泥质灰陶。面容严肃。高24厘米（图一三，8）。M2：27，泥质灰陶。头残。衣领及袖子

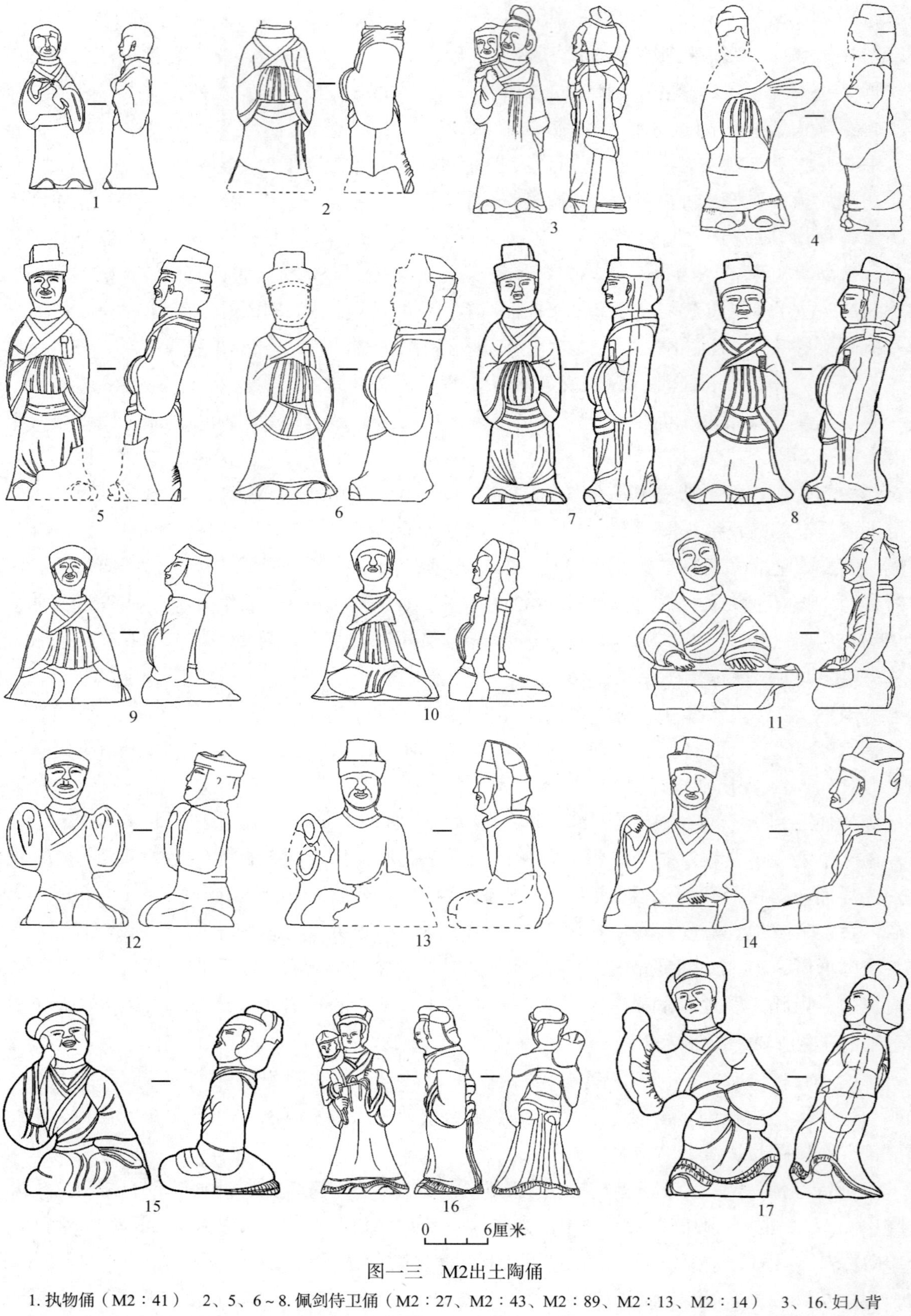

图一三　M2出土陶俑

1. 执物俑（M2：41）　2、5、6～8. 佩剑侍卫俑（M2：27、M2：43、M2：89、M2：13、M2：14）　3、16. 妇人背子俑（M2：37、M2：15）　4. 抱囊俑（M2：35）　9、10. 跪坐俑（M2：70、M2：53）　11. 抚琴俑（M2：29）　12. 驾驭俑（M2：28）　13、14. 击鼓俑（M2：75、M2：39）　15. 抚耳俑（M2：12）　17. 舞俑（M2：5）

上有红色彩绘痕迹。残高16.5厘米（图一三，2）。M2：43，泥质灰陶。面露微笑。脚穿翘头履。胸甲下摆呈圆弧状。高25.3厘米（图一三，5）。M2：89，泥质灰陶。面部残。胸甲下摆呈圆舌状。高24.3厘米（图一三，6）。

击鼓俑　2件。泥质红陶。头戴进贤冠，面目不清，褒衣圆领，宽袖，束腰，及地。踞坐，右手屈肘举于体侧。M2：75，鼓残。高18.5厘米（图一三，13）。M2：39，中衣、深衣交领右衽。鼓置于两腿之间，左手掌心向下置鼓上，作击鼓状。高19.1厘米（图一三，14）。

抱囊俑　2件。泥质灰陶。梳髻，束巾，宽袖，束腰，深衣长至小腿处，中衣及地。左臂斜抱一囊形物，袋口朝下。脚穿翘头履。M2：35，面部、颈及前胸局部残。高22.3厘米（图一三，4）。M2：48，面目不清，胸部残。袖口处有红色彩绘痕迹。高22.5厘米。

妇人背子俑　2件。妇人头束巾，面目不清，褒衣圆领，中衣、深衣交领右衽，宽袖，及地，下摆褶边。右肩背负一小孩，系结于胸前。二人右手同握一物。M2：37，泥质红陶。妇人梳高髻。高20.3厘米（图一三，3）。M2：15，泥质灰陶。妇人梳髻。妇人左手抓握背带。高18.4厘米（图一三，16）。

驾驭俑　1件。M2：28，泥质灰陶。头戴平巾帻，束巾，面容祥和，褒衣圆领，中衣、深衣交领右衽，宽袖，束腰。踞坐，双手屈伸前作驾驭状，双手处为空洞。双膝间有红色彩绘。高17.6厘米（图一三，12）。

执物俑　3件。束巾，面目不清，褒衣圆领，中衣、深衣交领右衽，宽袖，束腰，及地。双手各执一物，举于胸前。脚穿翘头履。M2：2，泥质灰陶。高14.9厘米。M2：41，泥质灰褐陶。深衣袖为荷叶形褶边宽袖。高16.2厘米（图一三，1）。M2：58，泥质灰陶。高14.8厘米。

子母鸡　2件。母鸡昂首，翘尾，作蹲伏状。背负一小鸡，左右翅下及前胸下各一小鸡。M2：92，泥质红陶。高10厘米（图一四，1）。M2：18，泥质灰陶。尾部略展开。有红色彩绘残痕。高11.3厘米（图一四，2）。

鸡　1件。M2：32，泥质灰陶。尖喙，高冠，昂首，长翘尾，双足分开站立。鸡冠、尾部有红色彩绘。高21.1厘米（图一四，4）。

狗　2件。昂首，双目圆睁，立耳，龇牙咧嘴，四足直立，卷尾。兜肚系栓环。M2：9，泥质黄褐陶。高24.3、长31厘米。M2：42，泥质灰陶。高22.7、长27.7厘米（图一四，5）。

猪　2件。鼓眼，小耳，鬃毛高竖，躯体肥圆，四肢粗短，卷尾。M2：63，泥质灰陶。高12.8、长24.1厘米（图一四，6）。M2：111，泥质黄褐陶。高13.9、长25.8厘米（图一四，7）。

马　2件。M2：20，泥质红陶。头、颈、四肢和前半身右部残缺。躯体肥硕，束尾翘起。背部有马鞍。残高21、残长45.1厘米。M2：22，泥质红陶胎，施白色化妆土。头颈前半部、下腹和四肢、尾部均残缺。尖耳，鬃毛高竖，躯体肥硕。背部有马鞍。残高39、残长39.7厘米（图一四，3）。

图一四 M2出土陶动物俑

1、2. 子母鸡（M2：92、M2：18） 3. 马（M2：22） 4. 鸡（M2：32） 5. 狗（M2：42） 6、7. 猪（M2：63、M2：111）

2. 铜器

衔镳 1件。M2：1-1，衔两端有环，环外系辔，环中贯镳。衔长16、镳长12.1厘米（图一五，7）。

车軎 1件。M2：78，圆筒形，顶小口大。一端封闭，其外观呈钉帽状弧形，另一端开口，台阶形渐粗，内壁似喇叭形。中腰凸一周箍带纹，近口处有两个对称穿孔，外表鎏金，大部分剥落。铸造。直径2.8、高3.4厘米（图一五，10）。

衡末 1件。铜质，平顶，鎏金，大部分剥落。M2：56，一枚呈筒形，顶小底大，中部有一周箍，以上渐收；一枚呈直筒形，顶、底同等大。直径1.3、1.4厘米，高1.1、1.3厘米（图一五，5）。

盖弓帽 2件。M2：77，铜质。柱状，内空心，一端头呈球形，中腰一侧斜伸一枝条形挂钩。表面鎏金，大部分剥落。铸造。口径0.7、高2.5厘米（图一五，4）。

泡钉 1件。M2：109，铜质。钉头为半球形，敞口，折沿。锥形钉。鎏金，部分剥落。直径2、高0.9厘米（图一五，6）。

耳杯扣 3件。半月形，横截面近直角。表面鎏金，部分剥落。M2：50，为一对，长9.3厘米（图一五，8）；其一残，残长3.8厘米。M2：1-2，长7.6厘米（图一五，9）。

钱币 28枚。M2：108，均为五铢，其中15枚较完整，13枚残碎钱文模糊。背有内郭，面无内郭，面、背均有外郭。钱正面、穿之左右有篆文“五铢”二字。分二型。

A型 14枚，“五”交笔较曲。M2：108-1，“铢”字金字头呈箭镞形，四点较长；“朱”字横笔上下圆折。钱径2.6、钱径0.9～1厘米（图一五，1、2）。

B型 1枚，“磨郭”（剪轮）五铢。M2：108-2，边郭部分被磨去，原型似A型。钱径2.4、穿径1厘米（图一五，3）。

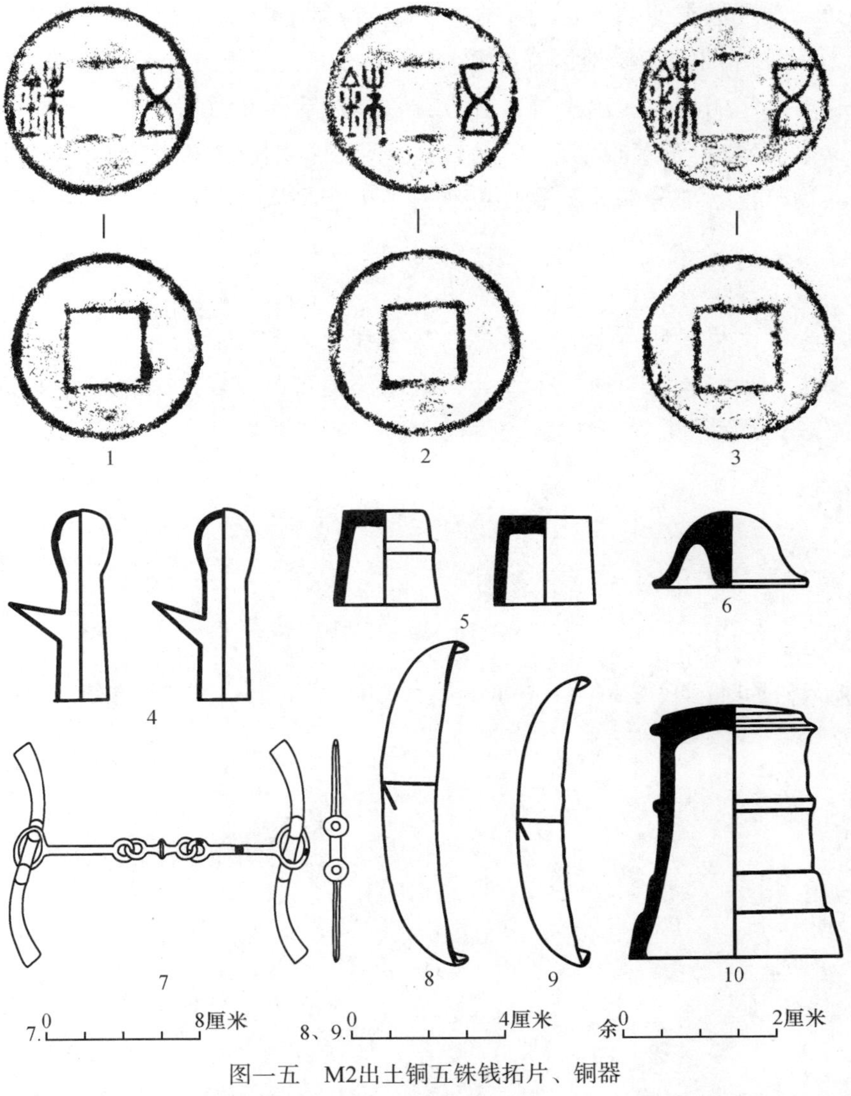

图一五 M2出土铜五铢钱拓片、铜器

1、2. A型钱币（M2：108-1） 3. B型钱币（M2：108-2） 4. 盖弓帽（M2：77） 5. 衡末（M2：56） 6. 泡钉（M2：109） 7. 衔镳（M2：1-1） 8、9. 耳杯扣（M2：50、M2：1-2） 10. 车軎（M2：78）

三、结　　语

本次发掘的两座墓葬均为砖室墓，M1平面形状呈“凸”字形，为三峡地区东汉时期比较流行的墓葬形制。出土的随葬生活用具有钵、盘、博山炉盖、灯、甑，祭奠用具有耳杯，模型器包括人物俑、动物俑、镇墓兽、房、塘，出土钱币均为五铢钱。M1出土A型耳杯与重庆丰都镇江墓群2007FRBDM3：8相似，后者年代为东汉晚期[1]，推测M1为东汉晚期墓葬。

M2墓葬形制较复杂，为双墓道、双甬道、横列前室和顺置双后室，从目前披露的材料看来，三峡地区尚未发现过类似墓葬，前室横列的墓葬形制主要流行于洛阳地区，于东汉中期开始出现，流行于东汉晚期，三峡地区在东汉中期开始出现横长方形墓室和多室墓，M2兼具了横长方形墓室和多墓室的特点。出土的磨郭五铢钱，流行于东汉晚期，为墓葬的断代提供了直接证据。由此，推测M2为东汉晚期墓葬。M2墓葬形制特别，规模相对较大，发掘过程中发现有封土，随葬器物丰富，部分陶器有涂红色颜料（可能是朱砂）的现象，推测该墓主人具有一定的身份。

附注：本次考古发掘领队白九江，执行领队于桂兰，参与发掘人员：徐克成、上官林全，文物修复：秦少华，摄影：董小陈、于桂兰，器物绘图：师孝明、朱雪莲，电脑制图：陈锐、于桂兰，资料整理：于桂兰、徐鹰。本次发展工作得到了丰都县文物管理所的大力支持，在此表示感谢。

执　笔：于桂兰　徐　鹰　白九江

注　　释

［1］　重庆市文物局、重庆市移民局编：《丰都镇江汉至六朝墓群》（上），科学出版社，2013年，第23页。

丰都槽房沟墓群2011年、2012年发掘简报

重庆市文化遗产研究院　丰都县文物管理所

一、墓群简介

槽房沟墓群位于丰都县名山街道镇江村五组，地处长江北岸的一级阶地上。中心地理坐标为东经107°44.28′28.023″，北纬29°54.52′95.44″。海拔为170～200米。该墓群东侧紧临长江，西部为海拔约200～400米左右的低山，南部与上河嘴墓群隔沟相望，北部与绵延数公里的镇江墓群相邻。该墓群被一条冲沟分割成南北两个相对独立的区域，其中南部为地势稍矮的山包，北部为地势较高的山包，多数墓葬就分布在这两处山包顶部和临江的缓坡一带（图一）。

该墓群于1987年第二次全国文物普查时发现。1992年三峡库区文物调查时发现3座暴露的残墓。1993年12月，四川省文物考古研究所在该墓群清理了2座墓葬[1]。2001年10月至2002年1月，重庆市文物考古所、宝鸡市考古工作队对该墓群勘探24000平方米，发掘1520平方米，清理墓葬12座[2]。

为开展三峡工程消落区文物保护工作，2011年11月，重庆市文物考古所（今重庆市文化遗产研究院）对该墓群中1座因江水冲刷而暴露的墓葬进行了抢救性发掘。2012年8～9月，重庆市文物考古所再次对该墓群进行发掘，清理墓葬2座。两次共布3个10米×10米的探方，编号为FMCT1～FMCT3（以下简称T1～T3），加上扩方，发掘面积共计315平方米，共发掘3座砖室墓（图二）。现将2011、2012年度发掘墓葬的情况报告如下。

二、墓葬分述

（一）M1

1. 墓葬形制

M1位于T1中部。叠压于第3层下，打破生土，距地表深约0.5米。竖穴土圹砖室墓，平面呈刀把形，由封门、甬道和墓室组成，封门前被江水冲成断坎。墓圹残长5.88、宽

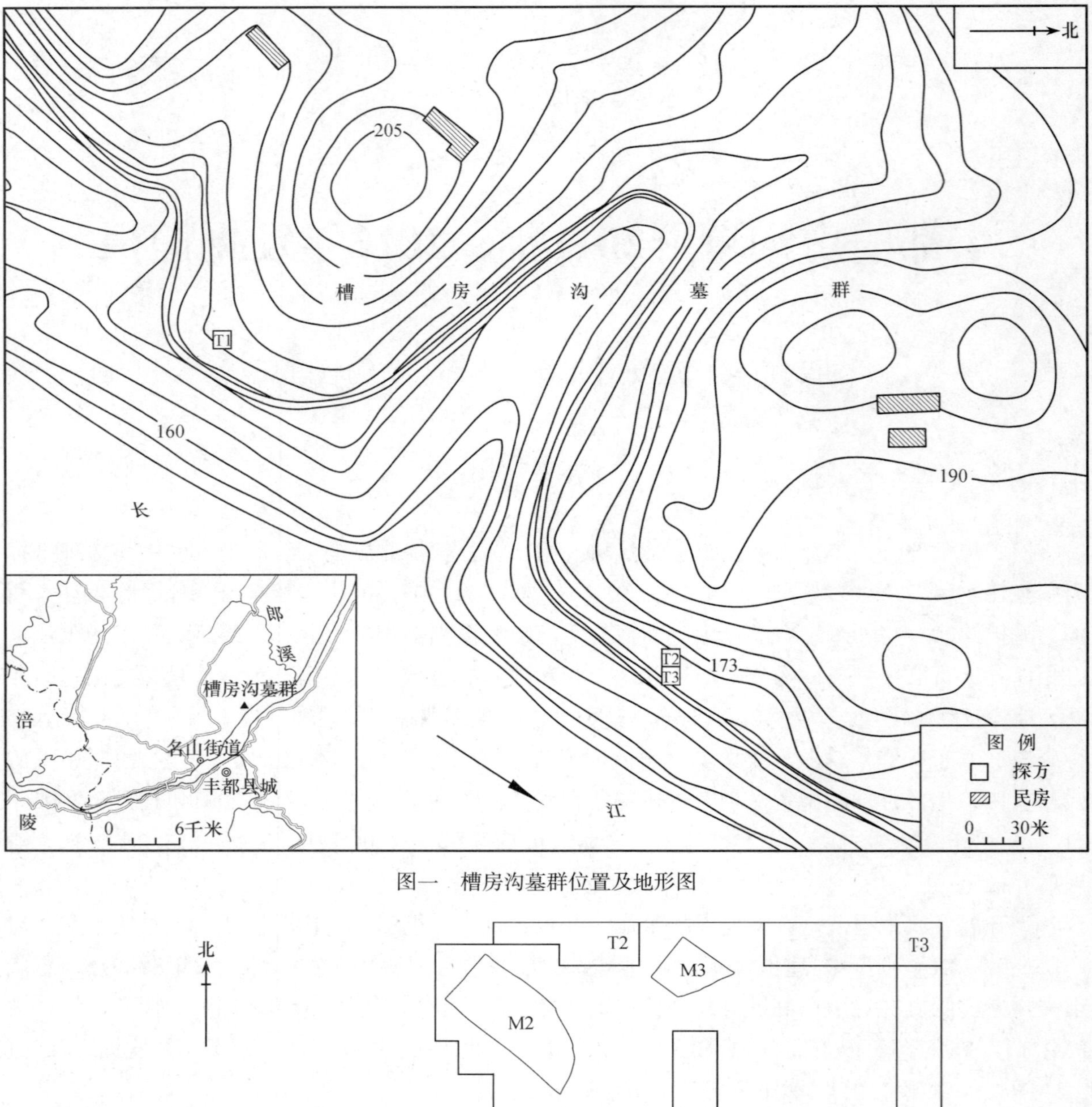

图一　槽房沟墓群位置及地形图

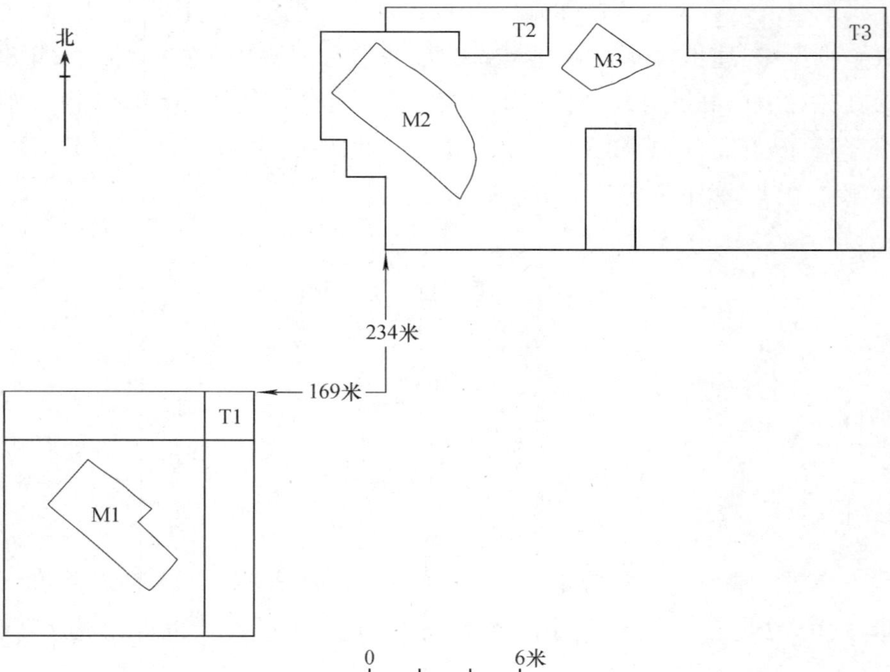

图二　槽房沟墓群2011年、2012年度发掘墓葬分布图

2.16～2.92、深1.5～3米。墓向为130°（图三）。封门位于甬道前部，上部已残，长1.4、残高1.5米。甬道偏于墓室西南一侧，平面呈长方形，长2.1、宽1.4、高1.8米。墓室位于甬道后部，呈长方形，长2.8、宽2.1、高2.6米。封门以长方形砖错缝平砌，墓砖纹饰较多，有几何纹、云纹、车轮纹等（图四）。甬道、墓室的墓壁用长方形几何纹砖错缝平砌，顶部用几何纹榫卯砖纵向起券，墓砖上均带有“千萬”的铭文。墓底用长方形素面砖斜向铺成人字纹。墓内填灰褐色淤土，土质疏松，含有较多的砖块和陶片。

葬具及人骨均已不存。墓室已被扰乱，残存随葬品分布于甬道的东南部、北部及墓室的西北部。

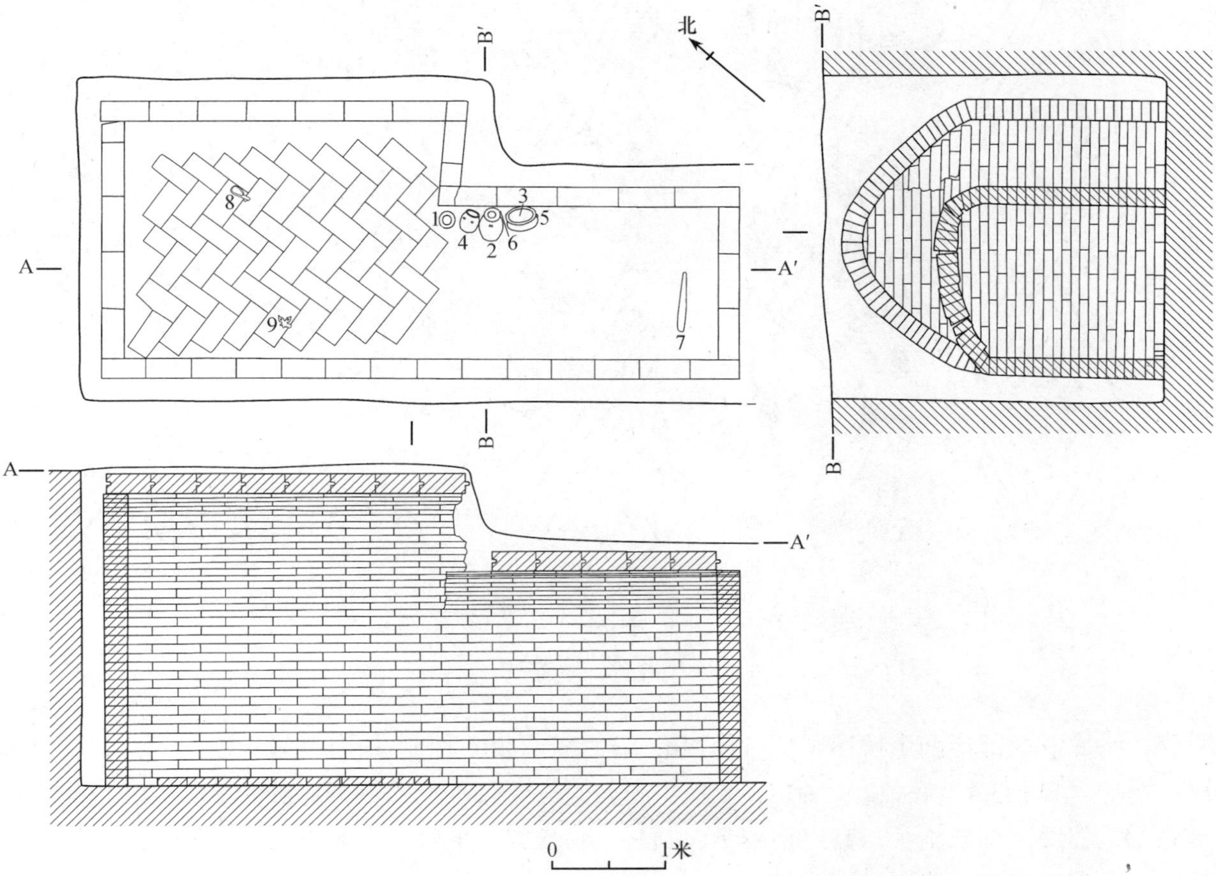

图三　M1平剖面图

1、6. 瓷钵　2、5. 瓷盘口壶　3. 铜釜　4. 瓷四系罐　7. 铁刀　8. 铁剪刀　9. 铜饰件

2. 出土遗物

出土器物按质料可分为瓷器、陶器、铜器和铁器。其中以瓷器为主；陶器仅见少量的红陶碎片，无可修复器；铜器和铁器数量较少。

（1）瓷器

共7件。器型有盘口壶、四系罐、钵等。

盘口壶　2件。M1：2，灰白胎，外壁施青釉，器腹下部未施釉。盘口，束颈，圆肩，斜

图四　M1墓砖拓片

弧腹，平底。肩部饰四个桥形耳。口径14、底径15、高26厘米。颈内有钵状盖，盖为直口、弧腹、平底。口径3.4、底径2.8、高1.6厘米（图五，1；图版一三，1）。M1：5，灰白胎，外壁施青釉，器腹下部未施釉。盘口，束颈，圆肩，斜弧腹，平底。肩部饰四个桥形耳。口径14、底径15、高30厘米（图五，2；图版一三，2）。

四系罐　1件。M1：4，红褐色胎，器腹上部施青釉。圆唇，敛口，鼓腹，平底。肩部有四个桥形耳。口径12、底径11、高18.4厘米（图五，3；图版一三，3）。

钵　4件。M1：1，灰白胎，内外壁均施青釉，外壁釉不及底。敞口，尖圆唇，弧腹，平底。口沿下饰一周凹弦纹。口径18.8、底径11.6、高6.4厘米（图五，4）。M1：6，灰白胎，内外壁均施青釉，外壁釉不及底。敞口，尖圆唇，弧腹，平底。口沿下饰一周凹弦纹。口径18.8、底径10.8、高6厘米（图五，5；图版一三，4）。M1：10，灰白胎，内外壁均施青釉，外壁釉不及底。圆唇，斜弧腹，平底。口径18.8、底径10.8、高6.8厘米（图五，6）。M1：11，灰白胎，内外壁均施青釉，器底不施釉。敞口，圆唇，斜腹，平底。口径15、底径10、高5.5厘米（图五，7）。

（2）铜器

共2件。器型有釜、饰件。

釜　1件。M1：3，高领，束颈，鼓腹，圜底。颈部饰两个半环状耳。口径25、最大腹径27、高22厘米（图五，8；图版一三，7）。

饰件　1件。M1：9，柿蒂形。残长9厘米（图五，9；图版一三，8）。

（3）铁器

共2件。器型有剪刀、刀。

剪刀　1件。M1：8，交股剪，用一整块扁铁条弯折而成，两端为刀体，直背，直刃，两刃上部残。中部弯折成柄，两股相交。残长17厘米（图五，10；图版一三，5）。

刀　1件。M1：7，长条形，单面刃，直背。刀柄已残。残长50、宽1.2～4.8、厚0.2～0.4厘米（图五，11）。

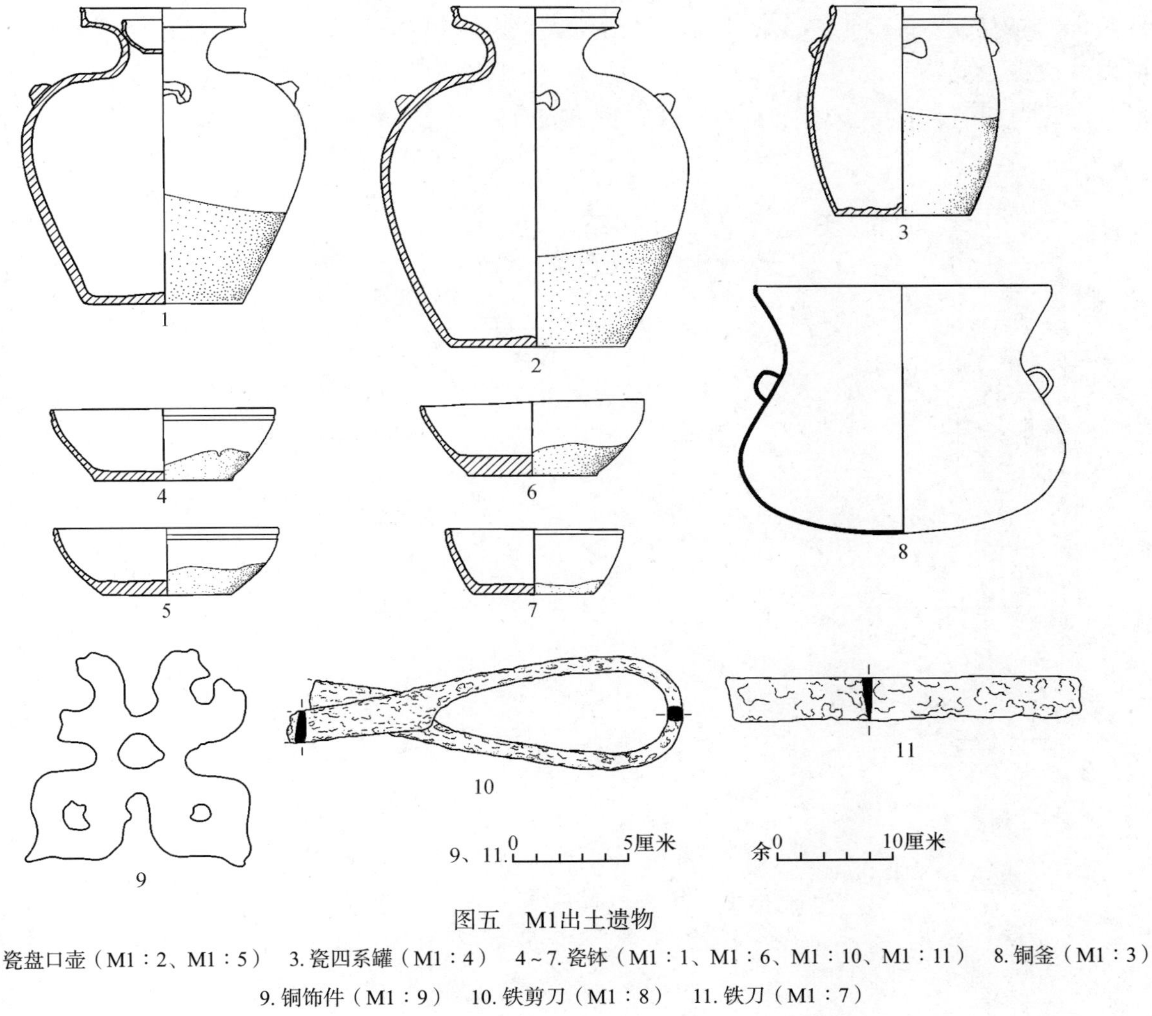

图五　M1出土遗物

1、2. 瓷盘口壶（M1：2、M1：5）　3. 瓷四系罐（M1：4）　4～7. 瓷钵（M1：1、M1：6、M1：10、M1：11）　8. 铜釜（M1：3）　9. 铜饰件（M1：9）　10. 铁剪刀（M1：8）　11. 铁刀（M1：7）

（二）M2

1. 墓葬形制

M2位于T2的西北部，其东北约5米处为M3。叠压于第1层下，打破生土，距地表深约0.2～0.9米。竖穴土圹砖室墓，仅残存墓室西北部，残存部分平面形状呈梯形，墓圹残长6.62、宽2.84、深0～0.48米。墓向为130°（图六）。墓葬因山体滑坡造成结构错位，墓室东南部整体滑落至坡下，使墓内形成西北高、东南低的斜坡状，两侧墓壁因受挤压向东北倾斜。墓室残存北、西、南三壁，用长方形几何纹砖错缝平砌（图七）；墓室西北部和中部保留有部分铺地砖，用长方形砖横向平铺。墓室填土内发现较多楔形榫卯砖残块，推测墓顶为券顶。墓室残长6、宽2.4、深0.39～0.45米。墓内填土为扰土，灰黄色黏土，土质疏松，包含有较多的墓砖残块及少量器物残片。

葬具及人骨均已不存。墓室被破坏严重，残存随葬品分布在墓室的西北部和中部。

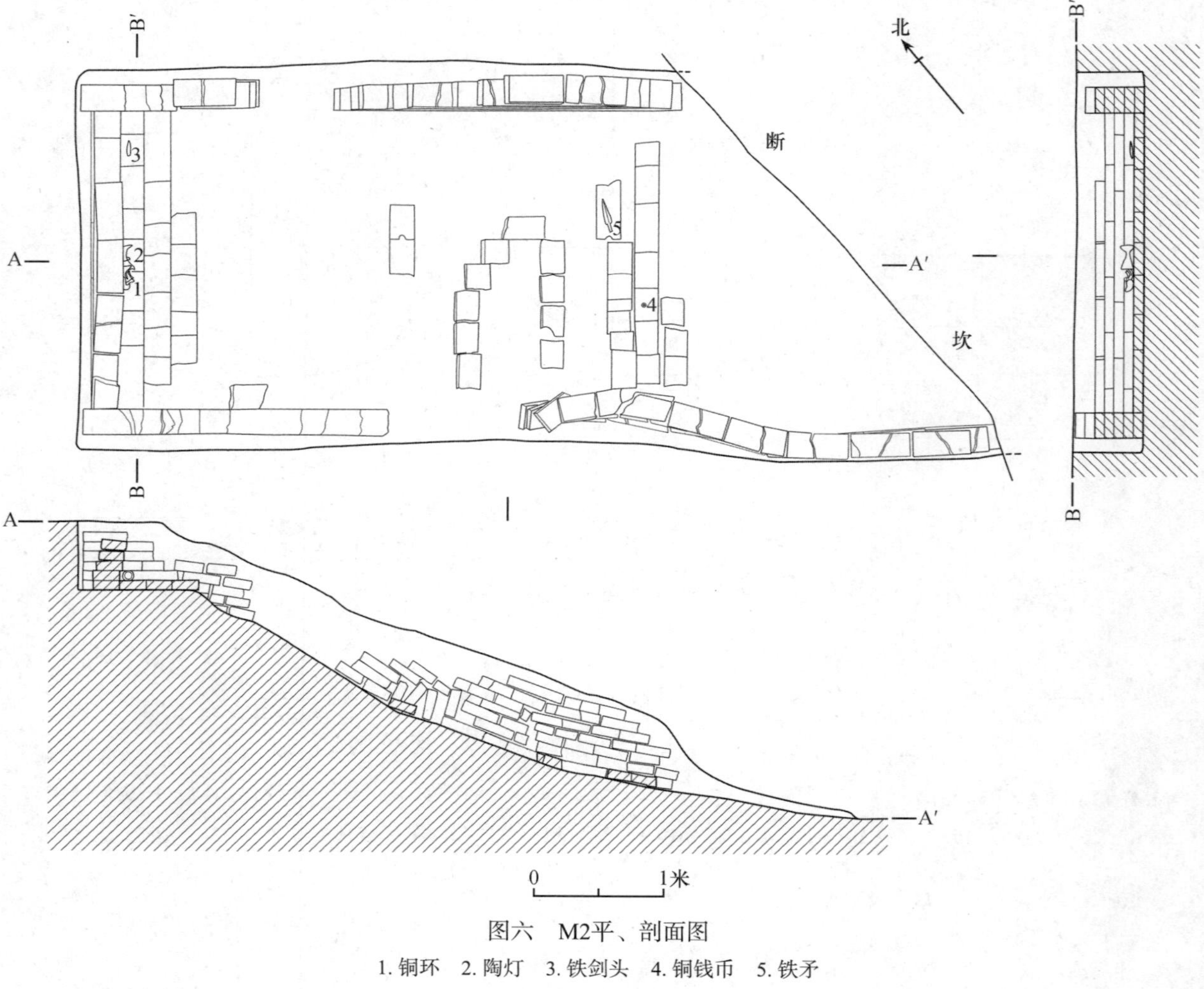

图六　M2平、剖面图

1. 铜环　2. 陶灯　3. 铁剑头　4. 铜钱币　5. 铁矛

图七　M2墓砖拓片

2. 出土遗物

共5件。出土器物按质料可分为陶、铜、铁器。

（1）陶器

灯　1件。M2：2，泥质红陶胎，外施酱黄釉，近底处未施釉。子母口，束腰状柄，喇叭口座。柄与座相连处有一周凹弦纹。口径6、底径10、高12厘米（图八，1）。

（2）铜器

环　1件。M2：1，圆环状，中有圆孔。直径1.6、厚0.6厘米（图八，2）。

剪轮五铢　1件。M2：4，圆形方穿。钱的外郭不存，穿左右“五铢”两字仅存一半。外径1.6、穿径1厘米（图八，3）。

（3）铁器

剑头　1件。M2：3，仅残存剑头部分，两刃聚收成前锋。残长10.4厘米（图八，4）。

矛　1件。M2：5，窄长叶，前锋尖锐，短骹。长23.4厘米（图八，5、图版一三，6）。

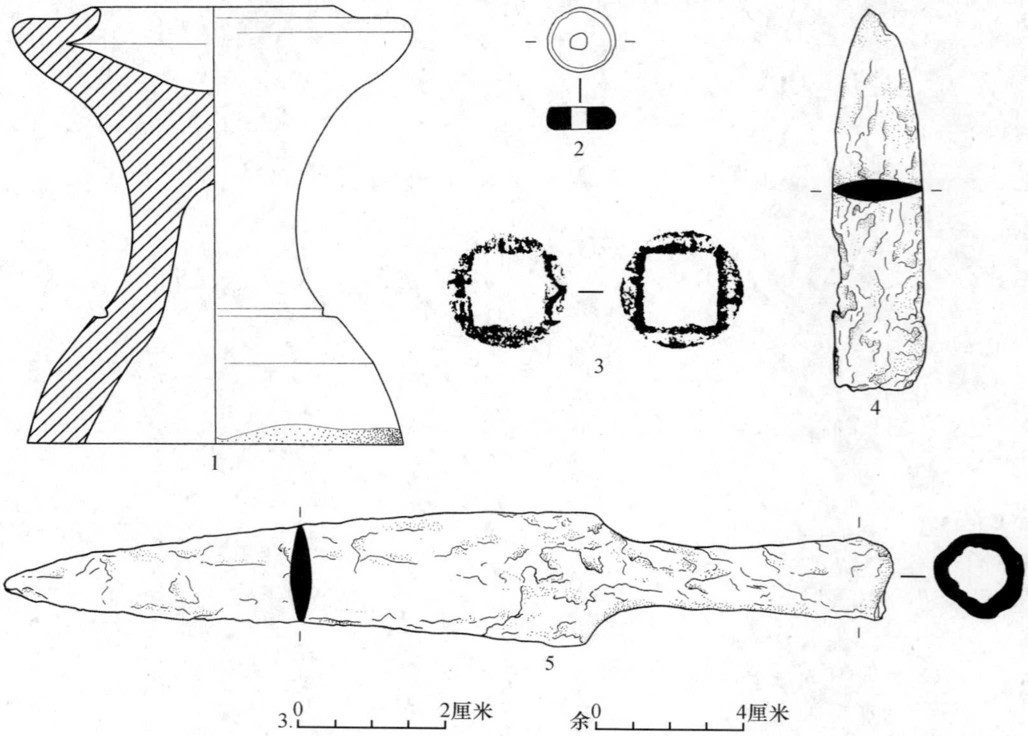

图八　M2出土遗物

1. 陶灯（M2：2）　2. 铜环（M2：1）　3. 铜钱币（M2：4）　4. 铁剑头（M2：3）　5. 铁矛（M2：5）

（三）M3

M3位于T2东北角和T3西北角，其东北约5米处为M2。开口于第1层下，打破生土，距地表深约0.3～0.6米。竖穴土圹砖室墓，仅残存墓室西北部，残存部分平面为梯形，墓圹残长3、宽2.4、深0～1.18米，墓向135°（图九）。墓葬因山体滑坡造成结构错位，墓室东南部整体滑落至坡下，使墓室内形成西北高东南低的斜坡状，两侧墓壁因受挤压向东北倾斜。墓室残存北、西、南三壁，用长方形几何纹砖错缝平砌（图一〇）；墓底为黄色生土，未发现铺地砖。墓室填土内发现较多楔形榫卯砖残块，推测墓顶原为券顶。墓室残长2.6、宽1.9、深0～1.18米。墓内为扰土，填灰褐色砂土及黄色黏土，土质疏松，包含有较多的墓砖残块。

葬具及人骨均已不存。墓葬被严重破坏，仅在墓室中部发现有散落的陶片，无可修复器。

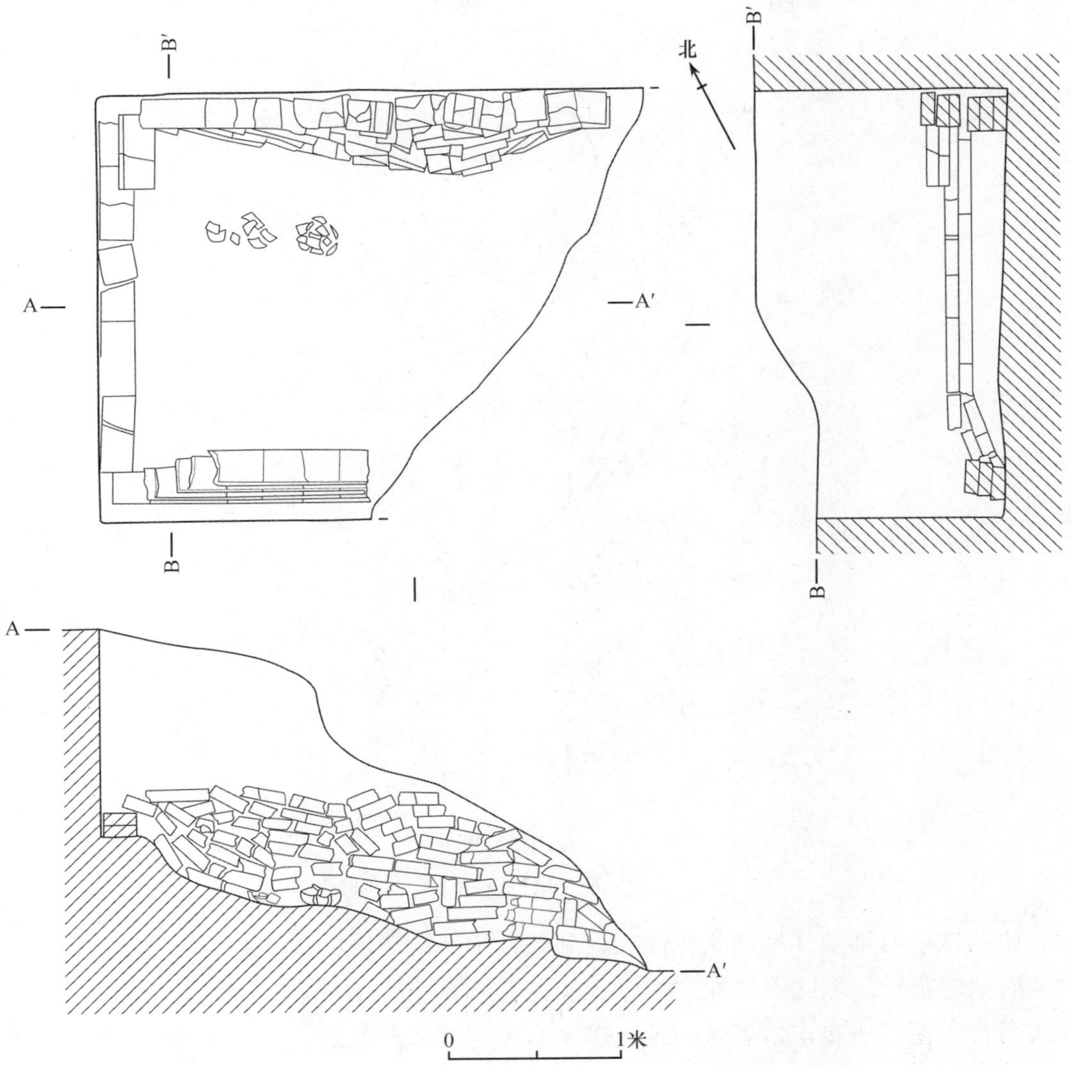

图九 M3平、剖面图

三、结 语

关于墓葬的年代问题，M1出土的瓷盘口壶短颈、鼓肩的风格与两晋时期盘口壶的特征一致[3]，瓷四系罐与丰都沙包墓地中出土的瓷四系罐（M31：1）相似[4]，后者为两晋时期，因此M1大致为两晋时期。M2中出土有剪轮五铢，东汉晚期因经济崩溃导致钱法混乱，出现了较多的剪轮五铢；出土的陶灯与万州大湾墓群M2出土的陶博山炉（M2：7）[5]相似，后者为东汉中晚期墓葬，因此M2可判断为东汉晚期。

峡江地区从东汉中晚期开始到六朝时期随葬武器之风逐渐兴盛，本墓地中M1出土有铁刀，M2出土有铁矛、铁剑等兵器，反映出这一时期因政权更替频繁，社会动荡不安，民众多崇尚武力的现象。

M1出土了较多的青瓷器，在器物造型、装饰等方面都与长江中下游地区同时期墓葬所出

1　　2

0　5厘米

图一〇　M3墓砖拓片

相类似，说明这一时期峡江地区文化面貌受到长江中下游地区的强烈影响，由于在峡江地区未发现六朝时期的窑址，因此不排除这些瓷器就直接来源于长江中下游地区。

本次考古发掘进一步丰富了峡江地区汉至六朝时期墓葬的资料，对研究峡江地区汉至六朝时期的政治、经济、文化和丧葬制度具有重要的意义。

附记：本次考古发掘领队白九江，执行领队牛英彬，参与发掘人员：张守华、陈俊华、蔡兆峰、谢辛杰，器物绘图：张守华、师孝明，电脑制图：程涛、陈芙蓉，资料整理：牛英彬。发掘工作得到了丰都县文物管理所的大力支持，在此表示感谢！

执　笔：牛英彬　白九江

注　释

［1］　四川省文物考古研究所：《丰都县三峡工程淹没区调查报告》，《四川考古报告集》，文物出版社，1998年，第331页。

［2］　重庆市文物考古所、宝鸡市考古工作队等：《丰都槽房沟墓地发掘报告》，《重庆库区考古报告集·2001卷》，科学出版社，2008年，第1788页。

［3］　韦正：《六朝墓葬的考古学研究》，北京大学出版社，2001年，第91页。

［4］ 重庆市文化遗产研究院：《丰都镇江汉至六朝墓群》，科学出版社，2013年，第285页。
［5］ 宝鸡市考古工作队、重庆市文物局：《丰都大湾墓群发掘报告》，《重庆库区考古报告集·2001卷》，科学出版社，2008年，第1844页。

丰都狮子包墓群2011年发掘简报

重庆市文化遗产研究院　丰都县文物管理所

一、概　　况

丰都县位于重庆市中部，长江由西向东横贯县境。狮子包墓群位于丰都县兴义镇水天坪村，分布于水天坪村沿江缓坡丘陵地带，由六个小山包组成。墓群东西顺长江约1公里，南北宽约150米（图一）。

狮子包墓群于2008年被发现。2009年，重庆市文化遗产研究院对其分布区域进行了考古勘探，发现汉至六朝墓葬约52座。

2011年9～10月，重庆市文化遗产研究院对狮子包墓群北区进行了考古发掘，发掘面积850平方米，发掘砖室墓1座、土坑墓5座，灰坑1个，编号分别为2011FXSM1～2011FXSM6、2011FXSH1（以下简称M1～M6、H1），出土器物44件（套）（图二）。

现将本次发掘情况简报如下。

二、墓葬介绍

（一）M1

M1开口于T1①层下，位于T1的东北部，墓室北部位于T2东南部。

1. 形制结构

该墓为刀把形竖穴土圹砖室墓，墓向265°。该墓由墓道、甬道、墓室组成（图三）。

墓圹掘于沙土中，通长6.43（含墓道）、墓室处宽3.7、甬道处宽2.01米。墓道有不规则阶梯，呈斜坡状，长1.9、宽0.74～2.1、深0～1.46米。甬道和墓室由长方形墓砖砌筑，墓砖纹饰为菱格纹（图六，6）。甬道呈长方形，长2.06、宽1.6、深1.2米。墓室呈横长方形，券顶已塌。墓室内长3.16、宽2.3、残深1.26～1.44米，距墓底1.2米高处开始起券。

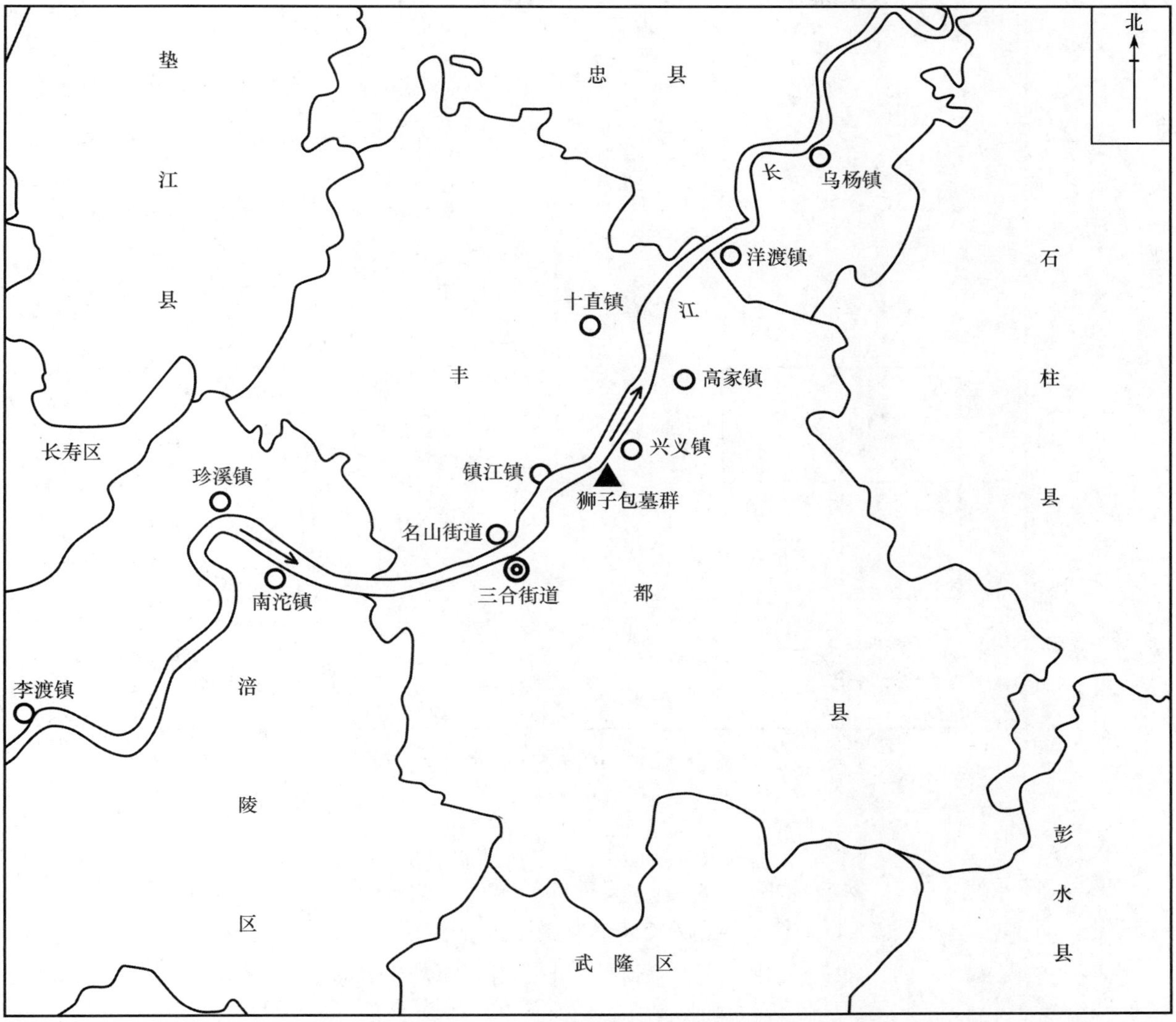

图一　狮子包墓群位置示意图

墓室填土为灰褐色，土质疏松，经扰动。填土内含塑料、瓦块等近现代杂物，另出土有石斧、瓷器、铜器等物。

2. 葬式、葬具

根据出土铁棺钉推断，墓主葬具为木棺。墓主人骨未见，其葬式、头向不详。

3. 出土器物

M1出土器物31件，包括墓底出土随葬品23件、填土出土器物8件。随葬品有陶器、铜器、银器、木器构件。陶器有灯、房、钵、俑；铜器有钱币、饰件、摇钱树枝残片；银器为镯；木器为小构件。填土出土器物有陶壶盖、陶房、青瓷钵、铜环、铜指环、铜钱、铁棺钉、石斧。

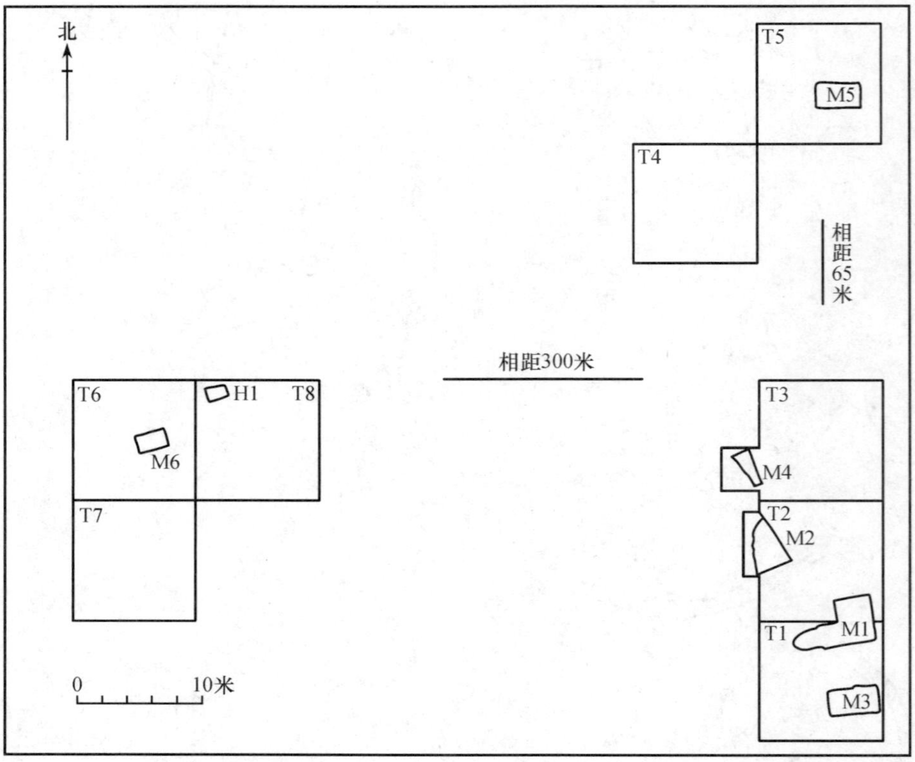

图二　狮子包墓群2011年度发掘遗迹分布图

（1）陶器

罐　1件。M1：08，泥质灰陶。敛口，尖圆唇，束颈，折肩，上腹微弧，下腹向内斜收，底残失。肩部两道凹痕。口径16.4、残高12.4厘米（图四，8）。

钵　1件。M1：15，泥质灰陶。敞口圆唇，沿外翻，腹部向内折收，平底。器底见三角形交叉划纹。口径16.7、底径3.8、高6.9厘米（图四，2）。

盒　1件。M1：6，泥质灰陶。口部倾斜，直口微敛，腹部下垂向内急收，平底。腹部有多道凸棱。口径16.6、底径9.3、高5.7～6.3厘米（图四，6）。

房　2件。瓦垄顶，前檐有照壁，下有斗拱。M1：07，泥质红陶。顶有长方形天井。斗拱及立柱两组，其中间进深设单门。高25.4、长30.4、进深10厘米（图四，5）。M1：17，泥质黄褐陶。斗拱及立柱一组，右侧进深设单门。长37.2、高27.2、进深11.2厘米（图四，11）。

俑　1件。M1：16，泥质灰陶。平帽，亵衣，三层领，站姿，双手抱着于胸前。高20.4厘米（图四，1）。

动物足　1件。M1：20，泥质灰陶。残高8.6厘米（图四，10）。

奁　1件。M1：23，口底皆呈方形。泥质红陶。敛口圆唇，重唇，腹微弧，平底。器底四角置四足。口径17.6、底径20.5、通高13厘米，足高2.4厘米（图四，3）。

灯　1件。M1：18，泥质红陶。浅盘口，方唇，柄部及以下残失。口径10.6、残高10.2厘米（图四，7）。

壶盖　1件。M1：7，泥质红陶。平顶，向下弧收，口微敛，圆唇。顶径5.9、口径12.7、

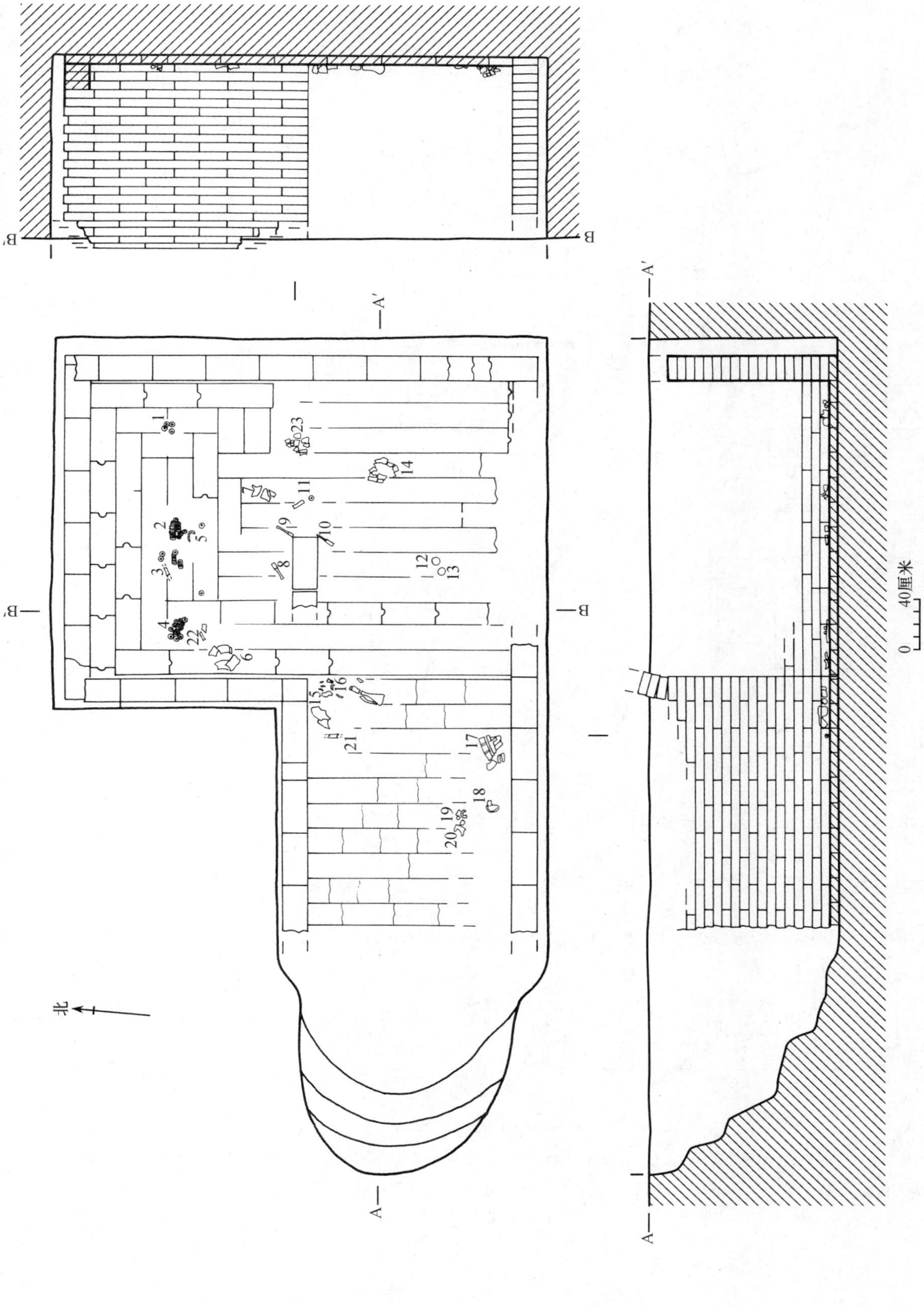

图三 M1平、剖面图

1～4. 铜钱币 5. 铜饰件 6. 陶盒 7. 陶壶盖 8～10. 铜案足 11. 铜珠 12、13. 银镯 14. 动物牙齿 15. 陶钵 16. 陶俑 17. 陶房 18. 陶灯 19. 铜摇钱树枝残片 20. 陶动物足 21. 木质构件 22. 铁削 23. 陶瓮

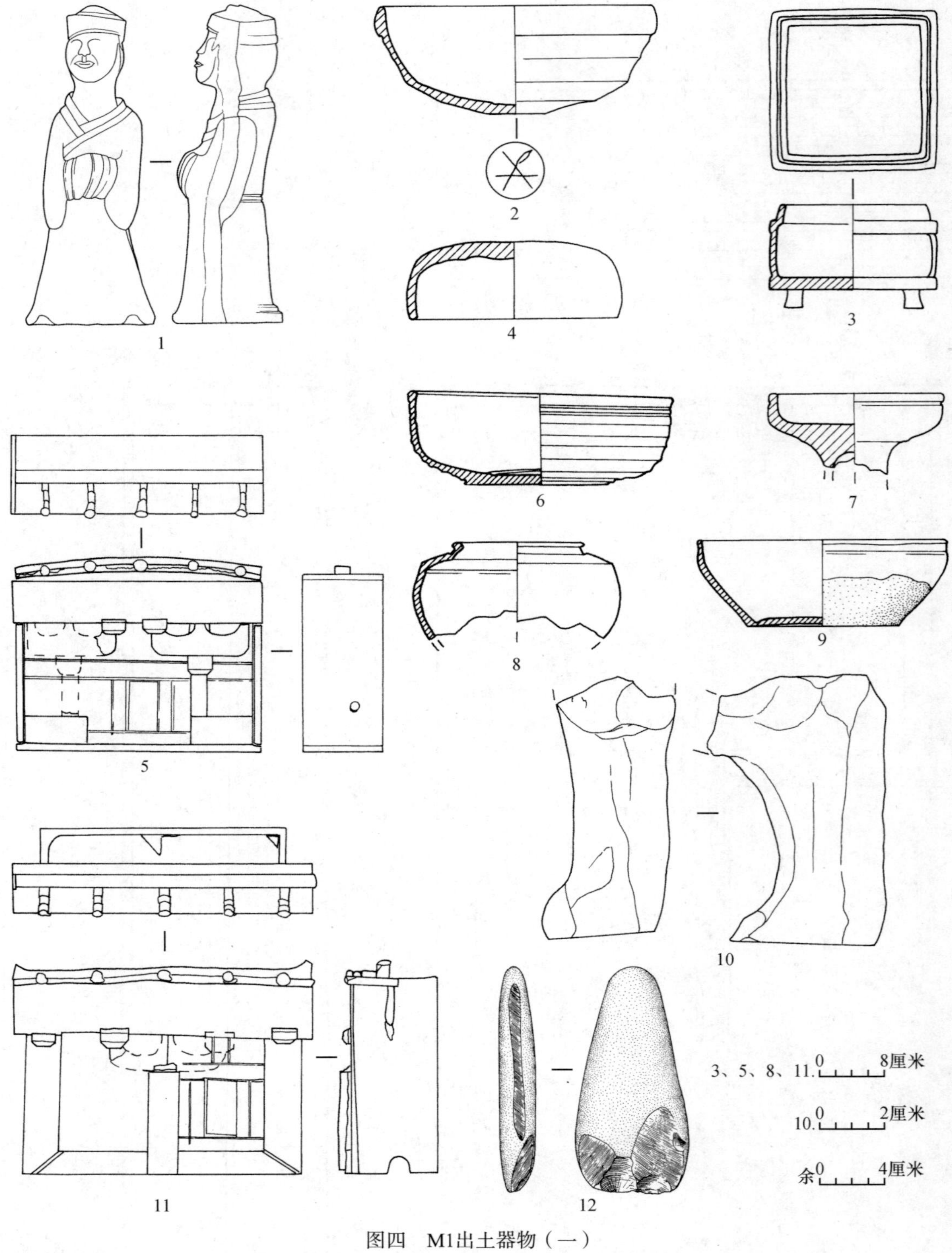

图四　M1出土器物（一）

1. 陶俑（M1：16）　2. 陶钵（M1：15）　3. 陶奁（M1：23）　4. 陶壶盖（M1：7）　5、11. 陶房（M1：07、M1：17）　6. 陶盒（M1：6）　7. 陶灯（M1：18）　8. 陶罐（M1：08）　9. 瓷钵（M1：06）　10. 陶动物足（M1：20）　12. 石斧（M1：02）

高4.8厘米（图四，4）。

（2）瓷器

钵 1件。M1：06，青瓷，器表施青釉不及底，内施满釉。敞口，尖圆唇，斜腹，平底微凹。口径15.1、底径9.3、高5.4厘米（图四，9）。

（3）铜器

指环 1件。M1：05，圆环状，环截面呈圆形。外环直径2.1、内环直径1.3厘米，环截面直径0.4厘米（图五，7）。

环 1件。M1：03，圆环状，环截面呈椭圆形。直径6.1、环截面长径0.3、短径0.2厘米（图五，1）。

饰件 1件。M1：5，弧缘，两端为折，残断，器表锈蚀。长6.8、缘宽0.47厘米（图五，6）。

珠 1件。M1：11，算盘珠状，中间穿方形孔。外直径1.6、内孔边长0.8、厚1厘米（图五，8）。

摇钱树枝残片 1件。M1：19，枝叶缠绕龙图案（图五，5）。

案足 3件。顶部有榫头，榫部以下两侧各饰漩涡纹1个。顶部截面为梯形，榫头截面呈半圆形。中部向内收细，呈三棱柱状，截面呈三角形。底部变宽，呈马蹄状，底部截面呈半圆形。M1：8，榫部漩涡纹上侧饰榫卯结构图案。高12.6厘米（图五，11）。M1：9，榫部漩涡纹上侧饰榫卯结构图案，高12.6厘米（图五，10）。M1：10，榫部漩涡纹上侧饰菱格纹。高12.7厘米（图五，12）。

五铢钱 51枚，有郭，篆体阳文。“铢”字“金”字头呈翼状镞形。“五”字交叉两笔微曲，钱文略粗。钱径2.4～2.6厘米，钱币穿径为0.9～1厘米（图六，1～5）。

（4）银器

镯 2件。圆环形，环截面呈椭圆形。M1：12，内环直径5.2、外环直径6厘米，环截面长径0.4、短径0.3厘米（图五，3）。M1：13尺寸与标本M1：12同（图五，2）。

（5）铁器

削 1件。M1：22，锈蚀严重，现存铁销把及削刃大部，削截面呈带状长方形。削把长1.7～2厘米，削身残长5.9～6.2、宽1.7厘米（图五，14）。

棺钉 1件。M1：04，钉子状，截面呈方形。长11.1厘米（图五，9）。

（6）木器

木质构件 1件。M1：21，圆柱形，空心，截面呈环形。直径2.9、残长6.8厘米（图五，13）。

（7）石器

斧 1件。M1：02，由砾石加工而成，腰一侧经过磨制，刃部为打制开片而成。身长14.8、厚2.3厘米（图四，12）。

（8）动物牙齿

动物牙齿 2颗。标本M1：14，尖齿，残留牙胚。牙长1.2～1.4厘米（图五，4）。

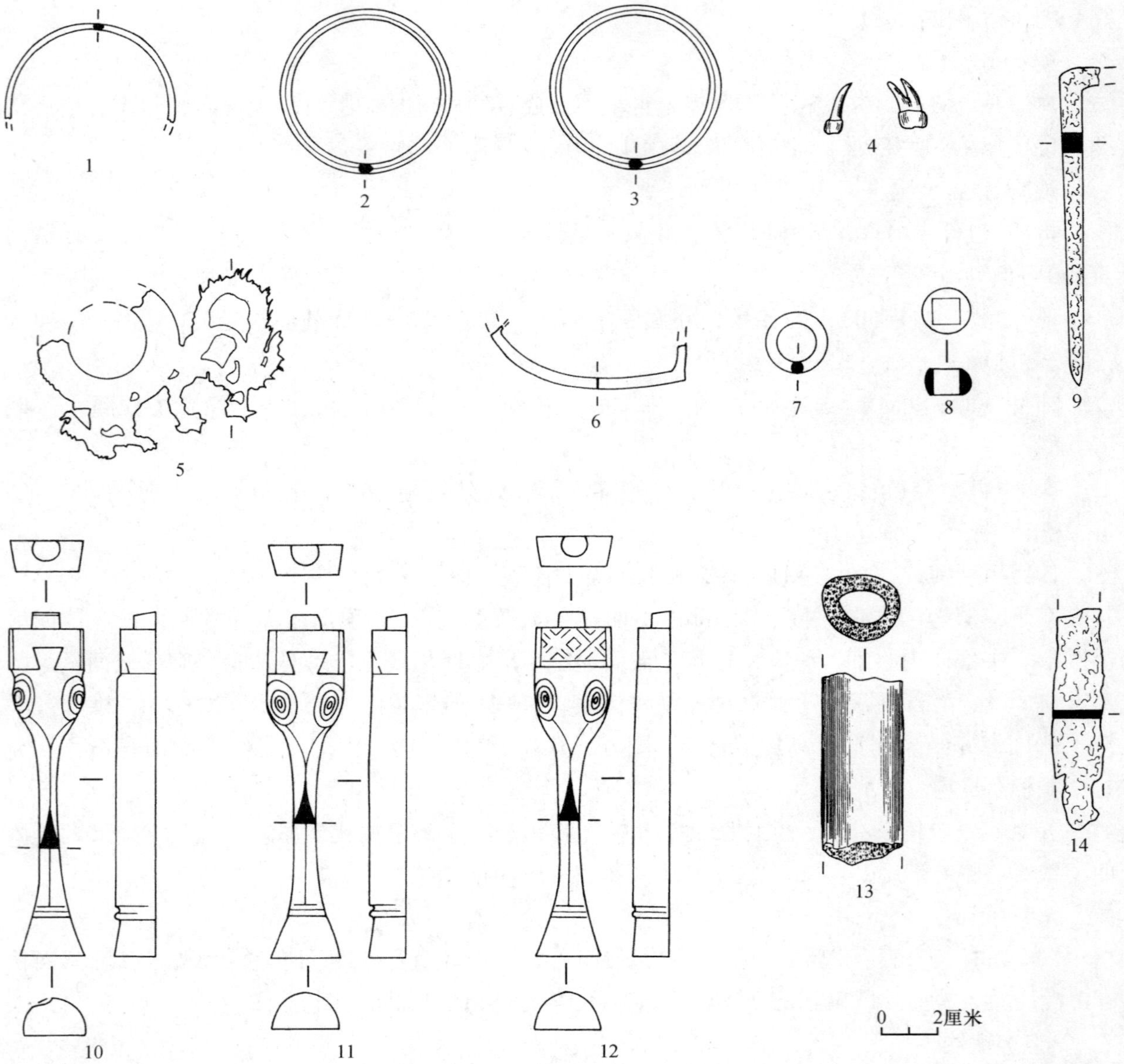

图五　M1出土器物（二）

1. 铜环（M1：03）　2、3. 银镯（M1：13、M1：12）　4. 动物牙齿（M1：14）　5. 铜摇钱树枝残片（M1：19）　6. 铜饰件（M1：5）　7. 铜指环（M1：05）　8. 铜珠（M1：11）　9. 铁棺钉（M1：04）　10～12. 铜案足（M1：9、M1：8、M1：10）　13. 木质构件（M1：21）　14. 铁削（M1：22）

（二）M2

M2位于T2的西北部，开口于T2①层下。

1. 形制结构

该墓为长方形竖穴土坑墓，墓向254°，残存墓室东南角。墓葬开口残长4.26、残宽3米，墓底残长3.88、残宽2.62米，墓室深3米。墓室填土为灰褐色五花土，土质较硬（图七）。

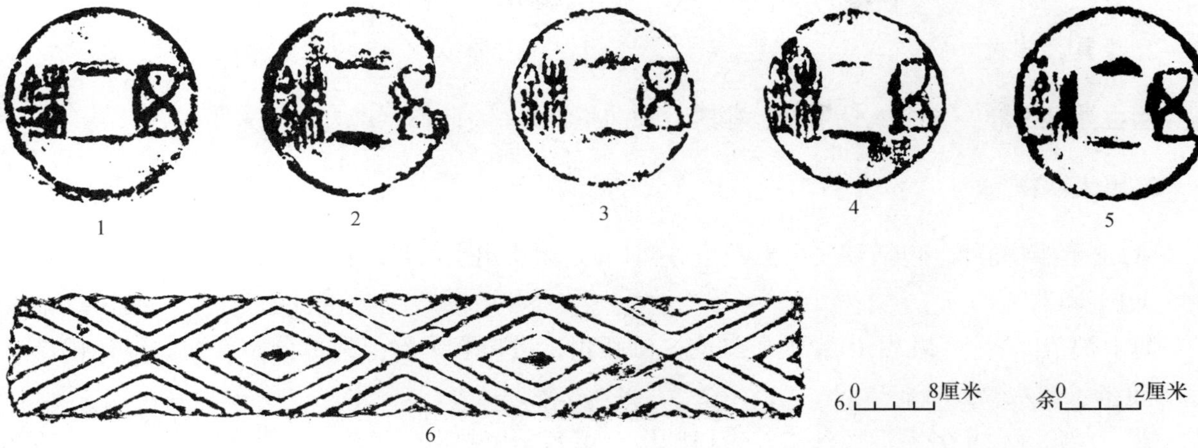

图六　M1出土铜五铢钱、墓砖拓片

1～5. 铜五铢钱（M1：2、M1：4、M1：3、M1：1、M1：01）　6. 墓砖拓片

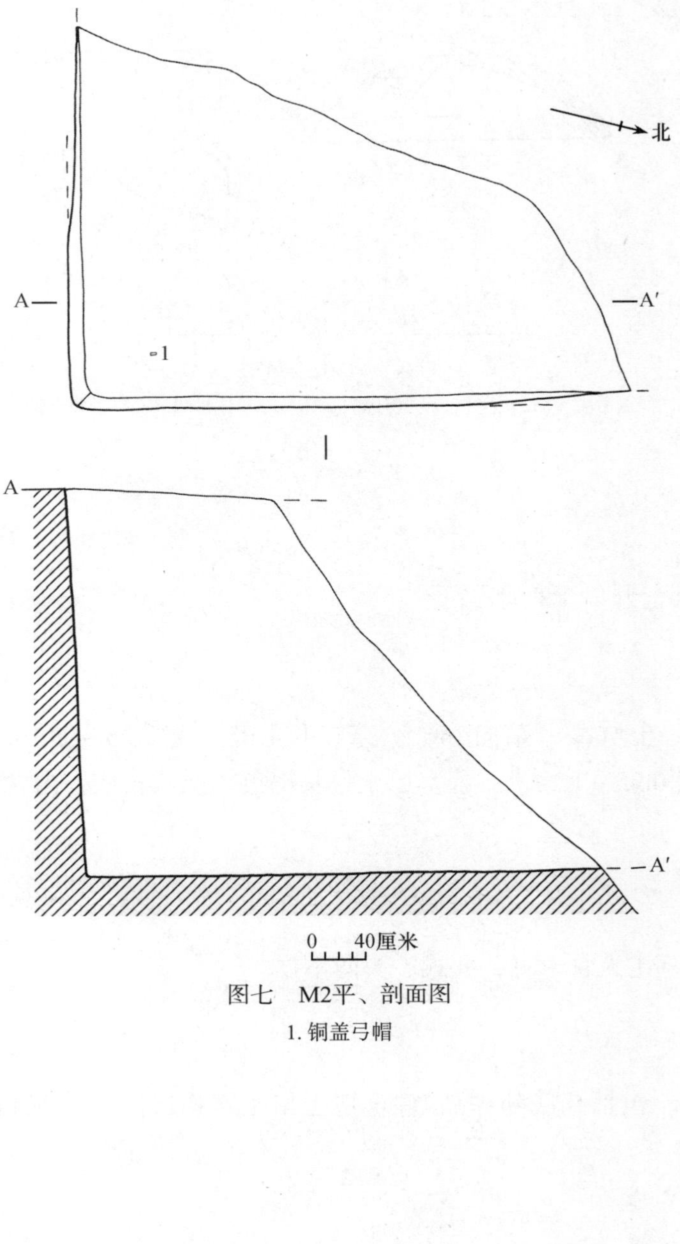

图七　M2平、剖面图

1. 铜盖弓帽

2. 葬具、葬式

墓主葬具不详。墓主人骨未见，葬式、头向不详。

3. 出土器物

M2出土器物3件，包括墓底出土铜盖弓帽1件、填土出土陶器2件。

（1）陶器

博山炉盖　1件。M2∶01，泥质红陶。圆弧顶，敞口方圆唇。顶部分布乳突。口径12.3、高3.9厘米（图八，2）。

罐　1件。M2∶02，泥质红陶。敞口圆唇，束颈，短斜肩，弧腹，下腹及底部残失。口径12.2、残高7.8厘米（图八，3）。

（2）铜器

盖弓帽　1件。M2∶1，身残长3.8、帽直径1厘米（图八，1）。

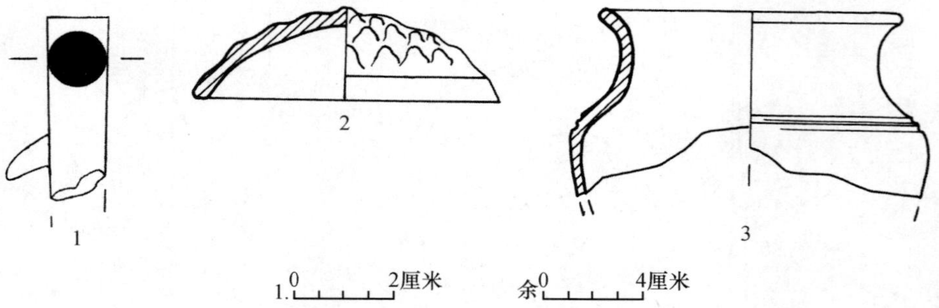

图八　M2出土器物

1. 铜盖弓帽（M2∶1）　2. 陶博山炉盖（M2∶01）　3. 陶罐（M2∶02）

（三）M3

M3位于T1的东部，开口于T1①层下。

1. 形制结构

M3为长方形竖穴土坑墓，墓向266°。墓口长4.08、宽2.05～2.24米，墓底长3.84、宽1.74～1.94米，墓室深0.95～1.14米。墓室填土呈灰褐色、土质较松，内含石块、塑料薄膜等物（图九）。

2. 葬具、葬式

墓主葬具不详。墓主人骨未见，葬式、头向不详。

3. 出土器物

M3出土器物9件，包括墓底随葬品7件、填土出土器物2件，均为铜器。墓底随葬品有铜

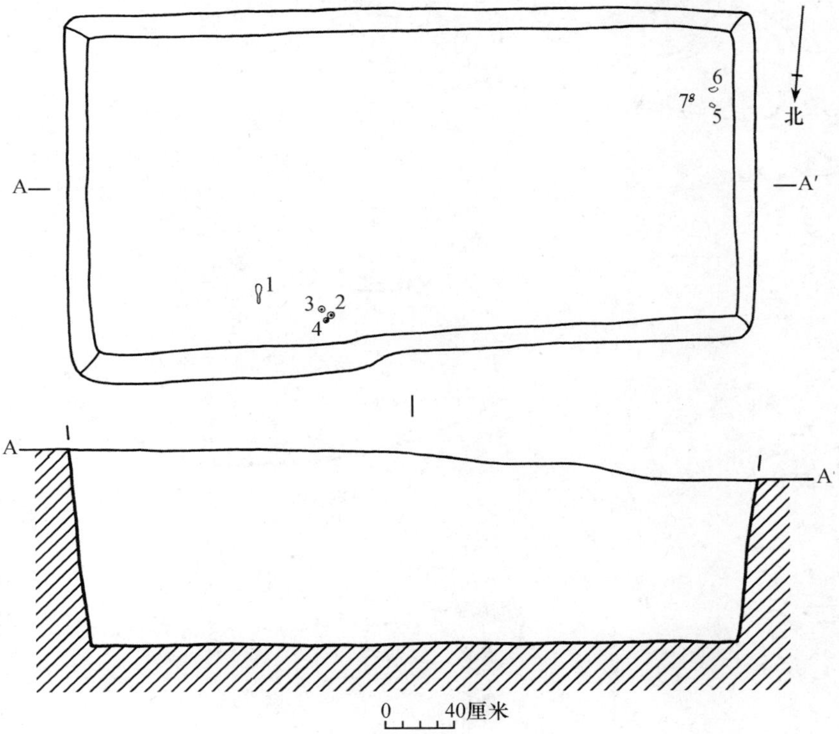

图九　M3平、剖面图

1. 铜勺　2～4. 铜钱币　5. 铜提纽　6. 铜饰件　7. 铜扣饰

勺、铜钱币、铜饰件、铜提纽、铜扣饰。填土出土器物有铜环、铜钱。

铜饰件　2件。M3：6，犁状。身长5.2、身宽2.1厘米（图一〇，1）。M3：01，纽带系。身长3厘米（图一〇，5）。

铜提纽　1件。M3：5，铜器构件，由一铜环穿于铁钉柄部铁环内。铜环直径1.9、铁钉身长3.3（图一〇，3）。

铜勺　1件。M3：1，勺呈椭圆形，锅底状。柄长5.3厘米、勺长径5.2、短径4.8厘米（图一〇，2）。

铜扣饰　1件。M3：7，足上部呈泡钉状，中部内收变细，底外撇，平底。高2.6厘米（图一〇，4）。

半两钱　4枚。无郭，篆体阳文。M3：3，钱径2.7、穿径0.7厘米（图一一，3）；M3：02、M3：2、M3：4，钱径3.1、穿径1～1.1厘米（图一一，1、4、2）。

（四）M4

M4位于T3的西南部，开口于T3①层下。

1. 形制结构

M4为长方形竖穴土坑墓，墓向263°，残存墓室东部。墓口残长0.7～1、宽3米，墓底残长

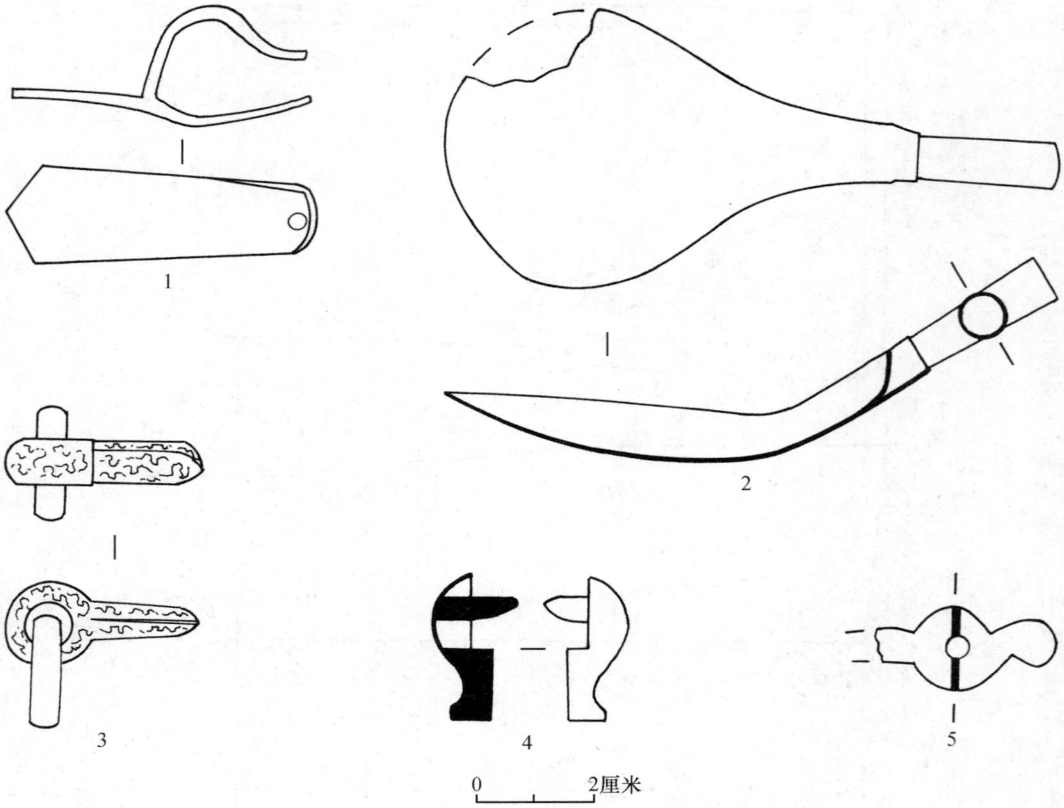

图一〇　M3出土器物

1、5. 铜饰件（M3：6、M3：01）　2. 铜勺（M3：1）　3. 铜提纽（M3：5）　4. 铜扣饰（M3：7）

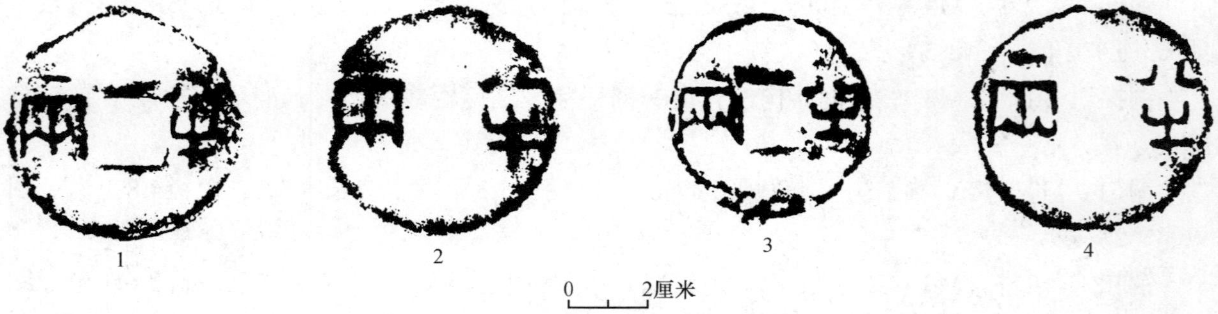

图一一　M3半两钱拓片

1. M3：02　2. M3：4　3. M3：3　4. M3：2

0.7～1.4、宽2.82米，墓室残深2.15米。墓室填土呈黄褐色五花土，内含石块、塑料薄膜等物（图一二）。

2. 葬式、葬具

墓主葬具不详。墓主人骨未见，葬式、头向不详。

3. 出土器物

无出土器物。

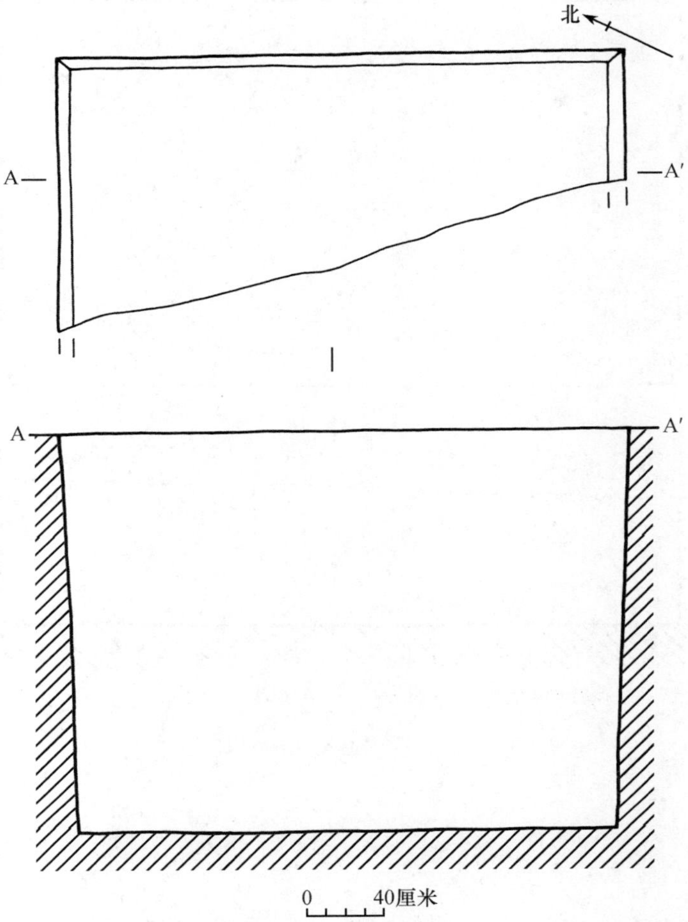

图一二 M4平、剖面图

（五）M5

M5位于T5的东部，开口于T5①层下。

1. 形制结构

M5为长方形竖穴土坑墓，墓向270°。墓口长3.6～3.7、宽2.1米，墓底长3.46、宽1.96米，墓室残深0.68～0.77米。墓室填土呈灰褐色、土质较松，内含砂浆、碎石块等物（图一三）。

2. 葬式、葬具

墓主葬具不详。墓主人骨未见，葬式、头向不详。

3. 出土器物

无出土器物。

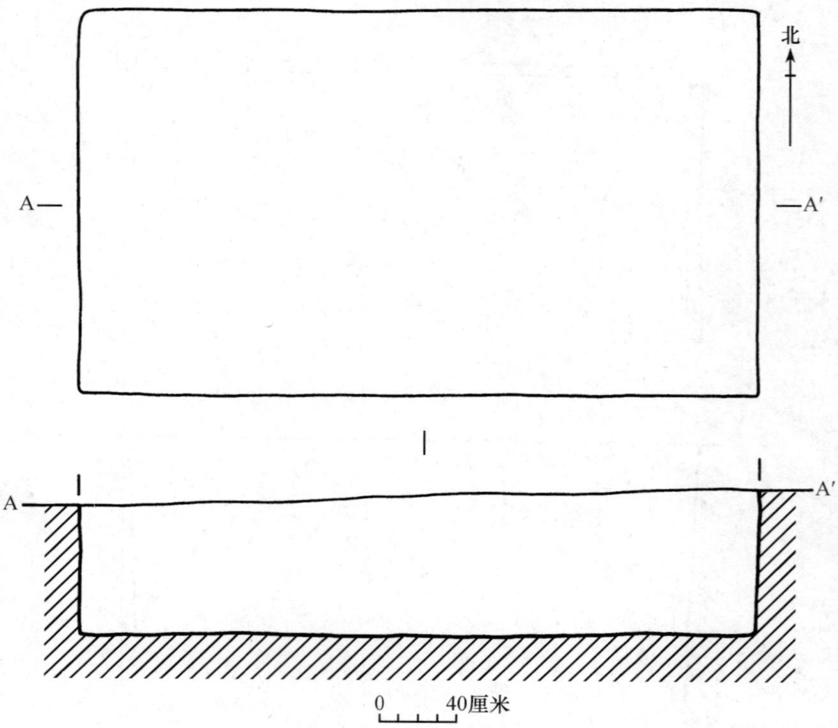

图一三　M5平、剖面图

（六）M6

M6位于T6中部偏北，开口于T6①层下。

1. 形制结构

M6为长方形竖穴土坑墓，墓向255°，残存墓室东部。墓口残长2.5、宽1.5米，墓底与墓口同，墓室残深0～0.2米。墓室填土呈灰褐色、土质较松，内含碎石块、瓦块等物（图一四）。

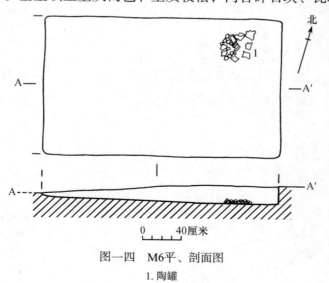

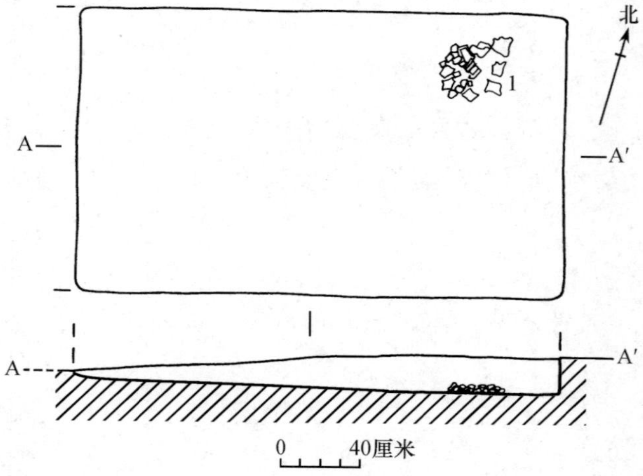

图一四　M6平、剖面图

1. 陶罐

2. 葬式、葬具

墓主葬式、葬具不详。

3. 出土器物

出土随葬陶器1件。

圜底罐 1件。M6：1，夹砂陶。侈口，圆唇束颈，鼓腹，圜底。口径14.8、高7.8厘米（图一五）。

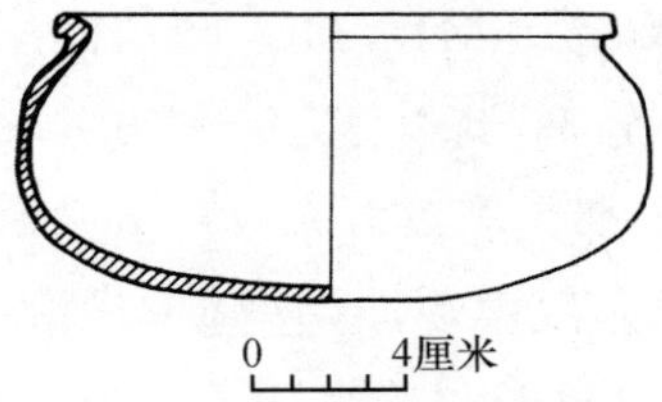

图一五 M6出土陶圜底罐（M6：1）

三、灰坑介绍

H1位于T8西北部，开口于T8①层下，距地表深0.1～0.13米。灰坑开口面近方形，直壁，平底。

H1开口面出露汉砖一堆，侧壁纹饰为菱格纹。灰坑口底相若，灰坑长1.8、宽0.88～1.1、深0.2厘米（图一六）。

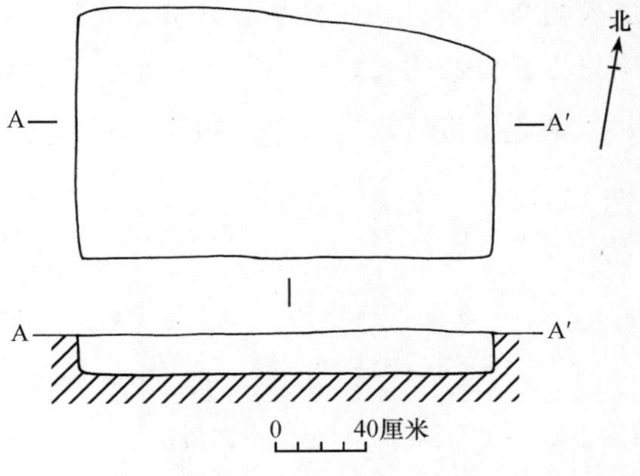

图一六 H1平、剖面图

四、结　　语

（一）典型墓葬年代

本次发掘土坑墓5座、砖室墓1座、灰坑1个。灰坑位于墓葬区，扰乱严重，灰坑中见汉砖，可能为墓葬相关遗迹。墓葬扰乱严重，形制保存不全，随葬器物少，部分墓葬无出土器物。其中M1、M3为典型墓葬，就墓葬形制和出土器物来看，它们应代表着两个时期。

M3出土半两铜钱有大半两（M3：02、M3：2、M3：4）和小半两（M3：3）。大半两直径3.1厘米，应为秦半两。小半两直径2.7厘米，可能是八铢半两，八铢半两始铸于吕后二年（前186）。这批钱币为秦代及西汉前期半两钱，M3随葬器物组合不全，根据钱币特征，判断墓葬时代为西汉前期。

M1为刀把形砖室墓，出土五铢钱与1998年丰都汇南墓群东汉中晚期AIII式五铢[1]相同。出土陶器与丰都镇江汉墓群二期三段东汉晚期的陶器[2]相近，如陶钵（M1：15）与镇江汉墓群Ba型陶钵（M4：4）[3]相同；陶罐（M1：08）与镇江汉墓群Aa型无领罐（M23：23）[4]相同；陶房（M1：17、M1：07）分别与镇江汉墓群陶房Aa型（2007FRBSM1：25）[5]、Bb型（M6：2）[6]相同，与邻近的丰都大湾墓群东汉中期墓葬M3陶房（M3：25、M3：22）[7]也相同。综述，2011FXSM1时代在东汉中晚期是没有问题的。

M4、M5不见出土器物，M2、M6形制残损严重且出土物极少，对于探讨其时代存在较大困难。

（二）相关问题

狮子包墓群分布范围广，沿长江右岸分布于六个相连的山包上。本次发掘的墓葬位于狮子包墓群北部，皆顺江而置，体现了墓葬分布的内在统一性，可能为一家族墓地。

附记：本次考古发掘工作项目领队白九江，参加发掘的人员：白九江、陈东、张守华、陈俊华、谢辛杰等，摄像：陈东，器物绘图：师孝明、张守华，器物修复：陈俊华、谢辛杰。本次发掘工作还得到了丰都县文物管理所的大力支持，刘萍、秦进等同志为发掘工作付出了辛勤的劳动，特此感谢！

执　笔：陈　东　袁　钧

注　释

[1] 四川省文物考古研究所、丰都县文管所：《丰都汇南墓群发掘报告》，《重庆库区考古报告集·1998卷》，科学出版社，2003年。

[2] 重庆市文物局、重庆市移民局：《丰都镇江汉至六朝墓群》，科学出版社，2013年。

[3] 重庆市文物局、重庆市移民局：《丰都镇江汉至六朝墓群》，科学出版社，2013年。

[4] 重庆市文物局、重庆市移民局：《丰都镇江汉至六朝墓群》，科学出版社，2013年。

[5] 重庆市文物局、重庆市移民局：《丰都镇江汉至六朝墓群》，科学出版社，2013年。

[6] 重庆市文物局、重庆市移民局：《丰都镇江汉至六朝墓群》，科学出版社，2013年。

[7] 重庆市文化局、重庆市文物考古所、宝鸡市考古工作队、丰都县文物管理所：《丰都大湾墓群发掘报告》，《重庆库区考古报告集·2002卷》，科学出版社，2010年。

丰都汇南墓群火地湾、林口、蛮子包墓地2012年发掘简报

重庆市文化遗产研究院　丰都县文物管理所

2011年，重庆市文物局根据区县上报情况，安排开展三峡库区消落带丰都汇南墓群抢救性考古发掘。因库区蓄水不具备发掘条件，故发掘延后至2012年实施。2012年3～7月，重庆市文化遗产研究院、丰都县文物管理所对该墓群实施抢救性发掘，因汇南墓群破坏严重，仅对该墓群的火地湾墓地展开发掘，经上报后，剩余任务调整至林口、蛮子包墓地（图一）。本次发掘共清理汉至六朝时期墓葬8座，出土随葬器物130余件。现将发掘收获简报如下。

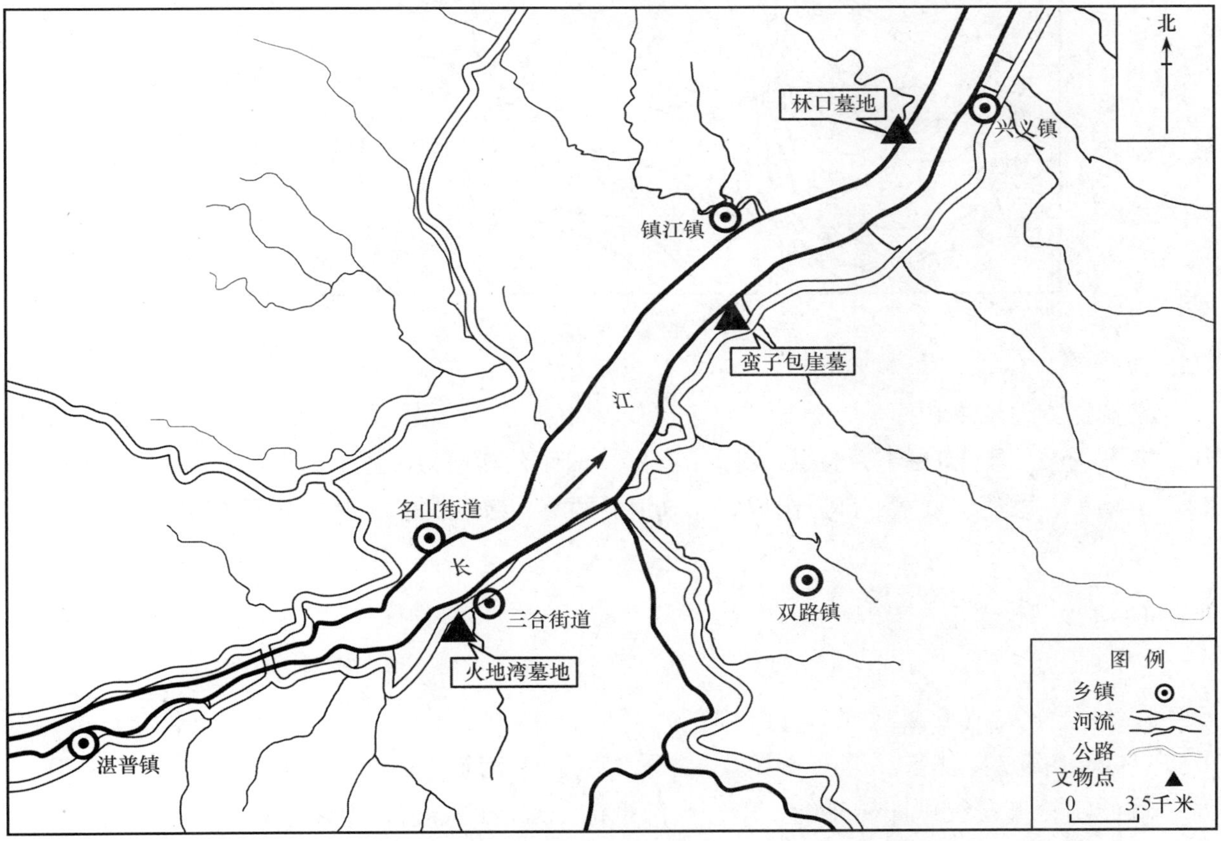

图一　火地湾、林口、蛮子包墓地位置图

一、火地湾墓地

火地湾墓地属于汇南汉墓群的一部分，位于丰都县三合街道滨江西路居委南溪四社，长江右岸的三级台地上。地理坐标北纬29°51′36.61″，东经107°42′36.02″，海拔171米。2012年3月，重庆市文化遗产研究院、丰都县文物管理所随即对其进行了抢救性考古发掘，并对施工区域进行了考古勘探，勘探面积约3000平方米。此次发掘工作共布10米×10米探方2个，其中HT2扩方12平方米。另开15米×1米探沟2条，总发掘面积242平方米，清理汉至六朝墓葬2座，编号为2012HM1、2012HM2（以下简称HM1、HM2）（图二）。

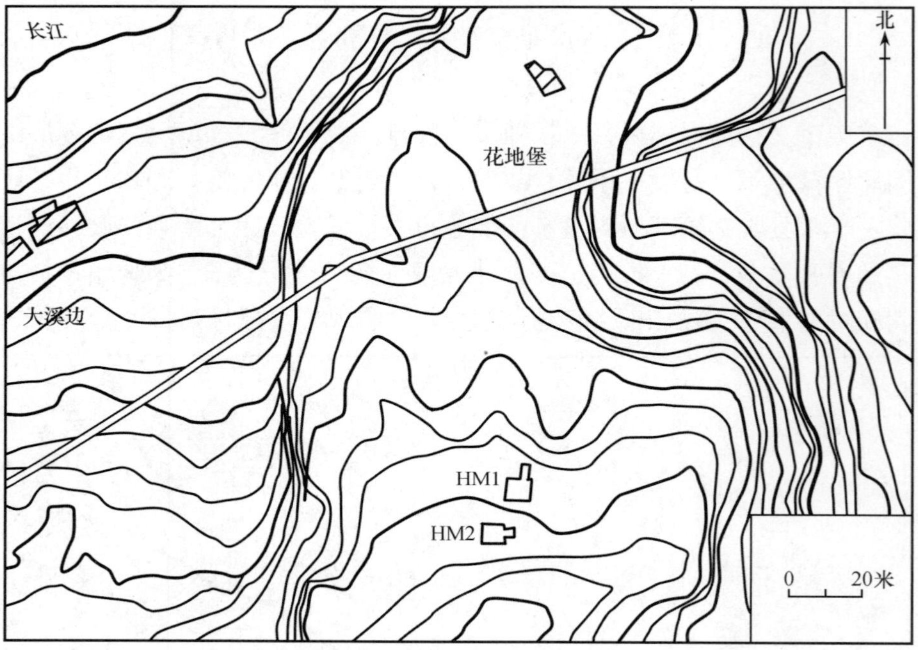

图二　火地湾墓地墓葬分布示意图

发掘探方地层堆积简单，第1层为灰褐色农耕土层，第2层为黄褐色黏土层， 2层下为岩石层。墓葬均叠压于第1层下，打破2层及岩石层。两座墓葬均为砖室墓，形制相似，呈“凸”字形，由墓圹、甬道、墓室三部分组成，无墓道。两墓均被盗扰，出土少量随葬器物。

（一）HM1

HM1位于火地湾墓地探方HT1中部，墓向356°。平面呈“凸”字形，墓圹长5.4、宽1.64～4.3、深0.7～1.5米。甬道平面呈长方形，位于墓室前端偏右侧，长2.5、宽1.04、残高0.8米。墙砖用菱形花纹榫卯砖错缝平砌，底部平铺不规则的石板，前端有墓砖封门。墓室平面呈长方形，墙砖用菱形花纹榫卯砖错缝平砌，墓底砖横向对缝平铺，券顶大部分已坍塌，长

3.7、宽2.4、残高0.4～1.48米（图三）。墓内扰乱严重，葬式葬具不详。残存随葬品均发现在墓室底部填土中，共计18件，包括陶器、铁器及铜钱币3类。

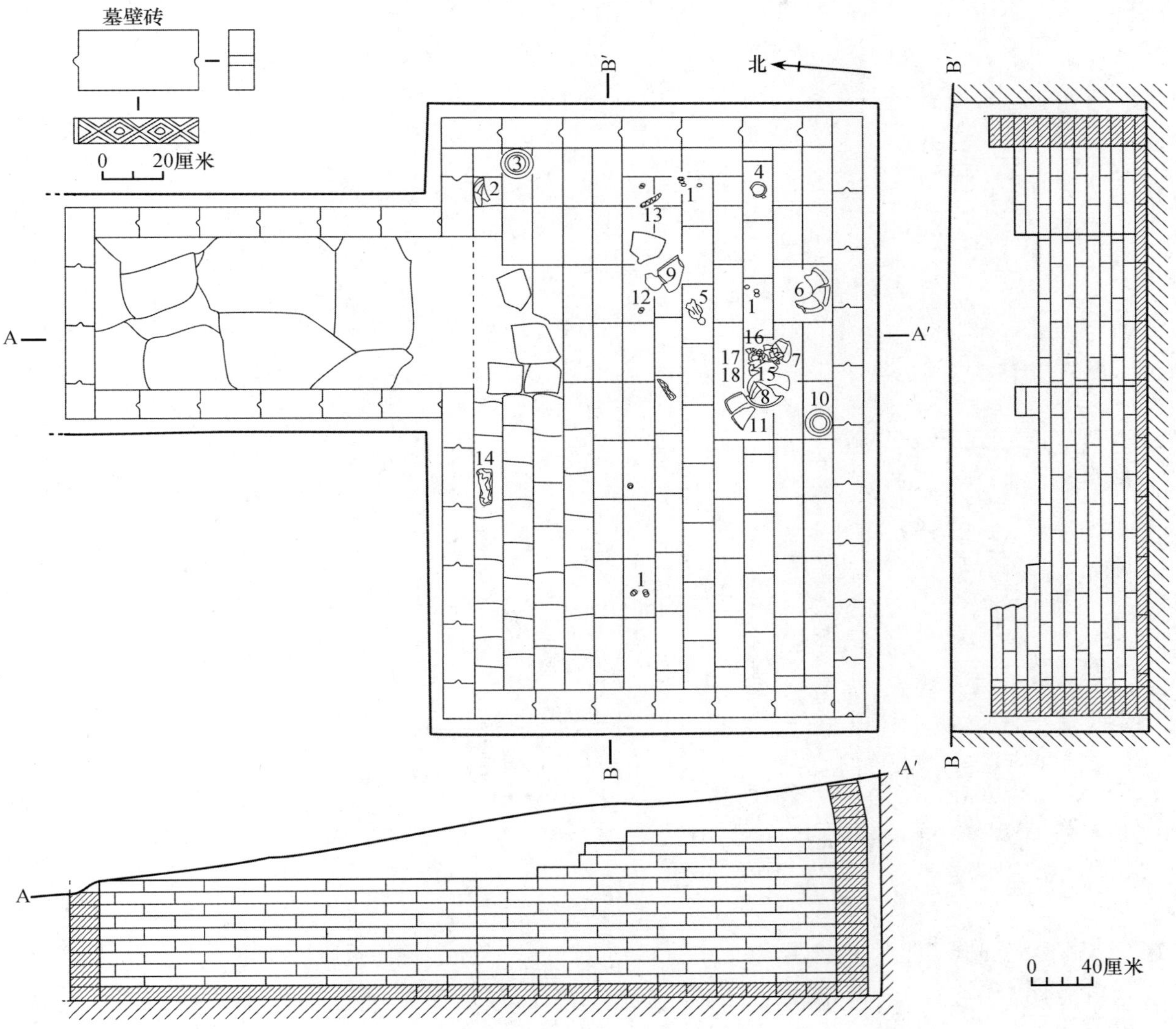

图三 HM1墓葬平、剖面图

1. 铜钱币 2、11、13. 陶盆 3、10、15. 陶仓 4. 陶卮 5. 陶拱手俑 6. 陶器底 7～9、12、16. 陶钵 14. 铁器 17. 陶灯 18. 陶簋

1. 陶器

共16件，器形有仓、钵、盆、簋、卮、灯、拱手俑。

仓 3件。均泥质灰陶。HM1∶10，敛口，圆唇，折肩，弧腹，平底。下腹部有两道凹弦纹。口径12、高14.7厘米（图四，1）。HM1∶3，敛口，方唇，折肩，弧腹，平底。腹部有数道凹弦纹。口径13.8、高17.8厘米（图四，2）。HM1∶15，敛口，方唇，折肩，弧腹，平底，素面。口径15.8、高19.6厘米（图四，3）。

钵 5件。均泥质灰陶。HM1∶9，敞口，圆唇，斜腹，平底。腹部有数道凹弦纹。口径

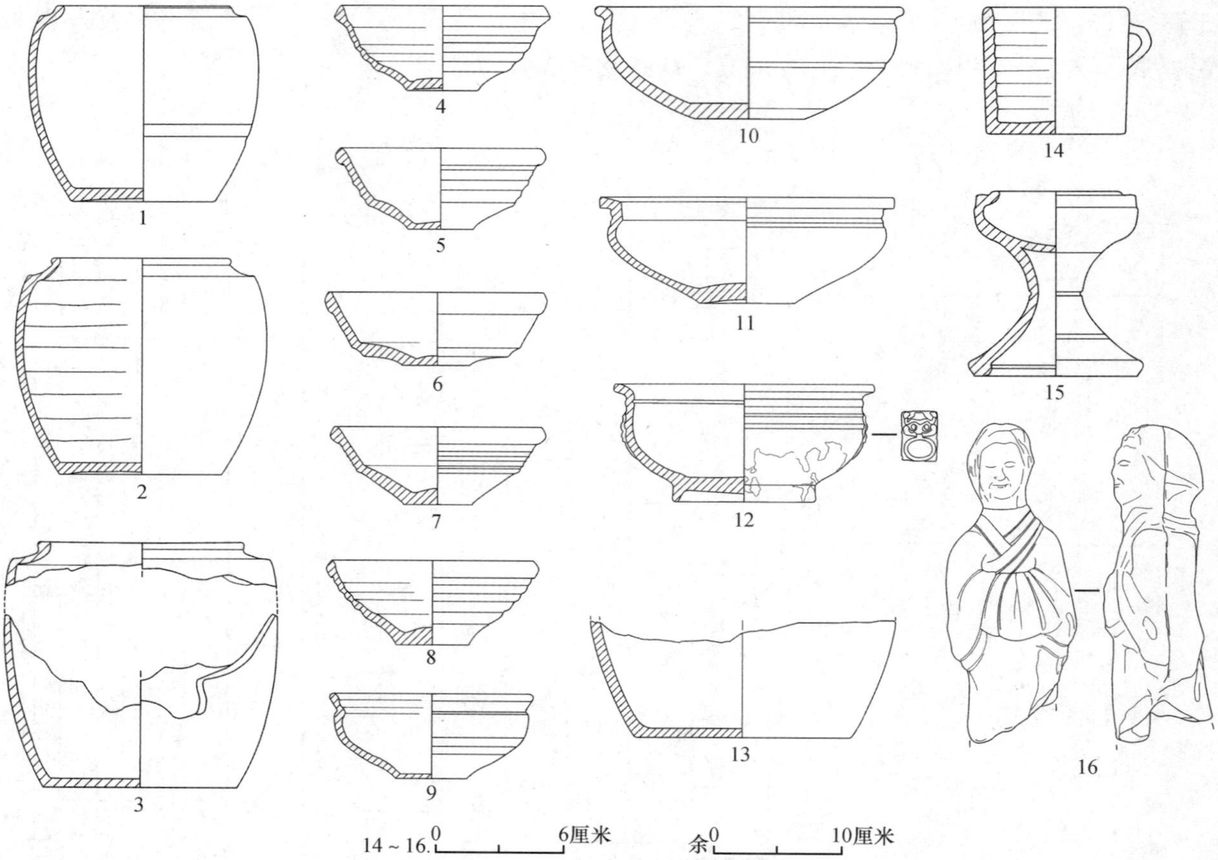

图四　HM1出土陶器

1～3. 仓（HM1：10、HM1：3、HM1：15）　4～8. 钵（HM1：9、HM1：12、HM1：7、HM1：16、HM1：8）　9～11. 盆（HM1：2、HM1：13、HM1：11）　12. 簋（HM1：18）　13. 器底（HM1：6）　14. 卮（HM1：4）　15. 灯（HM1：17）　16. 拱手俑（HM1：5）

16.9、底径5、高6.6厘米（图四，4）。HM1：12，敞口，圆唇，折腹，平底。腹部有数道凹弦纹。口径16.8、底径5、高6厘米（图四，5）。HM1：7，敞口，粗圆唇，折腹，平底。腹部有二道凹弦纹。口径17.4、底径5.4、高6.4厘米（图四，6）。HM1：16，敞口，圆唇，折腹，平底微凹。腹部有二道凹弦纹。口径16.6、底径5、高6.6厘米（图四，7）。HM1：8，敞口，圆唇，斜腹，平底。腹部有数道凹弦纹。口径16.7、底径4.9、高5.9厘米（图四，8）。

盆　3件。均泥质灰陶。HM1：2，侈口，圆唇，微束颈，弧腹，平底。腹部有三道凹弦纹。口径16.6、底径5.4、高6.8厘米（图四，9）。HM1：13，侈口，圆唇，鼓腹斜收，平底。腹部有二道凹弦纹。口径25.6、底径9.1、高9.6厘米（图四，10）。HM1：11，侈口，微折沿，束颈，颈下有三道凹弦纹，鼓腹斜收，底部微凹。口径23.2、底径7.7、高8.7厘米（图四，11）。

簋　1件。HM1：18，泥质灰陶。侈口，圆唇，弧腹斜收，上腹部有数道凹弦纹，矮圈足。腹两侧各有一铺首衔环，内壁外壁均施釉。器身轮制，铺首模制。口径20.4、底径11、高9.6厘米（图四，12）。

卮 1件。HM1∶4，泥质红陶。直口，圆唇，近沿处附一小耳，直腹，平底。素面。外壁施釉。口径8.8、底径8.8、高8厘米（图四，14）。

灯 1件。HM1∶17，泥质红陶。子口，圆唇，束腰器柄，中空。表施釉。口径7.6、底径8.3、高8.8厘米（图四，15）。

器底 1件。HM1∶6，泥质灰陶平底残片。素面。底径17.8、残高10厘米（图四，13）。

拱手俑 1件。HM1∶5，残存上半身，泥质红陶。头盘髻，面目不清，身着高领内衣，外着右衽长袍，双手拱于胸前。模制。宽7.6、残高18.6厘米（图四，16）。

2. 铁器

1件。HM1∶14，已残，锈蚀严重，器形不详。

3. 铜钱币

3枚。HM1∶1，锈蚀严重，计有大泉五十、五铢。

大泉五十 2枚。一枚上下左右读，一枚上下右左读。直径2.8、穿径1、郭宽0.2、厚0.2厘米（图五，1、2）。

五铢 1枚。“五”字交笔较曲，“铢”字金旁矮于朱字，“金”头呈镞形，“朱”上下横笔均圜转。直径2.2、穿径1、厚0.15厘米（图五，3）。

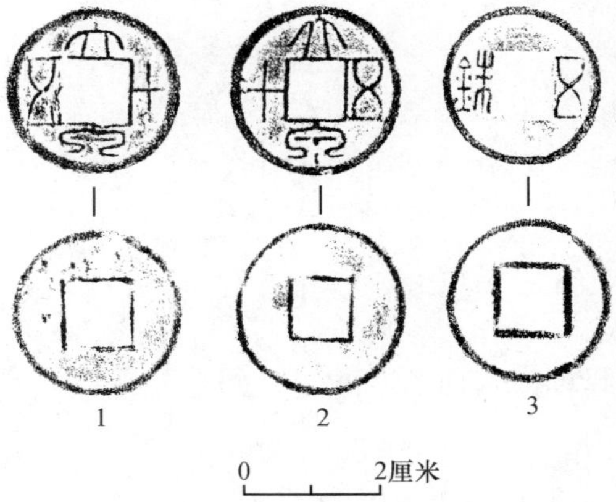

图五 HM1出土铜钱拓片

（二）HM2

位于探方HT2中部，平面形状呈“凸”字形，方向100°。由土圹、甬道、墓室组成。土圹长5.84、宽2.16～3.2、高0.88～1.12米。甬道平面呈长方形，墙用菱形及车轮纹青砖错缝平砌，前端封门用楔形榫卯砖错缝平砌，长2.4、宽1.55、残高1.12米。墓室平面呈长方形，用菱形及车轮纹青砖错缝平砌，券顶已坍塌，长3.14、宽2.58、残高0.88～1.06米。甬道及墓室均用不规则石板铺底（图六）。因扰乱严重，葬式葬具不详。出土随葬品12件，主要为陶器，另见1件瓷碗。

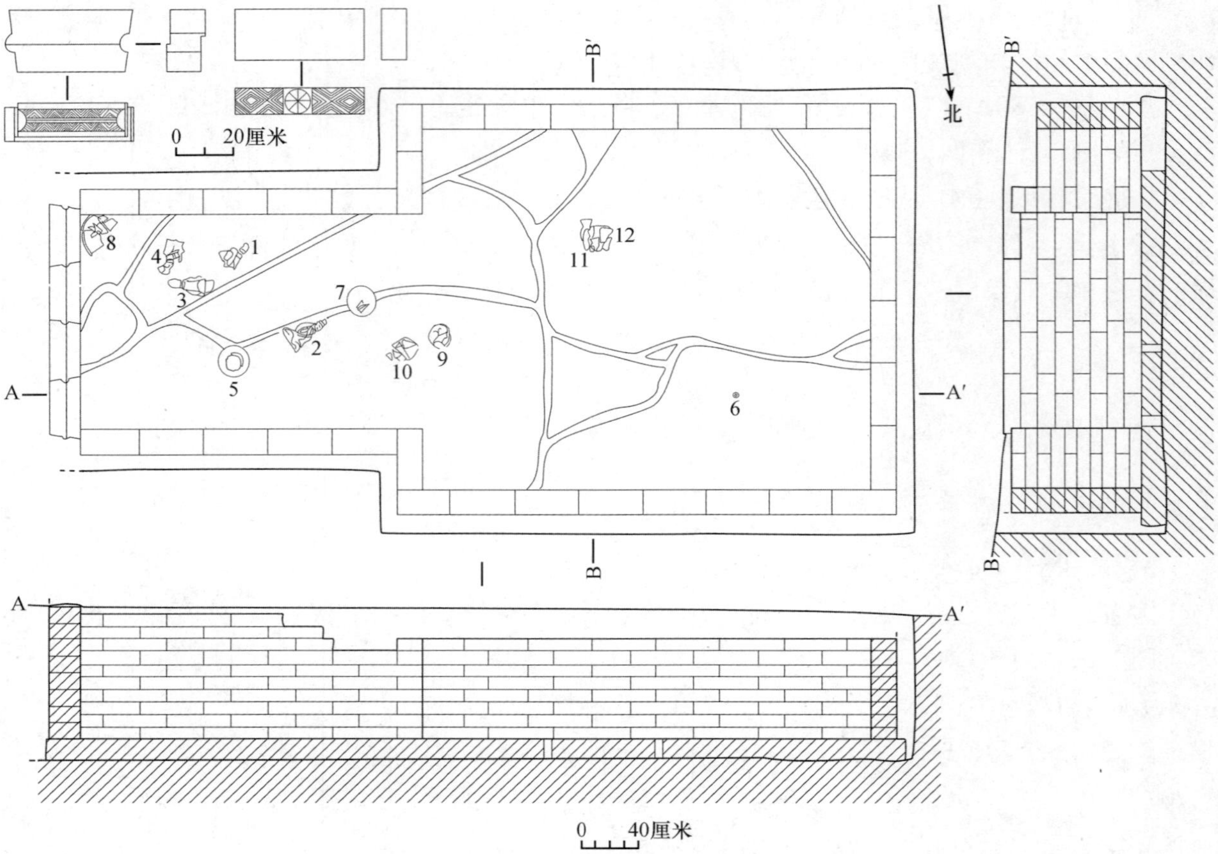

图六　HM2平、剖面图

1、3. 陶拱手俑　2. 陶说唱俑　4. 陶听琴俑　5. 陶矮领罐　6. 铜钱币　7. 瓷碗　8. 陶仓　9. 陶甑　10. 陶钵　11. 陶魁　12. 陶井

1. 瓷器

碗　1件。HM2∶7，青绿釉，灰白胎。敞口，斜壁，平底。素面。轮制。口径16.2、底径10.5、高6厘米（图七，7）。

2. 陶器

共10件。器形有矮领罐、仓、钵、甑、魁、井、拱手俑、听琴俑、说唱俑。

矮领罐　1件。HM2∶5，泥质灰陶。侈口，圆唇，束颈，斜肩，肩部饰两道凹弦纹，弦纹中间饰一圈三角戳印纹，鼓腹斜收，平底。素面。口径9.8、腹径15.6、底径6.8、高11厘米（图七，1）。

仓　1件。HM2∶8，泥质灰陶。敛口，圆唇，折肩，弧腹内收，平底。口径11.2、腹径22.4、底径13、高15.7厘米（图七，2）。

钵　1件。HM2∶10，泥质灰陶。敞口，圆唇，折腹，平底。腹部饰四道弦纹。口径16.2、底径5.6、通高7厘米（图七，5）。

甑　1件。HM2∶9，泥质灰陶。敞口，圆唇，折沿，深弧腹，平底，底部已残。口径37、

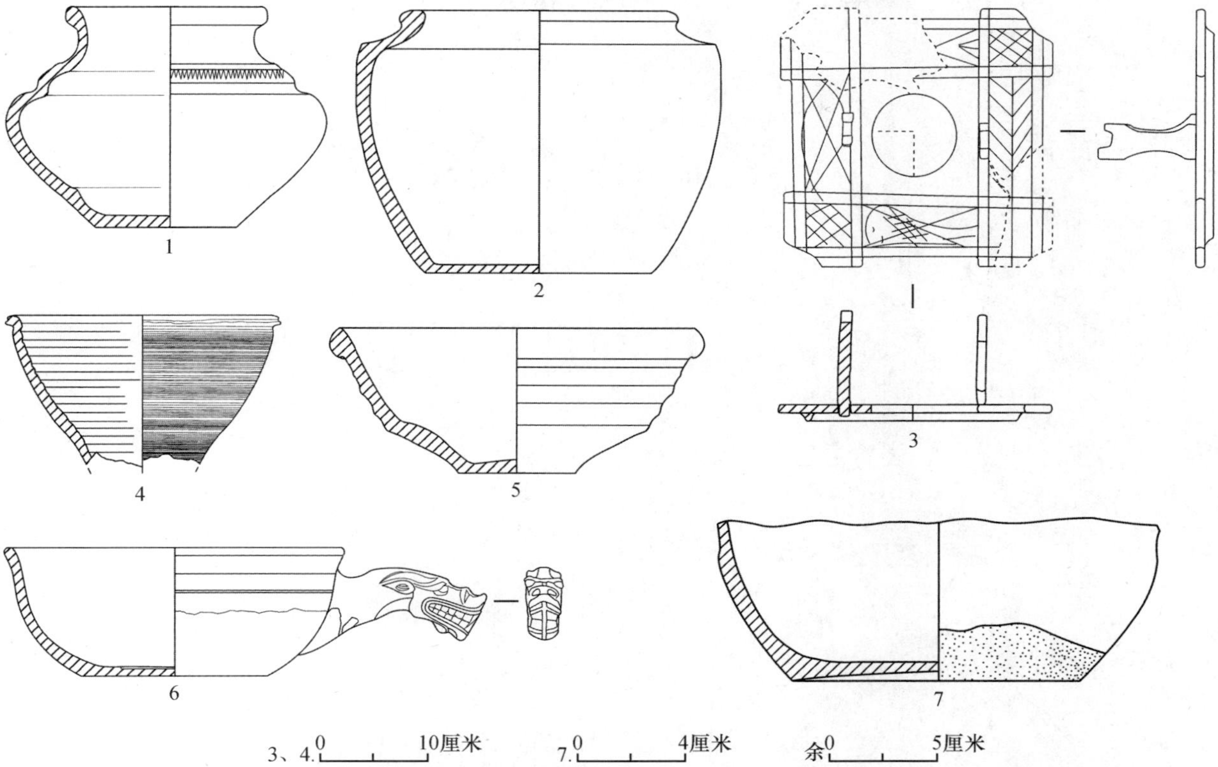

图七 HM2出土陶、瓷器

1. 陶矮领罐（HM2：5） 2. 陶仓（HM2：8） 3. 陶井（HM2：12） 4. 陶甑（HM2：9） 5. 陶钵（HM2：10） 6. 陶魁（HM2：11） 7. 瓷碗（HM2：7）

残高22.3厘米（图七，4）。

魁 1件。HM2：11，泥质红陶，内壁满釉。敞口，圆唇，弧腹，沿下饰两道凹弦纹，一侧有龙头形柄，平底。器身为轮制，柄为模制。口径17.5、底径9.4、高6.8厘米（图七，6）。

井 1件。HM2：12，泥质灰陶，仅存井圈。平面呈“井”字形，中开圆形口，两侧有两长方形小孔用以插接井架，背部起一圈圆棱，井架束腰长方形，一端带榫插接灶台，另一端开衩托架。正面阴刻十字纹、弧线纹、水草纹。边长25、高10.6厘米（图七，3）。

拱手俑 2件。均泥质红陶。HM2：3，头戴冠，面目不清，身着右衽长袍，双手拢于胸前，拱手，站立。高22.1厘米（图八，1）。HM2：1，面目不清，身着右衽长袍，双手拢于胸前，拱手，站立。高24.2厘米（图八，3）。

听琴俑 1件。泥质红陶。HM2：4，头着双髻，大嘴高鼻，面带微笑，右衽广袖长裙，内着衬衣，跽坐，右手上举，抚于耳旁，左手扶膝。高16.6厘米（图八，2）。

说唱俑 1件。泥质红陶。HM2：2，头戴高冠，面目不清，右衽广袖袍服，跽坐，右臂前抬平伸，左臂微屈，似说唱并配以手部动作。高18.4厘米（图八，4）。

3. 铜钱币

1枚。HM2：6，锈蚀严重，钱文不清。

图八　HM2出土陶俑

1、3. 拱手俑（HM2：3、HM2：1）　2. 听琴俑（HM2：4）　4. 说唱俑（HM2：2）

二、林口墓地

林口墓地位于丰都县名山街道办事处农花村十一社村西400米处。地处长江北岸一缓坡台地上。地理坐标为北纬29°57′21.5″，东经107°45′06.1″，海拔176米。2012年6～7月，重庆市文化遗产研究院、丰都县文物管理所对该区域进行了考古勘探、发掘工作，共布10米×10米探方6个，另开20米×1.5米探沟2条，总发掘面积660平方米，发掘4座砖室墓，编号为2012FHLM1～2012FHLM4（以下简称LM1～LM4）（图九；图版一四，1），其中LM4因残破较甚，又未出土随葬品，本处不作报道。

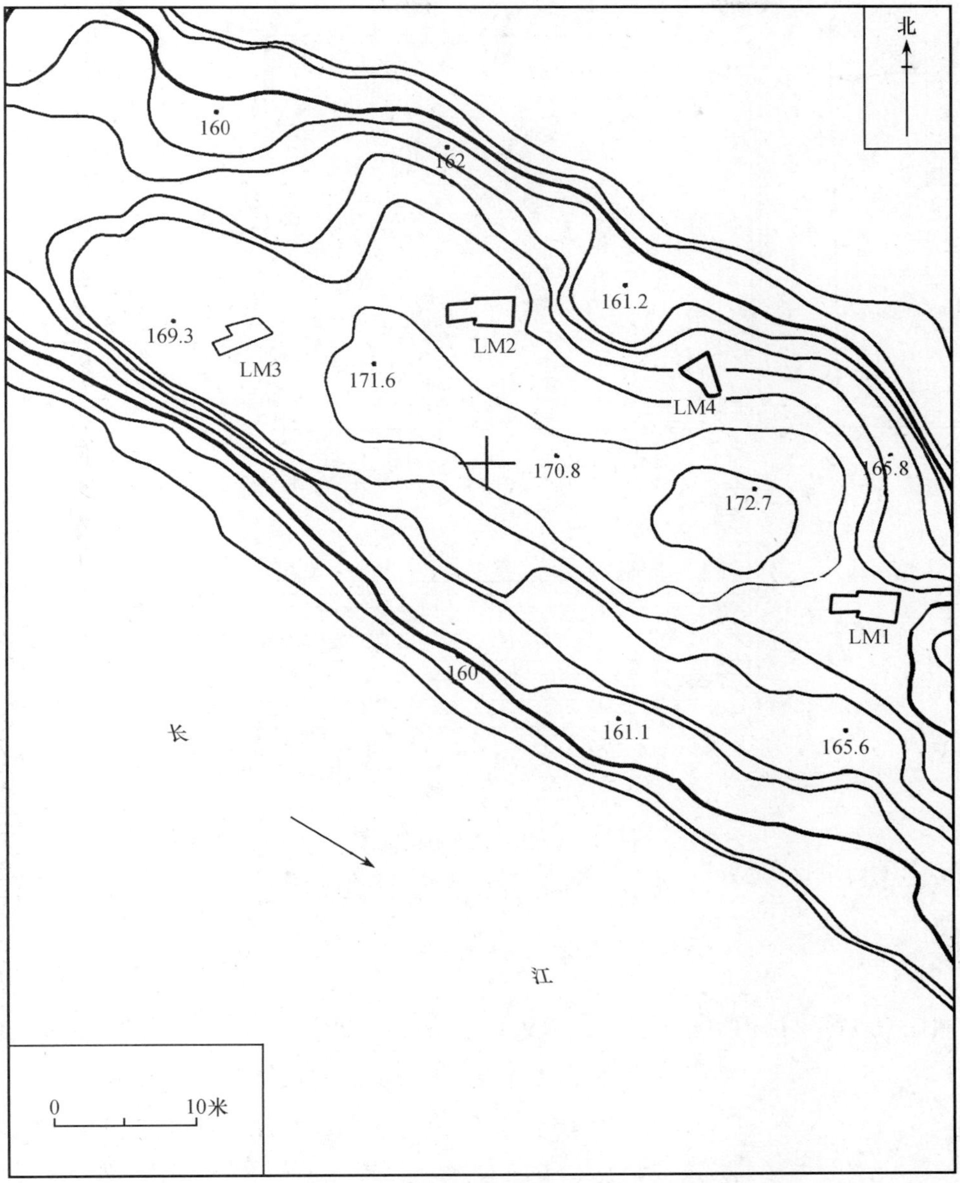

图九　林口墓地墓葬分布示意图

（一）LM1

位于林口墓地LT1、LT2内，墓向217°。由墓道、甬道、墓室组成。墓道被现代坑扰毁。甬道平面呈长方形，西部被扰坑破坏无存，壁墙由菱形花纹砖错缝平砌，券顶多坍塌，封门仅存三层封门砖，长2.4、宽1.5、深0.84米。墓室平面呈长方形，券顶已被毁坏，四壁错缝平砌青砖。墓室长3.04、东西宽2.4、深0.94米。砖有两种规格，其一为饰十字及菱形组合纹的长方形板砖，其二为饰圆圈及菱形组合纹长弧形子母砖。整个墓底未见铺地砖，墓室前端东侧见一排4块砖，应为棺床。该墓出土有瓷器、陶器、铁器、铜钱币等共计14件（图一〇）。

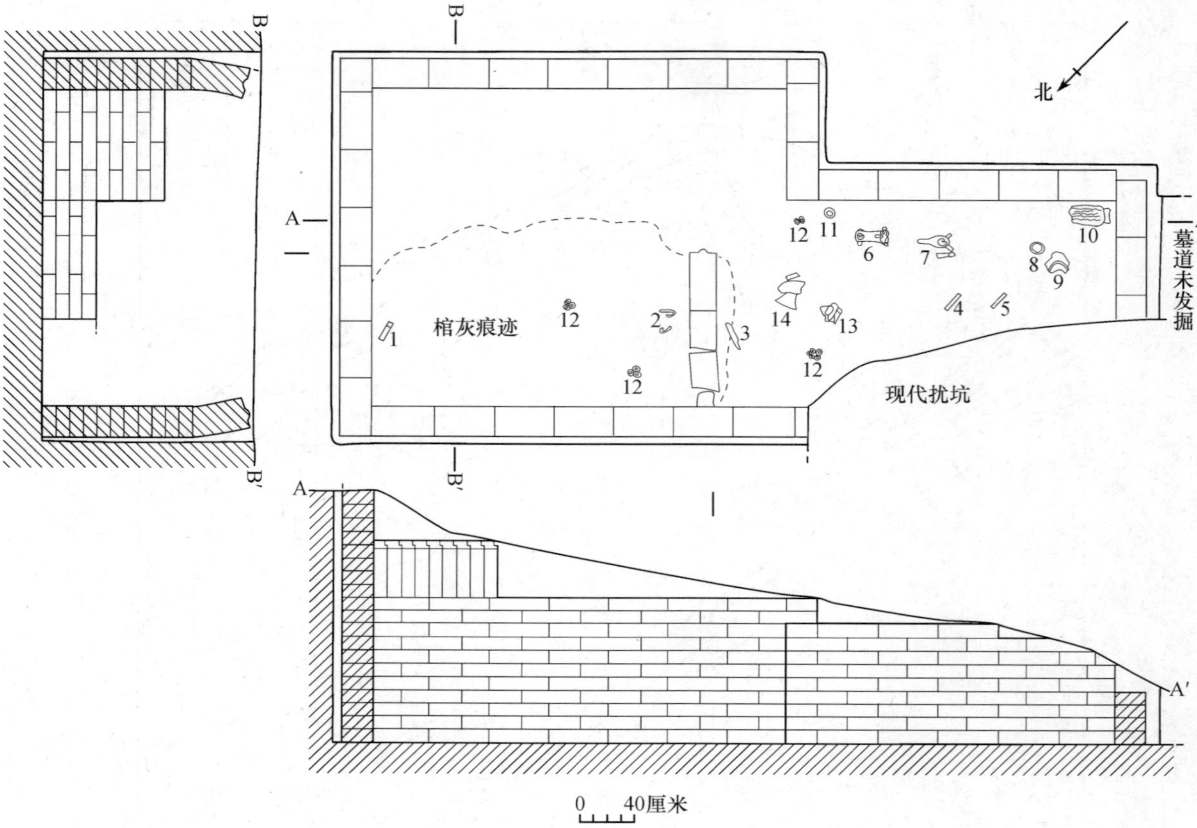

图一〇　LM1平、剖面图

1～4. 铁带钩　5. 铁削刀　6. 陶公鸡　7. 陶狗　8. 陶灯　9. 陶镇墓兽　10. 筒瓦　11. 瓷碗　12. 铜钱币　13. 陶盏　14. 陶井

1. 瓷器

碗　1件。LM1∶11，青釉。直口，弧壁内收，假圈足。口径8、底径2.5、高3.2厘米（图一一，2）。

2. 陶器

共8件。见有碗、灯、井、筒瓦、公鸡、狗、镇墓兽等。

灯　1件。LM1∶8，泥质红陶，表面施釉。敞口，圆唇，浅盘，盘心突起，喇叭状底座，中空较大。口径10.2、底径9、高8.1厘米（图一一，3）。

盏　1件。LM1∶13，泥质灰陶。口沿残片。侈口，浅折盘。素面。口径11.4、残高2.8厘米（图一一，4）。

井　1件。LM1∶14，泥质灰陶。中开圆孔，下底有井圈一周，正面有网纹、鱼纹和浪纹。边长40.3厘米（图一一，12）。

筒瓦　1件。LM1∶10，泥质灰陶。已残。横截面呈半圆形。表面施绳纹。残长24.1厘米（图一一，9）。

公鸡　1件。LM1∶6，泥质红陶。昂首，翘尾，双足站立。高14厘米（图一一，7）。

狗　1件。LM1∶7，泥质灰陶。昂首，短耳，立足，颈腹部缚有一襻带，两带之间经前胸

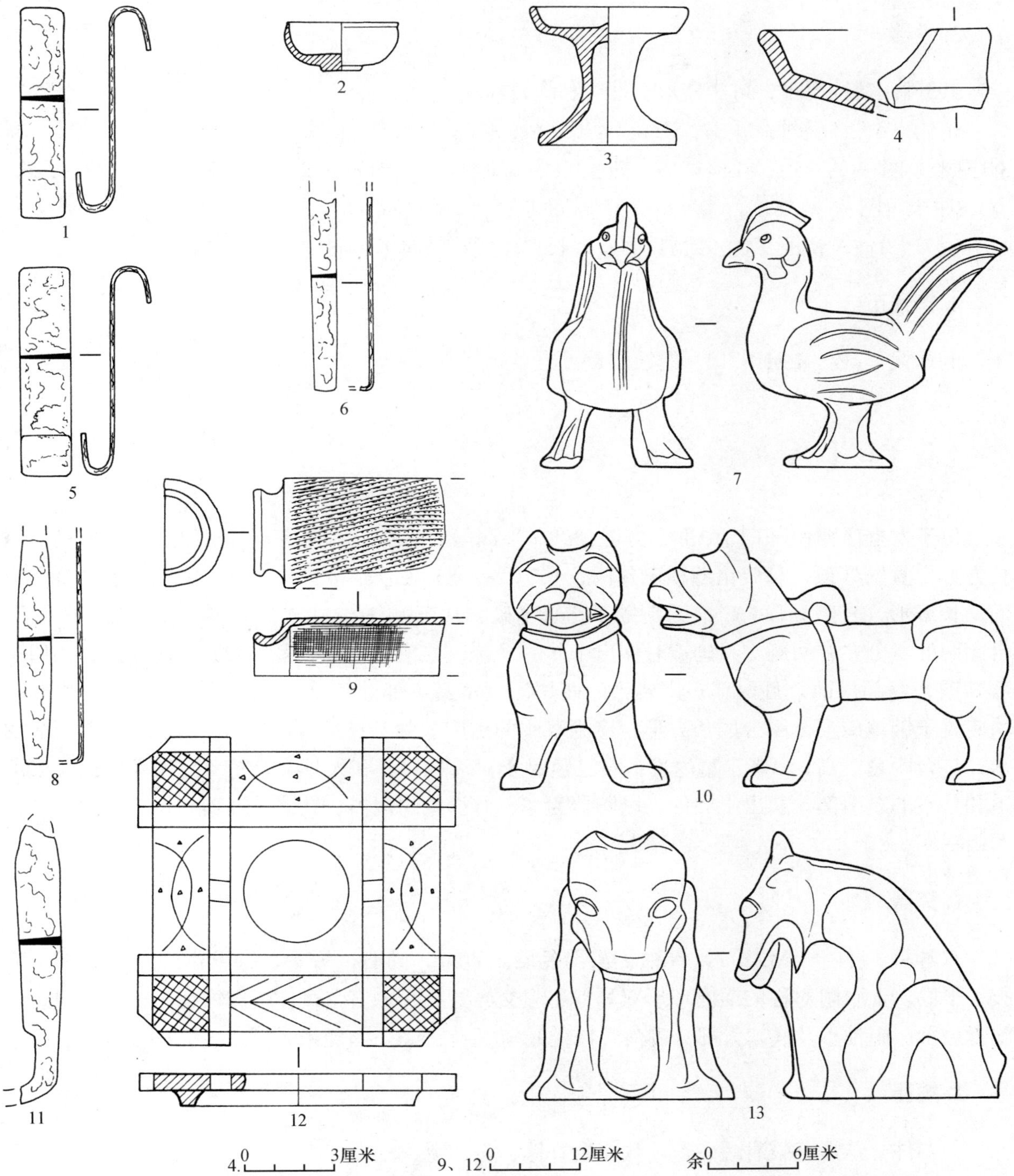

图一一　LM1出土遗物

1、5、6、8、11. 铁器（LM1∶1～LM1∶5）　2. 瓷碗（LM1∶11）　3. 陶灯（LM1∶8）　4. 陶盏（LM1∶13）　7. 陶公鸡（LM1∶6）　9. 筒瓦（LM1∶10）　10. 陶狗（LM1∶7）　12. 陶井（LM1∶14）　13. 陶镇墓兽（LM1∶9）

及背短带接系，脊背有环形钮。高22.1厘米（图一一，10）。

镇墓兽　1件。LM1∶9，泥质红陶。蹲踞状，头额部较高，双目扁圆而突。高13.6厘米（图一一，13）。

3. 铁器

共5件。锈蚀严重，可辨器形有带钩和削刀。

带钩　4件。锈蚀严重。LM1：1，长9.6、宽3厘米（图一一，1）。LM1：2，长10.3、宽3.3厘米（图一一，5）。LM1：3，残长9.8、宽1.5厘米（图一一，6）。LM1：4，残长11.7、宽1.8厘米（图一一，8）。

削刀　1件。锈蚀严重。LM1：5，残长13.4、宽2.5厘米（图一一，11）。

4. 铜钱币

五铢钱　2枚。LM1：12，锈蚀严重。

（二）LM2

位于发掘区西南部LT3中部，方向120°。平面呈刀把状，由甬道、墓室组成。甬道平面呈长方形，直壁券顶，墓砖错缝横砌封门，长2.22、宽1.4、残高0.98米，封门高0.72米。墓室平面呈长方形，直壁券顶，壁砖采用顺丁错缝平砌，从第9层砖之上开始起券，墓壁北端外设灯台座两处，分左右两侧，系砌墙时伸出半砖的平台，券顶上半部坍塌，墓底平铺地砖，采用东部顺铺，西部横铺，且西部多用残半的砖块。墓室南半部前侧、后侧后沿之间一线，均有多块砖置于铺地砖上，围合成长方形，应为墓主的棺床。墓室长3、宽2.64、砖墙残高2.24～2.28米，灯台距墓底高1.53米。墓内堆积黄红色黏土，未见葬具和人骨架。随葬品大部分放置于甬道和墓室的东南部，共出土82件，以陶器为主，有少量的铜器、铁器、瓷器和石器（图一二；图版一四，2）。

1. 瓷器

双耳罐　1件。LM2：2，青釉，灰褐色胎。直口，圆唇，矮颈，领壁微外鼓，溜肩，弧腹，平底。上腹附对称的横向环形双耳，肩腹交界处凸起一道弦纹，腹部饰细小的方格网纹。施青色釉，施釉不及底，大部分剥落。口径9、底径12、高12.4厘米（图一三，1）。

2. 陶器

共73件。器形有鼓肩罐、瓮、盘、盒、钵、壶、魁、洗、灯、博山炉盖、耳杯等；俑有拱手俑、提囊俑、抱囊俑、抚琴俑、出恭俑、执盾俑、执锄俑、庖厨俑、吹箫俑、拍乐俑等人物俑，以及子母鸡、狗、马、猪等动物俑；另有案、井、水塘、楼房、摇钱树座等模型器。均为泥质灰陶或红陶，其中又有少量的釉陶。釉陶均为红胎，施酱红色、酱黄色或豆绿色薄釉，火候较低。

鼓肩罐　3件。均为釉陶。LM2：1，侈口，圆唇，束颈，鼓腹斜收，平底。腹部有凹弦纹。口径11.4、底径8.3、高9.8厘米（图一三，2）。LM2：22，侈口，圆唇，束颈，鼓腹斜收，平底。腹部有凹弦纹。口径11.3、底径8.2、高9.6厘米（图一三，3）。LM2：34-1，敛

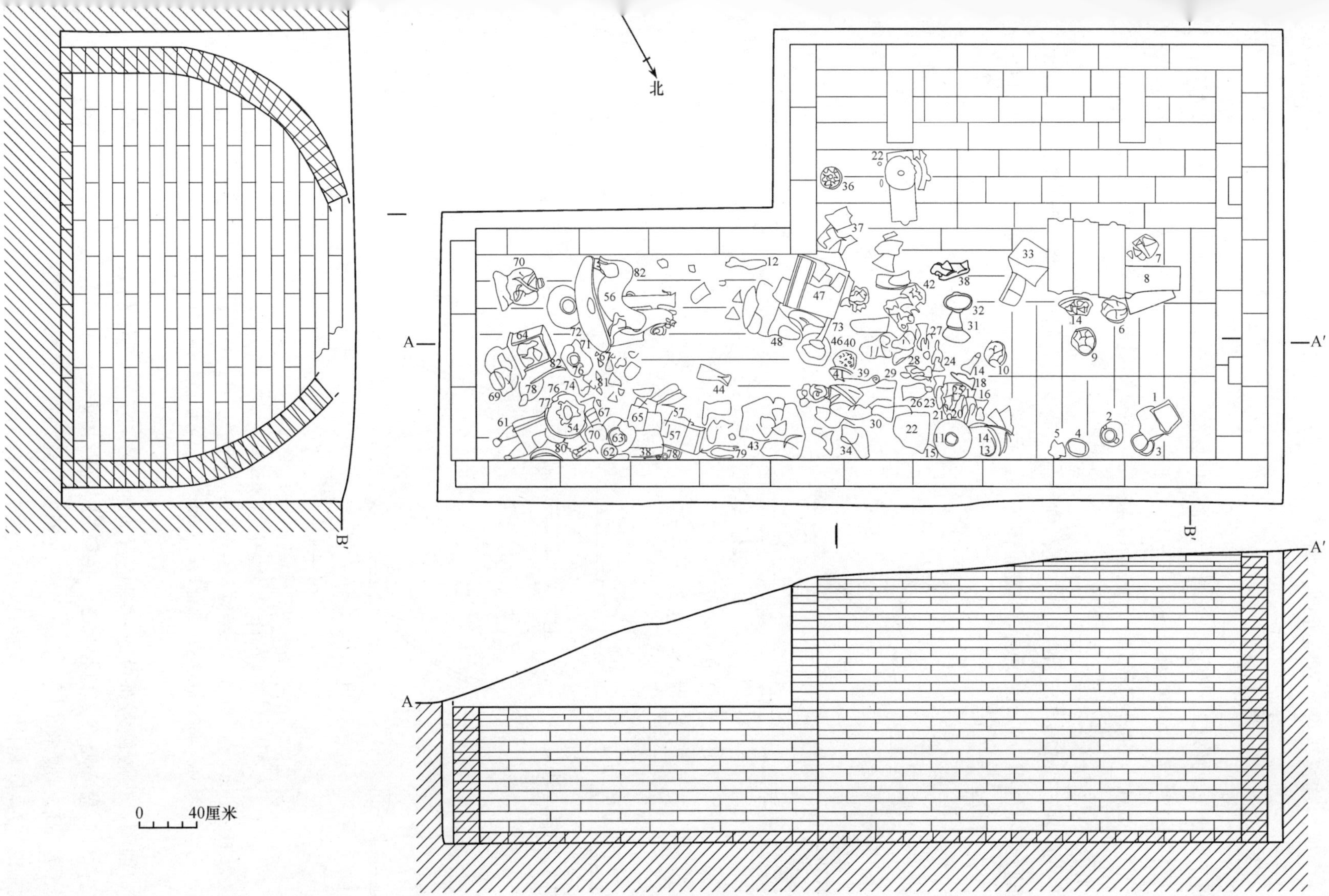

图一二　LM2平、剖面图

1、22、34-1. 陶鼓肩罐　2. 瓷双耳罐　3～5、13、36、40、68. 陶博山炉盖　7、10、15、31、37. 陶盘　8、33. 陶案　9、32、34-2、41. 陶耳杯　11、46、54、66、80. 陶瓮　12. 陶猪　14. 陶魁　6、16～21、23～30、49. 陶拱手俑　35. 铜量　38、50. 陶盒　39、57、69. 陶拍乐俑　42. 铜摇钱树残片　43. 陶出恭俑　44、51. 陶执盾俑　45. 水晶　47、65、74. 陶房　48. 陶提囊俑　52. 陶吹箫俑　53. 陶洗　55. 陶执锄俑　56. 鎏金铜圆形牌饰　58. 铁器　59. 陶抚琴俑　60、75. 陶狗　61. 陶庖厨俑　62、72、81. 铜泡钉　63. 陶壶　64. 陶井　67. 陶塘　70. 陶抱囊俑　71. 陶马　73. 陶子母鸡　76. 陶灯　77. 陶摇钱树座　78. 陶环　79. 陶钵　82. 鎏金龙虎首桥形饰

口，尖圆唇，束颈，鼓腹斜收，底略外凸。肩部有凹弦纹。口径9.4、底径14.3、高10.5厘米（图一三，6）。

瓮　5件。分二型。

A型　4件。无领。均侈口，圆唇，耸肩，肩部饰凹弦纹，鼓腹斜收，平底。素面。LM2：46，口径12、底径10.3、高16.4厘米（图一三，4）。LM2：80，口径11.3、底径9.8、高16.8厘米（图一三，5）。LM2：54，口径11.8、底径10.4、高16.3厘米（图一三，7）。LM2：66，口径11.7、底径9.7、高17.1厘米（图一三，8）。

B型　1件。矮领。LM2：11，敛口，方唇，颈斜直上端内收，斜肩较窄，上腹鼓，下腹内收，平底。肩腹交界处有一道凹弦纹，外表通体施酱红色薄釉。口径13.8、底径12.8、高24厘米（图一三，9；图版一九，1）。

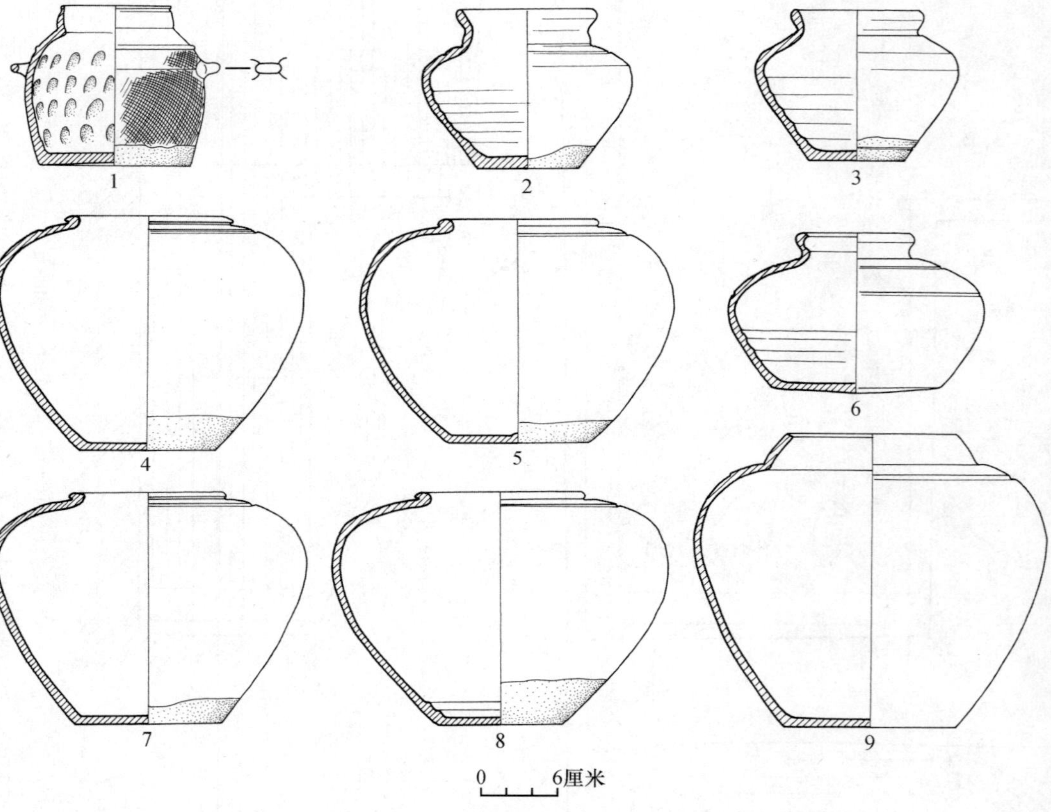

图一三　LM2出土陶、瓷器
（除注明质地外，余均陶器）
1. 瓷双耳罐（LM2：2）　2、3、6. 鼓肩罐（LM2：1、LM2：22、LM2：34）　4、5、7、8. A型瓮（LM2：46、LM2：80、LM2：54、LM2：66）　9. B型瓮（LM2：11）

盘　5件。釉陶。内腹施酱黄色或黄绿色青薄釉，外表无釉。均敞口，窄平沿，弧腹内收成平底。LM2：31，盘心略突。口径15.3、底径5.5、高3.8厘米（图一四，1）。LM2：10，口径15.3、底径5.7、高3.4厘米（图一四，2）。LM2：15，口径15.5、底径5.5、高3.5厘米（图一四，3）。LM2：7，底略内凹。口径15、底径5.5、高3.7厘米（图一四，4）。LM2：37，下腹壁内折。口径16.8、底径5.6、高4厘米（图一四，5）。

盒　1件。LM2：38和LM2：50，上下部分均微敛口，圆唇，弧腹，近底处曲面经刮削呈一折棱，平底。外表施豆绿色青釉，釉较薄，口沿部饰凹弦纹。上下底未施釉。上半部分口径17.7、顶径6.5、高6.3厘米，下半部分口径16.8、底径5.8、高5.8厘米（图一四，7）。

钵　1件。LM2：79，泥质灰黑陶。敛口，方唇微内勾，弧腹内收成平底，内底坦。内外壁有刮削的旋痕。口径22、底径8.5、高7.8厘米（图一四，8）。

壶　1件。LM2：63，釉陶。平口，内缘里勾似假盘口，高颈斜肩，鼓腹，高圈足外张。肩、腹部和圈足上有数道瓦沟状凹弦纹，肩部左右对称施兽面形铺首衔环。外施豆绿色青釉。口径13.5、底径21.5、高26.5厘米（图一四，9）。

环　1件。LM2：78，泥质灰陶。圈环形，素面。外径5.5、内径3.2、高2.5厘米（图一四，10）。

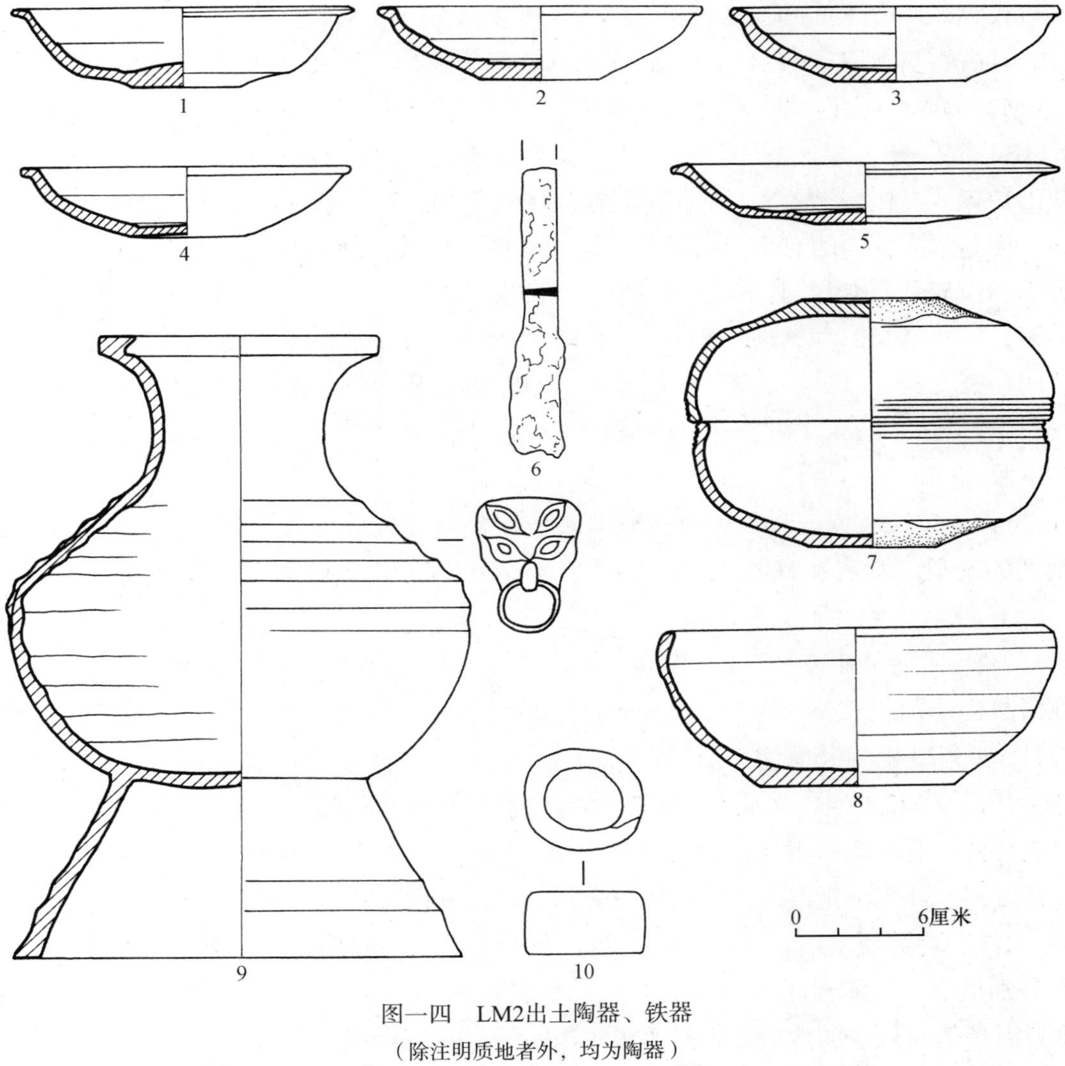

图一四　LM2出土陶器、铁器

（除注明质地者外，均为陶器）

1～5. 盘（LM2：31、LM2：10、LM2：15、LM2：7、LM2：37）　6. 铁器（LM2：58）　7. 盒（LM2：38、50）　8. 钵（LM2：79）　9. 壶（LM2：63）　10. 环（LM2：78）

洗　1件。LM2：53，釉陶。敛口，方唇内勾，束颈，鼓腹，饰有凹弦纹，近底部曲面经刮削起一折棱，平底内凹，内底平折起棱下凹。口沿上附左右对称的立耳，拱形，耳顶三乳突。口径24、底径8.5、通高15.5厘米（图一五，14；图版一九，3）。

魁　1件。LM2：14，釉陶，内壁施青绿色薄釉，外表施半釉。敞口，圆唇，弧腹折腰内收，平底内凹。外壁上腹贴塑一兽首形柄。口径19.5、底径6.7、高7.5厘米（图一五，12；图版一九，2）。

耳杯　4件。釉陶，腹内施酱黄色或豆绿色釉，外壁无釉。形制相同。椭圆形器身，月牙形双耳附于器身长径中部，尖唇，敞口，弧腹，假圈足状平底。内腹壁斜直，内底平坦，表面有手指挤压的印痕。LM2：32，腹内施酱黄色釉。口长径17、短径10.7厘米，底长径10、短径5.2厘米，高6厘米（图一五，11）。LM2：41，腹内施豆绿色青釉，外壁无釉，局部有滴釉流痕。口长径8.5、短径5.3厘米，底长径4.7、短径2.8厘米，高2.7厘米（图一五，8）。LM2：9，腹内施酱黄色釉。口长径18、短径9.8厘米，底长径10、短径5.4厘米，高6厘米（图一五，13）。LM2：34-2，腹内施酱黄色釉。口长径8.6、短径5.8厘米，底长径4.8、短径2.6厘米，高3厘米（图一五，9）。

博山炉盖　7件。均釉陶，外表多数施酱红色薄釉，有少量酱黄色釉，部分釉层剥落。形制相同。模制，多数内侧有手指挤压的印痕。外形呈盔状，顶端有一小的圆形乳凸，腹壁排列同样大小的山形乳凸4层，其下为带状边沿，下沿方唇，敞口。LM2：40，底径13.8、高5厘米（图一五，1）。LM2：4，底径13.5、高5.5厘米（图一五，2）。LM2：13，底径13.7、高5.5厘米（图一五，3）。LM2：36，底径11.5、高5厘米（图一五，4）。LM2：3，底径12.8、高6.1厘米（图一五，5）。LM2：5，底径11、高5厘米（图一五，6）。LM2：68，底径13、高5.5厘米（图一五，7）。

灯　1件。LM2：76，釉陶，外表施酱红色满釉。灯盘微侈口，方唇，浅盘，盘底略凸，留有刮削的旋痕，盘底接柱状细柄，喇叭形器底，中空较大。盘口径10.4、高13.2厘米（图一五，10）。

案　2件。形制相同，平口，浅盘，矮斜壁，内底平，底部附4个兽蹄形足。LM2：8，盘内施酱黄色薄釉。长43、宽28、高6厘米（图一六，1；图版一九，5）。LM2：33，泥质灰陶。长41.5、宽23.8、高6厘米（图一六，2）。

井　1件。LM2：64，泥质灰陶。分井上建筑和井身两部分。井上设井支架，支架为两根立柱，立柱两侧有三角形夹竿，两立柱之上架横梁，横梁与立柱用圆弧形板饰斜插连接。井身呈六面长方体，井盖呈正方形，中间镂正方形井口，井内置一圆形水桶（图一六，4）。

狗　2件。均泥质灰陶。LM2：60，残，仅存狗首，头腔内空。残高18厘米。LM2：75，身与头分别模制。后腿坐地，前腿直立，颈腹部缚有一襻带，两带之间经前胸及脊背短带接系，脊背有环形纽残缺的疤痕。高33厘米（图一七，7；图版一九，6）。

子母鸡　1件。LM2：73，泥质灰陶。母鸡匍匐卧地，胸腹圆鼓，后尾弧形撑展，回首与伏于背上的小鸡作饲喂状。长17、高13.4厘米（图一七，6；图版一九，7）。

猪　1件。LM2：12，泥质灰陶。身体较矮胖，弓背，俯首前伸，肥头小耳，睁眼，噘嘴前伸，尾卷于臀右侧，四肢粗短。长23、高10.8厘米（图一七，5）。

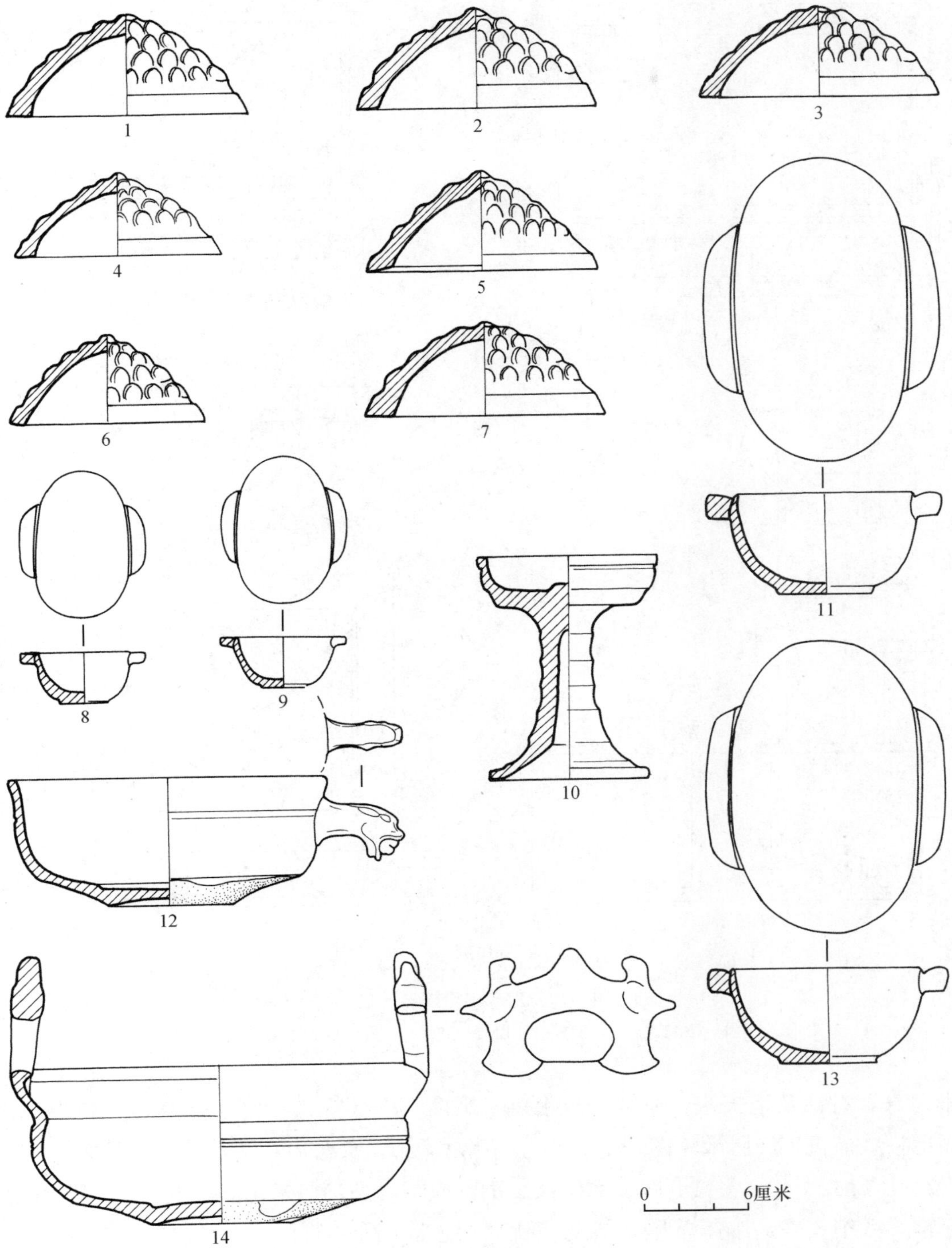

图一五　LM2出土陶器（一）

1～7. 博山炉盖（LM2：40、LM2：4、LM2：13、LM2：36、LM2：3、LM2：6、LM2：68）　8、9、11、13. 耳杯（LM2：41、LM2：34、LM2：32、LM2：9）　10. 灯（LM2：76）　12. 魁（LM2：14）　14. 洗（LM2：53）

马　1件。LM2：71，泥质灰陶。头不见，马颈部呈子口，尾末端打圆结。长60.5、残高52厘米（图一七，8）。

拱手俑　16件。均泥质红陶。头戴介帻或戴巾，有的还系绡头，细眉广目，塌鼻或高鼻，

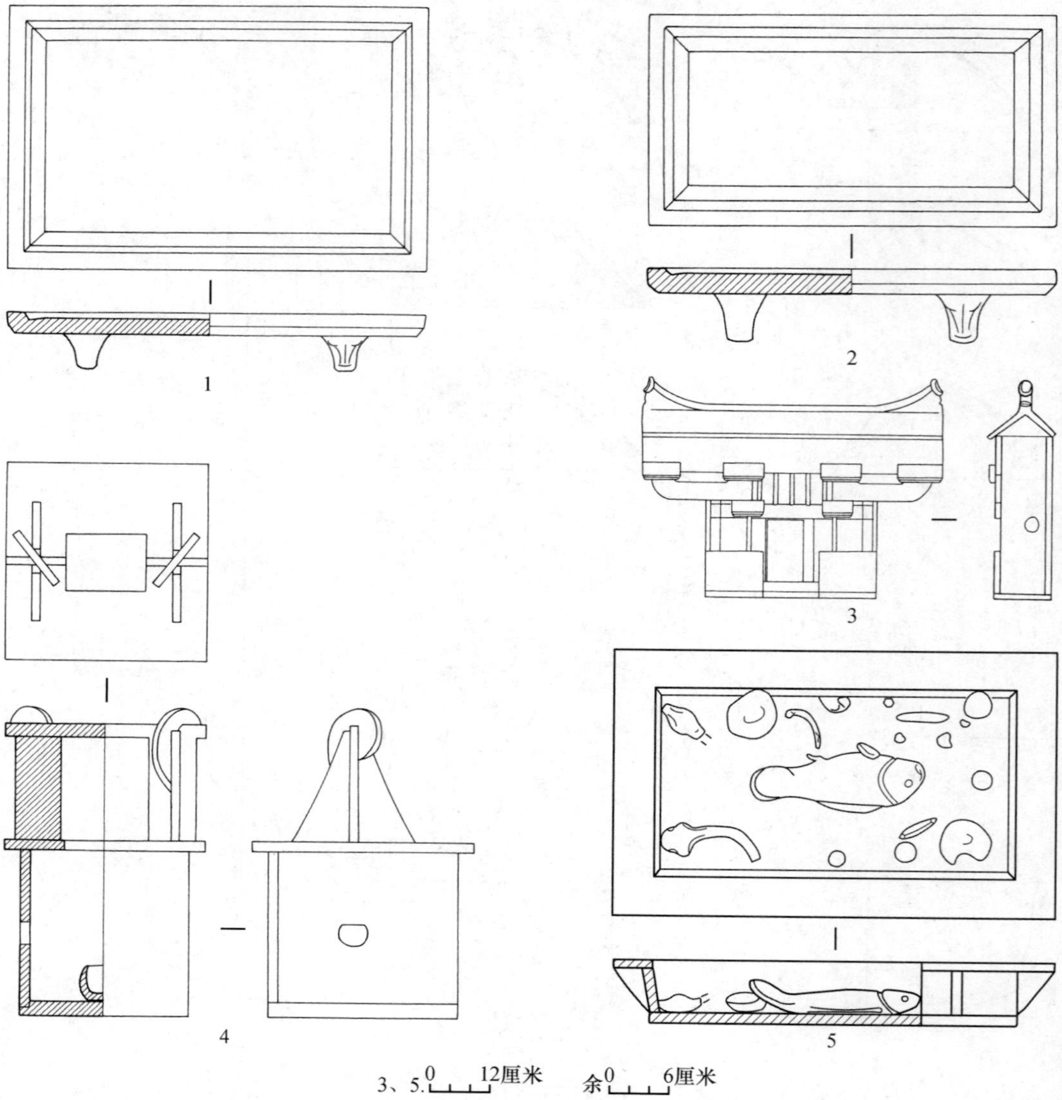

图一六　LM2出土陶器（二）

1、2. 案（LM2∶8、LM2∶33）　3. 楼房（LM2∶47）　4. 井（LM2∶64）　5. 塘（LM2∶67）

嘴微张，身着右衽及地长袍，束腰，双手拱于胸前，广袖绕襟，足尖外露。LM2∶29，头戴巾，面部模糊。高22.5厘米（图一七，1）。LM2∶30，头戴巾，面部模糊。高22.2厘米（图一七，2）。LM2∶49，头戴介帻，系绡头，面部模糊。高23厘米（图一七，3）。LM2∶28，头戴介帻，系绡头，后脑露羊尾状结发。高21.5厘米（图一七，4）。LM2∶17，头戴圆顶冠帽，高鼻。高16.5厘米（图一八，1）。LM2∶24，头戴圆顶冠帽，高颧骨。高16.8厘米（图一八，2）。LM2∶25，头戴圆顶冠帽，高颧骨。高17厘米（图一八，3）。LM2∶19，头戴圆顶冠帽，面带微笑，左肩下佩剑，剑自然下垂，夹于左手下。高16.5厘米（图一八，4）。LM2∶18，头戴圆顶冠帽。高16.4厘米（图一八，5）。LM2∶27，头戴圆顶冠帽。高24厘米（图一八，6）。LM2∶26，头戴圆顶冠帽，结发盘于脑后，高鼻。高22厘米（图一八，7）。LM2∶21，头戴圆顶冠帽，系结于脑后。高22厘米（图一八，8）。LM2∶16，头戴圆顶冠

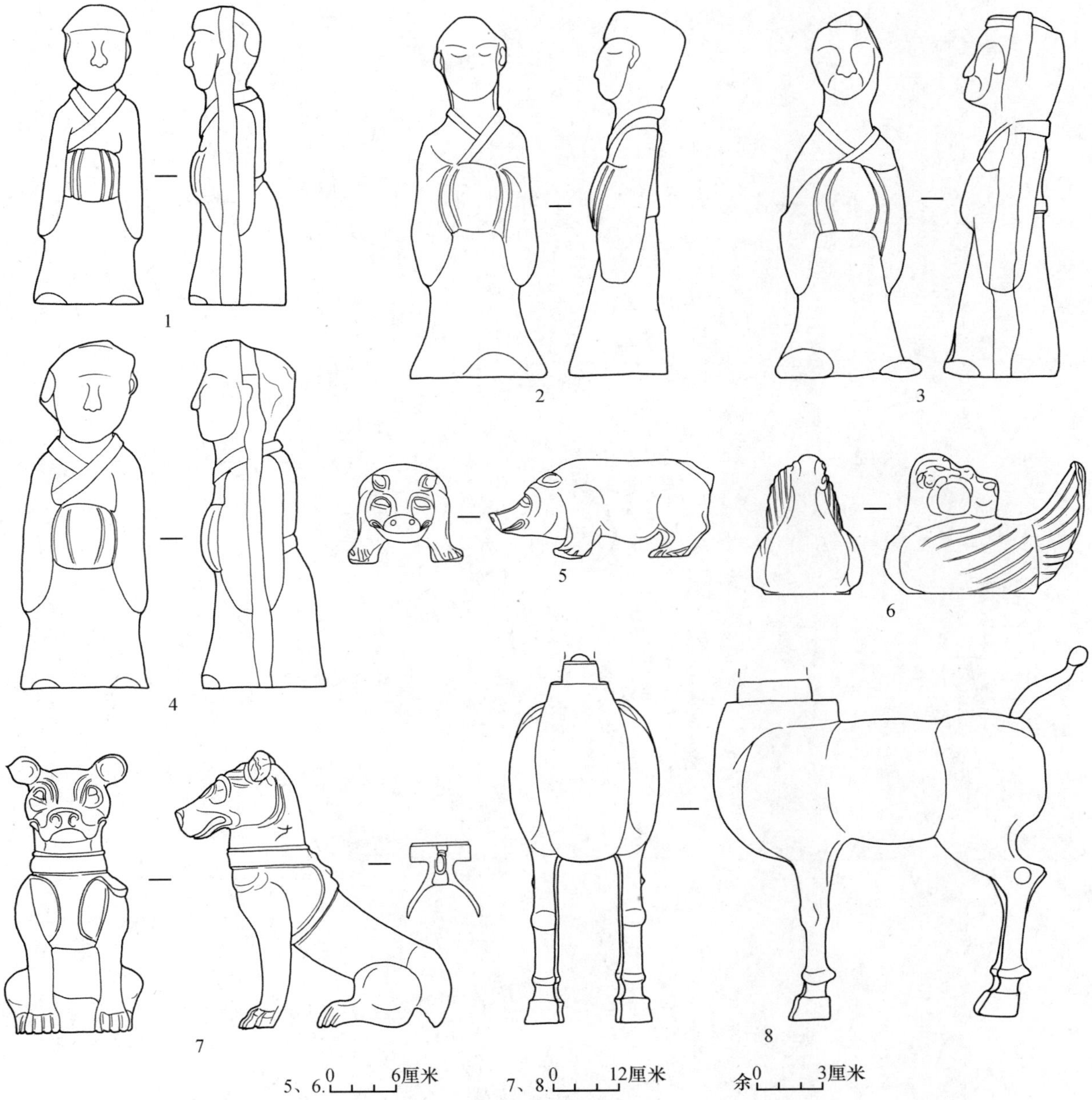

图一七　LM2出土陶器（三）

1～4. 拱手俑（LM2：29、LM2：30、LM2：49、LM2：28）　5. 猪（LM2：12）　6. 子母鸡（LM2：73）　7. 狗（LM2：75）　8. 马（LM2：71）

帽，结发盘于脑后，细眉，高颧骨。高22.5厘米（图一八，9）。LM2：6，头戴介帻，系绡头，后脑露羊尾状结发。高14.5厘米（图一九，1）。LM2：20，头戴巾，面部模糊。高14.8厘米（图一九，2）。LM2：23，头戴巾，面部模糊。高14.9厘米（图一九，3）。

抚琴俑　1件。LM2：59，泥质灰陶。跽坐。头戴尖顶高帽，帽下扎巾，巾结系于前额，浓目广目，高鼻，嘴微张，面带笑容，身着右衽袍服，束腰，挽袖，置琴于双膝上，双手抚琴。高38.5厘米（图一九，5；图版一五，1）。

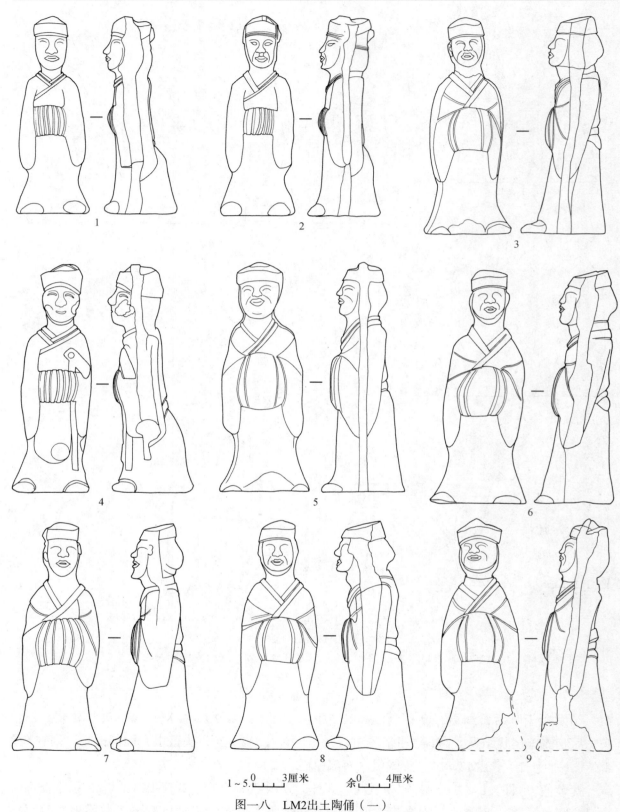

图一八　LM2出土陶俑（一）

1～9. 拱手俑（LM2：17、LM2：24、LM2：25、LM2：19、LM2：18、LM2：27、LM2：26、LM2：21、LM2：16）

拍乐俑　3件。泥质灰陶。跽坐。身着右衽窄袖长裙，束腰，挽袖，右手半握屈臂略前伸，左手前臂抬起，持一圆形乐器，右手欲拍。LM2：39，头梳高髻，裹巾，圆脸，浓眉大目，嘴微张，面带笑容，身着右衽窄袖裙服，束腰，挽袖，左手平托圆形乐器，右手食指伸出，作说唱状。高40.8厘米（图一九，4）。LM2：57，女俑，头梳高髻，裹巾，插笄，戴簪花，前额饰大花一朵，浓眉大目，嘴角上翘，面带笑容。高43厘米（图一九，6；图版一五，3）。LM2：69，女俑，高髻，前梳双环发型，戴花簪，系绡头，面带笑容。高43厘米（图一九，7；图版一五，2）。

抱囊俑　1件。LM2：70，男俑，头戴平顶圆冠，细眉广目，嘴微张，身着右衽及地袍服，广袖绕襟，足尖外露，拱手抱囊，囊内装一板状物，囊口下垂，露两飘带，左前臂下垂一香囊。高50.5厘米（图二〇，1；图版一六，2）。

提囊俑　1件。LM2：48，泥质灰陶。女俑，梳高髻，扎巾，细眉，广目，塌鼻，嘴微张，面带笑容，身穿右衽广袖长裙，束腰，双手拱胸前，提夹一囊，囊口向前微张，下部圆鼓。高66.1厘米（图二〇，7；图版一六，1）。

执盾俑　2件。泥质灰陶。皆男俑，头戴平顶圆冠，细眉，广目，大鼻头，嘴微张，身着右衽窄袖短袍，束腰。LM2：44，右手上曲作半握状，左手执圆角长方形盾牌，脚穿圆口靴。右脚表面有一穿通的小孔。高64.8厘米（图二〇，4；图版一六，4）。LM2：51，右手握一剑，剑头向下，剑把残断。左手捏盾鼻，斜夹于左前臂下，盾牌上段残缺。高65厘米（图二〇，5）。

执锄俑　1件。LM2：55，泥质灰陶。男俑，头戴平顶冠帽，阔脸，广目，塌鼻，嘴微张，身着右衽窄袖短袍，束腰，右手握锄，锄头向上，把下垂，左手提箕，双脚穿圆口靴。高65厘米（图二〇，6；图版一六，3）。

出恭俑　1件。LM2：43，泥质灰陶。女俑，站立略蹲状，头梳高髻，系绡头，插笄戴簪花，细眉广目，塌鼻，带三粒圆形耳坠，嘴微张，面带笑容，着圆领内衣，外着右衽窄袖裙服，束腰，右手提裙，左手执一椭圆形物，物外表刻划网状方格纹。高51.8厘米（图二〇，8；图版一五，6）。

吹箫俑　1件。LM2：52，泥质灰陶。女俑，跽坐。头戴冠帽，帽下札巾，系结于右额，广目高鼻，身穿右衽裙服，束腰，双手自然曲于胸前，上下错列持箫，作吹奏状，箫大部分残缺。高42.2厘米（图二〇，3；图版一五，4）。

庖厨俑　1件。LM2：61，泥质灰陶。男俑，跽坐。头戴平顶圆冠，广目塌鼻，嘴微张，面带笑容，身着右衽窄袖袍服，束腰，挽袖，腿前置案，案左半部残缺，案上放牛头、鹅、鱼、蔬菜等，右手半握屈臂胸前，左手把持鱼头。俑高40厘米（图二〇，2；图版一五，5）。

塘　1件。LM2：67，泥质灰陶。长方形，塘沿较宽，塘内塑有鱼、泥鳅、莲藕、荷叶等。长78、宽48、高11.2厘米（图一六，5；图版一九，4）。

楼房　3件。均为泥质灰陶。LM2：47，单层。悬山式屋顶，顶素面无纹，脊尾两端发戗，戗外端贴一圆瓦当。房体为长方体空心箱式，正面为斗拱檐架结构。左右和后壁面均为板块密封，房内偏前位置竖一横向隔板，以区别前堂后室。隔板中上部设镂空窗棂，窗棂下为

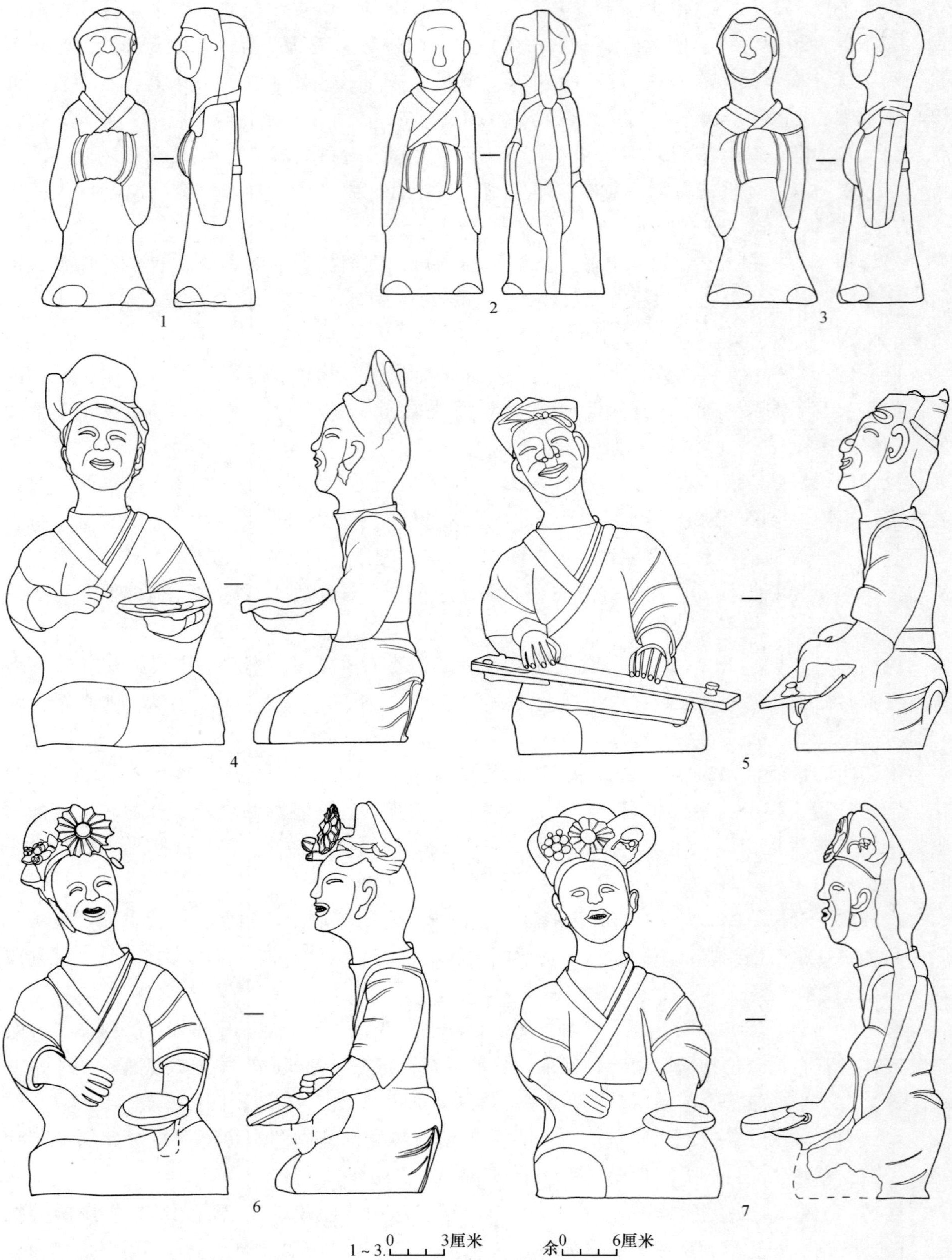

图一九　LM2出土陶俑（二）

1～3. 拱手俑（LM2：6、LM2：20、LM2：23）　4、6、7. 拍乐俑（LM2：39、LM2：57、LM2：69）　5. 抚琴俑（LM2：59）

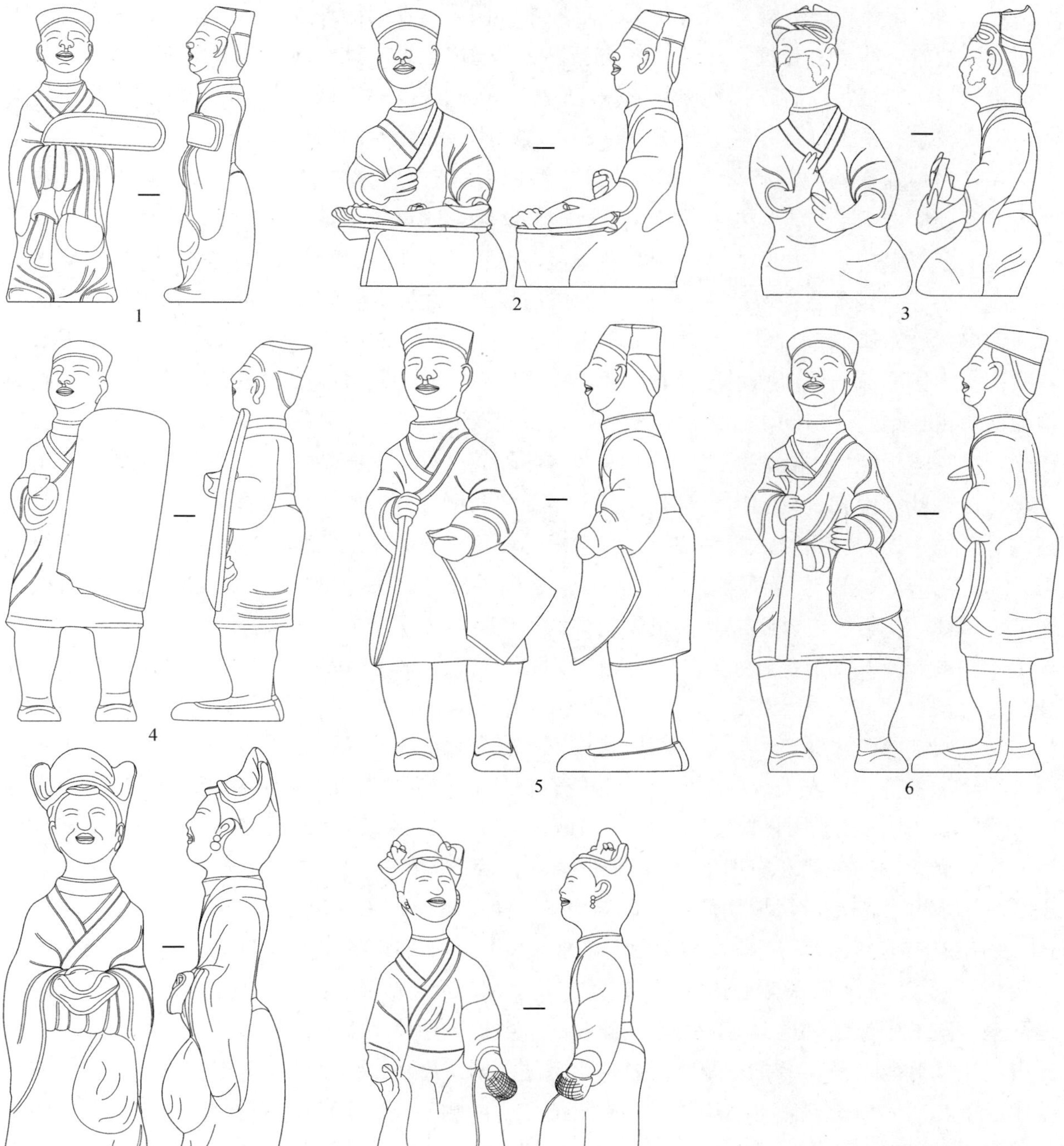

图二〇 LM2出土陶俑（三）

1. 抱囊俑（LM2：70） 2. 庖厨俑（LM2：61） 3. 吹箫俑（LM2：52） 4、5. 执盾俑（LM2：44、LM2：51）
6. 执锄俑（LM2：55） 7. 提囊俑（LM2：48） 8. 出恭俑（LM2：43）

单扇长方形房门。前堂两侧横向各砌一矮板堵墙，中间空出房门通道。前堂房门两侧立柱，柱上施一斗三升托檐。立柱与拱及拱脚檐板接连处均施板形栌斗。高49厘米（图一六，3）。LM2：65，三重檐，三楼屋顶已残缺。第三楼房体为长方体空心箱式，四壁与底板之间均为板块密封结构，房体正前方镂空出高11.5、宽5厘米的门洞，在门洞外分别纵向立柱，柱高与房体等同，柱棱施一斗二升托檐。斗拱由嵌插于二层房檐边上纵向挑出的华拱状板块支撑，二升之上承接栏板。栏板与拱脚连接处施板形栌斗，左右两侧各吊一垂瓜；中脚之上施“耍头”状支垫。栏板较小，由地袱、望柱、华板、寻杖构成，华板为镂空的菱格纹。拱板曲弯处各伏卧一只禽鸟。房体左右两侧各有4人，左右最外侧两位为跽坐吹箫者，内侧站立者作倾听状，栏板两侧斜向各探出一半身人，左右外侧半身人似亦吹箫。吹箫者头戴尖顶高帽，深目高鼻，身着右衽袍服，双手持箫，作吹奏状。倾听者头梳高髻，系绡头，身穿袍服，袖手，广袖绕襟，足尖外露。半身人装扮与旁边站立者相同。第二层房顶呈庑殿式，屋顶背面两侧抹角呈圆弧状，前面两侧戗脊末端高翘，端面贴串饼形瓦当4个。屋面纵向设15道条形半圆状瓦垄，瓦垄末端各贴塑一小饼形瓦当。屋檐下接长方形檐额。二层房体也为长方体空心箱式，后壁、左右侧壁均为板块密封结构，房间中部纵向竖一隔板，将其区分为左右两开间。两隔板外侧施一斗三升托檐。拱脚与板额接连处施板状栌斗。房内右侧隔间，分为上下两层。上层房内从屋顶下垂一帷幔，帷幔外表由细线刻划出褶皱纹，其下半部向两侧分开，露出屋内跽坐的妇人。妇人头梳高髻，系绡头，身穿裙服，右手残缺，左手由外而里弯曲，手插腹部。帷幔右侧板柱中部斜探出3个半身人，衣着与幔内所坐之人相似，只是拱手胸前。房左间内空，外侧置栏板，栏板由地袱、望柱、华板、寻杖组成。栏板形制结构、装饰与三层相同。栏板左右两侧各探出一半身人（左侧人残缺），上部外露5个半身人。其中2个吹箫，其余作静听状。静听者和吹箫者的着装均与上同。房底台基为密封结构，其底板前伸7厘米，底板前端设两层台阶，上层台阶平面为回廊，回廊两侧对穿，中间有一斜坡状板块；底层台阶回廊两边横置板墙，其上支撑第一层屋顶，屋顶斜坡状，左右外侧边缘各凸起戗脊，戗脊末端贴串束状饼形瓦当4个。屋顶表面各设2道瓦垄，瓦垄之上用弧线刻段，间隔出嵌接筒瓦的个数，屋檐处瓦垄末端各贴一饼饰状瓦当。在各侧板墙的半腰左右斜上探出2个半身人，装扮同前。二层檐板额及以上的人物均施红色彩绘，大部分剥落。房屋通高64、顶宽66.5、体宽49.5、厚23.8厘米（图二一；图版一七，1）。LM2：74，楼顶为庑殿式。屋面上半部较陡，下半部坦缓。正脊两端高翘，起翘端上下砌塑4个饼状瓦当，两侧戗脊末端也呈翘角，其尽端表面各砌塑5个小饼状瓦当。正面屋顶设12道瓦垄，垄上用弧线刻道，间隔出嵌接筒瓦的个数，在屋檐上对应的每道瓦垄末端，砌塑饼状瓦当。屋基背面未设瓦垄，且两侧屋檐抹角呈圆弧形。屋檐正面下接长方形宽额檐板，背面接屋体后壁。房体为长方体空心箱式板块密封结构，两侧壁板块中部平排对穿两个小孔。房体内部置两块纵向隔板，将其分隔成明间略宽，次间略小的三开间。隔板外棱施一斗三升托檐。左右两侧拱脚和檐额连接处施板形栌斗，栌斗之下各吊一垂瓜。房体底板向前延伸，内置回廊，回廊外立栏板。栏板由地袱、望柱、华板、寻杖组成。华板右侧为镂空的菱格纹结构；左侧为横竖对应的窗棂图案。栏板两侧各探出一半身人。装扮相同，头梳高髻，系绡头，身穿广袖裙服，袖手。护栏之上置平板，平板左右两侧各置三人，里侧两位直立作静听状，最外侧为吹箫者。静听者头梳高髻，系绡头，身穿裙服，广袖绕襟，袖手隐于衣服之下，足尖外露。吹箫者跽坐，头戴尖顶高帽，深目高鼻，身穿右衽裙服，双手持箫，作吹奏状。平板两端下沿各吊一垂瓜，其上立两柱，柱高超过檐额下沿，施一斗三升托承二层栏板及回廊。回廊空置，栏板左

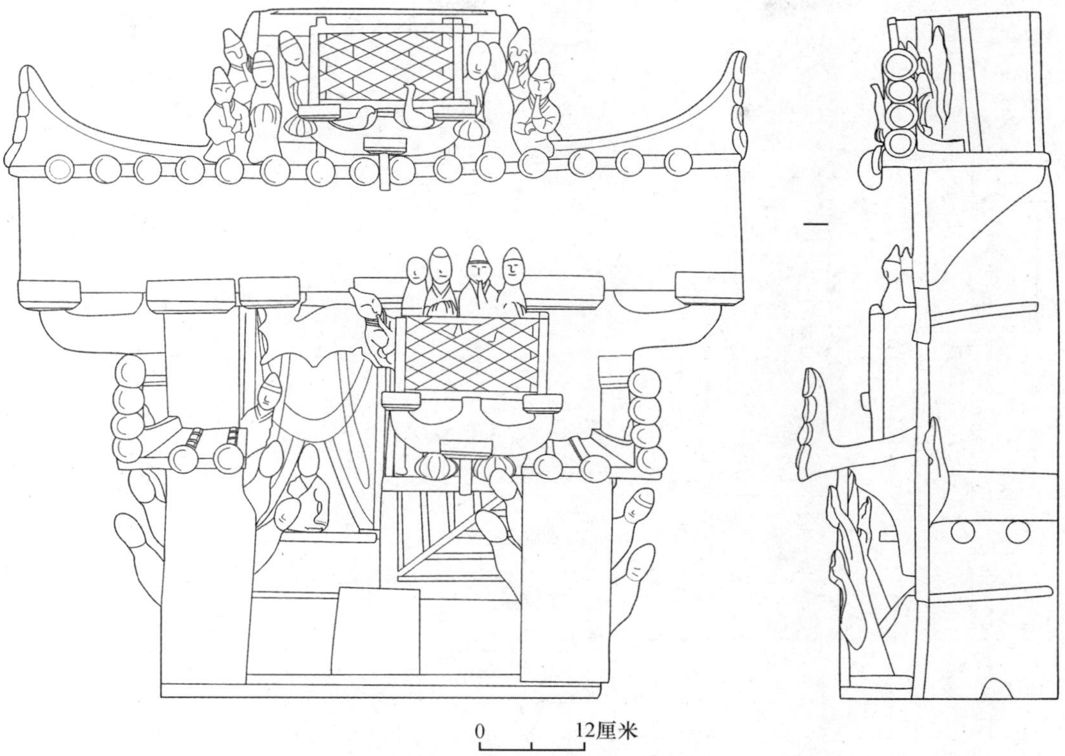

图二一 LM2出土陶楼房（LM2：65）

右两侧斜上各探出两位半身人（左侧上方一人残缺），栏板上方内侧外露半身5人，有吹箫和静听者两种，衣着和上述相同，在栏板右侧角上还伏卧一只禽鸟。陶楼通高66.2、顶79.5、体宽57.3、厚25.8厘米（图二二；图版一七，2）。

辟邪摇钱树座 1件。LM2：77，泥质灰陶。总体为辟邪绕柱。底座为近半圆形薄板。在底座中部偏前位置立一圆柱，柱贯通底板，中空，可嵌插摇钱树。柱分上下两节，上细下粗，柱身有8细孔，现嵌插5朵灵芝。柱左侧向外伸出弯钩状板饰。辟邪昂首挺胸，头顾左方，双角竖立，双耳向两侧展伸，怒目，眉向后飘逸。口大张，露出二十余颗牙齿，舌尖上卷。腮毛后张，须毛弯曲下垂。颈竖直，塌腰，翘臀，鼓腹垂地，鳍形脊，粗尾下垂接底座，尾部末端左右分叉，呈蛇形弯曲。底座前侧立一山形薄片桩，紧贴辟邪前胸向上，桩头伏卧一鸱枭，闭目，长喙，双翅下垂，三爪形足。辟邪右前肢踩踏于底板上，脚掌着地，四爪趾抬空；左前肢腾空，下以山形扁柱承托，爪趾呈弯钩状，臂上部的羽状长毛向后，呈卷云状；左后肢脚掌微抬，四爪前伸，下有一山形墩台支撑；右后肢向外斜踏底板。辟邪背部左侧有卷曲形羽。辟邪背上踞座一人，头盘髻，浓眉，眯眼，高鼻，抿嘴，身着右衽长袍，双手隐于衣袖中，拱手，广袖绕膝。辟邪臀部有一蟾蜍，头前伸，圆眼，弓背，鼓腹，作攀爬状。辟邪前肢下伸出一龙，龙首怒目，嘴大张，露齿，腮毛后张下垂。辟邪后肢下伸出一虎，伏于肢爪上，怒目，嘴大张，露齿，腮毛后张下垂。摇钱树座通长61、宽42、高61厘米（图二三；图版一八）。

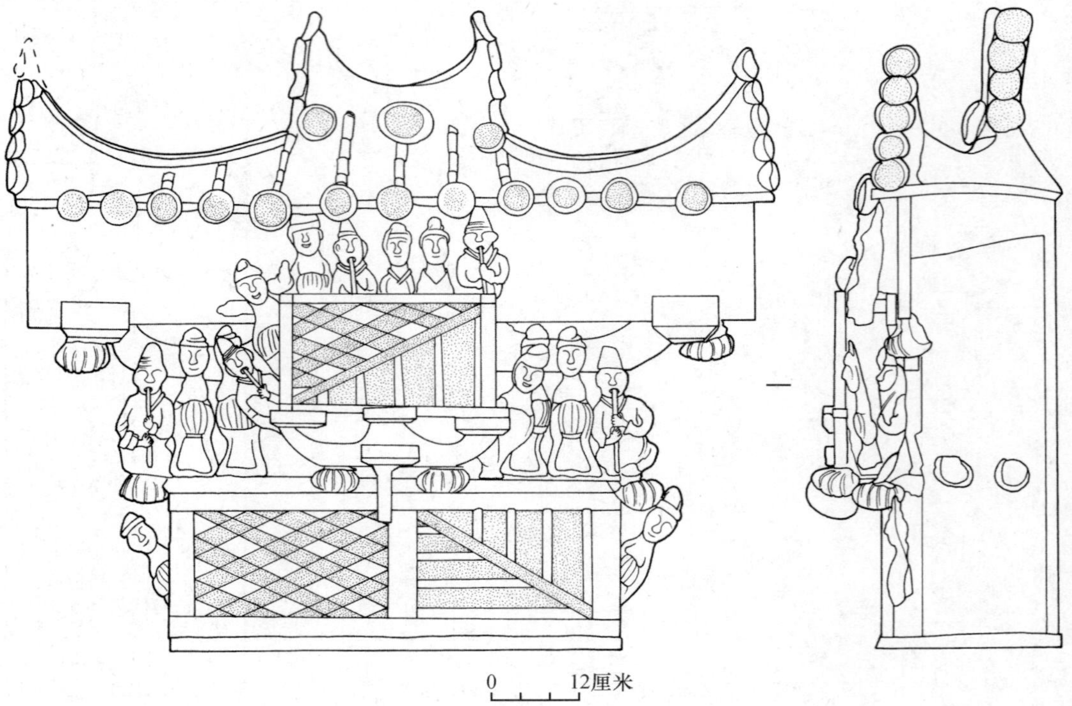

图二二　LM2出土陶楼房（LM2：74）

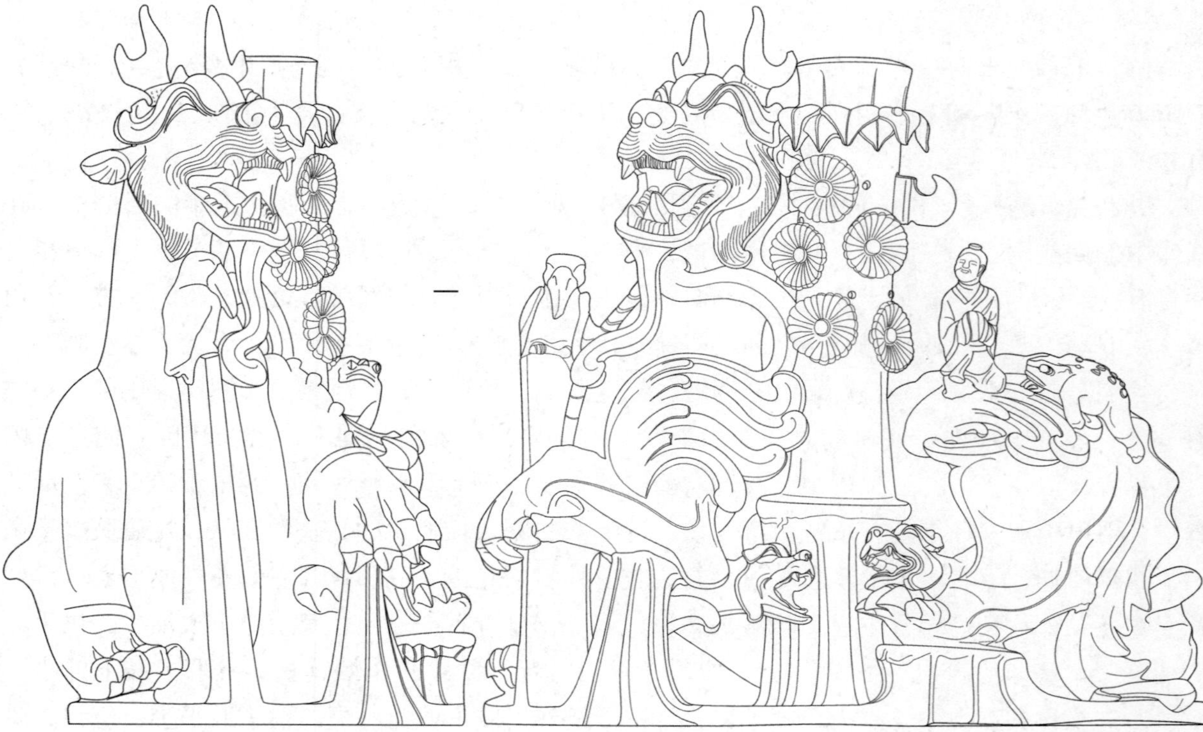

图二三　LM2出土陶辟邪摇钱树座（LM2：77）

3. 铁器

1件。LM2：58，残，器形不详。残长11.1厘米（图一四，6）。

4. 铜器

大都是装饰构件，多数鎏金，有泡钉、圆形牌饰、龙虎饰、量斗及摇钱树枝等。

泡钉　3件。有伞形和蝉形两种，上帽下钉，帽顶表面鎏金。LM2：62，伞形，盖帽呈圆弧形。表面鎏金。帽缘径4.3、高1.6厘米（图二四，3）。LM2：72，伞形，盖帽呈盔形。帽缘径3.7、高1.5厘米（图二四，5）。LM2：81，蝉形，在鎏金表面刻划细线纹，勾勒出蝉形。泡钉长径两侧边缘带乳凸，似蝉的四肢。通长4.4、宽2.9、高1.6厘米（图二四，2）。

量　1件。LM2：35，勺形。斗端敞口，方唇，斜直壁内收，平底，一侧与口沿平伸出一长条形方柄，柄端带一圆环。通长9.2、斗口径2.7、斗底径1.5、高1.2厘米（图二四，1）。

鎏金铜圆形牌饰　1件。LM2：56，圆形薄片，局部残缺，中心穿一钉孔。表面鎏金，并用细线刻划图案，图案其间再镶银，并勾勒出一定的纹样，与刻划图案构成不同层次的画面效果。铜牌外缘，刻划出不足1厘米宽的圆形边框。全器以双阙为中心布局多种图案。左右阙形制相同，由柱形重檐式阙身和尖锥状阙顶构成，上层阙体上宽下窄，下层阙体下宽上窄。阙顶为庑殿式，檐和屋脊两端施卷云纹，屋面斜刻“人”字形细线瓦垄。一层檐额板外表錾刻重菱纹，其下为廊檐拱架结构。两阙间以“人”字桥相连，桥下有一“天”字，桥上刻一凤鸟。鸟圆目，喙、冠残缺，直颈前伸，振翅欲飞，双肢微曲前伸，尾部残缺。双阙外图案残缺不全，左侧似为虎，右侧为龙。两阙下部中间錾刻一人，跽坐，头顶部残缺，细眉，瞠目，穿广袖宽大裙服，双手拱于胸前，两侧分布对称羽形纹向外延展，人下似为卷云形山。直径25.4厘米（图二四，6；图版二〇，1）。

鎏金铜龙虎首桥形饰　1件。LM2：82，龙虎饰呈拱形薄片状，表面鎏金。拱形顶部设一小环，两端镂空龙和虎，虎踞左，龙在右，均张嘴龇牙。鎏金表面细线錾刻龙和虎面部的特征。龙面部漫漶，虎双眼圆睁，竖耳。面宽3.2、厚0.2厘米（图二四，4；图版二〇，2）。

摇钱树残片　LM2：42，枝杈形，枝杈间布满用短枝稳固的剪轮钱币（图二五）。

5. 水晶

1枚。LM2：45，串珠，蓝色石质，残破，形状不明。

（三）LM3

位于发掘区南部LT4、LT5内。墓向227°。平面呈刀把状。由墓道、甬道、墓室三部分组成。墓道经勘探被现代房基破坏，未发掘。甬道平面呈长方形，壁砖用菱形花纹砖错缝平砌，由墓底向上第13层开始起券，铺地砖呈一横一纵铺置，菱形花纹砖封门，错缝平砌，共26层，保存完整。甬道长2.26、宽1.53、高2.2米，封门高1.82、宽1.9米。墓室平面呈长方形，券顶已

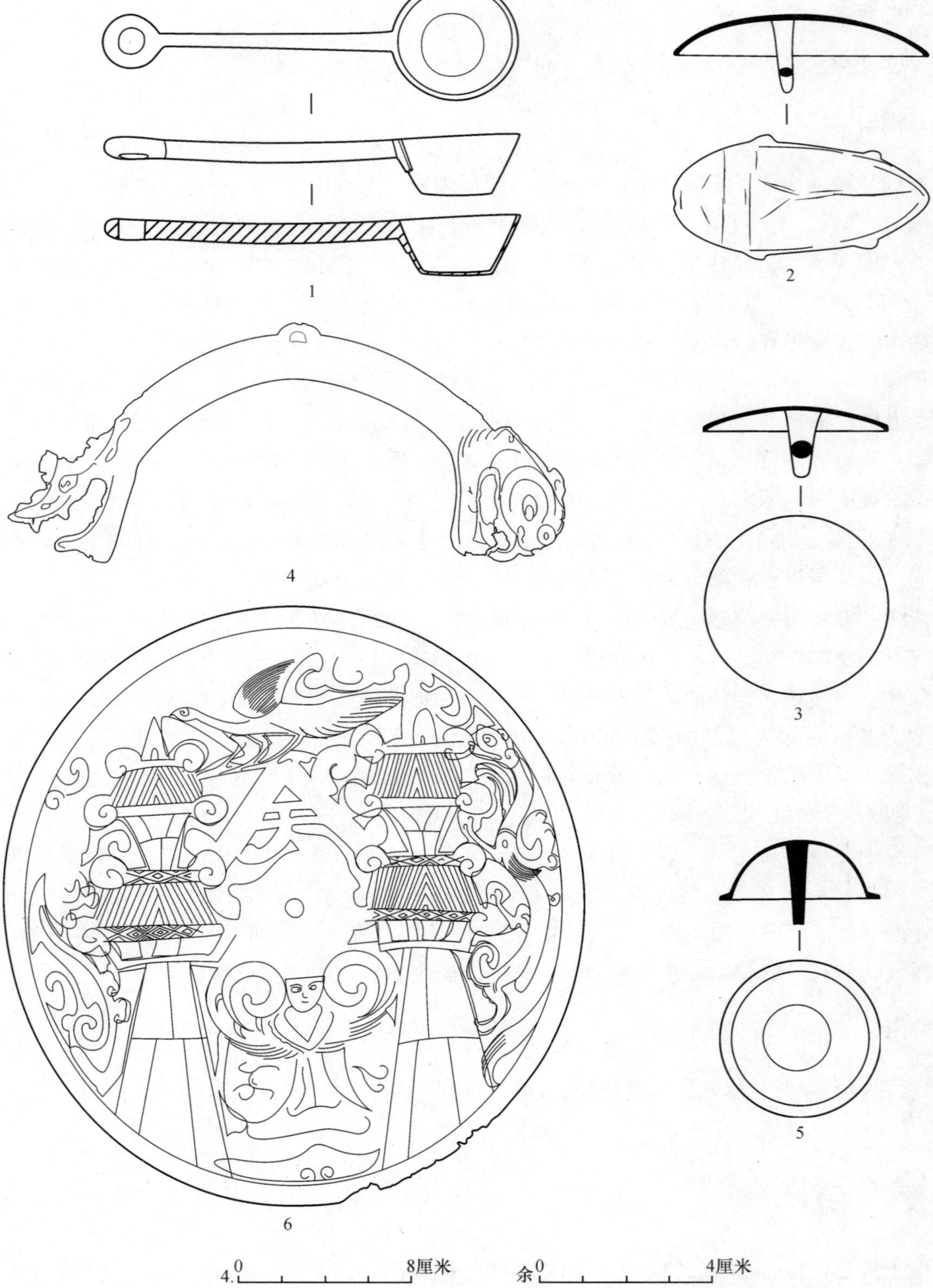

图二四　LM2出土铜器

1. 量（LM2：35）　2、3、5. 泡钉（LM2：81、LM2：62、LM2：72）　4. 鎏金铜龙虎首桥形饰（LM2：82）

6. 鎏金铜圆形牌饰（LM2：56）

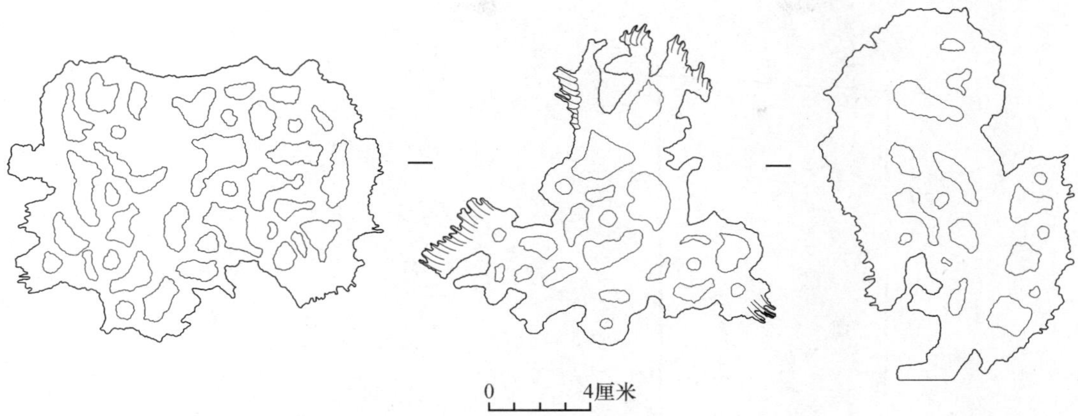

图二五　LM2出土铜摇钱树残片（LM2：42）

毁坏，墓壁错缝平铺而砌，后壁上有两个灯台，铺地砖呈一横一纵铺置，墓室长3.08、宽2.4、深2.16米，灯台间距0.88米、距墓底高1.22米。墓内被盗扰，未见棺椁、人骨痕迹。墓葬内出土有陶器、铜器共计7件，陶器形有陶罐，铜器有指环、半两和五铢钱（图二六）。

1. 陶器

钵　2件。LM3：1，敛口，尖唇，鼓腹内收，下腹部有数道凹弦纹，平底。口径15.2、底径7.2、高5.8厘米（图二七，1）。LM3：2，敛口，圆唇，鼓腹内收，腹部有数道凹弦纹，微呈圜底。口径18.3、高5.9厘米（图二七，2）。

2. 铜器

5件。有指环与钱币两种。

指环　1件。LM3：3，直径2.3厘米（图二七，7）。

半两　2枚。LM3：4和LM3：5，一枚较小，一枚略大，均无郭（图二七，3、4）。

五铢　2枚。LM3：7，一枚“五”字交股斜直，“金”头镞形，“朱”旁上横笔圆转（图二七，6）。LM3：6，一枚“五”字交股较曲，“金”头三角形，“朱”旁上横笔方折（图二七，5）。

三、蛮子包墓地

（一）墓葬概况

蛮子包墓地位于丰都县兴义镇岩角村二社一临江断崖上。其西临长江，北望蛮子包，背靠断崖，上方为塔包。共发现崖墓2座，简称为MM1、MM2。两墓墓室内部相互连通，保存情况一般，均面向长江。崖墓墓门已被破坏，洞口大部被堵塞，内壁发现有水浸痕迹。

2012年6月，重庆市文化遗产研究院、丰都县文物管理所对该墓地进行了抢救性发掘。发掘面积200平方米（图二八）。

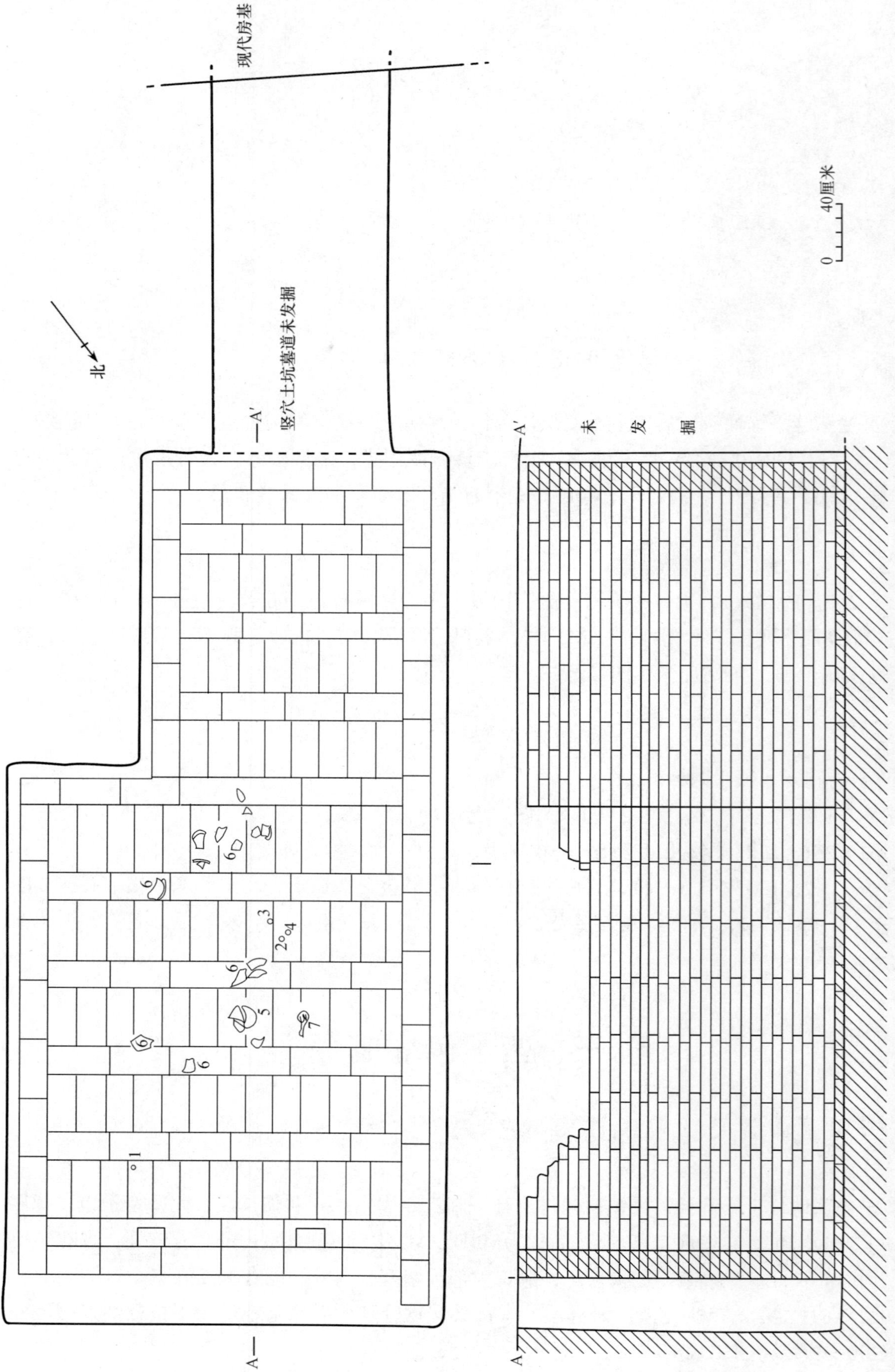

图二六　LM3平、剖面图

1、2. 陶钵　3. 铜指环　4～7. 铜钱币

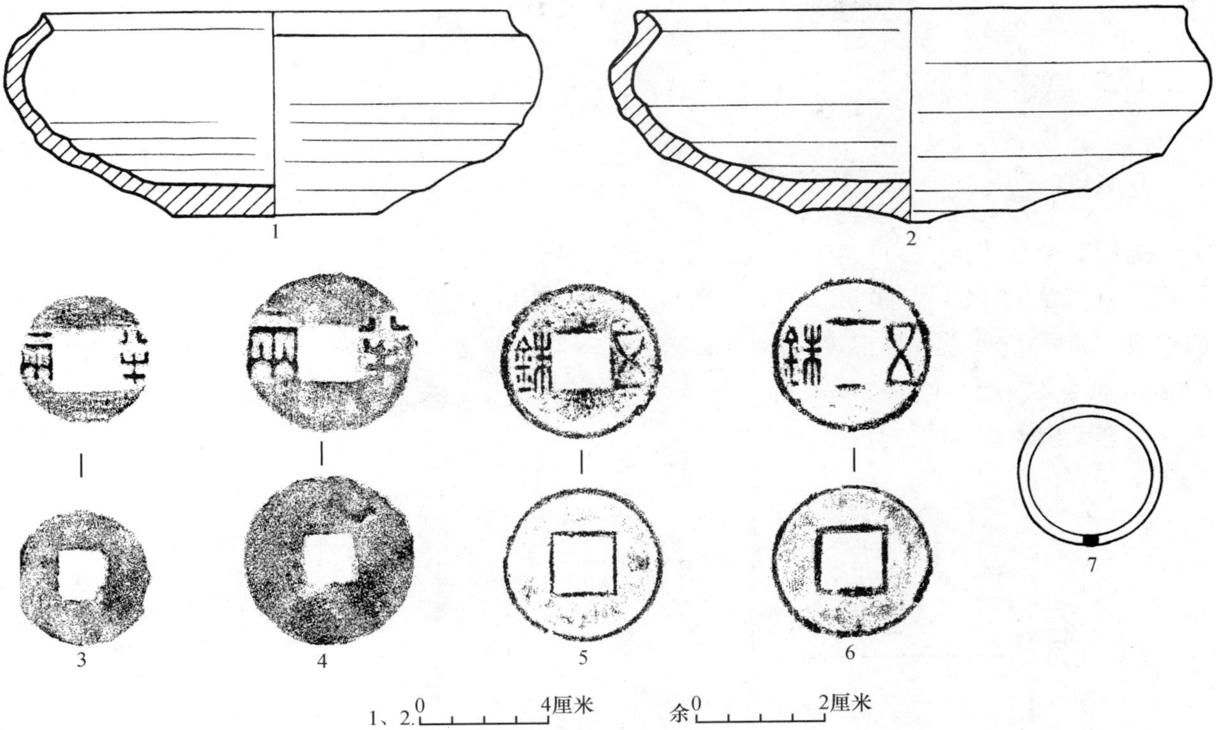

图二七　LM3出土遗物

1、2. 陶钵（LM3∶1、LM3∶2）　3～6. 铜钱（LM3∶4、LM3∶5、LM3∶6、LM3∶7）　7. 铜指环（LM3∶3）

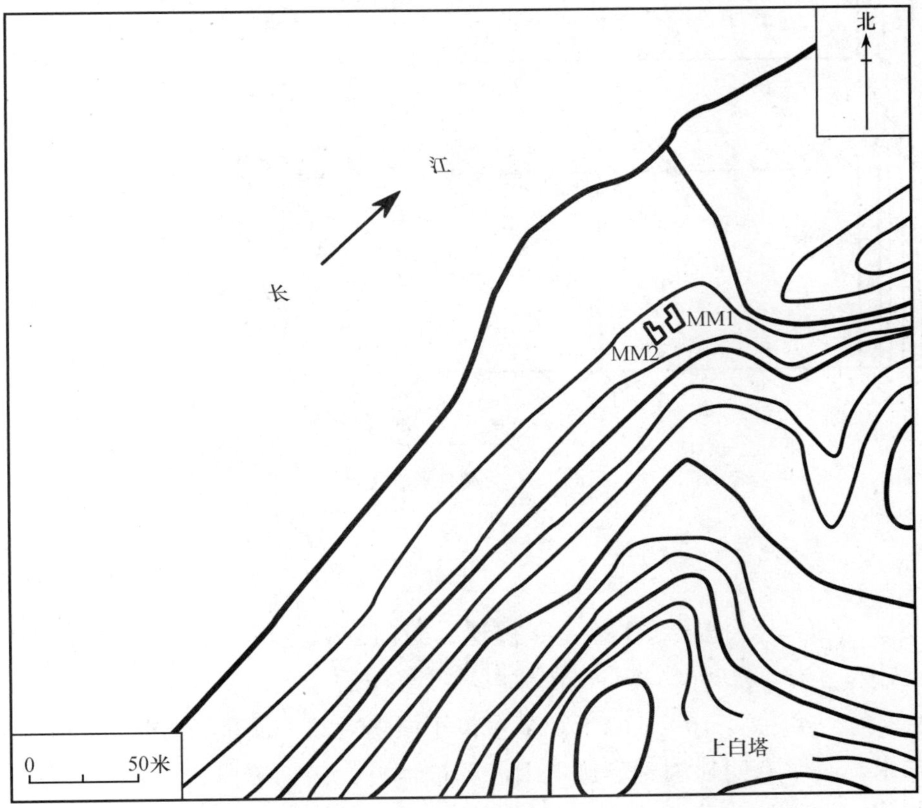

图二八　蛮子包墓地墓葬分布示意图

（二）墓葬分述

1. MM1

墓向274°。平面呈刀把状，由墓室、甬道、封门三部分组成。封门位于甬道前端，方形门框，墓门已毁，门框宽0.98、高1.34米。甬道在墓室封门后，平面呈长方形，券顶，可见钻凿痕迹，进深2.1、宽2.18、高1.2～1.68米。墓室位于甬道后，平面呈长方形，进深2.58、宽2.98、高1～1.74米。墓壁有明显凿刻痕迹。因墓葬被盗扰，未见棺椁和人骨，具体葬式、葬具不详。亦无出土物（图二九）。

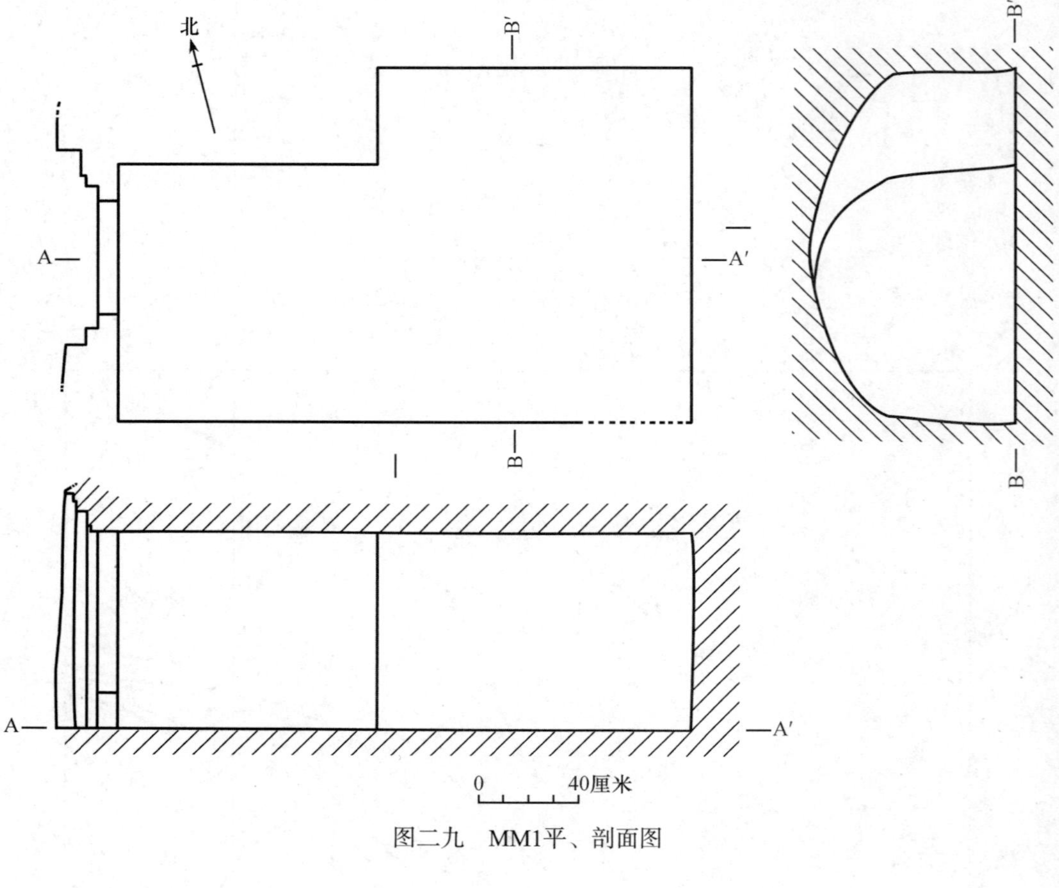

图二九　MM1平、剖面图

2. MM2

墓向275°。平面呈刀把状，由墓室、甬道、封门三部分组成。封门位于甬道前端，方形门框，墓门已毁，门框宽0.96、高1.42米。甬道在墓门后，平面呈长方形，券顶，可见钻凿痕迹，进深1.9、宽2.34、高1.10～1.62米。墓室位于甬道后，平面呈长方形，进深2.9、宽3.18、高1.05～1.72米。墓壁有明显凿刻痕迹。因墓葬被盗扰，未见棺椁和人骨，具体葬式、葬具不详，未见出土物（图三〇）。

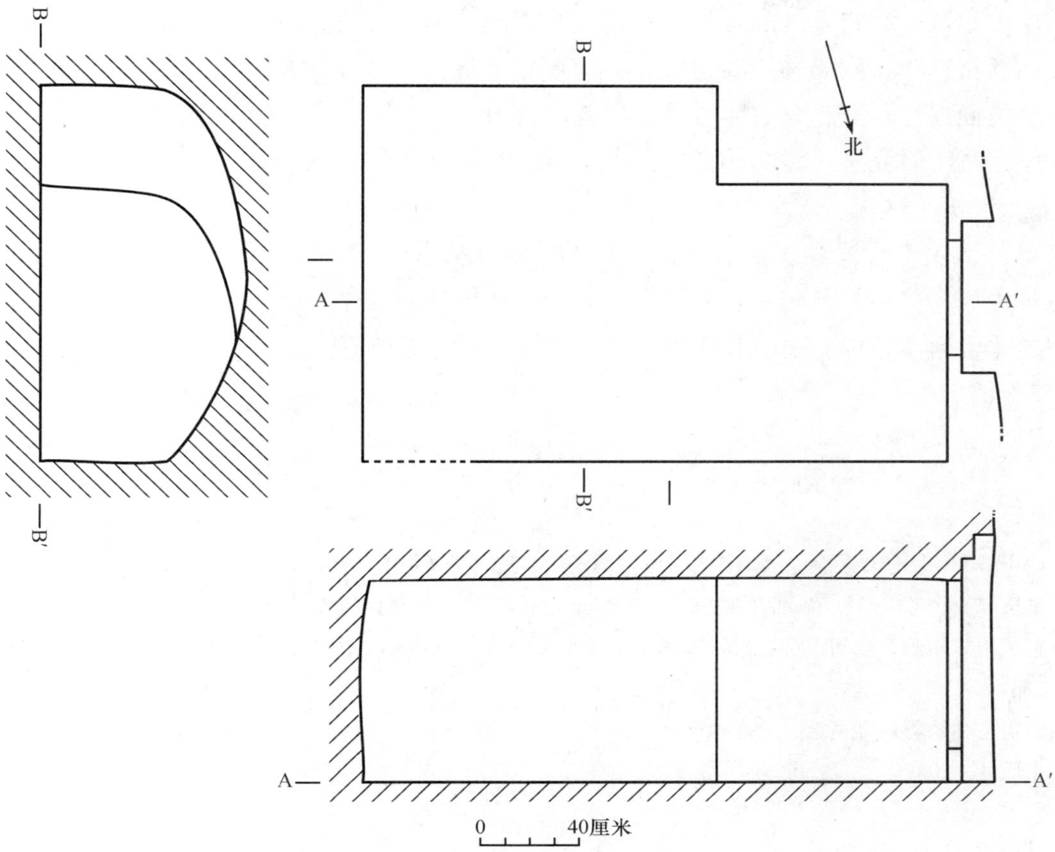

图三〇 MM2平、剖面图

四、认识与结语

HM2、LM1二座墓葬均出土有可分离的井盖与井架，HM1虽未出井架，但所出陶仓往往可与分立式井架相组合。分离式陶井在重庆地区可从西汉延续到东汉中期。另HM1的墓室呈横长方形，HM2墓底铺石板，LM1墓底未铺地，这在重庆地区都是偏早的砖室墓的特征。综合来看，可将HM1、HM2、LM1三座墓葬的年代下限定在东汉中期。

LM2与LM3在墓葬形制上较接近，后壁均有灯台。所出陶戏楼、簪花女俑与邻近的忠县涂井5号崖墓出土文物极相似[1]，该墓出土有蜀汉时期的太平百钱等钱币，年代为蜀汉前期。类似的陶戏楼在2011年重庆涪丰高速公路涪陵石梁子墓群发掘的M1[2]中，亦出土陶戏楼、簪花托盘女俑，另有一件陶井与林口墓地LM2结构形态相似，另外，该墓出土一件陶俑背部有“熹平元年（172）造”纪年款，为东汉晚期。此外，LM2出土摇钱树座在合川南屏汉墓群ZM1[3]、涪陵三堆子M2[4]均出土类似摇钱树座，前者年代为东汉晚期，后者被确定为东汉后期。由此可见，LM2的年代大致可确定为东汉晚期至蜀汉，从出土的其它遗物看，笔者更倾向于东汉晚期。LM3大致与此同时。

蛮子包墓地共清理崖墓2座，未见出土物，所以无法准确的判断年代，推断其年代大致位于汉至六朝时期。

本次火地湾、林口墓地的发掘，丰富了峡江地区东汉时期墓葬考古材料，也增添了一批十分重要的新材料，特别是林口墓地LM2，随葬品丰富，信息含量大。出土的陶戏楼在过去并不多见；各类俑保存较好，具有非常重要的艺术价值；鎏金铜牌饰、鎏金龙虎首桥形饰、陶辟邪摇钱树座，对于研究这一时期的丧葬习俗、神仙思想等具有重要意义。

附记：本次考古发掘领队白九江，参加发掘的人员：黄伟、秦进、陈蓁、许卫国、史高峰、谢辛杰等，修复：蔡远福，绘图：师孝明、陈晓鹏、程涛，资料整理：徐克诚、黄伟。本次发掘工作得到了丰都县文物管理所的大力支持，在此谨表谢忱。

执　笔：黄　伟　白九江　徐克诚

注　释

[1] 四川省文物管理委员会：《四川忠县涂井蜀汉崖墓》，《文物》1985年第7期。

[2] 重庆市文物考古所、涪陵区博物馆：《2011年涪丰高速路发掘简报》，待刊稿。

[3] 重庆市博物馆、合川市文物保护管理所：《重庆合川市南屏东汉墓群发掘简报》，《华夏考古》2000年第2期。

[4] 四川省文物管理委员会、涪陵地区文化局：《四川涪陵三堆子东汉墓》，《文物资料丛刊》（10），文物出版社，1987年。

丰都上河嘴墓群2012年发掘简报

重庆市文化遗产研究院　丰都县文物管理所

一、墓群简介

上河嘴墓群位于丰都县名山街道镇江村一组，地处长江北岸的一级台地上。中心地理坐标为东经107°44′16.899″，北纬29°54′37.311″，海拔160～174米。该墓群西侧为海拔400米左右的低山，北部与槽房沟墓群隔沟相望，长江自西南向东北流过。该墓群被两条冲沟分割成南北两个相对独立的区域，其中北部为地势较高的山包，南部呈西高东低的缓坡状伸向长江，多数墓葬就分布在山包顶部或临江的缓坡一带（图一）。

2000年10月～2001年1月，宝鸡市考古队对三峡库区淹没区的镇江镇观石滩村上河嘴墓群进行了全面钻探、发掘，发掘面积2000平方米，发掘墓葬6座[1]。2012年8～9月，为配合三峡工程消落区文物保护工作，重庆市文化遗产研究院再次对该墓群进行发掘，发掘面积400平方米，共布10米×10米的探方4个，编号为2012FMST1～2012FMST4（以下简称T1～T4），共发掘汉墓3座，编号2012FMSM1～2012FMSM3（以下简称M1～M3）（图二），下面分别对这些墓葬进行介绍。

二、墓葬分述

（一）M1

1. 墓葬概况

M1位于T3中部偏东南处。开口于1层下，被现代房基打破，并打破生土，距地表深约0.2米。

竖穴土圹砖室墓，墓向110°。该墓被现代房屋严重破坏，仅残存近底处。墓圹残长4.5、宽2.6、深0.4米。平面形状呈凸字形，由甬道和墓室组成，墓室及甬道的西南部均被房基槽破坏无存。墓内未见垒砌的墓砖，但壁面有墓砖垒砌痕迹。墓底未见铺地砖，情况不明。墓室残长3.28、宽2.18、深0.42米，甬道残长1、宽0.34～0.64、深0.4米。墓内填土为扰土，灰黄色黏

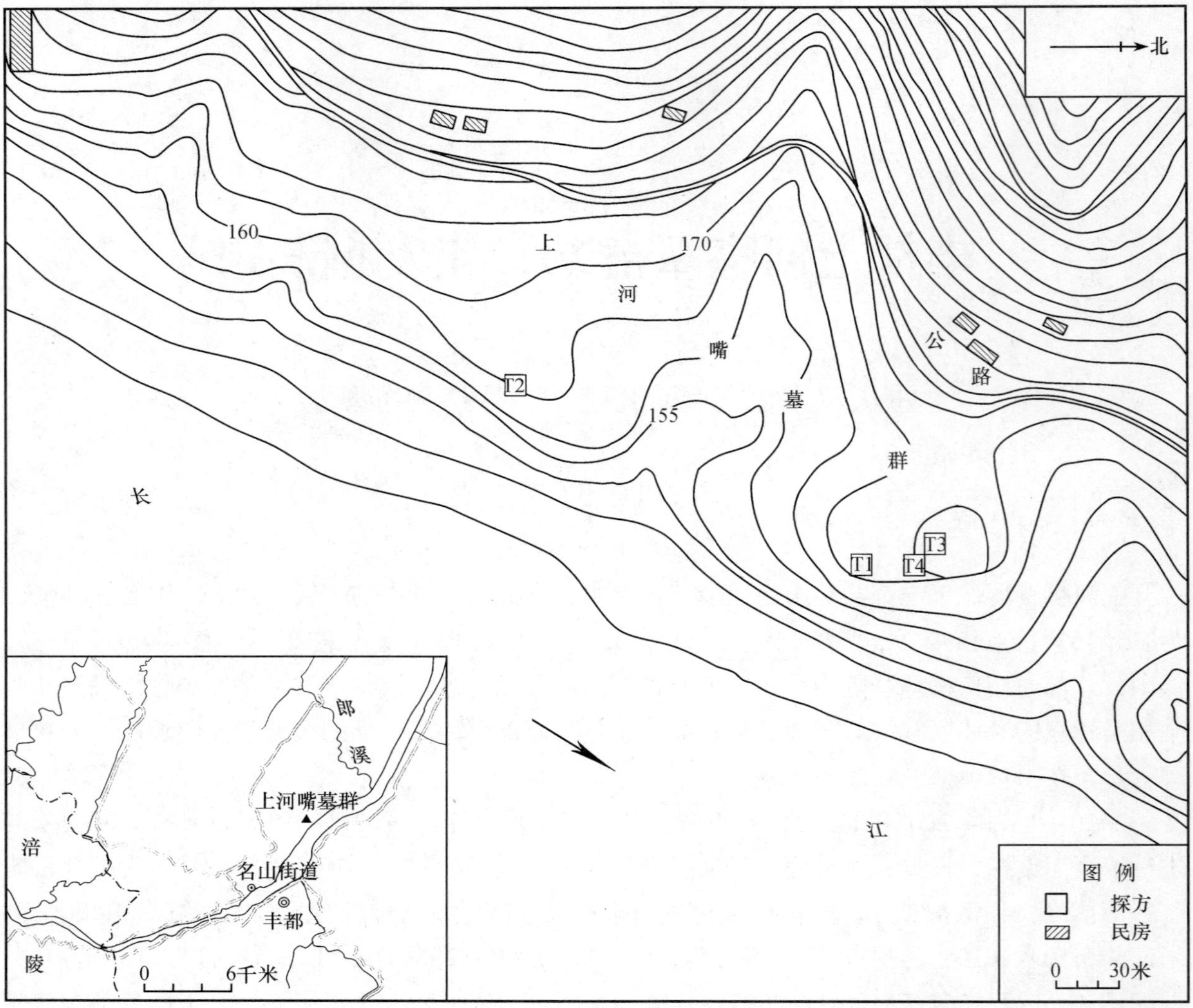

图一　上河嘴墓群位置及地形图

土，土质疏松，包含有大量墓砖残块及陶器残片（图三）。

葬具及人骨均已不存。墓室已被扰乱，随葬品主要分布在墓室的北部。

2. 出土器物

出土器物按质料可分为陶器和铜器，以陶器居多，铜器仅有一枚铜钱币。

（1）陶器

陶器多已破碎，修复及较完整的器物共7件。主要器类有盘、器盖、盆、人物俑等。

盘　4件。M1：3，泥质灰陶。敞口，圆唇，折腹，底微内凹。口径18、底径7.2、高3厘米（图四，1）。M1：4，泥质灰陶。敞口，圆唇，折腹，底微内凹。口径18.6、底径8.2、高3厘米（图四，2）。M1：5，泥质灰陶。敞口，圆唇，弧腹，平底。口径18、底径8、高4厘米（图四，3）。M1：6，泥质红陶胎，外施酱黄釉，釉不及底。敞口，斜沿，方圆唇，弧折腹，平底。口径15.6、底径5.8、高3.4厘米（图四，4）。

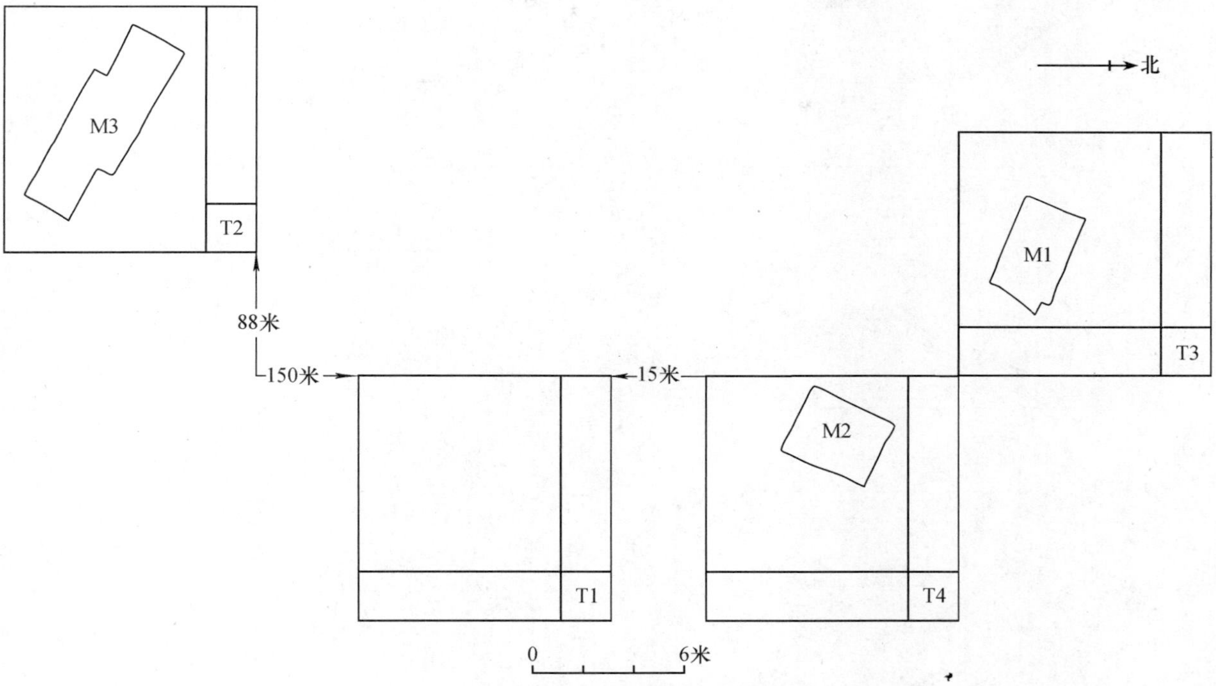

图二　上河嘴墓群2012年度发掘墓葬分布图

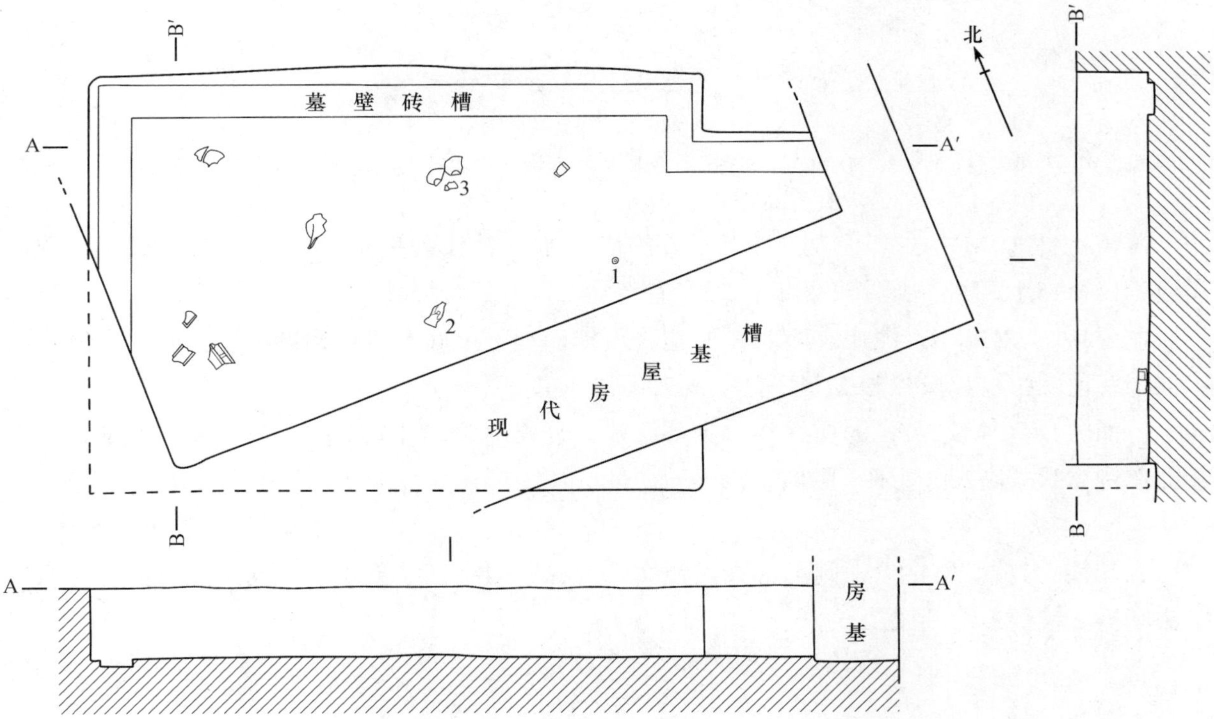

图三　M1平、剖面图

1. 铜钱币　2. 陶侍俑　3～6. 陶盘　7. 陶器盖　8. 陶盆

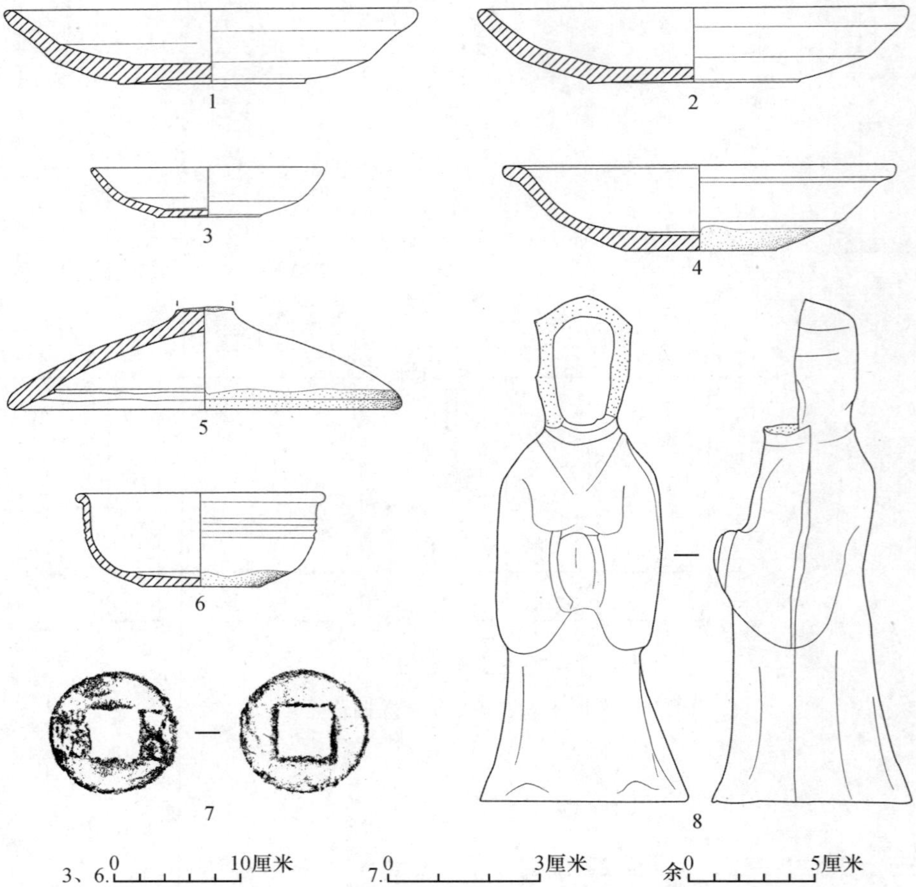

图四　M1出土器物

1～4. 陶盘（M1：3、M1：4、M1：5、M1：6）　5. 陶器盖（M1：7）　6. 陶盆（M1：8）　7. 铜钱币（M1：1）　8. 陶侍俑（M1：2）

器盖　1件。M1：7，泥质红陶胎，外施酱黄釉，釉不及底。子母口，盖面呈弧形，顶部纽残。口径15.1、残高4厘米（图四，5）。

盆　1件。M1：8，泥质红陶胎，外施酱黄釉，釉不及底。直口，卷沿，圆唇，平底。腹上部饰三道凹弦纹。口径19.2、底径9、高7.6厘米（图四，6）。

侍俑　1件。M1：2，泥质红陶。头部已残，亵衣圆领，外衣交领右衽，宽袖及地，双手相拥作侍立状。高20.2厘米（图四，8）。

（2）铜钱币

五铢钱　1枚。M1：1，圆形方穿。钱文“五铢”两字，“五”字中间两笔弯曲，“朱”字头圆折。钱径2.4、穿径1.1厘米（图四，7）。

（二）M2

1. 墓葬概况

M2位于T4北部。开口于1层下，打破生土，距地表深约0.2～0.3米。竖穴土圹砖室墓，平面为长方形，墓向115°。该墓被严重破坏，仅残存近底部，其北、东、西三壁各残存一层墓砖。墓砖为长方形榫卯砖，朝墓室面饰有菱形纹，长40、宽20、厚7厘米。墓底为黄色生土底。墓室长3.36、宽2.36、深0.26～0.3米。墓内填土为灰黄色黏土，土质致密，出土有大量墓砖残块及较多器物残片（图五；图版二一，1）。

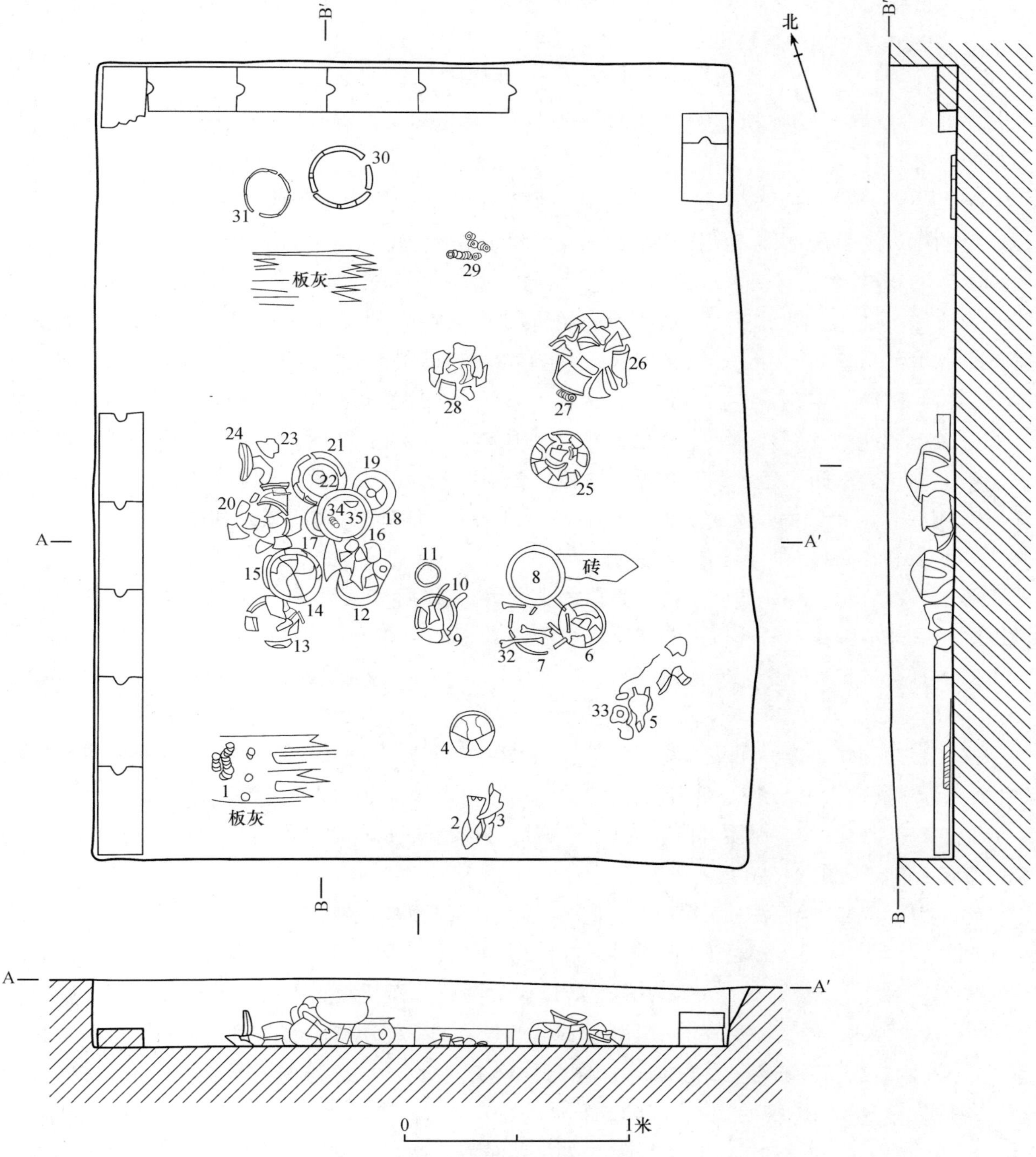

图五　M2平、剖面图

1、27、29、33、34、36. 铜钱币　2、3. 陶俑　4、15、19、22、37. 陶钵　5.陶鸡　6. 陶盒　7、30、31. 铜扣　8、16. 铜洗　9. 陶魁　10. 陶勺　11. 陶杯　12、23. 陶锺　13. 陶井　14、20、21、25、28. 陶罐　17、18. 铜釜　24. 陶器盖　26. 陶盆　32. 鸡骨　35. 铜耳杯扣

墓室南、北两侧有残存的棺木灰，南侧的棺木灰西部保留有部分下肢骨痕。随葬品主要分布在墓室中部。

2. 出土器物

出土器物按质料可分为陶、铜、石器等。陶器数量占大宗，铜器数量也较多，其中包含少量鎏金器，另有个别的石黛板。

（1）陶器

陶器多已破碎，修复及较完整的器物共23件。主要器类有罐、釜、盆、锺、魁、钵、盒、模型明器等。

罐　6件。M2：14，泥质灰陶。侈口，圆唇，束颈，圆肩，斜腹，平底。颈部饰一周黑色彩绘的锯齿纹，肩部饰一周戳印纹和弦纹。口径12.8、底径16.4、高14.5厘米（图六，1）。M2：20，泥质灰陶。侈口，圆唇，束颈，圆肩，弧腹，平底。肩部饰一周凹弦纹。口径9、底径8、高11.8厘米（图六，2）。M2：21，泥质灰陶。敛口，尖圆唇，折肩，斜弧腹，平底。颈部饰一周黑色彩绘的锯齿纹。口径14.5、底径12.8、高15.4厘米（图六，3）。M2：25，泥质灰陶。侈口，圆唇，束颈，圆肩，弧腹，平底。肩部饰一周戳印三角纹和凹弦纹。口径10.8、底径8.2、高12.2厘米（图六，4）。M2：28，泥质灰陶。侈口，圆唇，束颈，圆肩，斜弧腹，平底。肩部饰一周戳印三角纹和凹弦纹。口径11.2、底径8.4、高2.3厘米（图六，5）。M2：42，泥质灰陶。卷沿，圆唇，矮领，圆肩，曲腹，平底。肩部饰一周凹弦纹和戳印三角纹。口径10.5、底径6.4、高11.8厘米（图六，6）。

釜　1件。M2：39，泥质灰陶。直口，尖圆唇，矮领，广肩，鼓腹，圜底。肩部饰四道凹弦纹，弦纹间填绳纹，肩部以下饰绳纹。口径13.2、高21.6厘米（图六，7）。

盆　1件。M2：26，泥质灰陶。直口，斜沿，尖圆唇，上腹较直，下腹斜收成平底。口径33.3、底径17.7、高20.7厘米（图六，8）。

锺　1件。M2：12，泥质红陶胎，外施酱黄釉。盘口，方唇，长颈，鼓腹，高圈足。肩部饰一对衔环铺首。口径15.3、底径15.6、高35.9厘米（图六，9；图版二二，7）。

魁　1件。M2：9，泥质红陶。直口，圆唇，弧腹斜收成平底。龙首状柄。口径18.8、底径6.8、高6.2厘米（图六，10）。

钵　5件。M2：4，泥质灰陶。敞口，尖圆唇，弧折腹，平底。口径17.2、底径5、高6.4厘米（图六，11）。M2：15，泥质灰陶。敞口，尖圆唇，折腹，平底。口径18.4、底径5、高7厘米（图六，12）。M2：19，泥质灰陶。敞口，尖圆唇，弧折腹，平底。腹部有一圈凹弦纹。口径18、底径4.8、通高6.9厘米（图六，13）。M2：22，泥质灰陶。敞口，尖圆唇，弧折腹，平底。口径17.2、底径5.2、高7.2厘米（图六，14）。M2：37，泥质灰陶。敞口，尖圆唇，折腹，平底。口径17.6、底径5.6、通高3.8厘米（图六，15）。

器盖　1件。M2：24，泥质红陶胎，外施酱黄釉。敞口，方唇，弧形盖面，盖面模印柿蒂纹及缠枝花草纹。直径16.6、高4.2厘米（图七，1）。

勺　1件。M2：10，泥质红陶胎，外施酱黄釉。勺面中部残，勺面呈椭圆形，勺把斜直。长14.4、高13.9厘米（图七，2）。

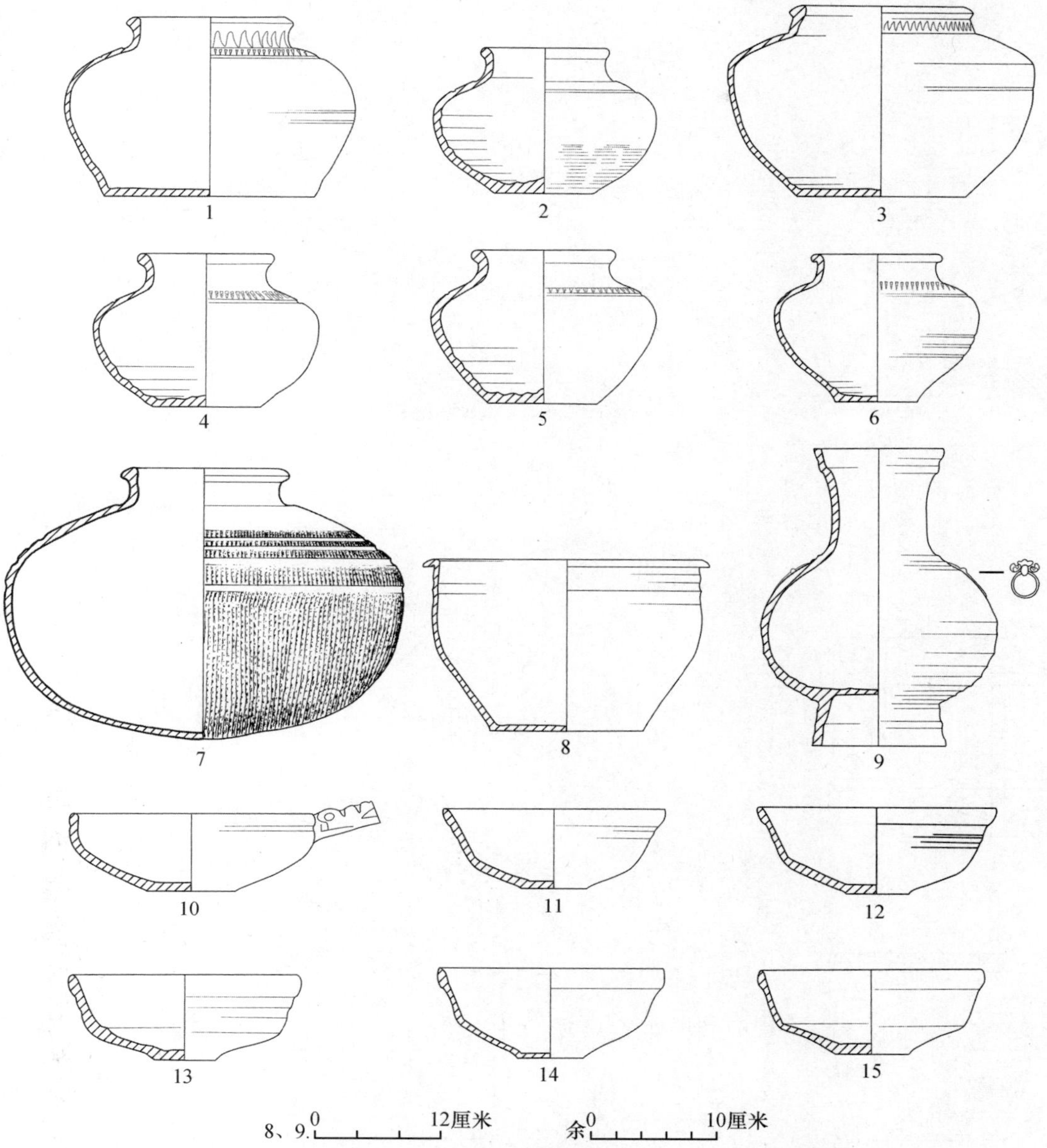

图六　M2出土陶器（一）

1～6. 罐（M2：14、M2：20、M2：21、M2：25、M2：28、M2：42）　7. 釜（M2：39）　8. 盆（M2：26）　9. 锺（M2：12）　10. 魁（M2：9）　11～15. 钵（M2：4、M2：15、M2：19、M2：22、M2：37）

盒　1件。M2：6，泥质红陶胎，外施酱黄釉。由盒身、盒盖组成，盖、身形制相同，均为敞口，斜方唇，折腹，平底。腹部饰一道凹弦纹。盒盖顶径18、底径5.7厘米，盒身口径18、底径5.8厘米，通高10.6厘米（图七，3）。

杯　1件。M2：11，泥质红陶胎，外施酱黄釉。敛口，方唇，微鼓腹，平底。口径10.2、底径7.4、高8.7厘米（图七，6）。

井　1件。M2：13，泥质灰陶。由井盖、井架、井身组成。井盖呈“井”字形，圆形井圈，两侧有对称的长方形孔，一侧残存有井架，盖面饰几何纹和水波纹。井盖边长11.6厘米。

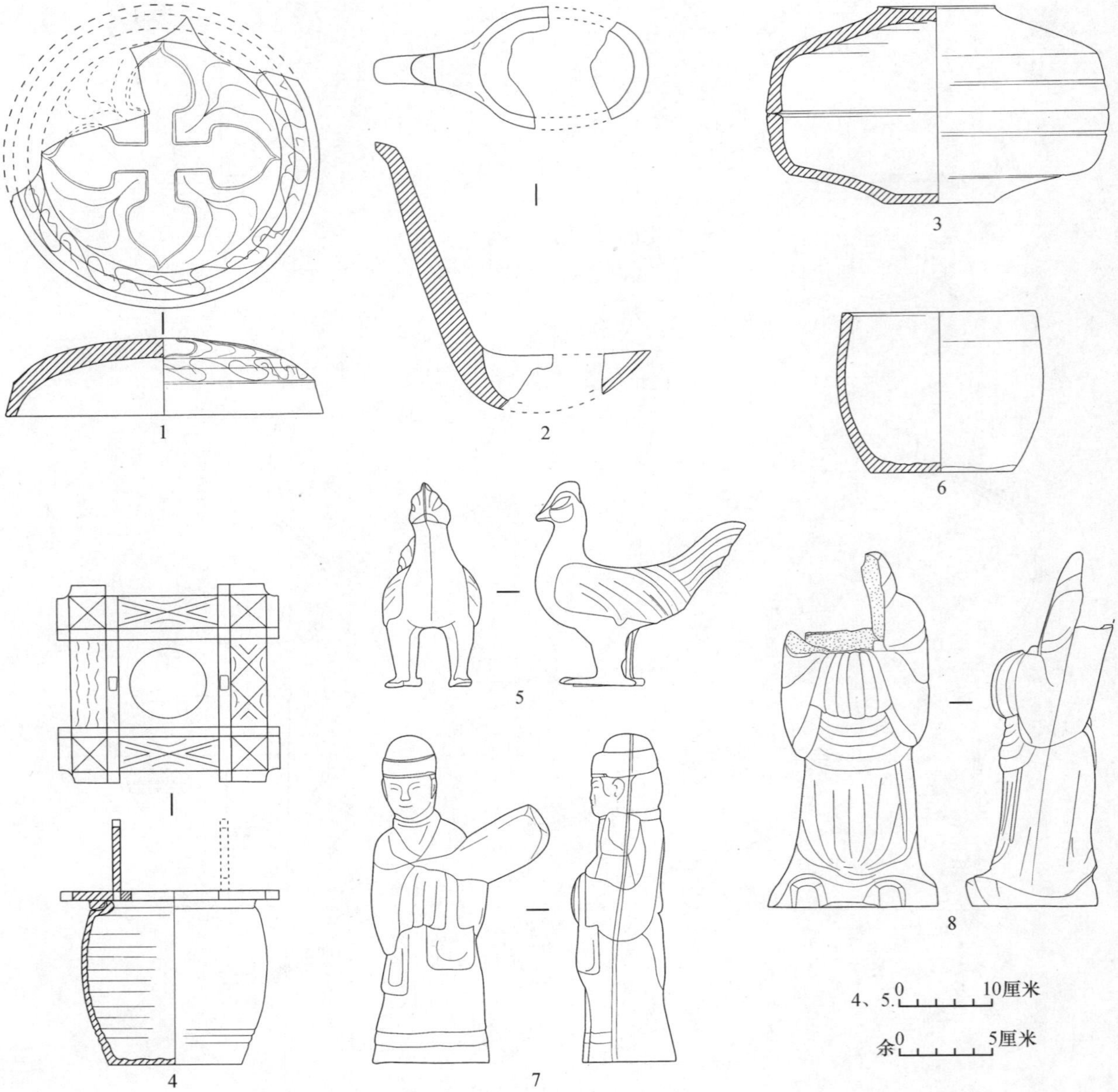

图七　M2出土陶器（二）

1. 器盖（M2：24）　2. 勺（M2：10）　3. 盒（M2：6）　4. 井（M2：13）　5. 鸡（M2：5）　6. 杯（M2：11）
7. 抱囊俑（M2：3）　8. 侍俑（M2：2）

井身为圆唇，折肩，鼓腹，平底。口径14.2、底径14、高18厘米（图七，4）。

鸡　1件。M2：5，泥质红陶。高冠，短喙，昂首，翘尾，立足。高22.4、长22厘米（图七，5；图版二三，7）。

抱囊俑　1件。M2：3，泥质红陶。头戴平巾帻，褒衣圆领，外衣交领右衽，宽袖，及地。双手相拥抱一长条形袋囊。高17.9厘米（图七，7）。

侍俑　1件。M2：2，泥质红陶。俑上部已残，褒衣圆领，外衣宽袖，束腰，及地，脚穿翘头履。双手相拥作侍立状。残高19.3厘米（图七，8）。

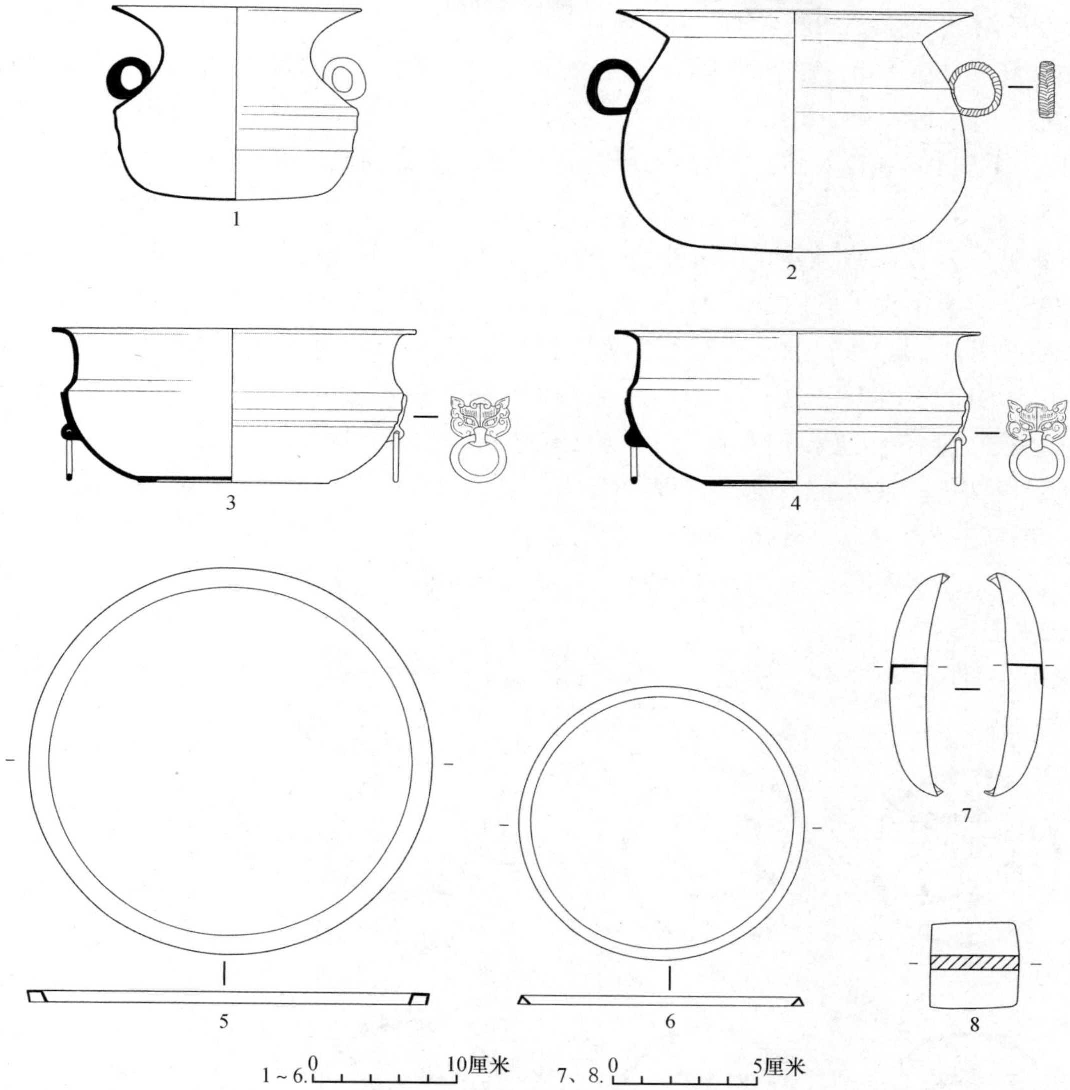

图八　M2出土器物

1、2. 铜釜（M2：17、M2：18）　3、4. 铜洗（M2：8、M2：16）　5、6. 铜扣（M2：30、M2：31）　7. 铜耳杯扣（M2：35）　8. 石黛板（M2：41）

（2）铜器

共32件，种类有釜、洗、扣、耳杯扣、五铢钱等。

釜　2件。M2：17，敞口，方唇，束颈，折肩，斜腹，圜底近平。肩部有两个圆形耳，腹部有三道凸弦纹。口径16.8、高13.6 厘米（图八，1；图版二二，2）。M2：18，敞口，方唇，束颈，垂腹，圜底近平。釜上部有两个圆形耳，上饰辫索纹。口径24.2、高16.8厘米（图八，2；图版二二，1）。

洗　2件。M2：8，敞口，平沿，方唇，束颈，折肩，斜弧腹，圈足。腹中部有一对兽面纹铺首衔环及三道凸弦纹。口径24.6、底径13、通高10.6 厘米（图八，3）。M2：16，敞口，方唇，束颈，圆折肩，斜弧腹，圈足。腹中部有一对兽面纹铺首衔环及三道凸弦纹。口径

24.6、底径12.2、通高10.8厘米（图八，4；图版二二，3）。

扣　2件。M2：30，鎏金，圆形。直径27.4厘米（图八，5；图版二二，6）。M2：31，鎏金，圆形。直径19.6厘米（图八，6）。

耳杯扣　1件。M2：35，一对，形制相同。鎏金，半月形。长7.8厘米（图八，7；图版二二，5）。

五铢钱　25枚。圆形方穿。内外郭齐整，钱面篆书“五铢”两字。“五”字中间交笔弯曲，“铢”字金字头呈三角形。M2：36-1，“朱”字横笔上下均方折。钱径2.4、穿径1.0厘米（图九，1）。M2：36-2，“五”字横笔上下出头，“朱”字横笔上方折、下圆折。钱径2.5、穿径0.9厘米（图九，2）。M2：33-1，“五”字横笔上下出头，“朱”字横笔上下均圆折。钱径2.5、穿径0.9厘米（图九，3）。M2：27-1，“五”字左边为双重曲笔，“朱”字横笔上方折、下圆折。钱径2.5、穿径1厘米（图九，4）。M2：29-1，“五”字底部为双重横笔，“朱”字横笔上方折、下圆折。钱径2.6、穿径1厘米（图九，5）。M2：34-1，“五铢”二字均瘦长，“朱”字横笔上下均圆折。钱径2.3、穿径1.1厘米（图九，6）。

（3）石器

黛板　1件。M2：41，黑色，方形，通体磨光，一面中部有一小窝。边长3、厚0.5厘米（图八，8）。

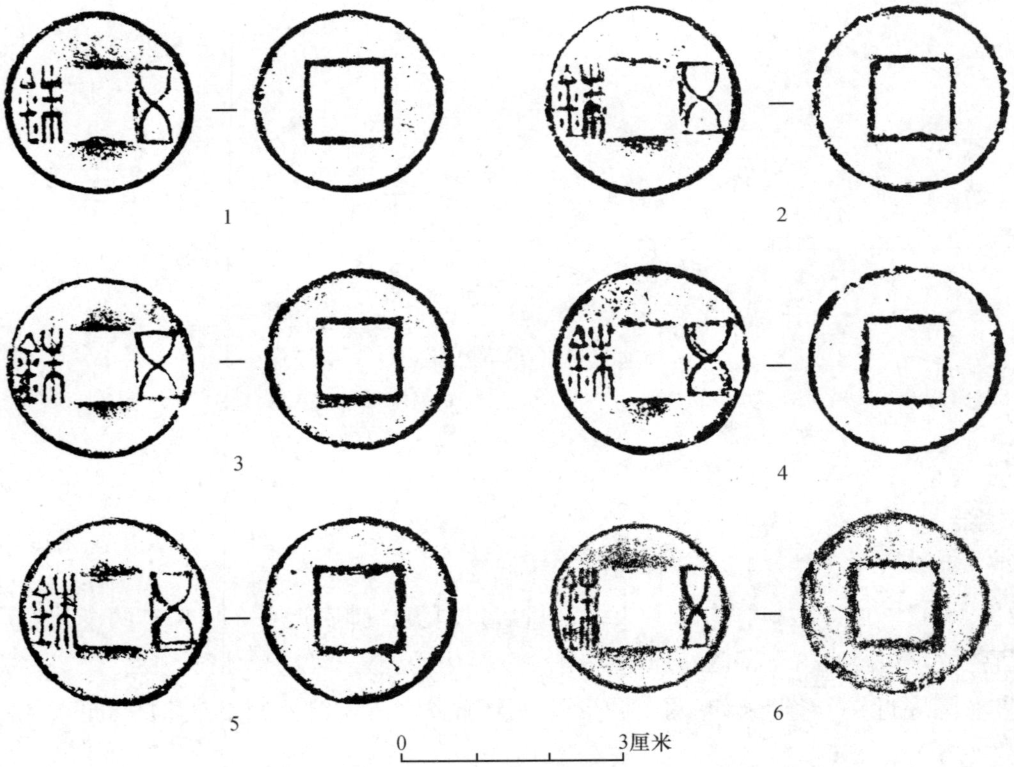

图九　M2出土铜钱币拓片

1. M2：36-1　2. M2：36-2　3. M2：33-1　4. M2：27-1　5. M2：29-1　6. M2：34-1

（三）M3

1. 墓葬概况

M3位于T2西北部。开口于2层下，打破生土，距地表深0～0.4米。竖穴土圹砖室墓。方向116°。墓圹残长7.66、宽2.04～3.78、残深0.24～1.5米（图一〇；图版二一，2）。由甬道、前室和后室组成，甬道呈长方形，偏于前室的南侧，前部已残，残长2.2、宽1.4、残深0.2～0.44米。前室呈长方形，前室东部整体下陷约0.1～0.3米，长2.6、宽1.56～2.1、深0.6～0.94米。后室为长方形，偏于前室的北侧，长2.32、宽1.8、深0.78米。墓壁由长方形菱形纹榫卯砖错缝平铺，残存有2～15层砖。墓底用长方形菱形纹砖斜向铺成人字形，甬道与前室、前室与后室之间用横向平铺的一排砖为界线。墓砖长42、宽20、厚7厘米（图一一）。墓内填土为扰土，黄褐色黏土，土质较疏松，出土较多墓砖残块及陶片。

葬具及人骨均已不存。墓室已被扰乱，随葬品主要分布在甬道和前室内。

2. 出土器物

出土器物按质料可分为陶、铜、铁器等。以陶器为主，其中有较多的釉陶器，铜器和铁器数量较少。

（1）陶器

陶器多已破碎，修复及较完整的器物共26件。主要器类有仓、釜、盆、奁、耳杯、灯、模型明器等。

仓　2件。M3：1，泥质红陶胎，外施绿釉。敛口，圆唇，折肩，斜腹，平底。口径6.8、底径6.3、高15厘米（图一二，1）。M3：34，泥质红陶胎，外施绿釉。尖圆唇，敛口，折肩，斜腹，平底。口径6.8、底径6.3、高15厘米（图一二，2）。

釜　1件。M3：15，泥质红陶胎，外施绿釉。敞口，方唇，束颈，鼓腹，平底。口部有一对桥形立耳，耳上饰辫索纹和花瓣纹。口径18.8、底径8.8、高17.8厘米（图一二，3；图版二二，8）。

盆　2件。M3：37，泥质红陶胎，外施酱黄釉，釉不及底。侈口，圆唇，弧腹，平底。器腹上部饰三道凹弦纹。口径17、底径8.3、高7.5厘米（图一二，4）。M3：38，泥质灰陶。直口，斜折沿，圆唇，弧腹，平底。口径34、底径16、高22.4厘米（图一二，5）。

奁　1件。M3：5，泥质红陶胎，外施绿釉，釉面多已脱落。由奁身、奁盖组成。奁身为方形，子母口，直腹，中有一隔板将奁内空间分成两部分，平底，底部有四兽蹄足。奁盖为敞口，折腹斜收成穹窿顶。盖顶饰交叉突棱两道，顶中饰柿蒂纹。边长22.6、通高27.8厘米（图一二，6；图版二三，2）。

耳杯　2件。M3：35，泥质红陶。杯身呈椭圆形，敞口，弧腹，平底。沿两侧对称有月牙状耳，两耳上翘。口长径17、短径14厘米，底长径8.4、短径5.2厘米，高6.8厘米（图一二，

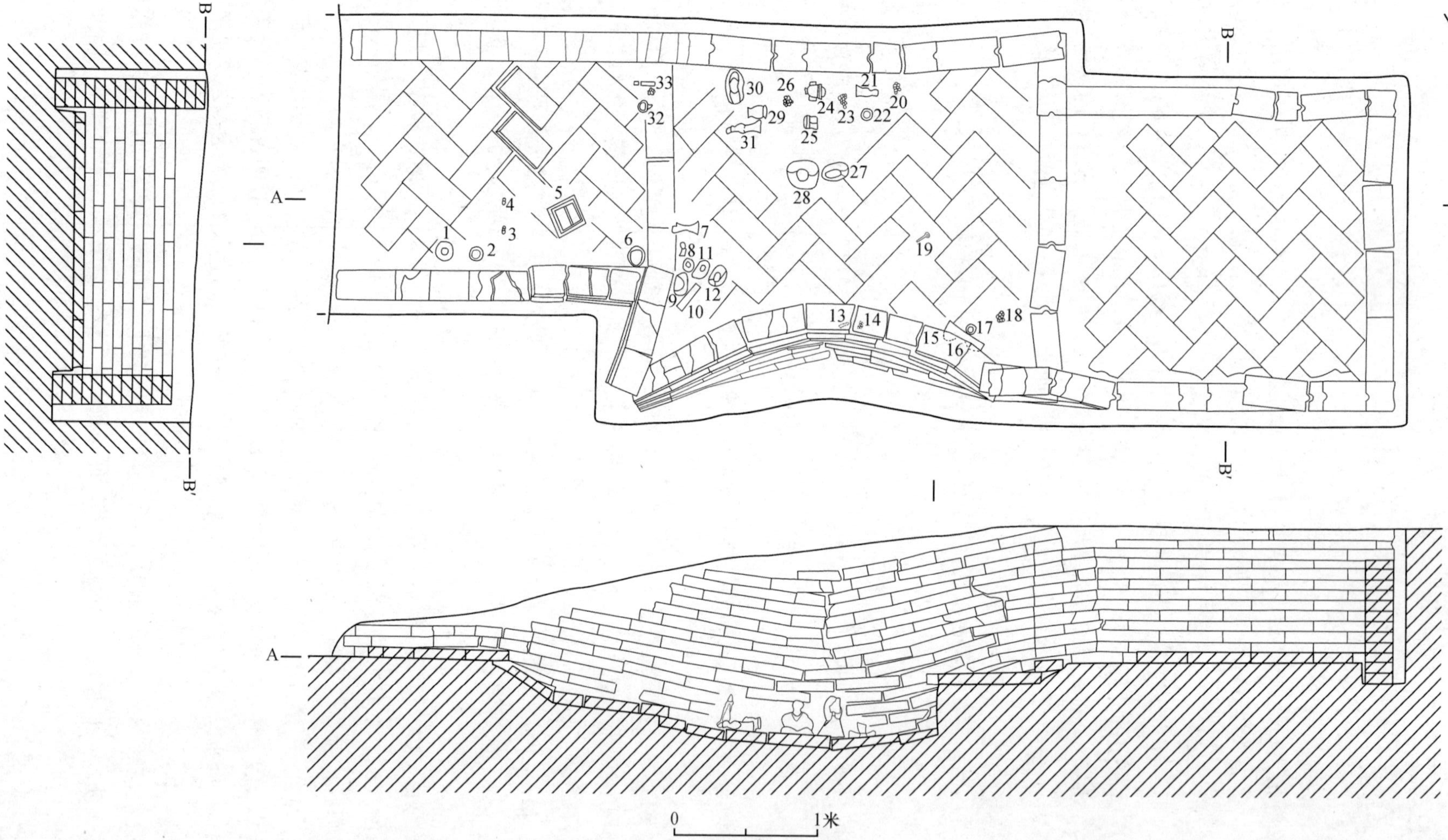

图一〇　M3平、剖面图

1、34. 陶仓　2. 陶器盖　3、4、14、18、20、23、26. 铜钱币　5. 陶奁　6. 陶灯　7、8、32. 陶马腿　9、11、12、21、27、28、30、31. 陶俑　10、16. 陶房屋模型　13. 铜带钩　15. 陶釜　17. 陶罐　19. 铁削刀　22. 陶马蹄　24、29. 陶俑头　25. 陶马鞍　33. 陶器柄　35、36. 陶杯　37、38. 陶盆

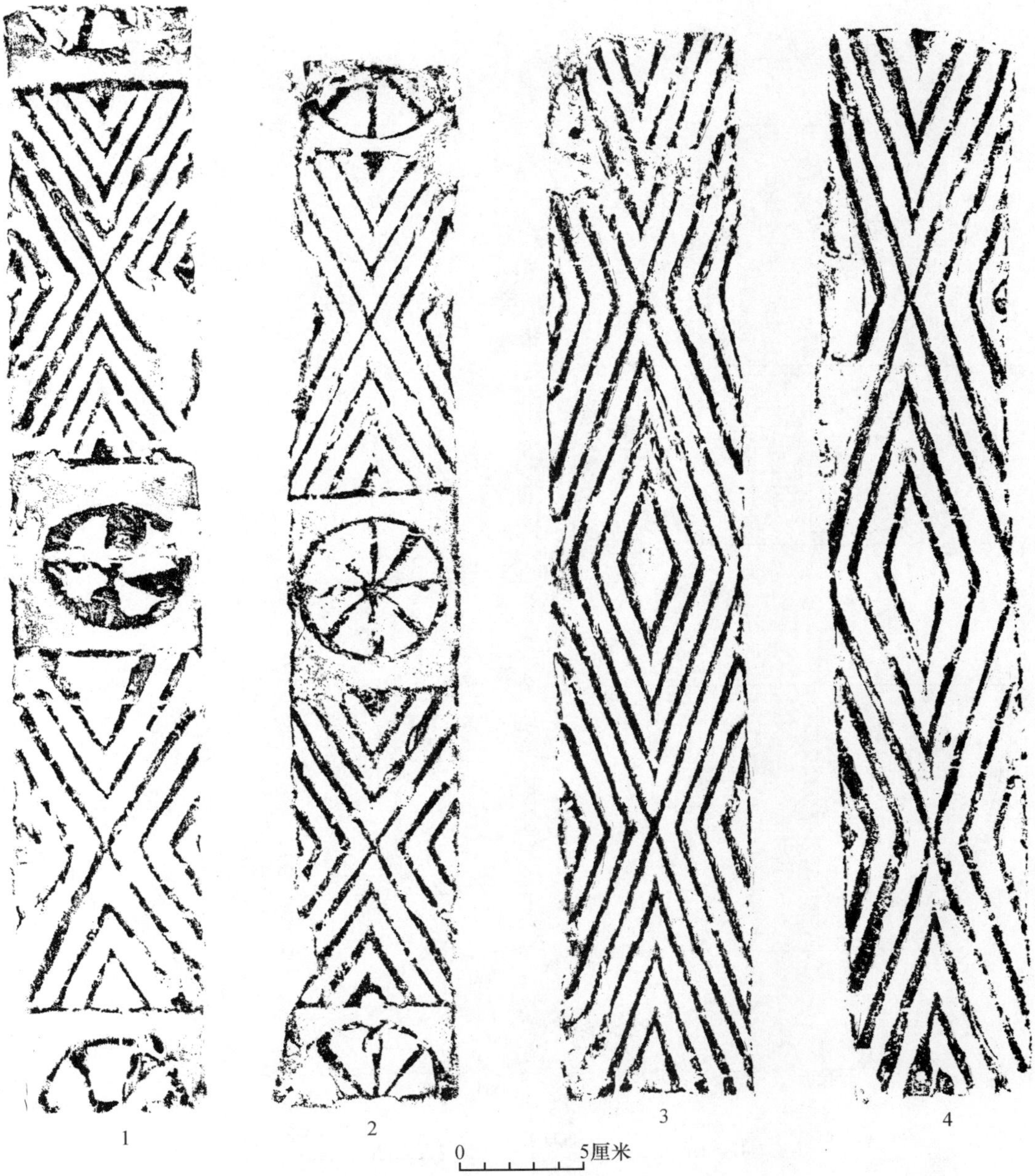

图一一 M3出土墓砖拓片

7）。M3：36，泥质红陶。杯身呈椭圆形，敞口，弧腹，平底。沿两侧对称有月牙状耳，两耳上翘。口长径13、口短径10厘米，底长径7.8、底短径4厘米，高4.2厘米（图一二，8）。

罐　1件。M3：17，泥质红陶胎，外施酱黄釉。敛口，圆唇，圆折肩，斜腹，平底。口径5、底径5、高4.2厘米（图一二，9）。

器盖　1件。M3：2，泥质红陶胎，外施酱黄釉。尖顶，弧壁，盖面饰山形。底径9.6、高5.4厘米（图一二，10）。

器柄　1件。M3：33，泥质灰白胎，外施绿釉。一端已残，八棱圆柱形，中空。残长13.1厘米（图一二，11）。

图一二　M3出土陶器（一）

1、2. 仓（M3：1、M3：34）　3. 釜（M3：15）　4、5. 盆（M3：37、M3：38）　6. 奁（M3：5）　7、8. 耳杯（M3：35、M3：36）　9. 罐（M3：17）　10. 器盖（M3：2）　11. 器柄（M3：33）

灯　1件。M3：6，泥质红陶胎，外施黄绿釉。由灯盘和灯座组成，灯盘为子母口，斜直壁。灯座为一蹲坐状的熊。口径11.4、高19.6厘米（图一三，1；图版二三，3）。

房　2件。M3：10，泥质灰陶。顶部已缺，房左右有立柱，柱为一斗三升，房中部有门，门侧开。宽31.5、高22.5、厚10.5厘米（图一三，2；图版二三，1）。

武士俑　1件。M3：9，泥质红陶。头戴平上帻，褒衣圆领，外衣交领右衽，腰系围带，穿裤褶服，脚着履。右臂前指，手部已缺，左臂挽盾，左手执环首刀。通高55.2厘米（图一三，3；图版二三，5）。

图一三　M3出土陶器（二）

1. 灯（M3：6）　2. 房（M3：10）　3. 武士俑（M3：9）　4. 抚耳俑（M3：30）　5. 执便面俑（M3：27）　6、7. 侍俑（M3：11、M3：21）

抚耳俑　1件。M3：30，泥质红陶。梳山形髻，束巾，亵衣圆领，外衣交领右衽，宽袖，踞座，左手按膝，右手抚耳作倾听状。通高25.2厘米（图一三，4；图版二三，6）。

执便面俑　1件。M3：27，泥质红陶。梳山形髻，束巾，亵衣圆领，外衣交领右衽，宽袖，束腰，及地。右手执一便面，左手提一袋。通高31.2厘米（图一三，5；图版二三，4）。

侍俑　3件。M3：11，泥质红陶。头戴平巾帻，亵衣圆领，外衣交领右衽，宽袖，及地。双手相拥作侍立状。高21.6厘米（图一三，6）。M3：21，泥质红陶。头部模糊不清，外衣宽袖，双手相拥作侍立状。高16厘米（图一三，7）。

俑头　2件。M3：24，泥质红陶。头戴平上帻。残高13.4厘米（图一四，1）。M3：29，泥质红陶。梳山形髻，束巾。残高11.3厘米（图一四，2）。

马鞍　1件。M3：25，泥质红陶。残长11.4、宽9.3～11.7、高6厘米（图一四，3）。

马腿　3件。M3：7，泥质红陶。残高20.4厘米（图一四，4）。M3：8，泥质红陶。残高30厘米。M3：32，泥质红陶。残高14.2厘米（图一四，5）。

（2）铜器

带钩　1件。M3：13，鎏金。曲棒形，兽头状钩首，圆饼状钮。长12.2厘米（图一四，6；图版二二，4）。

五铢钱　32枚。圆形方穿。内外郭齐整，钱面篆书“五铢”两字。“五”字中间交笔弯曲，“铢”字金字头呈三角形。M3：3-1，“朱”字横笔上下均圆折。钱径2.4、穿径1.1厘米（图一五，1）。M3：3-2，“朱”字横笔上方折、下圆折。钱径2.5、穿径1.3厘米（图一五，2）。

半两钱　1枚。M3：23，圆形方穿。钱的边缘有郭，穿正反两面均有郭。穿左右篆书“半两”二字。钱径1.1、穿径1厘米（图一五，3）。

货泉钱　2枚。M3：14，圆形方穿。钱的边缘有郭，穿正反两面均有郭。穿左右篆书“货泉”二字。钱径2.2、穿径0.9厘米（图一五，4）。

（3）铁器

削刀　1件。M3：19，前峰已残，直刃，直背，环首。残长12.5厘米（图一四，7）。

三、结　　语

关于墓葬的年代问题，M1出土器物较少，其中多数为陶盘，浅盘、折腹近弧的特点与东汉中晚期陶盘的特征一致[2]，因此该墓的年代可大致判断为东汉中晚期。M2出土的陶盒、陶井、陶魁、带戳印三角纹的陶罐等与丰都土地梁子墓地东汉早期墓M13中的同类器物相似[3]；陶锺、陶釜与丰都河梁子墓地东汉早期墓M6中的陶锺（M6：15）、陶圜底罐（M6：12）相似[4]；铜釜与丰都黄泥巴梁子墓地中出土的铜釜（M3：5、M3：4）相同，后者为新莽至东汉早期[5]；另外墓底部不铺砖也属于重庆偏早的砖室墓的特征，因此M2应为东汉早期。M3出土的陶奁与丰都土地梁子墓地东汉中期墓葬M3出土的陶奁（M3：27）相似[6]，且两墓形制接

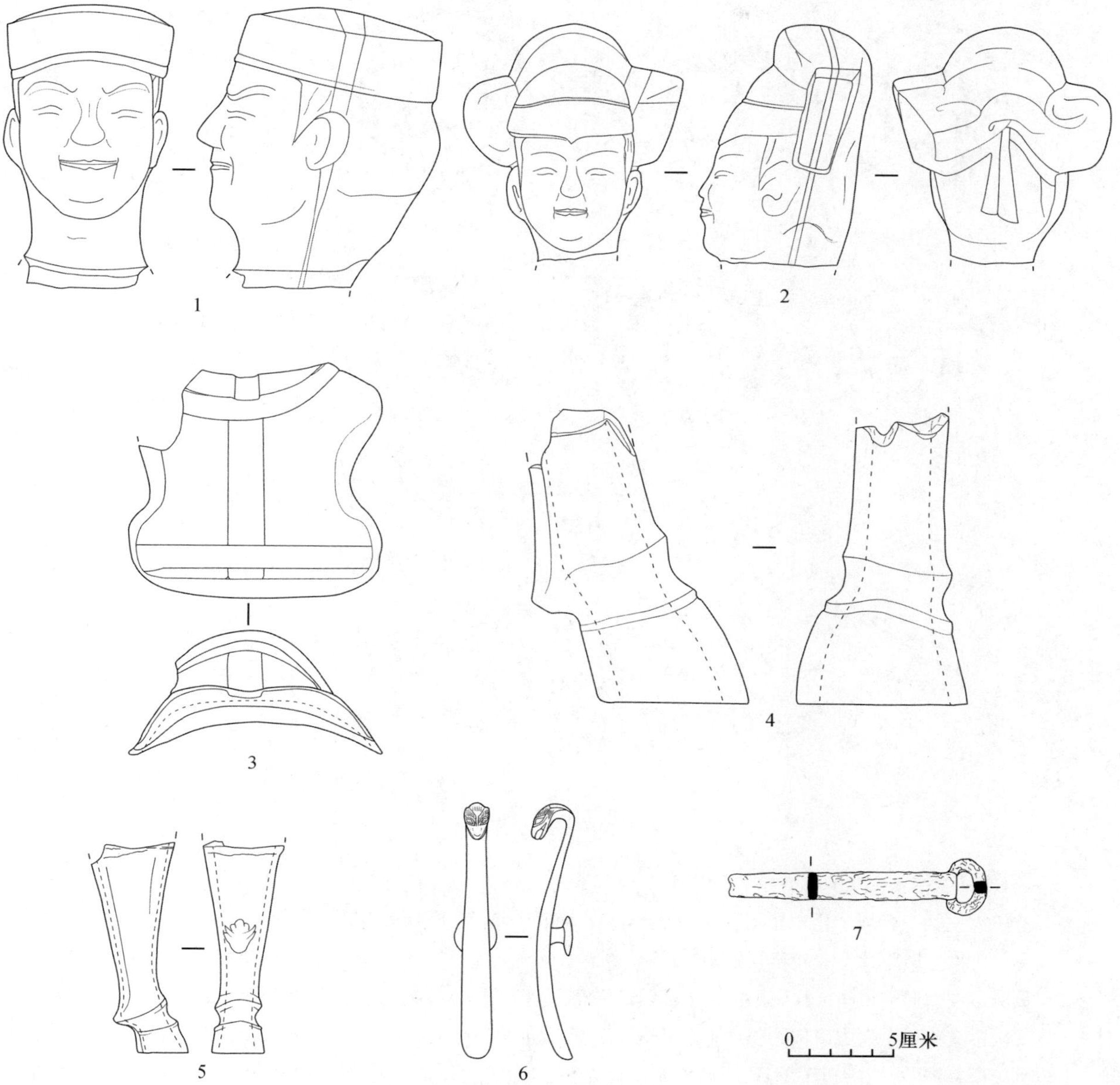

图一四　M3出土器物

1、2. 陶俑头（M3：24、M3：29）　3. 陶马鞍（M3：25）　4、5. 陶马腿（M3：7、M3：32）　6. 铜带钩（M3：13）　7. 铁削刀（M3：19）

近；武士俑与邻近的槽房沟墓群出土的武士俑（M9：22）相同[7]，后者出土一件带“延光四年五月十日作”（125年）铭文的摇钱树底座，因此M3的年代属于东汉中期。

峡江地区的汉墓自西汉晚期开始出现陶俑后，便逐渐成为墓葬中的流行器物，本墓地出土了数量较多的陶俑，这些陶俑和临近墓地的同类器物高度相似，特别是M3出土的武士俑与槽房沟墓群出土的武士俑如出自同一件模范，这反映了这一时期墓葬模型明器生产的专业化和商品化的特点。

本次考古发掘墓葬类型多样，随葬品丰富，进一步充实了峡江地区东汉时期墓葬的资料，对研究峡江地区东汉时期的历史文化具有重要的意义。

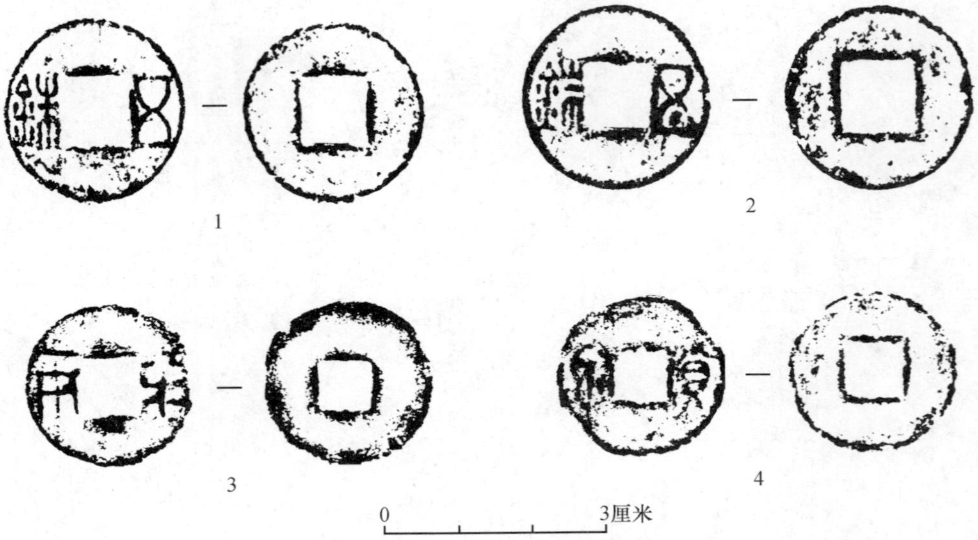

图一五　M3出土铜钱币拓片

1～4. M3：3-1、M3：3-2、M3：23、M3：14

附记：项目领队白九江，参加本次考古发掘的工作人员有：白九江、牛英彬、陈俊华、张守华、秦进等，修复：蔡远富、陈俊华，照相：董小陈、牛英彬，绘图：张守华、金鹏功、师孝明。发掘工作得到了丰都县文物管理所的大力支持，在此表示感谢！

执　笔：牛英彬　白九江

注　释

［1］　重庆市文物考古所、宝鸡市考古工作队等：《丰都上河嘴墓群发掘报告》，《重庆库区考古报告集·2000卷》，科学出版社，2007年，第1070页。

［2］　重庆市文物局、重庆市移民局：《丰都镇江汉至六朝墓群》，科学出版社，2013年，第654页。

［3］　重庆市文物局、重庆市移民局：《丰都镇江汉至六朝墓群》，科学出版社，2013年，第142～145页。

［4］　重庆市文物局、重庆市移民局：《丰都镇江汉至六朝墓群》，科学出版社，2013年，第184～185页。

［5］　重庆市文物局、重庆市移民局：《丰都镇江汉至六朝墓群》，科学出版社，2013年，第326页。

［6］　重庆市文物局、重庆市移民局：《丰都镇江汉至六朝墓群》，科学出版社，2013年，第87页。

［7］　重庆市文物考古所、宝鸡市考古工作队等：《丰都槽房沟墓群发掘报告》，《重庆库区考古报告集·2001卷》，科学出版社，2008年，第1819页。

丰都大湾墓群2013年考古发掘简报

重庆市文化遗产研究院　丰都县文物管理所

一、概　　况

大湾墓群位于丰都县高家镇大湾村。20世纪90年代初，文物部门开展长江沿岸文物普查时，确定大湾墓群范围为东北起于原高家镇长江导航站，西南止于原大湾村，具体处于长江南岸的台地及后侧山坡上（图一）。2002年三峡库区移民时，原大湾村行政建制取消，大湾河以东划入新设立的规划村，以西的原6、9、11等社则与文溪村合并。据介绍，大湾墓群沿江绵延近4000米，自丘陵谷间而下的多条小溪将沿江地带分割成多个小的自然地理单元，三峡工程文物保护实施时期，发掘单位将该墓群划分为东西两个大区，其中东区又分为4个小区（东Ⅰ～Ⅳ区），西区又分为6个小区（西Ⅰ～Ⅵ区）。2001～2005年，重庆市文物考古所（今重庆市文化遗产研究院）、宝鸡市考古工作队等对该墓群进行了5次考古发掘，发掘面积共计10000平方米。清理汉至六朝时期墓葬80余座，出土随葬器物500余件。

大湾墓群因受长江洪水侵蚀而导致垮塌崩岸，尤其是近年来，三峡水库蓄水至海拔175米后，每年夏天退至海拔145米，江岸受季节性消涨的影响较大，后退速度加快，对遗存造成很大的破坏，部分墓葬随江岸因垮塌而暴露，对于暴露墓葬开展抢救性文物保护工作十分必要。受重庆市文物局的委托，重庆市文化遗产研究院承担了三峡水库重庆消落区丰都大湾墓群的考古发掘任务。本次考古田野工作于2013年5月10日开始，至5月30日结束，实施勘探面积1000平方米，发掘面积共计300平方米，清理汉至六朝时期墓葬3座，出土了一定数量的文物标本（图二、图三）。发掘编号依照前几次编号惯例，按年度单独编号，发掘代号为2013FGD（其中F代表丰都，G代表高家镇，D代表大湾墓群）。

本次发掘地点位于丰都县高家镇文溪村一社，中心地理坐标为东经107°49′38.31″，北纬29°58′25.83″，海拔约170米。墓群属于原大湾墓群的西区，发掘点西南面紧邻石板溪河沟，西、北面为长江，东侧山坡上为丰都至高家镇公路，公路两侧为高家镇文溪村一社村民居住区。

本次考古发掘的3座墓葬为2013FGDM1～2013FGDM3（以下简称为M1～M3）均面向长江，背倚山脊，位置较集中。由于江水冲刷及人为盗扰，墓葬前部及顶部均不同程度遭到扰乱或破坏。墓葬墓砖从形制上可分为两种：墓壁用长方砖和券顶用楔形榫卯砖。从砖面模印图案

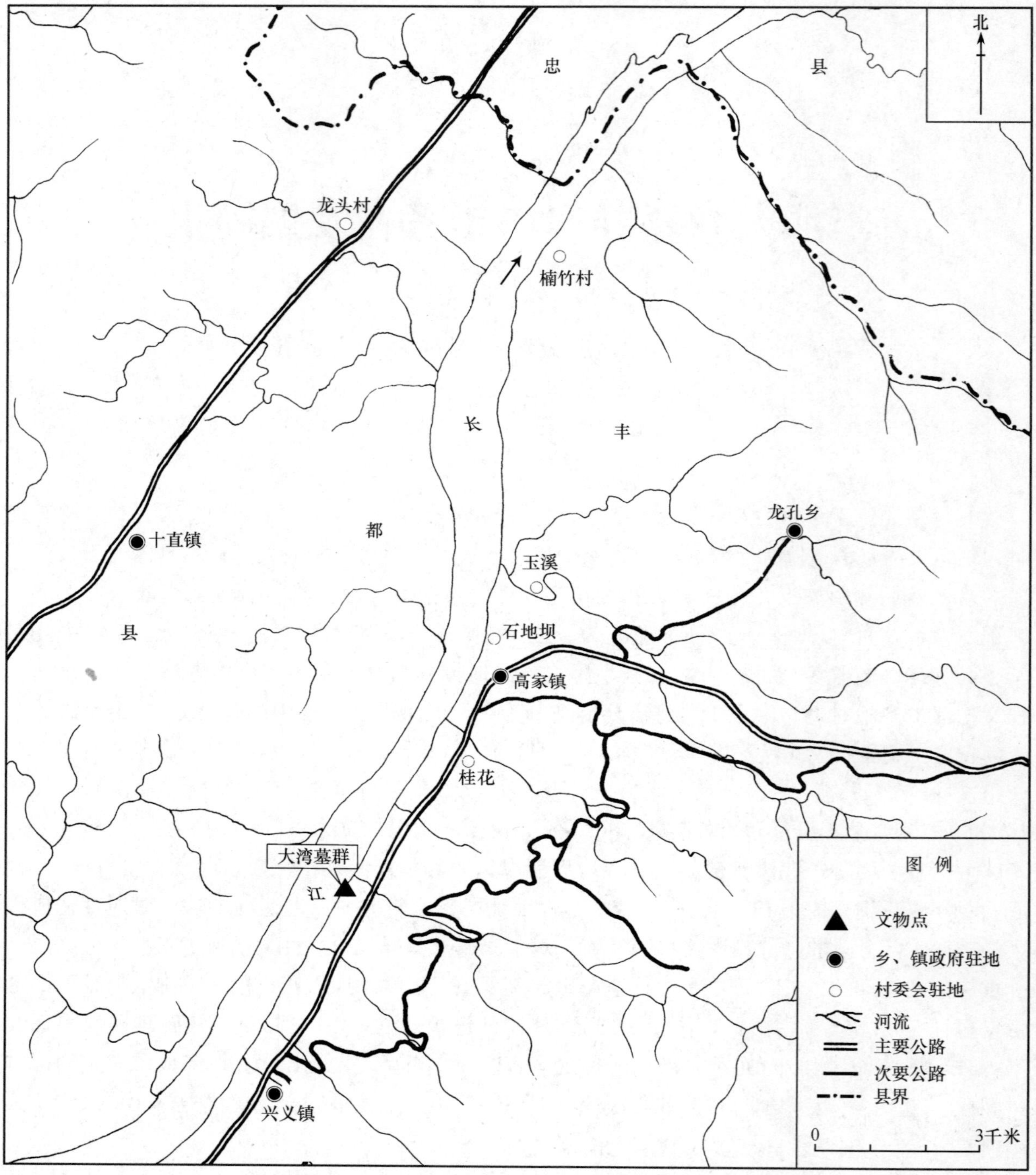

图一　大湾墓群位置示意图

区分有以下几种：重菱纹+乳钉纹（图四，1、4）、重菱纹（图四，2）、重菱纹+“十”字纹（图四，3）。从墓葬现存平面形状看，有刀把形和长方形两类，但后者为破坏后的平面形状，并非墓葬原平面结构。

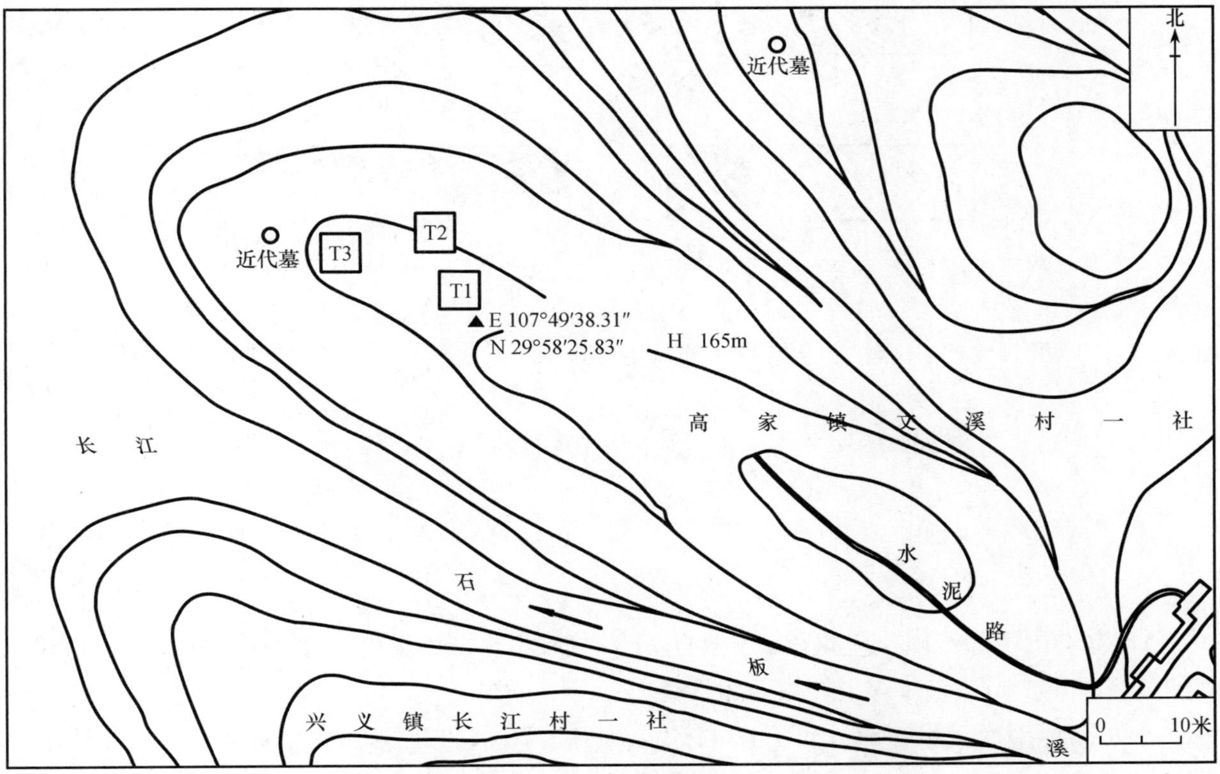

图二　大湾墓群2013年度发掘地点地形图

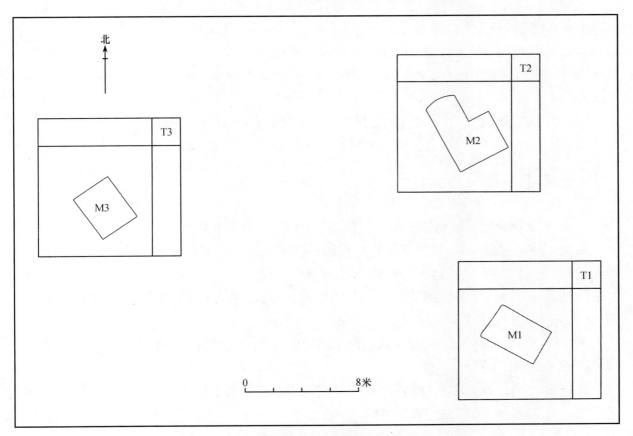

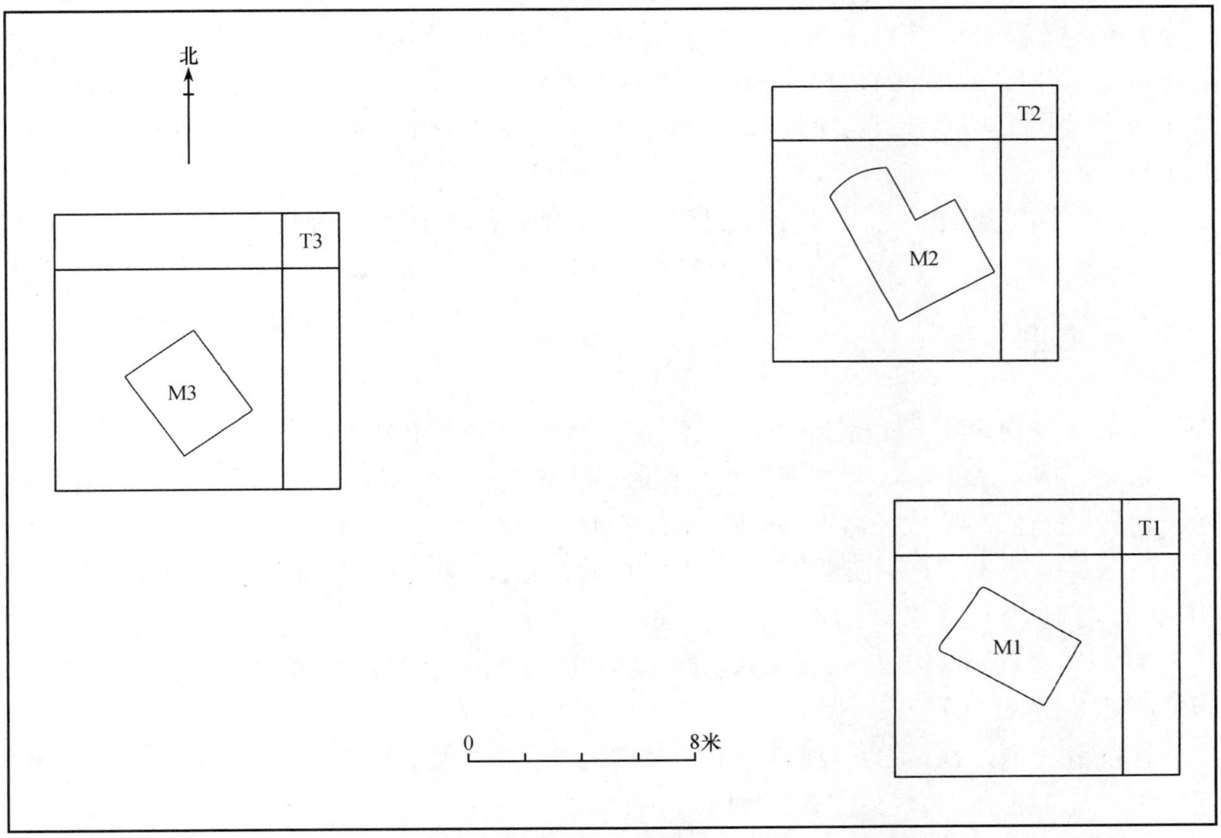

图三　大湾墓群2013年度发掘总平面图

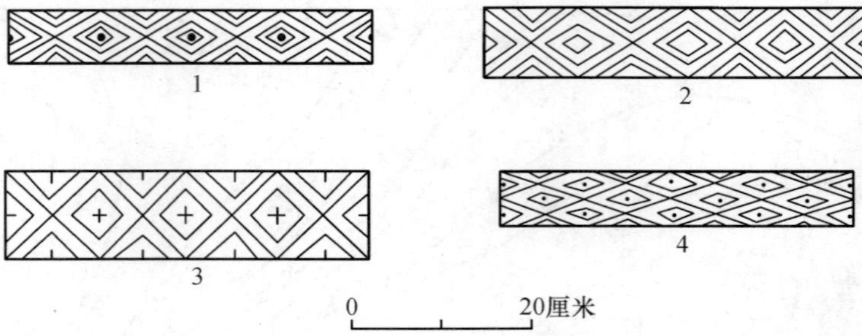

图四　墓砖纹饰

1. 重菱纹+乳钉纹（M1、M2）　2. 重菱纹（M2）　3. 重菱形+“十”字纹（M3）　4. 重菱纹+乳钉纹（M3）

二、M1

（一）墓葬形制

M1位于T1中部，现存墓葬开口于第1层下，打破生土。该墓为竖穴土圹砖室墓，坐东南向西北，墓向295°。该墓仅存土圹与局部墓室。

土圹残存平面呈长方形，残长4.24、宽2.6、残深0.6～1.18米。内填黄褐色土，土质较紧密、纯净。

墓室平面呈长方形，残长3.3、宽2.1、残深0.56～1.12米。墓室现存左、右、后三面砖壁，残高0.56～1.1米，采用顶头错缝平铺的方式垒砌。墓室底部无铺地砖，凹凸不平。以墓室右壁为例，自下而上1至9层为直壁，第10层开始用楔形榫卯砖起券，现存5层起券砖。墓室内发现盗洞两处，平面呈椭圆形，右壁中段的盗洞直径约1米，左壁前端的盗洞直径约0.8米。盗洞内填土疏松，土色灰褐色（图五）。

因该墓多次被盗扰，葬具及骨架已扰毁，无法判断墓葬的葬具、葬式。

（二）出土遗物

M1出土遗物共5件，分别是铜钱币、陶甑、陶罐、陶井架和青瓷盏。

陶甑　1件。M1：4，泥质灰陶。口微敛，方圆唇，直腹向内略收，平底，底部箅孔15个。轮制。口径22.4、底径14.4、高18厘米，箅孔直径约1厘米（图六，3）。

陶罐　1件。M1：5，泥质灰陶。敛口，圆唇，溜肩，腹部略鼓，底略向内凹，肩部有一道弦纹。轮制。口径23.6、底径17.6、高21.6厘米（图六，4）。

陶井架　1件。M1：2，泥质灰陶。略呈倒“山”字形。模制。上宽13、下宽13.6、高3、厚0.6厘米（图六，1）。

青瓷盏　1件。M1：3，灰白胎，内外施青釉。直口，圆唇，弧腹，内底近平，外为浅饼足。轮制。口径9.4、底径5.2、高3.4厘米（图六，2）。

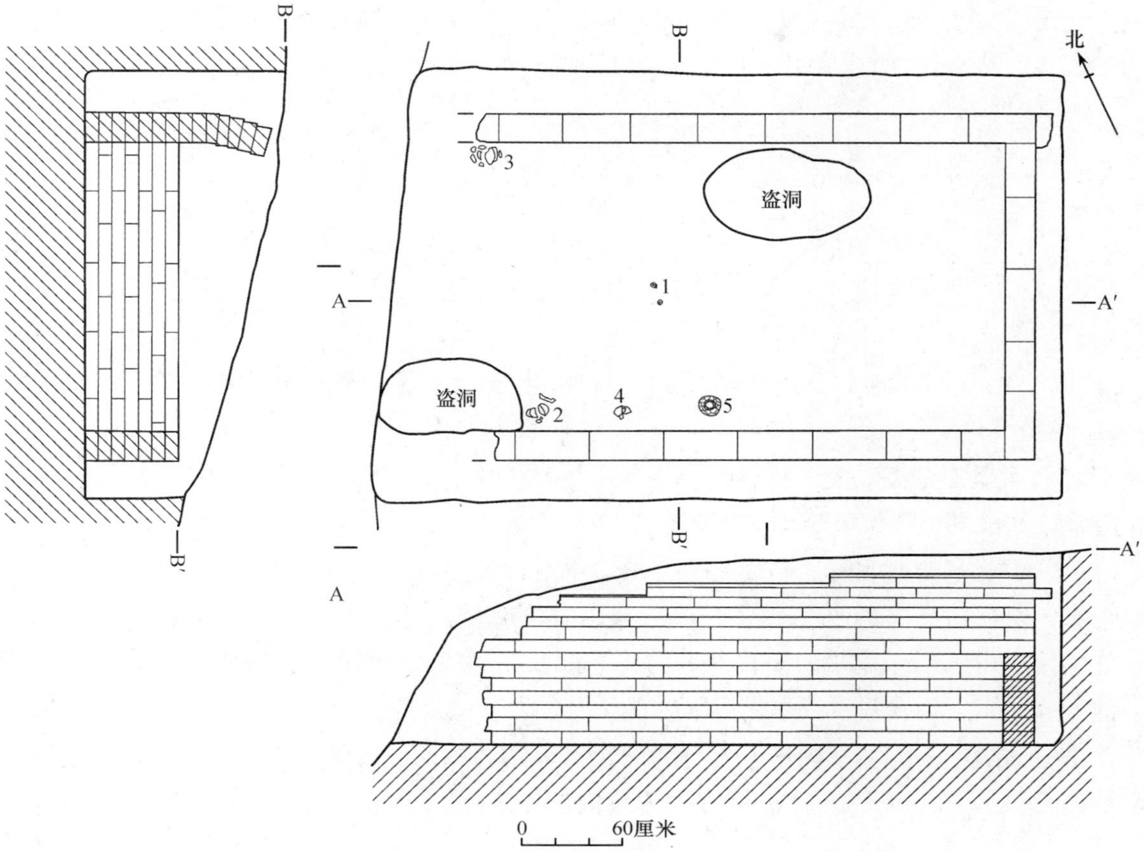

图五 M1平、剖面图

1. 铜钱币 2. 陶井架 3. 青瓷盏 4. 陶甑 5. 陶罐

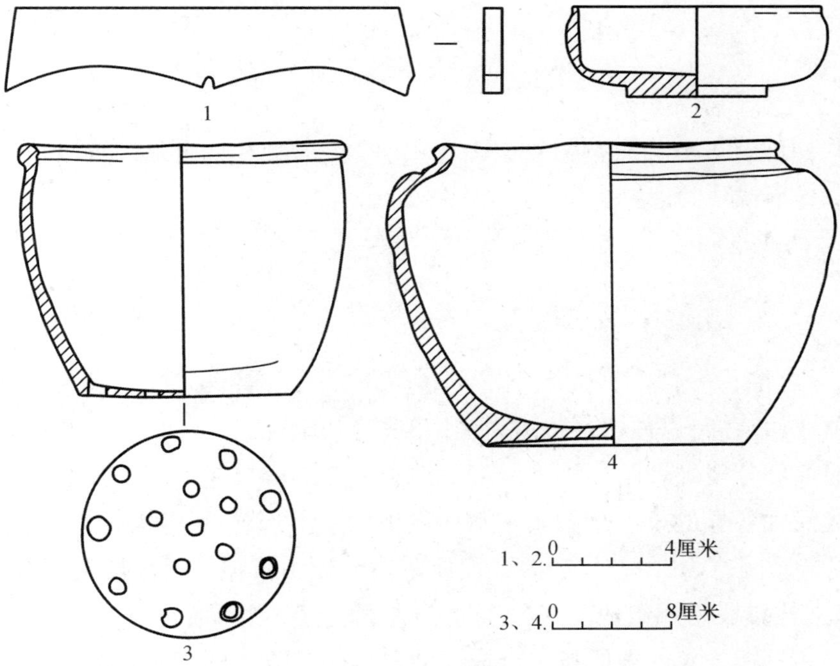

图六 M1出土遗物

1. 陶井架（M1：2） 2. 青瓷盏（M1：3） 3. 陶甑（M1：4） 4. 陶罐（M1：5）

铜钱币　1枚。M1：1，残，可辨认“五”字，当为五铢钱。范铸。直径2.6、穿径1、厚0.15厘米。

三、M2

（一）墓葬形制

M2位于T2中部，墓葬开口于第1层下，打破生土。该墓为竖穴土圹砖室墓，座东南向西北，墓向332°。

土圹平面呈刀把型，宽3.4、残长5.5、残高0.7～1.4米。内填黄褐色土，土质较紧密，纯净。由于该墓前部被毁，墓道情况不明。

甬道位于墓室的西北侧，平面呈长方形，甬道长2.3、宽1.4、残深0.8～1.2米。封门用单砖平铺砌成，现存10层，宽1.6、残高0.6米，垒砌时较随意。

墓室位于甬道的东南端，平面呈长方形，长2.8、宽2.4、残高1～1.3米。墓壁采用顶头错缝平铺方式垒砌。以南壁为例，自下而上1～12层为墓室直壁，12层以上起券。墓室底部无铺地砖，略显凹凸不平。墓室内填土可分为两类：一类为后期形成的填土层，内夹杂大量唐、宋时期釉陶片及少量近现代杂物；另一类为墓内原始淤土，分布于墓室砖壁下部，土质纯净，紧密。

因该墓葬多次被盗扰，葬具及骨架已扰毁（图七）。

（二）出土遗物

出土遗物共24件，可分为有两类：淤土内出土7件，当为墓葬随葬品；另在扰土内出土器物17件，当为墓葬损毁后的遗物。

1. 随葬品

有铜钱币、陶房、青瓷钵、青瓷盏4种。

陶房　2件。可能为一件陶房的上下部分，但不能完全重叠在一起放置。M2：2，泥质灰陶。平顶，屋顶坡面装饰5道瓦楞，每道瓦楞由3块筒瓦组成。房子正立面左右原各装饰一斗三升承拱，现仅保存部分残件和粘接痕迹。陶房内立一方形陶板，下部中央开一长方形孔，表面用细线条划分成尺寸各异的长方形图案。陶房两侧山墙上部各开一小圆孔。该房面宽29.4、高22、进深10.4厘米（图八，2）。M2：7，泥质灰陶。硬山式顶，脊角微翘，前屋顶坡面装饰5道瓦楞，每道瓦楞由3块筒瓦组成。房子正立面檐下现存一个单斗承拱，并保存有几处粘接痕迹。房屋中间立一隔板，表面被线条划分成尺寸各异的长方形图案。正立面及两侧下部设有檐廊，山墙一侧各开一长方形孔。陶房面宽38、高29、进深10.2厘米（图八，1）。

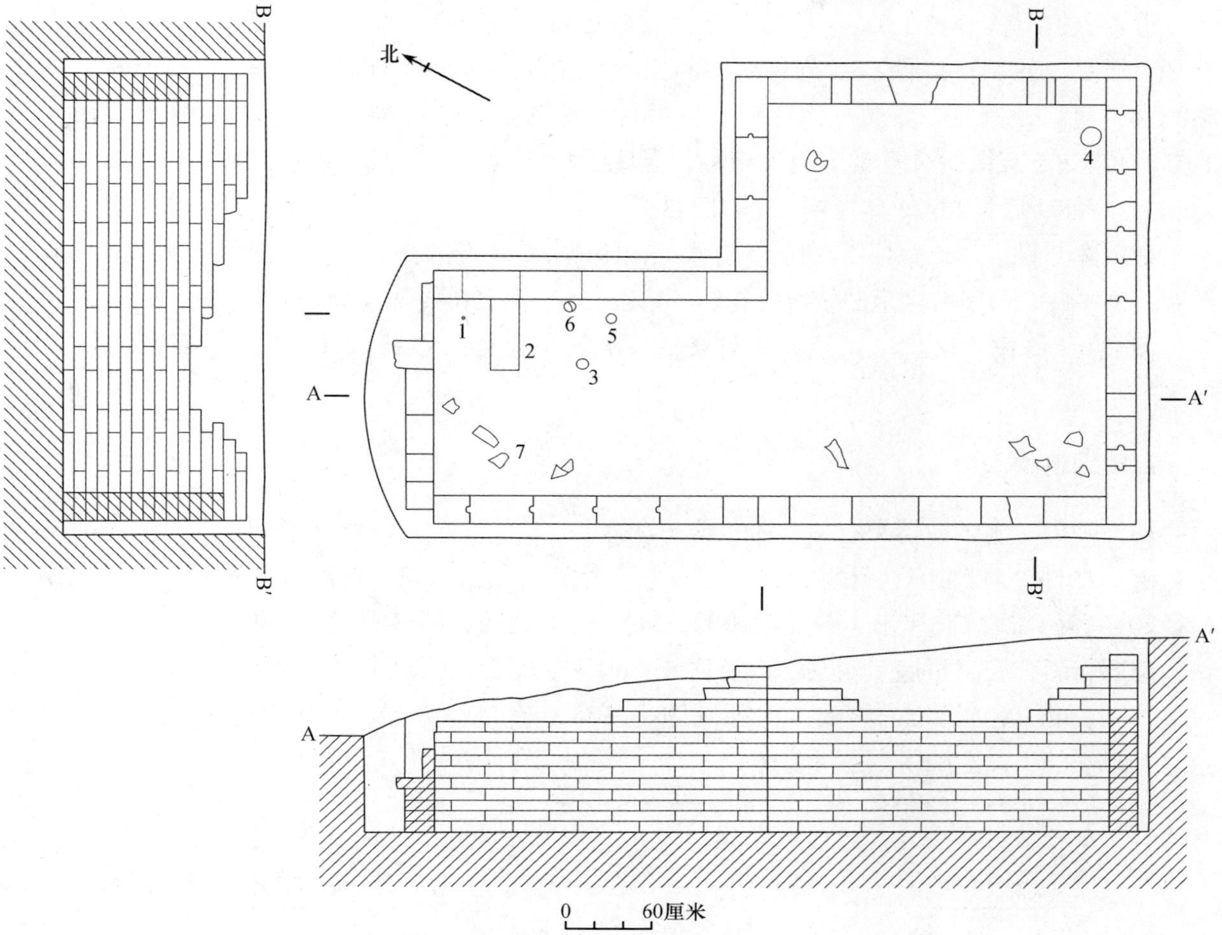

图七　M2平、剖面图

1. 铜钱币　2、7. 陶房　3、5、6. 青瓷盏　4. 青瓷钵

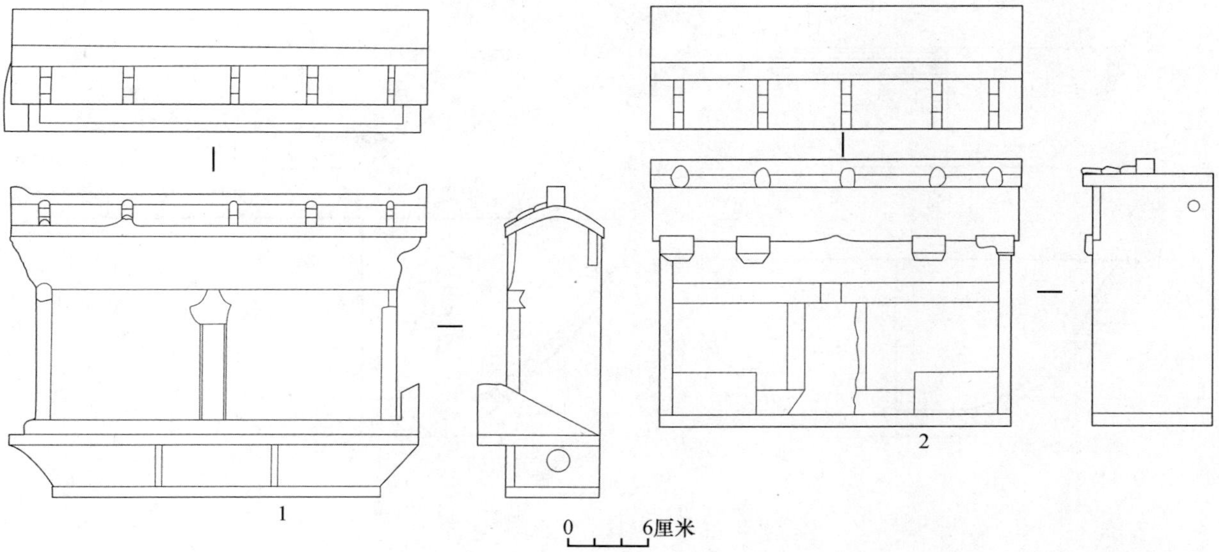

图八　M2出土陶房

1. M2：7　2. M2：2

青瓷盏　3件。M2∶6，灰白胎，青釉，内施满釉，外施半釉。敛口，圆唇，弧腹，内底近平，饼足。轮制。口径7.6、底径4、高4厘米（图九，1）。M2∶3，灰白胎，青釉，内外施满釉。直口，圆唇，直腹，内底近平，饼足。轮制。口径8、底径5.2、高3.4厘米（图九，2）。M2∶5，灰白胎，青釉，内外施釉，足底无釉。直口，圆唇，直腹，外壁略鼓，饼足。轮制。口径8、底径4.6、高4厘米（图九，3）。

青瓷钵　1件。M2∶4，灰白胎，青釉，内施满釉，外施半釉。直口，圆唇，弧腹，内底有涩圈，外平底。沿下有两道凸弦纹。轮制。口径12.4、底径6.4、高4.4厘米（图九，7）。

铜钱币　1枚。M2∶1，较残。可辨认“五铢”字样。范铸。外径2.5、穿径1.1、厚0.1厘米。

2. 晚期遗物

均为硬陶，施釉，器类有碗、钵、盏、盘等。

碗　10件。M2∶01，硬陶，内满施青釉，外施半釉。敞口，圆唇，斜腹，饼足。轮制。口径20、底径7.2、高8厘米（图九，10）。M2∶05，硬陶，内壁满施姜黄釉，外壁施半釉。敞口，圆唇，斜弧腹，平底。轮制。口径14.8、底径6、高6.4厘米（图九，9）。

钵　1件。M2∶02，硬陶，内外满施姜黄釉。直口，方唇，直腹，平底。轮制。口径11.6、底径8.4、高3.2厘米（图九，6）。

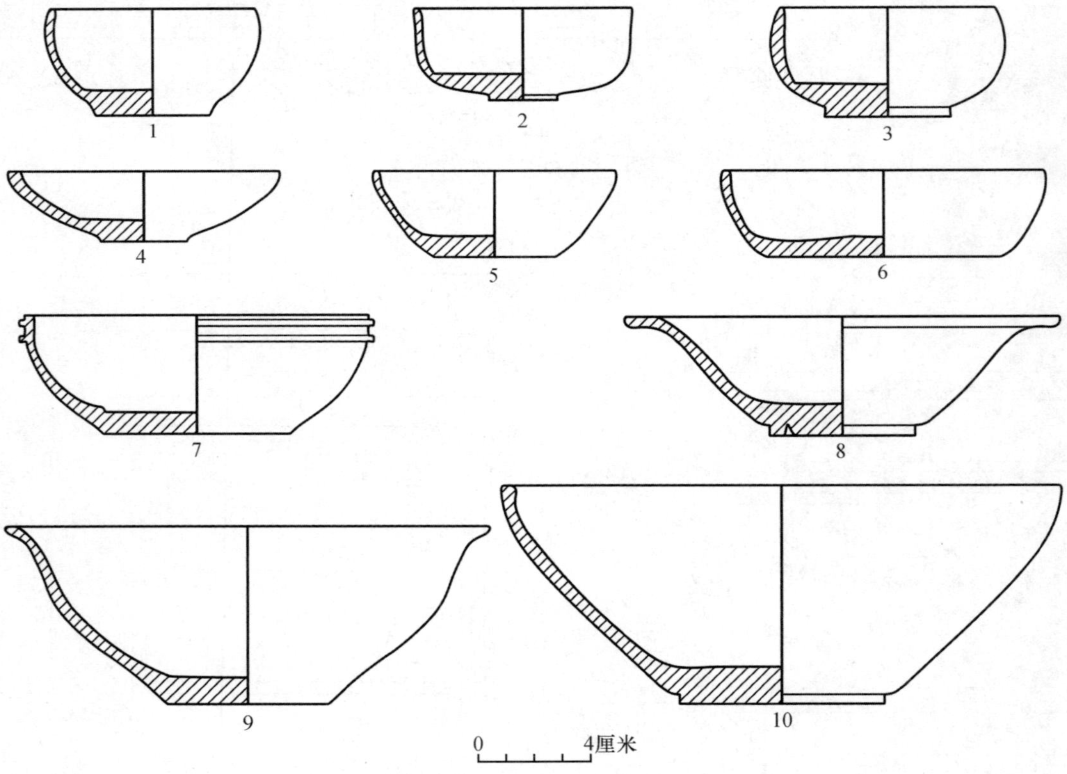

图九　M2出土遗物

1～3. 青瓷盏（M2∶6、M2∶3、M2∶5）　4、5. 硬陶盏（M2∶013、M2∶014）　6. 硬陶钵（M2∶02）　7. 青瓷钵（M2∶4）　8. 硬陶盘（M2∶011）　9、10. 硬陶碗（M2∶05、M2∶01）

盏　5件。M2：013，硬陶，内外壁均半施姜黄釉。敞口，圆唇，斜腹，平底，轮制。口径9.6、底径3.8、高2.4厘米（图九，4）。M2：014，硬陶，内外壁均半施姜黄釉，釉面大部分剥落。敞口，圆唇，斜腹，平底。轮制。口径8.8、底径4.4、高3.2厘米（图九，5）。

盘　1件。M2：011，硬陶，内壁满施青釉，外施半釉。侈口，平沿，方唇，斜腹，平底，圈足。轮制。口径15.6、底径5.2、高4.4厘米（图九，8）。

四、M3

（一）墓葬形制

M3位于T3中部，现存墓葬开口于第1层耕土下，打破生土。该墓为竖穴土圹砖室墓，座东南向西北，墓向312°。

该墓前部已毁，墓葬土圹现存平面呈长方形，宽3、残长3.3、残深1米。内填黄褐色土，土质较紧密，纯净。

M3墓室仅剩右后侧一角直壁砖墙，现存8层墓砖，高0.66、右壁残长2、后壁残长1.8米。墓壁采用顶头错缝平铺的方式垒砌，墓室底部凹凸不平未平整，无铺地砖（图一〇）。

（二）出土遗物

墓室中出土遗物5件，可分为两类，其中随葬品4件，扰土内出土器物1件。

1. 随葬品

青瓷盏　4件。M3：1，灰白胎，内壁满施青釉，外施半釉。直口，圆唇，直腹，外壁略鼓，饼足。轮制。口径8、底径4.6、高4厘米（图一一，3）。M3：2，灰白胎，内壁满施青釉，外施半釉。直口，尖圆唇，腹部略鼓，饼足。口沿下有一圈刮痕。轮制。口径8.4、底径5.2、高4厘米（图一一，4）。M3：3，灰白胎，内外满施青釉。直口，尖圆唇，弧腹，饼足。器物底部残留两个支钉印。轮制。口径9.4、底径5.2、高3.4厘米（图一一，2）。M3：4，灰白胎，内外满施青釉。直口微敛，圆唇，弧腹略鼓。饼足。器物底部残留三个支钉印。轮制。口径10、底径6、高4.4厘米（图一一，5）。

2. 晚期遗物

硬陶盏　1件，出土于扰土中。M3：01，硬陶，内外满施姜黄釉，剥落严重。侈口，圆唇，斜腹，平底。轮制。口径10.6、底径4.4、高3.2厘米（图一一，1）。

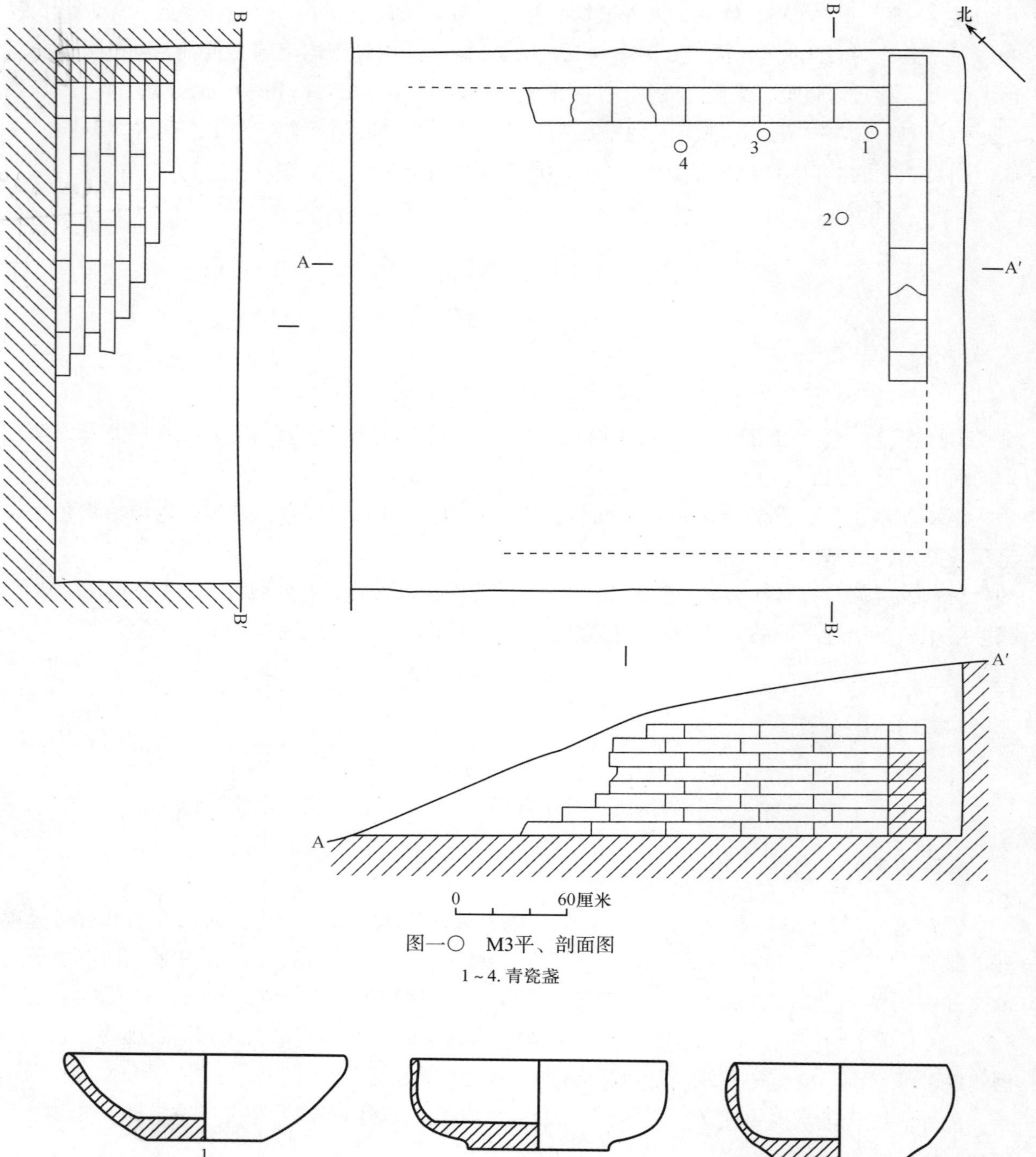

图一〇　M3平、剖面图

1～4. 青瓷盏

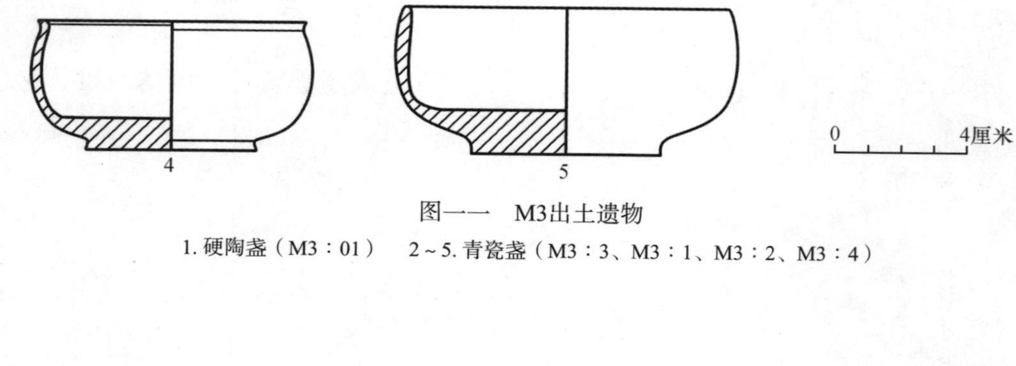

图一一　M3出土遗物

1. 硬陶盏（M3∶01）　2～5. 青瓷盏（M3∶3、M3∶1、M3∶2、M3∶4）

五、结　语

参考丰都镇江墓群的考古成果可知[1]：M1出土的分立式陶井架在重庆地区盛行于西汉末期至东汉中期，东汉晚期已较罕见；灰陶房主要盛行于东汉至蜀汉时期；本次考古发掘的3座砖室墓均出土了青瓷器，从青瓷盏的形态演变看，经历了从浅腹到深腹，饼足从矮到高的变化，由此可见M1出土的盏较早，M2、M3相对略晚。由此大致可以判断M1的年代为东汉中期，M2、M3的年代约为东汉晚期。

本次发掘的墓葬中出土于扰土中的部分器物，当为唐宋时期硬陶或粗瓷，这与本年度重庆市文化遗产研究院在附近石板溪窑址内发掘的唐、宋时期遗物相一致，应当就是当时人们生产生活破坏早期墓葬后留下的。

本次发掘是大湾墓群历次发掘的补充，对于完善大湾墓群的相关资料有一定作用，了解墓葬在历史时期受人为破坏的情况有一定价值，对探讨三峡水库成库后地下文物受影响情况也有重要参考意义。

附记：本项目领队白九江，参加发掘的人员有：白九江、冯硕、王银来、陈晓鹏等，绘图：冯硕。本次发掘得到了丰都县文物管理所刘屏、秦进、曾启华等同仁的大力支持，在此一并致谢！

执　笔：白九江　冯　硕

注　释

[1]　重庆市文物局、重庆市移民局编：《丰都镇江汉至六朝墓群》，科学出版社，2013年。

丰都文溪墓群2013年发掘简报

重庆市文化遗产研究院　丰都县文物管理所

文溪墓群位于重庆市丰都县高家镇汶溪村三组，地理坐标为东经107°50′04.4″，北纬29°59′08.5″，海拔150～175米。墓地处于长江南岸的一级阶地上，面积约8000平方米，前临长江，后靠坡地、村落和丰高公路，左至汶溪河，右接大湾墓群（图一）。

墓群于1992年三峡库区文物调查时确认，发现有汉墓多处。2003年由武汉市文物考古研究所、岳阳市文物考古研究所联合在丰都县高家镇汶溪村六组（现为三组）进行考古发掘，发掘位置主要处于海拔150～165米之间，发掘面积200平方米，出土了陶俑、陶罐、陶钵等器物。

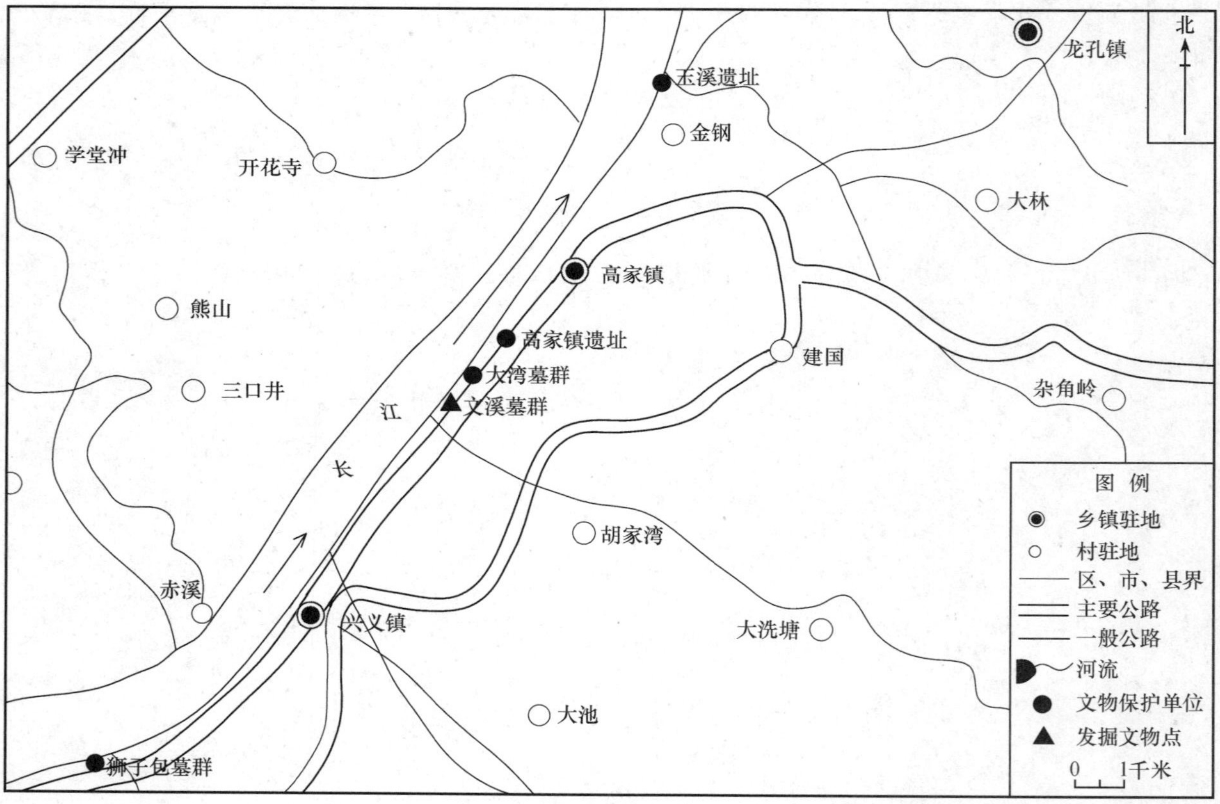

图一　文溪墓群位置图

一、工作概况

文溪墓群地处长江右岸的一级阶地上，随着三峡工程库区蓄水后，江水季节性涨退冲刷江岸严重，加之附近村民在江水退落露出地表后翻土种植农作物，蓄水后江水将地表疏松耕土层冲刷掉，导致消落区库岸垮塌，部分遗迹遗物被暴露于地表，面临着被冲毁、盗掘的安全隐患。为避免消落区地下文物遭到损毁，受重庆市文物局委托，重庆文化遗产研究院和丰都县文物管理所联合开展了文溪墓群2013年度考古发掘工作。本次田野考古发掘自2013年5月4日开始，至2013年6月19日结束，历时46天。勘探面积1700平方米，布10米×10米探方3个、8米×8米探方1个，加上发掘过程中根据实际情况需要的扩方，发掘面积共400平方米（图二；图三），清理汉至六朝墓葬4座，出土了陶、铁器物标本29件。本次发掘代号为2013FW（F代表丰都，W代表文溪墓群），4座墓葬编号依次为2013FWM1～2013FWM4（以下简称M1～M4）。现将发掘情况简报如下。

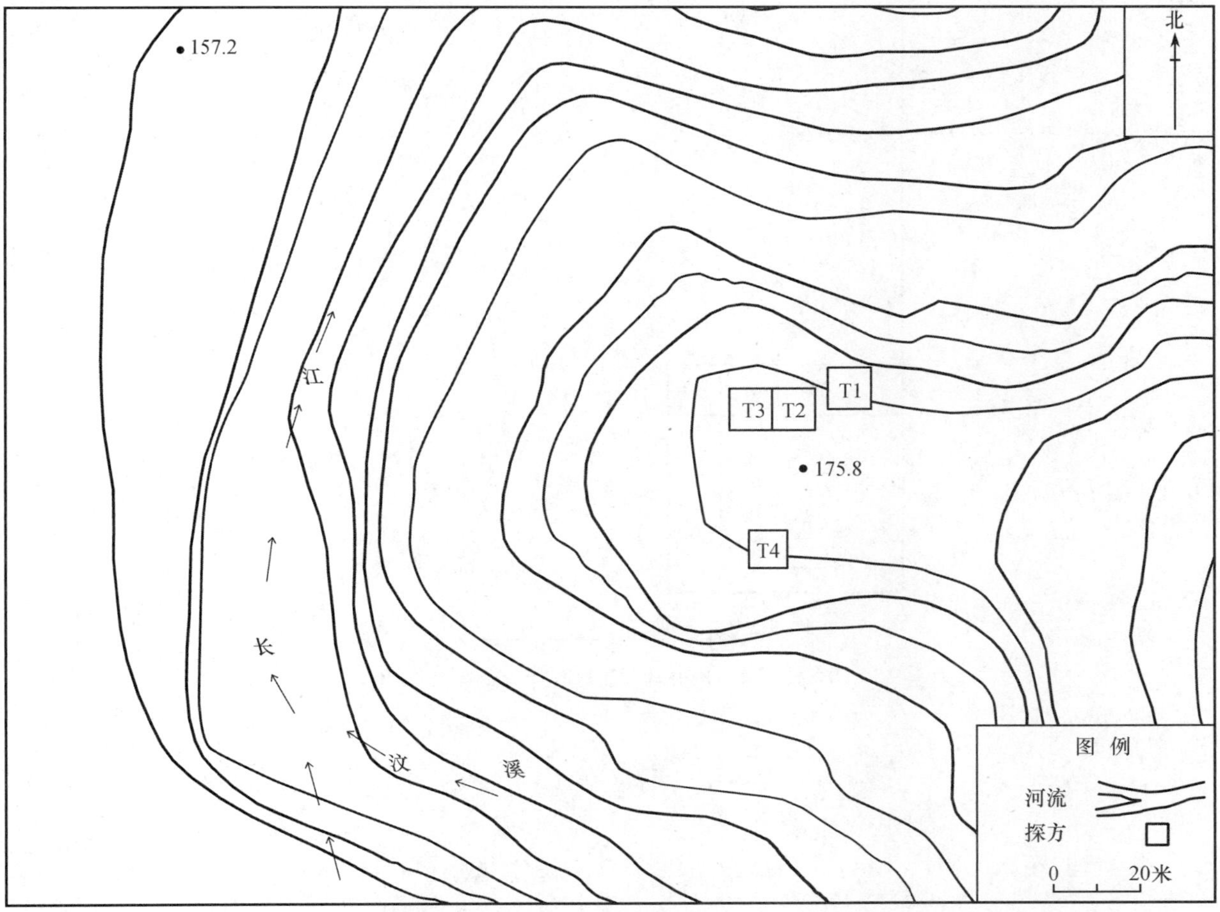

图二　文溪墓群2013年度发掘探方分布示意图

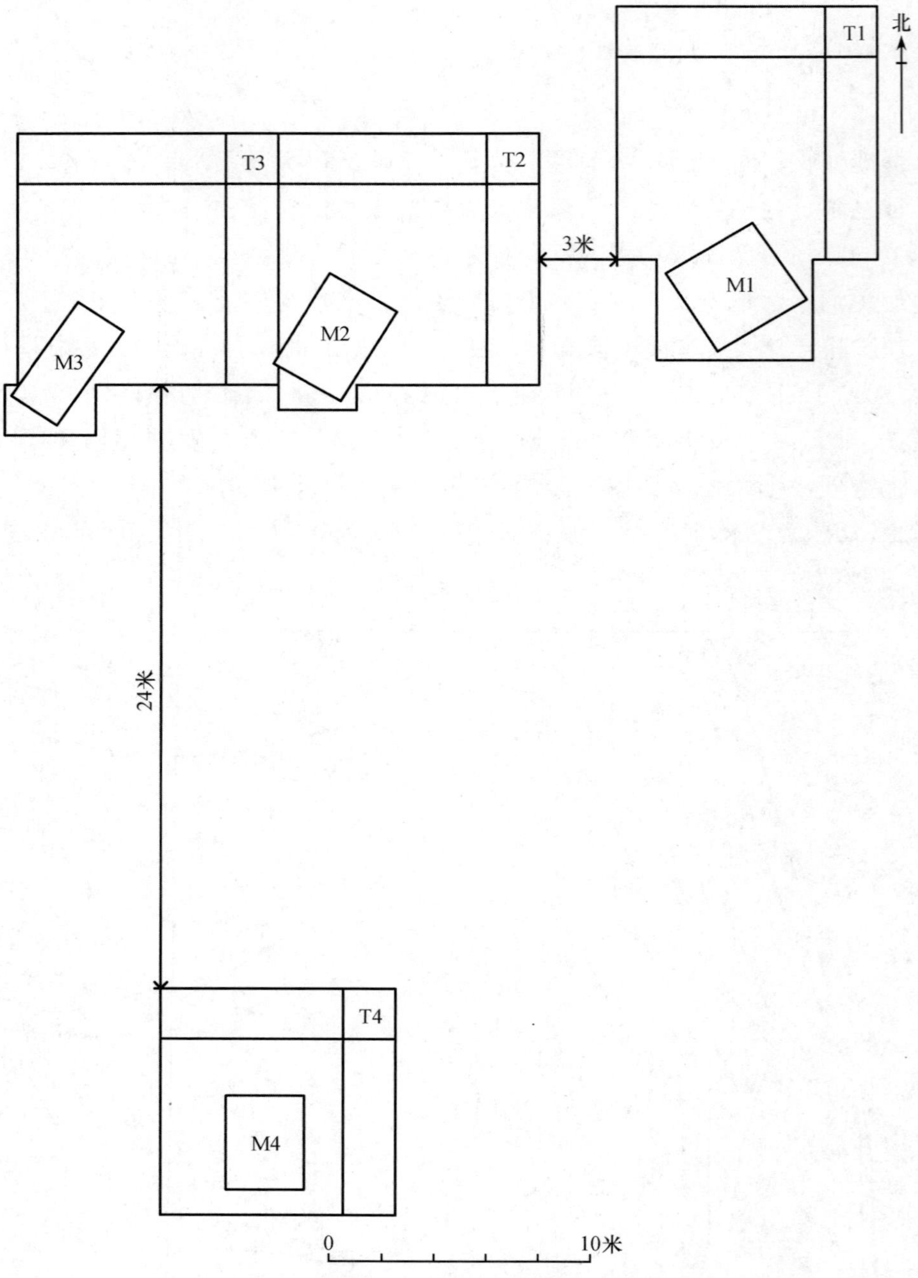

图三　文溪墓群2013年度考古发掘总平面图

二、土　坑　墓

共清理2座，为M1、M4。均为近方形竖穴土坑墓，无墓道。

（一）M1

1. 墓葬形制

M1位于T1内，开口于第1层耕土层下，打破生土层，距现地表10～35厘米。该墓竖穴式土坑墓，平面略呈梯形，方向347°。墓壁斜直，墓底平整，墓口稍大于墓底，拐角略方圆，无墓道及铺地设施，墓底现一层白膏泥。墓东壁长4、南壁长3.1、西壁长3.36、北壁长3.6米。墓口西南高、东北低，最深处深1.34、最浅处深1.06米（图四）。

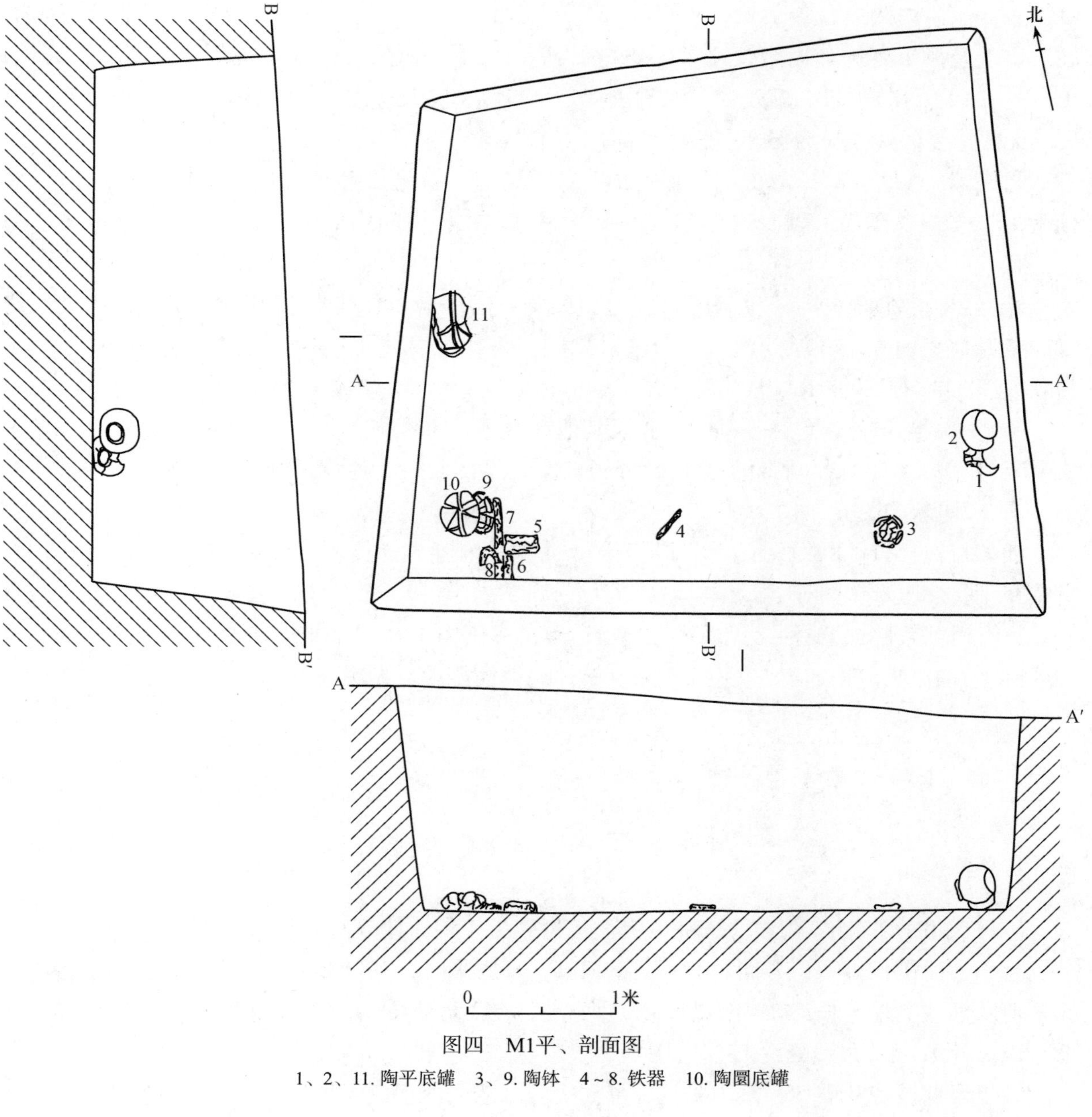

图四　M1平、剖面图
1、2、11. 陶平底罐　3、9. 陶钵　4～8. 铁器　10. 陶圜底罐

由于早期被扰乱破坏，墓内未见葬具和人骨。墓内堆积主要是灰褐色、灰白色花土，较紧密，含大量陶片。

2. 出土器物

M1清理出土陶罐、陶钵及铁斧、铁锸等11件器物。另外，墓葬清理时发现有红色漆痕，无法提取。

（1）陶器　6件，均为泥质灰陶。

平底罐　3件。M1：1，泥质灰陶，拉坯成型。侈口，圆唇，弧沿，矮颈，溜肩，鼓腹，下腹弧收为平底。肩上饰二周凹弦纹。口径5.1、腹径22、底径15.6、高17厘米（图五，1）。M1：2，泥质灰陶，拉坯成型。侈口，圆唇，弧沿，矮颈微束，丰肩，鼓腹，下腹弧收为平底。肩上及颈下各饰一周凹弦纹。口径9.6、腹径23.2、底径15.2、高14.8厘米（图五，2；图版二五，4）。M1：11，罐残片，泥质灰陶，拉坯成型。仅存溜肩、斜直腹部分，口沿底部缺失，无法修复。残片长为15.8、宽0.9、高19.2厘米。

圜底罐　1件。M1：10，残缺严重，泥质灰陶，拉坯成型。侈口，圆唇，外翻沿，矮颈微束，丰肩，圜底。器身口颈部、下腹及底部均在，中间腹部缺失。罐口径12.6厘米（图五，3）。

钵　2件。泥质灰陶，轮制。M1：3，仅剩口沿。敞口，尖唇，弧沿，器身残碎无法修复。复原口径14.6、残高2.8厘米（图五，6）。M1：9，钵口沿残片，敞口，尖唇，弧沿，长为4.9、宽3.4、厚1.0厘米。

（2）铁器　5件，包括铁锸、铁斧及其他铁器等，均锈蚀严重。

斧　1件。M1：5，平面呈梯形，斧刃较窄，腰部较直，通体锈蚀严重。通长13.6、通宽9.6、厚3.2厘米（图五，4）。

锸　1件。M1：8，平面呈“凹”字形，中空，有銎，通体锈蚀严重，中间断裂。长10、宽12.9、厚2.6厘米（图五，5）。

另有锈蚀残碎铁器3件，无法辨认。M1：4，残长10.4、宽2.2厘米。M1：6，残长14.8、宽2.6厘米。M1：7，残长14.8、宽2.6厘米。整体均锈蚀严重，无法修复。

（二）M4

1. 墓葬形制

M4位于T4内，开口于第1层耕土层下，打破生土层，距现地表10～30厘米。该墓竖穴式土坑墓，平面呈长方形，方向270°。墓壁斜直，墓底平整，墓口部稍大于墓底，拐角略方圆，无墓道及铺地。东壁长3.78、南壁长3.1、西壁长3.7、北壁长3米，平均深度1.2米。墓口东高南低，最深处深1.4、最浅处深0.8米（图六）。

由于早期被扰乱破坏，墓内未见葬具和人骨。墓内堆积主要是灰褐色、灰白色花土，较紧密，含大量陶片。

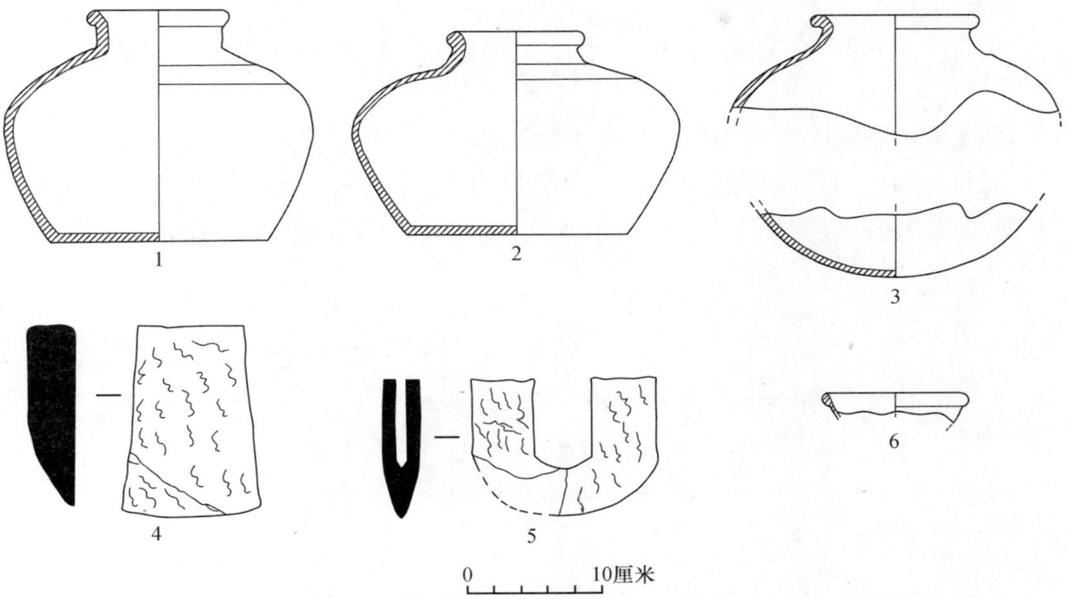

图五　M1出土器物

1、2. 陶平底罐（M1：1、M1：2）　3. 陶圜底罐（M1：10）　4. 铁斧（M1：5）　5. 铁锸（M1：8）　6. 陶钵（M1：3）

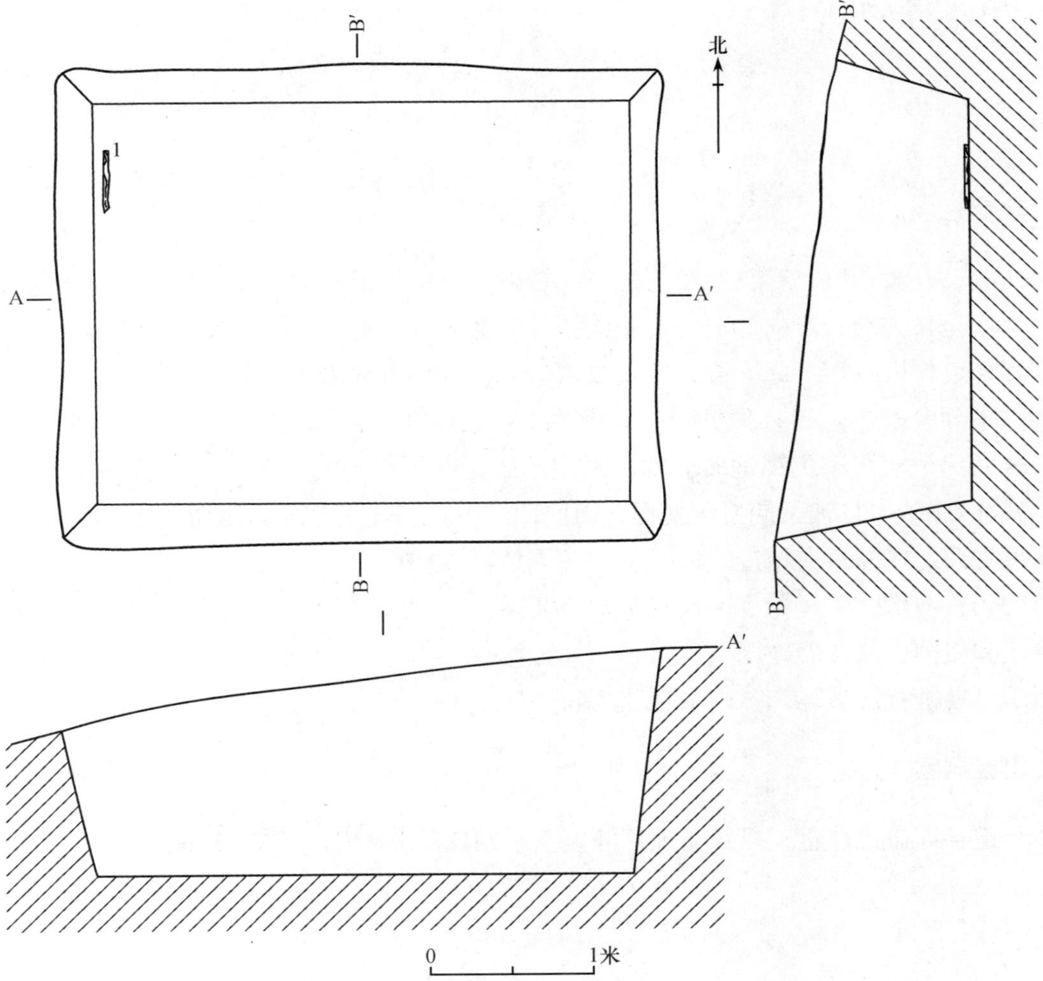

图六　M4平、剖面图

1. 铁刀

2. 出土器物

由于M4遭早期盗掘扰乱，墓葬仅清理出土铁刀1件。

铁刀　1件。M4：1，残断成两截，刀身呈长条形，背厚平直，刀刃呈斜弧状，断面呈三角形，刀身、刀柄残断且锈蚀严重，已无法修复。残长4.9、宽3.4、厚0.6厘米（图七）。

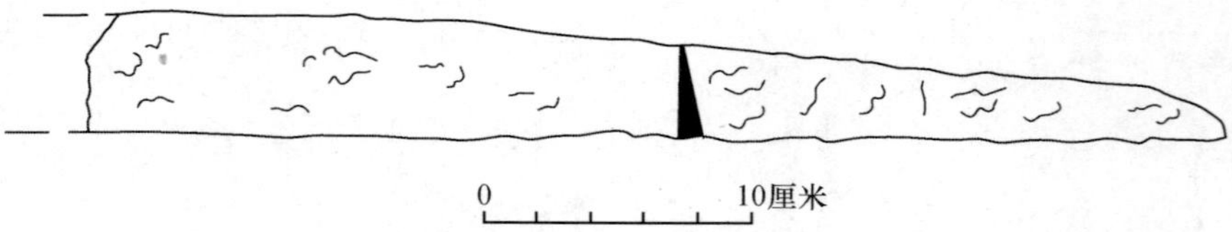

图七　M4出土铁刀（M4：1）

三、砖　室　墓

共2座，为M2和M3。

（一）M2

1. 墓葬形制

M2位于T2内，开口于第1层耕土层下，打破生土层，距现地表15～40厘米。该墓竖穴砖室单墓，平面呈长方形，方向203°。由墓道和墓室组成，无甬道，早期被扰乱破坏，墓顶、墓壁中上部和墓道均被破坏。墓圹长4.3、宽 2.8、残高0.32～0.56米（图八）。

墓室平面呈长方形，墓顶已毁，墓内填土一层厚30～50 厘米灰褐色、灰白色花土和大量碎砖，墓底为生土平整无铺地砖。四壁采用单砖错缝平叠砌筑，东南壁残存7层砖，西南壁、西北壁残存4层砖，且被长期挤压变形，向内凹。内长3.68、宽2.2、残高0.32～0.56米。墓道已毁，仅可见西北壁与墓道相接缺口，宽1.44、残高0.32米。

墓砖为长方形，无子母榫，浅灰色泥质灰陶，一侧施菱形几何纹，砖正反面均施绳纹。因长期挤压和侵蚀，墓砖残破严重。长43、宽21、厚8厘米。

由于早期被扰乱破坏，墓内未见葬具和人骨。

2. 出土器物

由于遭早期盗扰严重，只在清理墓葬填土时发现部分陶片，无随葬品。

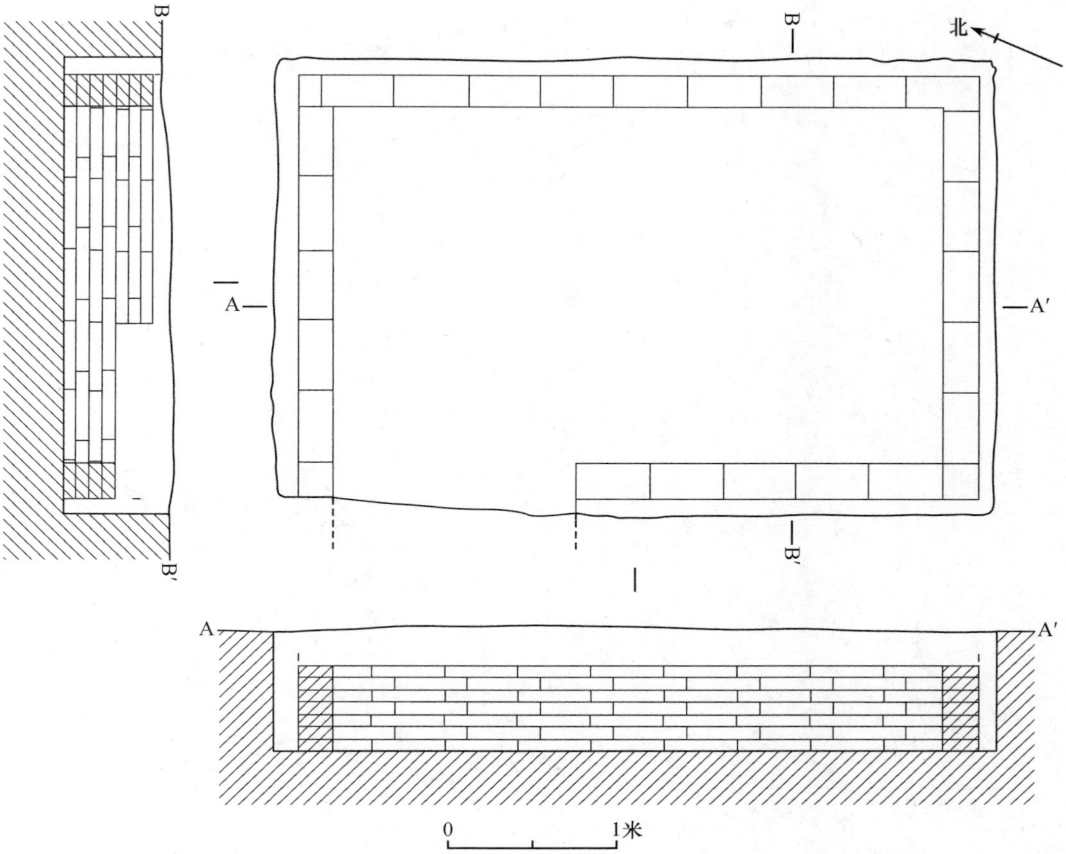

图八　M2平、剖面图

（二）M3

1. 墓葬形制

M3位于T3内，开口于第1层耕土层下，打破生土层，距现地表15～65厘米。该墓为砖室单墓，平面呈长方形，方向203°。由墓道和墓室组成，无甬道，早期被扰乱破坏。墓圹长4.54、宽2.12、残高1.6～1.9米（图九；图版二四，1）。

墓道位于墓室西北部，为斜坡土圹式，平面近长方形，墓道规整直接开挖于生土内，坡陡且短，两侧均为生土壁面，墓道内填灰褐色花土。坡度为34°，现存长2、宽1.44、残高1.5米。墓道与墓室间以菱形几何纹墓砖错缝平叠砌筑封门，现仅残存上下叠砌两块墓砖。残长45、高14厘米。

墓室平面呈长方形，券顶，墓壁采用单砖错缝平叠砌筑。墓内填土一层厚1.7米较紧密灰褐色花土，内含大量碎砖、陶片，墓底为生土平整无铺地砖。墓室通长2.54、通宽2.06、通高1.9米，其中内长2.32、内宽1.62、内高1.7米。券顶由两侧墓壁第13层砖开始起券而成，以长方形砖和子母榫长方形砖砌筑成。由于地形沉降原因，券顶由西北向东南倾斜。

墓砖分为长方形砖和子母榫长方形砖，其中长方形砖，浅灰色泥质灰陶，一侧施菱形几何

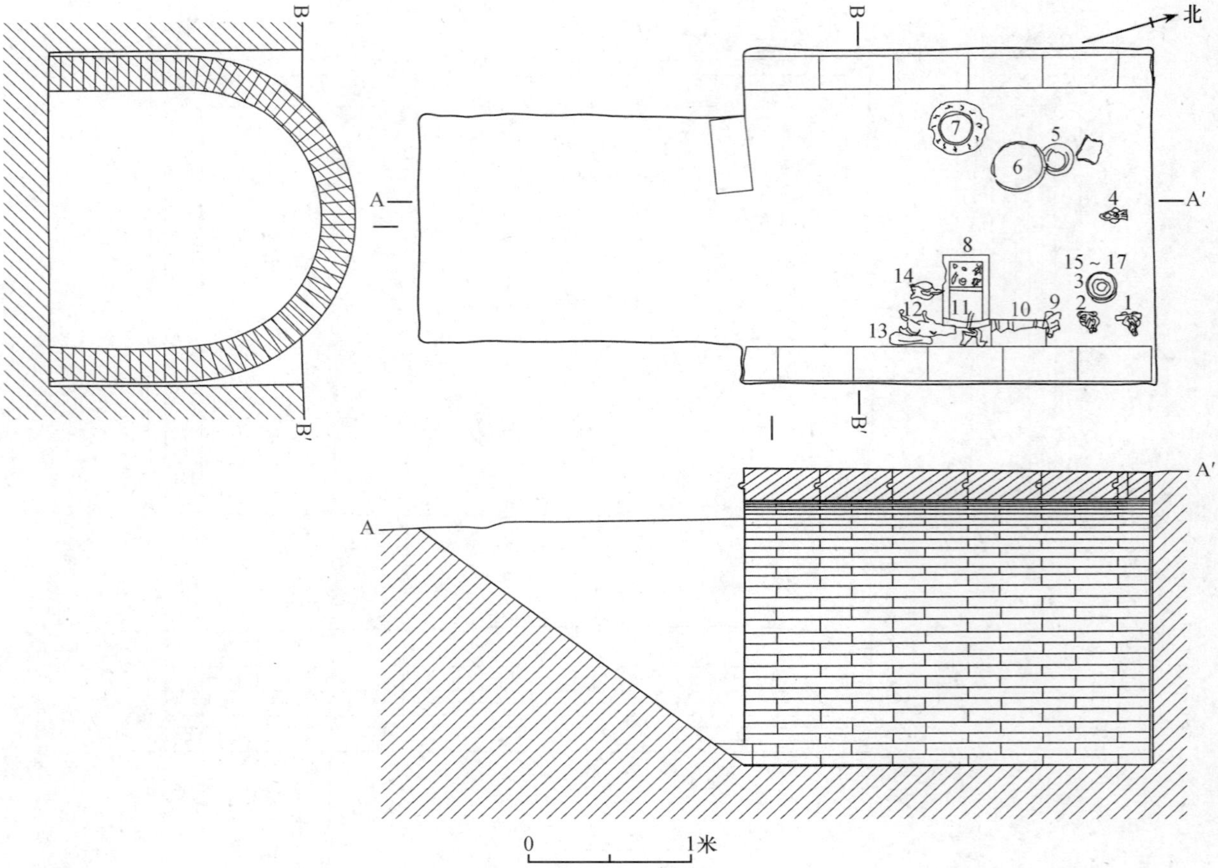

图九　M3平、剖面图

1. 陶抚琴俑　2. 陶抚耳俑　3、15～17. 陶钵　4、14. 陶子母鸡　5. 陶罐　6. 陶甑　7. 铁器　8. 陶塘　9. 陶吹笙俑　10. 陶房　11. 陶鸡　12. 陶狗　13. 陶猪

纹，砖正反面均施绳纹，无子母榫，长42、宽21、厚8厘米（图一〇）；子母榫长方形砖，浅灰色泥质灰陶，一侧施菱形几何纹，砖正反面均施绳纹，两端为子母榫，长44、宽21、厚8厘米。砌筑时菱形几何纹向内。由于长期挤压和侵蚀，残破严重。

由于早期被扰乱破坏，墓内未见葬具和人骨。墓内堆积主要是灰褐色、灰白色花土，较紧密，含大量陶片。

2. 出土器物

墓室内发现有陶俑、陶钵、陶罐、陶房、陶塘、铁器等共计17件。另墓葬清理时发现有红色漆痕，无法取出。

（1）陶器

出土16件。其中泥质灰陶8件，泥质红陶7件，釉陶1件。

抚琴俑　1件。M3：1，泥质灰陶，模制，中空。跪坐姿。头戴巾帻，脑后梳髻，隆眉大眼，高鼻，高颧骨，张嘴，面带微笑，身内着圆领高衫，外着三层右衽对襟及地长袍，束腰，腿上置一长琴，双手均置于琴上，作弹奏状，身后露鞋底。通宽15.4、通高18厘米（图一一，1；图版二四，3）。

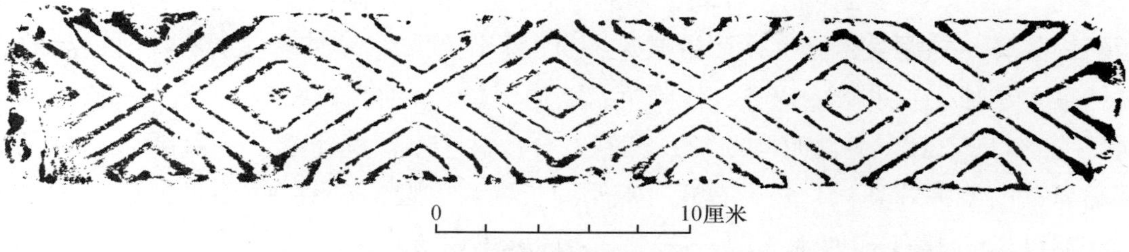

图一〇 菱形几何纹长方形砖拓片

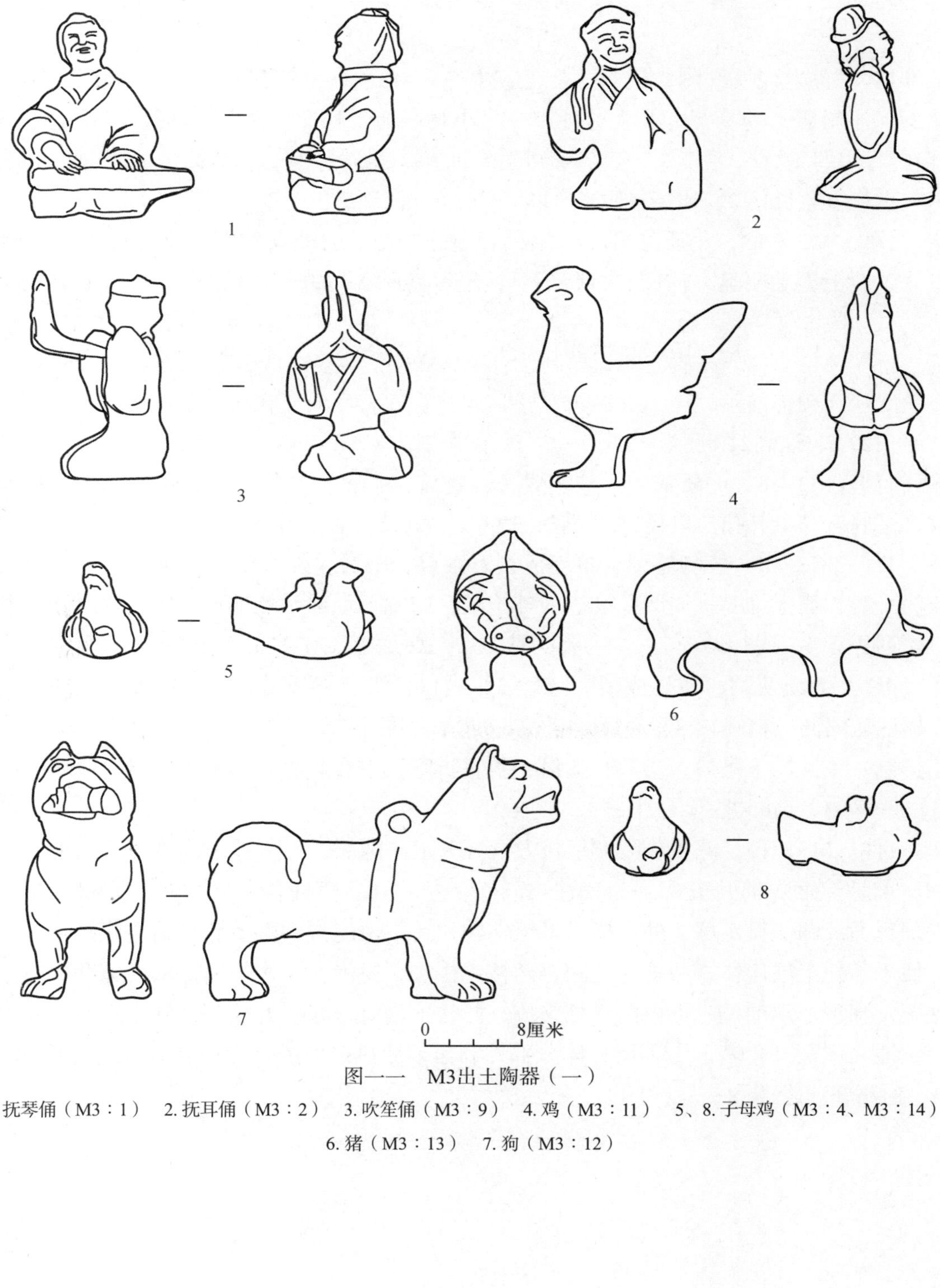

图一一 M3出土陶器（一）

1. 抚琴俑（M3：1） 2. 抚耳俑（M3：2） 3. 吹笙俑（M3：9） 4. 鸡（M3：11） 5、8. 子母鸡（M3：4、M3：14）
6. 猪（M3：13） 7. 狗（M3：12）

抚耳俑　1件。M3：2，泥质红陶，模制，合范，中空。跪坐姿。戴三叉冠，头部微后仰向右倾斜，隆鼻，高颧骨，张嘴，面带微笑，身内着圆领高衫，外着三层右衽对襟及地长袍，左手自然垂于左膝，右手微抬抚耳，作倾听状。通宽13.1、通高18厘米（图一一，2）。

吹笙俑　1件。M3：9，泥质红陶，模制，合范，中空。跪坐姿。头戴圆冠，面部模糊，仅见宽扁鼻，内着圆领高衫，外着右衽对襟及地长袍，束腰，双手持平握笙，横置嘴前，作吹奏状。通宽11.8、通高18.4厘米（图一一，3；图版二四，2）。

鸡　1件。M3：11，泥质红陶，模制，合范，中空。立姿，昂首，曲颈，鸡喙缺失，圆目，鸡冠明显，尾上翘，羽翼刻划清晰，双腿直立脚爪着地。长18.4、通高19.6厘米（图一一，4）。

子母鸡　2件。泥质红陶，模制，合范，中空。M3：4，母鸡蹲地，头部模糊，仅尖嘴可见，曲颈，尾斜后上翘。背上及胸前各有一只小鸡。通长16.2、通高11厘米（图一一，5）。M3：14，母鸡蹲地，头部模糊，仅尖嘴可见，曲颈，尾斜后上翘，圆筒形底座。背上及胸前各有一只小鸡。通长16.2、通高11厘米（图一一，8；图版二五，2）。

猪　1件。M3：13，泥质红陶，模制，合范，中空。立姿，吻部突出，鼻上翘，圆目，双耳直立，背上鬃毛明显，体肥，背腰下沉，短尾卷贴于右臀。通长24.6、通高13.6厘米（图一一，6）。

狗　1件。M3：12，泥质红陶，模制，合范，中空。立姿，平首张嘴露齿，圆睁双目，立耳，作犬吠状，颈部前斜，尾上卷贴于左臀，四肢直立。颈项及胸前各系一箍，交结于背上拴环内。通长29.8、通高21.6厘米（图一一，7，图版二五，1）。

甑　1件。M3：6，泥质灰陶，拉坯成型。直口，平唇，外翻沿，深弧。腹、上腹饰一周凹弦纹，平底有10个箅孔。口径34.8、底径17.6、高20.2厘米（图一二，1）。

罐　1件。M3：5，红陶施釉，拉坯成型。敞口，圆唇，外翻沿，束颈，溜肩，鼓腹，下腹弧收为平底。肩上饰有一周凹弦纹。内外施釉，内釉至颈部，外釉不及底，釉层脱落严重。口径11.4、腹径14、底径9.6、高2.8厘米（图一二，2；图版二五，3）。

钵　4件。泥质灰陶，拉坯成型。M3：3，敞口，尖唇，弧沿，斜直折腹，下腹急收为小平底，器内底略凸。口径18.8、底径6.4、高6.6厘米（图一二，7）。M3：15 、M3：16和M3：17大小形制一致，均为敞口，尖唇，弧沿，斜直折腹，下腹急收为小平底，器内底略内凹。口径13.6、底径4.3、高4.8厘米（图一二，4～6）。

房　1件。M3：10，泥质灰陶。呈长方形，分上下两层，上层屋顶为悬山式屋顶，平脊两端稍翘，前坡屋面施筒瓦五垄；为三柱二开间，左右列立角柱，中立一柱，上有一斗三升柱头，下部正面及两侧设走廊，外有横条形镂空围栏。下层屋脊两端上翘，前檐施筒瓦五垄，无后檐，便于承托上层房体；两柱一开间，两柱无柱头，屋前左半边筑墙，墙内施圆顶门。屋面前有走廊，廊顶上承前檐，下由两立柱支撑，两柱上均有一斗三升柱头；廊为平台基，台基中部有台阶通向屋面高台基。上下层分体分部件制作，后拼接而成，再垒叠放置。通长38.4、通宽15.4、通高56厘米（图一三，1）。

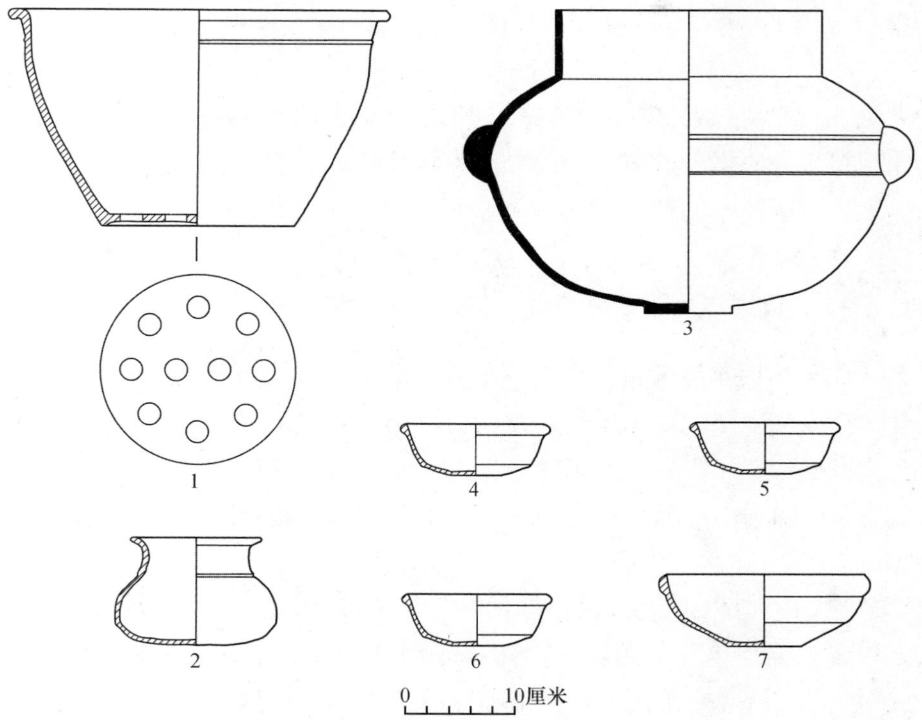

图一二 M3出土器物

1. 陶甑（M3：6） 2. 陶罐（M3：5） 3. 铁釜（M3：7） 4～7. 陶钵（M3：15、M3：16、M3：17、M3：3）

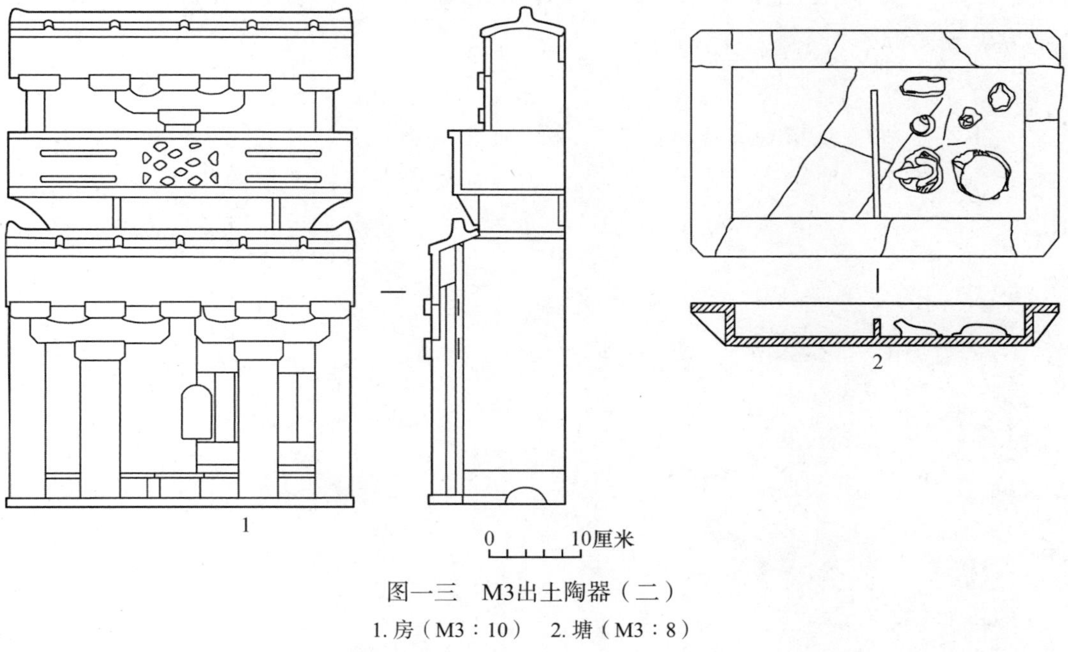

图一三 M3出土陶器（二）

1. 房（M3：10） 2. 塘（M3：8）

塘 1件。M3：8，泥质灰陶，塘为手制，模型为模制。呈长方形，塘中部筑有一方条形竖埂，未合拢，两侧可相通，埂一侧塘内泥塑鱼、龟、螺、蛙等模型。通长40.8、通宽26、通高4.8厘米（图一三，2）。

（2）铁器

仅1件。

釜　M3∶7，直口，平唇，直颈，溜肩，鼓腹，下腹斜收为平底，肩腹交界处施对称双耳。双耳间施两周凸弦纹。整体锈蚀严重。口径24.8、腹径43、底径8、高29.2厘米（图一二，3）。

四、结　　语

丰都县文溪墓群2013年度考古发掘发现的4座墓葬之间均无叠压打破关系，开口均在第一层耕土层以下，打破生土层，距现地表非常浅。早期遭人为盗掘扰乱严重，尤其是M1和M4，盗洞仍在，墓葬出土随葬品较少甚至无随葬品，同时也未发现相关纪年或佐证墓葬年代的器物标本。现根据墓葬形制和出土随葬器物的特征，结合周围近邻相似墓群及参照相关文献论文资料进行年代推断。

（1）本次发掘了分为土坑墓和砖室墓两种形制墓葬，其中两座为近似方形竖穴土坑墓，另两座为长方形砖室券顶单墓，尤以M3结构保存完整。从出土器物特征来看，M1出土了陶罐、陶钵、铁锸和铁斧，M3出土了陶人物俑、陶动物俑、陶塘、陶房、陶甑、釉陶罐及铁釜。随葬品均以生活用具为主，另有少见生产农具，多以复原墓主人身前生产、生活场景。对研究当地该时期丧葬习俗、社会生活及经济生产状况新增了实物资料。

（2）从墓葬形制、出土器物来看，土坑墓M1和M4为西汉时期，不排除晚到东汉早期的可能；砖室墓M2和M3为东汉中晚期。

附记：本次考古发掘领队白九江，执行领队刘屏，参与考古发掘和资料整理的有：刘屏、秦进、曾启华、毛卫、付坤明、曹元康和付亚玲。本次考古发掘工作得到了重庆文化遗产研究院白九江、范鹏、陈东、陈蓁和重庆师范大学历史与社会学院王运辅老师的大力支持，在此，谨致感谢！

执　笔：刘　屏　曾启华　秦　进

丰都鼓鼓田墓群2013年考古发掘简报

重庆市文化遗产研究院　丰都县文物管理所

一、工作概况

鼓鼓田墓群位于丰都县高家镇川祖路柏林组，地处长江右岸土包，北为石地坝，东为高家镇街区，南为瓦啄嘴遗址，西邻长江。2009年长江三峡水库消落区地下文物专项调查时，鼓鼓田墓群被确认为消落区地下文物点。2012年在长江三峡水库消落区文物巡查中发现有砖室墓出露。

2013年6月，重庆市文化遗产研究院对鼓鼓田墓群进行考古发掘，共布10米×10米探方5个，发掘面积500平方米，发掘墓葬5座，包括汉代砖室墓3座、明代石室墓1座、清代土坑墓1座（图一、图二）。墓群地处长江消落区，部分墓葬受江水冲蚀暴露在外，墓葬结构不清，随葬器物也已不全。本次发掘出土器物23件（套），以陶器为主，铜器、铁器次之。陶器有俑、房、狗、塘等，铜器为铜钱，铁器为铁。发掘编号依照发掘惯例，按年度单独编号，发掘代号为2013FGG，其中F代表丰都，G代表高家镇，G代表鼓鼓田墓群。

二、汉代砖室墓

汉代砖室墓3座，分别为2013FGGM1、2013FGGM2、2013FGGM5（以下简称M1、M2、M5），其中M2为刀把形，其余墓葬残存墓室少部分，具体形制不详。

（一）M1

M1叠压于T2②层下，打破生土，墓向345°。

墓葬墓室扰乱严重，形制结构不全，仅存墓室一角。墓底无铺地砖，墓壁现存一层砖，墓砖素面。墓室残长1.5、残宽0.4、残深0.2米。随葬器物未见。墓葬人骨无，葬具、葬式不详（图三）。

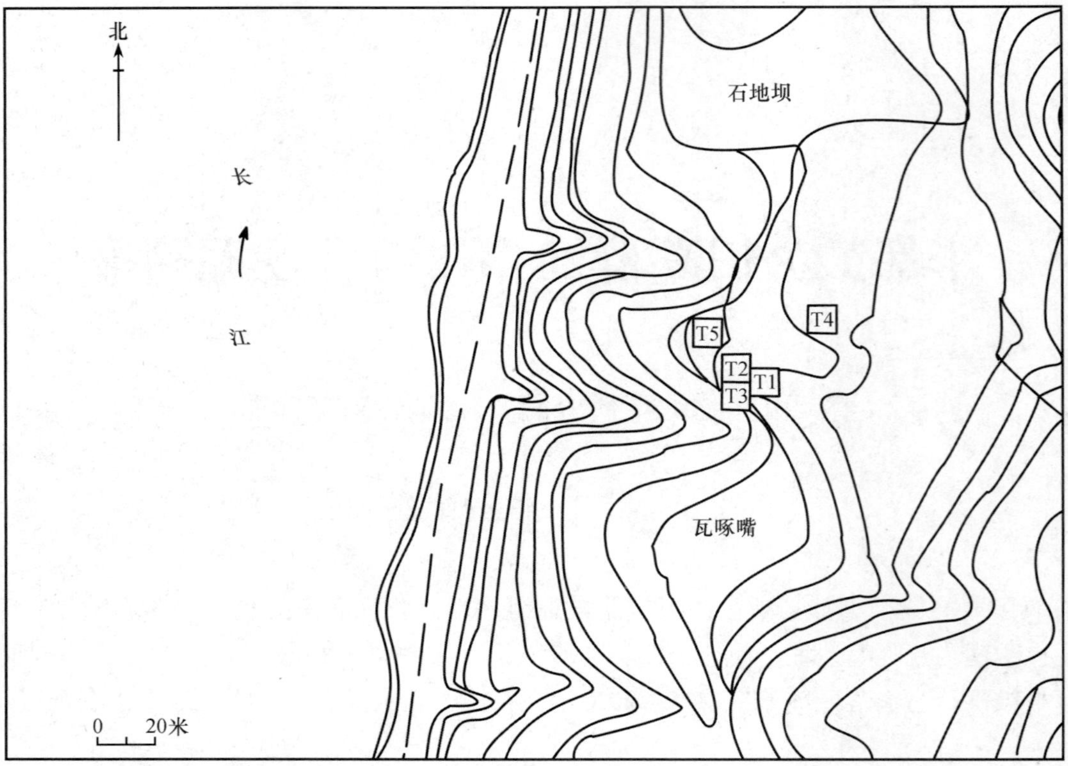

图一　鼓鼓田墓群地形及2013年发掘探方分布示意图

（二）M2

M2叠压于T1②层下，打破生土，墓向45°。

M2为竖穴土圹砖室墓，平面呈刀把形，现存甬道、墓室。甬道、墓室均采用榫卯砖错缝平砌，底部无铺地砖，可见火烧灼痕迹，烧灼面平整且坚硬，起防潮作用。甬道宽1.65、残长2.3、甬道壁残高1.3米。在甬道前端，有一盗洞，内填灰褐色杂土，伴有残砖块、炭粒等物。盗洞为不规则形，南北长1.04、东西宽1.32米，打破甬道底0.18米。

墓室于第12层墙砖处起券，现存4层券顶砖。墓室通长3.2、通宽2.3、墓壁残高1.6、后壁残高2.2米。墓砖纹饰为菱格纹，规格为46厘米 × 20厘米 × 9厘米。墓室墙砖距土圹10 ~ 13厘米。墓葬遭受扰乱严重，墓主人骨未见，葬式、葬具不详（图四）。

墓葬填土为灰褐色，土质松。填土中可见塌落的墓砖残块以及碎陶片。

随葬品位于墓室及甬道，出土器物20件（套），以陶器为主，另见铁剑1件、铜钱币1件3枚。

1. 陶器

可辨器形有人物俑、动物俑、钵、罐等，共计18件。

钵　1件。M2∶16，泥质红陶。残存口腹部少许。敞口，圆唇，弧腹。上腹饰三周弦纹。

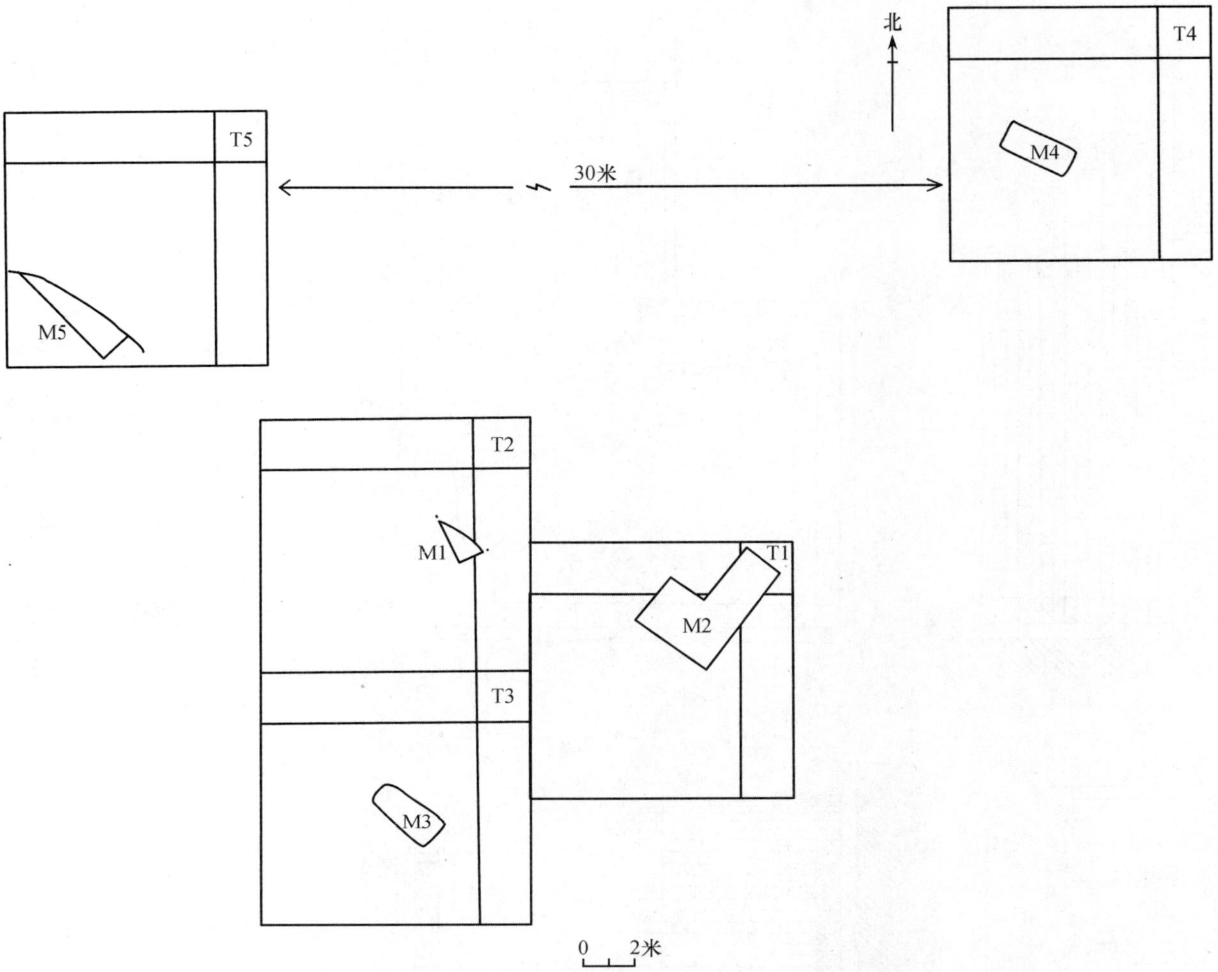

图二 鼓鼓田墓群2013年度发掘墓葬分布示意图

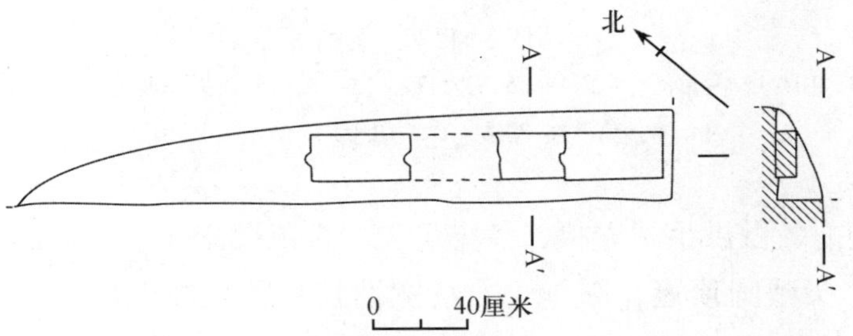

图三 M1平、剖面图

外壁上部施酱黄釉，部分脱落。残高4.8厘米（图五，14）。

罐 2件。M2：17，泥质红褐陶。残存底部少许。弧腹，平底。下腹饰数周细弦纹。残高8.4厘米（图五，13）。M2：18，泥质灰陶。残存底部少许。斜弧腹，平底。残高6.6厘米（图五，12）。

男侍俑 3件。M2：8，泥质红陶。头戴进贤冠，面部模糊不清，身着交领宽袖长袍，袍

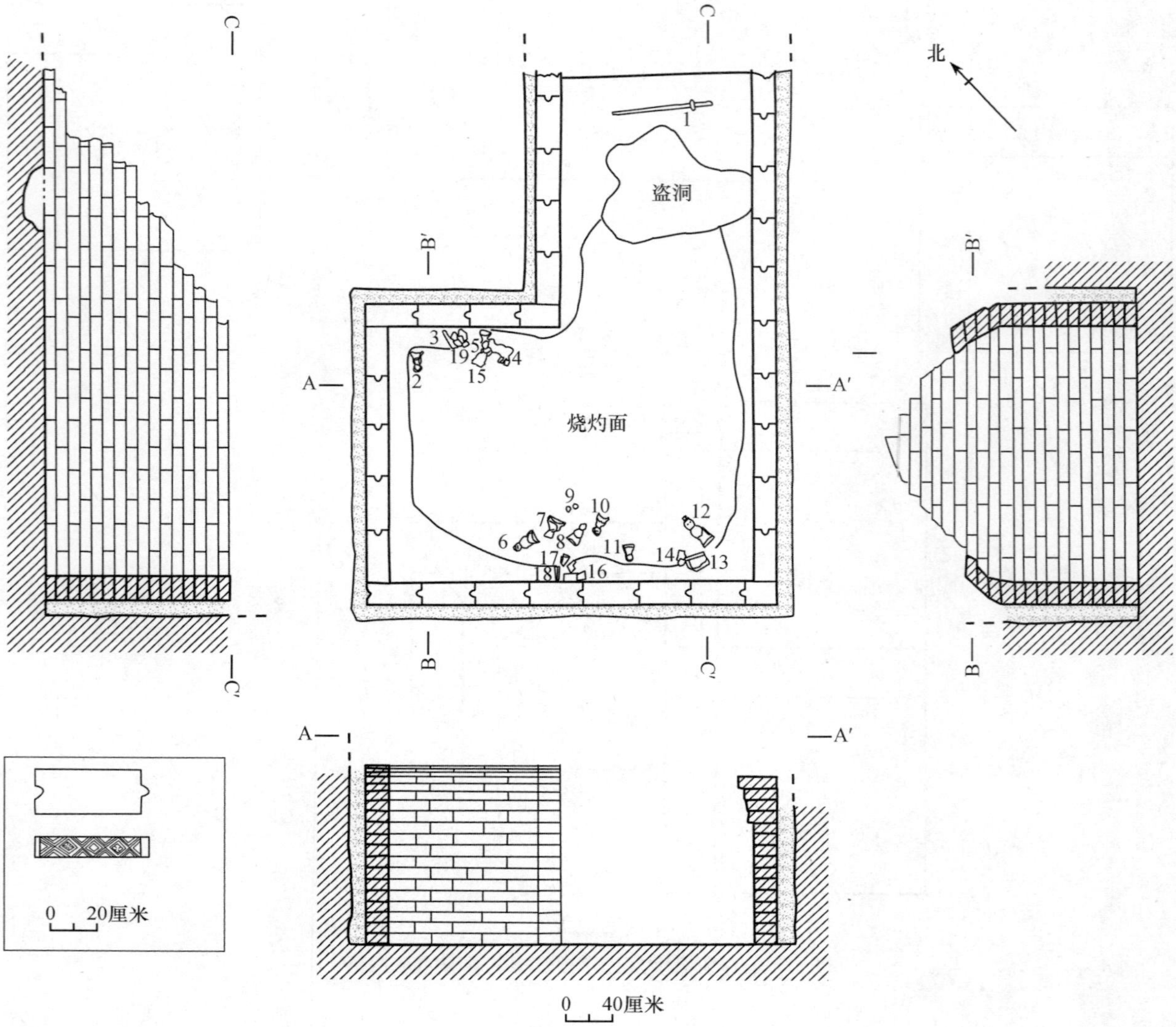

图四　M2平、剖面图

1. 铁剑　2. 陶子母鸡　3、10～12. 陶童俑　4. 陶狗　5. 陶女侍俑　6、8、15. 陶男侍俑　7. 陶哺乳俑　9. 铜钱币　13. 陶塘　14. 陶公鸡　16. 陶钵　17、18. 陶罐　19、20. 陶房

拖于地，双手拢于胸前，做拱手站立状，微露足尖。合范模制而成。高24.8厘米（图五，1）。M2：6，泥质红陶。头戴圆顶冠，圆领，右衽宽袖长袍，袍拖于地，双手拢于胸前，做拱手站立状，微露足尖。合范模制而成。高19.5厘米（图五，2）。M2：15，泥质红陶。残存上半部，头戴圆顶冠，圆领，右衽宽袖长袍，双手拢于胸前，做拱手站立状。合范模制而成。残高15.5厘米（图五，8）。

女侍俑　1件。M2：5，泥质红陶。束高髻扎巾，圆领，面部较模糊，右衽宽袖及地长裙，双手拢于胸前，做拱手站立状。合范模制而成。高21厘米（图五，4）。

童俑　4件。M2：10，泥质红陶。光头，面部模糊不清，右衽宽袖及地长裙，双手拢于胸前，做拱手站立状。合范模制而成。高15.2厘米（图五，7）。M2：12，泥质红陶。光头，右衽宽袖及地长裙，双手拢于胸前，做拱手站立状。合范模制而成。高15.5厘米（图五，6）。

图五　M2出土器物

1、2、8. 陶男侍俑（M2：8、M2：6、M2：15）　3. 陶哺乳俑（M2：7）　4. 陶女侍俑（M2：5）　5～7、16. 陶童俑（M2：11、M2：12、M2：10、M2：3）　9. 陶子母鸡（M2：2）　10. 陶公鸡（M2：14）　11. 陶狗（M2：4）　12、13. 陶罐（M2：18、M2：17）　14. 陶钵（M2：16）　15. 陶塘（M2：13）　17. 铁剑（M2：1）

M2：3，泥质红陶。光头，右衽宽袖及地长裙，双手拢于胸前，做拱手站立状。合范模制而成。高15厘米（图五，16）。M2：11，泥质红陶。光头，右衽宽袖及地长裙，双手拢于胸前，做拱手站立状。合范模制而成。高15.3厘米（图五，5）。

哺乳俑　1件。M2：7，泥质红陶。束高髻扎巾，圆领，右衽宽袖长裙，左手怀抱婴儿，右手拖乳，做哺乳状，跪坐。合范模制而成。高18厘米（图五，3）。

子母鸡　1件。M2：2，泥质红陶。嘴及尾巴略残。全形由母鸡和小鸡组合而成，母鸡作匍匐状，尖啄，矮冠，直项昂首，前胸圆鼓，双足叉开，背部驮一小鸡，覆翼下隐蔽二只小鸡。合范模制。残长12、高13.2厘米（图五，9）。

公鸡　1件。M2：14，泥质红陶。头尾残缺。爪形双足，叉开，曲项，站立。合范模制而成。残长12.2、残高17.3厘米（图五，10）。

狗　1件。M2：4，泥质红陶。圆雕空心立狗形，前腿撑直，后腿略卷曲，短尾上翘弯卷于臀背，短嘴，耸耳，昂头，龇牙咧嘴，颈肩部饰一项带，项下脊背前部之间设环纽一个。合范模制而成。长25.5、高21厘米（图五，11）。

塘　1件。M2：13，泥质红褐陶。残存大半部。长方形，塘内泥塑鳖、螺、青蛙等。手制。残长18.5、宽20.5、高3.8厘米（图五，15）。

房　2件。M2：19，泥质灰陶。残存房屋顶部，不能修复。房顶俯视呈长方形干栏状，长条状中脊两端翘起，中脊一侧等距设筒瓦垄4道，另一侧为整块板瓦，房顶横剖面呈“人”字形。房顶长33.5、宽9.5厘米。M2：20，泥质灰陶。残存房屋顶部，不能修复。房顶俯视呈长方形干栏状，长条状中脊两端翘起，中脊一侧等距设筒瓦垄5道，另一侧为整块板瓦，房顶横剖面呈“人”字形。房顶长39、宽6.7厘米。

2. 铁器

剑　1件。M2：1，铁质。扁茎，宽叶，菱形脊，铜格。柄部残留有木痕。锈蚀，尖残。残长65.4、宽2.5～2.8厘米（图五，17）。

3. 铜钱币

五铢钱　3枚。M2：9，共3枚。锈蚀残缺严重，其中1枚略残，为圆形方穿，外沿有郭，内无郭，因锈蚀字迹不清。钱径2.5、穿宽1厘米。

（三）M5

M5叠压于T5①层下，打破生土，墓向310°。

M5为竖穴土圹砖室墓。墓葬扰乱严重，仅存墓室西南部部分墓砖。墓圹残长4.72、残宽1.4米，墓室残长4.2、残宽0.5米，残高0.24米。墓室底部无铺地砖，墓室采用长44、宽20、厚8厘米的墓砖错缝平砌而成。墓底已残，仅存东南部残砖。墓主人骨未见，葬式、葬具不详（图六）。墓室填土为灰褐色五花土。

随葬品位于墓室北部，现存3件，包括铜钱币1件2枚、陶房1件、陶碓坊1件。

陶房　1件。M5：2，泥质灰陶。残损严重，不能修复。残存陶房底部碎片，尺寸不详。

陶碓坊　1件。M5：1，泥质灰陶。残损严重，不能修复。仅存圆柱及底板，平顶，平底，四柱。底板中心凸饰小方台，台面下挖圆形臼窝一个。原为一长方形廊道式舂碓作坊，顶板和底板为长方形平板结构，平板四角上下之间由四根圆形空心立柱承托构成无墙廊道框架形。作坊高18、进深11.5厘米。

五铢钱　2枚。M5：1，锈蚀较严重。其中1枚较完整，钱文略粗，较为规范，为圆形方穿，内外有郭，“五”字交叉两笔弯曲，“铢”字“金”字头较大，为三角形，四点较长，“朱”字头圆折。钱径2.5、穿宽1厘米（图七）。

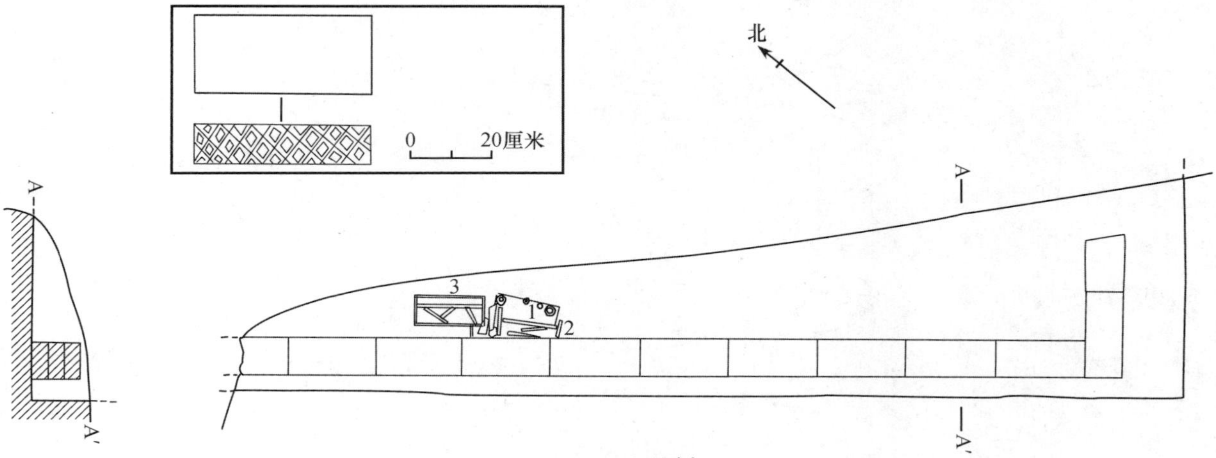

图六 M5平、剖面图

1. 陶碓坊 2. 陶房 3. 铜钱币

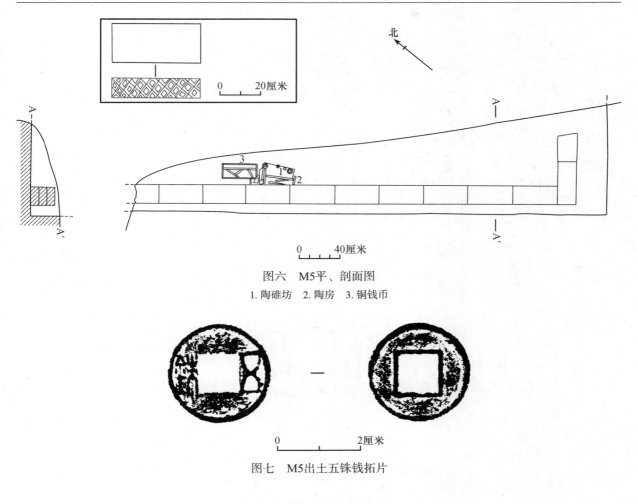

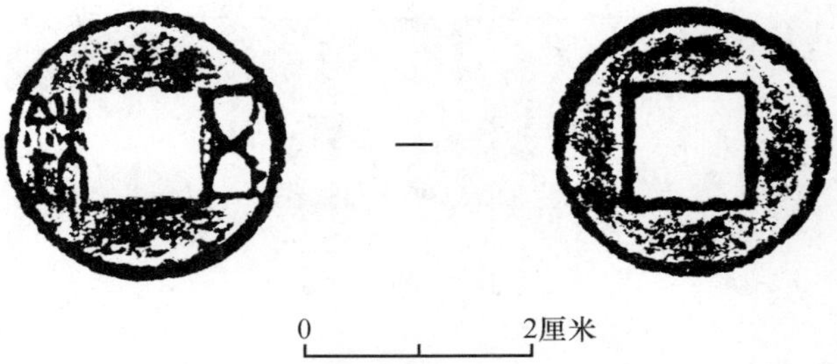

图七 M5出土五铢钱拓片

三、明清墓葬

明清墓2座，包括明代石室墓2013FGGM3、清代土坑墓2013FGGM4（以下简称M3、M4）。

（一）M3

M3叠压于T3①层下，同时被一现代坑打破，墓葬打破生土，墓向322°。

M3为长方形竖穴土坑墓，口大底小，平面略呈梯形状。墓葬西南部被一现代坑打破。墓室填土为红褐色杂土，土质较松。墓口距地面深0.33米，墓底距地面深0.65～0.75米。长2.67、上口宽0.78～1.1、下宽0.8～0.98米。墓主人骨散碎，仰身直肢，头向西北。头骨处可见青灰色素面瓦3块，一块仰置，另两块覆扣于其两侧边棱。葬具不详。随葬品未见（图八）。

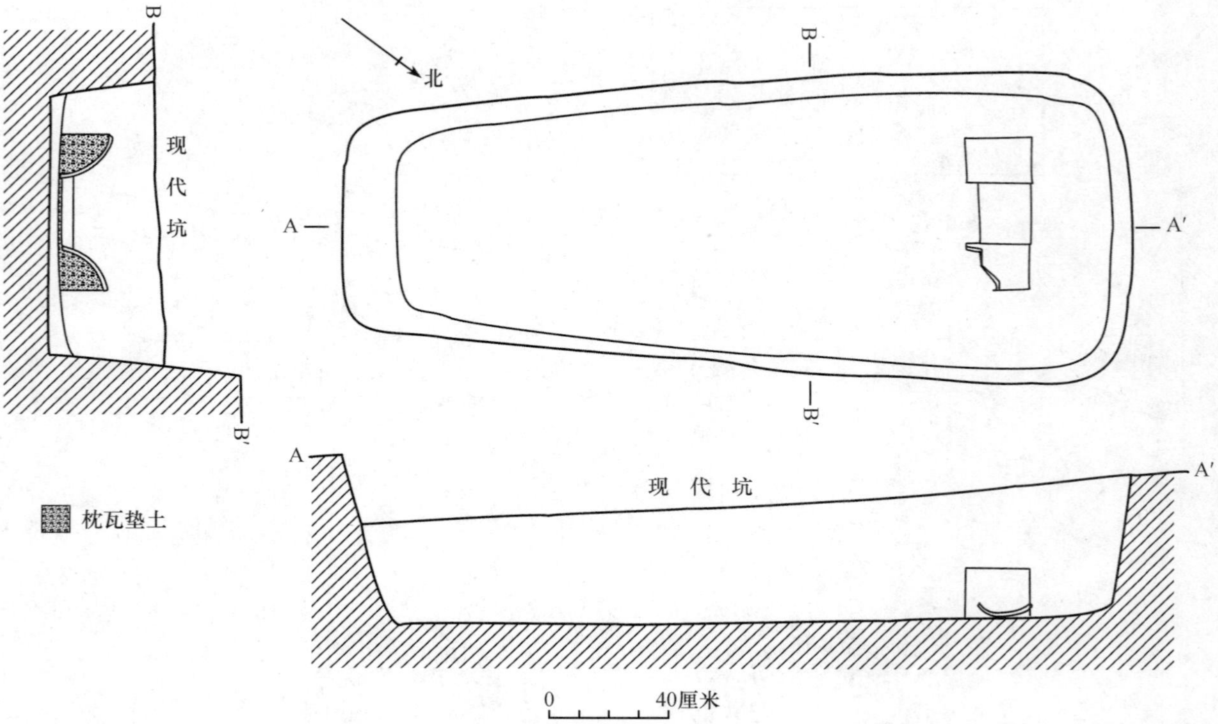

图八　M3平、剖面图

（二）M4

M4叠压于T4①层下，打破第2层和生土，墓向340°。

M4为长方形竖穴土圹石室墓。墓圹平面长2.72、宽1.12米，墓室长2.32、宽0.61、高0.56米。墓底平。墓室两侧壁由长2.6、高0.56、厚0.1～0.14米的板石错缝立砌而成；后壁由高0.56、宽0.6、厚0.09米的板石立砌而成。封门未见。墓顶用长61～74、宽1.2～1.3、厚0.12米的板石4块平砌成盖板，盖板受扰乱断裂。墓室填土为淤泥，墓底未见随葬品、人骨。葬式、葬具不详（图九）。

四、结　语

（一）汉代墓葬

本次发掘的3座汉墓均为砖室墓，分布集中，应属于汉代同一处墓地。由于残留墓葬少，尚不能对墓地规模有进一步认识。

汉墓遭受长江消落冲蚀破坏严重，墓室残破，随葬品扰乱严重。其中M2保留形制较多，系刀把型砖室墓，出土随葬品20件（套），以模型器中陶俑为多，另有铁剑、五铢钱出土。随葬品面貌与丰都镇江汉至六朝墓群的二期二段[1]相近，如陶侍俑、陶哺乳俑、陶狗、陶

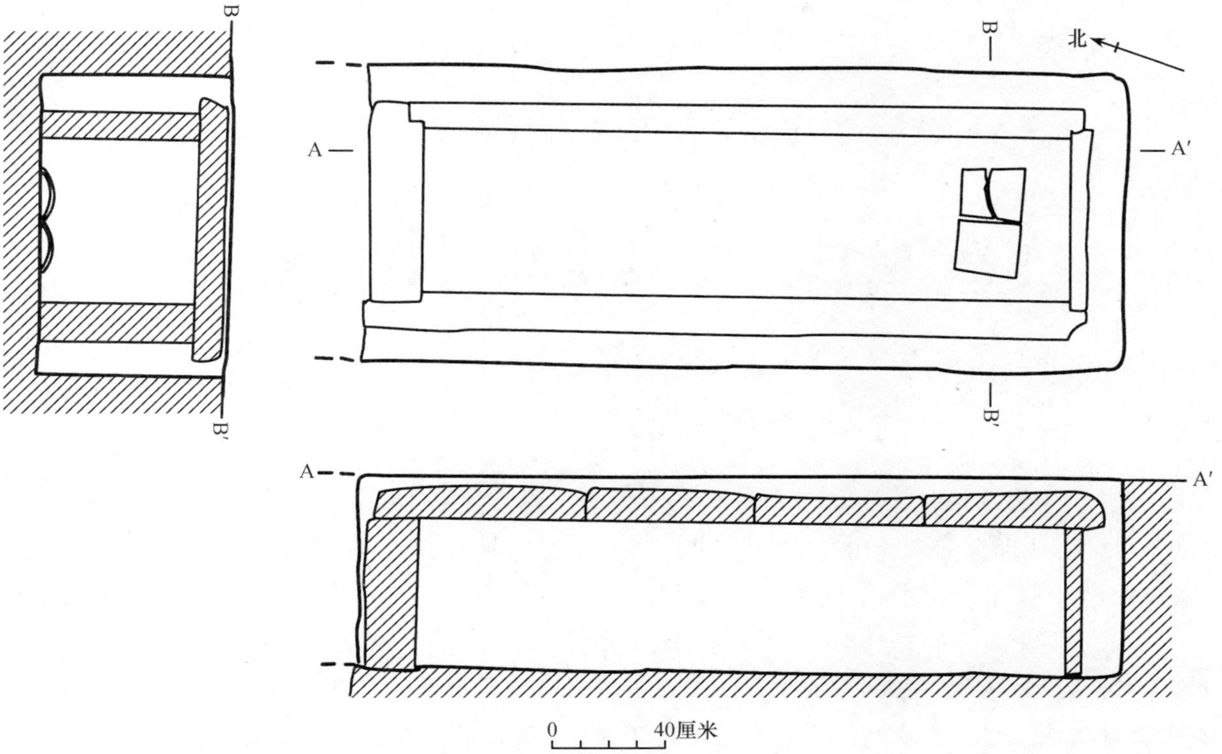

图九　M4平、剖面图

子母鸡、陶塘与镇江墓群土地梁子墓地M3[2]出土的同类器物相同。据此，M2应为东汉中期墓葬，其余两处汉墓残破严重，对于其具体时代分析有难度，但结合残留形制以及M2来看，M1、M5作为东汉墓葬应无问题。

（二）明清墓葬

明清墓葬分布于墓地南北两端，墓室内均垫有枕瓦，是平民墓葬的一个特征。由于无随葬品出土，对于墓主进一步的信息无法得知。

附记：本次发掘项目领队白九江，参加发掘的人员有：陈东、上官林全、陈俊华、许文英、陈蓁等，绘图：师孝明、许文英，资料整理：陈东、许文英。本次发掘工作得到了丰都县文物管理所的大力支持和帮助，刘萍、秦进同志为鼓鼓田墓群付出了辛勤的劳动，特此感谢！

执　笔：陈　东

注　释

[1]　重庆市文物局、重庆市移民局：《丰都镇江汉至六朝墓群》，科学出版社，2013年。

[2]　重庆市文物局、重庆市移民局：《丰都镇江汉至六朝墓群》，科学出版社，2013年。

丰都九道拐冶锌遗址2012年发掘简报

重庆市文化遗产研究院　丰都县文物管理所

九道拐冶锌遗址位于重庆市丰都县名山街道（原镇江镇）朗溪村七社。西北距镇江镇约300米，中心地理坐标东经107°45′55″，北纬29°51′02″，海拔156～180米（图一）。

1958年，长江考古队年首次在丰都县境内沿江的以上部分台地上发现散落着坩埚、红烧土块、炭渣等冶炼遗物；1987年第二次全国文物普查和1992年三峡库区文物调查确认为冶炼遗址。为配合三峡工程，2004年河南省文物考古研究所对位于丰都县兴义镇杨柳寺村的庙背后遗址进行第二次发掘，首次确定为炼锌遗址；2004年，重庆市文物考古所组成一行十余人的炼锌遗址考古调查工作队，在前两次调查的基础上，对丰都县内长江沿岸进行了较为细致的调查、勘探和试掘工作，确认并新发现了同类冶锌遗址共计18处。九道拐冶锌遗址是其中比较重要的遗址之一。

2004年11月，重庆市文物考古所（现重庆市文化遗产研究院）对该遗址进行了发掘，发掘面积500平方米，清理了一批冶炼炉和相关遗迹，出土了大量与冶炼有关的遗物。随着三峡库区消落区文物保护工作的启动，2012年9月，我院组建了丰都县九道拐考古工作队，对该遗址进行了第二次抢救性发掘，田野工作于10月15日结束，历时20天。通过调查、勘探，探方选择在2004年度发掘区的西部和东部，按正北向共布10米×10米的探方6个，5米×10米的探方1个，编号2012FMJT1～2012FMJT7（以下简称T1～T7）（图二、图三）。发掘面积650平方米，清理灰坑3个，出土了大量与冶炼有关的遗物。现将发掘情况报告如下。

一、地层堆积

以T5东壁剖面为例：

第1层：耕土层，厚0～30厘米，呈灰褐色，土质疏松。含大量植物根茎等。

第2层：黄褐色沙土层，深0～30厘米，厚0～40厘米，结构紧密，较纯净，无其他包含物。

第3层：浅黄色沙土层，夹少量料姜石，深0～60厘米，厚25～45厘米，结构紧密，较纯净，无其他包含物。

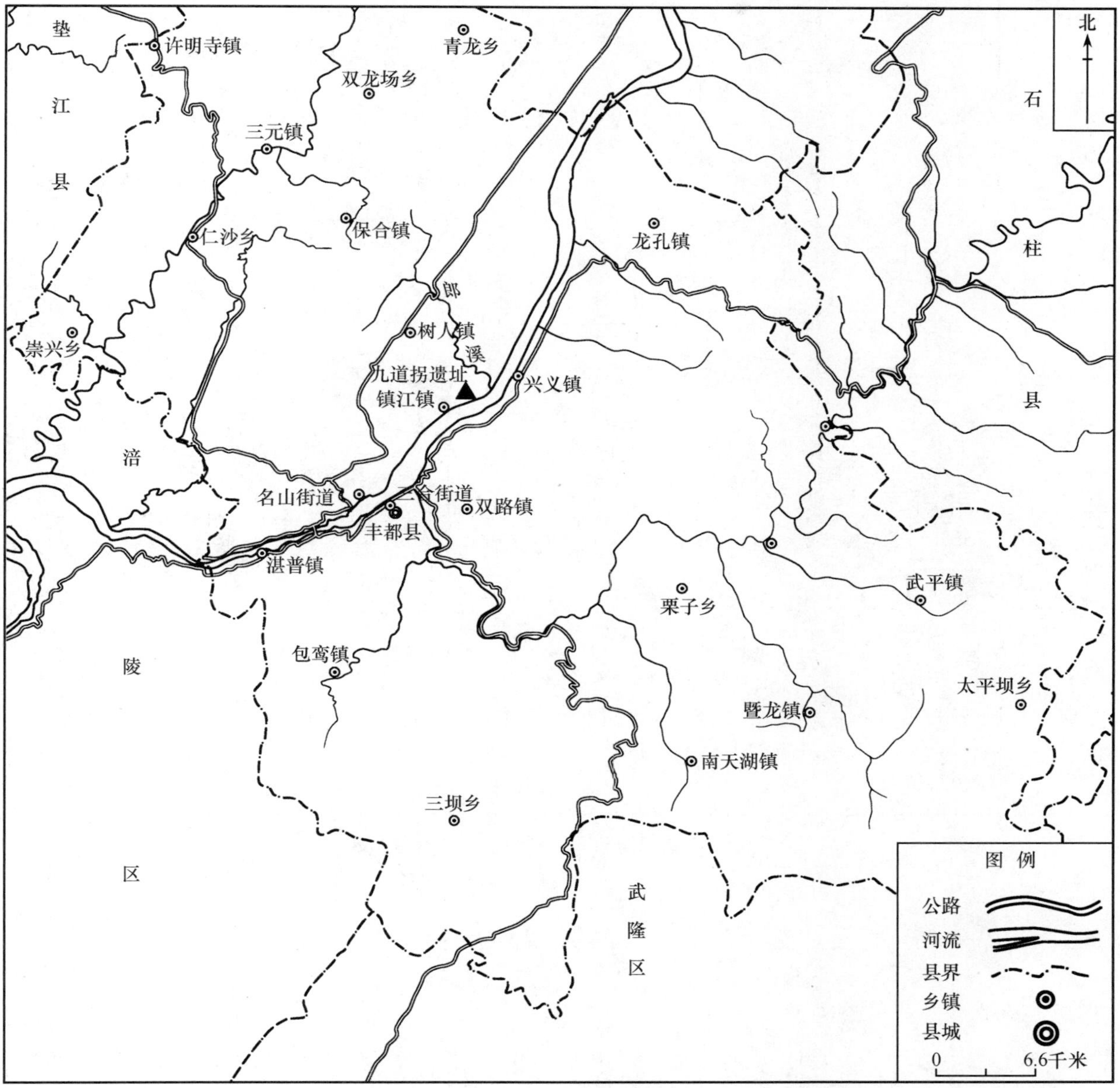

图一　九道拐冶锌遗址位置图

第4层：灰黑色煤渣层，深60～110厘米，厚0～60厘米，呈坡状堆积，结构疏松，含大量反应罐残片和少量瓷片、红烧土块等（图四）。

二、主要遗迹

发现灰坑3个。

H1　位于T5东南部。平面呈圆形，开口于第4层下，打破生土。直径0.86米，深0.4米。坑壁用汉砖围砌，内空直径0.52米，底未铺砖。坑内堆积为疏松的灰黑色煤渣层，含少量反应罐残片等（图五）。

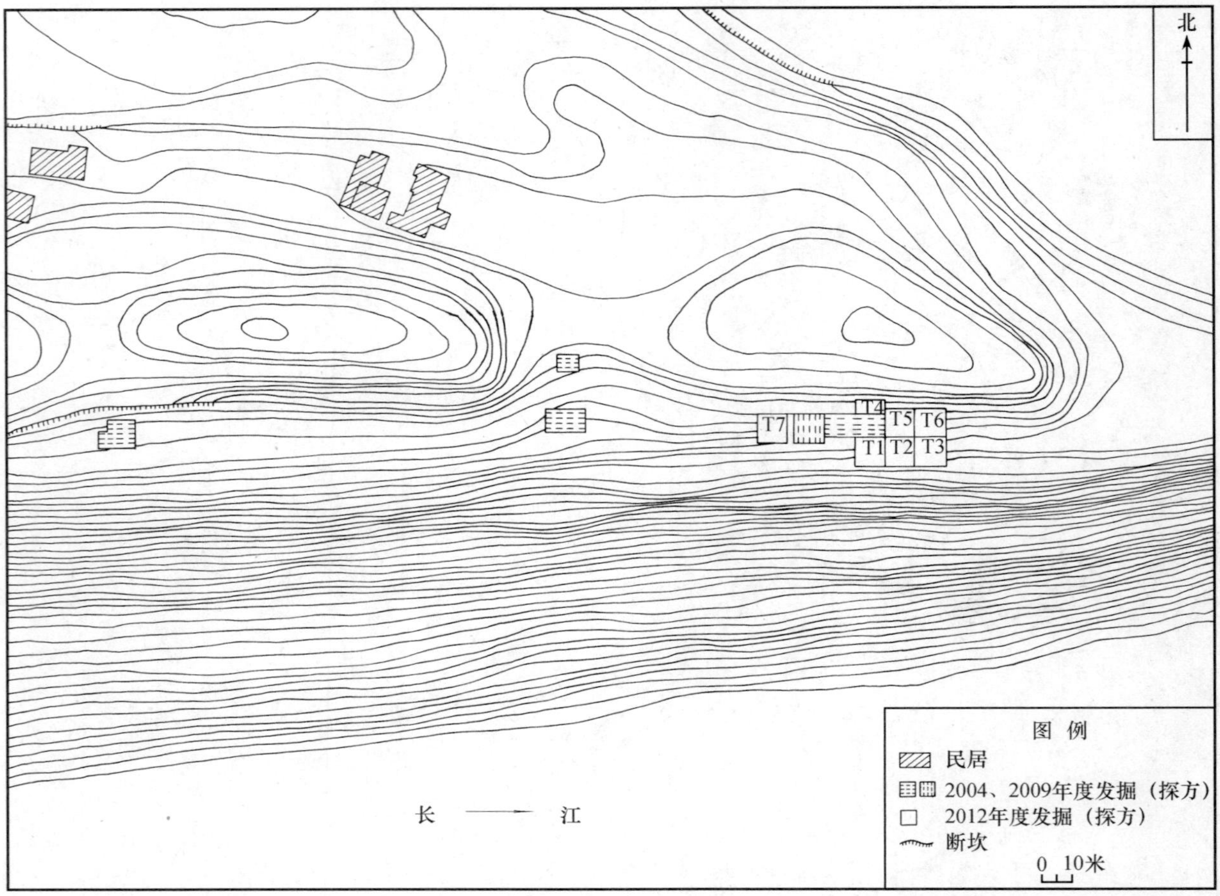

图二　九道拐冶锌遗址2012年度发掘布方图

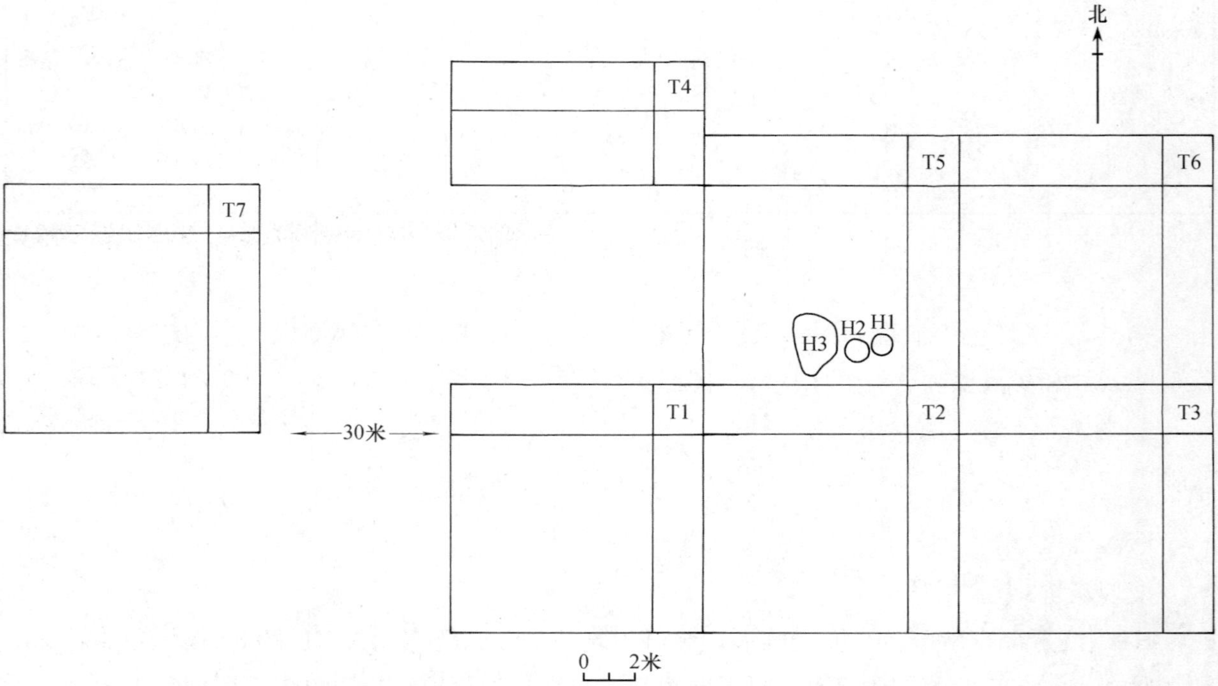

图三　九道拐冶锌遗址2012年度发掘遗迹分布图

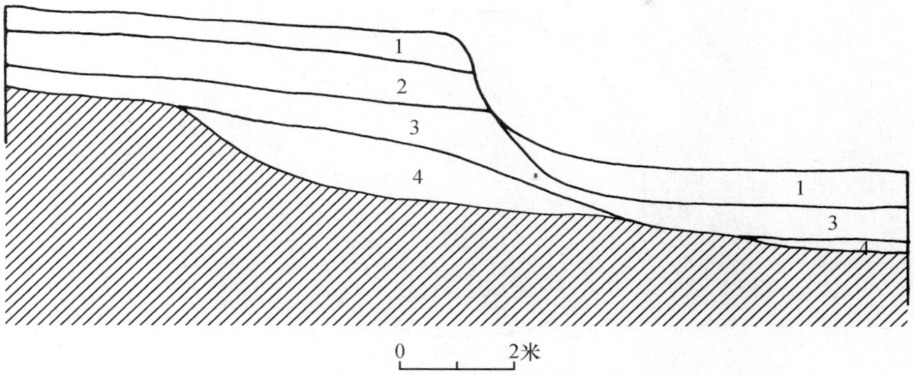

图四　T5东壁剖面图

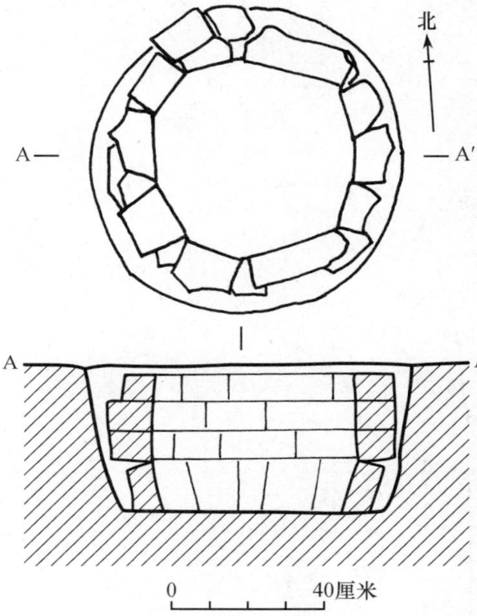

图五　H1平、剖面图

H2　位于T5东南部。平面呈圆形，开口于第4层下，打破生土。弧壁、平底，坑壁、底面加工痕迹明显。坑口距地表深0.65～0.7米，直径0.98米，深0.14～0.16米。坑内填以灰黑色煤渣等（图六）。

H3　位于T5中南部。开口于第4层下，打破生土。坑口平面呈不规则，坑口距地表深0.65～0.7米，长径2.58米，短径1.66米，深0.22米。坑内填土为灰黑色煤渣层，出土少量反应罐残片（图七）。

三、出土遗物

出土遗物以冶炼用的反应罐为主，并有少量瓷器出土。

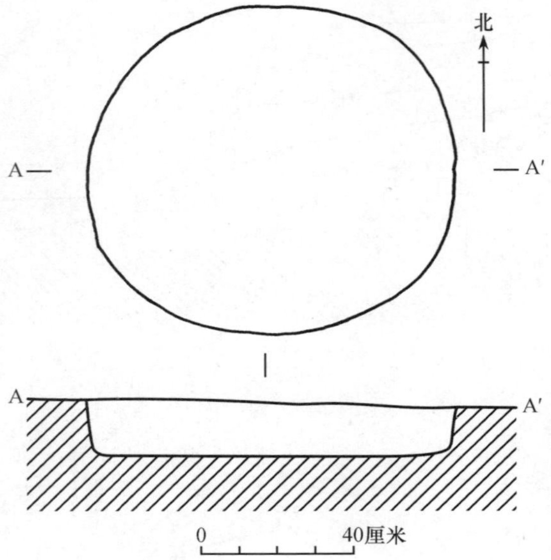

图六　H2平、剖面图

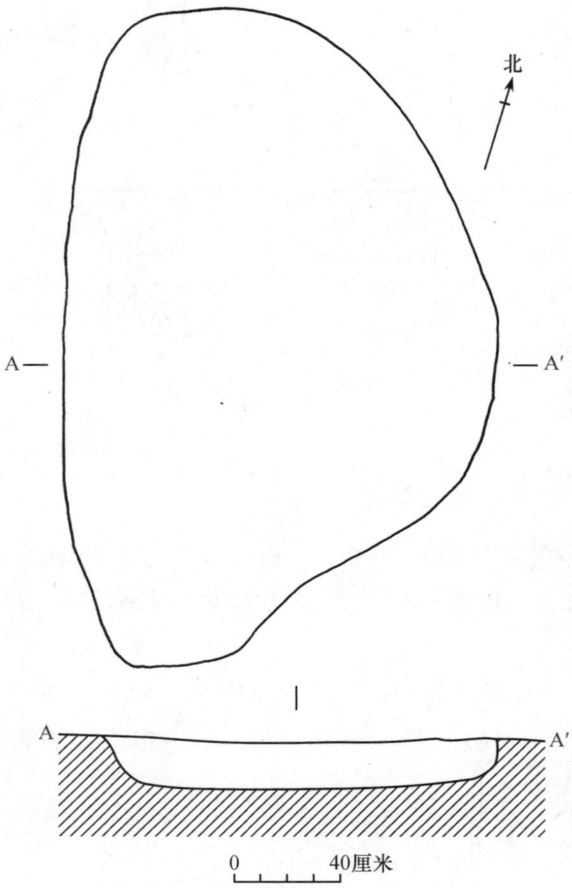

图七　H3平、剖面图

1. 反应罐

出土数量多，但多为残片，较完整器仅14件。均使用过，部分已变形，器表留一层烧结瘤，内残留部分矿渣。结构由反应区和冷凝区组成。据腹部形态分二型。

A型　5件。弧腹。侈口、卷沿、圆唇、深腹、平底。内壁有明显的轮制弦纹。T4④：2，口径10、底径9.6、通高27.3厘米（图八，1）。T4④：4，口径10、底径9.6、通高27.3厘米（图八，2）。T7④：1，口径9.8、底径9.4、通高25.6厘米（图八，3）。

B型　9件。斜直腹。侈口、卷沿、圆唇，深腹、平底。内壁有明显的轮制弦纹。T5④：1，口径10、底径9.6、通高28.6厘米（图八，4）。T5④：8，口径10、底径9.2、通高23.4厘米（图八，5）。T5④：4，口径10、底径8、通高23.8厘米（图八，6）。

冷凝区的制作方法是在罐口用黏土（耐火泥）做出内凹带孔的冷凝窝封盖反应罐，然后在反应罐的肩部用黏土（耐火泥）上接一节筒形口，盖上铁质盖板，从而形成冷凝区。

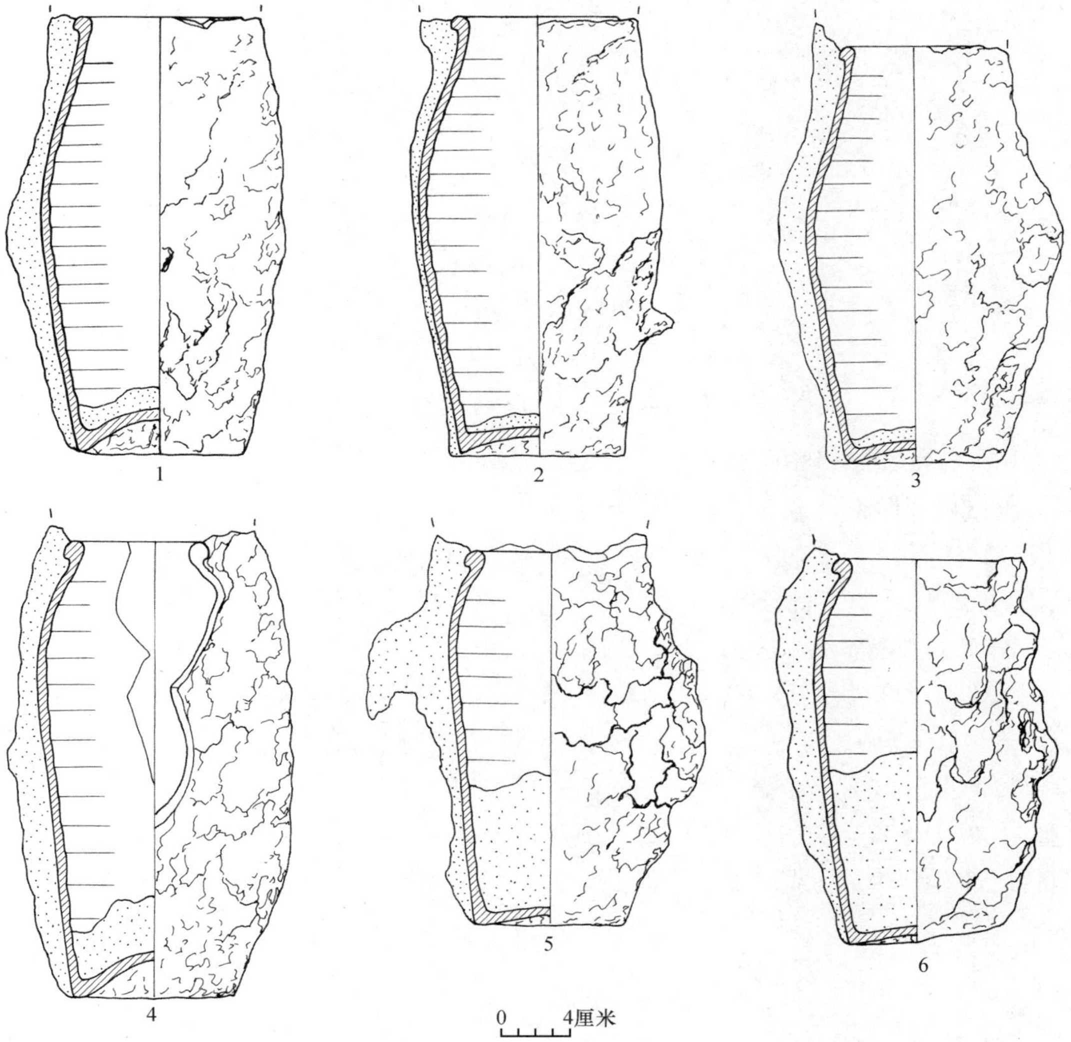

图八　反应罐

1～3. A型（T4④：2、T4④：4、T7④：1）　4～6. B型（T5④：1、T5④：8、T5④：4）

冷凝窝是冷凝区的组成部分，用黄沙泥捏制而成，置于冷凝区内反应罐的口部。平面呈圆形，内凹，一侧戳有长方形的透气孔，用来盛接冶炼出的气态冷凝成液态的金属锌。

T5④：3，口径10、底径9.4、通高29.5厘米（图九，1）。T5④：6，口径10、底径8.6、通高27.2厘米（图九，2）。

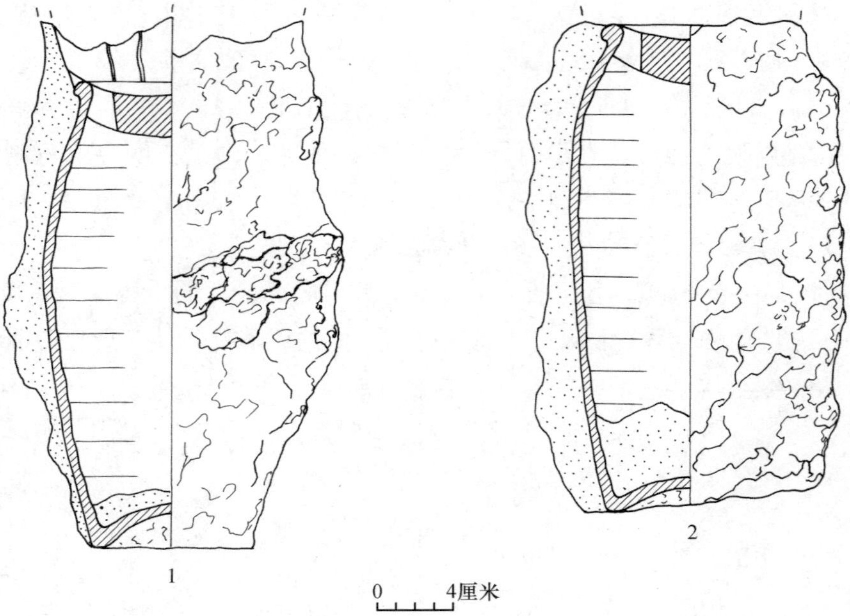

图九　反应罐和冷凝区

1. T5④：3　2. T5④：6

2. 瓷器

多为残片，复原器和标本共6件。可辨器形以碗为主。

碗　根据口部形态分为三型。

A型　2件。侈口。T7④：2，尖圆唇，弧腹，小圈足。器表饰草叶纹和平行线纹。口径12、底径4.6、高5厘米（图一〇，1）。T7④：5，底残，尖圆唇，弧腹。器表饰草叶纹和平行线纹。口径12.8、残高3厘米（图一〇，2）。

B型　2件。敛口。T7④：3，口部残，弧腹，小圈足。器表饰草叶纹和平行线纹。底径6、残高4.5厘米（图一〇，3）。T7④：4，尖圆唇，弧腹，小圈足。器表饰草叶纹和平行线纹。口径12.4、底径5.8、高5.6厘米（图一〇，4）。

C型　2件。敞口。T7④：6，底残，弧腹。器表饰草叶纹和平行线纹。残高3.5厘米（图一〇，5）。T7④：8，底残，弧腹。器表饰草叶纹和平行线纹。残高4厘米（图一〇，6）。

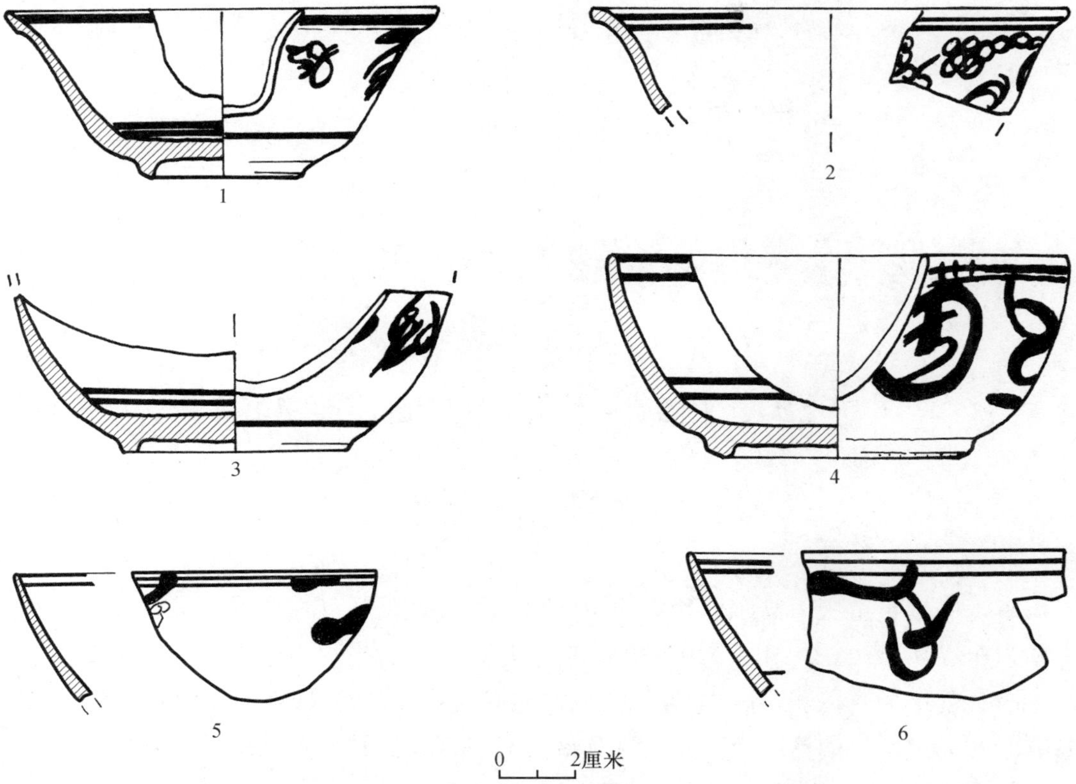

图一〇 出土瓷器
1、2. A型碗（T7④：2、T7④：5） 3、4. B型碗（T7④：3、T7④：4） 5、6. C型碗（T7④：6、T7④：8）

四、结　语

我国是世界上最早掌握炼锌技术的国家之一，我国古代人民发明创造了具有自己特色的坩埚冶锌法。通过本次对该遗址的发掘，虽然清理的遗迹不多，只清理了3个灰坑，但通过我们分析，这三处遗迹按功能分别为蓄水坑、拌泥坑、堆放矿石或罐坑。这一认识使我们弄清了冶炼的填装场地，为探讨炼锌的工艺流程提供了重要依据。

本年度的发掘，其内涵没有超出2004年度发掘的范围。从出土的遗物看，其时代为明代中晚期。通过本次发掘，出土了大量炼锌遗物，弄清了冶炼的填装场地和炼渣堆积范围，后者虽因江水破坏，但部分堆积厚度还是达到70厘米，说明该处冶炼时间较长，是研究峡江地区炼锌史重要实物资料。

附记：项目领队李大地，参加本次发掘的工作人员有：杨爱民、王道新、王贵平等，绘图：杨爱民，资料整理：李大地、杨爱民。同时本次发掘工作得到丰都县文物管理所的大力支持，在此表示感谢。

执　笔：刘　华　李大地　杨爱民

涪陵渠溪口墓群2013年考古发掘简报

重庆市文化遗产研究院　涪陵区博物馆

一、遗 址 概 况

渠溪口墓群位于重庆市涪陵区珍溪镇渠溪村三组，地处长江左岸的缓坡台地上。墓群中心地理坐标为东经107°30′03″，北纬29°53′59.4″，海拔164~168米。由于长江三峡水库蓄水后江水的冲刷，以及近年企业在该地修建船厂，墓群遭到严重的破坏，现存面积约3000平方米。

墓群于2008年三峡消落区地下文物专项调查时发现，2012年在消落区文物巡查中发现有墓葬出露。2013年6月上旬重庆市文化遗产研究院组成考古工作队，对墓群进行了考古调查与发掘工作。结合遗存保存状况及地貌特点，将墓群分为两个发掘区，Ⅰ区位于王家沟西部的枇杷咀，布10米×10米探方3个；Ⅱ区位于王家沟东部的垮凼凼，布10米×10米探方5个，5米×5米探方1个（图一；图版二六，1）。至8月中旬工地发掘结束，连同扩方，完成发掘总面积846平方米，发现新石器时代、汉代、宋代、明清4个时期的文化遗存。

二、地 层 堆 积

墓群Ⅰ区和Ⅱ区地层堆积相差较大。Ⅰ区为一处平整的台地，地表因企业开发遭到平场，地层堆积简单，表土层下即为汉代墓葬；Ⅱ区因江水的冲刷，形成断坎和坡地，北高南低，落差较大。Ⅱ区西部为断坎，汉代墓葬和宋代窑址暴露于断坎上；Ⅱ区东部为坡地，发现较为丰富的新石器时代晚期的文化遗存，现以ⅡT3为例对地层进行介绍（图二、图三）。

第1层：厚10~15厘米。表土层，灰褐色，土质疏松。内含瓦片、青花瓷片、石块、植物根系等。分布于整个探方。

第2层：距地表深10~15厘米，厚0~35厘米。浅黄色，土质较疏松。出土少量青花瓷片、红胎粗瓷片、灰陶瓦片等。该层为明清时期文化层，分布于探方东北部及南部。此层下叠压有H5、H6。

第3层：距地表深10~50厘米，厚0~50厘米。浅黄褐色，土质较疏松。土中包含动物碎

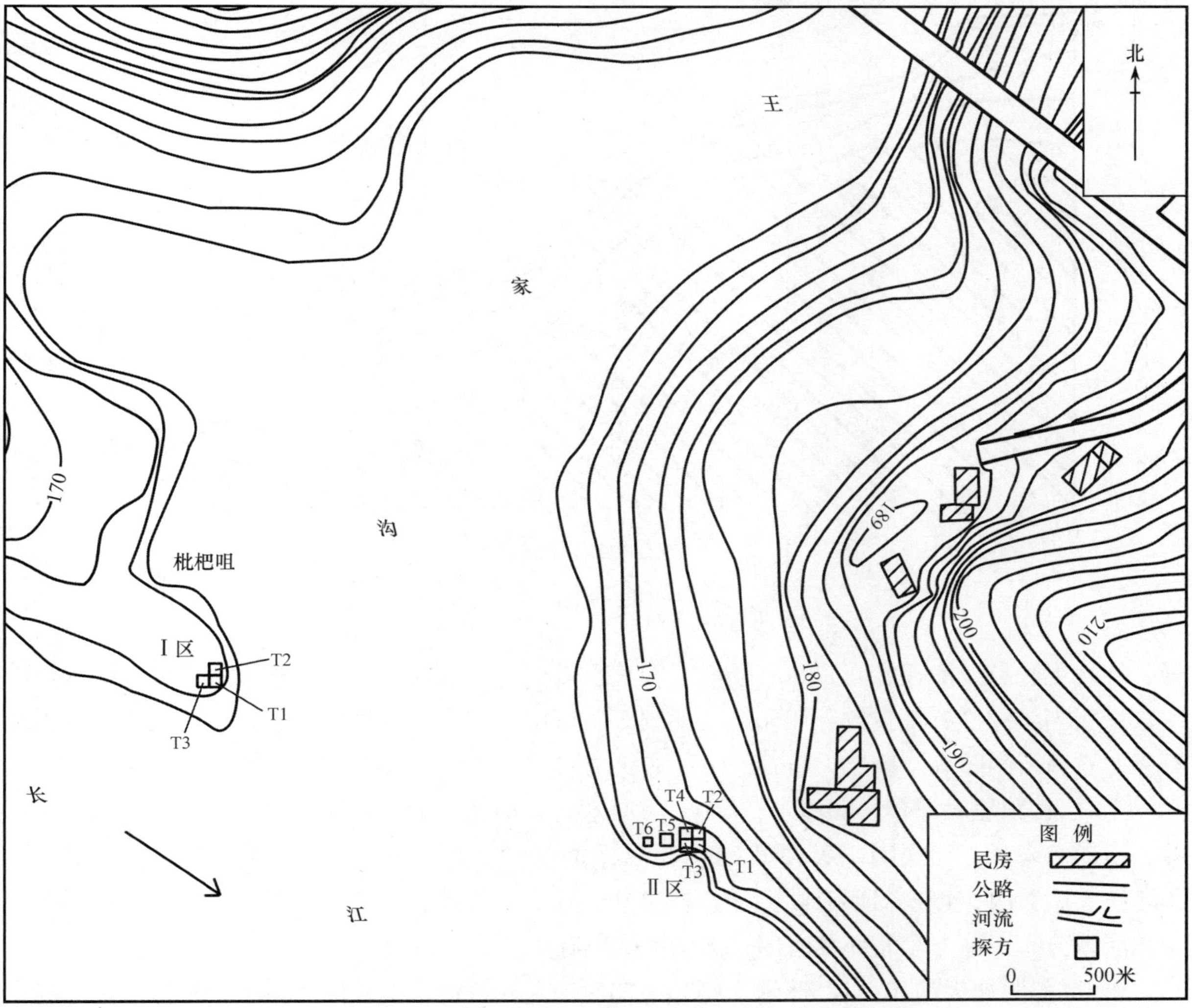

图一　渠口墓群地形及探方分布示意图

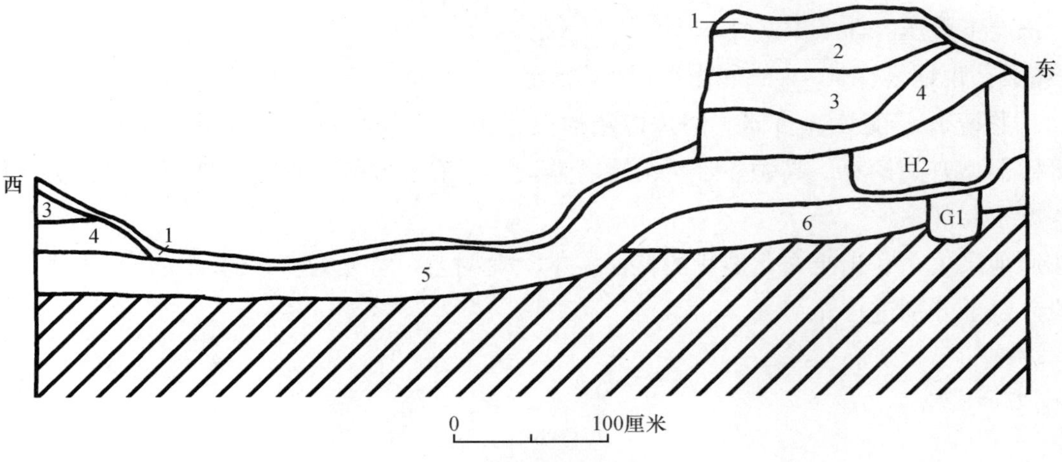

图二　ⅡT3北壁剖面图

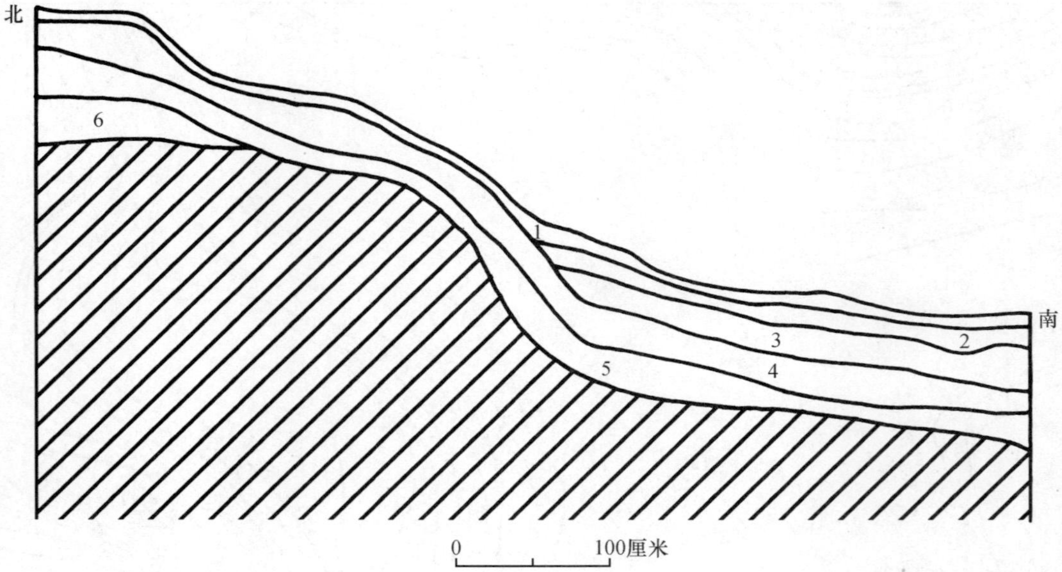

图三　Ⅱ T3东壁剖面图

骨、红烧土颗粒、陶片、石片、石器等。陶片以黑皮陶、灰褐陶、红褐陶为主，泥质陶和夹砂陶数量相当，纹饰有箍带纹、压印纹、绳纹等，可辨器形有高领壶、折沿罐、器盖等。石器有石斧、石球、网坠等。该层为新石器时代文化层，分布于探方东北部及南部。

第4层：距地表深10～80厘米，厚0～45厘米。黄褐色，土质较硬。土中包含少量陶片、石片、石器。陶片以黑皮陶、灰褐陶、红陶、红褐陶为主，泥质陶多于夹砂陶，纹饰有刻划纹、压印纹、凹弦纹，可辨器形有高领壶、折腹盆、豆等。石器有网坠、石斧。该层为新石器时代文化层，分布于探方东北部及南部。该层下叠压有H2、H3、H7。

第5层：距地表深10～125厘米，厚30～70厘米。浅黄色，土质较硬。土中包含少量红烧土颗粒、炭屑、陶片。陶片以灰褐陶为主，有少量黑褐陶、红褐陶，纹饰有刻划纹、绳纹、压印纹、乳钉纹，可辨器型有高领壶、折沿罐、豆、钵等。该层为新石器时代文化层，分布于整个探方。该层下叠压有G1、H8、H9。

第6层：距地表深50～155厘米，厚0～35厘米。浅黄褐色，土质较硬。土中包含有料姜石颗粒、动物碎骨、陶片、石器。陶片以灰褐陶为主，少量红褐陶、红陶，纹饰有压印纹、绳纹，可辨器型有高柄豆、高领壶、折沿罐、器盖、平底器底等。该层为新石器时代文化层，分布于探方东北部。

按照地层关系和出土文化遗物的特征，本次发掘遗存可分为新石器、汉代、宋代、明清四个阶段，以下分别进行介绍。

三、新石器文化遗存

新石器时代文化堆积在Ⅱ区T1～T4探方内均有发现，其中在西北部地势较高的T3探方内发现丰富的遗迹、遗物。

（一）遗迹

共发现灰坑6个，灰沟1条。兹以H2、G1为例加以说明。

H2　位于墓群东北部，ⅡT3北部及北隔梁内，开口于ⅡT3第4层下，打破第5层。平面略呈亚腰形，剖面为不规则长方形，壁上一面斜直，一面弧形，底部较平整。坑口长径2.1、短径1.2、深0.50～0.74米。坑内堆积仅1层，为黄褐色沙土，结构较紧密，土质较硬。夹杂少量红烧土颗粒、石块及动物碎骨。出土物有黑皮陶、夹砂红褐陶、泥质灰褐陶等，陶片纹饰有刻划纹、压印纹、箍带纹等，器形有高领壶、折沿罐、平底器底等（图四）。

G1　位于墓群东部，ⅡT3东北部，北部深入探方北隔梁内，开口于ⅡT3第5层下，打破第6层。G1打破H8。平面呈长条状，南北走向，北高南低，斜度较大。口略大于底，沟底斜平，长2.9、宽0.34～0.44、深0.16～0.3米。填土为黄褐色砂土，结构紧密，土质坚硬，夹杂大量白色料姜石颗粒，少量骨渣。包含物有泥质红陶、灰陶，夹砂红褐陶等，陶片以素面为主，也有少量箍带纹、绳纹等，器形有敛口钵、高领壶（图五）。

（二）遗物

1. 陶器

（1）陶系

根据陶质可分为夹砂陶和泥质陶两类。从陶片数量上统计：泥质陶较多，占陶片总数的60%；夹砂陶较少，占40%。对ⅡT3出土的器物个体统计：泥质陶占68.7%，泥质陶中黑皮陶占绝对优势，占75.4%；其次为灰陶，占15.8%；少量灰褐陶、红褐陶，分占3.5%和1.8%。黑皮陶的胎多为灰褐陶，少量红褐陶和红陶，黑皮陶表层的黑皮脱落严重。夹砂陶占31.3%，其中红褐陶和黑褐陶较多，分占50%和23%；黄褐陶、红陶、灰褐陶和灰黑陶少量，分占7.7%、7.7%、7.7%和3.9%。

（2）纹饰

陶片中素面者较多，占总数的58.2%，带纹饰者占41.8%。纹饰种类较为丰富，主要有刻划纹、箍带纹、压印纹、绳纹、乳钉纹、弦纹等。泥质陶器上多流行箍带纹、压印纹、弦纹、乳钉纹等；夹砂陶器上，多流行刻划纹及刻划纹与弦纹、乳钉纹、绳纹、附加堆纹等组成的纹饰组合（图六）。

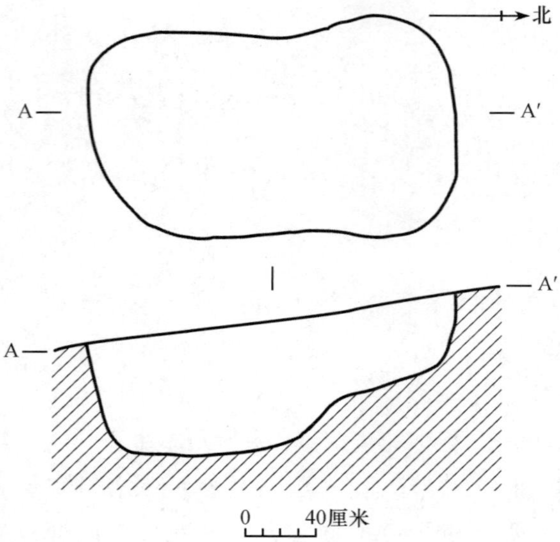

图四　H2平、剖面图

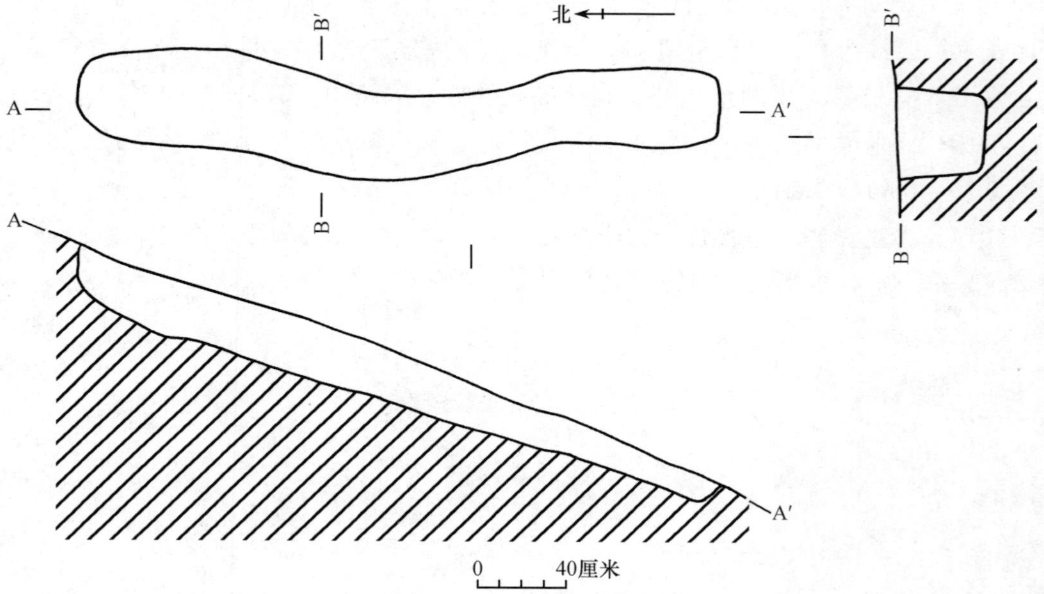

图五　G1平、剖面图

（3）制作方法

陶器制作较精细，多为泥条盘筑，然后经慢轮修整。胎壁厚薄均匀，器形规整。部分器物领部和器身、器身和底部分段成型，然后再驳接为一体并进行慢轮修整，少量器物内壁还可以看到刮抹的痕迹。部分泥质陶器表打磨光滑，并在器表施一层黑色陶衣。大型泥质陶器腹部多以箍带纹加固。

（4）器类

可辨器形多为平底器，极少圈足器，不见圜底器。常见器物主要为高领壶、折沿罐、折腹盆、钵、盘、器盖、豆、平底器底等。

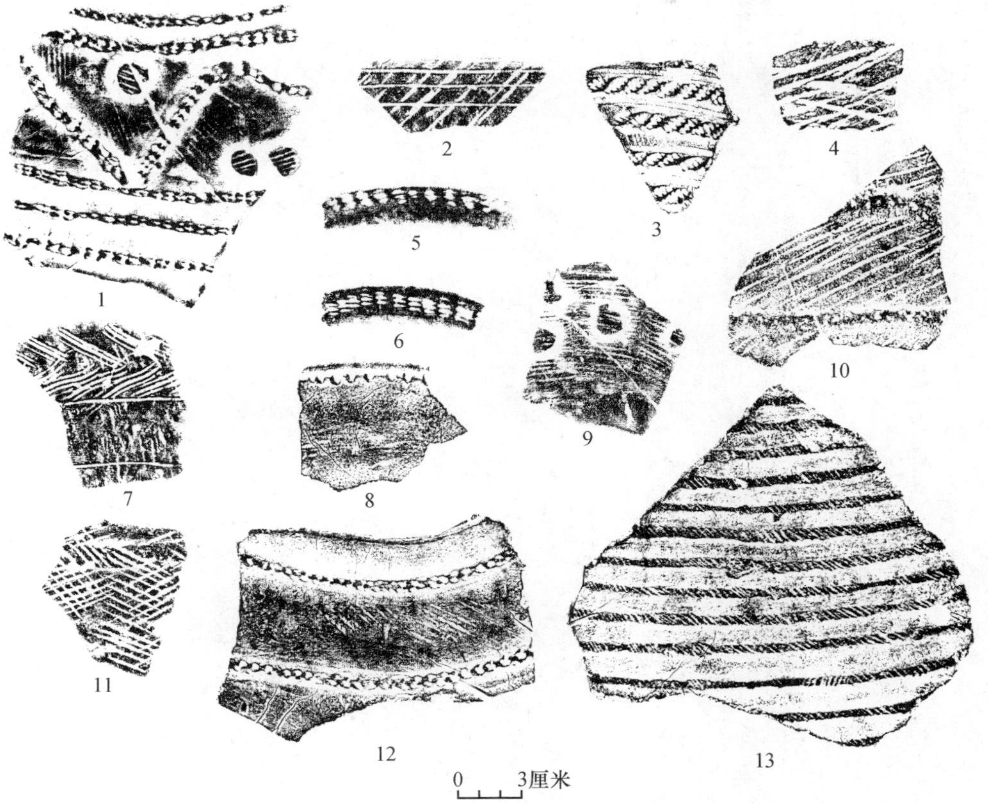

图六　新石器时代陶器纹饰拓片

1. 箍带纹+乳钉纹+刻划纹（ⅡT3⑤：18）　2. 刻划菱格纹（ⅡT3③：17）　3. 箍带纹+凹弦纹（H2：49）　4. 刻划纹（ⅡT3③：134）　5、6. 压印纹（ⅡT3④：14、ⅡT3③：38）　7. 刻划折线纹+弦纹+绳纹（ⅡT3⑤：1）　8. 戳刺纹（ⅡT3⑤：6）　9. 乳钉纹+刻划纹（H2：52）　10. 刻划纹+附加堆纹（ⅡT3③：31）　11. 刻划菱格纹（H2：48）　12、13. 箍带纹（ⅡT3③：125、ⅡT3③：26）

高领壶　数量较多，未发现完整器。高领壶均为泥质陶，且多为泥质黑皮陶。ⅡT3⑥：23，泥质黑皮陶。尖圆唇，敞口，高领。口唇内缘施一周压印纹，领与肩部交接处施一周弦纹。口径36、残高21厘米（图七，1；图版二八，2）。ⅡT3③：37，泥质黑皮陶，陶衣脱落严重。敞口，卷沿，圆唇。口唇内缘施一周压印纹，器表素面。口径34、残高12.7厘米（图七，2）。ⅡT3③：39，泥质灰陶。敞口，卷沿，圆唇。口唇内缘施一周压印纹，器表素面。口径30、残高13.6厘米（图七，3）。ⅡT3④：14，泥质黑皮陶。敞口，卷沿，方圆唇，高领。口唇内缘施一周压印纹，器表素面。口径22、残高8.5厘米（图七，4）。H2：8，泥质黑皮陶。敞口，卷沿，圆唇，高领。口唇内缘施一周压印纹，器表素面。口径16、残高5厘米（图七，5）。ⅡT3⑤：2，泥质黑皮陶。敞口，卷沿，方圆唇，沿面微内凹，高领。唇面施一周斜向压印纹，器表素面。口径22、残高6.6厘米（图七，6）。H9：2，泥质黑皮陶。敞口，圆唇，沿微卷，高领。口唇内缘施一周压印纹，器表素面。口径24、残高7厘米（图七，7）。H9：3，泥质黑皮陶。敞口，卷沿，方圆唇。素面。口径24、残高6.8厘米（图七，8）。H2：6，泥质红褐陶。敞口，卷沿，方圆唇，高领。素面。口径20、残高10厘米（图七，9）。

折沿罐　共发现9件，均为夹砂陶。依据口沿是否有花边，可分为二型。

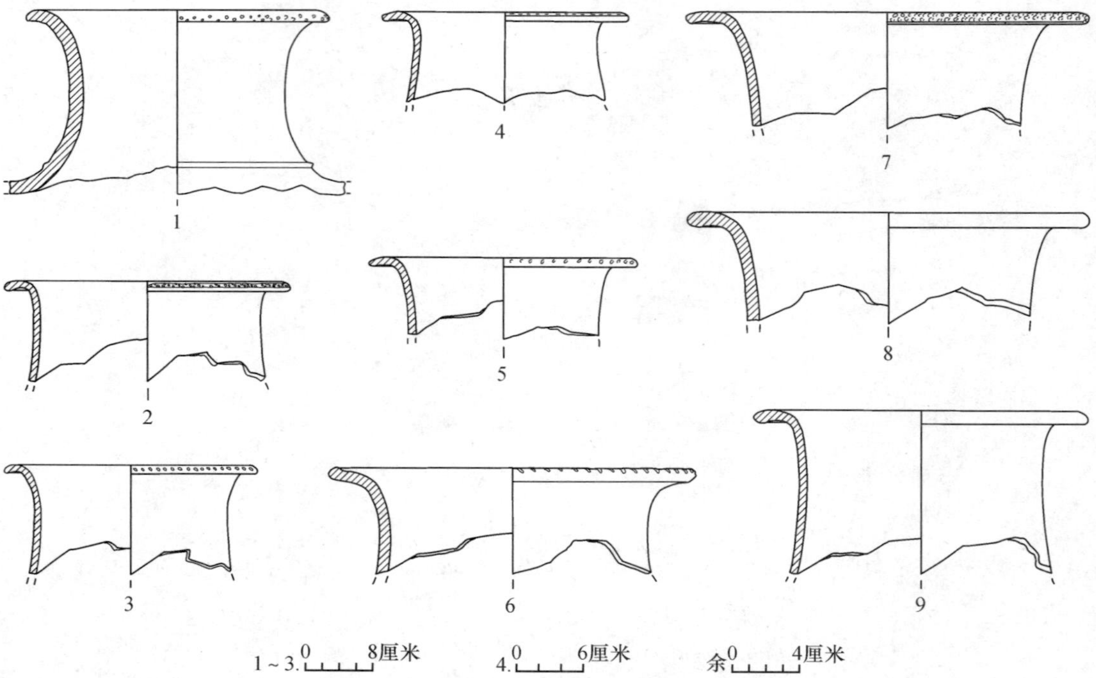

图七　新石器时代陶高领壶

1. ⅡT3⑥：23　2. ⅡT3③：37　3. ⅡT3③：39　4. ⅡT3④：14　5. H2：8　6. ⅡT3⑤：2　7. H9：2　8. H9：3　9. H2：6

A型　6件。花边口。ⅡT3③：20，夹砂红褐陶。折沿，方唇。口唇上缘施一周戳印纹，器表施斜向滚印细绳纹。口径36、残高6.5厘米（图八，2）。ⅡT3⑤：8，夹砂黑褐陶。敞口，折沿。唇部饰齿状小花边，口沿外侧折棱不明显，器表施斜向滚印绳纹，纹饰较浅（图八，5）。ⅡT3⑤：9，夹砂红褐陶。敞口，折沿。沿面微内凹，唇部饰齿状小花边，腹部施刻划纹。口径20、残高4.8厘米（图八，6）。H9：4，夹砂灰褐陶。敞口，折沿。沿面微凹，唇部饰齿状小花边，口沿外侧上部施4道横向刻划纹，下部及腹部为斜向刻划纹，上施横向弦纹。口径22、残高6.6厘米（图八，7）。ⅡT3⑤：1，夹砂红褐陶。敞口，折沿。沿面微内凹，唇部饰齿状小花边，腹部刻划两道弦纹，弦纹上部施斜向刻划纹交错形成的平行折线纹，弦纹中间施竖向滚印的绳纹。口径18、残高10厘米（图八，8；图版二八，1）。H2：17，夹砂黑褐陶。折沿，方圆唇。沿面微凹，唇部饰齿状小花边，口沿上部略厚，系外侧贴接而成，贴接处下部形成一周凸棱，棱上施压印纹，口沿下部及腹部施横向平行的绳纹。口径22、残高9.4厘米。

B型　3件。素口。ⅡT3③：19，夹砂黑褐陶。敞口，折沿，方唇。唇面施一周凹弦纹。器表遍施斜向刻划纹。口径20、残高4厘米（图八，4）。ⅡT3③：23，夹砂红褐陶。折沿，方唇，斜腹。唇面中部施一周凹弦纹，口沿内、外侧折棱均不甚明显，器表通施斜向刻划纹交错构成的小菱格纹。口径20、残高3.4厘米（图八，3）。ⅡT3⑥：4，夹砂红陶。折沿，尖圆唇，瘦腹。口沿外侧折棱不明显，在折棱处施一周箍带纹，其下2厘米处亦施一周箍带纹，器身遍施斜向刻划纹。口径34、残高7.6厘米（图八，1）。

钵　1件。G1：1，泥质灰陶。圆唇，敛口，鼓腹斜收，平底微内凹。器表素面。口径17、

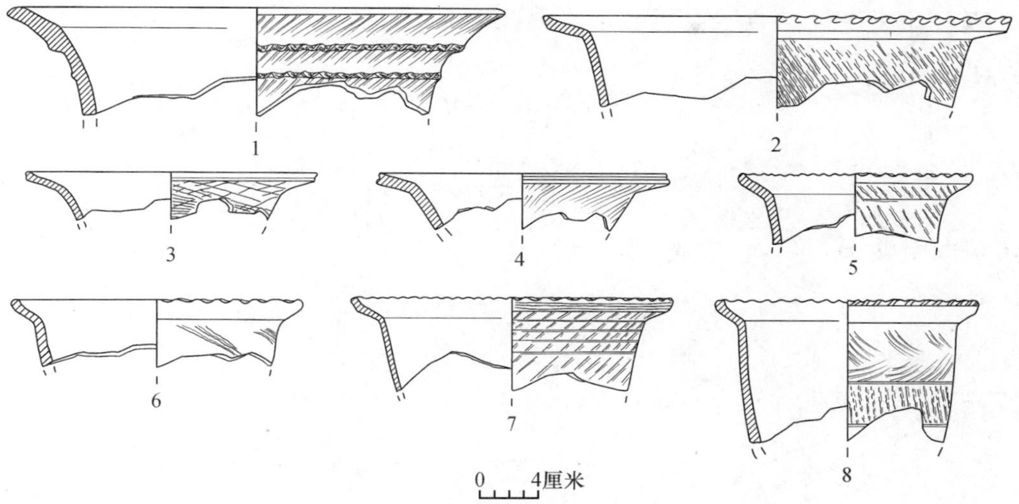

图八 新石器时代陶折沿罐

1、3、4. B型（ⅡT3⑥：4、ⅡT3③：23、ⅡT3③：19） 2、5～8. A型（ⅡT3③：20、ⅡT3⑤：8、ⅡT3⑤：9、H9：4、ⅡT3⑤：1）

底径7.8、高5.4厘米（图九，4；图版二八，3）。

盘 1件。ⅡT3③：2，泥质灰陶。敞口，圆唇，斜弧腹，平底。素面。口径24.3、底径9、高17厘米（图九，7；图版二八，4）。

折腹盆 1件。ⅡT3④：15，泥质黑皮陶。沿面微卷，方圆唇，束颈，折腹，下腹斜弧，底残。口径28、残高5.3厘米（图九，10）。

豆 4件，均为泥质陶，包括3件豆盘、1件豆柄。

豆盘 3件。ⅡT3④：20，泥质灰陶。敛口，尖圆唇，腹微鼓，下腹斜收，底残。口径26、残高5.6厘米（图九，3）。ⅡT3⑥：15，泥质灰褐陶。敛口，圆唇，斜弧腹，底残。口径22、残高7厘米（图九，5）。ⅡT3⑤：13，泥质灰褐陶。敞口，圆唇，斜弧壁，底残。口径24、残高5.8厘米（图九，6）。

豆柄 1件。ⅡT3⑥：22，泥质黑皮陶，黑皮脱落严重。残存柄部，豆柄柱状。可见两层椭圆形镂孔，镂孔错落分布。柄径8.2、残高11.8厘米（图九，9）。

器盖 3件，均为夹砂陶。根据纽部的特征分为二型。

A型 1件。圈纽近直。ⅡT3⑥：1，夹砂红褐陶。微敞口，口沿略内折，方唇，斜弧壁，圈纽极浅。纽上部有压印形成的花边，器身施多道横向平行的刻划纹。口径26、顶径9.6、高6.4厘米（图九，8；图版二八，5）。

B型 2件。圈纽外卷。ⅡT3③：107，夹砂红褐陶。圈纽略高，外卷。盖身残，可见一周箍带纹。顶径10.8、残高6厘米（图九，1）。ⅡT3⑥：2，夹砂红褐陶。仅余圈纽，圈纽略高，外卷。素面。顶径10、残高3.4厘米（图九，2）。

平底器底 19件，其中夹砂陶9件，泥质陶10件。ⅡT3④：26，夹砂红褐陶。斜弧腹，平底，底部较厚。腹部及器底遍施刻划纹，腹部刻划纹交错形成菱格纹。底径8.8、残高14厘米（图一〇，1；图版二八，6）。H2：42，夹砂红褐陶。下腹部斜直，平底。器表施刻划纹。

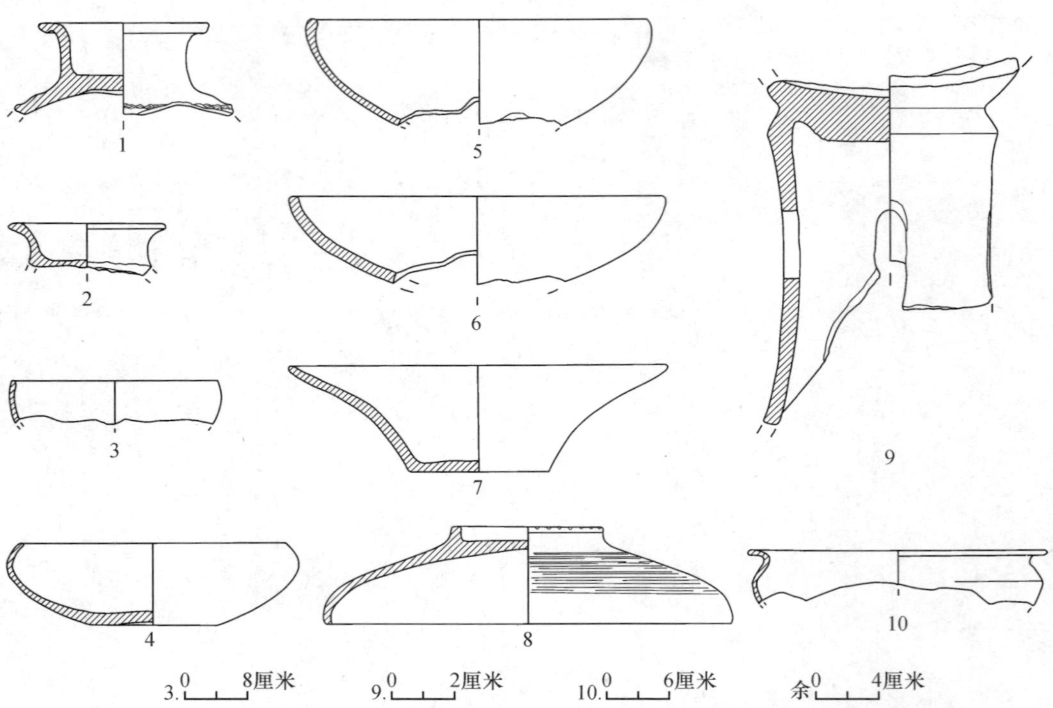

图九　新石器时代陶器

1、2. B型器盖（ⅡT3③：107、ⅡT3⑥：2）　3、5、6. 豆盘（ⅡT3④：20、ⅡT3⑥：15、ⅡT3⑤：13）　4. 钵（G1：1）　7. 盘（ⅡT3③：2）　8. A型器盖（ⅡT3⑥：1）　9. 豆柄（ⅡT3⑥：22）　10. 折腹盆（ⅡT3④：15）

底径10、残高4.6厘米（图一○，2）。ⅡT3③：73，夹砂红褐陶。下腹部斜直，平底，底部较厚。下腹部施刻划纹。底径8.4、残高6厘米（图一○，3）。ⅡT3⑤：14，泥质黑皮陶。下腹斜弧，平底，底部略厚。器表素面。底径9.8、残高5厘米（图一○，4）。H9：11，泥质黑皮陶，黑皮脱落严重。斜弧腹，平底，底部略厚。器表素面。底径8、残高6.4厘米（图一○，5）。ⅡT3③：100，泥质灰陶。下腹部斜直，平底，底部较厚。器表素面。底径12、残高12厘米（图一○，6）。

2. 石器

石器多为磨制石器，系用砾石打片后经修理磨制而成，器形有斧、锛、网坠、球。另在遗址中，还发现数量较多的半成品或次品，在石片上发现打磨痕迹，但尚未成形。

斧　数量较多，均为磨制。ⅡT3⑥：3，青灰色。通体磨制。平面略呈舌形，圆弧背，两侧壁斜直，刃部残缺。残长7.4、宽4.4、厚1.2厘米（图一一，6）。ⅡT3④：3，青灰色。平面呈舌形，弧形顶，两侧壁斜直，有多处修理疤痕。中锋，刃部磨制，两侧残。长8.4、宽5、厚1.2厘米（图一一，7；图版二七，6）。采：27，灰黑色。平面呈舌形，斜弧背，两侧壁斜直。刃部磨制，弧形刃，中锋。长9、宽4、厚1.5厘米（图一一，8）。ⅡT3③：119，青灰色。平面呈舌形，背部残缺。两侧壁斜直，有多处修理疤痕。弧形刃，中锋，较钝。残长8.5、宽5.7、厚3厘米（图一一，9；图版二七，5）。

锛　1件。H9：1，青绿色。平面略呈梯形，通体磨制。顶部和刃部皆有刃，顶微斜弧，刃

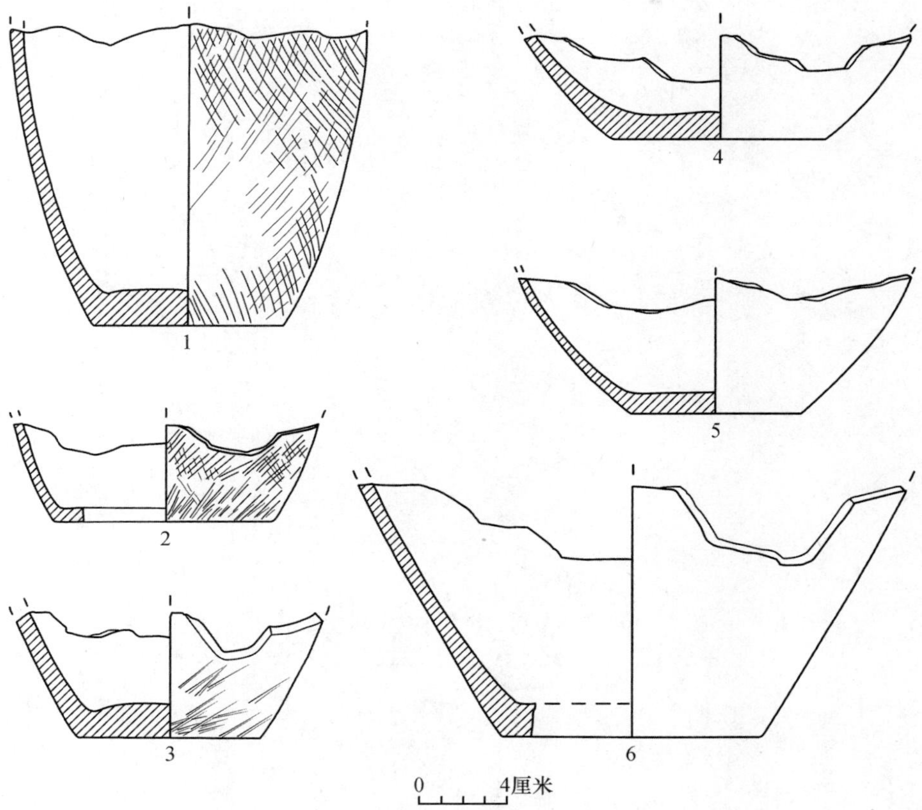

图一〇　新石器时代陶平底器底

1. ⅡT3④：26　2. H2：42　3. ⅡT3③：73　4. ⅡT3⑤：14　5. H9：11　6. ⅡT3③：100

微弧，侧锋。长5.4、宽3.2、厚0.7厘米（图一一，3；图版二七，4）。

网坠　3件。黑色。平面呈“凹”字形，系沿小砾石两侧向内打磨而成，其中一侧较平直，一侧明显内凹。截面为长椭圆形。ⅡT3③：1，长6.2、宽3.3、厚2厘米（图一一，4；图版二七，1）。ⅡT3④：1，长6.2、宽3.5、厚1.8厘米（图一一，5；图版二七，2）。ⅡT3⑤：4，残存半截。残长4.4、宽3.9、厚1.4厘米。

球　2件。暗红色石皮，椭圆形，表面较粗糙。ⅡT3④：2，长径4、短径3.5厘米（图一一，1）。ⅡT3③：111，长径4.6、短径4.2厘米（图一一，2；图版二七，3）。

四、汉代文化遗存

此次发掘的汉代遗存主要为4座墓葬，其中M1～M3位于Ⅰ区，M4位于Ⅱ区。由于人类生产活动的破坏及长江三峡蓄水后江水的冲刷，4座墓葬均遭到不同程度的破坏。

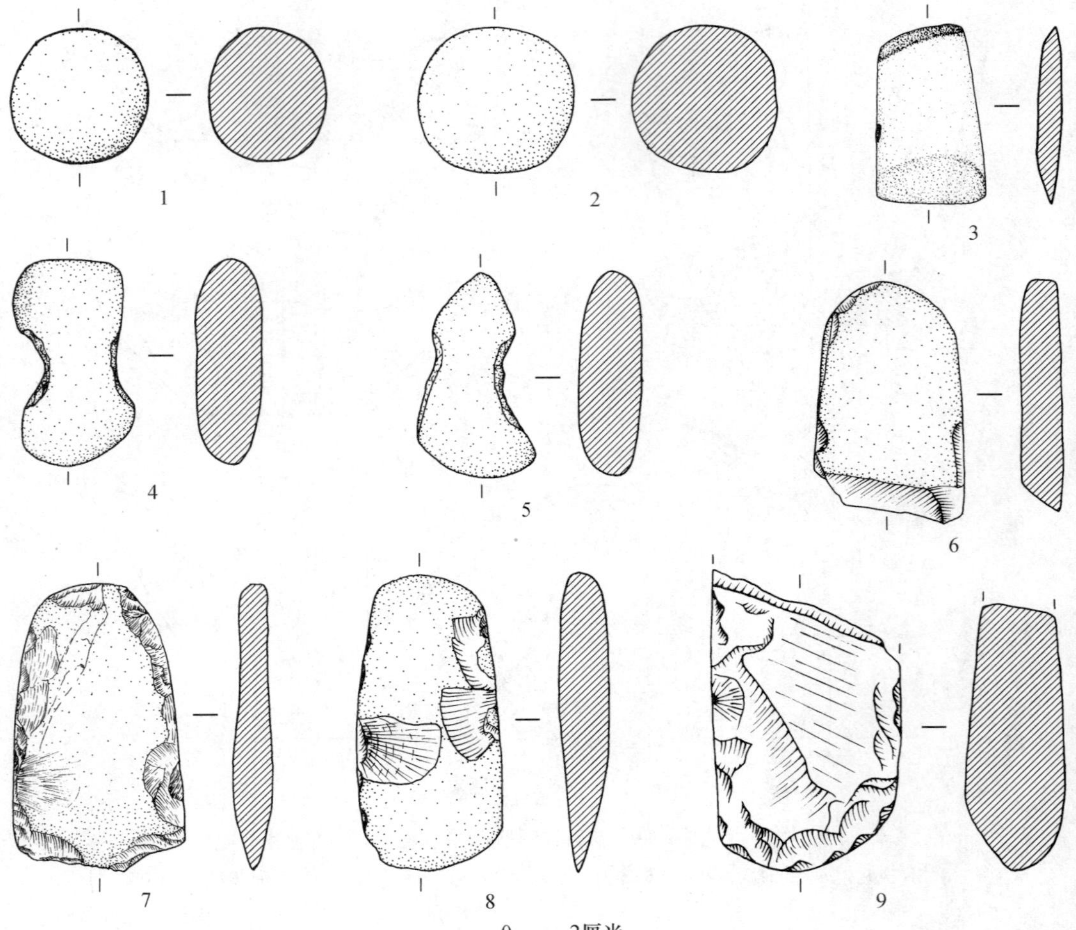

图一一 新石器时代石器

1、2. 球（ⅡT3④：2、ⅡT3③：111） 3. 锛（H9：1） 4、5. 网坠（ⅡT3③：1、ⅡT3④：1） 6~9. 斧（ⅡT3⑥：3、ⅡT3④：3、采：27、ⅡT3③：119）

（一）M1

1. 墓葬形制

M1位于Ⅰ区T1中部及东部，其东南部约3.3米处为M3。叠压于第1层下，打破生土。墓向39°。墓葬在企业开发平场的过程中遭到严重破坏，仅余墓葬底部。墓葬平面呈刀形，由甬道和墓室组成，甬道东北部被断坎破坏。墓室呈长方形，长3.28、宽3.16、残高0.15米；甬道呈长方形，偏于墓室一侧，残长1.64、宽1.84米（图一二）。墓室底部以长方形菱形几何纹砖通缝横向平铺，部分区域铺地砖不全。墓壁残存1~2层砖，由长方形菱形几何纹砖错缝平砌。墓壁与墓底的花纹砖尺寸和纹饰相同，长40、宽16、厚8厘米（图一三）。墓室内有少量填土，填土为黄褐色花土，土质较疏松，发现少量泥质红陶碎片。

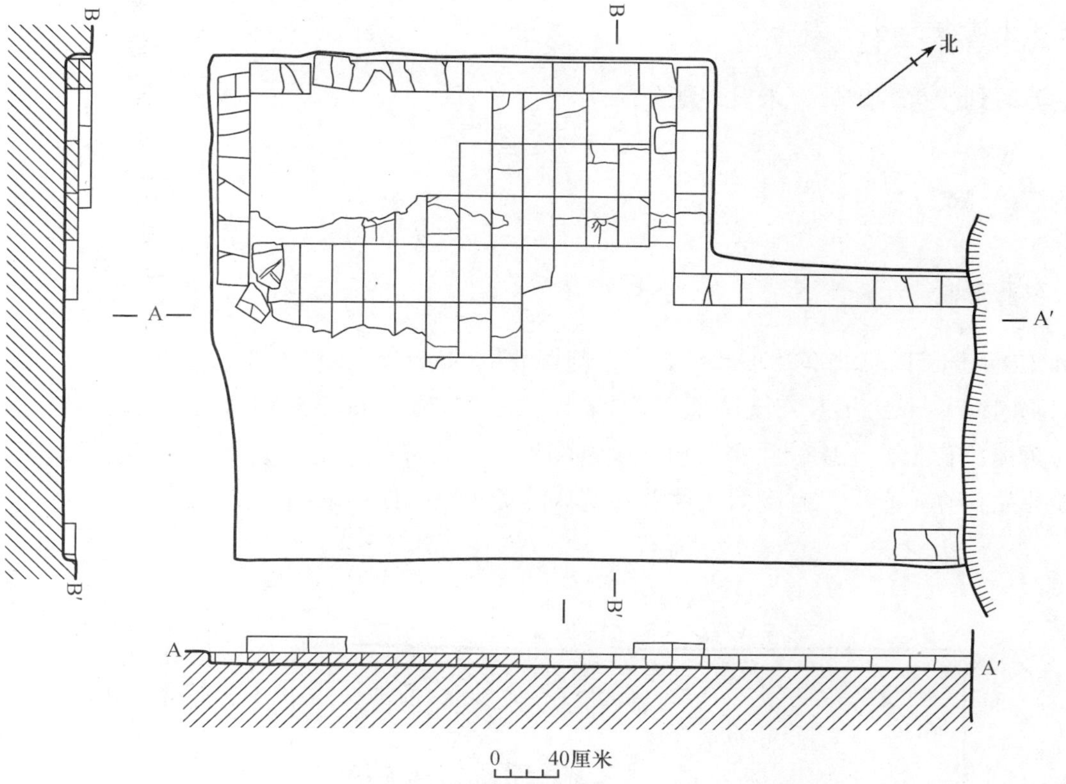

图一二 M1平、剖面图

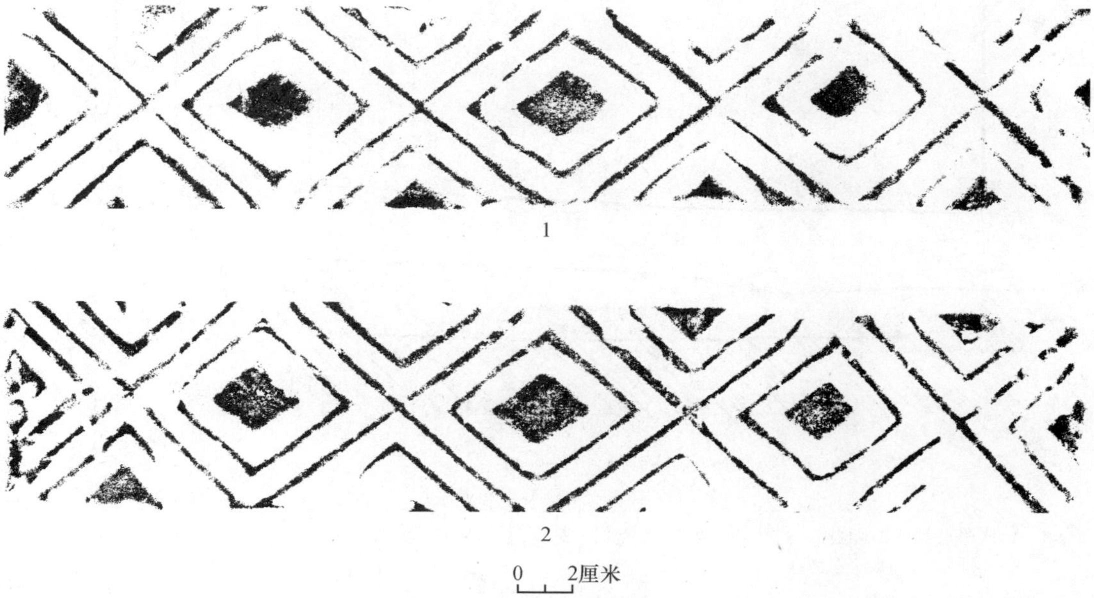

图一三 M1墓砖纹饰拓片
1. M1：01 2. M1：02

2. 出土遗物

墓葬遭到严重的破坏，未发现随葬品。

（二）M2

1. 墓葬形制

M2位于Ⅰ区T2东北部及东部扩方内，与西北部的M2相距约0.35米。叠压于第2层下，打破生土。墓向50°。长方形竖穴土坑墓，长3.4、宽2.2～2.36、深0.2～0.4米。未发现葬具和人骨。填土为黄褐色花土，土质较致密，包含少量陶片。地表曾被大型机械碾压过，随葬品多破碎，出土随葬品14件（套），有陶器、铁器和铜器三类（图一四；图版二六，2）。

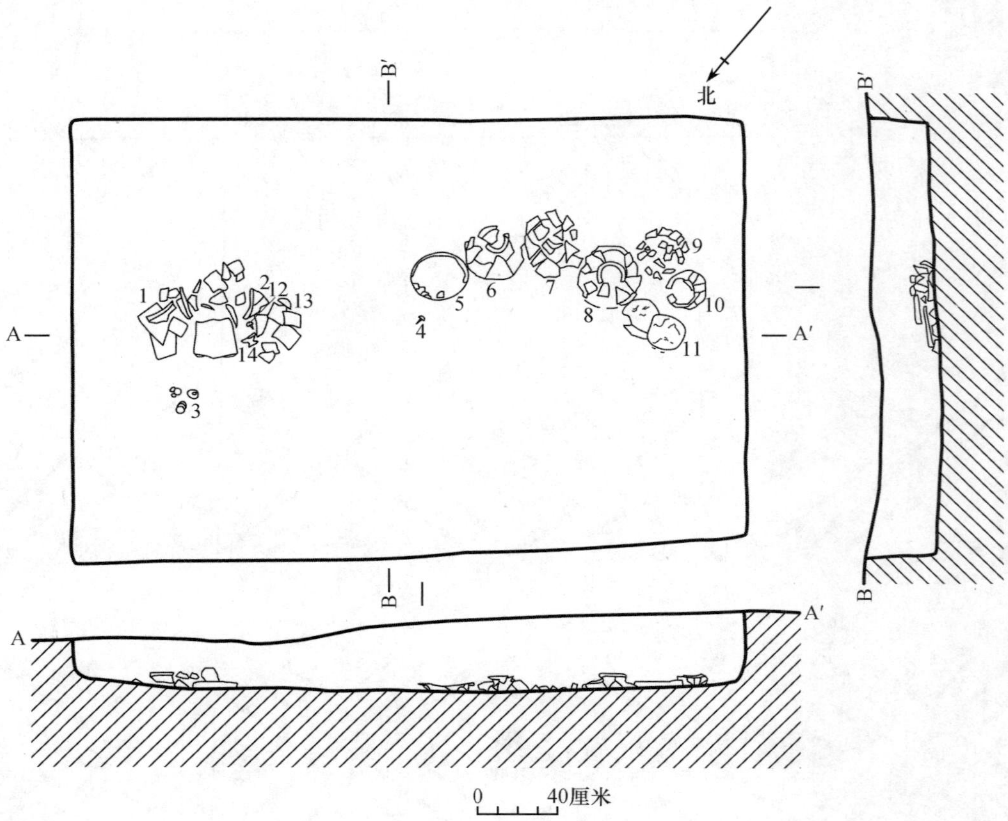

图一四　M2平、剖面图

1、6. 陶平底罐　2. 陶缸　3. 铜钱　4、12. 铜泡钉　5. 铜盆　7～10. 陶圜底罐　11. 铁器　13. 铜镜　14. 陶豆

2. 出土遗物

（1）陶器

共8件。包括罐、缸、豆三类。

罐　6件，包括圜底罐4件、平底罐2件。

圜底罐 4件。均为泥质灰陶。M2：9，口部残，束颈，溜肩，鼓腹，斜腹下收，凹圜底。肩部以下饰绳纹。腹径32、残高21.6厘米（图一五，2）。M2：10，口部残，肩微折，斜腹下收，圜底。素面。腹径19、残高11.8厘米（图一五，4）。M2：8，侈口，平折沿，尖圆唇，短颈，肩微折，斜腹下收，圜底。肩部饰多道弦纹及竖向绳纹，肩部以下饰绳纹。口径15.2、腹径27.2、高20.4厘米（图一五，5）。M2：7，口微敛，平折沿，尖圆唇，短颈，溜肩，鼓腹，底部残。肩部及上腹部饰多道竖向绳纹，下腹部饰斜向绳纹。口径23、腹径46.4、残高28.2厘米（图一五，7）。

平底罐 2件，均为泥质灰陶。依据陶器底部特征，可分二型。

A型 1件。小平底罐。M2：1，侈口，方唇，短颈，溜肩，鼓腹斜收，小平底。口沿外侧有两道凹弦纹，腹中部饰绳纹。口径33.4、腹径55、底径20、高43.5厘米（图一五，8）。

B型 1件。大平底罐。M2：6，小口，圆唇，短颈，广肩，鼓腹斜收，大平底。肩部及口沿涂有红色颜料，肩部饰二道弦纹，肩部浅刻小菱格纹。口径11.4、腹径27.2、底径18、高19.6厘米（图一五，6）。

缸 1件。体形高瘦。M2：2，夹粗砂灰陶，火候较高，其中肩部以上为红褐色。折沿，圆唇，束颈，溜肩，直筒腹，圜底。肩部以下饰多道弦纹，弦纹间饰戳印纹及绳纹。口径20、腹径33.4、高35.6厘米（图一五，3）。

豆 1件。M2：14，泥质灰陶。盘状，敞口，圆唇，矮柄，喇叭足外撇。口径12.8、足径6、高5.3厘米（图一五，1）。

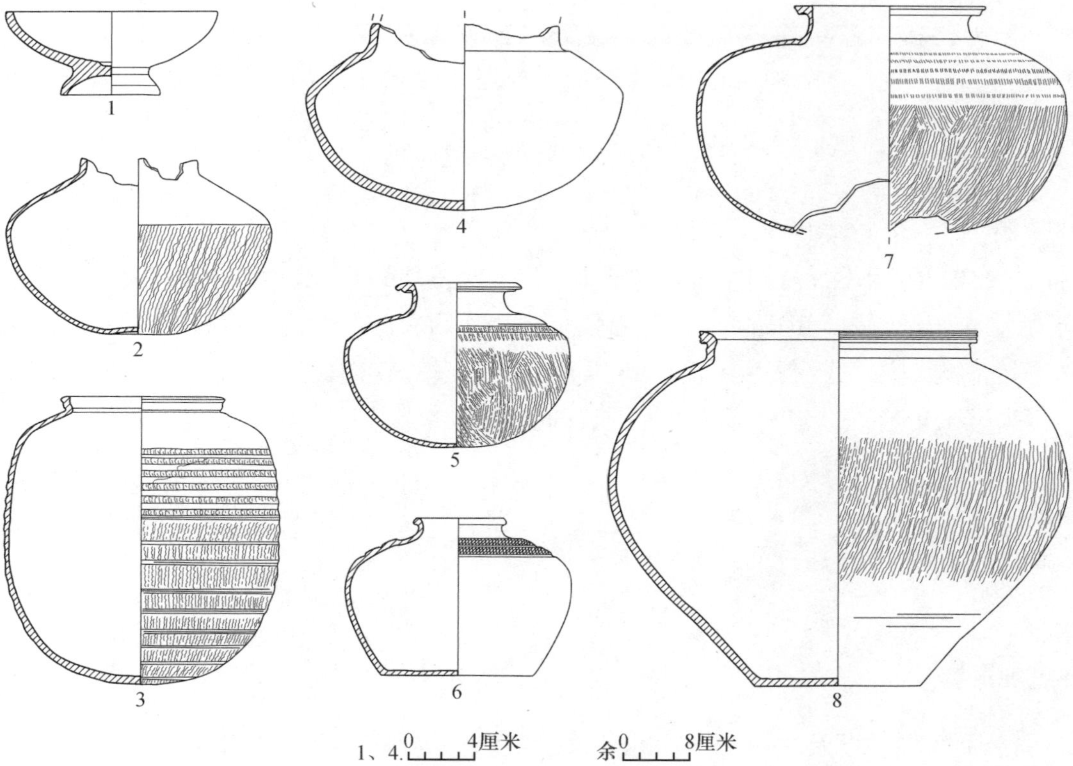

图一五 M2出土陶器

1. 豆（M2：14） 2、4、5、7. 圜底罐（M2：9、M2：10、M2：8、M2：7） 3. 缸（M2：2） 6. B型平底罐（M2：6） 8. A型平底罐（M2：1）

（2）铁器

发现1件，M2：11。锈蚀严重，器形不详。

（3）铜器

发现5件（套）。器形有盆、泡、镜、钱币。其中盆（M2：5）锈蚀严重，无法修复。

泡钉　2件。形制、大小相同。半球面形，中空，下垂钉。帽径1.8、通高2.2厘米。M2：4，器表鎏金（图一六，2）。M2：12，球面锈蚀，呈铜绿色（图一六，3）。

镜　1件。M2：13，残，仅余半个，正面较为粗糙，背面光滑，呈银白色。中部的纽不存，纽外为一大方格铭文带环绕，顺读“见……下大明”，纽座外方格的四角各出一支草叶纹，将空处分为四区，每区以乳钉为中心，长出五叶草。外区为一周实心内向连弧。铜镜直径10.5、残宽4.5、厚0.1~0.3厘米（图一六，1）。

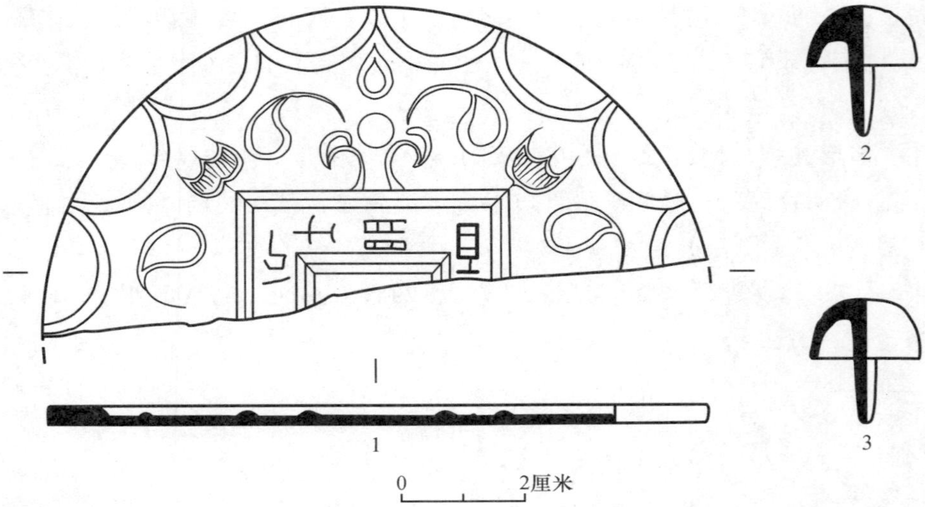

图一六　M2出土铜器

1. 镜（M2：13）　2、3. 泡钉（M2：4、M2：12）

钱币　M2：3，8枚。有半两、五铢两种。半两发现4枚，其中2枚保存较完整。半两肉厚薄均匀。穿为正方形，正面较大，背面较小，“半两”两字较高。直径2.8~3.2、穿径0.8~1厘米。五铢发现4枚，3枚保存完整，外郭明显，背面均有内郭。“五”字交股两笔稍曲，“金”字头呈三角形，“朱”旁转折生硬，四点较短。直径2.5、穿径1.1、郭厚0.15厘米（图一七）。

（三）M3

1. 墓葬形制

M3位于Ⅰ区T2北部及T1南部，西北部被G2打破，与东南部的M2相距约0.35米，与西北部的M1相距约3.3米。叠压于第2层下，打破生土。墓向42°。长方形竖穴土坑墓，口大底小，墓壁斜直，墓底平。墓葬头尾有生土二层台，头部二层台宽0.18、高0.55米，尾部二层台宽0.4、

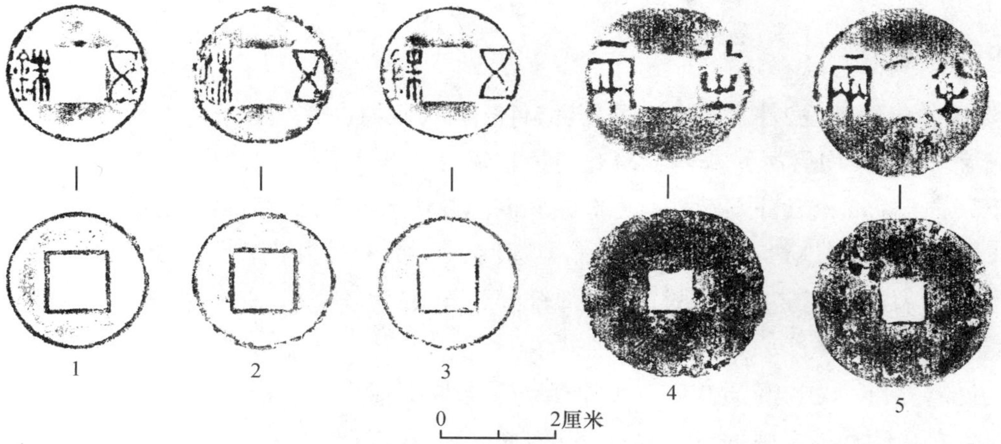

图一七 M2出土钱币拓片

1～3. 五铢钱（M2：3-1、M2：3-2、M2：3-3） 4、5. 半两（M2：3-5、M2：3-6）

高0.88米。墓口长4.24、宽2.7米，墓底长3.38、宽2.36米。墓葬早期被盗，未发现葬具，在墓底东部发现一块粉化的骨渣，在墓底中部残留红色漆皮痕，疑为棺椁漆皮（图一八）。填土为黄褐色黏土，土质较致密，已遭扰动，包含较多泥质灰陶片。

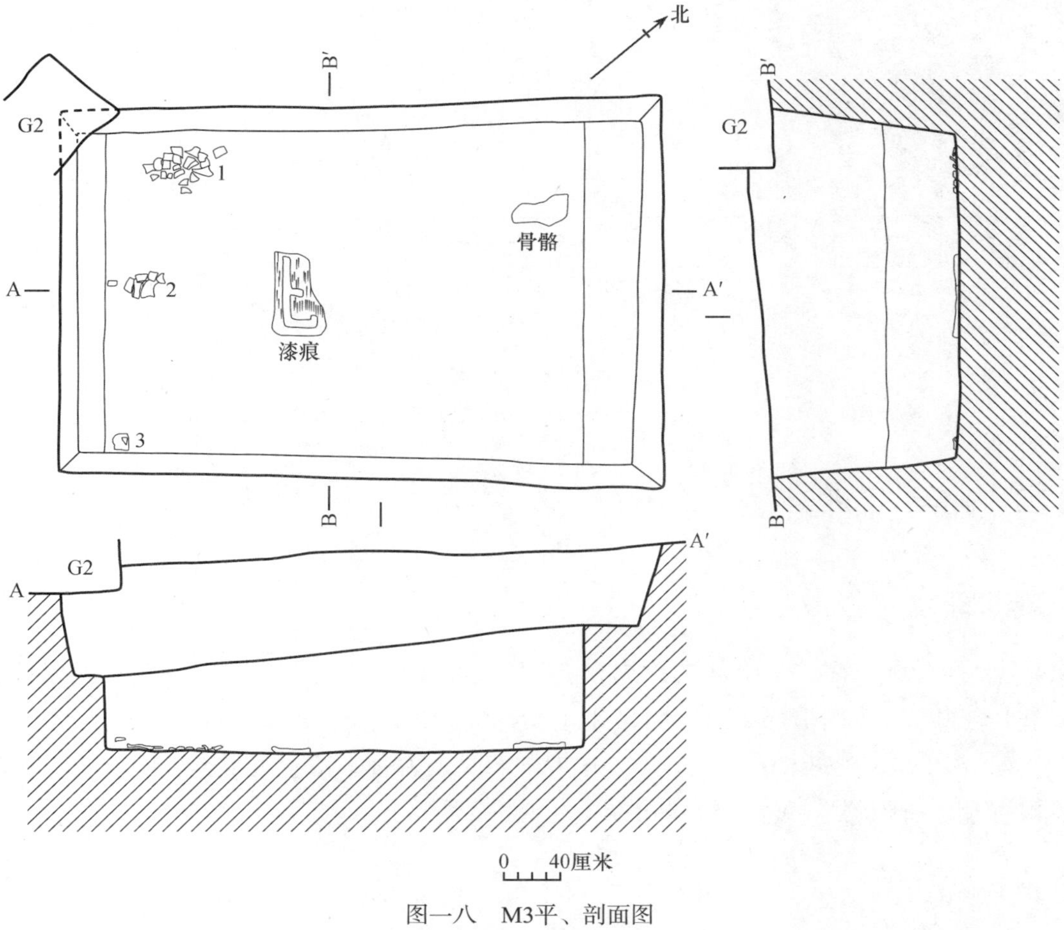

图一八 M3平、剖面图

1、2. 陶圜底罐 3. 陶钵

2. 出土遗物

M3填土中出土器物2件，墓底随葬器物3件，均为陶器，介绍如下。

圜底罐　2件，均为泥质灰陶。M3：1，口微敛，平折沿，尖圆唇，束颈，溜肩，鼓腹，中腹以下残。肩部饰二道凹弦纹，腹部饰一道凹弦纹，弦纹下部饰绳纹。口径15、残高11.4厘米（图一九，4）。M3：2，口微敛，尖圆唇，平折沿，外沿微卷，短束颈，溜肩，斜腹下收，圜底。肩部饰三道竖向绳纹，腹部饰绳纹至底。口径17.2、腹径32.8、高27厘米（图一九，1）。

瓮　1件。M3：02，泥质灰陶。口微敛，尖圆唇，短束领，溜肩，鼓腹下收，底部残。肩部以下饰竖向绳纹和横向弧线纹。口径25.6、腹径51.2、残高32厘米（图一九，3）。

盆　1件。M3：01，泥质灰陶。直口，宽平沿，外沿微向下卷，斜腹较深，平底。上腹部有一道凸弦纹。口径36.4、底径19、残高28厘米（图一九，2）。

钵　1件。M3：3，泥质灰陶。敞口，尖圆唇，折腹下收，平底。唇沿饰一周凹弦纹。口径19.2、底径6.4、高6厘米（图一九，5）。

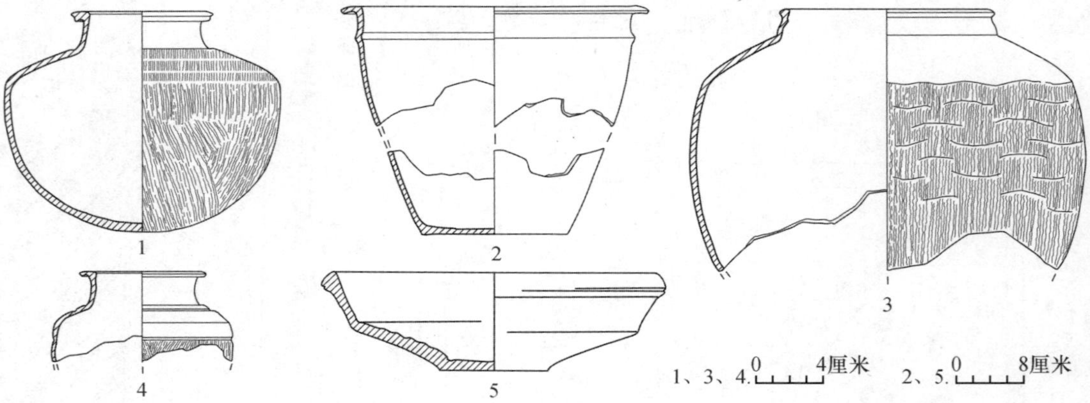

图一九　M3出土陶器

1、4. 圜底罐（M3：2、M3：1）　2. 盆（M3：01）　3. 瓮（M3：02）　5. 钵（M3：3）

（四）M4

1. 墓葬形制

M4位于Ⅱ区T5东部，东南部被Y1打破，因江水冲刷，墓底西南部部分随葬器物暴露于断坎上。叠压于第7层（明清层）下，打破生土。墓向130°。长方形竖穴土坑墓，口底同大。长2.6、宽1.4、深0.24～0.66米（图二〇）。未发现葬具及人骨。填土黄褐色，土质较疏松。墓底随葬品被扰乱，有陶器、铁器、铜器14件（套）。

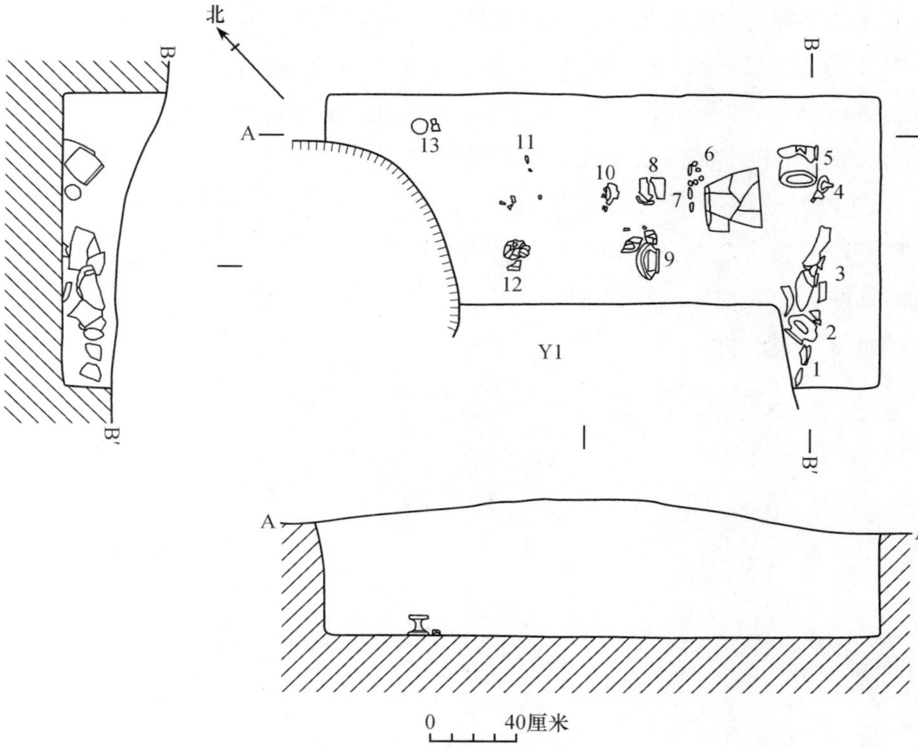

图二〇 M4平、剖面图

1、2、9、12. 陶平底罐 3. 陶甑 4. 陶熏炉座 5. 陶井 6. 铜钱币 7、8. 铁器 10. 陶井台模型 11. 铜扣饰 13. 陶灯 14. 陶盒

2. 出土遗物

（1）陶器

共10件（套）。器型有平底罐、甑、灯、熏炉座、盒、井、井台模型。

平底罐 4件。均为泥质灰陶。M4：1，侈口，尖圆唇，短颈，溜肩，鼓腹，平底。肩部饰二道弦纹及一周压印纹。口径10.6、腹径16.7、底径8、高12.4厘米（图二一，7）。M4：2，侈口，圆唇，卷沿，短领，溜肩，鼓腹，平底。肩部饰二道弦纹及一周压印纹。口径10.6、腹径16、底径8、高12厘米（图二一，6）。M4：12，侈口，尖圆唇。短颈，溜肩，鼓腹，平底。肩部饰二道弦纹及两周压印纹。口径10.8、腹径17.6、底径7、高15.2厘米（图二一，9）。M4：9，口微敛，圆唇，短束颈，折肩，鼓腹，斜腹下收，平底。颈部饰一道凹弦纹。口径10.8、腹径17.2、底径8.2、高12.8厘米（图二一，8）。

甑 1件。M4：3，泥质灰陶。侈口，尖圆唇，平折沿，口沿较窄，弧腹，平底。腹上部饰一道竖向绳纹及三道凹弦纹，腹下部饰菱形几何纹和平行刻划纹，底部有11个箅孔。口径41.6、底径20、高23厘米（图二一，5）。

灯 1件。M4：13，低温铅釉陶，泥质红胎，外施酱釉。灯盘敞口，方唇，盘较浅，内底为平底。柱状柄，喇叭形座。口径11.6、底径9.6、通高11.5厘米（图二一，2）。

熏炉座 1件。M4：4，低温铅釉陶，泥质红胎，外施酱釉。子母口，浅盘，柱状粗柄较矮，喇叭状圈足。无盖。口径11.6、底径9.8、通高10.3厘米（图二一，1）。

盒　1件。M4∶14，低温铅釉陶，泥质红胎，外施酱釉。直口微敛，方唇，折腹，平底内凹。上腹饰一周凹弦纹。口径17.8、底径5.6、高6.4厘米（图二一，3）。

井　1套。M4∶5，泥质灰陶，轮制。敛口，口沿略微倾斜，圆唇，折肩，筒形腹，平底。腹部有多道轮制留下的旋转凸凹纹，腹中部饰三道凹弦纹。口径13、腹径20.4、底径13、高18.6厘米。罐内底部放置一小罐，应为打水用。敞口，圆唇，束颈，溜肩，斜腹内收，小平底。口径4、腹径4.8、底径2.2，高4.6厘米（图二一，10）。

井台模型　1件。M4∶10，泥质灰陶。“井”字形，残，仅余一小部分。正面用细线刻画“井”字形，背面有凸起井圈一周。残长12.4厘米（图二一，4）。

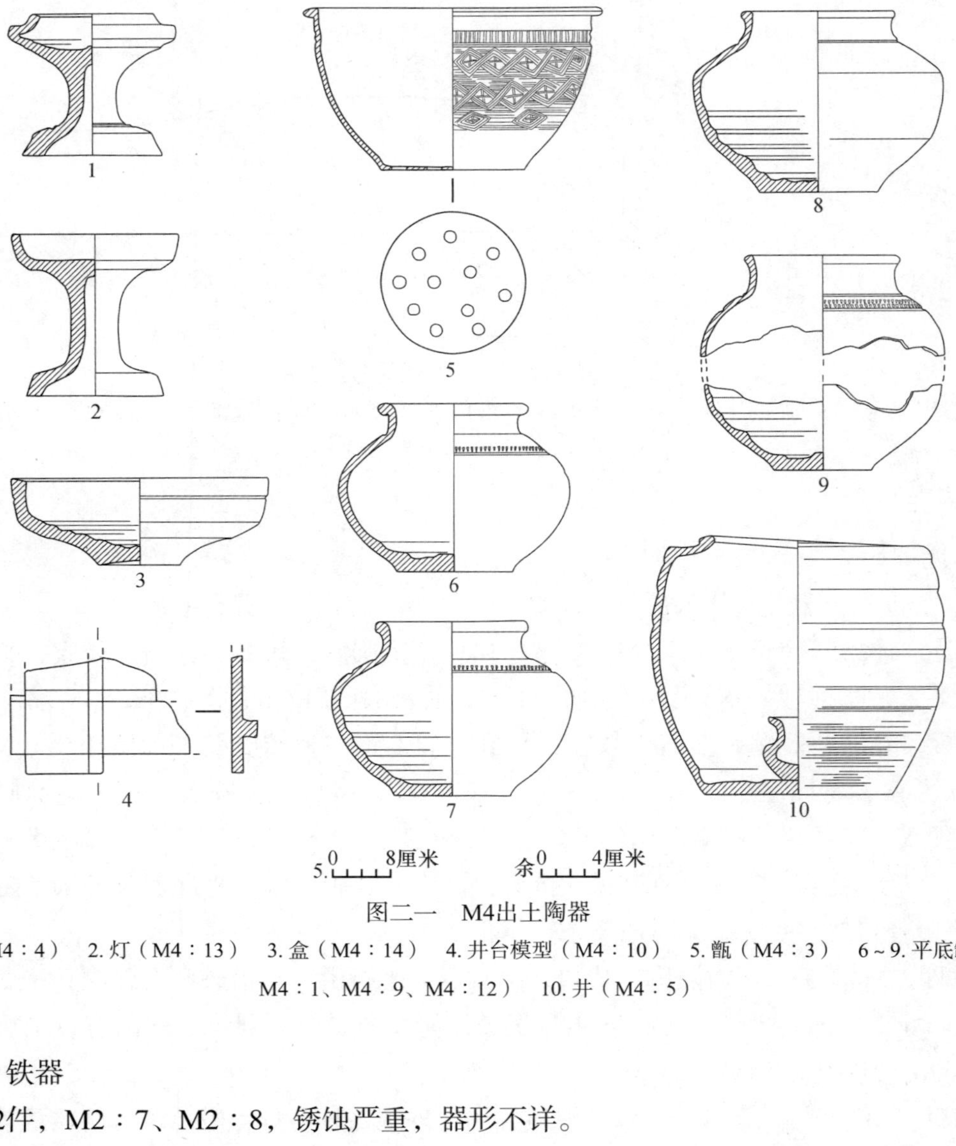

图二一　M4出土陶器

1. 熏炉座（M4∶4）　2. 灯（M4∶13）　3. 盒（M4∶14）　4. 井台模型（M4∶10）　5. 甑（M4∶3）　6～9. 平底罐（M4∶2、M4∶1、M4∶9、M4∶12）　10. 井（M4∶5）

（2）铁器

发现2件，M2∶7、M2∶8，锈蚀严重，器形不详。

（3）铜器

发现2件（套），器形有铜扣饰、钱币。

扣饰　1件。M4∶11，沿面弧形，截面略为梯形，表面鎏金，应是扣器。口部宽1.1、高

0.6、残长7厘米。

钱币 M4：6，11枚，均为五铢，其中6枚保存完整。外郭明显，背面均有内郭。“五”字交股两笔弯曲，“金”字头呈等腰三角形，“朱”旁转折略圆滑。边郭较厚。直径2.5、穿径1.1、郭厚0.15厘米（图二二）。

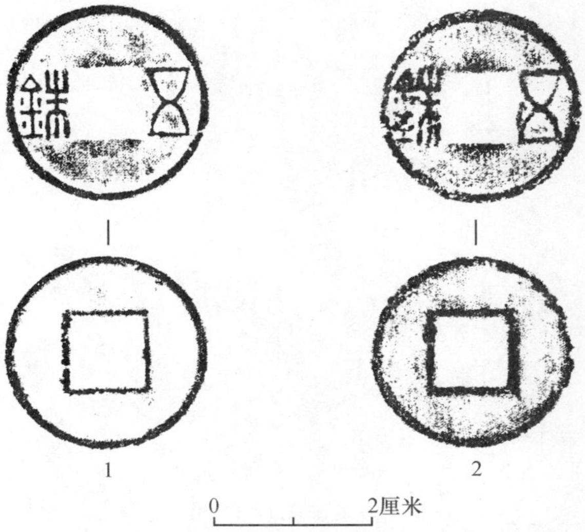

图二二 M4出土五铢钱拓片
1. M4：6-1 2. M4：6-2

五、宋代文化遗存

宋代文化遗存相对较少，主要分布于遗址Ⅱ区西部T5、T6探方内。

（一）遗迹

陶窑2座，因江水冲刷，部分窑室暴露于地表。其中Y1保存较好，Y2窑室仅余一小部分。现以Y1为例进行介绍。

Y1 位于ⅡT5东部，方向135°。叠压于第7层下，打破生土。该窑顶部、窑室西部、窑前工作面被破坏，其余部分保存较好。全长2.68、残宽1.6～1.96、残深0.8～1.5米。窑炉内壁为一层厚0.05～0.12米的青灰色烧结面，其外有一层热辐射形成的红褐色土层，厚0.04～0.1米。

窑门剖面呈长方形，上部已垮塌，西侧由两块砂岩石块砌筑，东侧未发现石板。宽0.44、残高0.5米。火膛平面略呈半月形，西侧壁面被破坏，东壁保存较好。进深0.6、宽1.4米，火膛处窑室残高1.45米。窑炉壁内侧以及火膛后壁均形成烧结面。后壁高0.42米。弧形底，底部发现较多炭屑，底面为热辐射形成的红褐色土层。窑室西部被破坏，西壁不存，东壁略呈弧形，外鼓，壁面为青灰色烧结面，较为光滑。窑床底部平整，较为光滑。南北长1.43、东西残宽

1.4～1.85米。挡火墙位于窑室北部，呈一字形，由青砖和泥土砌筑，表面形成烧结面，较为光滑。残高1.22米。挡火墙中部被破坏，余两侧靠近窑壁的部分。底部有间隔相当的五个烟道，呈竖向窄长方形，烟道用砖块砌筑，外面抹泥，形成烧结面。烟道宽0.1～0.16、高约0.25米。挡火墙与北壁之间为烟囱，烟囱平面近似梯形，宽0.2、残高1.36米（图二三）。

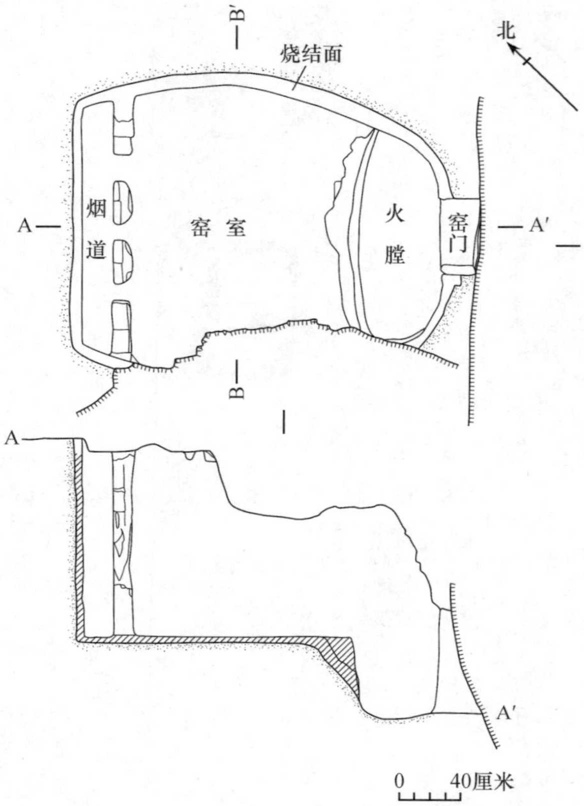

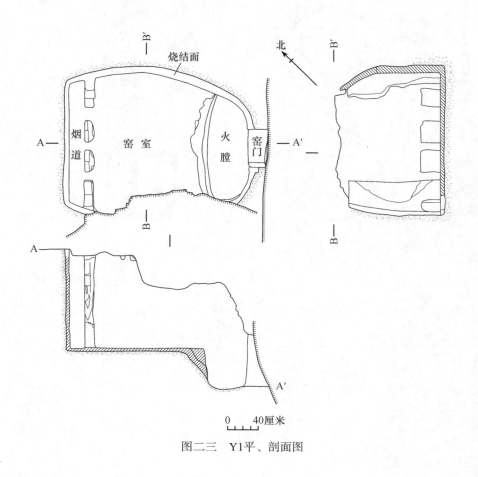

图二三 Y1平、剖面图

（二）遗物

窑内堆积物为疏松的灰土，夹杂大量红烧土块，出土较多筒瓦残片、汉代花纹砖等。窑室及火膛出土的器物有筒瓦、瓷碗、器足。

筒瓦 数量较多，未发现完整器。均为泥质灰陶，形制相同，模制。子母口，横切面呈半圆形，器表素面，内饰粗布纹。Y1：6，残长20、宽11.8、直径8.2、拱高6厘米（图二四，2）。Y1：7，残长18.2、宽11.8、直径8.6、拱高6.4厘米（图二四，1）

瓷碗 2件。Y1：8，灰白胎，釉色青白，外壁施釉不及底部。敞口，圆唇，斜弧腹，矮圈足。口径19.6、底径4、高3.8厘米（图二四，5）。Y1：1，灰白胎，釉色青白，有细小的冰裂纹，器外施釉不及底部。敞口，圆唇，斜弧腹，矮圈足。口径19.8、底径6.6、高6.4厘米（图二四，3）。

陶鼎足　残，仅余足部。Y1：3，夹砂红褐陶，足呈锥形，较瘦高，截面为椭圆形。直径1.22、残高6.5～9.9厘米（图二四，4）。

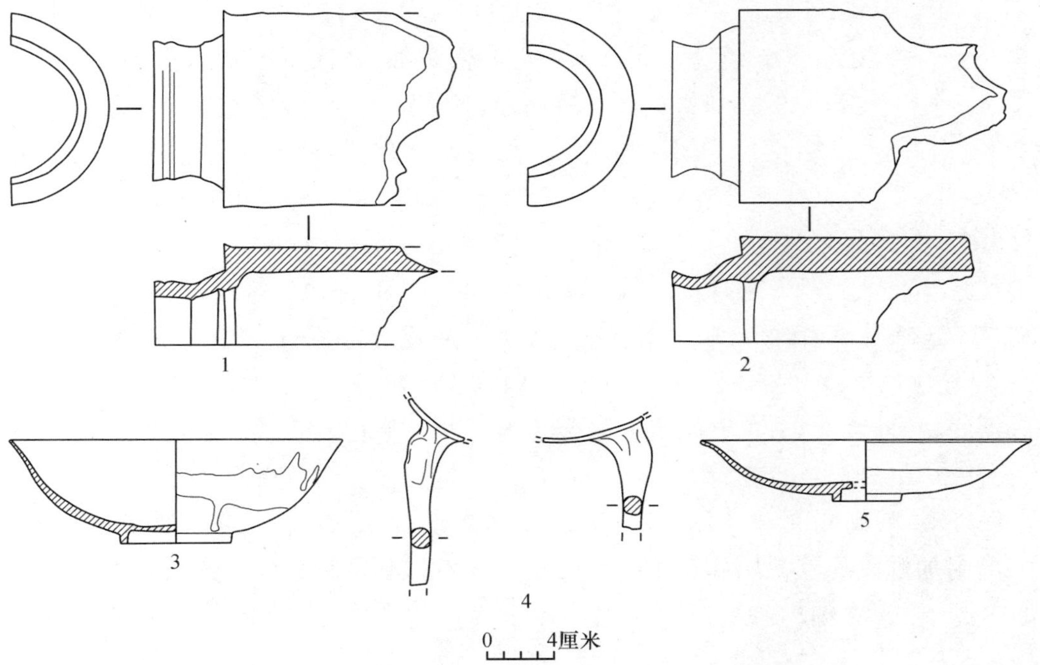

图二四　Y1出土遗物

1、2. 筒瓦（Y1：7、Y1：6）　3、5. 瓷碗（Y1：1、Y1：8）　4. 陶鼎足（Y1：3）

六、明清时期文化遗存

（一）遗迹

明清遗存在发掘区多个探方均有分布，但遗迹发现较少。共发现明清时期灰坑4个，现以H6为例进行介绍。

H6位于遗址Ⅱ区T3的北部。叠压于第2层下，打破第3层。该坑平面呈不规则形，弧形壁，圜形底。长0.6、宽0.26、深0.24米。坑内填土为黄褐色沙土，土质较硬，包含石片、灰陶残片及青花瓷碎片（图二五）。

（二）遗物

明清时期出土遗物较少，有碗、杯、器盖、罐、平底器底等。

青花瓷杯　1件。ⅡT4④：8，口腹均残，弧腹，圈足。白胎施白釉，内外壁均饰缠枝花卉纹。底径3.6、残高2.7厘米（图二六，4）。

青花瓷碗　1件。ⅡT4④：3，圆唇，敞口，斜壁微弧，平底，圈足。灰胎施青灰釉，内壁

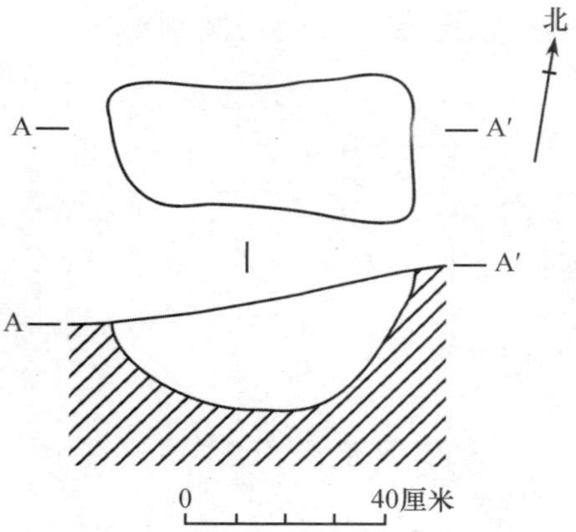

图二五　H6平、剖面图

施釉不及底，外壁饰变体梵文。口径14、底径6.8、高5厘米（图二六，1）。

瓷碗　1件。ⅡT3②：16，残存底部斜弧腹，矮圈足。灰白胎施酱黄釉，内壁不施釉，外壁施釉不及底。足径8、残高4厘米（图二六，7）。

器盖　1件。ⅡT4④：1，红褐色缸胎。子母口。盖面圆形，圆形纽，盖底中空。盖面直径10、口径4.6、通高4.4厘米（图二六，3）。

罐口沿　1件。ⅡT3②：14，口沿。侈口，方圆唇，束颈，溜肩。灰褐胎施酱釉，酱釉脱落较严重。口径11.6、残高3.6厘米（图二六，2）。

平底器底　5件。ⅡT3②：9，夹砂红陶。斜直壁，平底内凹，内施瓦楞纹。底径8、残高3.8厘米（图二六，5）。ⅡT3②：11，残存底部。红褐色缸胎。下腹斜收，平底内凹。内壁施瓦楞纹。底径8、残高4.8厘米（图二六，6）。ⅡT2②：6，斜壁，平底，底部微上凸。腹部近底处施一周附加堆纹。红褐胎施黄釉，内壁及底部不施釉。底径14、残高3.2厘米（图二六，8）。ⅡT3②：2，夹细砂红陶。下腹斜收，平底。器表素面。底径6、残高2.1厘米（图二六，9）。

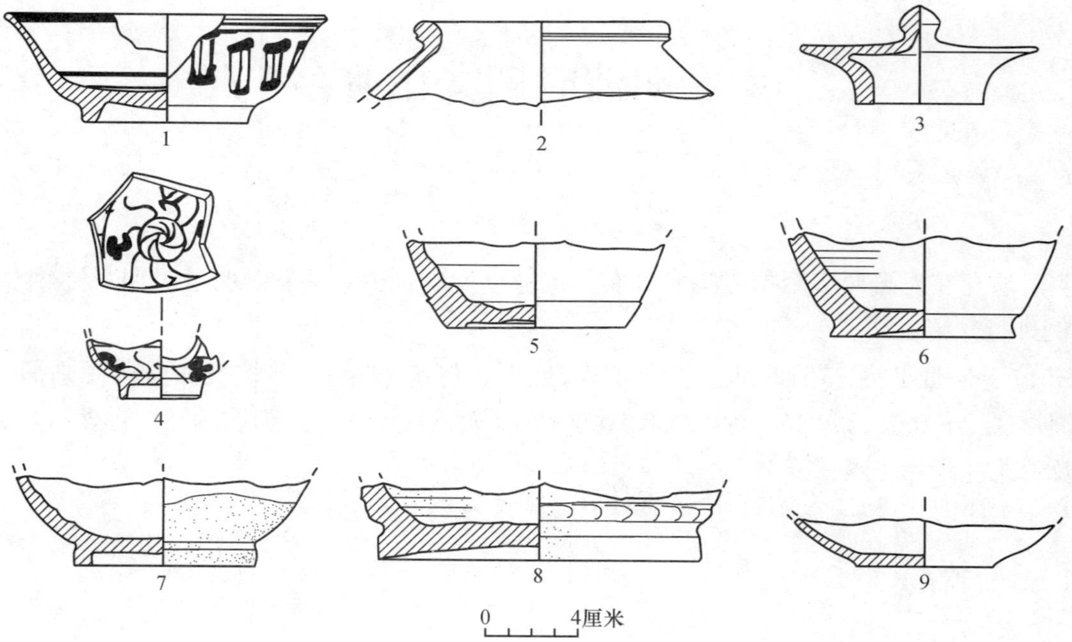

图二六　明清时期出土遗物

1、7. 青花瓷碗（ⅡT4④：3、ⅡT3②：16）　2. 罐口沿（ⅡT3②：14）　3. 器盖（ⅡT4④：1）　4. 青花瓷杯（ⅡT4④：8）
5、6、8、9. 平底器底（ⅡT3②：9、ⅡT3②：11、ⅡT2②：6、ⅡT3②：2）

七、结　　语

渠溪口墓群本次发掘的遗存内容较为丰富，有新石器时代晚期、汉代、宋代、明清4个时期的文化遗存，通过发掘我们获得了如下几点认识：

（1）新石器时代晚期文化遗存的发现是本次考古发掘的重大收获。本年度发掘的新石器时代遗存集中在发掘区的东部（Ⅱ区），出土了较为丰富的陶器、石器标本。石器一般利用天然砾石打磨而成，通体磨光者较少。陶器泥质陶多于夹砂陶，陶器制作较精细；基本器物组合为高领壶、折沿罐、钵、折腹盆、豆、器盖等；口沿形状以卷沿、折沿为主，口沿有纹饰者较为常见；黑皮陶发现较多；器底多为平底器。

从以上特征可以看出，渠溪口墓群新石器时代文化遗物与苏和坪遗址发掘的新石器时代遗物相似，时代可归入玉溪坪文化晚期。玉溪坪文化的遗存集中分布在以丰都、忠县、万州为中心的地区，在涪陵地区发现的新石器时代遗存较少，目前发现有蔺市遗址、陈家嘴遗址。本遗址的发现丰富了涪陵地区的玉溪坪文化的考古材料。同时，与中心地区的遗存相比，本遗址的玉溪坪文化遗存带有一些地域特点：其一，本遗址发现的高领壶，多为黑皮陶，且沿面多有压印纹；其二，本遗址发现的A型、B型器盖，与中心地区发现的圈纽器盖存在明显的不同；其三，本遗址发现的镂空豆柄，在发表的同时期遗址中尚未发现。

（2）汉代墓葬在该地区长江沿岸发现较多。本次发掘，共发现4座汉代墓葬。从墓葬形制看，可分为两类：第一类，宽长方形竖穴土坑墓，墓口长宽比为1.44～1.86，分别为M2～M4；第二类，刀形砖室墓，即M1。

M3墓底头尾部均有生土二层台，二层台墓在汉代时代偏早，出土陶钵（M3：3）与老鸹冲遗址（BM6：3）[1]相似，后者年代为战国末年至西汉早期，因此推测M3年代与之相当。M2出土的铜镜（M2：13），图案为简化的草叶纹镜，该类铜镜时代为西汉中、晚期[2]；钱币半两和五铢同出，五铢钱“五”字两竖相交稍曲，“朱”旁转折生硬，时代应为西汉早、中期；出土矮柄豆，参考其他地区的情况，矮柄豆出现的年代偏早；因此推测M2的时代为西汉中期。M4出土的陶器组合为罐、甑、井、灯、熏炉、盒，结合五铢钱“五”字交股两笔弯曲，“朱”旁转折略圆滑，推测M4年代为西汉中晚期。

M1为刀形砖室墓，未发现随葬器物，重庆地区的砖室墓多出现于东汉早期，因此该墓的年代为东汉时期。

（3）窑址发现2座，均为馒头窑，窑室结构清晰，由窑门、火膛、窑室、挡火墙等组成，窑内出土的主要为筒瓦（Y1、Y2）、板瓦（Y2），筒瓦、板瓦制作粗糙，说明该处窑址为宋代民间的砖瓦窑，为研究宋代窑址选址、手工业发展水平提供了重要的考古材料。

附记：本次发掘工作领队林必忠，执行领队李大地，参加本次发掘的工作人员有：马晓娇、黄广民、吕俊耀、许卫国，修复：秦少华、叶琳，绘图：朱雪莲、陈芙蓉、李凤，拓片：

黄广民、吕俊耀。本次发掘工作得到了涪陵博物馆，以及当地镇、村、社的大力支持，在此表示感谢！

执　笔：马晓娇　李大地　林必忠

注　释

［1］ 重庆市文物考古所、重庆市文物局：《忠县老鸹冲遗址（墓葬部分）发掘简报》，《重庆库区考古报告集·2000卷》（下），科学出版社，2007年。

［2］ 管维良：《中国铜镜史》，重庆出版社，2006年。

涪陵香炉滩遗址2013年发掘简报

重庆市文化遗产研究院　涪陵区博物馆

一、引　　言

香炉滩遗址位于重庆市涪陵区义和镇高峰村十组，长江北岸二级台地上，小地名香炉滩。遗址东临石嘴，南靠长江边，西至华家岩，北依马头山，地理坐标东经 107°12′45.8″，北纬 29°41′48.7″，海拔176米（图一）。遗址范围地形为缓坡与平台相结合，呈东高南低，台地中心坡度较缓，临江处为河漫滩。遗址地表原为农耕地、建筑基础，由于退耕还林，居民搬迁等原因，现地表杂草丛生和堆积的建筑弃土，原生地貌保存较差。

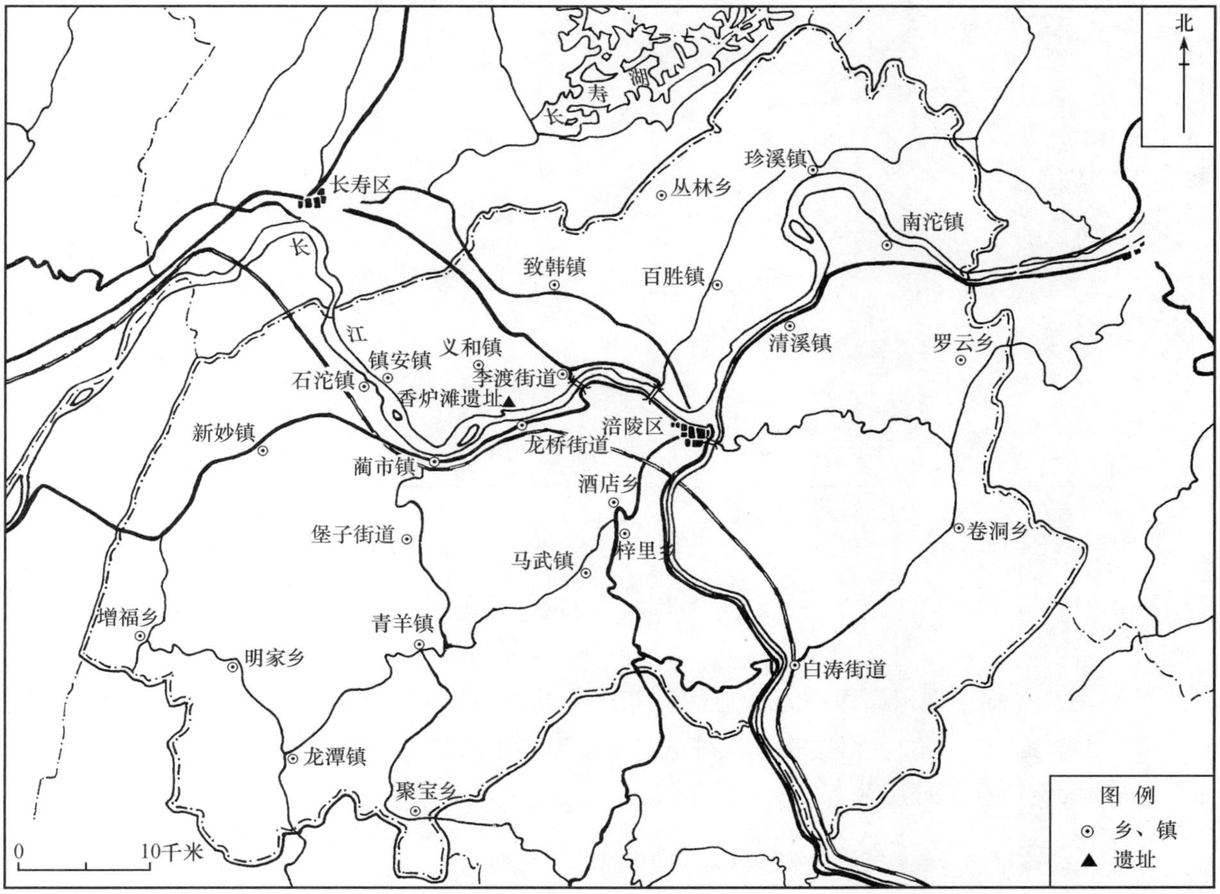

图一　香炉滩遗址位置图

2009年，重庆市文化遗产研究院对三峡库区内的消落区地下文物进行了一次全面的调查，香炉滩遗址在这次调查中被确认，并在2011年作出了发掘规划。2013年3～4月，重庆市文化遗产研究院、涪陵区博物馆联合对该遗址进行了测绘、勘探和发掘工作，勘探面积1000平方米，计划发掘面积600平方米。发掘时根据实际情况以贺吉昆房屋西南角为测绘坐标基点，地理坐标东经107°12′54.2″，北纬 29°41′55.7″，海拔175米。根据勘探情况，我们将遗址分为四个发掘区，将主要工作区放在Ⅱ区，按正南北向布5米×5米探方14个，在Ⅰ区布10米×10米探方1个，在Ⅲ区布5米×5米探方5个。该遗址堆积以汉、明清时期为主，本次发掘遗迹有墓葬7座、灰坑5处、沟1条、柱洞3个。遗物包括陶、瓷、石、铁等种类（图二、图三；图版二九，1，2）。

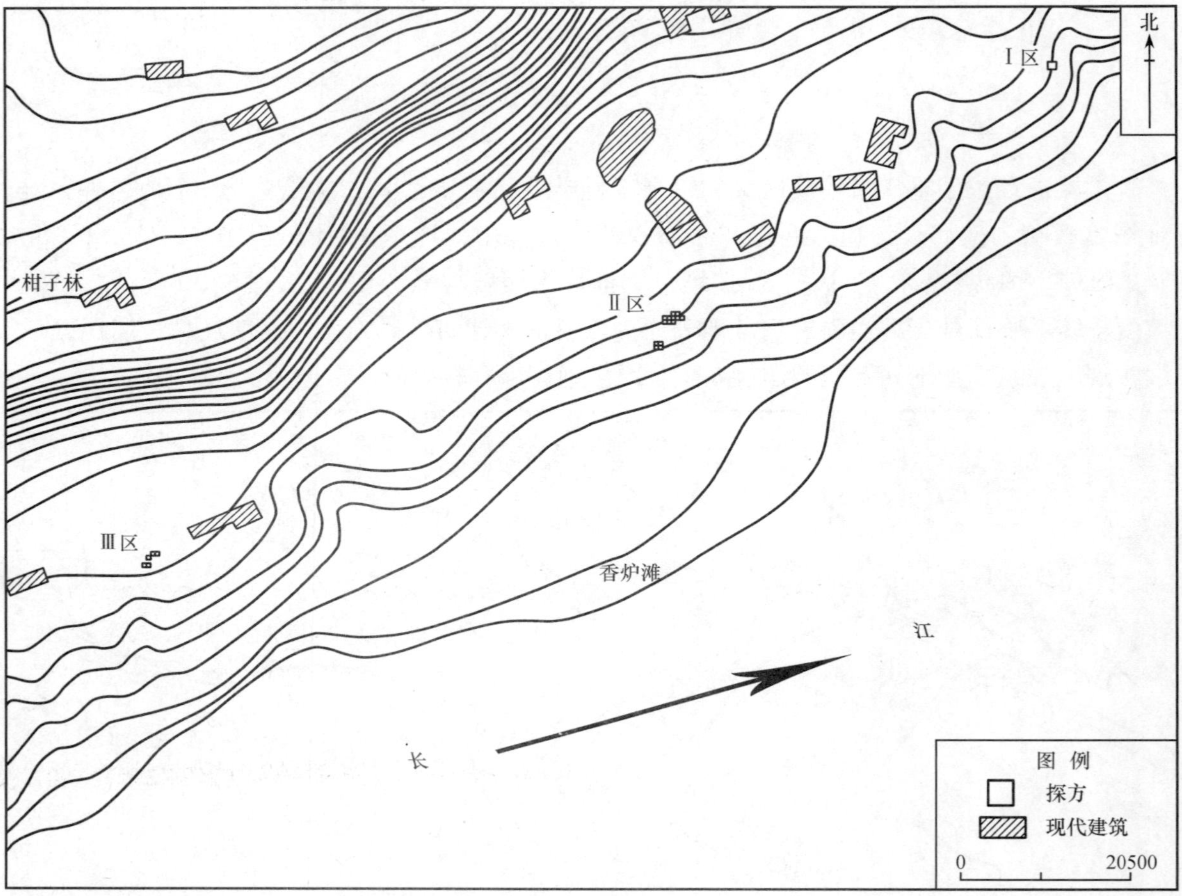

图二　香炉滩遗址地形图

二、地层关系

香炉滩遗址地层堆积最深1.1米，最浅0.3米，由北向南（长江）倾斜。多数探方文化层堆积较一致，Ⅰ、Ⅲ发掘区堆积相对简单，耕土层下即为生土层，包含物较少。现以ⅡT033032[①]、ⅡT034032为例，介绍地层如下：

① 探方号先以所在工作区（罗马数字）表示，再按先横后纵顺序编号（前三位数为横坐标，后三位数为纵坐标）。

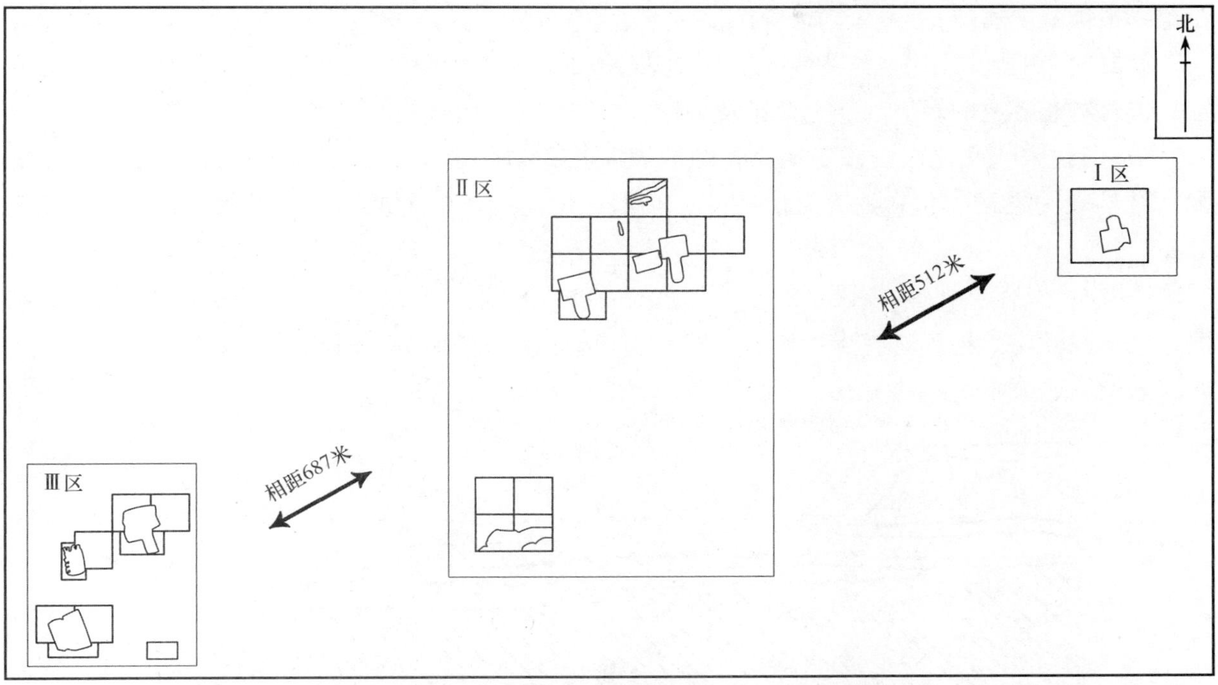

图三　香炉滩遗址2013年度发掘布方分布图

1. ⅡT033032北壁

第1层：耕土层。黑褐色黏土，厚0.1～0.3米，土质颗粒较大，结构疏松，呈块状。包含大量植物根须、现代生活垃圾及炭屑。整个地层呈西北高东南低的斜坡堆积。

第2层：近现代层。灰褐色，距地表深0.1～0.75米，本层厚0～0.65米，土质为粗砂土，结构较为紧密。包含物有缸胎陶片、炭屑、烧土粒及碎石块等。由于西北部为斜坡，未布满全方。

第3层：淤土层。黄褐色，距地表深0.15～0.9米，本层厚0～0.15米，土质为砂夹泥，结构较为紧密。包含物有炭屑、烧土粒等，整个地层呈水平状分布，东南角未分布。

第4层：明清文化层。红褐色土，距地表深0.35～1.1米，本层厚0.15～2米，土质较硬，结构较致密。包含物有零星的炭屑、烧土粒以及少量的陶罐，碗、钵残片。整个地层呈西北高东南低的缓坡堆积，遍布全方。

第5层：宋代文化层。浅灰褐色，距地表深0.5～1.15米，本层厚0.5～0.25米，土质为砂夹泥，结构较为紧密。包含物有缸胎陶片、炭屑、烧土粒。整个地层呈西北高东南低的缓坡堆积，遍布全方。

第6层：汉代文化层。浅红褐色，距地表深0.8～1.1米，本层厚为0.2～0.3米，土质为砂夹泥，结构较致密。包含物有少量炭屑，卵石、烧土粒及零星的碎陶片。整个层位呈坡状分布，西北角未分布（图四）。

2. ⅡT034032北壁

第1层：耕土层。黑褐色黏土，厚0.1～0.2米，土质颗粒较大，结构疏松，呈块状。内含大量植物根须及炭屑。

第2层：明清文化层。红褐色土，距地表深0.2，本层厚0.35～0.4米，土质较硬，结构较致密。包含物有零星的炭屑、烧土粒以及少量的青花瓷片、缸胎陶片。东南角未分布。

第3层：宋代文化层。浅灰褐色，距地表深0.35～0.4米，本层厚0.2～0.3米，土质为砂夹泥，结构较为紧密。包含物有缸胎陶片，炭屑、烧土粒。整个地层呈水平状分布，东南角未分布。

第4层：汉代文化层。浅红褐色，距地表深0.8～1.1米，本层厚为0.2～0.3米，土质为砂夹泥，结构较致密。包含物有少量炭屑、卵石、烧土粒及陶罐，碗、钵残片，整个层位呈坡状分布，东南角未分布（图四）。

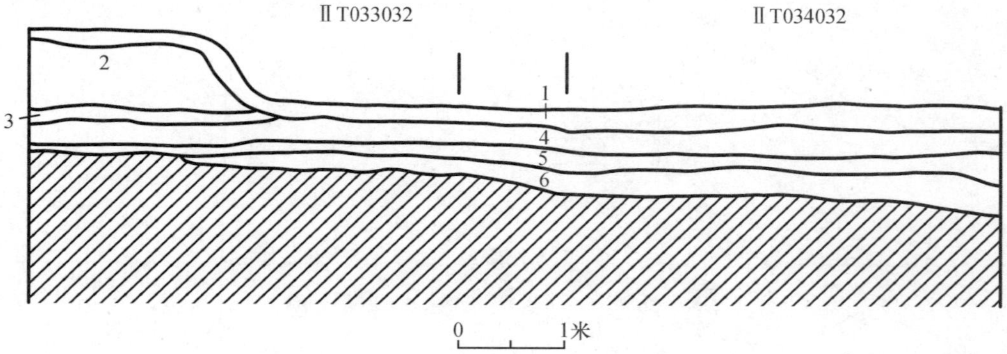

图四　香炉滩遗址ⅡT033032、ⅡT034032北壁剖面图

三、商周遗存

（一）遗迹

仅见灰坑遗迹，共发现2个，均分布于Ⅱ号发掘区。

H4　位于ⅡT036025东北角，开口于3层下，打破生土层，方向167°。平面呈长条形，长1.78、宽0.4米，开口距地表深0.55米，坑底距地表深0.77米，坑深0～0.22米。坑底呈凹镜状，填土为黑褐色，土质呈颗粒状，较疏松。包含物有少量夹砂绳纹陶片及石器残片，器形不辨。（图五；图版三〇，1）。

H5　位于ⅡT037024西南部，开口3层下，被D1、D2、D3打破并打破生土层，方向83°。平面呈长方形，长2.7、宽0.4～0.5米，开口距地表深0.6米，坑底距地表深0.92米，坑深0.1～0.32米。坑底呈凹镜状，填土为浅褐色，土质呈黑褐色砂土，较紧密。有大量的烧土粒、炭屑和灰褐色夹砂陶片，可辨器形的有豆、罐等（图六）。

（二）遗物

香炉滩遗址本年度发掘出土遗物丰富，数量较多，但这一时代由于地层破坏严重，遗物较

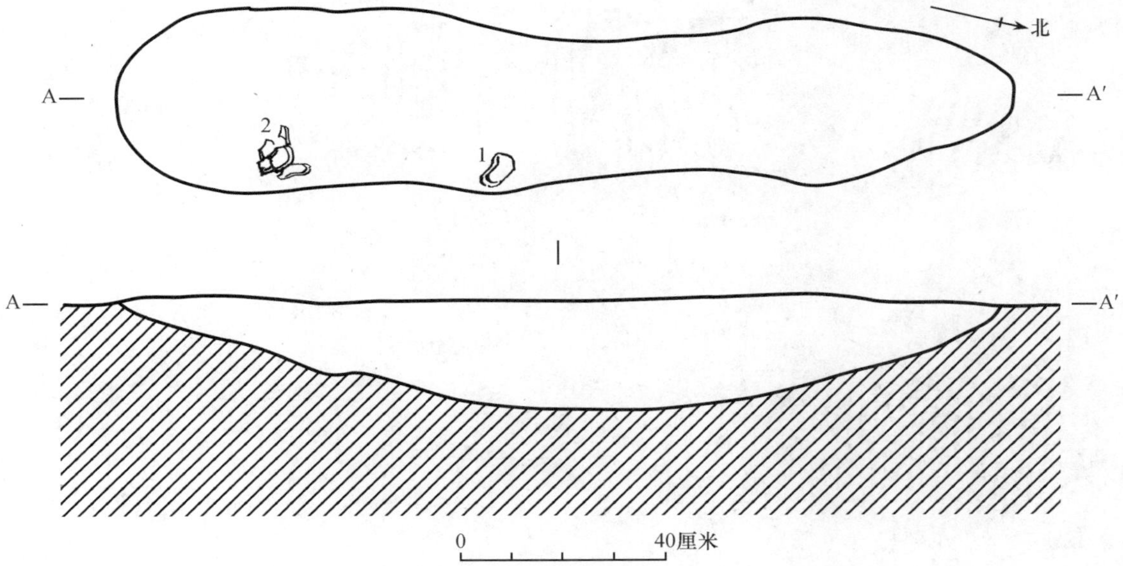

图五　H4平、剖面图
1. 石斧　2. 陶片

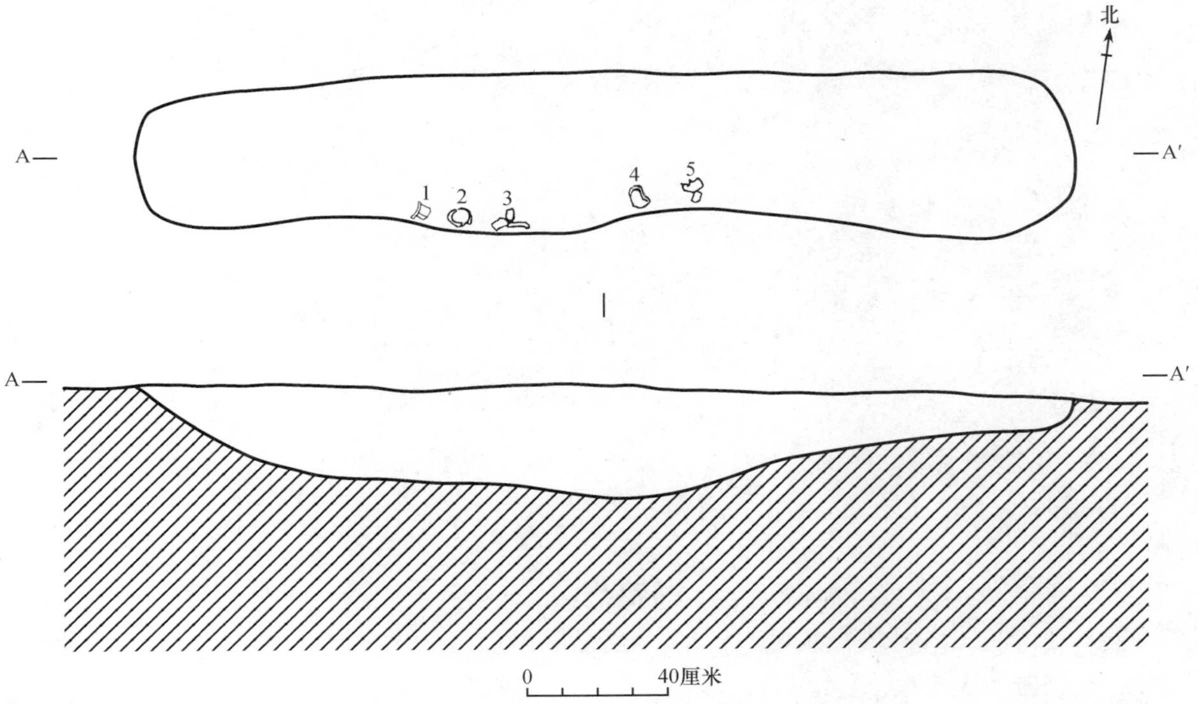

图六　H5平、剖面图
1～3. 器底　4. 石斧　5. 陶片

少，且多为残片。陶质有泥质陶和夹砂陶，陶色以灰褐色、黑褐色为主，其中黑褐最多，灰褐次之。器身均为轮制，圈足与器身分别制作后黏接。素面陶较少，主要为粗绳纹和细绳纹，多饰于器物肩、腹部（图七，4～7）。可辨器形有罐、豆等。

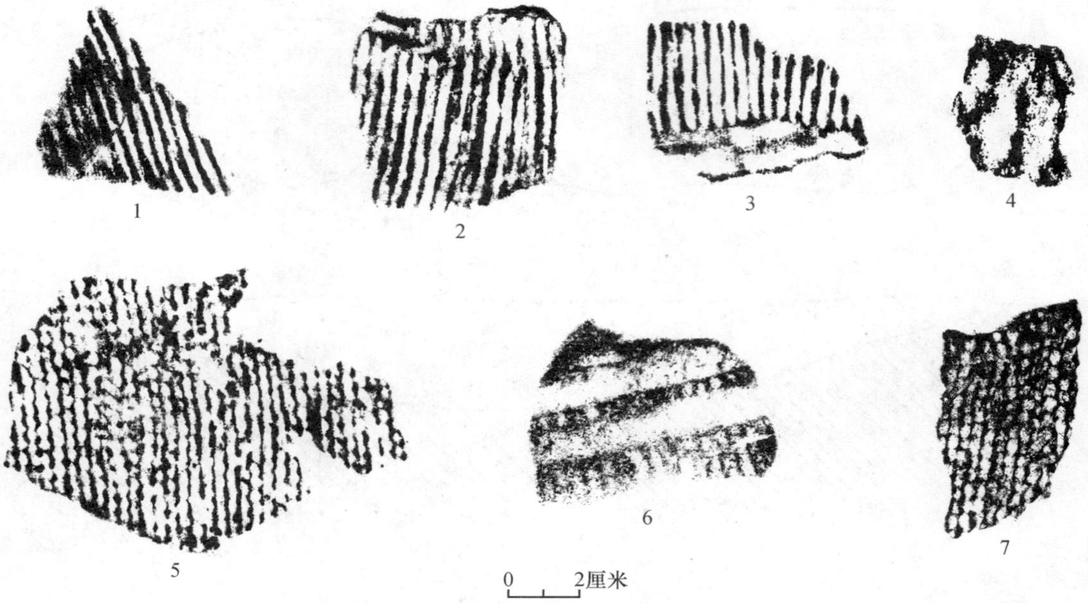

图七　陶片纹饰拓片

1. H3：17　2. H3：18　3. H3：19　4. H4：4　5. H4：6　6. H5：10　7. H5：13

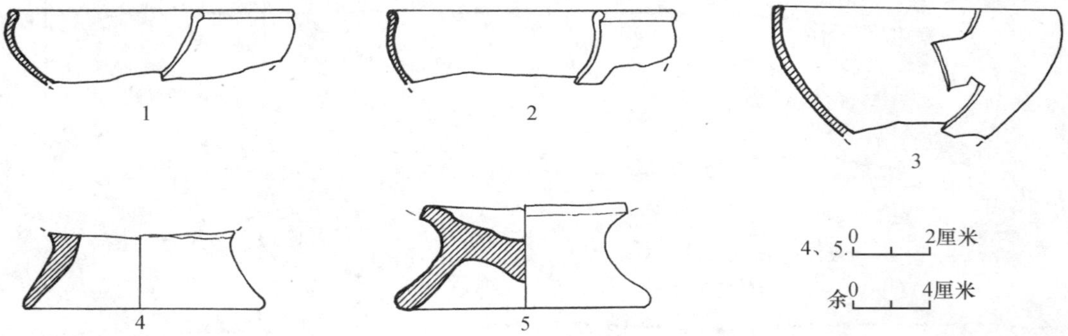

图八　H5出土商周时期遗物

1、2. A型豆口沿（H5：6、H5：5）　3. B型豆口沿（H5：15）　4、5. 豆圈足（H5：1、H5：2）

豆口沿　32件。均为残片。可分二型。

A型　17件。沿外卷。标本H5：6，夹砂黑褐陶，素面，轮制，敛口，圆唇，弧腹。口径15、残高4厘米（图八，1）。标本H5：5，夹砂黑褐陶，素面，轮制，敛口，圆唇，弧腹。口径13、残高5厘米（图八，2）。

B型　15件。斜方唇。标本H5：15，夹砂黑褐陶，素面，轮制，敛口，斜直腹。口径13.4、残高7厘米（图八，3）。

豆圈足　3件。均为残片。标本H5：1，夹砂黑褐陶，素面，轮制，圈足呈小喇叭形。足径6.8、残高2.9厘米（图八，4）。标本H5：2，夹砂黑褐陶，素面，轮制，圈足呈小喇叭形。足径6.8、残高2厘米（图八，5）。

四、汉代遗存

（一）遗迹

该时期遗迹丰富，发掘灰坑1处、土坑墓1座、砖室墓4座。

1. 灰坑

H3　位于ⅡT034032中部，由东至西跨入ⅡT033032东南部，方向75°。H3开口于第4层下，打破生土层。开口距地表深1.05米，坑底距地表深1.4米。平面呈不规则的长条形，长0.9、宽1.45～2.95、深0.1～0.35米。坑底呈坡状，坑壁有加工的痕迹。填土为浅褐色，土质呈颗粒状，较疏松。发现少量夹砂陶片，器形不可辨（图九）。

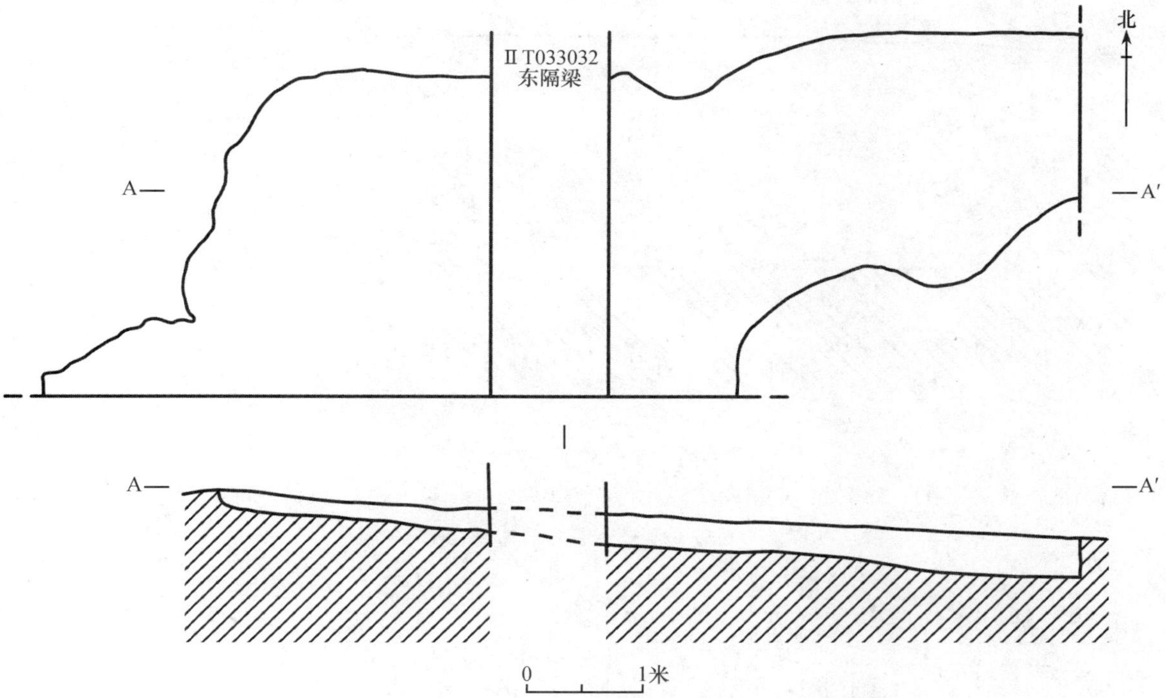

图九　H3平、剖面图

2. 土坑墓

M7　位于ⅡT037025东南部。开口于第3层下，打破生土层，方向75°。为竖穴土坑墓葬，平面呈长方形，坑壁斜直，不平处用细沙填平。墓口距地面深0.55米，墓底距地表深1.55米，口长3.7、口宽2.3米，底长3.48、底宽2米，深2.2米。墓葬填土为灰褐色花土，砂质较重，较疏松，有大量炭屑和红烧土粒。

由于该墓葬破坏严重，棺木、人骨架不存。随葬器物23件，可辨器形有陶罐、蒜头壶、盆、网坠；铜剑镞、钱币；铁锸、釜；石斧等（图一〇；图版三〇，2）。

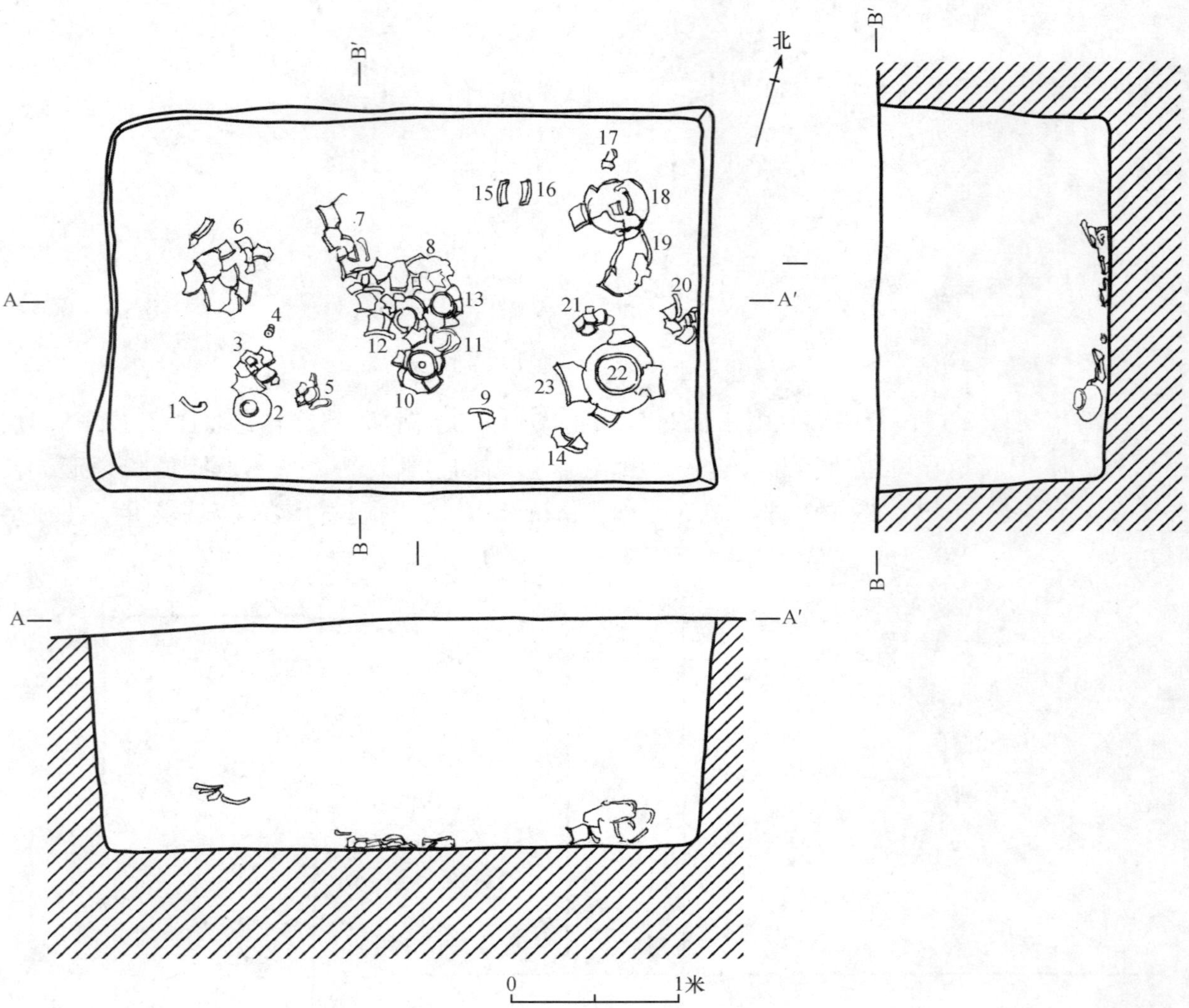

图一〇　M7平、剖面图

1. 铁器　2、3、6、10～13、20. 陶罐　4. 铜钱币　5、21. 陶片　7. 陶钫　8. 陶蒜头壶　9. 铁锸　14. 铜剑镞　15、16. 陶网坠　17. 石斧　18. 陶釜　19. 陶盆　22. 铁釜　23. 陶甑

3. 砖室墓

共发现4座。均发现于Ⅱ区，编号M1、M4～M6。由于早年被破坏，埋藏较浅，封土无存，券顶及部分墓壁均遭破坏。

墓葬由墓圹、墓道、甬道、墓门、墓室组成。

墓圹，根据墓葬形制不同，先挖凿成不同形制的竖穴土坑。由于所挖的坑壁不很规整，墓底凹凸不平。坑壁、墓底均用细沙填充、拍打修整，坑壁与墓室砖壁间距多为10厘米。

墓道，均为长方形斜坡式，较甬道略窄，四壁及底部不规整，长短不一。

甬道与墓室均为长方形，甬道较墓室短、窄。墓四壁均用长方形砖错缝叠砌，券顶均无存。墓砖长36～48、宽18～22、厚7～13厘米，均为青灰色，砖纹向内，侧面多模印菱形纹、细菱形网纹等几何纹饰（图一一）。墓底一般先铺一层厚5～10厘米细沙和黏土，再用长方形砖单层平铺，多数墓葬铺底砖略薄，平铺方法有纵排、横排，纵、横相交，错缝或对缝平砌。

墓门，用长方形砖错缝叠砌，从保存较好的墓葬可知，封门砌至顶部，均为单层。

以M6为例，该墓位于ⅡT035026东部。平面呈“凸”字形，方向172°。墓口距地面深0.15～0.2米，墓底距地表深0.5～0.65米（残高），保存较差，券顶及墓壁上部不存。墓圹长2.9～5.7、宽1.7～4.3米。墓圹与砖室间距0.1米。斜坡墓道残长1.6、宽1.7米。墓葬填土为灰褐色花土，土质较硬，有大量炭屑和红烧土粒。甬道长1.5、宽1.33、残高0.78米；墓室长3.88、宽2.66、残高0.78米。墓底用青灰色单边花纹砖铺底，纵、横相交对缝平砌。墓室内未发现人骨及葬具痕迹。由于破坏严重，随葬品放置无序，主要随葬品有红陶罐、灯、杯、博山炉盖；灰陶罐、井盖、釜；瓷罐以及铜钱币等共计23件（图一二；图版三〇，3）。

图一一　砖纹拓片

1. M1：1　2. M1：2　3. M1：3　4. M5：4

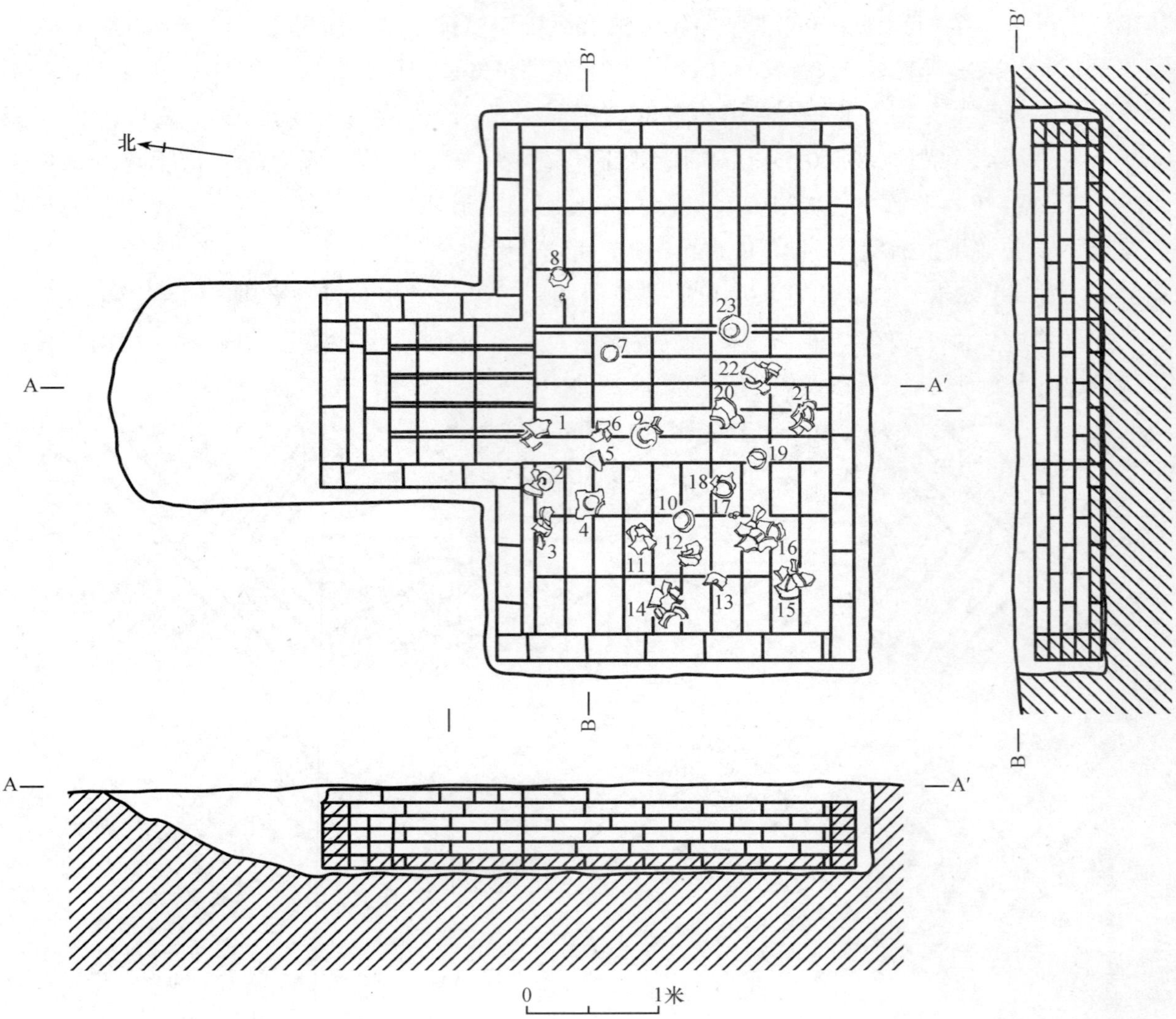

图一二　M6平、剖面图

1. 瓷罐　2. 陶灯　3. 陶杯　4. 陶井盖　5. 陶碗　6、13、19. 陶盖　7. 陶博山炉　8、9、12、14～16、18、21. 陶罐　10、11、22、23. 陶釜　17. 铜钱币　20. 陶盆

（二）遗物

本次出土器物按质地可以分为陶、铁、铜等几类，其中陶器居首。

1. 陶器

由于所发掘墓葬均被扰乱严重，陶器保存相对较差，部分因残损严重不能复原，可修复的陶器总计34件，大多以生活用具为主，均为轮制，包括罐、釜、钫、盆、甑、钵、杯、碗等。

陶器均为泥质陶，且多数为灰陶，其中甑、盆有为褐陶，甑表面施有酱釉，杯、釜均为红陶。纹饰主要有弦纹、绳纹等（图七，1～3）。

罐　12件，根据口、肩、底及外形特征分五型。

A型 1件。鼓腹，圜底。标本M7：6，泥质灰陶，口微敞，平沿，方唇，短领，溜肩，鼓腹，圜底，肩上施三道弦断绳纹，表面通体满施细绳纹，器形较大。口径11.2、腹径34、高26.2厘米（图一三，1；图版三二，1）。

B型 2件。圜底，垂腹，折肩。标本M7：20，泥质褐陶，侈口，圆唇，斜肩，垂腹，圜底，腹部斜饰粗绳纹。口径13.4、腹径19.2、高14.2厘米（图一三，2）。标本M7：11，泥质灰陶，侈口，圆唇，肩微折，垂腹，圜底，腹部施粗绳纹。口径12.6、腹径18、高13.7厘米（图一三，3）。

C型 1件。小平底。标本M6：18，泥质灰陶，口微敞，圆唇，溜肩，斜弧腹，近底微收至底，小平底，素面。口径12.9、底径7、腹径16.2、高12.2厘米（图一三，4；图版三二，2）。

D型 3件。鼓腹，平底，此类罐形体形较小。标本M7：13，泥质灰陶，侈口，卷沿，溜肩，短颈，鼓腹，平底，肩部饰两道凹弦纹。口径12、底径13.6、腹径19.6、高15.2厘米（图一三，5）。

E型 5件。弧腹，平底。标本M6：21，泥质灰陶，敞口，圆唇，束短颈，溜肩，弧腹斜收至底，平底。口径10、底径9、腹径17.1、高11.6厘米（图一三，6）。标本M6：14，泥质灰陶，敞口，圆唇，束短颈，溜肩，斜弧腹微鼓，平底，肩部饰一道凹弦纹。口径10.1、底径8.9、腹径17.2、高11.9厘米（图一三，7）。

釜 4件。根据腹，底及外形分三型。

A型 1件。垂腹，圜底。标本M7：18，泥质灰陶，侈口，斜沿，沿较宽，方唇，垂腹，圜底，腹、底通饰细绳纹。口径19.6、腹径21.2、高12.6厘米（图一三，10）。

B型 2件。鼓腹，小平底，饰双耳。标本M6：11，泥质红陶，敞口，圆唇，束颈，折肩，鼓腹，小平底，腹部上端饰两道凸弦纹，饰两环耳。口径12.7、底径5.1、腹径13.8、高11.9厘米（图一三，9；图版三二，3）。

C型 1件。折肩，垂腹。标本M6：22，泥质红陶，敞口，平沿，圆唇，束颈，斜折肩，垂腹，圜底，肩腹饰一道凸弦纹。口径12.4、腹径14、高7厘米（图一三，8；图版三二，4）。

钫 1件。标本M7：7，泥质褐陶，浅盘口略外撇，颈微束，溜肩，中下腹外鼓，高圈足，肩饰两对称的兽面铺衔环。口径12、底径11.5、腹径20、高41厘米（图一三，11；图版三二，5）。

蒜头壶 1件。标本M7：8，蒜头形小口，细长颈，颈中偏下饰一周箍带纹，扁圆腹，圈足。口径4.8、底径17.2、腹径23.8、高17.2厘米（图一三，12；图版三二，6）。

盆 2件，根据腹部特征分二型。

A型 弧腹近斜直。标本M7：19，泥质灰褐陶，口微敞，平折沿，方唇，上腹近直，下腹斜收，平底，平底内凹，沿下饰一道凸弦纹。口径31.8、底径16.6、高20.6厘米（图一四，1）。

B型 弧腹。标本M6：20，泥质灰陶，敞口，平沿，方唇，弧腹近底，平底内凹。口径39.6、底径17.7、高20.6厘米（图一四，2）。

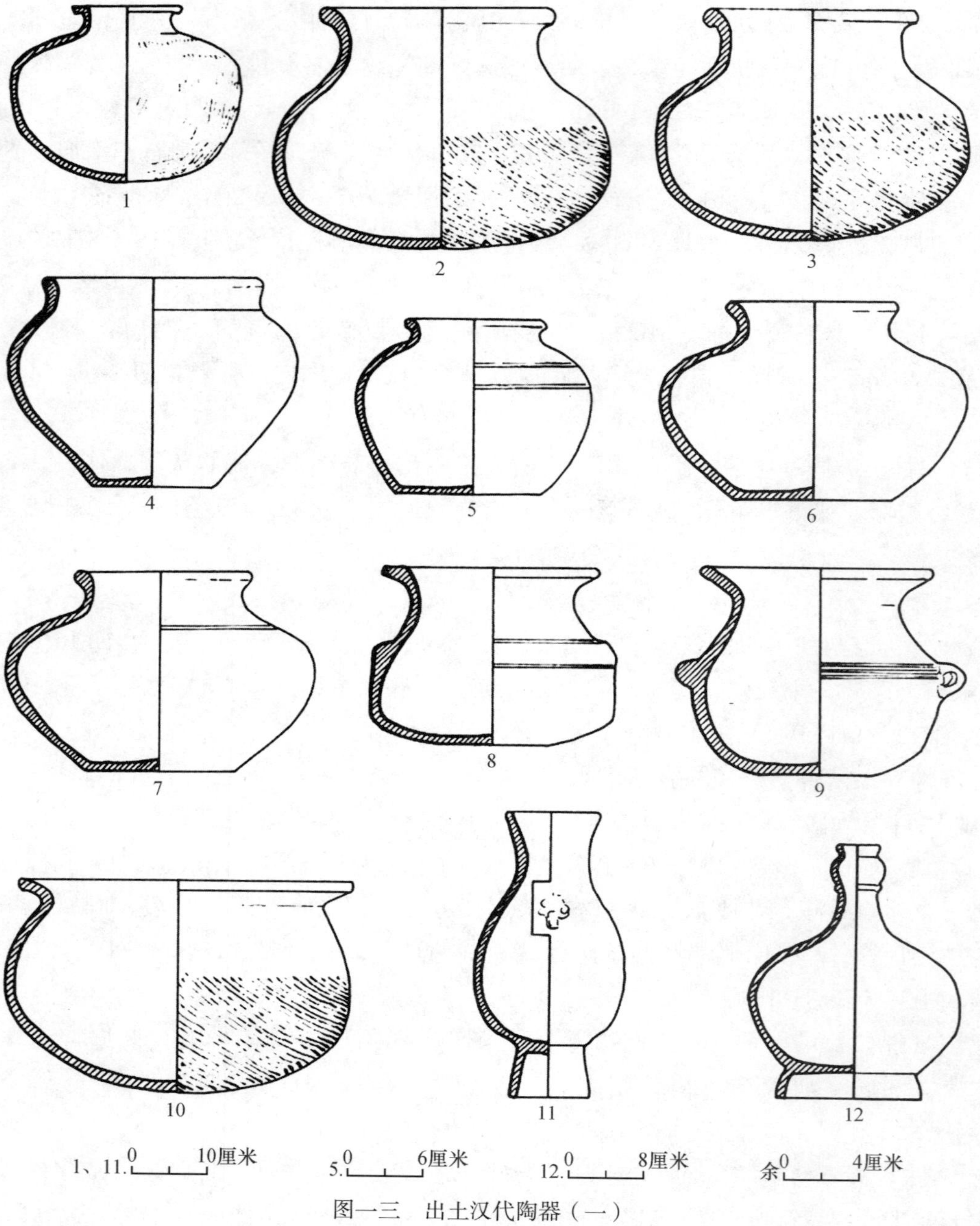

图一三　出土汉代陶器（一）

1～7. 罐（M7：6、M7：20、M7：11、M6：18、M7：13、M6：21、M6：14）　8～10. 釜（M6：22、M6：11、M7：18）
11. 钫（M7：7）　12. 蒜头壶（M7：8）

博山炉　1件。标本M6：7，泥质红陶，子母榫，器身圆唇，盘较深，柄部内曲，较短，盘状座。带盖，盖表饰火焰纹，其间戳有三穿孔。盖径11.2、底径12、通高18.8厘米（图一四，3；图版三三，1）。

甑　2件，根据腹部特征分二型。

A型　弧腹近直，下腹斜收。标本M5：3，夹细砂灰褐陶，敞口，宽平沿，圆唇，弧腹较深，平底，底有9个圆形箅孔，腹饰四周三角形纹。口径32.5、底径15.7、高15.8厘米（图一四，4）。

B型　弧腹近斜。标本M7：23，夹细砂灰陶，敞口，斜沿，圆唇，弧腹，平底略内凹，底部有36个圆形箅孔，腹部饰细绳纹（图一四，5）。

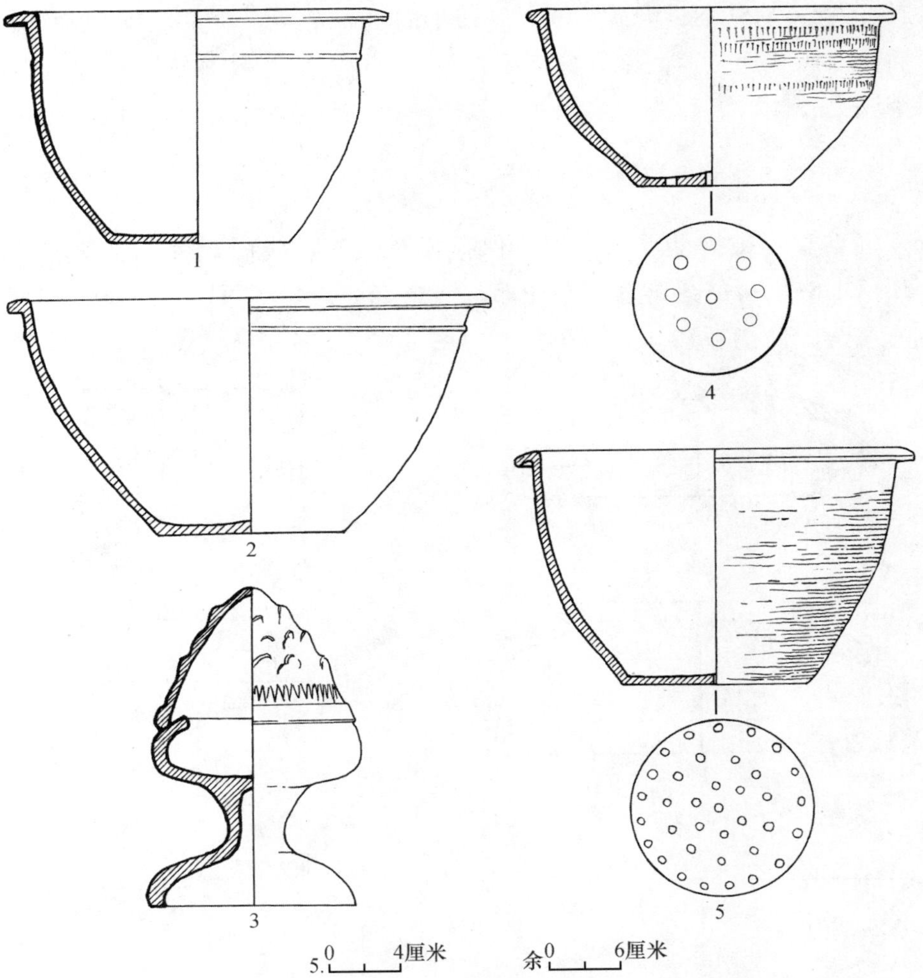

图一四　出土汉代陶器（二）

1、2. 盆（M7：19、M6：20）　3. 博山炉（M6：7）　4、5. 甑（M5：3、M7：23）

盖　2件，根据外形特征分为二型。

A型　覆钵形。标本M6：19，泥质红陶，弧形顶子榫盖，盖顶较平，饰三乳钉形纽。口径12.7、底径15.2、高5厘米（图一五，1）。

B型　圈足捉纽。标本M6：6，泥质灰陶，覆钵形，平沿，盖顶饰一圈足捉钮。口径12.7、腹径15.2、高5厘米（图一五，2）。

钵　3件。标本M4：2，泥质灰陶，敞口，圆唇，腹折弧，下腹急收，小平底，素面。口径17.8、底径5.1、高6.4厘米（图一五，3）。

碗　1件。标本M6：5，泥质灰陶，敞口，圆唇，下腹缓收，平底。口径15.4、底径9.2、高6厘米（图一五，4；图版三三，3）。

杯　1件。标本M6：3，直口，方唇，直腹，平底，上腹饰一鋬耳，沿下及近底部饰两道凹弦纹。口径9、底径8.8、高10厘米（图一五，5；图版三三，2）。

打水罐　2件。标本M5：1，夹砂灰陶，敞口，圆唇，短颈，鼓腹，平底，素面。口径5.2、底径4.4、腹径6.5、高4.4厘米（图一五，6）。

井盖　2件。标本M5：8，泥质灰陶，井盖平面呈“#”形，中央有一圆形井圈，两旁各有一长方形插孔以插井架，盖面刻有方格纹，鱼纹，圆弧纹和叶脉纹。长22、厚1.7厘米（图一五，7；图版三三，4）。

2. 铜器

由于所发掘墓葬均被扰乱严重，铜器保存相对较差，残损严重，仅发现钱币19枚，均为“半两”。标本M7：4，圆形方穿，外郭、钱文高挺，“半两”二字上笔与穿上缘平齐，“两”字中间为“十”。直径2.4、穿径7厘米（图一六）。

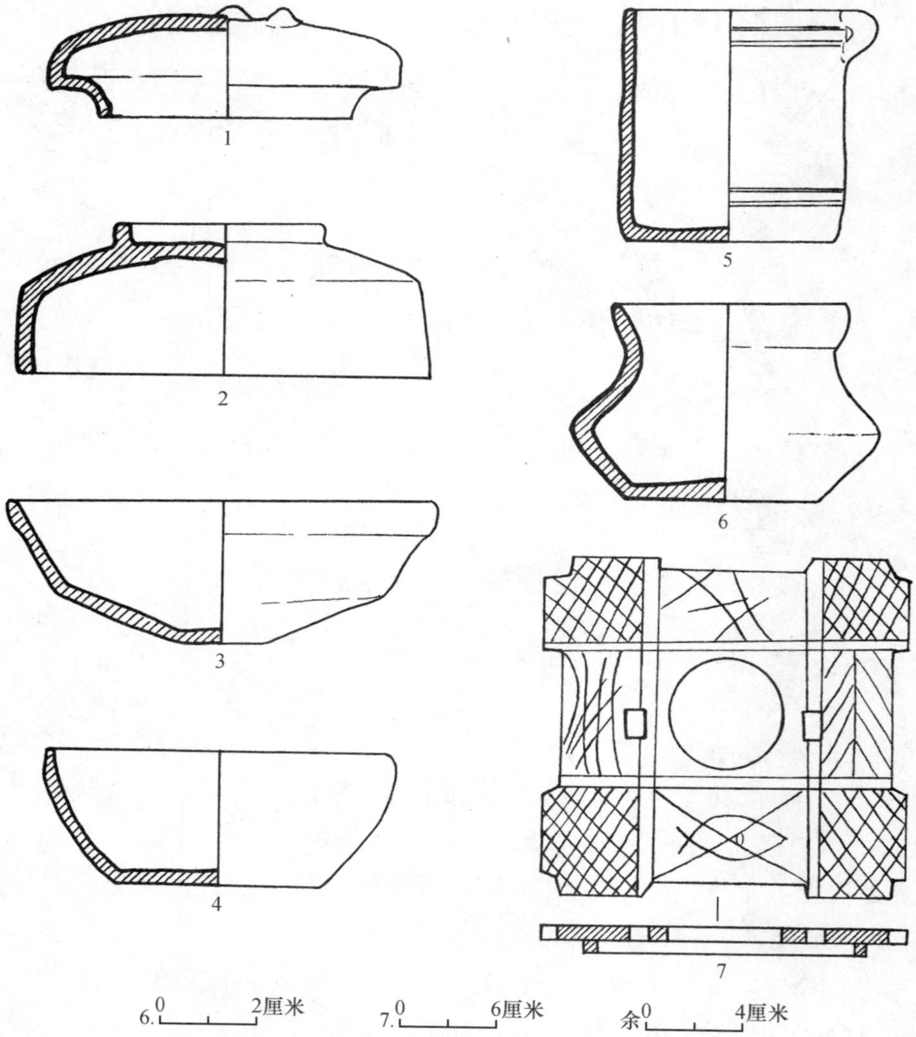

图一五　出土汉代陶器（三）

1、2. 盖（M6：19、M6：6）　3. 钵（M4：2）　4. 碗（M6：5）　5. 杯（M6：3）　6. 打水罐（M5：1）　7. 井盖（M5：8）

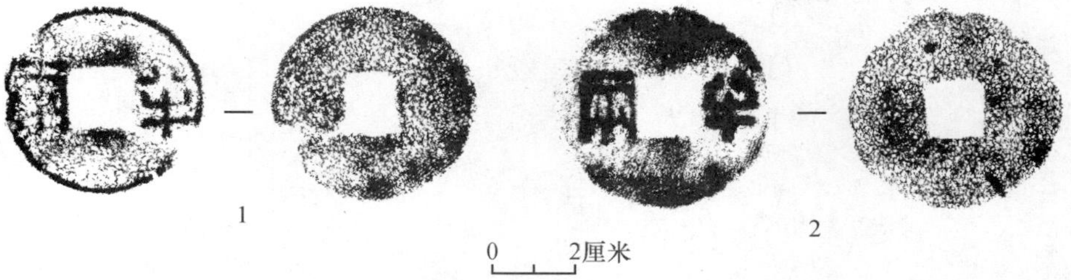

图一六　出土铜钱币拓片

1. M7：4-1　2. M7：4-2

五、明清遗存

（一）遗迹

这一时期遗迹较多，发掘石室墓2座，灰坑2个，柱洞1个，沟1条。

1. 灰坑

H1　位于ⅢT086081东部，方向0°。叠压于第2层下，打破M1及生土层。开口距地表深0.75米，坑底距地表深1.95米，灰坑深0.3～1.2米。平面呈不规则形，填土为浅褐色，土质呈颗粒状，较疏松。发现大量青瓷片和缸胎陶片，大多较碎，能辨出器形的有碗、罐等（图一七；图版三一，1）。

H2　位于ⅢT088084东南部，方向345°。叠压于第2层下，打破生土层。开口距地表深0.25米，坑底距地表深0.89米，灰坑深0.25～0.64米。坑底呈凹镜状，填土为浅褐色，土质呈颗粒状，较疏松。发现大量炭屑和青瓷残片、陶片，由于太碎，器形不辨（图一八；图版三一，2）。

2. 柱洞

D3　平面呈圆形，位于ⅡT037024西南部，方向83°。叠压于第3层下，并打破生土层。开口距地表深0.6米，坑底距地表深0.92米，洞深0～0.2米。填土为浅褐色，土质呈颗粒状，较疏松，发现炭屑和青瓷残片、陶片（图一九）。

3. 沟

G1　平面呈长条形，位于ⅡT037024西南部，方向76°。开口于第3层下，并打破生土层，开口距地表深0.6米，洞底距地表深1.1米，沟深0～0.5米。坑底呈凹镜状，填土为浅褐色，土质呈颗粒状，较疏松。发现炭屑和青瓷残片、陶片（图二〇）。

4. 墓葬

共2座，均为石室墓。

M2　位于ⅢT087082西部，开口于第2层下并打破生土层。属竖穴土坑墓葬，平面呈长方

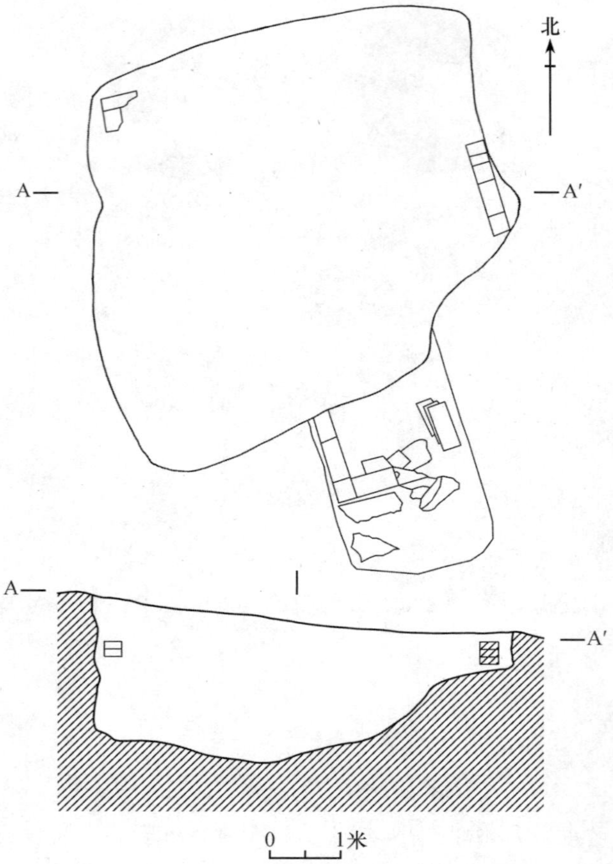

图一七　H1平、剖面图

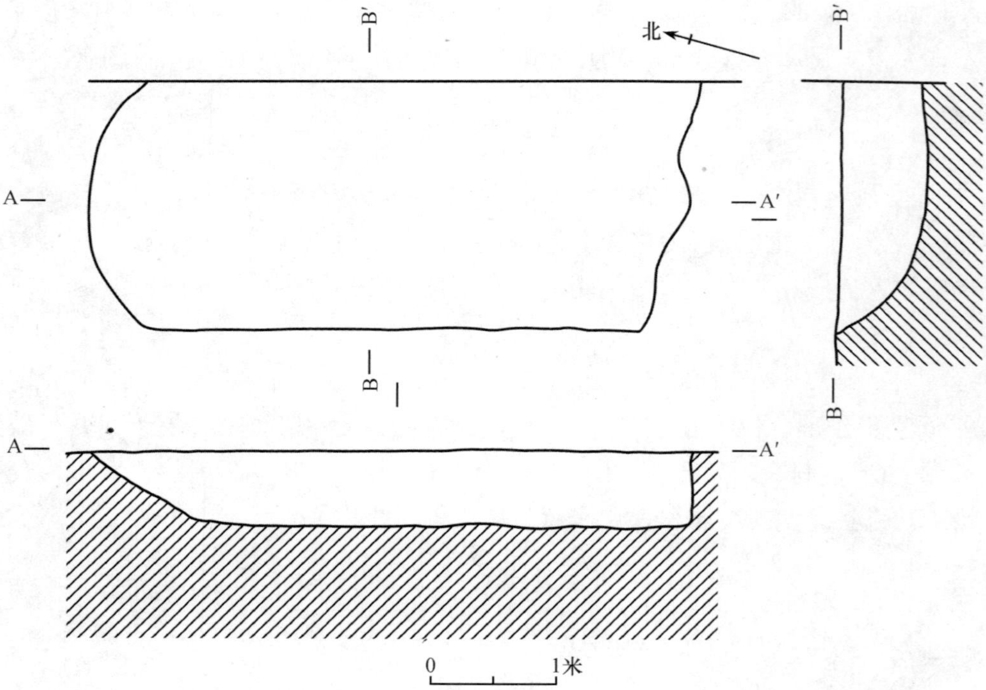

图一八　H2平、剖面图

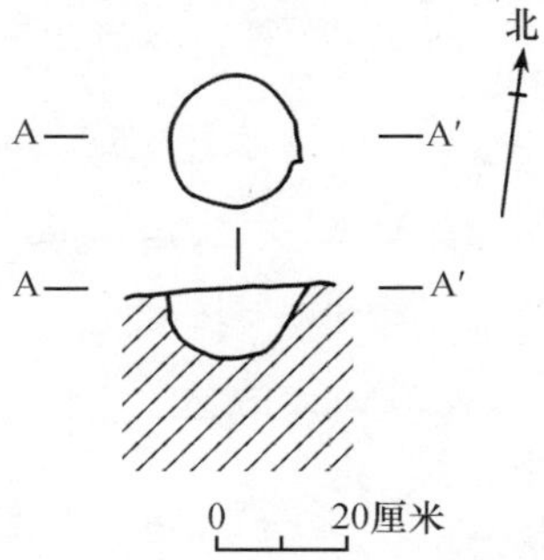

图一九　D3平、剖面图

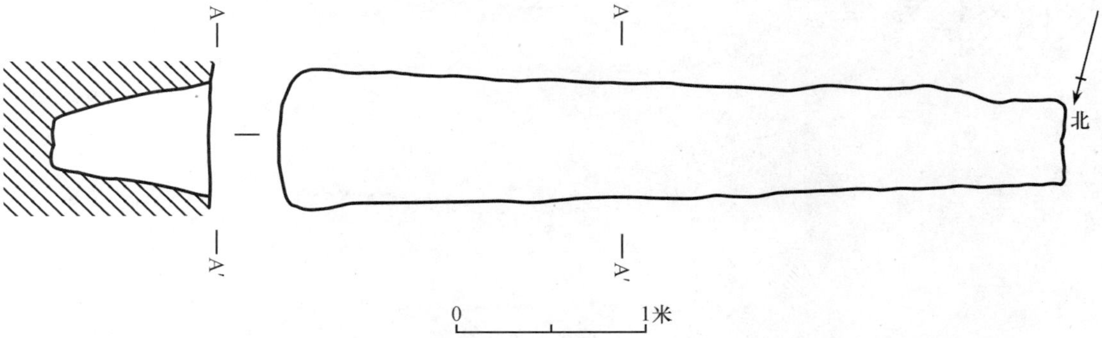

图二〇　G1平、剖面图

形，方向353°。墓口距地表深0.8米，墓底距地表深1.15米，墓室长2.85、宽0.94、深0.3米。由于该墓葬破坏严重，墓顶及部分墓墙无存，部分残留墓墙用青砂条石错缝平砌而成。墓葬填土为浅褐色，颗粒状，较疏松，有大量炭屑和红烧土粒。未发现随葬品，棺木保存较差，残存部分人骨架，葬式、年龄、性别不清（图二一；图版三一，3）。

（二）遗物

这个时期出土遗物较多，但较破碎，主要有陶和瓷两类，以瓷片为居多，釉色以白瓷、青瓷和酱釉瓷为主，可辨器形有碗、碟、杯、勺等；陶器以罐、钵、灯、碟为主。

1. 瓷器

以胎质细腻程度分为青瓷、白瓷和酱釉瓷，共修复120件。

白瓷碗　5件。均修复完整。根据腹部特征分三型。

A型　1件。斜直腹。标本H2：27，敞口，圆唇，斜直腹，圈足，内外饰白釉，腹部饰荷花。口径17.2、足径8、高7.5厘米（图二二，1；图版三四，1）。

B型　3件。弧腹，沿外撇。标本H2：1，敞口，圆唇，沿外撇，弧腹，圈足，内外饰白釉，腹部饰团花。口径14.8、足径6.8、高5.1厘米（图二二，2）。

C型　1件。弧腹。标本H2：24，敞口，圆唇，弧腹，圈足，内外饰白釉，腹部饰荷花。

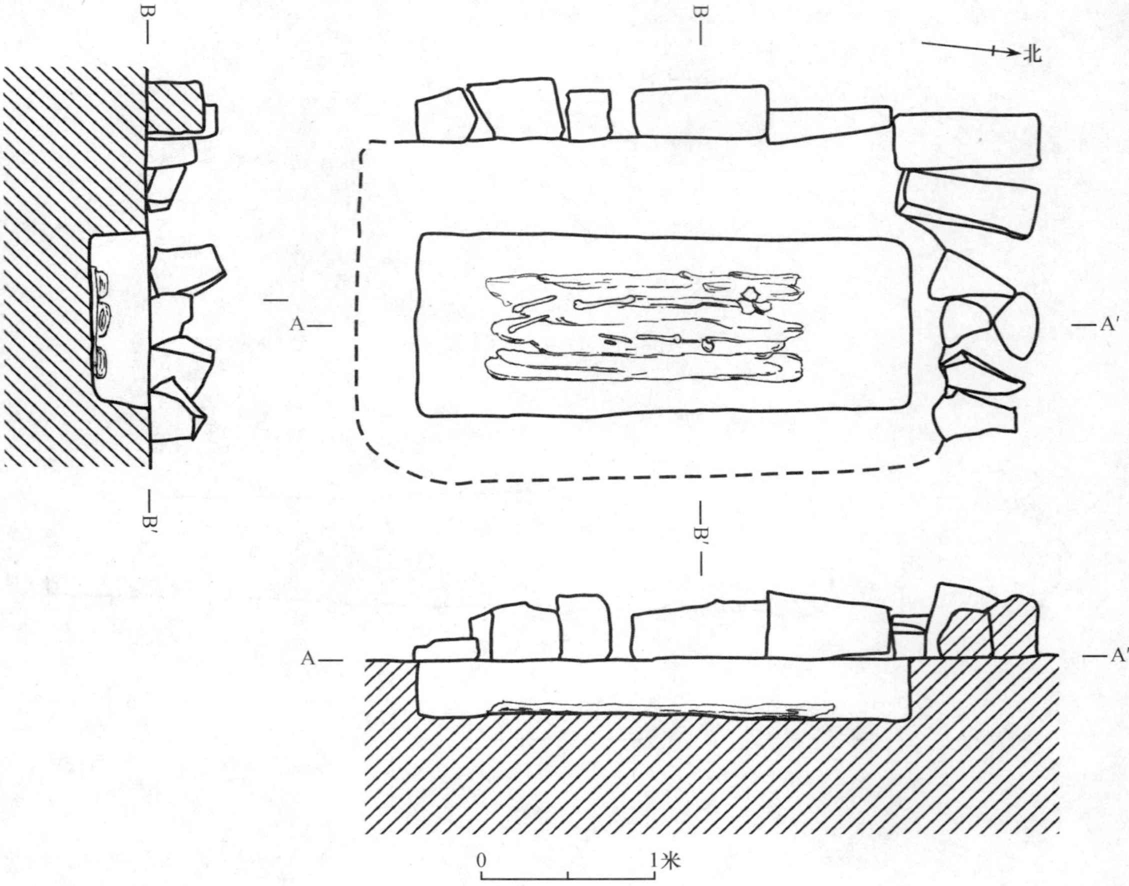

图二一　M2平、剖面图

口径12.6、足径6.5、高5厘米（图二二，3）。

青瓷碗　14件。均修复完整。根据腹部特征分三型。

A型　3件。斜直腹。标本H2：81，敞口，圆唇，斜直腹，圈足，内外施青釉，腹部饰团花。口径15.1、足径7.7、高5.9厘米（图二二，4；图版三四，3）。

B型　10件。深腹。标本H2：20，敞口，圆唇，弧腹，圈足，内外施青釉，腹部饰横向长条纹及印章文饰。口径19.5、足径9.2、高9.8厘米（图二二，5）。标本H2：105，敞口，圆唇，弧腹，圈足，内外施青釉，腹部内外饰青花。口径18.3、足径8.2、高7.7厘米（图二二，6）。

C型　1件。曲腹。标本H2：61，敞口，圆唇，曲腹，圈足，内外施青釉，腹部饰缠枝、花草纹。口径18.8、高7.8、足径8.1厘米（图二二，7）。

酱釉瓷碗　81件。均修复完整。根据腹部特征分二型。

A型　39件。深腹。标本H2：7，敞口，圆唇，斜直腹，圈足，内外施酱釉，近口沿处饰短骨节纹。口径15.5、高5、足径7.6厘米（图二二，8；图版三四，5）。

B型　42件。浅腹。标本H2：11，敞口，圆唇，斜直腹，圈足，内外施酱釉，近口沿处饰短骨节纹。口径12.9、高4.2、足径6.8厘米（图二二，9）。标本H2：14，敞口，圆唇，斜直腹，圈足，内外施酱釉，近口沿处饰短骨节纹。口径14.8、高5.2、足径7.3厘米（图二二，

10）。标本H2：91，敞口，圆唇，弧腹，圈足，内外施酱釉，腹部通饰山水图纹。口径15.5、高5、足径7.6厘米（图二二，11；图版三四，7）。

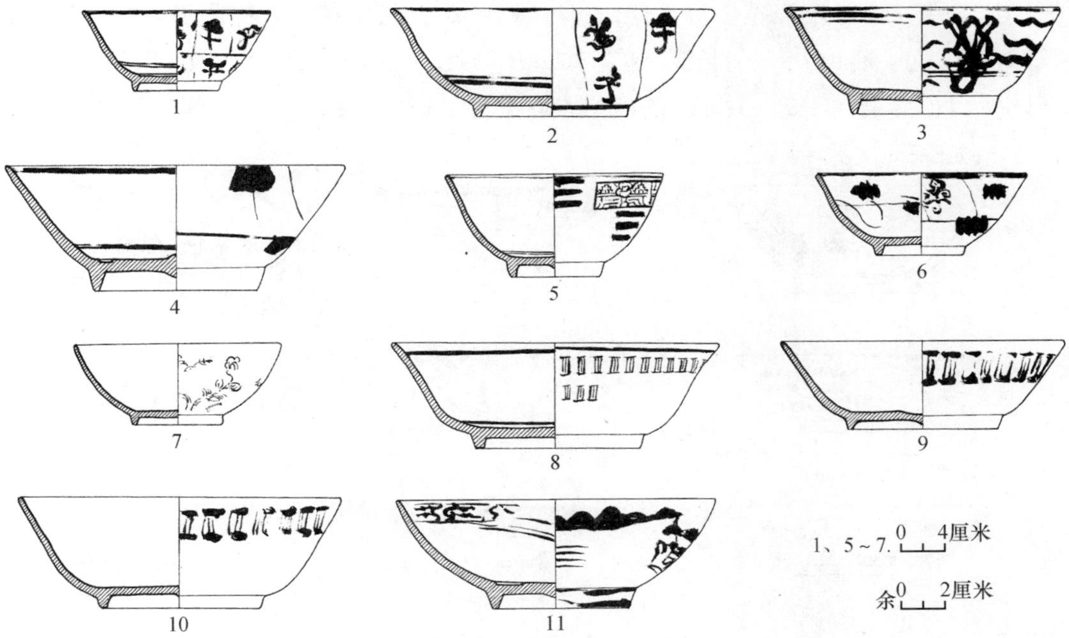

图二二 出土明清时期瓷碗

1. H2：27 2. H2：1 3. H2：24 4. H2：81 5. H2：20 6. H2：105 7. H2：61 8. H2：7 9. H2：11 10. H2：14 11. H2：91

青瓷碟 8件。均修复完整。根据口沿及腹部特征分三型。

A型 2件。斜直腹。标本H2：53，敞口，圆唇，圈足，内外施青釉，腹较浅，外部饰葵花纹。口径9.7、高4、足径4.5厘米（图二三，1）。

B型 2件。曲腹。标本H2：109，敞口，圆唇，圈足，内外施青釉，腹较浅，外部饰水草纹。口径8.7、高2.9、足径3.8厘米（图二三，2；图版三四，2）。

C型 4件。弧腹。标本H2：62，敞口，圆唇，圈足，内外施青釉，腹较浅，外部饰波浪纹。口径9.5、高2.6、足径5厘米（图二三，3）。

青瓷盘 3件。均修复完整。根据腹部特征分二型。

A型 1件 。弧腹。标本H2：36，敞口，圆唇，矮圈足，内外施青釉，腹较浅，内外饰花草纹。口径14.8、高3.1、足径7.9厘米（图二三，4；图版三四，4）。

B型 2件。斜直腹，外敞。标本H2：22，敞口，圆唇，矮圈足，内外施青釉，腹较浅，内外饰花草纹。口径18、高3.5、足径9.8厘米（图二三，5）。

青瓷杯 6件。均修复完整。根据外部特征分三型。

A型 3件 。斜直腹，高圈足。标本H2：57，敞口，圆唇，内外施青釉，腹较深，内外饰花草纹。口径6.4、高3、足径3厘米（图二三，6；图版三四，6）。

B型 2件。斜直腹，矮圈足。标本H2：58，敞口，圆唇，内外施青釉，腹较浅，内外饰花草纹。口径5.6、高2.6、足径2.6厘米（图二三，7）。

C型　1件。弧腹，高圈足。标本H2：12，敞口，圆唇，内外饰青釉，腹较深，外饰鱼和水花纹。口径5.7、高3、足径2.6厘米（图二三，8）。

青瓷勺　2件。均修复完整。标本H2：84，弧形柄。勺较宽大，椭圆形，勺底较厚，沿较薄，内外饰水草纹。柄长5.5、勺长5、勺宽5.2厘米（图二三，9；图版三四，8）。

壶口沿　1件。标本H2：160，敞口呈漏斗形，圆唇，束颈，颈腹间饰一扳，颈以下残断。口径5、残高2.8厘米（图二三，10）。

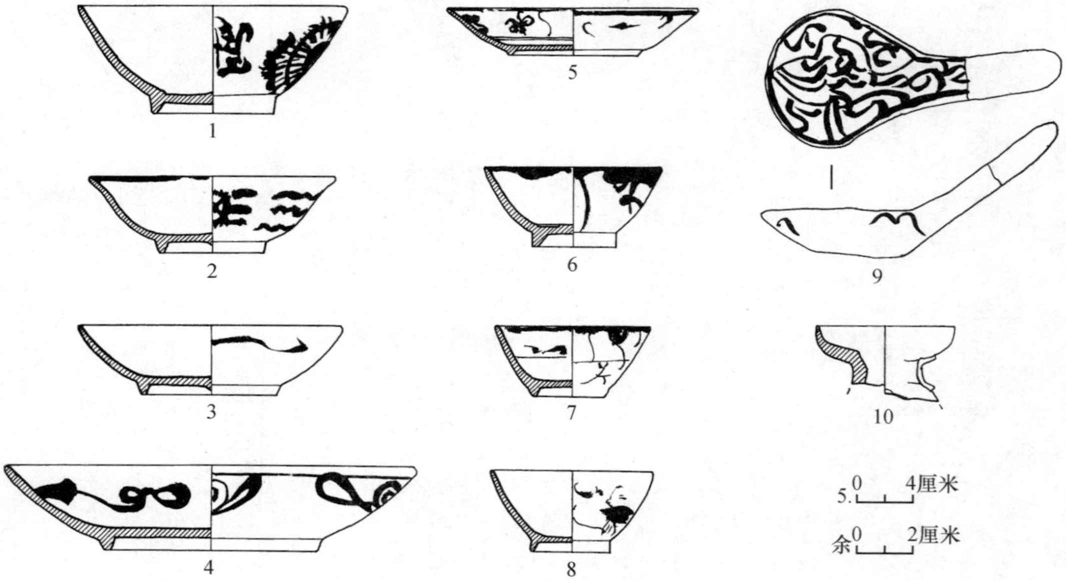

图二三　出土明清时期瓷器

1～3. 碟（H2：53、H2：109、H2：62）　4、5. 盘（H2：36、H2：22）　6～8. 杯（H2：57、H2：58、H2：12）　9. 勺（H2：84）　10. 壶口沿（H2：160）

2. 陶器

共计171件，均为缸胎残片。可辨器形有罐、钵、盆、灯、碟等。

罐口沿　21件。标本H2：146，泥质缸胎，轮制，敛口，圆唇，短斜颈，素面。口径18.6、残高6.5厘米（图二四，1）。

擂钵口沿　43件。圆鼓腹，饼足。标本H2：153，泥质缸胎，轮制。外釉不及底，腹有细密轮旋纹，内无釉，并刻划蓖线纹。残高10.5、底径8.8厘米（图二四，2）。标本H2：154，泥质缸胎，轮制，外釉不及底，内无釉，并刻划篦纹。残高6.5、底径12厘米（图二四，3）。

盆口沿　70件。根据口、腹特征分三型。

A型　35件。敛口。标本H2：140，泥质缸胎，轮制，平沿，尖唇，斜腹，素面。口径24、残高5厘米（图二四，4）。

B型　27件。敞口。标本H2：158，泥质缸胎，轮制，圆唇，弧腹，腹有细密轮旋纹。口径28、残高6厘米（图二四，5）。

C型　8件。口微敛，斜腹。标本H2：144，泥质缸胎，轮制，圆唇，斜腹，口腹间饰一周凸轮。口径32、残高6.5厘米（图二四，6）。

碟　3件。根据腹部特征分二型。

A型　1件。曲腹。标本ⅡT037024③：1，泥质缸胎，轮制，敞口，圆唇，器外饰多道凹弦纹，平底。口径10.4、高3.6、底径3.5厘米（图二五，1）。

B型　2件。斜直腹。标本ⅡT125035③：2，泥质缸胎，轮制，敛口，圆唇，素面，平底。口径9.2、高2.4、底径3.5厘米（图二五，2）。

盘　1件。标本H2：157，泥质缸胎，轮制，敞口，平沿，圆唇，浅腹壁，卧足。口径10.4、高1.6、底径6厘米（图二五，3）。

灯　33件，质地粗。标本H2：147，泥质缸胎，轮制，敞口，圆唇，口沿处开一流，弧腹，漏把细深，残断，内外施褐色釉。口径8、残高5厘米（图二五，4）。标本H2：131，泥质缸胎，轮制，口唇残，浅盘，弧腹，柱身中空，残断，外施褐色釉。残高5厘米（图二五，5）。标本H2：161，泥质缸胎，轮制，盘无存，柱身中空至下底，底沿呈浅弧壁盘，卧足，上施褐色釉，下底无釉，外施褐色釉。残高21、足径19厘米（图二五，6）。

3.石器

1件。已残。

砚　1件。标本H2：150，碳青色石质，手制，长方形，平面磨平，四周为子母扣，盖无存。残长12、宽9.5、厚1.4厘米（图二五，7）。

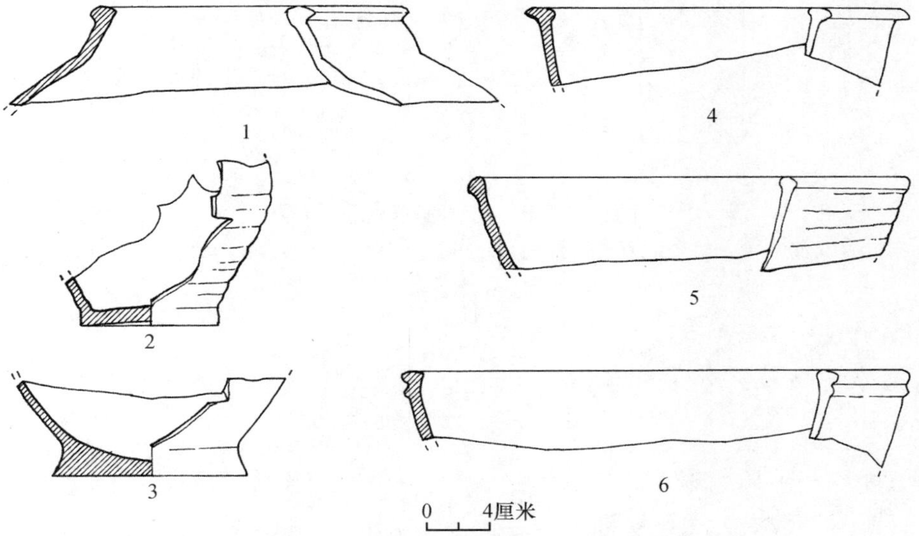

图二四　出土明清时期陶器

1. 罐口沿（H2：146）　2、3. 擂钵口沿（H2：153、H2：154）　4～6. 盆口沿（H2：140、H2：158、H2：144）

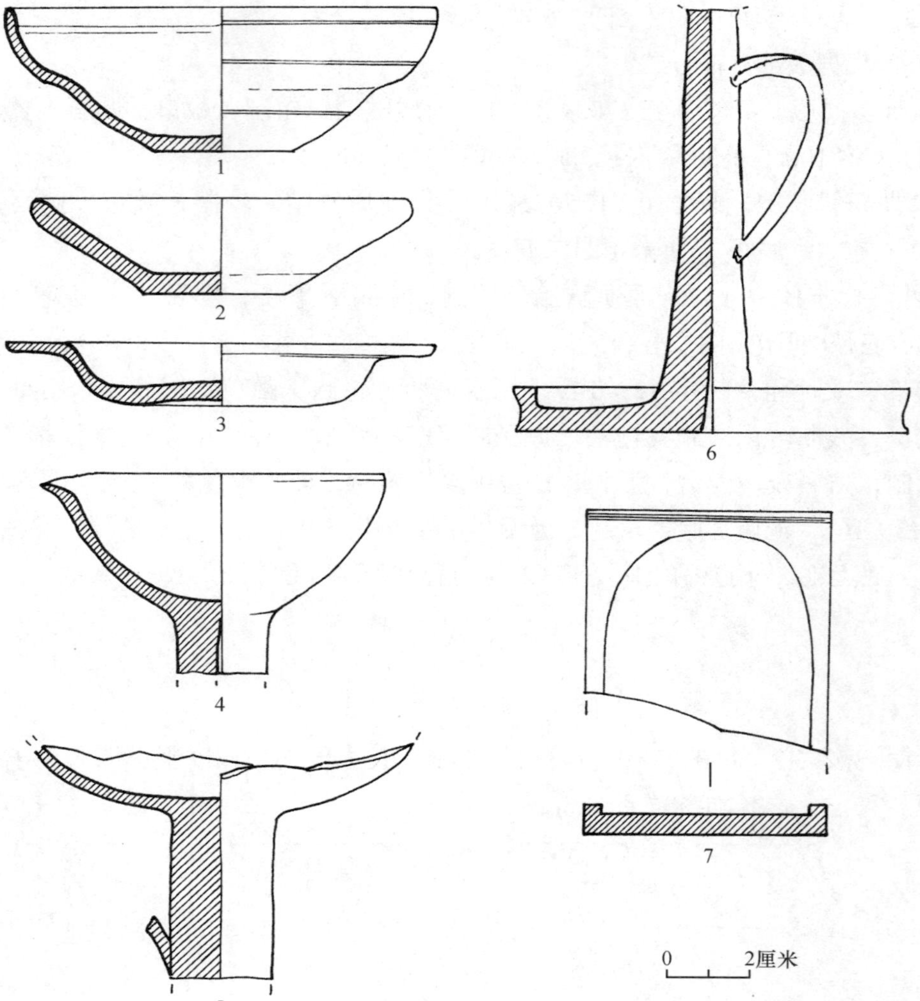

图二五　出土明清时期陶器和石器

1、2. 陶碟（ⅡT037024③：1、ⅡT125035③：2）　3. 陶盘（H2：157）　4～6. 陶灯（H2：147、H2：131、H2：161）　7. 石砚（H2：150）

六、结　　语

香炉滩遗址地层破坏严重，文化层堆积较薄。最深达1.1米，最浅处仅0.3米，堆积由北向南（长江）倾斜。多数探方文化层堆积较一致，Ⅰ、Ⅲ发掘区堆积相对简单，耕土层下即为生土层，包含物较少。出土遗物时期以汉、明清为主，商周时期较少。

H4、H5出土陶器以泥质褐陶和夹砂褐陶为主，器表多素面，纹饰均为绳纹，符合峡江地区商周时期陶器特征。主要器类罐、豆等，与云阳李家坝遗址出土器形较一致，具有明显十二桥文化特征和风格，故推测其年代应为商周时期[1]。

本次发掘的两汉遗存虽然遭到破坏，但是墓葬中发现的随葬品比较丰富，保存完整。M7出土的陶蒜头壶，器形较完整，对时代的推断提供了实物依据，也为西汉墓葬的研究提供了一些新的信息，故M7时代应为西汉中期。M1、M4、M5、M6基本组合为罐、釜、壶等，亦是峡江地区东汉中晚期常见组合。M1仅出土1件瓷片，对时代的判断帮助不大。M5、M6出土遗物较多，以罐、灯、井盖有比较明显的时代特征，与重庆地区发现的东汉时期器物相比，较为接近，可作断代的标准器，故M1、M4～M6时代应为东汉时期（附表一）。

明清时期遗物种类较丰富，有碗、杯、盘、罐等器形，厚重的青瓷及缸胎器体现了当时的风格，在H2出土的瓷碗底印有“道光年制”，与涪陵石沱遗址[2]同时代的器形相似，为此类器物的时代判断提供了详实的依据。

香炉滩遗址文化堆积延续时间长，跨度大，遗迹现象类型多样，遗物丰富，是一处重要的古代文化遗址。该遗址中早期遗存虽不多，但从器形和纹饰上都反映出十二桥文化的特征，对于研究商周时期峡江地区与川西地区的文化交流具有重要的意义。该遗址汉代及晚期遗物丰富，为我们研究涪陵地区以及峡江地区沿岸人类活动和发展轨迹提供了又一新的实物资料。

附记：本次考古领队邹后曦，执行领队黄海。参加本次发掘的人员有：周虹、湛川航、李洪、陈啸、秦彬、李振文、周巧玲。拓片：周虹、李洪，修复：秦彬、唐华东、周巧玲，绘图：李洪、陈啸、秦彬、李振文，摄影：陈啸、李振文，资料整理：黄海、周虹、湛川航、李洪、陈啸、秦彬、李振文。这次发掘工作中，重庆市文化遗产研究院、涪陵区文广新局、涪陵区博物馆给予了大力支持，在此一并致谢。

执　笔：周　虹　黄　海　汪　彤　陈　啸

注　释

［1］ 四川大学历史文化学院考古系、云阳县文物管理所：《云阳李家坝遗址发掘报告》，重庆市文物局、重庆市移民局《重庆市库区考古报告集·1998卷》（下），科学出版社，2002年。

［2］ 黄海、周虹：《涪陵石沱遗址发掘报告》，资料暂存于涪陵区博物馆。

附表　2011年涪陵香炉滩遗址发掘墓葬登记表

分类	年代	墓号	墓向	墓葬形制（长×宽-深）米				葬式	葬具	出土遗物	备注
				平面	墓道	甬道	墓室				
甲类	西汉中期	M7	75°	长方形竖穴岩坑	无	无	3.7×2.3-2.2	不清	不清	出土遗物23件：1. 铁器（残）　2. 陶罐（残）　3. 陶罐（残）　4. 铜钱币　5. 陶片　6. 陶罐（残）　7. 陶钫（残）　8. 陶蒜头壶（残）　9. 铁插（残）　10. 陶罐（残）　11. 陶罐（残）　12. 陶罐（残）　13. 陶罐（残）　14. 铜剑镞（残）　15. 陶网坠（残）　16. 陶网坠（残）　17. 石斧（残）　18. 陶釜（残）　19. 陶盆（残）　20. 陶罐（残）　21. 陶片　22. 铁釜　23. 陶甑	
乙类	东汉中期	M1	165°	“凸”字形砖墓	2.4×1-（0.6~1）	2.4×0.9-1.25	4.14×2.6-1.25	不清	不清	出土遗物1件：1. 瓷片	被H1打破
		M4	352°	“凸”字形砖墓	1.26×0.92-0.75	1.26×0.92-0.0.4	3.3×2.44-0.4	不清	不清	出土遗物3件：1. 陶罐　2. 陶钵　3. 陶打水罐	
		M5	175°	“凸”形砖石墓	2.44×1.5-1.14	1.24×1.5-0.95	3.28×2.5-0.65	不清	不清	出土遗物8件：1. 陶打水罐（残）　2. 陶罐（残）　3. 陶甑　4. 陶罐　5. 陶罐　6. 陶罐（残）　7. 陶罐（残）　8. 陶井盖（残）	
	东汉中晚期	M6	172°	“凸”形砖石墓	1.6×1.7-0.6	1.5×1.33-0.25	3.88×2.66-0.78	不清	不清	出土遗物23件：1. 瓷罐（残）　2. 陶灯（残）　3. 陶杯（残）　4. 陶井盖　5. 陶碗　6. 陶盖（残）　7. 陶博山炉（残）　8. 陶罐（残）　9. 陶罐（残）　10. 陶釜（残）　11. 陶釜（残）　12. 陶罐（残）　13. 陶盖（残）　14. 陶罐（残）　15. 陶罐（残）　16. 陶罐（残）　17. 铜钱币　18. 陶罐（残）　19. 陶盖（残）　20. 陶盆（残）　21. 陶罐（残）　22. 陶釜（残）　23. 陶釜（残）	
丙类	清代晚期	M2	353°	长方形竖穴土坑墓	无	无	2.85×0.94-0.3	仰身直肢	一棺	无	
		M3	345°	长方形竖穴土坑墓	无	无	5.05×2.64-0.5	仰身直肢	一棺	出土遗物2件：1. 瓷碗底　2. 瓷片	

涪陵江北墓群2010年发掘简报

重庆市文化遗产研究院　涪陵区博物馆

一、地理位置与历史沿革

涪陵区位于四川盆地东南边缘，介于北纬29°21′至30°01′，东经106°56′至107°43′之间，属于中亚热带湿润季风气候。涪陵地处四川盆地和山地过渡地带，地势以丘陵为主，横跨长江南北、纵贯乌江东西。地势大致为东南高而西北低，西北—东南断面呈向中部长江河谷倾斜的对称马鞍状。涪陵城区位于乌江与长江汇合处，历来是川东南水上交通枢纽和乌江流域最大的物资集散地。区境地处三峡库区腹心地带，顺长江西上120千米即达重庆市，东下通联华中、华东各省，逆乌江而上可达鄂湘边界及黔东各地。

涪陵区境春秋中后期属巴国南疆地。战国中期为楚地，后期为秦巴郡地。秦昭王30年（前277年）置枳县。东晋穆帝永和三年（347年）置涪郡（又名梓城郡）。隋置涪陵县。唐武德元年（618年）置涪州。宋置涪州。元、明、清亦置涪州隶重庆府。1997年重庆直辖后，置涪陵区隶重庆市。

江北墓群位于重庆市涪陵区江北街道办事处点易村3、4组，墓群呈片状分布于长江北岸一级阶地上，依小地名分别命名为太极亭墓地、烧林坝墓地、十三中墓地和转转堡墓地。2010年5月至6月，重庆市文化遗产研究院对江北墓群进行了抢救性勘探及发掘工作。共计发掘墓葬17座，其中土坑墓6座、崖墓6座、砖室墓4座、石室墓1座（图一；图版三五，1）。

二、太极亭墓地

太极亭墓地位于涪陵江北街道办事处点易村3组，地处长江左岸二级台阶上，墓地地处砂岩质山包上，南侧为陡崖，其下为长江，西侧为荒林地，北距点易路约150米，东临烧林坝墓地。墓地中心坐标为北纬29°43′16.63″，东经107°23′17.69″。墓地分布面积约1000平方米。墓地共发现墓葬5座，墓葬形制结构相似，均为带墓道、甬道、墓室的崖墓，依次命名为2010FJJM1～2010FJJM5，其中4座墓葬被盗扰一空，仅M2残留少量随葬品。

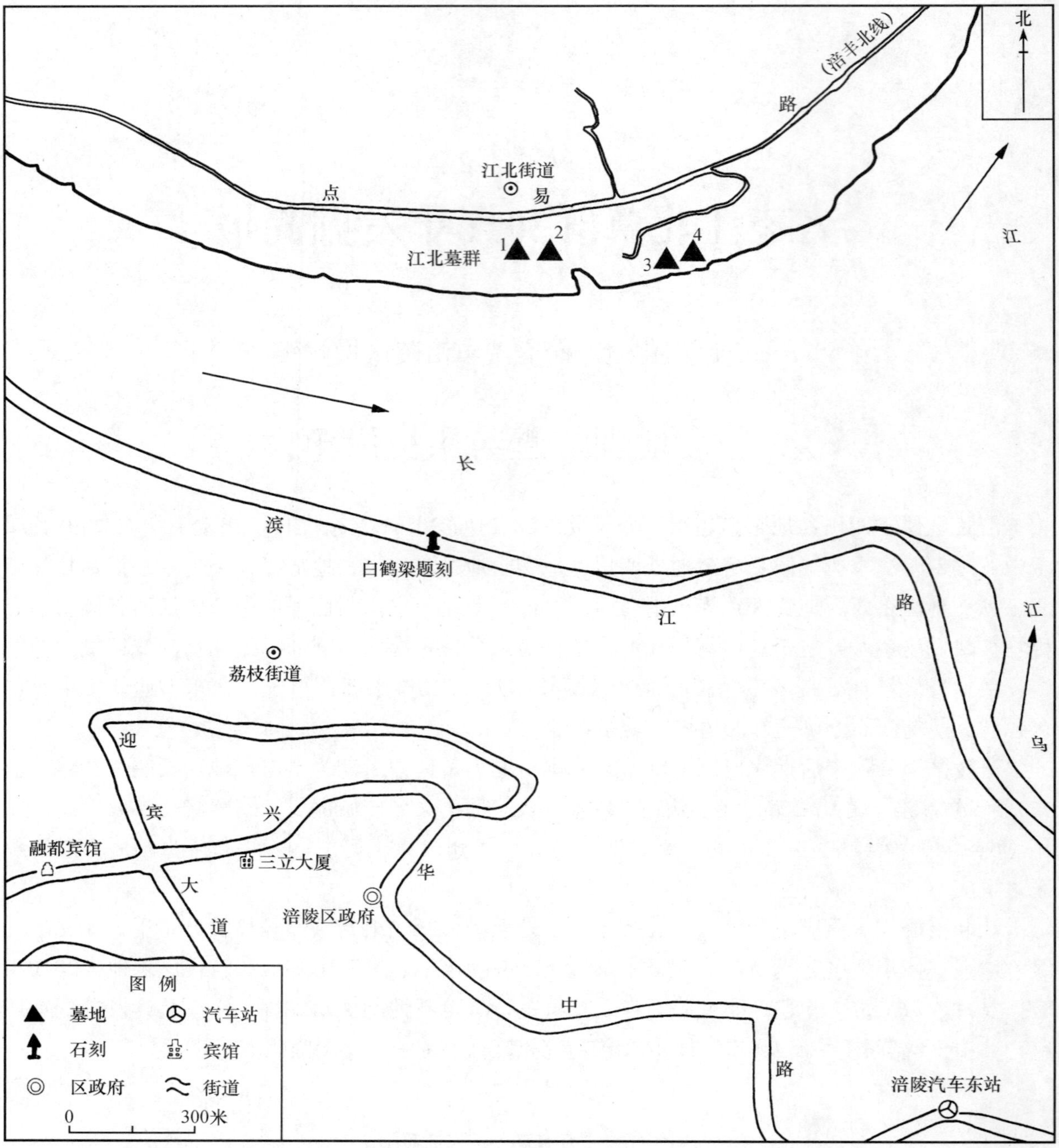

图一　江北墓群地理位置示意图

1. 太极亭墓地　2. 烧林坝墓地　3. 十三中墓地　4. 转转堡墓地

（一）2010FJJM1

位于2010FJT1中部，墓向325°。墓口叠压于第1层下，第1层为灰褐土，较松软，包含大量植物根茎和近现代垃圾。墓葬直接在砂岩上开凿横长方形缓斜坡墓道，长210、宽226厘米、深0～140厘米。墓道距封门56厘米处有凿一横向浅槽，长190、宽65、深10厘米。封门单层门楣，破坏不存，宽166、高154、厚12厘米。封门后为略呈斜坡状的短甬道，底部比封门高12厘米，平面呈横长方形，长88、宽116、高120厘米。甬道中部有一横向小沟，宽4、深3厘米；甬道侧壁距地面40厘米处左右不对称各凿一个直径10、深10厘米的圆形孔洞，在距地面56厘米处左右不对称各凿一个直径14、深10厘米的圆形孔洞。墓室平面近方形，长230、宽236厘米。墓底不平，可能为后期破坏。墓室通高170厘米，墓室四壁从高120厘米处斜收，呈四面坡盝顶状，顶部长50、宽56厘米。无随葬品出土（图二）。

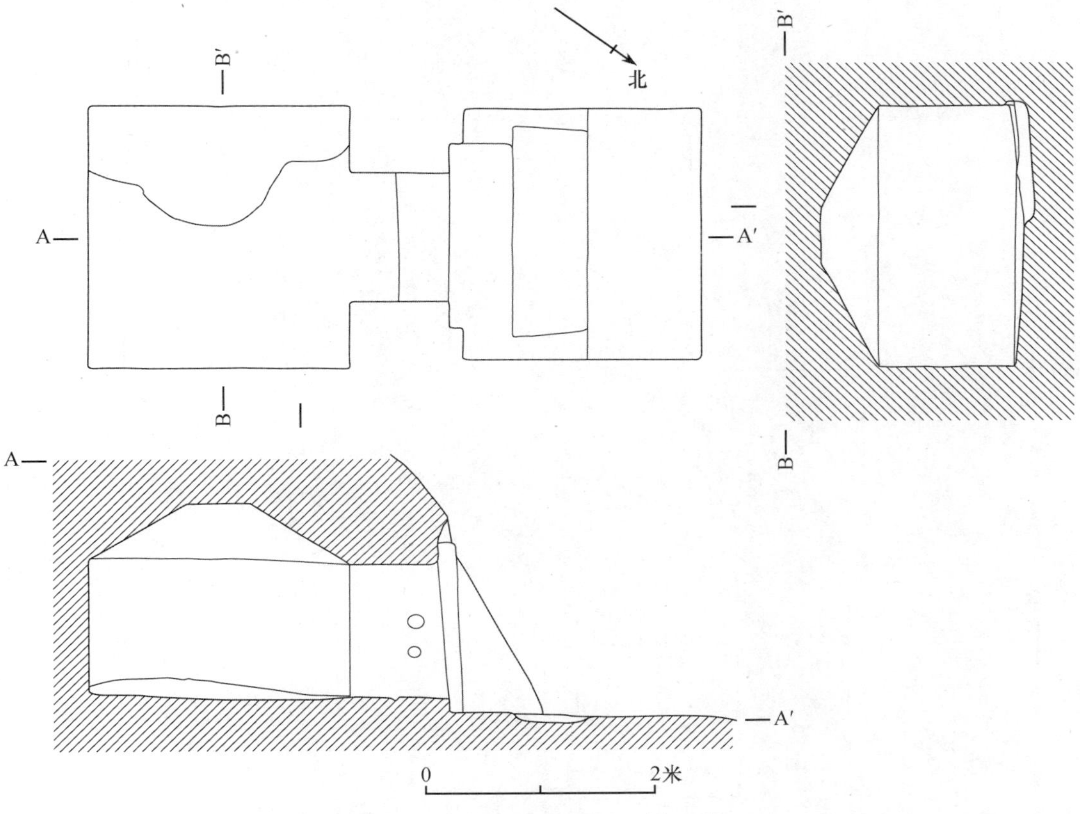

图二　太极亭墓地M1平、剖面图

（二）2010FJJM2

位于2010FJJT2南部，墓向95°。墓口叠压于第1层下，第1层为腐植、垃圾层。墓葬直接沿地势在砂岩上开凿狭长平面呈梯形的缓斜坡墓道，墓道长350、宽118～145、深0～250厘米。在墓道与甬道交接处，用短条石错缝砌筑封门，封门中、上部被破坏不存。甬道略小于墓道，长154、宽120、高126～130厘米，甬道左壁距地表24厘米处，开凿一处宽70、高58、深24厘米的壁龛。墓室长420、宽320、高200厘米，墓室四壁从高138厘米处开始斜收，呈四面坡盝顶状，顶部长140、宽48厘米（图三；图版三五，2）。

在墓葬甬道及墓室接甬道处散落少量的随葬品，共计44件，其中4件已经无法修复。

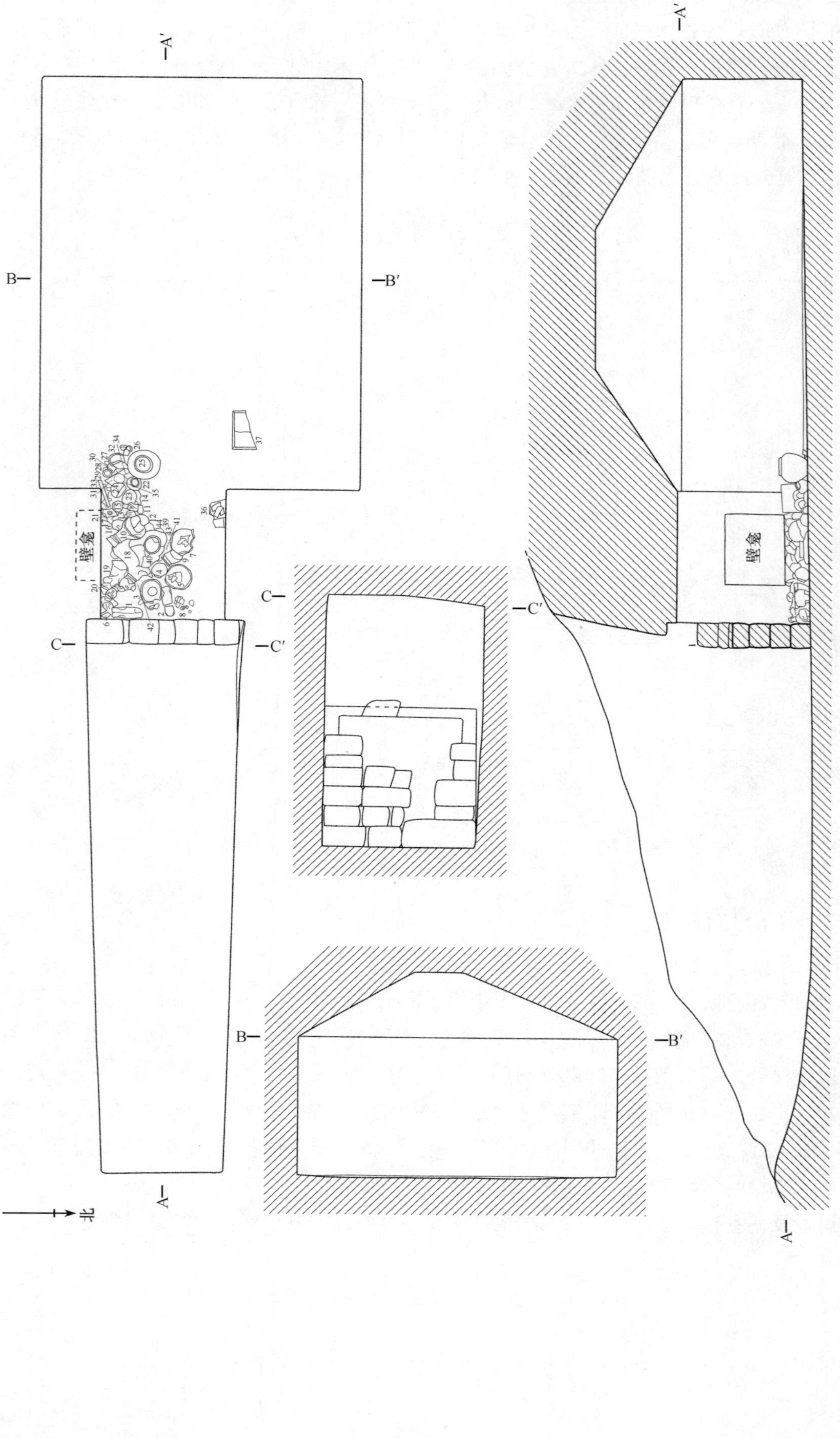

图三　太极亭墓地M2平、剖面图

1、2. 陶猪　3. 陶魁　4、7、12、15、22～25. 陶罐　5. 陶盆　6、17. 陶子母鸡　8. 铜钱币　9. 陶井　10. 陶锺　11、20. 陶抚琴俑　13、14、21、35. 陶立俑　16. 陶镇墓兽　18. 陶狗　19. 陶抱囊俑　26～31、41. 陶博山炉盖　32. 陶钵　33、37. 陶案　34. 陶残俑　36. 铁釜　38、42、43. 陶耳杯　39. 陶盘　40. 陶碟　44. 陶击鼓俑

1. 陶器

共42件，其中2件残碎已无法修复。器形有罐、锺、盆、案、耳杯、钵、碟、博山炉盖、盘、子母鸡、猪、狗、镇墓兽、人物俑等。

罐 8件。2010FJJM2：4，夹砂红胎，内外壁均施绿釉，绝大部分剥落。敛口，尖唇，微鼓肩，鼓腹内收，平底。肩部施一周凹弦纹。口径9.4、底径6.5、高10.8厘米（图四，5）。2010FJJM2：7，夹砂红胎，通体施绿釉，大部分剥落。敛口，尖唇，短斜颈，斜折肩，鼓腹内收，凹底。口径19.8、底径14.4、高19.6厘米（图四，7）。2010FJJM2：12，夹沙红胎，内外壁均施绿釉，大部分剥落。敛口，尖唇，微鼓肩，鼓腹内收，平底。口径9.4、底径7、高10.8厘米（图四，3）。2010FJJM2：15，夹砂红胎，内外壁均施绿釉，大部分剥落。敛口，尖唇，微鼓肩，鼓腹内收，微凹底。肩部施一周凹弦纹，内壁可见轮制痕迹，外壁下腹部有流釉。口径8.4、底径7、高9.6厘米（图四，2；图版三六，2）。2010FJJM2：22，泥质红陶，残留口沿和底部。敛口，圆唇，斜肩，平底。口径10、底径7.2、残高12厘米（图四，8）。2010FJJM2：23，夹砂红胎，内外壁均施绿釉，大部分剥落。敛口，尖唇，微鼓肩，鼓腹内收，平底。肩部施一周凹弦纹，内壁可见轮制痕迹。口径8.5、底径7、高10.8厘米（图四，

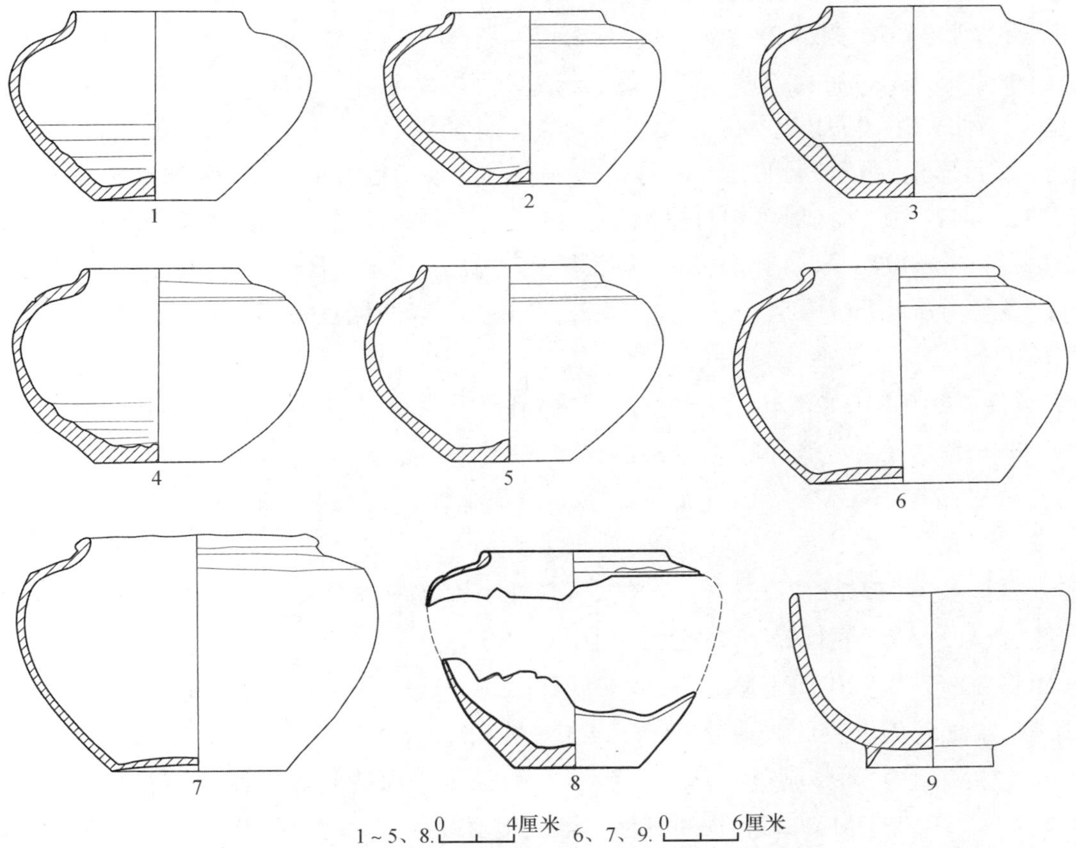

图四 太极亭墓地M2出土陶器（一）

1～8. 罐（2010FJJM2：24、2010FJJM2：15、2010FJJM2：12、2010FJJM2：23、2010FJJM2：4、2010FJJM2：25、2010FJJM2：7、2010FJJM2：22） 9. 盆（2010FJJM2：5）

4）。2010FJJM2：24，夹砂红胎，内外壁均施绿釉，绝大部分剥落。侈口，尖唇，微鼓肩，鼓腹内收，凹底。肩部施一周凹弦纹，内壁可见轮制痕迹。口径9.4、底径6.6、高10.6厘米（图四，1）。2010FJJM2：25，泥质红胎，通体施绿釉，大部分剥落。敛口，圆唇，短斜颈，斜折肩，鼓腹内收，凹底。口径16.2、底径15.6、高18厘米（图四，6）。

盆　1件。2010FJJM2：5，泥质红胎，内外壁均施绿釉，大部分剥落。侈口，弧腹，圈足。口径23、圈足径10.4、高14.6厘米（图四，9）。

锺　1件。2010FJJM2：10，泥质红胎，通体施墨绿釉，大部分剥落。口部残碎，长弧颈，扁鼓腹，高圈足。颈部、肩部各施数周凹弦纹，腹部施一周凹弦纹，肩部施一对兽形衔环辅首。圈足径17.2、残高34.8厘米（图五，4）。

井　1件。2010FJJM2：9，泥质红陶，残留井身，井身整体桶形。直口，宽平沿，方唇，束颈，直腹，平底。井沿上捏制两圆柱形支架，残断，上腹部施三周凹弦纹。口径16、底径13.4、高16.6厘米（图五，5）。

魁　1件。2010FJJM2：3，泥质红胎，内外壁均施绿釉，大部分剥落。侈口，圆唇，弧腹，平底。腹壁上施二周凹弦纹，贴塑一龙首形短把。口径18、底径10.2、高8.3、把长6.6厘米（图五，8；图版三六，1）。

案　2件。2010FJJM2：33，泥质红胎，通体施绿釉，部分剥落。平面呈长方形，案面内凹，四矮足。长39.6、宽27.2、高5.4厘米（图五，6；图版三六，4）。2010FJJM2：37，泥质红陶。平面呈长方形，案面内凹，四矮足。长32.7、宽27.6、高4.9厘米（图五，7）。

耳杯　3件。2010FJJM2：38，泥质红陶，杯身呈船形。侈口，方唇，弧壁，平底，长径两侧各一新月形把。长口径11.8、短口径6、长底径7、短底径3.3、高3.9厘米（图五，2）。2010FJJM2：42，泥质红陶，杯身呈船形。侈口，方唇，弧壁，平底，长径两侧各一新月形把。长口径11.6、短口径6、长底径7、短底径3.6、高3.8厘米（图五，1）。2010FJJM2：43，泥质红陶，杯身呈船形。侈口，方唇，弧壁，平底，长径两侧各一新月形把，烧制变形。口径11.3、短口径11.2、长底径7.2、短底径3.3、高3.7～4.1厘米（图五，3）。

碟　1件。2010FJJM2：40，夹砂红胎，内外壁均施绿釉，大部分剥落。侈口，圆唇，斜直壁内收，平底。口径10、底径8.7、高3.4厘米（图五，9）。

盘　1件。2010FJJM2：39，泥质红胎，内壁施绿釉，大部分剥落。侈口，宽平沿，尖唇，弧壁，凹底。口径17、底径4、高3.5厘米（图六，9）。

钵　1件。2010FJJM2：32，泥质红胎，内外壁均施绿釉，大部分剥落。侈口，圆唇，弧腹，凹底。口径19.2、底径9.4、高8厘米（图六，8）。

博山炉盖　7件。2010FJJM2：26，夹砂红胎，器表施黄绿釉，绝大部分剥落。侈口，方唇，弧顶。盖面遍施乳突纹。盖径9.3、高4.3厘米（图六，3）。2010FJJM2：27，夹砂红胎，器表施黄绿釉，绝大部分剥落。侈口，尖唇，弧顶，盖面遍施乳突纹，盖径10、高4.2厘米（图六，7）。2010FJJM2：28，泥质红胎，器表施黄绿釉，大部分剥落。侈口，圆唇，弧顶，盖面遍施乳突纹。盖径16.4、高5.7厘米（图六，2）。2010FJJM2：29，泥质红胎，器表施黄绿釉，大部分剥落。侈口，尖唇，弧顶，盖面上部乳突纹，下部施一周山形纹。盖径16.4、高5.5

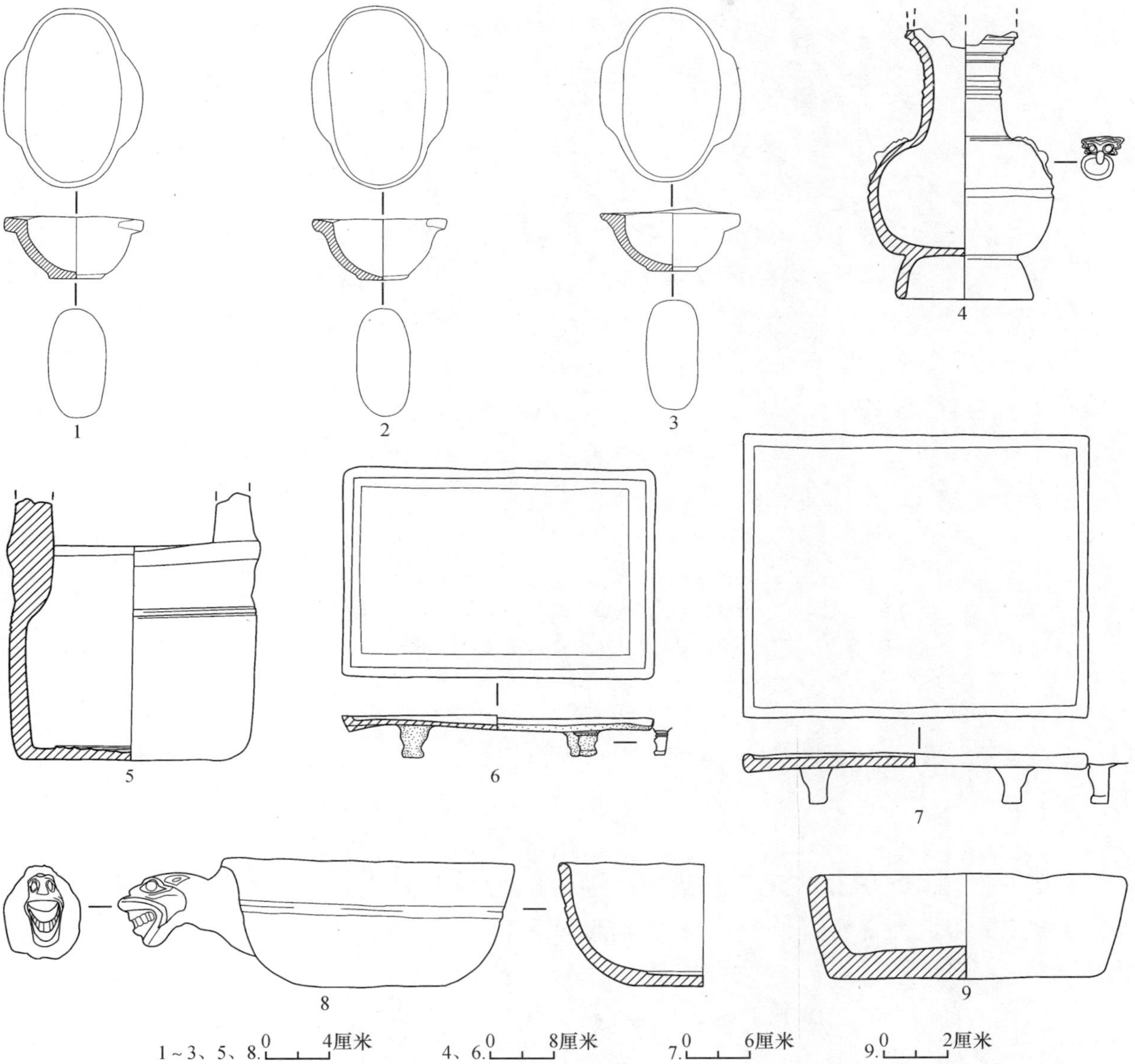

图五　太极亭墓地M2出土陶器（二）

1～3. 耳杯（2010FJJM2：42、2010FJJM2：38、2010FJJM2：43）　4. 锺（2010FJJM2：10）　5. 井（2010FJJM2：9）　6、7. 案（2010FJJM2：33、2010FJJM2：37）　8. 魁（2010FJJM2：3）　9. 碟（2010FJJM2：40）

厘米（图六，6）。2010FJJM2：30，泥质红胎，器表施黄绿釉，大部分剥落。侈口，尖唇，弧顶，盖面遍施乳突纹。盖径16、高5.5厘米（图六，1）。2010FJJM2：31，泥质红胎，器表施黄绿釉，大部分剥落。侈口，圆唇，弧顶，盖面遍施山形纹，盖顶一乳突。盖径10.3、高4.5厘米（图六，5）。2010FJJM2：41，夹砂红胎，器表施黄绿釉，绝大部分剥落。侈口，尖唇，弧顶，盖面遍施乳突纹。盖径9.9、高4.8厘米（图六，4）。

子母鸡　2件。2010FJJM2：6，泥质红陶。高冠，大眼，翘尾，羽翼较清晰，双翼下各一小鸡，中空，圈足状底。高13.7、长15厘米（图七，1）。2010FJJM2：17，泥质红陶。高冠，大眼，翘尾，羽翼较清晰，双翼下各一小鸡，中空，圈足状底。长14.8、高13.8厘米（图七，3）。

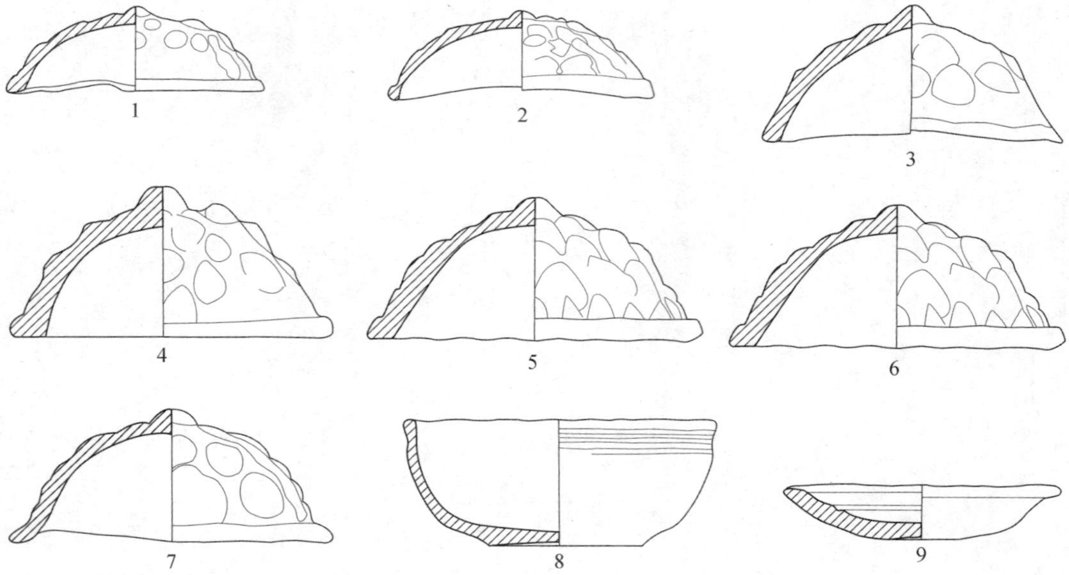

1、2、8、9. 0　4厘米　3～7. 0　2厘米

图六　太极亭墓地M2出土陶器（三）

1～7. 博山炉盖（2010FJJM2：30、2010FJJM2：28、2010FJJM2：26、2010FJJM2：41、2010FJJM2：31、2010FJJM2：29、2010FJJM2：27）　8. 钵（2010FJJM2：32）　9. 盘（2010FJJM2：39）

猪　2件。2010FJJM2：1，泥质红陶。吻部较长，长獠牙，短颈，小耳前伸，四肢粗壮，尾巴右卷贴于右臀。长29、高15厘米（图七，4）。2010FJJM2：2，泥质红陶，残碎无法修复。

狗　1件。2010FJJM2：18，泥质红胎，通体施墨绿釉，部分剥落。鼓眼瞪视前方，尖耳竖立，后腿蹬地状，尾部卷曲上翘。颈部及前腹均系宽带。长43.2、高37.8厘米（图七，2；图版三六，3）。

镇墓兽　1件。2010FJJM2：16，泥质红陶。蹲坐，尖耳直立，鼓眼瞪视前方，长舌下垂近地。高18.1厘米（图七，5）。

抚琴俑　2件。2010FJJM2：11，夹沙灰陶。双范合模。头戴平上帻，面部剥落，盘坐，内穿圆领内衣，外着右衽窄袖长袍。琴置于腿上，双手轻抚，做演奏状。高19.5厘米（图八，8）。2010FJJM2：20，夹沙红陶。双范合模。头戴平上帻，面容清秀，盘坐，内穿圆领内衣，外着右衽窄袖长袍，琴置于腿上，双手轻抚，做演奏状。高19厘米（图八，2）。

抱囊俑　1件。2010FJJM2：19，泥质灰陶。双范合模。下部残，头戴平上帻，面容清秀，内穿圆领窄袖内衣，外着右衽广袖长袍，左手抱长囊于胸前。残高25.7厘米（图八，7）。

残俑　1件。2010FJJM2：34，泥质红陶。残碎，无法修复。

立俑　4件。2010FJJM2：35，泥质灰陶。双范合模。头戴尖帽，面带微笑，较模糊，内穿圆领内衣，外着右衽窄袖及地深衣，露鞋尖，拱手站立。高19.7厘米（图八，3）。2010FJJM2：14，泥质灰陶。双范合模。头戴介帻，面容清秀，内穿圆领内衣，外着右衽窄

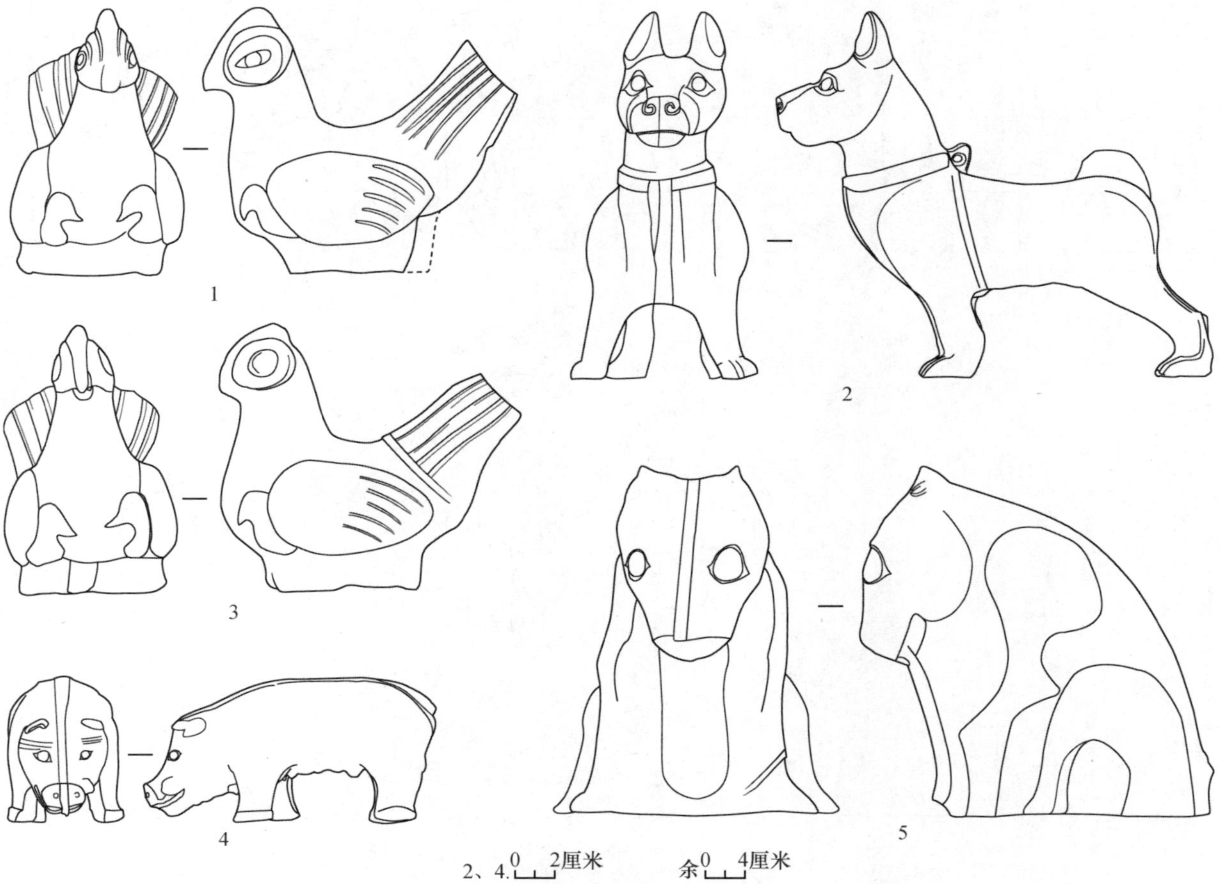

图七 太极亭墓地M2出土陶器（四）
1、3. 子母鸡（2010FJJM2：6、2010FJJM2：17） 2. 狗（2010FJJM2：18） 4. 猪（2010FJJM2：1）
5. 镇墓兽（2010FJJM2：16）

袖及地长袍，露出鞋尖，左腰撇长剑，拱手站立，合范处刀削修。高19.2厘米（图八，5）。2010FJJM2：21，泥质灰陶。头戴介帻，面容清秀，内穿圆领内衣，外着右衽窄袖及地长袍，露出鞋尖，左腰撇长剑，拱手站立，合范处刀削修。高19.2厘米（图八，4）。2010FJJM2：13，泥质红陶。双范合模，头戴平上帻，面容清秀，内穿圆领内衣，外着右衽窄袖长袍，左腰撇长剑，拱手站立，下部残断，合范处刀削修。残高16厘米（图八，6）。

击鼓俑 1件。2010FJJM2：44，泥质红陶。双范合模，头戴高冠，面容模糊。盘坐，内穿圆领内衣，外着右衽长袍。圆鼓置于腿间，左手轻拍鼓面，右手上扬状，模糊不清。高18.9厘米（图八，1）。

2. 金属制品

铁釜 1件。2010FJJM2：36，残碎，无法修复。

铜铁币 数枚。2010FJJM2：8，大部分锈蚀严重，清理出较完整铜币4枚，其中3枚为“五铢”，1枚为“大泉五十”。“五铢”钱圆形方孔，正面外郭，背面内外郭；“大泉五十”两面均内外有郭（图九）。

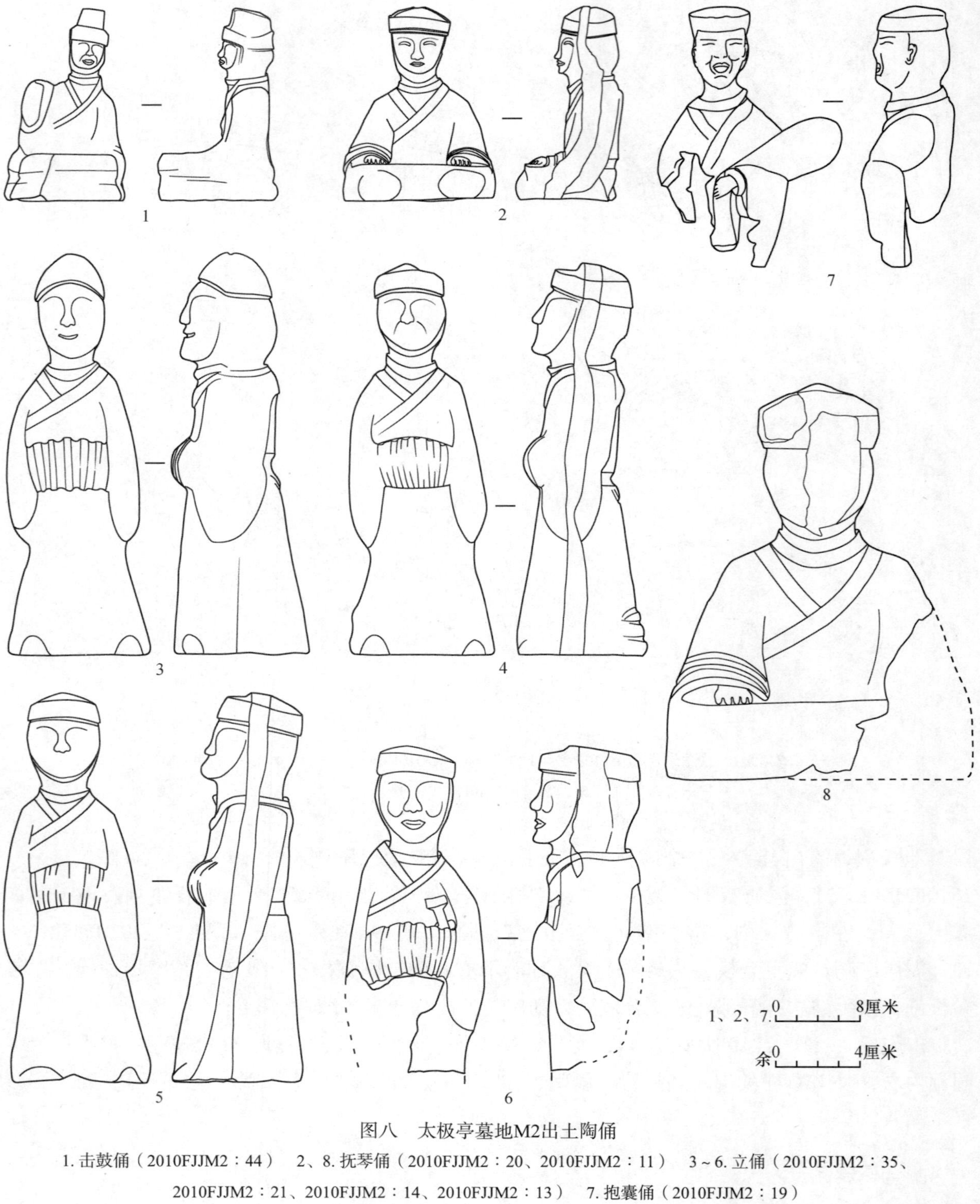

图八　太极亭墓地M2出土陶俑

1. 击鼓俑（2010FJJM2：44）　2、8. 抚琴俑（2010FJJM2：20、2010FJJM2：11）　3～6. 立俑（2010FJJM2：35、2010FJJM2：21、2010FJJM2：14、2010FJJM2：13）　7. 抱囊俑（2010FJJM2：19）

（三）2010FJJM3

位于2010FJJT3中部，墓向320°。开口于第1层下，第1层为腐植、现代垃圾层。墓葬直接在山体基岩上开凿墓道，墓道长400、宽110～160、深0～140厘米。封门破坏不存，甬道略小于墓道，拱顶，甬道长102、宽138、高146厘米。墓室平面呈长方形，从两侧壁100厘米处开始开凿拱形顶，墓室长200、宽190、通高160厘米（图一〇）。

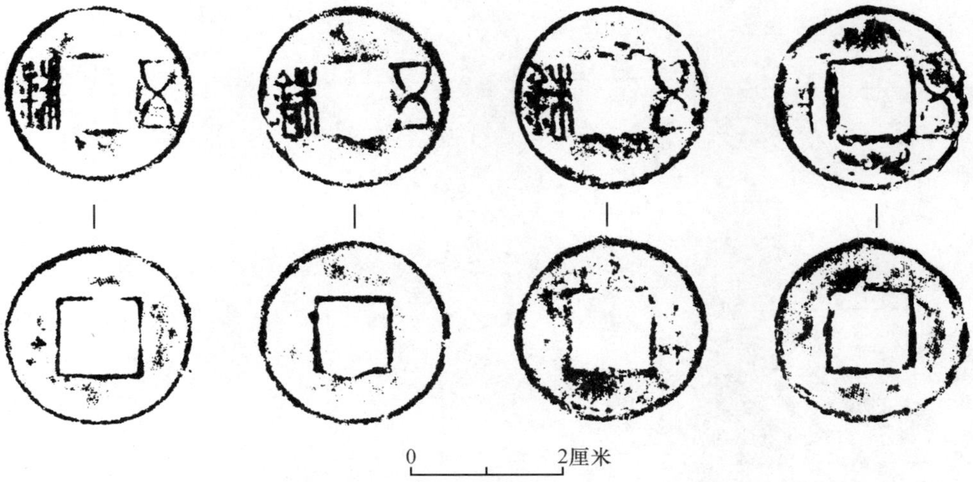

图九　太极亭墓地M2出土部分铜钱币拓片（M2：8）

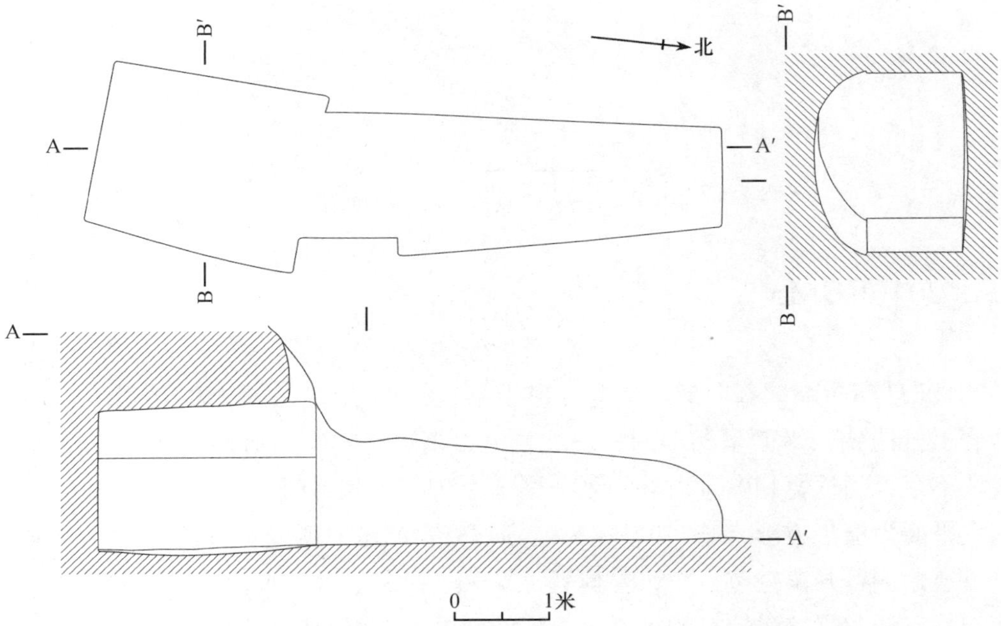

图一〇　太极亭墓地M3平、剖面图

（四）2010FJJM4

位于2010FJJT4东部，墓向355°。墓葬开口于第1层下，第1层为腐植、垃圾层。墓葬直接在砂岩上开凿狭长平面略呈梯形的缓斜坡墓道，墓道长410、宽126～140、深0～150厘米。近封门处墓道底部开凿两个直径10、深10厘米的圆孔，墓道两侧壁对称开凿两个直径13、深10

厘米的圆孔。封门被破坏不存，门框宽170、高148厘米。甬道小于墓道，长140、宽118、高138～158厘米。墓室近方形，长240、宽228、通高182厘米。墓室四壁从高128厘米处开始斜收呈穹窿顶；墓底前侧横向开凿有不规则的排水沟，宽5～20、深5厘米（图一一）。

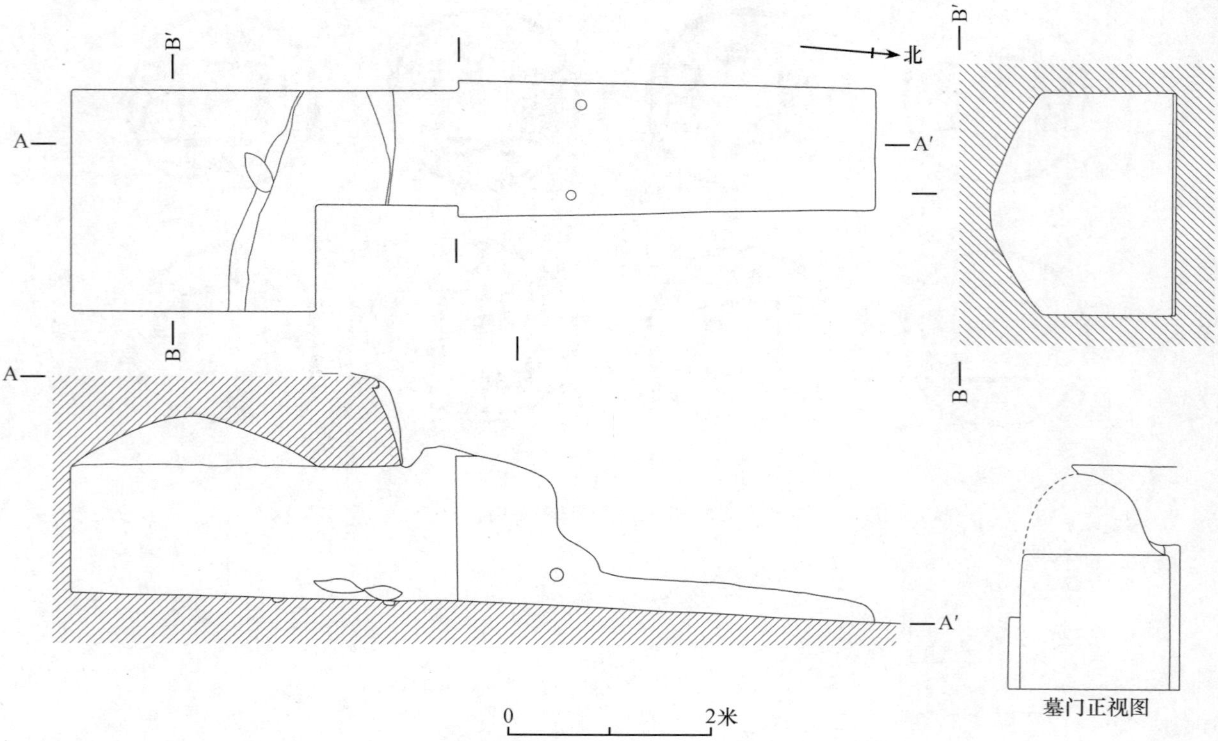

图一一　太极亭墓地M4平、剖面图

（五）2010FJJM5

位于2010FJJT5西部，墓向5°。墓葬开口于第1层下，第1层为腐植、垃圾层。墓葬直接沿地势在砂岩上开凿狭长平面呈梯形的缓斜坡墓道，墓道长730、宽110～168、深0～280厘米。封门被破坏不存，门框宽140、高140厘米。甬道小于墓道和封门，长104、宽100、高124～130厘米。墓室平面为横长方形，长270、宽330、通高174厘米，四壁从110厘米高处内收呈拱顶。墓室前壁甬道两侧各开凿壁龛一个，左侧壁龛宽90、高54、深34厘米，右侧壁龛宽80、高54、深34厘米。墓室开凿有较浅较小的排水沟，延伸到甬道中部的排水槽内（图一二）。

三、烧林坝墓地

烧林坝墓地位于涪陵江北街道办事处点易村3组，地处长江二级台地上，墓地地处砂岩质山包上，南侧为陡崖，西侧为太极亭墓地，北距点易路约120米，东为废弃的民居。墓地中心坐标为北纬29°43′20.56″，东经107°23′27.4″。墓地分布面积约500平方米。墓地发现墓葬3座，其中明代石室墓1座，汉至六朝时期砖室墓、崖墓各1座，分别命名为2010FJSM1、

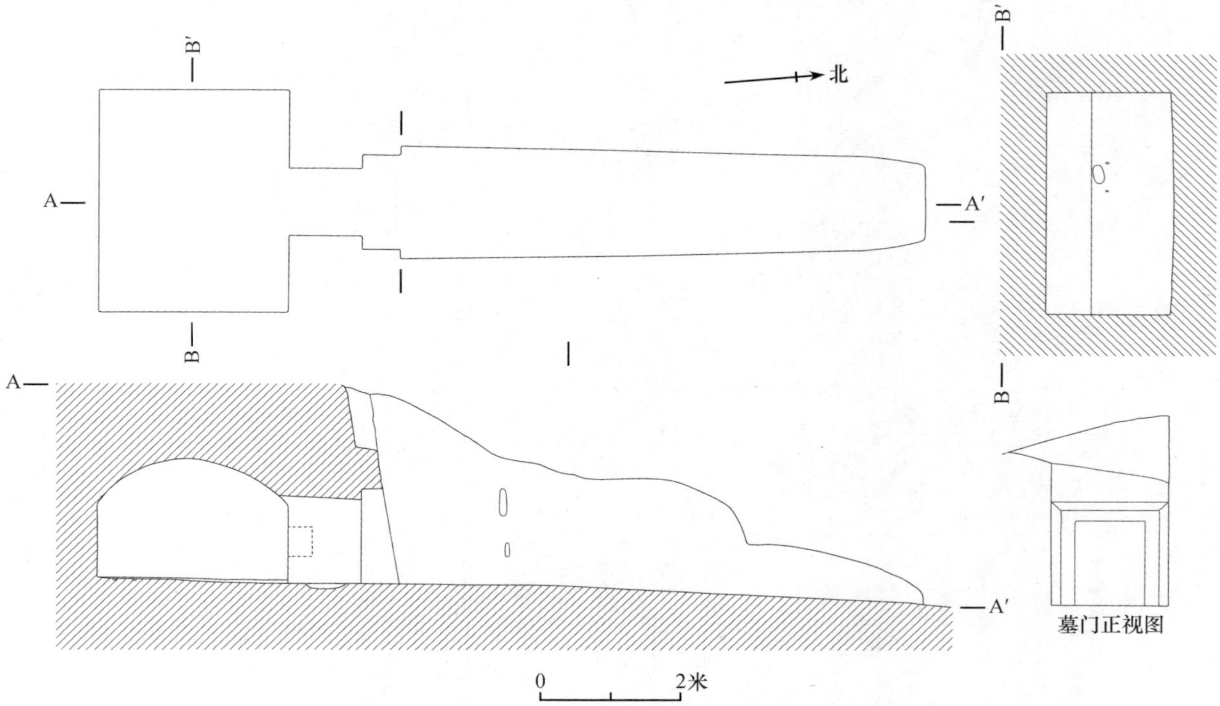

图一二　太极亭墓地M5平、剖面图

2010FJSM2、2010FJSM3。明墓（2010FJSM1）破坏严重，仅残存墓葬底部，打破砖室墓（2010FJSM2）；砖室墓券顶以上破坏不存；崖墓（2010FJSM3）封门破坏不存。各类墓葬均盗扰严重。

（一）2010FJSM2

位于2010FJST1西部，开口于第1层下，直接打破砂岩，平面呈“甲”字形，为竖穴岩坑砖室墓葬，墓向170°。墓室东南部分券顶被2010FJSM1打破。墓葬由墓道、甬道、墓室三部分组成，墓道远端斜坡、近端平底，远端内收，通长250、宽30～160、残深0～98厘米。墓道与甬道相连处由菱形纹砖错缝平砌封门，封门宽140、残高98厘米。甬道平面呈长方形，由菱形纹榫卯砖错缝平砌两侧墓壁，长194、宽60、残深97～103厘米。墓室平面呈横长方形，与甬道直接相连，四壁皆由菱形纹砖错缝平砌，长258、宽348、残深103～108厘米。墓葬起券高度不详，在墓室填土内残留较多的与砌筑甬道墓壁相同的较密集的菱形纹榫卯砖，推测可能为券顶用砖（图一三）。

墓葬盗扰严重，仅在甬道填土中发现少量的遗物碎片。可辨器形有瓷碗、陶魁。

瓷碗　2件。2010FJSM2：01，泥质红陶胎，轮制，通体施黄绿釉，大部分剥落。侈口，圆唇，弧腹，圈足。腹部施一周凹弦纹。口径12.8、底径5.8、高5厘米（图一四，2）。2010FJSM2：03，红褐色瓷土，轮制。侈口，尖唇，弧壁，饼状足。内壁及外壁口沿下可见白色陶衣。口径17.6、底径7.2、高6.2厘米（图一四，1）。

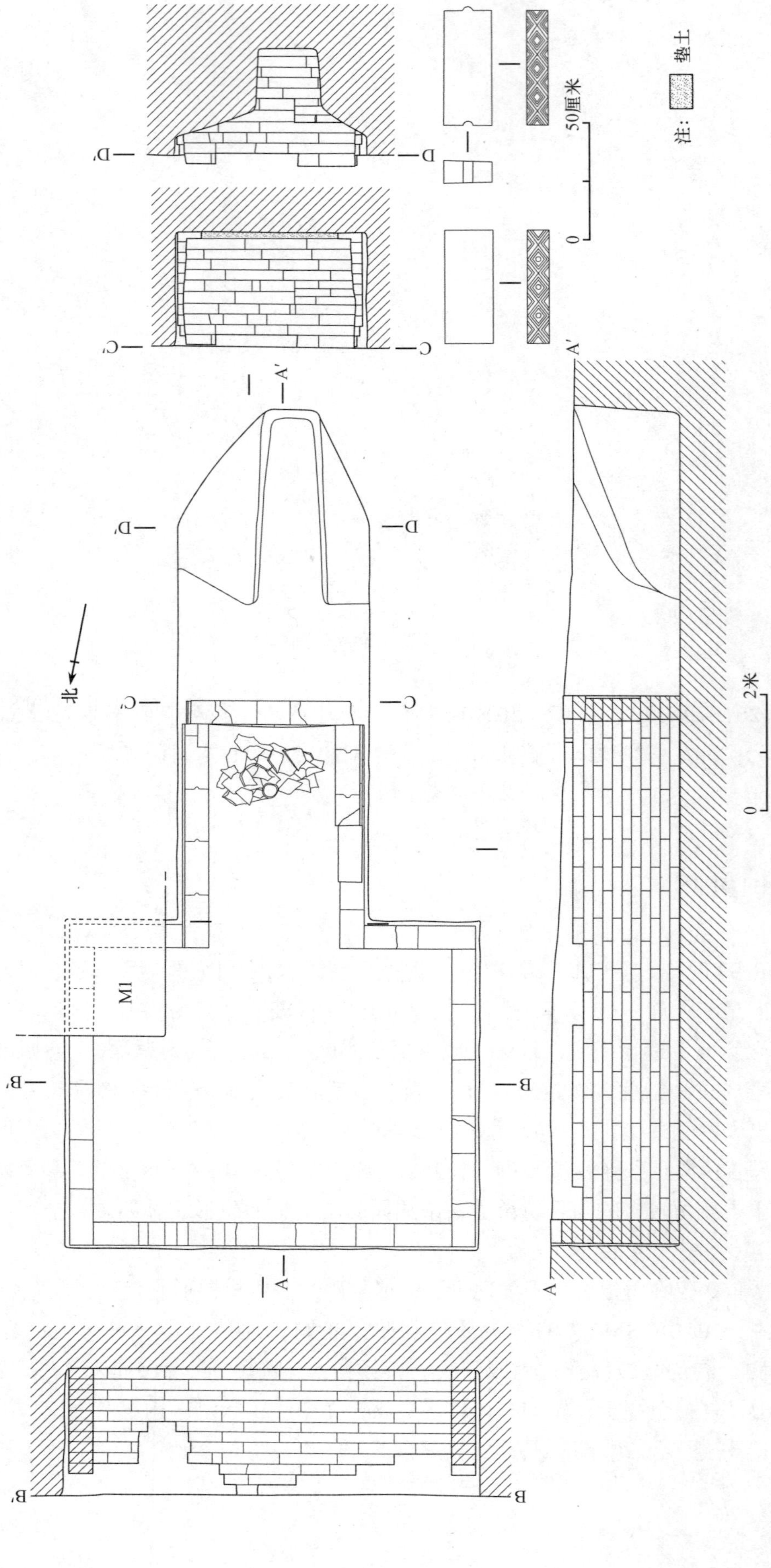

图一三　烧林坝墓地M2平、剖面图

陶魁 1件。2010FJSM2：02，泥质红陶胎，轮制，通体施黄绿釉，大部分剥落。侈口，厚圆唇，上腹较直，下腹弧内收，圈足。上腹施两周凹弦纹，外侧贴塑一龙首形柄。口径19.6、底径10、高11.4厘米（图一四，3）。

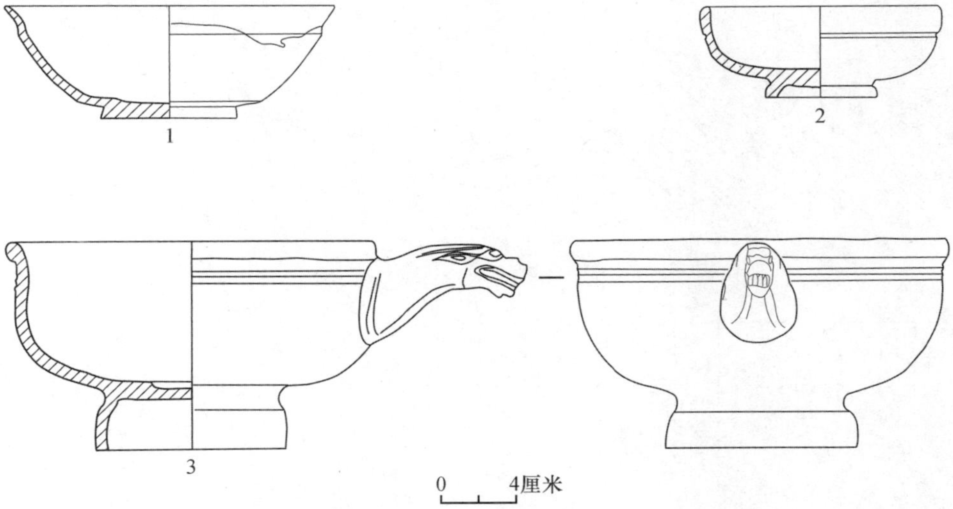

图一四 烧林坝墓地M2出土遗物

1、2. 瓷碗（2010FJSM2：03、2010FJSM2：01） 3. 陶魁（2010FJSM2：02）

（二）2010FJSM3

位于2010FJST2的中东部，墓道延伸进入东隔梁。开口于第1层下，整体呈“甲”字形，墓向70°。墓底整体由内至外倾斜，内高外低，与墓室内防水保持干燥有关。墓道位于砂岩质山沿东侧，直接在岩体上开凿，长280、宽140～150、深0～260厘米。近封门处墓道壁两侧斜向开凿基槽，口大底略小，长168、宽27～32、深20、距墓底高170厘米，在左壁基槽下壁面坍塌，用四层墓砖加固砌筑壁墙。封门门楣高125、宽150、深27厘米，残存底部一层，由墓砖横砌。墓道填土内有较多墓砖及加工规整的厚约10厘米的碎石块，推测封门下部由墓砖砌筑，上部由石板封门，两侧基槽内嵌条石加固。甬道呈横长方形，长60、宽110、高108～116厘米。墓室平面呈横长方形，拱形顶，长250、宽354、高172厘米，从四壁约100厘米高处起拱。墓室右侧开凿棺床，长250、宽86、高10厘米。东侧墓壁距墓底38厘米处开凿壁龛一个，长130、高40、进深40厘米（图一五）。

墓葬盗扰严重，在填土中发现少量陶器遗物碎片，可辨器形有簋、器盖、耳杯、鸡、豆柄。

陶簋 1件。2010FJSM3：01，泥质红陶胎，通体施黄绿釉，部分剥落，内外壁均有流釉。侈口，圆唇，上腹斜直，下腹弧内收，喇叭状圈足。上腹部施三周凹弦纹。口径20.4、底径10、高12厘米（图一六，1）。

陶器盖 2件。2010FJSM3：05，泥质红陶胎，器表施黄绿釉，部分剥落。整体覆盘状，直口，顶部施一圆纽。口径18、纽径4.2、高6.4厘米（图一六，4）。2010FJSM3：06，泥质红

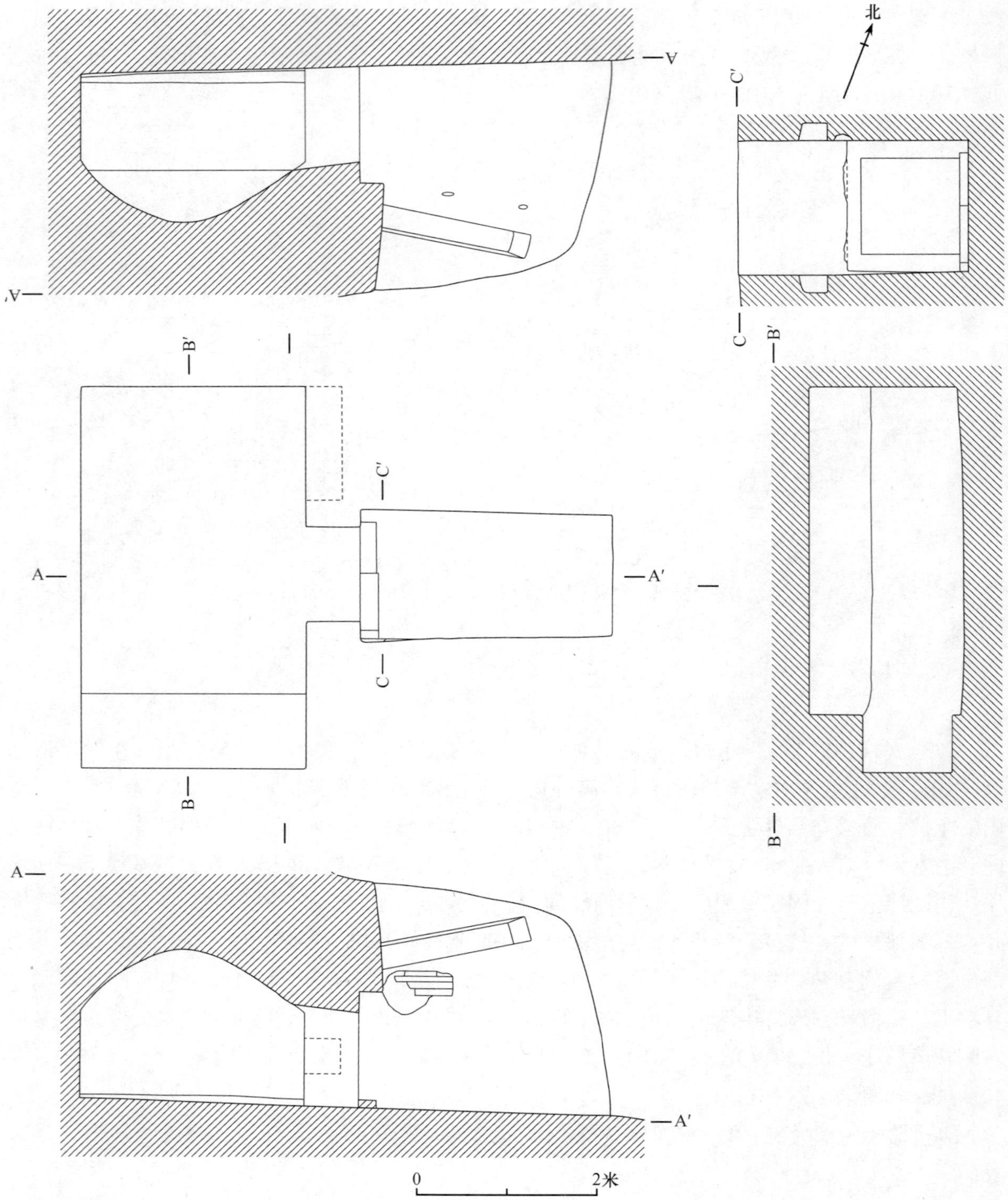

图一五　烧林坝墓地M3平、剖面图

陶胎，器表施黄绿釉，部分剥落。子母口，盖顶弧形，顶部施一鸟形纽，昂首翘尾，羽翼清晰。口径15.6、高8.2厘米（图一六，3）。

陶耳杯　2件。2010FJSM3：03，泥质红陶胎，通体施黄绿釉，大部分剥落。杯体呈椭圆形，敞口圆唇，弧壁内收，平底。两侧附加新月形把。长径9.6、短径7.6、高3.4厘米（图一六，6）。2010FJSM3：04，泥质红陶胎，通体施黄绿釉，大部分剥落。杯体呈椭圆形，敞口圆唇，弧壁内收，平底。两侧附加新月形把。长径11.1、短径8.6、高3.5厘米（图一六，5）。

陶豆柄　1件。2010FJSM3：07，泥质红陶胎，器表施黄绿釉，部分剥落。上部缺失，柄部整体呈亚腰形柱，覆盘状底，整体中空。底径11.8、残高11.5厘米（图一六，2）。

陶鸡　1件。2010FJSM3：02，泥质红陶。高冠尖嘴，翘尾，站立，羽翼清晰。长21、高21.3厘米（图一六，7）。

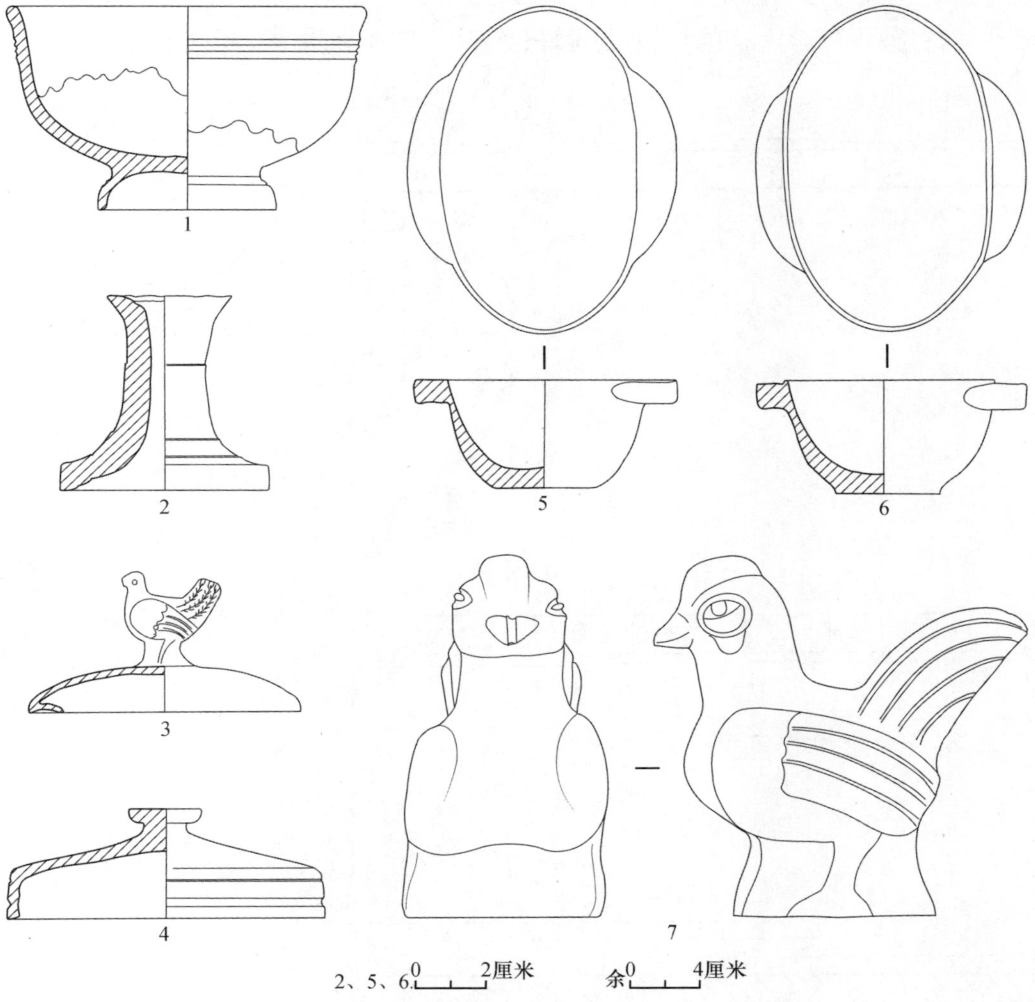

图一六　烧林坝墓地M3出土遗物

1. 陶簋（2010FJSM3：01）　2. 陶豆柄（2010FJSM3：07）　3、4. 陶器盖（2010FJSM3：06、2010FJSM3：05）　5、6. 陶耳杯（2010FJSM3：04、2010FJSM3：03）　7. 陶鸡（2010FJSM3：02）

四、十三中墓地

十三中墓地位于涪陵江北街道办事处点易村4组，地处长江一级台地上，墓地原址为迁建前的涪陵十三中老校址所在地。墓地南临长江，西侧为废弃的教学楼，北望北岩墓群，东临转转堡墓地。墓地中心地理坐标为北纬29°43′16.69″，东经107°23′30.8″。墓地分布面积约300平方米。发现砖室墓2座，破坏均十分严重，2座墓葬均残留部分墓室。

（一）2010FJSSM1

位于2010FJSST1中部，竖穴岩圹砖室墓，开口于第1层下，墓向165°。墓壁用菱形车轮纹墓砖错缝平砌，墓底直接借用平整的基岩，墓室残长390～400、宽300、残深140厘米。墓室填土中发现少量的随葬品碎片，可辨器形有陶灯、陶房、陶钵和陶俑（图一七）。

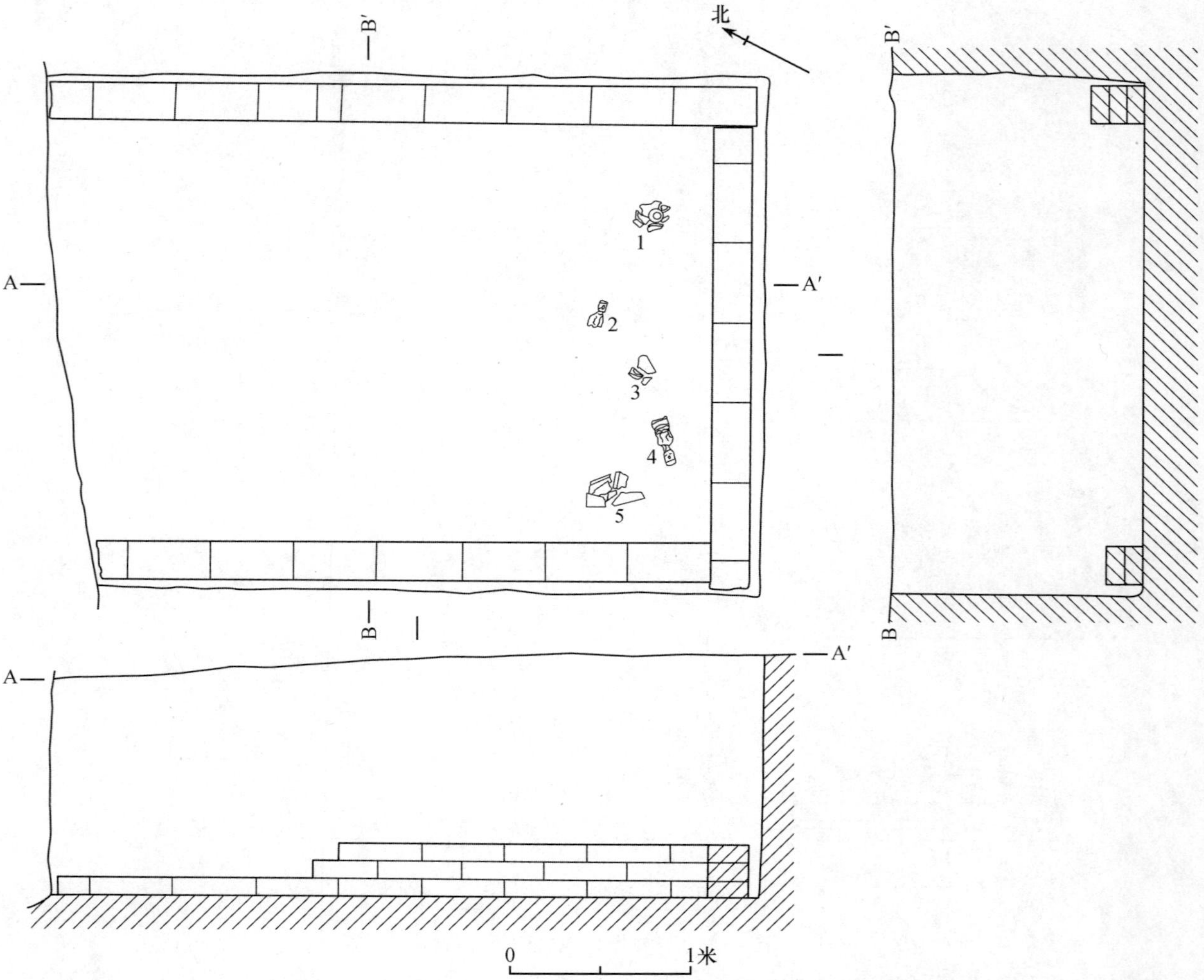

图一七　十三中墓地M1平、剖面图

1. 陶灯　2、4. 陶俑　3. 陶钵　5. 陶房

（二）2010FJSSM2

位于2010FJSST2中部，竖穴岩圹砖室墓，开口于第1层下，墓向175°。墓壁用菱形纹墓砖

错缝平砌，墓底直接借用平整的基岩，墓室残长210、残宽152、残深100厘米。墓室填土中发现少量的随葬品碎片（图一八）。

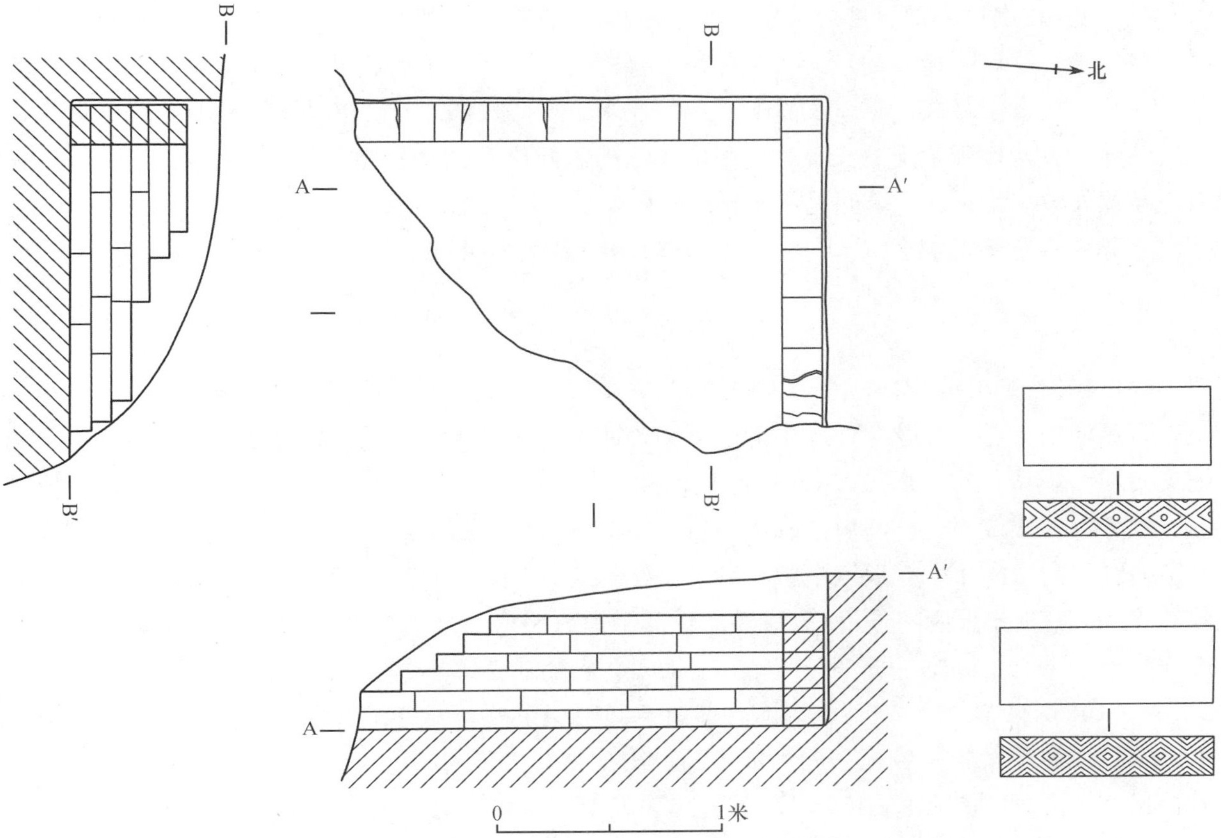

图一八　十三中墓地M2平、剖面图

五、转转堡墓地

转转堡墓地位于涪陵区江北街道办事处点易村4组，地处长江左岸一级台地上。墓地南临长江，西侧隔冲沟与原涪陵十三中旧址（十三中墓地）相望，北望北岩墓群，东隔冲沟与针织厂墓群相邻，墓地位于原涪陵点易小学操场下方。墓地中心地理坐标为北纬29°43′18.7″，东经107°23′35.36″。墓地分布面积约1500平方米。墓地共计发现土坑墓5座、砖室墓1座，大部分墓葬被盗扰、破坏严重。土坑墓葬5座，分别命名为2010FJZM1～2010FJZM3、2010FJZM5、2010FJZM6；砖室墓葬1座，命名为2010FJZM4。2010FJZM2未被盗掘，其余墓葬均被盗扰破坏严重。出土遗物以陶制品为主，另有少量的青铜制品和铁制品（图版三七，1）。

（一）土坑墓

共计5座。

1. 2010FJZM1

位于2010FJZT1南部，部分墓室延伸进入2010FJZT2北隔梁和北部。M1开口于第2层下，直接打破生土，墓口距地表约125～145厘米。墓葬为长方形土坑墓，墓向250°。墓葬四壁修葺较平整。墓口略大于墓底，墓口长490、宽404厘米，墓底长482、宽396厘米，深180～200厘米，墓底平整，直接建于生土上。墓坑内回填浅红褐色五花土，较致密。墓葬盗扰较甚，葬式、头向、随葬人数等均不详，墓底见不明显的棺椁痕迹（图一九）。

墓葬残存随葬品42件（套），大部分为陶制品，少量铜制品和铜钱币，少量器物残碎较甚，无法修复。

（1）陶器

罐 10件。2010FJZM1：14，泥质灰陶。敛口，宽平沿，尖唇，束颈，斜肩，弧腹，小平底。肩颈处施一道手抹弦纹，肩中部以下间饰四道手抹弦纹和四道环状规整绳纹，腹部以下满施交错绳纹。口径15、腹径33、底径11、高33厘米（图二〇，1）。2010FJZM1：22，泥质灰陶。颈部以上残毁不存，斜肩，圜底。肩部间饰三道手抹弦纹及三道环状规整绳纹。腹部满施交错绳纹，内壁满布手捏痕迹。腹径29.6、残高17.2厘米（图二〇，3）。2010FJZM1：32，夹砂黄褐陶。侈口，圆唇，短颈，斜肩，腹部微弧，平底。肩部施两周凹弦纹及箍带纹，中腹部施两周箍带纹，间饰一周凹弦纹。口径15.2、底径28.7、高19.8厘米（图二〇，2；图二一，2）。2010FJZM1：15，夹砂黄褐陶。侈口，圆唇，束颈，斜肩，下腹斜直，平底。肩部施两道凹弦纹，肩部及腹部各施一周附加堆纹，附加堆纹上竖向施压印纹。口径11.8、腹径22.8、底径15.2、高21.7厘米（图二〇，4）。2010FJZM1：11，夹砂灰陶。侈口，圆唇，束颈，斜肩，弧腹，平底。肩部施两周凹弦纹，弦纹间饰菱形网格纹。有盖，盖为钵形，夹砂灰陶陶。侈口，斜折腹，饼状底。器盖口径13.6、顶径3.6、高5.4厘米，罐口径12.4、底径16.8、高17.6厘米（图二〇，5）。2010FJZM1：34，泥质黄褐陶。侈口，尖唇，束颈，鼓肩，弧腹，大平底。肩部施两道凹弦纹，肩下部及上腹部共间饰六道手抹弦纹及六道环状规整绳纹，腹部施斜向绳纹及底。有盖，钵形，泥质灰陶，敞口尖唇，斜折腹，平底。轮制。口径19.5、腹径33、底径20.6、高24.1厘米，盖口径18、盖底径6.4、盖高6.4厘米（图二〇，6）。2010FJZM1：16，泥质灰陶。侈口，圆唇，短颈，斜肩，下腹斜直内收，平底。颈部施一道凸棱，颈部至上腹部间饰四道手抹弦纹及环状规整绳纹。口径10.8、腹径21.2、底径10.4、高13.8厘米（图二〇，7）。2010FJZM1：21，泥质灰陶。敛口，方唇，短斜颈，斜肩，弧腹，平底。腹部压印绳纹至下腹部，间饰四周压印菱形十字纹，下腹部绳纹被数周不规整弦纹划破。口径23.8、腹径43、底径20、高28.5厘米（图二〇，8；图二一，1）。2010FJZM1：31，夹沙灰陶。侈口，圆唇，束颈，斜肩，斜直腹，大平底。颈肩处和肩中部各施一道凹弦纹。口径10.4、腹径21.6、底径14、高15.5厘米（图二二，10）。2010FJZM1：17，泥质灰陶。侈口，圆唇，短直颈，斜肩，下腹斜直，平底。肩部施两道凹弦纹。有盖，盖为钵形，泥质黄褐陶。侈口，斜折腹，平底。罐口径10.4、腹径17.5、底径9.4、高11.6厘米，盖口径12.4、盖顶径5、盖高4.8厘米（图二二，9）。

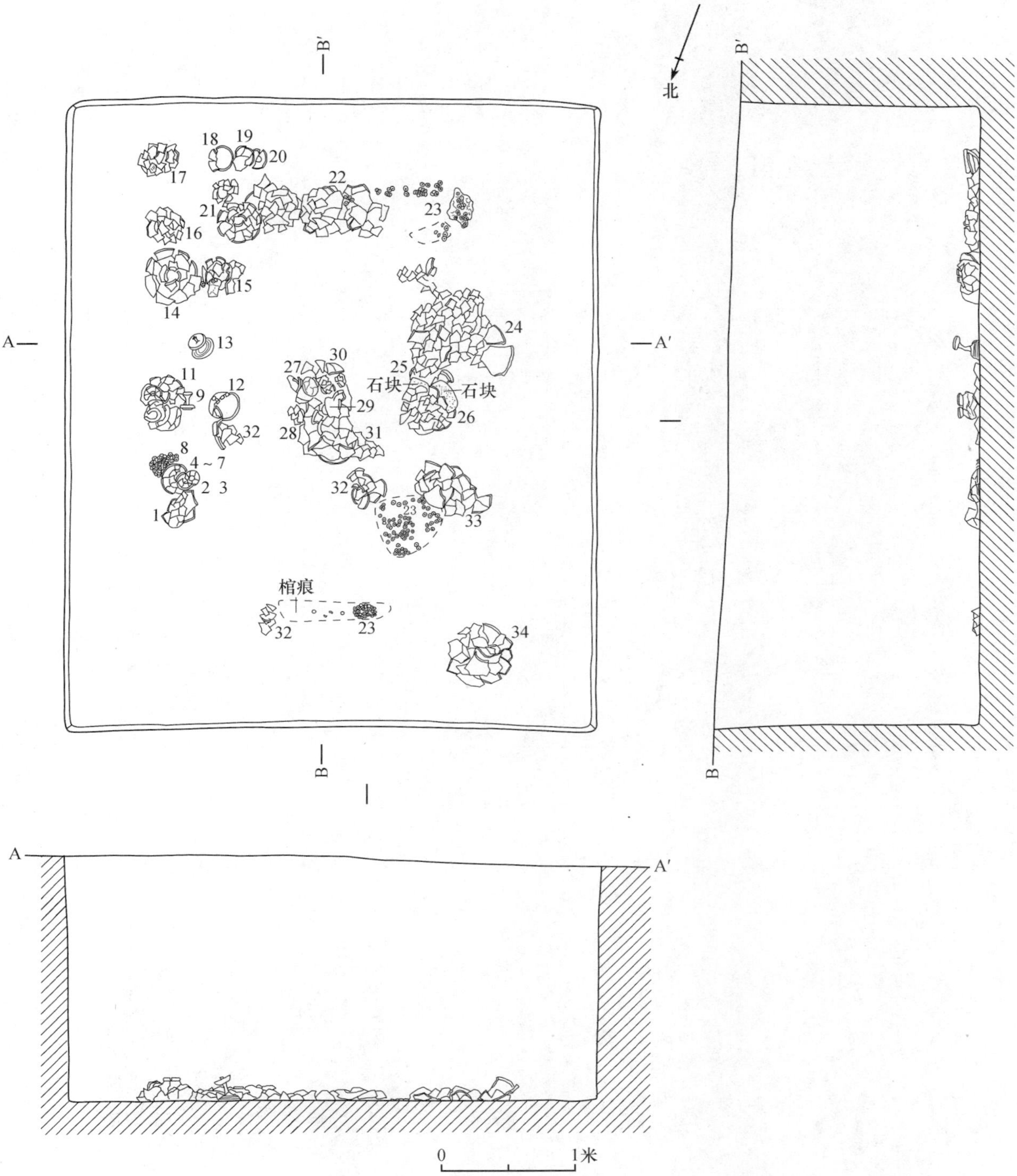

图一九　转转堡墓地M1平、剖面图

1、24、26、33、42. 陶盆　2～7、18～20、35～41. 陶钵　8、23. 铜钱币　9. 陶熏炉　10. 铜鍪　11、14～17、21、22、31、32、34. 陶罐　12. 铜洗　13. 铜灯　25、27～29. 陶耳杯　30. 铜泡钉

盆　5件。2010FJZM1∶33，夹沙黄褐陶。侈口，卷沿，尖唇，斜壁微弧，平底。上壁施一周凸棱，及下施凹弦纹近底。口径42、底径23、高24厘米（图二二，1）。2010FJZM1∶26，

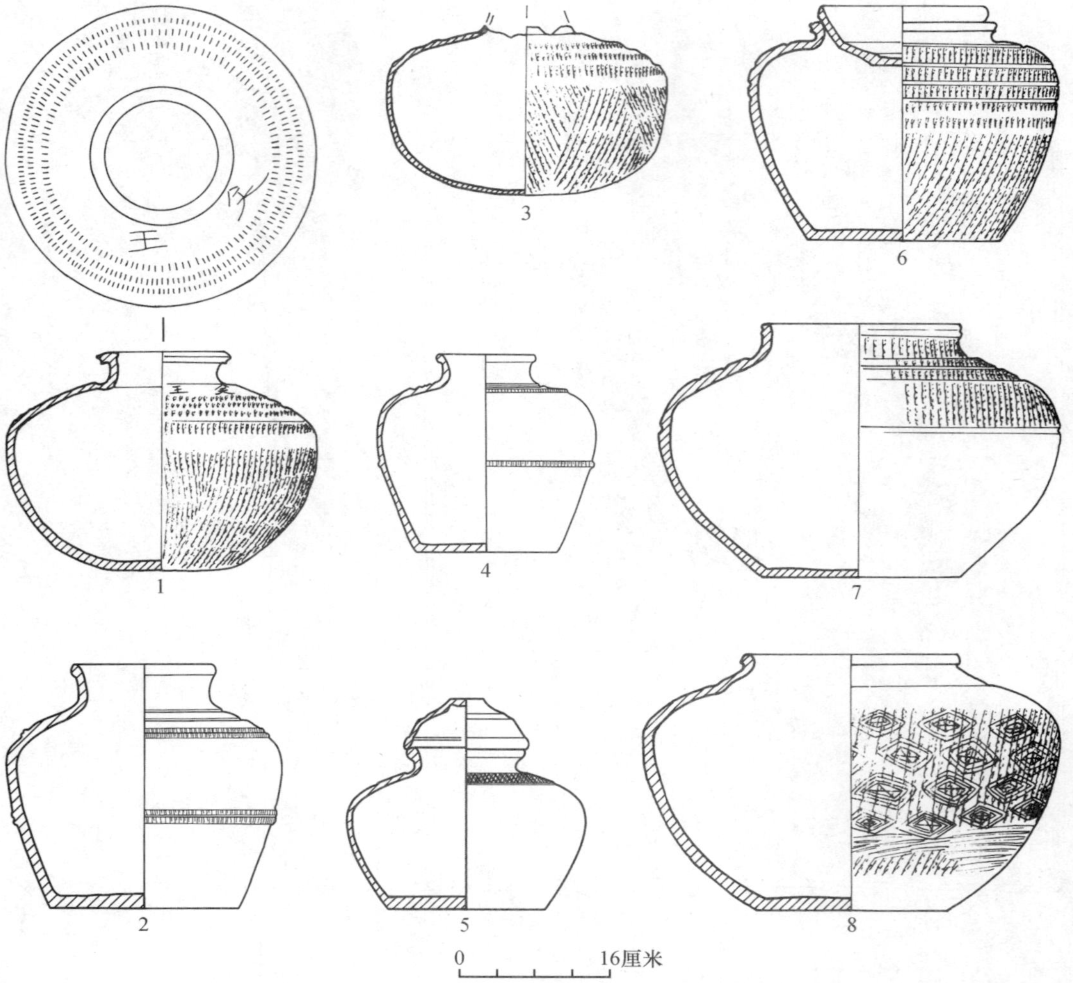

图二〇　转转堡墓地M1出土陶罐

1. 2010FJZM1：14　2. 2010FJZM1：32　3. 2010FJZM1：22　4. 2010FJZM1：15　5. 2010FJZM1：11　6. 2010FJZM1：34　7. 2010FJZM1：16　8. 2010FJZM1：21

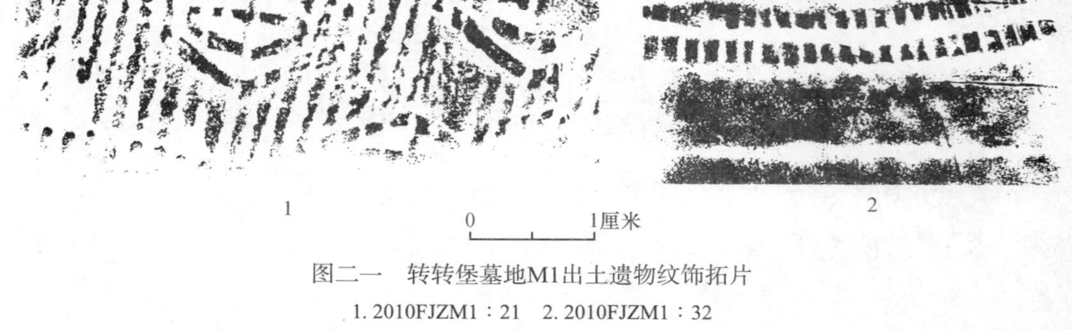

图二一　转转堡墓地M1出土遗物纹饰拓片

1. 2010FJZM1：21　2. 2010FJZM1：32

夹砂灰陶。侈口，卷沿，圆唇，弧腹，平底。口沿施一周凹弦纹，盆壁上部施一周手抹弦纹及一周凸棱，棱上压印凹槽，棱下施不规整弦纹及底，间饰压印绳纹。口径36.5、底径18、高21.5厘米（图二二，2）。2010FJZM1：1，泥质灰陶。敞口，卷沿，圆唇，弧壁较直，平底。盆壁上部外饰一道粗凸弦纹，内壁施一道凹弦纹。口径29.5、底径14.3、高17.6厘米（图二二，3）。2010FJZM1：24，夹砂灰陶。侈口，卷沿，尖唇，束颈，弧腹，平底。口径26、底径12、高10.2厘米（图二二，5）。2010FJZM1：42，夹砂黄褐陶胎，磨光黑皮。侈口，卷沿，圆唇，短直颈，弧壁，平底。口径21.8、底径9、高9厘米（图二二，6）。

耳杯　4件。2010FJZM1：25，残碎，磨光黑皮陶。船形杯身，新月状把，无法修复。2010FJZM1：27，残碎。磨光黑皮陶，船形杯身，新月形把，无法修复。2010FJZM1：28，泥质黄褐陶胎，磨光黑皮陶，通体涂朱，大部分剥落。杯体呈椭圆形，敞口圆唇，弧壁内收，平底，两侧附加新月形把。口长径15.4、口短径11.4、底部长径9.4、底部短径6、高5厘米（图二二，7）。2010FJZM1：29，泥质黄褐陶胎，磨光黑皮陶，通体涂朱，大部分剥落。杯体呈椭圆形，敞口圆唇，弧壁内收，平底，两侧附加新月形把。口长径12.1、口短径7.9、底部长径6.6、底部短径3.2、高3.6厘米（图二二，8）。

熏炉　1件。2010FJZM1：9，泥质红陶。通体施黄绿釉，绝大部分剥落。子母口，盘较深，短柄，高喇叭形底座。柄部施一道凸棱，盘壁饰五个横向的新月形镂空及一个三角形镂空，新月形镂空下施两道弧形划纹及数道斜向短划纹。口径8、底径11、高12.1厘米（图二二，4；图版三六，5）。

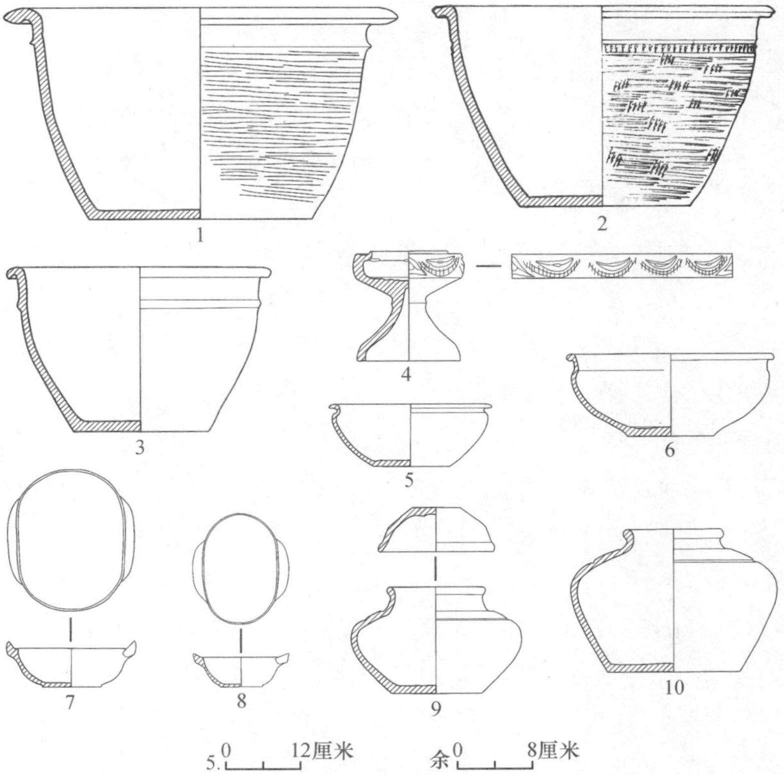

图二二　转转堡墓地M1出土陶器

1～3、5、6. 盆（2010FJZM1：33、2010FJZM1：26、2010FJZM1：1、2010FJZM1：24、2010FJZM1：42）　4. 熏炉（2010FJZM1：9）　7、8. 耳杯（2010FJZM1：28、2010FJZM1：29）　9、10. 罐（2010FJZM1：17、2010FJZM1：31）

钵　16件。2010FJZM1：2，泥质灰陶。侈口，尖唇，折腹，平底。内壁折腹处施一周凹弦纹。口径12.7、底径4.5、高4.4厘米（图二三，1）。2010FJZM1：3，夹沙黄褐陶。侈口，尖唇，折腹，平底。内壁折腹处施一周凹弦纹。口径13、底径4.6、高4.6厘米（图二三，2）。2010FJZM1：4，磨光灰皮陶。侈口，尖唇，折腹，平底。内壁折腹处施一周凹弦纹。口径17.4、底径5.8、高5.8厘米（图二三，3）。2010FJZM1：5，夹沙灰陶胎，磨光黑皮陶。侈口，圆唇，折腹，饼状底。口径17.5、底径6、高6.5厘米（图二三，4）。2010FJZM1：6，泥质黄褐陶胎，磨光黑皮陶。侈口，圆唇，折腹，平底。内壁折腹处施一周凹弦纹。口径18.2、底径6、高6.5厘米（图二三，9）。2010FJZM1：7，泥质灰陶。侈口，圆唇，折腹，浅饼底。内壁折腹处施一周凹弦纹。口径17.2、底径6、高6厘米（图二三，10）。2010FJZM1：18，泥质黄褐陶。侈口，尖唇，折腹，下腹部略内弧，浅饼底。内外壁均施数周手抹弦纹，轮制痕迹明显。口径16.9、底径5.2、高6厘米（图二三，11）。2010FJZM1：19，夹砂灰陶。侈口，尖唇，弧腹，浅饼底。内外壁均施数周手抹弦纹，轮制痕迹明显。口径16.9、底径5.2、高6.4厘米（图二三，12）。2010FJZM1：20，夹沙灰陶。侈口，尖唇，弧腹内收，浅饼底。内外壁施数周手抹弦纹。口径16、底径5、高5.9厘米（图二三，14）。2010FJZM1：35，夹砂灰陶。侈口，圆唇，折腹，浅饼底。内外壁均施数周手抹弦纹。口径16、底径5、高5.7厘米（图二三，15）。2010FJZM1：36，夹砂红褐陶。侈口，圆唇，弧腹，浅饼底。内外壁施数周凹弦纹，口沿处磨光灰皮。口径16.5、底径4.8、高5.9厘米（图二三，16）。2010FJZM1：37，夹砂黄褐陶。侈口，尖唇，弧腹内收，浅饼底。内壁施数周凹弦纹。口径18、底径5.2、高6.8厘米（图二三，17）。2010FJZM1：38，夹砂黄褐陶胎，磨光灰皮。大部分剥落，侈口，圆唇唇，折腹，浅饼底。口径19、底径6.9、高7.2厘米（图二三，6）。2010FJZM1：39，夹沙黄褐陶。侈口，尖唇，折腹，下腹部微内弧，浅饼底。内壁折腹处施一周凹弦纹。口径12.8、底径4.3、高4.3厘米（图二三，5）。2010FJZM1：40，夹沙黄褐陶。侈口，尖唇，折腹，浅饼底。内壁折腹处施一周凹弦纹。口径13.4、底径4.8、高4.8厘米（图二三，7）。2010FJZM1：41，夹沙黄褐陶胎，磨光灰皮。侈口，尖唇，折腹，下腹部微内弧，浅饼底。口径14.4、底径4.8、高4.9厘米（图二三，8）。

（2）铜器

鍪　1件。2010FJZM1：10，未修复。

洗　1件。2010FJZM1：12，未修复。

灯　1件。2010FJZM1：13，铜质。浅盘口，盘中心有一扭凸，细长柄呈节状，覆钵状底。盘径13.2、底径13.5、高20.8厘米（图二三，13）。

泡钉　1件。2010FJZM1：30，锈蚀严重，未修复。

钱币　出土数枚。2010FJZM1：8，数枚，大部分锈蚀，其中有一枚“大泉五十”，其余均为正反面均有内外郭的“五铢”钱（图二四，1）。2010FJZM1：23，数枚，大部分锈蚀。均为正面外郭，反面内外均有郭的“五铢”钱（图二四，2）。

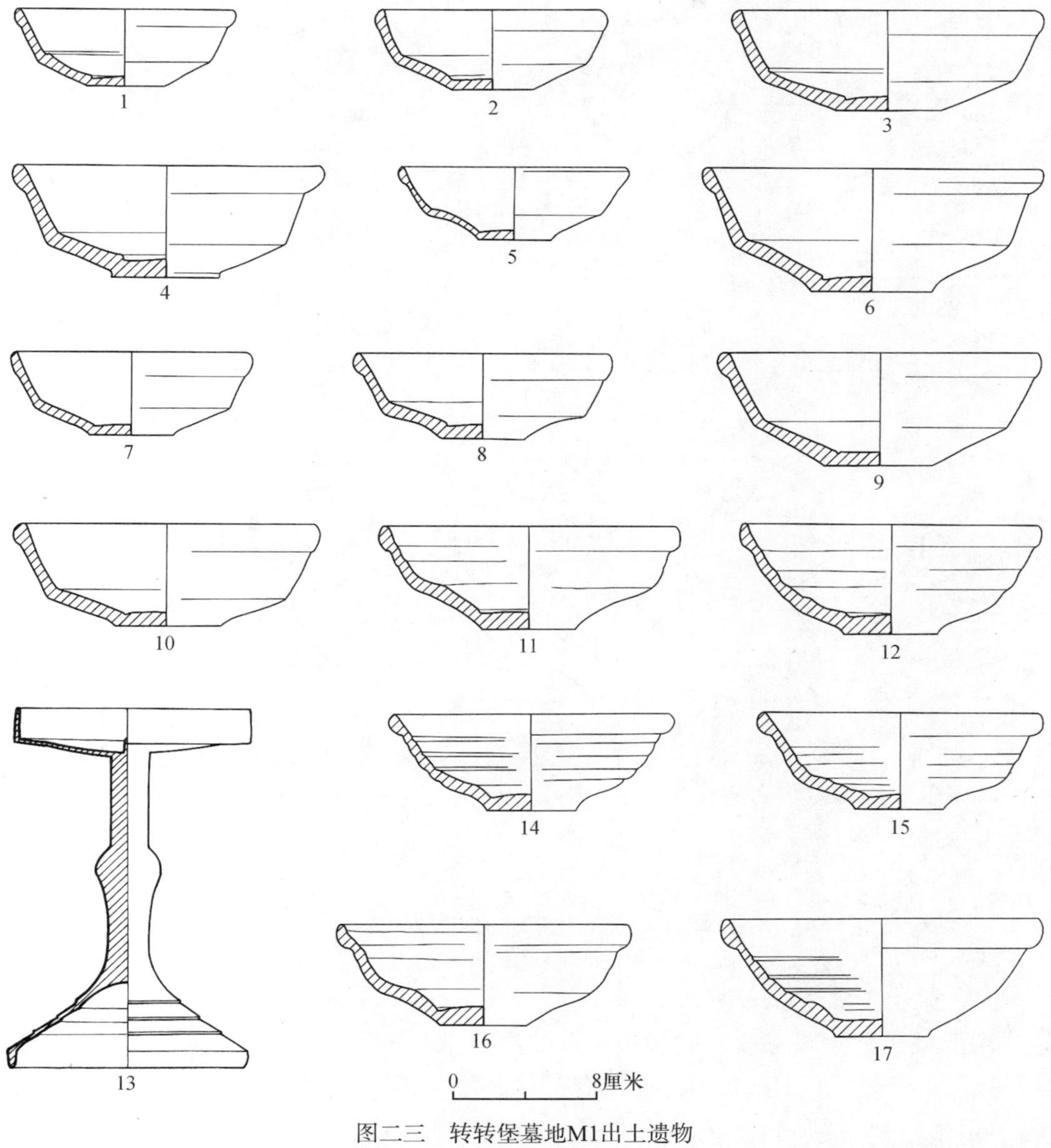

图二三　转转堡墓地M1出土遗物

1～12、14～17. 陶钵（2010FJZM1：2、2010FJZM1：3、2010FJZM1：4、2010FJZM1：5、2010FJZM1：39、2010FJZM1：38、2010FJZM1：40、2010FJZM1：41、2010FJZM1：6、2010FJZM1：7、2010FJZM1：18、2010FJZM1：19、2010FJZM1：20、2010FJZM1：35、2010FJZM1：36、2010FJZM1：37）　13. 铜灯（2010FJZM1：13）

2. 2010FJZM2

位于2010FJZT3中西部，M2开口于第1层下，直接打破生土，墓口距地表约125～140厘米。墓葬为长方形土坑墓，墓向150°。墓壁修葺较平整。墓口略大于墓底，墓口长500、宽380厘米，墓底长478、宽364厘米，墓底距墓口深270～280厘米。墓葬下部残存木椁痕迹，木椁痕长408、宽306、残高60厘米，椁板厚10厘米。墓葬填土为黄褐色五花土，包含少量的白色颗粒，土质较松软。墓底残留2具人骨痕迹，头向向南，面向、葬式不详（图二五；图版三七，2）。

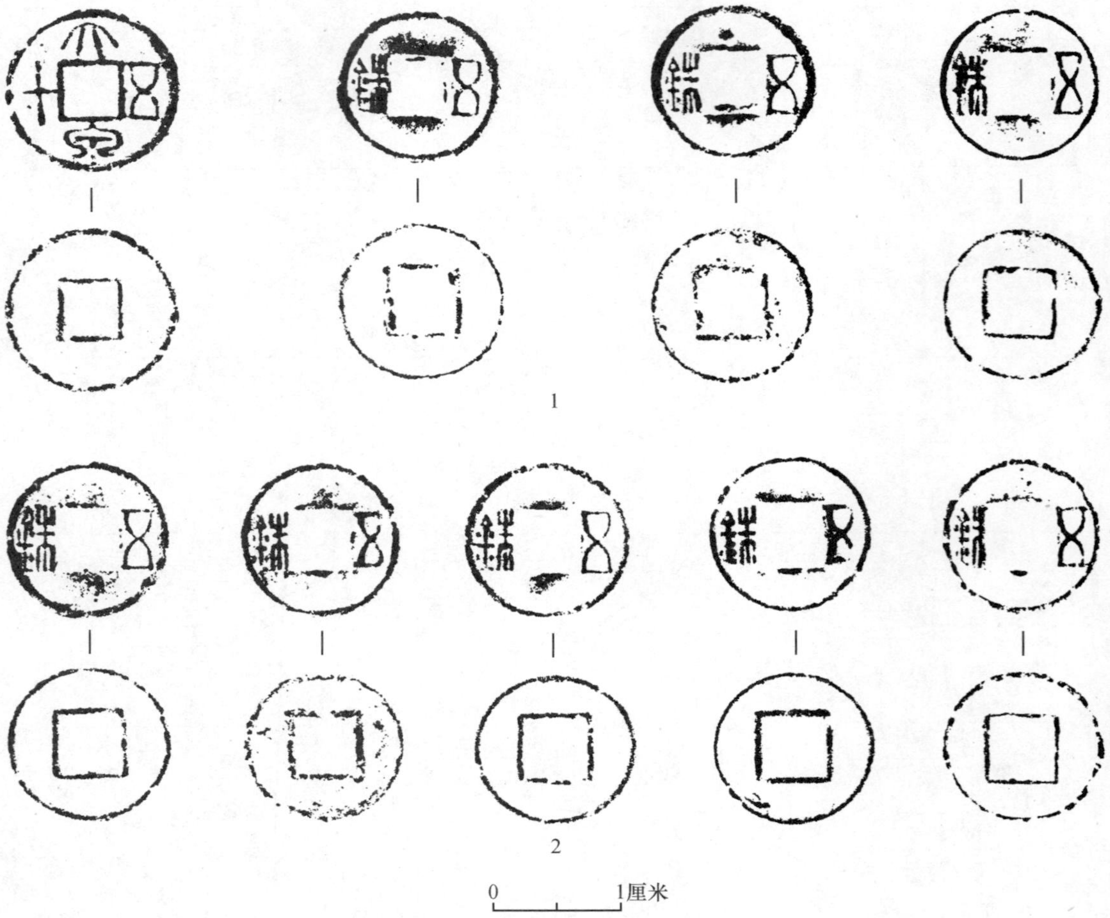

图二四　转转堡墓地M1出土铜钱拓片
1. 2010FJZM1：8　2. 2010FJZM1：23

墓葬未被盗扰，除椁室内西侧和中部偏北部分未有随葬品分布，其余部分均有大量随葬品，共计95件（套）。其中陶器有80件（套），铜器有8件，铁制品有7件。

（1）陶器

罐　37件（套）。2010FJZM2：29，磨光灰皮陶。敛口，圆唇，束颈，斜肩，鼓腹，平底。肩部施弦断网格纹。口径12、腹径25.1、底径17、高16.5厘米（图二六，1）。2010FJZM2：89，磨光灰皮陶。侈口，方唇，束颈，斜肩，鼓腹，下腹斜直内收，平底。肩部施弦断网格纹。口径11、腹径26、底径15.2、高17.6厘米（图二六，2）。2010FJZM2：27，泥质灰陶。侈口，方唇，短颈，斜肩，鼓腹内收，平底。颈部施一周凸棱，其下至上腹部施规整弦断绳纹，下腹施三周凹弦纹。口径12、腹径23.2、底径14.4、高16.3厘米（图二六，3）。2010FJZM2：64，泥质灰陶。侈口，圆唇，束颈，斜肩，鼓腹，平底。唇面、肩部各施一周凹弦纹，上腹部施规整的弦断绳纹，下腹部数周施细弦纹近底。口径14、腹径26、底径15.4、高17厘米（图二六，4）。2010FJZM2：63，夹砂灰陶。敛口，尖唇，束颈，斜肩，弧腹斜内收，平底。肩部施二周凹弦纹，其下施细弦纹近底。口径9.8、腹径20、底径11.6、高20.3厘米（图二六，5）。2010FJZM2：26，磨光黑皮陶，通体磨光。直口，沿面外斜，尖唇，束颈，

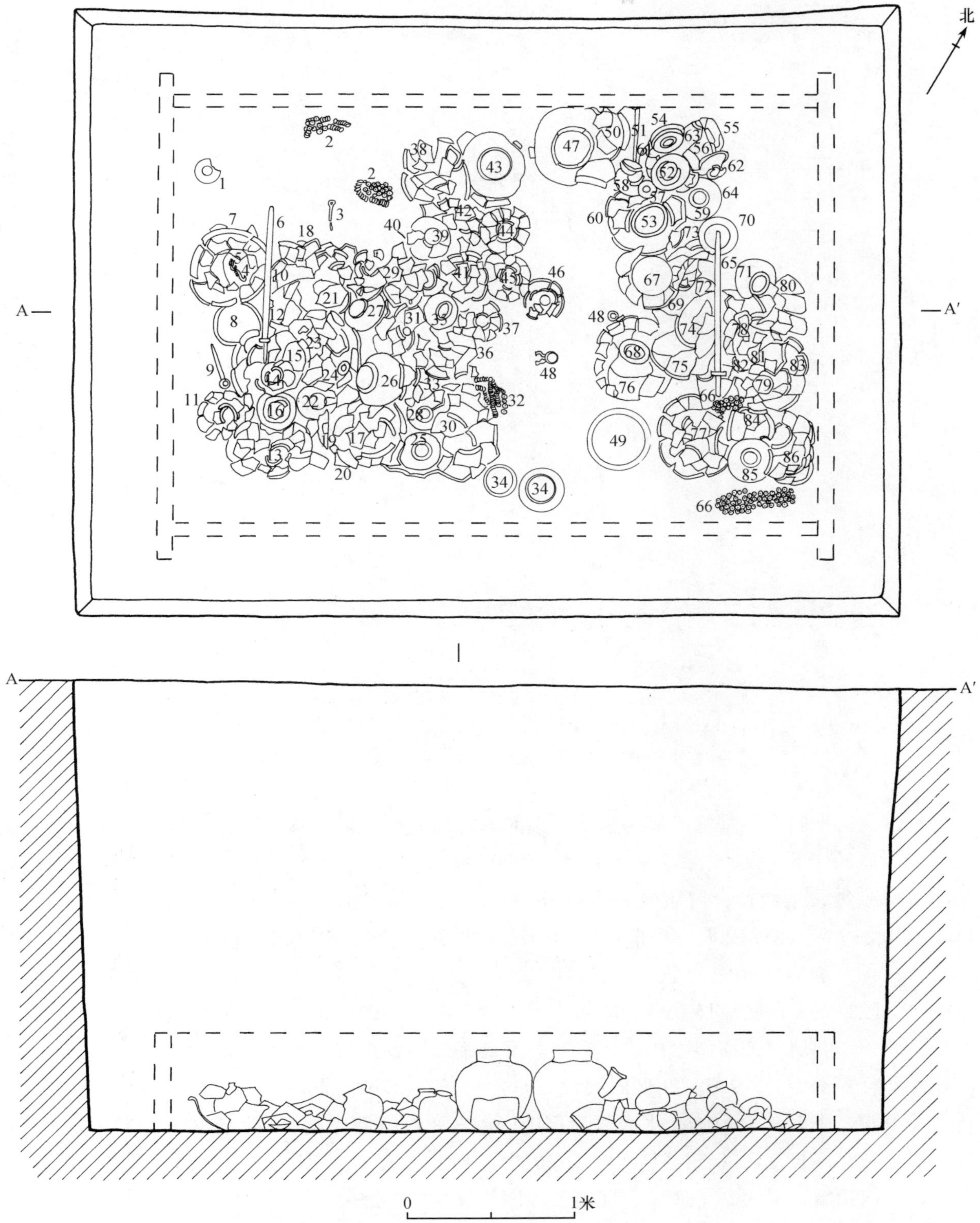

图二五 转转堡墓地M2平、剖面图

1、57、95～101. 陶钵 2、32、66. 铜币 3、9. 铁削刀 4、5. 铜带钩 6、65. 铁剑 7、15、38、49、79、90、91. 陶盆 8、39、53. 铜洗 10、70、82、92. 陶仓 11、13、14、16、22、25～29、33、35～37、40、44、45、58、59、61～64、71～73、77、80、81、83～87、89、93、94. 陶罐 12、31、42、51. 陶井 17、30、60、74～76. 陶瓮 18、20、21、23、34、46、54、56、69. 陶盒 19. 铁锸 24、78. 陶锺 41、50、88. 陶甑 43、47、67. 铁釜 48. 铜饰 52、68. 铜鍪

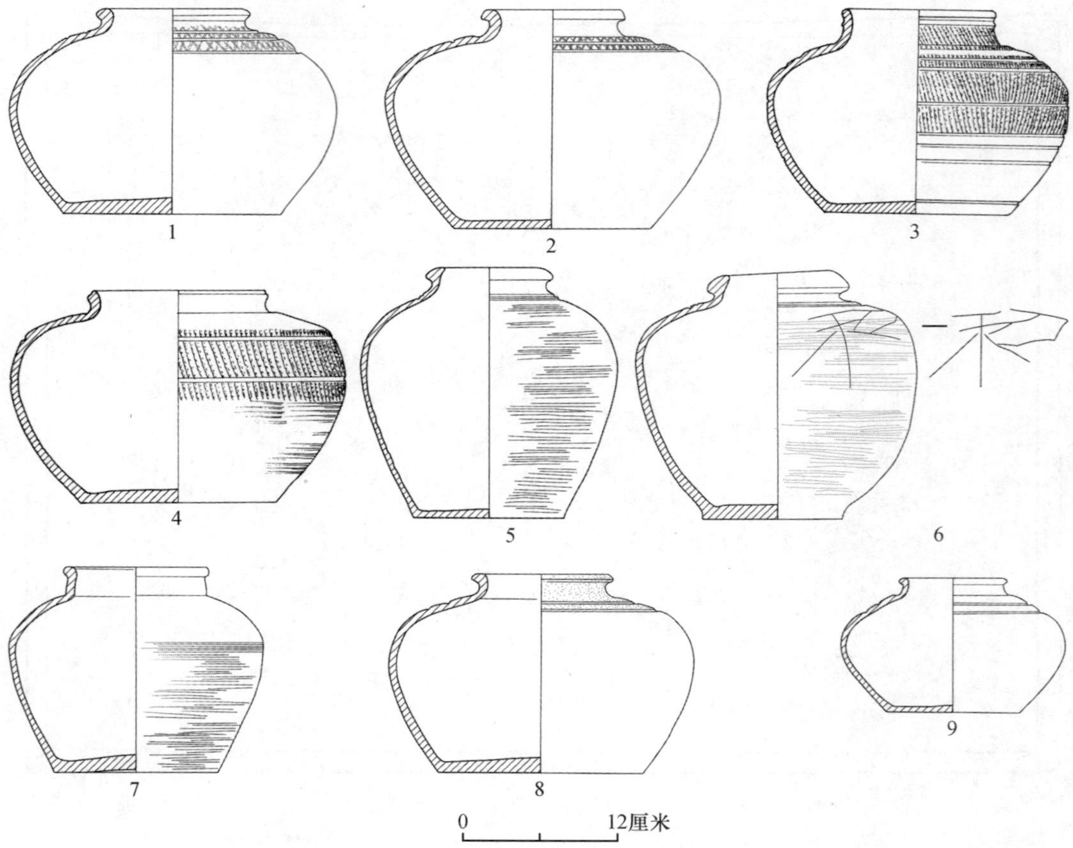

图二六　转转堡墓地M2出土陶罐（一）

1. 2010FJZM2：29　2. 2010FJZM2：89　3. 2010FJZM2：27　4. 2010FJZM2：64　5. 2010FJZM2：63　6. 2010FJZM2：26　7. 2010FJZM2：84　8. 2010FJZM2：44　9. 2010FJZM2：59

斜肩，弧腹，平底。肩部施三周凹弦纹，腹部满施细弦纹。肩腹部，刻划“禾口”字。口沿烧制变形。口径10.6、腹径21.8、底径12.4、高20.2厘米（图二六，6）。2010FJZM2：84，夹砂灰陶。口微敛，短斜颈，肩微鼓，下腹斜直内收，底部内凹。腹部施数周细弦纹近底。口径11.2、腹径19.6、底径12.8、高16.6厘米（图二六，7）。2010FJZM2：44，泥质灰陶。侈口，尖唇，束颈，斜肩，弧腹，平底。肩部施二周凹弦纹，肩、颈、口部均涂朱，大部分剥落。口径11、腹径23.8、底径16、高16厘米（图二六，8）。2010FJZM2：59，夹砂灰陶。侈口，圆唇，束颈，斜肩，鼓腹斜直内收，平底。肩部施二周凹弦纹。口径12.6、腹径26、底径16、高16.4厘米（图二六，9）。2010FJZM2：93，磨光灰皮陶，部分剥落。直口，圆唇，束颈，斜肩，鼓腹，下腹斜直内收，平底。肩部施一周凹弦纹，肩部至口沿处涂朱。口径9.6、腹径18、底径11、高12厘米（图二七，1）。2010FJZM2：28，夹沙灰陶。直口，宽平沿，尖唇，短直颈，斜折肩，弧腹，平底。肩部施二周凹弦纹，腹中部施数周不规整细弦纹。口径11.4、腹径17.1、底径10.6、高11厘米（图二七，2）。2010FJZM2：14，夹沙灰陶。敛口，宽平沿，圆唇，长颈近直，斜肩，鼓腹，平底。唇面施一周凹弦纹，肩部施二周凹弦纹。口径13.2、腹径19.2、底径11.6、高14厘米（图二七，3）。2010FJZM2：62，泥质黄褐陶。侈口，厚圆唇，束颈，斜肩，鼓腹斜收，平底。肩部施一周凹弦纹。有盖，覆钵形，侈口，尖唇，折腹，平

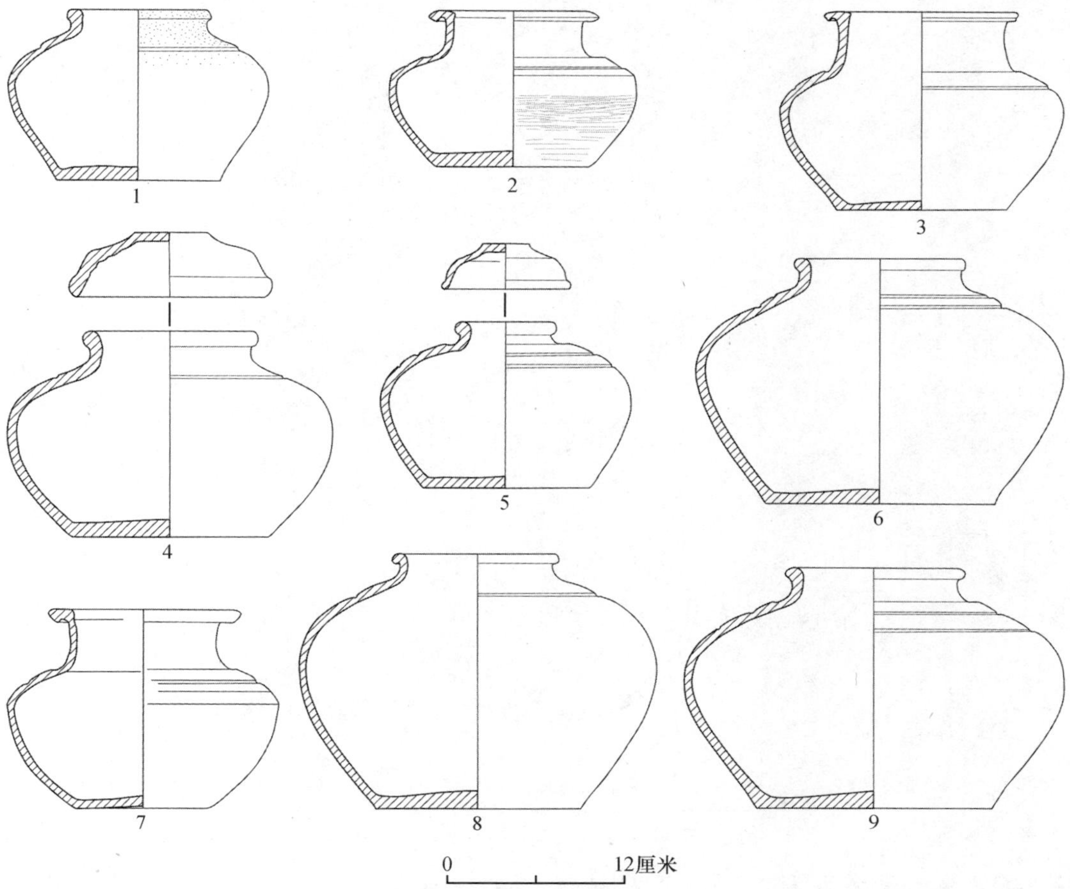

图二七　转转堡墓地M2出土陶罐（二）

1. 2010FJZM2：93　2. 2010FJZM2：28　3. 2010FJZM2：14　4. 2010FJZM2：62　5. 2010FJZM2：58　6. 2010FJZM2：37
7. 2010FJZM2：61　8. 2010FJZM2：72　9. 2010FJZM2：85

底，内壁至唇部为磨光黑皮。罐口径12、腹径21.8、底径13.4、盖口径13.6、底径4.8、通高18厘米（图二七，4）。2010FJZM2：58，泥质灰陶。侈口，厚圆唇，束颈，肩微鼓，鼓腹斜内收，平底。肩部施二周凹弦纹。有盖，覆钵形，侈口，圆唇，折腹，平底。罐口径10.8、腹径25.5、底径17、盖口径14.2、底径4.6、通高20.7厘米（图二七，5）。2010FJZM2：37，泥质黄褐陶。侈口，圆唇，束颈，斜肩，鼓腹斜直内收，平底。肩部施二周凹弦纹。口径11.8、腹径24.8、底径15.6、高17.3厘米（图二七，6）。2010FJZM2：61，夹沙灰陶。侈口，宽平沿，尖唇，长颈近直，斜肩，鼓腹，凹底。肩部施二周凹弦纹。口径13、腹径18.5、底径9、高14厘米（图二七，7）。2010FJZM2：72，泥质灰陶。侈口，卷沿，圆唇，束颈，斜肩，鼓腹斜直内收，平底。肩部施一周凹弦纹。口径11.5、腹径24.2、底径14、高18厘米（图二七，8）。2010FJZM2：85，夹砂灰陶。侈口，厚圆唇，束颈，斜肩，弧腹，下腹斜直内收，平底。肩部施三周凹弦纹。口径12、腹径25.6、底径16.2、高17厘米（图二七，9）。2010FJZM2：25，泥质灰陶。侈口，厚圆唇，束颈，斜肩，鼓腹，平底。肩部施一周凹弦纹，腹部施二周凹弦纹。口径10.4、腹径19、底径10.8、高12.5厘米（图二八，1）。2010FJZM2：35，泥质灰陶。侈口，圆唇，束颈，斜肩，鼓腹斜直内收，平底。肩部施二周凹弦纹。口径11、腹径19.4、底

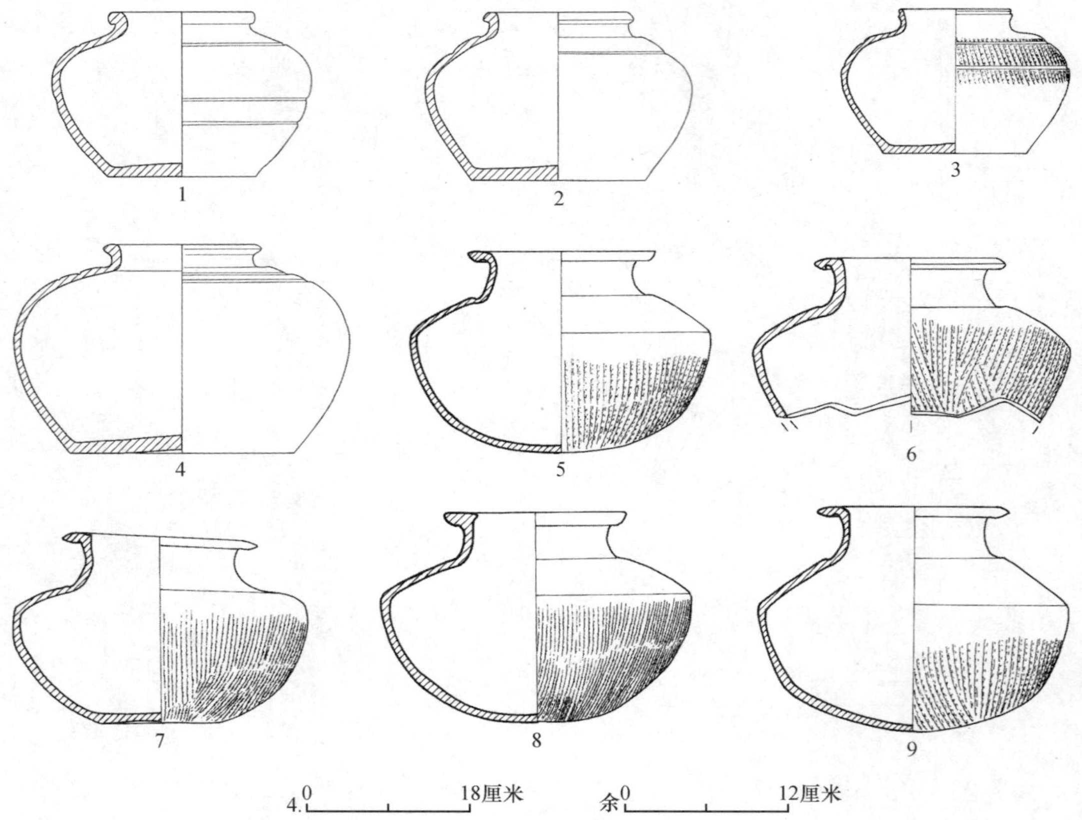

图二八　转转堡墓地M2出土陶罐（三）

1. 2010FJZM2：25　2. 2010FJZM2：35　3. 2010FJZM2：81　4. 2010FJZM2：45　5. 2010FJZM2：16　6. 2010FJZM2：36　7. 2010FJZM2：73　8. 2010FJZM2：40　9. 2010FJZM2：71

径12.8、高12.8厘米（图二八，2）。2010FJZM2：81，泥质灰陶。侈口，圆唇，束颈，斜肩，鼓腹斜直内收，平底。唇面施一周凹弦纹，肩腹部施规整弦断绳纹。口径12.6、腹径26、底径16.2、高16.5厘米（图二八，3）。2010FJZM2：45，泥质灰陶。侈口，尖唇，束颈，肩微鼓，鼓腹斜内收，凹底。肩部施二周凹弦纹。口径11.5、腹径24.9、底径16.6、高16厘米（图二八，4）。2010FJZM2：16，泥质灰陶。侈口，宽平沿，尖唇，束颈，斜折肩，球形腹，圜底。颈肩处施一周凹弦纹，中腹部以下满施绳纹。口径13.8、腹径22、高15.4厘米（图二八，5）。2010FJZM2：36，残，泥质灰陶。侈口，宽平沿，尖唇，束颈，斜折肩，球形腹，圜底。颈肩处施一周凹弦纹，中腹部以下满施绳纹（图二八，6）。2010FJZM2：73，泥质灰陶。直口，卷沿，尖唇，束颈，斜折肩，球形腹，圜底。颈肩处施一周凹弦纹，中腹部一下满施细绳纹。烧制时下腹近底处凹陷变形。口径14.2、腹径21.5、高14.8厘米（图二八，7）。2010FJZM2：40，泥质灰陶。敛口，宽平沿，尖唇，束颈，斜折肩，球形腹，圜底。颈肩处施一周凹弦纹，腹部满施细绳纹。口径13.4、腹径22.6、高16厘米（图二八，8）。2010FJZM2：71，泥质黄褐陶。直口，卷沿，尖唇，束颈，斜折肩，球形腹，圜底。颈肩处施一周凹弦纹，中腹部以下满施交错绳纹。口径14、腹径22.4、高17厘米（图二八，9）。2010FJZM2：11，泥质灰陶。侈口，厚圆唇，束颈，斜肩，鼓腹内收，平底。肩部施二周凹弦纹。有盖，覆钵形，侈口，尖唇，折腹，平底。罐身口径11.4、腹径25.8、底径14.5、高17厘米，盖口径14.2、底径5、高5厘米（图二九，5）。2010FJZM2：13，泥质灰陶。直口，厚圆唇，束颈，广斜肩，弧腹，大平底。肩部施二周凹弦纹。口径14、腹径35、底径23.5、高23.3厘米（图二九，8）。2010FJZM2：22，磨光黑皮陶，通体磨光。直口，圆唇，束颈，斜折肩，弧腹，平底。颈部施一周“V”形纹，肩部满施网格纹。口径12、腹径24.8、底径15、高23.2厘米（图二九，2）。2010FJZM2：33，磨光黑皮陶。直口，圆唇，短斜颈，斜折肩，弧腹，平底。有盖，泥质灰陶。钵形，侈口，尖唇。折腹，平底。肩部施网格纹。口径14.5、腹径26.2、底径16、高27厘米（图二九，1）。2010FJZM2：77，泥质灰陶。侈口，厚圆唇，束颈，广斜肩，下腹斜直内收，大平底。肩部施二周凹弦纹。带盖，覆盘状，侈口，尖唇，平底。罐口径14、腹径35、底径23.5、高24、盖径20、高30厘米（图二九，9）。2010FJZM2：80，泥质灰陶。侈口，卷沿，厚圆唇，短斜颈，广斜肩，下腹斜直内收，平底。肩部施二周凹弦纹。口径13、腹径31.5、底径24、高22.3厘米（图二九，6）。2010FJZM2：83，泥质灰陶。侈口，厚圆唇，束颈，斜肩，鼓腹斜直内收，平底。肩部施二周凹弦纹。口径13、腹径32.6、底径24、高21厘米（图二九，7）。2010FJZM2：86，夹沙灰陶。敛口，尖唇，斜颈，斜肩，弧腹，平底。上腹部施三周菱形纹加“十”字纹，下腹部施数周弦纹。口径19、腹径34.7、底径19、高24.6厘米（图二九，10）。2010FJZM2：87，泥质灰陶。直口，卷沿，尖唇，束颈，广斜肩，球形腹，圜底。肩部

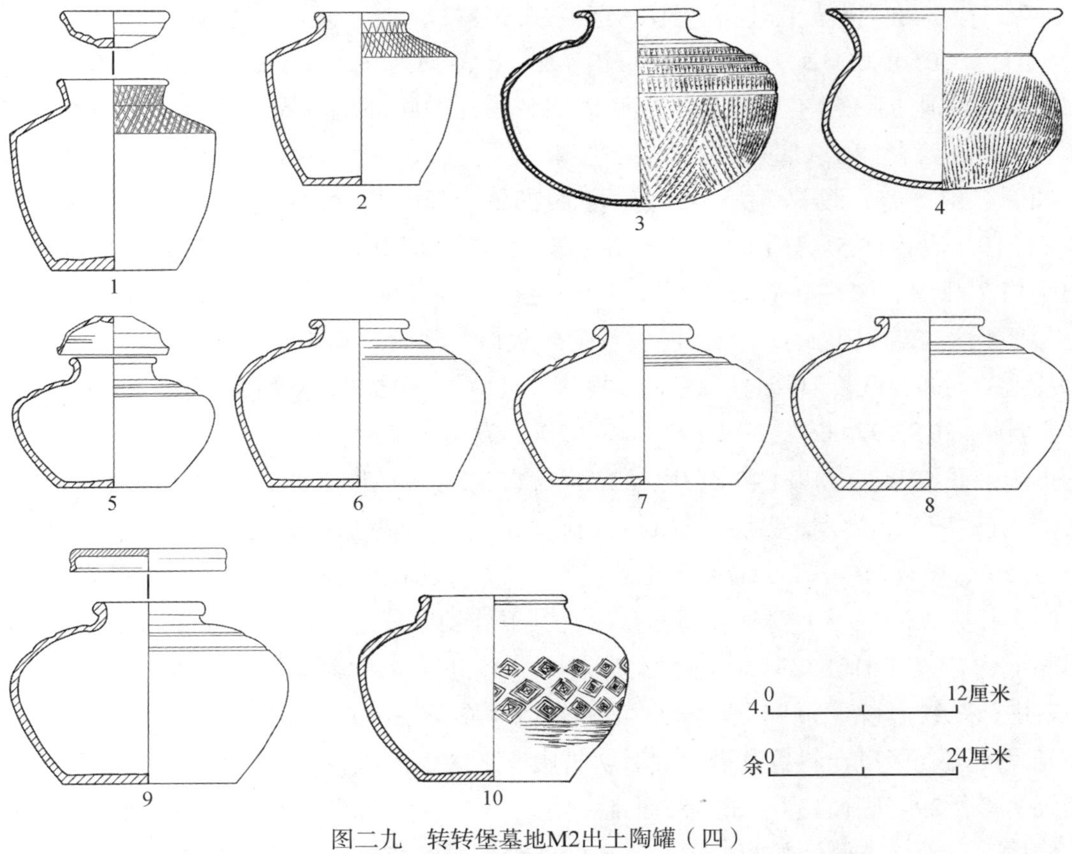

图二九 转转堡墓地M2出土陶罐（四）

1. 2010FJZM2：33 2. 2010FJZM2：22 3. 2010FJZM2：87 4. 2010FJZM2：94 5. 2010FJZM2：11 6. 2010FJZM2：80 7. 2010FJZM2：83 8. 2010FJZM2：13 9. 2010FJZM2：77 10. 2010FJZM2：86

间饰规整弦断中绳纹四周，腹部施交错细绳纹及底。口径16、腹径35、高26.3厘米（图二九，3）。2010FJZM2：94，夹沙红褐陶。大喇叭口，尖唇，束颈，溜肩，球形腹，圜底。口沿内壁施一周凹弦纹，外壁颈部以下通体施绳纹。口径15、腹径15、高12厘米（图二九，4）。

井　4件（套）。2010FJZM2：12，缺井身，泥质灰陶。整体方形，四角削切，正中方形井圈，两侧各一矩形孔以插井架。井架仅存立柱，顶梁缺失。井盖下为大圈足。井圈中置一小井罐，泥质灰陶。口沿缺失。束颈。鼓腹，平底，井盖面施井字形网格纹。井盖长29.5、宽29、通高12.4厘米（图三〇，1）。2010FJZM2：31，泥质灰陶。整体方形，四角及四面均内弧，正中圆形井圈，两侧各一矩形孔以插井架。井架缺失。以罐做井身，敛口，方唇，台肩，腹部微弧，平底。井盖面四角施网格纹，井身施三周凹弦纹。盖长30、盖宽29.5、井身口径18.4、腹径20.4、底径19、残高22.4厘米（图三〇，3）。2010FJZM2：42，泥质灰陶。井身罐状，敛口，方唇，斜折肩，弧腹，平底。井肩下部及中腹部各施一周凹弦纹。井底一小井罐，泥质灰陶。侈口，圆唇，束颈，斜肩，鼓腹，平底。井口径14.8、腹径21、底径17、高20厘米，小井罐口径4、腹径7.4、底径4、高4.7厘米（图三〇，7）。2010FJZM2：51，泥质灰陶。整体圆角方形，井架两侧中部内弧，井面等分九格，正中圆形井圈，两侧各一矩形孔以插井架。井架整体方形，顶梁中部施一小穿以套井绳。井盖下施圈足。以罐做井身，侈口，方唇，斜折肩，弧腹，平底。井盖面除中部方格均施网格纹，井身施三周凹弦纹。井盖长28.6、宽27.8、井身口径15.6、腹径20.4、底径16、通高30.4厘米（图三〇，2；图版三八，4）。

仓　4件。2010FJZM2：10，泥质灰陶。敛口，沿面内斜，尖唇，小台肩，腹部微弧，平底。肩下部对称附加一对贯耳，肩下部施周凹弦纹，中腹部施一周凹弦纹，下腹部施四周凹弦纹。口径21、腹径28.7、底径21.8、高25厘米（图三〇，8）。2010FJZM2：70，泥质灰陶。敛口，圆唇，斜折肩，腹部微弧，平底。上腹部施四周凹弦纹，下腹部施数周细弦纹。口径15.5、腹径19、底径16.5、高19.4厘米（图三〇，5）。2010FJZM2：82，泥质灰陶。敛口，方唇，斜折肩，弧腹，平底。腹部等距施三周凹弦纹。口径11、腹径14.5、底径12、高15厘米（图三〇，4）。2010FJZM2：92，泥质灰陶。敛口，圆唇，斜折肩，弧腹，平底。肩下部及中腹部各施一周凹弦纹。口径11、腹径14.3、底径11.6、高15.8厘米（图三〇，6）。

盆　7件。2010FJZM2：7，夹沙灰陶。侈口，卷沿，尖唇，弧腹，平底。上壁施一周凸弦纹，其下施细弦纹及底。口径42.8、底径20.3、高26.2厘米（图三一，1）。2010FJZM2：15，夹沙黄褐陶。侈口，卷沿，尖唇，壁斜直内收，凹底。上壁施一周凸弦纹，其下施细绳纹及底。口径37.6、底径21.8、高21.7厘米（图三一，2）。2010FJZM2：38，夹沙灰陶。侈口，卷沿，方唇，弧腹，平底。上壁施一周凸弦纹，其下施细弦纹及底。口径38.5、底径18、高23厘米（图三一，4）。2010FJZM2：49，夹沙灰陶。侈口，斜折宽沿，尖唇，弧腹，平底。沿面下部施三周凸弦纹。口径30.7、底径13、高11厘米（图三一，5）。2010FJZM2：79，泥质黄褐胎，磨光黑皮陶。侈口，斜折宽沿，尖唇，折腹，下腹弧内收，大平底微内凹。上腹部施三周手抹弦纹。口径29、底径13.6、高6.55厘米（图三一，3）。2010FJZM2：90，夹沙灰陶。口沿变形。侈口，卷沿，方唇，弧腹，平底。口沿下施二周凹弦纹，中腹部及底施数周细弦纹。口径35、底径15.6、高14厘米（图三一，6）。2010FJZM2：91，夹砂灰陶。侈口，卷沿，方唇，

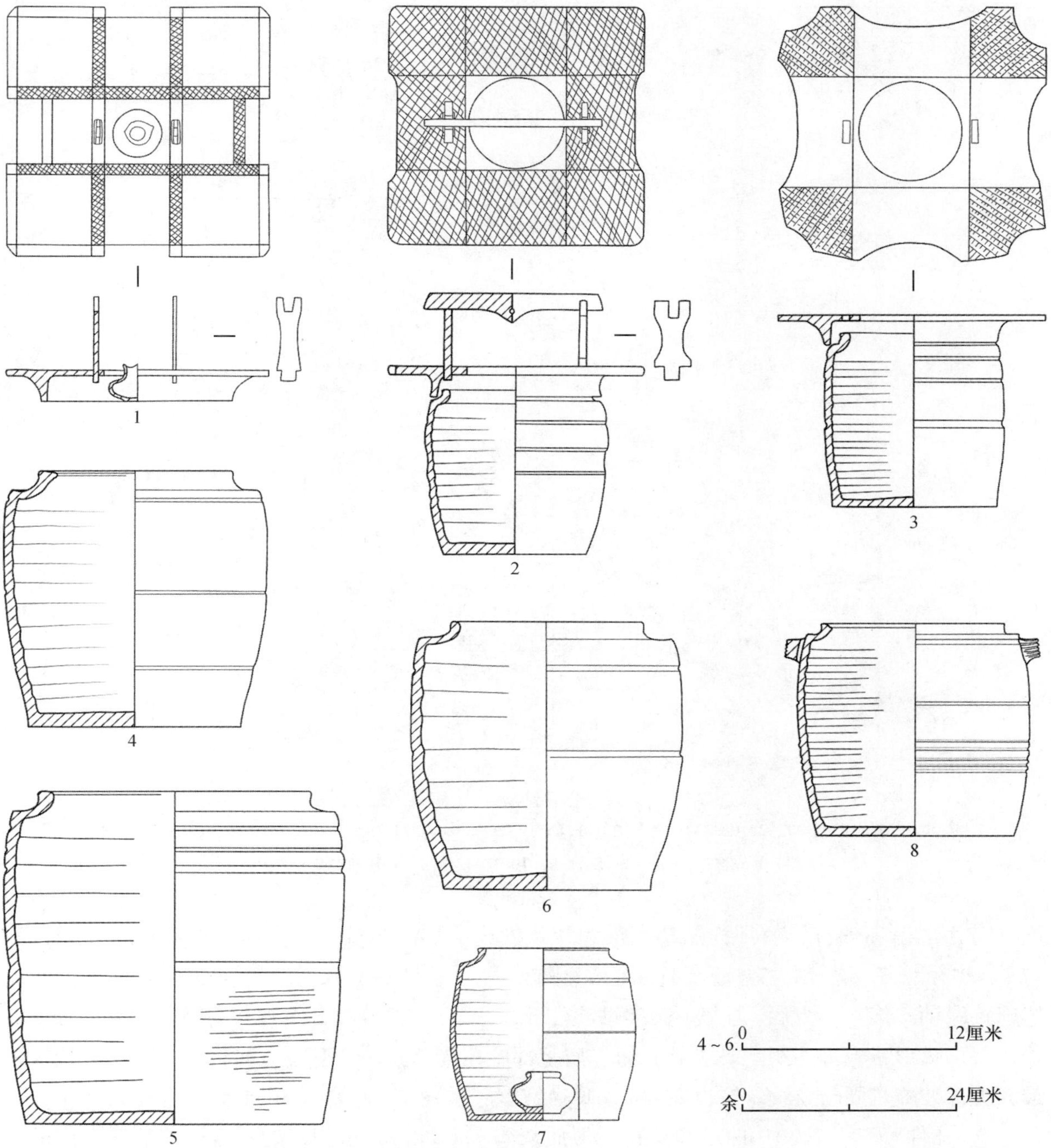

图三〇　转转堡墓地M2出土陶器（一）

1～3、7. 井（2010FJZM2：12、2010FJZM2：51、2010FJZM2：31、2010FJZM2：42）　4～6、8. 仓（2010FJZM2：82、2010FJZM2：70、2010FJZM2：92、2010FJZM2：10）

弧腹，平底。上壁施一周凸弦纹，其下施细弦纹及底。口径38.6、底径20.8、高24.3厘米（图三一，9）。

锺　2件。2010FJZM2：24，泥质黄褐陶。侈口，方唇，上宽下窄喇叭形长颈，斜肩，弧腹，覆盘状矮圈足。带子口盖，盖顶弧形，上等距三穿。肩上部施二周凹弦纹，其下方对称

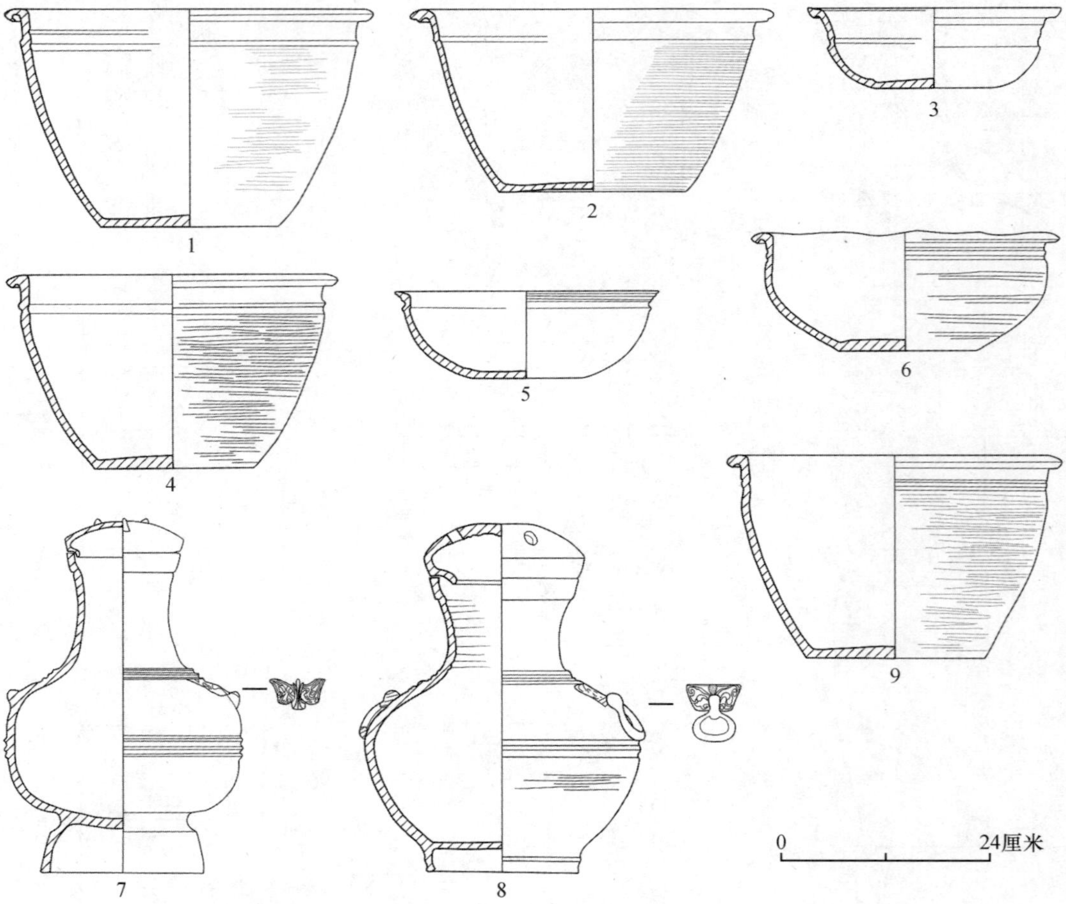

图三一　转转堡墓地M2出土陶器（二）

1～6、9. 盆（2010FJZM2：7、2010FJZM2：15、2010FJZM2：79、2010FJZM2：38、2010FJZM2：49、2010FJZM2：90、2010FJZM2：91）　7、8. 锺（2010FJZM2：78、2010FJZM2：24）

施一对兽形衔环铺首，衔环为贴塑，最大腹颈处施二周凹弦纹，其下施数周细弦纹。锺口径17.2、腹径32.6、底径17.7、通高41.6厘米（图三一，8；图版三八，3）。2010FJZM2：78，通体施黄绿釉。侈口，方唇，上宽下窄喇叭形长颈，斜肩，扁鼓腹，喇叭状高圈足外撇。带子口盖，盖顶弧形，上等边距三乳突状立纽。肩上部施三周凸弦纹，其下方对称施一对兽形铺首，最大腹颈处施三周凸弦纹。锺口径12.8、腹径27、底径18.7、通高42.56厘米（图三一，7）。

盒　8件（套）。2010FJZM2：18，泥质灰陶。子母口，由相似的器身、器盖套盒而成。器身扁鼓，矮圈足。盒盖上部施二周弦纹，下部施三周凹弦纹，盒身施二周凹弦纹，通体涂朱，大部分剥落。口径19、底径9.4、高15厘米（图三二，3）。2010FJZM2：20，泥质灰陶胎，磨光灰皮陶，磨光灰皮大部分剥落。子母口，由相似的器身、器盖套盒而成。器身扁鼓，矮圈足。盒盖施二周凹弦纹，盒身施一周凹弦纹。口径20、底径10.2、高16.2厘米（图三二，6）。2010FJZM2：21，夹沙灰陶。子母口，由相似的器身、器盖套盒而成。器身扁鼓，矮圈足。盒盖、器身各施二周凹弦纹，通体涂朱，大部分剥落。口径18.8、底径8.8、高15.5厘米（图三二，4）。2010FJZM2：23，泥质灰陶。子母口，由相似的器身、器盖套盒而成。器身

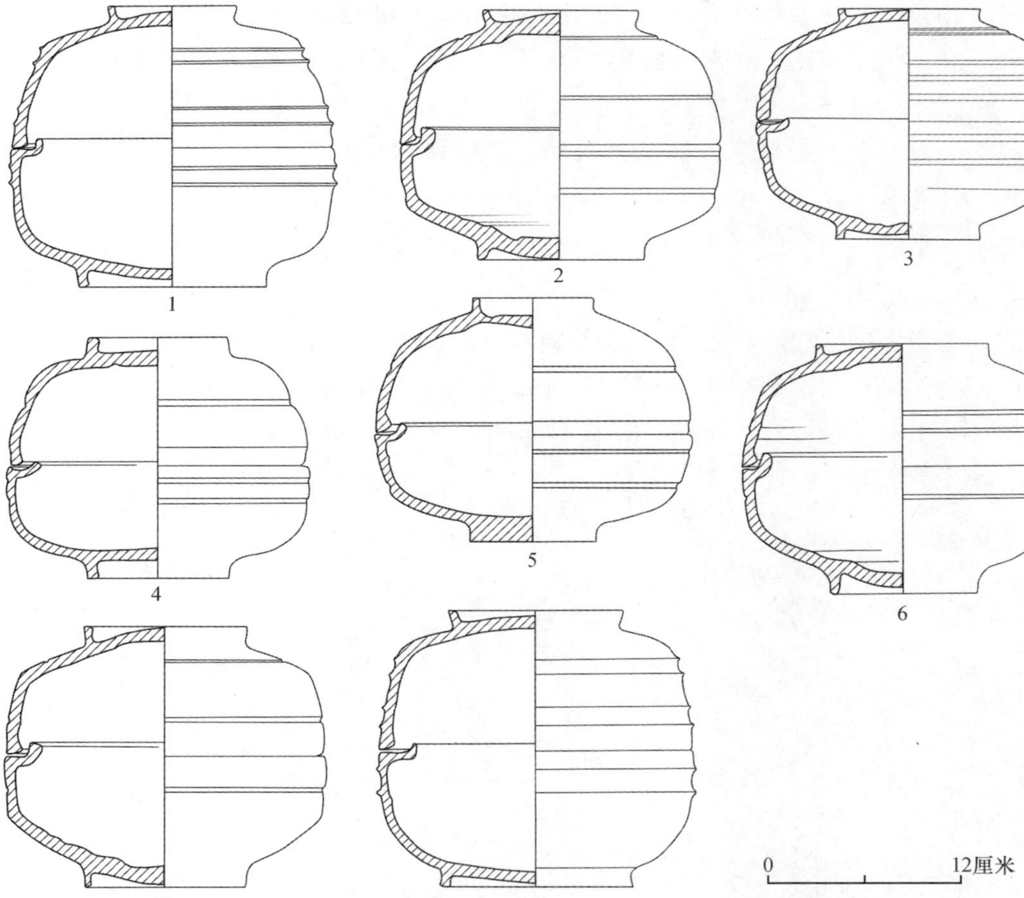

图三二　转转堡墓地出土陶盒

1～8. 2010FJZM2：46、69，2010FJZM2：54，2010FJZM2：18，2010FJZM2：21，2010FJZM2：23，2010FJZM2：20，2010FJZM2：56，2010FJZM2：34

扁鼓，矮圈足。盒盖、器身各施二周凹弦纹，通体涂朱，大部分剥落。口径19.5、底径8、高15.8厘米（图三二，5）。2010FJZM2：34，泥质红陶胎，通体施黄绿釉，大部分剥落。子母口，由相似的器身、器盖套盒而成。器身扁鼓，矮圈足。盒盖共施四周凸弦纹，器身施二周凸弦纹。口径19.8、底径12、高18厘米（图三二，8；图版三六，6）。2010FJZM2：46、69，泥质红陶胎，通体施墨绿釉，大部分剥落。子母口，由相似的器身、器盖套盒而成。器身扁鼓，矮圈足。盒盖共施四周凸弦纹，器身施二周凸弦纹。口径20.5、底径8、高15.8（图三二，1）。2010FJZM2：54，泥质灰陶。子母口，由相似的器身、器盖套盒而成。器身扁鼓，矮圈足。盒盖施一周凹弦纹，器身口部施二周凹弦纹，下部施一周凹弦纹。口径19.8、底径10.6、高16.2厘米（图三二，2）。2010FJZM2：56，泥质灰胎，磨光黑皮陶，绝大部分剥落。子母口，由相似的器身、器盖套盒而成。器身扁鼓，矮圈足。盒盖施二周凹弦纹，器身施一周凹弦纹。口径20、底径10、高17厘米（图三二，7）。

瓮　6件。2010FJZM2：17，泥质黄褐陶。敛口，方唇，短斜颈，鼓腹内收，平底。腹部施三周菱形纹加“十”字纹。有盖，钵状，敞口，尖唇，折腹，浅饼底。瓮口径16.8、腹径39.6、底径20、高27.2厘米，盖口径17.6、底径5.6、高6厘米（图三三，1；图三四，1）。2010FJZM2：30，泥质灰陶。直口，圆唇，斜肩，弧腹，凹底。腹部施绳纹及底。口径22.6、腹径43.2、底径18、高35厘米（图三三，2）。2010FJZM2：60，夹沙灰陶。敛口，尖唇，短斜颈，斜折肩，球形腹，饼状底。腹部施六周菱形网格纹。口径25.6、腹径41.8、底径12.8、高30.5厘米（图三三，3；图三四，2）。2010FJZM2：74，泥质灰陶。敛口，尖唇，短斜颈，广斜肩，弧腹，平底。腹部施规整弦断绳纹近底。口径23.6、腹径45.2、底径23.4、高30.4厘米（图三三，4）。2010FJZM2：75，夹沙灰陶。敛口，圆唇，短颈微弧，斜肩，弧腹内收，饼状小底。腹部施菱形网格纹。口径33、腹径52、底径16.6、高38.5厘米（图三三，5；图三四，4）。2010FJZM2：76，泥质灰陶。敛口，方唇，广斜肩，弧腹，小平底。腹部施三周绳纹。口径25.6、腹径41.8、底径12.8、高30.5厘米（图三三，6；图三四，3）。

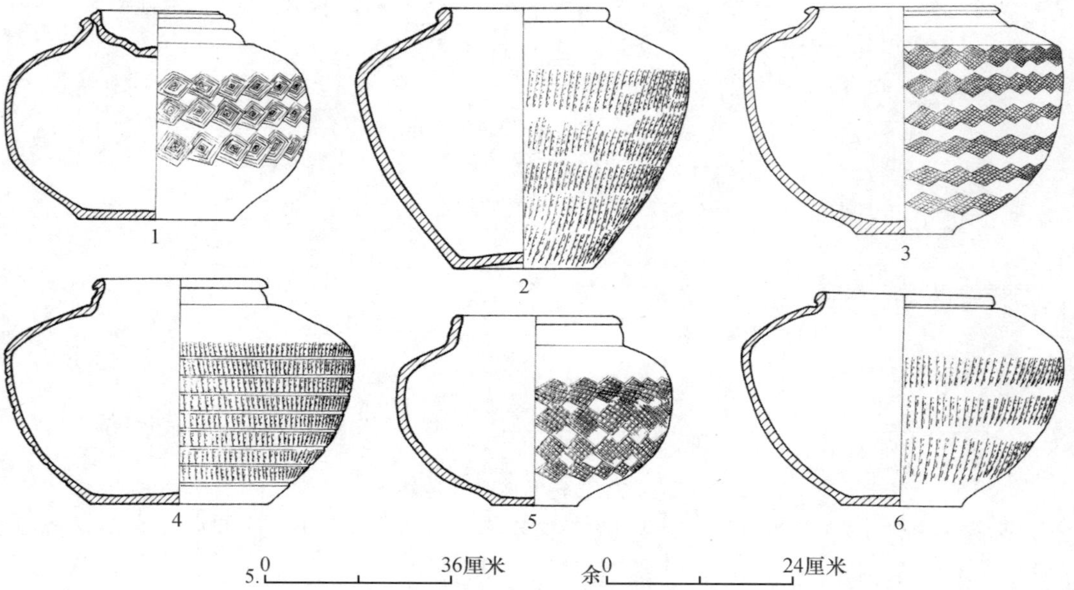

图三三　转转堡墓地M2出土陶瓮

1. 2010FJZM2：17　2. 2010FJZM2：30　3. 2010FJZM2：60　4. 2010FJZM2：74　5. 2010FJZM2：75　6. 2010FJZM2：76

甑　3件。2010FJZM2：41，泥质黄褐陶，内外壁及口沿均磨光灰皮，外壁大部分磨损。侈口，卷沿，方唇，弧腹，凹底。腹壁施一周凹弦纹，其下施细弦纹及底。底部13个圆形箅孔（图三五，10）。2010FJZM2：50，夹沙灰陶。侈口，卷沿，方唇，弧腹，凹底。腹壁施一周凸弦纹，其下施细弦纹及底。底部3个圆形箅孔。口径41.5、底径19、高26厘米（图三五，11）。2010FJZM2：88，夹砂灰陶。侈口，卷沿，尖唇，弧腹，凹底。腹壁施细弦纹及底。底部18个圆形箅孔。口径36、底径20.8、高24.8厘米（图三五，12）。

钵　9件。2010FJZM2：1，泥质黄褐陶。侈口，尖唇，折腹，下腹弧内收，凹底。口径14.5、底径5.3、高4.6厘米（图三五，1）。2010FJZM2：57，泥质灰陶。侈口，尖唇，折腹，下腹弧内收，浅饼底微内凹。口径13.4、底径4.2、高5厘米（图三五，2）。2010FJZM2：95，泥质黄褐陶胎，外壁磨光灰皮陶。侈口，尖唇，折腹，下腹部内弧内收，平底。口径14、底径

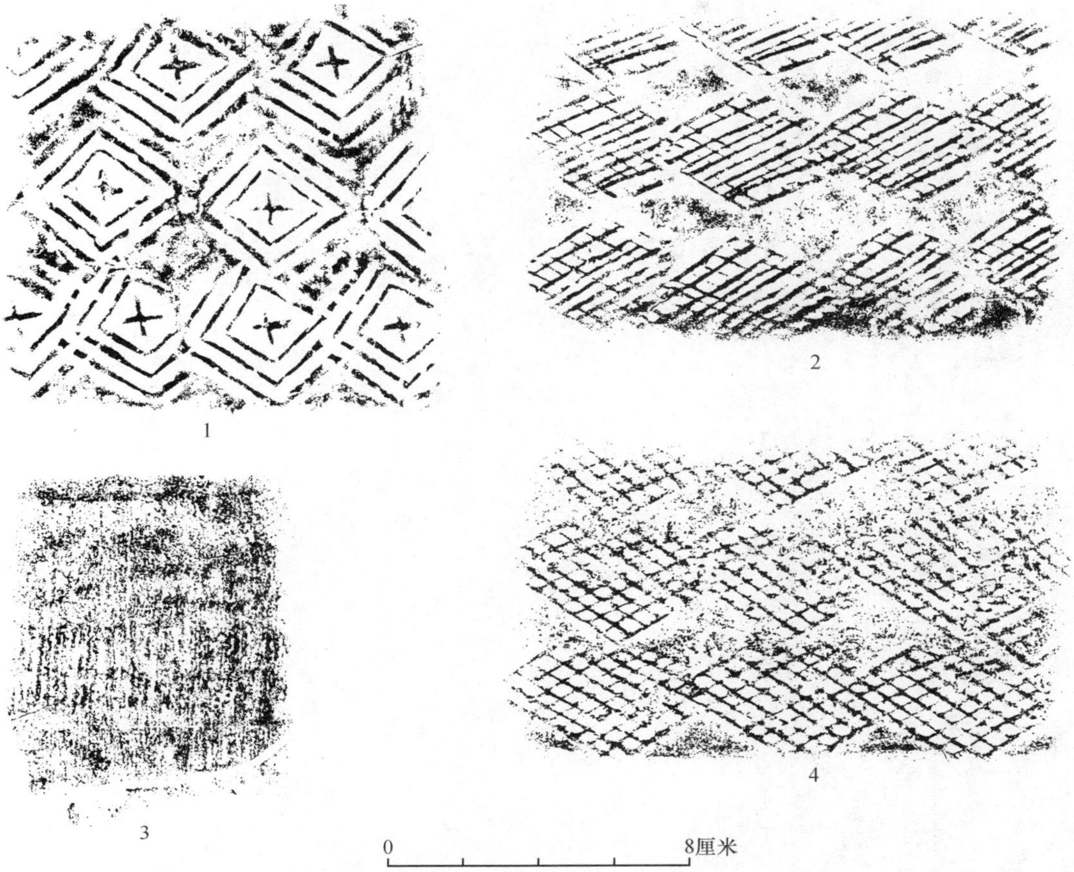

图三四　转转堡墓地M2出土遗物纹饰拓片

1. 菱形十字纹拓片（2010FJZM2：17）　2. 菱形网格纹拓片（2010FJZM2：60）　3.细绳纹拓片（2010FJZM2：76）　4. 菱形网格纹拓片（2010FJZM2：75）

5.2、高4.6厘米（图三五，3）。2010FJZM2：96，泥质灰陶。侈口，圆唇，折腹，下腹内弧，浅饼底。口径18.2、底径6、高6厘米（图三五，4）。2010FJZM2：97，夹沙灰陶。侈口，尖唇，折腹，下腹微内弧，饼状底。口径17.5、底径6、高5.4厘米（图三五，5）。2010FJZM2：98，泥质灰陶。侈口，尖唇，折腹，平底。口径17.2、底径5.4、高6厘米（图三五，7）。2010FJZM2：99，泥质灰陶。侈口，圆唇，折腹，平底。下腹施二周凹弦纹。口径14、底径5.2、高4.8厘米（图三五，6）。2010FJZM2：100，泥质黄褐陶。侈口，尖唇，折腹，平底。口径14.6、底径5.2、高4.5厘米（图三五，8）。2010FJZM2：101，泥质灰陶。侈口，尖唇，折腹，凹底。口径13.3、底径5.8、高4.4厘米（图三五，9）。

（2）铜器

鍪　2件。2010FJZM2：52，敞口，方唇，溜肩，球形腹，圜底。肩部对称施一对纵向环形耳鋬，耳下施二周弦纹。口径19.2、腹径23.5、高18.8厘米（图三六，8；图版三八，1）。2010FJZM2：68，敞口，方唇，溜肩，球形腹，圜底。肩部对称施一对纵向环形耳鋬，耳下施三周弦纹。口径18.6、腹径22.6、高18.7厘米（图三六，7）。

洗　3件。2010FJZM2：8，修复中。2010FJZM2：39，铜质。敞口，方唇，斜直颈，

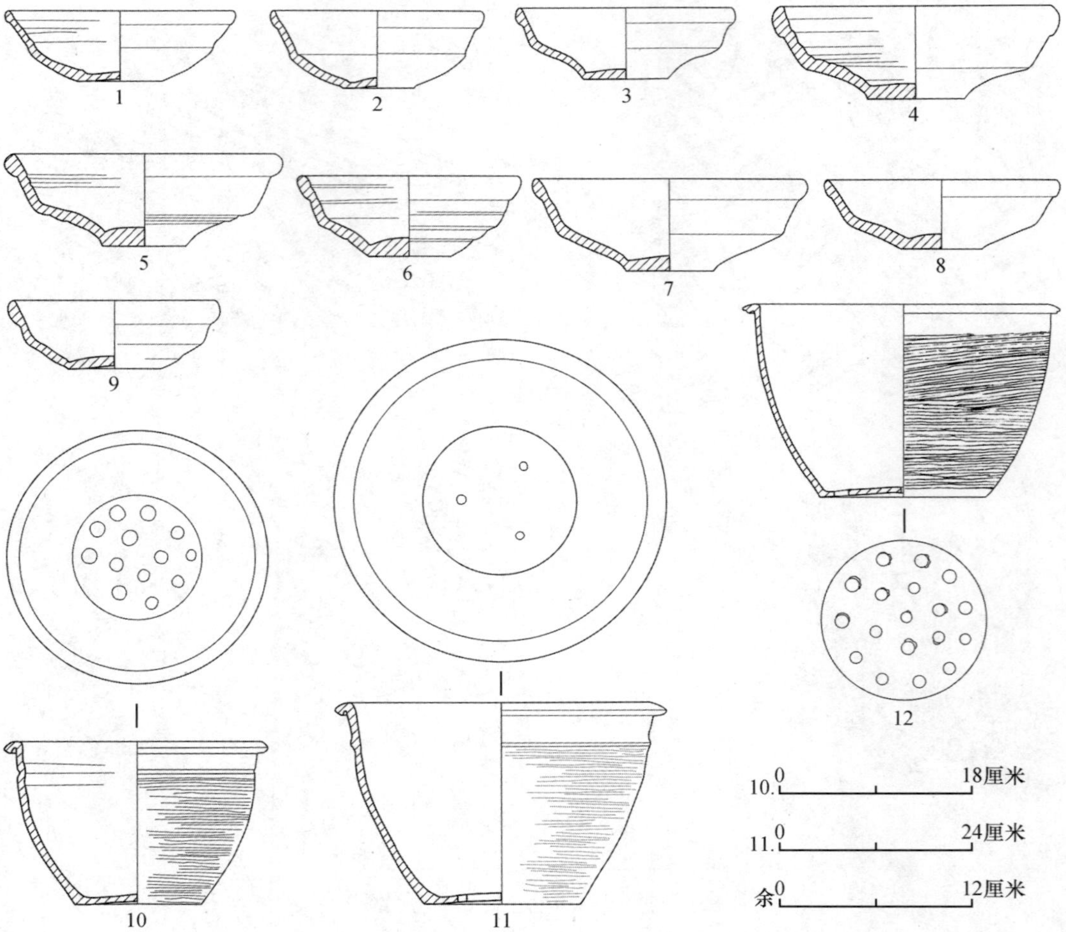

图三五　转转堡墓地M2出土陶器（三）

1～9. 陶钵（2010FJZM2：1、2010FJZM2：57、2010FJZM2：95、2010FJZM2：96、2010FJZM2：97、2010FJZM2：99、2010FJZM2：98、2010FJZM2：100、2010FJZM2：101）　10～12. 陶甑（2010FJZM2：41、2010FJZM2：50、2010FJZM2：88）

弧腹，平底，腹部对称施一对纵向环形耳鋬。口径25、底径15、高12厘米（图三六，5）。2010FJZM2：53，铜质。敞口，卷沿，方唇，斜直颈，弧腹，平底，腹部对称施一对纵向环形耳鋬。口径24、底径15、高11.5厘米（图三六，6；图版三八，2）。

钱币　数枚。2010FJZM2：2，数枚。大部分锈蚀，部分五铢为正面外郭，穿上部一横，背面内外均有郭的“五铢”；部分为正面外郭，背面内外均有郭的“五铢”（图三七，1）。2010FJZM2：32，数枚。大部分锈蚀，均为正面外郭，背面内外均有郭的“五铢”（图三七，2）。2010FJZM2：66，数枚。部分锈蚀，正面外郭，穿上、下部一横，背面内外均有郭的“五铢”（图三七，3）。

（3）铁器

釜　2件。2010FJZM2：43，直口，高领，鼓肩，球形腹，小圈足。最大腹径上部对称施一对纵向的桥形耳及二周凹弦纹。口径24.8、腹径40.4、底径10、高31厘米（图三六，9）。2010FJZM2：47，直口，高领，球形腹，小圈足，最大腹径上部对称施一对纵向的桥形耳及二周凹弦纹。口径29、腹径46、底径10.4、高34厘米（图三六，10；图版三八，5）。

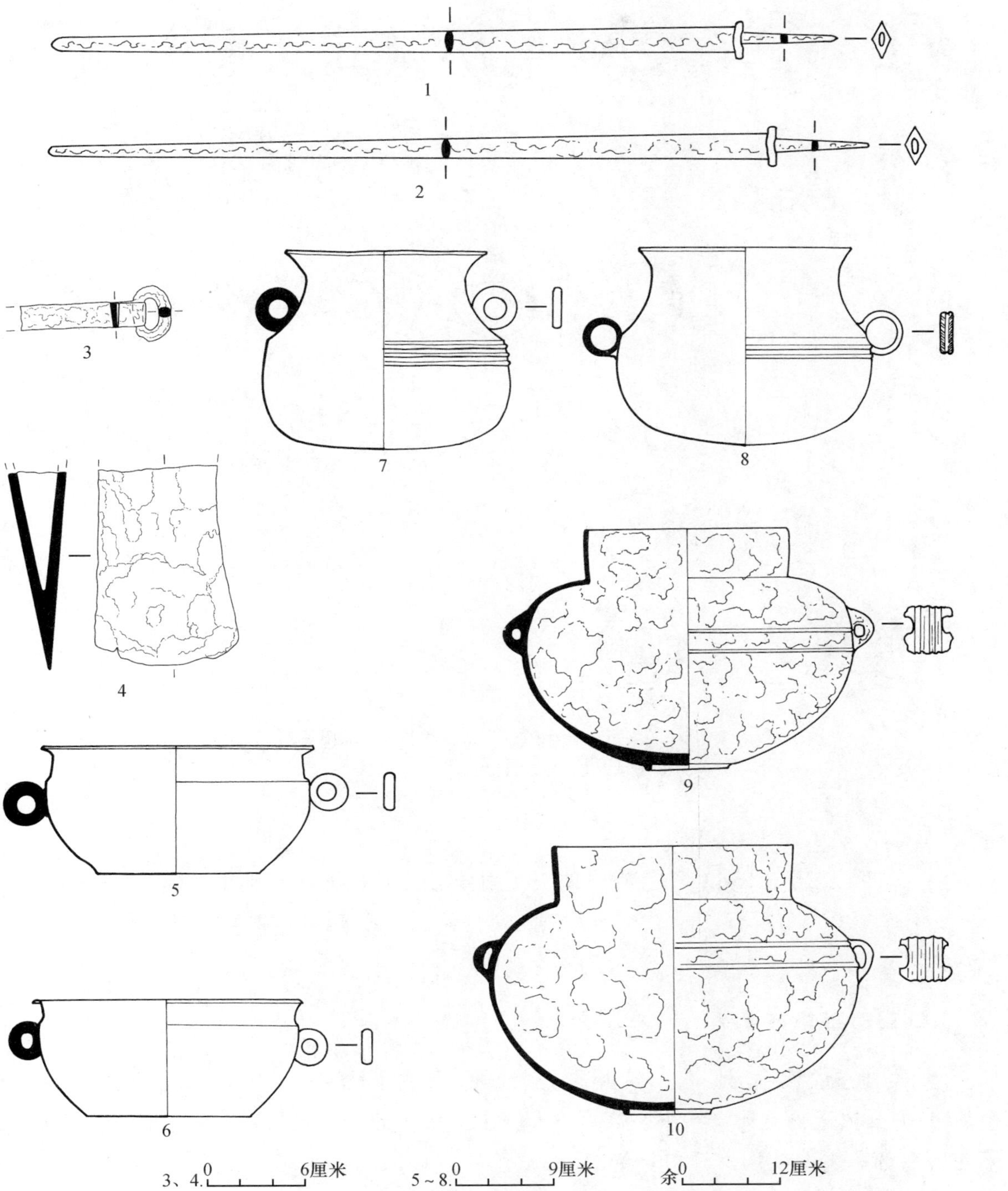

图三六　转转堡墓地M2出土遗物

1、2. 铁剑（2010FJZM2：6、2010FJZM2：65）　3. 铁刀（2010FJZM2：3）　4. 铁锸（2010FJZM2：19）　5、6. 铜洗（2010FJZM2：39、2010FJZM2：53）　7、8. 铜鍪（2010FJZM2：68、2010FJZM2：52）　9、10. 铁釜（2010FJZM2：43、2010FJZM2：47）

刀　2件。2010FJZM2：3，环首铁刀，锈蚀严重，刀身前部残断。残长9厘米（图三六，3）。2010FJZM2：9，无法修复。

锸　1件。2010FJZM2：19，锸刃部，木质部分腐朽不存。残高12.5、刃宽9厘米（图

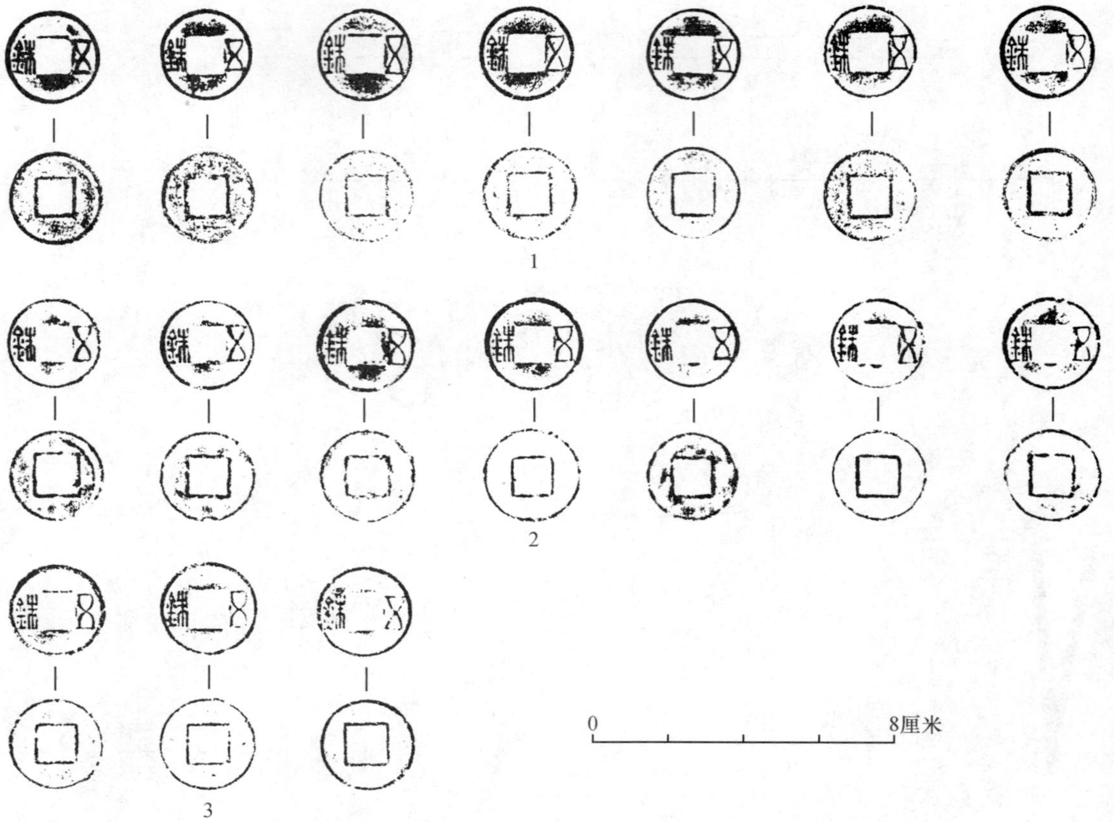

图三七　转转堡墓地M2出土铜钱币拓片

1. 2010FJZM2：2　2. 2010FJZM2：32　3. 2010FJZM2：66

三六，4）。

剑　2件。2010FJZM2：6，有格铁剑，剑身扁长，双面刃。剑身长84、柄长12厘米（图三六，1）。2010FJZM2：65，有格铁剑，剑身扁长，双面刃。剑身长89、柄长12厘米（图三六，2）。

3. 2010FJZM3

位于2010FJZT4中部偏东，墓葬部分延伸进入探方北隔梁内。M3开口于第2层下，打破生土。M3为开口近长方形竖穴土坑墓，口大底小，呈斗形，墓向245°，东北角被现代坑打破。墓葬坑壁部分坍塌变形，开口长约680、宽约590厘米，墓底长610、宽480厘米，深约450厘米，开口距地表约125～160厘米。墓壁较平整，未见加工痕迹。

墓葬的东北角及南部均发现有椭圆形开口的盗洞，东北角盗洞长径224、短径134、深388厘米未见底，南部盗洞长径548、短径150、深450厘米，该盗洞经墓葬西南侧进入椁室。

葬具为一椁两棺，棺椁保存均较差，残留少量朽痕。距墓葬开口深约290～300厘米处暴露椁室朽痕，平面呈“亚”形，椁室由侧板、挡板、底板和隔板组成。挡板侈出侧板外，隔板从椁室中部分为东、西两室，椁室总长550、宽373、残高134、椁板痕厚10～11厘米。

东室长248、宽364、残高134厘米。椁室内随葬两棺，位于东室南北两侧，木棺残存棺底板痕。两棺之间随葬器物，被盗。南侧棺痕残长220、宽80厘米，棺内随葬1人，人骨腐朽较甚，人骨架残高约180厘米。北侧棺痕残长60、宽80～90厘米，棺内随葬1人，破坏较严重，仅存部分下肢胫骨，棺痕底部散落少量的红色漆皮，在棺痕东北角平铺有一层近长方形的细朱砂，长约60、宽约20、厚约5厘米。东室底部有垫土两层，南侧较厚，北侧较薄，第1层垫土为红褐色五花土，厚10～26厘米；第2层垫土为红褐色五花土，厚18～26厘米，该层夯筑较密实，有明显的夯筑痕迹。夯窝平面近圆形，直径4～6厘米、深1～3厘米，第2层垫土下为黄沙生土。东室残存随葬遗物有铁剑、铜钱币、铁削刀、铜壶、铜盆和铜带钩。

西室整体低于东室，由隔板和侧板构成，基本与椁室同宽，长250、宽362、深76厘米，与东室齐平处未见底板或盖板朽痕。西室盗扰严重，西室底部残留随葬遗物仅发现陶罐2件，与东室齐平处随葬一只猞猁（图三八）。

墓底残存随葬品11件，大部分为残损无法修复的铜器、铁器，少量陶器，在墓葬盗扰的填土中发现遗物11件。

（1）陶器

罐 6件。2010FJZM3：10，泥质灰陶。侈口，圆唇，束颈，肩微鼓，鼓腹斜直内收，平底。肩部施二周凹弦纹，肩部涂朱至颈内壁。带盖，泥质灰陶。覆钵形，侈口，尖唇，弧壁，平顶。内施一枚空心柱形纽。罐口径11、腹径25.6、底径16.5、高20.2厘米，盖口径10.5、高2.4厘米（图三九，8）。2010FJZM3：11，泥质灰陶。侈口，厚圆唇，短直颈，斜肩，鼓腹，平底。肩部施弦断菱形网格纹，肩部涂朱至颈部内壁。口径14.2、腹径34.8、底径20.8、高26厘米（图三九，5）。2010FJZM3：01，夹沙灰陶。烧制变形，侈口，宽平沿，方唇，束颈，斜肩，球形腹，圜底。肩部施规整的弦断绳纹，腹部施绳纹及底。口径16、腹径32.8、高26厘米（图三九，3）。2010FJZM3：03，泥质灰陶。侈口，圆唇，束颈，肩微鼓，鼓腹斜直内收，平底。肩部施弦断菱形网格纹，肩部涂朱至颈内壁。带盖，泥质灰陶，覆钵形，侈口，尖唇，弧壁，平顶。内施一枚空心柱形纽。罐口径13、腹径34.3、底径21.2、高24厘米，盖口径10.5、高3.2厘米（图三九，7）。2010FJZM3：07，泥质灰陶。侈口，宽平沿，尖唇，束颈，斜肩，鼓腹，腹部一下残。唇面施一周凹弦纹，肩部施规整的弦断绳纹，腹部施绳纹。口径16、腹径34、残高18厘米（图三九，4）。2010FJZM3：09，泥质灰陶。侈口，圆唇，束颈，肩微鼓，鼓腹斜直内收，平底。肩部施弦断菱形网格纹，肩部涂朱至颈内壁。口径14、腹径34.3、底径21.4、高25.3厘米（图三九，6）。

盆 1件。2010FJZM3：08，泥质灰陶。敛口，宽平沿，方唇，束颈，弧腹，下部残损。腹部施弦断绳纹。口径44、残高10.7厘米（图三九，2）。

器盖 1件。2010FJZM3：04，泥质灰陶。覆钵形，侈口，尖唇，弧壁，平顶，内施一空心柱形纽。盖径12.5、高2.6厘米（图三九，1）。

井盖 1件。2010FJZM3：02，泥质灰陶。整体方形，四角内弧，四方矩形内切，正中方形井圈，两侧各一矩形孔以插井架，高圈足。井盖面四角施菱形网格纹，四方施“X”纹。长33、宽31、圈足径18.5、高5.8厘米（图四〇，2）。

灶 1件。2010FJZM3：06，泥质灰陶。整体近方形，四边均外弧，一侧灶壁有一方形火

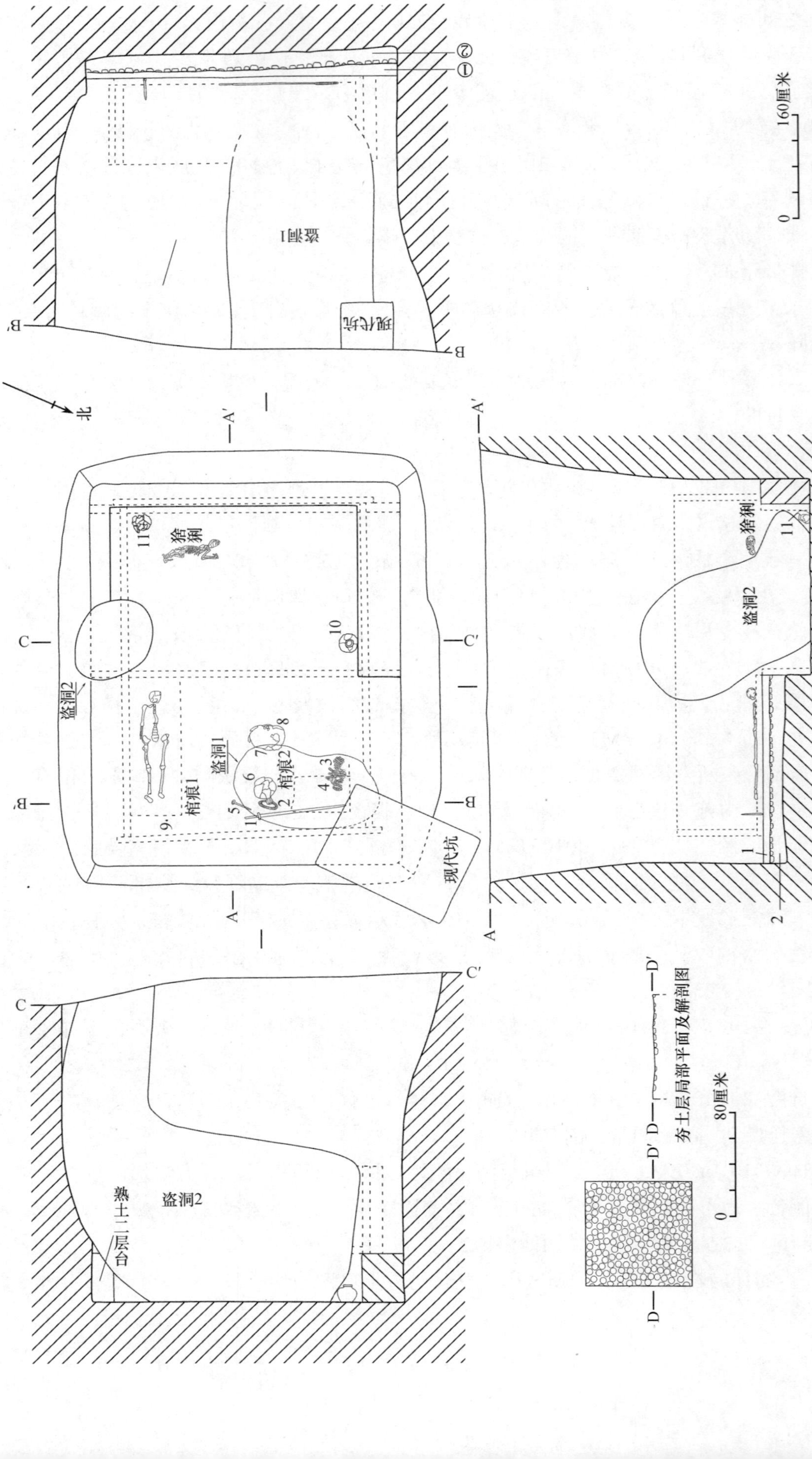

图三八　转转堡墓地M3平、剖面图

1. 铁剑　2、3. 铜钱币　4. 铁构件　5、9. 铁削刀　6. 铜蒜头壶　7. 铜盆　8. 铜带钩　10、11. 陶罐

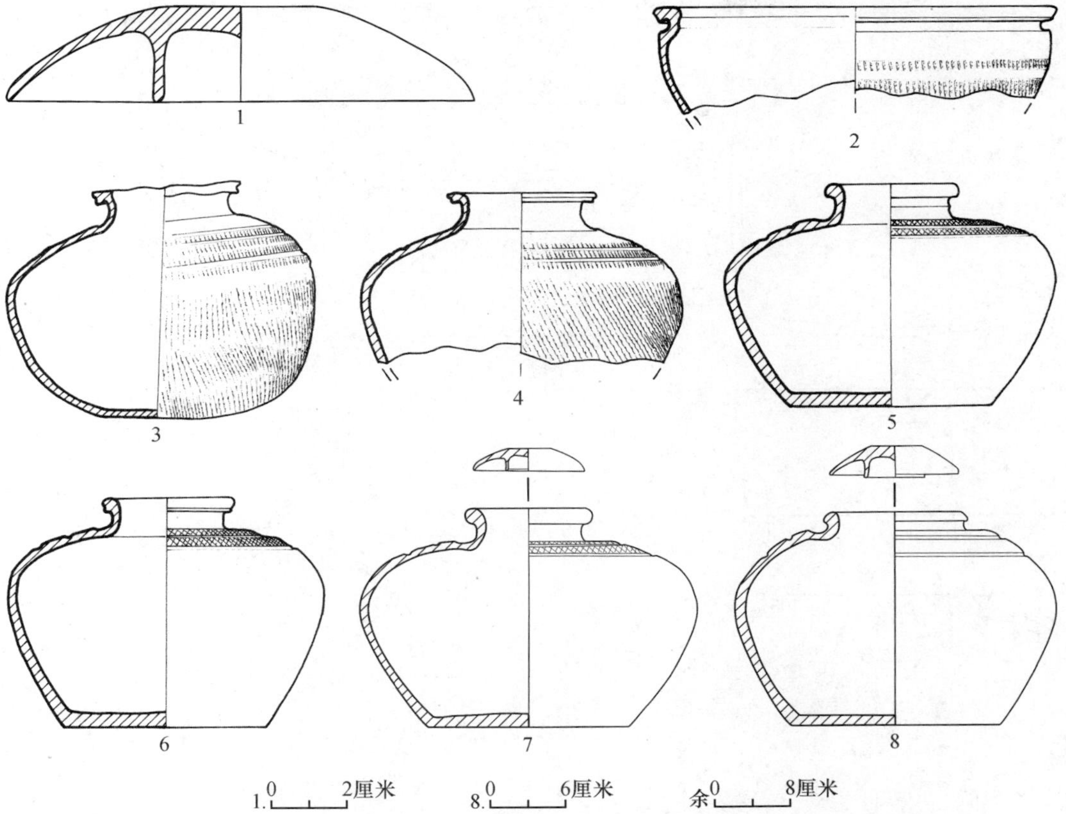

图三九　转转堡墓地M3出土陶器

1. 器盖（2010FJZM3：04）　2. 盆（2010FJZM3：08）　3～8. 罐（2010FJZM3：01、2010FJZM3：07、2010FJZM3：11、2010FJZM3：09、2010FJZM3：03、2010FJZM3：10）

眼，对面一角为一出烟口，灶面缺失。长35.1、宽34.5、高14厘米（图四〇，1）。

瓮　2件。2010FJZM3：05，泥质灰陶。直口，尖唇，短斜颈，斜肩，球形腹，饼状底，腹部施波形纹。口径29、腹径49、底径13.5、高40.5厘米（图四〇，5）。2010FJZM3：010，泥质灰陶。敛口，平沿，束颈，肩微鼓，球形腹，饼状底微内凹，肩部施一周凹弦纹。口径24、腹径45、底径13.5、高35厘米（图四〇，4）。

（2）金属器

铁权　1件。2010FJZM3：011，锈蚀较严重，半球形。直径6.2、通高4.3厘米（图四〇，3）。

铁剑　1件。2010FJZM3：1，锈蚀严重，双刃，剑身剖面近椭圆，有格。通长112、柄长24厘米（图四〇，6）。

铜钱币　共计出土687枚。2010FJZM3：2，由绳串成一吊，绳腐朽存朽痕，计155枚，均为“五铢”钱。“五”字交叉笔画较直，“铢”字的“金”头近等边三角形，“朱”字上方折下圆折，正面均有外郭，穿部正面可分为上有郭、下有郭或无郭三种，背面内外均有郭，正方形穿，钱币直径2.4～2.5、穿径0.9～1.1厘米（图四一，1）。2010FJZM3：3，应为几吊钱，被扰乱后残留到一处，计532枚，均为“五铢”钱。“五”字交叉笔画弧曲，“铢”字“金”头

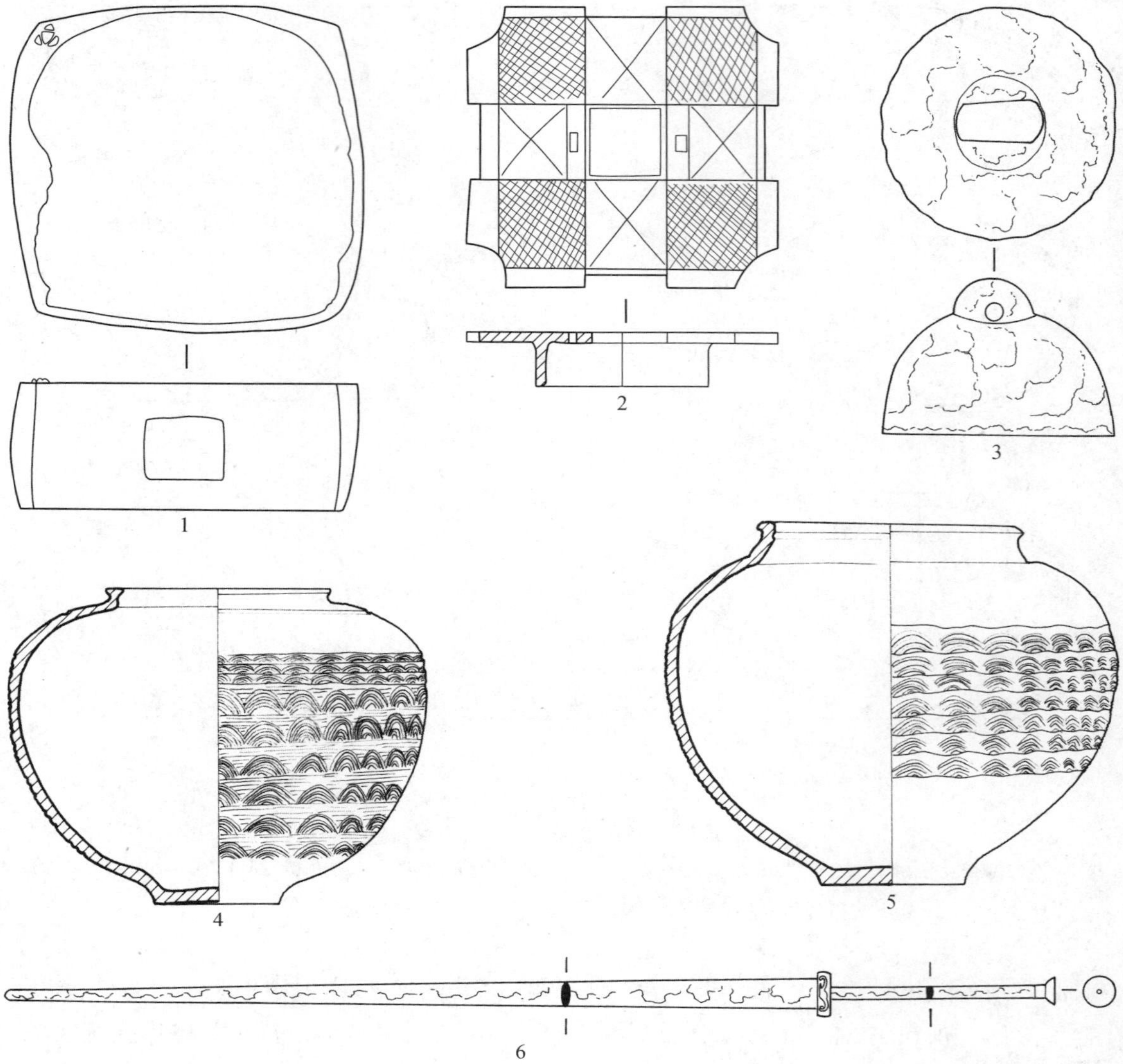

图四〇　转转堡墓地M3出土遗物

1. 陶灶（2010FJZM3：06）　2. 陶井盖（2010FJZM3：02）　3. 铁杈（2010FJZM3：011）　4、5. 陶瓮（2010FJZM3：010、2010FJZM3：05）　6. 铁剑（2010FJZM3：1）

略呈箭矢形，“朱”字上方折下圆折，正面均有外郭，穿部正面可分为上有郭、下有郭或无郭三种，背面内外均有郭，正方形穿，其中有一枚异形钱币，“五”字在右、“铢”字在左，钱币直径2.4～2.5、穿径0.9～1厘米（图四一，2）。

4. 2010FJZM5

位于2010FJZT6东南部，部分延伸入东隔梁内。墓葬开口于第1层下，打破生土、开口距地表约80～120厘米。墓葬为竖穴土坑墓，墓向340°。平面呈长方形，口略大于底，四壁较平整，未见加工痕迹。墓葬开口长462、宽372厘米，墓底长454、宽366厘米，深212～241厘米。

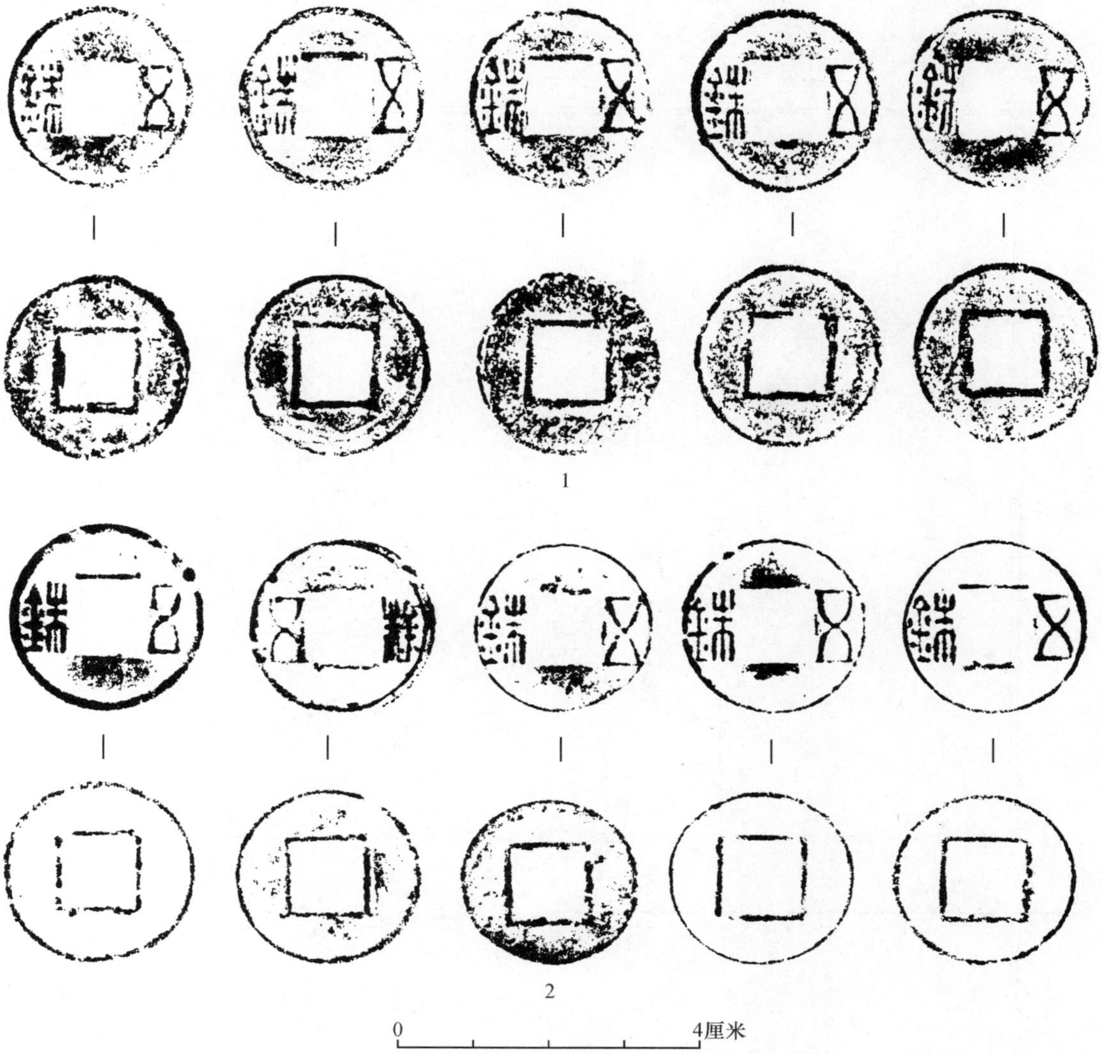

图四一　转转堡墓地M3出土铜钱币拓片
1、2. 2010FJZM3：2、2010FJZM3：3

墓葬盗扰严重，葬具葬式不详，在墓葬西部残存少量棺椁、人骨朽痕（图四二）。

墓葬出土遗物25件，绝大部分为陶器和少量铜币，填土中出土遗物4件，部分遗物无法修复。

（1）陶器

罐　11件。2010FJZM5：5，泥质灰陶。侈口，圆唇，束颈，肩微鼓，球形腹，平底。有盖，覆钵形，侈口，圆唇，折腹，平底。罐口径13.6、腹径34、底径23、高22.8厘米，盖口径17.2、顶径6、高5.8厘米（图四三，1）。2010FJZM5：11，泥质灰陶。侈口，圆唇，束颈，斜肩，鼓腹斜直内收，平底。肩部施二周凹弦纹。有盖，覆钵形，侈口，尖唇，弧腹，平底。罐口径12.5、腹径32.8、底径25、高24.4厘米，盖口径17.6、顶径6、高5.8厘米（图四三，2）。2010FJZM5：16，泥质灰陶。直口，厚圆唇，短直颈，斜肩，鼓腹，平底。有盖，夹沙灰陶。覆钵形，侈口，圆唇，折腹，饼状底。罐口径13.5、腹径32.4、底径23.8、高21.5厘米，盖口

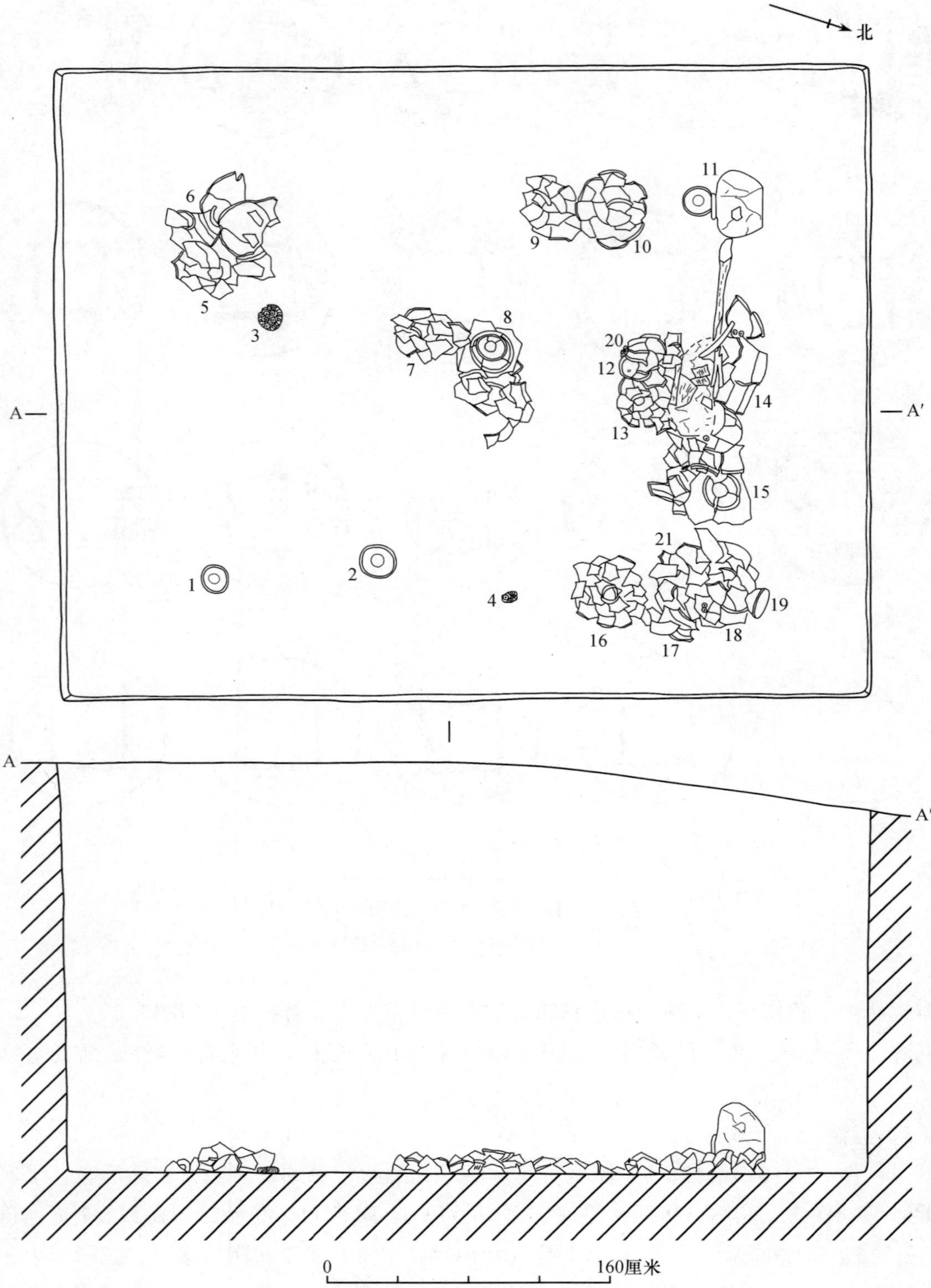

图四二　转转堡墓地M5平、剖面图

1、2. 陶钵　3、4、20. 铜钱币　5～7、9～11、13、16～18、21. 陶罐　8、15. 陶井　12. 陶锺　14、19. 陶盆

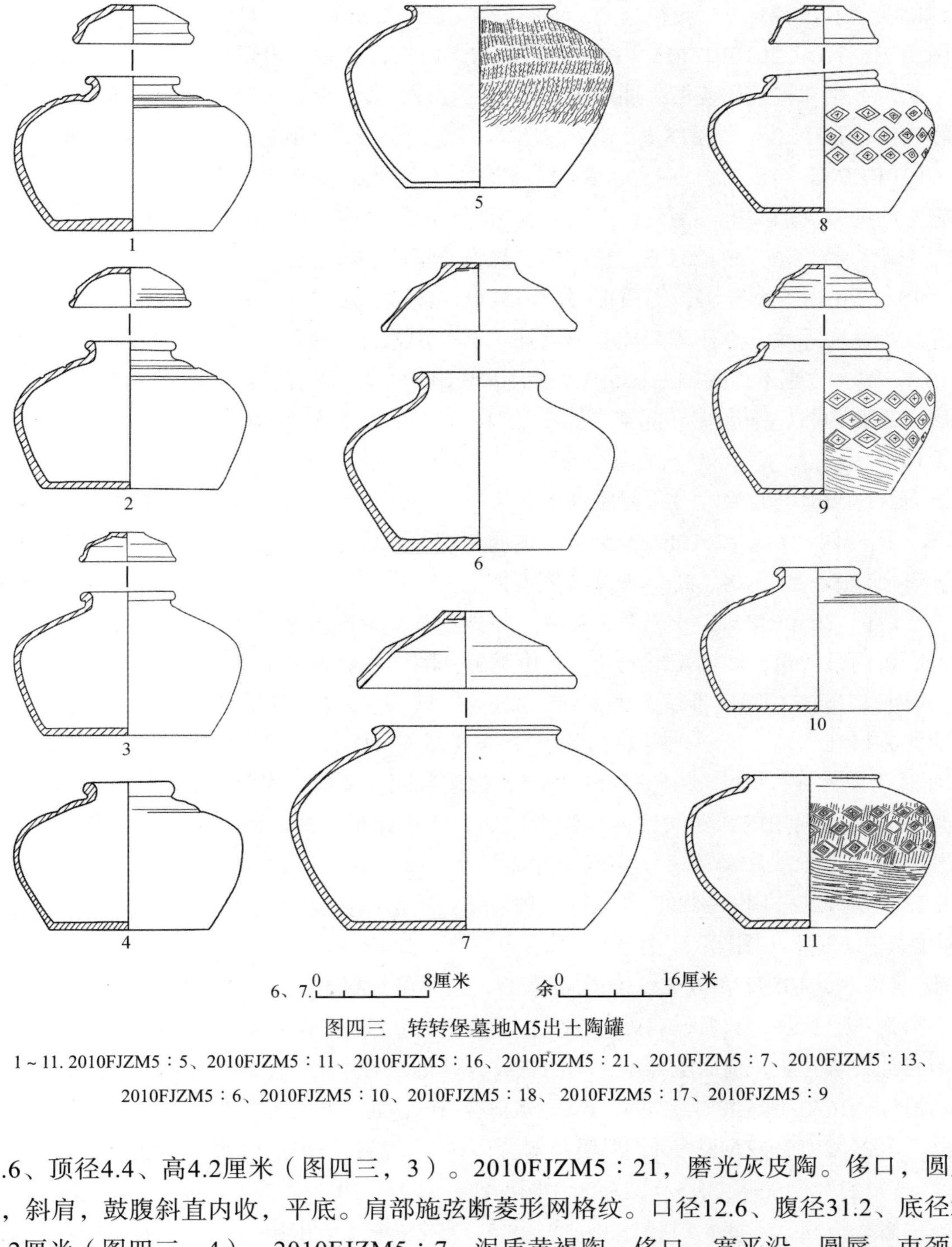

图四三　转转堡墓地M5出土陶罐

1～11. 2010FJZM5：5、2010FJZM5：11、2010FJZM5：16、2010FJZM5：21、2010FJZM5：7、2010FJZM5：13、2010FJZM5：6、2010FJZM5：10、2010FJZM5：18、2010FJZM5：17、2010FJZM5：9

径13.6、顶径4.4、高4.2厘米（图四三，3）。2010FJZM5：21，磨光灰皮陶。侈口，圆唇，束颈，斜肩，鼓腹斜直内收，平底。肩部施弦断菱形网格纹。口径12.6、腹径31.2、底径23、高22.2厘米（图四三，4）。2010FJZM5：7，泥质黄褐陶。侈口，宽平沿，圆唇，束颈，斜肩，鼓腹内收，平底。肩部施弦断绳纹，上腹部施绳纹。口径20.8、底径21.2、通高27厘米（图四三，5）。2010FJZM5：13，泥质黄褐陶。侈口，圆唇，束颈，斜肩，鼓腹斜直内收，平底。有盖，夹沙灰陶。覆钵形，侈口，圆唇，折腹，饼状底。罐口径9.2、腹径18.8、底径12、高13.2厘米，盖口径14、顶径5.2、高5厘米（图四三，6）。2010FJZM5：6，泥质灰陶。侈口，尖唇，束颈，斜肩，鼓腹斜直内收，平底。有盖，夹沙灰陶。覆钵形，侈口，尖唇，折腹，饼状底。口径13.4、腹径24.8、底径16.8、高15.2厘米，盖口径15.4、顶径3.4、高5.6厘米（图四三，7）。2010FJZM5：10，泥质灰陶。敛口，圆唇，短弧颈，肩微鼓，鼓腹斜直内收，平底。上腹部施三周菱形纹加“十”字纹。有盖，覆钵形，侈口，圆唇，折腹，浅饼底。罐口径16.9、腹径32、底径18.6、高21.3厘米，盖口径15.6、顶径5.4、高5.7厘米（图四三，8）。2010FJZM5：18，泥质灰陶。敛口，圆唇，短斜颈，肩微鼓，鼓腹斜直内收，平底。上腹部施三周菱形纹加“十”字纹，下腹部施不规则弦纹。有盖，覆钵形，侈口，圆唇，折腹，浅饼底。罐口径18.6、腹径31.6、底径19、高22.2厘米，盖口径17、顶径4.8、高5.8厘米（图四三，9）。2010FJZM5：9，泥质黄褐陶。敛口，尖唇，短斜颈，斜肩，鼓腹内收，平底。上腹部底纹为纵向绳纹，上压印三周菱形纹加“十”字纹，下腹部施弦纹。口径19.4、腹径35、底径18.5、高12.7厘米（图四三，11）。2010FJZM5：17，泥质灰陶。直口，圆唇，短直颈，广斜肩，鼓腹内收，平底。肩部施二周凹弦纹。口径12、腹径33.2、底径26、高21.4厘米（图四三，10）。

钵　2件。2010FJZM5：1，泥质灰陶。侈口，尖唇，折腹，平底。口径13.6、底径4.4、高4.6厘米（图四四，7）。2010FJZM5：2，泥质灰陶。侈口，尖唇，折腹，平底，口沿部分烧制变形。口径12.8、底径4.4、高4.6厘米（图四四，6）。

井　2件。2010FJZM5：8，泥质灰陶。井身敛口，尖唇，短斜肩，弧腹，平底，井盖整体方形，四角内弧转角，四面矩形内切，正中圆形井圈，两侧各一矩形孔以插支架，圈足，井架缺失。井身肩下施一周箍带纹，中部施一周凹弦纹，井盖九宫格等分，四角方格施菱形网格纹，四面方格施“X”形纹。井身口径20.8、腹径25.6、底径22、高26.4厘米，井盖边长26.8、高2.4厘米（图四四，9）。2010FJZM5：15，泥质灰陶。敛口，尖唇，短斜肩，弧腹，平底。井盖整体方形，四角内弧转角，四面弧形内切，正中圆形井圈，两侧各一矩形孔以插支架，井架整体矩形，顶梁中部施一小穿以套井绳，穿下部施一缺口表亚腰形轱辘，井身肩下施一周箍带纹，中部施一周凹弦纹，井盖施一周口字型菱形网格纹。井身口径24、腹径30.8、底径26.4、通高39.6厘米（图四四，10）。

锺　1件。2010FJZM5：12，泥质红陶胎，通体施黄绿釉，绝大部分剥落。盘口，方唇，上宽下窄喇叭形长颈，斜肩，扁鼓腹，上窄下宽喇叭状高圈足。带盖，子口，盖顶弧形。上等间距施三乳突状立纽，锺肩上部施三周凸弦纹，其下方对称施一对兽形铺首，下腹处施三周凹弦纹。锺口径16.2、腹径27.4、底径16.8，盖口径17.8、通高38.8厘米（图四四，8）。

盆　3件。2010FJZM5：14，泥质灰陶。侈口，卷沿，方唇，弧腹，凹底。上腹部施一周凸弦纹。口径39.2、底径20、高22厘米（图四四，11）。2010FJZM5：19，泥质灰陶。侈口，卷沿，尖唇，折腹，平底。口径19.8、底径9.5、高6.8厘米（图四四，3）。2010FJZM5：02，泥质灰陶，残存口沿部分。直口，卷沿，尖唇。口径36、残高6.3厘米（图四四，4）。

立俑　1件。2010FJZM5：01，泥质红陶。身着交领及地长袍，窄袖，双手胸前拱立，头部及右肩部分缺失。残高17厘米（图四四，2）。

案　1件。2010FJZM5：03，泥质灰陶。残存案的一角。残长25.2、残宽19.6、残高4厘米（图四四，5）。

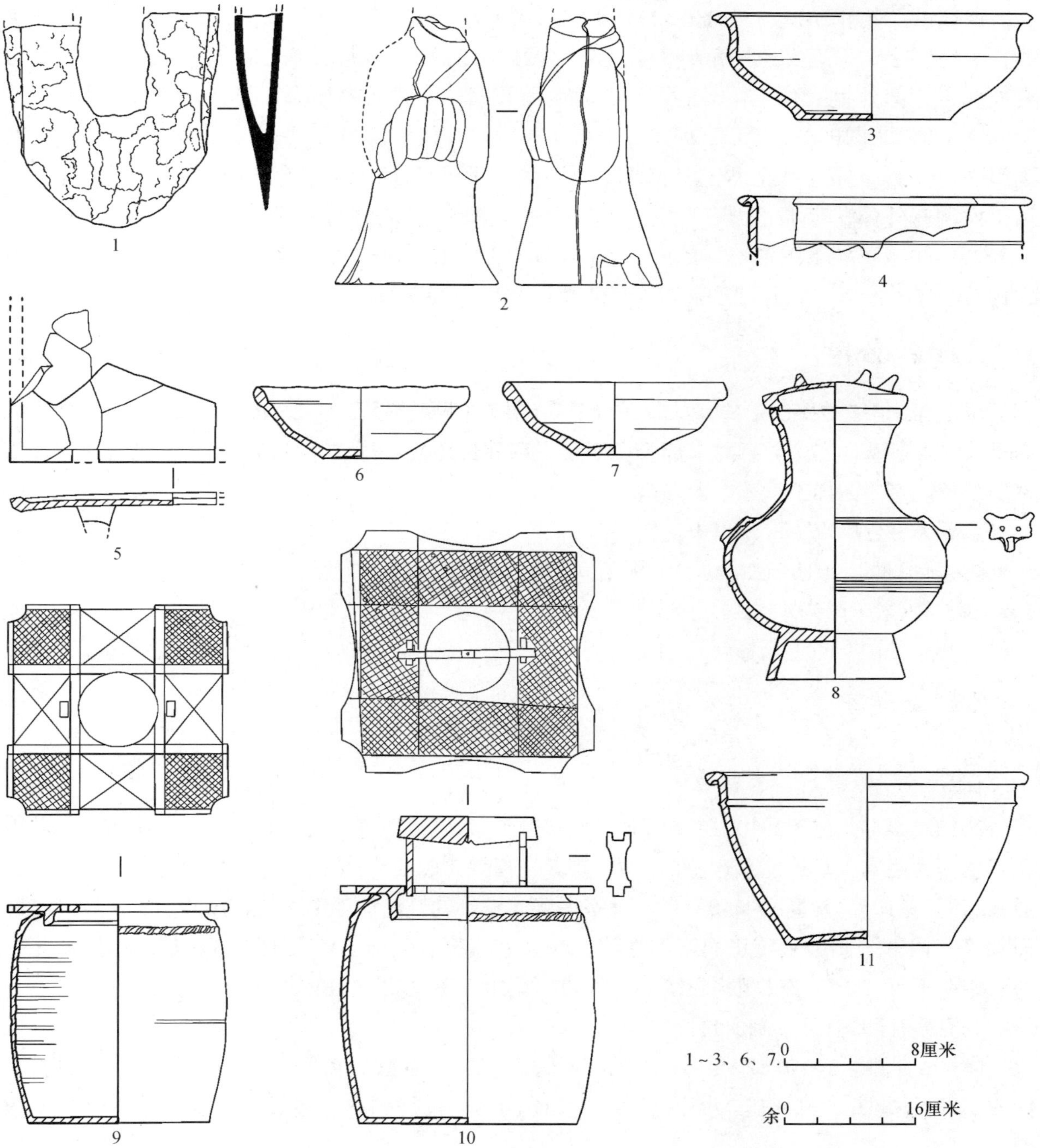

图四四 转转堡墓地M5出土遗物

1. 铁锸（2010FJZM5：04） 2. 陶立俑（2010FJZM5：01） 3、4、11. 陶盆（2010FJZM5：19、2010FJZM5：02、2010FJZM5：14） 5. 陶案（2010FJZM5：03） 6、7. 陶钵（2010FJZM5：2、2010FJZM5：1） 8. 陶锺（2010FJZM5：12） 9、10. 陶井（2010FJZM5：8、2010FJZM5：15）

（2）金属器

铁锸 1件。2010FJZM5：04，残存铁锸的刃部，整体马蹄形。宽13、通高12.4厘米（图四四，1；图版三八，6）。

铜钱币　共计267枚。2010FJZM5：3，计29枚，均为“五铢”钱。“五”字交叉笔画弧曲，“铢”字金头近等边三角形，“十”字两侧为四竖，“朱”字上下均圆折。钱币正面均有外郭，穿部分为上有一郭、上下均有郭或无郭三种，背面内外均有郭。穿径0.8～1、直径2.3～2.5厘米（图四五，1）。2010FJZM5：4，计175枚，均为“五铢”钱。“五”字交叉笔画弧曲，“铢”字金头近等边三角形，“十”字两侧为四点，“朱”字上方折下圆折。钱币正面均有外郭，穿部正面有上下均有郭、下有郭或无郭三种，背面均有郭。穿径1～1.1、直径2.5～2.6厘米（图四五，2）。2010FJZM5：20，计63枚，均为“五铢”钱。形制与2010FJZM5：3、4，出土“五铢”钱币相似（图四五，3）。

5. 2010FJZM6

位于2010FJZT7探访中部，墓葬开口于第1层下，距地表深20～25厘米，打破生土。墓葬平面呈长方形，墓向270°。墓葬南部垮塌不存，墓葬长300、残宽70～120、深100～120厘米，墓壁加工较规整，无加工痕迹（图四六）。

墓葬大部分垮塌不存，出土遗物1件。

陶钵　1件。2010FJZM6：1，泥质灰陶。侈口、方唇，折腹，浅饼底。口径17.2、底径5.8、高5.4厘米（图四八，3）。

（二）砖室墓

1座。

2010FJZM4，位于2010FJZT5西北部，开口于第1层下，墓口距地表约24～36厘米，打破生土。墓葬为竖穴土圹砖室墓，墓向150°，仅存墓室底部，形制结构不详。墓室平面呈长方形，通长248、宽195、残高30～40厘米。墓室用侧面模印乳钉纹加菱形纹的花纹砖错缝平砌，纹饰面朝墓室内部一侧，墓砖正面施粗绳纹，在墓室后壁右侧出土铭文加乳钉纹加菱形纹墓砖一块，铭文不可辨识。墓砖规格较统一，长42、宽19、高9厘米（图四七）。

墓葬残存陶罐1件，陶盆1件。

陶罐　1件。2010FJZM4：1，泥质灰陶。侈口，圆唇，束颈，斜肩，弧腹，下腹斜直内收，平底微凹。肩部施二周凹弦纹。口径10.3、腹径17.8、底径10.2、高10.8厘米（图四八，1）。

陶盆　1件。2010FJZM4：2，夹沙灰陶。侈口，卷沿，圆唇，壁斜直内收，平底。口沿施一周凹弦纹，壁施不规整弦纹近底。口径24、底径12.7、高13.3厘米（图四八，2）。

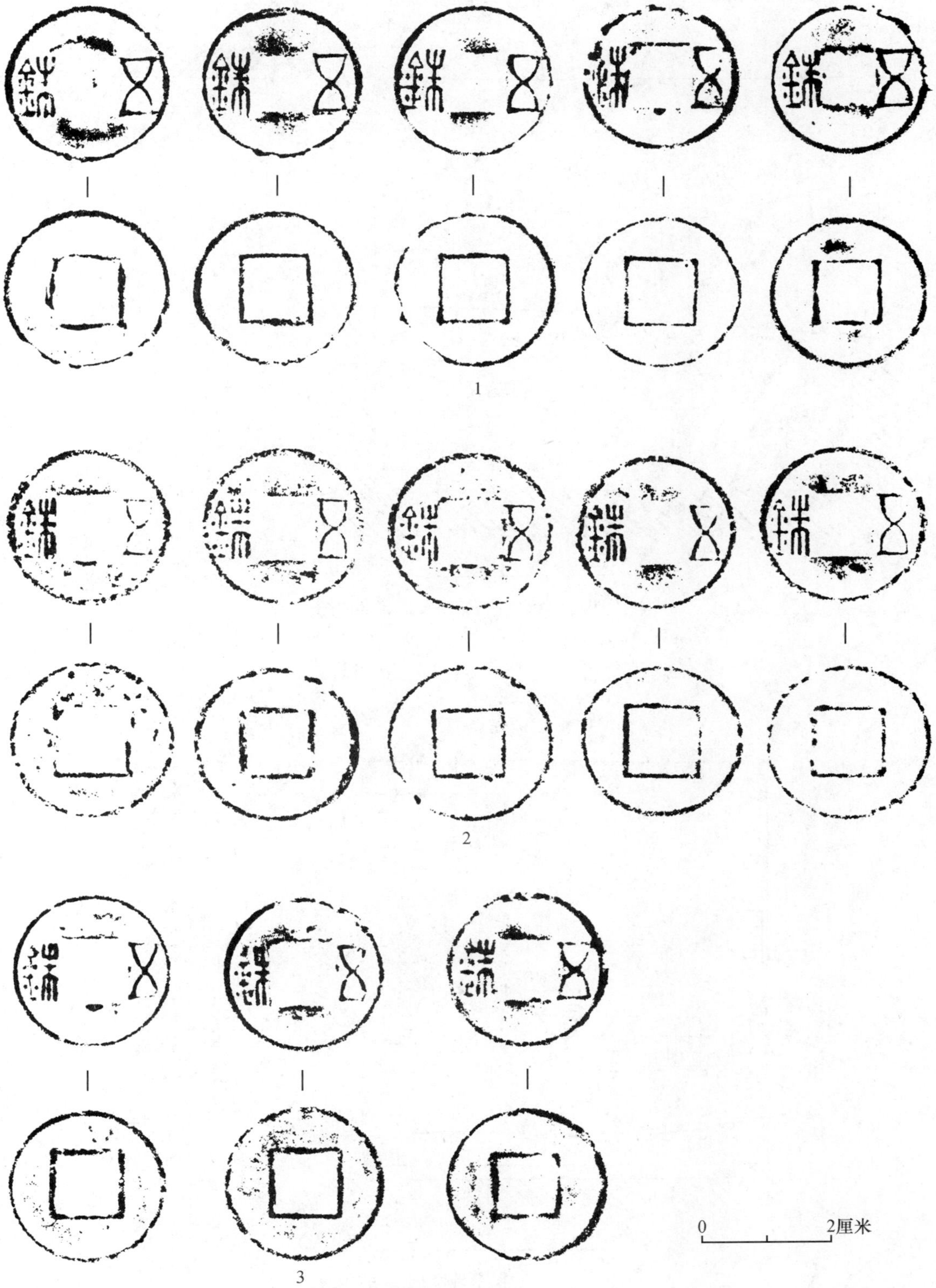

图四五　转转堡墓地M5出土铜钱币拓片

1. 2010FJZM5：3　2. 2010FJZM5：4　3. 2010FJZM5：20

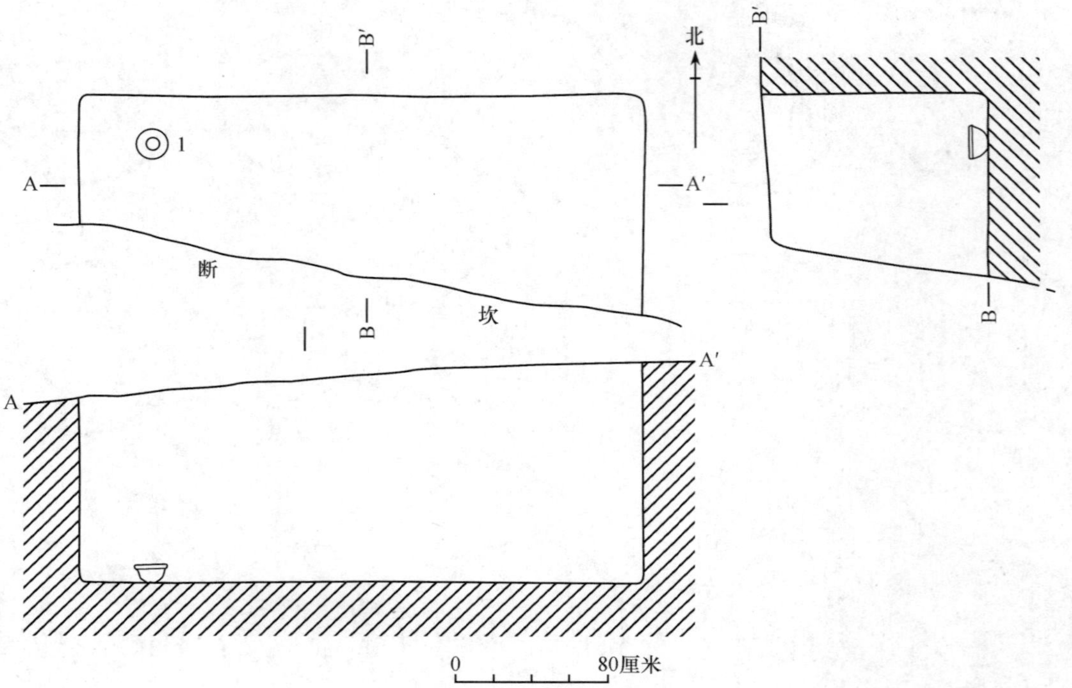

图四六　转转堡墓地M6平、剖面图

1. 陶钵

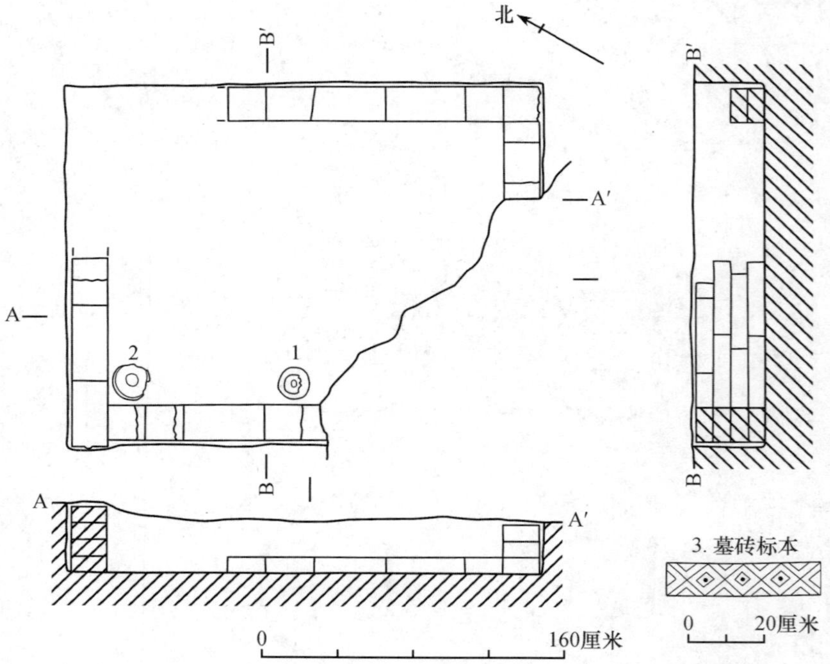

图四七　转转堡墓地M4平、剖面图

1. 陶罐　2. 陶盆

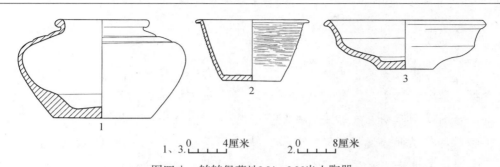

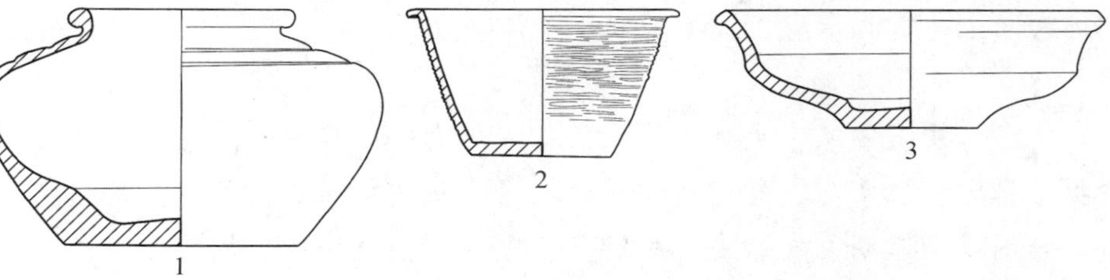

图四八 转转堡墓地M4、M6出土陶器

1. 罐（2010FJZM4：1） 2. 盆（2010FJZM4：2） 3. 钵（2010FJZM6：1）

六、结 语

涪陵江北墓群发现的墓葬数量较多，分布较密集，墓葬类型多样，有崖墓、砖室墓、土坑墓三种，是比较重要的发现。

太极亭墓地5座崖墓形制结构类似，均被盗，仅M2残留少量随葬品，随葬品以陶器、釉陶器居多，另有极少量的铁制品和铜钱随葬。从随葬的人物、动物俑造型及“五铢”钱、“大泉五十”铜钱判断分析，M2的年代属于新莽至东汉早期阶段。

烧林坝墓地发现明代石室墓1座，仅残存底部；砖室墓、崖墓各1座。砖室墓中未发现随葬品，仅在填土中有少量碎片发现，另有明清时期的青花碗，推测其在明清时期被盗掘一空。从墓葬形制判断分析，推测其为典型的东汉时期墓葬。崖墓墓室也未发现随葬品，从墓葬填土中发现少量盗扰的遗物，与相邻的太极亭墓葬形制及出土遗物对比，推测其年代为东汉时期。

十三中墓地发现两座砖室残墓，仅在墓葬填土中发现少量的红陶碎片，结合既往发现，推测其年代为东汉至南朝时期。

转转堡墓地共计发现墓葬6座，其中2010FJZM1、2010FJZM2、2010FJZM3、2010FJZM5、2010FJZM6均为土坑墓，2010FJZM4为砖室墓。从残存的出土遗物分析，2010FJZM1出土“大泉五十”钱币、“五铢”的“金”字旁为等边三角形，右侧“朱”字上方折下圆折，判定其为新莽时期墓葬。2010FJZM2出土成套的随葬品，有陶罐、陶井、陶仓、陶甑、陶盆、陶盒、陶锺、陶钵、铁釜、铁剑、铜鍪、铜洗，同时出土的五铢钱均为“五铢”的“金”字旁为等边三角形，右侧“朱”字上方折下圆折，判定其年代属于西汉中晚期。2010FJZM3出土遗物与钱币与2010FJZM2相近，推测其时代亦相近。2010FJZM5出土有釉陶锺，出土部分五铢钱“铢”字金头近等边三角形，“十”字四侧为四竖，“朱”字上下均圆折，推断M5时代为王莽时期到东汉早期。M6仅残存陶钵1件，从墓葬和陶钵形制推断M6时代亦为西汉中晚期。M4出土墓砖和陶罐形制推断其时代为东汉晚期到南朝时期。

转转堡墓地墓主人人骨破坏腐朽严重，仅有极少量的牙齿出土，经吉林大学边疆考古研究中心体质人类学博士周小威鉴定，判断2010FJZM1墓主人年龄30周岁左右，2010FJZM2墓主人年龄25周岁左右，2010FJZM3墓主人年龄30周岁左右，2010FJZM5墓主人年龄20周岁左右。

转转堡墓地M3西箱室中随葬的整只动物，经美国新墨西哥州立大学动物学博士张萌鉴定，随葬动物为猪狮，骨骺未愈合，为未成年个体。

附记：本次考古发掘领队李大地，现场工作人员有：周勇、王道新、文朝安、许高民、程涛，涪陵博物馆秦彬、唐华东、黄煌也全程参与了本次发掘工作，修复：蔡远富、秦彬、文朝安、王道新，绘图：师孝明、文朝安、朱雪莲，电脑制图：程涛、周勇、牟丹，湖北长阳博物馆龚玉龙在后期参与了部分发掘、整理工作。本次发掘还得到了涪陵区博物馆的大力支持和协助，吉林大学周小威博士、新墨西哥州立大学张萌博士无偿对部分出土标本进行了鉴定，在此一并表示感谢。

执　笔：周　勇　李大地

附表一　2010年重庆市涪陵区江北墓群墓葬登记表（土坑墓）

墓号	方向	形制	墓葬尺寸（厘米）		葬式	葬具	出土遗物	墓葬年代	备注
			长×宽	墓深					
ZM1	250°	长方形竖穴土坑墓	墓口490×404 墓底482×396	200	不详	残留棺椁朽痕	陶钵16，陶盆5，陶熏炉1，陶罐10，陶耳杯4，铜钱币数枚，铜鍪1，铜洗1，铜灯1，铜泡钉1	新莽	被盗
ZM2	150°	长方形竖穴土坑墓	墓口500×380 墓底478×364	280	不详	残留棺椁朽痕	陶钵9，陶盆7，陶仓4，陶罐37，陶井4，陶瓮6，陶盒8，陶甑3，陶锺2，铁刀2，铁锸1，铁剑2，铁釜2，铜鍪2，铜洗3，铜带钩2，铜钱币数枚	西汉	
ZM3	245°	长方形竖穴土坑墓	墓口680×590 墓底610×480	450	仰身直肢	一椁两棺	陶罐6，陶井盖1，陶器盖1，陶瓮2，陶灶1，陶盆1，铁剑1，铁杈1，铁构件1，铁削刀2，铜带钩1，铜蒜头壶1，铜盆1，铜钱币数枚	西汉	被盗
ZM5	340°	长方形竖穴土坑墓	墓口462×372 墓底454×366	241	仰身直肢	残留少量棺痕	陶钵2，陶罐11，陶井2，陶锺1，陶盆3，陶立俑1，陶案1，铜钱币数枚	东汉	被盗
ZM6	270°	长方形竖穴土坑墓	墓口残300×120 墓底残300×100	120	不详	不详	陶钵1	西汉	被盗

附表二　2010年重庆市涪陵区江北墓群墓葬登记表（砖室墓）

墓号	方向	形制	墓葬尺寸（厘米）		葬式	葬具	出土遗物	墓葬年代	备注
			长×宽	墓深					
SM2	170°	“甲”字形岩圹砖室墓	墓道250×（30～160） 甬道194×60 墓室258×348	残108	不详	不详	陶魁1，瓷碗2	东汉	被盗
SSM1	165°	岩圹砖室墓（形制残）	残墓室（390～400）×300	残140	不详	不详	陶灯1，陶俑2，陶房1，陶钵1	六朝	被盗
SSM2	175°	岩圹砖室墓（形制残）	残墓室210×152	残100	不详	不详	无	六朝	被盗
ZM4	150°	竖穴土圹砖室墓	墓室248×195	残40	不详	不详	陶罐1，陶盆1	六朝	被盗

附表三　2010年重庆市涪陵区江北墓群墓葬登记表（崖墓）

墓号	方向	形制	墓葬尺寸（厘米）		葬式	葬具	出土遗物	墓葬年代	备注
			长×宽	墓室高					
JM1	325°	“工”字形崖墓	墓道210×226 甬道88×116 墓室230×236	177	不详	不详	无		被盗
JM2	95°	“甲”字形崖墓	墓道350×（118～145） 甬道154×120 墓室420×320	200	不详	不详	陶猪2，陶魁1，陶罐8，陶盆1，陶钵1，陶子母鸡2，陶井1，陶锺1，陶人物俑8，陶镇墓兽1，陶狗1，陶博山炉盖7，陶案2，陶耳杯3，陶盘1，陶碟1，铁釜1，铜钱币数枚	东汉	被盗
JM3	320°	“甲”字形崖墓	墓道400×（110～160） 甬道102×138 墓室200×190	160	不详	不详	无		被盗
JM4	355°	刀把形崖墓	墓道400×（126～140） 甬道140×118 墓室240×228	182	不详	不详	无		被盗
JM5	5°	“甲”字形崖墓	墓道730×（110～168） 甬道104×100 墓室270×330	174	不详	不详	无		被盗
SM3	70°	“甲”字形崖墓	墓道280×（140～150） 甬道60×110 墓室250×354	172	不详	不详	陶器盖2，陶豆柄1，陶耳杯2，陶鸡1，陶篮1	东汉	被盗

涪陵北岩墓群黄金堡墓地2011年发掘简报

重庆市文化遗产研究院　西南民族大学西南民族研究院　涪陵区博物馆

2011年6月22日至9月26日，西南民族大学西南民族研究院与重庆市文物考古所（今重庆文化遗产研究院）合作，对黄金堡墓地进行抢救性考古发掘，兹将结果报告如下。

黄金堡墓地位于重庆市涪陵区龙桥办事处北拱居委十六组，长江右岸、冉家沟北岸山丘土堡上。墓地为十六组居民住宅区，东北隔公路与百草堡相望，南部为冉家沟。土堡呈长条形，东西长约90余米，南北宽约66米，面积约6000平方米。墓群呈东西向，东西长约65米，南北约45余米，面积约3000平方米。西北距徐承云住宅50米。中心坐标为北纬29°41′38.7″，东经107°14′10.7″，植被为藕、玉米和红薯等（图一）。

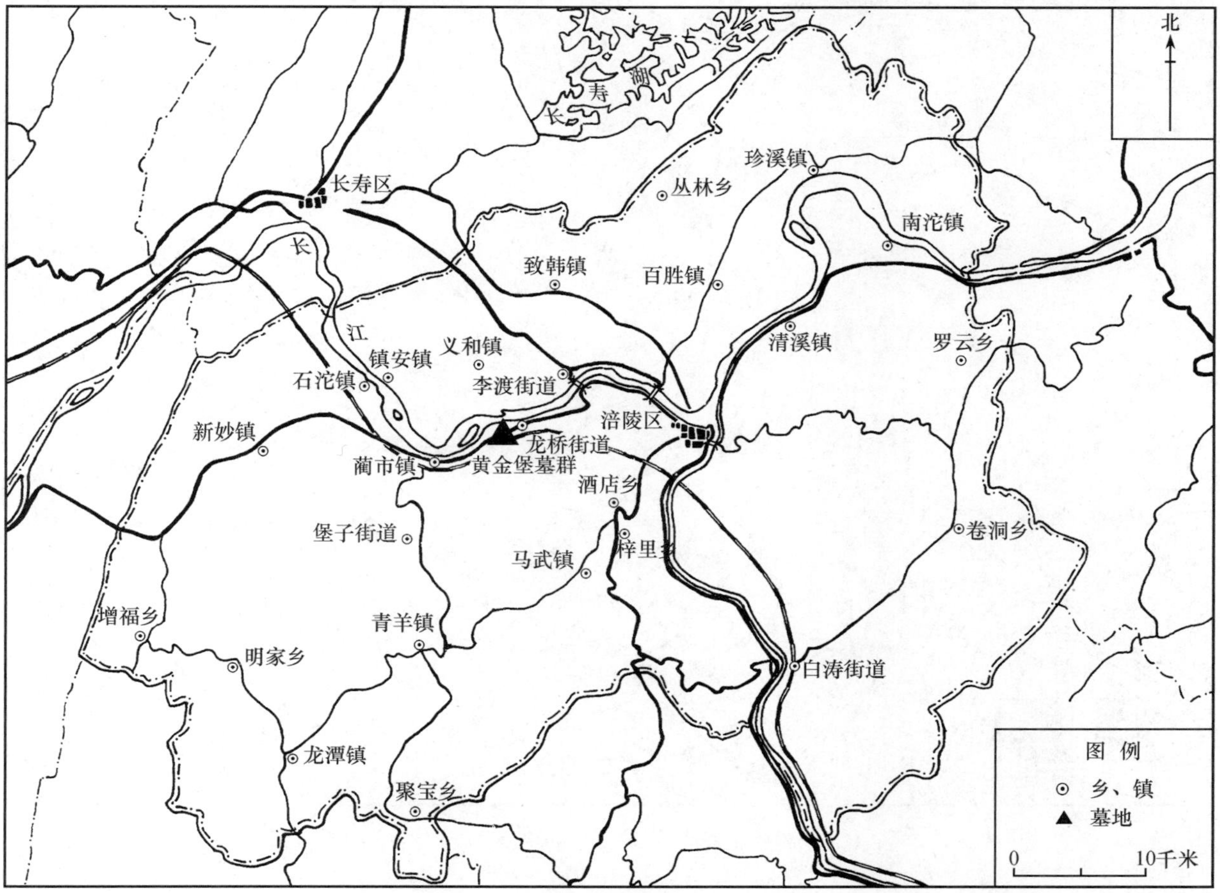

图一　黄金堡墓地地理位置示意图

发掘区坐标点建在北拱居委十六组喻泽民住宅楼的西南角。根据地形和钻探结果，探方依次编号，依次挖掘。探方为正南北向，布10米×10米探方8个，因地形或障碍物的布5米×10米、5米×26米探方各1个，加上扩方52平方米，发掘面积共计1032平方米（图二）。

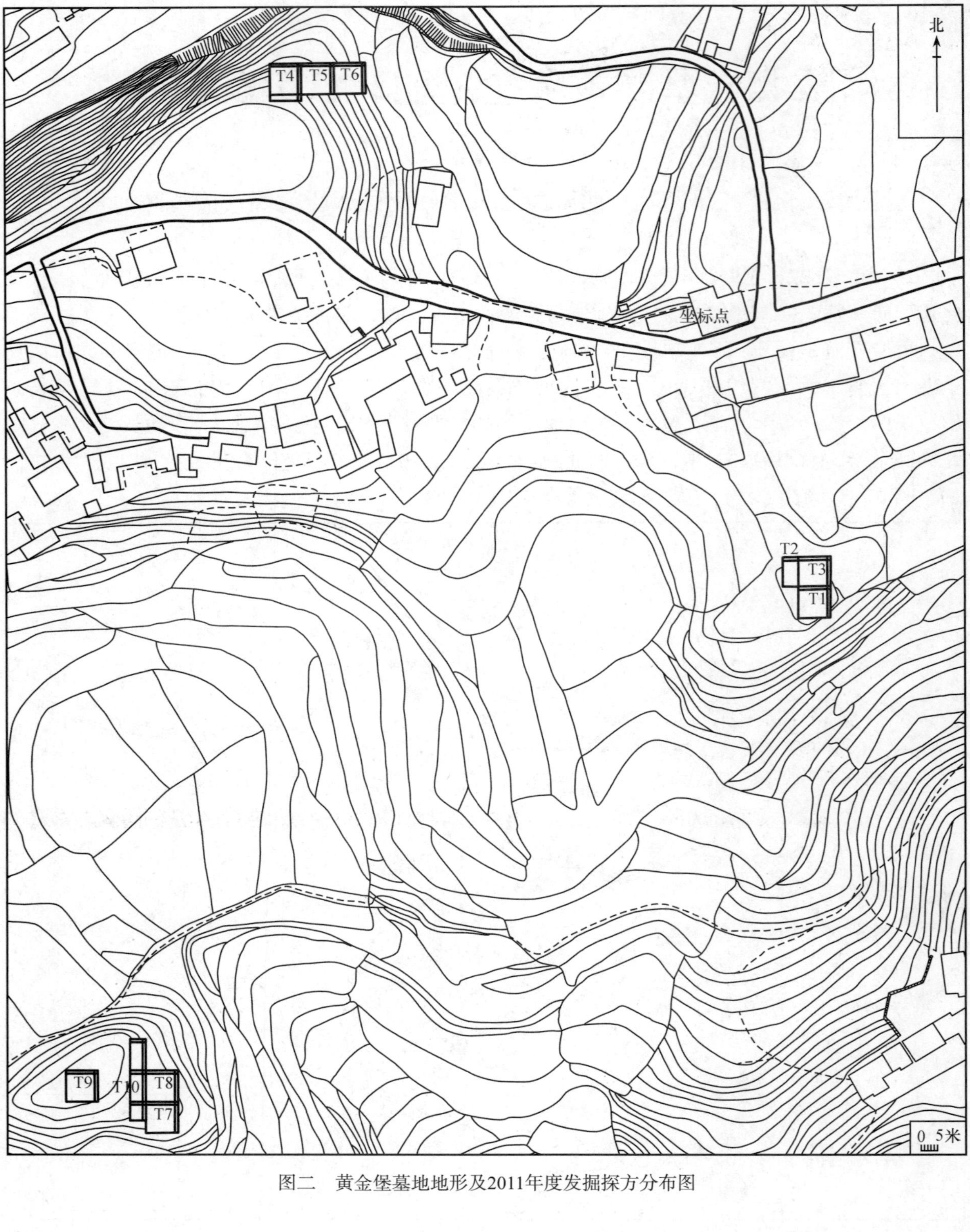

图二　黄金堡墓地地形及2011年度发掘探方分布图

地层堆积较为单一，可分为两层。

第1层：表土层，厚度10～20厘米。土质疏松，呈灰褐色，含有植物根茎和碎石颗粒。T06～T10①层下即见生土或墓葬封土。

第2层：近代扰土层（仅局部地区）厚度10～40厘米。土质较硬，呈黄褐色，含有碎石颗粒等。T01～T03②层下见褐色砂岩、褐色生土（土质较硬、纯净）或墓葬封土。

一、墓葬形制

发掘古墓葬7座，开口于第1或第2层下，其中崖墓2座、砖室墓3座、石室墓2座。

（一）崖墓

2座。居西北高地，开凿在褐色砂岩上，相距16米，均由墓道、墓室两部分组成。

M1　墓口叠压于第1层下，方向5°。墓道长方形，居墓室之北，墓道底长8.97、宽2.3～2.8、距地表深0～2.72米，其内堆积的上部为扰土，下部为不规则夯土9层。墓道底部较为平坦，中间低两端略高，南半部东侧凿有长4.4、宽0.3～0.5米不规则浅圜底凹槽。

墓道与墓室之间有条砖9～14层对缝平砌封门，宽1.5、残高1.5米。砖长49、宽19、厚10厘米，一侧印有几何纹。墓门内高1.35、宽1.2～1.24、进深0.44米，门柱宽0.2、门楣高0.2米，四角凿有宽1、深0.2厘米对角线。

墓室近似方形，长3.6、宽3.48、高1.4～2.13米，底面北低南高，高差4厘米。墓室顶部为两面坡式，东西两壁中央纵向和四壁横向浅凿宽1、深0.2厘米线条。墓室进口（北）底面与墓道南端底部高差0.18米。室内淤土厚0.6米（图三）。

M2　墓口叠压于第1层下，方向70°。墓道竖穴长方形，居墓室之东，墓底长12.94、宽0.9～1.9（东窄西宽）、距地表深0.2～2.66米，其内填土土质坚硬，上部为红褐色花土、下部为青褐色花土，填土内包含有少许板瓦、菱形纹砖及红陶灰陶器物残片。横断面上宽下窄，最窄处0.4米。墓道底部东低西高，高差0.58米，中央有贯通墓道、断面呈“U”形的沟槽，宽10、深7厘米，西段覆盖12块长方形砖（长6.78米）。砖与室内铺地砖相同，一侧有几何纹，长48、宽23、厚10厘米。距墓门4.6米处的南北两壁各有一宽12～15、深4～7厘米的凹槽。近墓门处有一直径约0.8米的椭圆形盗洞。

墓道与墓室间有向西倾斜的墓门，南北门柱分别宽0.4、0.5米，门高1.38、进深0.78米。

墓室长方形拱顶，长3.8、宽2.45～2.55（前宽后窄）、高1.9米。北部残存东西向错缝铺地砖3排，东南角有一与石壁相连的石灶。石灶方形，长0.65、宽0.66、高0.42米。灶门面西，方形，灶口圆形，直径34厘米，火膛内残存黑色炭灰颗粒。灶口东南角有一凹槽作为烟道（图四）。

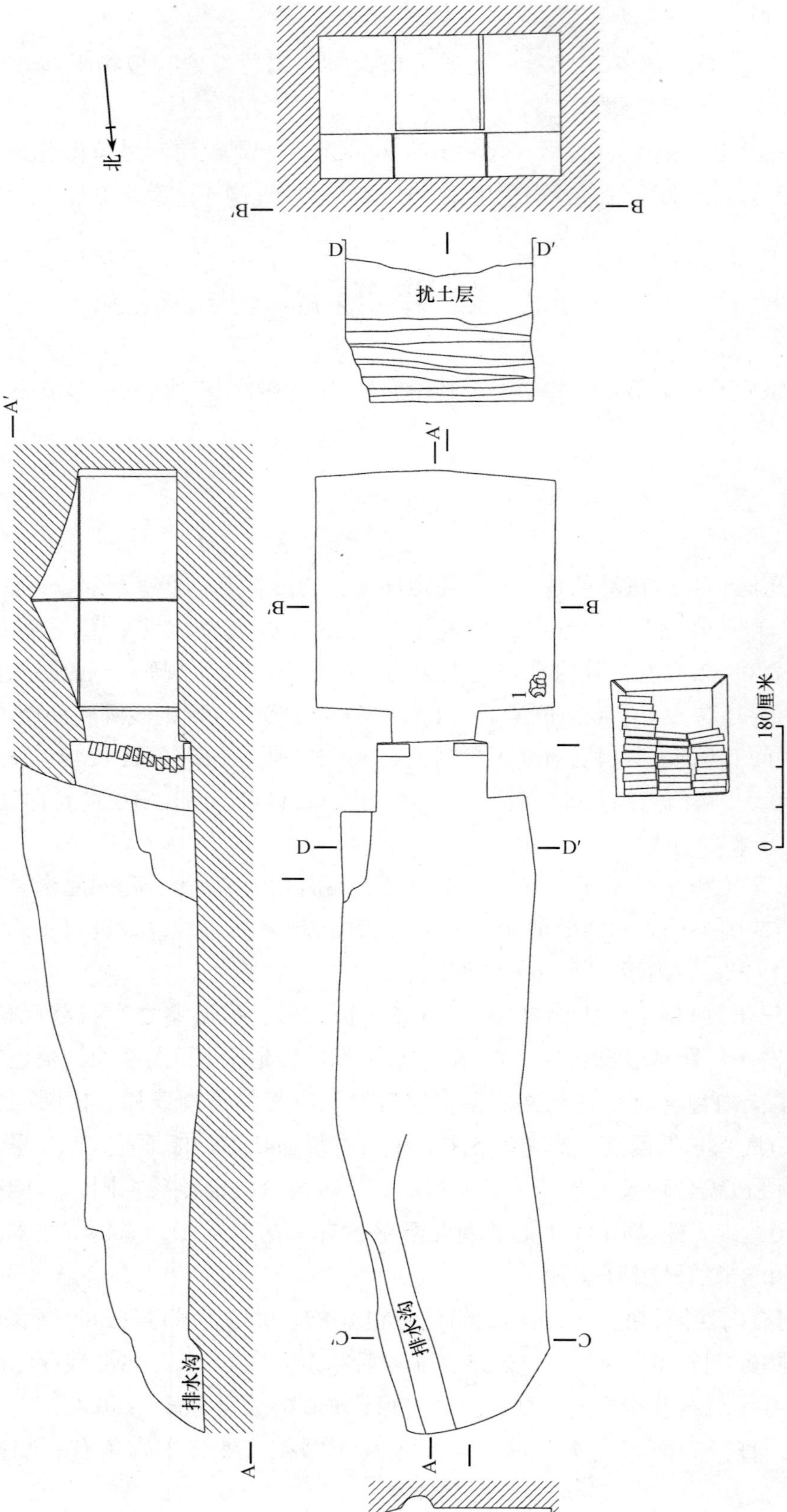

图三　M1平、剖面图
1. 陶片

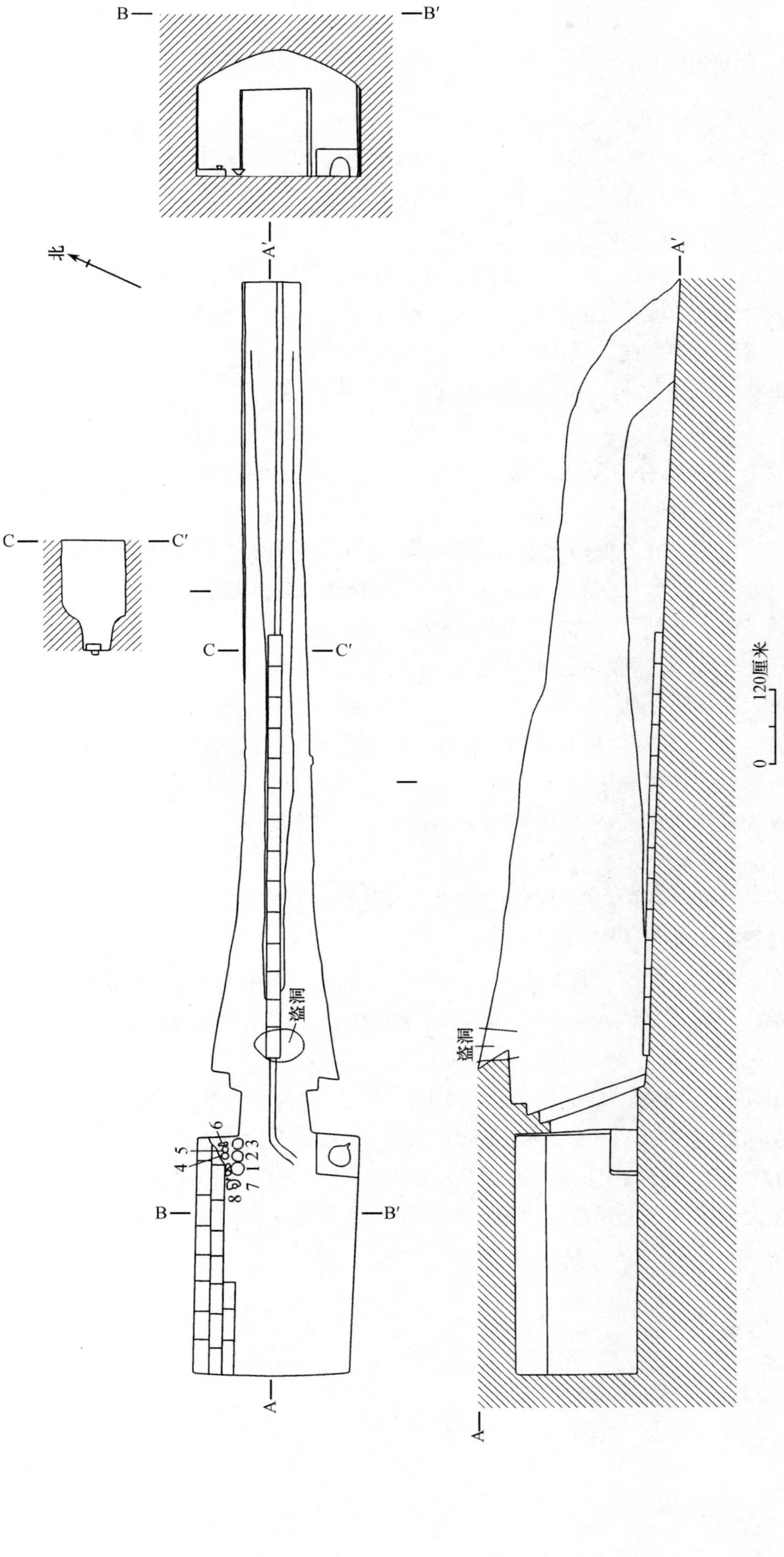

图四 M2平、剖面图

1～5. 瓷碗 6. 陶俑 7. 陶罐 8. 陶片

（二）砖室墓

3座。居东部中央，方向一致，均为75°，形制相同，均为刀形，由墓道、甬道和墓室三部分组成。3座墓开口之下与墓顶之上有大面积夯土连成一片，当为墓上封土，且3座墓共用之。

M3　墓口叠压于第2层下。墓道居甬道之东，长方形斜坡，墓口残长0.96、宽1、距地表深0.7米，墓底距地表深1.5米。与甬道相接处残存错缝平砌封门砖15层，残高1.5、宽1.56米。封门砖大多为“富贵”纹榫卯砖，其中夹杂个别几何菱纹砖。

甬道长方形，居墓道之西，长2、宽1.45米，南北两壁为错缝砖平砌，北壁0.9米之上残存榫卯券砖一层。

该墓已被扰，顶砖无存，室内淤实。墓室长方形，居甬道之西，长2.8、宽2.4、残高1.2米。南壁残存6块竖立榫卯“富贵”纹券砖。

甬道与墓室均为岩石底。壁砖大多为菱形车轮纹，其中夹杂个别几何菱纹砖（图五）。

M4　墓口叠压于第1层下。墓道居甬道之东，因被现代坟所压，形制不清。与甬道相接处残存错缝平砌封门砖十几层，北部有长1.4、宽0.8米的盗洞。

甬道长方形，居墓道之西，长2.4、宽1.4～1.5、高1.72米。

墓室长方形，居甬道之西，长2.95、宽2.4、高2.08米。

甬道与墓室均为岩石底，墓室比甬道高0.1米。甬道内10层壁砖、墓室内9层壁砖之上起券。壁砖为菱形车轮纹砖错缝平砌，其中夹杂个别几何菱纹砖，砖长42、宽21、厚10厘米。券顶为“富贵”纹榫卯砖对缝而成，中央顶缝用碎砖填实，砖长44、宽22、厚10厘米。该墓已被盗，室内淤实（图六）。

M5　墓口叠压于第1层下。墓道居甬道之东，因被现代坟所压，形制不清。与甬道相接处残存错缝平砌封门砖十几层，南侧有一盗洞。

甬道长方形，居墓道之西，长2.18、宽1.44、高1.62米。东南部有长1、宽0.3米的盗洞。

墓室长方形，居甬道之西，长2.9、宽2.42、高2.04米。在墓室南部淤土中发现零星黑漆皮朽木痕迹。

甬道与墓室均为砖铺底，墓室比甬道高0.1米。甬道内为长方形砖南北向错缝平铺，墓室内为榫卯砖南北向对缝平铺。甬道内8层壁砖、墓室内7层壁砖之上起券。壁砖为菱形钱纹砖错缝平砌，砖长42、宽21、厚10厘米。券顶为“富贵”纹榫卯砖对缝而成，中央顶缝用碎砖填实，砖长44、宽22、厚10厘米。该墓已被盗，室内淤实（图七）。

（三）石室墓

2座。居西南高地，方向一致。

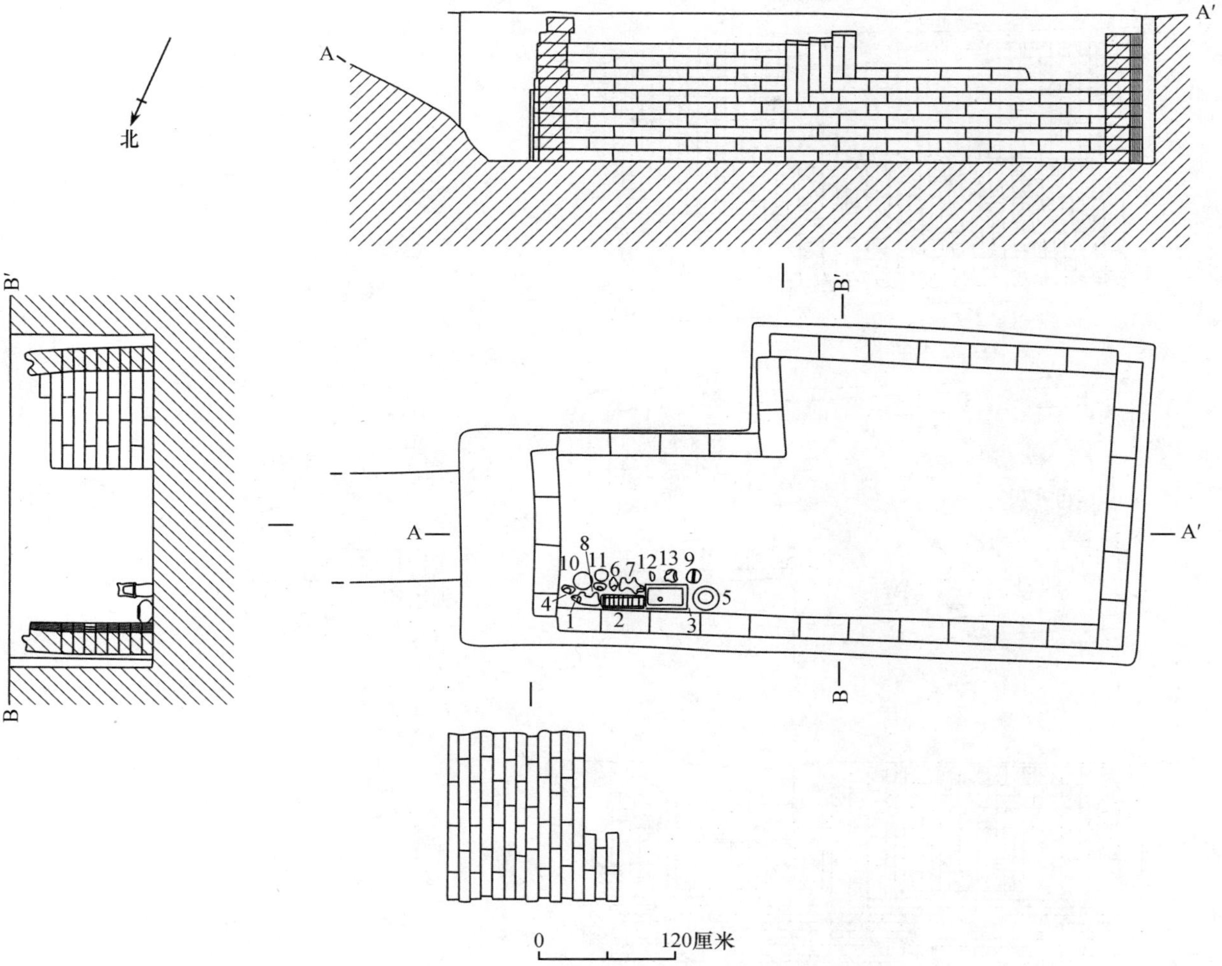

图五　M3平、剖面图

1. 陶猪　2. 陶房　3. 陶塘　4、8. 陶俑　5. 陶罐　6-1. 陶鸡　6-2. 陶子母鸡　7. 陶狗　9. 陶井　10. 陶盘　11. 陶灯　12. 石器　13. 陶片

M6　墓口叠压于第1层下，凸字形，方向180°，由墓门、甬道、墓室组成。

墓门居甬道之南，由门槛、门柱、门楣、门扉构成，通高1.96、宽1.76、厚0.3米。西门扉和门楣断成数截，散落周围，东门扉虽保存较为完整，却已移位。甬道长方形拱顶，居墓室之南，长1.92、宽1.68、高1.76米。

墓室长方形拱顶，居甬道之北，长5.06、宽2.6米、残高2.2米。竖贴后壁高1.45米外竖立两块刻有半圆的方石。

甬道与墓室均为石底，靠近墓壁一周凿有宽12～14、深2厘米的浅槽。墓壁用长0.9～1.1、宽0.24、厚0.24米的石条错缝平砌，墓顶用楔形石条拱券而成（图八）。

墓壁外及其上为夯土，夯层厚薄不匀，在该墓四周进行解剖，夯土南北长16.6、东西宽15.65米，中间高、四周低，疑为圆形，即墓上封土（图九）。

M7　墓口叠于第1层下，刀形石室墓，方向175°，由甬道、墓室组成。甬道长方形，居墓室之南，长2.48、宽1.78、残高0.62米。南侧残存有长0.32、宽1.96、深0.26米的竖穴土坑。

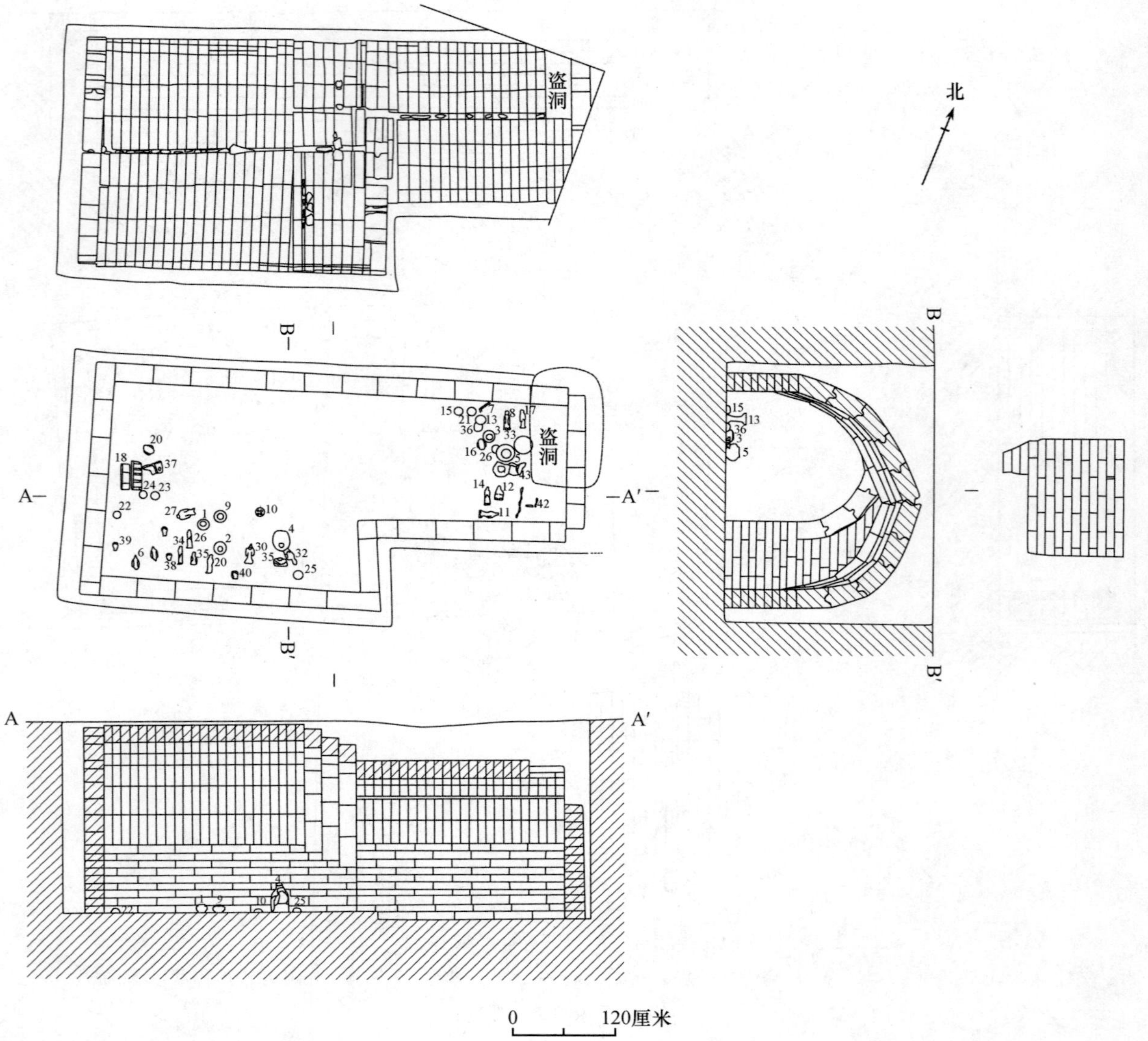

图六　M4平、剖面图

1～3、5、9. 陶罐　4.陶摇钱树座　6. 陶鸡　7. 陶案　8、11、12、14、17、27～32、34、35、38～41. 陶俑　10、15、21～26、36. 陶博山炉盖　13. 陶灯　16、20. 陶耳杯　18、37. 陶房　19. 陶子母鸡　33. 陶盘　38～41. 陶俑头　42. 铜摇钱树残片　43. 陶片

墓室长方形，在甬道之北，长4.8、宽2.4、残高0.84米。

甬道与墓室均为石底，墓壁用长0.8～1.5、宽0.2～0.22、厚0.24～0.32米的石条错缝平砌而成。墓顶无存（图一〇）。

在M6、M7附近发现垒砌堡坎的石材中有与墓中相同尺寸的石条，据当地村民说就是上世纪中期从M6、M7中取出的。

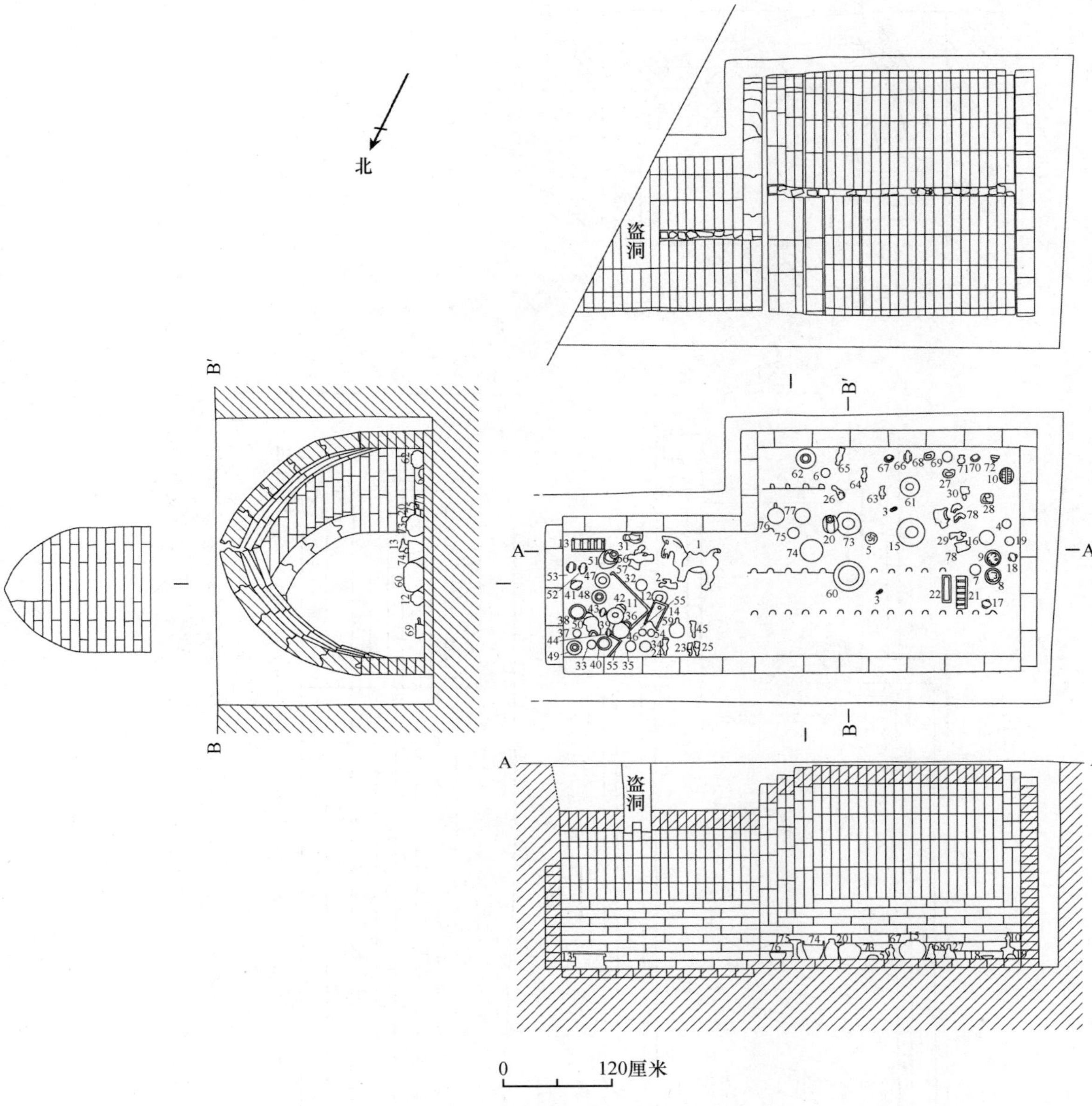

图七　M5平、剖面图

1. 陶马　2、23～31、45、56、57、63～65、67、68、70、71. 陶俑　3.铜钱币　4～9、19、33～37、54、55、69. 陶博山炉盖　10. 陶井　11、58. 陶案　12、15、47～49、60～62、73. 陶罐　13、21、22. 陶房　14. 陶灶　16、38～40、77. 陶盘　17、18、41～44、52、53. 陶耳杯　20、51. 陶摇钱树座　32、75. 陶灯　46. 陶钵　50. 陶狗　59、76. 陶魁　66. 陶子母鸡　72. 陶车毂　74. 陶釜　78.陶片

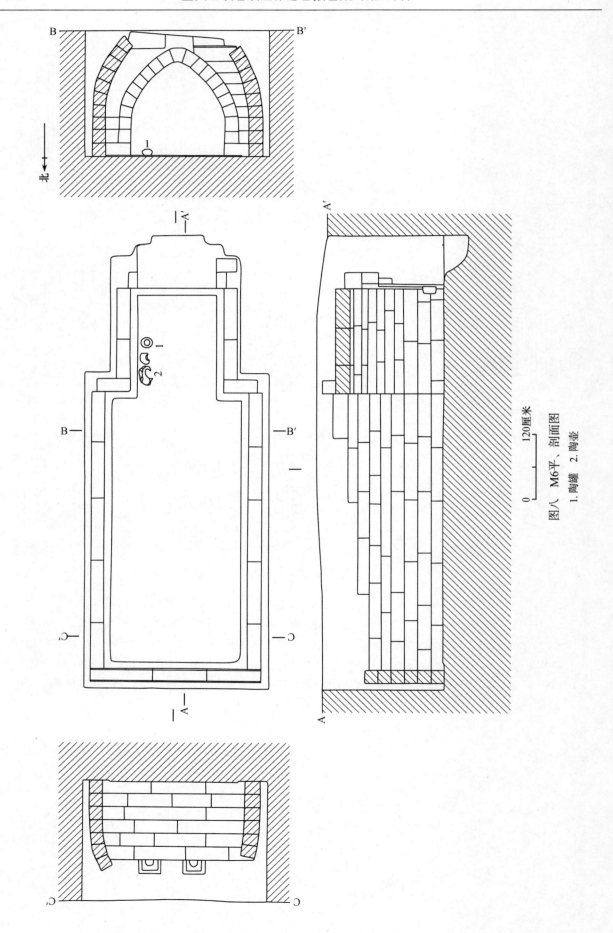

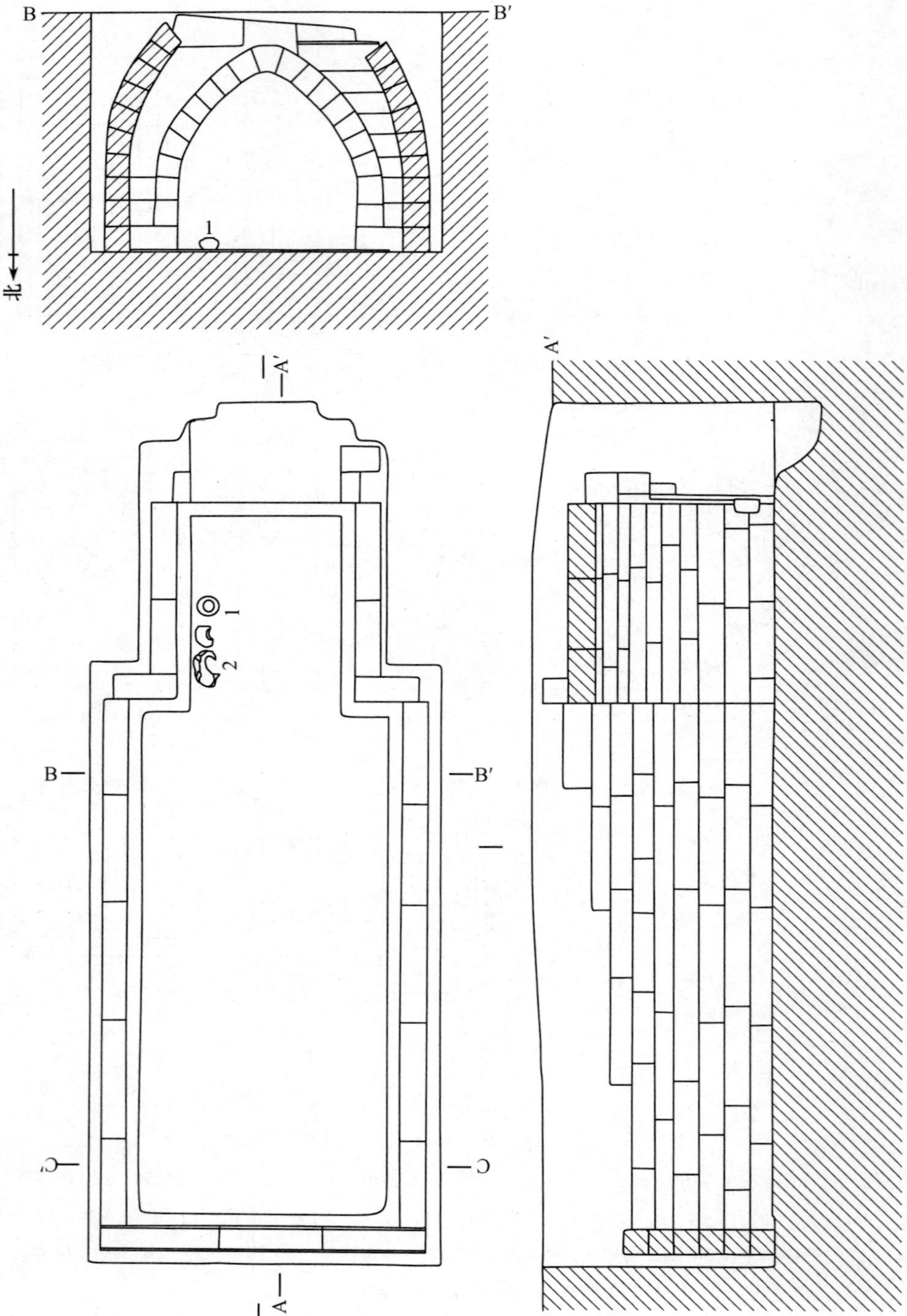

0　120厘米

图八　M6平、剖面图

1. 陶罐　2. 陶壶

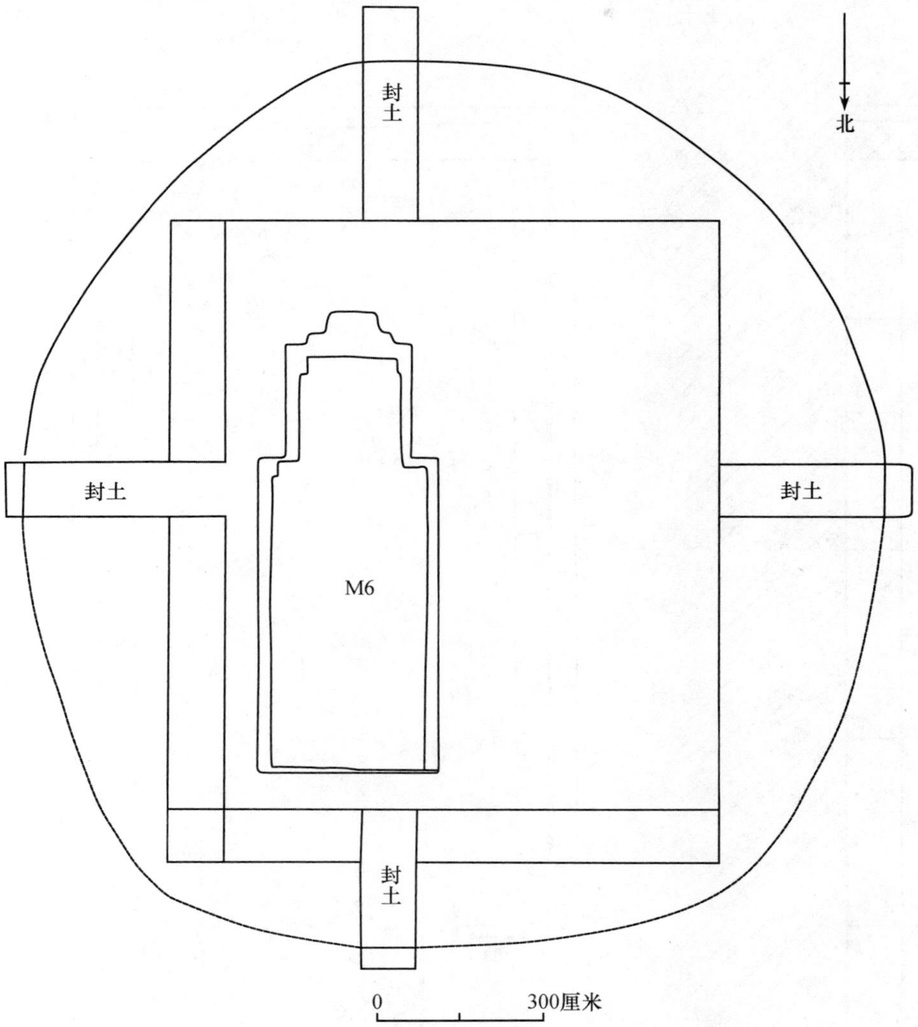

图九　M6封土平面图

二、出土器物

7座墓葬均有不同程度的被盗或扰乱，出土器物残缺不全。经过整理，大多数可以修复。出土器物182件（组），其质地有陶、釉陶、瓷、铜、石。

（一）M2

墓葬盗洞内发现数件瓷碗残片。墓室淤土中残存零星陶器碎片，可辨器形有俑等。

瓷碗　5件。M2：1，灰白胎，施青黄釉，釉不及底。敞口，薄唇，斜直腹，平底，圈足。口径19.6、底径7、高7.6厘米（图一一，3）。M2：2，灰白胎，施青黄釉，釉不及底。

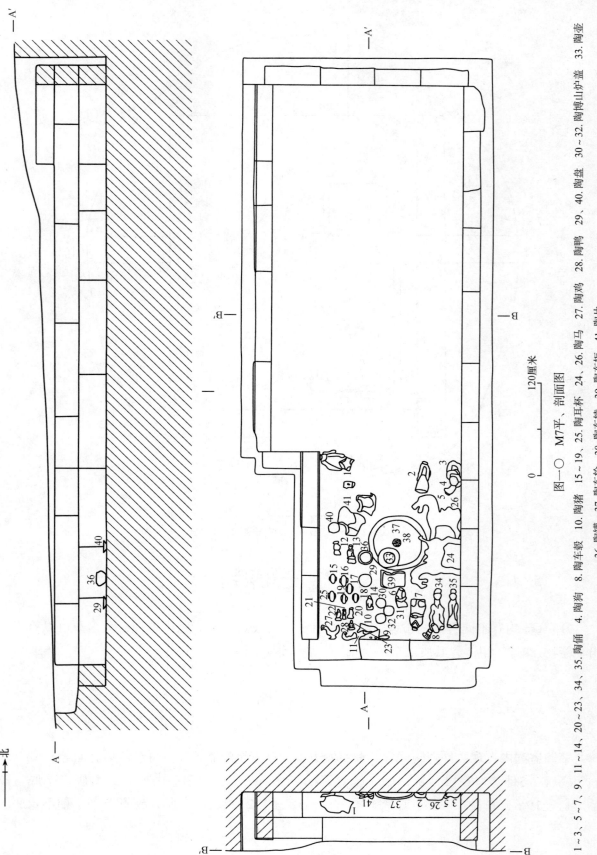

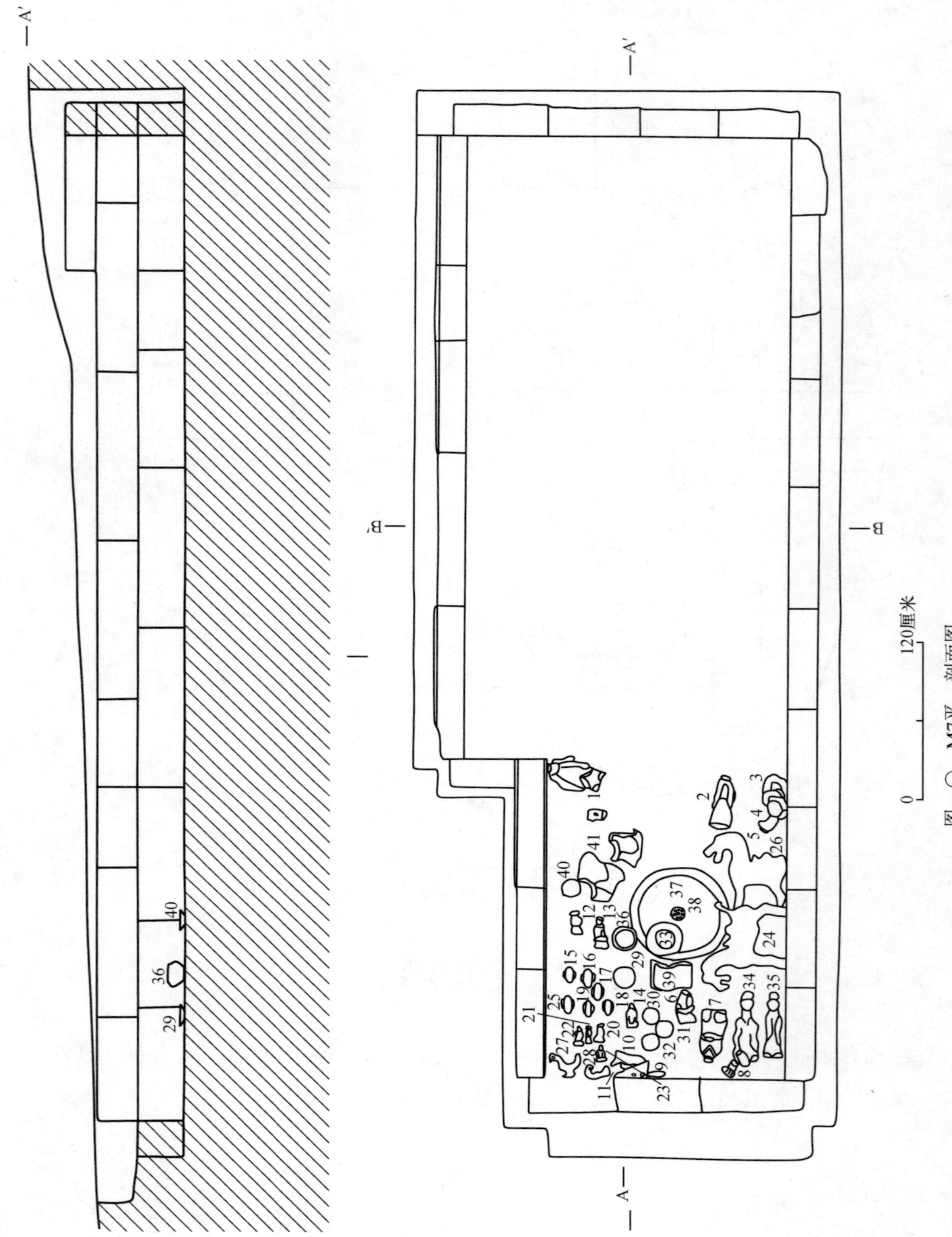

图一〇　M7平、剖面图

1～3、5～7、9、11～14、20～23、34、35. 陶俑　4. 陶狗　8. 陶车毂　10. 陶猪　15～19、25. 陶耳杯　24、26. 陶马　27. 陶鸡　28. 陶鸭　29、40. 陶盘　30～32. 陶博山炉盖　33. 陶壶　36. 陶罐　37. 陶车轮　38. 陶车辕　39. 陶车轭　41. 陶片

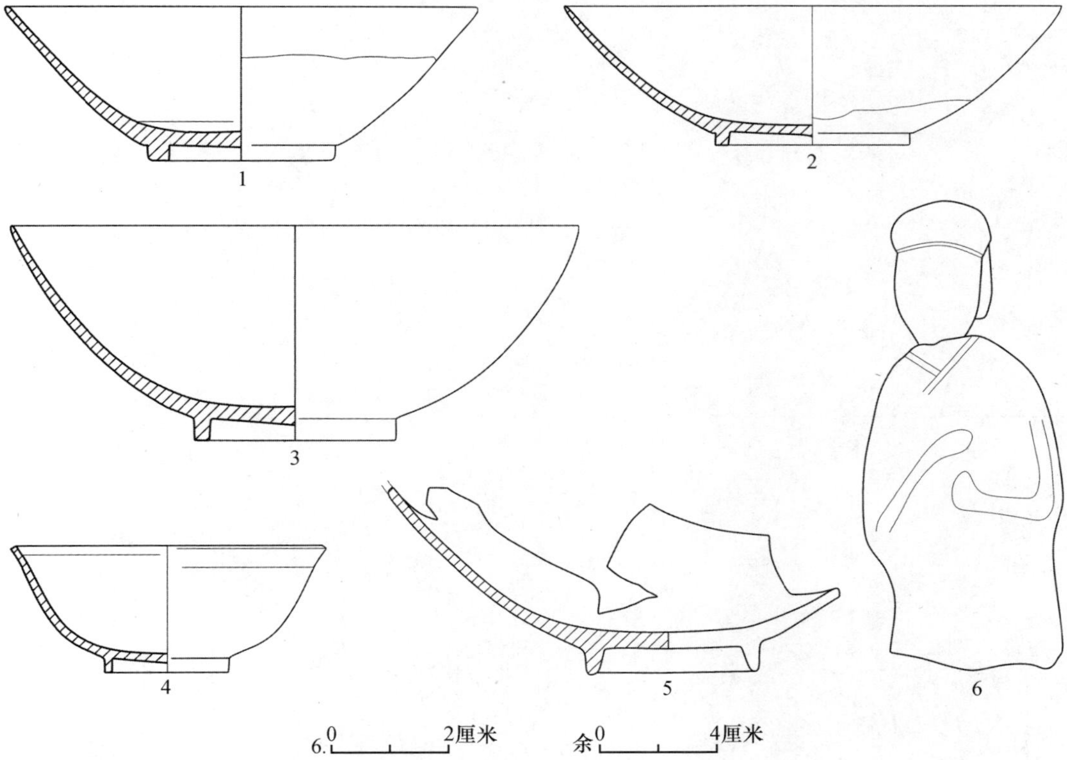

图一一　M2出土器物

1～5. 瓷碗（M2：3、M2：2、M2：1、M2：4、M2：5）　6. 陶俑（M2：6）

敞口，薄唇，斜直腹，平底，圈足。口径17.2、底径6.7、高5厘米（图一一，2）。M2：3，灰胎，施酱釉，釉不及底。敞口，薄唇，斜直腹，平底，圈足。口径16.3、底径6.5、高5.5厘米（图一一，1）。M2：4，白胎，外沿施褐色釉，其余满施青釉。敞口，弧腹，平底，圈足。口径10.9、底径4.3、高4.5厘米（图一一，4）。M2：5，残片，白胎，豆青釉。一为内壁无釉，有刻划花纹。胎厚0.2～0.6、圈足内外高0.85、圈足残径6.3、圈足宽0.45厘米（图一一，5）。另一为碗底，外壁釉不及底，内底一周支钉痕。胎厚0.3～0.6、圈足直径6.7、高0.55、宽0.6厘米。

陶俑　1件。M2：6，泥质红陶，模制。站立状，下身残缺，头戴帽，着右衽衣，双手置于胸前。残高17厘米（图一二，6）。

（二）M3

出土器物大都出土于甬道，残碎不堪，有的发现于淤土之中，可修复器物有陶罐、豆、盘、鸡、狗、猪、塘、井、俑、房等13件。

陶俑　2件。泥质红陶，模制，均残，立姿。M3：4，头残。高11.2厘米。M3：8，头戴帽，着右衽宽袖曳地长衣，双手拱于胸前。高22.6厘米（图一二，1）。

陶鸡　1件。M3：6-1，泥质红陶，一公一母，均残。母鸡伏地，双翅、胸下、背上各一鸡雏。长11.2、高14厘米（图一二，3）。

图一二　M3出土陶器

1. 俑（M3：8）　2. 子母鸡（M3：6-2）　3. 鸡（M3：6-1）　4. 狗（M3：7）　5. 猪（M3：1）　6. 井（M3：9）

陶子母鸡　1件。M3：6-2，公鸡立姿，平首，高冠，睁目，长尾上翘。长14.5、高18.5厘米（图一二，2）。

陶狗　1件。M3：7，泥质红陶，残。站立状，平首，大嘴微张，睁目，立耳。颈部系圈，背上有穿。短尾卷贴于背。长20、高15.5厘米（图一二，4）。

陶猪　1件。M3：1，泥质红陶，残。站立，平首，睁目，长嘴微张，双耳耷额，卷尾贴背。长26.4、高11.9厘米（图一二，5）。

陶井　1件。M3：9，泥质灰陶，残。圆筒形井身，侈口，束颈，腹微鼓，平底微凹。筒沿上为悬山顶井亭，柱间横轴中部有辘轳。井筒口径16.3、腹径16.4、底径13.2、通高30.8厘米（图一二，6）。

陶盘　1件。M3：10，泥质红陶，残。侈口，圆唇，斜腹，小平底。口径16.7、底径5.1、高3.5厘米（图一三，1）。

陶灯　1件。M3：11，泥质红陶，残。直口微侈，浅盘平底，把中空，盘式座。口径10.9、底径10.5、高11厘米（图一三，2）。

陶房　1件。M3：2，泥质灰陶，残。平面为横长方形，顶较平，五椽，宽檐额。长37.5、进深11.8、高28厘米（图一三，4）。

陶塘　1件。M3：3，泥质灰陶，残。平面长方形，宽沿，斜壁，平底。中部有埂，塘内有莲蓬头、水鱼等。长36.7、宽22.7、高5.4厘米（图一三，6）。

陶罐　1件。M3：5，泥质灰陶，残。敞口，圆唇，短颈微束，斜肩，鼓腹，平底。口径13.2、腹径22.2、高12.8厘米（图一三，3）。

石器　1件。M3：12，青石质，黑灰色，表面光滑。平面半圆形，最大径7.8、厚1.09厘米（图一三，5）。

（三）M4

随葬品集中于墓室西南角，可修复器物有陶罐、耳杯、灯、盘、摇钱树座、案、博山炉盖、耳杯、鸡、俑、房和铜摇钱树残件等43件。

陶罐　5件。其中红陶4件，绿釉红胎，釉不及底；夹砂灰陶1件。M4：1，红陶，完整。敞口圆唇，短领，斜肩，鼓腹，平底内凹。肩部有凹弦纹两周。口径7.6、腹径14.1、底径8、高9.8厘米（图一四，5）。M4：2，红陶，完整。敞口圆唇，短领，斜肩，鼓腹，平底略内凹。肩部有凹弦纹两周。口径6.1、腹径13.6、底径7.6、高8.7厘米（图一四，1）。M4：3，红陶，口残。敞口圆唇，短领，斜肩，鼓腹，平底内凹。肩部有凹弦纹两周。口径7.9、腹径14、底径7.4、高9厘米（图一四，2）。M4：9，红陶，完整。敞口圆唇，短颈，斜肩，鼓腹，平底内凹。肩部饰凹弦纹两周。口径6.6、腹径13.7、底径7.5、高8.8厘米（图一四，3）。M4：5，夹砂灰陶，残。直口，圆唇，短领，斜肩，鼓腹，平底。口径12.6、腹径20.2、底径9.6、高16.1厘米（图一四，4）。

陶耳杯　2件。泥质红陶。M4：16，残，釉已脱落殆尽。口径9～13.7、底径5.3～9、高4.6厘米（图一四，6）。M4：20，残，酱黄釉部分脱落。口径6.1～11.2、底径3.7～8.9、高3.2厘米（图一四，8）。

陶案　1件。M4：7，绿釉红陶，残。平面长方形，底附四几何形足。长58.5、宽38.4、高8.2厘米（图一四，7）。

陶俑　17件，均为泥质红陶。

侍俑　9件。M4：8，残。站立状，头戴冠，着右衽宽袖曳地长袍。双手拱于胸前。高22.7厘米（图一五，1）。M4：11，残。站立状，头戴冠，着右衽宽袖曳地长袍。双手拱于胸前。高22.1厘米（图一五，2）。M4：34，残。站立状，头戴冠，着右衽宽袖曳地长袍。双手拱于胸前。高22.8厘米（图一五，3）。M4：28，残。站立状，头戴冠，着右衽宽袖曳地长袍。双

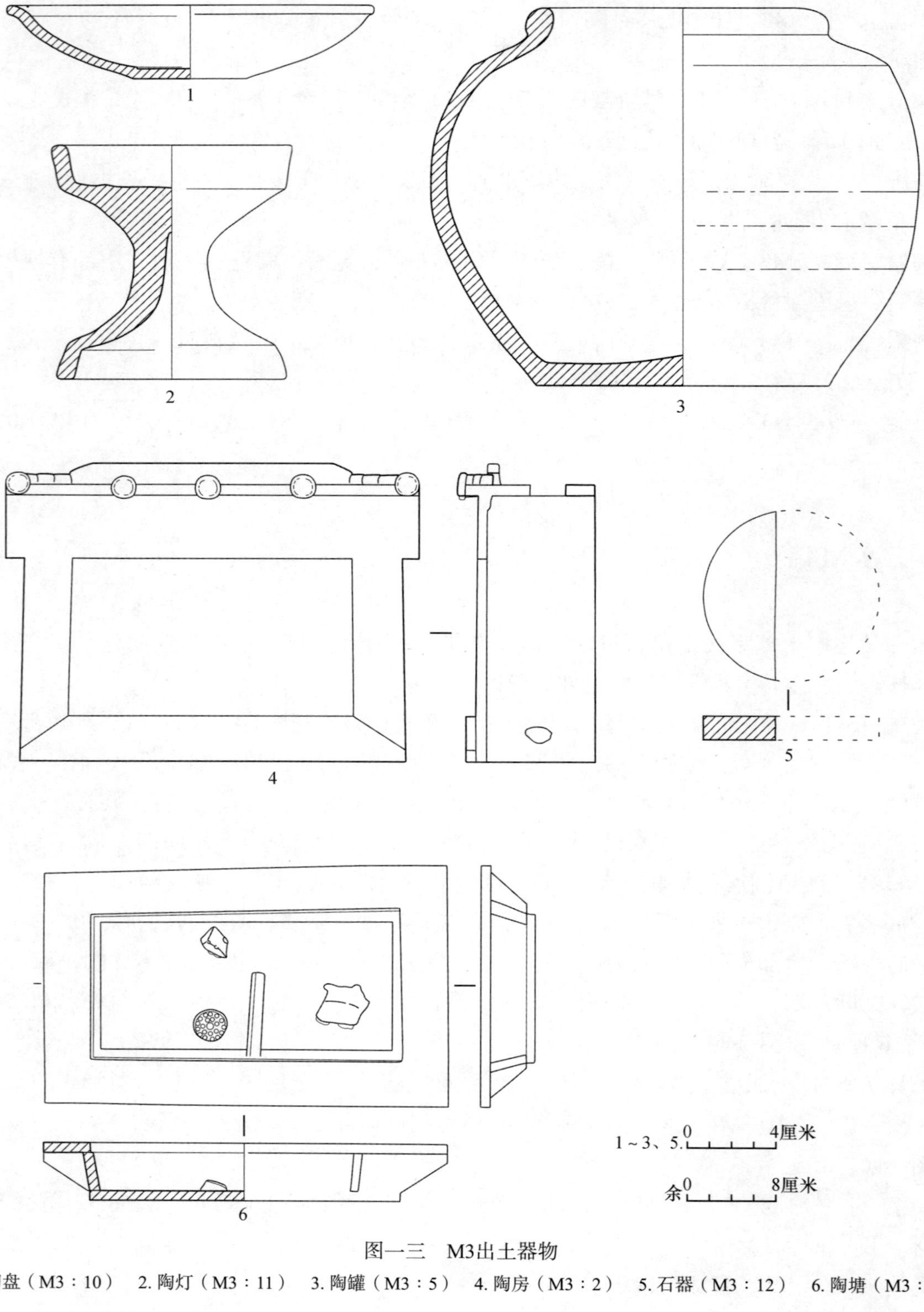

图一三　M3出土器物

1. 陶盘（M3：10）　2. 陶灯（M3：11）　3. 陶罐（M3：5）　4. 陶房（M3：2）　5. 石器（M3：12）　6. 陶塘（M3：3）

手拱于胸前。高22.4厘米（图一五，4）。M4：29，站立状，头戴冠，着右衽宽袖曳地长袍。双手拱于胸前。高22.4厘米（图一五，5）。M4：17，残。站立状，头戴冠，着右衽宽袖曳地长袍。双手拱于胸前。高22.6厘米（图一五，6）。M4：14，残。站立状，头戴冠，着右衽宽

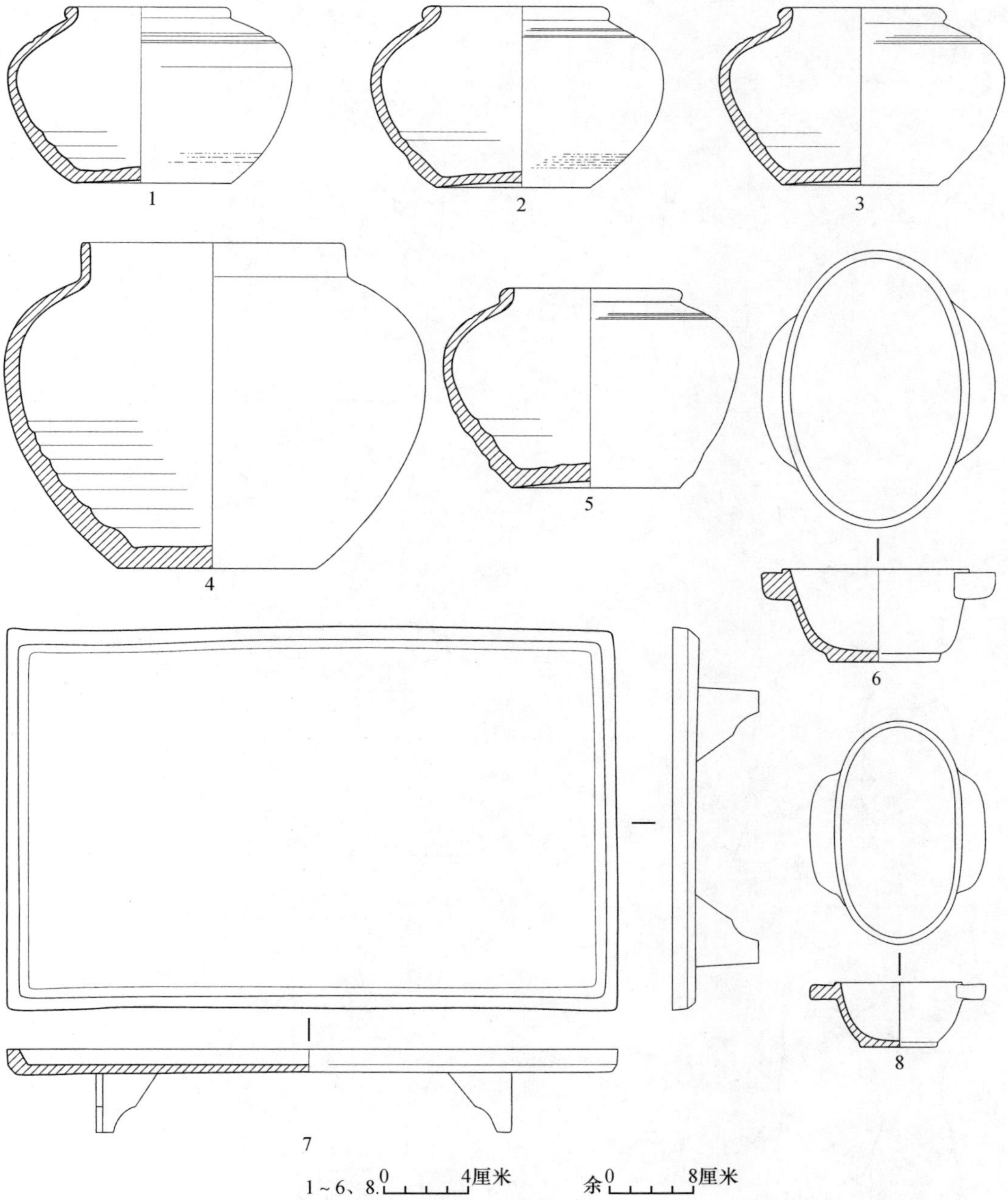

图一四 M4出土陶器（一）

1～5. 罐（M4：2 、M4：3、M4：9、M4：5、M4：1 ） 6、8. 耳杯（M4：16、M4：20） 7. 案（M4：7）

袖曳地长袍。双手拱于胸前。高22.5厘米（图一六，1）。M4：35，残。站立状，头裹巾，着右衽宽袖曳地长袍。双手拱于胸前。高15.6厘米（图一六，3）。M4：30，站立状，头残。残高10厘米（图一七，5）。

吹箫俑 1件。M4：27，残。坐姿，头戴尖顶小圆帽，穿右衽衣，双手扶箫。高20.6厘米（图一六，2）。

抚耳俑 1件。M4：12，踞坐状，头戴帽，向右后方倾斜，面部不清，着右衽宽袖衣。右

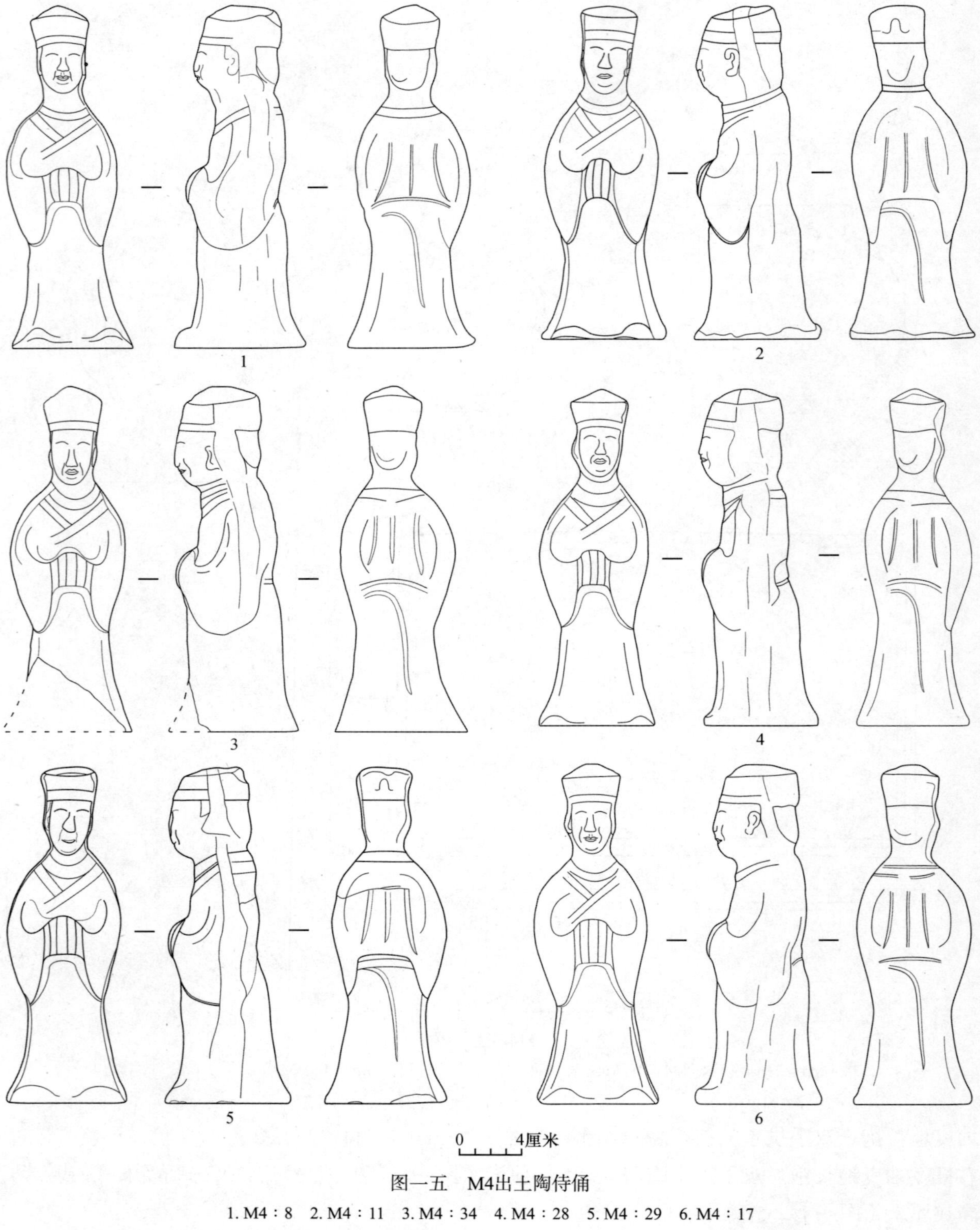

图一五 M4出土陶侍俑

1. M4：8 2. M4：11 3. M4：34 4. M4：28 5. M4：29 6. M4：17

图一六　M4出土陶器（二）

1、3. 侍俑（M4：14、M4：35）　2. 吹箫俑（M4：27）　4. 抚耳俑（M4：12）　5. 抚琴俑（M4：31）　6. 子母鸡（M4：19）　7. 鸡（M4：6）　8. 盘（M4：33）　9. 灯（M4：13）

手抚于右耳。高15.7厘米（图一六，4）。

抚琴俑　1件。M4∶31，盘坐状，面部不清，头裹巾，微向后倾，着右衽衣。双手抚琴。高14.5厘米（图一六，5）。

舞蹈俑　1件。M4∶32，站立，头残，宽袖，作舞蹈状。残高16厘米（图一七，6）。

俑头　4件。M4∶38，头戴冠，残高6.7厘米（图一七，1）。M4∶41，面部模糊。残高5.4厘米（图一七，2）。M4∶39，头戴尖顶圆帽，面部模糊（似吹箫）。残高9厘米（图一七，3）。M4∶40，头戴帽，面部模糊。残高8.5厘米（图一七，4）。

陶子母鸡　1件。M4∶19，泥质红陶，残。母鸡伏地，双翅、胸下、背上各一鸡雏。长13.3、高13.2厘米（图一六，6）。

陶鸡　1件。M4∶6，泥质红陶，残。站立状，高冠，长尾上翘。长14.5、高18.5厘米（图一六，7）。

陶灯　1件。M4∶13，残，绿釉红陶。灯盘敞口、斜壁，灯座踞熊。盘径12、底径10.6、通高23.2厘米（图一六，9）。

陶盘　1件。M4∶33，残，红陶，酱黄釉部分脱落。侈口，折沿，斜腹微折，平底。口径20.5、底径9、高4厘米（图一六，8）。

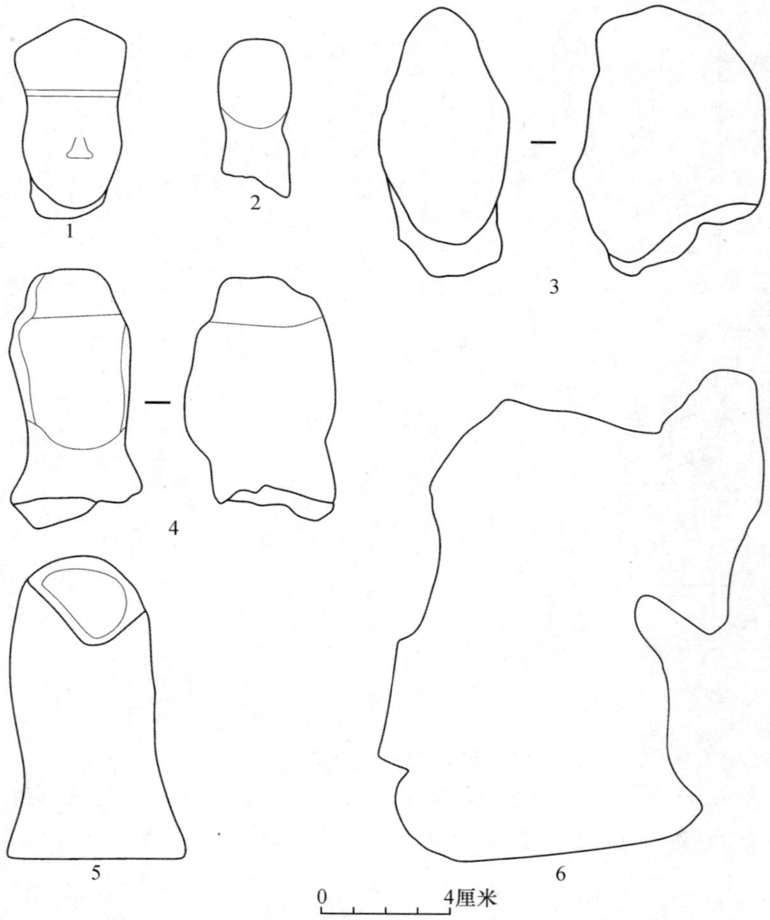

图一七　M4出土陶器（三）

1～4. 俑头（M4∶38、M4∶41、M4∶39、M4∶40）　5. 侍俑（M4∶30）　6. 舞蹈俑（M4∶32）

陶博山炉盖　10件，均为泥质红陶，圆形。M4：10，釉已脱落。直径9.9、高4.5厘米（图一八，1）。M4：15，绿釉已脱落殆尽。直径10、高4.7厘米（图一八，2）。M4：21，釉已脱落。直径10.3、高4.7厘米（图一八，3）。M4：22，釉已脱落。直径10.3、高4.8厘米（图一八，4）。M4：23，釉已脱落。直径10.3、高4.8厘米（图一八，5）。M4：24，釉已脱落。直径9.6、高4.4厘米（图一八，6）。M4：25，釉已脱落。直径10.3、高4.8厘米（图一八，7）。M4：26，釉已脱落。直径9.6、高4.3厘米（图一八，8）。M4：36-1，残，釉已脱落。直径10、高4.4厘米（图一八，9）。M4：36-2，残。直径11.2、高5.2厘米（图一八，10）。

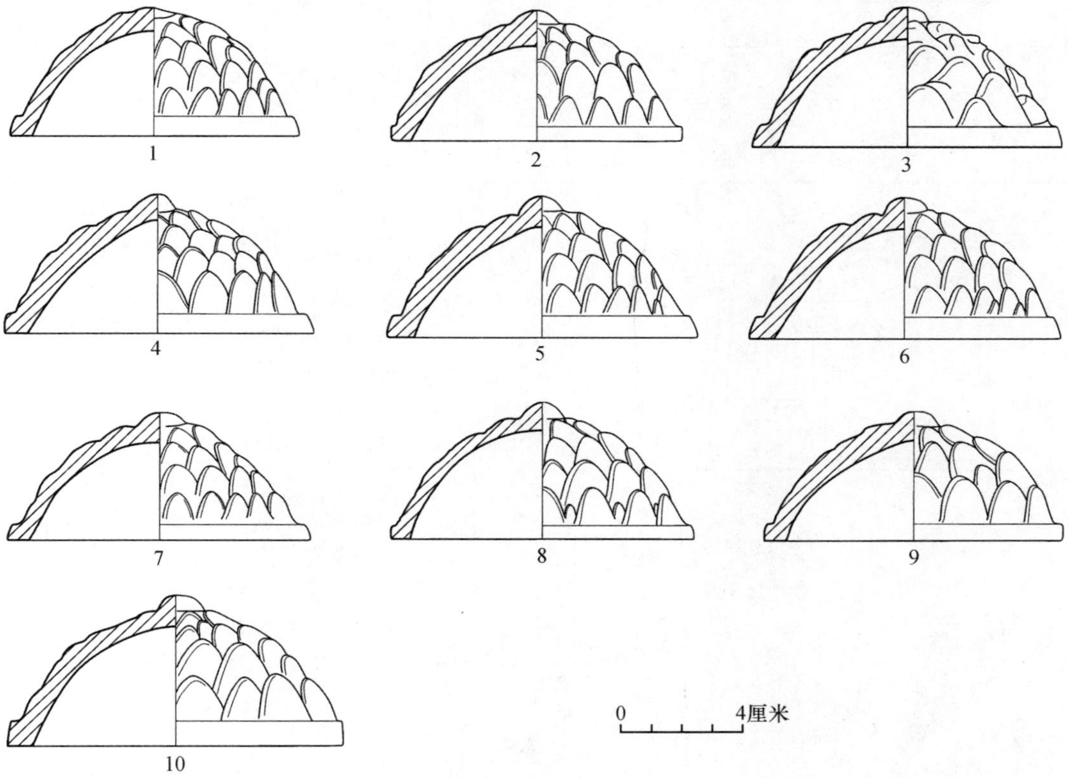

图一八　M4出土陶博山炉盖

1. M4：10　2. M4：15　3. M4：21　4. M4：22　5. M4：23　6. M4：24　7. M4：25　8. M4：26　9. M4：36-1　10. M4：36-2

陶房　2件。M4：18，泥质灰陶，残。一件平面为横长方形，顶较平，五椽，宽檐额，檐下中央一斗三升。长36.8、进深12.4、高28厘米（图一九，1）。M4：37，顶残缺，宽檐额，檐下两柱，柱上各一斗三升（图一九，2）。

陶摇钱树座　1件。M4：4，泥质红陶，釉已脱落。分为两层，上层为辟邪、背驮四圈绳纹圆形插孔，腹下两侧似人物图像；下层两侧各有双马。口径4～4.5、底径22.4～23.8、高35.8厘米（图一九，3）。

铜摇钱树残件　1件。M4：42，树干4段，均不相连，断面呈扁圆形，每段为双猴相向抱树，头向正面，无猴抱树处的树干正面有纹饰（图一九，4）。上段长14.85、干径1.3～2.1厘米；中段2截，一段长10.04、干径1.3～1.85厘米，另一段长10.68、干径1.3～1.91厘米，树干两侧残存镂空凤鸟各一只，厚0.18厘米；下段长12.25、干径上宽下窄（1.89～2.16厘米）、厚

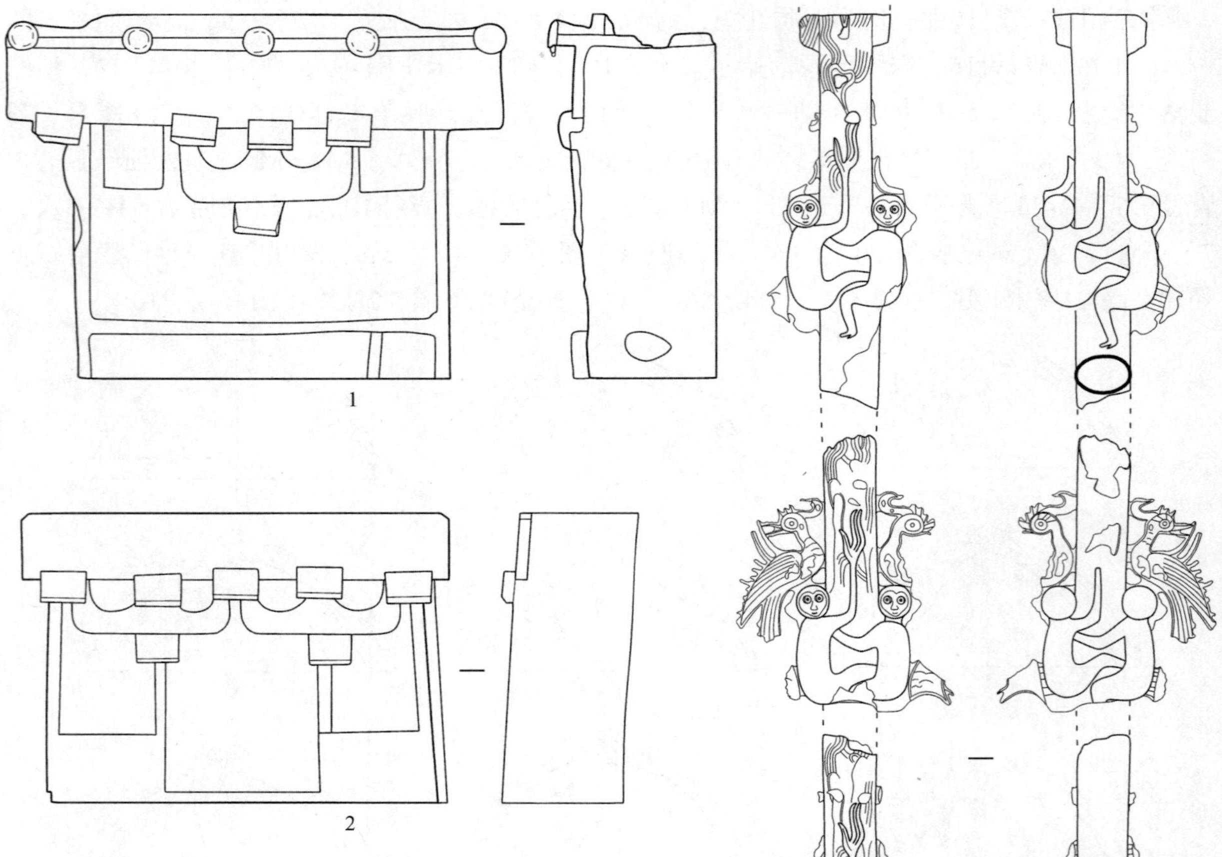

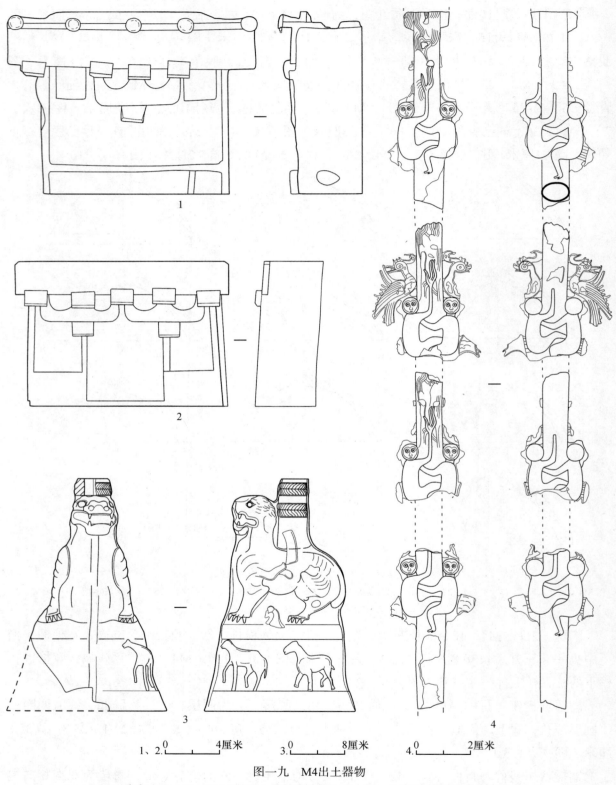

图一九　M4出土器物

1、2. 陶房（M4：18、M4：37）　3. 陶摇钱树座（M4：4）　4. 铜摇钱树残片（M4：42）

1.25厘米。树枝若干，可辨其形的有鸟身及尾，其中最大一块为人物及方孔圆钱，长10.18、宽6.5、厚0.08～0.16厘米，重18.53克（图二〇）。

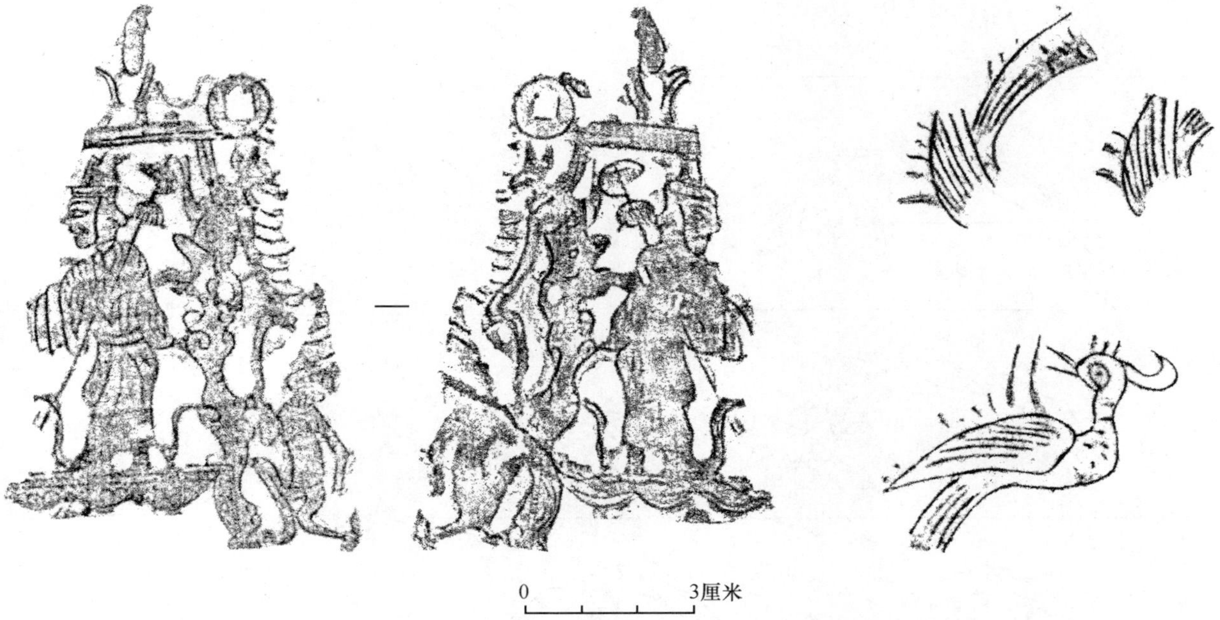

图二〇　M4出土铜摇钱树残枝拓本（M4：42）

（四）M5

随葬品集中于甬道，可修复器物有陶马、罐、盘、灶、摇钱树座、案、博山炉盖、井、耳杯、鸡、狗、车、俑和铜钱币等77件。

陶博山炉盖　15件。形制相同，均泥质红陶，酱釉已脱落。M5：8，直径17.2、高6.1厘米（图二一，1）。M5：55，残。直径16.7、高6.4厘米（图二一，2）。M5：9，残。直径17.2、高6.3厘米（图二一，3）。M5：54，残。直径17、高6.3厘米（图二一，4）。M5：69，残。直径14.6、残高5.1厘米（图二一，5）。M5：4，直径10.3、高4.6厘米（图二一，6）。M5：36，直径10、高4.5厘米（图二一，7）。M5：37，直径10.3、高4.6厘米（图二一，8）。M5：35，直径10.3、高4.6厘米（图二一，9）。M5：7，直径10.8、高4.8厘米（图二一，10）。M5：34，直径9.7、高4.5厘米（图二一，11）。M5：33，直径10、高4.7厘米（图二一，12）。M5：19，直径10.3、高4.4厘米（图二一，13）。M5：6，直径10、高4.8厘米（图二一，14）。M5：5，直径10.4、高4.6厘米（图二一，15）。

陶罐　9件。均泥质红陶，表面施绿釉。M5：49，残，釉已部分脱落。敛口，厚圆唇，短领，斜肩，鼓腹，平底内凹。肩部有凹弦纹两周。口径6.9、腹径14.3、底径6.7、高9.2厘米（图二二，1）。M5：48，釉已部分脱落。敛口，厚圆唇，短领，斜肩，鼓腹，平底内凹。肩部有凹弦纹一周。口径8.4、腹径15.3、底径8、高9.2厘米（图二二，2）。M5：47，敛口，圆唇，短领，斜肩，鼓腹，平底内凹。肩部有凹弦纹一周。口径7.2、腹径15.2、底径7、高10厘

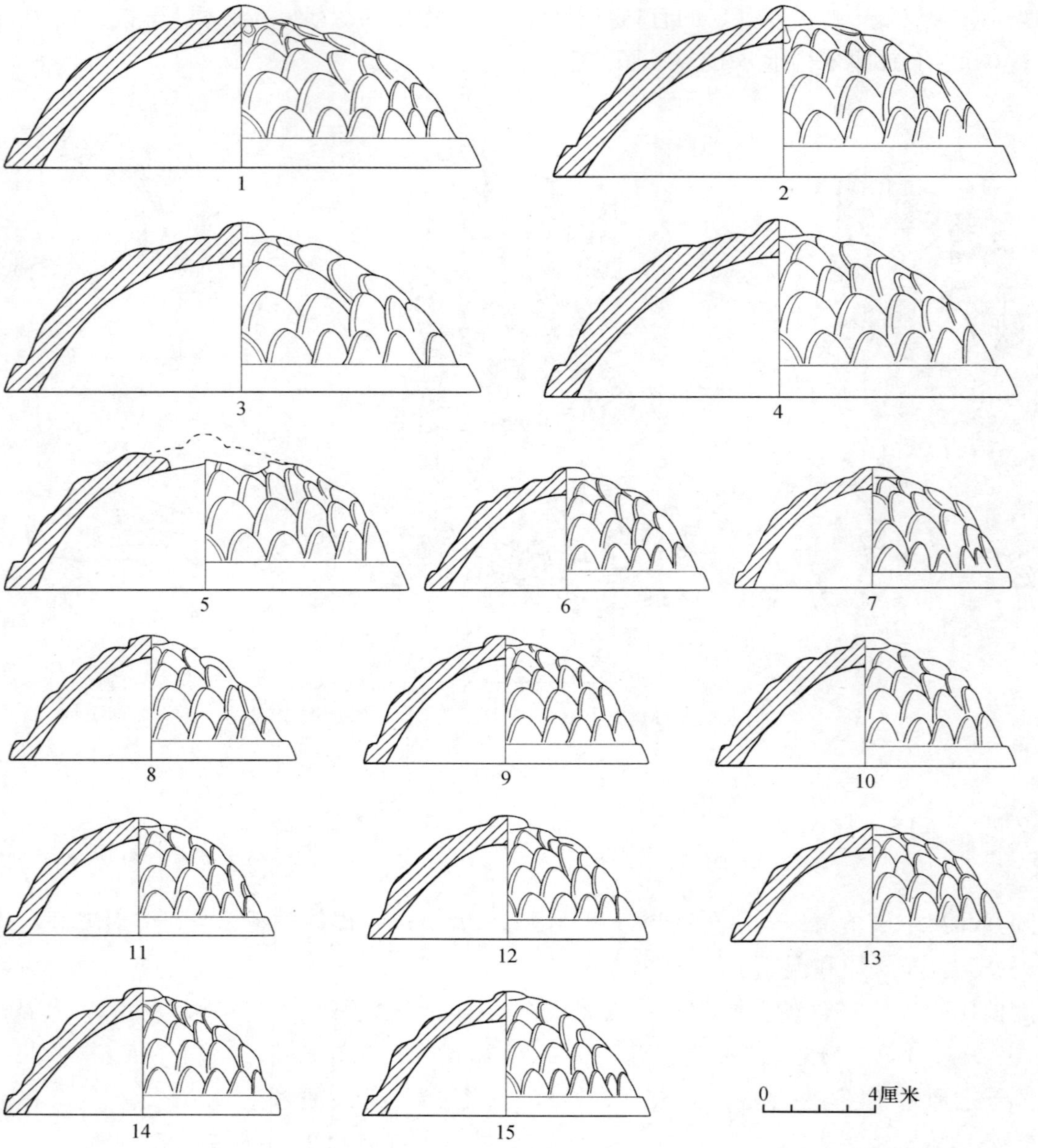

图二一　M5出土陶博山炉盖

1. M5：8　2. M5：55　3. M5：9　4. M5：54　5. M5：69　6. M5：4　7. M5：36　8. M5：37　9. M5：35　10. M5：7　11. M5：34　12. M5：33　13. M5：19　14. M5：6　15. M5：5

米（图二二，3）。M5：12，残。敞口，圆唇，短领，斜折肩，鼓腹，平底内凹。口径9.5、腹径19、底径10.5、高13.6厘米（图二二，4）。M5：61，残，釉已部分脱落。敛口，厚圆唇，短领，折肩，鼓腹，平底内凹。口径10.1、腹径18.5、底径10.5、高12.7厘米（图二二，5）。M5：62，残，釉已部分脱落。敞口，厚圆唇，短领，折肩，鼓腹，平底。口径10、腹径18.1、底径9.3、高12.4厘米（图二二，6）。M5：73，残。敛口，厚圆唇，短领，折肩，鼓腹，平底内凹。口径12、腹径26.7、底径16.9、高19厘米（图二二，7）。M5：15，残。敞口圆唇，短领，斜折肩，鼓腹，平底内凹。口径15.1、腹径31.2、底径19.8、高22厘米（图二二，8）。

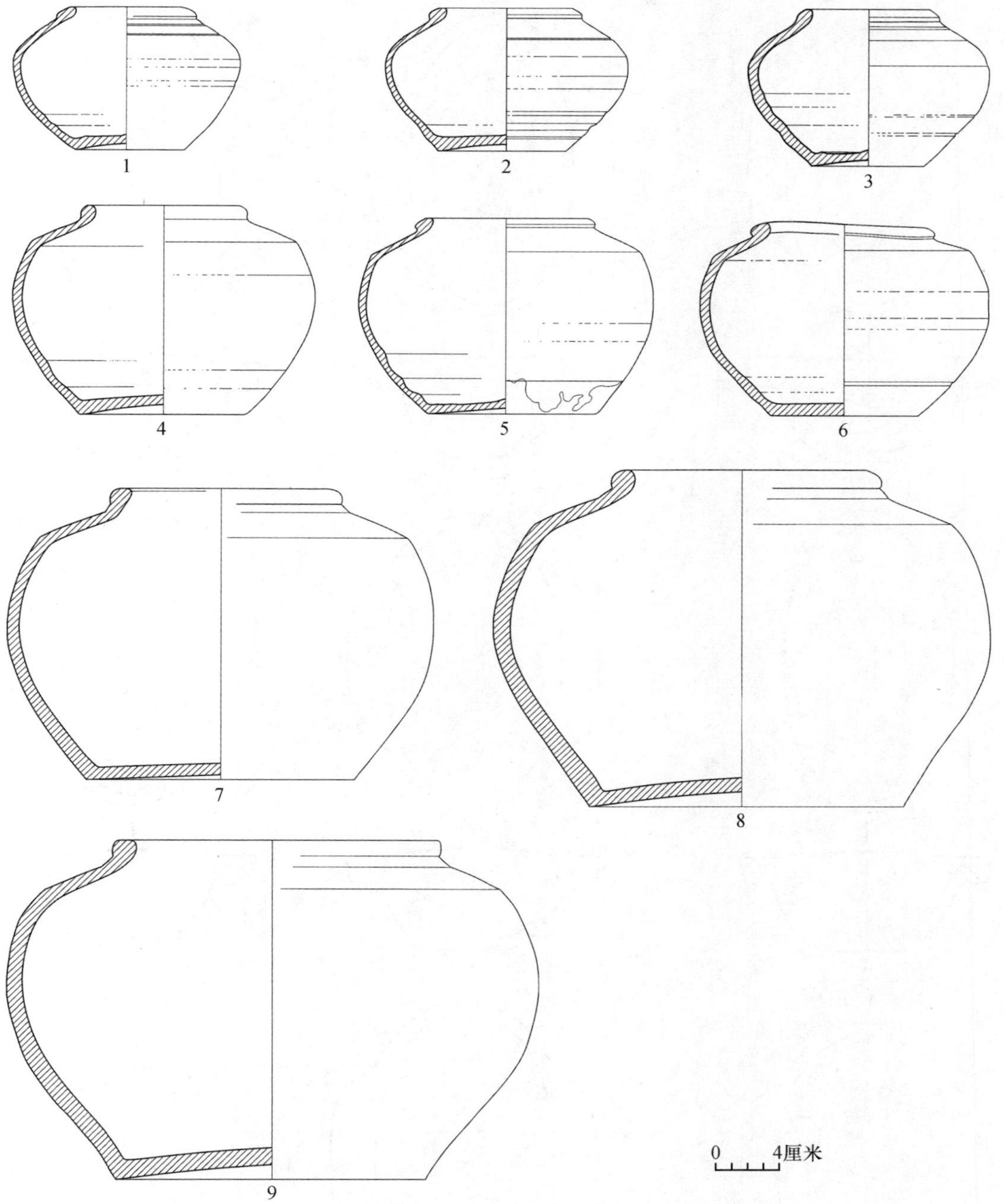

图二二　M5出土陶罐

1～9. M5：49、M5：48、M5：47、M5：12、M5：61、M5：62、M5：73、M5：15、M5：60

M5：60，残，釉已部分脱落。敞口，圆唇，短颈，斜肩，鼓腹，平底内凹。肩部有凹弦纹一周。口径22.3、腹径33.4、底径19.5、高21.9厘米（图二二，9）。

陶耳杯　8件。形制相同，泥质红陶，酱黄釉部分脱落。M5：53，残。口径5.6～10.1、底径2.3～7.8、高3.6厘米（图二三，1）。M5：17，口残。口径5.3～10.3、底径2.7～7.7、高3.4厘米（图二三，2）。M5：18，残。口径5.6～10.3、底径2.9～7.6、高3.5厘米（图二三，3）。M5：43，口残。口径5.6～10.4、底径2.8～7.6、高3.4厘米（图二三，4）。M5：42，

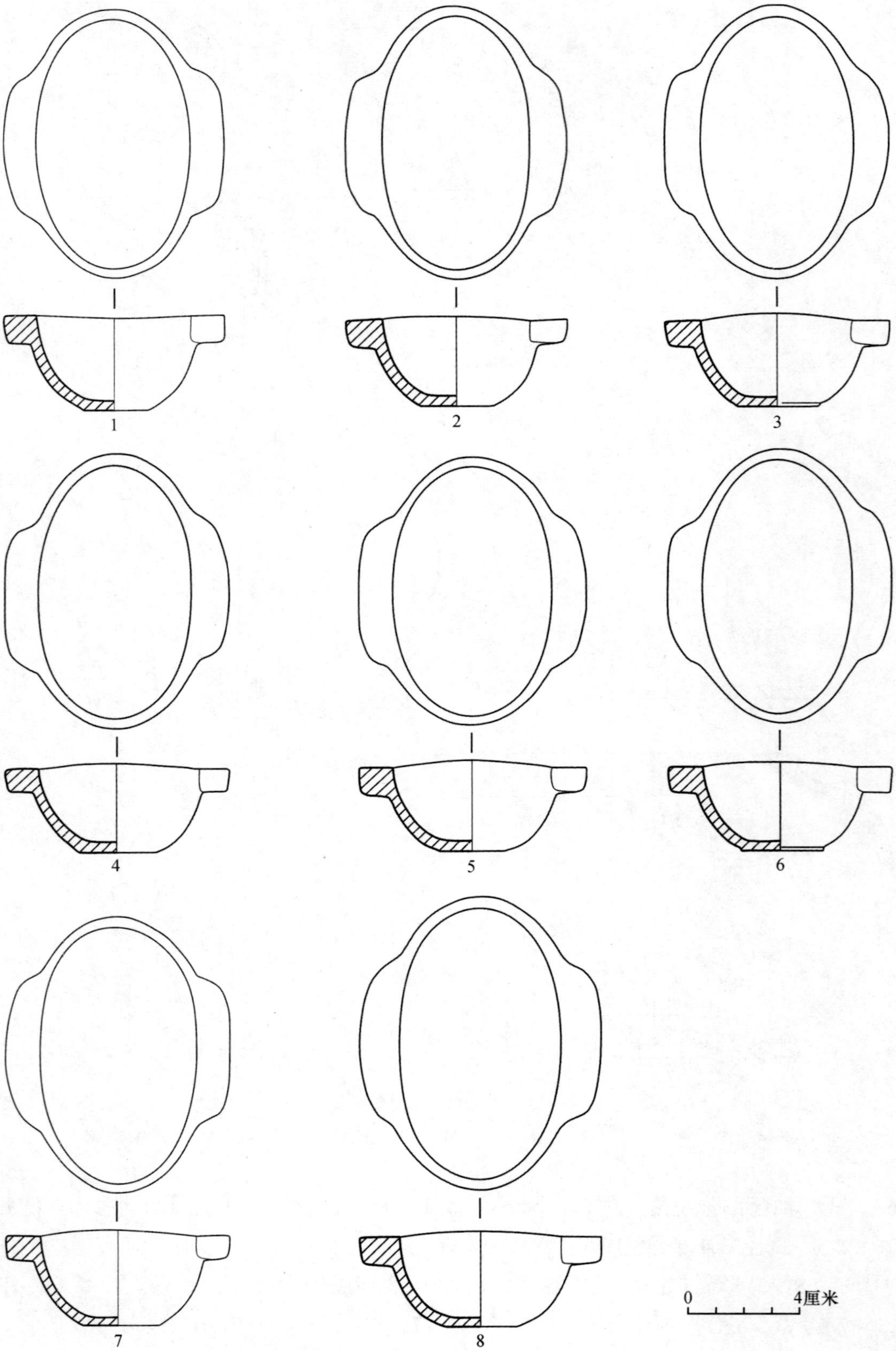

图二三　M5出土陶耳杯

1. M5：53　2. M5：17　3. M5：18　4. M5：43　5. M5：42　6. M5：41　7. M5：44　8. M5：52

残。口径5.8～10.1、底径2.4～6.7、高3.5厘米（图二三，5）。M5：41，残。口径5.5～10.3、底径3～7.2、高3.4厘米（图二三，6）。M5：44，口径5.9～11、底径2.6～7.7、高3.6厘米（图二三，7）。M5：52，残。口径5.7～10.4、底径2.8～7.5、高3.6厘米（图二三，8）。

陶盘 5件。泥质红陶，酱黄釉部分脱落。M5：77，残。侈口，圆唇，折沿，斜腹，平底。口径15.2、底径5.7、高3.4厘米（图二四，1）。M5：40，残。敞口，尖圆唇，折腹，假圈足底内凹。内底有凸弦纹一周。口径17.3、底径7.8、高3.4厘米（图二四，2）。M5：39，敞口，尖圆唇，折腹，假圈足底内凹。内底有凸弦纹一周。口径16.4、底径7.6、高3.8厘米（图二四，3）。M5：38，敞口，尖圆唇，折腹，假圈足平底。内底有凸弦纹一周。口径16.8、底径7.7、高3厘米（图二四，4）。M5：16，口残。敞口，尖圆唇，折腹，假圈足底内凹。内底有凸弦纹一周。口径16.6、底径7.5、高3.4厘米（图二四，5）。

陶钵 1件。M5：46，泥质红陶，釉已脱落。敞口，弧腹，平底。腹部有三周瓦棱纹。口径15.8、底径8、高7厘米（图二四，6）。

陶魁 2件。泥质红陶。M5：59，残，绿釉脱落殆尽。敞口，圆唇，深弧腹，平底。一侧附蛇首柄。口径16.9、底径7.9、高8.2厘米（图二四，7）。M5：76，残。敞口圆唇，深弧腹，平底。一侧附蛇首横柄。口径18.7、底径8.8、高8.5厘米（图二四，9）。

陶釜 1件。M5：74，残，绿釉红胎。敞口圆唇，束颈，鼓腹，平底略凹。口沿上有对称穿孔双耳。口径23.5、底径12.8、通高16.7厘米（图二四，11）。

陶房 3件。泥质灰陶。M5：22，顶残缺，宽檐额，檐下两柱，柱上各一斗三升。长28.9、进深10.2、残高21.4厘米（图二四，10）。M5：13，残。顶较平，5椽，宽檐额，檐下中央一柱，柱上一斗三升。长36.5、进深13、高28.5厘米（图二四，13）。M5：21，残。顶较平，两端微翘，5椽，宽檐额，檐下中央一柱，柱上一斗三升。长38.1、进深11.7、高29.6厘米（图二四，14）。

陶车毂 1对。M5：72，泥质灰陶，形制相同。车辐孔14个（图二四，8）。

陶井 1件。M5：10，残，泥质灰陶。圆筒形井身，侈口，束颈，腹微鼓，平底微凹。筒沿上为悬山顶井亭，柱间横轴中部有辘轳。井筒口径16.5、底径14.4、通高30.4厘米（图二四，12）。

陶俑 20件。均为泥质红陶。

侍俑 13件。M5：45，残。站立状，头戴帽，着右衽宽袖曳地长袍。双手拱于胸前。高18.2厘米（图二五，1）。M5：65，残。站立状，头裹巾，着右衽宽袖曳地长袍。双手拱于胸前。高18.1厘米（图二五，2）。M5：27，站立状，头戴帽，着右衽宽袖曳地长袍。双手拱于胸前。高17.6厘米（图二五，3）。M5：56，残。站立状，头戴帽，着右衽宽袖曳地长袍。双手拱于胸前。高17.6厘米（图二五，4）。M5：25，残。站立状，头裹巾，着右衽宽袖曳地长袍。双手拱于胸前。高15厘米（图二五，5）。M5：57，残。站立状，头戴帽，着右衽宽袖曳地长袍。双手拱于胸前。高18厘米（图二五，6）。M5：67，残。站立状，头裹巾，着右衽宽袖曳地长袍。双手拱于胸前。高15.2厘米（图二六，1）。M5：68，残。站立状，头裹巾，着右衽宽袖曳地长袍。双手拱于胸前。高16厘米（图二六，2）。M5：24，站立状，头戴高

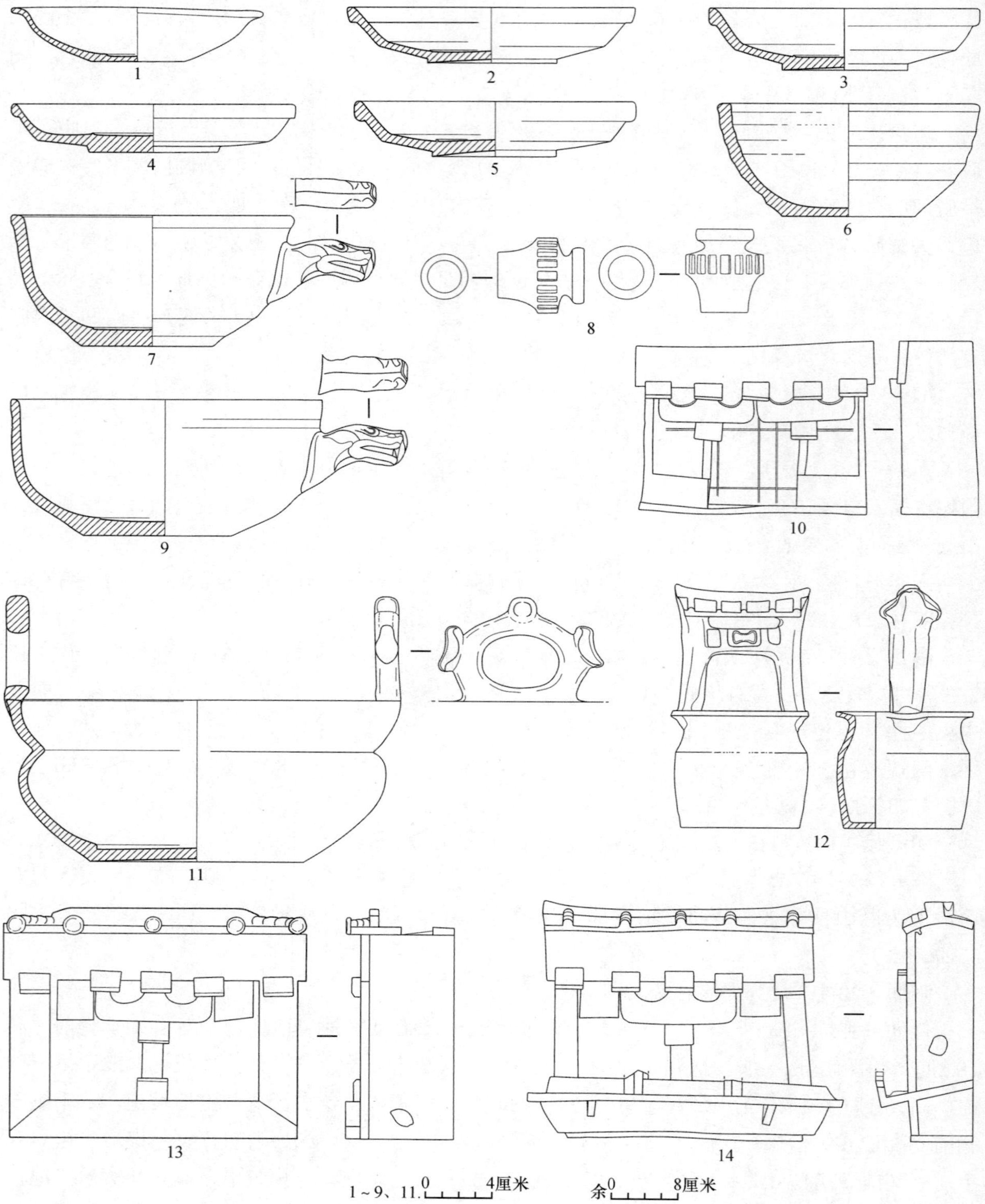

图二四　M5出土陶器（一）

1～5. 盘（M5：77、M5：40、M5：39、M5：38、M5：16）　6. 钵（M5：46）　7、9. 魁（M5：59、M5：76）　8. 车毂（M5：72）　10、13、14. 房（M5：22、M5：13、M5：21）　11. 釜（M5：74）　12. 井（M5：10）

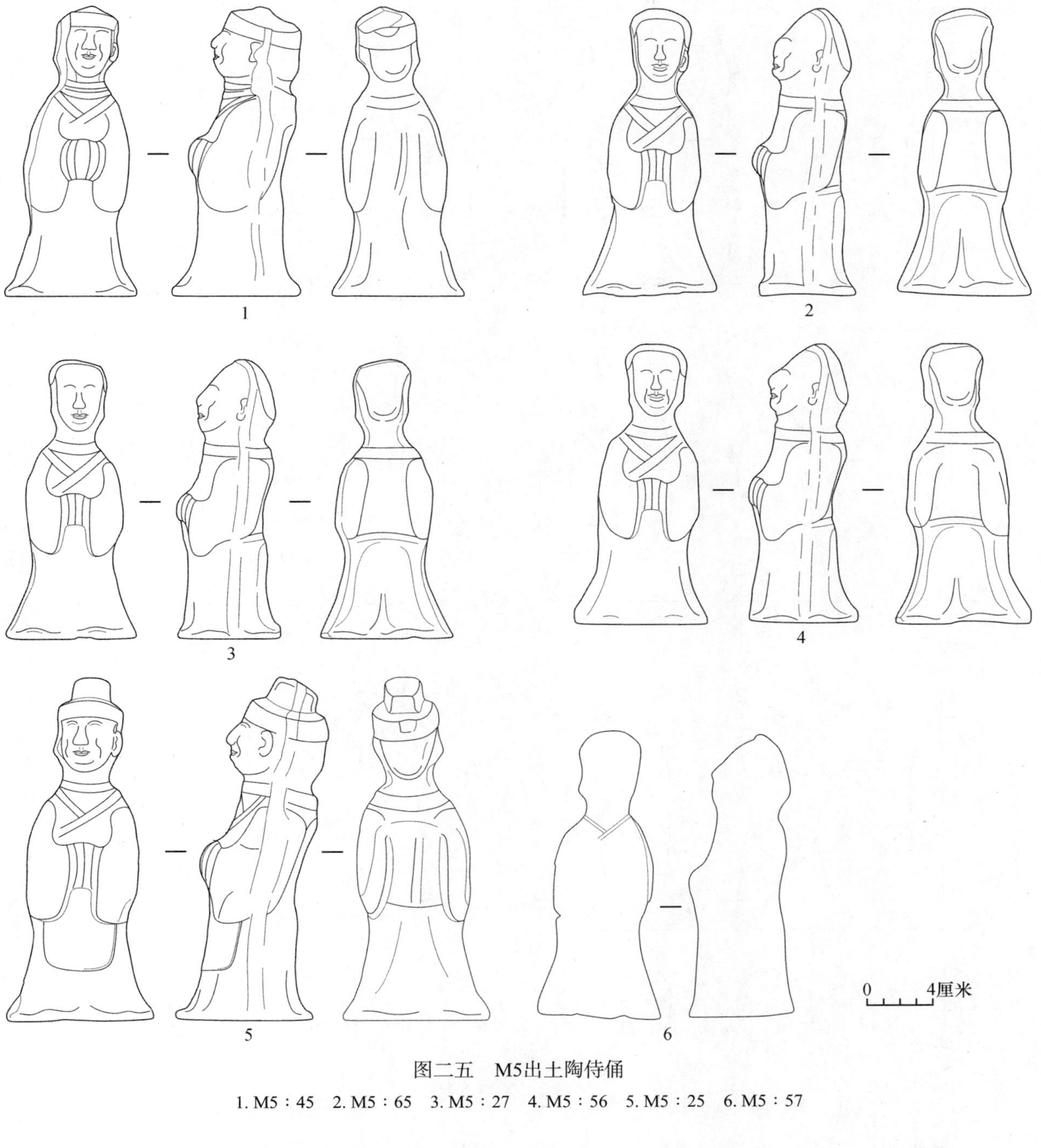

图二五　M5出土陶侍俑

1. M5：45　2. M5：65　3. M5：27　4. M5：56　5. M5：25　6. M5：57

冠，着右衽宽袖曳地长袍。双手拱于胸前。高21.7厘米（图二六，3）。M5：23，站立状，头裹巾，着右衽宽袖曳地长袍。双手拱于胸前。高15.2厘米（图二六，4）。M5：64，残。站立状，头裹巾，着右衽宽袖曳地长袍。双手拱于胸前。高15.7厘米（图二六，5）。M5：26，站立状，头裹巾，着右衽宽袖曳地长袍。双手拱于胸前。高15厘米（图二六，6）。M5：63，残。站立状，头裹巾，着右衽宽袖曳地长袍。双手拱于胸前。高15.3厘米（图二六，7）。

俑头　2件。M5：70，残。头戴帽。残高9.5厘米（图二六，8）。M5：71，残。面部模糊。残高4.3厘米（图二六，9）。

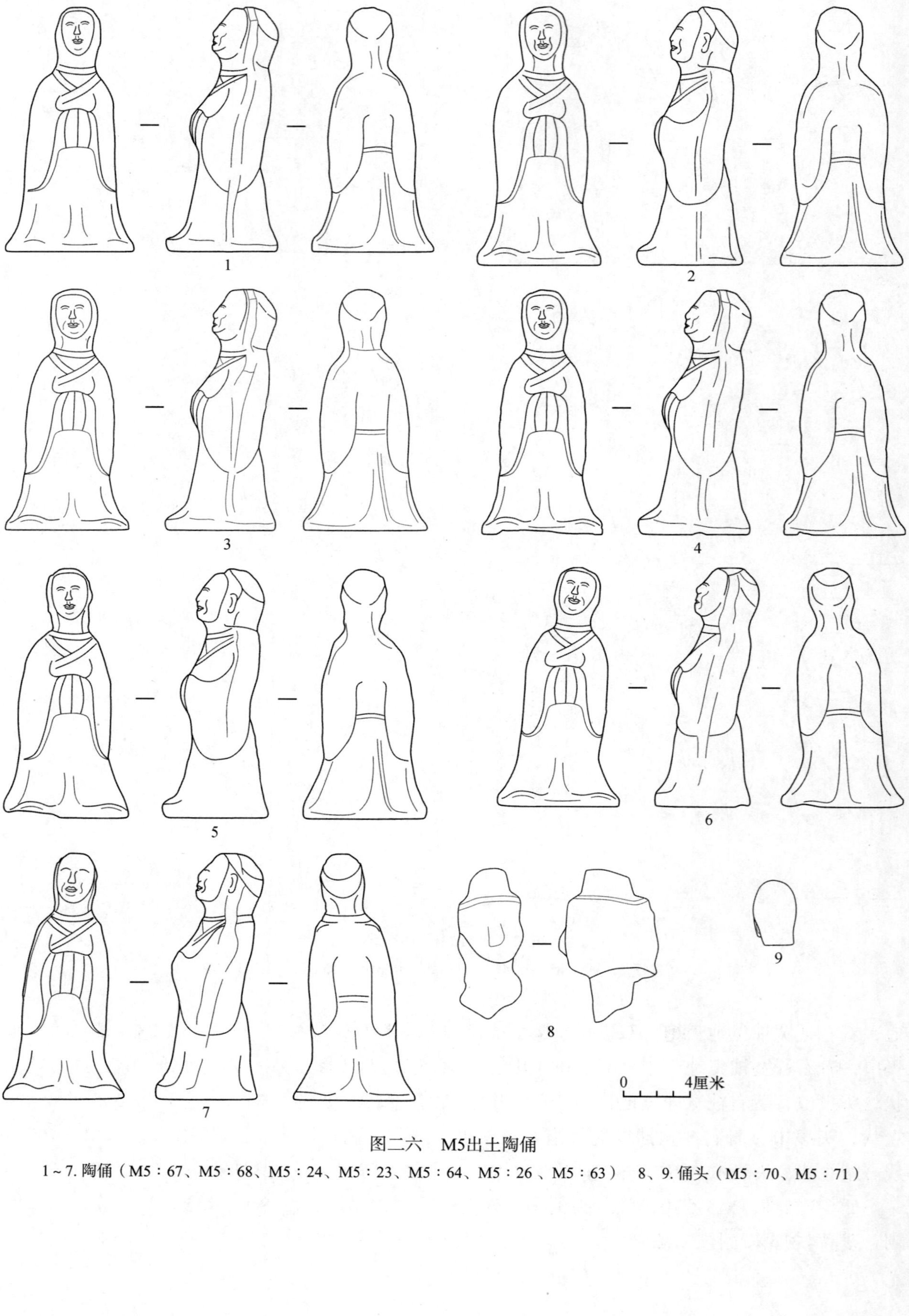

图二六　M5出土陶俑

1～7. 陶俑（M5：67、M5：68、M5：24、M5：23、M5：64、M5：26 、M5：63）　8、9. 俑头（M5：70、M5：71）

吹箫俑 1件。M5：31，跽坐状，头戴尖顶圆帽，着右衽衣。双手扶箫，作吹奏状。高18.6厘米（图二七，1）。

舞蹈俑 1件。M5：2，站立，身体左倾，左手前执，右手提袍，作舞蹈状。头戴帽，着右衽宽袖曳地长袍。高20.2厘米（图二七，2）。

抚琴俑 1件。M5：28，盘坐状，头裹巾，微向后倾，着右衽衣。双手抚琴。高15厘米

图二七 M5出土陶器（二）

1. 吹箫俑（M5：31） 2. 舞蹈俑（M5：2） 3. 抚琴俑（M5：28） 4、5. 抚耳俑（M5：30、M5：29）
6. 狗（M5：50） 7.马（M5：1） 8. 子母鸡（M5：66）

（图二七，3）。

抚耳俑　2件。M5：29，跽坐状，头戴帽，微向后倾，着右衽宽袖衣。右手抚脸，左手置膝。高15.6厘米（图二七，5）。M5：30，残。跽坐状，头戴高冠，微向后倾，着右衽宽袖衣。右手上举，左手垂膝。高15.8厘米（图二七，4）。

陶马　1件。M5：1，泥质灰陶，釉已脱落殆尽。站立状，头套水勒缰，颔首，睁目，立耳，嘴微张，背上有鞍，尾上翘。脖、腹勒带。长50.6、高58.3厘米（图二七，7）。

陶狗　1件。M5：50，泥质红陶，无头。颈有圈，背有穿，卷尾。残长40.4、高30.4厘米（图二七，6）。

陶子母鸡　1件。M5：66，残，泥质红陶。母鸡伏地，双翅、胸下、背上各一鸡雏。长17.1、高13.2厘米（图二七，8）。

陶灯　2件。泥质红陶。M5：75，残。上盘子口内敛，圆唇，鼓腹，短柄，喇叭形底。口径8.2、盘径10.7、底径10.6、高10.5厘米（图二八，1）。M5：32，残，釉已脱落。灯盘敞口、斜壁，灯座踞熊。盘径12.2、底径9.7～10.8、通高23.4厘米（图二八，4）。

陶灶　1件。M5：14，残，绿釉红陶。由釜形灶体和长方形匣组成，灶沿三支钉，底附四个方形柱足。通长36.8、宽16.1、高14厘米（图二八，2）。

陶摇钱树座　2件。泥质红陶，釉已脱落。M5：51，残。分为两层，上层为辟邪、背驮四圈绳纹圆形插孔，腹下两侧似人物图像；下层两侧各有双马。口径4～4.7、底径22.5～25.1、高34.6厘米（图二八，3）。M5：20，残。座身为辟邪，背驮四圈绳纹圆形插孔。辟邪腹下两侧似人物图像。口径3.5～5.4、底径17.9～19.4、高24厘米（图二八，6）。

陶案　2件，绿釉红陶。M5：11，残。平面长方形，底附四蹄形足。长57.5、宽35.2、高9.2厘米（图二八，5）。M5：58，残，绿釉脱落殆尽。平面长方形，底附四蹄形足。长57.7、宽35.5、高9.3厘米（图二八，7）。

铜钱币　3枚。M5：3，其中五铢1枚，字体修长，“朱”头圆折、两竖较直，钱径2.58厘米，重2.6克。剪郭五铢2枚，1枚钱径2.48厘米，重2.29克；另1枚锈蚀严重，重0.91克（图二九）。

（五）M6

陶罐　1件。M6：1，残，泥质红陶。敞口，圆唇，短领，折肩，鼓腹，平底内凹。口径10.4、腹径17.6、底径10.4、高11.2厘米（图三〇，1）。

陶壶底　1件。M6：2，泥质红陶。底径13.1、残高13.5、胎厚0.3～0.5厘米（图三〇，2）。

（六）M7

随葬品均出土于甬道内，可修复器物有陶耳杯、马、狗、猪、车、俑等40件。

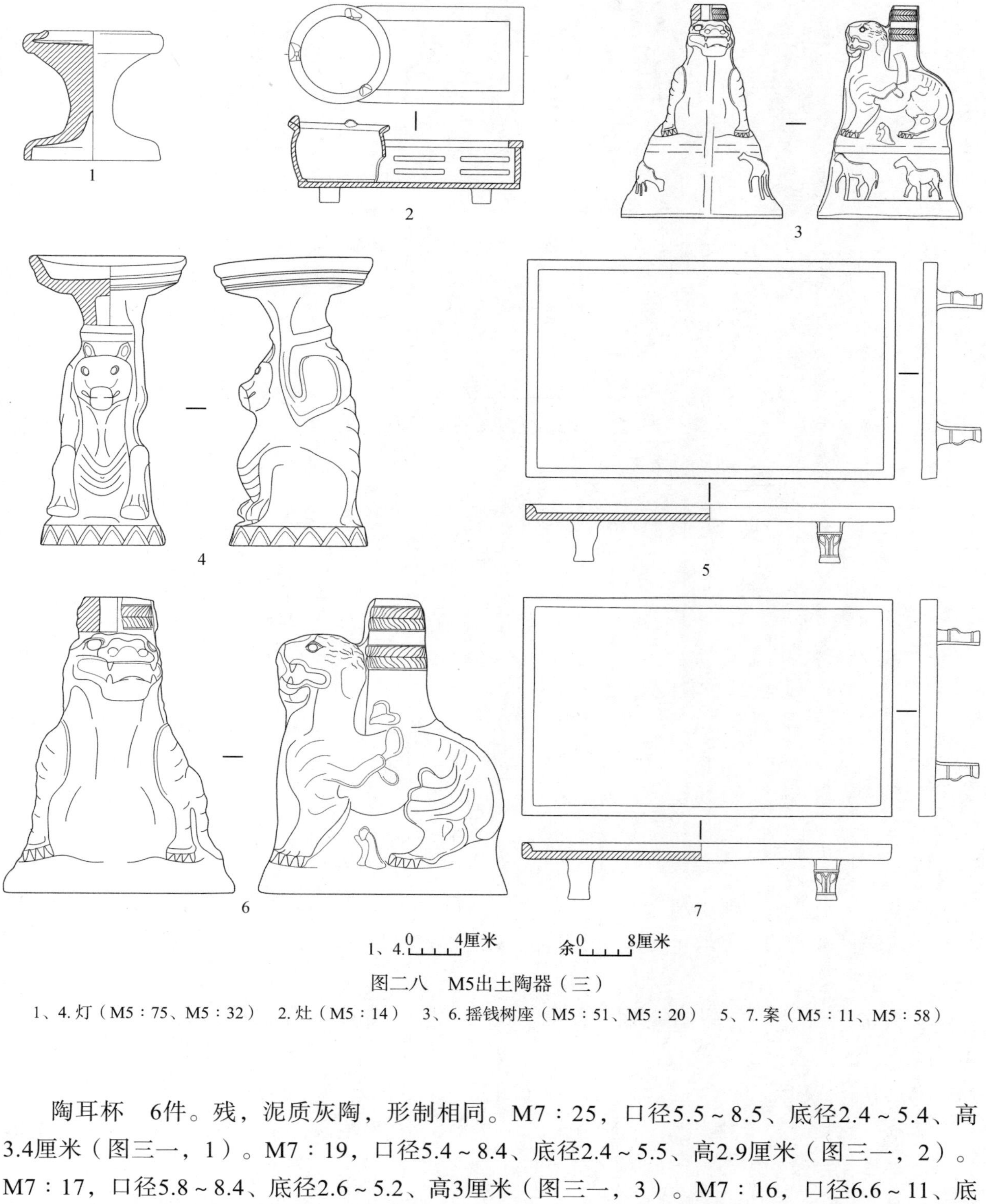

图二八　M5出土陶器（三）

1、4. 灯（M5：75、M5：32）　2. 灶（M5：14）　3、6. 摇钱树座（M5：51、M5：20）　5、7. 案（M5：11、M5：58）

陶耳杯　6件。残，泥质灰陶，形制相同。M7：25，口径5.5～8.5、底径2.4～5.4、高3.4厘米（图三一，1）。M7：19，口径5.4～8.4、底径2.4～5.5、高2.9厘米（图三一，2）。M7：17，口径5.8～8.4、底径2.6～5.2、高3厘米（图三一，3）。M7：16，口径6.6～11、底径3.3～7.6、高3.3厘米（图三一，4）。M7：15，口径10～16.5、底径3.8～12.7、高5厘米（图三一，5）。M7：18，口径6.6～10.5、底径3.2～7.3、高2.9厘米（图三一，6）。

陶罐　1件。M7：36，残，泥质灰陶。敛口，圆唇，矮领，折肩，鼓腹，平底内凹。口径14.1、腹径20.6、底径8.3、高13.2厘米（图三一，7）。

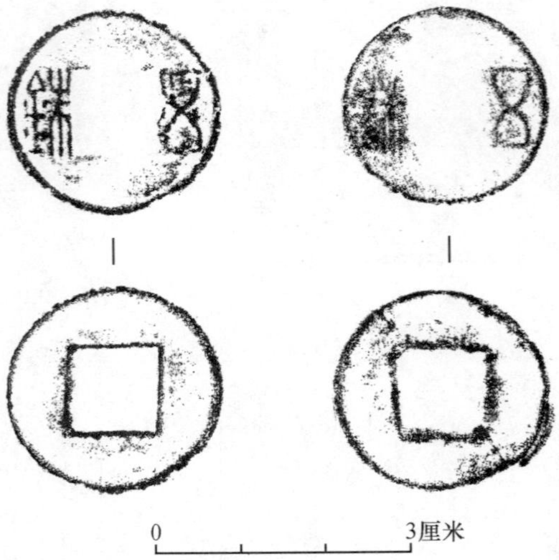

图二九　M5出土铜钱币拓本（M5：3）

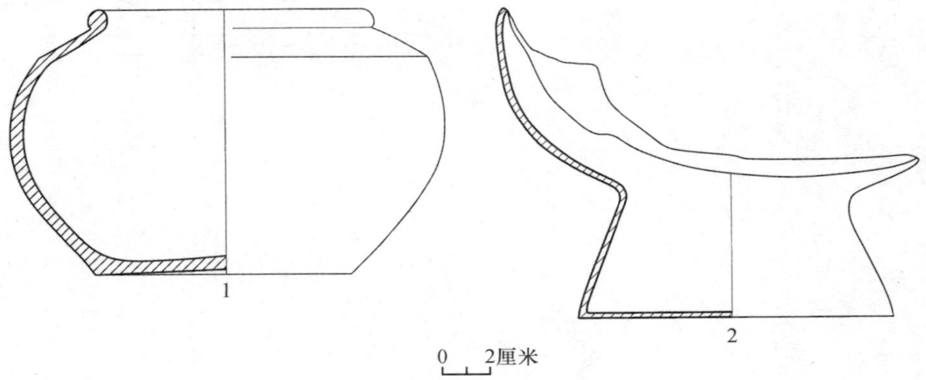

图三〇　M6出土陶器

1. 罐（M6：1）　2. 壶底（M6：2）

陶盘　2件。残，泥质灰陶。形制相同，敞口，平折沿，浅折腹，平底。M7：40，口径16.8、底径7、高3.2厘米（图三一，8）。M7：29，口径14.5、底径6.9、高3.2厘米（图三一，10）。

陶博山炉盖　3件。均残，泥质红陶，圆形。M7：30，酱釉已脱落。直径13.3、残高4.7厘米（图三一，12）。M7：31，酱釉已脱落。直径12.5、残高4.8厘米（图三一，11）。M7：32，釉已脱落。直径13.3、高5.2厘米（图三一，13）。

陶壶　1件。M7：33，残，泥质灰陶。敞口微侈，内唇内收，长束颈，鼓腹，圜底，高圈足。腹部有瓦楞纹三周。口径13.6、腹径25.6、底径19.1、高33.1厘米（图三一，9）。

陶俑　17件。其中泥质灰陶12件，泥质红陶5件。M7：14，残，泥质灰陶。站立，头裹巾，着右衽宽袖曳地长衣，双手拱于胸前。高19.5厘米（图三二，1）。M7：11，残，泥质红陶。站立，头戴帽，着右衽宽袖曳地长衣，双手拱于胸前。高19厘米（图三二，2）。M7：5，残，泥质红陶。站立，头戴帻，着右衽长衣，双手持物。高31.4厘米（图三二，3）。

图三一 M7出土陶器（一）

1～6. 耳杯（M7：25、M7：19、M7：17、M7：16、M7：15、M7：18） 7. 罐（M7：36） 8、10. 盘（M7：40、M7：29） 9. 壶（M7：33） 11～13. 博山炉盖（M7：31、M7：30、M7：32）

图三二　M7出土陶俑（一）

1. M7：14　2. M7：11　3. M7：5　4. M7：34　5. M7：7　6. M7：6　7. M7：1　8. M7：3　9. M7：2

M7：34，残，泥质灰陶。立姿，头裹巾，着右衽曳地长衣，双手下垂，臀微翘，腰系佩饰。高53.4厘米（图三二，4）。M7：7，残，泥质灰陶。站立，头裹巾，着右衽宽袖曳地长衣，双手捧物。高55厘米（图三二，5）。M7：6，残，泥质灰陶。跽坐，头裹巾，着右衽衣，左手残，右手食指左伸。高43.3厘米（图三二，6）。M7：1，残，泥质灰陶。跽坐，头裹巾，脸扭向右前方，着右衽衣，左手抚琴，右手弹拨。高43.8厘米（图三二，7）。M7：3，残，泥质灰陶。跽坐，头裹巾，着右衽衣，左手下垂持鼓，右手作打击状。高44.2厘米（图三二，8）。M7：2，残，泥质灰陶。站立，头裹巾，着右衽长衣，左手下垂、右手上搂，均持物，腰系佩饰。身体微前倾，臀略后翘。高51.6厘米（图三二，9）。M7：20，残，泥质灰陶。立姿，头戴小帽，着右衽衣，双手拱于胸前，腿以下残缺。背部平整。残高9.2厘米（图三三，1）。M7：23，残，泥质灰陶。坐姿，头戴尖顶小圆帽，面部模糊不清，着右衽衣，似吹箫。背部平整。高9.7厘米（图三三，2）。M7：22，残。立姿，头戴帽，面部及服饰不清晰，双手拱于胸前。背部平整。高10.5厘米（图三三，3）。M7：21，残，泥质灰陶。立姿，头戴帽，着右衽衣。左手高举于头侧，右手平抬，左下半身残缺。背部平整。残高10.7厘米（图三三，4）。M7：9，泥质红陶。仅余下半身。残高17.8厘米（图三三，5）。M7：13，残，泥质红陶。站立，头戴圆帽，着右衽宽袖衣，双手拱于胸前，下半身残缺。残高16厘米（图三三，6）。M7：12，泥质红陶。站立，无头，着右衽宽袖曳地长衣，双手拱于胸前。残高14.3厘米（图三三，7）。M7：35，残，泥质灰陶。立姿，头戴平顶帽，着右衽宽袖曳地长衣，双手拱于胸前，左侧挂一物。高50.3厘米（图三三，8）。

陶狗　1件。M7：4，残，泥质灰陶。踞坐，耳残，睁目，嘴微张，平首。残高49.9厘米（图三四，1）。

陶猪　1件。M7：10，残，泥质灰陶。站立，平首，睁目，尖嘴微张，双耳贴身。长27、高11.7厘米（图三四，2）。

陶鸭　1件。M7：28，残，泥质灰陶。伏卧，回首，低冠，睁目，嘴残，尾上翘。长18.5、高13.8厘米（图三四，3）。

陶马　2件。残，泥质灰陶。形制相同，站立状，颔首，睁目，头顶有对称双孔（似插耳），嘴微张，背上有鞍，尾上翘。头、鞍、尾可拆卸。M7：24，长67、高60.2厘米（图三四，6）。M7：26，尾残缺。长58.9、高57.4厘米（图三四，4）。

陶鸡　1件。M7：27，残，泥质灰陶。站立，平首，睁目，高冠，高尾上翘。长21.5、高19.9厘米（图三八，5）。

陶车毂　1对。M7：8，泥质灰陶，形制相同。车辐孔16个。直径9.4～10.4厘米（图三五，1）。

陶车辕　1对。M7：38，残，泥质灰陶。形制相同。分别长79.2、80厘米（图三五，2）。

陶车轭　1件。M7：39，残，泥质灰陶。平面呈人字形。高25.4厘米（图三五，3）。

陶车轮　1对。M7：37，残，泥质灰陶。形制大小相同，由辋、辐、毂组成。直径72、厚2～2.4厘米（图三五，4）。

图三三　M7出土陶俑（二）

1. M7∶20　2. M7∶23　3. M7∶22　4. M7∶21　5. M7∶9　6. M7∶13　7. M7∶12　8. M7∶35

图三四 M7出土陶器（二）
1. 狗（M7：4） 2. 猪（M7：10） 3. 鸭（M7：28） 4、6. 马（M7：26、M7：24） 5. 鸡（M7：27）

三、结　　语

7座墓葬分为三种类型，崖墓、砖室墓、石室墓分处三个不同位置，其地理环境却大致相同，均在地势高、一侧为陡坡的制高点内侧，显然是经过精心拣选的埋葬地。

M1、M2均为单室崖墓。M1墓室近似方形，即罗二虎先生文中的Ⅰ型7式[1]，其开凿时间应在东汉晚期。

M2为长方形，弧形顶，室内附设灶，四壁及顶都凿刻有编织纹，其形制特征最早当在东汉末期[2]。盗洞内出土几件瓷碗，器形特征与涪陵蔺市C型碗相似[3]，晚至宋代。

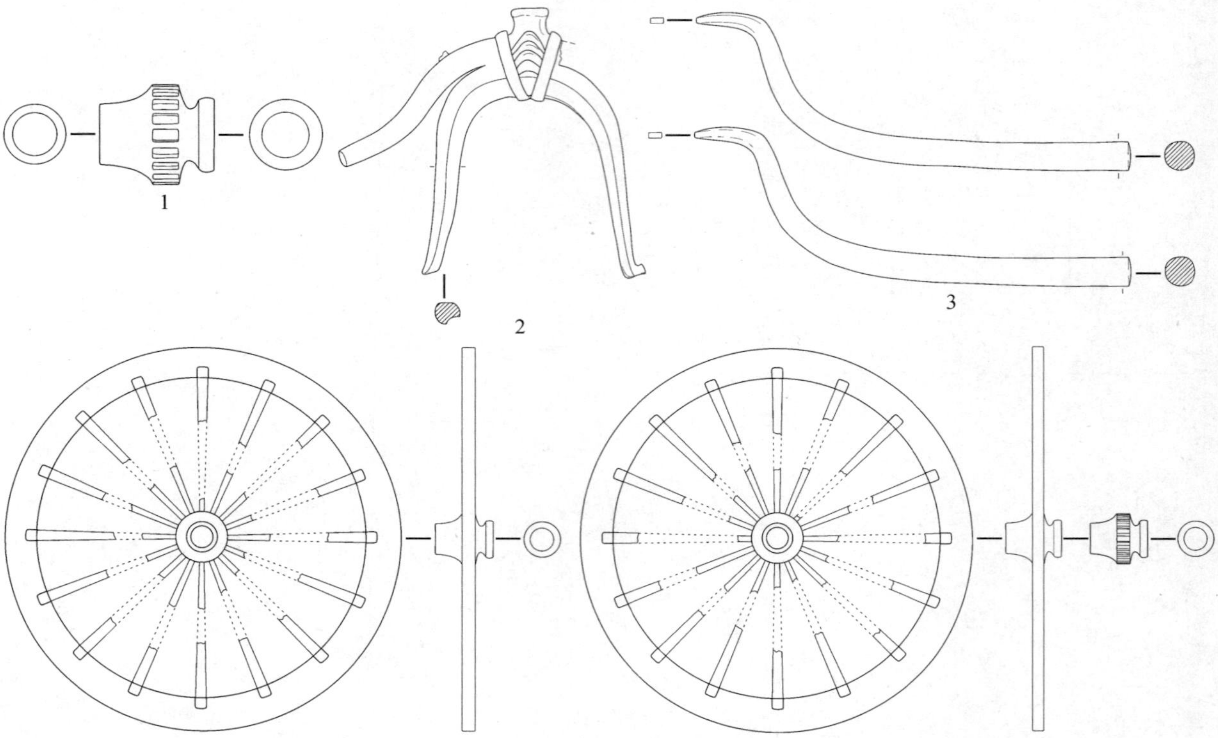

1. 0　4厘米　余 0　8厘米

图三五　M7出土陶器（三）

1. 车毂（M7：8）　2. 车辕（M7：38）　3. 车轭（M7：39）　4. 车轮（M7：37）

M3、M4、M5方向完全一致，形制相同，M4、M5墓顶上仍保留着被共同覆盖的夯土层，从其范围推测，M3也应在其覆盖范围内，三墓共用一个封土，当为家族墓。三座墓均出土鸡、狗、猪、耳杯、案、盘的陶器组合，其时代应相去不远。从墓葬形制、陶俑、陶摇钱树座诸多方面，与丰都汇南墓群99FHBM25有相似之处[4]，加之M5的剪郭五铢，进一步确定其时代为东汉晚期。

M7为刀形，出土有东汉时期鸡、狗、猪的陶器组合，陶狗的形态为三国时期出现的蹲坐式，青瓷罐残片也表明其时代当在蜀汉至西晋时期。M6、M7两墓相距约30米，方向一致，均为石室墓。M6为凸字形，出土红陶高圈足铺首陶壶，其时代上限为东汉晚期，下限不详。

附记：本次考古发掘领队邹后曦，参加发掘的人员有：乔栋、蔡雅玲、赵振江等，修复：蔡雅玲，绘图：赵振江、尚春杰，摄像：董成、乔栋。这次发掘工作中，重庆市文化遗产研究院、西南民族大学西南民族研究院、涪陵区文广新局、涪陵区博物馆给予了大力支持，在此一并致谢！

执　笔：乔　栋

注 释

[1] 罗二虎：《四川崖墓的初步研究》，《考古学报》1988年第2期。

[2] 罗二虎：《四川崖墓的初步研究》，《考古学报》1988年第2期。

[3] 重庆市文物考古研究所、涪陵区博物馆：《2000年度涪陵蔺市遗址发掘报告》，《重庆库区考古报告集·2002卷》，科学出版社，2010年，第1706页。

[4] 四川省文物考古研究所、丰都县文管所：《丰都汇南墓群发掘报告》，《重庆库区考古报告集·1998卷》，科学出版社，2003年。

附表　黄金堡墓群墓葬统计表

墓号	方向	形制			出土器物（未注明质地者为陶器）	时代
		墓道	甬道	墓室		
M1	5°	8.97×（2.3～2.8）－（0～2.72）	门1.35×（1.2～1.24）−0.44	3.6×3.48−（1.4～2.13）	碎陶片	东汉晚期
M2	70°	12.94×（0.9～1.9）－（0.2～2.66）	门1.38×？−0.78	3.8×（2.45～2.55）−1.9	瓷碗5、罐、俑、碎陶片	东汉末期
M3	75°	0.96×1−1.5	2×1.45	2.8×2.4−1.2（残）	罐、盘、豆、井、房、塘、鸡、子母鸡、狗、猪、俑2、碎陶片，石器	东汉晚期
M4	75°	不清	2.4×（1.4～1.5）－1.72	2.95×2.4−2.08	罐5、盘、摇钱树座、案、灯、耳杯2、博山炉盖10、房2、鸡、子母鸡、俑17、碎陶片，铜摇钱树残件	东汉晚期
M5	75°	不清	2.18×1.44−1.62	2.9×2.42−2.04	马、俑20、博山炉盖15、井、案2、罐9、房3、灶、盘5、耳杯8、摇钱树座2、灯2、钵、狗、魁2、子母鸡、车毂、釜、碎陶片，铜钱币3	东汉晚期
M6	180°	门1.96×1.76−0.3	1.92×1.68−1.76	5.06×2.6−2.2（残）	罐、碎陶片	东汉晚期—？
M7	175°	不清	2.48×1.78−0.62（残）	4.8×2.4−0.84（残）	俑17、狗、猪、车毂、耳杯6、马2、鸡、鸭、盘2、博山炉盖3、壶、罐、车轮、车轭、车辕、碎陶片	东汉晚期—西晋

涪陵转转堡墓群2012年发掘简报

重庆市文化遗产研究院　涪陵区博物馆

一、引　　言

转转堡墓群位于重庆市涪陵区珍溪镇水口村五组，地处长江北岸二级台地上。2009年三峡库区消落区文物调查时发现，同时还发现“团坝墓群”、“下湾墓群”及“黄荆背遗址”，均被确定为三峡库区消落区文物抢救发掘点。

该墓群东靠涪丰北线公路，南接“小沟子”，西濒长江，北至“麻柳林”。中心地理坐标（周淑江住房东北角）东经107°30′24″，北纬29°53′47.1″，海拔167米。地势东高西低，中心坡度较缓，临江处为断坎，小地名“转转堡”（图一；图版三九，1）。

墓群地表现为农耕地，种有大量的农作物，部分地方堆积大量建筑弃土，原生地貌保存较差。在发掘前的走访过程中得知发掘区曾遭盗掘，并在钻探过程中发现了多处盗洞痕迹及零星的红烧土粒、夹砂陶片等。

2012年8月至9月，重庆市文化遗产研究院、涪陵区博物馆联合对该墓群进行了考古发掘。以周淑江住房东北角为中心地理坐标基点，按顺时针方向把墓群分为Ⅰ、Ⅱ、Ⅲ、Ⅳ区，本次发掘在第Ⅱ区。根据钻探情况，按正北方向布方5个（10米×10米探方1个，5米×5米探方4个，分别编号为2012FZZT005040、2012FZZT008041、2012FZZT008043、2012FZZT008044、2012FZZT009045[①]（其中2012为发掘年度，“F”代表涪陵，第一个“Z”代表珍溪镇，第二个“Z”代表转转堡）；部分探方扩方，实际发掘面积300平方米（图二；图版三九，2）。

本次发掘区的地层由于受江水冲刷和2009年三峡库区淹没区“肥土培植”工程的原因，造成地层破坏严重，文化层堆积较简单，第1层为耕土层，第2层为淤积层，遗迹多暴露于第1层下。

二、墓　　葬

本次发掘4座墓葬，其中土坑墓共3座，编号2012FZZM2～2012FZZM4（以下简称M2～M4）；砖室墓仅1座，编号2012FZZM1（以下简称M１）。

① 探方号先以所在工作区（罗马数字）表示，再按先横后纵顺序编号（前三位数为横坐标，后三位数为纵坐标）。

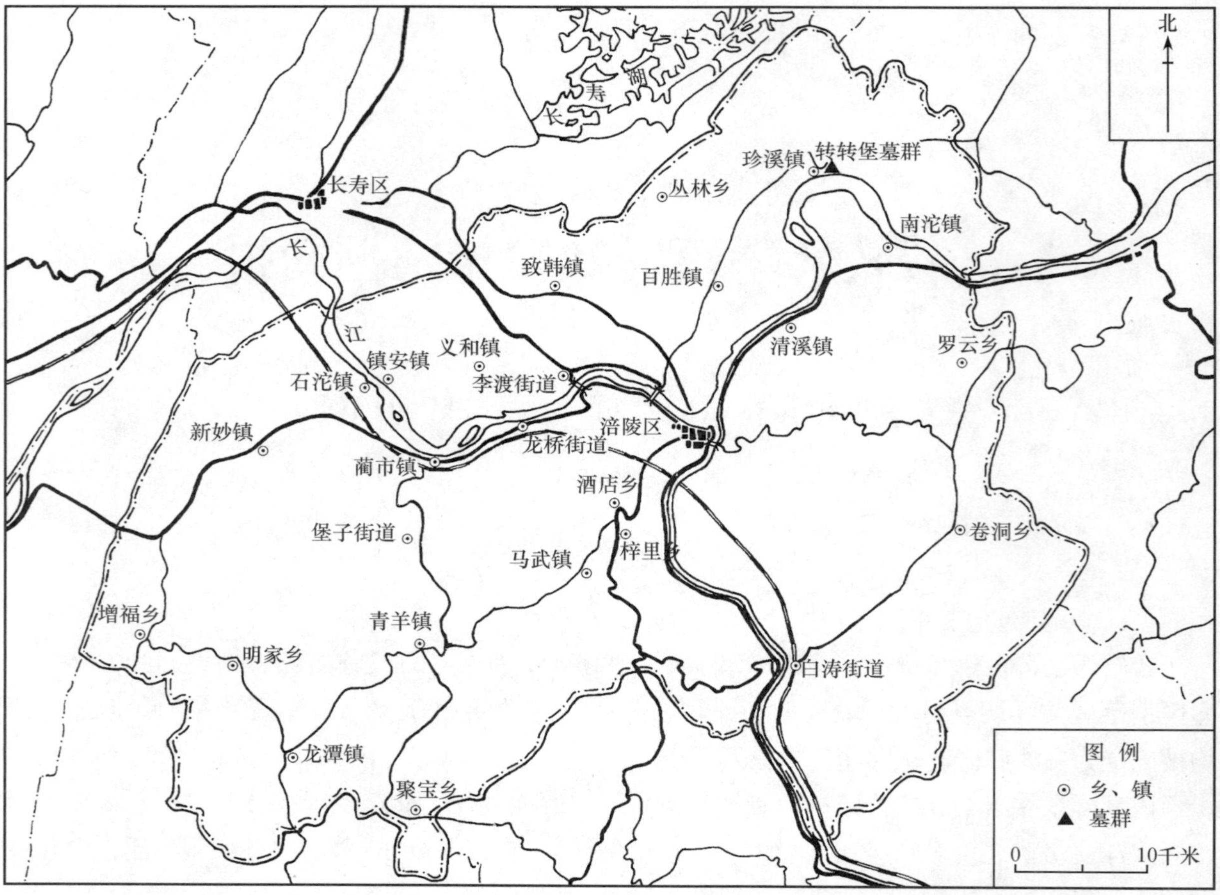

图一　转转堡墓群位置图

（一）土坑墓

3座，均分布在Ⅱ区西南部，除M4保存较好，其余墓葬均遭到不同程度盗扰，墓室及随葬品破坏严重。该类墓葬是由人工直接开凿成长方形竖穴土坑，墓口和墓底大小相当，墓壁较笔直，开凿粗犷，凿痕清晰可见。墓室开口均暴露于耕土层下，填土为黄褐色沙土，土质较紧密，夹杂黄灰色砂岩，长扁形小鹅卵石等。

根据墓室结构将土坑墓葬分为三型：

A型　1座。有墓道和熟土二层台。

M2　位于ⅡT005040西部，开口于第1层下。平面呈长方形，方向316°。该墓在此类墓葬中规模最大，形制级别最高，由墓道、墓室组成。墓口距地表深0.2～0.3米，墓底至地表深1.8～2米，口底同宽，墓壁垂直于墓底，有明显的加工痕迹，墓底较平。墓道位于墓室正前方，呈缓斜坡状，坡长3.9、宽2.6～2.7、深0.1～1.3米。墓室与墓道间有一道用大小一致的卵石与泥土混杂成的立墙作墓门，立墙长1.96～2.7、宽1.6、高1.1米。在墓室及墓道处共发现盗洞4个，盗洞填土呈深褐色，土质疏松。墓室长5.1、宽3.4、深1.6米。除墓门一侧没有二层台外，三面均有熟土二层台，墓室西侧二层台宽0.6米，东侧宽0.4米，后侧宽0.5米，高度均为1.32米。墓室填土为黄褐色沙质土及青灰色膏泥混杂的“五花土”，土质坚硬，结构紧密。葬

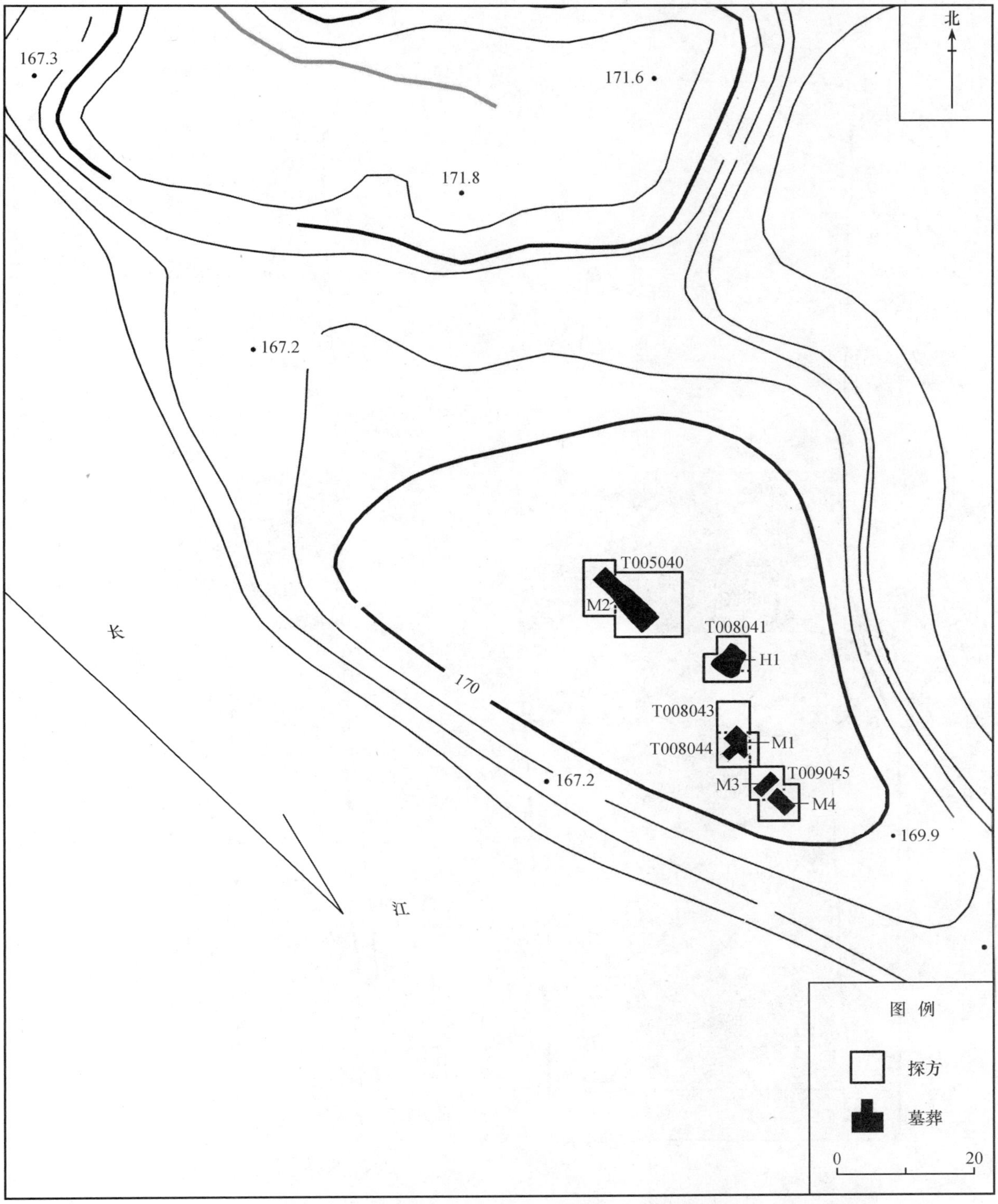

图二　转转堡墓群2012年度发掘遗迹分布图

具由于盗扰、腐朽严重，仅存木椁底板痕迹。随葬品保存也较差，放置无序，多集中分布在椁室东后北侧，其余部分散落于盗洞内，共28件。从器类可分为陶、铁、铜三类，陶器有罐、豆等，铁器可辨器形有斤、斧、锸等，铜器以勺、灯、钱币为主（图三；图版四〇，1）。

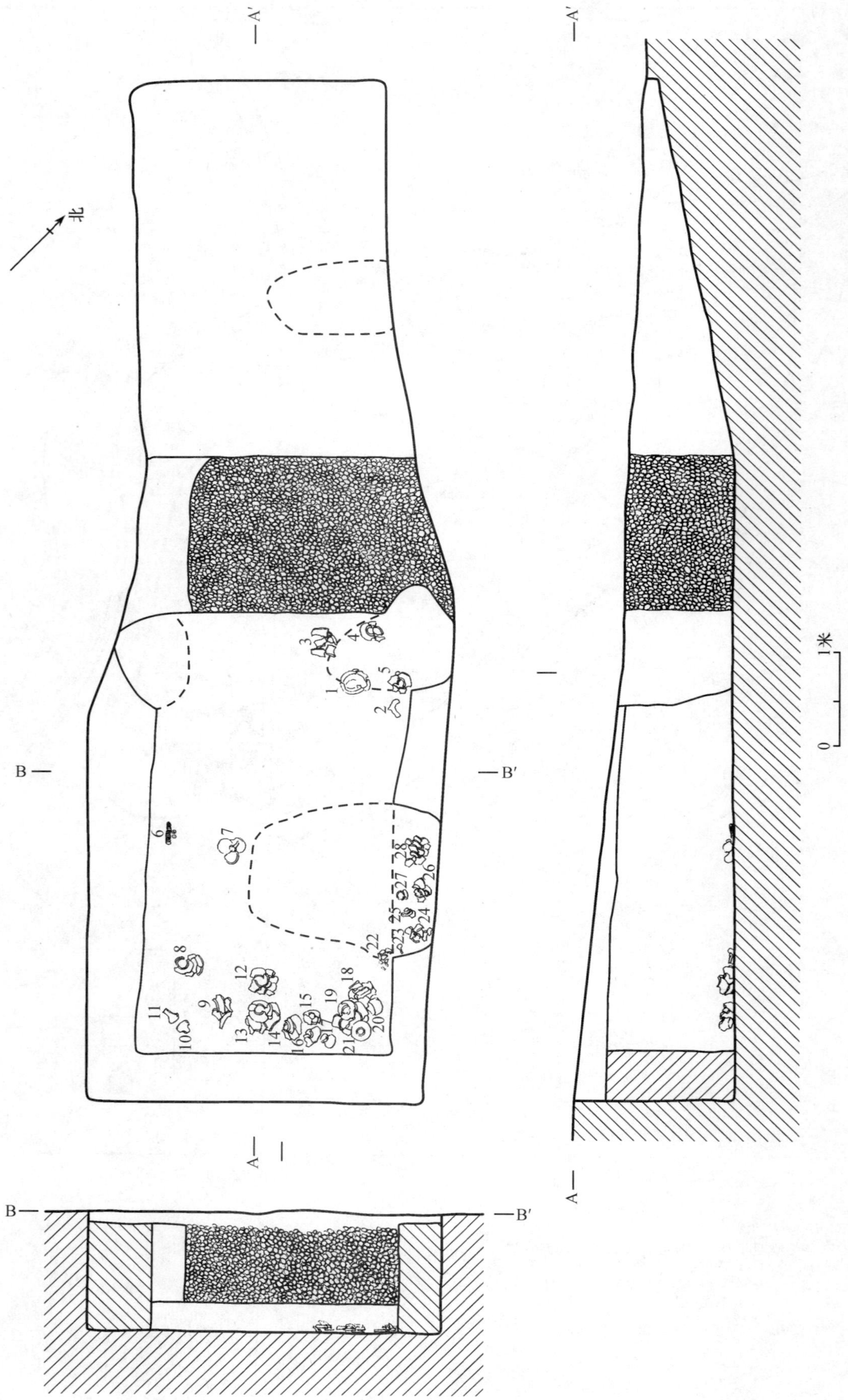

图三　M2平、剖面图

1. 铁器　2. 铁锸　3、28. 陶片　4、5、8、9、12～21、24、26. 陶罐　6. 铜钱币　7. 铜灯　10. 铁斧　11. 铁斤　22. 铜壶　23. 铜勺　25、27. 陶豆

B型 1座。无墓道，有熟土二层台。

M4 位于ⅡT009045东南边，开口于第1层下。平面呈长方形，方向309°。整座墓葬保存较完整，墓口距地表深0.2～0.3米，墓底距地表深2.6～2.8米，口底同宽，墓壁垂直于墓底，四壁有明显的加工痕迹，墓底较平。墓室长4.5、宽2.8、深2.4米。墓室填土为黄褐沙土及青灰色青膏泥混杂的“五花土”，土质坚硬，结构紧密。木椁立墙朽迹较为清晰。在椁壁与墓壁之间有熟土二层台，二层台宽0.4～0.5、高1.5米。由于未被盗扰，随葬品放置有序，大部分分布于墓室东南部，共24件，以铜器为主，陶器次之。铜器可辨器形有矛、鍪、钫、甑、灯、钱币等；陶器保存较差，完整器较少，但均能修复，可辨器形有罐等；铁器锈蚀严重，仅见釜类（图四；图版四〇，3）。

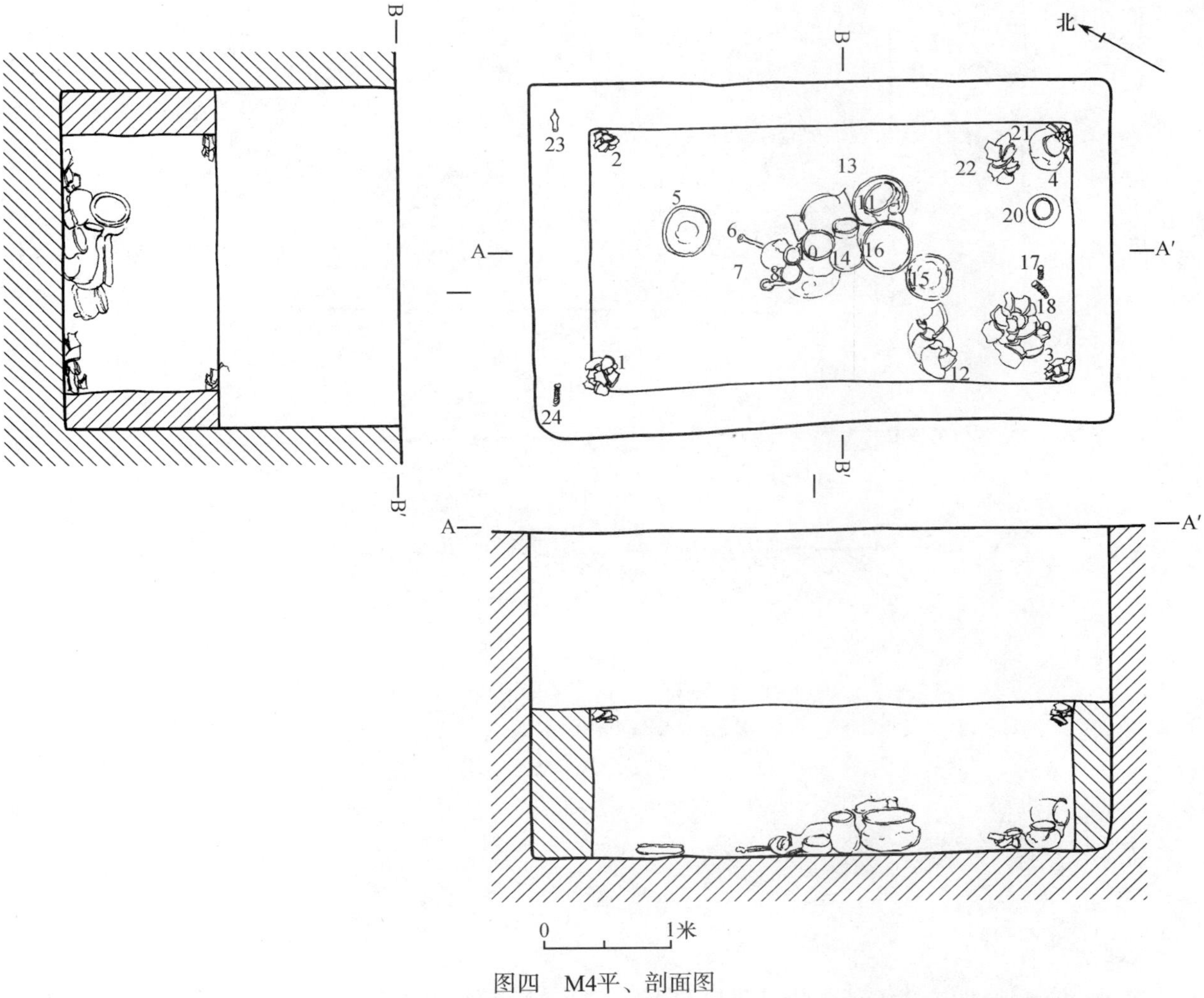

图四 M4平、剖面图

1～4、12、20～22. 陶罐 5. 铜盆 6. 铜削 7. 铜鍪 8、14. 铜壶 9. 铜钫 10. 铜甑 11. 铜灯 13. 铜洗 15. 铁釜 16. 铁洗 17、18. 铜钱币 19. 陶俑 23. 铜矛 24. 铜樽

C型 1座。形制简单，仅为竖穴土坑。

M3 位于ⅡT009045内，开口于第1层下。平面呈长方形，方向235°。墓口距地表深

0.2～0.3米，墓底至地表深0.8～1米，口底同宽，墓壁垂直于墓底，四壁有明显的加工痕迹，底部不平处用细沙填平。墓室长4、宽1.9～2、深0.6米，墓室填土为黄褐沙土及青灰色膏泥混杂的“五花土”，土质坚硬，结构紧密。保存较完整，随葬品放置有序，大部分器物分布于墓室西南部，共19件。陶器最为大宗，可辨器形有罐、盆、钫、鼎等；铁器次之，可见鼎、剑、匕首等；铜器仅见矛、钱币等（图五；图版四〇，2）。

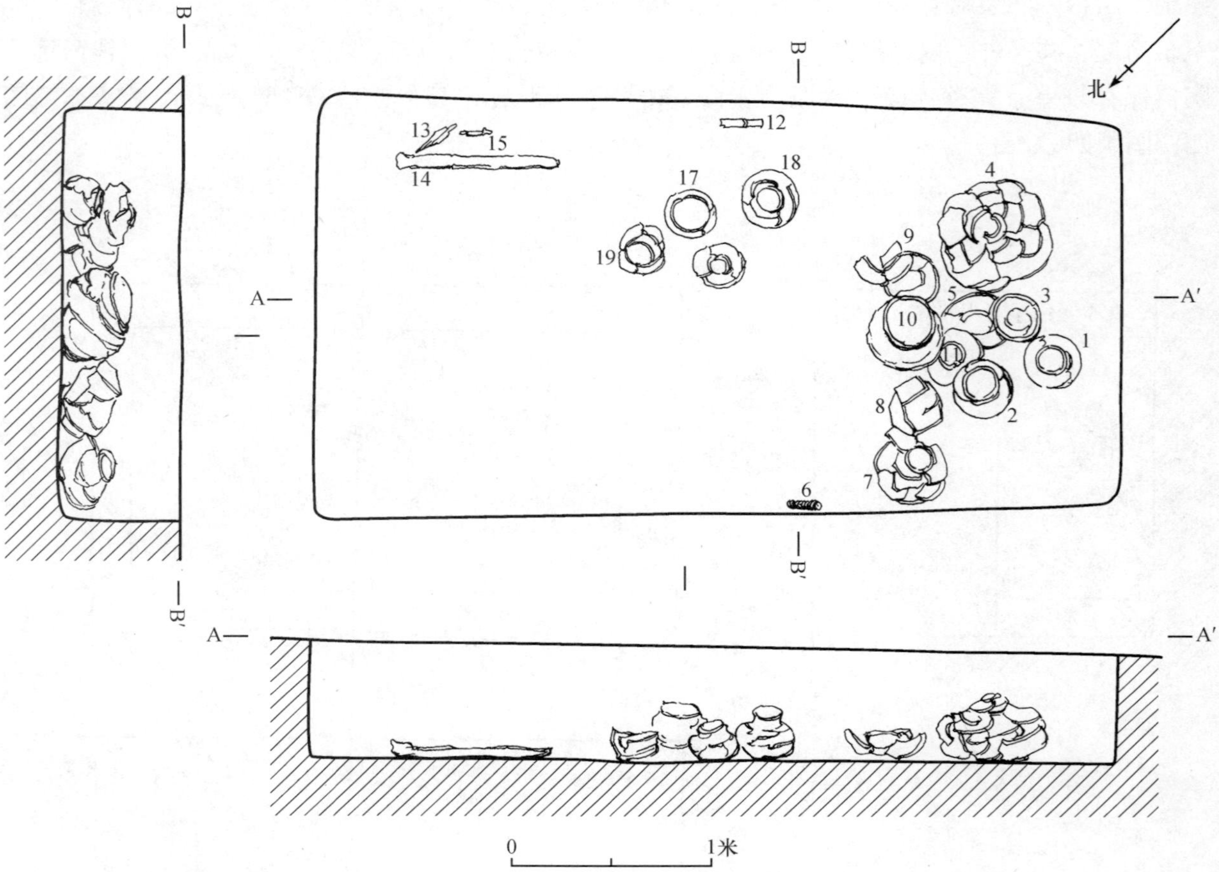

图五　M3平、剖面图

1、2、4、7、11、16. 陶罐　3. 陶钵　5、9、19. 陶盆　6. 铜钱币　8. 陶钫　10. 铁鼎　12. 铜镦　13. 铜矛　14. 铁剑　15. 铁匕首　17. 陶鼎　18. 陶器盖

（二）砖室墓

仅1座。

M1　位于ⅡT008044内，开口于第1层下。墓葬平面呈“凸”字形，方向226°。该墓由墓圹、墓道、甬道、墓室组成。现存墓葬开口较浅，距地表深0.2～0.3米，墓底至地表0.4～0.9米。由于扰乱严重，墓圹仅残存近底部分，与墓室砖壁间距在0.15～0.5米。墓葬券顶部分被毁或垮塌不存，墓壁也遭到破坏，仅残存1～6层青砖。墓室、甬道及墓门四壁均用长方形青砖错

缝平砌，无铺地砖。墓室长3.82、宽2.3、残高0.1～0.2米。甬道长1.98、宽1.14、残高0.5～0.6米。墓道位于甬道正前端，较甬道略窄，毁坏殆尽。墓葬填土为黄褐沙土及青灰色膏泥混杂的“五花土”，土质坚硬，结构紧密。由于破坏严重，出土器物较碎，放置无序，可辨器形有陶罐、陶钵、陶俑、陶房、铁削、铜钱币以及指环等，共计13件（图六）。

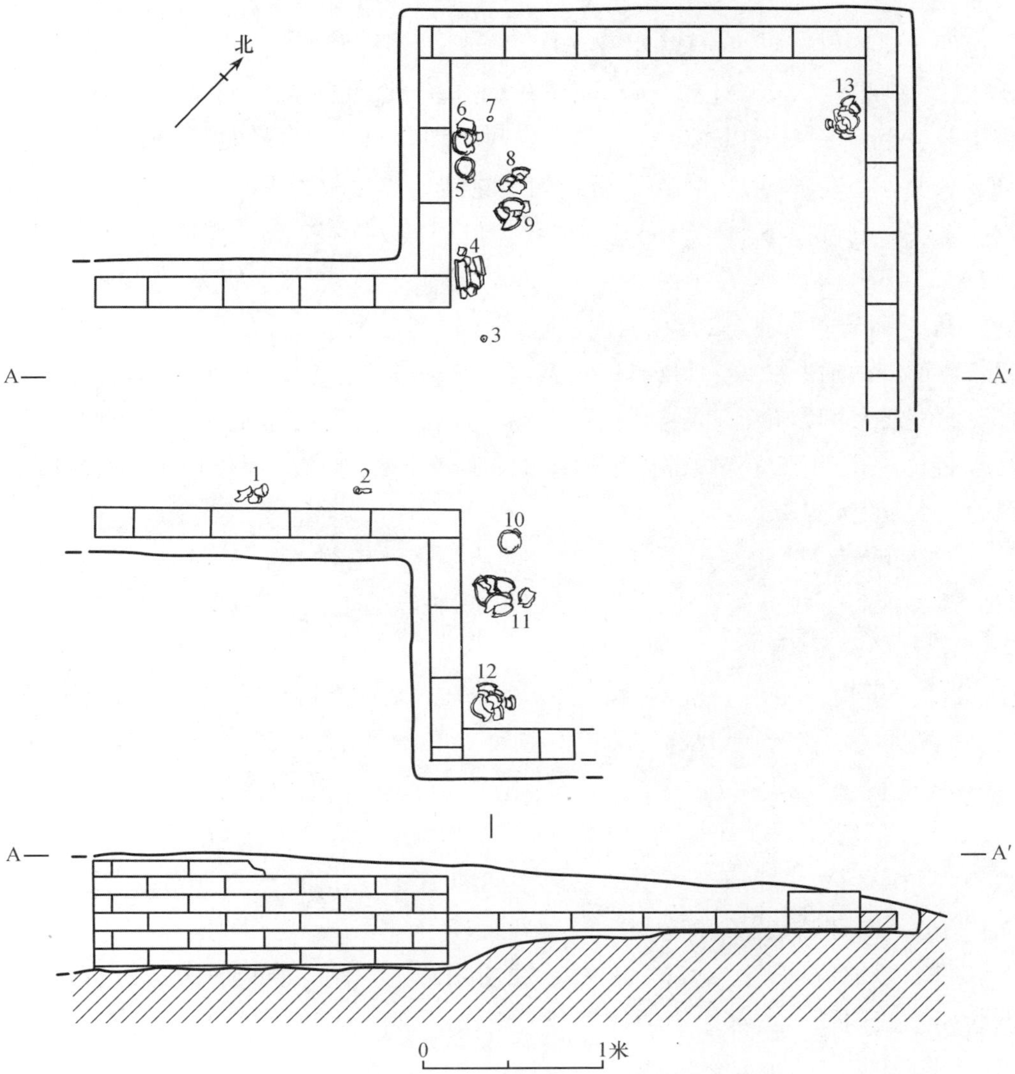

图六　M1平、剖面图

1. 陶俑　2. 铁削　3. 铜钱币　4. 陶房　5、10. 陶灯　6. 陶井　7. 铜指环　8. 陶钵　9. 陶器盖　11～13. 陶罐

三、出土遗物

本次发掘墓葬4座，出土遗物较丰富，共84件。按质地可分陶、铜、铁三大类。陶器质地以灰陶居多，红陶、褐陶次之，可辨器形有罐、钵、盆、豆以及器盖等；铁器较少，保存较差，且锈蚀严重，无法分辨器形；铜器主要有甑、壶、灯、镦、矛等。

（一）陶器

共24件。

罐　18件，根据口、肩、腹特征分八型。

A型　2件，折肩。标本M2：14，泥质灰陶，轮制。口微敛，平沿，方唇，束颈，斜折肩，鼓腹下收，圜底。肩部以下通体饰斜向绳纹。口径11.8、腹径22.1、高17.9厘米（图七，1；图版四一，1）。标本M2：21，泥质灰陶，轮制。口微敞，平沿，方唇，束颈，斜折肩，鼓腹下收，圜底。肩部以下通体饰斜向中绳纹。口径11、腹径21.5、高17.5厘米（图七，2；图版四一，2）。

B型　8件，溜肩。标本M2：12，泥质灰陶，轮制。敞口，平沿，方唇，短束颈，弧腹斜收，圜底。肩部饰两道凹弦纹。口径11.7、腹径19.2、高13.8厘米（图七，3；图版四一，3）。标本M3：2，泥质灰陶，轮制。敞口，平沿，斜方唇，短束颈，溜肩，鼓腹下收，圜底内凹。肩部、腹部各饰一道凹弦纹，腹部以下通体饰斜向交错细绳纹。口径14.1、腹径20.5、高15.5厘米（图七，4；图版四一，4）。

C型　1件，折肩，弧腹。标本M4：21，泥质褐陶，轮制。敞口，微敞平沿，斜方唇，短束颈，肩微折，弧腹下收，圜底内凹。肩部以下通体饰斜向交错细绳纹。口径13、腹径20、高16.2厘米（图七，5；图版四一，5）。

D型　1件，折肩，平底。标本M4：20，泥质灰陶，轮制。敞口，平沿，子母口，长束颈，折肩，斜直腹，平底。上腹部饰一道凸弦纹。口径14.8、腹径17.1、底径8.3、高13.9厘米（图七，6；图版四一，6）。

E型　1件，溜肩，平底。标本M2：16，泥质褐陶，轮制。敞口，尖圆唇，短束颈，溜肩，鼓腹斜收至底，平底。肩部以下饰三通竖向细绳纹。口径12.3、腹径21.8、底径11.8、高15.8厘米（图七，7；图版四二，1）。

F型　2件，鼓腹，平底。标本M3：1，泥质褐陶，轮制。直口，方唇，直领，滑肩，鼓腹近底斜收，平底内凹。肩部以下通体饰竖向绳纹。口径14.8、腹径24、底径24、高21.7厘米（图七，8；图版四二，2）。

G型　1件，鼓腹，大平底。标本M4：22，泥质灰陶，轮制。敞口，尖唇，短束颈，溜肩，鼓腹斜收，大平底。上腹部饰两道凹弦纹。口径13.2、腹径51、底径32、高39.7厘米（图七，9；图版四二，3）。

H型　2件，鼓腹，小平底。标本M1：12，泥质灰陶，轮制。侈口，圆唇，束颈，斜溜肩，鼓腹斜收，小平底。肩部饰三组拍印菱格纹，上腹部饰一道凹弦纹。口径9.2、腹径14.2、底径5.2、高11厘米（图七，10；图版四二，4）。

器盖　2件，根据外形分二型。

A型　1件，圆弧顶。标本M3：18，泥质灰陶，模制。纽为半球形，覆钵形，圆弧顶，平沿。器表中部饰三个耳形纹。口径21.1、高7.6厘米（图 八，1；图版四三，1）。

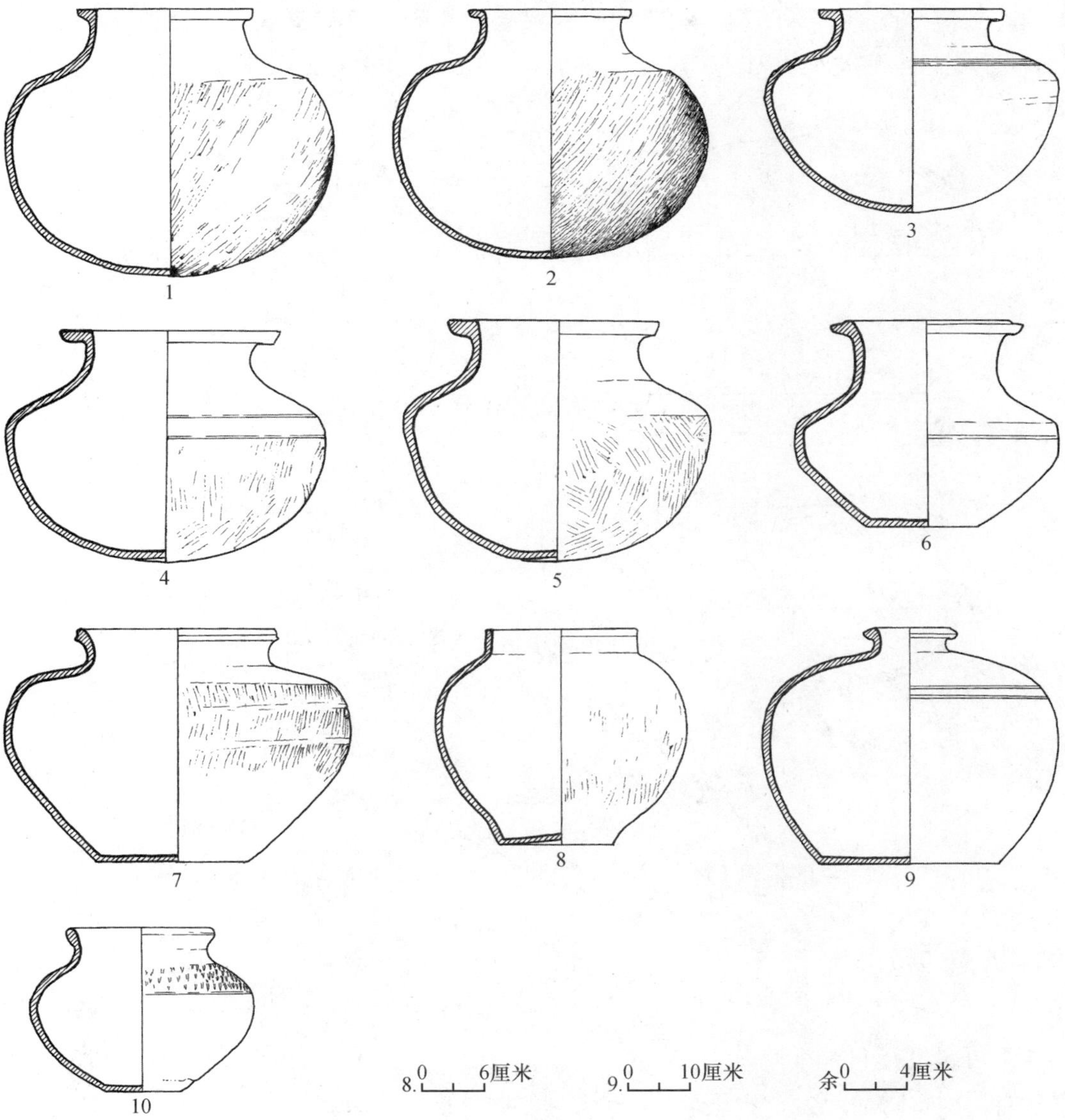

图七　出土陶罐

1、2. A型（M2：14、M2：21）　3、4. B型（M2：12、M3：2）　5. C型（M4：21）　6. D型（M4：20）　7. E型（M2：16）　8. F型（M3：1）　9. G型（M4：22）　10. H型（M1：12）

B型　1件，弧面。标本M1：9，泥质红陶，模制。覆钵形，弧面，器身矮，平沿，近沿处斜收。器表饰柿蒂纹加卷叶草纹。口径15.2、高4.4厘米（图八，2；图版四三，2）。

钵　1件。标本M3：3，泥质红陶，轮制。敞口，方唇，上腹较直，下腹斜收，平底。上腹饰有一道凹弦纹。口径17.6、底径6.4、高6厘米（图八，3；图版四三，3）。

盆　1件。标本M3：5，泥质红陶，轮制。敞口，斜平沿，方唇，弧腹斜收至底部，平底。口径22、足径9.6、高10.8厘米（图八，4；图版四三，4）。

豆　2件。标本M2：27，泥质灰陶，轮制。敛口，圆唇，深凹腹，斜腹内收，束腰，小喇叭口状圈足。口径16.4、底径8、高7.6厘米（图八，5；图版四三，5）。标本M2：25，泥质灰陶，轮制。敛口，圆唇，深凹腹，斜腹内收，束腰，小喇叭口状圈足。口径17.6、足径8.8、高8.4厘米（图八，6；图版四三，6）。

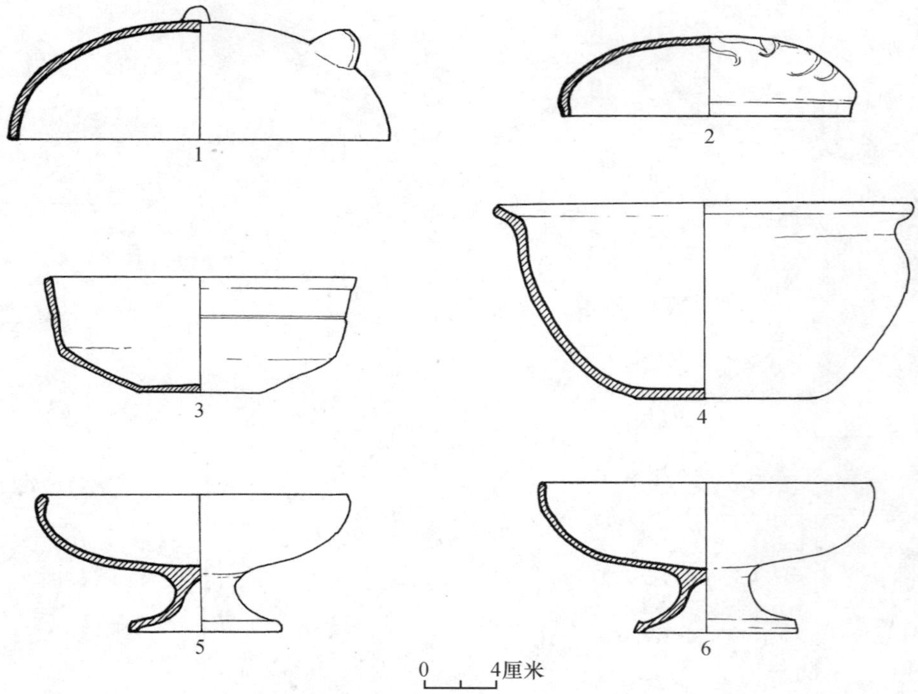

图八　出土陶器

1. A型器盖（M3：18）　2. B型器盖（M1：9）　3. 钵（M3：3）　4. 盆（M3：5）　5、6. 豆（M2：27、M2：25）

（二）铁器

10件，可辨器形1件。

削　1件。标本M1：2，环首，削身残。残长11.7厘米（图九，1）。

（三）铜器

17件，可辨器形9件。

镦　1件。标本M3：12，圆柱形，中空，底部封口。近底处饰箍带。残长14.7、直径2.6厘米（图九，2；图版四四，1）。

矛　2件。标本M4：23，柳叶形，圆形短骹，叶、骹残。残长8.8厘米（图九，3；图版四四，2）。标本M3：13，柳叶形，圆形短骹，弓形耳，叶、耳残。长23.6、残宽3.4厘米（图九，4；图版四四，3）。

钫　1件。标本M4：9，浅盘口略外撇，短束颈，溜肩，中下腹外鼓，高圈足底。上承子母榫浅盝顶深盘状盖，周边立二变形鸟纽，肩饰两对称的兽面铺衔环。口径11、足径12、腹径

19.3、通高36.2厘米（图九，5）。

灯　2件，根据外形分二型。

A型　1件。标本M4：11，环形，盘口，方唇，直壁，盘较深，三弧形支架连接灯柱。灯柱呈圆柱型，两端各饰一环，中间呈弧形。喇叭状座。口径22.2、底径14.5、通高32.5厘米（图九，6）。

B型　1件。标本M2：7，三圆形盘口相连，方唇，直壁，盘较深，灯盘由三弧形支架连接灯柱。圆形灯柱，喇叭状座。口径23、底径15.5、通高12.7厘米（图九，7）。

壶　1件，标本M2：22，残存腹下部分，鼓腹，腹部饰三道凹弦纹，圈足。底径13、残高12厘米（图九，8）。

甑　1件。标本M4：10，敞口，圆唇，斜沿，长束颈，溜肩，鼓腹，平底。底部饰几何纹，腹部残缺，肩部饰有对称辫绳纹环耳，底部有三足。口径17.8、腹径32、残高34厘米（图九，9）。

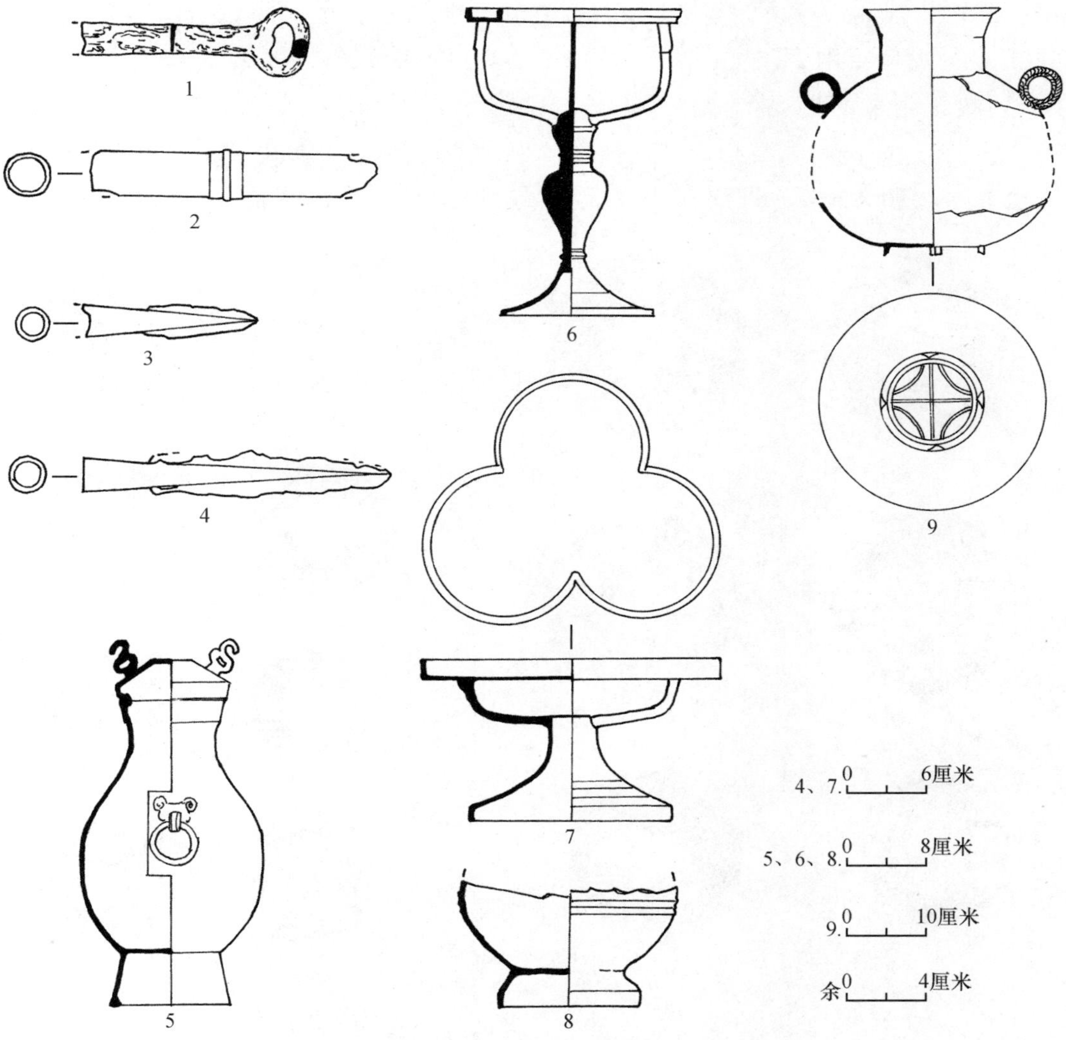

图九　出土铁器和铜器

1. 铁削（M1：2）　2. 铜镦（M3：12）　3、4. 铜矛（M4：23、M3：13）　5. 铜钫（M4：9）　6、7. 铜灯（M4：11、M2：7）　8. 铜壶（M2：22）　9. 铜甑（M4：10）

铜钱币　均为“半两”，共286枚。依据钱体大小、形制不同分七型。

A型　36枚，钱体最大，有郭。标本M4：18-4，内外郭均窄细低平，钱文较小，“两”字内为“从”字。直径3.4、穿径1.3厘米（图一〇，1）。

B型　27枚，钱体较大，无外郭。标本M4：17-4，内郭窄细低平，近乎消失，钱文最大，两字右边与郭共用，“两”字内为“从”字。直径3.3、穿径1.2厘米（图一〇，2）。

C型　97枚，钱体较大，内外郭均窄细低平。标本M4：17-2，钱文较大，“半”字下端一横较短，“两”字内为“从”字。直径2.7、穿径0.9厘米（图一〇，3）。标本M2：6-5，直径2.9、穿径1.1厘米。

D型　45枚，钱体较大，钱文较大较长，“两”字内为“从”字。标本M4：17-3，内外郭均窄细低平。直径2.7、穿径0.9厘米（图一〇，4）。

E型　52枚，钱体较小。标本M2：6-2，内外郭均窄细低平，内郭近乎消失，两字右边与郭共用，“两”字内为“从”字。直径2.3、穿径0.9厘米（图一〇，5）。

F型　28枚，钱体最小。标本M3：6-2，外郭窄细低平，近乎消失，无内郭，钱文较小边缘与郭共用，“两”字内为“从”字。直径2.1、穿径0.9厘米（图一〇，6）。

G型　1枚，钱体最小。标本M3：6-3，与平常“半两”钱文排列方式相反，“半”在左，“两”在右。无外郭，内郭窄细低平，钱文较小，两字左边与郭共用，“两”字内为“从”字。直径2.1、穿径0.8厘米（图一〇，7）。

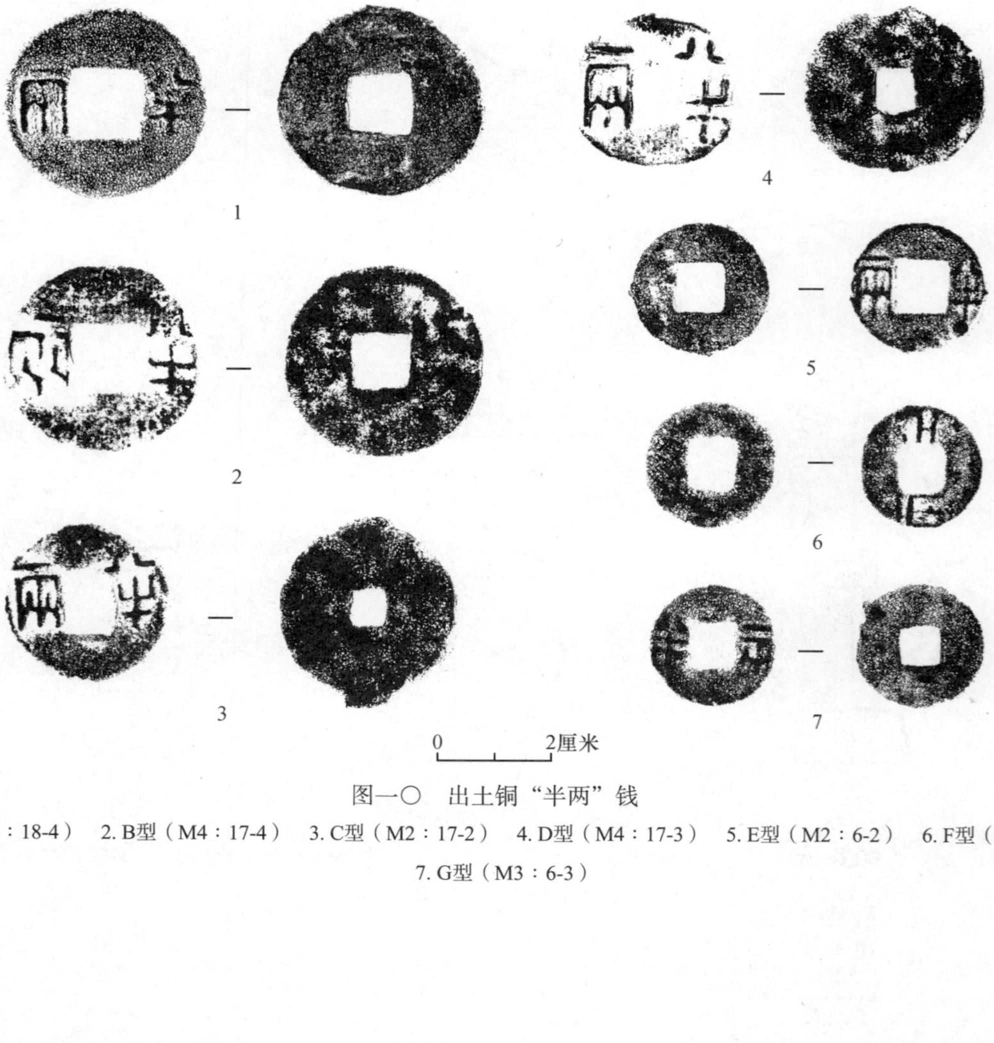

图一〇　出土铜“半两”钱

1. A型（M4：18-4）　2. B型（M4：17-4）　3. C型（M2：17-2）　4. D型（M4：17-3）　5. E型（M2：6-2）　6. F型（M3：6-2）　7. G型（M3：6-3）

四、结　　语

本次发掘的墓葬数量虽不多，但类型齐全，出土遗物丰富，时代跨度大，具有极为重要的文物价值和研究价值。M2结构尤为特殊，规模较大，形制特别。以大小均匀的砾石封门作为墓门，加强了防盗设施，在长江流域较为少见，说明该墓主人，在该区域地位较高。此次发掘的墓葬虽未发现打破叠压关系，但分布较密集，证明这一时期这一地区与其他地方一样盛行厚葬之风。出土的铜矛、铜鍪、铜钫及陶鼎、陶圜底罐等，也表明这些墓主人的身份等级较高。从M2、M3、M4的墓葬型制、出土的陶器、木质器物残留的纹饰以及A型钱币，均具西汉风格，故推断时代应为西汉早中期。M1为“凸”字形砖室墓。铁器和钱币锈蚀较严重，只能辨出器型，陶器保存较差，多难修复完整。但从墓葬型制判断时代应为东汉时期。

转转堡墓群从发掘的墓葬及出土遗物分析，尚有部分巴人遗风，也有楚式器物特征，应是巴、楚文化互相影响、融合的结果。

附记：本次考古发掘工作领队邹后曦，工地现场负责人黄海，参加本次发掘的人员有：周虹、湛川航、李洪、陈啸、秦彬。拓片：周虹、李洪，修复：秦彬、唐华东；绘图：李洪、陈啸、秦彬、李振文，摄影：陈啸、李振文，资料整理：黄海、周虹、湛川航、李洪、陈啸、秦彬、李振文、周巧灵、杨桂红。这次发掘工作中，重庆市文化遗产研究院、涪陵区文广新局、涪陵区博物馆给予了大力支持，在此一并致谢。

执　笔：刘　海　汪　彤　陈　啸　黄　海　周　虹

涪陵太平村墓群2012年发掘简报

重庆市文化遗产研究院　涪陵区文物管理所

一、地理位置及工作经过

太平村墓群位于城区西南的龙桥街道北拱社区（原龙桥镇太平村三社），中心地理坐标为东经107°14′38″、北纬29°41′49″（图一）。该墓群发现于1990年。1993～1994年北京市文物研究所对其进行了钻探、试掘，清理残墓2座[1]。2000年，陕西省考古研究所对太平村墓群的鸭蛋丘、双水井和秧地湾进行了考古发掘，清理墓葬21座，出土各类文物350件[2]（图版四五，1）。

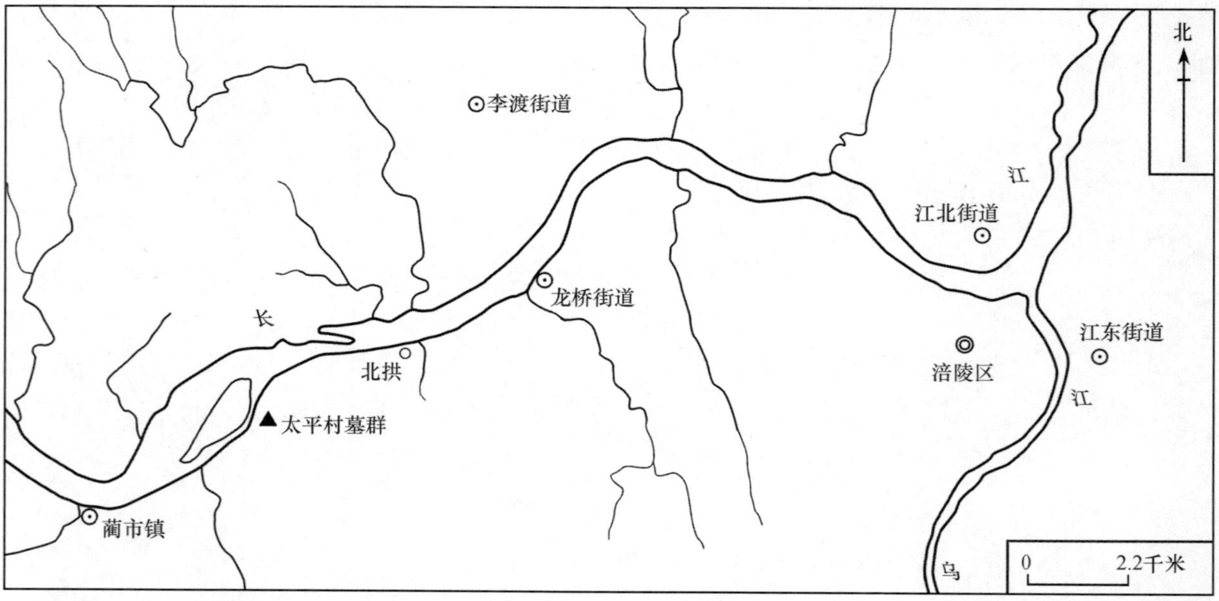

图一　太平村墓群地理位置图

2011年9～12月，为配合涪陵区龙头港物流园工程建设，重庆市文化遗产研究院对太平村墓群的转转堡进行了发掘清理。转转堡位于北拱社区十七组，为长江南岸冲积台地，前临长江，背靠渝怀铁路，左右环绕冲沟，呈南北向条状分布，南北长约120米，东西宽约70米，面积约8400平方米，地势东南高、西北低。发掘区位于转转堡的西北部，清理灰坑33个、房址4

座、灰沟7条、墓葬17座、灶坑1座，遗存时代包括商周、汉代、宋、明清[3]。

2012年7～8月，因三峡水库消落区文物保护需要，重庆市文化遗产研究院再次进行了考古发掘。发掘地点位于2011年度发掘区的东南侧。布设10米×10米的探方10个，加上扩方实际发掘面积约1037平方米，清理基址2座、沟1条、灰坑14个、墓葬3座。遗存时代包括汉、五代至宋、明、清。现将除清代遗存外的发掘情况简报如下，为完整说明建筑基址情况，2011年度发掘的房址及附属排水沟（2011F4、2011F5、2011G7）也一并予以介绍（图版四五，2）。

二、地层堆积

2012年度发掘区地层堆积比较一致，以2012T0103为例（图二），堆积共分3层：

第1层：厚25～35厘米。灰褐色土，土质结构较疏松。夹大量的植物根茎及近现代陶瓷片等。该层为现代耕土层。

第2层：深25～35、厚30～38厘米。深灰褐色土，土质结构紧密，板结成块状。出土少量的青花瓷片、泥质灰陶残瓦片及器物口沿、器底等，可辨器物器形有碗、杯、碟、板瓦等。该层为明清文化堆积层。

第3层：深55～60、厚10～20厘米。黄褐色水锈土，土质结构较紧密。出土少量的青瓷、缸胎残片及大量的泥质灰陶碎瓦片，可辨器物器形有碗、碟、罐、盏、盆、板瓦、筒瓦等。该层下叠压2012F2、2012H13。该层为房屋废弃后形成的文化堆积层。

第3层下为生土层，黄色，土质紧密，未见任何文化遗物。

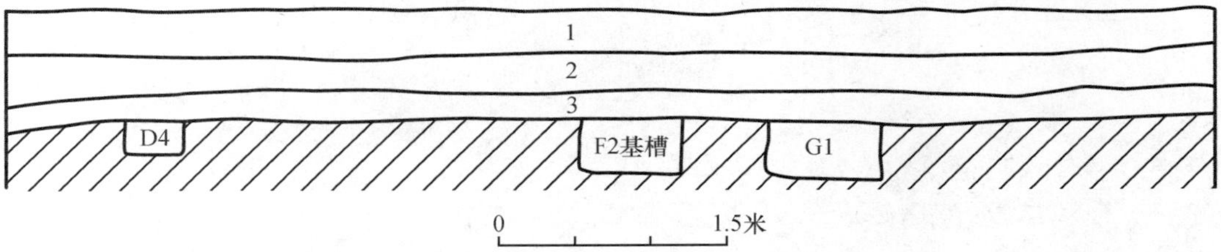

图二　2012T0103东壁剖面图

三、墓　葬

（一）2012M1

2012M1平面开口于第2层下，打破2012H12。方向为14°。该墓为同穴并室合葬墓，墓葬西侧和前端被破坏，由墓圹及石砌墓室组成。墓圹平面呈长方形，长8.93、宽4.3～5、深1.62米。

墓室由前堂、廊道与八个棺室组成，除墓顶石外露部分未加打磨保留原形外，其余皆以打磨规整的石板与条石砌筑。前堂底部铺有石板，长宽各不相同，对应棺室两壁的位置凿有深

3、宽20厘米的长方形凹槽，槽内原立有长方形片状石柱。现存最东端2个柱子，柱石宽0.4、高1.1、厚0.2米，石柱外侧两两相对位置凿刻出棱边。前堂与棺室之间留出一条廊道。廊道顶部不存，但在棺室墓顶石最前端发现有棱边，推测为承接廊道顶部石构件之用。棺室形制结构相同，平面呈长方形，长2.5、宽0.79～0.82、高1.2米。各棺室共用隔墙，以石板封门。现存中间两个棺室的封门石，封门石宽0.48、高1.12、厚0.06米。墓壁为上下两块长2.16、宽0.6、厚0.18～0.2米的石板与一块宽0.36～0.93、高1.2、厚0.2米的石板拼砌而成。平券，顶部由4块长宽各不相同，厚约20厘米的石板组成。承接墓壁的土衬石宽0.3、厚0.14米，石心凿出凹槽。除东侧第一座墓室外，其余墓室后壁均有宽0.38、高0.34、进深0.04米的壁龛，龛上有刻花。在每座墓室底部铺有2～3块厚7厘米的石板。

墓内未见棺椁、人骨架和随葬品（图三）。

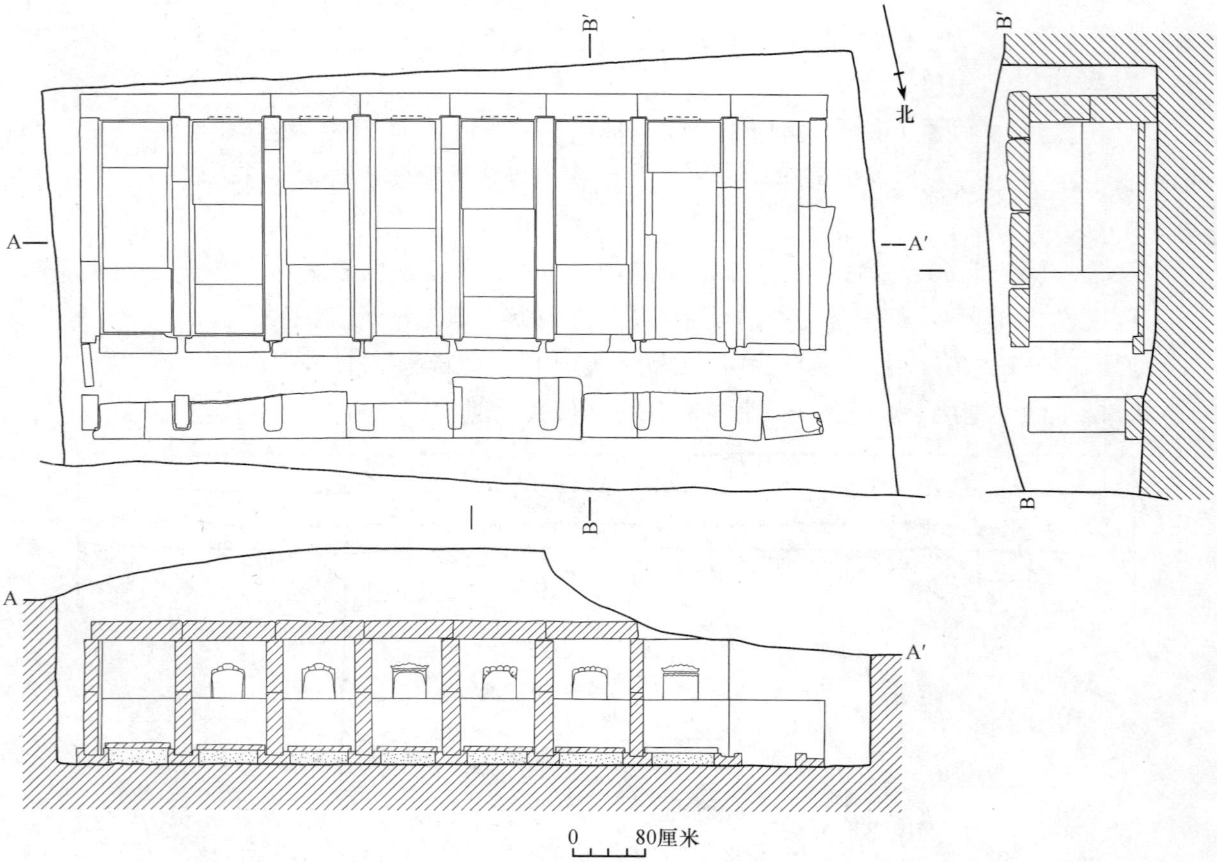

图三　2012M1平、剖面图

（二）2012M2

该墓位于2012T0104东北部及2012T0105西北部。开口于第3层下，打破生土层。M2为长方形竖穴土坑墓，由于被F1破坏，仅存墓底，长3.3、宽2.7～2.8、残深0.15米。

填土黄褐色，土质较疏松。未发现葬具及人骨，葬式不详（图四）。随葬品残存7件，主要集中在西壁中部。除钱币外，陶器修复3件。

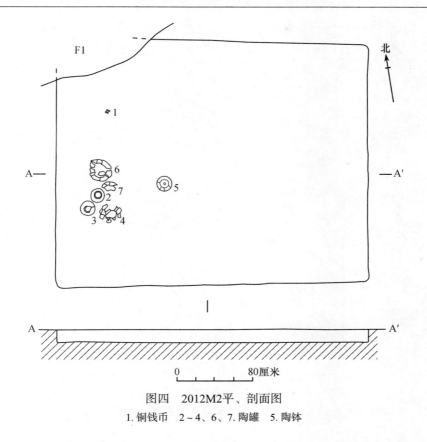

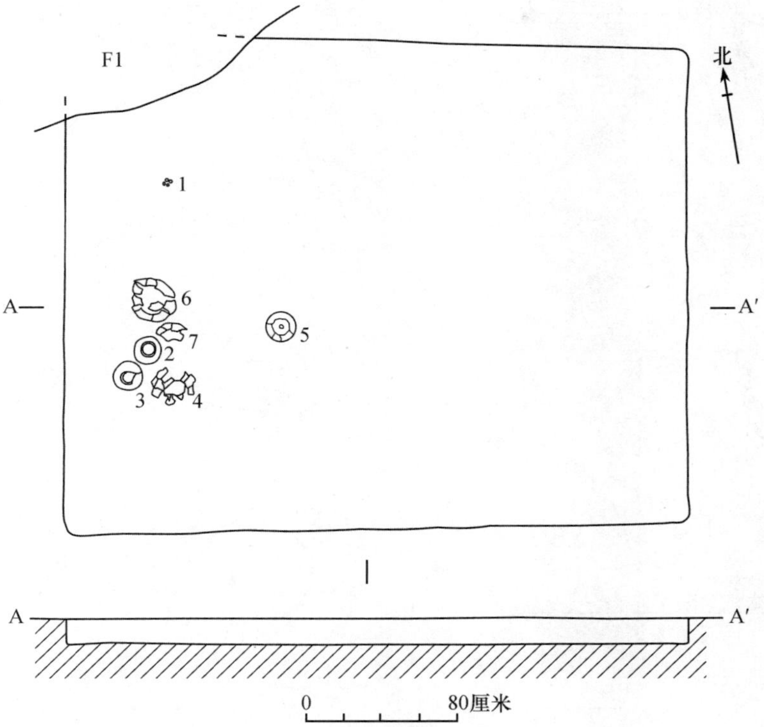

图四　2012M2平、剖面图

1. 铜钱币　2～4、6、7. 陶罐　5. 陶钵

陶罐　3件。泥质灰陶。形制基本相同，口微敛，平折沿，尖圆唇，矮领，微折肩，弧腹下收，平底微内凹。2012M2：2，肩部饰二道弦纹。口径11.2、腹径16、底径10.8、高9.8厘米（图五，1）。2012M2：3，肩部饰二道弦纹。口径11.6、腹径16.4、底径8.6、高10.2厘米（图五，2）。2012M2：4，肩部饰三道弦纹。口径10.8、腹径16.4、底径11.6、高11.6厘米（图五，3）。

铜钱币　"五铢"2枚。2012M2：1-1，"五"字较宽，交笔互曲，横笔略出头，"金"字头如带翼箭镞，下为四点，"朱"字上笔略方折。钱径约2.5厘米（图五，4）。2012M2：1-2，略残，"五"字交笔略显陡直，"金"字头如带翼箭镞，下为四点，"朱"字上笔方折。钱径约2.5厘米（图五，5）。

（三）2012M3

该墓位于2012T0203东北部，开口于第3层下，打破生土层。方向64°。2012M3为长方形竖穴土坑墓，直壁，光滑平整。长3.68、宽2.5、深1.8～1.86米。

填土黄褐色，土质较疏松，内含少量的泥质灰陶片。墓室中部有一盗洞。未见葬具及人骨，但根据土质土色差异，推测有木椁。木椁长3.36、宽2.17米。除填土中发现少量陶片外，墓底未发现随葬品（图六）。

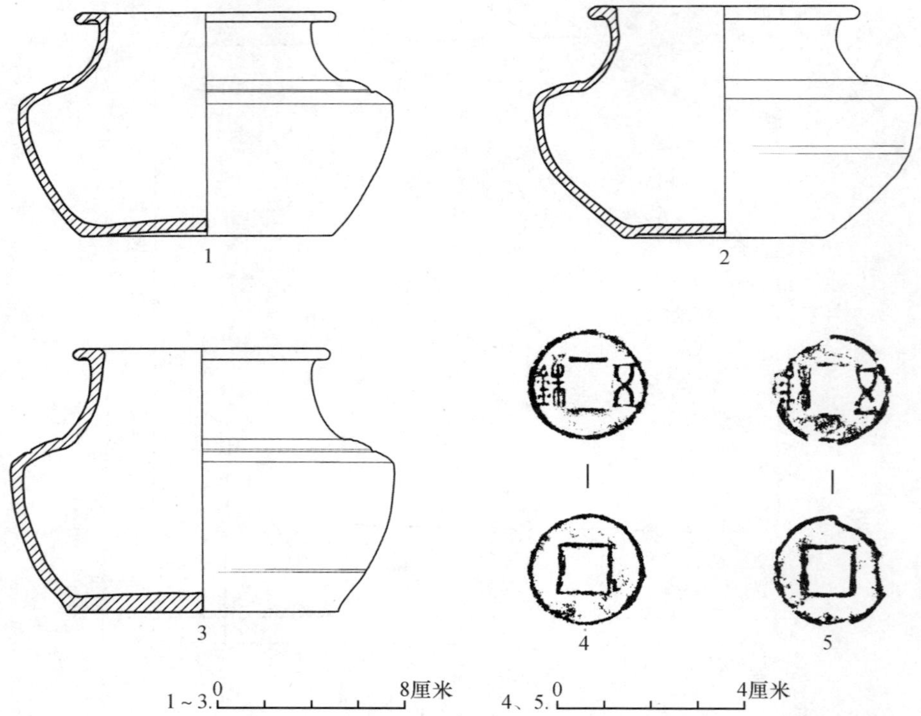

图五　2012M2出土遗物

1～3. 陶罐（2012M2：2、2012M2：3、2012M2：4）　4、5. 铜“五铢”钱（2012M2：1-1、2010M2：1-2）

四、遗　　址

（一）建筑基址

转转堡建筑基址由于破坏严重，主体建筑已经不存，各遗迹保存较差，仅2011F4建筑布局较清晰，其余残存地基与基础（图七）。

1. 2012F1

2012F1坐南朝北，方向346°。由地基、挡土墙、护坡、柱洞、铺地石板及排水沟等组成。基址东、北部残缺，形成断坎（图八）。

地基　直接在台地原生黄土上修整而成，地基南端边缘用加工规整的条石围砌。南北残长12.5～15、东西残宽12～14.5米。地面靠近南侧边缘发现有柱洞6个，分布无规律。西北部发现多块铺地石板，分布较零乱，石板厚5～8厘米。

挡土墙　在地基南侧边缘残留1～2层挡土墙，以加工规整的条石砌筑。条石宽15～23、厚18～20厘米，长度不等。

护坡　位于基址后缘，砌筑方式与挡土墙相同。条石宽10～25、厚15～20厘米，长度不等。护坡建筑在生土面上，略高于北部挡土墙基槽。

排水沟　位于地基后侧与左侧。左侧排水沟用石板铺底，整体残长16.5、残宽0.35～0.75

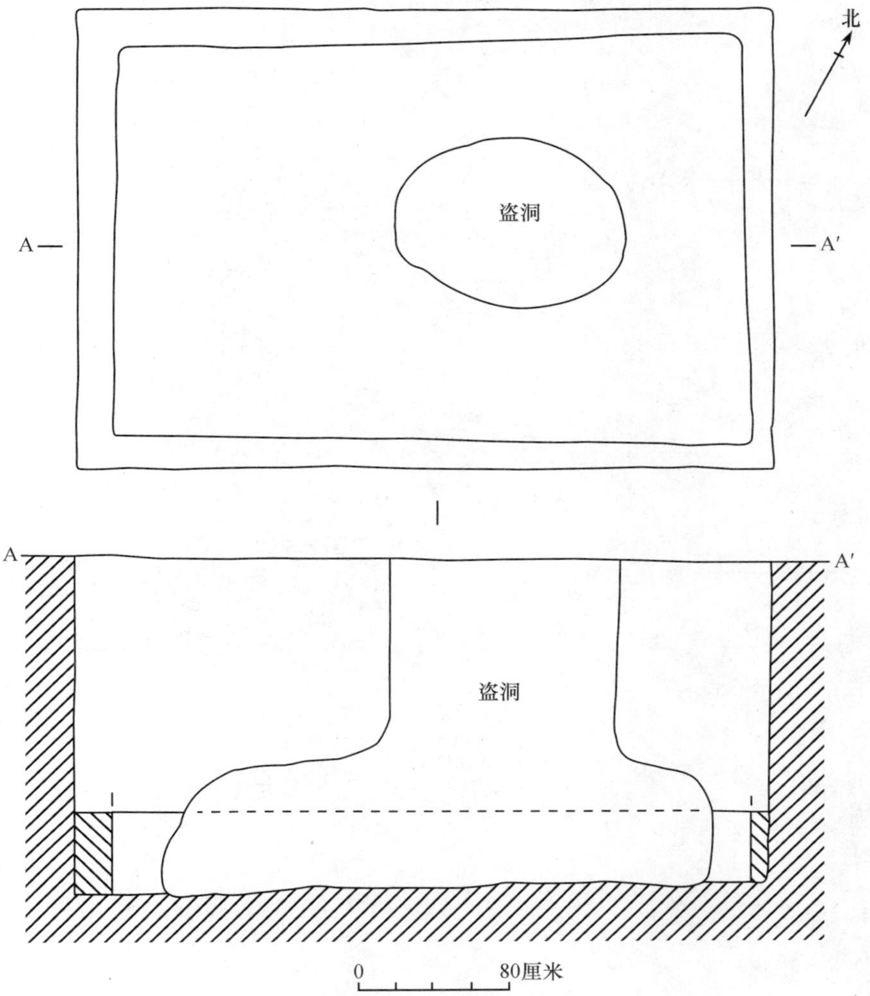

图六　2012M3平、剖面图

米，石板厚0.06～0.08米。后侧排水沟为挡土墙与护坡之间形成的间隔，残长12、宽0.7～0.9米，西高东低，呈坡状，同左侧排水沟相连，未发现铺地石板。

柱洞　6个。位于地基后部，分布无规律。2012D1平面呈圆形，直径38厘米。斜壁，口大于底，底部较平，底径32、洞深26厘米。洞内堆积呈深灰褐色土，土质结构较疏松。出土少量的泥质灰陶残瓦片，可辨器形有板瓦、筒瓦等。2012D2平面呈圆形，直径42厘米。斜壁，口大于底，底部较平，底径36、洞深36厘米。洞内堆积呈深灰褐色土，土质结构较疏松。出土少量的泥质灰陶残瓦片，可辨器形有板瓦、筒瓦等。2012H2平面呈圆形，直径88厘米，弧壁，底部较平，坑深10～15厘米。坑内堆积呈深灰褐色土，较疏松，夹少许碳渣。出土少量的泥质灰陶残瓦片，可辨器形有板瓦、筒瓦等。2012H3平面呈长方形，长80、宽68厘米。斜壁，口大于底，底部近方形，较平，边长50、坑深46～50厘米。坑内堆积呈深灰褐色土，较疏松，夹少许碳渣。出土少量的泥质灰陶残瓦片，可辨器形有板瓦、筒瓦等。2012H4平面呈圆形，直径48厘米。斜壁，口大于底，底部较平，底经42、坑深30厘米。坑内堆积呈深灰褐色土，较疏松，口部堆积有几块泥质灰陶汉砖。出土少量的泥质灰陶残瓦片，可辨器形有板瓦、筒瓦等。2012H5

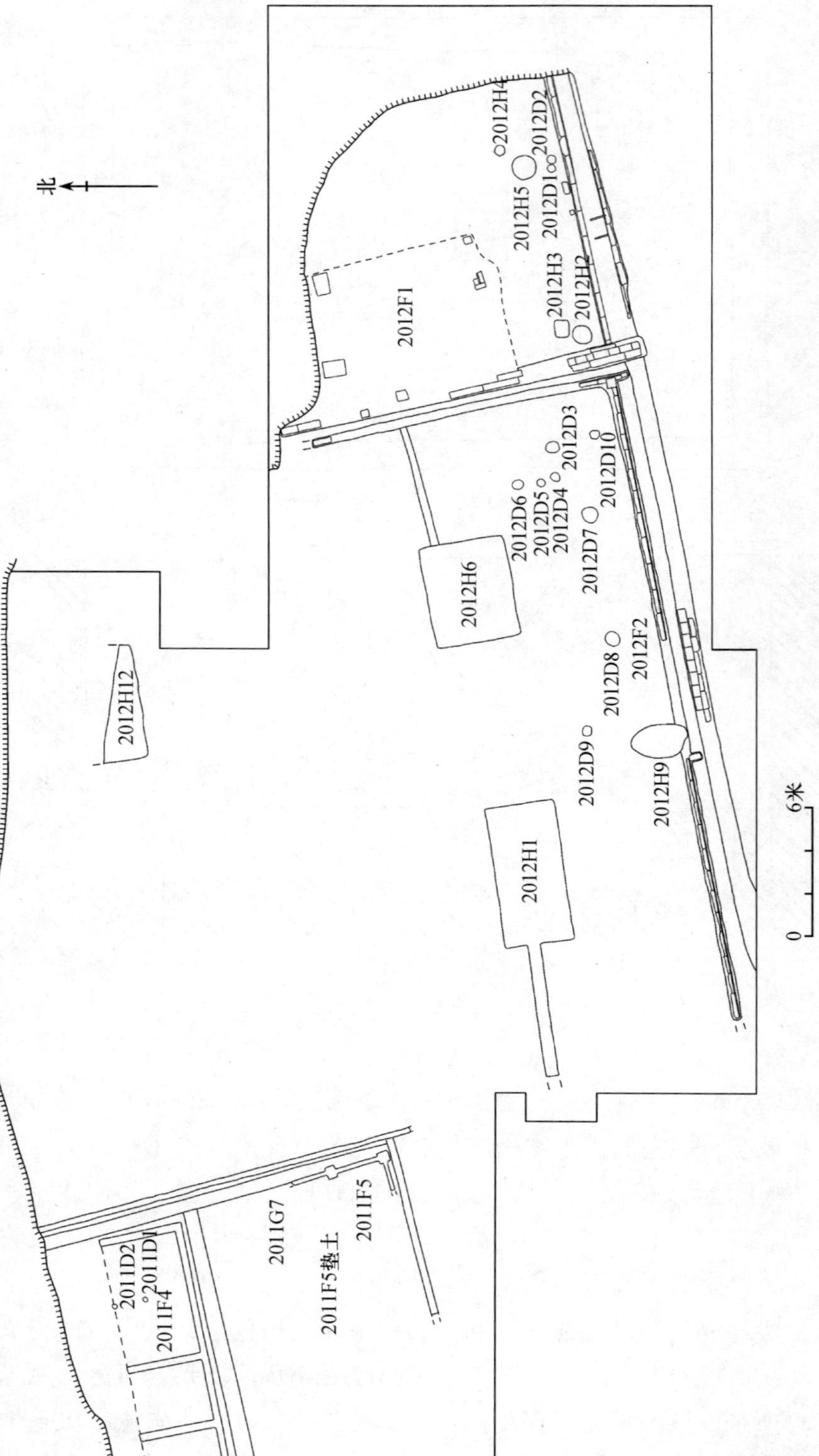

图七　太平村墓群转转堡建筑基址平面图

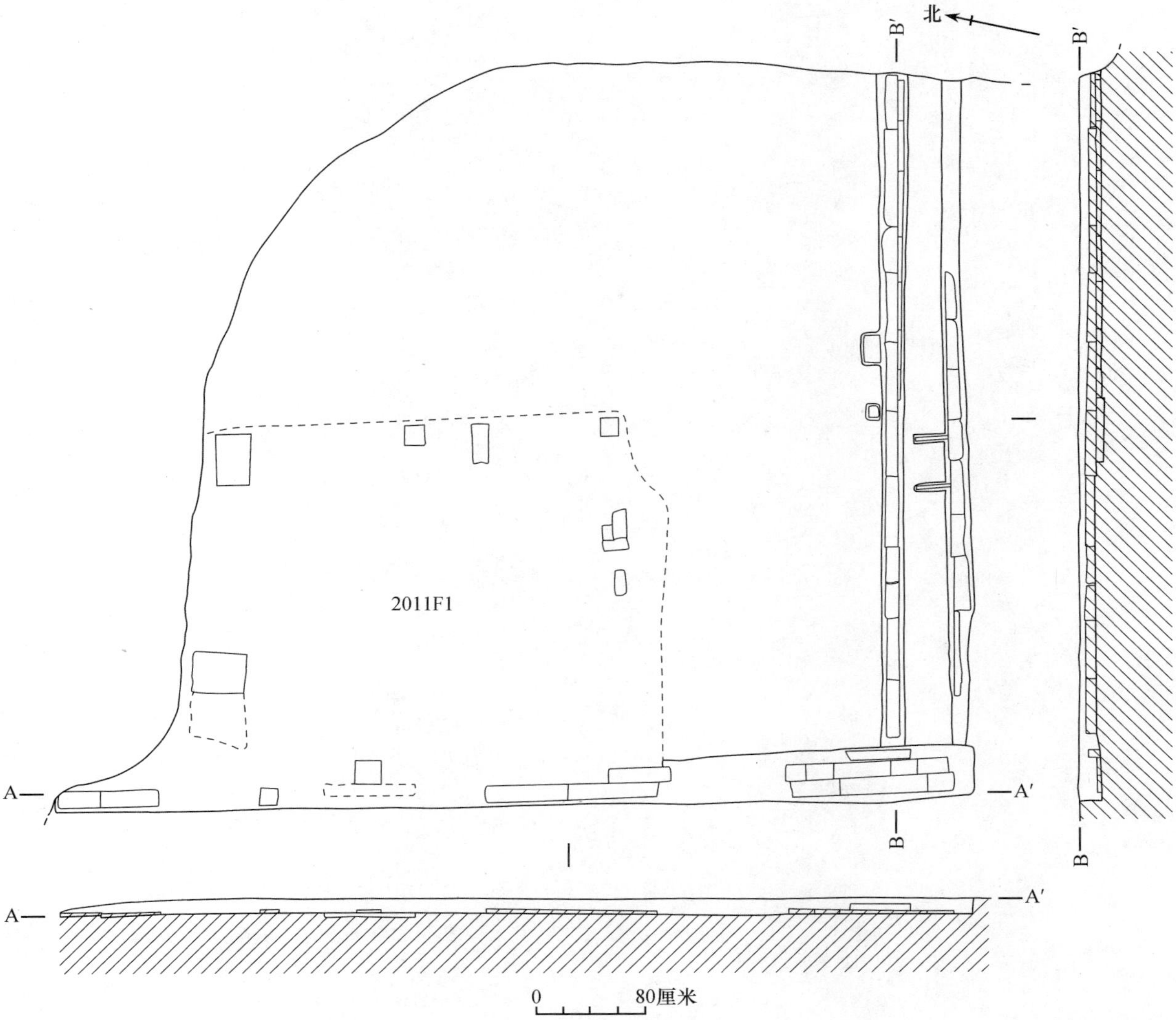

图八　2012F1平、剖面图

平面呈圆形，直径110厘米。斜壁，口大于底，底部较平，坑深50厘米。坑内堆积呈深灰褐色土，较疏松，夹少许碳渣及红烧颗粒。出土少量的青瓷残片、缸胎及泥质灰陶残瓦片。

2. 2012F2

2012F2坐南朝北，方向345°。由地基、挡土墙、柱洞、天井、排水沟组成（图九）。

地基　平面呈长方形，东部及东北角残缺。残长14.7～35.2、宽33.2米。地基是在原始坡地上以土堆填而成，四周用加工规整的条石围护。现残存南侧和西侧挡土墙。地基后侧有条石砌筑的排水沟。面上分布有天井及柱洞。东南角发现有方形石块叠压于挡土墙条石上，边长约40、厚约15厘米。

挡土墙　南侧挡土墙与2012F1南侧挡土墙几乎呈一条直线，残存石条一层。石条长短不等，厚约20～25厘米。砌筑方式与F1相同。西侧挡土墙（2011Q1）顺斜坡面砌筑，呈东南西

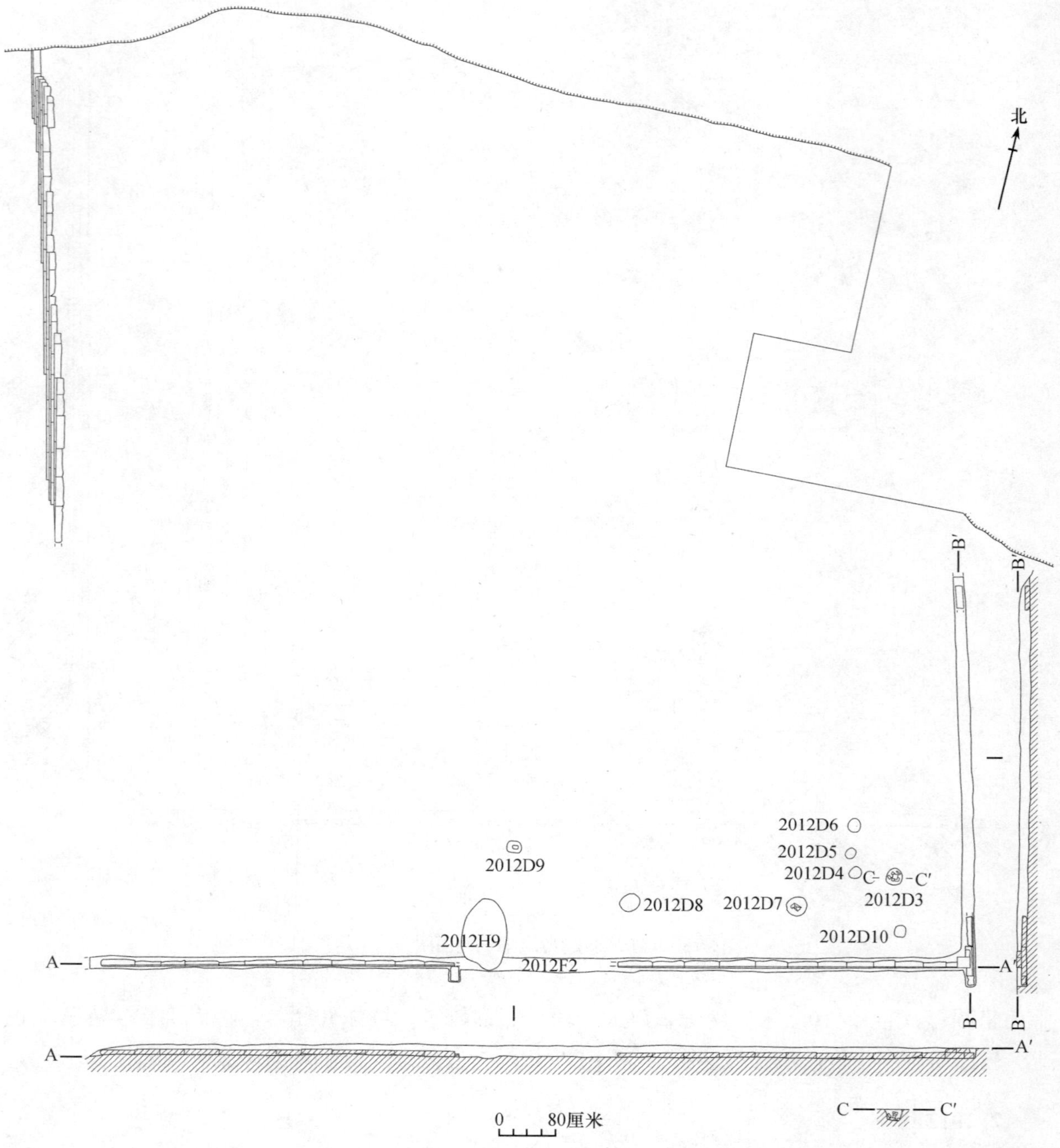

图九　2012F2平、剖面图

北走向，其北部为断坎所破坏，底层见基槽。挡土墙以长80～120、宽18～24、厚16～20厘米的条石顺向错缝叠砌而成，每层露棱宽约2、高约0.5厘米，间以丁向砌筑条石。残长约18、宽0.18～0.3米，残存1～8层，残高0.2～1.28米。墙体中留有渗水孔，长20、宽16厘米。墙内填土经局部解剖，未发现夯窝，分6层：第1层，黄褐色土，厚26～50厘米；第2层，灰褐色土，厚10～30厘米；第3层，黄褐色土，厚16～36厘米；第4层，灰褐色土，厚20～24厘米；第5层，黄褐色土，厚14～24厘米；第6层，灰褐色土，厚10～22厘米。填土土质较紧密，夹有少量炭屑和红烧土颗粒及石块，出土少量泥质灰陶瓦片、青白釉瓷片等，层与层之间分层明显。

柱洞　地基东南残存柱洞8个，分布无规律。编号2012D3～2012D10。2012D3平面呈圆形，口径60、深35厘米，填土灰褐色，土质较疏松，包含物有石块、泥质灰陶汉砖及柱石。2012D4平面呈圆形，口径40、深20厘米，填土灰褐色，土质较疏松，未见包含物。2012D5平面呈圆形，口径35、深18厘米，填土灰褐色，土质较疏松，未见包含物。2012D6平面呈圆形，口径45、深17厘米，填土灰褐色，土质较疏松。2012D7平面呈圆形，口径70、深30厘米，填土灰褐色，土质较疏松，内有方形柱石1块，中部有小凹窝。2012D8平面呈圆形，口径70、深35厘米，填土灰褐色，土质较疏松，包含物有石块及泥质灰陶汉砖。2012D9平面近方形，口径40～50、深30厘米，填土灰褐色，土质较疏松，内有方形柱石1块。2012D10平面近方形，口径35、深15厘米，填土灰褐色，土质较疏松，未发现包含物。

天井　发现3座，编号2012H1、2012H6、2012H12。2012H1 位于地基南侧偏西，平面呈长方形，长6.1、宽3.2、残深0.3米，其修筑方式是先挖土圹，后用条石筑边、石板铺底。底部石板长1.15～1.2、宽0.64～0.8、厚0.08米。井壁以厚8、宽20厘米的石板作斜壁状，井口叠涩坐砌条石一层，条石露棱。由于后期破坏，现仅存天井东部的石构筑物。天井西壁中部偏北位置平面外接排水沟，沟残长6.2、宽0.54～0.62、残深0.1～0.15米。排水沟东西向，底呈斜坡状，东高西低。坑内堆积灰褐色土，较疏松，夹大量的泥质灰陶残瓦片及少许的石块。出土包含物较少，见青瓷残片、缸胎片（图一〇）。2012H6位于台基南侧偏东，平面呈长方形，长4.9、宽3.94、深0.48～0.5米。东南角残存石板砌筑的内壁及底，内壁陡直。天井东壁偏北外接水沟，水沟长6、宽0.4、深0.15米，沟底高于天井底部。坑内堆积有二层：第1层厚28～38厘米，呈深灰褐色土，较疏松，颗粒状，出土大量泥质灰陶残瓦片、石板及少量缸胎片；第2层厚10～20厘米，呈青淤土，土质较硬，内含大量的瓦片，石板及少量的瓷片等。该坑内出土的石板，为砌筑坑壁和坑底的石板。从其形状看，H6可能兼具蓄水功能（图一一）。2012H12位于台基北部偏东，被M1打破，残长5.3、残宽0.5～2、深0.4米，形制结构同H1，未出土遗物。

排水沟　发现2条，编号2012G1和2011G7。2012G1位于2012F2后侧，与2012F2基址相对独立，呈东西向分布，方向258°。沟外圹长28.9、宽0.8～0.9、深0.3～0.55米，内壁深0.12、宽0.3米。修筑方式是先挖土槽，底平铺长60～65、宽40、厚6厘米的石板，两侧用长70～100、宽15～30、厚10～13厘米的石条筑造沟壁。现残存中部沟底石板及南侧的部分沟壁。2012G1向东联通2012F1西侧排水沟。沟内堆积灰褐色土，土质较疏松，夹少许的石块。出土大量的泥质灰陶残瓦片、瓷片、缸胎片等。2011G7叠压于2012F2地基西侧挡土墙外缘，上为2011F5所叠压，方向345°。长条形，头、尾残缺，残长16～16.3米，底部由东南向西北倾斜，坡度约5°。以片石与条石砌筑，顶部覆盖片石，沟槽内宽30、深12～13厘米。沟槽内淤塞灰黑色土，土质疏松，夹杂较多炭屑及红烧土颗粒，出土有泥质灰陶瓦片、青白釉瓷片等（图一二）。

3. 2011F4

2011F4平面形状成长方形，方向350°（图一三）。进深约3.8米，面阔约13.4米。残留墙基石，基槽宽22～30、残深10～20厘米，基槽内以长方形石板间杂方形石板铺底，多数石板已

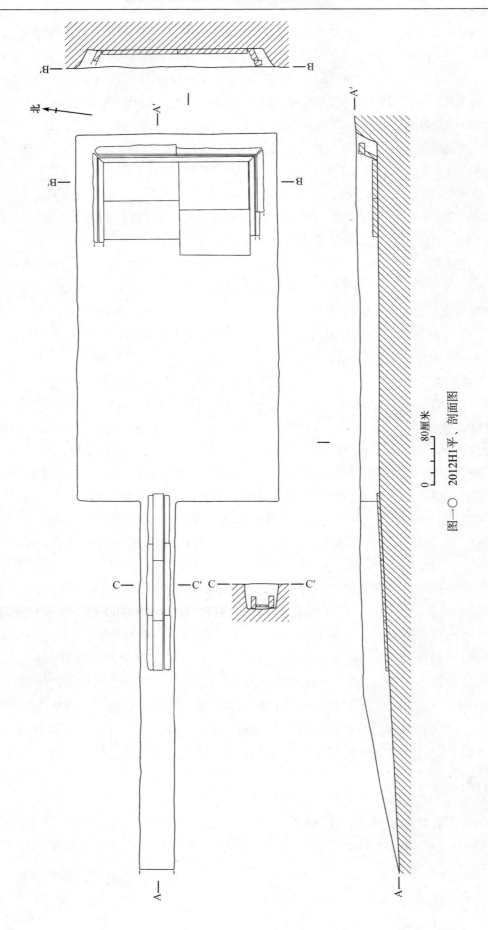

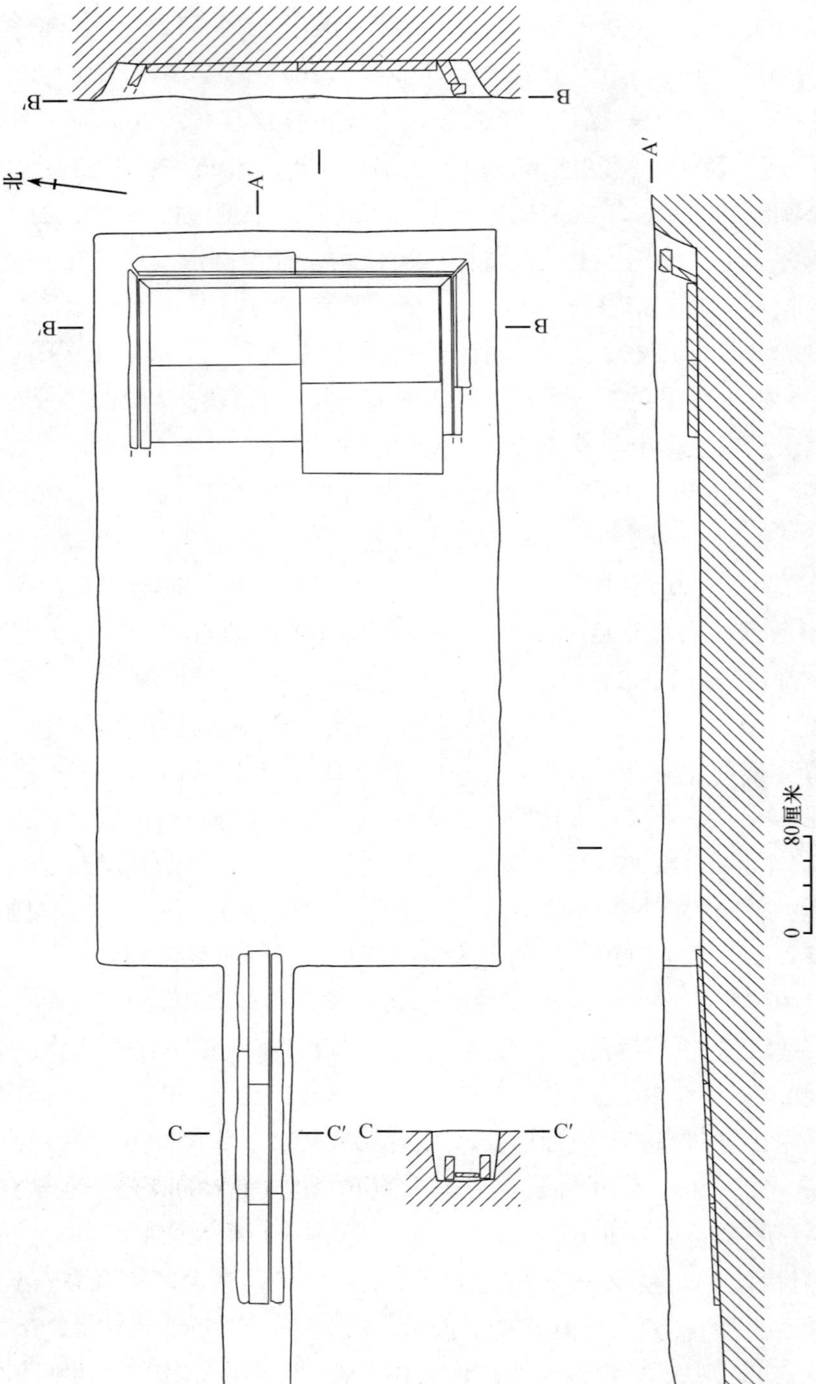

图一〇　2012H1平、剖面图

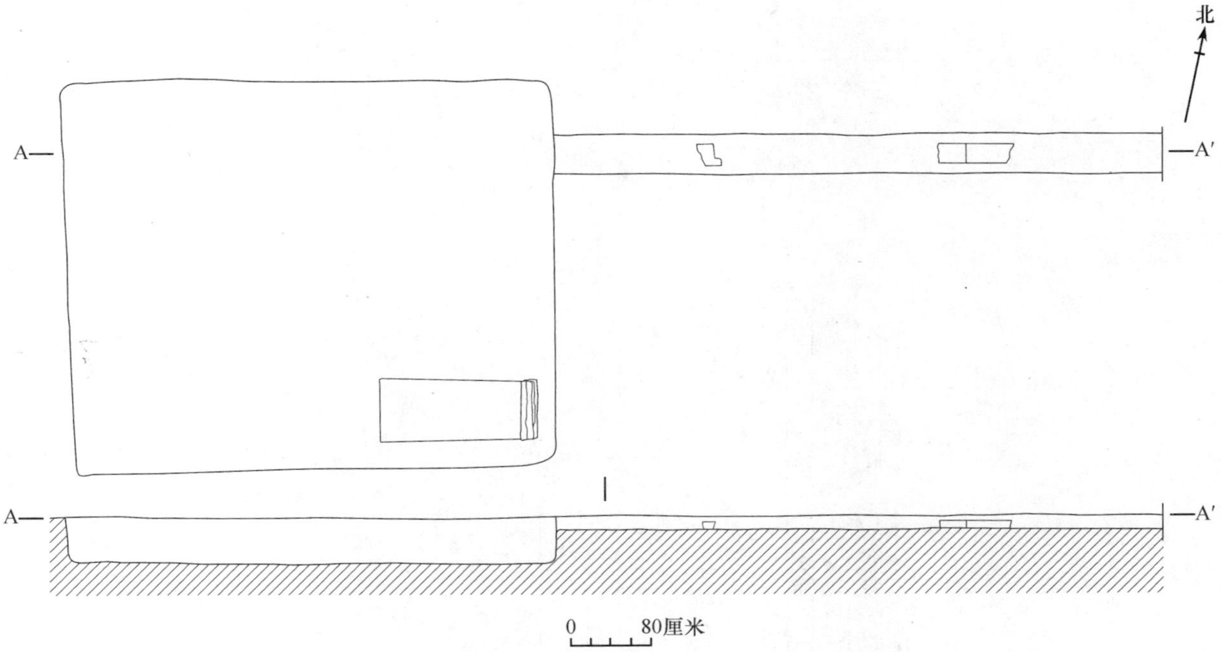

图一一 2012H6平、剖面图

不存，石板长40～110、宽22～30、厚16～20厘米。面阔4间，但右侧两间可能为一间，中间以柱子隔开。发现柱洞2个：2011D1口径20、深25、底径16厘米，斜壁平底；2011D2口径24、深26、底径20厘米，斜壁平底。房址后侧及左侧建有排水沟，呈曲尺形，与2011G7相连，但不互通。排水沟以石板构筑沟壁及底部，顶部未见覆盖物，可能已毁。后侧排水沟开口长约14.74、宽0.8、深0.2～0.26米，东高西低，坡度约3°；左侧排水沟开口残长约6.25、宽0.8、深0.26～0.3米，底部南高北低，坡度约5°。经解剖，确认2011F4晚于2012F2西侧挡土墙修筑。

4. 2011F5

2011F5叠压2011G7。平面形状因被破坏而不规则，仅残存地基与基础东南角，方向345°（图一四）。地基残存南侧挡土墙，顺向平铺叠砌，逐层内收形成叠涩，条石长80～110、宽16～20、厚约20厘米。条石立面作剔地起突，高约1厘米。挡土墙残长16～17米，连接2012F2西侧挡土墙。房子南北向残长约1.64米，东西向残长约4.96米。基础建造方式为在黄褐色土层中嵌入石柱础与墙基，墙基以石板立砌，石板长70～110、厚10～14、高约20厘米，柱础石位于转角和东墙约中段位置，长36～40、宽36～44厘米。

（二）灰坑

5个（2012H7、2012H8、2012H9、2012H13、2012H14）。以2012H13为例：

2012H13位于2012T0103南侧，延伸至南壁。开口于3层下，被2012G1叠压。未完全清理，平面呈不规则形状，开口长6.1、宽2米。弧壁，未见加工痕迹，呈锅底状，坑深30～80厘米。

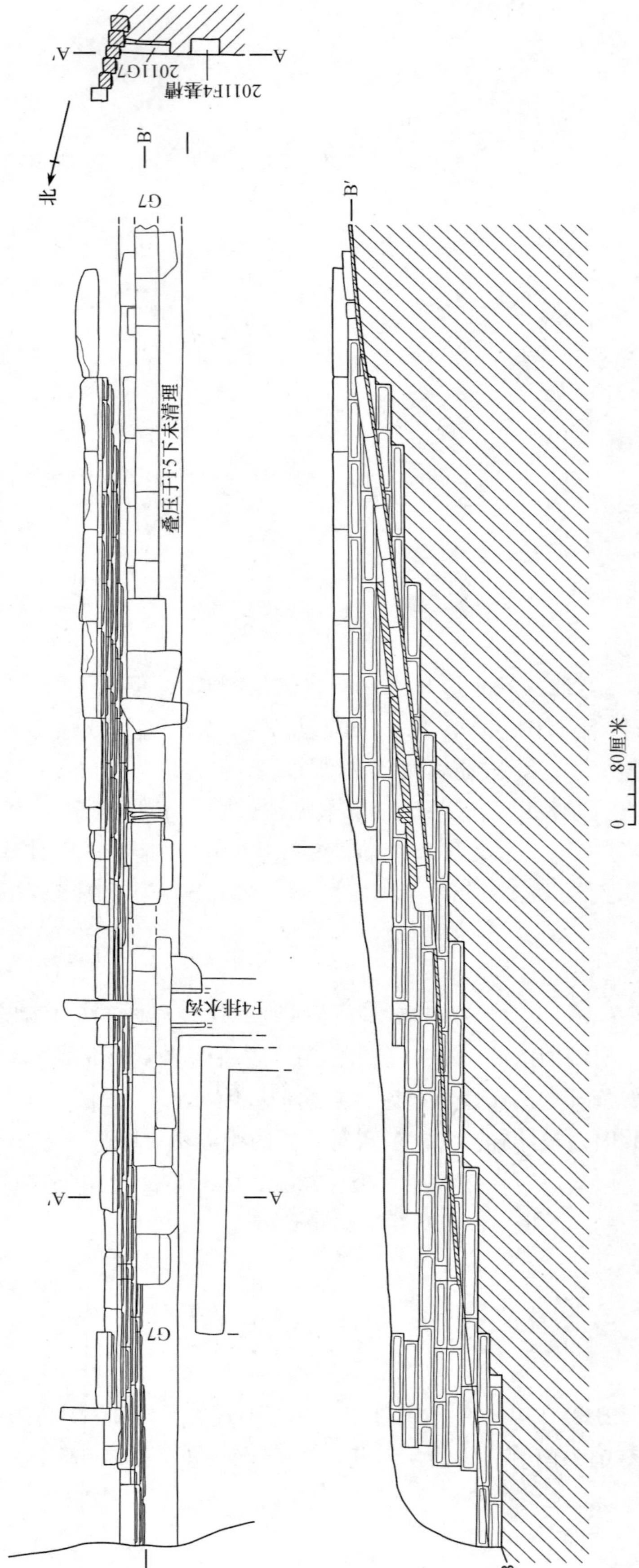

图一二　2011G7平、剖面图

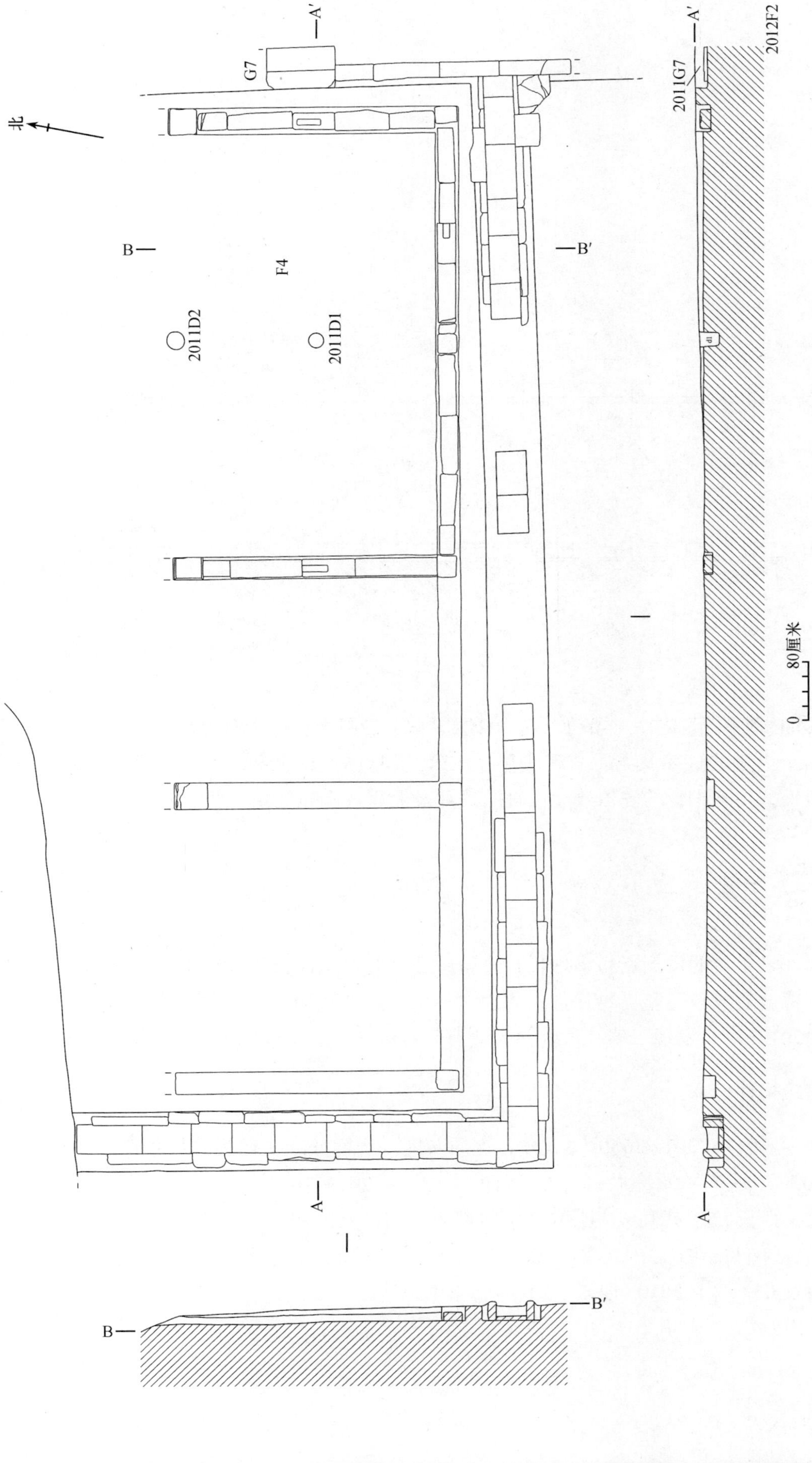

图一三 2011F4平、剖面图

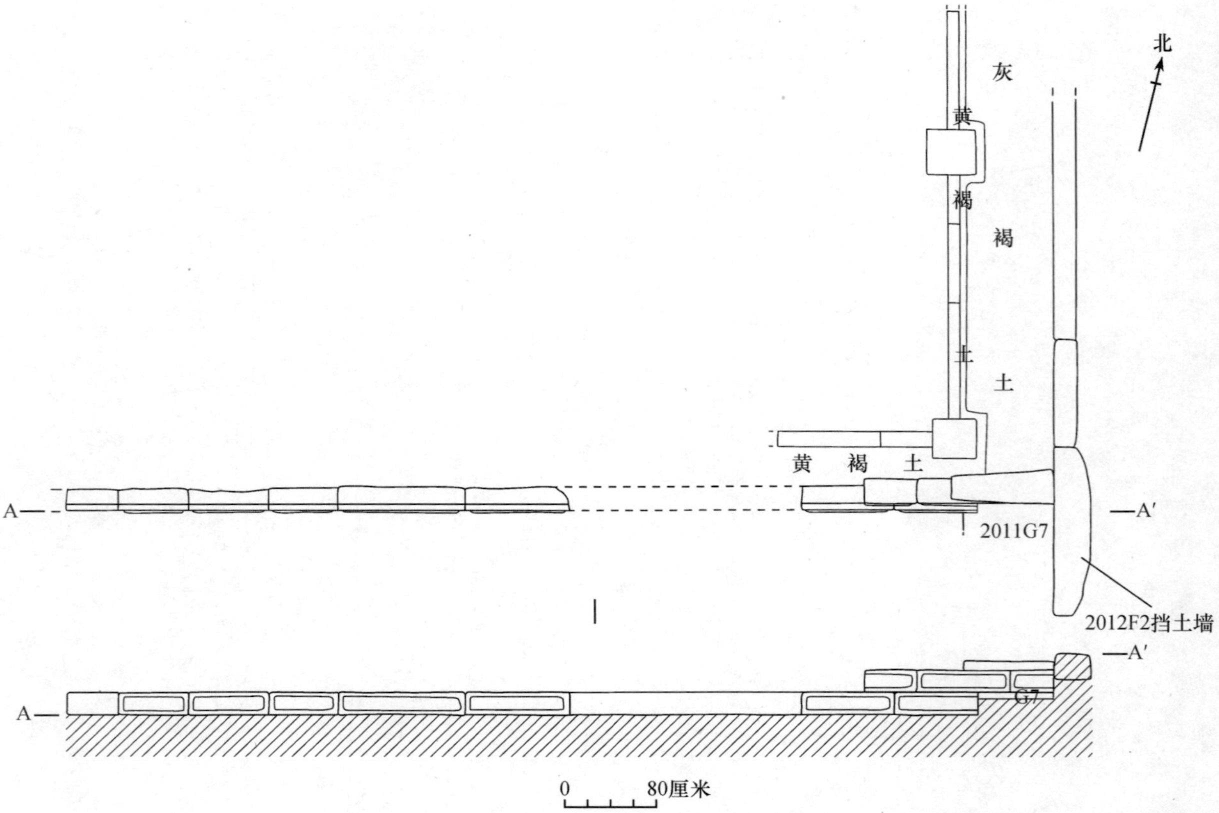

图一四　2011F5平、剖面图

2012H13坑内堆积分二层，详情如下：第1层厚18～22厘米，填土黄褐色，土质较紧密，夹少许石块，出土少量的缸胎及泥质灰陶残瓦片；第2层厚15～58厘米，填土灰褐色，夹少许碳渣，土质较疏松，出土少量的瓷器残片、缸胎残片及泥质灰陶残瓦片（图一五）。

（三）出土遗物

由于2011年度的发掘资料整理仍在进行中，因此这里仅介绍2012年度出土遗物情况。2012年度出土可修复及较完整器物19件，质地包括瓷、陶及缸胎，另有少量建筑构件。房址中出土的遗物除2012F2∶1发现于墙基槽内并为墙石所叠压外，其余皆出土于基址面上。

1. 建筑构件

陶瓦当　2件。2012H6②∶3，残，泥质灰陶。当面残缺，似为瓣状花卉纹。残长7、残高8、壁厚0.8～1厘米（图一六，1；图版四六，3）。2012T0101③∶6，残，泥质灰陶。当面装饰兽首纹。残长7.5、残高9、壁厚0.5～2.1厘米（图一六，2）。

陶筒瓦　1件。2012F1∶33，残，泥质灰陶。素面，内饰布纹。残长17.7、厚1.2～1.5厘米，瓦唇长3.5、宽5、厚0.9厘米（图一六，4）。

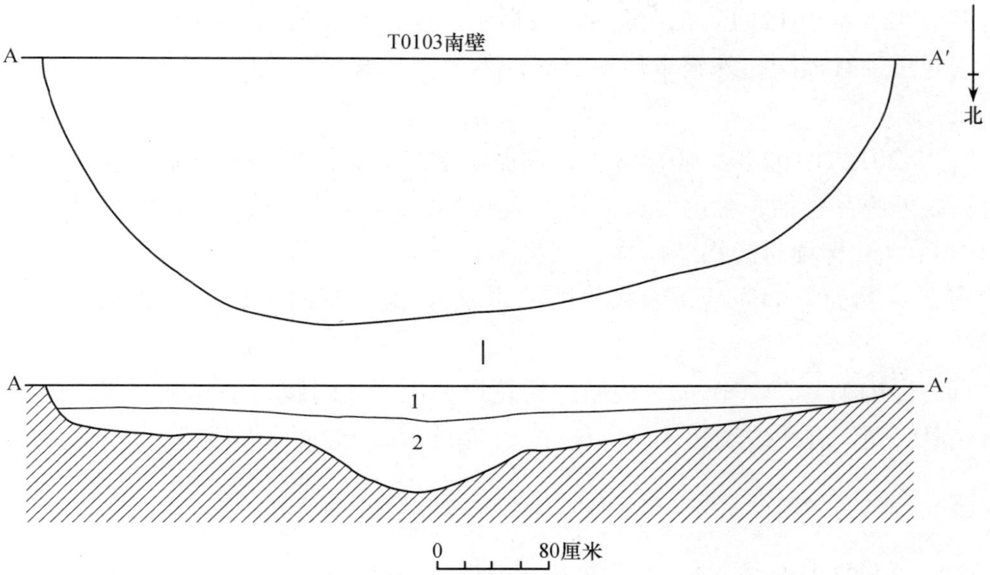

图一五　2012H13平、剖面图

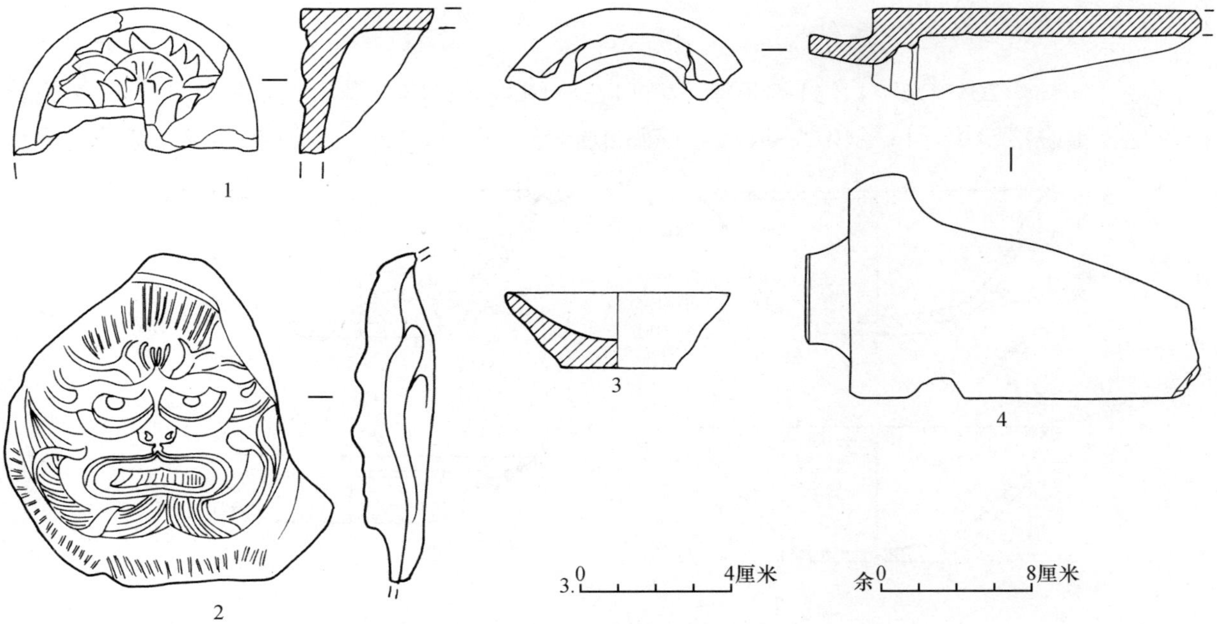

图一六　出土建筑构件及陶盏

1、2. 陶瓦当（2012H6②：3、2012T0101③：6）　3. 陶盏（2012T0104③：3）　4. 陶筒瓦（2012F1：33）

2. 瓷器

碗　3件。2012F2：1，白釉，白胎。撇口，尖圆唇，弧腹内收，小圈足内壁外撇，内底平坦。内外满施灰白釉，釉面较光滑，可见细小的冰裂纹开片。口径13.2、底径4.4、高4.4厘米（图一七，6）。2012H6①：1，黑釉，灰白胎。撇口，尖唇，弧腹，上腹外壁有刮削，圈足。内壁满施黑釉，外施半釉至腹中部，釉面莹润光滑。口径11.6、底径4.6、高3.6厘米（图一七，

5；图版四六，2）。2012F1：6，黑釉，浅褐胎。撇口，尖唇，下腹微弧。圈足外楞有刀削痕，碗内满施黑釉有涩圈，外施半釉不及底，釉面较光滑。口径12、底径4.4、高4.4厘米（图一七，2）。

盏　2件。2012T0102③：10，青釉，白胎。敞口，尖圆唇，唇下施弦纹，斜腹，内底内凹，饼足。内外施酱青釉，釉色发黄，外表施釉不及底。口径10.4、高4厘米（图一七，3）。2012T0102③：1，青釉，浅褐胎。侈口，尖圆唇，弧腹，饼足。内施满釉，外施半釉至腹中部，釉色青黄，釉面莹润光滑，有极细的冰裂纹开片。口径10.4、底径3.4、高4.2厘米（图一七，1）。

碟　1件。2012F1：1，白釉，白胎，葵花口，尖唇，斜腹，平底微内凹，内外施满灰白釉，釉面光滑明亮，有冰裂纹开片。口径11.2、底径3.6、高2厘米（图一七，4）。

3. 陶器

盏　1件。2012T0104③：3，泥质灰陶。敞口，圆唇，斜直腹，平底，素面。口径6.4、底径3.2、高2厘米（图一六，3）。

4. 缸胎器

盏　10件。2012D6：1，红褐色胎。敞口，厚圆唇，斜腹，平底，器壁厚重。内外施黄白色化妆土脱落殆尽。口径10.2、底径4、高3.4厘米（图一八，2）。2012F1：2，红褐色胎。

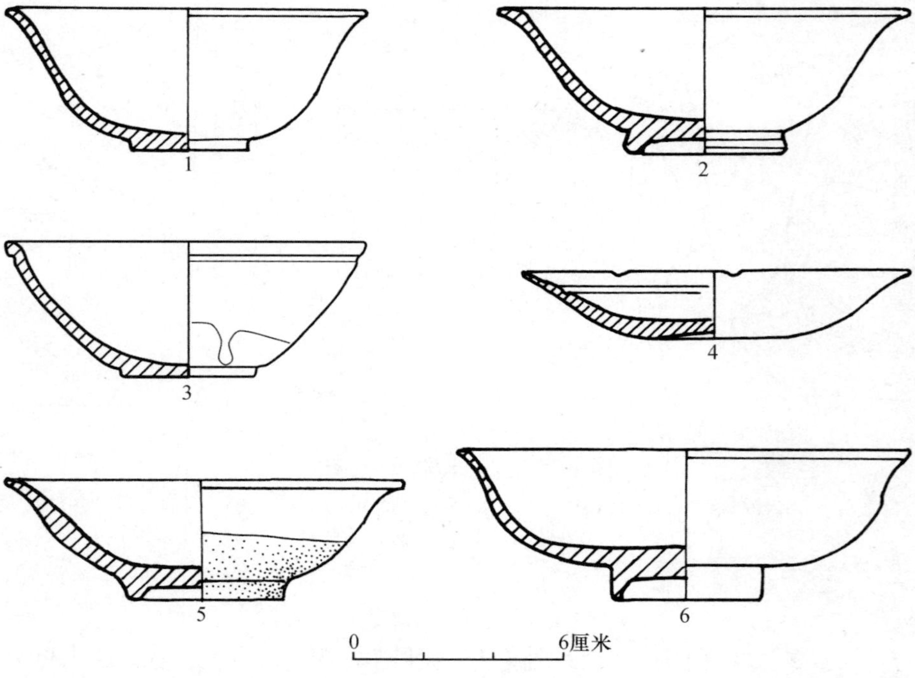

图一七　出土瓷器

1、3. 盏（2012T0102③：1、2012T0102③：10）　2、5、6. 碗（2012F1：6 、2012H6①：1、2012F2：1）

4. 碟（2012F1：1）

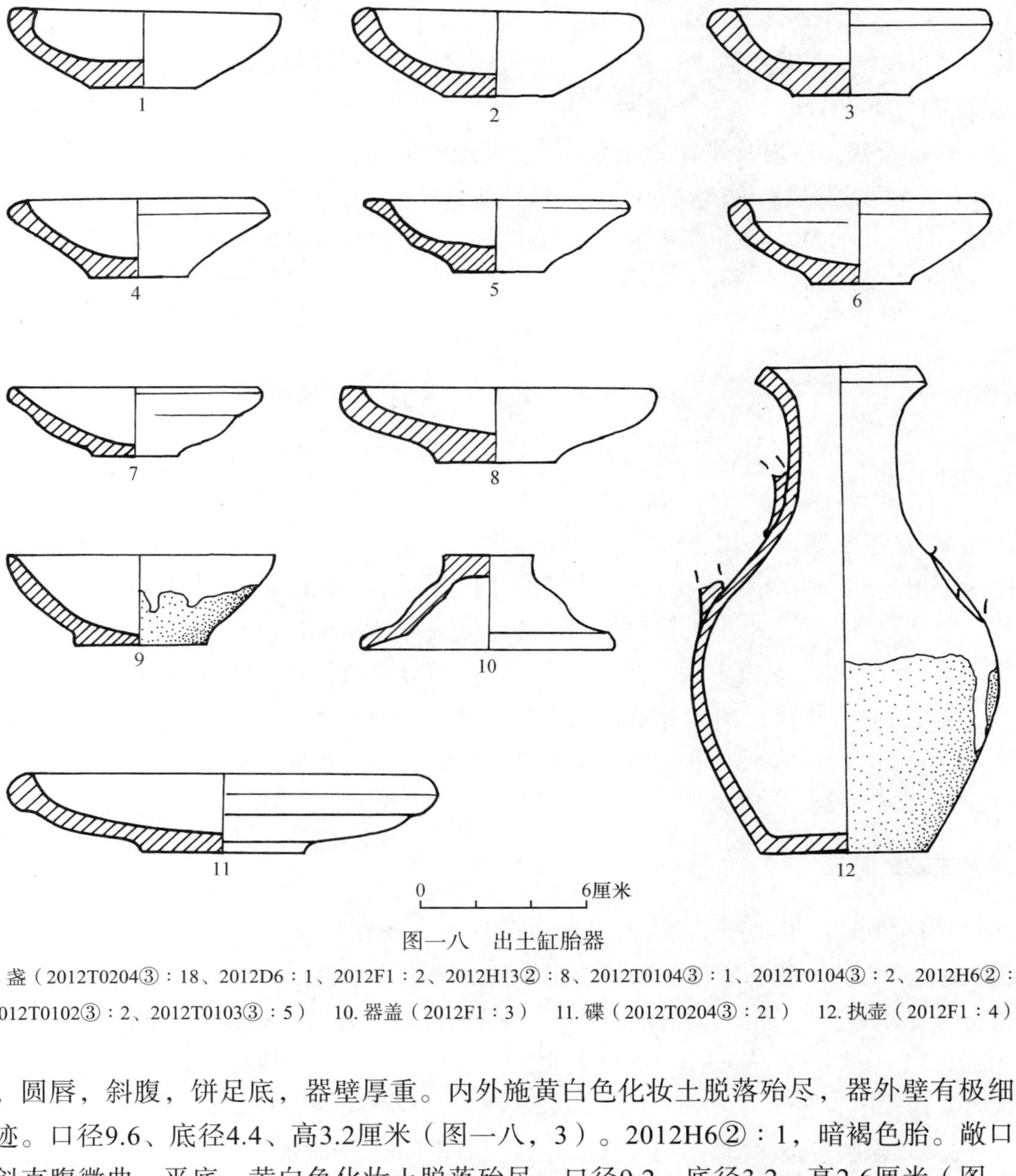

图一八　出土缸胎器

1～9. 盏（2012T0204③：18、2012D6：1、2012F1：2、2012H13②：8、2012T0104③：1、2012T0104③：2、2012H6②：1、2012T0102③：2、2012T0103③：5）　10. 器盖（2012F1：3）　11. 碟（2012T0204③：21）　12. 执壶（2012F1：4）

敞口，圆唇，斜腹，饼足底，器壁厚重。内外施黄白色化妆土脱落殆尽，器外壁有极细的轮制痕迹。口径9.6、底径4.4、高3.2厘米（图一八，3）。2012H6②：1，暗褐色胎。敞口，圆唇，斜直腹微曲，平底。黄白色化妆土脱落殆尽。口径9.2、底径3.2、高2.6厘米（图一八，7）。2012H13②：8，敞口，斜方唇，斜直腹内收，平底。外壁有轮旋痕迹。口径9.6、底径3.6、高3厘米（图一八，4）。2012T0102③：2，红褐胎。敞口，方唇，浅腹内收，平底，器壁较厚。内外施黄白色化妆土脱落殆尽。口径11.6、底径4.4、高2.8厘米（图一八，8）。2012T0103③：5，红褐胎。敞口，尖圆唇。弧腹，平底。内施白釉，外釉不及底。口径9.8、底径4.8、高3.4厘米（图一八，9）。2012T0104③：1，灰色胎。敞口，圆唇，曲折腹，平底，形似饼足。素面，烧制火候极高。口径9.8、底径3.6、高2.8厘米（图一八，5）。2012T0104③：2，口微敛，尖圆唇，浅腹，平底。口径8.4、底径3.6、高3.2厘米（图一八，6）。2012T0204③：18，红褐色胎。直口，方唇，斜腹，平底。素面。口径10、底径4、高2.8厘米（图一八，1）。

碟　1件。2012T0204③：21，红褐色胎。敞口，厚圆唇，浅腹，饼足。内残存黄白色化妆土斑块，外可见细密的轮旋纹。口径15.6、底径6、高3厘米（图一八，11）。

执壶　1件。2012F1：4，灰褐胎。侈口，斜方唇，长颈，溜肩，弧鼓腹，平底微凹，壶口、流、柄部皆残。口内及外壁施青黄釉，外壁施釉不及底，釉面粗涩无纹饰。口径5.8、腹径11.2、底径6.6、通高18.4厘米（图一八，12；图版四六，1）。

器盖　1件。2012F1：3，覆喇叭状，盖纽呈圆形，腹壁微曲，素面露台。口径9.2、纽径3.2、高3.6厘米（图一八，10）。

五、结　　语

1. 墓葬时代

2012M2出土的陶罐（2012M2：2）与丰都县迎宾大道石宝寨墓群M1出土的有领折肩罐（M1：9）相近[4]，后者的年代大约在西汉末期。2012M2出土钱币（2012M2：1-1）“五”字较宽，交笔互曲，横笔略出头，“金”字头如带翼箭镞，下为四点，“朱”字上笔方折略显圆弧，反映出西汉五铢向东汉五铢过渡的特征，由此可以推测，2012M2的年代在西汉晚期至东汉早期。2012M3未出土任何随葬品，但根据墓葬形制及填土中所含陶片质地，推测其时代大致在汉代。2012M1前廊后室的形制结构见于宜宾县明万历四十五年（1617年）郭成石室墓[5]，故此类石室墓属明代晚期墓葬[6]。

2. 建筑基址时代

2012T0102③层出土的青瓷盏（2012T0102③：10）形制与四川蒲江残城址2010年发掘出土的Aa型瓷碗（F1：1）极为相近。2012F1出土的缸胎器盖（2012F1：3）与残城址2010年发掘出土的瓷器盖（F1：9）相近，发掘者判断残城址F1的时代大致为南宋[7]。2012F1出土的黑釉瓷碗（2012F1：6）与成都花果村M3出土的B型陶碗（M3：3）形制相近，发掘者推测该墓的时代大致在南宋中晚期[8]。另外，2012F1出土的缸胎执壶（2012F1：4）与巴东罗坪叫花子坡M2出土的细颈弧腹瓷壶（M2：4）相近，发掘者判断该墓的时代为北宋晚期[9]。2012F2：1由于口、腹残缺较多，因此不排除为花口器的可能，其器形与明月坝寺庙建筑基址出土的白瓷碗（01F13：3）相似，后者的时代为唐末、五代至宋初[10]。叠压于2012F2下的2012H13出土的缸胎盏（2012H13②：8）与云阳乔家院子遗址出土的瓷灯盏（ⅡT3408③b：1）相近，后者判断为唐代遗物[11]。综上所述，2012F1、2012F2的始筑年代约在五代北宋，废弃年代约在南宋中晚期。2011F4、2011G7大约同时，但都晚于2012F2；2011F5在2011F4废弃后始建，时代最晚。

3. 建筑选址

转转堡五代至宋建筑选址体现了适应环境与遵从风水要求的特点。

唐宋时期，涪陵气候温暖湿润[12]，夏季长时间高温，秋季则阴雨连绵。为适应此类气候，建筑选址于临江台地的地势较高处，背山面水，两侧为冲沟，远离水患与崩岸威胁，高温闷热时节可利用近水带来的江风以保持建筑凉爽，阴雨时节则方便排水。同时，从现代气候规律看，涪陵区境除7～8月有东南风，9月有西风外，其余各月以偏北风为主[13]，建筑坐南朝北的朝向选择也可能与利用北风保持建筑通风有关。

转转堡建筑选址于黄土上，土质紧密厚实，选址避开了台地前端地势较低处的东西向冲沟（2011G6）。同时建筑背山面水，“前有照、后有靠”，也是风水学上较佳建筑选址[14]。

4. 地基及基础营造技术

（1）地基处理

由于建筑选址处土质紧密厚实，能满足建筑物承重需要，因此除后期修筑的2011F5外，2012F1、2012F2及2011F4全部或部分利用了天然地基。通过对比2011年度发掘墓葬深度与2012M2残存深度，可知2012F1及2012F2东南侧原地貌为高地，2012F2的西北部及2011F4的东部则为坡地，因此在水平基面构筑上，建筑者采用挖掘与填方的手段进行了平整改造，并充分利用了地质地形，避免过多构筑人工地基，既保证了地基的稳定性，也达到了经济节约的目的。

人工地基的构筑技术上，2012F2未发现夯窝，但填土有分层现象，为一层灰褐色土夹杂一层黄褐色土，土质较紧密，夹有少量炭屑和红烧土颗粒及石块，出土少量泥质灰陶瓦片、青白釉瓷片等。2011F4填土中发现夹杂有一层含炭屑土层。2011F5则可能采用了“换土地基”做法[15]，把原有的淤填土挖去，在建筑区域内铺上一层土色更明亮、土质更为紧密的黄褐色土。

（2）地基加固

转转堡建筑基址的地基加固手段包括修筑挡土墙、护坡与排水设施。挡土墙的作用是拦阻地基的慢性变形，从而防止建筑基础沉降[16]。2012F1、2012F2及2011F5都残存有条石砌筑的挡土墙，以2012F2西侧挡土墙保存较好，规格较高，石墙逐层收分，并使用丁向条石进行加固，以及设置渗水孔等。

在2012F1后部、间隔地基一定距离砌筑设置有石墙，则起到了预防高处土壁崩塌的护坡作用。

排水措施是对建筑地基及基础一种间接的加固。一般土壤在干燥与潮湿时耐压的强度悬殊很大。要保持房屋及地基的干燥， 首先要及时排除积水，避免地面积水下渗带来地基强度的减弱。转转堡各建筑基址两侧及后部多分布有排水沟，排水沟以条石砌筑，底部铺有石板，或以片石作沟盖形成暗沟。同时，排水沟可能与天井类遗迹和2012F2西侧挡土墙渗水孔相联通，形成完善的排水系统。

（3）基础类型

基础是建筑物的地下结构部分，其作用是直接承受房屋上部荷重，并将其传递到地基中去，以保持建筑物的平稳。转转堡建筑基址基础类型分为三类：一是2012F2使用的独立式的柱基础，直接在柱础下挖圆形的柱洞以埋柱，柱洞底或垫砖、石块以承柱，基础之间互不联系。

2012F1可能采用了相同的基础类型；二是2011F4使用的开挖基槽的方式，在条形基槽内平铺条石与方形石柱础；三是2011F5所使用的满堂基础[17]，即将建筑地基整体平实后，嵌入石柱础和石墙基。三者有着层位学上的早晚关系，其基础类型的差异可能反映了时代上的发展变化。

转转堡建筑基址地基及基础多用条石与石板，牢固耐用，可以隔去潮气，延长建筑寿命。院落空间组织采用天井的方式也可起到一定的隔热和通风作用[18]，天井本身还兼具蓄排水功用，这些都反映了适应气候的建筑理念。

建筑所用条石规格统一、加工规整，排水设施完善，基址规模较大，体现出较高的社会等级。但建筑布局集中，种类单一，出土遗物数量不丰，且多缸胎粗瓷，未见造像或娱乐用具，遗址整体面积偏小，又与三峡地区常见的市镇或寺庙遗址有别。因此，关于遗址的性质还有待认定。

总之，太平村墓群转转堡建筑基址的发现对于唐宋时期的建筑工艺研究具有重要的意义。

附记：本次考古发掘领队林必忠，参加发掘和整理的人员有：汪伟、王道新、王贵平、史高峰、董小陈、文朝安、黄广民、师孝明、程涛、陈芙蓉、邓兆旭等。

执　笔：汪　伟　林必忠

注　释

［1］　国务院三峡工程建设委员会办公室、国家文物局：《长江三峡工程淹没及迁建区文物古迹保护规划报告·重庆卷》（下册），中国三峡出版社，2010年，第656页。

［2］　陕西省考古研究所、重庆市文物局、重庆市涪陵区博物馆：《涪陵太平村墓群考古发掘报告》，《重庆库区考古报告集·2000卷》（下），科学出版社，2007年，第1139～1187页。

［3］　内部资料。

［4］　重庆市文物考古所、丰都县文物管理所：《重庆丰都县迎宾大道古墓发掘简报》，《华夏考古》2011年第1期。

［5］　四川省文物考古研究所：《宜宾县革坪村明代郭成石室墓清理简报》，《四川文物》2002年第5期。

［6］　张琴：《四川明代墓葬试探》，《学理论》2012年第14期。

［7］　成都市文物考古研究所、蒲江县文物保护管理所：《四川蒲江“残城址”2010年度发掘简报》，《成都考古发现·2010》，科学出版社，2012年，第396～414页。

［8］　成都市文物考古工作队：《成都市成华区三圣乡花果村宋墓发掘简报》，《成都考古发现（2001）》，科学出版社，2003年，第200～235页。

［9］　湖北省文物考古研究所：《巴东罗坪墓葬发掘报告》，《湖北库区考古报告集（第二卷）》，科学出版社，2005年，第120～174页。

［10］　四川大学历史文化学院考古学系、重庆市云阳县文物管理所：《重庆市云阳县明月坝唐宋寺庙遗址发掘简报》，《文物》2006年第1期。

［11］　西北大学考古队：《重庆云阳乔家院子遗址唐宋时期遗存》，《江汉考古》2002年第3期。

［12］　蓝勇：《中国西南历史气候初步研究》，《中国历史地理论丛》1993年第2期。

［13］　涪陵政府网：http://fl.cq.gov.cn/Cn/Flgk/

［14］　王维敏：《自然灾害与建筑选址》，《中华建筑报》2010年第11期。

[15] 杨国忠、闫超：《中国古代地基基础技术研究》，《岩土工程学报》2011年第 S2期。
[16] 赵怡元：《古建筑基础的加固》，《文博》1985年第3期。
[17] 孙志敏、刘大平：《黑龙江渤海上京城基础、台基的构造做法解析》，《古建园林技术》2012年第4期。
[18] 王文婧：《重庆地区乡土建筑气候适应性研究》，《四川建筑》2011年第5期。

涪陵下湾墓地2013年发掘简报

重庆市文化遗产研究院　涪陵区博物馆

一、概　　述

下湾墓地位于重庆市涪陵区珍溪镇水口村五社，小地名“下湾”。分布在长江左岸二级台地上，为山前台地，北为高山，南为长江河漫滩，西望“转转堡墓群”。台地地貌为缓坡、小山丘相间，涪丰公路北线东西纵贯台地中部。分布面积约500平方米，中心地理坐标东经107°30′33.8″，北纬29°53′48.3″，高程166～175米（图一）。

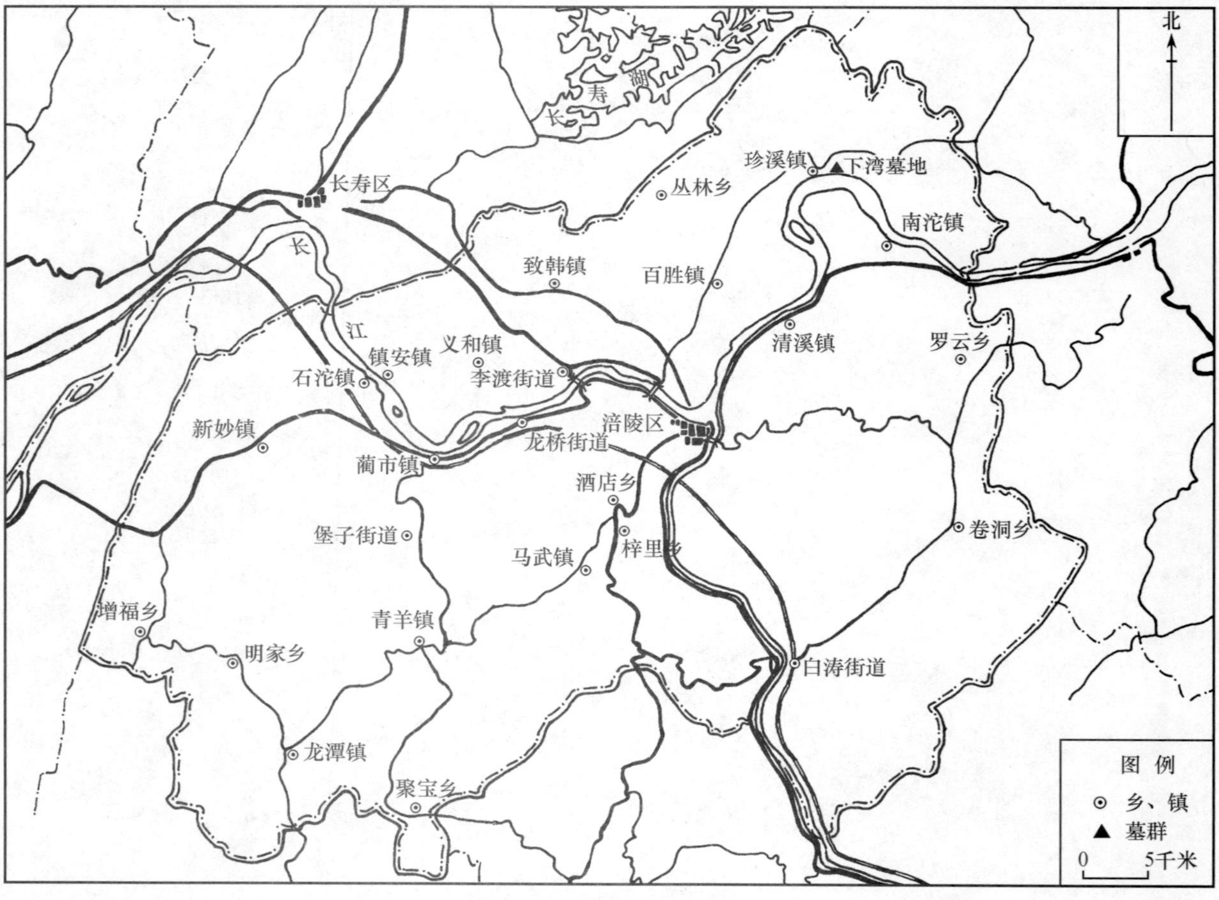

图一　下湾墓地位置图

2009年三峡库区消落区文物普查时，发现“转转堡墓群”、“团坝墓群”及“下湾墓地”，并被确定为三峡库区消落区文物抢救发掘点。2012年、2013年重庆市文化遗产研究院、涪陵区博物馆联合对“转转堡墓群”进行了两次发掘，共清理西汉至六朝墓葬13座（资料存于涪陵区博物馆）。2013年重庆市文化遗产研究院又对“团坝墓群”进行了发掘，共清理东汉至清代墓葬5座。

该墓地地貌原为斜坡堆积，由于2008～2009年三峡库区淹没区“肥土培植”取土、江水冲刷等原因，文化层已破坏殆尽，现地表种植了玉米、黄豆等农作物。2013年6月，重庆市文化遗产研究院、涪陵区博物馆联合对该墓地进行了勘探、发掘。

发掘区以居民王孝荣房屋地基的西南角为基点，将下湾墓地分为Ⅰ、Ⅱ、Ⅲ、Ⅳ区，此次工作区位于第Ⅳ区中部。布10米×10米的探方3个，分别编号为2013FLXW（“涪陵下湾”首字母）ⅣT0101、2013 FLXWⅣT0102、2013 FLXWⅣT0202，发掘面积为300平方米。共清理墓葬2座（均为同坟同穴多室合葬石室墓）、房屋遗址1处。现将发掘情况报告如下（图二；图版四七，1）。

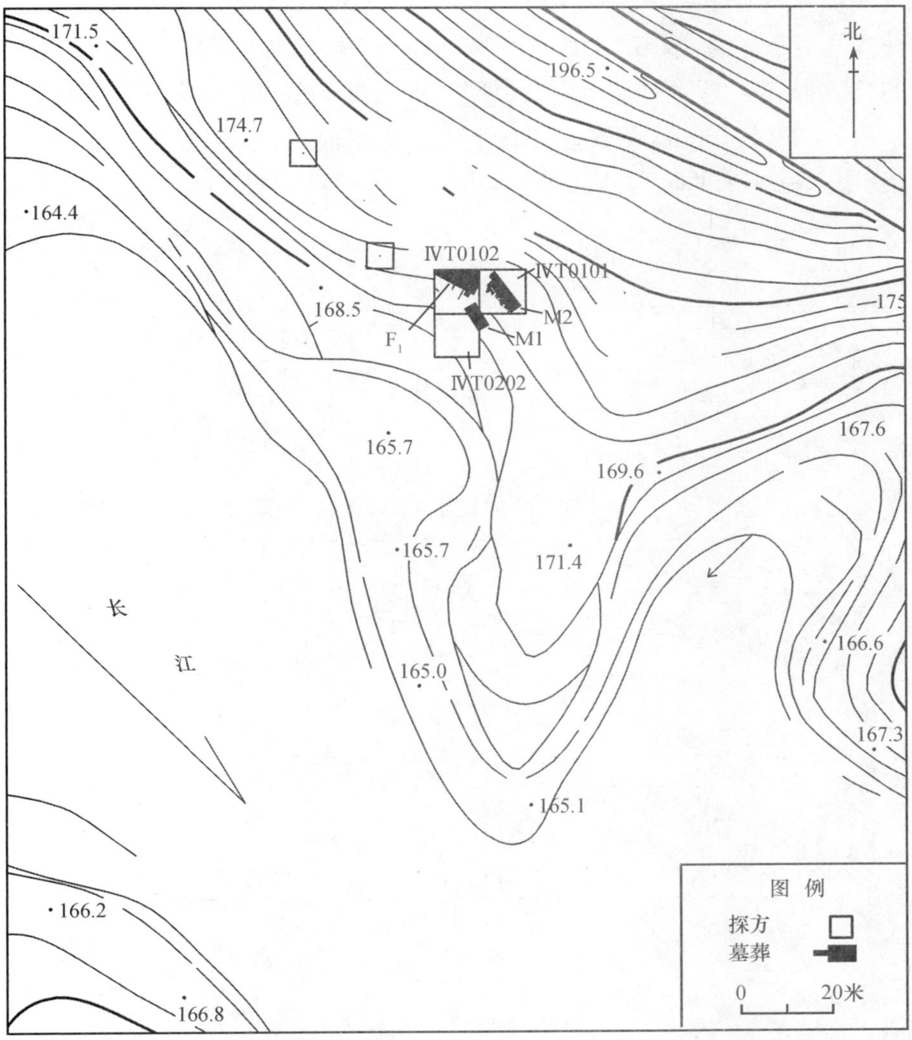

图二 下湾墓地地形及2013年度发掘探方分布图

二、墓葬形制

本次发掘清理墓葬2座，均为同坟同穴多室合葬石室墓。其结构、构筑方式完全一致。均由墓穴、墓室、墓门、拜台及封土组成。构筑方式是先在页岩上凿出墓穴，再用长方形条石平铺作为基础；用长方形石板砌成墓室底板、墓壁及墓顶盖板；并用石板分隔成多座墓室，每相邻两个墓室共用一个墓壁。墓前拜台均用不规则石板错缝平砌，均用石灰浆抹缝。由于早年破坏严重，只在墓顶残存部分封土，墓门均被毁坏。墓室内堆填有少量的炭屑和现代生活垃圾，墓室全暴露。

M1为同坟同穴多室合葬墓，墓室修筑于墓穴之内，并用石板分隔成多座墓室。墓圹大多已被破坏，仅发现墓室后壁及墓底残存部分墓圹，墓室全暴露。平面呈长方形，方向234°。墓口距地表深0～0.3米，墓底距地表深1～1.48米；墓葬残长9.16、宽2.75、高1米。M1从左至右依次编号为1～9号墓室，1号墓室几乎无存，其余各墓室大小一致，长2.5、宽0.8、高0.9米。由于耕种扰乱严重，墓室顶部上面残存厚0.4～0.5米的封土。各墓室顶部均用2～3块，厚0.2～0.35米的长方形石板，分别盖于墓室顶部，作为墓顶盖板石。墓壁用厚0.2～0.3米的石板立砌，墓底采用2～3块厚0.06米的青砂石板平铺。墓室前拜台破坏严重，仅剩2号墓室拜台保存较好，残存多块厚0.06米的长方形石板，平铺而成（图三；图版四七，2）。

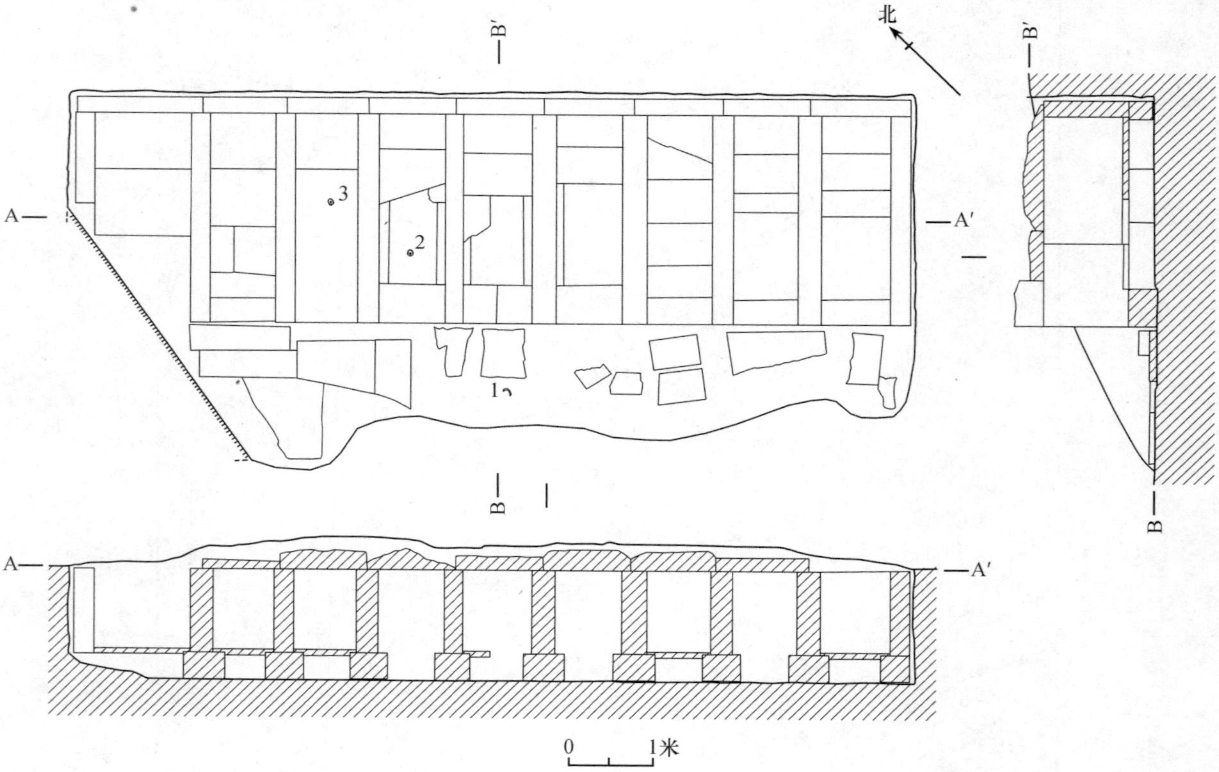

图三　M1平、剖面图

1. 银簪　2、3. 铜钱币

M2属于同坟同穴多室合葬墓，墓室修筑于墓穴之内，并用石板分隔成多座墓室。墓圹大多已被破坏，仅发现墓室后壁及墓底残存部分墓圹，墓室全暴露。平面呈长方形，方向238°。墓口距地表深0～0.4米，墓底距地表深1.1～1.62米；墓葬整体长5.9、宽2.8、高1.1～1.3米。墓室由左向右编号为1～6号墓室，各墓室大小一致，长2.3、宽0.9、高0.94米。墓葬后壁及墓顶残存厚0.2～0.3米的封土，该墓葬依山而建，东高西低，呈斜坡状堆积。由于破坏严重，仅3号墓室用多块长方形厚0.2～0.35米的石板，盖于墓室顶部，作为墓顶盖板石。墓壁用厚0.2～0.3米的石板立砌，墓底采用2～3块厚0.06米的青砂石板平铺。墓室前拜台破坏严重，仅剩2号墓室拜台保存较好，残存多块厚0.06米的长方形石板，平铺而成。在1号及3号墓室底部发现少量的人骨碎片，但已经被扰乱，未发现随葬品。拜台为青石板错缝平砌，现残存一块，长1、宽0.7米，其余部分已损毁（图四；图版四七，3）。

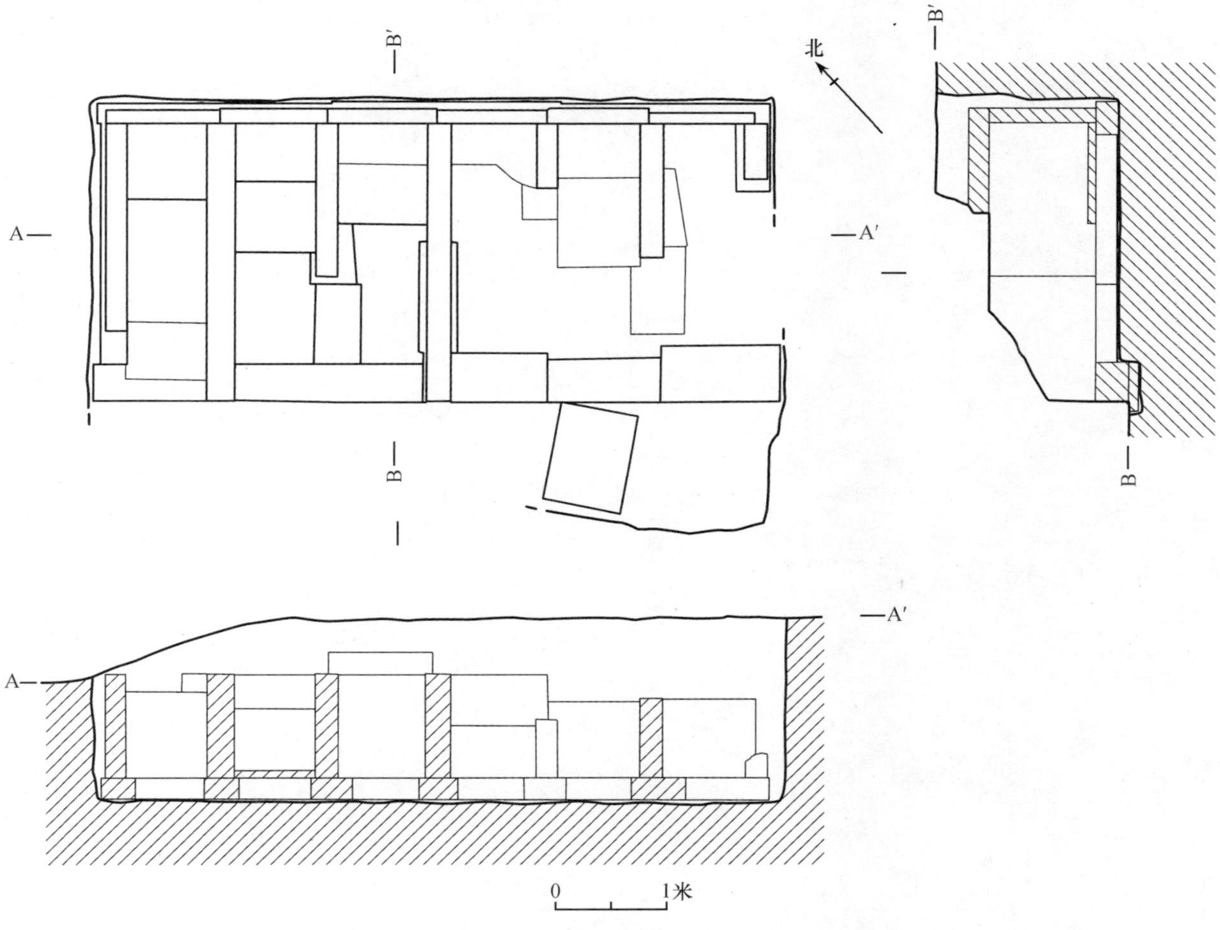

图四　M2平、剖面图

三、结　　语

此次发掘清理的墓葬及房屋遗址，破坏较严重。清理的房屋遗址为近现代建筑，故未作介绍。其墓葬多年暴露于地表，曾多次被盗，未发现出土遗物，只在墓室内发现少量腐朽的棺木及锈蚀的棺钉，这对时代的判断增加了一定的难度。但这种多室并排，结构简单的长方形石室墓，属于同坟同穴多室合葬墓，在重庆地区的明代石室墓中是比较常见的。这种同坟同穴异室墓墓顶所铺石板之间用石灰抹缝的做法也是在重庆、四川地区明代石室墓中普遍采用的方法。因此可判断这2座石室墓的时代应为明代。这2座墓葬的发现，对研究明代石室墓葬提供了详实的实物资料。

附记：本次发掘由邹后曦、黄海任领队，参加发掘及整理资料的有：周虹、湛川航、李洪、陈啸、李振文、秦斌、周巧玲，绘图：李洪，摄影：陈啸、李振文，修复：秦斌。

执　笔：周　虹　李振文　汪　彤

渝北老锅厂墓群2008年发掘简报

重庆市文化遗产研究院　渝北区文物管理所

老锅厂墓群位于重庆市渝北区洛碛镇上坝村长江左岸的一级台地上，由牟家嘴、庙包、白家嘴、窑子坪、文家湾、院子丘等六个相邻的墓地组成，分布面积约4000平方米（图一）。

该墓群于1997年调查并确认，1998年渝北区文物管理所抢救清理因洪水暴露出来的墓葬1座，出土陶壶、陶瓮、陶罐、铜釜、铁钺等器物10余件。2008年4～6月，重庆市文物考古所（今重庆市文化遗产研究院）、渝北区文物管理所联合对该墓群院子丘、文家湾等墓地进行了考古调查、勘探和发掘工作（图二）。现将院子丘墓地、文家湾墓地发掘情况报告如下。

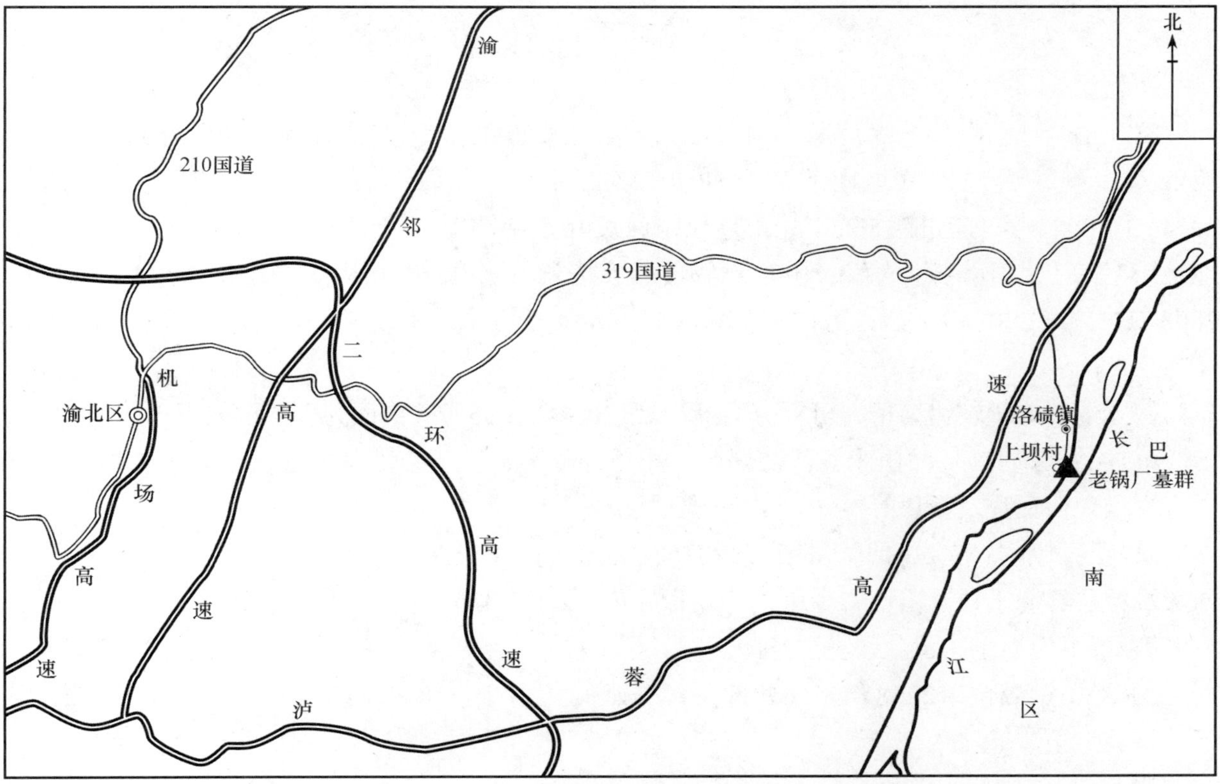

图一　老锅厂墓群位置示意图

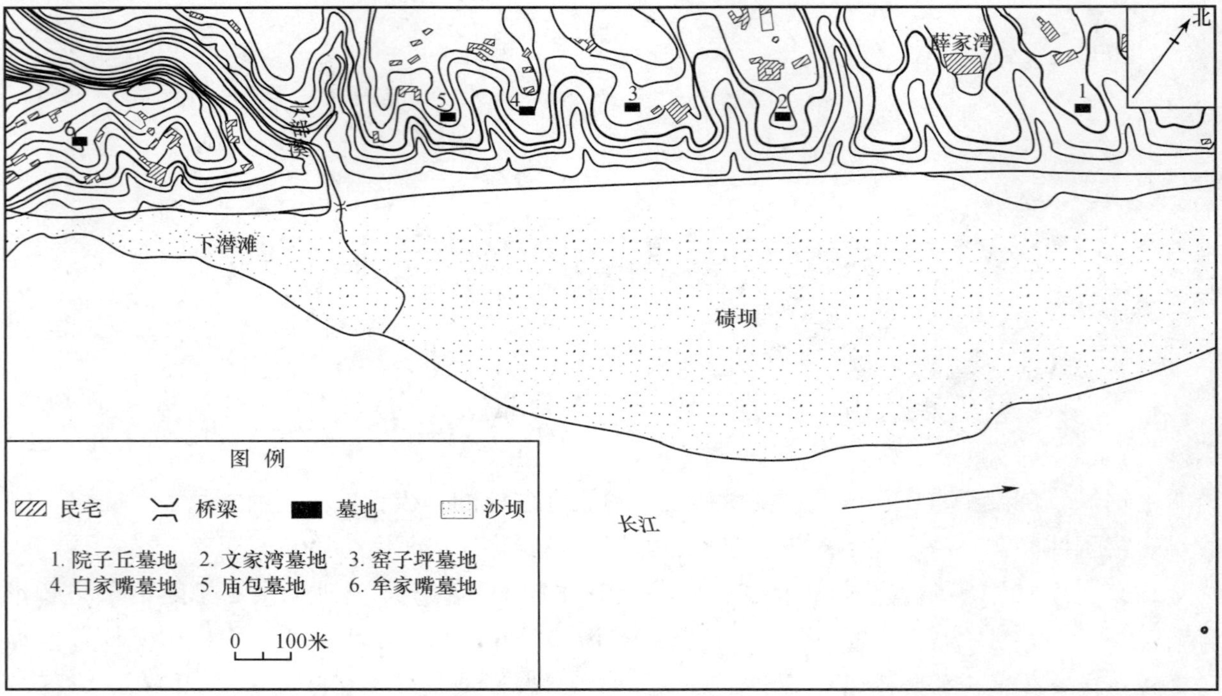

图二　老锅厂墓群墓地分布图

一、院子丘墓地

院子丘墓地位于老锅厂墓群东北部，隶属重庆市渝北区洛碛镇上坝村四社，地处长江左岸一级台地。墓地南北面有冲沟、东临长江、西面为民居，中心地理坐标北纬29°42′10.05″、东经106°55′25.05″。墓地东西长40、南北宽30米，分布面积1200平方米。墓地地形较平坦，地表种植蔬、粮食作物。此次发掘工作共布10米×10米探方7个，编号为2008YLYT1～2008YLYT7，方向20°，发掘面积700平方米，发现墓葬1座，编号2008YLYM1（图三）。

探方地层堆积较为简单，可划分为2层，以2008YLYT6西壁剖面为例介绍如下（图四）。

第1层：厚约15～25厘米。浅灰褐色，土质疏松。夹有较多的草木灰炭粒、植物根茎，出土有少量现代瓦片及石块等。

第2层：厚约15～20厘米，距地表约15～30厘米。浅灰色，土质结构略紧密。夹有少量草木灰炭粒及红烧土粒，出土有少量瓦片及青砖角。2008YLYM1开口于此层下。

第2层下为生土，黄色，土质纯净。

2008YLYM1位于2008YLYT6西部，部分延伸至T7东隔梁内（图五）。墓葬开口于第2层下，打破生土。

1. 形制与结构

2008YLYM1为竖穴土圹砖室墓，墓向116°。墓葬北部因水土流失及人类耕地改造后被完全

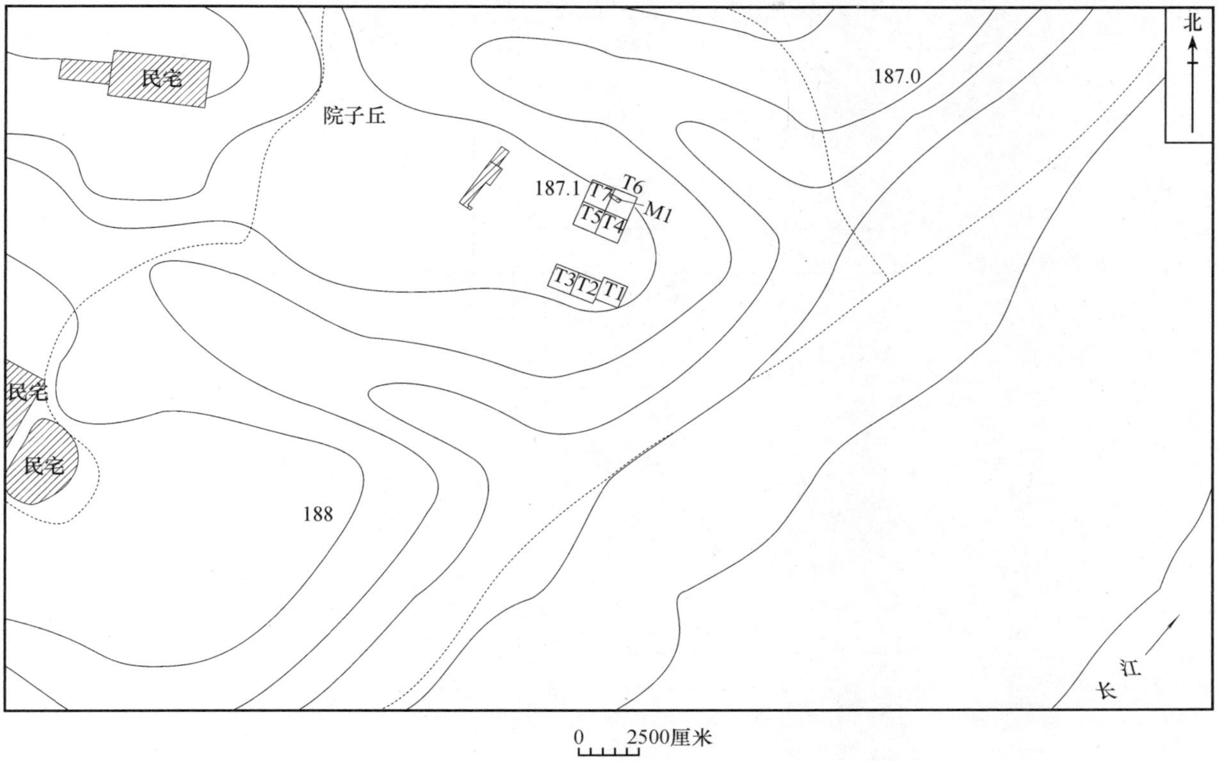

图三　院子丘墓地2008年发掘探方位置图

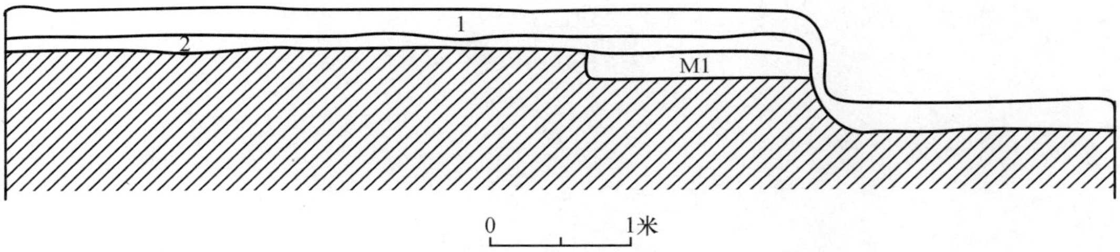

图四　2008YLYT6西壁剖面图

破坏，残存部分墓室。墓室长4.34、残宽1、残高0.2～0.22米。墓壁用长方形砖平铺而成，残存壁砖1～2层。壁砖规格长42、宽22、厚21厘米，一侧饰菱形花纹。墓底用长46、宽24、厚7厘米的长方形素面砖纵向平铺而成，中部铺地砖残失（图六）。在墓室东部墓壁处可见榫卯结构的楔形砖，推测为坍塌的券顶砖。墓葬保存较差，墓主人骨与葬具痕迹不见，其葬式、葬具不详。

2. 出土器物

随葬器物位于墓室南部，出土器物7件，包括陶器6件、铜钱币1枚。

陶侍俑　1件。2008YLYM1：1，泥质红陶。面部轮廓较清楚，身着圆领拢袖大袍，袍曳于地，双手相拱作侍立状。侧面可见合范痕。通高18.7、身宽7厘米（图七，6）。

陶灯　2件。2008YLYM1：2，釉陶，夹砂褐陶胎，里外均施黄釉，部分已脱落。侈

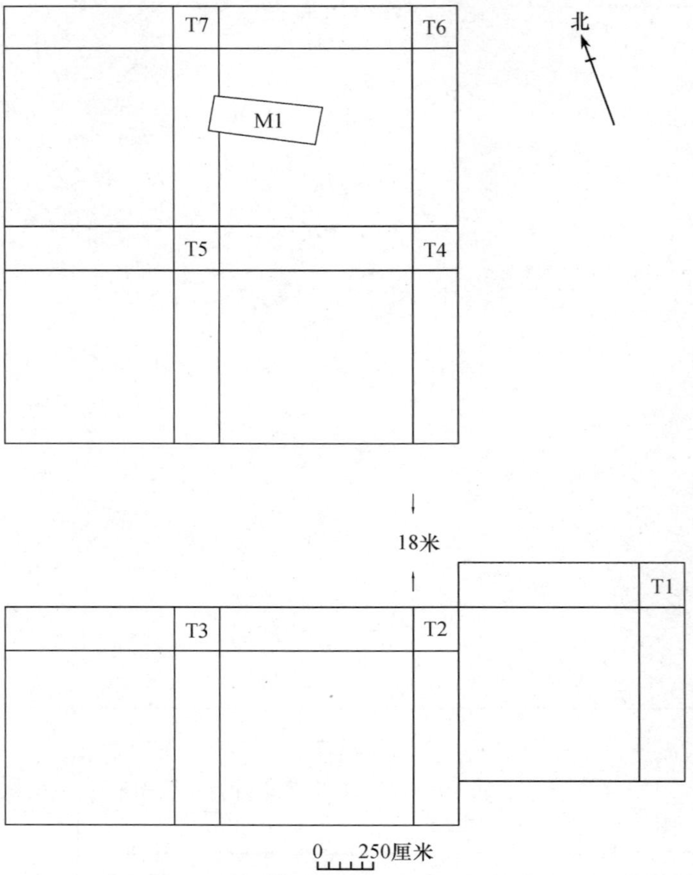

图五　院子丘墓地墓葬分布图

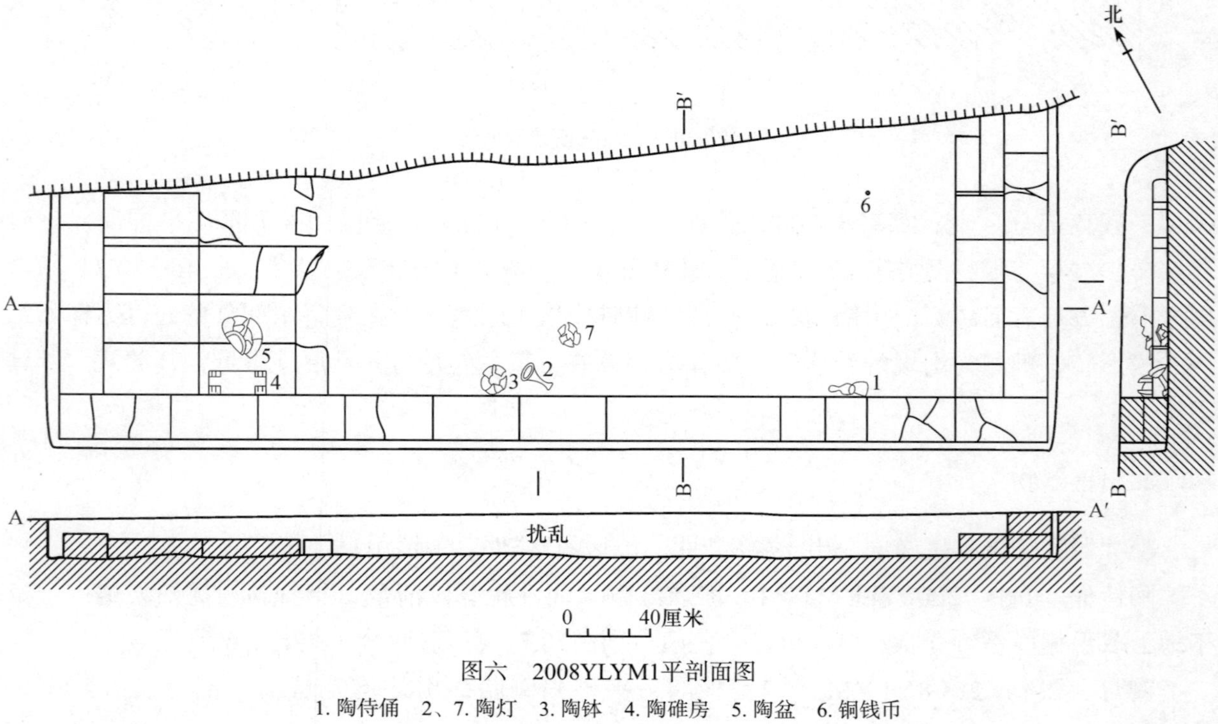

图六　2008YLYM1平剖面图

1. 陶侍俑　2、7. 陶灯　3. 陶钵　4. 陶碓房　5. 陶盆　6. 铜钱币

图七　2008YLYM1出土器物

1. 陶碓房（2008YLYM1：4）　2、5. 陶灯（2008YLYM1：7、2008YLYM1：2）　3. 陶盆（2008YLYM1：5）　4. 陶钵（2008YLYM1：3）　6. 陶侍俑（2008YLYM1：1）

口，圆唇，高柄，喇叭座，中空。通高13、盘口径11、底座直径8.4厘米（图七，5）。2008YLYM1：7，夹砂褐陶。残存灯座，喇叭形。残高4.2、底径8.4厘米（图七，2）。

陶钵　1件。2008YLYM1：3，釉陶，夹砂褐陶胎。器内外均施黄釉，部分已脱落。口部已残，束颈，折肩，弧腹，平底内凹。残高9、腹径16、底径10厘米（图七，4）。

陶碓房　1件。2008YLYM1：4，泥质灰陶。长方形底板，兽形柱座，上部残。残高12、宽10厘米（图七，1）。

陶盆　1件。2008YLYM1：5，泥质红陶。侈口，折沿，圆唇，沿面内斜，腹微鼓，底略上凹。口径21.8、底径11、通高10.2厘米（图七，3）。

铜钱币　1枚。2008YLYM1：6，钱币残破，可辨“五铢”二字。

二、文家湾墓地

文家湾墓地位于老锅厂墓群中部，隶属重庆市渝北区洛碛镇上坝村五社，地处长江左岸一级台地。墓地南北面有冲沟、东临长江、西面为民居，中心地理坐标为北纬29°42′3.16″、东经106°55′14.34″。墓地东西长40米、南北宽20米，分布面积800平方米。地表种植蔬、粮食作物。此次发掘工作共布10米×10米探方7个，编号为2008YLWT1～2008YLWT7，方向315°，发掘面积700平方米，发现墓葬3座，编号2008YLWM1～2008YLWM3（图八、图九）。

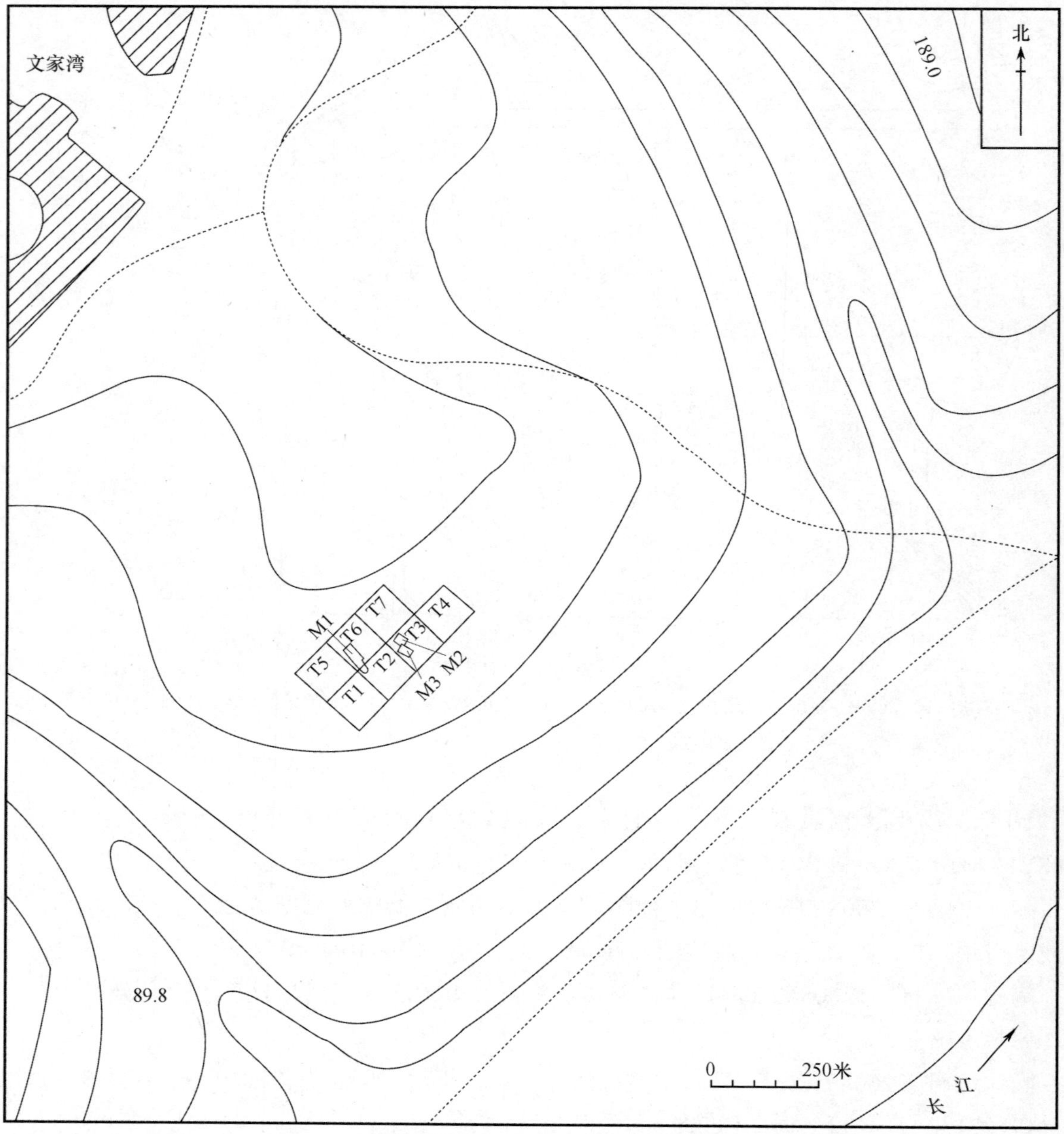

图八　文家湾墓地2008年发掘探方位置图

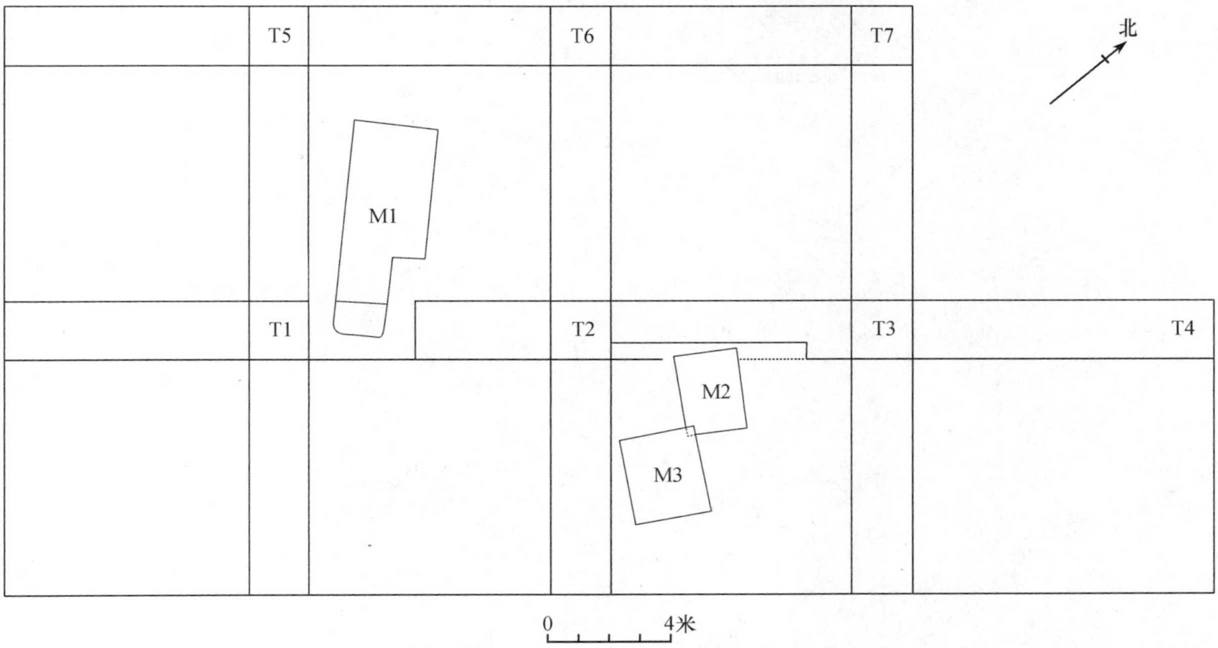

图九　文家湾墓地2008年发掘墓葬分布图

探方地层可划分为2层，以2008YLWT3东壁剖面为例介绍如下（图一〇）。

第1层：厚20～30厘米。土色灰色，土质疏松。包含有大量的根物根茎及现代杂物、陶片等。

第2层：厚25～35厘米，距地表约20～30厘米。浅灰褐土，土质结构较紧密。夹杂有少量草木杰、炭粒，出土少量砖角、陶瓷残片等。2008YLWM1、2008YLWM2、2008YLWM3开口于第2层下。

第2层下为黄色生土，距地表约50～65厘米，结构致密、纯净。

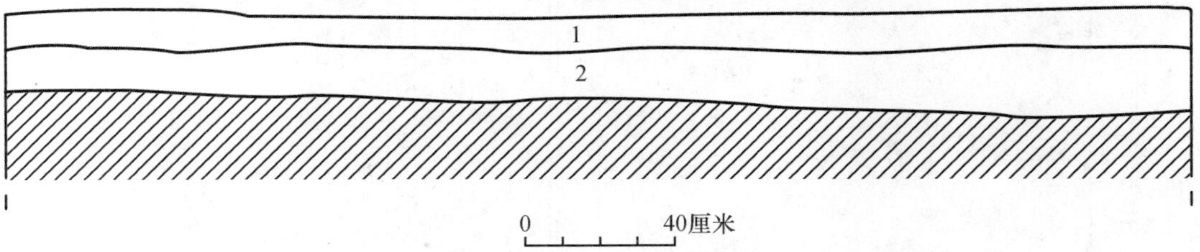

图一〇　2008YLWT3东壁剖面图

（一）2008YLWM1

2008YLWM1位于2008YLWT6西部偏中，部分叠压于2008YLWT2探方北隔梁下。开口于第2层下，打破生土。

1. 形制与结构

2008YLWM1为竖穴土圹砖室墓，墓向145°（图一一）。墓葬平面呈“刀”把形，由墓道、甬道、墓室组成。墓葬长7.42、宽1.92～2.84、残深0.48米。

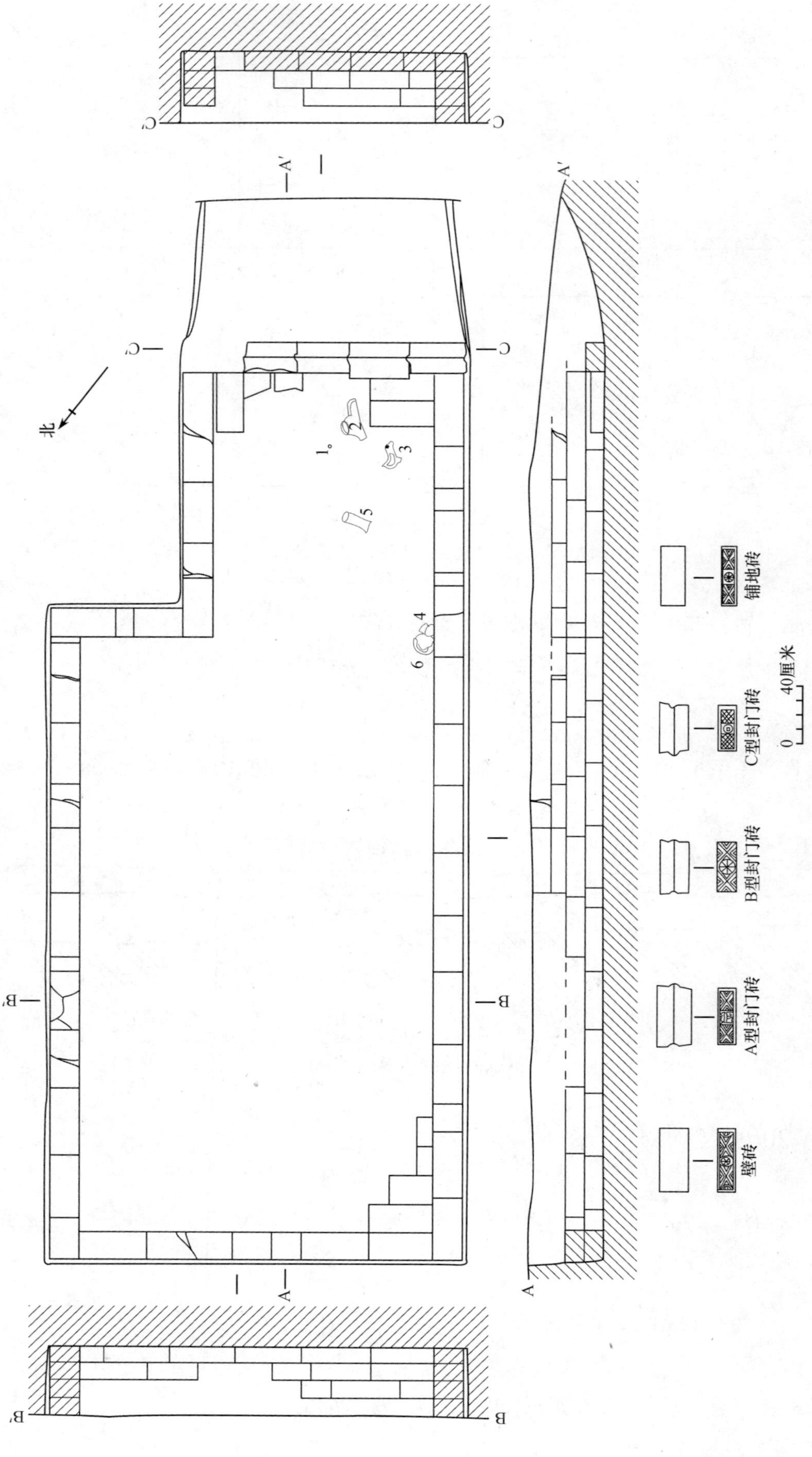

图一一 2008YLWM1平、剖面图

1. 铜钱币 2. 陶鸡 3. 陶狗 4、6. 陶罐 5. 陶俑墓道呈斜坡状，开口残长1、宽1.7～1.9、深0.35～0.5米，底长1、宽1.6～1.9、深0～0.4米。封门位于墓道与甬道间，残存封门砖两层，系青灰、红褐楔形砖平铺而成。封门砖带榫卯，可分为3型：A型长38～43、宽24、厚12厘米，一侧饰交叉纹、中部饰“富贵”铭文二字；B型长34～38、厚13厘米、一侧饰交叉纹、中部为车轮纹；C型长32～36、厚12厘米，一侧饰菱形纹，菱形纹内饰一乳钉纹，中部为车轮纹、周围饰乳钉纹。

甬道长1.84、宽1.7、残高0.24～0.36米，残存壁砖2～3层，用长44、宽20、厚11～12厘米的长方形砖错缝平铺而成，砖一侧饰交叉纹，中部为车轮纹。

墓室长4.34、宽2.8、残高0.48米，券顶已被扰乱破坏无存。墓壁由条形砖平铺而成，北壁残存1～3层，东、西墓壁残存3～4层。墓砖与甬道壁砖相同。墓底残留铺地砖，分布于墓室西北角及甬道南部，错缝平铺而成。铺地砖有两种：一种与墓壁砖相同，另一种长42、宽17、厚10厘米，砖一侧饰交叉纹、中部为车轮纹。

墓葬保存较差，墓主人骨与葬具痕迹不见，其葬式、葬具不详。

2. 出土器物

出土器物6件，位于甬道内，包括陶器5件、铜钱1枚。

（1）陶器

鸡　1件。2008YLWM1：2，泥质红陶。昂首挺胸，尾扁平上翘，作站立状，腹下部有少许指窝纹，头部模糊。通高12、长26、宽7.6厘米（图一四，5）。

狗　1件。2008YLWM1：3，泥质红陶，残存头及颈部。昂首，头及颈部模糊。残高11、残长17.2、宽6.5厘米（图一四，3）。

俑　1件。2008YLWM1：5，泥质红陶。面部较模糊，胸襟及下部均残。残高19.6厘米、残宽9.6厘米（图一四，4）。

罐　2件。2008YLWM1：4，泥质红陶。侈口，尖唇，束颈，鼓腹，圜底。腹部饰绳纹。口径23、通高15.4厘米。2008YLWM1：6，泥质红褐陶。敛口，矮沿，圆唇，鼓腹微折，底略外凸。口径9、腹径15、底径10、通高9.6厘米。

（2）铜钱币

五铢钱　1枚。2008YLWM1：1，钱币残破，可辨“五铢”二字。

（二）2008YLWM2

2008YLWM2位于2008YLWT3探方北部。墓葬开口于第2层下，打破生土，墓室西南角被2008YLWM3打破。

2008YLWM2为竖穴土圹砖室墓，双室，墓向59°（图一二）。墓葬平面呈长方形，土圹长2.7、宽2.16、残深0.4～0.48米。

左室墓壁系长方形青灰砖错缝平砌而成，残存壁砖5～7层，墓底系长方形横竖错缝砖平铺而成。墓室后壁有一壁龛，龛高32、残宽12、进深16厘米。墓室内长2.32、宽0.74米。

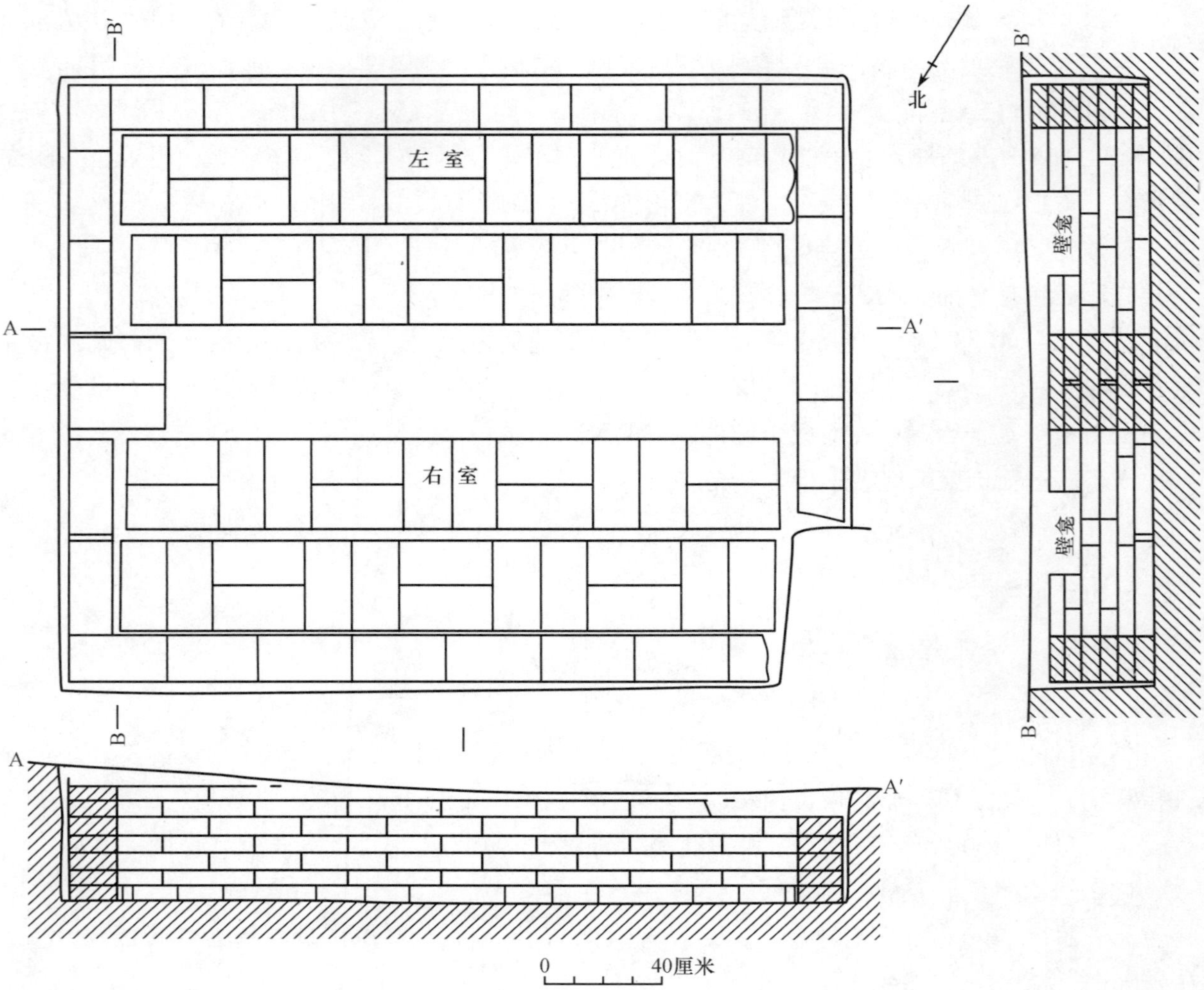

图一二　2008YLWM2平、剖面图

右室形制与左室同。墓壁残存壁砖5～6层，墓底残留部分铺地砖。墓室后壁残存壁龛，龛高32、残宽18、进深16厘米。墓室内长2.32、宽0.74米。墓室西南角被M3打破。

左右两室中部为隔墙，残存壁砖5～7层，宽32、残长34厘米。墓砖均为长方形青灰色砖，其规格长32、宽16、厚6～7厘米。

墓葬遭受扰乱，未见人骨，其葬式不详。根据左室内的3枚棺钉推测其葬具为木棺。

该未见随葬器物。

（三）2008YLWM3

2008YLWM3位于2008YLWT3西南部。墓葬开口于第2层下，打破生土，打破M2。

1. 形制与结构

M3为竖穴土圹砖室墓，双室，墓向46°。墓葬平面为长方形，土圹长2.9、宽2.5米（图一三）。

左室墓壁系长方形青灰砖错缝平砌而成，残存壁砖7～9层，墓室南部壁砖已被破坏无存。墓底系长方形青灰砖错缝平铺而成。墓室后壁有一壁龛，龛高32、宽24、进深16厘米。墓室内长2.46、宽0.86米。墓砖长36、宽16～17、厚5～6厘米。

右室形制与左室同。残存壁砖3～8层。墓底铺地砖被扰乱，残存2块。墓后壁被破坏严重，未发现壁龛。墓室内长2.46、宽0.84、深0.5～0.54米。

左右室间有一隔墙，残存壁砖7～8层，高约68、宽36厘米。

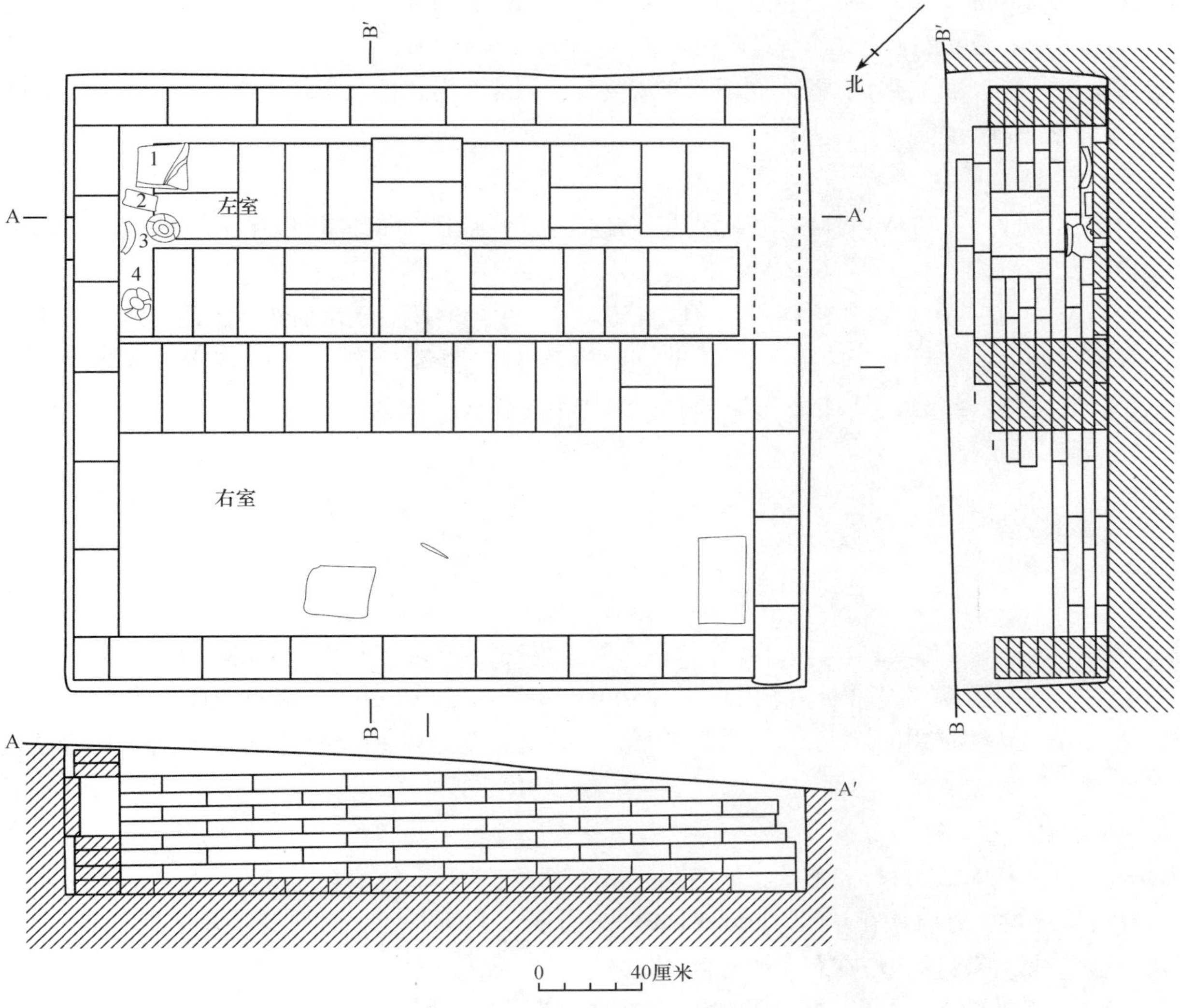

图一三　2008LYWM3平、剖面图

1. 枕瓦　2. 陶墓券　3. 瓷谷仓罐　4. 瓷碗

2. 葬式及葬具

墓葬遭受扰乱，未见人骨，其葬式不详。根据左室内的1枚棺钉推测其葬具为木棺。

3. 出土器物

出土器物4件，位于墓葬左室后壁处，包括瓷器2件、陶器2件。

（1）瓷器

谷仓罐　1件。2008YLWM3：3，暗红胎，釉陶，施褐釉。侈口，尖圆唇，束颈，斜肩，斜直腹，喇叭形座，小平底。外壁施褐釉不及底，腹下部流釉，部分脱落。器盖子母口，桃形纽，上外壁呈放射状分布12条泥条瓦楞纹，肩部呈放射状分布15条泥条瓦楞纹。通高27.6、口径10.8、底径9.6 厘米，罐高19.4厘米，盖高8.2、盖最大径12厘米（图一四，6）。

碗　1件。2008YLWM3：4，白胎。圆唇，敞口，曲腹弧，圈足。器表施白釉不及底，泛青。绘青花蔓草花纹图案，碗内底饰有两道弦纹，内部草书“福”字。通高6.6、口径15.2、底径5.4 厘米（图一四，7）。

（2）陶器

枕瓦　1件。2008YLWM3：1，泥质灰陶。平面呈梯形、中部略凹，截面呈拱形。长21、宽19～21.8、高4～5 厘米（图一四，2）。

墓券　1件。2008YLWM3：2，泥质灰陶。残，中部略厚。正反面边缘刻线框两道。正面上部残存“…人地券文”四字，券文为朱砂书写，现已脱落不详。背面上部刻“大极地…”三字，其下刻八卦图，图内刻“八卦图果”4残字。长30、残宽15.6、厚2.2～2.6 厘米（图一四，1）。

三、结　　语

院子丘墓地发掘墓葬1座，文家湾墓地发掘墓葬3座。就这批材料，我们有如下初步认识：

（1）本次发掘的墓葬数量较少，且均遭受严重破坏。根据2008YLYM1的扰乱情况，推测墓地在历代人类活动中，部分墓葬破坏殆尽，导致现存墓葬较少的情况出现。此外，无论是东汉墓葬还是明代墓葬，均面向长江，这在整个三峡库区沿江墓葬的分布上是一个普遍性特征之一。

（2）2008YLYM1形制不全，从随葬器物陶器组合为盆、钵、灯、碓房、俑看，模型器应占有一定比例，其时代在东汉。2008YLWM1由于遭受扰乱，随葬器物组合不全，但从现存的器物形态看，墓葬时代应在东汉中晚期。

（3）2008YLWM2、2008YLWM3均为双室并排，根据墓葬土圹情况，两墓葬均应为同穴异室合葬墓，但由于墓葬遭受扰乱，墓主性别不详。这种同穴异室合葬墓是该地区明代流行的墓葬形制，因此，这两座墓的时代应为明代。2008YLWM2尽管未见随葬器物，但由于被2008YLWM3打破，表明M2早于M3。

（4）2008YLWM3出土墓券位于左室后壁处，上刻的八卦图案应为“后天八卦”，与道教有关。道教认为“八卦之图，百无禁忌”，反映了期盼墓主安息、安乐富贵的祈愿。在明代，皇帝大多有不同程度的尊道，尤在被民间称为“道教皇帝”的嘉靖时期达到顶峰，该墓葬随葬八卦图案墓券或与这种背景有一定关系。

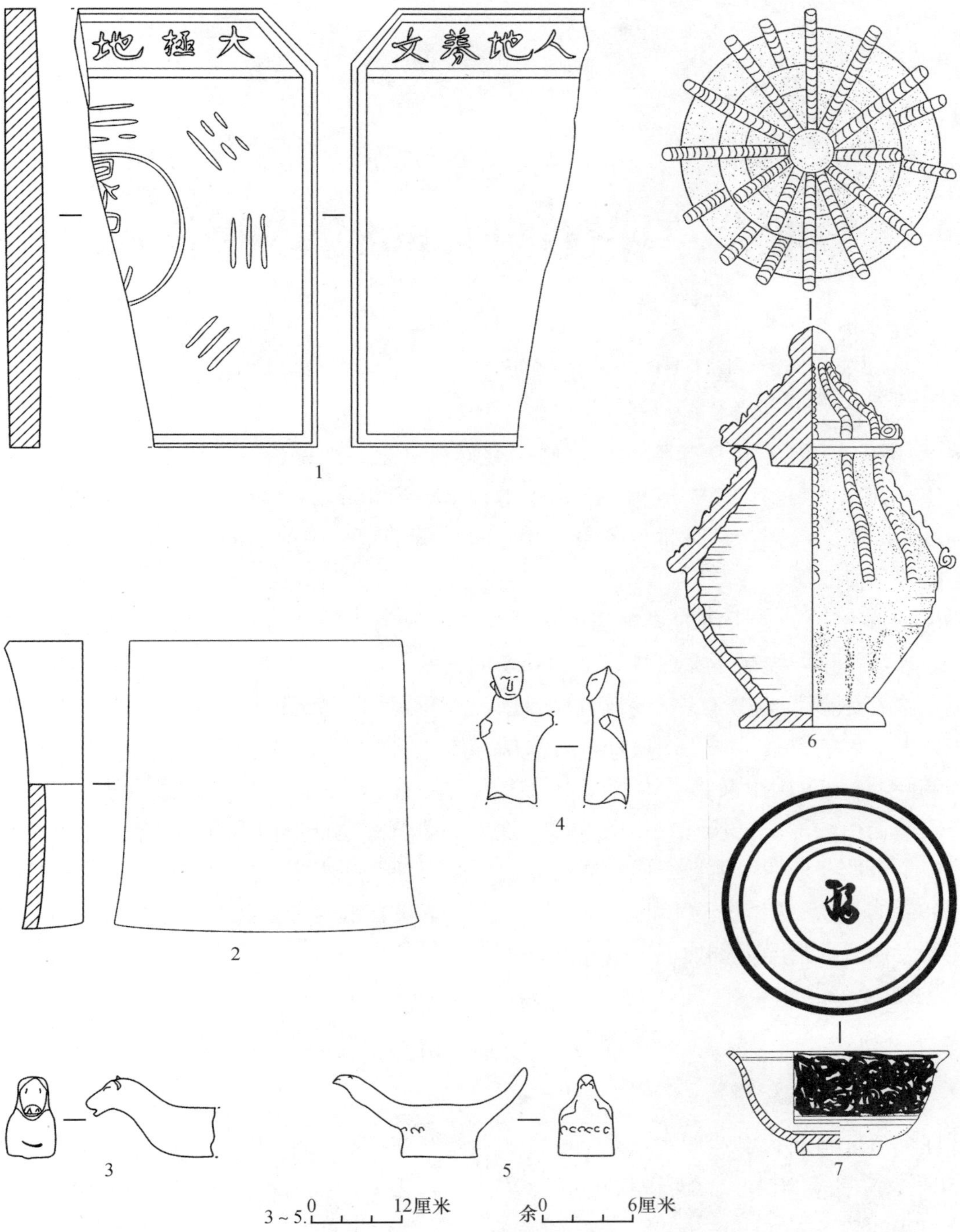

图一四　文家湾墓地出土器物

1. 陶墓券（2008YLWM3：2）　2. 枕瓦（2008YLWM3：1）　3. 陶狗（2008YLWM1：3）　4. 陶俑（2008YLWM1：5）　5. 陶鸡（2008YLWM1：2）　6. 瓷谷仓罐（2008YLWM3：3）　7. 瓷碗（2008YLWM3：4）

附记：本项目领队白九江，执行领队龚玉龙，参加本次发掘的工作人员有：龚玉龙、王道新、张守华、文朝安等。绘图：文朝安、王贵平，修复：王海阔，资料整理：龚玉龙。同时本次发掘工作得到渝北区文管所的大力支持，在此一并致谢！

执　笔：龚玉龙　白九江　肖碧瑞

渝北茅草坪遗址群2008年发掘简报

重庆市文化遗产研究院　万州区博物馆

茅草坪遗址群位于重庆市渝北区洛碛镇迎祥村一社，地处长江左岸一级台地，南北为冲沟，东望长江，西与洛碛镇街道相邻。遗址地理坐标为北纬 29°43′09.77″，东经106°56′5.61″，海拔高度为177.2～178米。遗址区地形平坦，未发掘前地表种植蔬菜，现存面积约50000余平方米（图一）。

20世纪80年代，重庆市博物馆考古队对长江重庆河段的新石器遗址进行了调查、试掘工作，并在长江洛碛段发现了文家湾遗址和观音阁遗址。20世纪90年代，重庆市博物馆考古队及其他单位在洛碛镇调查并发现了洛碛村遗址、茅草坪遗址、老锅厂土坑墓群等多个文物点。2007年，山西大学对洛碛观音阁遗址进行发掘工作，发掘汉代墓葬2座，出土陶器多件。

2008年4月，重庆市文物考古所（现重庆市文化遗产研究院）对洛碛进行勘探调查，确定处于洛碛镇老街的下游，长江左岸的一级台地上的茅草坪遗址群由石柱坝遗址、新房子遗址、长土遗址、金塘遗址四个遗址组成。遗址时代从商周延续到唐宋，遗址间通过冲沟相连。

2008年7月，重庆市文物考古所与万州区博物馆联合组成考古队，对茅草坪遗址群进行发掘。现将发掘清理情况报告如下。

一、石柱坝遗址

石柱坝遗址南北为自然冲沟，东临长江，西南与洛碛街道相邻，北望新房子遗址。遗址南北长250米，东西宽80米，总面积约20000平方米。地表未发掘前种植大量蔬菜及粮食作物。遗址代号为2008CLS（其中“2008”为发掘年度，“C”代表重庆市，“L”代表洛碛镇，“S”代表石柱坝遗址），共发掘10米×10米探方20个，总发掘面积2000平方米。田野工作期间共发现房址1座、居住遗迹1处、石板路1条、墓葬5座、灰坑16个、灰沟4条，共出土各个时期的文化遗物200余件（图二）。

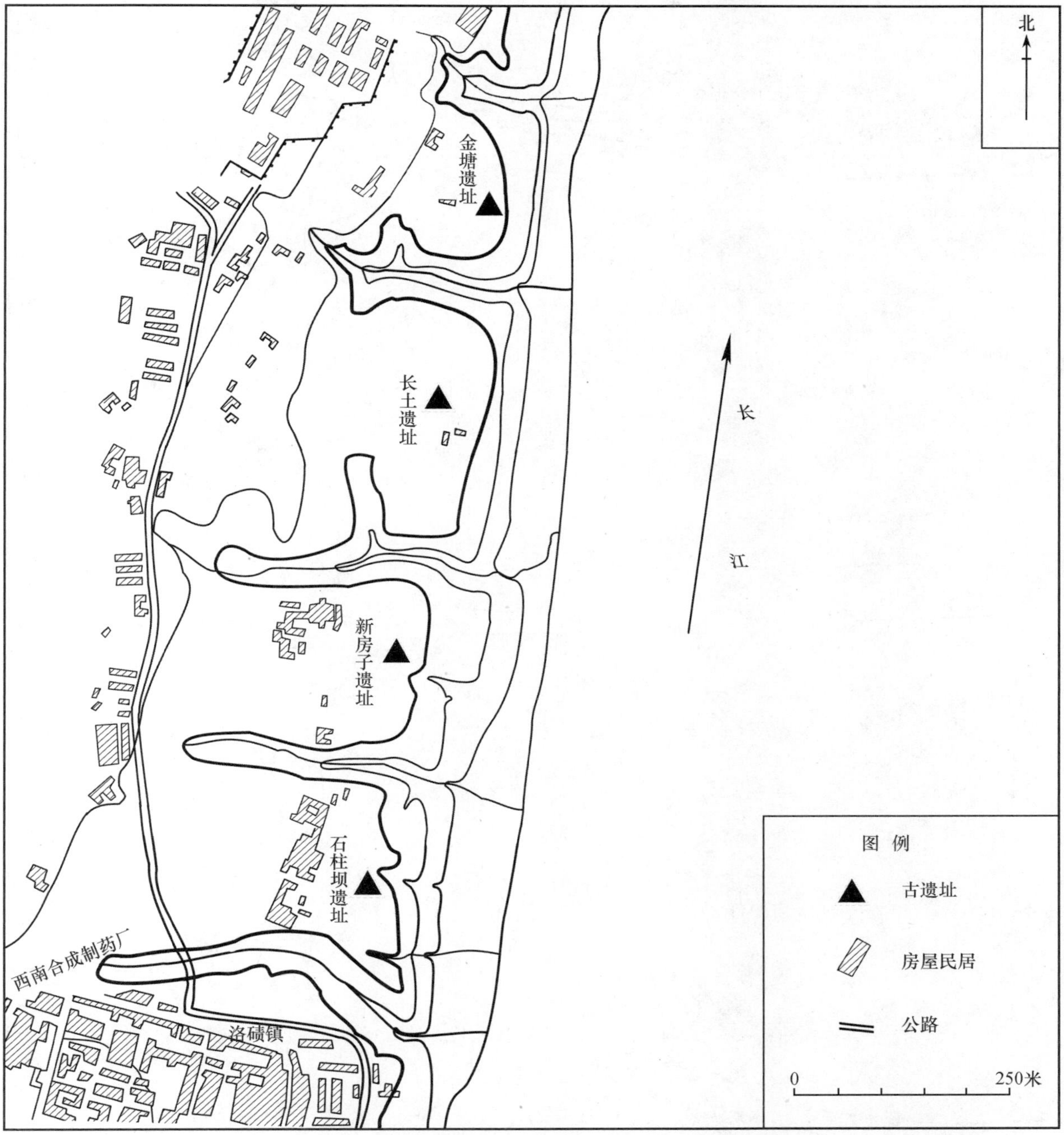

图一　石柱坝遗址、新房子遗址在茅草坪遗址群中的位置示意图

（一）地层堆积

各探方地层基本可连通，文化堆积从明清、唐宋到汉代呈现连续分布状况，其中主体堆积为唐宋和汉代堆积，呈现分布范围广，文化层位堆积深厚，遗物、遗迹现象多的特征。经发掘，遗址统一后文化层共分为7层。

下面以2008CLST15的东壁剖面为例说明（图三）：

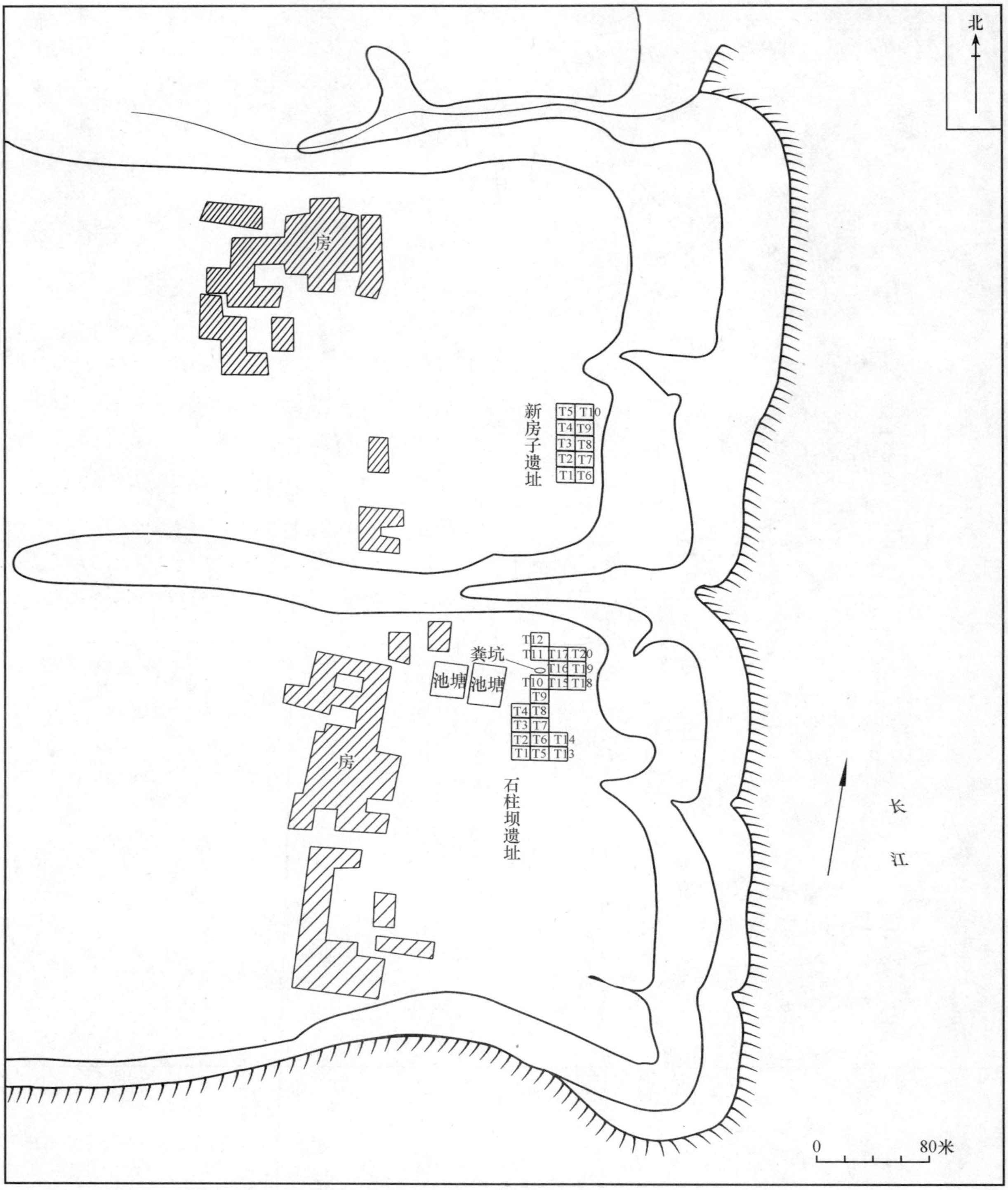

图二　石柱坝遗址、新房子遗址2008年度发掘布方示意图

第1层：现代耕土层，灰褐色，土质疏松。厚0.15～0.25米。包含物有少量瓦片、塑料薄膜、植物根茎。

第2层：近现代文化层，浅灰褐色黏土，土质疏松。距地表0.3～0.35、厚0.1～0.15米。包含物有少量植物根茎、草木灰、青花瓷片、陶片。

第3层：明清堆积层，深灰褐色黏土，土质紧密。距地表0.4～0.45、厚0.2～0.27米。包含物有少量石块、青花瓷片、陶片，可辨器形有瓷碗、碟、盘等。

第4层：唐宋堆积层，浅红褐色黏土，土质较致密。距地表0.7～0.75、厚0.3～0.4米。包含物有较多的草木灰、石块和少量青花瓷片、陶片，可辨器形有瓷碗、碟，陶罐等。2008CLSM4和2008CLSH5开口于本层下。

第5层：唐宋堆积层，黑褐色黏土，土质较致密。距地表1.1～1.2、厚0.3～0.4米。包含物有木炭屑、红烧土颗粒、酱黄釉瓷片、陶片、石块，可辨器形有瓷碗、碟，陶罐等。

第6层：汉代堆积层，深褐色黏土，土质较致密。距地表1.6～1.7、厚0.45～0.5米。包含物有少量木炭屑、陶片、绳纹板瓦、筒瓦残片，可辨器形有陶罐等。

第7层：汉代堆积层，灰褐色黏土，土质较致密。距地表1.7～2.1、厚0.4～0.55米。包含物有少量木炭屑、红烧土颗粒、石块、绳纹板瓦、筒瓦残片，可辨器形有陶罐、陶甑等。

第7层以下为青黄色生土。

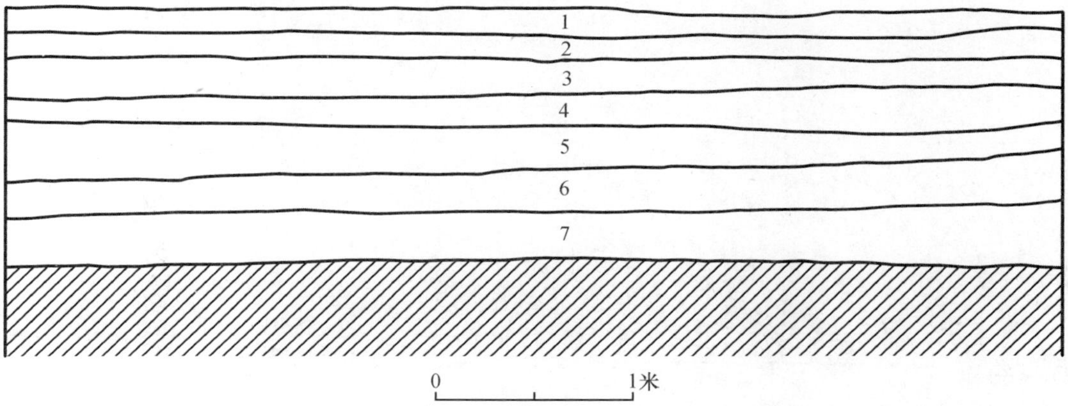

图三 2008CLST15东壁剖面图

（二）汉至六朝时期文化遗存

1. 遗迹

本期遗迹包括石板路1条、居住遗迹1处、灰沟1条、灰坑7个。

（1）石板路

2008CLSL1 位于2008CLST8探方北部，开口于第5层下。平面呈长条形。残长5.6、宽1米。路面由不规则的小石板和石块铺成，被破坏较严重，L1方向为30°。路面石块之间包含有少量绳纹陶片（图四）。

（2）居住遗迹

2008CLSS1 位于2008CLST16探方北部，开口于第6层下，打破第7层，遗迹北部被H13打破。遗迹总长约8、宽约3米，由数个直径0.06～0.1、深0.08～0.04、间距0.15～0.2米的夯窝较有规律的排列组成。夯窝内填黑褐色黏土，土质较硬，包含物有少量木炭屑和红烧土颗粒（图五）。

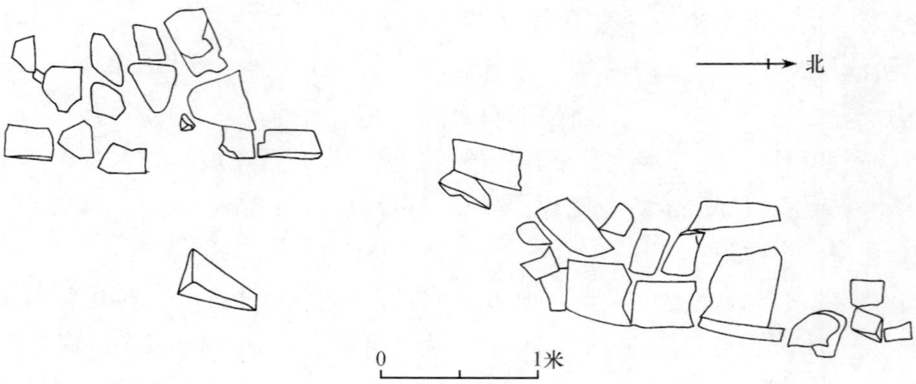

图四　2008CLSL1平面图

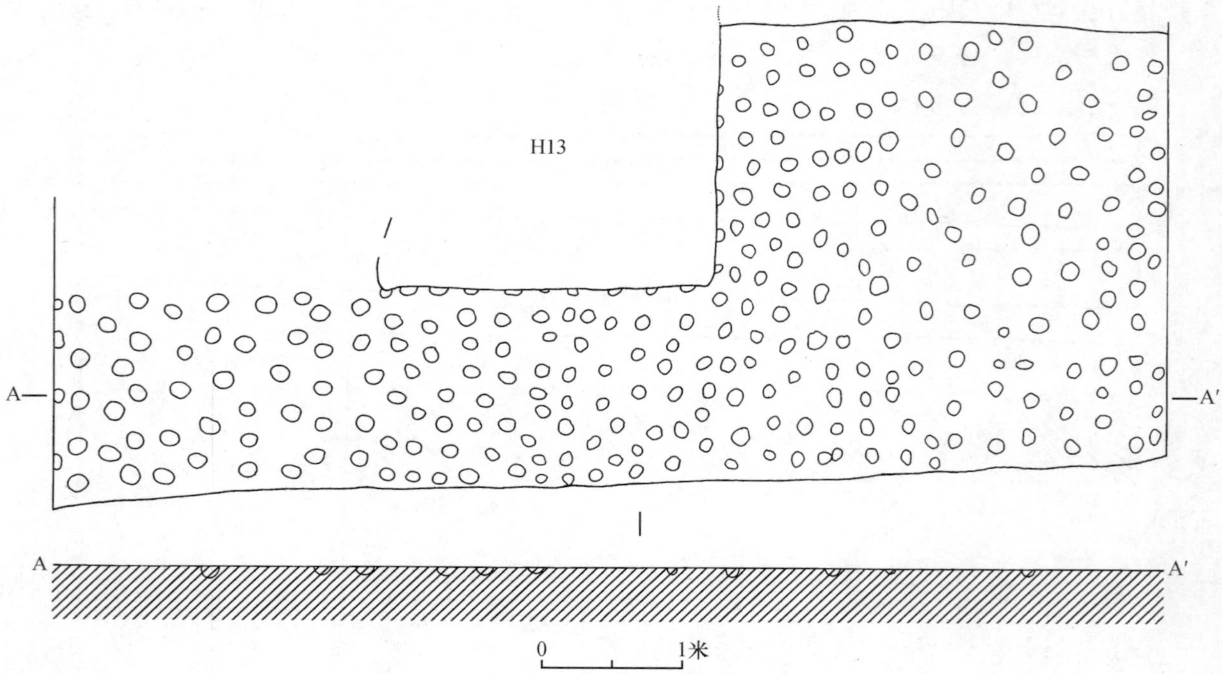

图五　2008CLSS1平、剖面图

（3）灰沟

2008CLSG2　位于2008CLST16探方西部，延伸入西壁内，开口于第6层下，打破7层。平面呈葫芦形，沟壁较直，沟底平整。残长2.3、宽0.4～1.3、深0.38米。沟内填黑褐色黏土，土质较硬，包含物有大量红烧土块、木炭屑、陶片等（图六）。

（4）灰坑

2008CLSH7　位于2008CLST10探方西部，开口于第5层下，打破第6层。平面呈三角形，口大底小，斜壁内收，壁面粗糙，坑底平整。口长3.8、宽0.12～2.8米，底长3.2、宽0.1～2.2、深0.6米。坑内填土为黑灰色黏土，土质疏松，包含物有少量红烧土颗粒、泥质灰陶片，可辨器形有绳纹板瓦、筒瓦、陶甑、陶罐（图七）。

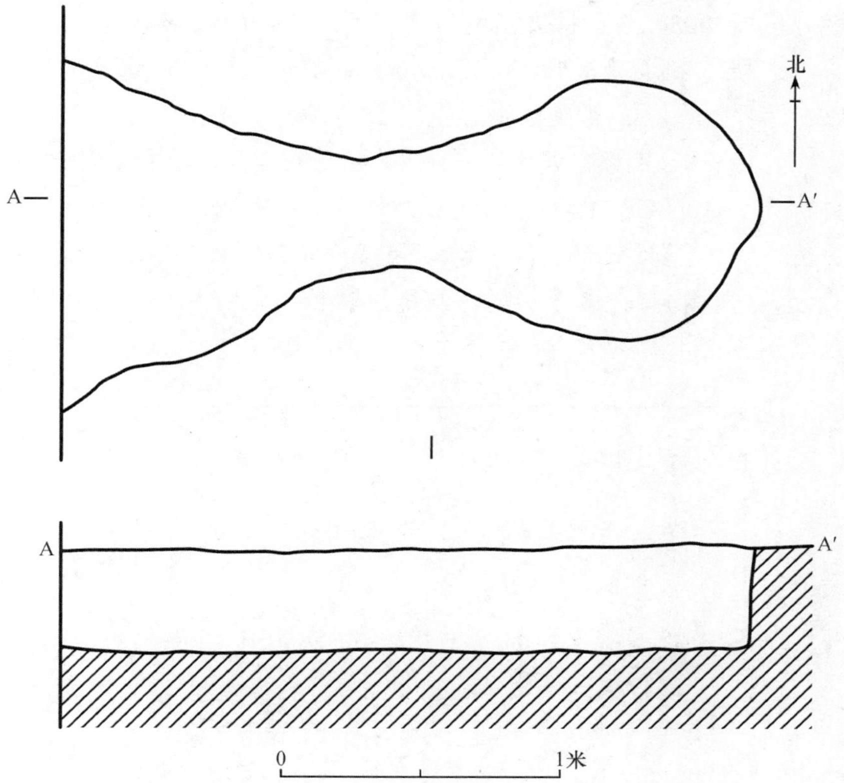

图六　2008CLSG2平、剖面图

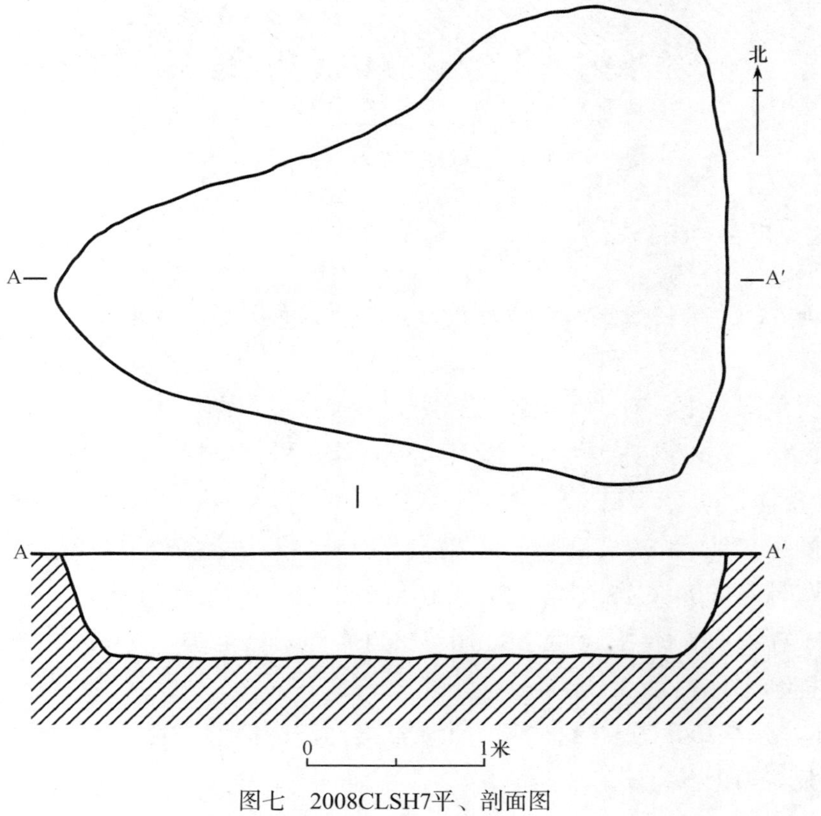

图七　2008CLSH7平、剖面图

2008CLSH8　位于2008CLST3探方西南角，分别延伸入T3西壁和南壁，开口于第7层下。平面呈不规则的“L”形，剖面呈梯形，坑壁、坑底修制较平整，部分坑壁用石板加固。残长约3.82、宽0.4～1.35、深0.5米。坑内填土为五花土，土质疏松，包含物有大量木炭屑、红烧土颗粒、灰陶及黄褐陶片、石球、铜环首刀残片等，可辨器形有板瓦、筒瓦、陶甑、陶罐（图八）。

2008CLSH12　位于2008CLST3探方西北部，开口于第6层下，打破生土。平面呈犁头形，剖面呈长方形。长约1.72、宽约1.78、深0.6米。坑壁修制较竖直、坑底平整。坑内填土为灰黄色黏土，土质较硬，包含物有较多木炭屑、红烧土颗粒、灰陶片等，可辨器形有陶甑、陶罐（图九）。

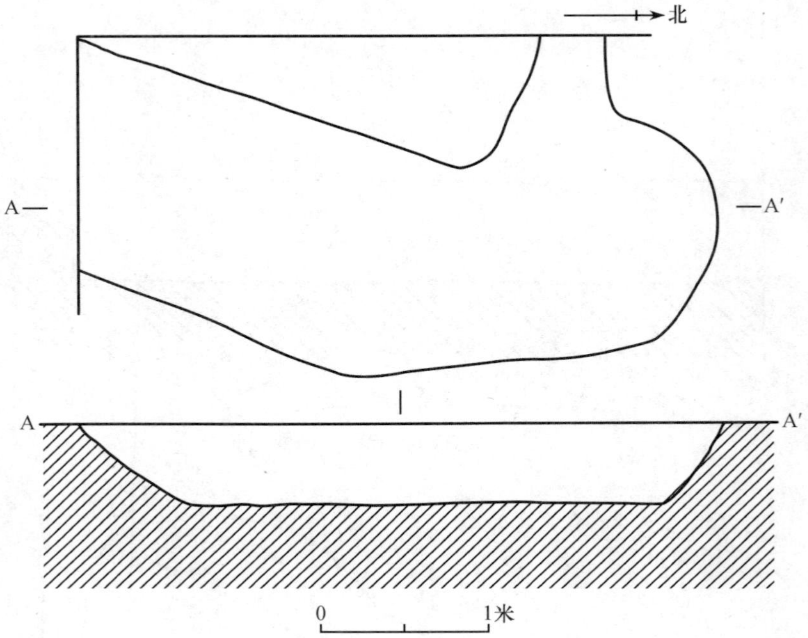

图八　2008CLSH8平、剖面图

2. 遗物

地层和遗迹内出土遗物较多，按质地可分为陶器、石器、铜钱币几类。

（1）陶器

陶器以泥质灰陶为主，有少量泥质红褐陶。器类主要有罐、盆、钵、甑、网坠、纺轮、瓦当、板瓦、筒瓦等，其中罐、钵、甑、板瓦、筒瓦均无可修复标本，仅见残片。

盆　1件。标本2008CLST17⑥：3，泥质黄褐陶。口微敛，平折沿，圆唇，深腹内收，平底。口沿及肩腹部饰细绳纹，肩部饰二道凹弦纹。口径47、底径22、高30厘米（图一〇，1）。

网坠　2件。标本2008CLST3⑤：20，泥质灰黑陶。纺锤形，管孔状。素面。高9.1、穿径0.6厘米（图一〇，2）。标本2008CLST10⑥：11，泥质黄褐陶。纺锤形，管孔状。素面。高6.5、穿径0.3厘米（图一〇，3）。

纺轮　1件。标本2008CLST8⑥：6，泥质红褐陶。圆锥形，管孔状。靠近尖端处有二道凹弦纹。高2.3、底径4厘米（图一〇，4）。

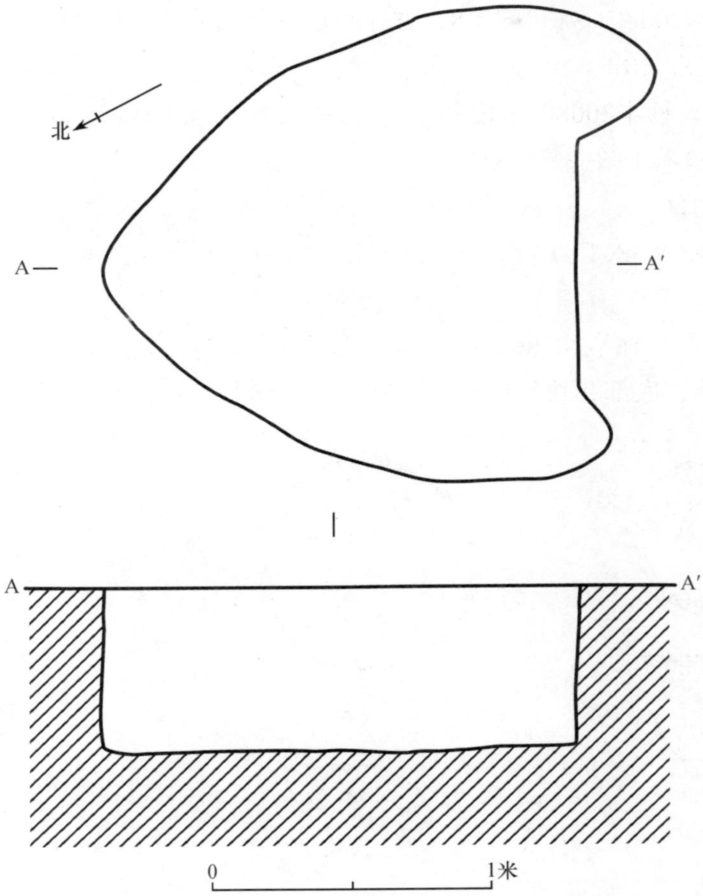

图九　2008CLSH12平、剖面图

瓦当　2件。均为圆形窄边，当面十字四分饰卷云纹。标本2008CLST7⑤：7，泥质灰陶。直径16.1厘米（图一〇，5）。

（2）铜钱币

有五铢、半两、太平百钱4种。

五铢　按形制分为二型。

A型　完整五铢。1枚。标本2008CLST11④：11，圆形方孔，有外郭，“五”字交叉两笔较斜直，“朱”字头方折。直径2.4厘米（图一〇，6）。

B型　剪轮五铢。1枚。标本2008CLST3⑤：17，圆形方孔，内外无郭。直径1.6厘米（图一〇，7）。

半两　按直径大小可分为三型。

A型　3件。方孔圆钱，无内外郭，钱体较厚重，钱文高起。直径2.9～3.1厘米。标本2008CLST8⑤：5，字体粗放，“短人两”。直径3.1厘米。标本2008CLST3⑤：7，字体较纤细，“长人两”。直径2.9厘米（图一〇，8）。

B型　8件。方孔圆钱，无内外郭，钱体较薄，钱文高起，字体纤细规整。直径2.1～2.4厘米。标本2008CLST3④：4，“两”字中间为“十”字形。直径2.2厘米（图一〇，9）。

C型　1件。标本2008CLST10⑤：8，方孔圆钱，无内外郭，钱体轻薄，钱文较浅且模糊。直径1.5厘米（图一〇，10）。

太平百钱　1件。标本2008CLST3⑤：8，方孔圆钱，内外有郭，正面有篆书钱文，钱文较浅且模糊。直径2.4厘米（图一〇，11）。

（3）石器　共2件。

石球　1件。标本2008CLST5⑥：7，砾石质，灰白色，球形，球面凹凸不平。直径3.1厘米（图一〇，12）。

石器半成品　1件。标本2008CLS采：4，砾石质，绿色，呈“脚掌”形，底面平整，背脊隆起向一侧平缓下降，底部和顶部均有打制痕迹。长18.7、宽6.9厘米（图一〇，13）。

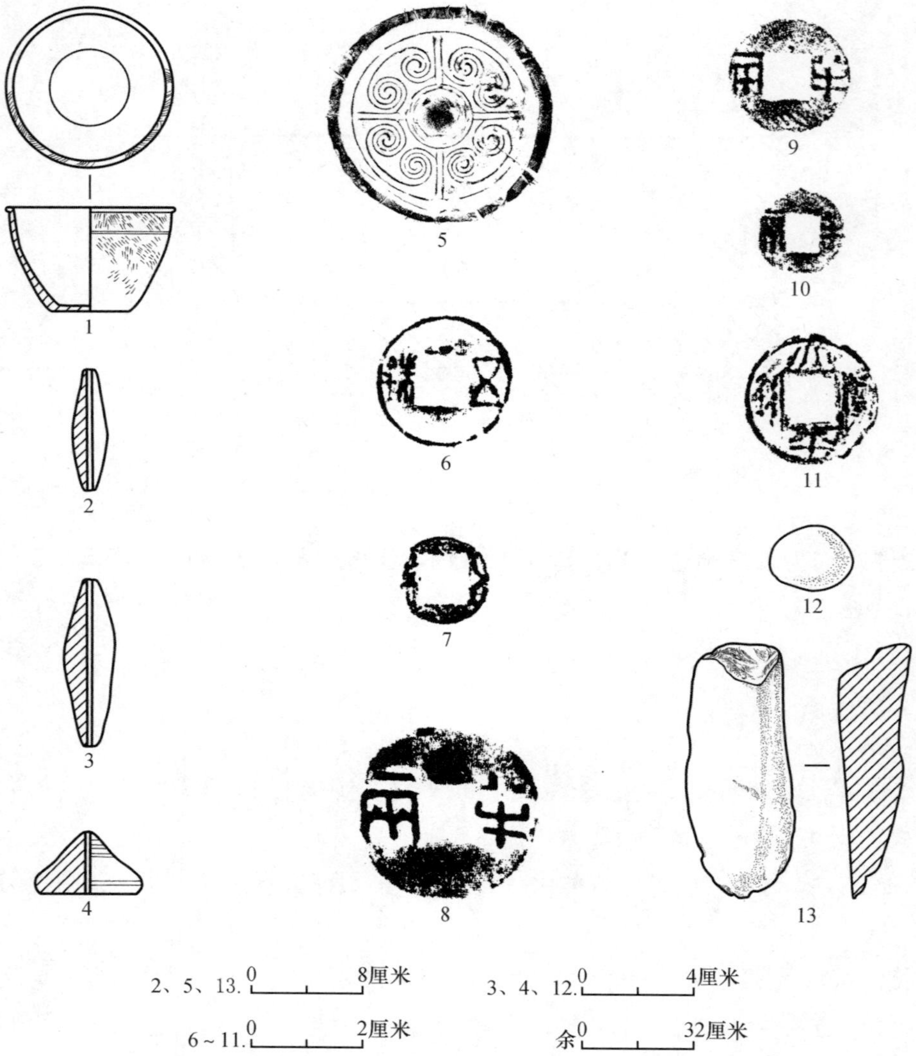

图一〇　石柱坝遗址出土汉至六朝时期遗物

1. 陶盆（2008CLST17⑥：3）　2、3. 陶网坠（2008CLST3⑤：20、2008CLST10⑥：11）　4. 陶纺轮（2008CLST8⑥：6）　5. 陶瓦当纹饰（2008CLST7⑤：7）　6、7. 五铢钱（2008CLST11④：11、2008CLST3⑤：17）　8～10. 半两钱（2008CLST3⑤：7、2008CLST3④：4、2008CLST10⑤：8）　11. 太平百钱（2008CLST3⑤：8）　12. 石球（2008CLST5⑥：7）　13. 石器半成品（2008CLS采：4）

（三）唐宋时期文化遗存

1. 遗迹

本期遗迹包括房址1座、灰沟1条、灰坑8个、墓葬5座。

（1）房址

2008CLSF2　位于2008CLST10探方西部，开口于第4层下，打破第5层。F2为地面式建筑，因后期扰动破坏较严重，结构不完整，整体形制不明。现存部分房基，房基用数块大小不一的块状砂岩垒砌房基。残长约5、残宽约2.1、残高约0.1～0.22米。屋内废弃堆积为浅褐色黏土，土质疏松，包含物有少量木炭屑、红烧土颗粒、青白瓷片、酱釉瓷片等，可辨器形有瓷碗（图一一）。

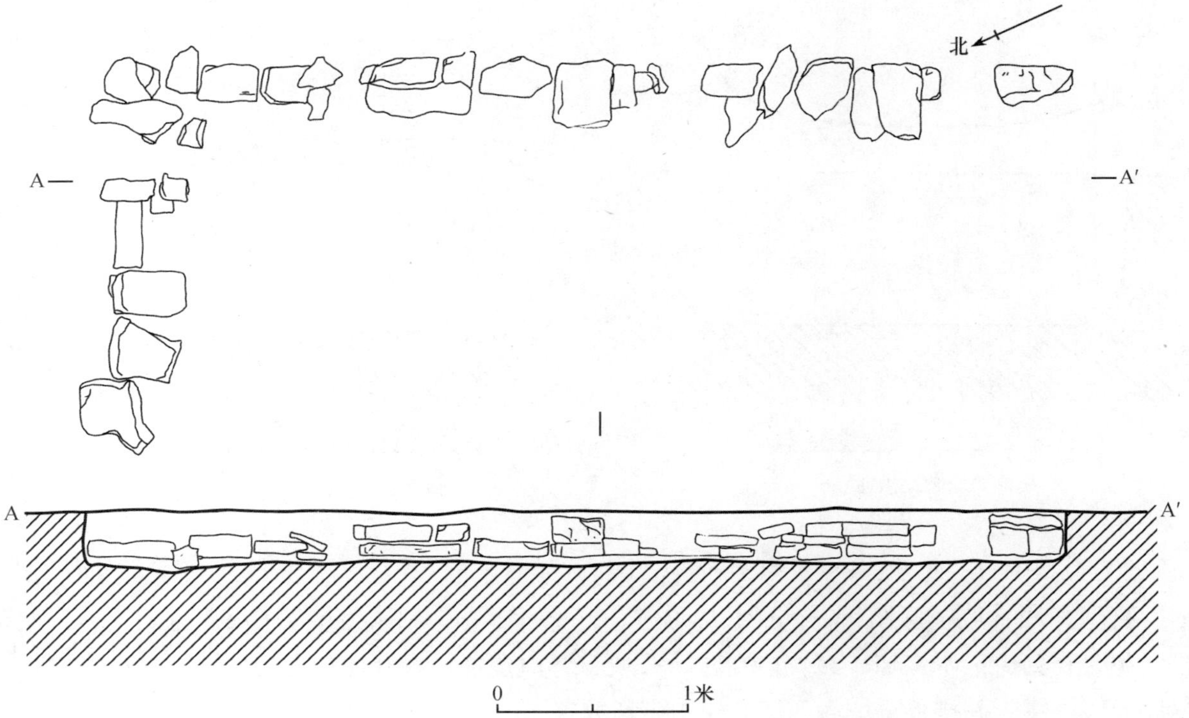

图一一　2008CLSF2平、剖面图

（2）灰坑

2008CLSH1　位于2008CLST16探方南部，开口于第3层下，打破第4层。平面呈长方形，直壁平底。长3.2、宽2.1、深0.7米。坑内填土为黑褐色黏土，土质较硬，包含物有大量石块、瓷片、木炭屑等，可辨器形有瓷碗、碟、盘，陶灯（图一二）。

2008CLSH3　位于2008CLST17西南角，延伸入T11东隔梁内，开口于第4层下，打破第5、6层。平面呈长方形，直壁平底，底略小于口。长1.38、宽1.1、深0.19米。坑口覆盖4块较规整的长方形青石板，坑内填土为浅灰色黏土，土质较硬，包含物有细绳纹灰陶片、素面灰陶片、白瓷片等（图一三）。

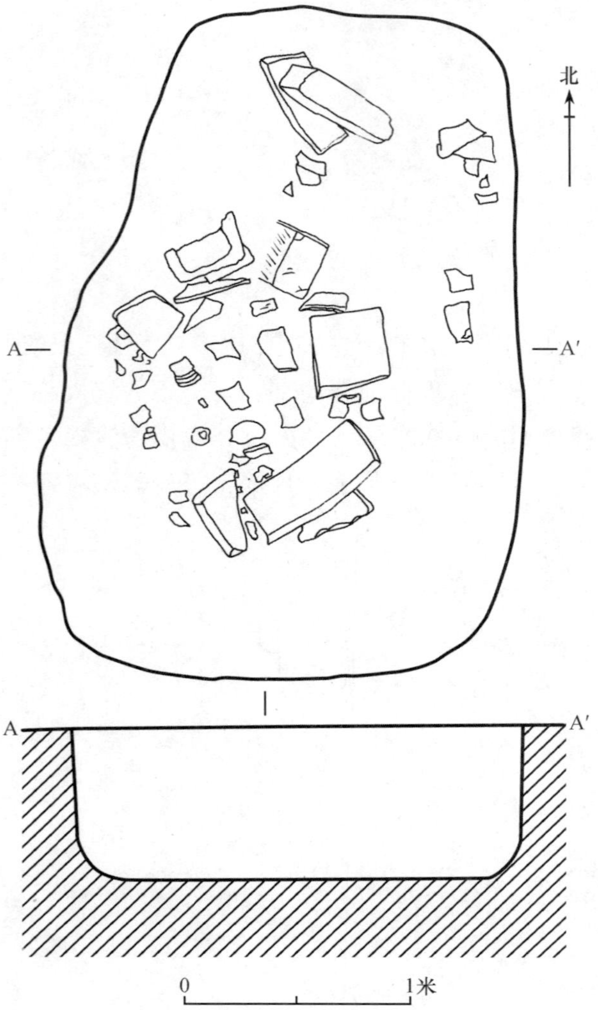

图一二　2008CLSH1平、剖面图

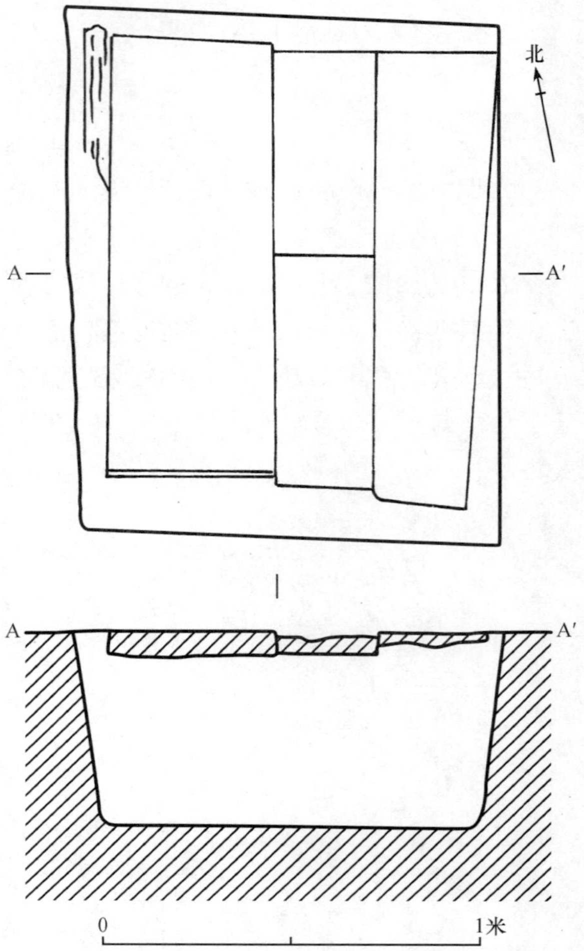

图一三　2008CLSH3平、剖面图

2008CLSH11　位于2008CLST5探方东北部，开口于第2层下，打破第3、4层。平面呈长方形，直壁平底，坑壁修制粗糙。长1.2、宽0.72、深0.2米。坑内填土为深灰褐色黏土，土质疏松，包含物为少量木炭屑、红烧土颗粒、石块、青白瓷片、青瓷片、青砖残片，其中有两件可复原的青瓷罐，并排置于坑底西侧，应为有意放置（图一四）。

2008CLSH15　位于2008CLST5探方北部，开口于第4层下，打破第5层。平面呈椭圆形，直壁平底，壁面粗糙。长径1.48、短径1.16、深0.3米。坑内填土为浅黄色黏土，土质疏松，包含物有少量木炭屑、酱釉瓷片，汉砖残块及大量石块，石块里有一个直径约0.5米的柱础（图一五）。

（3）灰沟

2008CLSG1　位于2008CLST3探方东南部，延伸入T7探方北隔梁内，开口于第4层下，打破第5、6层。平面呈梯形，沟壁竖直，底面平整。长2.2、宽0.74～0.52、深0.32米。沟内填土为灰黑色黏土，土质疏松，包含物有一件长沙窑青瓷执壶、青瓷碗、石斧和较多灰陶片（图一六）。

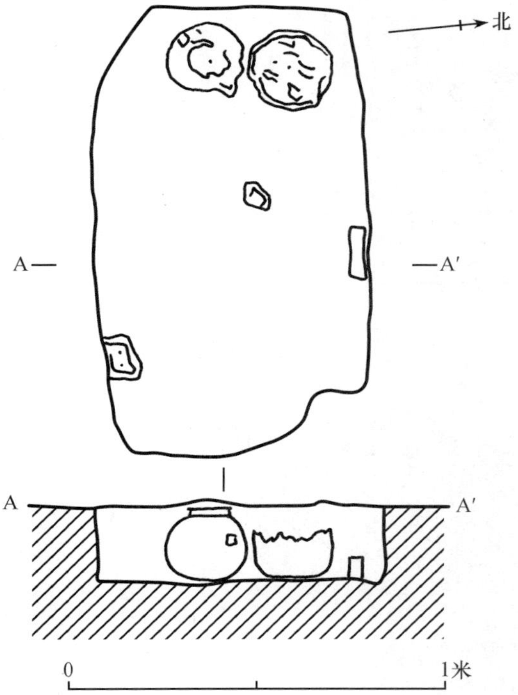

图一四　2008CLSH11平、剖面图

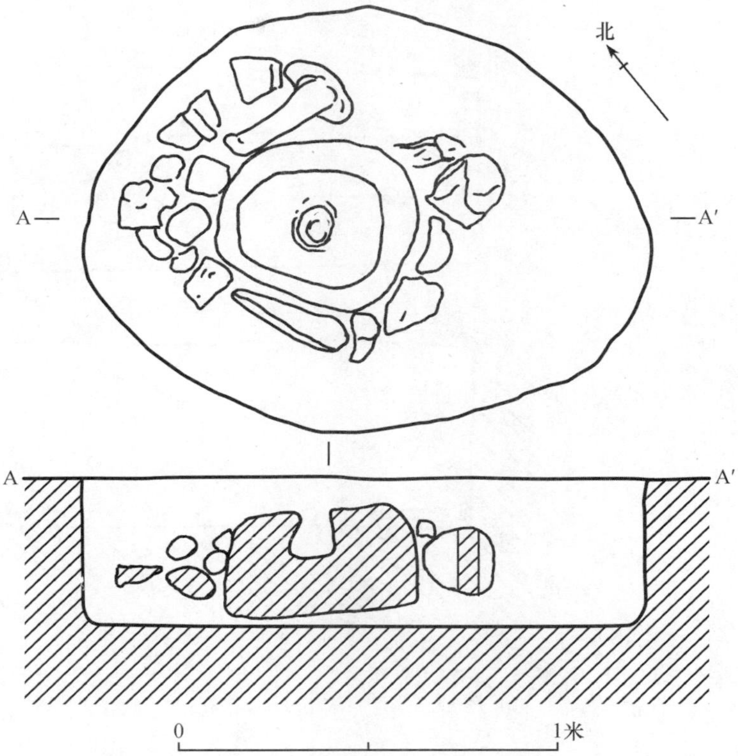

图一五　2008CLSH15平、剖面图

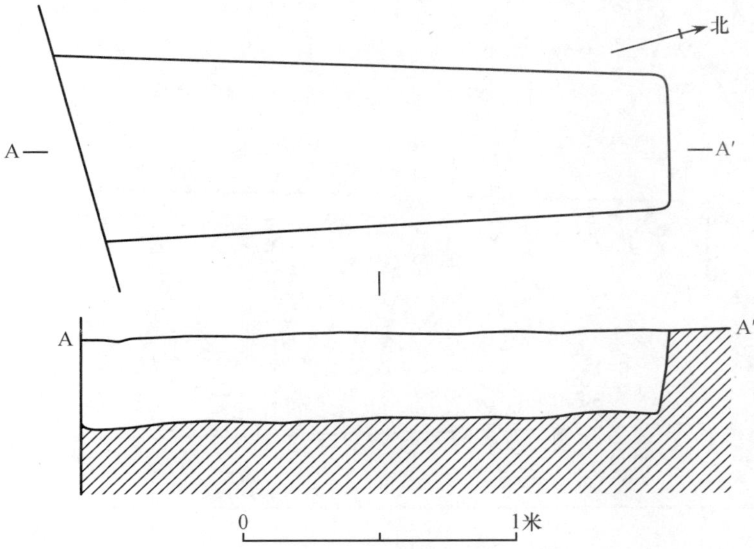

图一六　2008CLSG1平、剖面图

（4）墓葬

均为长方形土坑竖穴墓，形制较小，墓穴较浅，随葬器物少。

2008CLSM1　位于2008CLST8探方中部，墓向170°，开口于第4层下，打破第5层。口略大于底。墓口长1.96、宽0.5～0.6米，墓底长1.8、宽0.45米，深0.5米。墓内填土为黑褐色黏土，土质疏松。墓底有人骨架一具，仰身直肢葬式，股骨及头骨已朽烂。出土随葬器物4件，分别是“开元通宝”铜钱、铁棺钉、铜簪（图一七）。

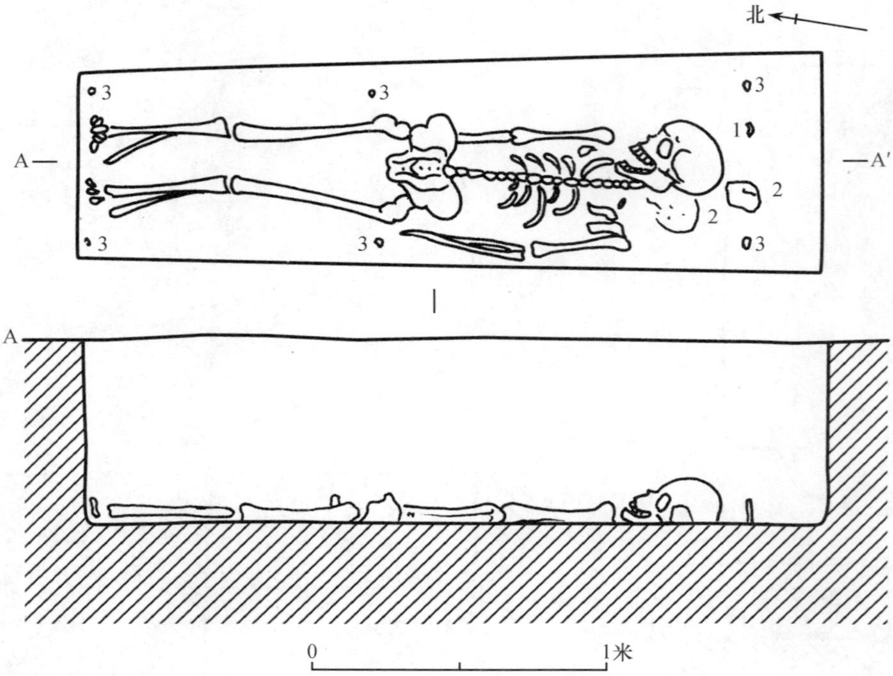

图一七　2008CLSM1平、剖面图

1. 铜簪　2. 铜钱币　3. 铁棺钉

2008CLSM5　位于2008CLST11探方东南部，墓向120°，开口于第5层下，打破第6层。口、底同大。长1.7、宽0.6～0.68、深0.56米。墓内填土为浅灰色五花土，夹杂少量黄色砂粒，墓底铺满一层鹅卵石。墓内人骨架已经朽烂，仅存部分头骨，葬式不详。出土随葬器物2件，分别是铜簪、铁剪刀（图一八）。

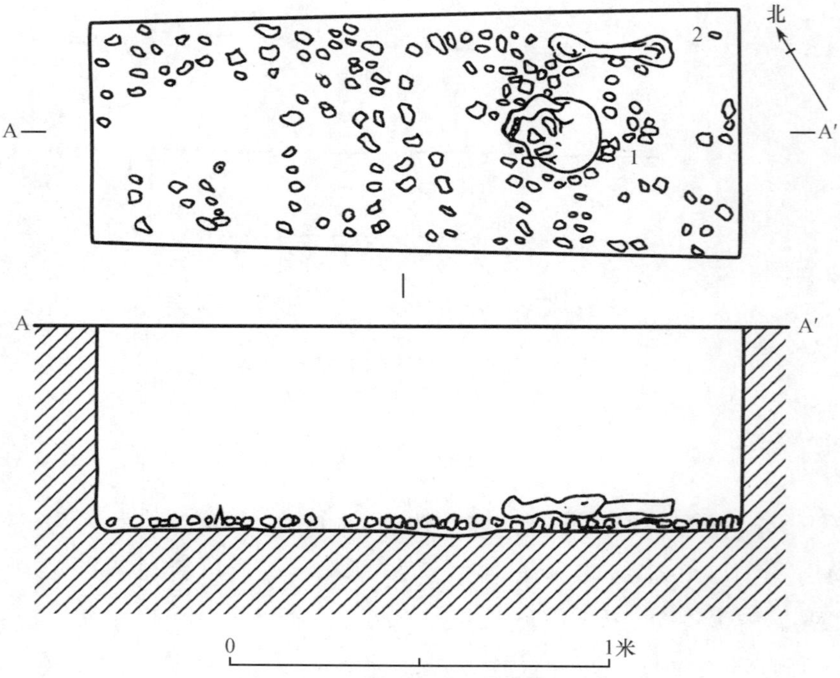

图一八　2008CLSM5平、剖面图

1. 铜簪　2. 铁剪刀

2. 遗物

地层及遗迹内出土遗物众多、种类丰富，按质地可分为瓷器、陶器、石器、铁器、铜器几类。

（1）瓷器

有精、粗之分。精细者数量较少，胎质洁白细腻，釉色饱满鲜亮，以湖田窑的青白瓷为代表；粗者数量较多，胎质较粗，基本以本地瓷窑如邛窑、涂山窑的产品为主，器表一般先施一层灰白色护胎釉，再施青、黑、青灰、酱、白色等色釉，多内壁满釉、外半釉，以素面为主，少量饰刻花或印花纹，器类有碗、盏、碟、研磨器、罐、执壶、器盖、粉盒等。

罐　3件。依系的形态分为三型。

A型　四系罐。1件。标本2008CLST11③：20，灰白胎，施黄褐釉及腹部。侈口，尖唇，短颈，溜肩，颈肩间贴两对对称条形系，鼓腹内收，平底。口径10.8、底径16.8、高24厘米（图一九，1）。

B型　双系罐。1件。标本2008CLSH11：1，红褐色胎，施黄褐釉至上腹，釉面脱落严重。直口，方唇，短颈，溜肩，肩部贴一对称桥形系，鼓腹内收，小平底。口径9.8、底径10.6、高22.2厘米（图一九，2）。

C型　无系罐。1件。标本2008CLST11①：21，灰褐色胎，施黄釉及下腹，釉面脱落较严重。口微侈，方唇，腹部微鼓斜收，平底。口径12.2、底径8.2、高17.2厘米（图一九，3）。

执壶　1件。标本2008CLSG1：1，灰白色胎，器表施青釉。侈口，平折沿，尖圆唇，直颈，溜肩，鼓腹，饼足，扁平鋬，八棱形短流，肩部贴塑双系。肩部釉下施大块圆形褐彩，双系饰灵芝纹及变形龙纹复合纹饰，鋬面饰二方连续凤纹。口径9、底径8.6、高16.2厘米（图一九，4）。

瓶　1件。标本2008CLST5②：3，灰白色胎，口沿及下腹部施酱黄釉，其余部分施黑釉，口沿附近散步不规则酱黄釉斑点。五出葵口，敞口，尖圆唇，束颈，溜肩，鼓腹斜收，圈足。口径3.6、底径4.6、高14厘米（图一九，5）。

高足盘　1件。标本2008CLST2⑤：2，红褐色胎，施黄褐釉不及底，釉面开片且剥落严重。侈口，方唇，浅腹折收，圈足外撇。口径23.5、底径16、高7厘米（图一九，6）。

杯　1件。标本2008CLST17⑤：30，浅灰色胎，施黑釉不及底。直口，折沿，尖唇，直腹，圈足。口径8.8、底径5.6、高9.4厘米（图一九，7）。

研磨器　1件。标本2008CLST10⑤：10，红褐色胎，器表施黄褐色釉，釉面剥落严重。侈口，卷沿，尖圆唇，折腹斜收，平底。内壁剔刻呈直线排列的点状研磨窝。口径14、底径6.6、高4厘米（图二〇，1）。

粉盒　1件。标本2008CLST8②：1，器表施绿釉，散布不规则黄褐釉斑点。直口，方唇，平底。口径4.4、高1.2厘米（图二〇，2）。

器盖　1件。标本2008CLST9⑤：1，红褐色胎，顶部施黄褐色釉。圆形，圆锥形钮，中部微内凹，器底凸出呈圆柱状。直径10.6、底径4.4、高2厘米（图二〇，3）。

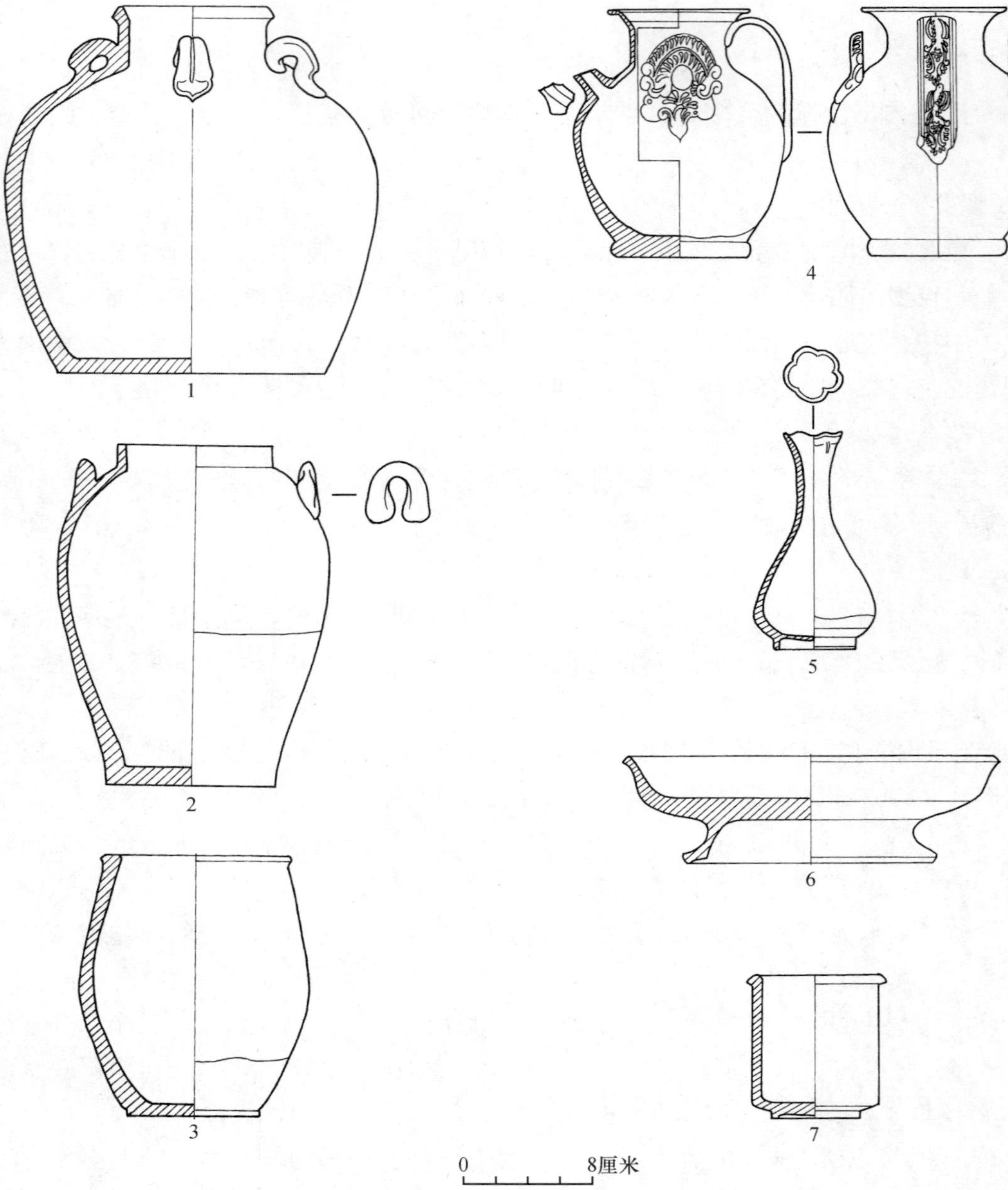

图一九　石柱坝遗址唐宋时期遗存出土瓷器（一）

1. 四系罐（2008CLST11③：20）　2. 双系罐（2008CLSH11：1）　3. 无系罐（2008CLST11①：21）　4. 执壶（2008CLSG1：1）　5. 瓶（2008CLST5②：3）　6. 高足盘（2008CLST2⑤：2）　7. 杯（2008CLST17⑤：30）

盏　2件。标本2008CLST7④：8，灰白色胎，釉面基本剥落。侈口，尖圆唇，折腹，下腹斜收，平底略内凹。口径8.6、底径5、高2厘米（图二〇，4）。标本2008CLST11②：4，灰褐色胎，内壁施黄褐色釉。侈口，圆唇，斜直腹，饼足。口径7、底径3、高1.8厘米（图二〇，5）。

碟　9件。依底部形态分为二型。

A型　卧足碟。3件。根据口部形态分为二式。

Ⅰ式　2件，侈口。标本2008CLSH1：9，浅灰白色胎，内壁满釉，外壁施釉至上腹。侈口，尖圆唇，上腹圆折，下腹斜收。口径9.4、底径4、高2.4厘米（图二〇，7）。

Ⅱ式　1件，敞口。标本2008CLST9②：1，灰白色胎，器表施影青釉不及底。平折沿，尖圆唇，弧腹内收。口径10.2、底径4.8、高1.6厘米（图二〇，6）。

B型　小平底碟。6件。根据唇部形态分为三式。

Ⅰ式　1件，圆唇。标本2008CLST10③：1，红褐色胎，器表施黄褐釉不及底，釉面开片。侈口，斜直腹。口径10.8、底径3.8、高3.2厘米（图二〇，8）。

Ⅱ式　2件，方唇。标本2008CLST11③：6，灰白色胎，内壁施黑釉，腹部饰三道凹弦纹。敞口，斜直腹内收。口径9.6、底径2.5、高3厘米（图二〇，9）。

Ⅲ式　3件，尖唇。标本2008CLSH1：11，器表施黄褐釉。敞口，斜折沿，弧腹内收。内壁饰印花莲瓣纹。口径10、底径4、高1.8厘米（图二〇，10）。

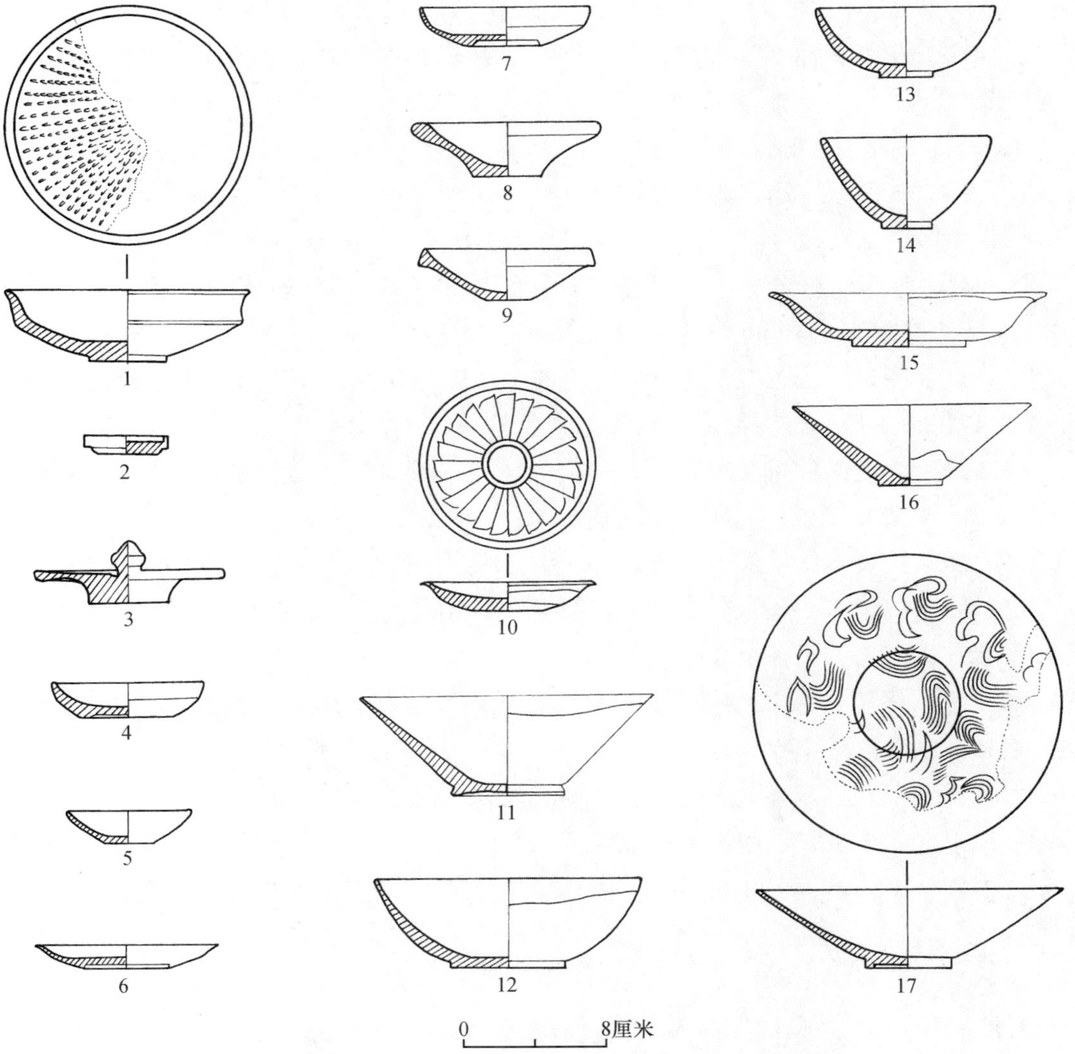

图二〇　石柱坝遗址唐宋时期遗存出土瓷器（二）

1. 研磨器（2008CLST10⑤：10）　2. 粉盒（2008CLST8②：1）　3. 器盖（2008CLST9⑤：1）　4、5. 盏（2008CLST7④：8、2008CLST11②：4）　6. A型Ⅱ式碟（2008CLST9②：1）　7. A型Ⅰ式碟（2008CLSH1：9）　8. B型Ⅰ式碟（2008CLST10③：1）　9. B型Ⅱ式碟（2008CLST11③：6）　10. B型Ⅲ式碟（2008CLSH1：11）　11. Aa型Ⅰ式碗（2008CLSH1：5）　12. Aa型Ⅱ式碗（2008CLSH1：15）　13. Ab型Ⅱ式碗（2008CLST17③：1）　14. Ab型Ⅰ式碗（2008CLST8⑤：11）　15. Ac型Ⅱ式碗（2008CLSM2：1）　16. Ac型Ⅰ式碗（2008CLSH1：4）　17. Ba型Ⅰ式（2008CLST6⑤：9）

碗　依足部形态分为三型。

A型　22件，饼足，釉色有黑、酱、黄褐、影青几种，根据口部形态分三亚型。

Aa型　9件，侈口，依口沿的有无分为二式。

Ⅰ式　3件，折沿。标本2008CLSH1：5，红褐色胎，器表施黄褐色釉不及底。圆唇，弧腹。口径13.4、底径5.8、高5厘米（图二〇，11）。

Ⅱ式　6件，无沿。标本2008CLSH1：15，红褐色胎，器表施黄褐色釉不及底。方唇，弧腹，器底略内凹。口径15.2、底径6.6、高5.2里面（图二〇，12）。

Ab型　8件，敛口，依腹部形态分为二式。

Ⅰ式　4件，斜直腹。标本2008CLST8⑤：11，灰白色胎，器表施黄褐釉，内壁满釉，外壁施釉不及底。尖圆唇。口径9.8、底径2.8、高5.4厘米（图二〇，14）。

Ⅱ式　4件，弧腹。标本2008CLST17③：1，灰白色胎，器表施酱黑色釉。尖圆唇。口径10.2、底径3、高4.2厘米（图二〇，13）。

Ac型　5件，敞口，依腹部形态分为二式。

Ⅰ式　1件，斜直腹。标本2008CLSH1：4，灰白色胎，器表施影青釉，外壁施釉不及底，釉面开片。尖唇。口径12.8、底径3.8、高4.8厘米（图二〇，16）。

Ⅱ式　4件，弧腹内折。标本2008CLSM2：1，灰白色胎，器表施黄褐色釉，外壁施釉不及底，下腹部饰两道凹弦纹。圆唇。口径16.2、底径6.4、高3.5厘米（图二〇，15）。

B型　16件，圈足。釉色有灰白、影青、酱黄、黑等几种，依口部形态分为三亚型。

Ba型　12件，敞口，依腹部形态分为二式。

Ⅰ式　5件，斜直腹。标本2008CLST6⑤：9，灰褐色胎，器表施影青釉。尖圆唇。内壁刻花鱼藻纹。口径17.2、底径5、高4.6厘米（图二〇，17）。

Ⅱ式　7件，弧腹。标本2008CLST10⑤：5，红褐色胎，器表施影青釉，足底无釉，釉面开片。六出葵口，尖唇，圈足略外撇。腹部与葵口相对处饰五道纵向凹槽。口径21.6、底径8、高9.2厘米（图二一，1）。

Bb型　2件，侈口。标本2008CLSH11：3，灰白胎，器表施米黄色釉。尖圆唇，弧腹。口径13.6、底径5.4、高6厘米（图二一，2）。

Bc型　2件，敛口。标本2008CLSH1：8，红褐色胎，器表施酱黄釉，内壁满釉，外壁半釉。圆唇，弧腹。口径9.2、底径3.6、高3.8厘米（图二一，3）。

C型　2件，假圈足。标本2008CLSG1：2，灰白胎，器表施黄褐釉。圆唇，折沿，直腹斜收。口径17.2、底径8、高6.5厘米（图二一，4）。

（2）陶器

大部分为泥质陶，少量夹细砂陶，陶色有灰褐、黄褐、黑褐、红褐等色，大部分烧制火候较低，以素面为主，少量饰纹饰。可辨器形有碗、碟、钵、盆、网坠、灯座、瓦当。

碗　3件，依腹部形态分为二型。

A型　1件，折腹。标本2008CLST8③：2，灰白胎。侈口，圆唇，平底。素面。口径17、底径6、高4厘米（图二一，5）。

B型 2件，弧腹。标本2008CLST7④：6，黄褐胎。侈口，圆唇，平底。素面。口径8、底径3.8、高2.6厘米（图二一，6）。

碟 1件。标本2008CLSH1：10，灰白色泥质胎。敞口，圆唇，浅弧腹，平底。素面。口径5.8、底径4、高2厘米（图二一，7）。

钵 1件。标本2008CLSH1：16，黄褐胎外黑衣。敛口，尖唇，斜直腹，平底。素面。口径10.4、底径7、高8.2厘米（图二一，8）。

盆 1件。标本2008CLST13⑤：1，灰褐色泥质胎。口微侈，平折沿，鼓腹斜收，平底。口沿下施一凹弦纹。口径23.5、底径10.5、高8.8厘米（图二一，9）。

灯座 1件。标本2008CLSH1：12，灰色泥质胎。仅存底部，圆盘形，侈口，尖圆唇，直柄中空，平底。素面。口径16.8、底径14.8、高3厘米（图二一，10）。

瓦当 1件。标本2008CLST8③：4，残，泥质灰陶。圆形窄边。当面饰浅浮雕莲瓣纹，周饰一圈乳钉纹。直径13.5厘米（图二一，11）。

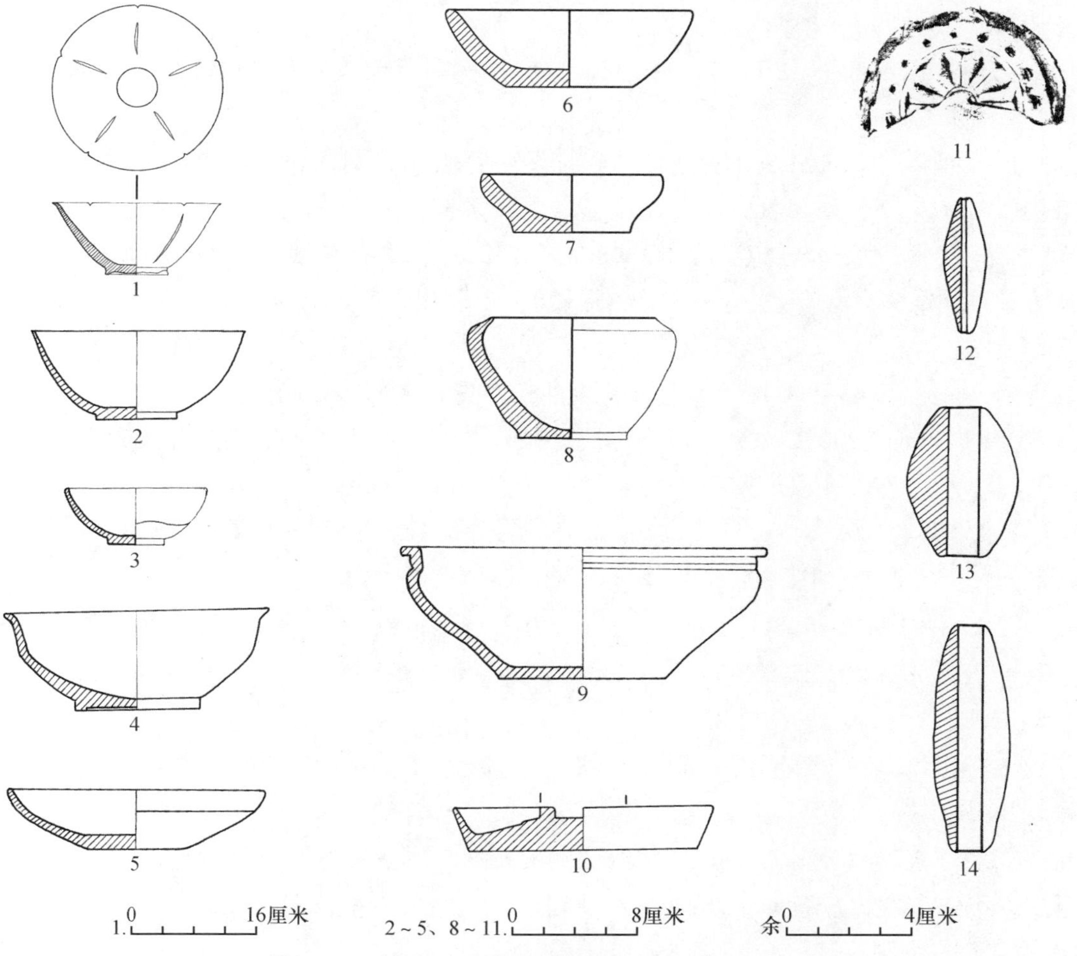

图二一 石柱坝遗址唐宋时期遗存出土遗物（一）

1. Ba型Ⅱ式瓷碗（2008CLST10⑤：5） 2. Bb型瓷碗（2008CLSH11：3） 3. Bc型瓷碗（2008CLSH1：8） 4. C型瓷碗（2008CLSG1：2） 5. A型陶碗（2008CLST8③：2） 6. B型陶碗（2008CLST7④：6） 7. 陶碟（2008CLSH1：10） 8. 陶钵（2008CLSH1：16） 9. 陶盆（2008CLST13⑤：1） 10. 陶灯座（2008CLSH1：12） 11. 陶瓦当（2008CLST8③：4） 12. A型陶网坠（2008CLST11⑤：12） 13. B型陶网坠（2008CLST6⑤：6） 14. C型陶网坠（2008CLST11⑤：19）

网坠　12件，大部分呈纺锤形，依长度不同分为三型。

A型　6件，小型，长度3～4.6厘米，管孔。标本2008CLST11⑤：12，黄褐色泥质胎。素面。穿径0.4、长4.6厘米（图二一，12）。

B型　4件，中型，长度5～5.8厘米，管孔。标本2008CLST6⑤：6，灰褐色泥质胎。素面。穿径1.6、长5厘米（图二一，13）。

C型　2件，大型，长度6.2～7.6厘米，管孔。标本2008CLST11⑤：19，红褐色泥质胎。素面。穿径1、长7.6厘米（图二一，14）。

（3）铜器

共7件。器形有钱币、簪、饰件等。

铜条　1件。标本2008CLST11④：9，长条形，断面呈圆柱形。铜绿色，素面。长6.4厘米（图二二，1）。

铜片　1件。标本2008CLST3④：6，“L”形，顶端尖利。铜绿色，素面。长2.6、宽0.5厘米（图二二，2）。

饰片　1件。标本2008CLST17④：1，长方形，一端开长条形孔。铜绿色，素面。长3、宽3.5厘米（图二二，3）。

簪　1件。标本2008CLSM1：1，“U”形，尖端残。铜绿色，素面。口宽1.9厘米（图二二，4）。

钱币　3件，均为开元通宝。标本2008CLST7④：5，方孔圆钱，内外皆有郭，外郭较宽，正面有楷书对读钱文。铜绿色。直径2.5、穿径0.7厘米（图二二，5）。

（4）铁器

共3件。有铁剪、钩、环首刀等器形，锈蚀较严重，大部分残断。

剪刀　1件。标本2008CLSM5：2，连柄交股式，刀、柄相连，生铁锻打而成，残。锈蚀呈黄色，素面。长11.7厘米（图二二，6）。

钩　1件。标本2008CLST6⑤：5，顶部有圆形穿，长方形柄，下部弯钩状，残断。锈蚀呈黄色，素面。长20厘米（图二二，7）。

环首刀　1件。标本2008CLSH8：1，圜首，刀身呈长条形，一边开刃。残断锈蚀呈黄色，素面。残长3.8厘米（图二二，8）。

（5）石器

共12件，有斧、俑等器形，大部分为磨制或打磨兼施，少量打制。

斧　共9件。按照制法分为二型。

A型　2件，打制。标本2008CLSH7：2，灰褐色。体呈长方形，打制疤痕较大，一面保留原生石皮，平刃，中锋。素面。通高10.2、厚2.5、刃宽5.1厘米（图二二，9）。

B型　7件，磨制，依形状分为三式。

Ⅰ式　3件，长方形。标本2008CLSG1：3，灰白色砾石质。弧刃中锋，通体磨光，刃部有崩疤。素面。长5、宽4、厚1.4厘米（图二二，12）。

Ⅱ式　3件，梯形。标本2008CLST6⑥：12，尖圆顶，双刃，中锋，刃部有使用痕迹，刃部及两侧磨制精细，其余部分保留原生石皮。青黄色，素面。通高13、厚1.8、刃宽6.5厘米（图二二，11）。

Ⅲ式　1件，长椭圆形。标本2008CLST17④：7，青绿色夹细小白色石英颗粒。弧顶，弧刃，偏锋，顶部及两侧均保留原生石皮，刃部略加打磨。素面。通高18.9、厚3.9、刃宽5.8厘米（图二二，10）。

穿孔石器　1件。标本2008CLST3④：6，黄褐色。体呈梯形，中间开一圆孔。素面。长13.6、宽15.6、孔径6厘米（图二二，13）。

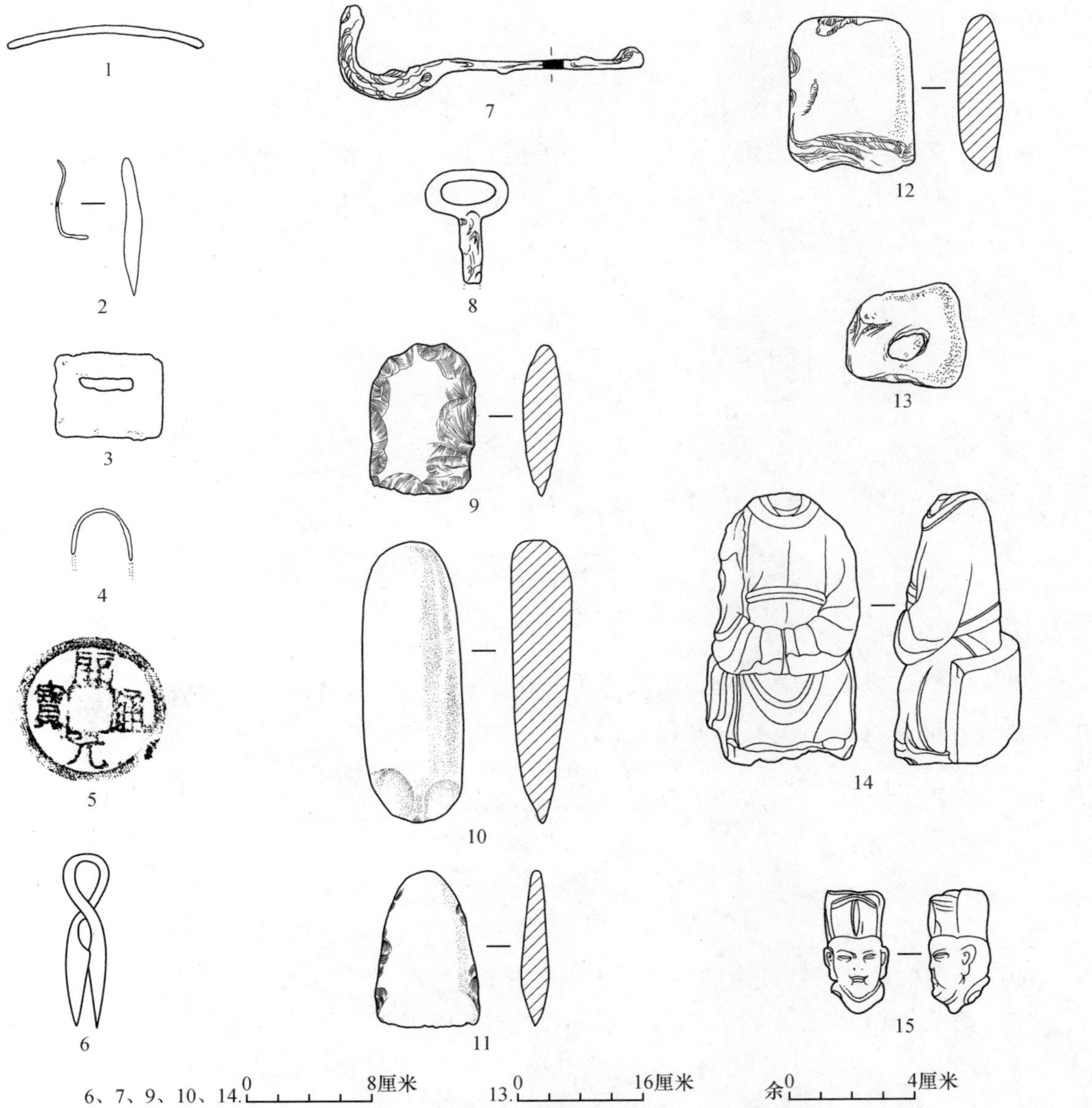

图二二　石柱坝遗址唐宋时期遗存出土遗物（二）

1. 铜条（2008CLST11④：9）　2. 铜片（2008CLST3④：6）　3. 铜饰片（2008CLST17④：1）　4. 铜簪（2008CLSM1：1）　5. 开元通宝（2008CLST7④：5）　6. 铁剪刀（2008CLSM5：2）　7. 铁钩（2008CLST6⑤：5）　8. 铁环首刀（2008CLSH8：1）　9. A型石斧（2008CLSH7：2）　10. B型Ⅲ式石斧（2008CLST17④：7）　11. B型Ⅱ式石斧（2008CLST6⑥：12）　12. B型Ⅰ式石斧（2008CLSG1：3）　13. 穿孔石器（2008CLST3④：6）　14. 石俑（2008CLST11③：7）　15. 石俑头（2008CLST10③：3）

俑　1件。标本2008CLST11③：7，红褐色砂岩质。坐姿，圆领官服，双手拢于胸前，足踩踏板，足尖外露，头残。残高18.2厘米（图二二，14）。

俑头　1件。标本2008CLST10③：3，红褐色砂岩质。头戴官帽，双耳较大，双目微睁，鼻梁高挺，口微张，面容慈祥饱满。残高4厘米（图二二，15）。

（四）明清时期遗存

本期遗存包括灰沟2条和灰坑1个，无可复原的遗物出土。

（1）灰沟

2008CLSG3　位于2008CLST2南部和T1、T5的北部，跨越3个探方，两端均延伸到发掘区外。开口于第2层下，打破第3、4层。平面呈长方形，东西走向，坑壁平直，沟底呈西高东低斜坡状。口底等大。长8、宽0.9～1、深0.3～0.4米。沟内填土为浅灰色黏土，土质疏松，包含物为少量草木灰（图二三）。

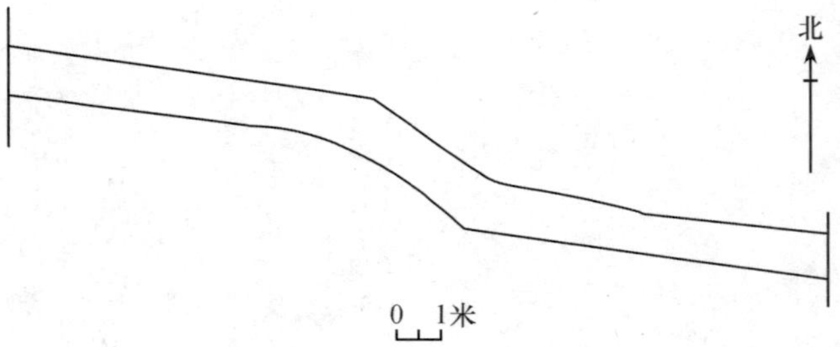

图二三　2008CLSG3平面图

（2）灰坑

2008CLSH14　位于2008CLST1西南角，开口于第2层下，打破第3、5层。平面呈椭圆形，剖面呈长方形，坑壁、坑底修制较直。长径0.94、短径0.9、深0.6米。坑内填土为浅灰色黏土，土质较疏松，包含物有兽骨、石块、红陶残片等（图二四）。

二、新房子遗址

新房子遗址地处长江左岸的一级台地上，北接冲沟，东望长江，南邻长土遗址，西面为民居。遗址南北长100米，东西宽50米，总面积约5000平方米。地表未发掘前种植大量蔬菜。遗址代号为2008CLX（其中“2008”为发掘年度，“C”代表重庆市，“L”代表洛碛镇，“X”代表新房子遗址），共发掘10米×10米探方10个，总发掘面积1000平方米。田野工作期间共发掘出宋代灰坑2个、灰沟4条，共出土遗物10余件。

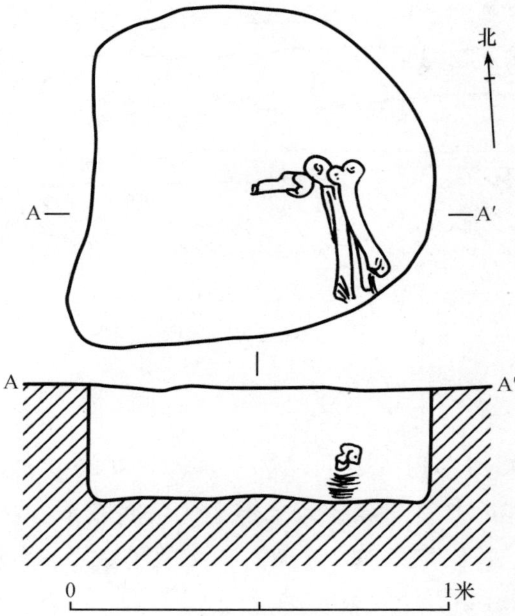

图二四 2008CLSH14平、剖面图

（一）地层堆积

各探方地层基本可连通，文化堆积从宋代至明清呈现连续分布状况，地层分为4层，其中主体堆积为宋代堆积。

下面以2008CLXT1的北壁剖面为例说明：

第1层：现代耕土层，灰褐色，土质疏松。厚0.25～0.3米。包含物有少量瓦片、塑料薄膜、植物根茎。

第2层：近现代堆积层，浅灰褐色黏土，土质疏松。距地表0.25～0.3、厚0.3～0.47米。包含物有少量植物根茎、草木灰、青花瓷片、陶片。2008CLXH1、2008CLXH2、2008CLXG1、2008CLXG3开口于本层下。

第3层：明清堆积层，深黄褐色黏土，土质紧密。距地表0.55～0.6、厚0.28～0.45米。包含物有少量石块、青花瓷片、陶片等。

第4层：宋代堆积层，黄褐色黏土，土质致密。距地表0.45～1.15、厚0.1～0.25米。包含物有少量草木灰。

4层以下为青黄色生土（图二五）。

（二）文化遗存

1. 遗迹

包括灰坑2个，灰沟4条，时代均为宋代。

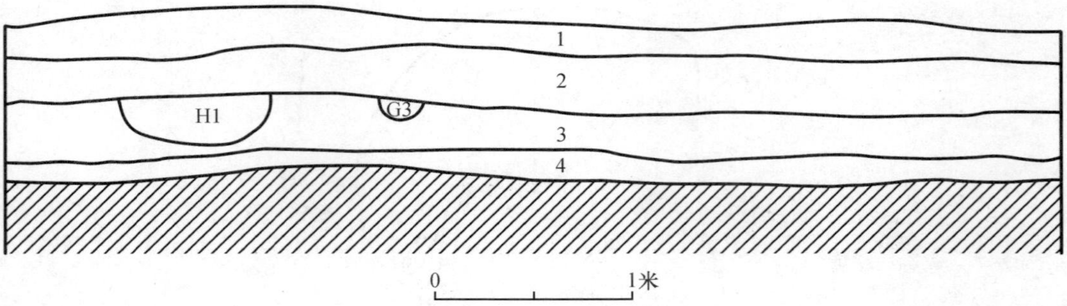

图二五　2008CLXT1北壁剖面图

（1）灰坑

2008CLXH1　位于2008CLXT1探方西北部，延伸入北隔梁内，开口于第2层下，打破第3层。平面呈椭圆形，剖面呈长方形，坑壁凹凸不平，坑底较平。长径1.08、短径0.99、深0.41米。坑内填土为灰褐色黏土，土质紧密，包含物有大量黑瓷片、青瓷片、灰陶片、红烧土块、木炭屑、石块等，可辨器形有碗、碟、盆（图二六）。

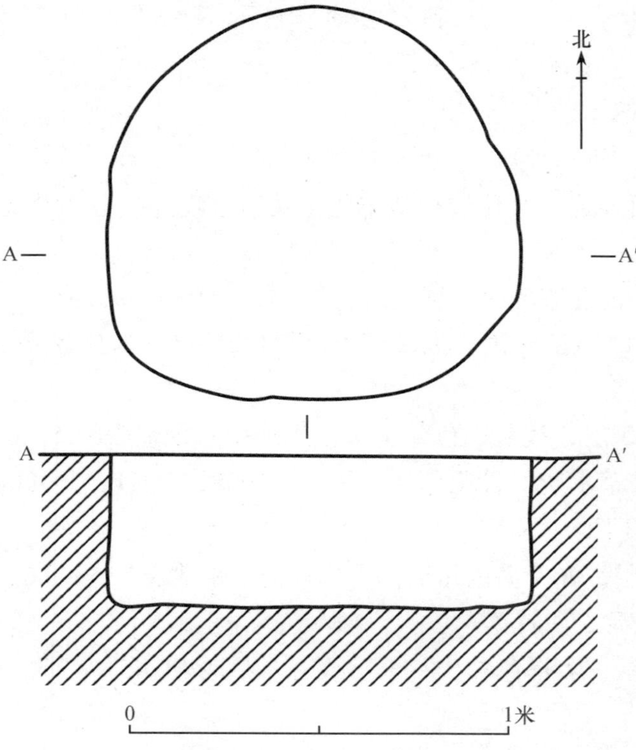

图二六　2008CLXH1平、剖面图

2008CLXH2　位于2008CLXT1北部，延伸入北隔梁内，开口于第2层下，打破第3层。平面呈长方形，剖面呈长方形，坑壁、坑底修制较平。长1.7、宽0.65、深0.63米。坑内填土为灰褐色黏土，土质疏松，包含物有少量陶器残片、红烧土颗粒、木炭屑、铁器残片等（图二七）。

（2）灰沟

2008CLXG3　位于2008CLXT1北部，延伸入北隔梁及T002南部，开口于2层下，打破3层。平面呈不规则长条形，沟壁、沟底无修制痕迹。长4.34、宽0.2～0.42、深0.09米。沟内填土为浅褐色黏土，土质较紧密，包含物有少量红烧土颗粒、木炭屑、动物骨骼等（图二八）。

2008CLXG4　位于2008CLXT9中部，东西走向，贯穿整个探方，开口于3层下，打破生土，平面呈长方形，沟壁经过修制，沟底呈西高东低坡状。残长8、宽0.55、深0.3米。沟内填土为浅灰色黏土，土质疏松，包含物有少量陶片、瓷片、木炭屑等（图二九）。

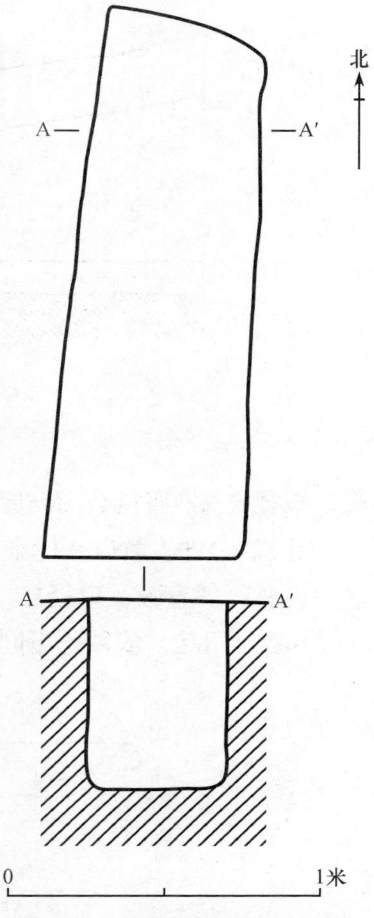

图二七　2008CLXH2平、剖面图

2. 遗物

出土较少，只有瓷器、陶器两类。

（1）瓷器

瓷器大部分为本地窑口的产品，胎质较粗，器表一般先施一层灰白色护胎釉，再施青、黑、黄褐、酱、白等色釉，多内壁满釉、外半釉，以素面为主。器形有碗、碟、杯等。

碟　1件。标本2008CLXT6②：1，器表施酱黑色釉。敞口，斜方唇，浅直腹斜收，饼足。口径10.2、底径4、高3厘米（图三〇，1）。

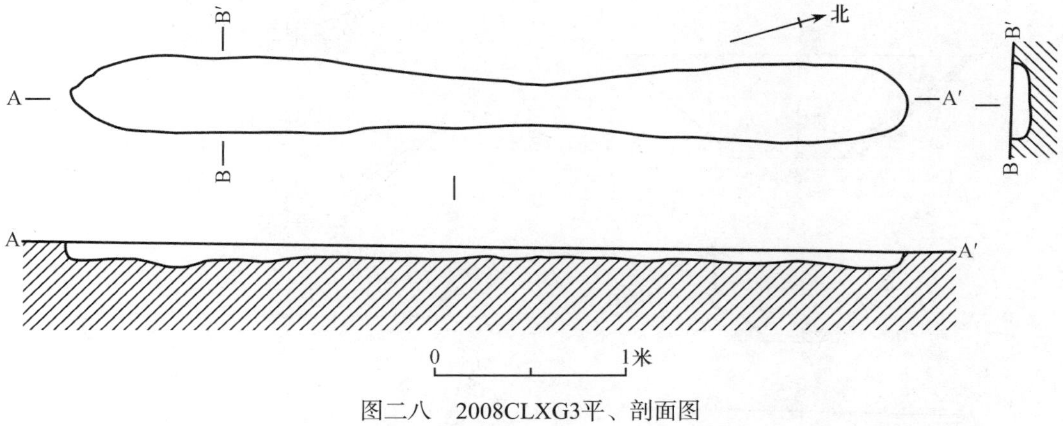

图二八　2008CLXG3平、剖面图

杯　1件。标本2008CLXT10②：1，灰白色胎。侈口，尖圆唇，鼓腹斜收，圈足。器表饰青花梵文，内底饰青花双圈。口径6.4、底径3、高3.4厘米（图三〇，2）。

碗　9件。依底部形态分为二型。

A型　3件。饼足。依据口部形态分为二式。

Ⅰ式　2件，侈口。标本2008CLXT5③：7，灰白色胎，施黑釉，施釉不及底。尖唇，斜直

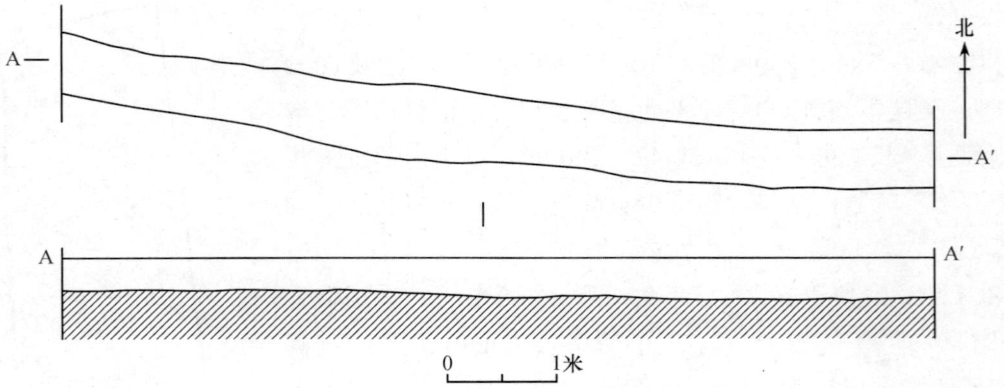

图二九　2008CLXG4平、剖面图

腹。口径11.2、底径4、高5厘米（图三○，4）。

Ⅱ式　1件，敞口。标本2008CLXH1：8，浅灰色胎，施酱釉，内底有涩圈，外部施釉不及底。方唇，斜直腹。口径18、底径6.8、高5.6厘米（图三○，3）。

B型　圈足，依釉色不同分为三式。

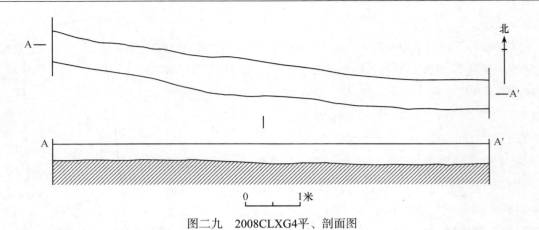

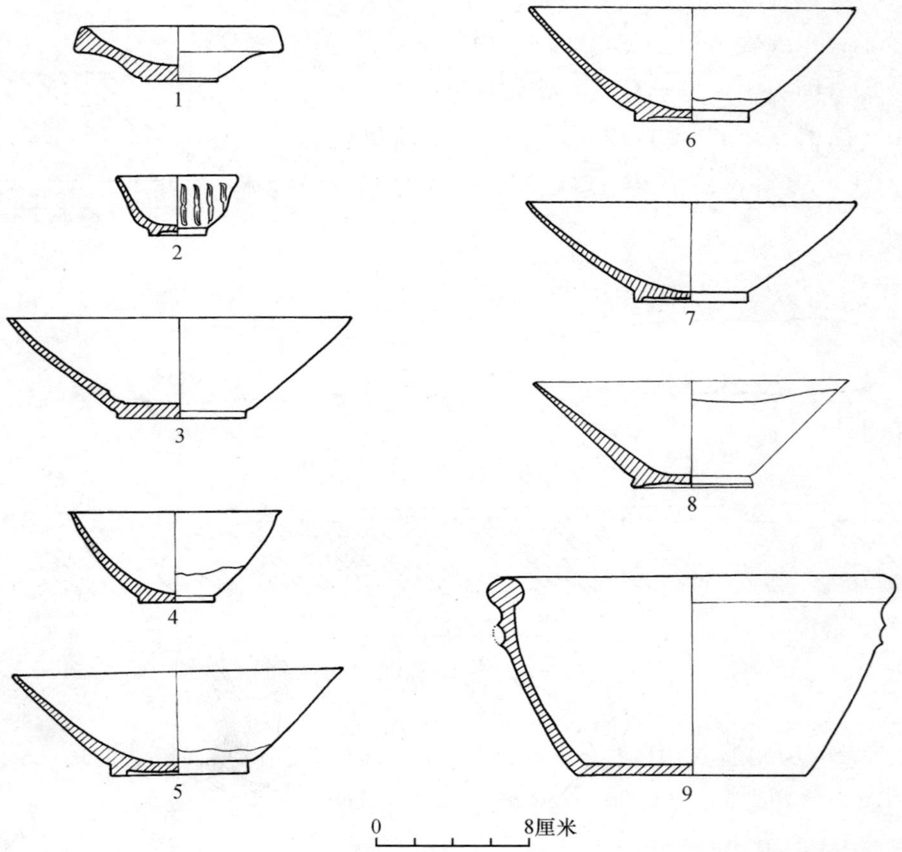

图三○　新房子遗址出土遗物

1. 瓷碟（2008CLXT6②：1）　2. 瓷杯（2008CLXT10②：1）　3. A型Ⅱ式瓷碗（2008CLXH1：8）　4. A型Ⅰ式瓷碗（2008CLXT5③：7）　5、6. B型Ⅰ式瓷碗（2008CLXH1：2、2008CLXH1：3）　7. B型Ⅱ式瓷碗（2008CLXH1：6）　8. B型Ⅲ瓷碗（2008CLXH1：5）　9. 陶盆（2008CLXH1：1）

Ⅰ式 3件，施黑釉。标本2008CLXH1：2，灰褐色胎，内底有涩圈，施釉不及底。敞口，尖圆唇，斜直腹。口径17.4、底径7.2、高5.6厘米（图三〇，5）。标本2008CLXH1：3，敞口，尖圆唇，弧腹内收。灰白色胎，施釉不及底，釉面开片。口径17.2、底径6.1、高6.2厘米（图三〇，6）。

Ⅱ式 2件，施青釉。标本2008CLXH1：6，灰褐色胎，施釉不及底，腹部饰二道凹弦纹。敞口，尖圆唇，弧腹斜收。口径17.4、底径6、高5.6厘米（图三〇，7）。

Ⅲ式 1件，施黄褐釉。标本2008CLXH1：5，黄褐色胎，内底有涩圈，施釉不及底。敞口，尖唇斜直腹。口径16.6、底径6.6、高5.8厘米（图三〇，8）。

（2）陶器

盆 1件。标本2008CLXH1：1，灰白色泥质胎。口微敛，圆唇，斜直腹，平底，上腹部饰一耳，已残。素面。口径21.6、底径12、高10.6厘米（图三〇，9）。

三、结　　语

本年度对茅草坪遗址群进行了第一次大规模的发掘和勘探，通过对石柱坝和新房子两个遗址的发掘并与遗址群其他同时发掘的遗址比对，我们获得了如下认识：

（1）石柱坝遗址位于遗址群最南端，文化层土质致密，土壤黏性较重，与其他遗址疏松、砂性的土壤有迥然不同的区别。

（2）石柱坝遗址的地层堆积深厚，遗址的文化时代从汉代一直延续到明清，虽然出土遗物中亦有少量具有典型峡江地区商周时期风格的花边口沿罐、灰陶钵等器物残片[1]，却未发现其原生文化层位。推测石柱坝遗址本次发掘区域内的早期文化遗存已被后期的人为或自然原因所破坏。

（3）石柱坝遗址本年度的发掘区域在紧临江边的台地上，据老乡讲近50年来，由于江水冲刷、台地垮塌，至少后退50米。本次发掘区域内唐代遗迹主要为墓葬，宋代遗迹主要为房屋及灰坑，由此我们可得出如下结论：传统峡江山地居民具有低居高葬习俗，这种习俗一直保留至今[2]。几座唐墓皆为形制较小，随葬品简单的土坑竖穴墓，发掘区应为一处平民墓地，当时人们的居所可能在更靠近江岸的地段；到宋代，随着人口增多、经济繁荣，聚落区域不断拓展，唐时墓葬区成为宋时居住区。

（4）汉至六朝的时期遗物主要是陶器和铜钱币。陶器以盆、瓦当、网坠等汉代常见的生产生活类器物为主。出土钱币数量众多，主要有“五铢”和“半两”两类；另出土一枚“太平百钱”，从形制上看属于蜀汉初期铸造的篆、隶合书的“光背大钱”[3]。该币种目前在国内出土量极少，学者断代看法不一，有东汉说和蜀汉说两种，从出土钱币大多集中在四川盆地情况看，我们倾向后者观点。唐宋时期的遗物中瓷器占大宗，瓷器有精、粗之分。精者数量较少，以湖田窑、长沙窑的产品为代表。其中G1出土的青瓷执壶釉色莹润，纹饰精巧，集印花、贴塑、彩绘于一体，为唐代长沙窑的代表性产品[4]；2008CLST5出土的黑釉葵口瓶，造型纤小精致，釉质滋润厚重，为宋代涂山窑的精品[5]。粗者数量较多，基本以本地瓷窑如邛窑、涂山窑的碗、碟类产品为主[6]。

（5）唐宋遗址中出土网坠数量较多；石器主要为小型磨制石器。从网坠和石器的使用情况来看，唐宋时期本地的生产方式应以渔猎为主，这也跟遗迹区濒临长江，水产资源丰富的情况相符。石斧等磨制石器在唐宋遗存中较多出现一方面说明采集业在生产中占相当地位，另一方面也说明当时峡江地区生产力落后，生产工具尚比较原始。

（6）明清时期的地层堆积由于受到较多的扰动和破坏，文化层较薄，堆积不连贯，遗物、遗迹较少。

（7）新房子遗址的堆积情况较差，现有的发掘资料表明，本区最早的文化层仅至宋代，无更早期的遗存。已发掘的几条宋代灰沟的沟壁和沟底皆修制规整、延续较长，沟内包含物相对简单。沟的走向东—西、南—北均有，从这些情况来看，灰沟的功用应为农田排水灌溉之用。由灰沟的分布状况我们推断，新房子遗址本年度发掘区在宋代应为农耕区。

附记：本次考古发掘项目领队白九江，执行领队彭学斌，参加发掘工作的人员有：彭学斌、谭建华、程永宏、郑燮、雷声、赵军、齐锁劳、周新利、刘天让等，绘图：雷声，资料整理：彭学斌、谭建华、程永宏、雷声、郑燮。

执　笔：郑　燮　雷　声

注　释

［1］ 重庆市博物馆、万州区博物馆：《2000年度重庆万州苏和坪遗址发掘报告》，《重庆库区报告集·2000卷》，科学出版社，2007年。

［2］ 重庆市博物馆、万州区博物馆：《万州大丘坪墓群》，科学出版社，2014年。

［3］ 罗卫：《蜀汉铸币“太平百钱”和“世平百钱”》，《收藏界》2007年5期。

［4］ 陈文学、张慧琴：《长沙窑的产品特点及其兴衰探微》，《南方文物》1996年6期。

［5］ 陈丽琼：《重庆涂山窑宋代瓷窑试掘报告》，《重庆涂山窑小湾瓷窑发掘报告》，重庆出版社，2001年。

［6］ 四川省文化厅文物处：《四川古陶瓷研究》，四川省社会科学院出版社，1984年。

开县古城遗址三升墓地2012年发掘简报

重庆市文化遗产研究院　开州区文物管理所

三升墓地位于开州区竹溪镇三升村一社李家院子，东北距开州区城区约8千米，南河由西南至东北环绕李家院子山丘，墓葬分布于山丘上，中心地理坐标为北纬31°08′29″，东经108°19′8″（图一）。

为了配合三峡水库消落带文物保护工作，受重庆市文物局委托，2012年8月，重庆市文化遗产研究院（原重庆市文物考古所）组织相关业务人员对三升墓群进行了考古发掘，发掘面积800平方米，共布10米×10米探方8个，方向正南北，编号为2012CKST1～2012CKST8（“C”表示重庆市，“K”表示开县，“S”表示三升村）（以下简称T1～T8）（图二）。此次发掘发现汉代墓葬3座，编号为2012CKSM1、2012CKSM4、2012CKSM5（以下简称M1、M4、M5）；明清墓葬2座，编号为2012CKSM2、2012CKSM3（以下简称M2、M3）（图三）。现将发掘清理情况报告如下。

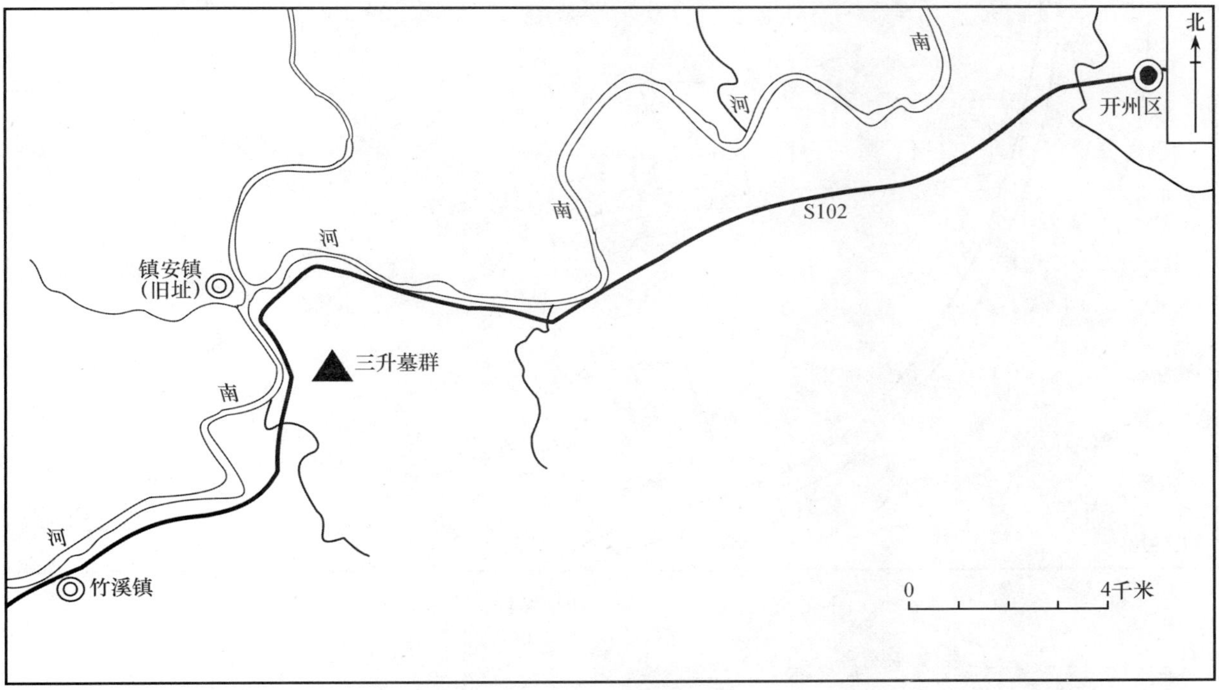

图一　三升墓地位置示意图

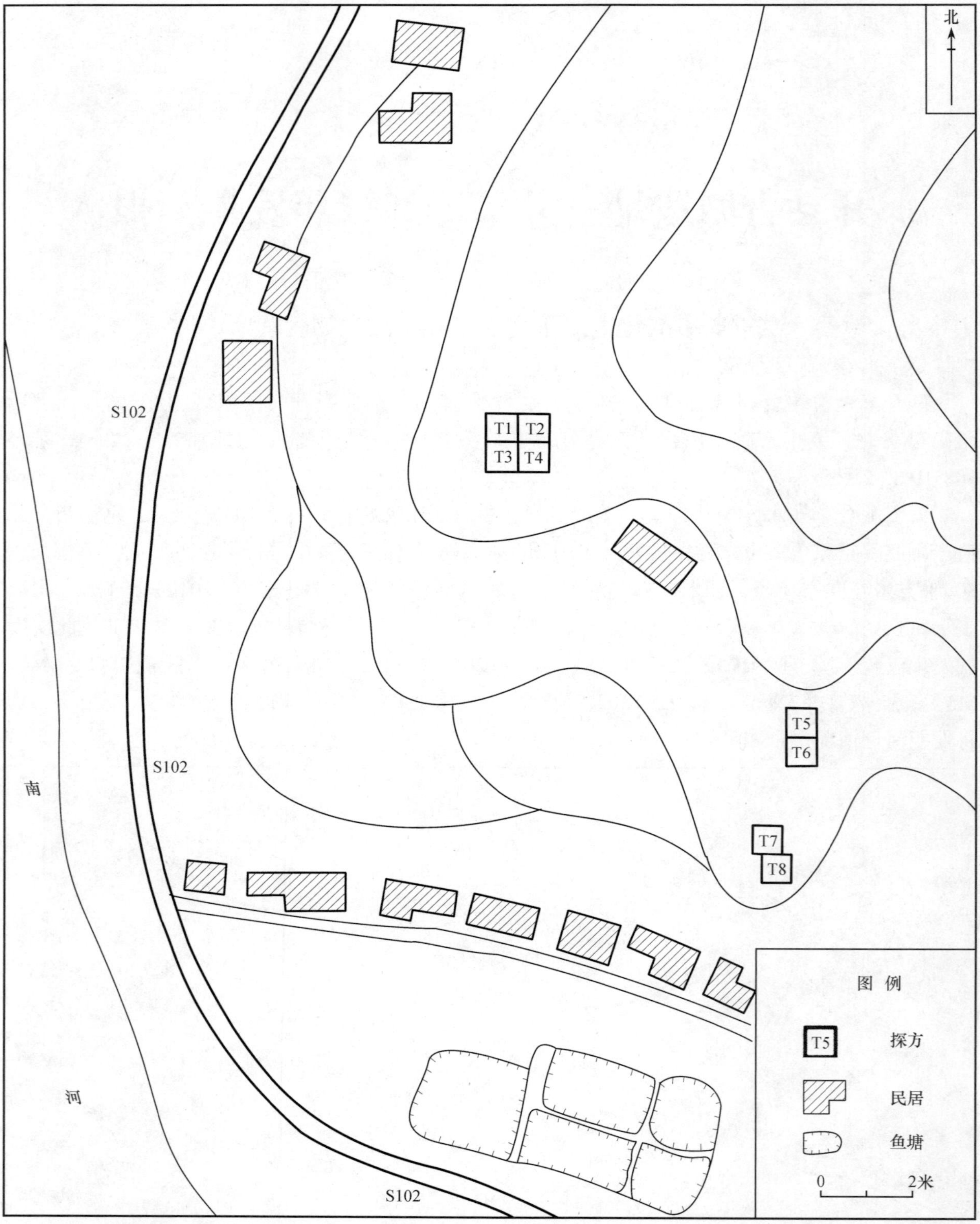

图二　三升墓地地形及2012年发掘探方分布图

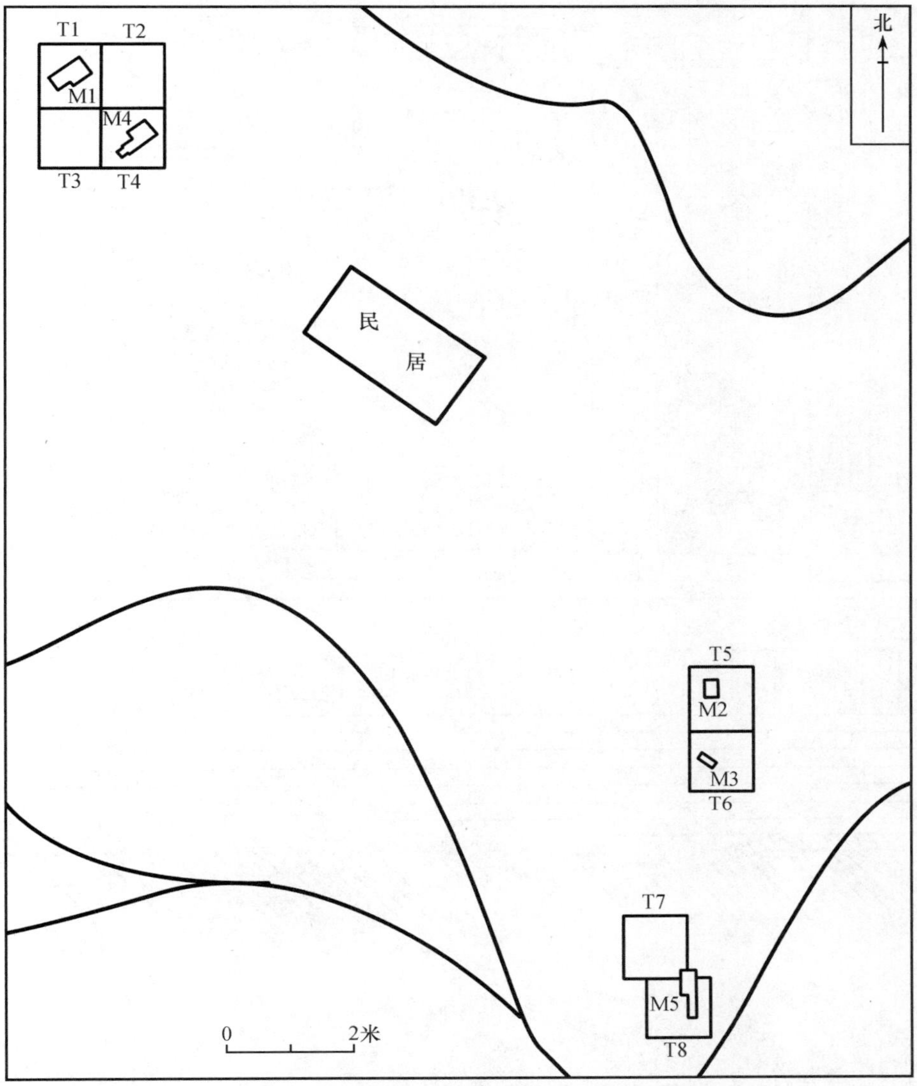

图三　三升墓地2012年发掘墓葬分布图

一、汉代墓葬

（一）M1

1. 墓葬形制

M1平面呈“刀”字形，由甬道、墓室两部分组成，墓向237°。墓室长3～3.12、宽2.74米，甬道长1.9、宽2.3米。墓壁由乳钉菱形纹灰砖错缝平铺而成， 墓砖长30～40、宽16、厚10厘米；券顶由子母口砖合扣而成，墓砖长36、宽18、厚10厘米，表面饰菱形加乳钉；墓底由子母口砖错缝平铺而成，墓砖长20～40、宽14～26、厚10厘米（图四）。

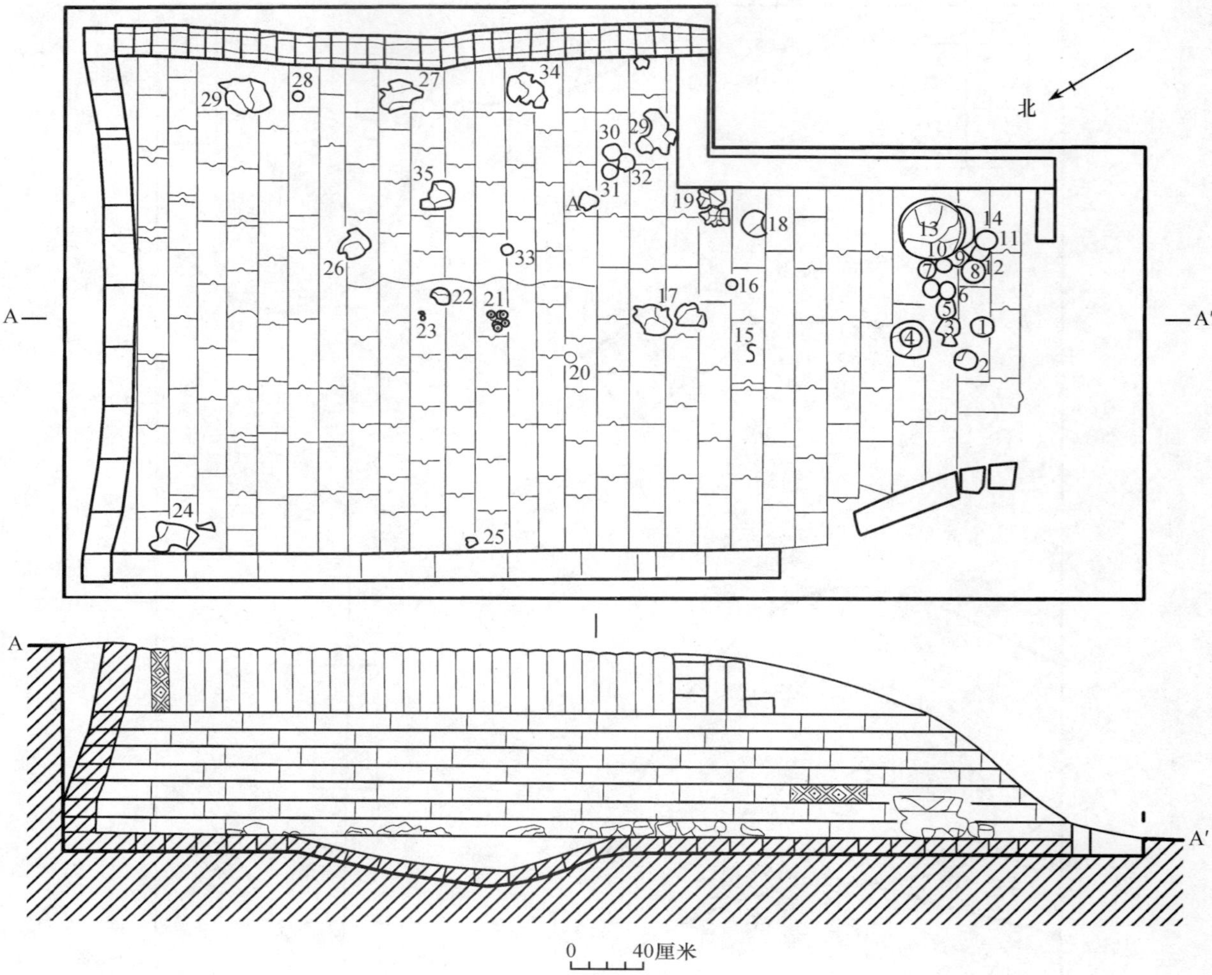

图四　M1平、剖面图

1、2、10、19、26、34、35. 陶钵　3、7. 陶灯　4、8、9、17、24、32. 陶罐　5、6、11、12、30. 陶碗　13、27. 陶甑　14. 铁釜　15. 铁钩　16、20、22、25、28、33. 铜泡钉　18. 陶器盖　21. 铜钱币　23. 料管　29. 铜锺　31. 陶釜

2. 随葬品

该墓出土随葬品主要为陶器，也有少量铜、铁器。陶器多为泥质红陶和泥质灰陶，器身轮制，个别器物附件为手捏，纹饰以素面为主，器类主要有罐、釜、钵、甑、器盖、灯等。

（1）陶器

罐　4件。M1∶8，方唇，矮颈，弧腹，平底。口径10.8、腹径12、底径5.4、高4.4厘米（图五，1）。M1∶32，泥质红陶。侈口，圆唇，束颈，鼓腹，平底。素面。口径7、腹径7.2、底径4、高4.7厘米（图五，5）。M1∶4，泥质灰陶。直口，方唇，矮颈圆肩，弧腹斜内收，平底。肩腹部饰两道凹弦纹。口径14.2、腹径20、底径12.6、高16.3厘米（图五，7）。M1∶9，泥质红陶。直口，矮颈，弧腹，平底。素面。口径8.7、腹径9.6、底径5.2、高5厘米（图五，6）。

釜　1件。M1∶31，泥质红陶。敞口外张，圆唇，束颈，扁鼓腹，平底，底略内凹。素面。口径10、腹径9.8、底径5、高4.7厘米（图五，2）。

器盖　1件。M1：18，泥质红陶。覆钵形，下口平沿略斜，圆唇，盖顶上有环形纽。盖顶有刮削时遗留的旋痕。口径16、通高6厘米（图五，3）。

钵　4件。以泥质红陶为主，敛口，素面。根据腹部可分为二型。

A型　3件。弧腹。M1：1，圆唇，鼓腹，平底。口径8.1、腹径9.7、底径5.2、高4.2厘米（图五，4）。M1：10，泥质红陶。方唇，弧腹，平底。口径10.1、底径4.8、高4厘米（图六，2）。M1：34，圆唇，弧腹内收，平底。口径13.6、底径5.9、高5.2厘米（图六，1）。

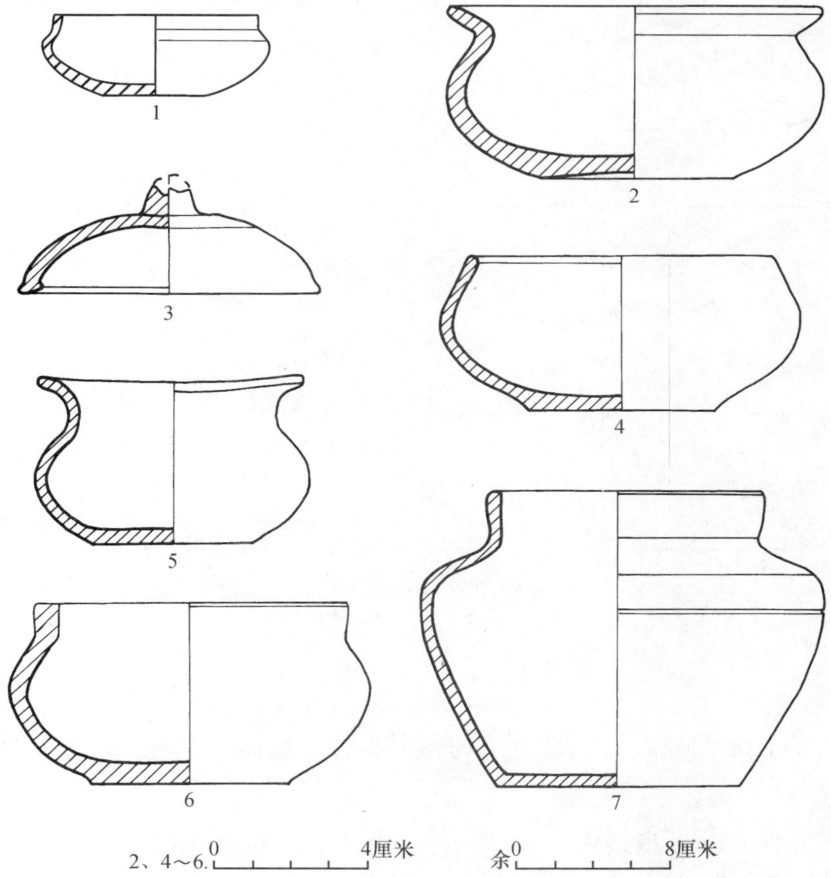

图五　M1出土遗物（一）

1、5～7. 陶罐（M1：8、M1：32、M1：9、M1：4）　2. 陶釜（M1：31）　3. 陶器盖（M1：18）　4. 陶钵（M1：1）

B型　1件。折腹。M1：35，泥质灰陶。敞口，圆唇，弧腹，下腹急折内收，平底。素面。口径15、底径4、高6.1厘米（图六，3）。

灯　2件。泥质红陶。M1：3，上盘敞口，圆唇，浅盘平底，柄柱粗壮，高圈足。柄柱外表捏制形成圆圈形褶皱纹。口径10.2、底径8、高7.9厘米（图六，7）。M1：7，灯盘敞口，圆唇，盘底浅而平，柄柱粗壮，高圈足。素面。口径9.2、底径9.4、高8.8厘米（图六，6）。

甑　2件。泥质灰陶。M1：13，直口，平沿圆唇，弧腹斜内收，底部残缺。上腹有三道凹弦纹。口径33.7、残高12.8厘米（图六，5）。M1：27，敛口，平沿略下垂，尖圆唇，弧腹斜内收，底部残缺。上腹有两道凹弦纹。口径36.8、残高14.4厘米（图六，4）。

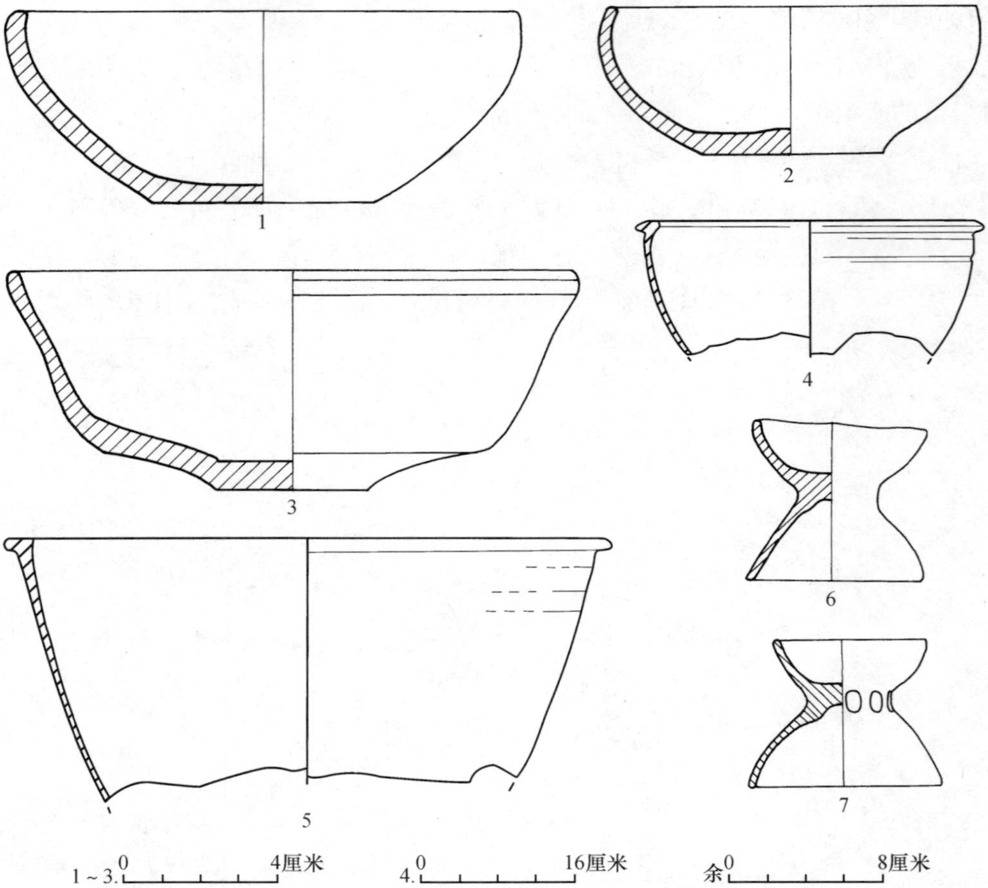

图六　M1出土遗物（二）

1～3. 陶钵（M1：34、M1：10、M1：35）　4、5. 陶甑（M1：27、M1：13）　6、7. 陶灯（M1：7、M1：3）

（2）金属器

铁釜　1件。M1：14，敞口、上口沿残损、束颈、鼓腹、圜底，圈足。腹部饰一道凹弦纹。腹径24、残高16.7厘米。

铁钩　1件。M1：15，扁条状“S”形弯钩。宽1.6、通长14厘米（图七，1）。

铜泡钉　3件。伞状钉帽，锥状钉身。M1：16，钉帽直径4.6、通高2.2厘米（图七，4）。M1：20，钉帽直径4、通高1.8厘米（图七，2）。M1：28，钉帽直径4.4、通高2.2厘米（图七，3）。

铜五铢钱　2枚。M1：21-1，有周郭、正方穿及穿外郭，外郭较窄，钱型较规整，字文“铢”字显模糊，笔画略粗，“五”字略矮，相交两笔缓曲，“铢”字“金”字头呈等边三角形、略小，“朱”字头方折。直径2.6、穿径1厘米（图一七，1）。M1：21-2，有周郭、正方穿及穿外郭，外郭较窄，钱型规整，字文“铢”字显模糊，笔画较细，“五”字瘦长，横笔向右下倾斜，相交缓曲，“金”字头三角尖锐，“朱”字头方折。直径2.6、穿径0.9厘米（图一七，2）。

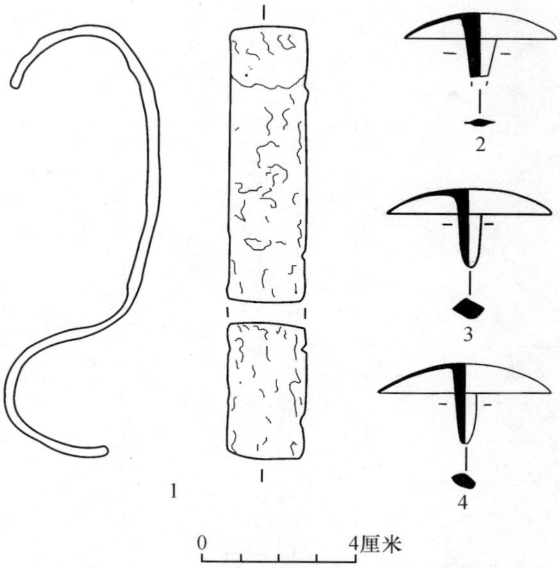

图七 M1出土遗物（三）

1. 铁钩（M1：15） 2～4. 铜泡钉（M1：20、M1：28、M1：16）

（二）M4

1. 墓葬形制

M4平面呈“刀”字形，由甬道、墓室两部分组成，墓向225°。墓圹长3.5、宽3.2米，墓口距墓底深0.42～0.64米。墓室长3、宽2.7米，甬道长1.1、宽1.42米，券顶残损无存。墓壁、墓底均错缝平铺而成，墓壁砖长28～42、宽19、厚7厘米，表面饰菱形加乳钉纹；墓底砖长20～40、宽14～26、厚10厘米（图八）。

2. 随葬品

该墓墓底出土随葬品28件，主要为陶器，也有少量铜器。陶器多为泥质红陶和泥质灰陶，有少量釉陶，器身轮制，个别器物附件为手捏，纹饰以素面为主，另有少量绳纹、菱格纹和凹弦纹，器类主要有陶罐、鼎、锺、钵、甑、杯、魁、灯、熏炉盖、仓等。

（1）陶器

锺 2件。泥质红陶，型制相似。假盘口，高颈，扁鼓腹，高圈足外张。颈腹部有数道凹弦纹，腹部左右饰一衔环铺首。通体施绿釉大部分剥落。M4：13，口径15、腹径24、底径17.7、通高26.3厘米（图九，2）。M4：14，口径14、腹径27、底径18、高28.6.厘米（图九，1）。

罐 4件。以泥质红陶为主，根据腹部形态可分为三型。

A型 1件。M4：10，泥质灰陶。侈口，折沿下垂，圆唇，矮领，圆肩，扁鼓腹，圜底。腹部拍印细绳纹。口径11.6、腹径21.6、高13.3厘米（图九，3）。

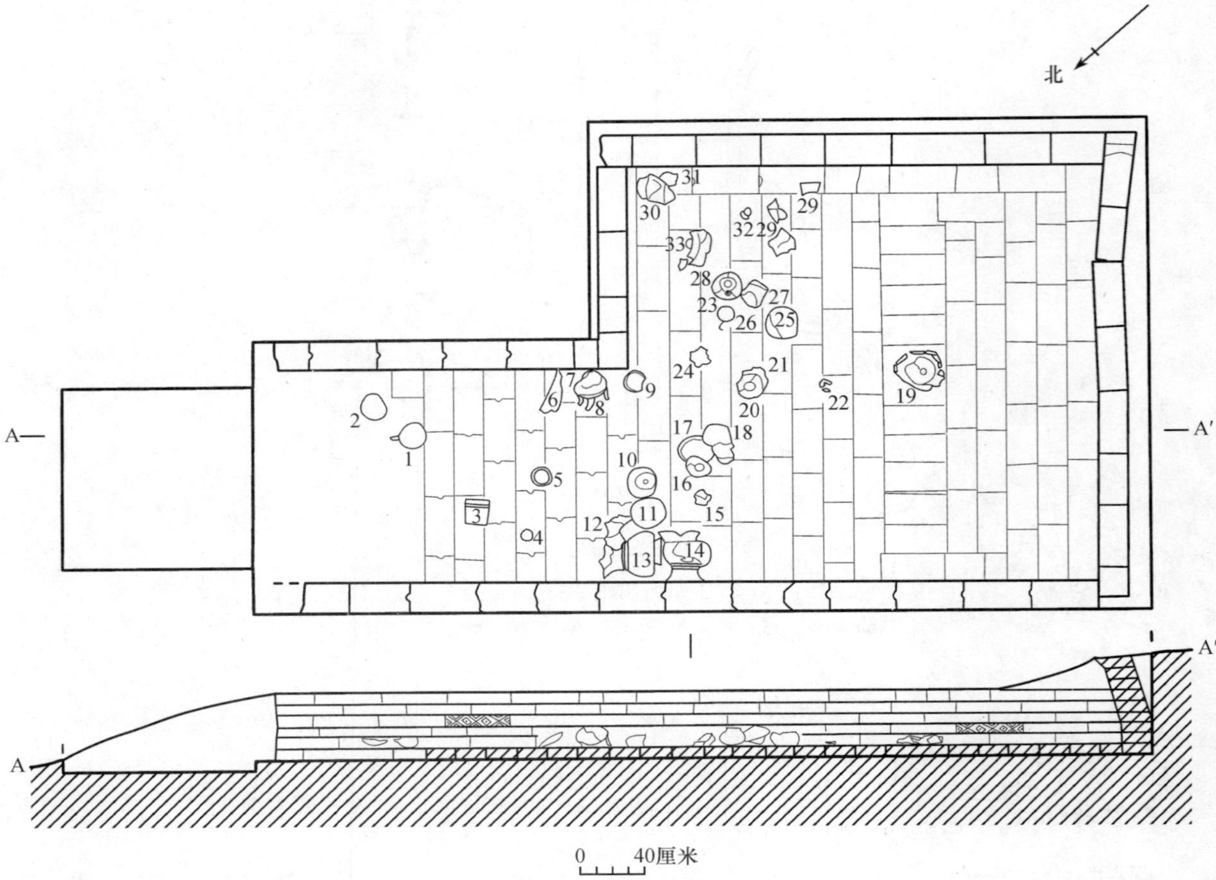

图八　M4平、剖面图

1、16、26、33. 陶魁　2、18. 陶钵　3. 陶仓　4. 陶熏炉盖　5、21. 陶灯　6、9、12、19. 陶甑　7、8. 陶鼎　10、24、25、27、28、30、31. 陶罐　11. 铜釜　13、14. 陶锺　15. 陶锺盖　17. 陶盆　20. 陶杯　22、32. 铜泡钉　23. 铜钱币　29. 陶盒

B型　1件。M4：24，泥质红陶。上腹残缺，弧腹内收，平底。素面。底径6.8、残高7.6厘米（图九，11）。

C型　2件。泥质红陶。M4：25，侈口，圆唇，鼓腹，平底。素面。腹部施两道弦纹。口径8.8、腹径18、底径11.4、高11.4厘米（图九，5）。M4：30，侈口，圆唇，折肩，弧腹，平底。素面。口径10、底径8、腹径19.2、高13.5厘米（图九，4）。

鼎　2件。泥质红陶。M4：8，敞口，宽斜沿外张，束颈，鼓腹，圜底。沿上对称的双耳的疤痕，乳钉状三足外张。腹部一道凹弦纹。口径12.5、腹径11.6、足高2.2、通高8.3.厘米（图九，9）。M4：7，子口内敛，半球腹，口沿上竖立附对称的方形双耳，蹄形三足。上腹施两道凹弦纹。口径19、通宽22.6、通高14.3厘米（图九，10）。

魁　4件。泥质红陶。根据口部形态可分为二型。

A型　2件。M4：16，敞口，圆唇，弧腹，平底，沿下一侧斜伸一把手。上腹有一道凹弦纹。口径15.8、底径6.2、高7.2厘米（图九，6）。M4：1，直口，圆唇，单把，圆弧深腹略直，大平底。上腹饰凹弦纹。通体施绿釉，已剥落。高6.3～6.5、口径14.4、底径8厘米（图九，7）。

B型　2件。M4：26，敛口，圆唇，弧腹，小平底，一侧口沿上粘接一弯曲形的把柄，把柄系将口沿向内捏压而固定的。素面。口径10.6、通高6厘米（图一〇，12）。M4：33，口径5.5～7.8、通高6.4厘米（图一〇，13）。

锺盖　1件。M4：15，泥质红陶。覆钵形，盖下口略宽，沿面瓦沟状内凹，使里沿外凸形成子母口，盖顶略平，盖顶有间距相当的乳凸三个。表面有刮削遗留的旋痕。施青绿色薄釉。口径15.2、通高4.7厘米（图九，8）。

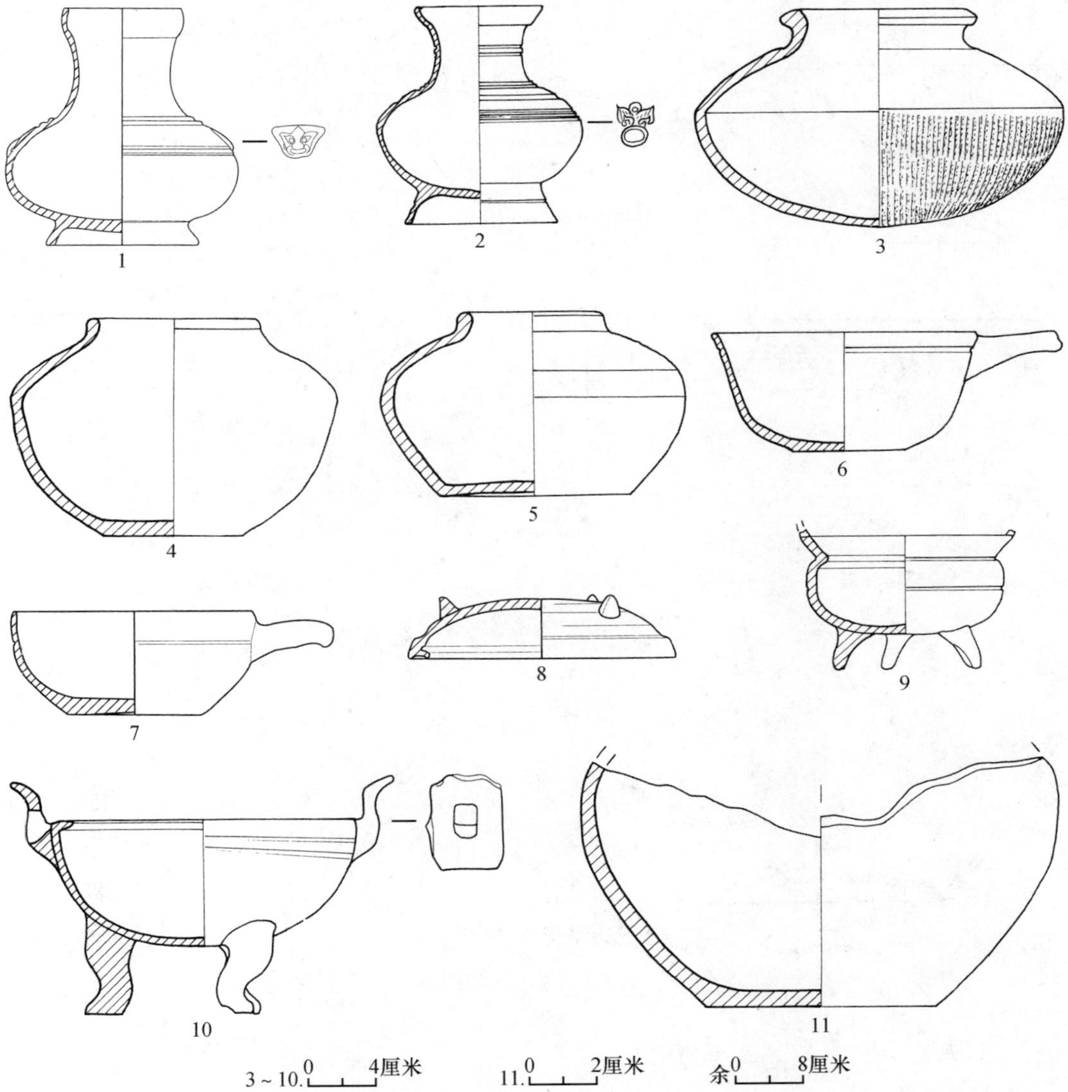

图九　M4出土遗物（一）

1、2. 陶锺（M4：14、M4：13）　3～5、11. 陶罐（M4：10、M4：30、M4：25、M4：24）　6、7. A型陶魁（M4：16、M4：1）　8. 陶锺盖（M4：15）　9、10. 陶鼎（M4：8、M4：7）

仓　1件。M4：3，泥质灰陶。圆唇，上口内折形成子口，筒形深腹略鼓，平底。腹部饰两周凹弦纹。口径9、底径10、腹径12.7厘米（图一〇，1）。

杯　1件。M4：20，泥质红陶。直口，圆唇，深腹斜直，下腹急收，平底。腹部饰几道凹

图一〇　M4出土遗物（二）

1. 陶仓（M4：3）　2. 陶杯（M4：20）　3. 陶熏炉盖（M4：4）　4、5. 陶灯（M4：5、M4：21）　6. 陶盒（M4：29）　7、10. 陶钵（M4：18、M4：2）　8、9、11. 陶甑（M4：6、M4：9、M4：12）　12、13. B型陶魁（M4：26、M4：33）

弦纹。通体施釉。口径8.4、底径4.1、高7.3厘米（图一〇，2）。

熏炉盖 1件。M4：4，泥质红陶。盔帽形，深腹，下沿平，略外张，顶端上凸。外表刻划菱格纹。通高6.6、口径平均10.4厘米（图一〇，3）。

灯 2件。泥质红陶。M4：5，上盘子母口内敛，腹壁斜直，粗柱状短柄，覆钵形圈足外张。通体施釉，大部分已脱落。口径10.8、底径9、通高8.5厘米（图一〇，4）。M4：21，上盘平沿内敛，略显子口，方唇，弧腹较深，圆柱形柄，圈足。素面。口径13、足径8、高9.9厘米（图一〇，5）。

钵 2件。泥质红陶。M4：18，直口，方唇，弧腹，平底。素面。口径17.5、底径6.8、高7.8厘米（图一〇，7）。M4：2，侈口，圆唇，弧腹，平底。口沿下饰三周凹弦纹。腹内及外表上腹施绿釉，大部分已剥落。高7.3、口径17.2、底径6.6厘米（图一〇，10）。

甑 3件。M4：6，泥质灰陶。平沿，尖圆唇，弧腹内收，下腹及底残缺。口沿下施两周凹弦纹。口径34.4、残高8.3厘米（图一〇，8）。M4：9，泥质红陶。敞口，圆唇，折沿略下垂，弧腹，平底，底部有10个箅孔。外表有拉坯是刮削的弦纹。口径16、底径4.8、高5.8厘米（图一〇，9）。M4：12，泥质灰陶。上腹残缺，下腹斜直，平底，底内凹，有多个箅孔。底径14.8、残高9.8厘米（图一〇，11）。

盒 1件。M4：29，泥质红陶。直口，方唇，弧腹，平底。腹部有凹弦纹，腹内及外表沿下施釉。口径17.6、底径7、高7.4厘米（图一〇，6）。

（2）铜器

泡钉 2件。伞状钉帽，锥状钉身。M4：32，钉帽直径6.2、通高2.4厘米（图一一，2）。M4：22，钉帽直径6.2、通高2.5厘米（图一一，3）。

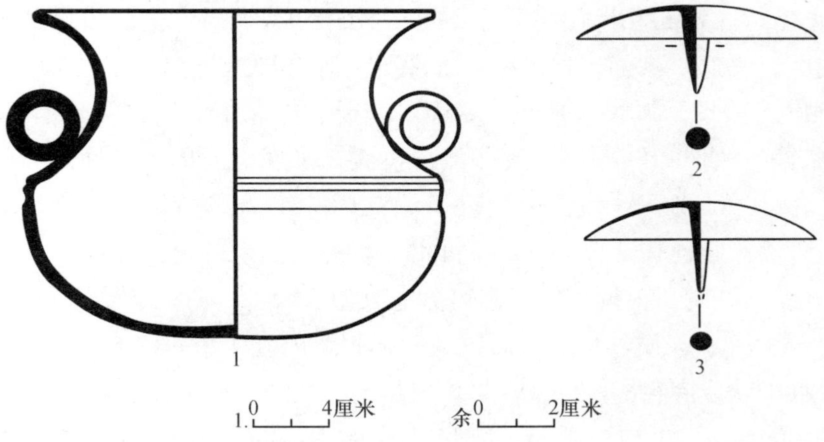

图一一 M4出土铜器

1. 釜（M4：11） 2、3. 泡钉（M4：32、M4：22）

釜 1件。M4：11，青铜浇注。喇叭形敞口，高颈内束，折肩，扁圆形鼓腹，圜底。肩部施左右对称的竖形环状双耳，上腹有两道弦纹。口径21.2、腹径23.8、高17.6厘米（图一一，1）。

五铢钱 1枚。M4：23，有周郭、正方穿及穿外郭，外郭较窄，钱型较规整，字文清晰，笔画略细，“五”字略矮，相交两笔缓曲，“铢”字“金”字头呈等边三角形、略小，“朱”字头方折。直径2.6、穿径1厘米（图一七，3）。

（三）M5

1. 墓葬形制

M5平面呈“刀”字形，由墓道、甬道、墓室组成，墓向180°。墓圹长3.5、宽3.2米，墓口距墓底深0.42～0.64米，底有0.5厘米厚草木灰层。墓室长4、宽2.5米，甬道残毁严重，墓道位于墓室南部，上端长3.7、宽1.4米，下端长3.7、宽1.18米。墓壁由子母口灰砖错缝平铺而成，墓砖长32.5～29、宽14.2、厚9.5厘米，饰凤尾纹加三角纹；券顶由子母口砖合扣而成，墓砖长24～29、宽16、厚9.5厘米，饰菱形、三角和半圆（图一二）。

2. 随葬品

该墓墓底出土随葬品35件，主要为陶器，也有少量铜器。陶器多为泥质红陶和泥质灰陶，有少量釉陶，器身轮制，个别器物附件为手捏，纹饰以素面为主，另有少量菱格纹和凹弦纹，器类主要有罐、釜、锺、钵、甑、魁、杯、灯、熏炉盖、仓等。

陶罐　6件。以泥质红陶为主，有少量灰陶。M5：1，泥质灰陶。侈口，折沿外缘上下经刮削呈尖圆棱，矮直颈，圆肩，扁鼓腹，圜底。下腹饰有细绳纹。口径12.5、腹径21、高15.5厘米（图一三，2）。M5：3，泥质红陶。侈口，圆唇，矮颈，弧腹，平底，器型较小。素面。口径8.6、底径5、高5.5厘米（图一三，1）。M5：9，泥质红陶。敛口，圆唇，折肩，弧腹，下腹急折内收，平底。素面。口径6.8、底径5、高4.9厘米（图一三，5）。M5：22，泥质红陶。侈口，圆唇，矮颈，弧腹，平底。素面。口径8.6、底径5.7、高6厘米（图一三，3）。M5：28，泥质红陶。喇叭口，圆唇，高颈溜肩折腹，平底。通体施绿釉，大部分已脱落。口径8.5、底径4、高6.1～6.3厘米（图一三，6）。M5：30，泥质红陶。敛口，圆唇，折腹，平底，器形较小。素面。腹径10.2、底径5、高4.45～4.8厘米（图一三，4）。

陶魁　2件。泥质红陶。根据底部形态可分为二型。

A型　1件。M5：4，泥质红陶。上口残缺，弧腹及内收，平底。素面，一侧带柄，柄呈弧形弯曲，末端呈鸟喙状。底径6.4、残高3.9厘（图一三，8）。

B型　1件。M5：14，敛口，圆唇，弧腹，小平底。一侧口沿上接一弯曲形的把柄，把柄是将口沿向内捏压而粘连的。通宽7.7、通高3.2厘米（图一三，7）。

陶盆　3件。泥质红陶。M5：32，侈口，曲腹弧内收，平底。素面。口径11.2、底径3、高4.7厘米（图一四，2）。M5：33，泥质红陶。侈口，尖圆唇外翻似宽沿，弧腹内收，大平底。素面。口径12.9、底径6.3、高3.6厘米（图一四，1）。M5：19，敞口，圆唇，弧腹，平底。沿下及腹部有拉坯形成的凹弦纹。口径13.2、底径5.6、高4.8厘米（图一四，6）。

陶熏炉盖　1件。M5：25，泥质红陶。盔帽形，下口圆唇外张，顶部有扁状乳凸形钮，有三个穿孔，上表刻画有菱格纹。表面施黄绿色釉，大部分脱落。口径10.3、高4.5厘米（图一

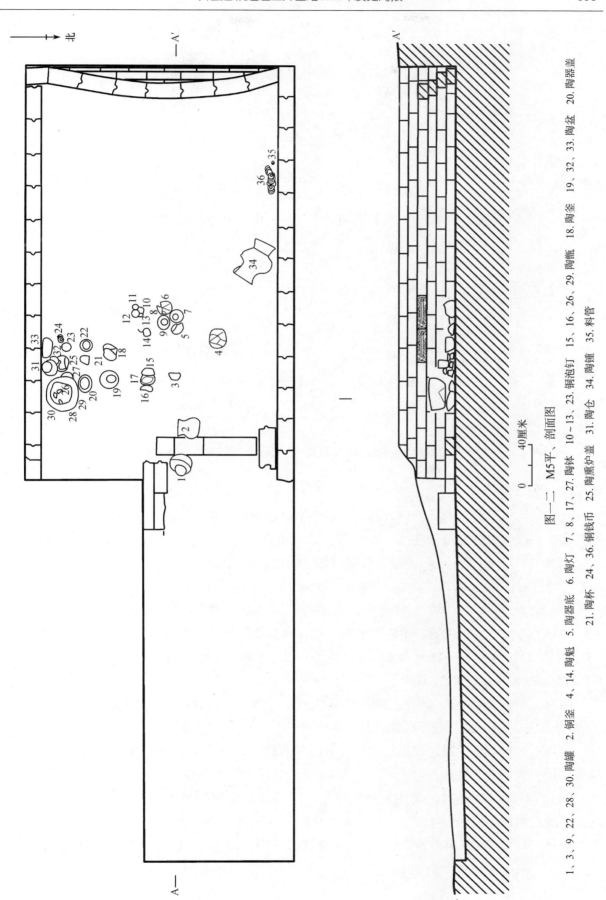

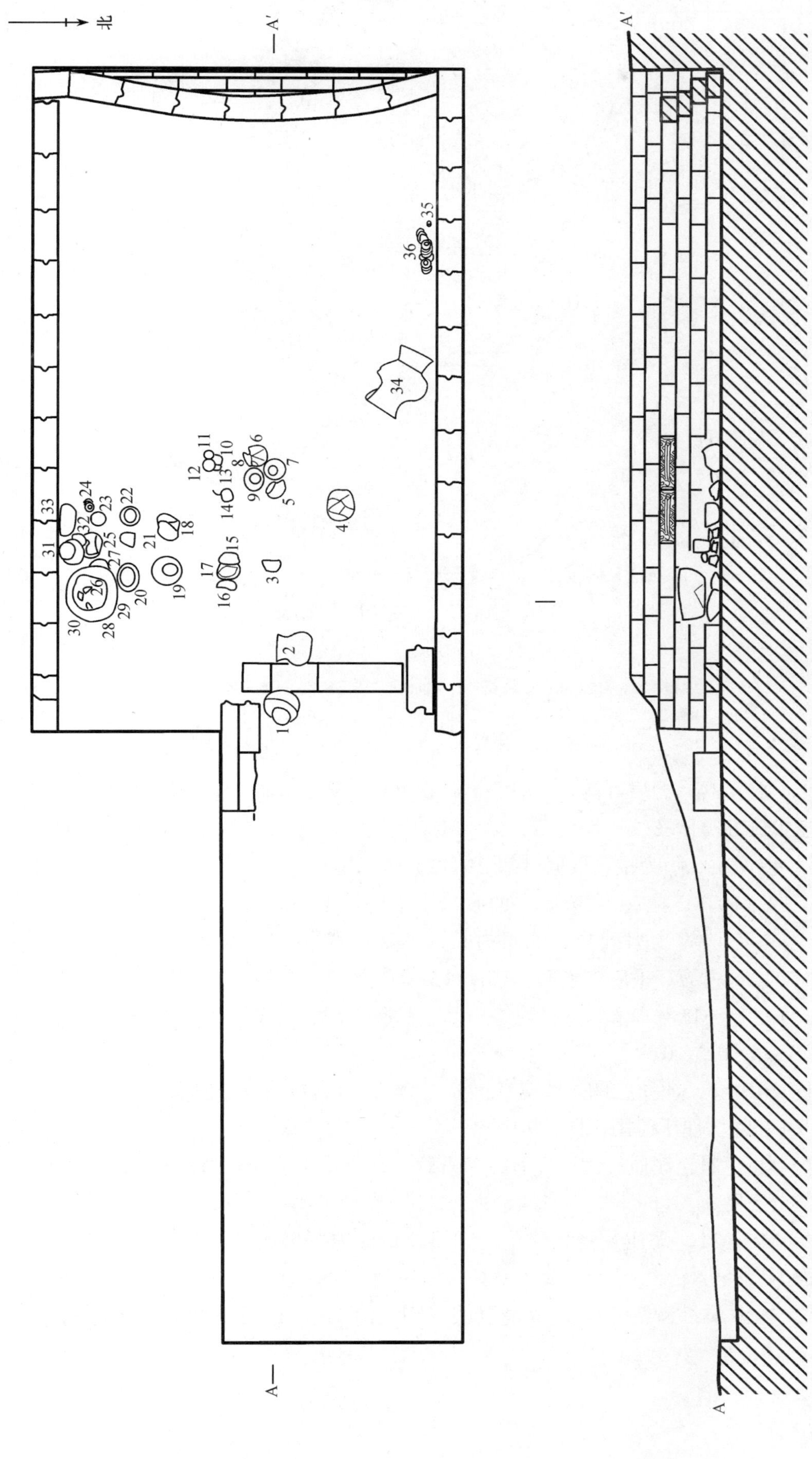

图一二 M5平、剖面图

1、3、9、22、28、30. 陶罐 2. 铜釜 4、14. 陶魁 5. 陶器底 6. 陶灯 7、8、17、27. 陶钵 10～13、23. 铜泡钉 15、16、26、29. 陶甑 18. 陶釜 19、32、33. 陶盆 20. 陶器盖 21. 陶杯 24、36. 铜钱币 25. 陶熏炉盖 31. 陶仓 34. 陶锺 35. 料管

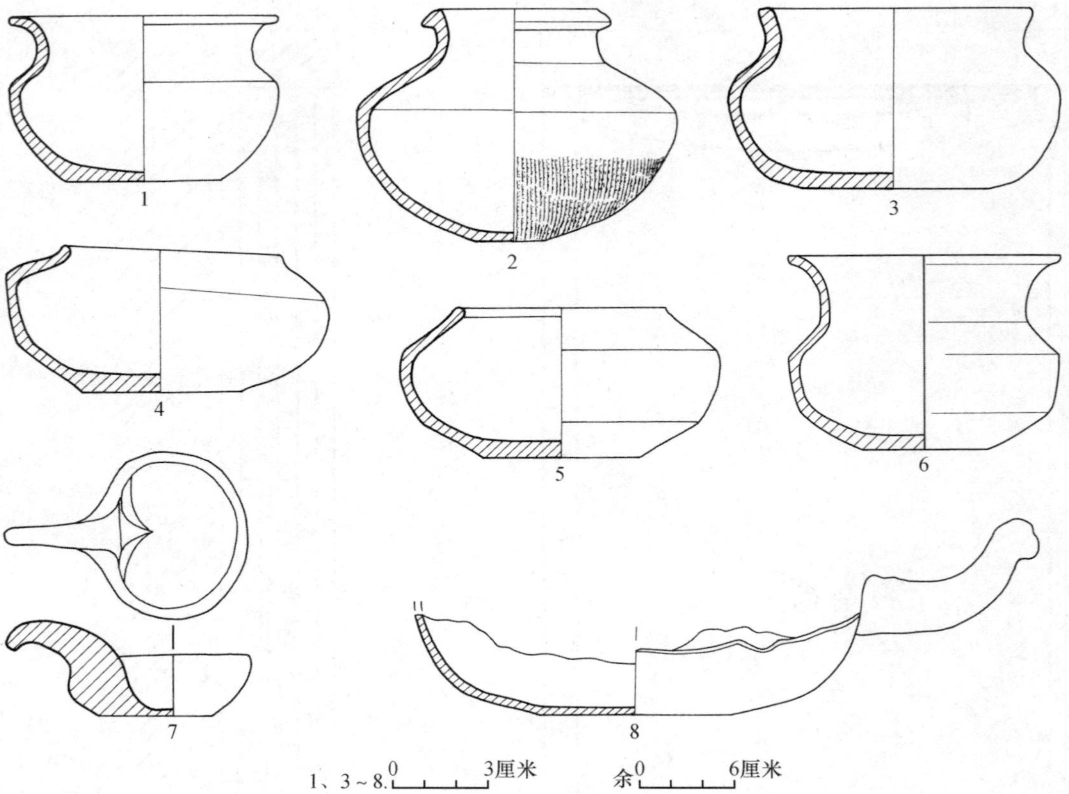

图一三　M5出土遗物（一）

1～6. 陶罐（M5：3、M5：1、M5：22、M5：30、M5：9、M5：28）　7. B型陶魁（M5：14）　8. A型陶魁（M5：4）

四，8）。

陶锺　1件。M5：34，泥质红陶。盘口，高颈，溜肩，鼓腹，高圈足外撇。腹部饰一对称衔环铺首，腹壁上施几道凹弦纹。口径13、腹径21.2、底径16、高29.3厘米（图一四，7）。

陶钵　4件。以泥质红陶为主。根据口部形态可分为二型。

A型　3件。敛口。M5：7，尖圆唇，曲腹，小平底。素面。口径8、底径2、高3.9厘米（图一四，5）。M5：8，上口残缺，弧腹内收，平底。底径4.8、残高3.6厘米（图一四，4）。M5：17，方唇，弧腹，平底。素面。口径11.7、底径5.2、高4.8厘米（图一四，3）。

B型　1件。敞口。M5：27，圆唇，里缘内凸，弧腹，内收，平底。素面。口径16、底径6.1、高6.4厘米（图一四，10）。

陶灯　1件。M5：6，泥质红陶。浅盘，敞口，方唇，弧腹，柱状把柄，高圈足。素面。口径9.4、底径9.4、高9.4厘米（图一四，9）。

陶杯　1件。M5：21，泥质红陶。方唇，斜直腹，平底。腹部饰有刮削形成的凹弦纹。通体施绿釉，大部分已脱落。口径6.7、底径4、高5.5～6.3厘米（图一五，1）。

陶仓　1件。M5：31，泥质灰陶。侈口，圆唇，口沿内折形成子母口，弧腹呈筒形，略深，平底。素面。口径9.8、腹径12.5、底径9.3、高11厘米（图一五，2）。

陶甑　4件。以泥质红陶为主，有少量泥质灰陶。M5：15，泥质红陶。上口残缺，弧

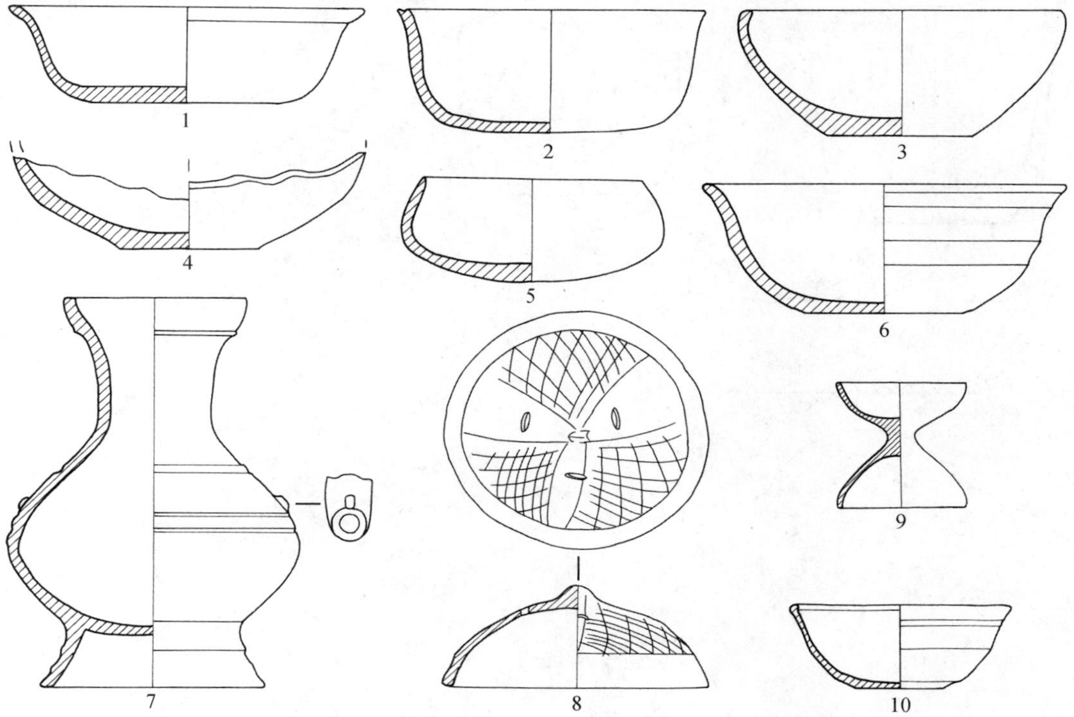

图一四　M5出土遗物（二）

1、2、6. 陶盆（M5：33、M5：32、M5：19）　3～5. A型陶钵（M5：17、M5：8、M5：7）　7. 陶锺（M5：34）　8. 陶熏炉盖（M5：25）　9. 陶灯（M5：6）　10. B型陶钵（M5：27）

腹，平底，底部有7个箅孔。底径5.5、残高2.8厘米（图一五，4）。M5：16，泥质红陶。侈口，圆唇，斜弧腹，平底，底部有箅孔。素面。口径15、底径4、高5.8厘米（图一五，3）。M5：26，泥质灰陶。折平沿下卷，尖圆唇，弧腹内收，底部残缺。口沿下施两周凸旋纹。口径31.3、残高11.6厘米（图一五，8）。M5：29，泥质红陶。上口残缺，弧腹壁下端内折，平底，底部有5个箅孔。底径4.2、残高3.5厘米（图一五，5）。

陶釜　1件。M5：18，泥质红陶。侈口，方唇，宽斜沿，沿面呈瓦沟状下凹，束颈，鼓腹，平底。口沿上左右对称附环形双耳。口沿内及耳部施绿釉。通宽12.8、底径5.4、通高7厘米（图一五，9）。

陶器盖　1件。M5：20，泥质红陶。覆钵形，宽沿内敛，里缘凸出形成子口，盖顶略平，中间饰环形纽。盖顶表面有刮削形成的数道凸弦纹。高6、盖径13.5、纽高2.3、纽宽3厘米（图一五，6）。

陶器底　1件。M5：5，泥质红陶。上口残缺，弧腹，平底。素面。底径5.3、残高2厘米（图一五，7）。

铜釜　1件。M5：2，青铜浇注。喇叭形敞口，高颈内束，折肩，扁圆形鼓腹，圜底。肩部施左右对称的竖立环状双耳，上腹有两道弦纹。口径20、腹径23.8、高18.2厘米（图一六，5）。

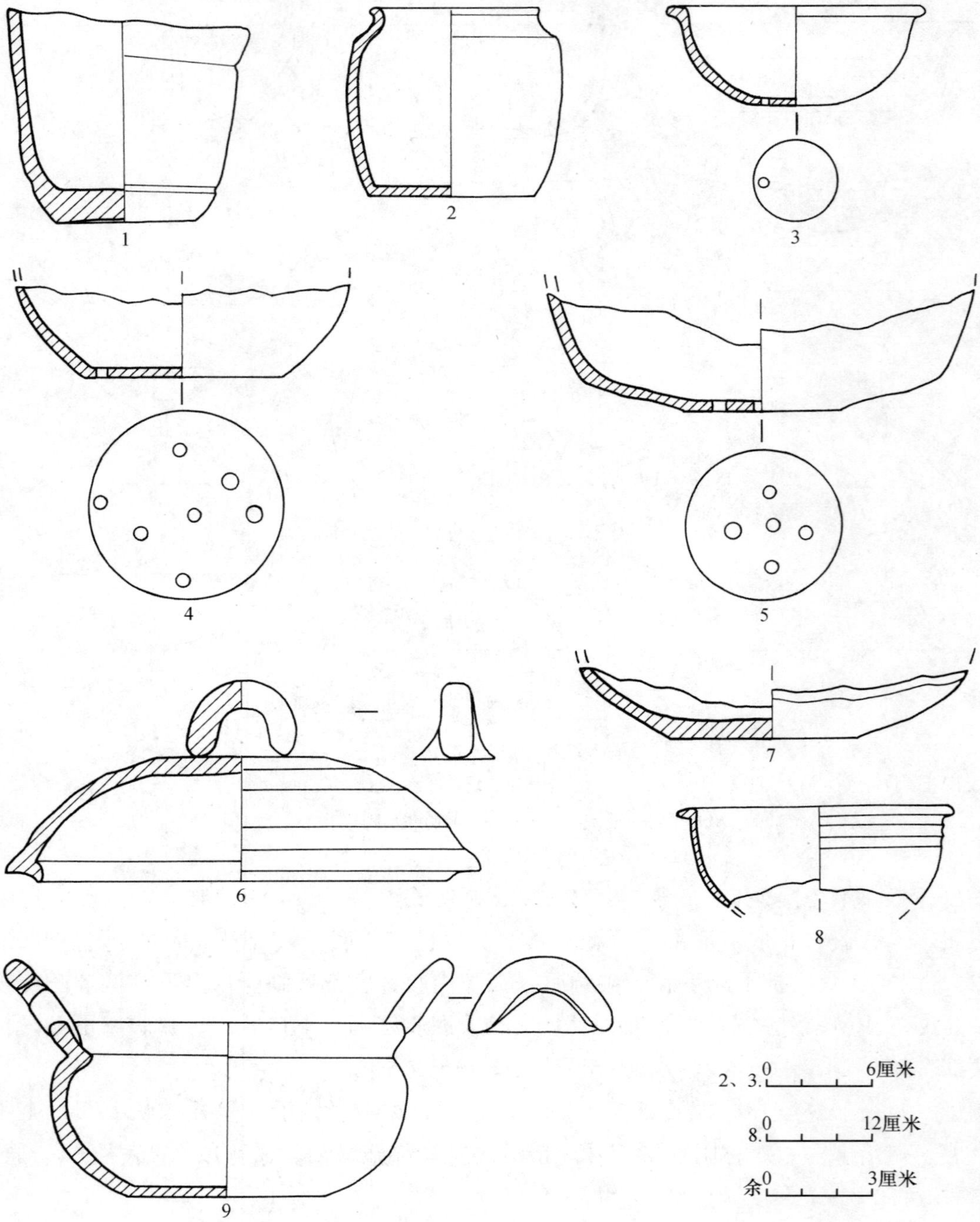

图一五　M5出土遗物（三）

1. 陶杯（M5：21）　2. 陶仓（M5：31）　3～5、8. 陶甑（M5：16、M5：15、M5：29、M5：26）
6. 陶器盖（M5：20）　7. 陶器底（M5：5）　9. 陶釜（M5：18）

铜泡钉　4件。形制近似，伞状钉帽，锥状钉身。M5：23，钉帽直径6、残高2.3厘米（图一六，1）。M5：13，钉帽直径6、残高2.5厘米（图一六，2）。M5：10，钉帽直径4.6、残高2厘米（图一六，3）。M5：11，钉帽直径4.4、残高2厘米（图一六，4）。

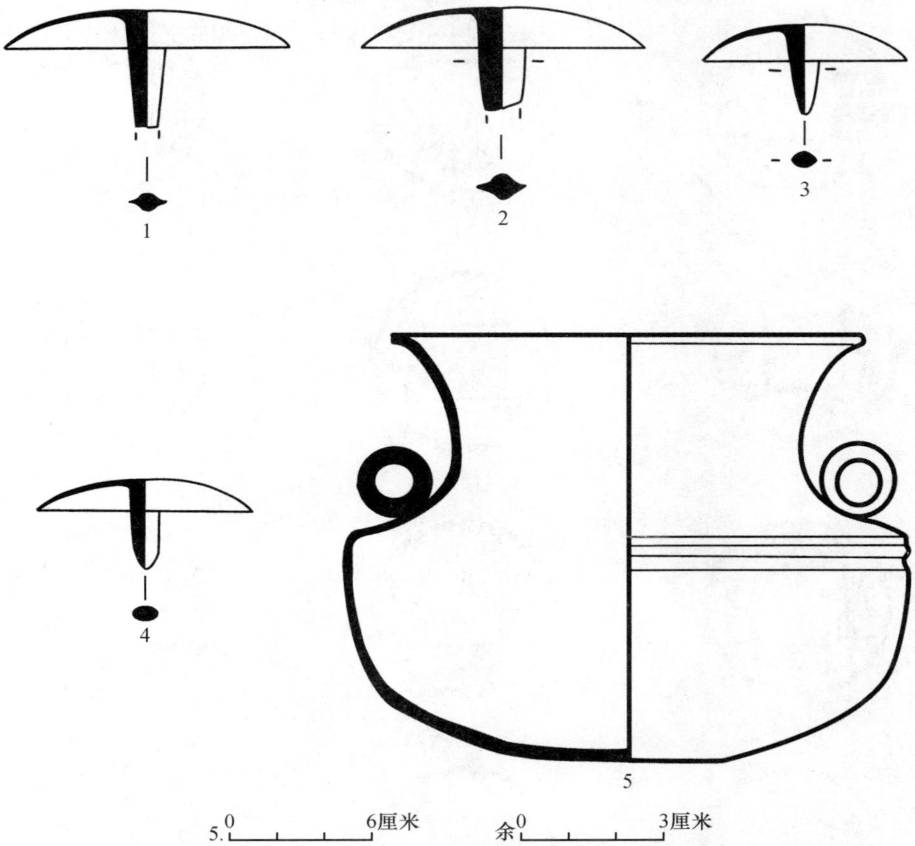

图一六　M5出土遗物（四）

1～4. 铜泡钉（M5：23、M5：13、M5：10、M5：11）　5. 铜釜（M5：2）

铜钱币　3枚。均为五铢钱。M5：36-1，有周郭、正方穿及穿外郭，外郭较窄，钱型较规整，字文“铢”字显模糊，笔画略粗，“五”字略矮，相交两笔缓曲，“铢”字“金”字头呈等边三角形、略小，“朱”字头方折。直径2.6、穿径1厘米（图一七，6）。M5：36-2，有周郭、正方穿及穿外郭，外郭较窄，钱型较规整，字文清晰，笔画略粗，“五”字略瘦长，相交两笔缓曲，“铢”字“金”字头呈等边三角形、略小，“朱”字头方折。直径2.6、穿径1厘米（图一七，5）。M5：24，有周郭、正方穿及穿外郭，外郭较窄，钱型规整，字文清晰，笔画较细，“五”字瘦长，横笔向右下倾斜，相交缓曲，“金”字头三角尖锐，“朱”字头方折。直径2.6、穿径0.9厘米（图一七，4）。

二、明清墓葬

（一）M2

M2为土坑竖穴墓，平面呈长方形，墓向3°。墓壁斜直，墓口长2.7、宽1.9米，距地表深0.4米；墓底长2.6、宽1.8、深0.6～0.7米。未见随葬器物出土（图一八）。

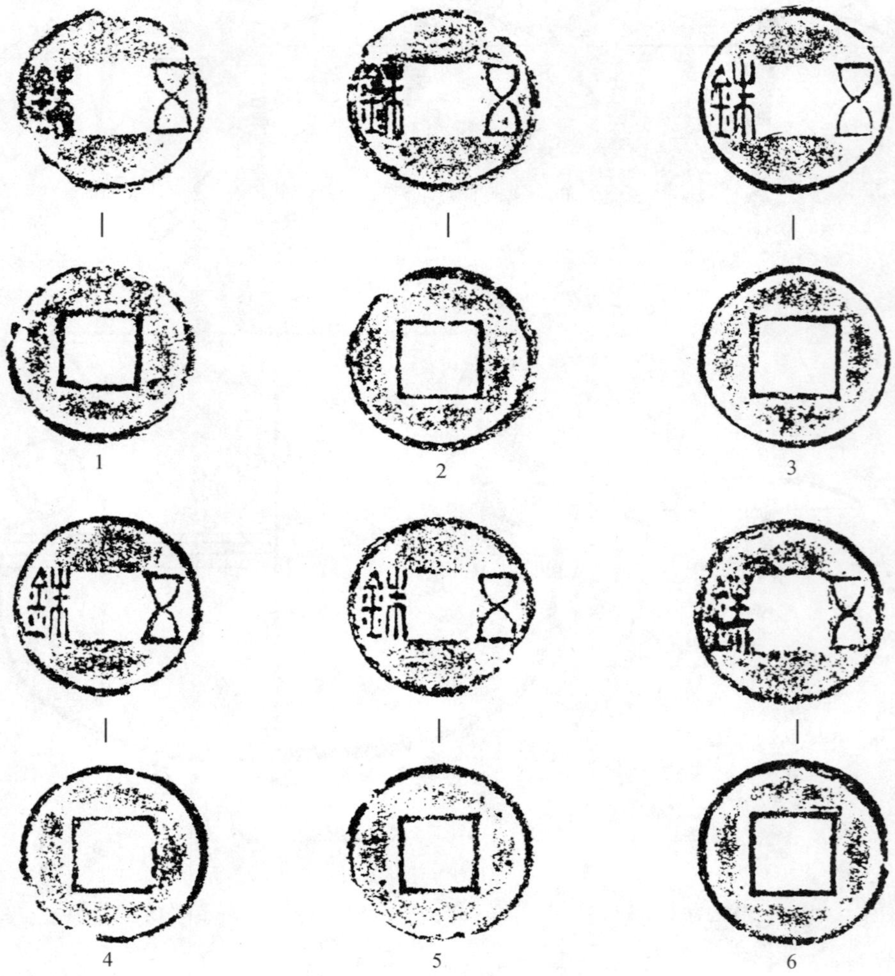

图一七　出土铜钱币

1. M1：21-1　2. M1：21-2　3. M4：23　4. M5：24　5. M5：36-2　6. M5：36-1

（二）M3

M3为土坑竖穴石室墓，平面呈长方形，墓向301°。墓圹长2.6、宽0.96米，距地表深0.2～0.4米；墓底长2.6、宽0.9、深0.6～0.7米。未见随葬器物出土（图一九）。

三、结　　语

三升墓地M1、M4、M5均为土圹竖穴砖室墓，墓葬形制为典型的“刀”形墓。M1甬道很短，成横长方形，M4、M5甬道为纵长方形，墓室成长方形，这一形制主要流行于东汉中晚期。三座墓葬出土器物以泥质红陶为主，有一部分泥质灰陶和釉陶，器类组合以钵、釜、罐、甑、盆、魁、仓等生活器物为主，形制、组合具有典型的东汉中晚期特征，推测该三座墓葬年代约在东汉中期左右。

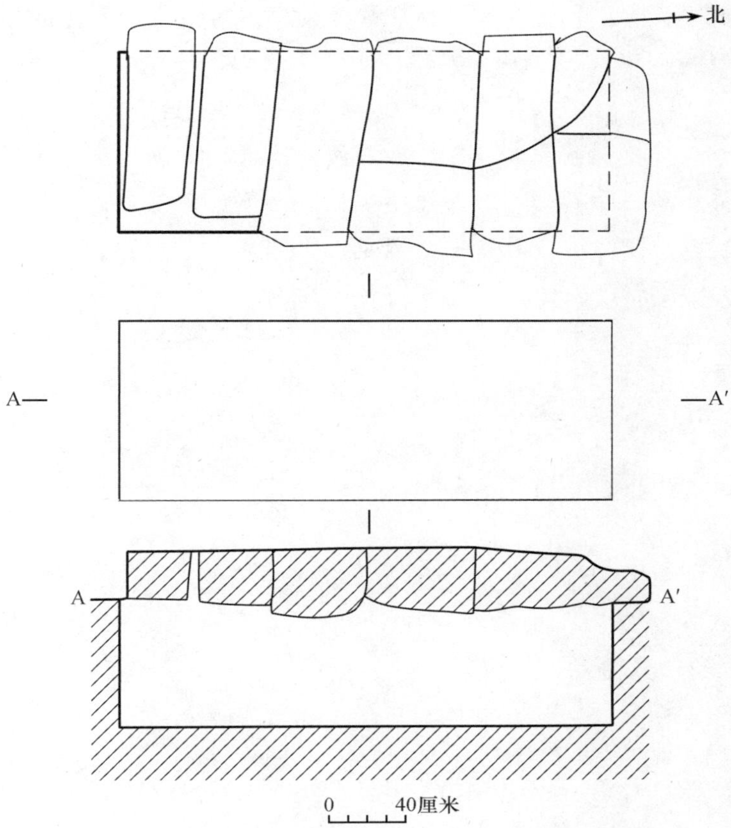

图一八 M2平、剖面图

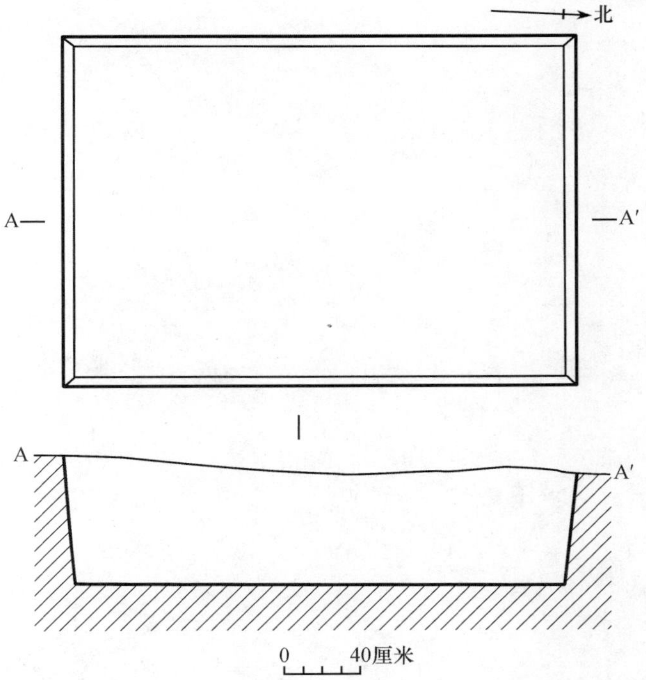

图一九 M3平、剖面图

M2、M3未见随葬器物，但从墓葬形制来看，具有明清墓葬特征，推测其时代大致为明清时期。

附记：本项目考古发掘领队白九江，执行领队龚玉龙，参加本次发掘工作的人员有：杨爱民、王新柱、彭锦秀、王雄、苟万柏等，照摄像：董小陈、龚玉龙，修复：蔡远富，绘图：游雅玮、朱雪莲，资料整理工作的人员有：龚玉龙、张守华、邓兆旭等。本次发掘工作还得到了开县文物管理所的大力支持，在此表示致谢。

执　笔：龚玉龙　白九江　袁航敏　刘炳东

后　记

作为三峡文物保护工程的延续，消落区地下文物的发掘工作始于2008年，依据“发现一处、抢救一处”的原则，基本属于突发性的抢救发掘，工作较为零星。2011年5月18日，国务院常务会议讨论通过了《三峡后续工作规划》，消落区地下文物保护工作驶入系统化、规模化的良性发展轨道。

2015年底，重庆市文化遗产研究院已在三峡消落区开展了60余项发掘，并完成了部分项目的资料整理工作。为加快成果转化的速率，我院启动了《重庆三峡后续工作考古报告集（第一辑）》的组稿和编撰工作，根据发掘项目实施年度并兼顾内容，精心选取了35篇发掘报告，遗存类型涵盖墓葬、聚落、窑址等，时代从先秦、两汉及六朝至明清时期。需要说明的是，囿于消落区文物暴露的不可预见性，为确保文物得到及时保护，常出现发掘在前、项目批复在后的情况，导致工作年度与项目批复年度部分不一致。为避免混淆，本书中每篇报告标题中的年度为发掘工作实际实施的年度。需要补充的是，除三峡后续消落区地下文物保护项目外，我院于2008～2010年期间在三峡库区开展了一批考古发掘工作，部分为三峡工程文物保护项目，部分为突发性的抢救发掘，同样属于三峡后续考古成果的范畴，因此也在本书中一同刊布（见附表）。

三峡消落区地下文物保护是在国务院三峡工程建设委员会办公室主持下一项系统工程。国务院三峡办、国家文物局、重庆市文物局、重庆市移民局等上级领导机关始终对我们给予全程指导，从政策与资金两方面为消落区考古项目提供了坚实的保障。重庆市文化遗产研究院专门成立了领导小组和多部门参与的工作小组，明确管理机制、出台实施细则，确保项目在实施上的顺畅。在项目开展的过程中，西南民族大学西南民族研究院、巫山县博物馆、万州区博物馆、涪陵区博物馆、丰都县文物管理所等文物保护机构与我院通力合作，独立承担或者共同实施了项目工作，确保各年度项目得以按期完成。项目属地各区县文物管理所的协作工作及时、到位，为项目提供了良好稳定的工作环境。

本报告集是集体智慧的结晶。邹后曦、袁东山、方刚、白九江、林必忠、刘继东、李大地等全程指导各自领队的项目发掘及整理工作，范鹏、于桂兰、汪伟、燕妮、陈东、黄伟、周勇、牛英彬、肖碧瑞、马晓娇等各项目具体负责人高质量地完成了野外发掘工作，牺牲了许多业余休息时间，以高度的责任感和严谨的科学态度按时提交了工作成果。湖北省长阳博物馆的龚玉龙、杨爱民长期支援我院业务工作，默默坚守在消落区考古第一线。在各报告的资料整理及修改过程中，董小陈、王铭、孙吉伟等在器物摄影，蔡远富、秦绍华等在文物修复，师孝明、朱雪莲等在绘图，陈芙蓉、程涛、牟丹等在排版制图等方面做了很多专业性的工作。

在本书的组稿和编辑过程中，范鹏、燕妮、马晓娇、李凤等承担起了繁琐的编务工作，对每篇报告进行了编排和初校，方刚、李大地对全书进行了修改和统稿，重庆市文化遗产研究院学术委员会对全书进行了审定。

最后，我们要特别感谢科学出版社的王光明先生，他细致的编审工作确保了本书的质量。

编　者

2017年12月

附　表

序号	发掘简报名称	项目类别	项目编号
1	巫山柏树梁子墓群2013年考古发掘简报	三峡后续消落区地下文物保护项目	2014增2
2	巫山大昌东坝遗址2012年考古发掘简报	三峡后续消落区地下文物保护项目	2011-03
3	巫山拖肚子、土城坡墓群2011年考古发掘简报	三峡工程文物保护项目	2011-1001 2011-1002
4	巫山古城遗址2010年发掘简报	三峡工程文物保护项目	2010-1001
5	云阳营盘包墓群2011年、2012年发掘简报	三峡后续消落区地下文物保护项目	2011-05 2013-04
6	云阳平扎营墓群2011年发掘简报	三峡工程文物保护项目	2011-1005
7	云阳走马岭墓群2011年发掘简报	三峡后续消落区地下文物保护项目	2011-06
8	云阳县麻柳林崖墓群2011年发掘简报	三峡后续消落区地下文物保护项目	2013-05
9	云阳张家嘴墓群2011年发掘简报	三峡工程文物保护项目	2011-1004
10	万州大坪墓群黄金塝墓地2011年发掘简报	三峡工程文物保护项目	2011-1007
11	万州大丘坪墓群2012年发掘简报	三峡后续消落区地下文物保护项目	2011-07
12	万州五丈溪墓地2012年发掘简报	抢救性发掘项目	
13	万州瓦屋墓群2012年发掘简报	三峡后续消落区地下文物保护项目	2013-08
14	石柱陶家坝墓群2008年发掘简报	三峡工程文物保护项目	2011-1009
15	忠县瓦窑六队墓群2012年发掘简报	三峡后续消落区地下文物保护项目	2013-10
16	忠县临江二队炼锌遗址2013年发掘简报	三峡后续消落区地下文物保护项目	2014增3
17	丰都卡子堡墓群2010年考古发掘简报	三峡工程文物保护项目	2011-1011
18	丰都槽坊沟墓群2011年、2012年发掘简报	三峡后续消落区地下文物保护项目	2013-12
19	丰都狮子包墓群2011年发掘简报	抢救性发掘项目	
20	丰都汇南墓群火地湾、林口、蛮子包墓地2012年发掘简报	三峡后续消落区地下文物保护项目	2011-10
21	丰都上河嘴墓群2012年发掘简报	三峡后续消落区地下文物保护项目	2013-11
22	丰都大湾墓群2013年考古发掘简报	三峡后续消落区地下文物保护项目	2013-34
23	丰都文溪墓群2013年发掘简报	三峡后续消落区地下文物保护项目	2014-23
24	丰都鼓鼓田墓群2013年考古发掘简报	三峡后续消落区地下文物保护项目	2013-31

续表

序号	发掘简报名称	项目类别	项目编号
25	丰都九道拐冶锌遗址2012年发掘简报	三峡后续消落区地下文物保护项目	2013-13
26	涪陵渠溪口墓群2013年考古发掘简报	三峡后续消落区地下文物保护项目	2013-34
27	涪陵香炉滩遗址2013年发掘简报	三峡后续消落区地下文物保护项目	2011-11
28	涪陵江北墓群2010年发掘简报	三峡工程文物保护项目	2011-1012
29	涪陵北岩墓群黄金堡墓地2011年发掘简报	三峡工程文物保护项目	2011-1013
30	涪陵转转堡墓群2012年发掘简报	三峡后续消落区地下文物保护项目	2013-15
31	涪陵太平村墓群2012年发掘简报	三峡后续消落区地下文物保护项目	2013-14
32	涪陵下湾墓地2013年发掘简报	三峡后续消落区地下文物保护项目	2014-35
33	渝北老锅厂墓群2008年发掘简报	三峡工程文物保护项目	2008-1008
34	渝北茅草坪遗址群2008年发掘简报	三峡工程文物保护项目	2008-1009
35	开县古城遗址三升墓地2012年发掘简报	三峡工程文物保护项目	2011-1006

1. 发掘全景

2. M6（新石器时代）

3. M30（新石器时代）

巫山柏树梁子墓群

1. M32（战国时期）

2. M16（战国时期）

1. 簋（T12②：12）

2. 盘（T2②：2）

3. 碗（T12②：17）

4. 碗（T12②：33）

5. 支座（T4②：19）

巫山柏树梁子墓群出土陶器

图版四

1. 石锛（T4②：8）

2. 石斧（T4②：9）

3. 石斧（T12②：32）

4. 石凿（T6①：6）

5. 骨笄（T2②：7）

6. 骨锥（T5②：4）

7. 牙饰品（T2②：21）

巫山柏树梁子墓群出土石器和骨牙器

1. 带钩（M5：1）

2. 带钩（M21：1）

3. 剑（M23：1）

4. 矛（M26：1）

5. 戈（M17：3）

巫山柏树梁子墓群出土铜器

1. 仓（M1：4）

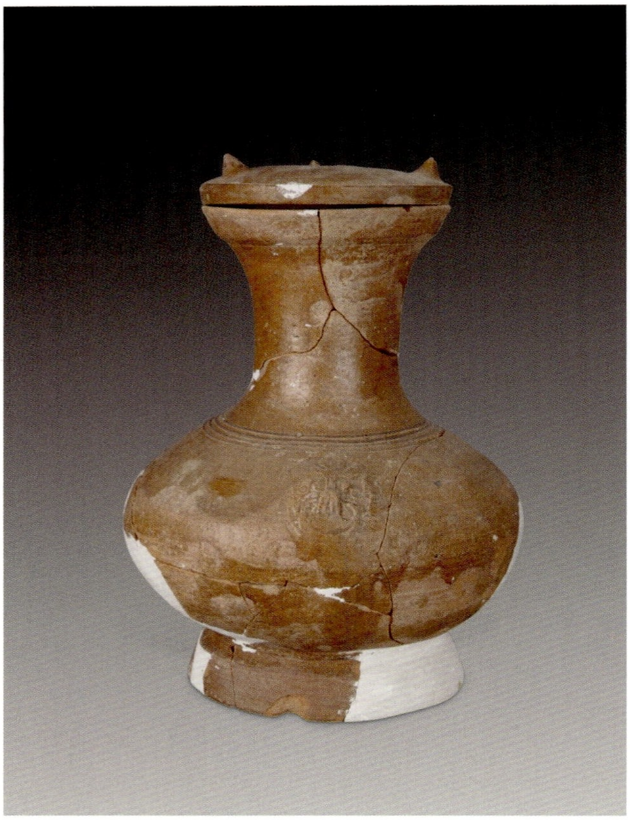

2. 锺（M1：5）

3. 锺（M3：4）

云阳张家嘴墓群出土陶器

1. 盒（M1：3）

2. 钵（M1：32）

3. 盂（M1：16）

4. 罐（M1：15）

5. 盘（M1：19）

6. 鼎（M1：20）

7. 釜（M1：21）

8. 博山炉盖（M1：22）

云阳张家嘴墓群出土陶器

图版八

1. 陶盒（M4：5）

2. 陶鼎（M4：6）

3. 陶豆（M5：12）

4. 陶钵（M5：14）

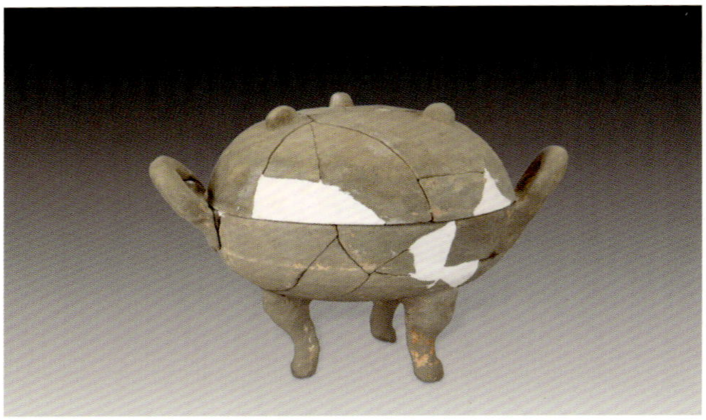

5. 陶鼎（M5：16）

6. 陶钵（M5：19）

7. 陶罐（M5：20）

8. 铜钱币（M5：30）

云阳张家嘴墓群出土遗物

1. 墓地远景（东南—西北）

2. 墓葬开口（M3 ~ M11）

万州大坪墓群黄金塝墓地

1. M4墓底局部

2. M11墓底局部

1. 鼎（M3：1）

2. 壶（M3：3）

3. 敦（M3：7）

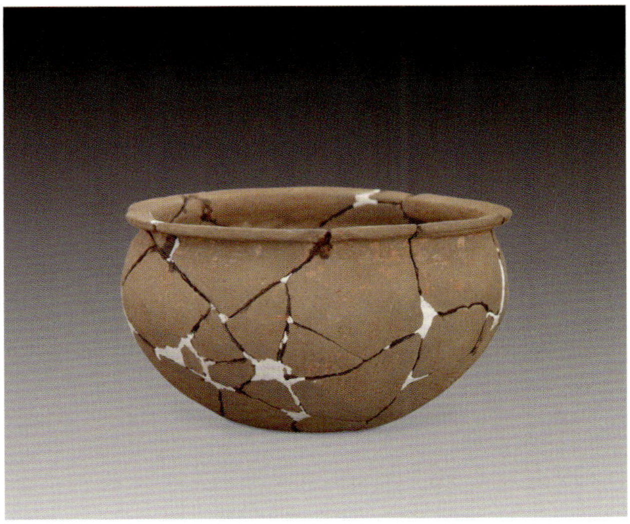

4. 盂（M11：2）

5. 罐（M11：1）

6. 豆（M11：4）

万州大坪墓群黄金塝墓地出土陶器

图版一二

1. 陶豆（M4：6、7）

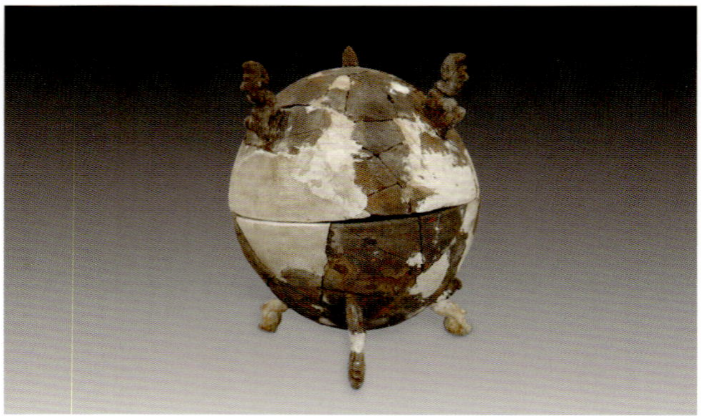
2. 陶敦（M4：13）

3. 陶鼎（M4：14）

4. 陶壶（M4：2、5）

5. 铜剑（M4：11）

6. 铜壶（M4：15）

7. 铜矛（M4：9）

8. 铜矛（M4：8）

万州大坪墓群黄金塝墓地出土陶器、铜器

1. 瓷盘口壶（M1：2）

2. 瓷盘口壶（M1：5）

3. 瓷四系罐（M1：4）

4. 瓷碗（M1：6）

5. 铁剪刀（M1：8）

6. 铁矛（M2：5）

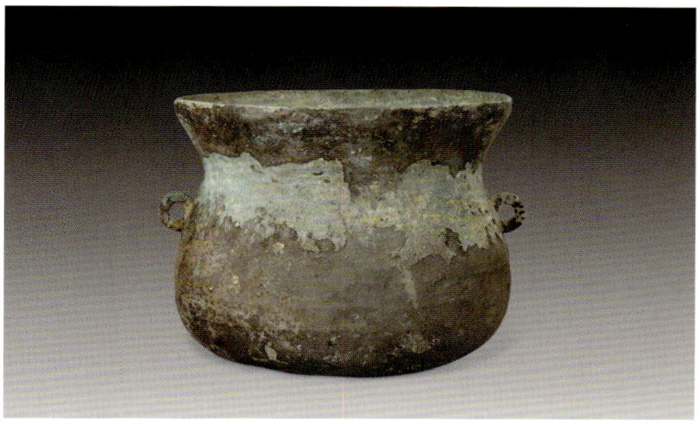

7. 铜釜（M1：3）

8. 铜饰件（M1：9）

丰都槽房沟墓群出土遗物

1. 墓地远景

2. LM2墓葬形制（西南—东北）

丰都汇南墓群林口墓地

1. 抚琴俑（LM2：59）

2. 拍乐俑（LM2：69）

3. 拍乐俑（LM2：57）

4. 吹箫俑（LM2：52）

5. 庖厨俑（LM2：61）

6. 出恭俑（LM2：43）

丰都汇南墓群林口墓地出土陶俑

1. 提囊俑（LM2：48）

2. 抱囊俑（LM2：70）

3. 执锄俑（LM2：55）

4. 执盾俑（LM2：44）

丰都汇南墓群林口墓地出土陶俑

1. LM2：65

2. LM2：74

丰都汇南墓群林口墓地出土陶楼房

丰都汇南墓群林口墓地出土陶辟邪摇钱树座（LM2：77）

1. 瓮（LM2：11）

2. 魁（LM2：14）

3. 洗（LM2：53）

4. 塘（LM2：67）

5. 案（LM2：8）

6. 狗（LM2：75）

7. 子母鸡（LM2：73）

丰都汇南墓群林口墓地出土陶器

1. 鎏金铜圆形牌饰（LM2：56）

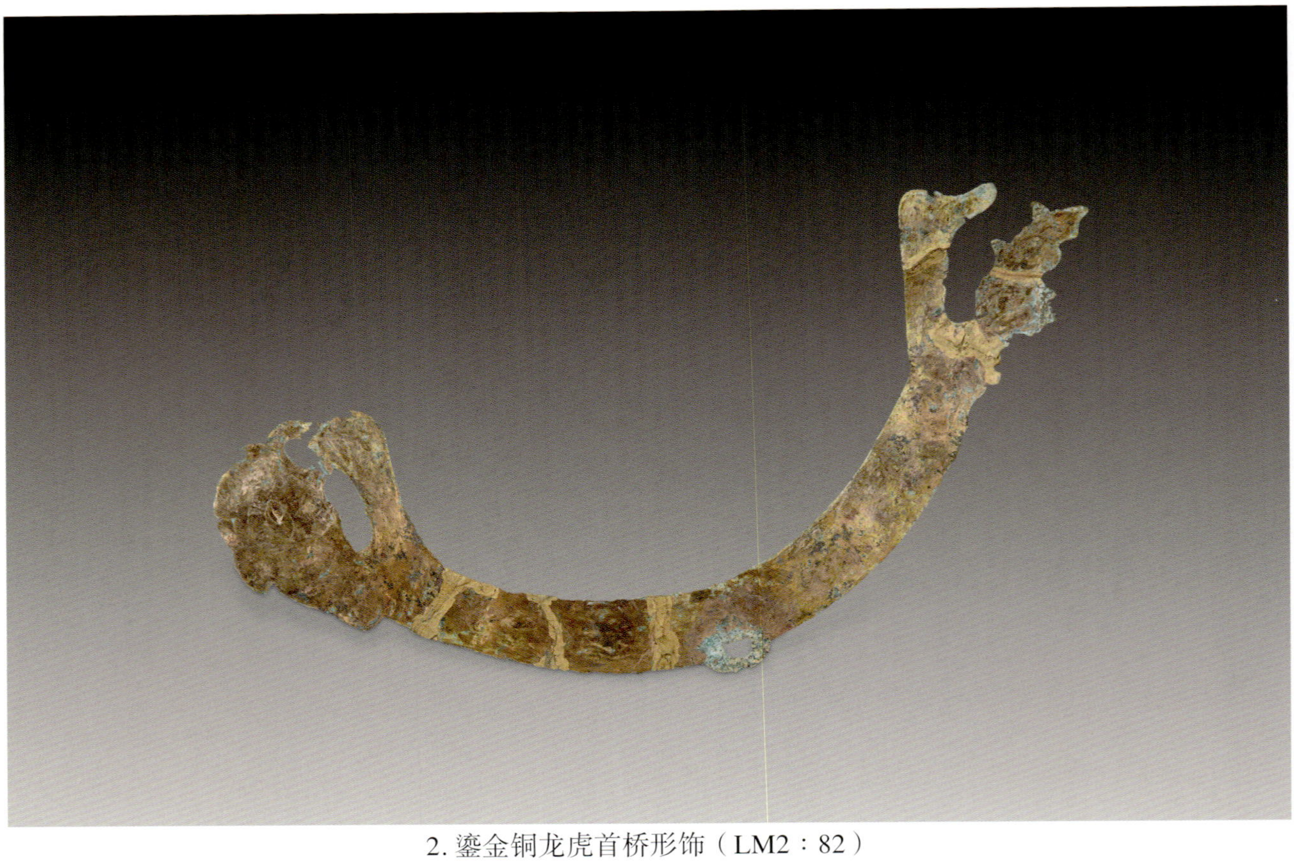

2. 鎏金铜龙虎首桥形饰（LM2：82）

丰都汇南墓群林口墓地出土鎏金铜器

1. M2（西北—东南）

2. M3（东北—西南）

1. 铜釜（M2：18）

2. 铜釜（M2：17）

3. 铜洗（M2：16）

4. 铜带钩（M3：13）

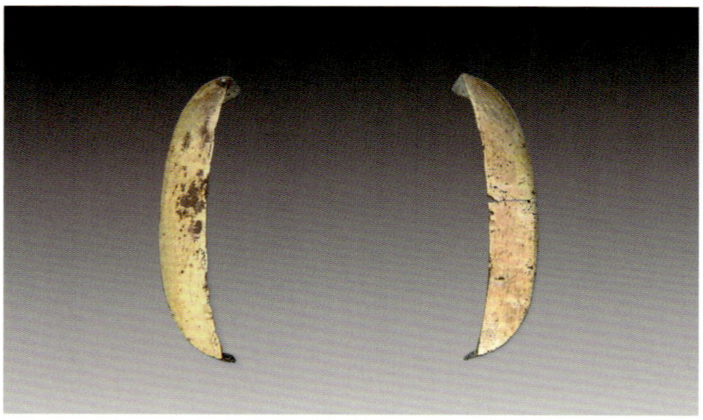
5. 铜耳杯扣（M3：35）

6. 铜扣（M2：30）

7. 陶锺（M2：12）

8. 陶釜（M3：15）

丰都上河嘴墓群出土铜器、陶器

1. 房（M3：10）

2. 奁（M3：5）

3. 灯（M3：6）

4. 执便面俑（M3：27）

5. 武士俑（M3：9）

6. 抚耳俑（M3：30）

7. 鸡（M2：5）

丰都上河嘴墓群出土陶器

图版二四

1. M3开口

2. 吹笙俑（M3：9）

3. 抚琴俑（M3：1）

丰都文溪墓群M3开口及出土陶俑

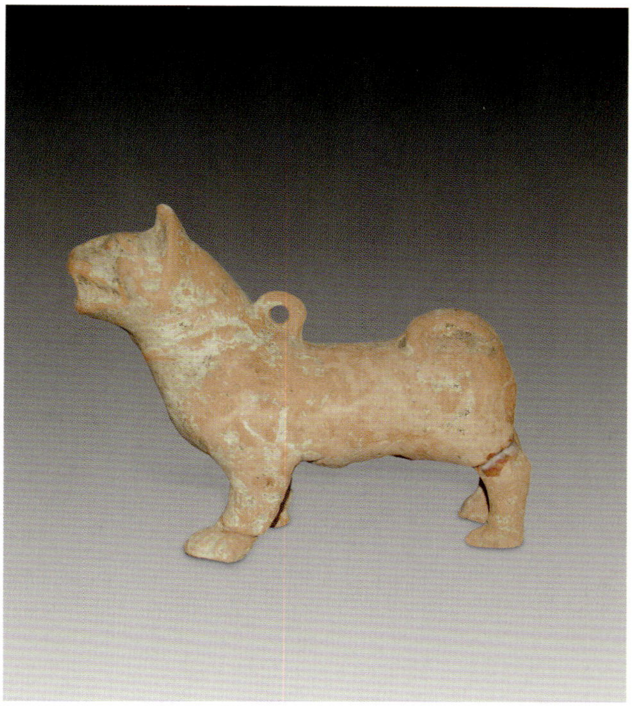

1. 狗（M3：12）

2. 子母鸡（M3：14）

3. 罐（M3：5）

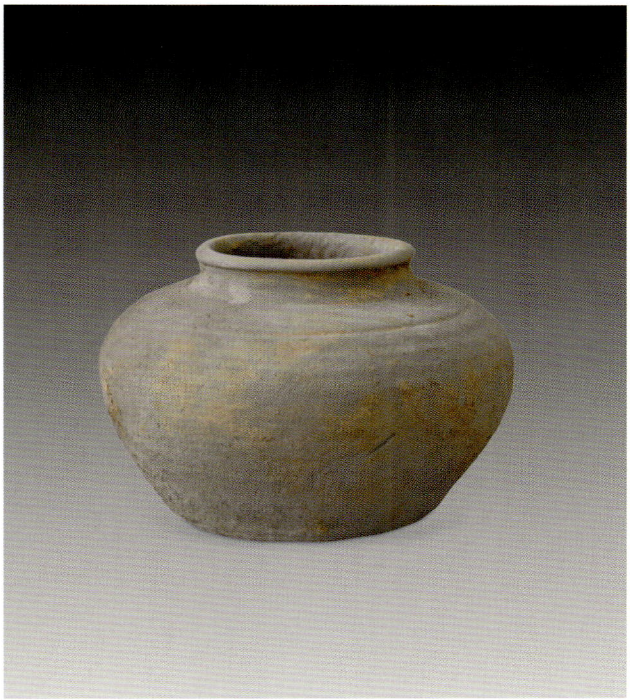

4. 罐（M1：2）

丰都文溪墓群出土陶器

1. Ⅰ区远景（东—西）

2. M2（西北—东南）

涪陵渠溪口墓群远景及发掘现场

1. 网坠（ⅡT3③：1）

2. 网坠（ⅡT3④：1）

3. 球（ⅡT3③：111）

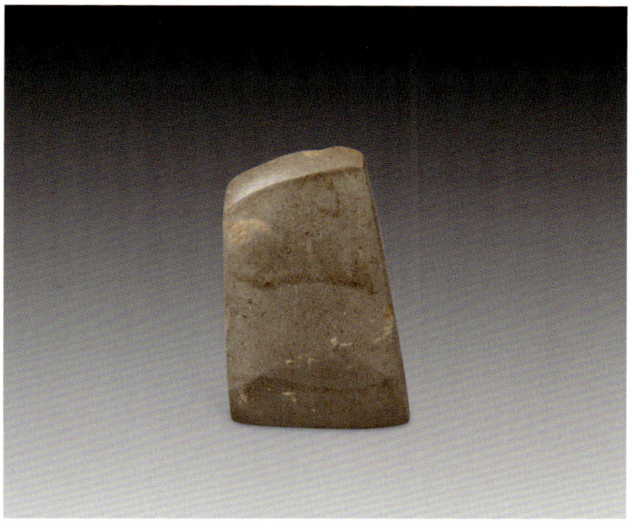
4. 锛（H9：1）

5. 斧（ⅡT3③：119）

6. 斧（ⅡT3④：3）

涪陵渠溪口墓群出土石器

1. 折沿罐（ⅡT3⑤：1）

2. 高领壶（ⅡT3⑥：23）

3. 钵（G1：1）

4. 盘（ⅡT3③：2）

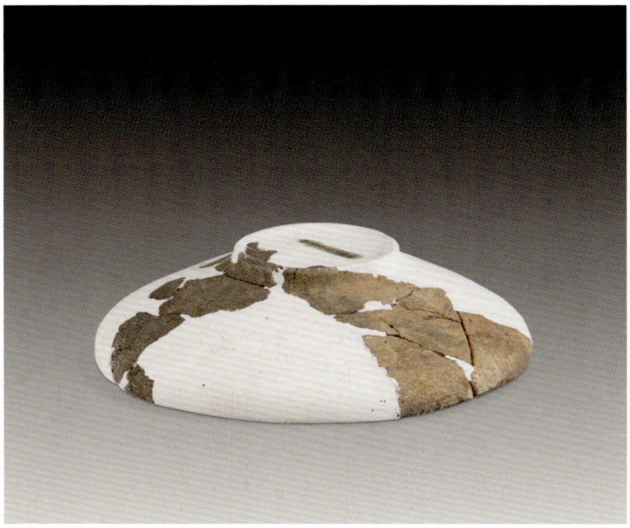

5. 器盖（ⅡT3⑥：1）

6. 平底器底（ⅡT3④：26）

涪陵渠溪口墓群出土陶器

1. Ⅱ区发掘全景

2. Ⅲ区发掘完工全景

1. H4

2. M7

3. M6

涪陵香炉滩遗址发掘遗迹

1. H1

2. H2

3. M2

涪陵香炉滩遗址发掘遗迹

1. 罐（M7：6）

2. 罐（M6：18）

3. 釜（M6：11）

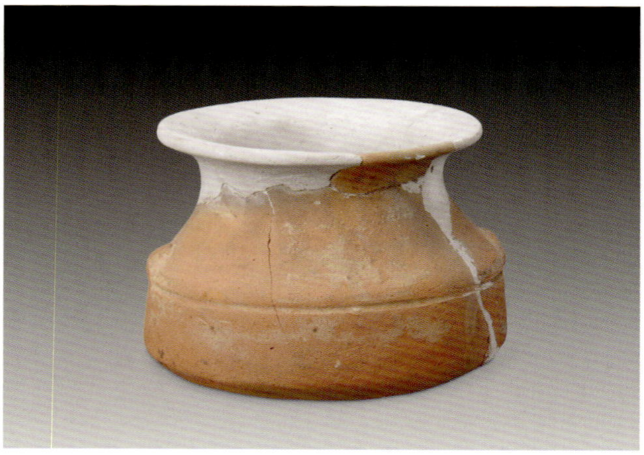

4. 釜（M6：22）

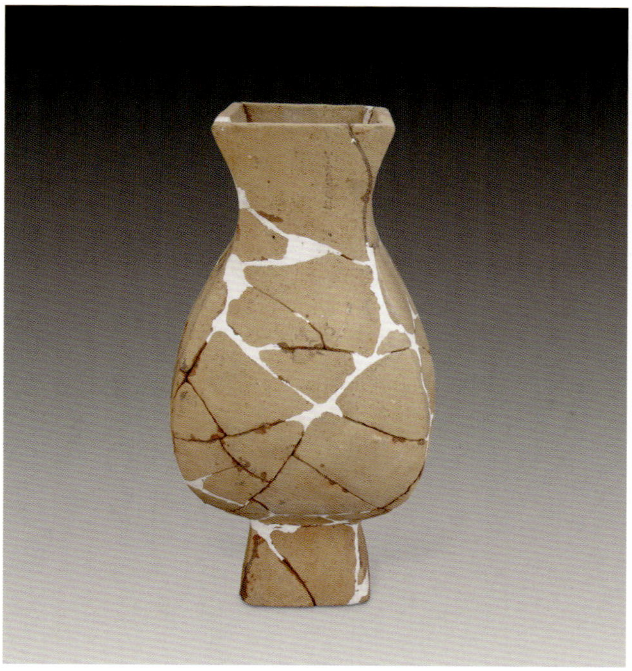

5. 钫（M7：7）

6. 蒜头壶（M7：8）

涪陵香炉滩遗址出土陶器

1. 博山炉（M6：7）

2. 杯（M6：3）

3. 碗（M6：5）

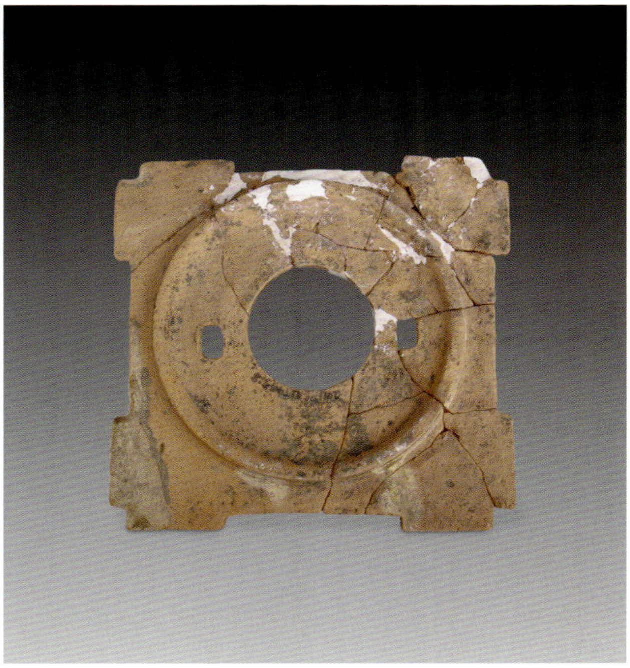

4. 井盖（M5：8）

涪陵香炉滩遗址出土陶器

1. 白瓷碗（H2：27）

2. 青瓷碟（H2：109）

3. 青瓷碗（H2：81）

4. 青瓷盘（H2：36）

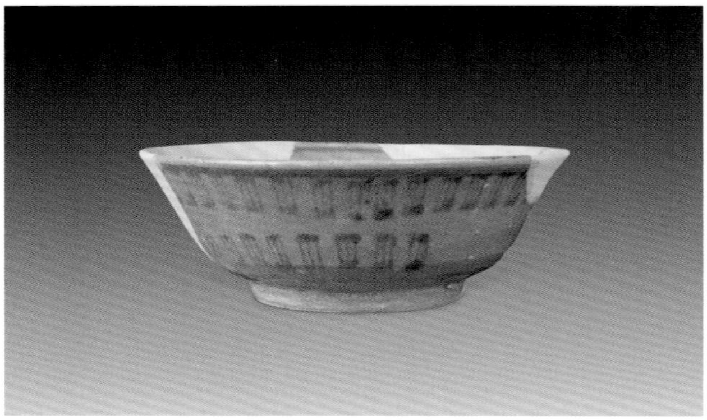

5. 酱釉瓷碗（H2：7）

6. 青瓷杯（H2：57）

7. 酱釉瓷碗（H2：91）

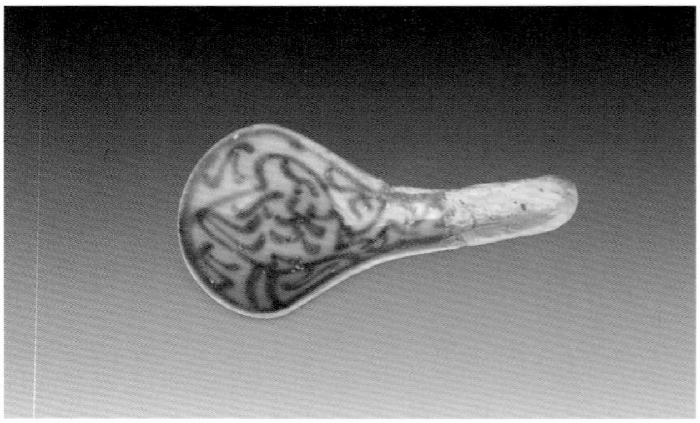

8. 青瓷勺（H2：84）

涪陵香炉滩遗址出土瓷器

1. 涪陵江北墓群全景

2. 太极亭墓地M2墓门（东—西）

1. 魁（2010FJJM2：3）

2. 罐（2010FJJM2：15）

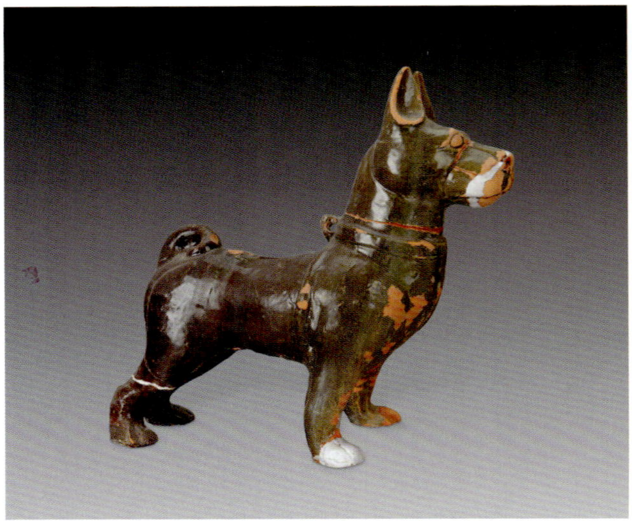

3. 狗（2010FJJM2：18）

4. 案（2010FJJM2：33）

5. 熏炉（2010FJZM1：9）

6. 盒（2010FJZM2：34）

涪陵江北墓群出土陶器

1. 转转堡墓地局部

2. 转转堡墓地M2（西北—东南）

1. 铜鍪（2010FJZM2：52）

2. 铜洗（2010FJZM2：53）

3. 陶锺（2010FJZM2：24）

4. 陶井（2010FJZM2：51）

5. 铁釜（2010FJZM2：47）

6. 铁锸（2010FJZM5：04）

涪陵江北墓群出土遗物

1. 发掘区全景

2. 发掘探方全景

涪陵转转堡墓群

图版四〇

1. M2（西北—东南）

2. M3（东北—西南）

3. M4（西北—东南）

涪陵转转堡墓群发掘现场

1. A型（M2：14）

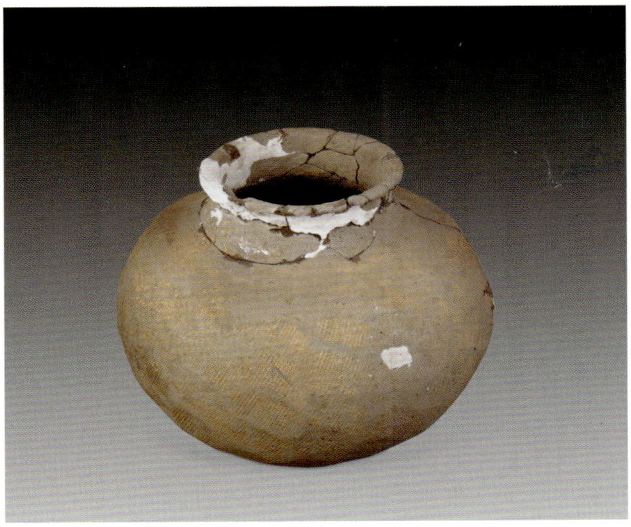

2. A型（M2：21）

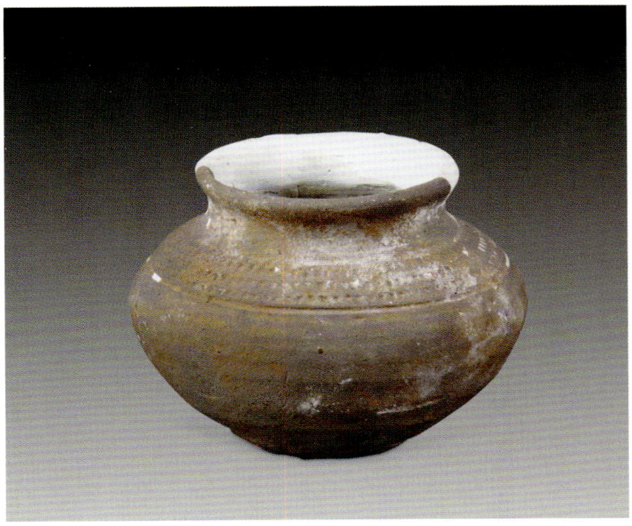

3. B型（M2：12）

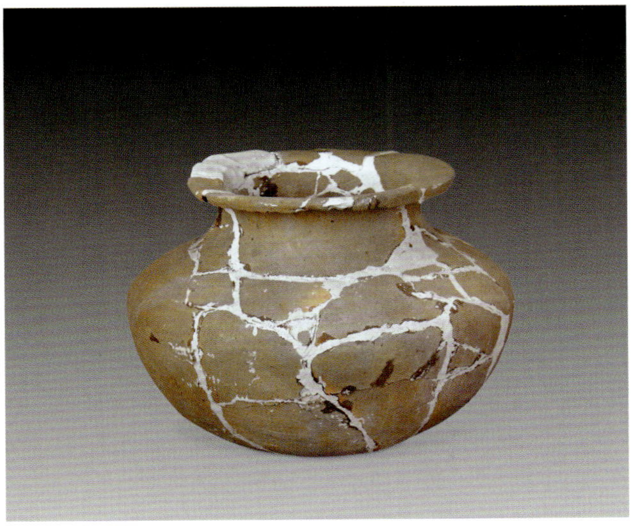

4. B型（M3：2）

5. C型（M4：21）

6. D型（M4：20）

涪陵转转堡墓群出土陶罐

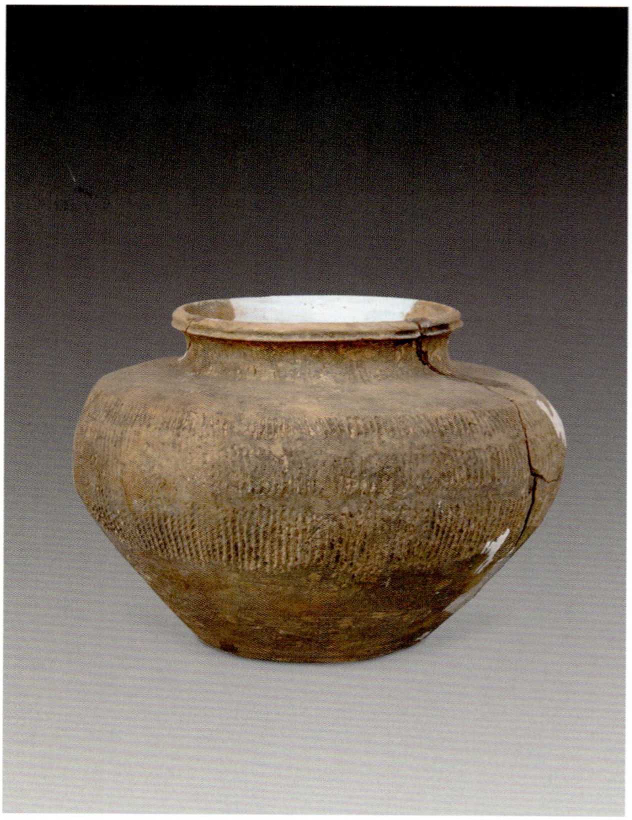

1. E型（M2：16）

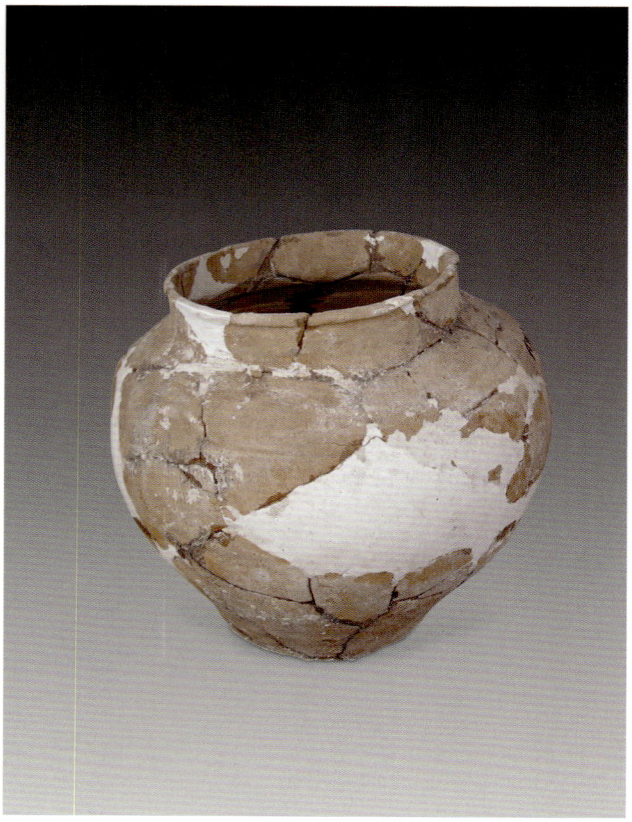

2. F型（M3：1）

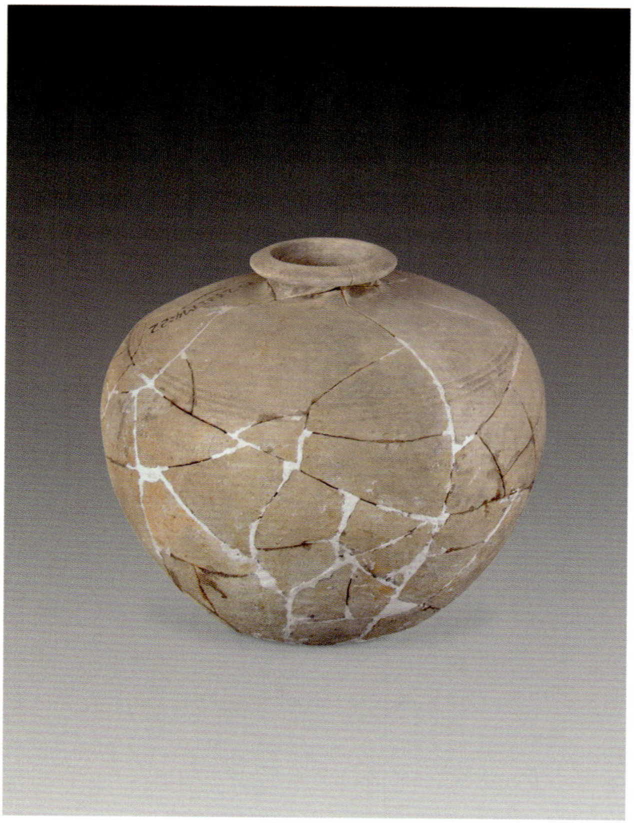

3. G型（M4：22）

4. H型（M1：12）

涪陵转转堡墓群出土陶罐

1. A型器盖（M3：18）

2. B型器盖（M1：9）

3. 钵（M3：3）

4. 盆（M3：5）

5. 豆（M2：27）

6. 豆（M2：25）

涪陵转转堡墓群出土陶器

1. 镦（M3：12）

2. 矛（M4：23）

3. 矛（M3：13）

涪陵转转堡墓群出土铜器

1. 2000年发掘现场全景

2. 房址及附属排水沟（2011F4、2011F5、2011G7）

1. 缸胎执壶（2012F1：4）

2. 瓷碗（2012H6①：1）

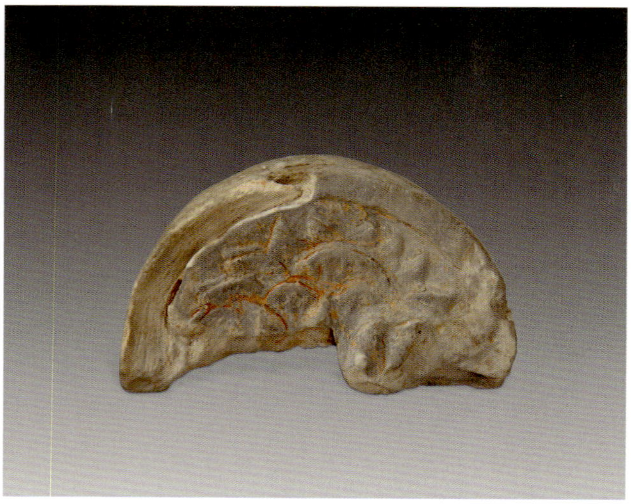

3. 陶瓦当（2012H6②：3）

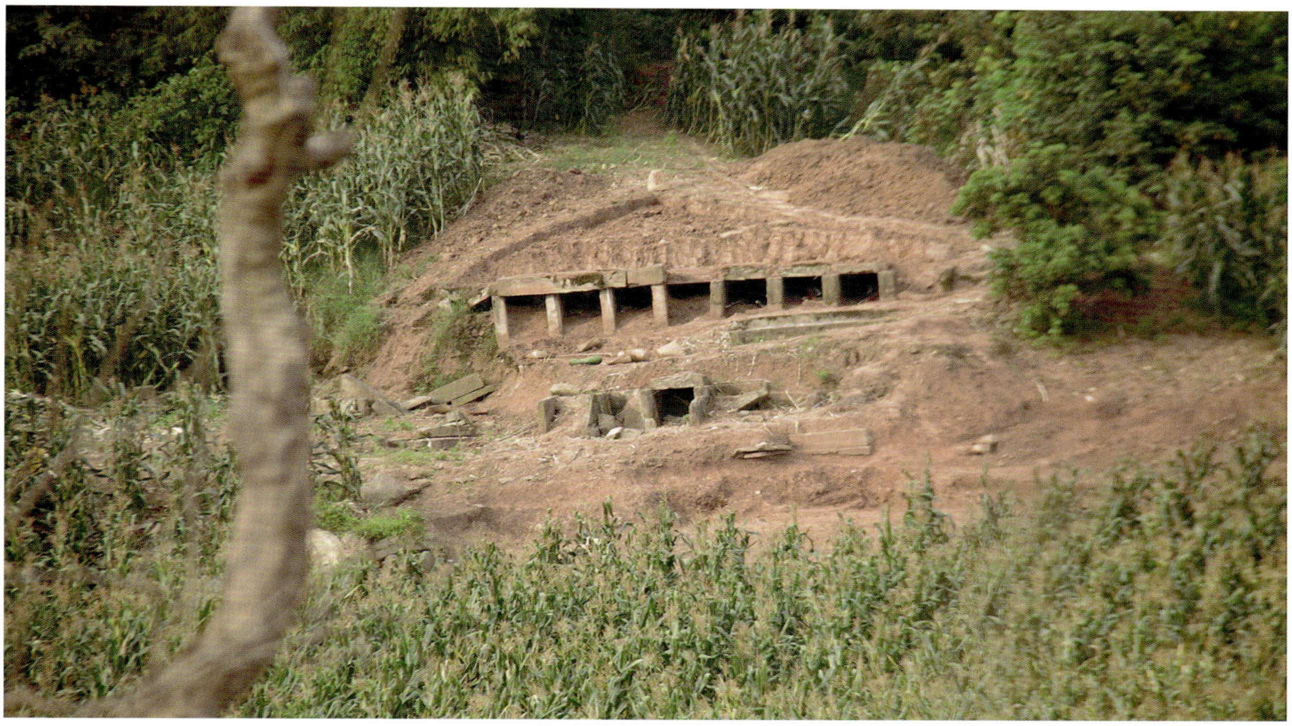

1. 墓地全景（西—东）

2. M1（西—东）

3. M2（南—北）

(K-3026.01)

ISBN 978-7-03-061090-4

9 787030 610904 >

定 价：568.00元